Hannah Arendt

Elemente und Ursprünge totaler Herrschaft

PIPER

Zu diesem Buch

»Das Buch handelt von den Ursprüngen und Elementen der totalen Herrschaft, wie wir sie als eine, wie ich glaube, neue ›Staatsform‹ im Dritten Reich und in dem bolschewistischen Regime kennengelernt haben. Die Ursprünge liegen in dem Niedergang und Zerfall des Nationalstaates und dem anarchistischen Aufstieg der modernen Massengesellschaft; die Elemente, die in diesem Zerfallsprozeß frei werden, sind ihrerseits in den ersten beiden Teilen in ihre historischen Ursprünge zurückverfolgt und in dem dritten Teil in ihrer totalitären Kristallisationsform analysiert.« *Hannah Arendt*

Hannah Arendt, am 14. Oktober 1906 im heutigen Hannover geboren und am 4. Dezember 1975 in New York gestorben, studierte unter anderem Philosophie bei Martin Heidegger und Karl Jaspers, bei dem sie 1928 promovierte. 1933 emigrierte Arendt nach Paris, 1941 nach New York. Von 1946 bis 1948 arbeitete sie als Lektorin, danach als freie Autorin. Sie war Gastprofessorin in Princeton und Professorin an der University of Chicago. Ab 1967 lehrte sie an der New School for Social Research in New York.

Thomas Meyer ist Professor für Philosophie an der LMU München und lebt als freier Autor in Berlin. Er gibt im Piper Verlag die Schriften Hannah Arendts in einer Studienausgabe heraus. Zuletzt erschienen von ihm *Hannah Arendt. Die Biografie*, *Über Palästina* (Hg.).

Jens Hacke, Historiker und Politikwissenschaftler, wurde an der HU Berlin promoviert und habilitierte sich dort mit der Arbeit *Existenzkrise der Demokratie. Zur politischen Theorie des Liberalismus in der Zwischenkriegszeit,* Berlin 2018. Nach Vertretungsprofessuren in Halle, Greifswald und München lehrt er politische Theorie und Ideengeschichte an der MLU Halle-Wittenberg.

Hannah Arendt

Elemente und Ursprünge totaler Herrschaft

Antisemitismus, Imperialismus, Totalitarismus

PIPER

Mehr über unsere Autorinnen, Autoren und Bücher:
www.piper.de

Eine Liste aller Titel, die von Hannah Arendt im Piper Verlag vorliegen, finden Sie am Ende des Buches auf Seite 1168.

MIX
Papier | Fördert gute Waldnutzung
FSC® C083411

Erweiterte Neuausgabe
ISBN 978-3-492-31709-2
1. Auflage November 2023
3. Auflage November 2025

www.piper.de
Für direkten Kontakt und Fragen zum Produkt
wenden Sie sich bitte an: *info@piper.de*

Die Originalausgabe erschien unter dem Titel *The Origins of Totalitarianism*
bei Harcourt, Brace, Jovanovich in New York, 1951.
Umschlaggestaltung: Büro Jorge Schmidt, München
Satz: Eberl & Koesel Studio, Kempten
Gesetzt aus der Adobe Garamond Pro
Litho: Lorenz & Zeller, Inning am Ammersee
Druck und Bindung: CPI books GmbH, Leck
Printed in the EU

Inhalt

Anlässlich der Studienausgabe von Hannah Arendts Schriften

> Was Hannah Arendt dazu bewegte, der politischen Wirklichkeit so genau ins Gesicht zu sehen, waren die Kraft der Vernunft und die Verachtung der Illusion. Anderen schlüssig und verständlich zu machen, was sie sah, war ein großer geistiger Triumph – für sie persönlich, aber auch für die Tradition des offenen politischen Diskurses.
>
> Judith Shklar (1975)

Die Studienausgabe in Einzelbänden von Hannah Arendts Schriften möchte dazu einladen, eine der bedeutenden Denkerinnen des 20. Jahrhunderts kennenzulernen oder erneut zu lesen. Ausgewiesene Experten untersuchen in ihren exklusiv für die Edition verfassten Nachworten die jeweiligen Werke. Die Autoren werden darin je eigene Schwerpunkte setzen, die Interessierten Hannah Arendts Gedankenwelt erschließen helfen, während sich die Spezialisten mit markanten Positionen auseinandersetzen können. Bewusst wurde darauf verzichtet, eine wie auch immer geartete Einheitlichkeit vorzugeben. Die Offenheit und die Vielfalt von Arendts Überlegungen werden sich folglich in den verschiedenen Positionen der Beiträger spiegeln, die innerhalb der Studienausgabe zu Wort kommen.

Die in Arendts Münchner Stammverlag Piper vorgelegten Bände

bieten Texte, die auf der jeweils letzten, von ihr selbst noch überprüften Fassung beruhen. Druckfehler und andere offensichtliche Versehen sind korrigiert, die Zitate wurden überprüft, die bibliografischen Angaben und Register durchgesehen. Für all das trägt der Herausgeber die Verantwortung. Ziel war es, zitierfähige Ausgaben zu schaffen, die sowohl eine breite Leserschaft ansprechen als auch für Wissenschaftler eine verlässliche Textgrundlage bieten.

Die erste Lieferung der Edition wird jene Werke umfassen, die Arendts Ruf in Deutschland zu ihren Lebzeiten begründeten. In chronologischer Reihenfolge sind dies folgende Schriften: Die 1929 veröffentlichte Dissertation *Der Liebesbegriff bei Augustin. Versuch einer philosophischen Interpretation*, die erstmals 1955 vorgelegte Studie *Elemente und Ursprünge totaler Herrschaft. Antisemitismus, Imperialismus, Totalitarismus* und der zwei Jahre später veröffentlichte Band *Fragwürdige Traditionsbestände im politischen Denken der Gegenwart. Vier Essays*. Ebenso enthalten sind die 1959 publizierte Biografie *Rahel Varnhagen. Lebensgeschichte einer deutschen Jüdin aus der Romantik* und die im Jahr darauf erschienene Monografie *Vita activa oder Vom tätigen Leben*. Es folgen die Reportage *Eichmann in Jerusalem. Ein Bericht von der Banalität des Bösen* von 1964 und schließlich die ein Jahr später zugänglich gemachte Abhandlung *Über die Revolution*. Damit liegen im Piper Verlag erstmals die Augustin-Studie und die in dieser Form und unter dem Titel nie wieder aufgelegte, dem engen Freund Walter Benjamin gewidmete Aufsatzsammlung *Fragwürdige Traditionsbestände* vor.

Zu einem späteren Zeitpunkt werden unter anderem die zu Lebzeiten in deutscher Sprache veröffentlichten Zeitungsartikel, Aufsätze und Essays Arendts in chronologischer Reihenfolge neu herausgegeben werden. Das unvollendete Nachlass-Werk *Life of the Mind*, in der deutschen Übersetzung unter dem Titel *Vom Leben des Geistes* erstmals 1979 in zwei Bänden erschienen, wird die Ausgabe ergänzen, sobald eine verlässliche Textgrundlage verfügbar ist.

Hannah Arendts Werke sprechen für sich und die beigefügten Nachworte benötigen keinerlei Rechtfertigungen. Bleibt also der aufrichtige Dank an die Kolleginnen und Kollegen, die sich der Aufgabe unterzogen haben, mit ihren Beiträgen die Schriften Hannah Arendts für hoffentlich viele Leserinnen und Leser zu öffnen. Den Mitarbeiterinnen und Mitarbeitern vom Piper Verlag gilt der Dank für die Zusammenarbeit und die Courage, das Werk Hannah Arendts in der vorliegenden Form der Öffentlichkeit zugänglich zu machen.

Berlin, im August 2023
Thomas Meyer

Zu diesem Band

Die folgenden Bemerkungen stellen einige wichtige Momente in der komplizierten und langen Entstehungsgeschichte von Hannah Arendts *Elemente und Ursprünge totaler Herrschaft* vor, die zum besseren Verständnis ihres Hauptwerkes beitragen sollen.

Da es sich bei dem Mitte November 1955 in Frankfurt/Main erschienenen Buch um eine von der Verfasserin übertragene und neu bearbeitete Ausgabe handelt, muss zunächst ein Blick auf die Ende März 1951 in New York veröffentlichte Studie *The Origins of Totalitarianism* geworfen werden, die die Grundlage für die »neue deutsche Fassung« (Arendt) bildet.[1]

Für diese Einleitung wurden Materialien herangezogen, die der Herausgeber erstmals in seiner im Piper Verlag erschienenen Biografie Hannah Arendts zugänglich gemacht hat.[2] Auf sie seien all die Interessierten verwiesen, die sich genauer über das Werden der amerikanischen und der deutschen Ausgabe informieren möchten. Weiterhin lohnt hier die Lektüre von Elisabeth Young-Bruehls Pionierwerk über Arendt.[3] Auf weitere wichtige Literatur wird im Text verwiesen.

Der Politikwissenschaftler Jens Hacke nimmt in seinem Nachwort »Hannah Arendts *Elemente und Ursprünge totaler Herrschaft* – Denken am Abgrund« eine Neudeutung des Buches vor.

I.

Die Geschichte von Hannah Arendts erstem in den USA publizierten Buch *The Origins of Totalitarianism* reicht zurück bis in die Zeit in Paris, wohin sie im Oktober 1933 über Prag und Genf geflohen war. Ein knappes Jahr später berichtete Arendt in einem Brief, dass sie eine »historisch-soziologische Untersuchung über die Motive und Ursprünge der jüdischen Assimilation in Deutschland in den ersten Generationen« nahezu abgeschlossen habe und zudem eine »kleinere Studie über den Motivwandel des modernen Antisemitismus« vorbereite. Während sie für das erste Vorhaben »die Form einer Biographie der Rahel Varnhagen (der charakteristischen Vertreterin dieser Generation) gewählt hat«, war die Studie als Beitrag in der Reihe *Cahiers du Comité des Délégations Juives* geplant.[4] Aus der nicht veröffentlichten Broschüre wurde, wohl ergänzt durch Unterlagen aus zwei Vortragsreihen über den modernen Antisemitismus, die sie 1936/37 in Paris zunächst auf Deutsch, dann auf Französisch gehalten hatte, ein Buchmanuskript, an dem Arendt bis Mitte 1937 arbeitete, das sie aber nicht abschloss.[5]

In New York, das Arendt Ende Mai 1941 mit ihrem Mann Heinrich Blücher aus Lissabon kommend per Schiff erreichte, nahm sie dank alter und neuer Kontakte rasch eine umfangreiche Publikationstätigkeit auf. In der von deutschen Exilanten gegründeten Zeitung *Der Aufbau* etwa kommentierte sie ab Oktober 1941 die jüdische Politik angesichts des nationalsozialistischen Vernichtungskrieges, die Historikerin und Soziologin analysierte im Jahr darauf den modernen Antisemitismus in Frankreich zur Zeit der Dreyfusaffäre, und 1943/44 untersuchte sie erstmals die Entrechtung von Flüchtlingen und Minderheiten, die häufig Staatenlose waren.[6] Ebenfalls 1944 nahm Arendt sich des Rasse-Denkens an, bevor der Rassismus Staatsdoktrin wurde. Diese und weitere Texte, mal auf Deutsch geschrieben, mal auf Englisch, dann intensiv redigiert, von ihr übersetzt oder von anderen, waren eingebunden in vielfältige andere Überlegungen, die sich aus Arendts beruflichen und politischen Aktivitäten ergaben. Die Palästina-Politik der Kolonialmächte Großbritannien und USA, die Pläne zionistischer Funktionäre und die Interessen der arabischen Staaten wurden von Arendt in verschiedenen Zirkeln und Organisationen diskutiert. Sie erschloss sich ihr bestens bekannte Literatur neu, etwa Heinrich Heine und Franz Kafka, um eine Verbindung zu ihrem Verständnis vom Judentum zu finden. Dass sie später die Tagebücher des Letzteren als Lektorin im New Yorker Schocken Verlag herausgab, gehört zu den von Arendt bewusst hergestellten Zusammenhängen: Alle Arbeit war Arbeit an den Problemen der Zeit, die keine bloßen »intellektuellen«, sondern existenzielle waren.

In diesen Jahren lösten sich für Arendt die an den Universitäten oftmals streng bewachten Disziplinengrenzen auf. Nicht zuletzt auch deshalb, weil sie in ihrem New Yorker Umfeld mit Daniel Bell, Alfred Kazin oder Mary McCarthy und ihren Kontakten bei Zeitschriften wie *Commentary*, *Menorah* und *Partisan Review* Menschen kannte, die nach den Katastrophen des 20. Jahrhunderts keine Lust mehr verspürten, sich an Denkschablonen zu halten. Arendts Erkenntnisinteresse griff nach allem, was ihr half, die Zeit zu verstehen. Es ihre war nach 1945 stetig anwachsende und sich immer stärker in Texten artikulierende Überzeugung, dass die etablierten Formen der Geschichtsschreibung, die Autorität von Traditionen und deren stetes In-Erinnerung-Rufen, fundamentaler Revisionen bedurften.

Was genau sie darunter verstand, konnte man ab 1946 in der Zeitschrift *Die Wandlung* nachlesen, die von ihrem philosophischen Lehrer und Doktorvater Karl Jaspers zusammen mit dem Redakteur, früheren Heidelberger Kommilitonen und Freund Dolf Sternberger spätestens mit dem ersten, am 30. November 1945 erschienenen Heft maßgeblich geprägt wurde. Mit dem Jaspers gewidmeten Text »Organisierte Schuld«, der Studie »Über den Imperialismus« und schließlich »Franz Kafka, von neuem gewürdigt« war Arendt gleich dreimal im ersten Jahrgang 1945/46 der Zeitschrift vertreten. Nunmehr war Arendt mit dem Englischen und Deutschen auf neue Weise konfrontiert – alte und neue Sprache begannen gleichermaßen ihre Bedeutung zu verlieren, auch wenn Arendt lebenslang im Deutschen mehr riskierte, als sie sich im amerikanischen Englisch zutraute. Doch das war ein weitgehend technisches Phänomen. Weitaus wichtiger war, dass sich bei aller Ambivalenz gegenüber der Tatsache, wieder auf Deutsch in Deutschland zu veröffentlichen, so ein neuer Resonanzraum öffnete und eine andere Sicherheit im Schreiben. Daher verwundert es nicht, dass die Buchpläne immer konkreter wurden, Arendt sich nach Publikationsmöglichkeiten erkundigte und mit Exposés an Kollegen und Verlage wandte.

Gegenüber dem immer vertrauter werdenden Freund Karl Jaspers legte sie in einem umfangreichen Brief vom 4. September 1947 den Stand der Dinge folgendermaßen dar:

> *Und das bringt mich auf Ihre Frage, was ich schreibe: Ich habe keinen Titel, kann also nur andeuten: Der erste Teil, der fertig ist, schildert die politische und gesellschaftliche Geschichte der Juden seit der Mitte des 18. Jahrhunderts unter dem ausschließlichen Gesichtspunkt ihrer Eignung als Kristallisator für entscheidende politische Ideologien des 20. Jahrhunderts. Der zweite Teil, den ich gerade schreibe, analysiert den Zusammenhang zwischen Imperialismus (d. h. in meiner Terminologie die reine Expansionspolitik, die in den 80er-Jahren beginnt) und dem Verfall des Nationalstaates. Damit werde ich bis Ende des Jahres, wenn alles gut geht, fertig. Der dritte abschließende Teil soll den totalitären Staatsstrukturen gelten. Den muß ich ganz neu schreiben, weil mir dazu wesentliche Dinge, vor allem auch im Zusammenhang mit Rußland, erst jetzt aufgegangen sind.*[7]

Damit war der Aufbau des Buches benannt: Antisemitismus, Imperialismus, Totalitarismus. An der schon länger feststehenden Dreiteilung wird Arendt festhalten. Die Analyse des modernen Antisemitismus, die Gewaltgeschichte des Imperialismus, die eine solche der ständigen und sich steigernden Ausweitung ist, und schließlich die »neue Staatsform«, die die beiden Totalitarismen Nationalsozialismus und Kommunismus/Bolschewismus bildeten, sie zusammengenommen ergaben ein Ganzes. Deren Elemente und Ursprünge voneinander zu trennen und zugleich die Verbindungen kenntlich zu machen, das war die Aufgabe, der sich Arendt stellte.

Als es Ende März 1951 so weit war, umfasste das ihrem zweiten Ehemann Heinrich Blücher gewidmete Buch nach einem Motto von Karl Jaspers, einem Vorwort und Dankesworten, dreizehn umfangreiche Kapitel, eine ausführliche Bibliografie und ein Namens- und Sachregister.[8] Ohne Einleitung begann das Buch gleich mit dem »Antisemitism«-, gefolgt von dem »Imperialism« – und dem »Totalitarism«-Teil, der mit »Concluding Remarks« endete. Auf insgesamt 492 Seiten vermaß Arendt die Moderne, dabei Jaspers' auf Deutsch gedrucktem Motto folgend »Weder dem Vergangenen anheimfallen noch dem Zukünftigen. Es kommt darauf an, ganz gegenwärtig zu sein.« Das Zitat stammte aus der monumentalen, 1947 erstmals vorgelegten Studie *Von der Wahrheit*, war aber tatsächlich eine spätestens seit den frühen Dreißigerjahren in Variationen geäußerte Grundüberzeugung des Philosophen.

Ihr »Preface« gab die Tönung des Buches vor:

> *Zwei Weltkriege, welche sich, voneinander durch eine ununterbrochene Kette lokaler Kriege und Revolutionen getrennt, in einer Generation abspielten und ohne Friedensvertrag für den Unterlegenen, ohne Ruhepause für den Sieger geblieben sind, sind mit der Ahnung von einem dritten Weltkrieg zwischen den beiden noch vorhandenen Weltmächten zu Ende gegangen. Dieser Augenblick der Antizipation ist wie die Stille, die sich niedersetzt, nachdem alle Hoffnungen begraben sind.*[9]

Das Buch ist in diese »Stille« hinein geschrieben. Dem die eigene Zeit deutenden und einen Überblick gebenden »Vorwort« standen am Ende »Concluding Remarks« gegenüber, die Arendt nie mehr nachdrucken oder übersetzen lassen wird. Alle weiteren Auflagen, auch die deutschen Ausgaben, zeigten damit die Offenheit der geschichtlichen Entwicklung an. 1951 jedoch glaubte sie »abschließende Bemerkungen« formulieren zu müssen. Mit einem Bibelzitat, Apostelgeschichte 16, 28, beendete Arendt ihre Überlegungen:

> *Denn jene, die aus der Menschheit und der Menschengeschichte ausgegrenzt und dadurch der Grundbedingungen menschlicher Existenz beraubt waren, brauchen die Solidarität aller Menschen, um sie ihres rechtmäßigen Platzes in der »fortdauernden Menschenchronik« zu versichern. Zumindest können wir jedem von ihnen, der mit Recht verzweifelt ist, zurufen: »Tu dir nichts Übles, Denn wir sind alle hie.«*[10]

Die *Origins of Totalitarianism* waren ein Erfolg, wenn auch nicht von den Verkaufszahlen her. Das Werk wurde in allen wichtigen Zeitungen und Zeitschriften ausführlich besprochen. Kritik und Lob hielten sich die Waage, doch niemand zweifelte daran, dass der Autorin ein Wurf gelungen war. Sehr schnell wurde das Buch von der wissenschaftlichen Gemeinschaft aufgenommen, Arendt erhielt Anerkennung in Form von Einladungen zu Vorträgen und Konferenzen. Sie war nun endgültig eine sichtbare Autorin, dazu mit einem Werk: Wenn der Name Arendt fiel, und er fiel sehr häufig seit dem Erscheinen der Studie, dann fiel auch *Origins*. Das sogenannte große Buch war da, ihre älteren Aufsätze erfuhren noch mehr Aufmerksamkeit. Die weiterhin »sozial freischwebende Intellektuelle« (Karl Mannheim) bekam festen Boden unter den Füßen. Arendt konnte mehr als zufrieden sein.

II.

In Deutschland war Hannah Arendt seit 1948 mit der Textsammlung »Sechs Essays« als Buchautorin vertreten. Doch die Aufsätze, teils zuvor in der *Wandlung* erschienen, teils zuvor in Deutschland unbekannt, gaben Arendts Denkentwicklung, vor allem aber den mit den *Origins of Totalitarianism* erreichten Stand ihrer Überlegungen nicht länger wieder. In der Folge scheiterten die Bemühungen, den in Zürich ansässigen Eugen Rentsch Verlag oder die katholischen Kollegen beim Münchner Kösel Verlag zu überzeugen. An Letzteren hatte Arendt am 29. April 1953 unter anderem Folgendes geschrieben:

> *Ich mag nicht direkt aus dem Englischen übersetzen und würde Sie bitten müssen, eine Art Rohübersetzung anfertigen zu lassen, die ich dann überarbeiten werde. Das erleichtert mir die Arbeit sehr; gerade weil ich ja zumeist englisch schreibe (schreiben muss), fällt es mir so schwer, deutsch zu schreiben, wenn ich eine englische Vorlage habe. Ein großer Teil des Buches existiert auf Deutsch.*[11]

Das war die Situation, und sie sollte sich erst ein Jahr später ändern, als sich die in Frankfurt ansässige Europäische Verlagsanstalt (EVA) bei Arendt meldete. Deren Angebot, das gesamte Buch bringen zu wollen, setzte bei ihr Kräfte frei. Zudem musste das aus ihrer Sicht überholte »Vorwort« durch ein neues ersetzt werden, die »Abschließenden Bemerkungen« waren nicht länger zeitgemäß. An deren Stelle sollte der Text »Ideologie und Terror« treten, den sie für die Jaspers-Festschrift »Offene Horizonte« verfasst hatte. Damit begann und endete der Text mit Jaspers. Und dann der Titel! Mit den bisherigen war Arendt nie zufrieden gewesen, es musste ein anderer her, das war klar. »Ursprung und Wesen totaler Herrschaft« oder »Die totalitäre Katastrophe« – zwei von zahlreichen diskutierten Möglichkeiten. Es war ein längerer Weg bis hin zu *Elemente und Ursprünge totaler Herrschaft*. Sie wollte übersetzen, auch weil sie noch Nazi-Literatur an der Stanford University erstmals eingesehen hatte, die unbedingt noch berücksichtigt werden musste.

Man hätte nach den Umarbeitungen, Erweiterungen und schließlich der selbst vorgenommenen Übersetzung der amerikanischen Originalausgabe ihres Buches denken können, dass Arendt ermüdet war, nach einer monatelangen Arbeit, die sie gegenüber ihrem Lehrer und Freund Karl Jaspers bereits am 6. Februar 1955 »abscheulich« genannt hatte. Und dies nicht zuletzt deshalb, weil sie gar nicht anders konnte, als an mehreren Texten gleichzeitig zu arbeiten. So galt es etwa eine zweibändige Essaysammlung ihres verstorbenen Freundes Hermann Broch herauszugeben und mit einer umfänglichen Einleitung zu versehen.

Dann hatte die EVA noch ein Anliegen: Sosehr sie an den Erfolg des Buches glaubte, so wichtig schien es dem Verlag, dass eine bereits in Deutschland eingeführte Persönlichkeit dem Buch begleitende Zeilen voranstellte, um das alles andere als leicht zu lesende Werk dem Publikum anbieten zu können. Es war der Verlag, der auf die Idee kam, Karl Jaspers um ein »Geleitwort« zu bitten, das seither in allen Ausgaben abgedruckt wurde.

Der Herbst 1955, genauer: die Frankfurter Buchmesse, darauf arbeitete man jetzt als Erscheinungstermin hin, nachdem sich das Ziel Frühjahr 1955 für das auf 867 Schreibmaschinenseiten angewachsene Manuskript als zu ehrgeizig herausgestellt hatte. Die für den Buchhandel und Leser so wichtige Übersicht »Aus der Herbstproduktion der deutschen Verlage« der *Frankfurter Allgemeinen Zeitung* wartete am 8. August 1955 mit folgender Ankündigung auf: »Hannah Arendt, Ursprung und Wesen totalitärer Herrschaft, 832 Seiten, 19,50 DM«. Ganz so kam es nicht, zumal alles unter weiterhin enormem Zeitdruck zwischen New York und Frankfurt, dann zwischen Basel und Frankfurt – Arendt hatte Jaspers besucht – hin- und hergeschickt werden musste. Auf beiden Seiten eine logistische Meisterleistung, auch wenn Arendts allererstes Exemplar jede Menge Fehler in ihrem Lebenslauf enthielt und daher der Umschlag neu gedruckt werden musste.

Als Hannah Arendt in der dritten Novemberwoche 1955 ihr Buch *Elemente und Ursprünge totaler Herrschaft* der deutschen Öffentlichkeit in der Frankfurter »Bücherstube« vorstellte, lautete das Thema ihres Vortrages »Was ist Autorität?«[12] Die EVA hatte in die traditionsreiche Buchhandlung geladen, um Autorin und Werk zu feiern. Doch statt über ihre knapp 800 Seiten lange Analyse zu sprechen, gab Arendt ein neues Thema vor.

Mit diesem Abend änderte sich die Wahrnehmung Hannah Arendts in Deutschland. Kurze Zeit später schon sprach man von den *Elementen* – und jeder historisch, politisch, soziologisch Interessierte wusste, was gemeint ist. Daran hat sich bis heute nichts geändert.

III.

Der Umfang der Erstauflage 1955 bei der EVA betrug 797 Seiten (XV + 782), während die Lizenzausgabe bei der Büchergilde Gutenberg von Anfang 1956 wegen des größeren Formats 731 Seiten ausmachte.[13] Bei dieser Seitenzahl blieb die Büchergilde sowohl beim Nachdruck im Jahr darauf als auch bei der veränderten zweiten Auflage 1958 und erneut bei deren Nachdruck 1962. Mit der veränderten Ausgabe von 1958 passte die EVA die Seitenzahl an die der Büchergilde Gutenberg an, sodass ihre Ausgaben künftighin ebenfalls 731 Seiten umfassten.[14] Auch bei der EVA folgte 1962 die letzte Auflage, eine Tatsache, die Arendt nicht gefiel. Die Zusammenarbeit mit dem Verlagshaus endete in dem Jahr.

Erst 1975 kam es im Berliner Ullstein Verlag zu einer weiteren Auflage, die die Dreiteilung des Buches aufnahm – Antisemitismus, Imperialismus, Totalitarismus – und damit der amerikanischen Auflage von 1968 folgte. Auch die neuen Vorworte zu jedem einzelnen Band in einer von Arendt autorisierten Übersetzung durch Michael Schröter nahm die Edition auf, nicht jedoch, entgegen der vertraglichen Zusicherung, die früheren Vorworte Arendts. Das Format war weder in den USA noch in Deutschland ein Erfolg, sodass bereits 1973 Arendts New Yorker Verlag Harcourt Brace Jovanovich auf die einbändige Ausgabe umstellte. Als 1986 die *Elemente* erstmals im Piper Verlag erschienen, geschah das in einem Band. Das Format wurde, bei mehrfach geändertem Satzspiegel, beibehalten.

Die vorliegende Edition bringt den Text und die Bibliografie der Ullstein Ausgabe und enthält zusätzlich sämtliche Vorworte der früheren deutschsprachigen Ausgaben. Zudem wird das »Vorwort zur gekürzten Ausgabe« abgedruckt, das Arendt für das aus den Kapiteln neun bis dreizehn der *Elemente* bestehende Buch *Elemente totaler Herrschaft* für die Reihe »res publica« der EVA und für den Sonderdruck des Bundesministeriums für gesamtdeutsche Fragen geschrieben hatte. Schließlich wird die Widmung des Antisemitismus-Teils anlässlich Kurt Blumenfelds 70. Geburtstag in den beiden ersten Auflagen wiedergegeben.[15]

Damit sind erstmals alle Texte Hannah Arendts in einem Band vereinigt, die sie für ihr Werk *Elemente und Ursprünge totaler Herrschaft* schrieb.

Zu diesem Band

1 Nahezu zeitgleich erschien mit *The Burden of Our Time* bei Secker & Warburg in London eine fotomechanische Reproduktion des Buches, das in den USA gedruckt und nach Großbritannien ausgeliefert wurde. Es gab keine weitere Auflage dieser Ausgabe.

2 Thomas Meyer, *Hannah Arendt. Die Biografie*, München 2023, 128 ff. und 209–284.

3 Elisabeth Young-Bruehl, *Hannah Arendt. Leben, Werk und Zeit*, Frankfurt/M. 2004, 285–301.

4 Siehe Alfons Söllner, *ad Hannah Arendt: Elemente und Ursprünge totaler Herrschaft*, Hamburg 2021.

5 Das Manuskript wird im Rahmen einer Edition der Vorträge und Aufsätze im Piper Verlag erscheinen.

6 Was hier allenfalls kursorisch wiedergegeben werden kann, findet in Stefania Maffeis, *Transnationale Philosophie. Hannah Arendt und die Zirkulation des Politischen,* Frankfurt/Main 2019, 84–142, eine ausführliche und genaue Rekonstruktion.

7 Hannah Arendt/Karl Jaspers, *Briefwechsel 1926–1969.* Hg. v. Lotte Köhler u. Hans Saner, München 1985, 134.

8 In der deutschen Ausgabe entfielen die »Sachen«, worauf mich meine Lektorin Esther Feustel hinwies.

9 Vorwort, in: Hannah Arendt/Eric Voegelin, *Disput über den Totalitarismus. Texte und Briefe.* Mit einer Einleitung von Ursula Ludz u. Kommentaren v. Ingeborg Nordmann u. Michael Henkel, Göttingen 2015, 11–14, hier: 11. Die Übersetzung stammt von Ursula Ludz.

10 Ebenda, 30.

11 Korrespondenz Arendt/Kösel Verlag, der online über die Library of Congress einsehbar ist. Siehe https://www.loc.gov/collections/hannah-arendt-papers/about-this-collection/ (letzter Abruf 3. August 2023).

12 Hansjakob Stehle, Die Klage von der verlorenen Autorität. Zu einem Vortrag von Hannah Arendt, in: *Frankfurter Allgemeine Zeitung* vom 24. November 1955, 10.

13 Der Band enthält die Jahreszahl 1955, wurde aber erst Ende Januar des Folgejahres ausgeliefert. Die Angabe 731 bezieht sich auf die Titelei, Widmung und auf Arendts Text, inklusive der Bibliografie.

14 Der zweiten Auflage liegt eine Fehlzählung zugrunde: Der Text beginnt auf Seite 5.

15 *Elemente totaler Herrschaft* erschien 1958 mit unterschiedlichen Satzspiegeln in den beiden Verlagen.

»Weder dem Vergangenen anheimfallen noch dem Zukünftigen. Es kommt darauf an, ganz gegenwärtig zu sein.«

Vorwort

Dies ist die neue* deutsche Fassung des Buches *The Origins of Totalitarianism,* das im Frühjahr 1951 in Amerika erschien. Es ist keine in jedem Wort getreue Übersetzung des englischen Textes. Einige Kapitel hatte ich selber noch deutsch geschrieben und später ins Englische übersetzt; in diesen Fällen ist hier der Originaltext eingesetzt. Aber auch sonst haben sich bei der Umarbeitung ins Deutsche hie und da Änderungen ergeben, Streichungen und Zusätze, die hier im einzelnen aufzuzählen sich nicht verlohnt. Wesentlich ist nur, daß ich das letzte Kapitel des englischen Textes, die »abschließenden Bemerkungen«, hier durch Überlegungen »Ideologie und Terror« ersetzt habe, die später entstanden sind und in der Festschrift zu Karl Jaspers' siebzigstem Geburtstag veröffentlicht wurden. Auch ist das Vorwort der englischen Ausgabe hier fortgefallen.

Das Manuskript der englischen Ausgabe lag im Herbst 1949 bis auf technische Einzelheiten fertig vor. Literatur, die nach diesem Zeitpunkt erschienen ist, blieb im allgemeinen auch für die deutsche Fassung unberücksichtigt. Eine Ausnahme von dieser Regel habe ich für den dritten Teil des Buches insofern gemacht, als ich mich bemüht habe, die sogenannten Nürnberger Dokumente und andere Urkunden aus der Zeit des Dritten Reiches, die mir damals nicht im Original zugänglich waren, soweit es anging, einzusehen und zu verwenden. Das gleiche gilt für eine Anzahl von Büchern, Broschüren und Zeitschriften, die in Deutschland während des Kriegs erschienen sind und in amerikanischen Bibliotheken damals noch nicht vorhanden waren. Neuveröffentlichtes Quellmaterial und Bücher, die direkt nach den Quellen gearbeitet sind, habe ich soweit wie möglich benutzt. Dagegen habe ich die recht umfangreiche Memoiren-Literatur der Nachkriegszeit, die zumeist eine Quelle sehr fragwürdiger Art darstellt, ganz und gar beiseite gelassen. Für Einsicht in neues Dokumenten- und Broschürenmaterial aus der Zeit des Hitler-Regimes danke ich der Hoover Library in Stanford, Californien, dem *Centre de Documentation Juive* in Paris und dem *Yiddish Scientific Institute* in New York. Alle Dokumente, die in den Nürnberger Prozessen verwendet wurden, sind in ihrer Nürnberger Numerierung zitiert; bei allen anderen Dokumenten ist die Herkunft und die Archivnummer vermerkt.

Das Buch handelt von den Ursprüngen und Elementen der totalen Herrschaft, wie wir sie als eine, wie ich glaube, neue »Staatsform« im Dritten Reich und in dem bolschewistischen Regime kennengelernt haben. Die Ursprünge liegen dem Niedergang und Zerfall des Nationalstaates und dem anarchistischen* Aufstieg der modernen Massengesellschaft; die Elemente, die in diesem Zerfallsprozeß frei werden, sind ihrerseits in den ersten beiden Teilen in ihre historischen Ursprünge zurückverfolgt und in dem dritten Teil in ihrer totalitären Kristallisationsform analysiert. Die historisch gehaltenen Darstellungen der beiden ersten Teile beabsichtigen natürlich nicht, die (noch nicht geschriebene) Geschichte des Antisemitismus oder eine neue Geschichte des Imperialismus zu liefern. Sie heben nur das an der Entwicklung hervor, was sich an ihrem Ende als entscheidend erwiesen hat und für die Analyse des letzten Teils unumgänglich ist.

Einzelne Abschnitte der deutschen Fassung sind im Laufe der letzten Jahre in Zeitschriften erschienen, vor allem in der *Wandlung*, im *Monat* und im *Hochland*. Auch diese Abschnitte sind nochmals durchgesehen und überarbeitet.

New York, Juni 1955, *Hannah Arendt*

* Die Begriffe wurden 1958 nachträglich von Arendt eingefügt bzw. korrigiert.

Vorwort zur zweiten Auflage

Bis auf geringfügige bibliographische Zusätze ist der Text des Buches unverändert. So habe ich auch die Rede Chruschtschows auf dem zwanzigsten Parteitag der Kommunistischen Partei Rußlands nur als zusätzliche Quelle für das Stalinregime erwähnt, aber darauf verzichtet, ihre innerrussische Bedeutung zu analysieren oder die Ereignisse zu interpretieren, welche dieser Rede folgten. Da ich der Meinung bin, daß die ungarische Revolution vielleicht eine so entscheidende Wende bedeutet wie die russische Oktoberrevolution und jedenfalls dem Aufwand der Pariser Kommune an geschichtlichem Gewicht gleichkommen dürfte, ist es mir nicht ganz leicht gefallen, auf eine Stellungnahme zu verzichten. Es hätte sich aber in einer solchen Stellungnahme notwendigerweise um die Besprechung von Aktuellem gehandelt, das noch in keiner Weise entschieden ist; und dies würde dem Charakter des Buches widersprechen.

Druckfehler und sprachliche Ungenauigkeiten wurden nach Möglichkeit beseitigt. Dies besorgte Frau Hella Jänsch, der ich herzlich danke.

New York, März 1957
Hannah Arendt

Vorwort zur gekürzten Ausgabe

Diese Ausgabe ist um die ersten acht Kapitel gekürzt, in denen die Elemente der totalen Herrschaft in ihre geschichtlichen Ursprünge zurückverfolgt werden. Fortgefallen ist die Entwicklung des modernen Antisemitismus und mit ihr die Darstellung der Rolle der Juden in dem europäischen Nationalstaatensystem des achtzehnten und neunzehnten Jahrhunderts. Diese Entwicklung zeigt, warum die Judenfrage, der an sich keine große Bedeutung zukam, der Kristallisationspunkt einer totalitären Bewegung im zwanzigsten Jahrhundert werden konnte. Fortgefallen ist ferner die Darstellung des überseeischen Imperialismus und der kontinentalimperialistischen, der sogenannten Pan-Bewegung, durch welche der Nationalstaat und die national organisierten Völker versuchten, die ihnen durch die neuen Notwendigkeiten einer Weltwirtschaft und Weltpolitik gestellten Probleme zu lösen, bzw. sich ihnen zu entziehen. An den auf diese geschichtlichen Kapitel folgenden Strukturanalysen der totalen Herrschaft selbst ist nichts gekürzt oder geändert.

Diese Ablösung des geschichtlich-darstellenden von dem politisch-analytischen Teil des Werkes ist möglich und zu rechtfertigen, weil die Verknüpfung des Geschichtlichen mit dem Politischen von vornherein nicht im Sinne einer Kausalbeziehung gedacht war. Die Darstellung auch der Ursprünge der totalen Herrschaft geht durchaus von dem Ereignis der Machtergreifung durch die totalitären Bewegungen und den nach der Machtergreifung sich entfaltenden Institutionen und Apparaten aus, und was immer an Geschichtlichem in dem ersten Teil des Buches beigetragen ist, ergibt sich aus einer Rückverfolgung der Elemente, die in der politischen Strukturanalyse freigelegt sind. Von diesen her fallen dann allerdings sehr bezeichnende und erhellende Lichter auf die Vergangenheit, und zwar gerade auch auf Prozesse und Tendenzen, die gleichsam unterirdisch verlaufen – wie eben die Geschichte der europäischen Juden und des modernen Antisemitismus – und daher von der herkömmlichen Geschichtsschreibung vernachlässigt worden sind. Aber das Phänomen der totalen Herrschaft an sich ist nur aus ihr selbst, aus der ihr zugehörigen Regierungsform, aus ihren Institutionen und Taten, zu »verstehen«; geschichtlich ableitbar im Sinne eines notwendig verlaufenden Entwicklungsprozesses, der auf eine oder mehrere zusammenwirkende Ursachen zurückgeführt werden könnte, ist es nicht.

Für die totale Herrschaft und die totalitären Bewegungen sind die Ursprünge nur das Medium, in dem sich diese Ereignisse wie alle politischen Ereignisse vollziehen. So wenig wie die Geschichte der europäischen Revolution oder der Arbeiterbewegung oder des Marxismus kann die Geschichte des Antisemitismus oder des Imperialismus für das Eintreten der totalen Herrschaft verantwortlich gemacht werden. Alles was wir für die Gegenwart aus ihnen lernen können, sind die Probleme, welche das zwanzigste Jahrhundert vorfand, und die Aporien, die sich ergeben, will man diese Probleme im Rahmen des nationalstaatlichen Prinzips lösen.

Der einzige geschichtliche Hintergrund, der mir für das Verständnis der totalitären Herrschaftsform unentbehrlich schien, ist das Kapitel, das von den Folgen des ersten Weltkrieges, von der verzweifelten Unfähigkeit der nationalen Staatsmänner, gerade mit den neuesten und modernsten Problemen in Europa fertig zu werden, handelt. Denn dieses Versagen ist mehr als geschichtlicher Hintergrund. Es begleitet als ein hervorragender, wenn auch negativer Faktor die Machtergreifung und Machtentfaltung in den totalitär regierten Ländern, die Widerstandslosigkeit und Ahnungslosigkeit der gesamten zivilisierten Welt waren wesentliche Faktoren, mit denen Hitler wie Stalin zu rechnen wußten. Auch dies Kapitel ist in meiner Darstellung nicht von der vorhergehenden direkt abhängig, so daß es mir möglich schien, mit ihm diese Ausgabe beginnen zu lassen.

Hannah Arendt

Band I

Antisemitismus

Für Heinrich Blücher

Geleitwort

Der Verlag wünscht ein Geleitwort. Ich versage mich nicht, obgleich ich mich ein wenig schäme. Denn dieses Buch vertritt sich selber geistig so großartig, daß es keiner Empfehlung bedarf. Nur die Tatsache, daß die Verfasserin in Deutschland noch wenig bekannt ist, mag mich entschuldigen.

Es handelt sich um die Frage, die heute alle Denkenden als die für unser Dasein brennendste kennen: die nach der geschichtlichen Wende, welche im Totalitarismus ihre schrecklichste und drohendste politisch-überpolitische Wirklichkeit zeigt. Hannah Arendt hat das schlechthin Neue erkannt, das, was im Nationalsozialismus und Bolschewismus mehr ist als Despotie und Tyrannei. Sie erforscht die Voraussetzungen, die Bedingungen und Gleislegungen, die das Phänomen ermöglicht haben.

In den ersten beiden Teilen werden Antisemitismus und Imperialismus nach ihrer für den Totalitarismus wesentlichen Bedeutung erörtert. Sie führen in weite Bereiche heute wenig bekannter Tatsachen, die als sinnzugehörig erkannt werden. Um diese ausführlichen Darstellungen zu begreifen, muß man die Geduld haben, das Buch ganz zu lesen. Das ist nicht schwer, weil fast jedes Kapitel schon unmittelbar fesselt. Aber ohne das Ganze im Auge zu haben, kann man dem Mißverständnis verfallen, in diesen historischen Analysen, sie übersteigernd, schon die Sache selbst zu haben, zumal die Eindringlichkeit der Darstellung dazu verführt. Vielleicht ist es gut, den dritten Teil zuerst zu lesen. Denn die

Genese wird besser verstanden, wenn man ihr Ergebnis schon kennt.

Der erste umfangreiche Hauptteil handelt ausschließlich vom Antisemitismus, nicht etwa von dem großen Gehalt der jüdischen Geschichte, auch nicht von der Größe des deutschen Judentums, sondern allein von jenem Antisemitismus, von dem gezeigt wird, wie er als politisch gemeinte weltanschauliche Bewegung, im Unterschied vom Judenhaß, erst ein Produkt des letzten Drittels des neunzehnten Jahrhunderts ist. Würde man sagen, die Judenfrage werde hier zu wichtig genommen, so möchte ich widersprechen, vor allem für uns Deutsche, die wir Anlaß haben, gründlicher und verantwortlicher als alle andern in diese Zusammenhänge Einsicht zu gewinnen.

Das Buch will historische Erkenntnis. Es ist auf Grund eigener Erfahrung, einer kaum absehbaren dokumentarischen Literatur und damit auf Grund eines bewunderungswürdigen Reichtums an konkretem Wissen mit den Mitteln historischer Forschung und soziologischer Analyse erarbeitet. Aber dies Buch will mehr. Es will durch die Erkenntnis mitarbeiten an der sittlich-politischen Denkungsart, die die Selbstbehauptung des Menschen ermöglicht in einem entwurzelnden Chaos und in der Ermüdung an allen Meinungen unserer Zeit, welche zum Kollektiv des Nichts im Apparat des Terrors geführt haben. Das Mitdenken dieses Buches reinigt nicht nur wie eine philosophische Besinnung, sondern gibt die Einsicht, durch welche eine philosophische Denkungsart in der politischen Wirklichkeit erst urteilskräftig wird. Mit der Vergegenwärtigung des totalitären sittlich-politisch entleerten Zustandes, der mit Fiktionen und einem durch Sinnkonsequenz überwältigend wirksamen Apparat der Täuschungen sogar das Wissen um die Lüge noch zu einem beschwingenden Moment werden läßt, spricht dieses Buch beschwörend zu dem Menschen als Menschen. Für die Verfasserin gilt nicht der alte Satz: So mußte es kommen. Die Konstruktionen der Sinnzusammenhänge, die zu Kausalitäten in der Geschichte werden oder werden können, sind nicht als schlechthin zwingend gemeint. Denn erkannt, sind sie revidierbar. Es liegt am Menschen und nicht an einem dunklen Verhängnis, was aus ihm wird. Wenn uns bei den Darstellungen Hannah Arendts das Gefühl überkommt, es sei unentrinnbar gewesen, so ist das grade nicht ihr Glaube. Weil es anders kommen kann, weil die Einsicht unsere politische Denkungsart klärt und dadurch erneuert, ist das Buch geschrieben. Es macht keine Vorschläge und gibt keine Programme. Denn es will als solches nur historische Erkenntnis. Aber es will wirken in jene Innerlichkeit, wo über die Politik der Geschicklichkeit und der Vordergründe hinaus der sittlich-politische Zustand des Menschen sich wandeln kann, aus dem jene Geschicklichkeit selbst erst mit Sinn erfüllt wird.

Daher halte ich dieses Buch für Geschichtsschreibung großen Stils. Der Geist der Wahrhaftigkeit ist in ihm am Werke, um reale Erkenntnis zu gewinnen, wohl wissend, daß die ganze und vollständige Erkenntnis nicht erreichbar ist, bereit, auf Gründe zu hören, die mit Tatsachen operieren. Aber dieser Geist dient weder einer bodenlosen Objektivität endloser Gleichgültigkeiten, erst recht nicht in der Enge irgendwelcher Interessen, sondern der Menschenwürde. In diesem Buche wirkt die hohe Vernunft eines leidenschaftlich erfahrenden Menschen, der sich dem Äußersten nicht entzogen hat, der die Augen nicht verschließt, wo Nichtsehen bequemer ist, der rücksichtslos mit sich selber kämpft. Dieser Geist ließ sich nicht binden durch Ressentiments oder Byzantinismen irgendeiner Macht gegenüber, sondern von der Liebe zum Menschen und der Welt, die in allem Wissen des Schrecklichen triumphierend die Aktion, und sei es im Kleinsten, vollzieht, vernünftig zum Besseren zu wirken ohne Geborgenheit in einem Wissen.

Das Buch ist das Ergebnis jahrzehntelangen Denkens. Jahre vor 1933 sah Hannah Arendt kommen, was ich damals in Deutschland für unmöglich hielt. Als es 1933 begann, war sie sich bewußt, daß es eine unerhört tiefgreifende Wende bedeutete. Sogleich wollte sie sehen und erkennen. So sammelte sie unter anderem Zeitungsausschnitte, was bei einer Haussuchung in Berlin zu ihrer Verhaftung und nach der Befreiung zur Flucht aus Deutschland führte. Auch in den bösesten Situationen hörte ihr Denken, die Kraft ihrer hellsichtigen Geistesgegenwart nicht auf. Von dem Lebensweg dieses liebenden Vernunftwesens ist keine Spur in dem Werk zu finden, außer in der Denkungsart im ganzen. Es ist alles nüchtern und sachlich dargelegt, reingewordene Einsicht.

Hannah Arendt hat ihr zunächst englisch geschriebenes Werk vor Jahren in New York und London erscheinen lassen. Als sie es jetzt ins Deutsche, ihre Muttersprache, übersetzte, hat sie bei ihrem ständig regen Sinn das im ganzen unveränderte Buch gelegentlich ergänzt, verbessert, gekürzt. Daß sie mit fast gleicher Ursprünglichkeit englisch wie deutsch schreibt, macht den Vergleich der Ausgaben interessant. Natürlich ziehe ich die deutsche Ausgabe vor. Das Englische macht einfacher und kürzer. Die Denkungsart dieses Buches aber ist deutscher und universaler Herkunft, geschult an Kant, Hegel, Marx und an deutscher Geisteswissenschaft, dann wesentlich an Montesquieu und Tocqueville. Diese Denkungsart ist von jener herrlichen Offenheit, wie sie zuweilen deutschem Geiste entsprungen ist. Daher hat sie ihren angemessensten Ausdruck auch in der deutschen Sprache. Ihr Werk kann, wie ich hoffe, in diesem Raum einen noch tieferen Widerhall finden, als es ihn in den angelsächsischen Ländern schon gefunden hat.

Basel, September 1955
Karl Jaspers

Vorwort[1]

Der Antisemitismus, eine profane Ideologie des 19. Jahrhunderts, die dem Namen, wenn auch nicht den Argumenten nach vor 1870 unbekannt war, kann offensichtlich nicht mit dem religiösen Judenhaß gleichgesetzt werden, der sich aus der wechselseitigen Feindschaft zwischen zwei einander bekämpfenden Glaubensrichtungen herleitet, und schon inwieweit er seine Argumente und seine Anziehungskraft aus diesem bezieht, ist fraglich. Wer meint, eine kontinuierliche Reihe von Verfolgungen, Vertreibungen und Blutbädern führe bruchlos vom Ausgang des römischen Reiches über das Mittelalter und die Neuzeit bis in unsere Tage, und vielleicht noch hinzusetzt, der moderne Antisemitismus sei nichts weiter als die Profanversion eines verbreiteten mittelalterlichen Aberglaubens,[2] ist, wenn auch arglos, nicht weniger im Irrtum als die Antisemiten, die ganz entsprechend meinten, seit dem Altertum regiere eine jüdische Geheimgesellschaft die Welt oder strebe danach. Geschichtlich gesehen ist die Kluft zwischen Spätmittelalter und Neuzeit, was die Lage der Juden angeht, sogar noch ausgeprägter als der Sprung von der römischen Antike zum Mittelalter oder der Einschnitt, der die Katastrophen der ersten Kreuzzüge vom Frühmittelalter trennte und der so häufig als der wichtigste Wendepunkt in der Geschichte der Juden in der Diaspora angesehen wird. Denn jene Kluft erstreckte sich über fast zwei Jahrhunderte, vom 15. bis zum Ausgang des 16. Jahrhunderts, und in dieser Zeitspanne erreichten die Beziehungen zwischen Juden und Nichtjuden einen beispiellosen Tiefstand, während die »jüdische Gleichgültigkeit für die Bedingungen und Ereignisse in der Außenwelt« eine beispiellose Hochblüte erlebte und der jüdische Glaube sich »stärker als je zuvor zu einem geschlossenen Denksystem« entwickelte. Es war die Zeit, in der die Juden ganz von sich aus zu der Überzeugung kamen, »daß sich das jüdische Volk von den Nationen vor allem seinem inneren Wesen und nicht bloß seinem Glauben und Bekenntnis nach unterschied« und daß der alte Zwiespalt zwischen Juden und Nichtjuden »nicht so sehr in abweichenden Lehrmeinungen, sondern vor allem in der Verschiedenheit der Rassen begründet war«.[3] Es liegt auf der Hand, daß ohne diesen Wandel in der Einschätzung der Andersartigkeit des jüdischen Volkes – ein Wandel, der erst viel später, im Zeitalter der Aufklärung, auf Nichtjuden übergriff – der Antisemitismus schlechterdings nicht hätte entstehen können, und es ist nicht unwichtig festzuhalten, daß er sich zuerst in der jüdischen Selbstinterpretation vollzog, und zwar ungefähr zur gleichen Zeit, als sich die europäische Christenheit in jene Volksgruppen spaltete, die dann im modernen Nationalstaatensystem die ihnen gemäße politische Form fanden.

Die Geschichte des Antisemitismus läßt sich so wenig wie die Geschichte des Judenhasses herauslösen aus der langen und verwickelten Geschichte der Beziehungen zwischen Juden und Nichtjuden unter den Bedingungen der jüdischen Zerstreuung. Vor der Mitte des 19. Jahrhunderts war das Interesse an dieser Geschichte praktisch gleich Null; es entwickelte sich zusammen mit dem Aufkommen des Antisemitismus und dessen wütender Reaktion auf die Emanzipation und Assimilation des Judentums, also unter Umständen, die der Begründung einer zuverlässigen Geschichtsschreibung so ungünstig waren, wie man es sich nur denken kann.[4] Seit dieser Zeit treffen sich die jüdische und die nichtjüdische Geschichtsschreibung, wenn auch zumeist mit entgegengesetzten Absichten, in dem gemeinsamen Irrtum, daß sie die Elemente von Feindseligkeit in den christlichen und jüdischen Quellen isolieren und die Reihe von Katastrophen, Vertreibungen und Blutbädern hervorheben, die im Verlauf der jüdischen Geschichte mit der gleichen Regelmäßigkeit auftreten wie bewaffnete und unbewaffnete Auseinandersetzungen, Kriege, Hungersnöte und Epidemien im Verlauf der Geschichte Europas. Es erübrigt sich hinzuzufügen, daß die jüdische Geschichtsschreibung, die immer einen Hang zu Polemik und Selbstrechtfertigung hatte, sich darauf konzentrierte, die Spur des Judenhasses in der christlichen Geschichte zu verfolgen, während es den Antisemiten überlassen blieb, eine Tradition ähnlichen Geistes aufzuspüren, die sich auf alte jüdische Autoritäten berufen konnte. Als diese jüdische Tradition einer oft heftigen Feindschaft gegen Christen und Nichtjuden aufgedeckt wurde, »war die jüdische Öffentlichkeit durchweg nicht nur empört, sondern echt überrascht«[5] – so vollständig war es ihren Wortführern gelungen, sich selbst und jedermann es als eine Tatsache einzureden, daß die Isolation der Juden ausschließlich der Feindseligkeit der Nichtjuden und einem Mangel an Aufklärung geschuldet sei. Das Judentum, behaupteten damals vor allem jüdische Historiker, habe sich vor anderen Religionen immer dadurch ausgezeichnet, daß es für Toleranz und die Gleichheit aller Menschen eintrat. Daß diese selbstbetrügerische Theorie, einhergehend mit dem Glauben, das jüdische Volk sei immer das passive, leidende Objekt christlicher Verfolgungen gewesen, in Wirklichkeit darauf hinauslief, an dem alten Mythos vom auserwählten Volk, in modernisierter Form, festzuhalten, und zwangsläufig zu einer neuen und oft sehr komplizierten Praxis der Absonderung führte, die unvermeidlich den althergebrachten Zwiespalt aufrechterhielt, ist vielleicht eine jener ironischen Konsequenzen, denen anscheinend nicht entgehen kann, wer politische Fakten und geschichtliche Dokumente zu verschönern und zu manipulieren versucht. Denn wenn überhaupt die Juden etwas mit ihren nichtjüdischen Nachbarn gemein hatten, was ihre frisch verkündete Gleichheit begründen konnte, dann war es eine unter dem Vorzeichen der Religion stehende, durch wechselseitige Feindschaft gekennzeichnete Vergangenheit, die in ihren besten Exponenten ebenso zahlreiche Kulturleistungen hervorgebracht hatte wie Äußerungen von Fanatismus und krassem Aberglauben bei den ungebildeten Massen.

Freilich basieren auch die ärgerlichen Klischees dieser jüdischen Geschichtsschreibung noch auf solideren historischen Fakten als nur den überholten sozialen und politischen Bedürfnissen des europäischen Judentums im 19. und frühen 20. Jahrhundert. Zwar war die jüdische Kulturgeschichte unendlich vielfältiger, als man damals annahm, und die Ursachen der Katastrophen wechselten mit den historischen und geographischen Gegebenheiten, doch bleibt immer noch so viel richtig, daß diese Veränderungen mehr in der nichtjüdischen Umgebung als innerhalb der jüdischen Gemeinden stattfanden. Zwei sehr reale Faktoren waren verantwortlich für die verhängnisvollen Mißverständnisse, die noch immer in populären Darstellungen der jüdischen Geschichte umlaufen. Niemals und nirgendwo besaßen die Juden nach der Zerstörung des Tempels ein eigenes Territorium und einen eigenen Staat; immer hing ihr nacktes Überleben von dem Schutz durch nichtjüdische Mächte ab, auch wenn »den Juden in Frankreich und Deutschland bis weit ins 13. Jahrhundert hinein« gewisse Voraussetzungen eines wirksamen Selbstschutzes, so das Recht, Waffen zu tragen, zuerkannt wurden.[6] Zwar heißt das nicht, daß die Juden zu allen Zeiten machtlos waren, aber es bleibt doch richtig, daß sie bei jeder gewaltsamen Auseinandersetzung, ganz gleich welchen Ursprungs, nicht nur bequeme, sondern hilflose Opfer waren; daher war es nur natürlich, daß sie, zumal in den Jahrhunderten völliger Entfremdung, die ihrem Aufstieg zur politischen Gleichberechtigung vorangingen, die immer wieder ausbrechenden Gewalttätigkeiten jeweils als bloße Wiederholungen erlebten. Dazu kam, daß die Juden traditionell Katastrophen als Martyrium auffaßten, was einerseits auf die ersten Jahrhunderte unserer Zeitrechnung zurückgeht, als Juden wie Christen der Macht des römischen Reiches trotzten, andererseits auf die Existenzbedingungen im Mittelalter, als den Juden auch dann, wenn die Gewalttätigkeiten nicht religiös, sondern politisch oder wirtschaftlich begründet waren, immer noch die Alternative offenstand, sich taufen zu lassen und damit den Verfolgungen zu entgehen. Diese beiden Tatsachen also kamen zusammen und erzeugten eine optische Täuschung, der seitdem jüdische wie nichtjüdische Historiker erliegen. Die Geschichtsschreibung »hat sich bis heute mehr mit der Absonderung der Christen von den Juden befaßt als mit dem umgekehrten Prozeß«,[7] und sie hat damit eine Tatsache verwischt, auf die sonst größeres Gewicht gelegt worden wäre, daß nämlich die Absonderung der Juden von der nichtjüdischen Welt, genauer ihrer christlichen Umgebung, für die jüdische Geschichte von größerer Bedeutung war als der umgekehrte Prozeß, was sich einfach schon daraus ergab, daß das Volk, wenn es auch nur als eine identifizierbare Einheit überleben wollte, auf eine solche freiwillige Isolierung angewiesen war und nicht, wie man gewöhnlich annimmt, auf die Feindschaft der Christen und Nichtjuden. Erst im 19. und 20. Jahrhundert, als die Emanzipation vollzogen war und die Assimilation sich ausbreitete, begann der Antisemitismus eine Rolle für die Konservierung des Volkes zu spielen, da erst jetzt die Juden überhaupt den Ehrgeiz entwickelten, zur nichtjüdischen Gesellschaft zugelassen zu werden.

Während antijüdische Ressentiments das ganze 19. Jahrhundert hindurch in den gebildeten Klassen weit verbreitet waren, blieb der Antisemitismus als Ideologie, von vereinzelten Ausnahmen abgesehen, auf verrückte Einzelgänger, und zwar besonders in den extremistischen Randgruppen, beschränkt. Noch die zweifelhaften Erzeugnisse jüdischer Apologetik, die keinen überzeugten, der nicht schon überzeugt war, imponieren als Musterbeispiele von Gelehrsamkeit und Kenntnisreichtum, vergleicht man sie mit dem, was die Judengegner als Geschichtsforschung anzubieten hatten.[8] Als ich nach Kriegsende das Material für das vorliegende Buch zu sichten begann, das ich über zehn Jahre lang aus Dokumenten und manchmal vorzüglichen Monographien ausgezogen hatte, existierte nicht eine einzige Gesamtdarstellung des Themenbereichs, die auch nur den elementarsten Ansprüchen der Geschichtswissenschaft genügt hätte. Und seither hat sich die Lage kaum gebessert. Das ist umso mehr zu bedauern, als in jüngster Zeit das Bedürfnis nach einer unparteiischen, wahrheitsgemäßen Bearbeitung der jüdischen Geschichte dringlicher geworden ist als je zuvor. Die politischen Entwicklungen des 20. Jahrhunderts haben das jüdische Volk ins Sturmzentrum der Ereignisse getrieben; Judenfrage und Antisemitismus, bis dahin, weltpolitisch gesehen, ziemliche Randerscheinungen, wurden plötzlich zum Katalysator in einem Prozeß, der zunächst den Aufstieg der Nazibewegung und die Etablierung der Organisationsstruktur des Dritten Reiches sah, wo jedermann beweisen mußte, daß er *kein* Jude war, dann einen Weltkrieg von unvergleichlicher Grausamkeit und schließlich im Zentrum der westlichen Kultur das Verbrechen eines Völkermords, der in der Geschichte ohne Beispiel ist. Es war für mich keine Frage, daß man sich hier nicht mit Klagen und Anklagen bescheiden durfte, sondern vor allem begreifen mußte. Dieses Buch stellt den Versuch dar zu verstehen, was auf den ersten und selbst den zweiten Blick nur ungeheuerlich erschien.

Begreifen bedeutet freilich nicht, das Ungeheuerliche zu leugnen, das Beispiellose mit Beispielen zu vergleichen oder Erscheinungen mit Hilfe von Analogien und Verallgemeinerungen zu erklären, die das Erschütternde der Wirklichkeit und das Schockhafte der Erfahrung nicht mehr spüren lassen. Es bedeutet vielmehr, die Last, die uns durch die Ereignisse auferlegt wurde, zu untersuchen und bewußt zu tragen und dabei weder ihre Existenz zu leugnen, noch demütig sich ihrem Gewicht zu beugen, als habe alles, was einmal geschehen ist, nur so und nicht anders geschehen können. Kurz: Begreifen bedeutet, sich aufmerksam und unvoreingenommen der Wirklichkeit, was immer sie ist oder war, zu stellen und entgegenzustellen.

Für ein solches Begreifen ist eine gewisse Kenntnis der Geschichte des europäischen Judentums im 19. Jahrhundert und der sie begleitenden Entwicklung des Antisemitismus unerläßlich, wenn auch natürlich nicht hinreichend. Die folgenden Kapitel behandeln ausschließlich die Elemente in der Geschichte des 19. Jahrhunderts, die wirklich zu den »Ursprüngen totaler Herrschaft« gehören. Das vorliegende Buch ist weder eine umfassende Geschichte des Antisemitismus, noch will es sie sein; eine solche Geschichte steht auch weiterhin aus. Solange freilich diese Lücke nicht geschlossen ist, ist es selbst unter rein wissenschaftlichen Gesichtspunkten gerechtfertigt, die folgenden Kapitel als eine eigenständige Vorarbeit für eine umfassendere Darstellung zu veröffentlichen, auch wenn sie ursprünglich nichts weiter enthalten sollten als ein wesentliches Stück dessen, was man die Vorgeschichte totaler Herrschaft nennen kann. Wenn es im übrigen die Geschichte des Antisemitismus kennzeichnet, daß das Thema nichtjüdischen Spinnern und jüdischen Apologeten überlassen blieb und von Historikern, die auf ihren guten Ruf hielten, sorgsam gemieden wurde, so gilt das *mutatis mutandis* für fast alle Elemente, die später in dem neuartigen Phänomen totaler Herrschaft zusammenschossen: sie waren in Wissenschaft und Öffentlichkeit so gut wie unbeachtet geblieben, weil sie zu einer Strömung unterhalb der Oberfläche der europäischen Geschichte gehörten, wo sie, dem Licht der Öffentlichkeit und der Aufmerksamkeit der Aufgeklärten entzogen, eine völlig unerwartete Gefährlichkeit entwickeln konnten.

Da diese unterirdischen Strömungen erst zu Tage traten und von der Öffentlichkeit bemerkt wurden, als sich die schließliche Katastrophe bereits zusammenzog, entstand die Neigung, die totale Herrschaft einfach mit ihren Elementen und Ursprüngen in eins zu setzen – als wäre jede Äußerung von Antisemitismus, Rassismus oder Imperialismus gleichbedeutend mit »totaler Herrschaft«. Dieser Trugschluß verstellt ebenso den Zugang zur geschichtlichen Wahrheit, wie er die politische Urteilskraft schwächt. Totalitäre Politik ist keineswegs einfach antisemitisch oder rassistisch oder imperialistisch oder kommunistisch, sie gebraucht und mißbraucht vielmehr ihre eigenen ideologischen und politischen Elemente so lange, bis die reale Tatsachenbasis, aus der die Ideologien anfänglich ihre Stärke und ihren Propagandawert bezogen, – die Realität des Klassenkampfes z. B. oder die Interessengegensätze zwischen den Juden und ihren Nachbarn – so gut wie verschwunden ist. Es wäre sicher ein gefährlicher Irrtum, wollte man die Rolle, die blanker Rassismus im Machtgefüge der amerikanischen Südstaaten spielt und immer gespielt hat, unterschätzen, doch wäre es ein noch gefährlicherer Trugschluß, wollte man rückblickend daraus die Konsequenz ziehen, daß weite Gebiete der USA seit mehr als einem Jahrhundert einem totalitären Regime unterworfen seien. Die antisemitischen Bewegungen des 19. Jahrhunderts hatten nur eine direkte, unmittelbare Folgeerscheinung, und das war nicht der Nazismus, sondern im Gegenteil der Zionismus, der zumindest in seiner westlichen, ideologischen Gestalt eine Art Gegenideologie war, eine »Antwort« auf den Antisemitismus. Das soll im übrigen nicht heißen, daß das jüdische Selbstbewußtsein jemals nichts weiter als ein bloßes Produkt des Antisemitismus gewesen sei; seit dem babylonischen Exil ist das Zentralthema der jüdischen Geschichte immer das Überleben des Volkes in der Zerstreuung gewesen, die Selbstbehauptung gegen den überwältigenden Druck von außen, und schon ein flüchtiger Blick auf die Geschichte sollte genügen, um jenen neuesten Mythos auf diesem Gebiet zu entkräften, einen Mythos, der unter Intellektuellen einigermaßen in Mode kam, seit Sartre *den* Juden »existentialistisch« als jemanden bestimmte, der von anderen als Jude angesehen und definiert wird.

Was den vortotalitären und den totalitären Antisemitismus

sowohl trennt als auch verbindet, illustriert wohl am besten die lächerliche Geschichte der »Protokolle der Weisen von Zion«. Daß die Nazis diese Fälschung als Lehrbuch für die Welteroberung benutzten, gehört gewiß nicht mehr zur Geschichte des Antisemitismus, aber nur diese Geschichte kann erklären, warum das unwahrscheinliche Machwerk Überzeugungskraft genug besaß, um zunächst einmal der antijüdischen Propaganda zu dienen. Nicht erklären kann sie dagegen, warum der totalitäre Anspruch auf Weltherrschaft und ihre Ausübung durch die Mitglieder und mit den Mitteln einer Geheimgesellschaft überhaupt je ein erstrebenswertes politisches Ziel werden konnte. Diese letztere Funktion der »Protokolle«, die zwar nicht propagandistisch, aber doch politisch viel wichtiger war, hat ihren Ursprung im Imperialismus, und speziell in seiner hochexplosiven Kontinentalversion, den sogenannten Panbewegungen.

Das vorliegende Buch ist also zeitlich und räumlich ebenso eingegrenzt wie thematisch. Es analysiert die jüdische Geschichte in Mittel- und Westeuropa von der Zeit der Hofjuden bis zur Dreyfus-Affäre, soweit sie die Geburt des Antisemitismus beeinflußte oder von ihr beeinflußt wurde. Es behandelt antisemitische Bewegungen, die noch eine ziemlich solide Basis in der Realität besaßen: in den faktischen Beziehungen zwischen Juden und Nichtjuden, d. h. in der Rolle, die Juden in der Entwicklung des Nationalstaats einerseits und in der nichtjüdischen Gesellschaft andererseits spielten. Das Aufkommen der ersten antisemitischen Parteien in den siebziger und achtziger Jahren des 19. Jahrhunderts bezeichnet den Punkt, an dem die beschränkte Realbasis des Interessengegensatzes und der nachvollziehbaren Erfahrung verlassen und der Weg beschritten wurde, der schließlich zur »Endlösung« führte. Von nun an, d. h. im Zeitalter des Imperialismus und in der darauf folgenden Epoche totalitärer Bewegungen und Staaten, sind die Judenfrage oder die antisemitische Ideologie unlöslich verquickt mit Problemen, die so gut wie keinen Bezug mehr zu den Realitäten der modernen jüdischen Geschichte haben. Und das nicht allein und nicht in erster Linie, weil diese Fragen weltpolitisch eine so überragende Rolle spielten, sondern weil der Antisemitismus selbst von nun an im Dienst anderweitiger Zwecke stand, deren Durchsetzung zwar am Ende hauptsächlich Juden das Leben kostete, die aber alle Spezialprobleme jüdischen oder antijüdischen Interesses weit hinter sich ließen.

Die imperialistische und die totalitäre Spielart des Antisemitismus im 20. Jahrhundert findet der Leser im zweiten bzw. dritten Band dieser Arbeit.

Juli 1967
Hannah Arendt

1 Antisemitismus und der gesunde Menschenverstand

Immer noch meint man vielfach, es sei ein Zufall gewesen, daß gerade der Antisemitismus den Kern und Kristallisationspunkt der nationalsozialistischen Ideologie bildete. Die unbeirrbare Konsequenz der Politik des Dritten Reiches, die in dieser Frage nie einen Kompromiß gekannt hat und schließlich mit der Ausrottung aller Juden endete, die in der Machtsphäre Hitlers aufgefunden werden konnten, glaubt man mit psychologischen Erklärungen eines halb geistesgestörten Fanatismus erklären zu können. Nur das Grauen, das die schließliche Katastrophe auslöste, und die unmittelbaren Probleme, die sich aus der Heimat- und Staatenlosigkeit der Überlebenden ergaben, haben in der Nachkriegszeit dazu geführt, die jüdische Frage als eine politische zu stellen und ernst zu nehmen. Aber dies hat nicht gehindert, in der Beurteilung des Nationalsozialismus nach wie vor das, was die Nazis selbst als ihre Hauptentdeckung in Anspruch nahmen: die Rolle des jüdischen Volkes in der internationalen Politik, und was sie als ihr Hauptziel proklamierten: Verfolgung und schließlich Ausrottung der Juden in der ganzen Welt, lediglich für einen Vorwand und einen billigen Propagandatrick zu halten.

Dies Widerstreben, den Quellen zu glauben und die Nazis in ihren ideologischen Proklamationen ernst zu nehmen, ist begreiflich genug. Es gibt kaum einen Ausschnitt der gegenwärtigen Geschichte, der für den gesunden Menschenverstand so aufreizend ist wie die Tatsache, daß von all den großen ungelösten politischen Problemen unseres Jahrhunderts gerade die Judenfrage die zweifelhafte Ehre gehabt haben soll, die ganze teuflische Maschinerie eines totalitären Herrschaftsapparates in Gang zu setzen. Die hier so offenkundige Diskrepanz zwischen Ursache und Wirkung beleidigt nicht nur den gesunden Menschenverstand, sie irritiert auch den Historiker, der sich in einer solchermaßen aus den Fugen geratenen Welt nicht mehr auskennt. Alle Versuche, den Antisemitismus zu »erklären«, erscheinen an den Ereignissen selbst gemessen wie unzulängliche, überstürzt hingeworfene Arbeitshypothesen, die uns eher dazu verhelfen könnten, die ganze Sache wieder zu vergessen und mit ihr die Tatsache, daß unser gesunder Menschenverstand sich hier nicht ausgekannt hat, als das vorliegende Phänomen zu verstehen.

Zu diesen Arbeitshypothesen gehört die Identifizierung des Antisemitismus mit Chauvinismus und Xenophobie, die von der Tatsache widerlegt wird, daß der Antisemitismus in genau dem Maße zunahm, in dem das traditionelle Nationalgefühl und das rein nationalistische Denken an Intensität abnahmen, um seinen Höhepunkt in dem Augenblick zu erreichen, als das europäische Nationalstaatensystem zusammenbrach. Der Nationalsozialismus der Nazis wird gewöhnlich selbst von denen überschätzt, die begriffen haben, daß die Nationalsozialisten niemals einfach Nationalisten waren und sich nationalistischer Schlagworte nur bedienten, um für eine Übergangszeit auch aus den traditionell gebundenen Kreisen der Bevölkerung Mitläufer zu gewinnen; den eigentlichen Parteimitgliedern wurde nie gestattet, die supranationalen Ziele der Partei aus den Augen zu verlieren. Diese Propaganda hat die Nazis genauso wenig »nationaler« gemacht, wie die während des Krieges entfesselte nationalistische Propaganda in der Sowjetunion die Führer der bolschewistischen Parteien von ihren internationalen Zielen und Überzeugungen abgebracht hat.

Die Nazis haben ihre ursprüngliche Verachtung des Nationalismus, ihre Geringschätzung des Nationalstaates, der ihnen eng und provinziell erschien, niemals widerrufen; dafür sind sie nicht müde geworden, zu betonen, daß ihre »Bewegung«, gleich der kommunistischen, internationale Ausmaße und Bedeutung habe und als solche wichtiger sei als jeder, auch der eigene, Staat, der seinem Wesen nach an ein bestimmtes begrenztes Territorium gebunden ist. Aber nicht nur die Politik der Nazis, die Geschichte einer mindestens 75 Jahre alten antisemitischen Bewegung spricht deutlich gegen jede Identifizierung von Nationalismus und Antisemitismus. Wir kennen antisemitische Parteien seit dem Ende des neunzehnten Jahrhunderts, und wir wissen, daß sie die ersten Parteien sind, die sich auf eine Weltanschauung berufen (die frühen sozialistischen Parteien blieben immer an die Interessen der Arbeiterklasse gebunden), intereuropäische Kongresse einberufen und versuchen, sich international zu organisieren und Politik im internationalen Maßstab zu machen.

Die Tatsache, daß der Niedergang des Nationalstaats und das Anwachsen der antisemitischen Bewegung zeitlich zusammenfallen, kann schwerlich auf eine Ursache allein zurückgeführt werden. Solche Phänomene der Koinzidenz sind immer komplex, und der Historiker befindet sich ihnen gegenüber stets in einer Situation, die es ihm freizustellen scheint, welches Element er als »Ursache« zu isolieren und in welchem Zuge der Zeit er den »Zeitgeist« zu erblicken wünscht. Die historische Urteilskraft kann sich nicht an Regeln halten, aber sie darf sich Erfahrungen zunutze machen. Eine solche Erfahrung, die uns hier behilflich sein kann, ist die große Entdeckung, welche Tocqueville machte, als er nach den Gründen und Motiven des plötzlich ausbrechenden allgemeinen Hasses auf den Adel zu Beginn der Französischen Revolution forschte *(L'Ancien Régime et la Révolution, 2. Buch, 1. Kapitel).* Die Sache war fragwürdig, weil der französische Adel zu dieser Zeit keineswegs auf dem Höhepunkt seiner Macht stand und direkte

Ursachen wie Unterdrückung und Ausbeutung gar nicht mehr vorhanden waren. Augenscheinlich hatte gerade der offenkundige Machtverlust den Haß des Volkes provoziert. Tocquevilles Erklärung ist, daß der Machtverlust des französischen Adels nicht von einer Verringerung der Vermögen begleitet war, so daß das Volk sich plötzlich einem außerordentlichen Reichtum ohne Macht und einer entscheidenden gesellschaftlichen Distinktion ohne Herrschaftsfunktionen gegenübersah. Was die Volkswut erregte, war ein Überfluß, der im wahrsten Sinne des Wortes überflüssig war. Überflüssig aber kann Macht nie sein, da sie strenggenommen sich nie im Besitz einer Person befindet, sondern so, wie es sich auf andere Menschen bezieht, auch nur zwischen Menschen existiert. Reichtum ist wirklich nur eine Angelegenheit von einzelnen, auch wenn eine ganze Klasse reich ist; Macht ist stets gemeinschaftsbildend, auch wenn sie verderblich ist. Noch in der Unterdrückung empfinden die Beherrschten, daß Macht eine Funktion in der Gemeinschaft hat. So kam es, daß die Aristokratie, solange sie die Macht der Rechtsprechung innehatte, auch dann geduldet und sogar geachtet wurde, wenn sie willkürlich handelte und ihre Macht mißbrauchte. Erst als der Adel seine Privilegien unter der absoluten Monarchie verlor und mit ihnen auch das Privileg, auszubeuten und zu unterdrücken, wurde er vom Volk als parasitär empfunden. Er war zu nichts mehr gut, nicht einmal zur Herrschaft. Mit anderen Worten, was als unerträglich empfunden wird, sind selten Unterdrückung und Ausbeutung als solche; viel aufreizender ist Reichtum ohne jegliche sichtbare Funktion, weil niemand verstehen kann, warum er eigentlich geduldet werden soll.

Für diese Regel gibt es kaum ein besseres Beispiel als die Geschichte des Antisemitismus, der seinen Höhepunkt erreichte, als die Juden ihre Funktion im öffentlichen Leben und ihren Einfluß eingebüßt hatten und nichts mehr besaßen als ihren Reichtum. Als Hitler zur Macht kam, waren die deutschen Banken, in denen die Juden seit mehr als hundert Jahren eine Schlüsselstellung innegehabt hatten, bereits nahezu »judenrein«, und das deutsche Judentum nahm mit einer solchen Rapidität an Zahl und Einfluß ab, daß Statistiker sein Verschwinden in wenigen Jahrzehnten voraussagten. Zwar soll man sich hüten, statistisch erfaßte Vorgänge mit echten historischen Entwicklungen zu verwechseln und statistischen Voraussagen allzuviel Glauben zu schenken; aber es ist doch der Mühe wert, sich einmal vor Augen zu halten, daß von einem statistischen Standpunkt aus die Verfolgung und Ausrottung der deutschen Juden wie die sinnlose Beschleunigung eines Prozesses aussieht, der ohnehin unvermeidlich war.

Ähnliches gilt für nahezu alle westeuropäischen Länder. Die Dreyfus-Affäre ereignete sich nicht unter dem zweiten Kaiserreich, als das französische Judentum auf der Höhe seines Einflusses und seiner Macht stand, sondern in der Dritten Republik, als Juden, wiewohl sie noch auf der politischen Bühne sichtbar waren, aus allen entscheidenden Posten bereits ausgeschieden waren. Nicht in der Ära Metternichs oder unter Franz Joseph, als Juden eine wirkliche Rolle in Österreich spielten, sondern in der Nachkriegsrepublik hat sich der österreichische Antisemitismus voll entfaltet, und dies, wiewohl sicher kaum eine Gruppe in jeder Hinsicht so geschädigt war durch das Verschwinden der Habsburger Monarchie wie die Juden.

Die Verfolgung von machtlosen Gruppen oder von solchen, die offenbar ihre Macht ohnehin einbüßen, mag kein sehr erfreuliches Schauspiel darbieten, aber es ist auch nicht nur ein Zeichen menschlicher Niedertracht. Was Menschen dazu bringt, wirklicher Macht zu gehorchen oder sie zu ertragen, aber machtlosen Reichtum zu hassen, ist der politische Instinkt, der ihnen sagt, daß Macht, da sie eine Funktion hat, auch niemals ganz ohne Nutzen ist. Selbst Ausbeutung und Unterdrückung bringen die Gesellschaft noch dazu, zu funktionieren, und stellen eine Art Ordnung her. Nur Reichtum ohne Macht und Hochmut ohne politischen

Willen werden als parasitär, überflüssig und herausfordernd empfunden; sie fordern das Ressentiment heraus, weil sie Bedingungen herstellen, unter welchen es eigentlich Beziehungen zwischen Menschen nicht mehr geben kann. Reichtum, der nicht ausbeutet, kennt noch nicht einmal die Verbundenheit von Mensch zu Mensch, die den Ausbeuter mit dem Ausgebeuteten verbindet, und Hochmut ohne Machtwillen zeigt deutlichst, daß man für den anderen noch nicht einmal das Interesse hat, das der Unterdrücker dem Unterdrückten notwendigerweise bezeugen muß.

Der allgemeine Niedergang des west- und zentraleuropäischen Judentums ist jedoch nur die Atmosphäre, in welcher sich die Ereignisse der letzten Jahrzehnte abgespielt haben. Der bloße Niedergang erklärt an sich so wenig, was nun wirklich passierte, wie der Machtverlust der Aristokratie unter der absoluten Monarchie den Ausbruch der Französischen Revolution zu erklären vermag. Dennoch tut man gut daran, sich solch allgemeine Erfahrungen der Geschichte, von denen es gar nicht so sehr viele gibt, gelegentlich ins Gedächtnis zu rufen, um den Versuchungen des gesunden Menschenverstandes zu widerstehen, der uns einreden möchte, daß Ausbrüche des Volkshasses oder plötzliche Rebellionen notwendigerweise von übergroßer Macht und offenbaren Mißbräuchen verursacht werden und daß daher dem großen Haß auf die Juden unbedingt eine außerordentliche jüdische Machtposition entsprechen müsse.

Eine andere, vom gesunden Menschenverstand inspirierte Arbeitshypothese, die man in der einschlägigen Literatur besonders häufig für die Erklärung des Antisemitismus findet, geht umgekehrt von der Tatsache der Machtlosigkeit der Juden aus und schließt, daß sie nur deshalb eine solche Rolle in moderner Politik haben spielen können, weil sie sich besonders gut dazu eigneten, ein Ventil abzugeben und als Sündenbock zu dienen. Die beste Illustrierung und zugleich die beste Widerlegung dieser Theorie ist in einem Witz enthalten, der in den zwanziger Jahren häufig erzählt wurde: Ein Antisemit behauptet, die Juden seien am Kriege schuld; die Antwort lautet: Ja, die Juden und die Radfahrer; warum die Radfahrer? fragte der eine; warum die Juden? fragt der andere. Handelte es sich nämlich wirklich nur um Sündenböcke, so könnten es in der Tat ebensogut die Radfahrer sein. Will man aber, wie es natürlich immer geschieht, erklären, warum gerade die Juden sich so gut für den Sündenbock eigneten, so hat man bereits die eigentliche Theorie, die hinter dieser These steht (und eine völlige Beziehungslosigkeit zwischen dem Opfer und dem, was ihm geschieht, annimmt), aufgegeben und sich auf ganz gewöhnliche historische Forschung eingelassen. Diese wiederum wird wohl kaum je etwas anderes zutage fördern, als daß Geschichte von vielen verschiedenen Gruppen gemacht wird und daß, wenn einer Gruppe plötzlich eine so oder anders bestimmte Rolle zugeteilt wird, dies seine geschichtlichen Gründe haben muß. Damit aber hört der Sündenbock auf, bloß zufälliges Ventil und unschuldiges Opfer zu sein; er stellt sich als selbst geschichtlich und der politischen Welt verhaftet heraus. In dieser geschichtlichen Verhaftung hört man nicht auf, mitverantwortlich zu sein, nur weil man das Opfer von Unrecht geworden ist.

So widerlegt sich die Sündenbock- und Ventiltheorie eigentlich selbst, und dies war lange Zeit Grund genug, sie als Arbeitshypothese zu vermeiden und als einen nicht einmal sehr geschickten Versuch anzusehen, der Wirklichkeit auszuweichen. Heute genügt dies nicht mehr, weil die Natur des totalitären Terrors ihr eine größere faktische Glaubwürdigkeit zu sichern scheint, als sie je zuvor besessen hat. Es ist der grundlegende Unterschied zwischen totalitären und allen anderen tyrannischen Herrschaftsformen, daß Terror nicht nur und nicht einmal primär zur Einschüchterung und Liquidierung von Gegnern benutzt wird, sondern ein permanentes Herrschaftsinstrument ist, mit dem absolut gehorsame Volksmassen regiert werden. Der moderne Terror bedarf keiner Provokation von einer Opposition, und seine Opfer sind auch vom Standpunkt der Gewalthaber aus völlig unschuldig. Dies zeigte sich in Deutschland gerade am Falle der Juden, die verfolgt wurden, ohne daß ein Mensch sich um ihre Meinungen oder Handlungen kümmerte. Ganz Ähnliches kann man in Sowjetrußland beobachten, obwohl das Regime dort niemals zugegeben hat, daß die Säuberungen und Liquidierungen sich einfach nach gewissen, im vorhinein festgesetzten Prozentsätzen richten und mit dem Verhalten der Betroffenen kaum etwas zu tun haben. Die sowjetische Praxis, die sich aus der Zeit der Revolution noch eine gewisse Heuchelei bewahrt hat, die die Nazis charakteristischerweise nie für notwendig gehalten haben, ist sogar noch etwas extremer, als wir sie aus dem Dritten Reich kennen. Die Auswahl der Opfer ist nicht einmal durch Rassen- oder andere Merkmale limitiert (Klassenunterschiede sind ja in Rußland de facto längst beseitigt), so daß wirklich jedermann jederzeit ein Opfer des Polizeiterrors werden kann. In diesem Zusammenhang handelt es sich nicht um die Konsequenzen dieser Methoden, die bewirken, daß niemand je frei von Furcht sein kann, sondern nur um die Willkür, mit der die Opfer herausgegriffen werden; für sie ist entscheidend, daß sie objektiv, auch vom Standpunkt des Verfolgers, vollkommen unschuldig sind und daß das, was ihnen geschieht, ganz unabhängig ist von dem, was sie gedacht, getan oder gelassen haben mögen.

Hier sieht es nun in der Tat so aus, als hätten wir die »Sündenböcke« jener Theorien vor uns, und es ist keine Frage, daß hier zum ersten Male eine wirkliche Verlockung besteht, den Antisemitismus als etwas zu erklären, was mit der geschichtlichen Existenz der Juden in keinerlei geartetem Zusammenhang steht. Denn an dem, was den Juden schließlich wirklich passierte, ist wohl nichts so grauenhaft einprägsam wie die vollkommene Unschuld aller, die in der Terrormaschine gefangen wurden. Über diesem berechtigten Grauen sollte man nicht vergessen, daß der Terror nur in seinem letzten Stadium sich als die Herrschaftsform des Regimes offenbart und daß diesem Stadium notwendigerweise eine Reihe von Etappen vorangehen müsse, in welchen er sich ideologisch rechtfertigen muß. Die Ideologie also muß erst einmal viele und sogar eine Majorität überzeugt haben, bevor der Terror voll losgelassen werden kann. Für den Historiker ist entscheidend, daß die Juden, bevor sie die Opfer des modernen Terrors stellten, im Zentrum der Nazi-Ideologie standen; denn nur der Terror kann sich seine Opfer willkürlich auswählen, aber nicht Propaganda und Ideologie, die Menschen überzeugen und mobilisieren wollen. So bleiben die Opfer in Sowjetrußland nach Verschwinden aller Klassen des zaristischen Regimes auch immer ideologisch noch Klassenfeinde. Wenn, mit anderen Worten, eine so offensichtliche Fälschung wie die *Protokolle der Weisen von Zion* von so vielen geglaubt wird, daß sie die Bibel einer Massenbewegung werden kann, so handelt es sich darum, zu erklären, wie dies möglich ist, aber nicht darum, zum hundertsten Male zu beweisen, was ohnehin alle Welt weiß, nämlich, daß man es mit einer Fälschung zu tun hat. Geschichtlich gesehen ist die Tatsache der Fälschung ein sekundärer Umstand.

Eine solche Erklärung, die dazu verhelfen könnte, zu verstehen, warum gerade die Juden in das Sturmzentrum der Ereignisse getrieben wurden, sind uns die Historiker bisher erstaunlicherweise schuldig geblieben. Zumeist behilft man sich mit der Annahme eines gleichsam ewigen Antisemitismus, den man nicht zu billigen braucht, um ihn als eine natürliche Angelegenheit hinzustellen, dokumentiert aus der Geschichte eines nahezu zweitausendjährigen Judenhasses. Daß die antisemitische Geschichtsschreibung sich dieser Theorie professional bemächtigt hat, bedarf keiner Erklärung; sie liefert in der Tat das bestmögliche Alibi für alle Greuel: Wenn es wahr ist, daß die Menschheit immer darauf bestanden hat, Juden zu ermorden, dann ist Judenmord eine normale, menschliche Betätigung und Judenhaß eine Reaktion, die man noch nicht einmal zu rechtfertigen braucht. Das Überraschende und Verwirrende an der Hypothese eines ewigen Antisemitismus liegt darin, daß sie von den meisten unvoreingenommenen und von nahezu allen jüdischen Historikern geteilt wird. Der Grund hierfür liegt in einer allgemeinen Abgeneigtheit, die Judenfrage historisch so zu diskutieren, wie es anderen Gegenständen der geschichtlichen Forschung entspricht. Die Juden haben dafür Gründe, welche denen der Antisemiten gar nicht so unähnlich sind: Wenn die einen sich in der Weltgeschichte ihr Alibi für konkrete Mordtaten holen, so wünschen die anderen, weil sie angegriffen und in der Defensive sind, unter gar keinen Umständen konkret ihren Anteil an Verantwortung zu diskutieren. Hinzu kommt aber, daß bei jüdischen wie nicht-jüdischen Anhängern dieser Doktrin noch andere, weniger rationale, dafür aber geschichtlich wichtige Gründe maßgebend sind.

Jedermann weiß, daß Entstehen und Anwachsen des modernen Antisemitismus mit dem Prozeß der jüdischen Assimilation, der Säkularisierung und dem Absterben der alten religiösen und geistigen Gehalte des Judentums, koinzidiert. Betrachtet man diesen Prozeß von einem jüdischen Standpunkt, so bedeutet er, daß große Teile des Volkes durch eine innere Auflösung und ein äußeres Aufgehen in der Umwelt in ihrer Existenz bedroht waren. In dieser Situation gerieten diejenigen, welche dieser Prozeß mit Sorge erfüllte, auf die merkwürdige Idee, daß man sich vielleicht des Judenhasses zum Zwecke einer gleichsam zwangsweisen Konservierung des Volkes bedienen könne. Je »ewiger« der Antisemitismus, desto sicherer die »ewige« Existenz des jüdischen Volkes. Hinter diesem Aberglauben steckte zudem eine höchst reale geschichtliche Erfahrung, sosehr er selber auch eine Travestie der religiösen Idee der Auserwähltheit des Volkes ist. Der christliche Judenhaß war in der Tat ein politisch wie geistig außerordentlich wirksames Mittel für die Erhaltung des Judentums gewesen. Daß die Juden den modernen, antichristlichen Rassen-Antisemitismus unbesehen mit dem mittelalterlichen Judenhaß verwechseln konnten, lag unter anderem daran, daß sie trotz aller Assimilation nur sehr wenig vom Christentum wußten und zumeist den eigentlichen christlichen Charakter der Zivilisation, der sie sich assimilierten, einfach übersahen. So konnte es geschehen, daß die dumme und gefährliche Redensart von der Wiederkehr des »dunklen Mittelalters« angesichts der Hitler-Bewegung gerade von Juden vielfach verbreitet wurde. Diese Unfähigkeit, politische Angelegenheiten zu beurteilen und richtig einzuschätzen, hing vielfach einfach mit einer außerordentlichen Unkenntnis der eigenen Vergangenheit zusammen; aber sie liegt auch in der besonderen Natur der jüdischen Geschichte begründet, der Geschichte eines Volkes ohne Regierung, ohne Land und ohne Sprache, das sicherlich das an politischen Erfahrungen ärmste Volk Europas war. Die jüdische Geschichte bietet das einzigartige Schauspiel eines Volkes, das in die Geschichte mit einer klaren Vorstellung, ja, nahezu mit einem Begriff von Geschichte eintrat, jedenfalls mit einem wohlumschriebenen Plan davon, was es auf Erden auszuführen gedachte, und das dann, nachdem dieser Plan mißlungen war, durch zweitausend Jahre hindurch, vom Fall des Tempels in Jerusalem bis zum ersten Zionistenkongreß in Basel, sich jeder politischen Aktion überhaupt enthielt. Das Resultat hiervon war, daß die politische Geschichte der Juden in eine erheblich größere Abhängigkeit von äußeren, zufälligen Faktoren geriet als die aller anderen Völker, so daß sie schließlich aus einer Rolle in die andere stolperten, ohne sich doch für irgendeine je verantwortlich zu fühlen.

Angesichts der Katastrophe, die das jüdische Volk fast vernichtet hätte, erscheint die Theorie vom »ewigen Antisemitismus« absurder und gefährlicher denn je. Sie würde den Antisemiten zu einem Alibi für größere Verbrechen, als sie irgend jemand für möglich gehalten hätte, verhelfen, während andererseits die Behauptung, der Antisemitismus gerade garantiere das Weiterbestehen des Volkes, selbst unter den Bedingungen der Zerstreuung, von den Ereignissen auf das grauenhafteste widerlegt ist. Der Antisemitismus ist genau das, was er zu sein vorgibt: eine tödliche Gefahr für Juden und nichts sonst. Es ist bekannt, daß Theorien oft ihre Widerlegung durch die Wirklichkeit überleben, und so darf es nicht wundernehmen, daß die Ventiltheorie wie die Hypothese von einem ewigen Antisemitismus auch heute noch vielfach vertreten werden. Und dies nicht nur, weil beide trotz verschiedener Argumentation schließlich darauf hinauslaufen, eine vollkommene und daher unmenschliche Unschuld und Beziehungslosigkeit der Opfer mit dem, was ihnen geschieht, zu etablieren, eine Unschuld, die in dieser Absolutheit sich in den Konzentrations- und Vernichtungslagern wirklich vorfindet, also unserer neuesten Erfahrung entspricht. Sondern vor allem, weil diese Hypothesen, die als einzige wenigstens versuchen, die politische Bedeutung der antisemitischen Bewegung zu erklären, von der stillschweigenden Voraussetzung ausgehen, daß jüdische Geschichte selbst nichts mit Antisemitismus zu tun haben könne und daß es auf jeden Fall unangebracht sei, hier mit den üblichen Mitteln historischen Erkennens zu operieren. Dabei hat dann die Annahme eines ewigen Antisemitismus vor der Ventiltheorie noch den Vorzug, daß sie die unvermeidliche Frage: »Warum gerade die Juden zu Sündenböcken machen?« beantwortet, wenn auch die Antwort: »Naturgegebene, ewige Feindschaft« natürlich nur ein Schein ist und die Frage nur verschiebt. Dennoch zeigen diese Theorien gerade in ihrer so offensichtlichen Unzulänglichkeit noch die Affinität an, die zwischen dem Antisemitismus als einer Ideologie und gewissen Phänomenen totalitärer Herrschaft besteht. Sie haben sozusagen Ereignisse, die von keinem, auch nicht von denen, welche diese Theorien vertraten, vorausgesehen worden sind, vorweggenommen und die Juden theoretisch bereits als die etabliert, als die sie schließlich ausgerottet wurden: nämlich ohne jede Rücksicht auf das, was sie getan oder nicht getan hatten, jenseits der Frage von Schuld oder Unschuld. Und die Mörder der Vernichtungslager, die ohne alle persönliche Beteiligung nur Befehlen gehorchten, die nicht auf ihren Haß, sondern auf ihre Tüchtigkeit pochten, haben eine unheimliche Ähnlichkeit mit den »unschuldigen« Werkzeugen eines unmenschlichen geschichtlichen Prozesses, als die sie die Annahme eines ewigen, also von dem Individuum nicht mehr zu verantwortenden Antisemitismus schon immer betrachtet hat.

Die Tatsache, daß man eine erweislich falsche Theorie und eine erweislich verbrecherische Praxis auf einen Generalnenner zurückführen kann, ist an sich gewiß kein Zeichen, daß der Theorie irgendeine geschichtliche Wahrheit innewohnt. Aber sie weist auf den außerordentlich zeitgemäßen Charakter solcher Theorien hin und erklärt, warum sie so vielen einleuchtend und überzeugend erschienen. Solche Meinungen sind für den Historiker immer wichtig, bilden sie doch zu einem Teil selbst die Geschichte, mit der er es zu tun hat. Gleichzeitig stehen sie seiner Forschung im Wege, weil er als Zeitgenosse sie eigentlich ebenso einleuchtend findet wie andere auch. Gerade der Historiker der Ereignisse des letzten Jahrhunderts muß sich vor solchen allgemein anerkannten Meinungen, die behaupten, die großen Züge der Geschichte überblicken und erklären zu können, hüten. Gehört es doch zu dem eigentlich geschichtlichen Gehalt gerade des neunzehnten Jahrhunderts, daß es eine Fülle von Ideologien hervorgebracht hat, die alle vorgeben, den großen Schlüssel für die Enträtselung der Menschheitsgeschichte in der Hand zu haben, und doch in Wirklichkeit alle miteinander nichts anderes sind als verzweifelte Versuche, der politischen Verantwortung für Handlungen und Ereignisse zu entrinnen. In diesem Sinne sind die Ideologen des neunzehnten Jahrhunderts die Sophisten der modernen Welt.

Aber zwischen den Sophisten der antiken und denen der modernen Welt besteht ein wesentlicher Unterschied. Man wird sich erinnern, daß Plato in seinem berühmten Kampf gegen die Sophisten diesen vorwarf, ihre Kunst bestünde darin, den Verstand mit Argumenten zu bezaubern (Phädrus, 261), die als solche mit Wahrheit gar nichts zu tun hätten, sondern nur darauf abzielten, Meinungen zu erzeugen, die ihrer Natur nach veränderlich sind und Gültigkeit nur besitzen, solange sie plausibel erscheinen (Theätetus, 172). Andererseits haben Meinungen nach Plato etwas Entscheidendes vor der Wahrheit voraus: den Meinungen wohnt die Kraft der Überzeugung (peithein) inne, nicht der Wahrheit (Phädrus, 260). Es scheint also, wenn man Plato glauben will, als wäre es den antiken Sophisten auf einen temporären Sieg ihrer Argumente auf Kosten der Wahrheit angekommen. Den modernen Ideologen dagegen geht es immer darum, einen permanenten Sieg auf Kosten der Wirklichkeit selbst zu erringen. Die einen, könnte man sagen, zerstörten die Würde des menschlichen Denkens, während die anderen versuchen, die Würde des handelnden Menschen und seiner geschichtlichen Realität zu vernichten. So machten die alten Spitzfindigkeiten der Logik und die Taschenspieler der Argumente den Philosophen zu schaffen, während die modernen Jongleure mit Tatsachen zu einem Kreuz für Historiker geworden sind. Was heute auf dem Spiel steht, ist die Existenz der Geschichte selbst, sofern sie verstanden und darum erinnert werden kann; denn dies ist nicht mehr möglich, wenn Tatsachen nicht in ihrer Unabweisbarkeit respektiert werden als das, was den Bestand der Vergangenheit wie der gegenwärtigen Welt garantiert, sondern als Argumente ge- und verbraucht werden, um bald diese, bald jene Meinung zu »beweisen«. Je mehr die Geschichtsschreibung sich in die sogenannte Gesellschaftswissenschaft auflöst, desto stärker hängt sie sich an scheinbar wissenschaftlich bewiesene oder beweisbare Arbeitshypothesen, die doch in Wahrheit nichts als gerade gängige Meinungen sind, die in geschichtlicher Verabsolutierung sich dann in Ideologien verwandeln und schlechterdings alles, und das heißt gar nichts mehr, erklären.

All dies macht die Geschichtsschreibung unsicherer und unzuverlässiger als je zuvor. Wie soll man das Chaos der überlieferten

Tatsachen noch ordnen, wenn die Tradition nicht mehr gültig ist und man Meinungen vermeiden muß? Verglichen mit der in unserer Zeit aus den Fugen geratenen Welt und der damit gegebenen chaotischen Veränderung aller geschichtlichen Strukturen der abendländischen Menschheit, sind diese Schwierigkeiten von geringem Belang. Sie besagen nur, daß der Historiker in seinem Bemühen mitbetroffen ist von dem allgemeinen Verlust an gesundem Menschenverstand, der charakteristisch ist für die Moderne. Die Ideologien haben unter anderem den Zweck, die nicht mehr gültigen Regeln des gesunden Menschenverstandes zu ersetzen; die Ideologieanfälligkeit der modernen Massen wächst in genau dem Maß, wie gesunder Menschenverstand (und das ist der *common sense,* der Gemeinsinn, durch den wir eine uns allen gemeinsame Welt erfahren und uns in ihr zurechtfinden) offenbar nicht mehr zureicht, die öffentlich politische Welt und ihre Ereignisse zu verstehen. Zwischen den platt gewordenen Regeln des gesunden Menschenverstandes, die keinem modernen Ereignis mehr adäquat sind, und der Verstiegenheit der Ideologien muß der Geschichtsschreiber seinen Weg zu finden versuchen, und das heißt auf viele liebgewordene Gewohnheiten und Methoden verzichten. Er muß lernen, gleichsam ohne Geländer zu denken. Schwerer als diese methodologischen Bedenken wiegt die Tatsache, daß in dem gegenwärtigen Zusammenbruch alle die Elemente freigelegt werden, die sich bisher unserem geschichtlichen Blick entzogen. Dies soll nicht heißen, daß alles, was in der gegenwärtigen Krise (der vielleicht tiefstgehenden Krise, die das Abendland seit dem Zusammenbruch des Römischen Reiches erfahren hat) zusammenbricht, nur Fassade war, wiewohl viele Dinge sich als bloße Fassade enthüllt haben, die wir noch vor wenigen Jahrzehnten für unantastbare Fundamente gehalten haben.

Die Parallelentwicklung des Niederganges des Nationalstaats und des Aufkommens einer antisemitischen Bewegung, die Gleichzeitigkeit des Zusammenbruchs eines in Nationalstaaten organisierten Europas und der Ausrottung der Juden, die sich in dem Sieg der antisemitischen Ideologie über alle anderen Ideologien in der öffentlichen Meinung vorbereitete, weisen auf die Ursprünge des Antisemitismus hin. Seine Entwicklung gehört in den allgemeineren Rahmen der Geschichte des Nationalstaates, in welcher Juden und spezifisch jüdische Funktionen eine wesentliche Rolle spielten. Da in den letzten Stadien des Zerfallprozesses antisemitische Schlagworte sich als die erfolgreichsten Mittel zur Aufreizung und Organisierung der Massen zum Zwecke der Expansion und Zertrümmerung der überlieferten Staatsformen erwiesen haben, muß die Geschichte des Verhältnisses zwischen Juden und Staat den Schlüssel für die wachsende Feindseligkeit bestimmter gesellschaftlicher Gruppen gegen die Juden enthalten. Diese Entwicklung werden wir versuchen, im nächsten Kapitel zu resümieren. Angesichts dessen ferner, daß der moderne Pöbel und seine Führer seit den siebziger Jahren des vorigen Jahrhunderts unentwegt behaupten konnten, daß die Judenfrage den Schlüssel zur Geschichte überhaupt und die Ursache aller Übel darstelle, müssen wir uns fragen, woher dieser unbeirrbare Haß des Pöbels gerade auf die Juden eigentlich stammt, und uns nach Hinweisen in der Geschichte des Verhältnisses zwischen den Juden und der Gesellschaft umsehen. Das vierte und letzte Kapitel des ersten Teils handelt von der Dreyfus-Affäre, die man als eine Art Generalprobe für das Schauspiel unserer Zeit ansehen kann. Sie bietet eine einzigartige Gelegenheit, noch im Rahmen des neunzehnten Jahrhunderts die sonst versteckten politischen Chancen des Antisemitismus zu erkennen, und ist daher mit allen historischen Details dargestellt. Insgesamt aber ist von dem Element des Antisemitismus im Aufbau der totalitären Herrschafts- und Bewegungsformen zu sagen, daß es sich voll erst im Zersetzungsprozeß des Nationalstaates entwickelte, zu einer Zeit also, als der Imperialismus bereits im Vordergrund des politischen Geschehens stand.

2 Die Juden und der Nationalstaat

Die Zweideutigkeit der Emanzipation und der jüdische Staatsbankier

Wilhelm von Humboldt, einer der wenigen echten deutschen Demokraten, dem ein gut Teil der preußischen Judenemanzipation von 1812 und ein noch größerer Anteil an der Fürsprache auf dem Wiener Kongreß zu verdanken war, meinte, als er im Jahre 1816 auf sein öffentliches Eintreten für Juden und auf lange Jahrzehnte persönlichen Verkehrs mit ihnen zurückblickte: »Ich liebe aber eigentlich auch nur den Juden en masse, en détail gehe ich ihm sehr aus dem Wege.«[1] Dieser merkwürdige Ausspruch, der in seiner Paradoxie eine Gesinnung so extrem ausdrückt, daß er in eklatanten Widerspruch zu allen biographisch belegbaren Fakten gerät – Humboldt hatte zahlreiche persönliche Freunde unter Juden –, ist einzigartig in der Argumentengeschichte der Emanzipation. Seit Lessing und Dohm in Preußen, seit Mirabeau und dem Abbé Grégoire in Frankreich haben die Fürsprecher der Juden immer mit den »Juden en détail«, mit den großen »Ausnahmen« des jüdischen Volkes argumentiert. Der Humboldtsche Humanismus, der, den besten Traditionen der französischen Judenemanzipation folgend, das Volk befreien, aber Individuen nicht privilegieren wollte, hat wenig Verständnis bei den Zeitgenossen gefunden und noch weniger Konsequenz für die spätere Geschichte der emanzipierten Judenheit gehabt.

Denn das Gesetz, nach dem die letzte Periode der jüdischen Geschichte in Europa angetreten war, hatte, wie auf dem Wiener Kongreß bereits deutlichst zu erkennen war, nur sehr wenig mit den Edikten der Gleichberechtigung zu tun, ja, stand in gewissem Sinne sogar in Widerspruch zu ihnen, wurde jedenfalls von ihnen nur für wenige Jahrzehnte, von 1792 bis 1812, überspült und gleichsam verwirrt, um sich dann doch, wenn auch in veränderten Formen, wieder durchzusetzen.

Auch lag in der Tatsache, daß gerade der Nationalstaat auf der Höhe seiner Entwicklung den Juden die legale Gleichberechtigung sicherte, bereits ein kurioser Widerspruch. Denn der politische Körper des Nationalstaats war ja gerade dadurch von allen anderen unterschieden, daß für die Aufnahme in den Staatsverband die nationale Abstammung und für die Bevölkerung insgesamt ihre Homogenität entscheidend waren. Innerhalb einer homogenen Bevölkerung waren die Juden zweifellos ein fremdes Element, das man daher, wollte man ihm Gleichberechtigung zugestehen, sofort assimilieren und wenn möglich zum Verschwinden bringen mußte. Nach dem Zusammenbruch der feudalen Ordnung und nachdem der eigentlich nationale Begriff von der politischen Gleichberechtigung aller Bürger durch die Französische Revolution maßgebend geworden war, konnte eine »Nation in der Nation« nicht mehr geduldet werden. In diesem Zusammenhang sind die Emanzipationsedikte, die, langsam und zögernd dem französischen Beispiel von 1792 folgend, schließlich um 1870 herum dem gesamten westeuropäischen Judentum die Gleichberechtigung sicherten, in derselben Absicht erlassen worden wie die unzähligen Verordnungen, die im Laufe von Jahrhunderten alle Sonderrechte und Kastenbeschränkungen beseitigten. Erstaunlich ist an diesem Prozeß nur, daß er so viel langsamer vonstatten ging und so viel später einsetzte als die sonstige Beseitigung des Feudalismus.

Dies hatte seinen guten Grund. Die politische Gleichberechtigung hing in erster Linie von dem Staat selbst ab, der als aufgeklärte Despotie oder konstitutionelle Monarchie sich von allen Klassen und Gruppen der Bevölkerung gelöst hatte, um als ein unabhängiger Staatsapparat die Interessen der Nation als Ganzes zu vertreten und, soweit wie möglich, über die gesamte Bevölkerung zu herrschen. Die große Errungenschaft der Französischen Revolution war nicht die Gleichheit schlechthin – wiewohl Burke recht hatte, als er meinte, das Volk sei mehr daran interessiert, die Privilegien des Adels abzuschaffen, als die Institution des Königs zu beseitigen[2] –, denn eine Gleichstellung aller vor der immer mächtiger werdenden Staatsapparatur war ohnehin auf dem besten Wege der Verwirklichung. Die revolutionäre Errungenschaft war, daß diese Gleichheit vor dem Staat zu einer Gleichberechtigung vor dem Gesetz wurde. So wie der Nationalstaat nicht mit der Französischen Revolution begann, so beginnt auch die Emanzipationsgeschichte der Juden nicht mit dem Edikt von 1792. Und genauso wie die Gleichberechtigung vor dem Gesetz niemals die Spuren der ursprünglich intendierten Gleichheit aller vor dem Machtapparat des Staates verlor, sondern sich in die für den Nationalstaat so charakteristischen Entgegensetzungen von Staat und Gesellschaft, Staat und Individuum umsetzte und in ihnen fortlebte, so verlor auch die Einbürgerung der Juden niemals die Spuren des Verhältnisses, das der Nationalstaat vor seiner revolutionären Befreiung zu seinen Juden eingenommen hatte. Was die allgemeine Emanzipation der Juden so auffällig verzögerte, waren nicht antijüdische Vorurteile, sondern diejenigen Vorrechte und Privilegien, die einzelne Juden lange vor der Emanzipation bereits genossen.

Am Ende des siebzehnten Jahrhunderts bereits hatte das Bedürfnis nach Staatskredit einen Umfang erreicht wie nie zuvor. Der werdende Nationalstaat, der sich anschickte, die Nation als Ganzes zu repräsentieren, hatte sich aus eben diesem Grunde so weit von allen Klassen der Bevölkerung zurückgezogen und war so wenig gesonnen, sie in ihren alten Privilegien zu bestätigen oder ihnen neue zu gewähren, daß keine von ihnen bereit war, dem Staat Kredite zu geben oder Staatsgeschäfte zu tätigen. Nun kann man nicht einmal sagen, daß die Juden in die solchermaßen entstandene Lücke einsprangen; dafür waren ihre jahrhundertalten Erfahrungen als Geldverleiher zu bekannt und ihre Beziehungen zu den europäischen Fürsten, denen sie bereits seit geraumer Zeit ihre Finanzgeschäfte erledigt und von denen sie dafür lokale Protektion erhalten hatten, zu gefestigt. Was sich änderte, war nur, daß diese Geschäfte nun Staatsgeschäfte wurden und die Protektion sich in Privilegien verwandelte. Für den Staat, dem die besitzenden Klassen den Kredit verweigerten, war nur eines wichtig: die Juden als eine von der Gesellschaft abgesonderte Gruppe zu erhalten. Unter keinen Umständen konnte es im staatlichen Interesse liegen, die Juden einer Gesellschaft zu assimilieren, die sich aus der wirtschaftlichen Sphäre des Staates entschlossen zurückhielt. Solange es ein Staatsgeschäft gab – und wie hätte sich der nationale Beamtenstaat sonst entwickeln können? –, konnte der Staat es sich jedenfalls nicht leisten, die wirtschaftliche Tätigkeit der Juden den Weg privatkapitalistischer Unternehmung gehen zu lassen.

Die nationalstaatliche Befreiung der Juden, wie sie im neunzehnten Jahrhundert schrittweise vollzogen wurde, hatte darum einen doppelten Ursprung und eine zwiefache, in sich widerspruchsvolle Bedeutung. Auf der einen Seite entsprach sie der politischen und verfassungsmäßigen Struktur des neuen Staatskörpers, der nur unter den Bedingungen der legalen Gleichberechtigung aller Bürger funktionieren konnte; als solche mußte sie im Zuge der Liquidierung der feudalen Ordnungen durchgeführt werden, und zwar so schnell und so radikal wie möglich. Dies würde zu einer rapiden Assimilation der Juden geführt haben, wie sie die alte preußische Beamtenschaft und ihre Nachfolger, die Reformer, nicht müde wurden zu fordern. Auf der anderen Seite war die schließliche Einräumung aller Rechte an alle Juden historisch offenbar das Resultat eines Prozesses, in dem Privilegien erst nur an einzelne Juden verliehen wurden, dann an eine größere Gruppe begüterter und dem Staat nützlicher Elemente und schließlich allen zuteil wurden. Und diese Erweiterung wiederum war nicht politischen oder gar liberalen Erwägungen geschuldet, sondern lag im Zuge der immer wachsenden Ansprüche der staatlichen Wirtschaft selbst, für die der Reichtum von einzelnen nicht mehr genügte und die sich daher darauf verlassen mußte, daß es ihren »Hofjuden« gelingen würde, größere Gruppen des eigenen Volkes zu Wohlstand zu bringen und an den Geschäften zu beteiligen.

Das Hofjudentum begann schon im siebzehnten Jahrhundert zu einer allgemeinen Regel zu werden. In der Mitte des achtzehnten gehörten Juden zu dem Hofstaat nahezu aller Fürstentümer Europas. Der Name Hofjude war allgemein, nur in Preußen hießen sie charakteristischerweise »generalprivilegierte Juden«. Der Name war keine Übertreibung, Hofjuden genossen alle Privilegien: sie konnten Wohnsitz nehmen, wo es ihnen beliebte, reisen, so weit der Machtbereich ihrer Fürsten reichte, Waffen tragen und speziellen Schutz der lokalen Behörden fordern. Ihr Lebensstil pflegte sehr viel höher zu sein als der des Mittelstandes der Zeit. Bedenkt man ferner, daß die Bauernbefreiung des achtzehnten und neunzehnten Jahrhunderts, die Französische Revolution und die preußischen Reformen noch ausstanden, so ist die Privilegierung noch markanter: Hofjuden waren bevorrechtet vor der Majorität der Bevölkerung ihrer Heimatländer, und es wäre ein großer Irrtum, zu glauben, daß dies den zeitgenössischen Beobachtern entgangen wäre. So beschwert sich noch Dohm, der aktivste Vorkämpfer für die preußische Judenemanzipation, in seinen *Denkwürdigkeiten* über die seit Friedrich Wilhelm I. verbreitete Praxis, den reich gewordenen Juden »jede Art von Begünstigung und Unterstützung« zu gewähren, »oft auf Kosten und mit Zurücksetzung tätiger und rechtlicher Untertanen«.[3] All dies konnte natürlich nicht ohne Einfluß auf die Lage des jüdischen Volkes bleiben. Juden waren damals noch kein städtisches Bevölkerungselement, sie lebten vorwiegend in Dörfern und kleineren Landstädten. Die kleinen Judengemeinden von Landjuden, die vorwiegend aus Hausierern und Handwerkern bestanden, fanden in den jeweiligen Hofjuden ihre Beschützer, durch die sie gegen lokale Mißstände aller Art direkt an den Fürsten appellieren konnten. Dies war ein großer Vorzug vor der sie umgebenden Bevölkerung, die ohne alle Beziehungen zu den höheren Machthabern der Ausbeutung der feudalen Großgrundbesitzer meist hilflos ausgeliefert war. Daß die Judenschaften durch die Hofjuden appellieren und Petitionen einreichen konnten, erwies sich als ein so großer Vorteil, daß die Gemeinden dafür die radikale Änderung der ehemals demokratischen Gemeindeverfassung in Kauf nahmen und reiche Juden, die der Gemeinde nicht einmal mehr geographisch zugehörten, als ihre Gemeindevorsteher anerkannten. Als die staatlichen Emanzipationsedikte dann die Gemeindeautonomie überall abschafften und damit die jüdische Bevölkerung ihrer feudalen Privilegien beraubten (und die rabbinische Orthodoxie hat in der Emanzipation nie etwas anderes gesehen als diesen Entzug uralter, verbriefter Rechte), war die faktische Auflösung der Gemeindeverfassung bereits im vollen Gange und mit ihr die Umwandlung des jüdischen politischen Körpers aus einer demokratischen Gelehrten-Theokratie in eine Art Plutokratie, in das nämlich, was dann später sich als die Notabelnherrschaft innerhalb des jüdischen Volkes durch das ganze neunzehnte Jahrhundert hindurch etablierte, um schließlich von der zionistischen Bewegung abgelöst zu werden.

Innerhalb des Ganges der nationalstaatlichen Entwicklung, in dem gewisse Gruppen von Juden privilegiert worden waren und in ihrer privilegierten Stellung von Staats wegen erhalten bleiben mußten, konnte die Emanzipation nur einen zweideutigen Sinn haben: sie bedeutete sowohl die Erweiterung dieser Privilegien auf immer größere Gruppen des Volkes wie die Gleichberechtigung aller, die endgültige Zerstörung der jüdischen Gemeindeautonomie und damit die Auflösung der Gruppe als einer »Nation in der Nation« als auch die durch Privilegierung gesicherte, bewußte Erhaltung der Abgesondertheit, die Beseitigung der alten Beschränkungen wie der alten Privilegien und den Versuch, die gesamte einheimische Judenschaft als eine privilegierte Gruppe zu konstituieren. Diese Entwicklung sicherte den Juden trotz aller formalen Gleichberechtigung wiederum ein Sonderschicksal, weil sie verhinderte, daß die Juden sich in das neu entstehende Klassensystem der Nationalstaaten eingliederten. Zwar hatte die nationale Gleichheit, auf der die neue Staatsform beruhte, sich so weit durchgesetzt, daß im großen ganzen die ehemals herrschenden Gruppen politisch entmachtet und die ehemals unterdrückten Klassen politisch befreit, dafür aber auch des wirtschaftlichen Schutzes der alten Ordnung verlustig gegangen waren; aber die Gleichheit wurde in ihren konkreten Auswirkungen sofort rückgängig gemacht durch das Entstehen der Klassengesellschaft, deren wesentliches Merkmal war, daß man von wenigen Ausnahmen abgesehen immer in der Klasse verblieb, der man durch Geburt zugehörte. Wirkliche Gleichheit, wie sie die Jakobiner in der Französischen Revolution verlangt und durch die staatliche Sicherung einer Gesellschaft von Kleineigentümern hatten durchführen wollen, kam nur in Amerika unter ganz anders gearteten Umständen zustande. Die Bedingungen des neuen Kontinents, in welchem ein natürlicher Überfluß herrschte, der nur darauf wartete, erschlossen und realisiert zu werden, machten es möglich, die Gleichheit aller vor dem Gesetz gesellschaftlich durch die allen von Geburt gegebene Chance zu ergänzen.

Der grundsätzliche Gegensatz zwischen einer Staatsform, die auf der Gleichberechtigung beruhte, und einer Gesellschaft, in der die von Geburt gegebene Ungleichheit der Lebensumstände in

Klassen sich verfestigte, verhinderte sowohl die Bildung echter Republiken als auch das Entstehen einer neuen politischen Hierarchie. Das eine war durch das Klassensystem und das andere durch die politische Gleichberechtigung unmöglich geworden, und es gehört wesentlich zu dem Bild des Nationalstaates, daß bis zum Ersten Weltkrieg beide mehr oder minder ungestört nebeneinander bestanden, wenn auch in Deutschland wie in anderen politisch rückständigen Ländern der Adel noch auf gewisse Positionen im Staatsapparat Anspruch erheben konnte, selbst als er sich bereits nahezu vollständig in eine Klasse verwandelt und damit dem Gesellschaftssystem des Nationalstaates eingegliedert hatte. In diesem nun war der Gesamtstatus des einzelnen nicht durch sein Verhältnis zum Staat, das ja für alle das gleiche war, bestimmt, sondern durch seine Stellung innerhalb seiner Klasse wie durch deren Verhältnis zu den anderen Klassen der Gesellschaft. Außer in Momenten der äußersten Gefahr für die Nation war der Staatsbürger in erster Linie etwa ein Arbeiter und dann durch sein Verhältnis zur Bourgeoisie, oder ein Angehöriger einer der bürgerlichen Klassen und dann durch sein Verhältnis zu Adel und Arbeiterschaft, oder ein Angehöriger der Aristokratie und dann durch sein Verhältnis zur Bauernschaft und der Bourgeoisie bestimmt. Die Klassen grenzten sich voneinander ab und bestimmten sich wechselseitig, und es waren diese durch die ganze Gesellschaft gehenden Wechselwirkungen, die über die Stellung des Individuums entschieden und seine gesellschaftliche Heimat bestimmten.

Die einzige Ausnahme dieser Regel bildeten die Juden. Sie waren weder eine gesonderte Klasse, noch gehörten sie einer der Klassen ihrer Heimatländer zu. Als eine Gruppe konnte man sie weder zu den Arbeitern noch zu der Bourgeoisie noch zu den Bauern oder den Großgrundbesitzern rechnen. Zwar gehörten sie, was ihren Wohlstand anlangte, zweifellos den gehobenen Schichten des Bürgertums an, aber sie hatten an dessen wesentlichster

Funktion, dem kapitalistischen Unternehmertum, keinen Teil und waren im Industriekapital kaum vertreten. Als sie in den letzten Stadien ihrer Entwicklung Arbeitgeber in großem Maßstab wurden, beschäftigten sie vor allem Angestellte, aber keine Arbeiter. Obwohl also ihre gesellschaftliche Stellung dadurch bestimmt war, daß sie Juden waren, war sie ganz unabhängig von einer Beziehung zu einer der Klassen der Gesellschaft. Ihre Funktion im Staatsapparat, d. h. die Dienste, die sie dem Staate erwiesen, wie die Protektion, mit der die Regierung sie für diese Dienste entlohnte, verhinderte sowohl ihr Verschwinden in einer der bestehenden wie ihre Etablierung als eine eigene Klasse innerhalb der Gesellschaft.[4] Wo immer im neunzehnten Jahrhundert die Gesellschaft ihnen ihre Türen öffnete, sei es in der bürgerlichen oder der adligen Gesellschaft, blieben sie stets eine von der Umwelt abgesonderte, leicht erkennbare Gruppe.

Ob das ökonomische Interesse der Nationalstaaten, eine Assimilation der Juden zu verhindern und sie als eine geschlossene, von der Gesellschaft abgetrennte Gruppe zu erhalten, sich auf die Dauer gegen das ihm entgegenstehende politische Interesse des Staates, alle Bürger in bezug auf ihn gleichzustellen und Unterschiede nur im Schoße der Gesellschaft zu dulden, hätte durchsetzen können, wenn ihm nicht das jüdische Interesse an Selbsterhaltung, das in irgendeiner Form jedem Kollektiv eigen ist, entgegengekommen wäre, ist zum mindesten zweifelhaft. In den nicht seltenen Fällen, in denen der Staat von seiner üblichen Praxis abwich und aus den verschiedensten Gründen versuchte, Juden in einen normalen Geschäfts- und Tätigkeitsbereich zu überführen, hat man Gelegenheit, zu beobachten, wie sehr die staatliche Judenpolitik jüdischen Interessen entsprach. Gerade mit der Entwicklung des kapitalistischen Systems wollten die Juden nie etwas zu tun haben. Alle Versuche, sie an industriellen Unternehmungen zu interessieren, von den merkantilistischen Anstrengungen im achtzehnten Jahrhundert bis zu den Transaktionen, mit denen im frühen zwanzigsten die Rothschilds durch den Verkauf ihrer Petroleumanteile an die englische Industrie alle Beziehungen zwischen jüdischem Großkapital und imperialistischem Finanzkapital durchschnitten, blieben stets ohne Ergebnis.[5] Was in der Geschichte des Kapitalismus in die Augen springt, ist nicht der Einfluß der Juden, sondern die Hartnäckigkeit, mit der Juden sich weigerten, sich in diese Entwicklung verstricken zu lassen, die ohne Zweifel mit einer wirklichen Assimilation, nämlich einem Absorbiertwerden von dem einheimischen Bürgertum, geendet hätte. Wären andererseits die Regierungen diesem Widerstreben nicht zu Hilfe gekommen, so hätte die bloße Hartnäckigkeit den Juden wenig geholfen.

Wie immer man über die geschichtlich nicht realisierten Möglichkeiten urteilen mag, die Juden wurden im Laufe des achtzehnten und neunzehnten Jahrhunderts zu der einzigen Gruppe in den europäischen Staaten, deren Stellung und Funktion sich aus dem Verhältnis zu dem politischen Körper, und nicht aus ihrer Stellung in der Gesellschaft, ergab. Da dieser politische Körper außer den Juden keine gesellschaftliche Gruppe hatte, auf die er sich stützen konnte oder mit der der Machtapparat hätte identifiziert werden können, standen sie gesellschaftlich gesehen in einem Niemandsland. Sie waren zweifellos den anderen nicht gleich und ihnen auch nicht eigentlich gleichgestellt; aber diese Ungleichheit hatte einen ganz anderen Charakter als die zahllosen Ungleichheiten, die sich in der Gesellschaft zwischen den Klassen und sogar innerhalb der Klassen vorfanden. Darin gerade, worin alle anderen trotz aller sozialen Differenzierung gleich waren, in ihrem Verhältnis zum Staat, also als Staatsbürger, unterschieden sich die Juden. Sie hatten ein anderes, spezielles Verhältnis zum Staat und konnten nicht ohne weiteres Staatsbürger sein, sie waren die einzigen, die man erst einbürgern mußte und deren Einbürgerung von Leistungen an den Staat, von bestimmten Verdiensten abhängig gemacht war.

Die Entwicklung, die zu diesem Ergebnis und schließlich dahin führte, daß die Geschicke des Nationalstaates und des europäischen Judentums aufs engste miteinander verknüpft waren, läßt sich schematisch in folgenden Etappen resümieren:

Im siebzehnten und achtzehnten Jahrhundert, als die Nationalstaaten sich noch überall unter der Vormundschaft der absoluten Monarchien langsam entwickelten, sehen wir überall einzelne Juden aus der Dunkelheit und Anonymität der Ghetti aufsteigen, um in manchmal glänzenden, immer aber einflußreichen Stellungen als Hofjuden die finanziellen Geschäfte der Fürsten zu übernehmen und Staatsunternehmungen zu finanzieren. Diese frühe Entwicklung hatte weder auf die Bevölkerung der betreffenden Länder, die fortfuhren, in feudaler Ordnung ihr Leben zu verbringen, noch auf das jüdische Volk irgendeinen nennenswerten Einfluß. Erst die Französische Revolution brachte diese Entwicklung unvermittelt auf ihren Höhepunkt und veränderte gleichzeitig mit einem Schlage die politischen und gesellschaftlichen Verhältnisse in ganz Europa. Aus den absoluten Monarchien wurden zwar keine Republiken, wohl aber Nationalstaaten, deren Finanzierung erheblich höhere Kapital- und Kreditbeträge erforderte, als die Fürsten je von ihren Hofjuden verlangt und erhalten hatten. Nur die vereinigten Mittel der wohlhabenden Schichten des gesamten mittel- und westeuropäischen Judentums, die es den ihnen bekannten Bankiers zur Verfügung stellte, konnten ausreichen, um die neuen, vergrößerten Staatsbedürfnisse zu befriedigen. Die Privilegien, die bisher nur an Hofjuden verliehen worden waren, mußten nun auch der wohlhabenden Schicht verliehen werden, der es gelungen war, trotz aller bestehenden Beschränkungen, sich in größeren Städten und Handelszentren niederzulassen. Überall da, wo die einheimische Judenschaft auf Grund der vorhergegangenen Judenpolitik im wesentlichen nur aus solchen »staatserhaltenden« Elementen bestand, kam es schließlich im neunzehnten Jahrhundert zu einem Emanzipationsedikt, das in allen Fällen nur die bereits bestehende Befreiung von speziellen Abgaben und Beschränkungen der Bewegungsfreiheit legalisierte und ihr die politischen Rechte hinzufügte. In allen osteuropäischen Ländern hingegen, in denen eine nationalstaatliche Entwicklung nicht zustande gekommen war und die Juden zu zahlreich waren, als daß sie als eine Gruppe in der Staatswirtschaft eine Rolle spielen konnten, ist es zu einer Emanzipation nie gekommen – es sei denn, man halte den vom Völkerbund anläßlich des Versailler Friedens diesen Ländern aufoktroyierten Minderheitenschutz für das Äquivalent einer Emanzipation.

Da diese enge Verbindung zwischen Juden und Nationalstaaten nur möglich und notwendig gewesen war, weil das einheimische Bürgertum sich an politischen Fragen ganz desinteressiert zeigte und allen Staatsgeschäften mit besonderem Mißtrauen entgegengekommen war, so fiel das Ende dieser ganzen Periode mit dem imperialistischen Zeitalter zusammen, als sich zum ersten Male herausstellte, daß der Kapitalismus, wenn er bestimmte, mit den Grenzen des Territoriums gesetzte Limitierungen überstieg, nicht mehr ohne staatliche Unterstützung und Intervention auskommen konnte. Jetzt konnte die Bourgeoisie es sich nicht mehr leisten, sich von Staatsgeschäften fernzuhalten, und so verloren die Juden in den ersten Jahrzehnten des Imperialismus, also im letzten Drittel des neunzehnten Jahrhunderts, sehr schnell ihre Monopolstellung im staatlichen Anleihe- und Darlehnswesen.

Dies hieß jedoch nicht, daß Juden aus dem Staatsapparat überhaupt verschwanden; einzelne Juden behielten ihren Einfluß als finanzielle Ratgeber und blieben ein erwünschtes innereuropäisches Element. Aber diese einzelnen ähnelten den frühen Hofjuden erheblich mehr als den jüdischen Staatsbankiers des neunzehnten Jahrhunderts, die ohne ihre Gemeinden und das Vertrauen, das sie bei den Juden genossen, niemals ihre Funktionen hätten erfüllen können. Diese waren nun wirklich vom Volke unabhängige Individuen, die es sich gelegentlich sogar leisten konnten, sich taufen zu lassen. Der jüdische Staatsbankier des neunzehnten Jahrhunderts war in der Tat eine typische und repräsentative Figur des westeuropäischen Judentums gewesen; die Finanzexperten, Ratgeber und Mittelsmänner, die ihnen folgten, galten zwar immer noch der nichtjüdischen Welt als repräsentativ für das Judentum und seine »Macht«, aber diesen Vorstellungen entsprach kaum noch eine Realität.

Im Zeitalter des Imperialismus, als die Bourgeoisie die kapitalistischen Konkurrenz- und Produktionsgesetze in die Politik trug, wurden die Grundlagen des Nationalstaates, der ja gerade auf der Trennung zwischen Staat und Gesellschaft beruht und darum eine von der Gesellschaft unabhängige Finanzsphäre benötigt hatte, untergraben. Gleichzeitig fand die eigentliche Disintegration des westlichen Judentums statt. Der rapide Niedergang Europas nach dem Ersten Weltkrieg fand bereits ein aller Macht entkleidetes Judentum vor, in dem es noch viele reiche jüdische Individuen gab, aber keine jüdische Gruppe, kein Kollektiv in irgendeinem Sinne. Gemessen an imperialistischen Geschäften war der jüdische Reichtum eine *quantité négligeable,* und in einem Europa, dessen Kräftegleichgewicht für immer erschüttert und dessen innereuropäischer Solidaritätssinn von einem Nationalismus ersetzt worden war, der den Streit zwischen den Nationen im Sinne eines Konkurrenzkampfes zwischen Riesenkonzernen auffaßte, konnte das national nicht gebundene, intereuropäische jüdische Element nur Gegenstand allgemeinen Hasses werden wegen seines nutzlosen Reichtums und Gegenstand allgemeiner Verachtung wegen seiner offenbaren Machtlosigkeit.

Es ist in diesem schematisch angedeuteten Zeitraum, daß wir uns nach den Ursprüngen des Antisemitismus und den Elementen umsehen müssen, die ihn schließlich für die Entfesselung einer totalitären Bewegung geeignet erscheinen ließen. Wie wir oben bereits bemerkten, waren es die absoluten Monarchien, welche den Nationalstaat vorbereiteten, die zuerst ein berechenbares

Einkommen und gesicherte Finanzen brauchten. Geld und sogar Kredit hatten feudale Fürsten und Könige auch gebraucht, aber immer nur für besondere Zwecke und einmalige Unternehmungen, und als die Fugger im sechzehnten Jahrhundert dem regierenden Fürsten ihren eigenen Kredit zur Verfügung stellten, dachten sie nicht daran, einen besonderen Staatskredit zu etablieren. So sorgte zu Beginn auch die absolute Monarchie noch für ihre neuen finanziellen Bedürfnisse durch die alten Methoden von Krieg und Plünderung, zu denen sich aber schon immer häufiger das moderne Steuermonopol gesellte. Aber all diese Einnahmequellen waren nicht nur unzureichend, sie waren vor allem völlig ungesichert und unberechenbar. Sie waren höchstens auf die beschränkteren Bedürfnisse eines fürstlichen, nicht aber auf die eines Staatshaushaltes zugeschnitten.

Durch Jahrhunderte hindurch geht der Kampf der Monarchien um geordnete Finanzen, und in all diesen Jahrhunderten versuchen absolute Monarchen immer wieder, eine Schicht in der Gesellschaft zu finden, auf die sie sich so hätten stützen können, wie das feudale Königtum sich auf den Adel gestützt hatte. Hierhin gehört etwa der lange vergebliche Streit zwischen dem französischen Staat und den Zünften, welche die Monarchie seit dem fünfzehnten Jahrhundert in den Staatsapparat eingliedern wollte. Einer dieser Versuche, zweifellos der interessanteste und weitesttragende, war das Experiment des Merkantilismus, in welchem die absolute Monarchie ein absolutes Monopol über Handel und Industrie ihres Territoriums zu erhalten suchte. Nur in Frankreich wurde das Merkantilsystem in allen seinen Konsequenzen durchexperimentiert, um schließlich doch an dem geschlossenen Widerstand des aufsteigenden Bürgertums zu scheitern und in den Staatsbankrott zu führen.[6]

Dies sind die allgemeinen Bedingungen, unter denen das Hofjudentum zu außerordentlicher Bedeutung kam. Um sich von dem Umfang dieser in der Geschichte der Nationalstaaten wenig beachteten Erscheinung einen Begriff zu machen, muß man sich nur vergegenwärtigen, daß der Bankier der Königin Elisabeth von England bereits ein spanischer Jude war, daß die Armeen Cromwells von Juden finanziert wurden und daß einer der bald danach an der Londoner Börse zugelassenen zwölf jüdischen Makler bereits im siebzehnten Jahrhundert ein Viertel sämtlicher Regierungsanleihen seiner Zeit tätigte; oder daß in Österreich in den ersten vierzig Jahren des achtzehnten Jahrhunderts die Juden dem Hause Habsburg Kredite von über 35 Millionen Gulden verschafften und daß der Tod des prominenten österreichischen Hofjuden Samuel Oppenheimer im Jahre 1703 sowohl den österreichischen Staat wie das Kaiserhaus an den Rand des Ruins brachte;[7] oder daß im beginnenden neunzehnten Jahrhundert achtzig Prozent aller bayrischen Regierungsanleihen von Juden gegeben und garantiert wurden;[8] oder daß in Frankreich Colbert die Juden ausdrücklich preist als ein dem Staate ergebenes und nützliches Element und daß dort bereits in der Mitte des achtzehnten Jahrhunderts ein deutscher Jude von seinem dankbaren König geadelt wurde;[9] und daß in Preußen selbst schließlich Friedrich II. seine Münzjuden adelte, und die vierhundert jüdischen Familien, die unter ihm die Erlaubnis erhalten hatten, sich in Berlin anzusiedeln, bereits Ende des Jahrhunderts zu den reichsten Gruppen der Hauptstadt gehörten.[10]

Charakteristisch für die Hofjuden war, daß sie einzelne, zu großem Glanz aufgestiegene Individuen waren, die ihren Aufstieg in der Hauptsache sich selbst verdankten wie der Tatsache, daß sie innereuropäische Verbindungen und Kredit an nahezu allen Plätzen des Kontinents hatten, obwohl sie noch nicht eine internationale Finanzgruppe bildeten. Charakteristisch für die Atmosphäre in den Jahrhunderten vor der Emanzipation war, daß diese Juden mehr Macht hatten als später und sehr viel unbekümmerter von ihr Gebrauch machten, wenn sie es für nötig hielten,[11] und daß andererseits die staatlichen Behörden in voller Offenheit die

Gründe darlegten für ihre Privilegierung und aus ihrer Nützlichkeit für den Staat gar kein Geheimnis machten. Die Beziehung zwischen Privilegien und Diensten an den Staat war über allen Zweifel erhaben und wurde von keiner Zweideutigkeit umgedeutet. Es war beinahe eine Selbstverständlichkeit im achtzehnten Jahrhundert, privilegierte Juden auch zu adeln, jedenfalls in Frankreich, Bayern, Preußen und Österreich, um auch nach außen zu zeigen, daß es sich bei diesen Persönlichkeiten um mehr handelte als um reiche Leute oder reich gewordene Juden. Die Tatsache, daß die Rothschilds in ihrem Gesuch um Aufnahme in den österreichischen Adel auf solche Schwierigkeiten stießen, bevor sie im Jahre 1817 schließlich das Diplom in Händen hatten, war bereits ein Zeichen, daß die eigentlich goldenen Zeiten des Hofjudentums vorüber waren.

Am Ende des achtzehnten Jahrhunderts hatte es sich bereits entschieden, daß der Nationalstaat nicht fähig sein würde, sich einer der Gruppen der Gesellschaft so zu verbünden und sich so auf sie zu stützen, wie das Königtum sich auf den Adel hatte stützen und mit ihm sich verbünden können.[12] Aus diesem Versagen der absoluten Monarchie, deren Absolutheit nicht in irgendwelchen Herrschaftsmethoden despotischer Art, sondern in ihrer Loslösung vom Adel und damit von allen Gruppen der Gesellschaft bestanden hatte, erwuchs der Nationalstaat, der nicht nur dem Anspruch nach über den Klassen und ihren Interessen stand und der gerade darum die Nation als Ganzes vertreten konnte. Dies riß die bekannte Kluft zwischen Staat und Gesellschaft auf, auf der der politische Körper der Nation bis zu seinem Untergang beruht hat. Ohne diese Kluft hätte keine Notwendigkeit, ja nicht einmal eine Möglichkeit bestanden, die Juden in die europäische Geschichte voll einzugliedern.

Nachdem alle noch unter der absoluten Monarchie unternommenen Versuche des Staates, sich mit einer der großen Klassen der Gesellschaft zu verbünden, fehlgeschlagen waren, blieb dem Nationalstaat nichts anderes übrig, als sich selbst gleichsam als ein Riesenunternehmen zu etablieren. Zwar wurde in diesem Unternehmen nichts produziert und nichts gehandelt, es war lediglich zu Verwaltungszwecken, zum Zwecke der Unterhaltung eines wachsenden Beamtenapparats da; aber das Ausmaß der für diese Finanzierung notwendigen Geschäfte und Transaktionen war so enorm und verwickelte den Staat in eine solche Fülle von Unternehmungen, daß sich vom achtzehnten Jahrhundert ab in der Wirtschaft deutlichst eine besondere Sphäre des Staatsgeschäftes abzeichnete. Die Finanzbedürfnisse der Fürsten, von ausschließlich politischen Faktoren bestimmt, schufen mehr oder minder bewußt neue wirtschaftliche Gebiete, die, von der ökonomischen Entwicklung des Landes getrennt, Monopol des Staates blieben. Hierhin gehören nicht nur die Kriegslieferungen, sondern die Steuerpacht in Frankreich, die Metall- und Münzprägung wie die staatliche Porzellanmanufaktur in Preußen, die Bergwerke in Bayern und schließlich die zahlreichen staatlichen Monopole auf Salz, Tabak und Lotterien. In all diesen Unternehmungen finden wir Juden, aber immer nur so lange, wie sie mit dem Staatsapparat zusammenhängen. Jüdisches Geld spielte in den staatlichen Manufakturen der merkantilistischen Periode eine Rolle, da sie Kreditgeber der Staaten waren und dies zum Staatsgeschäft gehörte. Wo ihnen aber Gelegenheit gegeben wird, selbständig und vom Staatsapparat unabhängig in Fabrikation und Industrie hineinzukommen, lehnen sie dies in der Regel ab. So blieben sie Außenseiter der kapitalistischen Produktion, die sich vom Staatsapparat unabhängig und oft im Kampf gegen ihn entwickelt. Erst als dieser Kampf abgeschlossen ist, gehen Juden auch in das vom Staatsgeschäft unabhängige Wirtschaftsleben und nehmen hier dann bis ins zwanzigste Jahrhundert hinein Positionen ein, die von den Staatsgeschäften vorgezeichnet waren, wie im Getreidehandel oder der Bekleidungsindustrie, die ursprünglich mit Kriegslieferungen zu tun gehabt hatten.

Ausschlaggebend für die Rolle der Juden war, daß sie von der Bevölkerung völlig isoliert waren und keinerlei Rücksichten auf irgendeine der wichtigeren Klassen des Landes zu nehmen hatten. Denn an dem Staatsgeschäft beteiligten sich die eigentlich finanzkräftigen Gruppen der Zeit nicht, einmal, weil sie ohnehin den Weg des Privatunternehmens eingeschlagen hatten und alle geschäftlichen Beziehungen mit dem Staat, staatliche Eingriffe in die »private« Sphäre der Wirtschaft als ihren Interessen abträglich abwehrten, und dann auch, weil sie in der Staatssphäre, wo offensichtlich nichts produziert wurde, nur unproduktive Kapitalanlagen witterten. So blieben nur die Juden übrig, der einzige Teil der Bevölkerung, der bereit war, den Nationalstaat in seinen Anfängen zu finanzieren und sein Schicksal mit der nationalstaatlichen Entwicklung im engeren Sinne zu verbinden. Der Nationalstaat seinerseits profitierte von den internationalen Verbindungen und dem internationalen Kredit, der den Juden zu einer Zeit offenstand, als noch niemand sonst von diesen Möglichkeiten eine reale Vorstellung hatte.[13]

Große Privilegien und entscheidende Änderungen der jüdischen Lebensumstände waren natürlicherweise die Bedingung und der Lohn für diese Leistungen. Was später Gleichberechtigung und Emanzipation hieß, wurde erst einmal als solches Privileg vergeben. Die Generalprivilegien in Preußen, die Patente in Österreich enthielten all das, was später die Emanzipation allen brachte. Diese Generalisierung der Privilegien auf die gesamte einheimische Judenschaft aber stieß überall auf die offene Opposition der privilegierten Juden. Weder die Berliner Juden, die Ende des achtzehnten Jahrhunderts noch erfolgreich die Zuwanderung von Juden aus den östlichen Provinzen verhinderten, noch die Juden von Bordeaux und Avignon, die sich mit allen Mitteln gegen die Judenemanzipation der französischen Nationalversammlung wehrten, weil dies eine Gleichstellung mit den nichtprivilegierten Juden deutscher Herkunft bedeutete, haben es sich je im Traume einfallen lassen, eine politische Gleichberechtigung und damit eine Emanzipation des ganzen Volkes zu verlangen. Diese lief ihrem eigenen Gruppeninteresse zuwider; denn um diese Zeit handelte es sich nicht mehr um den Abstand, der einzelne Hofjuden von der Masse des Volkes trennte, sondern um den, welcher eine ganze Gruppe reich und damit dem Staate nützlich gewordener Elemente, die Schutzjuden in Preußen oder die Juden von Bordeaux und Bayonne in Frankreich, aufs deutlichste von ihren weder reichen noch nützlichen Brüdern abhob. Daß diese Gruppe faktisch allen anderen Bürgern auch politisch gleichgestellt war, geht schon daraus hervor, daß die Juden von Bordeaux und Bayonne zusammen mit allen anderen »Generalständen« bereits im Jahre 1787 eingeladen worden waren, ihre Beschwerden und Vorschläge in der Versammlung der Generalstände zu unterbreiten. Diese Juden kannten die Bedingungen und die Natur ihres eigenen Standes zu gut, um nicht zu wissen, welche Dienste und Leistungen mit ihm verbunden waren; ihrer Meinung nach konnte dies nur dann ein Recht für alle werden, wenn alle die gleichen Dienste erweisen konnten, was sie damals noch für unmöglich hielten, weil es ja einer ungeheuren Hebung des Wohlstandes des ganzen Volkes gleichgekommen wäre. Es hat sich dann später herausgestellt, daß dies wenigstens für das verhältnismäßig kleine Westjudentum nicht so unmöglich war, wie sie dachten.

Erst am Ende des neunzehnten Jahrhunderts, im Zeitalter des Imperialismus, begannen die besitzenden Klassen ihre anfängliche Ansicht von der Unproduktivität aller Staatsgeschäfte zu revidieren. Dabei spielten nicht nur die Notwendigkeiten der Expansionspolitik eine Rolle, sondern auch die Tatsache, daß die in der Hand des Staates vereinigten und von ihm monopolisierten Gewaltmittel technisch eine immer größere Vervollkommnung erfuhren, so daß dem, der sie besaß, eine wachsende Bedeutung von der technischen Entwicklung selbst zugespielt wurde. Zudem kam den Staatsaufträgen an die Waffenindustrien eine wirtschaftlich immer größere Bedeutung zu. Von der Mitte des vorigen Jahrhunderts beginnen sich die Fäden, welche die Staatswirtschaft mit der Privatwirtschaft verbinden, immer fester und entschiedener zu knüpfen. Es ist selbstverständlich, daß in dieser Entwicklung die Juden nach und nach mit automatischer Gewißheit ihre Monopolstellung im Staatsgeschäft und damit ihre Position innerhalb des Nationalstaates verlieren mußten. Daß dieser Prozeß dann doch verhältnismäßig langsam vonstatten ging und erst im Zeitalter des Imperialismus rapide Fortschritte machte, lag vor allem daran, daß die Juden neben ihren eigentlichen finanziellen Funktionen noch andere wichtige Geschäfte der Nationalstaaten besorgt hatten und für eine Zeit zu besorgen fortfuhren. Gerade in dem staatlichen Anleihengeschäft wurden Juden zuerst überflüssig; seit der Mitte des vorigen Jahrhunderts konnten die Regierungen auch ohne die Garantien jüdischer Bankhäuser ihre Papiere auf den Markt werfen,[14] weil das steigende Nationalbewußtsein ohnehin zu der Überzeugung gekommen war, daß in einer nationalstaatlich geregelten Welt die privaten Schicksale jedes Staatsbürgers direkt von dem Schicksal seiner Regierung in Krieg und Frieden abhängig geworden waren. Von der Mitte des vorigen Jahrhunderts an konnten daher Juden sich nur deshalb noch in ihrer prominenten Stellung halten, weil sie mehr in das Staatsgeschäft hineingebracht hatten als ihren Reichtum und ihr Risiko, nämlich ihre internationalen Beziehungen. Entscheidend blieb, daß die Juden ohne eigenes Territorium und ohne eigene Regierung ein innereuropäisches Element auch unter den Bedingungen des Nationalstaatsystems blieben. Diesen »Internationalismus« hatte der Nationalstaat sorgfältigst zu erhalten gewußt, da auf ihm die Nützlichkeit der Juden beruhte, und dieser Internationalismus erschöpfte sich nicht in Geschäften, sondern blieb von großer Bedeutung in dem Verkehr der Nationen miteinander, vor allem in Kriegszeiten. Wollen wir den Zusammenhang zwischen der Judenfrage und dem Nationalstaat einerseits und dem Antisemitismus andererseits deutlich verstehen, so müssen wir uns diese internationale Rolle der Juden im Nationalstaatsystem in ihrem Entstehen vergegenwärtigen.

Sieht man den Aufstieg der Juden zu allgemein europäischer Bedeutung innerhalb des Zusammenhanges rein europäischer Geschichte, so war er das Resultat einer langen und stetigen Entwicklung; sieht man ihn umgekehrt aus dem Zusammenhang der jüdischen Geschichte, so kam er mit einer außerordentlichen Plötzlichkeit, auf die weder die Juden noch ihre Nachbarn im geringsten gefaßt sein konnten. Die jüdischen Geldverleiher hatten im ausgehenden Mittelalter ihre frühere Bedeutung verloren, und das frühe sechzehnte Jahrhundert kannte überhaupt ein städtisches jüdisches Bevölkerungselement nicht mehr; überall waren Juden aus Städten und Handelszentren in die Dörfer und das flache Land verwiesen worden. Dies hatte erst einmal eine außerordentliche Verschlechterung auch ihrer gesetzlichen Stellung zur Folge; tauschten sie doch die recht verläßliche Protektion von den höchsten Behörden der Reiche gegen den sehr unsicheren Schutz ortsansässiger Feudalherren ein. Der Wendepunkt aus diesem Tiefstand kam während des Dreißigjährigen Krieges. Ihre in der Zerstreuung festgehaltenen Beziehungen zu anderen Juden ermöglichten es den an sich ganz unbedeutenden, kleinen Geldverleihern, den Fürsten die notwendige Versorgung der Söldnerheere weitab von der Heimat zu garantieren und mit Hilfe von Agenten die Lebensmittel ganzer Provinzen aufzukaufen. Zwar war der hieraus resultierende gesellschaftliche Aufstieg noch sehr begrenzt, da diese Kriege noch auf halbfeudale Weise geführt wurden und mehr oder minder eine Privatangelegenheit der betreffenden Fürsten blieben. Immerhin stieg in diesem siebzehnten Jahrhundert die Zahl der Hofjuden beträchtlich, und an seinem Ende hatte fast jeder feudale Haushalt so etwas wie seinen Hofjuden. Sichtbar aber und von Bedeutung war dies nur für den Adel, der weder zentralisierte Autorität verlangte, noch sie verkörperte. Das adlige

Eigentum, das die Juden verwalteten, das Geld, das sie ausliehen, die Lebensmittel, die sie aufkauften – all das gehörte als Privateigentum den Herren, denen sie dienten, und weder die Fürsten noch die Bevölkerung und am wenigsten die Juden selbst wären je auf die Idee gekommen, daß sie damit eine irgendwie geartete politische Rolle spielten. Ob die Bevölkerung die Juden verachtete oder die Fürsten sie wegen ihrer Zuverlässigkeit schätzten – eine politische Bedeutung konnte die Judenfrage nicht gewinnen.

Erst mit dem Wandel der Funktionen dieser Feudalherren, erst als aus den Adeligen Fürsten und Monarchen wurden, wandelte sich auch die Rolle der Hofjuden. Die Juden, die als ein fremdes Element weder Interesse noch Verständnis für solche Veränderungen in ihrer Umgebung hatten, waren natürlich die letzten, die von diesem Wandel überhaupt etwas merkten. Was sie anlangte, so fuhren sie fort, Privatgeschäfte zu machen, und die Loyalität, die sie für ihre Herren hatten, blieb ebenfalls eine Privatangelegenheit, ungetrübt von allen politischen Erwägungen. Loyalität war eine Frage des geschäftlichen Anstands; es bedeutete nicht, daß man politisch auf einer bestimmten Seite stand oder aus politischer Berechnung die Treue hielt. Das Interesse, das die Juden für ihre Fürsten hatten, war das Interesse für einen Geschäftspartner, für den man Lebensmittel aufkauft, Armeen einkleidet und ihre Ernährung organisiert, dem man Geld ausleiht für die Anwerbung von Söldnern, ohne sich im geringsten darum zu kümmern, zu welchem Zwecke all diese Anstalten nun eigentlich getroffen werden. Was daraus entstand, war eine gesellschaftliche Beziehung zwischen Juden und Aristokraten, die erst im frühen neunzehnten Jahrhundert verschwand und die in der Gesellschaftsgeschichte der Juden einzigartig geblieben ist. Aus ihr zog vor allem zu Beginn des neunzehnten Jahrhunderts der liberale Antisemitismus seine Argumente, wenn er behauptete, die Juden und die Aristokratie stünden in einem Bündnis gegen die Ansprüche der aufsteigenden bürgerlichen Klasse. Dies konnte in der Tat plausibel klingen, solange die Juden nicht emanzipiert waren, weil ja die Privilegien der Hof- und Schutzjuden offensichtlich den verbrieften Rechten und Freiheiten des Adels ähnelten und die jüdische privilegierte Kaste sich mit der gleichen Entschiedenheit und oft mit den gleichen Argumenten gegen die Gleichberechtigung aller wandte wie die adlige. Hinzu kam, daß Juden seit Mitte des achtzehnten Jahrhunderts häufig geadelt wurden und bis weit in das neunzehnte Jahrhundert hinein eine Vorliebe für adlige Titel behielten, durch die sie sich eine gesellschaftliche Auszeichnung vor den anderen Juden sicherten. Dennoch spielt all dies keine allzu große Rolle. Im ausgehenden achtzehnten Jahrhundert war der Adel bereits eine offensichtlich im Abstieg befindliche Klasse, was auf die jüdische Gruppe keineswegs zutraf. Auch sollte aus bestimmten Gründen gerade die Aristokratie die erste Klasse werden, die aller gesellschaftlicher Beziehungen ungeachtet eine Art modernen Antisemitismus entwickelte.

Die Juden waren die Diener und Kriegslieferanten der Monarchen gewesen, aber sie hatten an den Kämpfen selbst nicht teilgenommen, und niemand hätte es von ihnen erwartet. Als aus diesen Kämpfen nationale Kriege wurden, blieben sie immer noch ein innereuropäisches Element, dessen Bedeutung und Nützlichkeit genau darin bestand, daß sie nicht an eine der kämpfenden Parteien national gebunden waren. Als ihre Dienste als Staatsbankiers und Kriegslieferanten nicht mehr gebraucht wurden – der letzte von einem Juden finanzierte Krieg war der preußisch-österreichische von 1866, in dem Bleichröder Bismarck aushalf, nachdem der letztere die notwendigen Kredite vom Parlament nicht erhalten hatte –, blieben sie von Bedeutung als finanzielle Ratgeber vor allem für Friedensverträge und, in einer Zeit, die unseren organisierten Nachrichtendienst noch nicht kannte, als wertvolle Vermittler von Nachrichten aller Art. Diese Rolle schloß sich der der Hofjuden und dann der Staatsbankiers unmittelbar und zwanglos an. So spielen die Juden, die so viel zu der Finanzierung des Krieges gegen Napoleon beigetragen hatten (mehr als die Hälfte aller englischen Subsidien an die Kontinentalmächte ging durch die Hände der Rothschilds), auf den Friedensverhandlungen des Wiener Kongresses noch keine Rolle. Aber als der deutsch-französische Krieg von 1870, der von Juden nicht mehr finanziert war, zu der Niederlage Frankreichs geführt hatte, meinte Bismarck: »In erster Linie muß Bleichröder ins Gefecht gehn. Der muß gleich nach Paris hinein, sich mit seinen Glaubensgenossen beriechen und mit den Bankiers reden, wie das zu machen ist«, nämlich fünf Milliarden Reparationen in den Friedensverhandlungen zu erreichen.[15] Bleichröders Verdienste um den Friedensvertrag und seine regelmäßige Berichterstattung aus London und Paris, die ihm durch seine Beziehungen zu den Rothschildschen Häusern ermöglicht war, waren für Bismarck bereits wichtiger als die Dienste, die er ihm 1866 erwiesen hatte.[16] Bismarck wiederum ist der letzte Staatsmann, der mit der Unbefangenheit des achtzehnten Jahrhunderts den Juden ihre »besondere Befähigung und Intelligenz für Staatsgeschäfte« bescheinigte.[17] Der letzte Friedensvertrag, in dem Juden als finanzielle Berater auf beiden Seiten eine wichtige Rolle spielten, war der Friedensvertrag von Versailles, und der letzte Jude, der seine Stellung im Nationalstaat ausschließlich seinen jüdischen internationalen Beziehungen verdankte, war Walter Rathenau, der bekanntlich mit seinem Leben dafür bezahlt hat, daß er (wie die Nachrufe seiner Kollegen rühmend meinten) »den international unbekannten Ministern der Republik seinen Kredit in der internationalen Finanzwelt … (und) jene Beziehungen gebracht (hat), die ihm das Judentum in der ganzen Welt, das kulturell und politisch bedeutsam ist, gewährt hat«.[18]

Daß Juden die Kriegs- und Friedensgeschäfte antisemitischer Regierungen nicht übernehmen konnten, versteht sich von selbst. Aber hinter dem Verschwinden der Juden aus der internationalen Politik steht ein allgemeinerer Grund als der Antisemitismus der

Nachkriegszeit. Gerade weil die Juden ein nichtnationales Element innerhalb des Nationalstaatsystems waren, konnten sie nur so lange gebraucht werden, wie die nationalen Kriege noch im Geiste einer Verständigung und mit Vorsorge für den kommenden Frieden geführt wurden, der ja wiederum einen *modus vivendi* herstellen sollte. Für einen Vernichtungsfrieden brauchte man die Juden nicht, und sie hätten sich auch dafür schlecht geeignet. Eine auf die Zerstörung des national organisierten Europas gerichtete Politik mußte die Juden als eine Gruppe notwendigerweise mit vernichten. Dazu hätte es einer physischen Ausrottung wahrlich nicht bedurft. So trifft auch das oft gehörte Argument, daß die Juden ebenso leicht und in genau dem gleichen Prozentsatz Nazis geworden wären wie ihre Mitbürger, wenn man es ihnen nur erlaubt hätte, nicht den Kern der Sache. Psychologisch ist es natürlich richtig, daß sich der individuelle Jude in solchen Dingen wenig und vielleicht gar nicht von seinen deutschen Mitbürgern unterschied. Historisch aber ist es falsch und der vielfache Hinweis auf die Gleichschaltung der italienischen Juden an den Faschismus nicht ganz zutreffend. Der italienische Faschismus hatte nicht die Absicht, sich Europa zu unterwerfen und es zu zerstören. Die politischen Ziele des Nationalsozialismus hätten die jüdische Existenz in Europa, die an das Nationalstaatsystem gebunden war, in jedem Falle liquidiert, nämlich die geschichtliche Existenz des Volkes, nicht notwendigerweise die von Individuen jüdischer Abstammung.

So scheint sich zu der ersten Zweideutigkeit, die das Schicksal der europäischen Juden während der letzten Jahrhunderte beherrschte, der Zweideutigkeit einer Gleichberechtigung, die mit der Hinterabsicht der Privilegierung verliehen wurde, ein anderer Widerspruch hinzuzugesellen: Der Zusammenbruch des nationalstaatlich organisierten Europa traf gerade die einzige nichtnationale Gruppe, das einzig internationale Bevölkerungselement am schwersten. Dieser Widerspruch aber ist nur scheinbar; er beruht darauf, daß wir über dem wildgewordenen Chauvinismus der untergehenden Nationalstaaten nur zu leicht vergessen, was die Nation eigentlich gewesen ist. Die Jakobiner von Robespierre bis Clemenceau und die Reaktionäre von Metternich bis Bismarck hatten immer eines gemein: Sie wollten einen Ausgleich der Kräfte in Europa, und wenn sie versuchten, diesen Ausgleich zum Vorteil ihrer Länder zu manipulieren, so wußten sie doch, daß sie innerhalb Europas manipulieren und daß keiner von ihnen Europa sein oder es beherrschen könne. Die Juden benutzten sie im Interesse dieses Gleichgewichts, und so konnte dies eine national nicht gebundene Volk zu dem Symbol des gemeinsamen Interesses, ja des Ausgleichs selbst werden.

So war es auch kein Zufall, daß die katastrophalen Niederlagen der europäischen Völker mit der Katastrophe des jüdischen Volkes einsetzten. Es war besonders leicht, das immer gefährdete Spiel der europäischen Kräfte durch die Beseitigung der Juden aus dem Gleichgewicht zu werfen, und es war besonders schwer, zu verstehen, daß dies mehr bedeutete als den Ausbruch eines besonders fanatischen Chauvinismus oder das Wiederaufleben von »alten Vorurteilen«. Es war besonders leicht, weil alle glaubten, sich an dem jüdischen Schicksal desinteressieren zu können, da ja angeblich die jüdische Geschichte »Sondergesetzen« gehorchte. Was in Wahrheit auf dem Spiel stand, war die europäische Solidarität, die in genau diesem Augenblick zugrunde ging. Dieser Zusammenbruch zeigte sich sofort in dem Zusammenbruch der jüdischen Solidarität in Europa, ein Zusammenbruch, der nur davon verdeckt wurde, daß die amerikanisch-jüdischen Hilfsorganisationen einsprangen. Die Niederlage des jüdischen Volkes begann mit der Katastrophe der deutschen Juden, an der sich europäische Juden desinteressierten, weil sie plötzlich entdeckten, daß deutsche Juden eine Ausnahme seien. Der Zusammenbruch des deutschen Judentums begann mit seiner Zersplitterung in unzählige Fraktionen, von denen jede glaubte, daß besondere Privilegien die Bürgerrechte schützen könnten – wie das Privileg, im Weltkrieg Frontkämpfer gewesen zu sein, oder das Kind von einem Frontkämpfer; und wenn das nicht half, ein verkrüppelter ehemaliger Frontkämpfer oder der glückliche Sohn eines im Kriege gefallenen Vaters. Juden »en masse« schienen von der Erde verschwunden zu sein; mit Juden »en détail« war es leicht, fertig zu werden. Der furchtbar blutigen Vernichtung von jüdischen Individuen war die unblutige Ausrottung des jüdischen Volkes vorangegangen.

Zweifellos ist die jüdische Geschichte der Neuzeit in mancher Hinsicht sehr fragwürdig, und es ist offenbar, daß eine Geschichte des Antisemitismus die Aufgabe hat, gerade diese Aspekte der sogenannten Judenfrage in den Vordergrund zu schieben. Das ist an sich in der Ordnung; nur sollte man über dem allen nicht das Großartige vergessen, das darin liegt, daß die Juden sich von Anfang bis Ende unbeirrbar geweigert haben, sich nationalisieren und assimilieren zu lassen, daß sie immer ein nichtnationales Element in der europäischen Nationalfamilie blieben. Dieser Widerstand lag allen Funktionen, die ihnen in der modernen Geschichte zugespielt wurden, zugrunde; nur weil sie darauf bestanden, ein innereuropäisches Volk zu bleiben, konnten sie die Kriegslieferanten, Staatsbankiers, Nachrichtenübermittler und Friedensverhändler der europäischen Nationen werden. Die Nationalisten aller Länder haben hierin den Beweis gesehen, daß die Juden nicht zu Europa gehörten, daß sie ein nichteuropäisches Volk seien und einen Fremdkörper in der europäischen Völkerfamilie darstellten. Diese Einschätzung ist verständlich genug, wenn man die nationalstaatliche Organisation Europas verabsolutiert. Den Gegenbeweis haben im Grunde die Juden des zwanzigsten Jahrhunderts, das den Nationalstaat nur noch als ein Zersetzungsphänomen erfuhr, selber angetreten, und zwar durch ihre erstaunliche Produktivität in den Künsten und Wissenschaften, die vielleicht damit zusammenhängt, daß der Zusammenbruch des Nationalstaates ein Europäertum fordert, für welches kein anderes Volk so gut vorbereitet ist wie gerade sie. Dabei muß man sich vergegenwärtigen, daß, abgesehen von dieser Befreiung zur Produktivität, die Juden wahrscheinlich größere Opfer an Menschen, Reichtum, wirtschaftlicher und politischer Position in den letzten fünfzig Jahren gebracht haben als irgendein anderes der europäischen Völker, daß also der Zusammenbruch des nationalstaatlich organisierten Europas für sie in jeder materiellen und materiell greifbaren Hinsicht die größte Katastrophe war.

Die wenigen Europäer, die um diesen gesamteuropäischen Aspekt der Judenfrage wußten, darf man nicht mit den Philosemiten verwechseln, die es auch immer gegeben hat und die sich prinzipiell von den Antisemiten nur dadurch unterschieden, daß sie weniger einflußreich waren. Zu diesen Europäern gehörten Diderot, der einzige der französischen Enzyklopädisten, der nicht judenfeindlich war, weil er in den Juden ein wesentliches Glied zwischen den europäischen Nationen erkannte, und Wilhelm von Humboldt, der sich anläßlich der französischen Judenemanzipation die Befürchtung notierte, daß die Juden »ihre Universalität verlieren (würden), wenn sie aus Juden Franzosen werden«; und schließlich Friedrich Nietzsche, dessen so vielfach mißverstandene Bemerkungen zur Judenfrage durchweg der Sorge um das »gute Europäertum« entspringen und dessen Einschätzung der Juden im Geistesleben seiner Zeit daher so erstaunlich gerecht ist, frei von Ressentiment, Schwärmerei und billigem Philosemitismus.[19]

So notwendig und zutreffend solche Gesamteinschätzungen des jüdischen Elements in der europäischen Geschichte sind, um Verfälschungen, die sich aus einer rein politischen Betrachtung ergeben, zu vermeiden, so wenig können sie doch andererseits direkt zu einer politischen Analyse beitragen. Es liegt in der Natur dieser grundsätzlich ideengeschichtlich bestimmten Beurteilung, das eigentlich Politische zu verfehlen und die Einsicht in die konkrete Rolle der Juden wie in die aus dieser Rolle sich politisch fast automatisch ergebenden Konsequenzen zu verlieren; sie sind von geschichtlicher, aber nicht von politischer Relevanz. Das Geschichtliche in diesem Sinne hat den Vorzug, das unmittelbar Politische zu überdauern, wiewohl es sich niemals ganz dagegen durchsetzen kann und von ihm nie ganz unabhängig ist; es hat aber auch den Nachteil, an das Politische nie nahe genug heranzukommen, um es in seiner Eigenbedeutung zu verstehen. Was politisch entscheidend wurde, war nicht so sehr, daß die Juden ein innereuropäisches Element und ein nichtnationales Volk blieben, als daß sie als solches in ein bestimmtes politisches Verhältnis zum Staat gerieten.

Die Anomalie des jüdischen Verhältnisses zum Staat lag in der Tatsache, daß hier ein Volk in eine politische Rolle gedrängt wurde, das selbst keine politische Repräsentanz hatte. Diese Anomalie blieb immer die gleiche, ganz unabhängig davon, welches Volk und welche Staatsform die jeweilige Regierung repräsentierte oder welche Politik sie machte. Als Fremde und auf Grund ihrer politischen Traditionslosigkeit wußten die Juden weder etwas von dem Unterschied zwischen Volk und Regierung noch von der nationalstaatlichen Spannung zwischen Staat und Gesellschaft. Dadurch mußte ihnen das Risiko ihrer, wie sie meinten, rein privaten geschäftlichen Transaktionen ebenso entgehen wie die verborgenen Machtmöglichkeiten ihrer neuen Positionen. Ihr politisches Verhalten bestimmte sich nach den Erfahrungen, die sie erst unter dem Schutze des Römischen Reiches gemacht hatten und dann im Mittelalter, als ihnen Existenz und Schutz entweder von Kaiser und Reich oder von Rom und der Kirche mehr oder minder garantiert waren. Diese Erfahrungen hatten sie eines gelehrt: Es war besser und sicherer, von den höchsten Autoritäten eines Gebietes abzuhängen, als auf lokale Behörden verwiesen zu sein, und die eigentliche Gefahrenquelle ist immer das gemeine Volk. In den Worten eines jüdischen Historikers: »Bis zu der Katastrophe von 1933 hat es keine Periode in der mitteleuropäischen Geschichte gegeben, in welcher die Regierung die Juden nicht unterstützt und beschützt hätte gegen die kurzsichtigen Erpressungsmaßnahmen von Sonderinteressen und nationalistischen Vorurteilen.«[20] Was die Juden nicht sahen, war, daß die fortschreitende Demokratisierung diese Art von Schutz unsicher machte, weil der Staat ihrer Hilfe nicht mehr bedurfte; worauf sie daher am wenigsten vorbereitet waren, war ein von den staatlichen Autoritäten geleiteter, legaler Antisemitismus. Mit anderen Worten, die alten Erfahrungen, welche der Nationalstaat halb bestätigt (sofern er Juden privilegierte und zu besonderen Diensten verwandte) und halb widerlegt hatte (sofern er schließlich doch nicht umhin konnte, die Juden zu emanzipieren und allen anderen Staatsbürgern gleichzustellen), führten schließlich zu einer mit Vorurteilen belasteten Einschätzung der Verhältnisse, die das Verhalten des durchschnittlichen Juden zu seiner Umwelt nicht weniger bestimmten, als entsprechende, aus der Geschichte in die Neuzeit verschleppte Vorurteile über die Juden das Verhalten der Umwelt zu ihnen beeinflußten. Diese Vorurteile haben auf beiden Seiten das Ihrige getan, Mißverständnisse zu erzeugen; entscheidend beeinflußt haben sie das Geschehen nicht mehr.

In einer Hinsicht nur war das jüdische Vorurteil zugunsten staatlicher Autorität entscheidend; es entschied nämlich im vorhinein darüber, daß, ungeachtet aller anderen geschichtlichen Umstände und selbst bis zu einem gewissen Grad unabhängig von speziellen Funktionen, die Juden innerhalb der Gesellschaft der Nationalstaaten immer eine den jeweiligen Regierungen besonders ergebene Gruppe bildeten. Die Geschichte der großen jüdischen Bankhäuser ist reich an Beispielen für die außerordentliche Schnelligkeit, mit der sie ihre Loyalität von einer Regierung auf die andere übertragen konnten, ohne sich der Tragweite dieser Umstellungen auch nur wirklich bewußt zu werden. So brauchten die französischen Rothschilds im Jahre 1848 keine vierundzwanzig Stunden, um ihre Dienste von der Regierung Louis Philippes auf die neue kurzlebige zweite Republik und von ihr wieder auf Napoleon III. und das zweite Kaiserreich zu übertragen. Ganz Ähnliches kennen wir in Deutschland nach der Revolution von 1918 aus der Finanzpolitik der Warburgs. Am greifbarsten wird dieses Verhalten vielleicht in einer so assimilierten und individuell geprägten Person wie Walther Rathenau, der noch 1917 seiner »tiefen monarchistischen Überzeugung« Ausdruck gibt, derzufolge an der Spitze der staatlichen Macht »ein Geweihter« stehen müsse und »kein Arrivierter einer glücklichen Karriere«, um drei Jahre später als überzeugter Republikaner Außenminister der Weimarer Republik zu werden.[21]

Um dieses Verhalten zu verstehen, muß man sich nicht nur seine Naivität vergegenwärtigen, sondern auch, daß es nichts mit dem bürgerlichen Konformismus zu tun hatte, der sich auf jeden Fall auf die Seite des Erfolges schlägt.[22] Hätten die Juden wirtschaftlich zu den einheimischen Bourgeoisien gehört, so hätten sie vermutlich die außerordentlichen Machtmöglichkeiten ihrer Position besser zu würdigen verstanden; sie hätten zumindest versucht, die Rolle jener geheimen Weltmacht zu spielen, in deren Händen Regierungen steigen und fallen, die ihnen die öffentliche Meinung, und zwar auch die sehr gut informierte öffentliche Meinung, ohnehin zuschrieb. Nichts jedoch lag ihnen ferner. Daß die Juden weder je wirklich wußten, was Macht war, auch nicht, als sie sie fast in Händen hatten, noch je wirklich Interesse an Macht hatten, gehört zu den wesentlichen Bestandteilen ihrer Geschichte in diesem Zeitraum. Dies schließt natürlich nicht aus, daß sie gelegentlich zum Zwecke der Selbstverteidigung von ihren Beziehungen Gebrauch machten und einen oft nicht einmal sehr gelinden Druck auf ihre eigenen Regierungen ausübten, um Juden in anderen Ländern zu Hilfe zu kommen. Gerade die Bescheidenheit dieser Manöver zeigt deutlichst, wie wenig die Juden ihre wirklichen Möglichkeiten kannten. Die einzigen, die hiervon vielleicht etwas ahnten, waren diejenigen, die selbst keine Macht hatten, also die assimilierten Söhne der Staatsbankiers, welche bereits imstande waren, die jüdischen Positionen mit gleichsam nichtjüdischen Augen, oder richtiger unter der in der jüdischen Geschichte unbekannten Kategorie der Macht zu sehen. Hierher gehören Männer wie Disraeli, die von einer jüdischen Geheimgesellschaft träumten, aber auch jene Juden, die wie Rathenau den sogenannten jüdischen Selbsthaß entwickelten, der einfach daraus entsprang, daß sie auf den offenkundigen Mangel an Machtwillen nur mit Verachtung reagieren konnten.[23]

Diese Situation ist weder von Juden noch von Nichtjuden, weder von den Historikern noch von den zeitgenössischen Staatsmännern und Politikern je völlig verstanden worden. Was die Juden anlangt, so war ihnen dies Desinteressement an Macht so selbstverständlich, daß sie es gar nicht als solches erkannten und sich nur entrüsten konnten, daß man, wie sie meinten, haltlose Verdächtigungen gegen sie richtete. Die Nichtjuden auf der anderen Seite sahen nur die Machtmöglichkeit und schlossen von ihr auf einen gar nicht vorhandenen Machtwillen. (Daß es nicht zum Kriege kommen werde, etwa weil der Pariser oder der Wiener oder der Londoner Rothschild es gerade nicht wollte, gehört zu den Standardbemerkungen in der Memoirenliteratur des letzten Jahrhunderts.) Selbst ein so nüchterner und verläßlicher Historiker wie J.A. Hobson konnte noch zu Beginn dieses Jahrhunderts schreiben: »Kann irgend jemand ernsthaft glauben, daß ein großer Krieg von einem der europäischen Staaten unternommen oder eine Staatsanleihe begeben werden könnte, wenn das Haus Rothschild und seine Verbindungsmänner dagegen sind?«[24] In diesem Sinne kann die nach dem ersten Weltkrieg grassierende Kriegsschuldlüge auf eine ganz ansehnliche Tradition zurückblicken. Erheiternd an diesen Meinungen ist die naive Unterstellung, daß jedermann genauso sein müsse wie man selbst. Aus dieser Überzeugung stammt Metternichs Fehleinschätzung der Rothschilds, der sie bei weitem überschätzte, wenn er meinte, keine fremde Regierung habe einen solchen Einfluß auf die französischen Regierungsgeschäfte, und andererseits sie erheblich unterschätzte, als er kurz vor der Revolution von 1848 dem österreichischen Haus voraussagte: »Wenn ich zum Teufel gehe, gehen sie auch zum Teufel.« In Wahrheit hatten die Rothschilds in Frankreich so wenig politische Einsicht oder politische Ambitionen wie irgendein anderer beliebiger jüdischer Bankier, ganz zu schweigen von Einsichten und Ambitionen, die Kriege involvieren konnten; da sie sich aber nicht einer bestimmten Regierung verpflichtet fühlten, und zwar gerade weil sie keine politischen Ambitionen hatten, konnten sie auch Metternichs Sturz und überhaupt die Revolution von 1848 mit ihren Regierungswechseln ganz ausgezeichnet überleben. Für ihre Position waren die Regierungswechsel ohne Belang. Nicht unähnlich der Beamtenschaft, die auch alle Regierungswechsel zu überleben pflegte, gehörten sie zum Staatsapparat als solchem. Das einzige, was sie nicht überleben konnten, war der Untergang des Nationalstaates, und das einzige, wogegen sie ein alteingewurzeltes Mißtrauen hegten, waren Republiken, weil diese, wie sie mit Recht annahmen, sich schwerlich in der gleichen Entfernung von Volk und Gesellschaft halten konnten wie die Monarchie.

Wie tief der jüdische Glaube an staatliche Autorität und wie groß ihre Unwissenheit über die wirklichen Kräfteverhältnisse war, stellte sich in den letzten Jahren der Weimarer Republik deutlichst heraus, als Juden in begreiflicher Sorge um die Zukunft zum ersten Male es direkt mit der Politik versuchten. Mit Hilfe einiger Nichtjuden gründeten sie jene gemäßigte bürgerliche Partei, die sich »Staatspartei« nannte und also bereits in ihrem Namen kundgab, daß sie ein Unding, ein Widerspruch in sich selbst war. So naiv überzeugt waren sie, daß ihre »Partei« nur der Staat selbst sein könnte, daß sie bereits im Namen das normale Verhältnis zwischen Partei und Staat preisgegeben hatten. Wenn die Sache überhaupt einen Sinn haben sollte, was sie natürlich nicht hatte, so hätte es nur der halbfaschistische sein können, eine Partei zu gründen, die dann den Staatsapparat übernehmen und für ihre

Mitglieder monopolisieren sollte. Das haben Mussolini und die faschistische Partei Italiens in der Tat getan; niemand wird der deutschen Staatspartei solche Absichten zutrauen wollen.

Es kann nicht wundernehmen, daß die Juden, welche die jahrhundertalte Isolierung in der Staatssphäre so gründlich von der sie umgebenden Gesellschaft isoliert hatte und die sich in dem eigentümlichen, spannungsreichen Gefüge von Staat und Gesellschaft, das durch das Parteiensystem zusammengehalten wurde, so wenig auskannten, auch mit zu den letzten gehörten, die überhaupt merkten, daß die Umstände sie mit einem Schlage in das Sturmzentrum der Ereignisse geworfen hatten. Dem militanten Antisemitismus gegenüber sind sie immer hilflos gewesen, nicht nur, weil sie ohnehin eine wehrlose Gruppe waren, und nicht nur, weil es letztlich gegen solche modernen Massenbewegungen Wehr kaum gibt; sondern vor allem auch, weil sie nie beurteilen konnten, wann sich gesellschaftliche Idiosynkrasie oder alte harmlose Vorurteile in ein politisch tragfähiges Argument verwandelt hatten. Langsam und stetig hatte der Antisemitismus in mehr als hundert Jahren eine Schicht des Volkes nach der anderen ergriffen, und dies keineswegs nur in Deutschland, sondern in fast allen europäischen Ländern, bis er plötzlich sich als das entpuppte, worauf eine in allen anderen Fragen hoffnungslos gespaltene öffentliche Meinung sich über Nacht einigen konnte. Das Gesetz, nach dem dieser Prozeß, erst einmal von allen unbemerkt, vor sich gegangen war, war eigentlich sehr einfach gewesen: Da die Juden die einzige Schicht der Gesellschaft waren, auf die der Staat sich in gleich welcher Form und unabhängig von allen Regierungswechseln verlassen konnte, war jede Klasse der Gesellschaft, die mit dem Staat als solchem in Konflikt geriet, antisemitisch geworden, weil die Juden die einzige Gruppe waren, die innerhalb der Nation den Staat zu repräsentieren schienen. Darum blieb schließlich auch als einzige Schicht die Arbeiterschaft verhältnismäßig immun gegen den Antisemitismus, vor allem in Deutschland, wo sie marxistisch geschult war. Sie stand faktisch und ihrem Bewußtsein nach primär mit einer anderen Gesellschaftsklasse, der Bourgeoisie, in Kampf, aber nicht mit dem Staate als solchem. Da die Juden zu dieser Bourgeoisie nicht gehörten, waren die Arbeiter antisemitischen Einflüssen nicht zugänglich.

Aber bevor wir Beginn und Wachsen des Antisemitismus innerhalb eines noch intakten nationalstaatlichen Gefüges verfolgen, müssen wir noch der entscheidenden Veränderung gedenken, die sich in dem Verhältnis der Juden zum Staat vollzog, als aus den Hofjuden der feudalen Herren und absoluten Monarchien die Staatsbankiers des neunzehnten Jahrhunderts geworden waren. Die Änderung symbolisiert und vollzieht sich in dem Aufstieg einer Familie, des Hauses Rothschild, und sie kommt in dem Augenblick zustande, als der Hofjude Mayer Amschel Rothschild sich nicht mehr damit begnügt, dem hessischen Kurfürsten durch seine Beziehungen zu anderen Hofjuden zu dienen, sondern beschließt, seine Familie als eine internationale Finanzdynastie zu etablieren, indem er seine fünf Söhne in Frankfurt, Paris, London, Neapel und Wien gleichzeitig etabliert. So besorgte eine Familie gleichzeitig und in engster Verbindung miteinander die Geschäfte, oder einen Teil der Geschäfte, von fünf verschiedenen Staaten. Der Entschluß der Rothschilds war weitgehend der drohenden Judenemanzipation geschuldet, die durch die Gleichberechtigung und Nationalisierung der einheimischen Judenheiten die internationalen Verbindungen zu zerstören drohte, auf denen das Geschäft der Hofjuden beruht hatte. Der alte Mayer Amschel, der Gründer des Hauses, muß diese Gefahr sehr klar erkannt haben, als er beschloß, die internationale Position auf eigene Faust zu sichern, nämlich im Schoß der eigenen Familie. Auf diese Weise, schien es, konnte man den Konsequenzen der von der gesamten privilegierten Judenschaft mit äußerstem Mißtrauen angesehenen toleranten Politik der Staaten am besten entgehen.[25]

Der glanzvolle Aufstieg des Hauses Rothschild hatte in den Diensten des Kurfürsten von Hessen im achtzehnten Jahrhundert begonnen, der, selbst einer der bekanntesten Geldleiher seiner Zeit, sich seinen Hofjuden erzog und ihm weitere Kunden verschaffte. Der große Vorteil der Rothschilds war, daß sie in Frankfurt, dem einzigen städtischen Zentrum, lebten, von dem die Juden durch das ganze Mittelalter nie vertrieben worden waren und wo Juden bereits im frühen neunzehnten Jahrhundert beinahe zehn Prozent der Bevölkerung stellten. Ein weiterer Vorteil war, daß die Frankfurter Juden weder der Autorität der Stadt noch der eines lokalen Fürsten unterstellt waren, sondern wie im Mittelalter unter dem Schutz und der Rechtsprechung des Kaisers blieben. So hatten sie alle Vorteile des mittelalterlichen Schutzes und waren auch als Hofjuden des hessischen Kurfürsten von diesem für ihren Status nicht abhängig. Wie sie schließlich dazu kamen, ihr ungeheures Vermögen anzuhäufen, und, als seien sie durch fast hundert Jahre die ungekrönten Könige von Israel gewesen, das Judentum sowohl symbolisch nach außen vertraten als auch sehr handgreiflich im Innern beherrschten, ist oft von Feind und Freund geschildert worden und braucht hier nicht wiederholt zu werden.[26] Die Herrlichkeit dauerte drei Generationen, bis zum Ende des neunzehnten Jahrhunderts konnten »die Großschatzmeister der Heiligen Allianz« (Capefigue) alle anderen jüdischen wie nichtjüdischen Konkurrenten siegreich aus dem Felde schlagen.

Daß sich eine Familie so international etablierte, wie sonst nur das Judentum in seiner Gesamtheit, und daß es ihr gelang, alle anderen jüdischen Konkurrenten an die Wand zu spielen, änderte die gesamte innerjüdische Struktur in Europa. Zwar waren die Geschäfte der Hofjuden bereits sehr verzweigt gewesen und ihr Einfluß auf das Wirtschaftsleben der Staaten außerordentlich abhängig von ihren jüdischen Beziehungen, von den kleinen Trödlern und Hausierern, ohne die sie nicht die Lebensmittel ganzer

Provinzen hätten aufkaufen und die Heere in fernen Ländern versorgen können; dennoch war das Schicksal des jüdischen Volkes im ganzen nur lose mit dem ihren verknüpft. Was immer den Hofjuden geschehen mochte, und größter Glanz und tiefstes Elend, Aufstieg und Sturz wechselten oft in wenigen Jahrzehnten, das jüdische Volk blieb davon verhältnismäßig unberührt. Und wenn es auch richtig ist, daß sich bereits im achtzehnten Jahrhundert eine gewisse wohlhabende jüdische Mittelschicht bildete, die an den Geschäften der Hofjuden beteiligt war, so gab es doch noch kein Zeichen dafür, daß die einheimische Judenschaft eines Landes ein Kollektiv darstellte, das bestimmte Dienste leistete und bestimmte Prämien empfing. Dies wurde erst anders, als durch die Monopolisierung aller Staatsanleihen in den Händen eines Hauses das für solche Zwecke in Frage kommende Kapital einheitlich beteiligt und organisiert werden konnte. Dadurch gelang es, große Teile jüdischen Geldes in das Staatsgeschäft zu lenken und damit eine bis dahin nicht existierende materielle Grundlage für das Kollektiv zentral- und westeuropäischer Juden zu schaffen, um das sich von nun ab sowohl die jüdische Geschichte wie die Judenfrage zentrieren. Eine einzige Firma, die physisch in allen Finanzzentren Europas vertreten war, vereinigte alle die vielfältigen, zufälligen und individuellen Verbindungen und Beziehungen des ehemaligen Hofjudentums mit all ihren Möglichkeiten der Nachrichtenbeschaffung und den ganz neuen Chancen einheitlicher Organisation. Die eigentlichen Staatsbankiers dieser Epoche waren die Rothschilds, alle anderen waren ihre Mittels- und Verbindungsmänner, ihre Agenten.[27]

Die Monopolstellung des Hauses Rothschild, um das sich das west- und mitteleuropäische Judentum zentrierte, ersetzte bis zu einem gewissen Grade die alten Bande der Religion und Tradition, deren konservierende Kraft zum ersten Male in Jahrtausenden ernstlich gefährdet war. Nach außen repräsentierte diese Familie in greifbarster Weise den jüdischen Internationalismus in einer

Welt der Nationalstaaten und national organisierten Völker. Wo konnte es eine bessere Demonstration für die phantastische Vorstellung einer jüdischen Weltherrschaft geben als im Bild dieser einen Familie, in der fünf Brüder sich in die Staatszugehörigkeit von fünf Ländern teilten und in engster Zusammenarbeit zumindest drei verschiedenen Staaten – Frankreich, Österreich und England – die finanziellen Geschäfte besorgten, ohne daß ihre Solidarität auch nur für einen Moment durch die zwischen diesen Ländern bestehenden Konflikte und widerstrebenden Interessen gestört werden konnte? Keine politische Propaganda hätte sich ein wirksameres Symbol ausdenken können als diese Wirklichkeit.

Die volkstümliche Auffassung, derzufolge das jüdische Volk, ungleich anderen Völkern, wie eine Familie konstituiert und durch Blutsbande zusammengehalten sei, ist älter als das Auftreten des Hauses Rothschild, das dadurch, daß es mit einem Schlage und über lange Jahrzehnte hinweg wirklich als Familie das jüdische Volk, sofern es für Europa ökonomisch und politisch von Bedeutung war, repräsentierte, wie ein der Volksvorstellung entsprechendes Symbol erscheinen mußte. Die Volksvorstellungen gründeten ursprünglich in weniger zufälligen Umständen. In der Erhaltung des jüdischen Volkes hat in der Tat die Familie eine beispiellose Rolle gespielt, und Familienbande sollten auch noch in der Zeit der Assimilation und Emanzipation sich als die konservierendsten Volkskräfte erweisen. Ja, ähnlich wie der Adel im Niedergang überall daranging, seine Heirats- und Hausgesetze exklusiver zu machen, so hat auch das jüdische Familienbewußtsein seine eigentliche Blütezeit gerade in der Zeit erlebt, in der alle anderen geistigen, religiösen und politischen Bande zu verschwinden drohten. Je weniger die Fortexistenz des jüdischen Volkes durch die halb religiösen und halb nationalen Gebräuche innerhalb der Gemeinde und ihrer Autonomie gesichert war, desto stärker versteifte sich das Volksbewußtsein in ein Familienbewußtsein, desto mehr erschien dem einzelnen Juden ein anderer Jude als das Glied der gleichen großen Familie. Der Aufstieg und die Herrschaft der Familie Rothschild innerhalb des Judentums mit der für Juden und Nichtjuden gleichen Symbolstärke hatte sehr viel damit zu tun, daß die Familie als solche im Bestand des jüdischen Volkes eine öffentlich-politische Rolle zu spielen begann. Als daher (aus Gründen, die mit der Judenfrage nicht das geringste zu tun hatten) Rassefragen plötzlich in Europa politische Bedeutung erhielten, war es naheliegend, in den Juden das Modell eines Volkes zu sehen, das auf dem Blut beruht, das heißt das innerhalb der europäischen Völker eine Rasse darstellt.

In der Geschichte des Antisemitismus hat dieser Faktor immer eine wichtige Rolle gespielt. Zwar hing von allgemein politischen Umständen ab, welche Gruppe der Bevölkerung in einem gegebenen Zeitpunkt in einen Konflikt mit dem Staat geriet und antisemitisch wurde, aber die Argumente und Vorstellungen, deren sie sich dann bediente und die mit ebenso bemerkenswerter Monotonie wie Spontaneität immer wieder neu produziert wurden, kann man nur als Spiegelbild einer Wirklichkeit verstehen, die in ihnen verzerrt und entstellt wird. Als solche sind sie allgemein bekannt; es sind immer wieder die Vorstellungen von den Juden als einer internationalen Handelskaste, eines weltumspannenden Familienkonzerns, dessen Interessen überall die gleichen sind, bevor sie sich transformieren in die Phantasien über die geheime Weltmacht hinter den Thronen oder die allmächtige Geheimgesellschaft, die die Fäden des Weltgeschehens zieht. Wegen ihres faktisch bestehenden, wenn auch nie durchschauten, einzigartigen Verhältnisses zum Staatsapparat und damit zu dem Zentrum politischer Macht, wurden die Juden unweigerlich mit Macht überhaupt assoziiert und, wegen ihrer faktisch bestehenden Getrenntheit von der Gesellschaft und familienartigen Abgeschlossenheit im eigenen Kreise, unweigerlich verdächtigt, diese angebliche Macht dazu zu benutzen, alle gesellschaftlichen Ordnungen zu zerstören.

Von dem preußischen Antisemitismus bis zu den ersten deutschen Antisemitenparteien

Antisemitismus und Judenhaß sind nicht dasselbe. Judenhaß hat es immer gegeben, Antisemitismus ist in seiner politischen wie ideologischen Bedeutung eine Erscheinung der letzten Jahrhunderte. Es ist möglich, wenn auch nicht wahrscheinlich, daß der Judenhaß den Antisemitismus, der mit dem Ende des Hitler-Regimes erst einmal an ein Ende gekommen zu sein scheint, überlebt, so wie es Antisemiten gegeben hat, die nie in ihrem Leben den leisesten Judenhaß verspürt haben. Was die Juden anlangt, waren diese sogar die allergefährlichsten. Uns beschäftigt hier nicht das Phänomen des Judenhasses, der in der Geschichte von untergeordneter und in der Politik ohne alle Bedeutung ist. Was aber den Antisemitismus anlangt, so ist offensichtlich, daß er politisch nur dann relevant und virulent werden kann, wenn er sich mit einem der wirklich entscheidenden politischen Probleme der Zeit verbinden kann. Daß eine solche Verbindung aber überhaupt möglich war, besagt nichts anderes, als daß die Judenfrage, aus Gründen, die mit den Juden unmittelbar gar nichts zu tun zu haben brauchen, gefährliche und entscheidende Konfliktstoffe des Zeitalters in sich barg.

Die beste Illustration für den Unterschied zwischen dem politisch sterilen Judenhaß und dem modernen Antisemitismus mag ein Vergleich mit der Situation des Judentums in Osteuropa bieten. Der Judenhaß in Polen und Rumänien überbot an Intensität alles, was wir aus west- und mitteleuropäischen Ländern kennen, und er war, im Unterschied zu diesen, wesentlich ökonomischen und nicht politischen Ursachen geschuldet. Die Aufrichtung von Nationalstaaten war im Osten Europas an der Unfähigkeit der Regierungen, die Landfrage zu lösen und die Bauern zu befreien, gescheitert mit dem Erfolg, daß der Adel nicht nur seine politische Herrschaft halten, sondern auch die normale Entwicklung der industriellen Produktion und das normale Anwachsen des Bürgertums verhindern konnte. Zwischen dem Adel und den besitzlosen Klassen standen die Juden, welche als Handwerker, als Kleinhändler und Ladenbesitzer scheinbar die Funktionen einer Mittelklasse ausfüllten. Scheinbar, denn die Juden waren hier wie in Westeuropa unfähig oder unwillig, sich in industrielle Unternehmungen einzulassen und eine kapitalistische Bourgeoisie zu entwickeln. Abgesehen von ihrer eigenen großen Armut, war das Resultat ihrer wirtschaftlichen Betätigung eine schlecht funktionierende, chaotische Monopolisierung des Kleinhandels mit Verbrauchsgütern, der keinerlei Produktionssystem entsprach. Insofern diese verelendete jüdische Gruppe die einzige war, von der man die Entwicklung einer normalen bürgerlichen Klasse erwarten konnte, ohne daß sie doch diesen Erwartungen gewachsen war, stand sie im Grunde der Wirtschaftsentwicklung der osteuropäischen Länder im Wege. Insofern sie andererseits den Anschein weckte, die bürgerliche Klasse des Landes darzustellen, kam sie in Konflikt mit den Schichten der einheimischen Bevölkerung, die hierauf selbst Anspruch erhoben. Hinzu kam, daß die Regierungen in ihren lendenlahmen Versuchen, das Entstehen einer Mittelklasse zu begünstigen, ohne den adligen Großgrundbesitz zu beseitigen und die feudale Struktur des Landes zu reformieren, sich an die Juden hielten bzw. immer wieder versuchten, die jüdischen Positionen auf dem Verwaltungswege zu liquidieren – teils als eine Konzession an die öffentliche Meinung und ein Ablenkungsmanöver, damit es erscheinen könne, als ob doch wenigstens irgend etwas geschähe, teils aber auch, weil die Juden in der Tat genau da saßen, wo eine beginnende bürgerliche Klasse eigentlich hätte sitzen müssen. Aber auch dies war ein Schein, und die Juden waren genauso Bestandteil der alten feudalen Ordnung wie jedermann sonst. Jahrhundertelang waren sie die Mittelmänner zwischen Adel und Bauerntum gewesen; diese Mittelstellung machte sie noch keineswegs zu einer Mittelklasse im bürgerlichen

Sinne. Industrialisierung und Kapitalisierung der Länder hätten auch ohne Judenhaß und ohne antijüdische Verwaltungsmaßnahmen den Juden ihre Existenz gekostet.[28] Diese Umstände in Osteuropa, wiewohl sie den Kern der für die Juden selbst erheblichen Judenfrage bildeten und die betreffenden Völker ungeheuer gegen die Juden erbitterten, blieben politisch bedeutungslos und hätten wohl zu Pogromen, aber nie zu dem Versuch der Ausrottung des ganzen Volkes geführt. Der Judenhaß war in der Neuzeit eine Angelegenheit rückständiger Länder und wurde dann unter bestimmten Umständen so epidemisch, daß er zum Zweck politischer Organisation schon darum nicht mehr zu gebrauchen war, weil man sich durch ihn politisch von niemandem unterscheiden konnte.

Das erste Anzeichen modernen Antisemitismus finden wir im Preußen der Reformer, als der altpreußische Staat, dessen Struktur in der Niederlage von 1807 zusammengebrochen war, in den deutschen Nationalstaat umgemodelt wurde, der schließlich in der Bismarckschen Reichsgründung zur Vollendung kam. Die »Revolution von oben«, die dem Bürgertum seine weitere Entwicklung sicherte und den Adel vieler Privilegien beraubte, war ohne nennenswerte jüdische finanzielle Hilfe vonstatten gegangen, obwohl damals bereits die Majorität der Berliner Bankhäuser jüdisch war. Die preußischen Reformer hatten erst im Städtegesetz von 1809 und dann im Emanzipationsedikt von 1812 die Gleichberechtigung der Juden mit allen anderen Schichten der Bevölkerung im Zuge der Abschaffung feudaler Rechte und Sonderbestimmungen durchgesetzt. Ihre Bemühungen, die Juden erst allen anderen gleichzustellen und dann allen anderen gleichzumachen, standen in der Tradition des altpreußischen Beamtentums, das ebenfalls an einer »Erziehung«, an der Assimilation der Juden mehr Interesse gehabt hatte als an ihrer Erhaltung für Sonderdienste. Sie hatten sich mehr oder minder die Argumente zu eigen gemacht, die Dohm, ein hoher Beamter friederizianischer Prägung, schon 1781 in seiner klassischen Schrift für *die bürgerliche Verbesserung der Juden* vorgebracht hatte, und sie würden ihm beigestimmt haben, daß es auf die Frage: »Aber dann werden die Juden aufhören, eigentliche Juden zu sein?« nur die Antwort geben könne: »Mögen sie doch! Was kümmert dies den Staat, der nichts weiter von ihnen verlangt, als daß sie gute Bürger werden, sie mögen es übrigens mit ihren Religionsmeinungen halten, wie sie wollen.«[29] Im Zeitpunkt der Reformen aber, und dies war entscheidend, hatte die ganze Frage insofern an Wichtigkeit verloren, als Preußen gerade seine östlichen Provinzen mit ihrer großen und armen Judenbevölkerung hatte an Polen abtreten müssen. Was übrigblieb, waren die privilegierten Juden und die Schutzjuden, deren individuell erworbene Rechte nochmals allgemein legalisiert wurden. Da Privilegien überhaupt abgeschafft wurden, gab es gar keine andere Möglichkeit, den Juden ihre bisherige Position zu erhalten, als ihnen bürgerliche Gleichberechtigung zu geben. Dies geschah bereits durch das preußische Städtegesetz, das dann allerdings durch das Emanzipationsedikt von 1812 erweitert wurde, das den Juden nun auch politische Rechte zugestand. Die Gültigkeit dieses Edikts war bekanntlich von kurzer Dauer, es wurde sofort rückgängig gemacht, als die Befreiungskriege wieder große Judenmassen dem preußischen Staat zuführten, die weder privilegiert noch geschützt gewesen waren. Seine politische Bedeutung liegt darin, daß es zusammen mit der französischen Judenemanzipation von 1792 die einzige staatliche Maßnahme ist, die wenigstens scheinbar »Juden en masse« befreien wollte, anstatt sie »en détail« zu privilegieren; in dieser Hinsicht ist das Edikt von 1812 durch den Wiener Kongreß genauso rückgängig gemacht worden wie die Emanzipation von 1792 durch das Décret Infâme des Jahres 1809, das die Gleichberechtigung für die elsässischen Juden für ein Jahrzehnt aufhob und damit automatisch die ehemals privilegierten französischen Juden des Südens und Westens in ihren Privilegien bestätigte. Seine historische Bedeutung aber liegt darin, daß in ihm eine Tradition ihren Höhepunkt erreichte und zum Abschluß kam, die es eigentlich nur in Preußen gegeben hat. Das altpreußische Beamtentum hatte seit Mitte des achtzehnten Jahrhunderts auf einer Reform des bürgerlichen Status und einer Erziehung des einheimischen Judentums bestanden, und dies unabhängig von wirtschaftlichen Sonderleistungen und ganz unbeeinflußt von Gründen der Staatsräson. Es entwickelte sich hier unter der Herrschaft des aufgeklärten Despotismus eine Sympathie zwischen zwei Gruppen, die beide gleichermaßen außerhalb des gesellschaftlichen Körpers der Nation und unter der direkten Protektion des Staates standen, eine Sympathie, die nachträglich leicht zu verstehen zu sein scheint, die aber in keinem anderen Lande eine solche Rolle gespielt hat. Sie war eine an sich nicht weiter wichtige, aber für die spätere Assimilation der preußischen Juden bedeutsame Nebenerscheinung der größten Leistung des preußischen Staates, der Erziehung einer wirklich nur dem Staat ergebenen und von allen gesellschaftlichen Interessen ganz unabhängigen Beamtenschaft. Sie war in der Tat, wie der belgische Historiker Henri Pirenne in anderem Zusammenhang ausführt, »ohne Klassenvorurteile und voller Feindschaft gegen die Privilegien des Adels, der sie verachtete. Durch sie sprach nicht der König, sondern die anonyme Monarchie, die über allen stand und alle unter ihrer Macht beugte«.[30] In dieser Tradition standen noch die Reformer, und von ihr war ihre Stellung zu den Juden, wie sie klassisch in Wilhelm von Humboldt sich äußerte, bestimmt.[31] Sie war keineswegs identisch mit der der absoluten Monarchen selbst, und die Beamtenschaft Friedrichs II., der mit Dohm hoffte, daß eine Gleichberechtigung der Juden ihre Assimilation zur Folge haben würde, steht in auffallendem Gegensatz zu der Haltung des Königs, der, als man ihm von einer möglichen Massentaufe der Juden berichtete, in aufrichtiger Besorgnis für seine Finanzen ausrief: »Sie werden doch nicht des Teufels sein!«[32]

Aber der Geist des preußischen Beamtentums und der Reformer setzte sich nicht durch. Aus ihm sprach das Prinzip des Nationalstaates, daß alle Bürger vor dem Gesetz gleichberechtigt und vor dem Staat gleichgestellt sein müßten. Die einzige Konzession, die an diesen Geist der Zeit, der theoretisch überall hindrang, gemacht wurde, war, daß man im Gegensatz zum achtzehnten Jahrhundert begann, die Sonderleistungen der Juden zu verheimlichen. Damals begann die Judenfrage sich in jene Aura des Geheimnisses und Geheimhaltens zu hüllen, die bis auf den heutigen Tag in sogenannten liberalen Kreisen ihre Erörterung so außerordentlich erschwert. Die geschichtlichen Umstände, welche der Emanzipation vorangingen, waren der Gesellschaft sehr viel besser bekannt als der Geist des preußischen Beamtentums und des Nationalstaates, der sie beseelte und demzufolge das Edikt von 1812 das Symbol einer Gesellschaftsordnung sein sollte, die keine Privilegien und keine Sonderbestimmungen dulden würde.

Derjenige Stand, der von den Stein-Hardenbergschen Reformen am unmittelbarsten getroffen wurde, war natürlich der Adel. Verblüffend an seiner natürlicherweise bitteren und aggressiven Reaktion ist, daß er von vornherein die Judenfrage in diese Angelegenheit hineinmischte. Sein in jeder Hinsicht bedeutendster Vertreter, Ludwig von der Marwitz, warf der preußischen Regierung in der bekannten »Letzten Vorstellung der Stände des Lebusischen Kreises an den König« im Jahre 1811 vor, daß mit der Entrechtung des Adels einer Bevorrechtung der Juden Vorschub geleistet werde, daß sie an Stelle des Adels die »Hauptrepräsentanten des Staates und so unser altes ehrwürdiges Brandenburg-Preußen ein neumodischer Judenstaat werden« würde – eine »Tirade«, die Hardenberg in seinem Bericht an den König »ebenso ungerecht als unpassend« fand, ohne auf sie näher einzugehen.[33] Dieser politischen Attacke war seit dem Jahr 1807 eine bemerkenswerte Veränderung in der gesellschaftlichen Stellung des Adels zu den Juden vorangegangen. Keine andere Gruppe der Gesellschaft war dem seit Ende des achtzehnten Jahrhunderts stark einsetzenden Streben nach Assimilation der preußischen und vor allem der Berliner Juden so entgegengekommen wie die Adligen, die es in der Tat ermöglichten, daß um die Wende des Jahrhunderts jene jüdischen Salons entstehen konnten, in denen sich für eine kurze Zeit eine wirklich gemischte Gesellschaft zusammenfand. Nun ist es natürlich richtig, daß dies zum Teil dem geschuldet war, daß Adligen Juden besser bekannt waren als anderen Gruppen der Gesellschaft, da ja Juden seit den Stadtvertreibungen des ausgehenden Mittelalters sich ausschließlich auf die ökonomisch unwichtigen und unproduktiven Anleihen an diejenigen verwiesen gesehen hatten, deren Stand es mit sich brachte, mehr zu verbrauchen, als sie besaßen. Dennoch bleibt merkwürdig, daß diese jahrhundertealten Geschäftsbeziehungen erst jetzt gesellschaftlich sich bemerkbar machten, d.h. zu einer Zeit, da von den Geschäftsbeziehungen gerade nicht mehr sehr viel übriggeblieben war, da inzwischen die Bedürfnisse der absoluten Monarchen das kleine Darlehengeschäft mit privaten Anleihen nahezu überflüssig gemacht hatten. Aber diese für den individuellen Adligen sehr fühlbare Veränderung, daß er es nicht mehr leicht fand, sich bei »seinem« Juden das nötige Geld auszuborgen, hatte keineswegs zu irgendeinem Antisemitismus geführt; man fand sich mit den veränderten Umständen eher dadurch ab, daß man ein jüdisches Mädchen mit einer großen Mitgift heiratete, als daß man anfing, die Juden zu hassen.

Der adlige Antisemitismus war auch nicht das Resultat eines engeren gesellschaftlichen Kontakts mit den Juden. Dieser hatte sich vielmehr aus einem beiden Gruppen gemeinsamen Instinkt gegen die aufkommende bürgerliche Gesellschaft genährt, und dieser Instinkt entstammte sehr verwandten Quellen, da die Familie in beiden Schichten eine sehr ähnliche Rolle spielte. Für den Juden wie für den Adligen galt das Individuum in erster Linie als ein Mitglied der Familie, »des ganzen Geschlechts«, wie von der Marwitz sagt, das die eigentlich »moralische, unsterbliche Person«

darstellt und daher über Leben, Pflichten und Rechte vorerst entscheidet. Hinzu kam, daß der Adel damals noch ein national neutrales, international verbundenes Element im Nationalstaat darstellte, für das der Patriotismus der Loyalität zum Familienverband untergeordnet war, einer Loyalität, die sich wie bei den Juden oft über ganz Europa erstreckte. Diese Priorität der Familienloyalität über alle anderen Bindungen bringt es mit sich, daß die Gegenwart nur ein verhältnismäßig unbedeutendes Glied in der Kette der vergangenen und zukünftigen Geschlechter bildet. Aus diesen in der Sache selbst liegenden Ähnlichkeiten hat der liberale Antisemitismus geschlossen, daß zwischen Adel und Juden eine Verschwörung gegen den Fortschritt und gegen den Nationalstaat bestände, bei der die Juden es unternommen hätten, den an sich bankrotten Adel zu finanzieren, um ihm so seine alte Macht zu erhalten; woraus für sie folgte, daß man erst die Juden loswerden müsse, dann würde der Adel ganz von selbst von der Bildfläche verschwinden. Hinter diesen Argumenten hört man deutlich die bürgerliche Feindseligkeit gegen Familien- und Geschlechterstolz und den Versuch der bürgerlichen Intelligenz, den Geburtsadel als einen Adel des »Haben« zu diffamieren und gegen ihn den neuen bürgerlichen Adel der »angeborenen Persönlichkeit« und den neuen Intellektuellen-Adel des »Genies« auszuspielen.[34] Gerade weil dieser liberal-bürgerlichen Identifizierung von Juden und Adligen um die Wende des achtzehnten Jahrhunderts eine sichtbare, gesellschaftliche Realität entsprach, ist es so bemerkenswert, daß es gerade die Aristokratie war, die, dieser Situation ungeachtet, die Reihe der politischen Argumentationen eröffnete. Kaum war der Konflikt zwischen Adel und Staat ausgebrochen, kaum hatte die neue preußische Regierung begonnen, mit den Reformen die Monarchie in einen Nationalstaat zu verwandeln, als der preußische Adel antisemitisch wurde und sich in diesem Antisemitismus weder durch die alten wirtschaftlichen Beziehungen noch durch die neuen gesellschaftlichen Verbindungen stören ließ.

Ohne Rücksicht auf die Tatsache, daß Juden die Regierung der Reformer noch nicht einmal finanzierten und daß es ohnehin offenbar das Bürgertum war, das die Früchte der Reformen wirklich erntete, setzte sich die Feindschaft gegen den Staat unmittelbar in eine Feindseligkeit gegen die Juden um, als seien sie die einzige Gruppe innerhalb der Gesellschaft, die man mit dem Staat selbst identifizieren konnte.

Der adlige Antisemitismus hat vor allem symptomatische Bedeutung. Nach dem Wiener Kongreß, als es der Aristokratie nicht nur gelang, für die drei Jahrzehnte friedlicher Reaktion unter der Heiligen Allianz ihre alte Position zurückzuerobern, sondern sogar ihre Macht im Staatsapparat, verglichen mit ihrem Einfluß unter Friedrich II., erheblich zu vermehren, verloren die Adligen jegliches Interesse an der Judenfrage, und wo ihr Antisemitismus als gesellschaftliche Idiosynkrasie fortbestand, büßte er seine politische Schärfe ein. Als die preußische Regierung im Jahre 1847 ein erneutes Emanzipationsgesetz unter allerdings radikal geänderten Umständen vorlegte, stimmten fast alle Mitglieder der Hocharistokratie dafür.[35] In den dazwischenliegenden Jahrzehnten hatten die romantischen Intellektuellen geholfen, die Ansätze zu einer konservativen Ideologie, wie sie bereits bei Marwitz vorlagen, voll zu entwickeln, und hatten dabei eine Reihe von Argumenten produziert, deren sich der Nationalstaat von nun an in seinem zwiespältigen Verhalten zu den Juden, in seinem Wunsch, sie allen gleichzustellen und sie doch als eine gesonderte Gruppe zu erhalten, sehr wohl bedienen konnte. Hier entstand die bekannte Unterscheidung zwischen Juden, die man wünschte und brauchte, und solchen, die unerwünscht blieben. Unter dem Vorwand, daß der Staat wesentlich eine christliche Institution christlicher Völker sei – ein Argument, das wahrlich befremdlich in den Ohren eines Despoten des achtzehnten Jahrhunderts geklungen hätte –, kam man zu der für alle annehmbaren Lösung, die jüdischen Bankiers und Geschäftsleute weiterhin der speziellen Protektion des Staates zu versichern und die jüdische Intelligenzschicht gleichzeitig von allen Positionen in Staats- oder freien Berufen auszuschließen. Worum es sich in Wahrheit handelte, war die Verhinderung der Assimilation, die nur von einer jüdischen Intelligenzschicht ausgehen und getragen werden konnte. Von nun ab werden die preußischen Könige sehr besorgt um die Orthodoxie ihrer jüdischen Einwohner und verbieten alle, auch die »geringsten Erneuerungen« des alten Rituals; daß dies nicht aus religiösen Gründen erfolgte, hat Friedrich Wilhelm IV. selbst öffentlich zugegeben, als er erklärte, daß die Regierung nichts tun dürfe, was eine Amalgamation von Juden mit anderen Bewohnern fördern könnte.[36] Noch Bismarck, der in den achtziger Jahren die Juden vor den antisemitischen Angriffen des Hofpredigers Stoecker zu schützen suchte, unterschied ausdrücklich zwischen dem »Geldjudentum, (dessen Interessen) mit der Erhaltung unserer Staatseinrichtungen verknüpft (sind und das wir) nicht entbehren« können, und dem »besitzlosen Judentum in Presse und Parlament«, dessentwegen »Bleichröder keine Veranlassung gehabt haben würde, die Hilfe Seiner Majestät … anzurufen«.[37] Was vom adligen Antisemitismus übrigblieb, war die Erbitterung gegen die »Pressejuden«, das heißt gegen die jüdische Intelligenz, die in diese Positionen gedrängt worden war von einer staatlichen Judenpolitik, welche gehofft hatte, das Entstehen einer solchen Intelligenz überhaupt verhindern zu können. Insofern der Adel nach dem Scheitern der Reformer die höheren Positionen des Berufsbeamtentums in Preußen und Deutschland wieder besetzte, verbanden sich diese antisemitischen Reste aufs beste mit der Judenpolitik der Monarchen, ja, wurden von dieser ununterscheidbar, so daß man von einem eigentlichen Antisemitismus adliger Prägung nicht mehr reden kann. Denn in dieser Politik fanden sie die aufrichtige und tatkräftige Unterstützung des staatserhaltenden Geldjudentum, das, wohl wissend, daß seine eigene Macht und sein Einfluß letzten Endes von ihrer Macht in den jüdischen Gemeinden, ja von der

Existenz dieser Gemeinden abhing, »unter dem falschen Vorgeben, wie wenn dies zu ihrer Religion gehörte, (die Judenschaft) in der nationalen Absonderung erhalten (wollte) ... damit sie desto mehr von ihnen abhängen müssen und unter dem Namen ›unsere Leute‹ ausschließend gebraucht werden können«.[38] Daß dies »falsche Vorgeben« mit der Fassade des christlichen Staates in der konservativen Ideologie vorzüglich zusammenstimmte, bedarf keiner Erwähnung. Der adlige Antisemitismus löste sich gleichsam auf in der Harmonie der Interessen zwischen dem reichen und mächtigen Judentum und dem Staatsapparat; was von ihm übrigblieb, waren die bekannten Argumente gegen jüdische Intellektuelle.

So blieb die erste Welle des Antisemitismus ohne eigentlich politische Folgen und erzeugte von sich aus keinerlei antisemitische Bewegung. Von den Anfängen einer solchen kann man erst sprechen, als in den Jahrzehnten nach dem Wiener Kongreß antisemitische Parolen sich mit liberalen und radikalen Schlagworten verbinden. Die Hep-Hep-Bewegung des zweiten Jahrzehntes des neunzehnten Jahrhunderts war im wesentlichen gegen das Metternichsche reaktionäre Polizeiregime gerichtet, von dem es bekannt war, daß es, im Gegensatz zu dem Preußen der Reformer oder dem Frankreich Napoleons, weitgehend von jüdischem Geld finanziert war. Die Angriffe, die man noch in zahllosen Broschüren und Flugblättern der Zeit nachlesen kann, waren ungleich heftiger, gerade weil die bürgerlich-liberale und radikale Opposition in ihren Angriffen auf die Regierung ungleich vorsichtiger war als die adlige. Gegen die Juden konnte man sich jede Art Sprache gestatten, und es war doch allen klar, daß es gegen die Regierung ging. Es ist in den Reihen dieser aufstrebenden bürgerlichen Intelligenz, die sich durch die Reaktion und die Wiederherstellung der adligen Positionen im Staatsapparat um ihre Chancen betrogen sah, daß wir zum ersten Male auf die Unterscheidung zwischen den individuellen Juden, »unseren Brüdern«, und der

»Judenschaft im allgemeinen« treffen, die später in unendlicher Wiederholung eine der typischen Redensarten des gemäßigten Antisemitismus wurde. Sie entsprang damals natürlich einer gewissen Solidarität mit der jüdischen Intelligenz, die auf ihre Weise genauso betrogen worden war wie die der bürgerlichen Schichten. Dennoch hat gerade diese Prägung dazu geführt, daß von nun an der Staat sowohl wie die Gesellschaft einen Unterschied zwischen Juden im allgemeinen und Juden im besonderen machte, und zwar nicht in dem Sinne Humboldts, sondern in dem Sinne, daß die Juden im besonderen die Ausnahmejuden waren, die man mit antisemitischen Redensarten nicht meinte. Den Ausnahmejuden des Reichtums, welche der Staat anerkannte, schützte und privilegierte, entsprachen die Ausnahmejuden der Bildung, und so wie in den Augen des Staates die »Juden in Presse und Parlament« den Hintergrund für die Ausnahme des staatserhaltenden Judentums bildeten, so sah umgekehrt die liberale Intelligenz die »Geldjuden« als den Hintergrund, von dem sich die jüdische Intelligenz abhob. Was für Folgen diese Konstitution von Ausnahmejuden überhaupt für die Entwicklung der Juden wie des Antisemitismus hatte, werden wir später noch genauer verfolgen.

Wichtiger in unserem Zusammenhang ist, daß die Unterscheidung zwischen individuellen Juden, »unseren Brüdern«, und dem Judentum als einem Kollektiv bereits deutlich darauf hinweist, daß diese liberalen Antisemiten in ihrem Konflikt mit dem Staat sich dessen bewußt geworden waren, daß eine Verbindung zwischen Staatsapparat und Judentum existierte und daß die Judenfrage nicht mehr als ein Problem jüdischer Individuen und allgemeiner Toleranz adäquat erfaßt und diskutiert werden konnte. Es ist in diesem Sinne, daß die später nur noch nationalistisch mißbrauchten Redensarten von einem »Staat im Staat« oder einer »Nation in der Nation« zuerst geprägt wurden.[39] Richtig an diesen Schlagworten ist, daß die Juden innerhalb des Staatsapparats eine Rolle spielten, und zwar deshalb, weil sie innerhalb der Nation einen abgesonderten gesellschaftlichen Körper bildeten.

Eine eigentliche antisemitische Bewegung hat der liberale und radikale Antisemitismus in Preußen, im Unterschied von dem in Frankreich und Österreich, so wenig entfesselt wie der der Aristokratie. Die frühe Radikalität der bürgerlichen Intelligenz und ihre Opposition zum Staatsapparat wich bald einem sehr viel gemäßigteren Liberalismus. Die Judenfrage verlor überhaupt in den Jahrzehnten, die der Revolution von 1848 vorangingen, an Bedeutung; in den vierziger Jahren verlangten die deutschen Landtage überall die jüdische Emanzipation, und von antijüdischer Agitation war kaum die Rede. Der Antisemitismus der Linken, wie wir heute sagen würden, blieb nur insofern von Bedeutung, als er eine bestimmte Tradition theoretischer Art in der späteren Arbeiterbewegung begründete, deren klassisches Werk Marx' Jugendschrift »Zur Judenfrage« ist. Man hat Marx, da er Jude war, oft und sehr zu Unrecht des »Selbsthasses« beschuldigt; in Wahrheit ist die Tatsache, daß der Jude Marx die Argumente der Radikalen aufgreifen und auf seine Weise systematisieren konnte, nur ein Zeichen dafür, wie wenig sie mit dem Antisemitismus späterer Zeit zu tun hatten. Marx fühlte sich natürlich durch seine Argumente gegen das Judentum so wenig als Person oder als ein Individuum betroffen wie etwa der Deutsche Nietzsche durch seine Polemik gegen die Deutschen. Daß Marx nach dieser Jugendschrift sich nie wieder zur Judenfrage öffentlich geäußert hat, hat gar nichts damit zu tun, daß er Jude war, sondern ist die Folge dessen, daß für ihn der Staat nur eine Maskierung der wirklichen Verhältnisse innerhalb der Gesellschaft ist und er sich daher an allen Fragen, welche die Staatsstruktur betreffen, desinteressierte. Innerhalb der kapitalistischen Gesellschaft und in der industriellen Produktion, der er seine ganze Aufmerksamkeit widmete, kamen die Juden einfach nicht vor, weder als Verkäufer noch als Käufer von Arbeitskraft, weder als Unternehmer noch als Ausgebeutete. Für die Kämpfe innerhalb der Gesellschaft blieben die Juden in der Tat ohne jede Bedeutung.

Antisemitische Bewegungen gibt es erst seit dem letzten Drittel des vorigen Jahrhunderts. In Preußen wurden sie durch ein nochmaliges Aufflackern des adligen Antisemitismus anläßlich der Reichsgründung ausgelöst, die das Werk der Reformer, die Transformation der preußischen Monarchie in den deutschen Nationalstaat, nach einer Unterbrechung von sechzig Jahren endlich vollendete. Bismarck, der seit der Zeit, da er Ministerpräsident geworden war, in engen Beziehungen zu Juden stand, wurde jetzt von der adligen Opposition als ein Agent der Juden denunziert, dessen Handlungen von jüdischen Bestechungen beeinflußt seien. Der jüdische Bankier Bismarcks war Bleichröder, der seinerseits ein ehemaliger Agent des Rothschildschen Hauses war. Die Beziehung bestand, nur wirkte sie sich in der entgegengesetzten Richtung aus: Bismarck hatte es verstanden, Bleichröder zu seinem Agenten zu machen, der nun seine Beziehungen zu den Rothschilds in Frankreich und England für die Bismarcksche Politik ausnutzte.[40] Die Opposition des Adels gegen die Reichsgründung hatte nur zur Folge, daß die konservativen Gruppen in Deutschland ideologisch um eine Nuance antisemitischer wurden, als sie es bis dahin gewesen. Für die antisemitische Bewegung der achtziger Jahre konnte sie nicht mehr als ein Anlaß sein, weil die Stellung des Adels im Gesamtgefüge der Gesellschaft und des Nationalstaates eine größere und nachhaltigere Einwirkung auf die öffentliche Meinung des Landes nicht mehr zuließ. So ist es charakteristisch, daß der Hofprediger Stoecker, dessen antisemitische Propaganda von Bismarck und den Beamten mit dem größten Mißvergnügen und von der Hofgesellschaft mit dem größten Vergnügen begrüßt wurde, sich mit den überkommenen konservativen Argumenten nicht begnügen konnte, sondern in seine Reden sofort jene sozialdemagogischen Elemente einführen mußte, die ihm selbst, der aus kleinbürgerlichen Verhältnissen stammte, nahelagen, die aber auch allein geeignet waren, die Aufmerksamkeit größerer Mengen zu mobilisieren. Daß seine kleinbürgerlichen Zuhörer antisemitisch geworden waren – und dies bis zu einem solchen Grade, daß nur antisemitische Ausfälle die Säle füllen konnten –, entdeckte er beinahe durch Zufall – durch einen jener Zufälle des Massenerfolges, die sich dem echten Demagogen, der sich immer von der Masse inspirieren läßt, bevor er darangehen kann, die Masse zu verführen, in die Hand spielen. Nur war er selbst als Demagoge von zu kleinem Format, um den zweiten Schritt der Massenverführung tun zu können. Er verstand im Grunde nicht recht, worauf seine plötzlichen Erfolge beruhten, und hätte sie in seiner Position als Prediger der königlichen Familie und Angestellter der Regierung auch kaum wirklich ausnutzen können. Zudem kannte er wirklich nur die Sprache des Kleinbürgertums und konnte sich nur von einem Publikum, das aus kleinen Ladenbesitzern und Händlern, Handwerkern und Angestellten bestand, inspirieren lassen. Und die antisemitischen Gefühle dieser Schichten hatten wenig mit dem adligen Antisemitismus, den er selbst vertrat, zu tun. Sie waren noch nicht, oder wenigstens nicht ausschließlich, durch einen Konflikt mit dem Staatsapparat veranlaßt.

Der Antisemitismus als politische Bewegung war weder ein preußisches noch ein innerdeutsches, sondern von vornherein ein gesamteuropäisches Ereignis. Dem steht die Tatsache, daß er sich zuerst im Deutschland der achtziger Jahre in Parteien organisierte, nicht im Wege, da diese Parteien, wie wir sehen werden, sehr merkwürdige und aus dem Gefüge nationalstaatlicher Parteienbildungen herausfallende Gebilde waren. Die innereuropäische Bedeutung des Antisemitismus geht schon daraus hervor, daß er gleichzeitig in Deutschland, Frankreich und Österreich sich zu einem bestimmenden Faktor des politischen Lebens entwickelte, und dies obwohl die nationalen Traditionen dieser drei Länder, auch was die Entstehung des Antisemitismus anlangte, sehr verschieden verlaufen. Veranlaßt wurde diese erste antisemitische Welle durch jenes Jahrzehnt von Krisen, Depressionen und Finanzskandalen, das auch das imperialistische Zeitalter einleitete und dessen Ursache rein wirtschaftlicher Art in einer Überproduktion von Kapital zu suchen ist. In diesem Zusammenhang ist wesentlich, daß die Finanzskandale nicht auf den privatwirtschaftlichen Bereich beschränkt blieben, sondern überall auf dem Umweg über das Parlament und die Ministerien in den Staatsapparat selbst eindrangen. Das bekannteste Beispiel ist die Geschichte der Dritten Republik in Frankreich, die sich nie wieder von dem Prestigeverlust der ersten Jahrzehnte erholte, als sich herausstellte, daß das ganze Parlament bis zum Präsidenten der Republik in Spekulation, Bestechung und Erpressungsmanöver verwickelt war. Was in Frankreich Panama-Affäre und Wilson-Skandal hieß, war in Deutschland der Gründungsschwindel, dessen Konsequenzen auch nach Österreich schlugen und in dem vor allem auch die Aristokratie kompromittiert war.

Juden spielten in all diesen Finanzskandalen nur die sekundäre Rolle von Mittelsmännern zwischen nichtjüdischen Spekulanten und nichtjüdischen Regierungsbeamten, die die Spekulanten deckten und den Schwindel dadurch ermöglichten, daß die schwindelhaften Aktien scheinbar vom Staat selbst gesichert waren. In keinem der betroffenen Länder gelang es einem jüdischen Hause, dauernden Reichtum zu etablieren oder sich in der Großfinanz zu halten. Jedoch gab es neben Adligen, Staatsbeamten und Juden noch eine Gruppe, die in die phantastischen Schwindelinvestitionen, bei denen aus den versprochenen Riesenprofiten schließlich Riesenverluste herauskamen, weitgehend verstrickt war, und dies war jenes Kleinbürgertum, von dem Stoecker zu seinem Erstaunen entdeckt hatte, daß es vor allem antisemitischer Propaganda zugänglich war. Diese Gruppe hatte schwerer unter Krise und Schwindel gelitten als irgendwer sonst; sie hatten ihre kleinen Ersparnisse riskiert und waren von einem Tag zum andern völlig ruiniert. Was bei den anderen Spekulationsfieber und Spielertrieb gewesen war, war hier eine sehr wohlbegründete Leichtgläubigkeit, die man sich hüten sollte mit Dummheit gleichzusetzen. Die kapitalistische Entwicklung der vorangegangenen Jahrzehnte, die damals schon, wenn auch nicht so offensichtlich wie später, unter der Devise des Groß und Größer und Mächtig und Mächtiger stand, bedrohte die Kleineigentümer, ob sie nun Handwerker oder Händler waren, unmittelbar, so daß es nur eine Frage der Zeit schien, wann man entweder das wenige, das man hatte, vermehren oder alles verlieren und in die ganz besitzlosen Klassen absinken würde. Es schien nur die Alternative zwischen Aufstieg und Abstieg zu geben, und wem es gelingen würde und wem nicht, hing offenbar von nichts ab außer vom Spielerglück. Das berühmte Risiko des Unternehmers, das der Kapitalismus dann ideologisch verherrlichte, ist zwar nur in einem sehr beschränkten Ausmaße in der kapitalistischen Produktion noch anzutreffen, dafür spielt es als einfaches Spielerrisiko in gewissen Stadien für diejenigen, die nicht in der kapitalistischen Wirtschaft stehen, eine nicht zu unterschätzende Rolle. Von diesem Wagemut, nur daß er hier ein Mut der Verzweiflung war, war das kleine Sparkapital in allen Ländern besessen. Er entsprang natürlich der Furcht vor dem Untergang, den Marx vorausgesagt hatte und der sich dann, entgegen der Furcht und der Voraussage, doch nicht einstellte. Die Panik des Kleinbürgertums war mindestens verfrüht, wenn nicht überhaupt übertrieben; das hindert nicht, daß sie höchst real war und höchst reale Wirkungen zeitigte.

Das Kleinbürgertum bestand aus den Nachfahren jener Handwerkszünfte und Kaufmannsinnungen, die seit Jahrhunderten vor Konkurrenz und damit vor großen Veränderungen ihrer wirtschaftlichen Existenz geschützt gewesen waren. Dies geschlossene Wirtschaftssystem hatte außerdem sich immer der direkten Protektion durch den Staat erfreut und so ein in anderen Schichten der Gesellschaft unbekanntes Sicherheitsgefühl erzeugt. Das Manchester-System hatte, je mehr es die Wirtschaft des Landes eroberte, dies Kleinbürgertum einer Gesellschaft von Konkurrenten ausgeliefert und es zudem allen besonderen Schutzes wie seiner alten Privilegien beraubt. Die Idee des »Wohlfahrtsstaates«, einer obersten politischen Autorität, die sie nicht nur in plötzlichen Notlagen schützen, sondern sie auch in ihren ererbten Berufen erhalten würde, war in diesen Schichten nur die Fortentwicklung dessen, was sie in der Vergangenheit gekannt und in der Gegenwart sich zu erhalten wünschten. Die neuen staatsbürgerlichen Freiheiten waren ihnen erst in der Gewerbefreiheit, die »den Handwerksstand (zerrieb) ... und den Meister zu einem Lohnfabrikarbeiter heruntersinken ließ« und nun auch in der Börsenfreiheit entgegengetreten, welche »die berüchtigte Gründer- und Schwindlerära (inaugurierte), die große Börsenorgie ins Werk (setzte), wo man in der frechsten Weise das ganze Volk ausplünderte«.[41] In letzterer waren die Juden in der Tat überall im Vordergrund, wenn auch nur im Vordergrund, so daß es gerade in diesen Kreisen nahelag, alles, was mit Manchestertum, Liberalismus und »Freiheit« bezeichnet wurde, mit dem Judentum zu identifizieren. (Die bekannte Sombartsche These von den Juden als den Repräsentanten des Kapitalismus ist nur die wissenschaftlich verkleidete Ausführung der Irrtümer des antiliberalen Kleinbürgertums der achtziger Jahre.)

Wesentlich an diesem kleinbürgerlichen Antisemitismus ist, daß er nicht ideologisch argumentiert und sich auf eine gewisse wirtschaftliche wie gesellschaftliche Erfahrung, die Verbitterung nur allzu verständlich macht, berufen kann. Diejenigen nämlich, die gewohnt gewesen waren, die Hilfe des Staates in Anspruch zu nehmen, sahen sich innerhalb der kapitalistischen Wirtschaft auf den Kredit der Banken verwiesen, und diese Banken konnten in der Vorstellung der kleinen Ladenbesitzer und Handwerker nur die gleiche Gestalt des Ausbeuters annehmen, die der Unternehmer in der Vorstellung des Arbeiters angenommen hatte. Der

Unterschied war nur, daß die Arbeiter auf Grund eigener Erfahrung und einer marxistischen Erziehung recht gut wußten, daß der Unternehmer die doppelte Funktion erfüllte, sie auszubeuten und die Produktion überhaupt zu ermöglichen, während der Bankier nur als unproduktiver Ausbeuter, als Aussauger auf der Bildfläche erschien. Schließlich spielte der Bankier keine Rolle in dem Geschäft, das er durch seinen Kredit angeblich ausbeutete, außer der eines gewissermaßen stillen, unerbetenen Teilhabers, ohne den es nun einmal nicht abging, wenn man erst einmal in Schwierigkeiten gekommen war. Es gehört wohl nicht viel Vorstellungskraft dazu, um zu verstehen, daß derjenige, der sein Geld ausschließlich dazu benutzt, mehr Geld zu machen, bitterer und nachhaltiger gehaßt wird als derjenige, der seine Profite auf einem langen und komplizierten Umwege des Produktionsprozesses erwirbt. Da zu jener Zeit noch niemand um Kredit nachkam, der ihn nicht unbedingt sofort brauchte, erschien der Bankier nicht als Ausbeuter von Arbeitskraft, sondern als Parasit des Elends und des Unglücks.

Nicht nur waren viele dieser Bankiers in der Tat Juden, die Figur des Bankiers trug aus geschichtlichen Gründen fast ausschließlich jüdische Züge. Daher wurde, was immer es an radikal kleinbürgerlichen Bewegungen und Parteien in Europa gab – und ihr entscheidendes Kennzeichen ist immer, daß sie sich vor allem gegen das Bankkapital richten –, mehr oder minder ausgesprochen antisemitisch. Diese Entwicklung spielte in Deutschland eine verhältnismäßig geringe Rolle, weil sich Deutschland schneller und radikaler als andere Länder des Kontinents industrialisierte, und erreichte ihren Höhepunkt in Frankreich und Österreich. In diesem Antisemitismus könnte man das erste und einzige Zeichen sehen, daß Judenhaß, ähnlich wie in osteuropäischen Ländern, auch aus einem Konflikt innerhalb der Gesellschaft entstand, daß die Juden in einen direkten Konflikt mit einer anderen Klasse gerieten, ohne daß diese andere Klasse notwendig in einem Konflikt mit dem Staatsapparat gestanden hätte. Innerhalb der nationalstaatlichen Gesellschaft waren solche Klassenkonflikte typisch und normal; hätte sich die Judenfrage auf eine solche wirtschaftlich begründete Konfliktsituation beschränkt, so hätte man in gewissem Sinne von einer Normalisierung der jüdischen Positionen sprechen können; sie wären zu einer Klasse unter anderen Klassen geworden.

Dies jedoch war nicht der Fall. Das wirtschaftliche Element war schon darum von nur relativer Bedeutung, weil der jüdische Bankier ja höchstens in seinen Anfängen auf Geschäfte dieser Art verwiesen war, bei einigem Erfolg aber sofort in die Reihe derer aufstieg, die vorwiegend mit der Ausgabe von Staatsanleihen beschäftigt waren. Die verständliche Erbitterung des Kleinbürgertums gegen die Bankiers wurde zu einem explosiven politischen Faktor erst dadurch, daß es schien, als habe das gleiche Bankkapital, von dem man wirtschaftlich abhing, gleichzeitig seine Hand im Staatsapparat, der einem wirtschaftlich nicht mehr zu Hilfe kam. Von Bedeutung ist die wirtschaftliche Erbitterung gegen die jüdischen Banken nur, insofern sie dem politischen Antisemitismus jenes Element von leidenschaftlichem Judenhaß beifügte, den er durch das ganze neunzehnte Jahrhundert hindurch nicht eigentlich besessen hatte.

Friedrich Engels bemerkte einmal, daß die antisemitische Bewegung von Adligen geführt würde, denen das Kleinbürgertum den heulenden Chor lieferte. Und diese Bemerkung trifft nicht nur auf die deutschen, sondern auch auf die österreichischen und französischen Zustände bis zu einem gewissen Grade zu. In diesem Bündnis verliert der Konservativismus, was immer er an wirklichem Gehalt in seinen Anfängen gehabt hat, und wird zur einfachen Reaktion, zur erbitterten Reaktion gegen das Manchestertum und die Bourgeoisie. Dabei verbündet sich der Adel mit allem, was in irgendeinem Sinne antiliberal war, also vor allem auch mit den Kirchen, was nicht nur zur Folge hatte, daß die humanistischen, aufgeklärten Tendenzen der Aristokratie des achtzehnten

Jahrhunderts spurlos verschwinden, sondern auch, daß das Christentum von seinen vermeintlichen Anhängern selbst zu einem politischen Faktor säkularisiert wurde. Solange die Aristokratie in diesen reaktionären (und nicht mehr im echten Sinne konservativen) Bestrebungen die Führung behielt, blieb der Chor des Kleinbürgertums wirklich nur ein Chor; diese Reaktion konnte und wollte die Massen nicht organisieren, sondern hoffte, daß es ihr gelingen würde, sie wieder abzuschütteln, nachdem sie ihr selbst erst einmal dazu verholfen hatten, die eigene Stimme zu verstärken. Dies war natürlich eine Illusion, deren einzige historische Konsequenz eben die Entdeckung war, daß die Massen von antisemitischen Schlagworten mobilisiert werden konnten. Aber dieser Entdeckung haben sich dann ganz andere Leute und Gruppen bedient. Dies war schon in den achtziger Jahren offensichtlich, als es Stoecker nicht gelang, seine eigenen Anhänger zu organisieren. Kaum war die Anziehungskraft antisemitischer Parolen entdeckt, trennten sich die radikalen Antisemiten von Stoecker und der sogenannten Berliner Bewegung, begannen die Regierung rücksichtslos zu attackieren und gründeten eine Reihe kleinerer Parteien, deren Vertreter im Reichstag in allen innerpolitischen Fragen konsequent mit der größten Oppositionspartei, der Sozialdemokratie, zusammen stimmten.[42] Stoecker und seine Beziehungen zu Hof und Regierung waren für sie nur kompromittierend, und sie entledigten sich seiner und seiner aristokratischen Verbindungen ohne viel Federlesens. Der erste antisemitische Abgeordnete im Reichstag wurde Böckel, der sich seinen Sitz bei den hessischen Bauern mit der Parole gegen »Junker und Juden« erkämpft hatte, gegen Großgrundbesitz und Getreidewucher.

So klein und scheinbar unbedeutend diese früheren Antisemitenparteien waren, sie unterschieden sich sofort von allen anderen Parteien im Nationalstaat, als sie erklärten, daß sie nicht eine Partei unter Parteien seien, sondern eine »Partei über den Parteien«. In den in Klassen und Parteien gespaltenen Nationalstaaten hatte niemand außer dem Staat je behauptet, über den Parteien und jenseits der Klassen zu stehen und somit die Nation als Ganzes zu repräsentieren. Dies gerade war Funktion und Monopol des Staatsapparates, während die Parteien offen und eingestandenermaßen die Sonderinteressen bestimmter Gruppen innerhalb der Nation vertraten. Zwar erstrebten diese Parteien natürlich auch Macht, aber immer nur einen möglichst großen Anteil an der Macht, und in diesen Machtkämpfen hatte der Staat wiederum die Aufgabe, einen Ausgleich zwischen Interessen und Parteien herzustellen. Mit ihrem Anspruch, über den Parteien zu stehen, gaben die Antisemitenparteien deutlichst kund, daß sie die Absicht hatten, die Macht zu ergreifen, sich des Staatsapparates zu bemächtigen, das parteipolitisch neutrale Staatsbeamtentum zu liquidieren und ihre Parteimitglieder an seine Stelle zu setzen. Hier finden wir die erste klare Kriegsansage an den Nationalstaat, wie wir sie später unter dem Namen der faschistischen Bewegung in ganz Europa kennen. Denn da die Antisemiten nicht, wie es auf einem ihrer Kongresse vorgeschlagen wurde, versuchten, in andere Parteien einzudringen, um deren Mitglieder von der Richtigkeit ihrer Stellung zur Judenfrage zu überzeugen und durchzusetzen, daß ein antisemitisches Programm zusätzlich zu anderen Programmpunkten der verschiedenen Parteien angenommen werde – und dies wäre nicht nur innerhalb des Parteiensystems die einzige Möglichkeit gewesen, etwas »Überparteiliches« durchzusetzen, sondern auch der sicherste Weg, die gesamte Bevölkerung antisemitisch zu machen –, so war klar, daß sie im Gegensatz zu allen anderen Parteien die Macht der Nation selbst monopolisieren wollten.[43]

Der politische Körper des Nationalstaates hatte in einem Zeitpunkt seine Vollendung gefunden, als der Adel seine Position als herrschende Klasse in der Gesellschaft verloren und es sich herausgestellt hatte, daß keine andere Klasse an seine Stelle treten würde. Dadurch war der Staatsapparat und die Macht der Regierung unabhängig geworden von den wirtschaftlichen und gesellschaftlichen Bedingungen der Nation. Diese Macht haben die revolutionären Bewegungen des neunzehnten Jahrhunderts, die für eine radikale Änderung der gesellschaftlichen Bedingungen kämpften, niemals angetastet. Ihnen ging es um die wirtschaftliche Macht der Bourgeoisie und ihren Einfluß auf den Staatsapparat, um den Mißbrauch der politischen Macht für gesellschaftliche Zwecke, aber nicht um diese Macht selbst, die sie in Fragen der auswärtigen Politik, in denen die Interessen der Nation im ganzen auf dem Spiel standen, durchaus anerkannten. Charakteristisch für die zahllosen Programme der Antisemitenparteien war, daß sie sich umgekehrt vor allem um die auswärtige Politik bekümmerten und ihren revolutionären Elan so gegen die Staatsmacht als solche richteten und nicht gegen eine bestimmte Klasse oder deren Einfluß im Staatsapparat. Worum es ihnen ging, war nicht eine revolutionäre Neuordnung der Gesellschaft, sondern die Zerstörung des politischen Gefüges durch eine Partei, nicht, oder jedenfalls nicht ausschließlich, die Beseitigung der Juden, sondern das »Instrument des Antisemitismus« für die Beseitigung des Staates, wie er im Nationalstaat verkörpert war.

In diesen Zügen der Staatsfeindlichkeit zeigen die früheren Antisemitenparteien eine starke Ähnlichkeit mit den gleichfalls antinationalen imperialistischen Bewegungen, wobei in beiden Fällen die Vorschläge, den Verband der Nation aufzulösen, sich der extremen nationalistischen Phrasen bedienen konnten. Aber nur in Deutschland waren diese durchaus dem Geist der Zeit entsprechenden Bestrebungen von vornherein antisemitisch, ja kristallisierten sich um die Judenfrage; selbst die Panbewegungen des kontinentalen Imperialismus in Rußland und Österreich wurden erst im Zuge ihrer Entwicklung antisemitisch und entdeckten die großen politischen Möglichkeiten der Judenfrage nur allmählich, nahmen aber nicht von ihr ihren Ausgang.

Um die Bedeutung der Judenfrage für die Staatsfrage richtig

einzuschätzen, muß man sich erinnern, daß die Antisemitenparteien immer in dem Geruch des Scharlatanismus gestanden haben und daß in der gesamten öffentlichen Meinung des neunzehnten und frühen zwanzigsten Jahrhunderts es ausgemacht schien, daß rein imperialistische Verbände, die entweder sich von Antisemitismus völlig fernhielten, wie etwa die *Primrose League* in England, oder auch der Judenfrage eine untergeordnete Stellung einräumten, wie der Alldeutsche Verband, unvergleichlich bessere Aussichten auf Erfolg hatten. All diesen berechtigten Einschätzungen zum Trotz steht die Tatsache, daß die Antisemitenparteien, zum mindesten der Ideologie nach, wenn auch nicht in ihrer jeweiligen organisatorischen Form, alle diese imperialistischen Gründungen überlebten und schließlich Sieger auf dem Markt der öffentlichen Meinung und Ideologien blieben. Dies hing auf der ideologischen Seite damit zusammen, daß der imperialistische Anspruch auf Weltherrschaft in dem Glauben der Antisemiten, die Juden besäßen die Weltherrschaft und man brauchte nichts zu tun, als sie ihnen zu entreißen, eine Fundierung fand wie nirgends sonst und daß auf der praktischen Seite die Antisemiten den Vorteil vor den nur an Außenpolitik interessierten Imperialisten hatten, daß sie mit der Judenfrage eine Angelegenheit in der Hand hatten, welche in der Innenpolitik aller Nationalstaaten *de facto* eine Rolle spielte, wenn auch diese Rolle noch so sorgfältig von den herrschenden Mächten geleugnet und verschwiegen wurde. Der Machtkampf selbst war und blieb ein innerpolitischer Kampf, der nicht zu gewinnen war, wenn man nicht in gesellschaftlichen Fragen eine eindeutige programmatische Stellung bezog. Das Aufrollen der Judenfrage gab den Antisemiten die Möglichkeit, sich in die Klassenkämpfe der Zeit einzuschalten, indem sie behaupteten, die Juden nicht anders zu bekämpfen, als die Arbeiterschaft die Bourgeoisie bekämpfte, und gleichzeitig den Staat selbst anzugreifen, hinter dem angeblich die geheime Macht des Judentums herrschte. Einen solchen unmittelbaren Ansatzpunkt, sich in die innerpolitischen und sozialen Kämpfe der Nation einzuschalten, haben die Imperialisten niemals gefunden.

Der vielleicht wesentlichste Unterschied der Antisemitenparteien gegenüber dem alten Parteiensystem lag darin, daß sie von vornherein darangingen, alle antisemitischen Gruppierungen Europas in einer übernationalen Organisation zusammenzufassen. Schon auf dem ersten dieser zahlreichen antijüdischen internationalen Kongresse, im Jahre 1882, wurden Stoecker und seine eng konservativ-nationalistische Gruppe von den radikalen Elementen geschlagen, die ein Jahr später die *Alliance Antijuive Universelle* gründeten. Man darf diese ersten Versuche, eine supranationale Organisation auf dem Antisemitismus zu begründen, nicht mit den sozialistischen Internationalen verwechseln. Diese Gruppen sahen sich in keiner Weise nach einem Interesse um, das eine bestimmte Klasse des Nationalstaats international verbinden könne; vielmehr sollte der »Partei über den Parteien« eine Nation über den Nationen entsprechen, die, damals noch im europäischen Maßstab, genauso die Herrschaft über die europäischen Nationen anzutreten gedachte, wie die Partei über den Parteien die Herrschaft im eigenen Land. Im Gegensatz zu den internationalen Gesinnungen, die trotz aller Klassenideologien ihre Herkunft aus dem aufgeklärten Kosmopolitismus des achtzehnten Jahrhunderts nie haben verleugnen können (und dieser Kosmopolitismus ist nicht nur gleichzeitig mit dem Nationalismus entstanden, er ist in Wahrheit sein echtes Widerspiel, insofern die Nation immer vorgestellt wurde als ein Glied in der Familie der Nationen, welche die Menschheit konstituiert), konnten die supranationalen Antisemitenparteien sich einer extrem nationalistischen, genauer völkischen Sprache bedienen, und dies nicht nur, weil sie damit die noch nicht radikalisierten, traditionell gebundenen Schichten des Nationalstaats anzuziehen hofften; selbst in diesem frühen Stadium, als die Rassenideologien des Imperialismus noch kaum entwickelt waren, kann man deutlichst die Tendenzen erkennen, einen Volksbegriff zu finden, der die nationale Dreieinigkeit von Volk, Staat und Territorium sprengen und somit das Gefüge des Nationalstaats zerstören würde.

In den völkischen Gruppierungen und Ideologien ist Antisemitismus immer das vorherrschende Element geblieben, weil dem völkischen Volksbegriff, der der nationalen Volksidee diametral entgegensteht, die Existenzbedingungen des jüdischen Volkes in einem solchen Maße zu entsprechen schienen, daß man sagen kann, er habe sich eigentlich nach dem Modell des jüdischen Volkes in allen entscheidenden Zügen gerichtet. Entscheidend hierbei ist, daß der völkische Volksbegriff die Teilung der Völker in Nationen nie anerkannt hat, sondern Spuren des eigenen Volkes immer quer durch Europa entdecken und reorganisieren wollte. Das eigentlich Zersetzende des völkischen Volksbegriffs liegt darin, daß er – im Unterschied zu allem kosmopolitischen Internationalismus, der stets auf einer Verbindung der bestehenden Nationen insistiert, und dies auch dann noch, wenn er klassenmäßig gebunden ist, also eine Klasse zum Repräsentanten der Nation macht – aus den Nationen die völkischen Elemente herauslösen und sie in supranationaler Weise vereinigen will. Ein solches völkisches Volk würde dann in der Tat über den Nationen stehen, ohne nationale und territoriale Bindungen nur auf Grund der gemeinsamen Abstammung zusammenhalten und quer durch alle anderen Bindungen hindurch eine Chance der Herrschaft haben. Ein solches, auf völkischer Grundlage beruhendes Volk schienen die Juden zu sein, und ihre innerhalb der Kategorien des Nationalstaates unfaßbare und daher anscheinend geheime Macht beruhte in der Tat auf einer dem Nationalstaat widersprechenden Organisation.

Die frühen Antisemitenparteien, in denen sich die völkischen Ideologien entwickelten, konnten ihre supranationalen Aspirationen sehr plausibel damit erklären, daß sie es mit einem supranational organisierten Feind zu tun hätten und sich daher ihrerseits supranational organisieren müßten.

Für Propagandazwecke war dies Argument ausreichend und überzeugend, aber keine politische Bewegung von Bedeutung verdankt ihren Erfolg den Schlagworten ihrer Propaganda. Selbst der kurzfristige Erfolg der antisemitischen Bewegung am Ende des vorigen Jahrhunderts war tieferen, hier unterirdischen Strömungen und Konflikten geschuldet, als es die Judenfrage war. Seit dem letzten Drittel des vorigen Jahrhunderts und vor allem nach dem Deutsch-Französischen Kriege kam in Europa ein Unbehagen an der nationalstaatlichen Organisation überall auf, und die internationale Arbeiterbewegung profitierte und unterstützte dies Unbehagen ihrerseits aufs wirksamste. Die Krisen, Depressionen und Spekulationsschwindel hatten die Aufmerksamkeit auf das ökonomische Gebiet gelenkt und das Gefühl wachgerufen, daß der Nationalstaat weniger denn je imstande sein würde, mit den neuen wirtschaftlichen Problemen der Nation fertig zu werden. Die mächtig anschwellende sozialistische Bewegung mit ihrem Programm einer internationalen Solidarität wich diesen Fragen dadurch aus, daß sie vorgab, alle wirtschaftlichen Probleme durch Revolution oder radikale Reformen im eigenen Lande lösen zu können, daß dies die nächste und dringlichste Aufgabe sei und daß alle eigentlich politischen Versuche, wirtschaftliche Schwierigkeiten mit den Mitteln der Staatsgewalt zu bereinigen, an den ehernen Gesetzen des wirtschaftlichen Prozesses automatisch scheitern würden. Dadurch konnte gerade der Sozialismus, unbeschadet dessen, daß er von vornherein mit einer internationalen Organisation und Verbundenheit rechnete, sich an allen Problemen der Außenpolitik desinteressieren und auf diese Weise vermeiden, entweder selbst imperialistisch zu werden oder dem Imperialismus einen entschlossenen Kampf anzusagen. Da ja aber die internationale Gesinnung der Arbeiterbewegung nur in außenpolitischen Fragen zu erproben gewesen wäre, blieb der Sozialismus gerade in dieser Beziehung in einer leeren Phraseologie stecken, deren Oberflächlichkeit dann bei Ausbruch des Ersten Weltkrieges auf das eklatanteste erwiesen wurde. Daß dies Verhalten eher mit den Notwendigkeiten einer Massenpropaganda als mit Einsichtslosigkeit zusammenhing, scheint offenbar, wenn man bedenkt, daß die Vorteile der imperialistischen Politik ja keineswegs auf die imperialistisch gesinnte Bourgeoisie beschränkt blieben und daß der Verlust von Kolonien eine empfindliche Verarmung der gesamten Nation zur Folge haben mußte. Was dem Sozialismus zugute kam, war die Tatsache, daß die gleichen Probleme sich in allen europäischen Nationalstaaten gleichzeitig meldeten und das Bewußtsein, daß es intereuropäische Interessen klassengebundener Art gäbe, sich überall durchsetzte. Die gleichen Bedingungen kamen dem Antisemitismus zugute, nur daß die Antisemiten die entgegengesetzte Position bezogen, sich ausschließlich auf Fragen der Außenpolitik konzentrierten und versprachen, für alle nationalen Probleme eine supranationale Lösung zu finden. Vom Standpunkt des Nationalstaates aus gesehen waren natürlich die international verbundenen Arbeiterparteien, die ja doch nur die Klasseninteressen einer bestimmten Schicht der Nation vertraten und die den Parteien gesetzte Grenze innerpolitischer Auseinandersetzung nie überschritten, eine sehr viel normalere Erscheinung als die supranationalen Antisemitenparteien mit ihren völkischen Ideologien.

Daß die Sozialistenparteien im Gegensatz zu den Antisemitenparteien national gebunden blieben, soll natürlich nicht heißen, daß ihre internationale Gesinnung bloß ein Vorwand gewesen wäre. Diese war bei den Führern sogar oft stärker und auch historisch älter als die Entdeckung innereuropäischer Klasseninteressen, mit der sie dann materiell und propagandistisch unterbaut wurde. Nur führte die Überbetonung der Klasseninteressen, in denen man eine wissenschaftliche Begründung der internationalen Überzeugung gefunden zu haben glaubte, dazu, das Erbteil des achtzehnten Jahrhunderts im allgemeinen und der Französischen Revolution im besonderen zu verschleudern und damit die einzigen Ideen aus der Hand zu geben, aus denen sich eine politische Theorie hätte entwickeln lassen. Zwar hielten die Sozialisten ohne nähere Begründung an dem ursprünglichen Begriff der Nation als einem Glied der in Nationen gegliederten Menschheitsfamilie fest, aber sie fanden nie einen Weg, diesen Begriff in einer Welt souveräner Nationalstaaten politisch fruchtbar umzusetzen. Ihr Internationalismus, der in jeder Nation ein gleichberechtigtes Glied derselben Familie anerkannte, blieb daher eine Frage der persönlichen Haltung, die, auch wenn sie von der ganzen Führerschicht geteilt worden wäre, was natürlich nie der Fall war, ohne politische Konsequenzen geblieben wäre. Immerhin hat dies Erbteil verhindert, daß die Arbeiterschaft je wirklich antinational geworden ist und ihr gesundes Mißtrauen gegen nationale Souveränität je in Pläne eines supranationalen Herrschaftsapparats umgesetzt hätte. Ihr Kampf für nationale Unabhängigkeit und Freiheit aller unterdrückten Völker lag in der Linie der besten Traditionen des achtzehnten Jahrhunderts, und die Tatsache, daß der Sozialismus von ihm nie abgelassen hat, hat es schließlich ermöglicht, daß die organisierte Arbeiterschaft die einzige Gruppe in der Nation wurde, die dem Rausch der Expansion um der Expansion willen nicht anheimfiel und die Vernichtung anderer Völker nicht wollte.

Bedenkt man, daß der Supranationalismus der Antisemiten an die Instinkte der Schlechtesten und der Internationalismus der Sozialisten an die der Besten appellierte, so bleibt es bemerkenswert, daß es so lange dauerte, bis der Schlechtesten genug waren, um dem Antisemitismus ein entscheidendes Übergewicht über den Sozialismus zu sichern. Denn die Ziele der Antisemiten, den Nationalstaat durch eine supranationale völkische Organisation abzulösen, die durch die Benutzung völkischer Minderheiten in anderen Nationen die zu eng gewordenen Grenzen des nationalen Territoriums sprengen konnte, waren ebenso einleuchtend wie ihre Propagandasprache, welche den Vorteil hatte, durch völkische Terminologie nationales Empfinden mit zu mobilisieren und gleichzeitig zu vergiften, indem sie den Begriff der Nation, der immer eine Pluralität gleichberechtigter Nationen voraussetzt, durch einen Volksbegriff ersetzte, der von vornherein eine physisch gegebene Hierarchie der Völker implizierte.

Daß die innereuropäische Sonderexistenz des jüdischen Volkes sich ebensogut dazu hätte eignen können, den föderalistischen Vorstellungen der Sozialisten ein Modell zu weisen wie den supranationalen Plänen der Antisemiten, unterliegt wohl keinem Zweifel; Nietzsches Verbindung von dem guten Europäertum mit dem Judentum weist deutlich in diese Richtung. Das hätte aber bedeutet, daß man die Judenfrage ernst nahm, was gerade den Sozialisten, die Juden waren, am fernsten lag und auch den Grundsätzen der Klassenideologie widersprochen hätte. Die Sozialisten, wie fast alle international gesinnten Europäer, wurden auf die Judenfrage und ihre politische Bedeutung erst aufmerksam, als sie es mit einer vollentwickelten antisemitischen Bewegung zu tun hatten. Und diese Entwicklung, die ihnen ganz unerwartet kam, hat die Diskussion der Judenfrage nicht nur nicht gefördert, sondern mit dazu beigetragen, daß seit der Mitte des vorigen Jahrhunderts niemand sich mehr getraute, darüber auch nur zu reden, aus Angst, in den Ruf eines Antisemiten zu geraten. So behaupteten die Antisemiten in allen von ihnen angeschnittenen politischen Fragen das Feld, als seien sie die einzigen, welche um die kritischen Probleme der Zeit wüßten und ihnen gewachsen sein würden.

All dies aber sollte sich erst später zeigen. Um die Jahrhundertwende war die Ära des Gründungs- und Börsenschwindels endgültig zu ihrem Ende gekommen, und es brach jene kurzfristige Epoche allgemeinen Wohlstandes an, die dann unerwartet in die Explosion des Ersten Weltkrieges führte. In der Vorkriegsatmosphäre versickerte die Agitation der Antisemiten, und die Mitgliederzahl ihrer Parteien nahm so rapide ab, daß man verstehen kann, daß alle Welt meinte, es habe sich hier nur um ein letztes

Aufflackern des alten Judenhasses gehandelt. In dem Wirrwarr einer nur materiell gesicherten, in allen anderen Hinsichten aber chaotischen öffentlichen Meinung, wo jeder Scharlatan seine Lösung der Welträtsel zu Markt trug und jeder Quacksalber seine Allheilmittel ausbot, konnte es scheinen, daß antisemitische Agitatoren auch nichts anderes darstellten als eines der vielen Phänomene der Dunkelmännerei in einer ansonsten »aufgeklärten« Zeit, gleichsam die Hintertreppengestalten der Geschichte, welche von selbst durch die Hintertüre des wirklichen Schauplatzes der Ereignisse in die ihnen gehörige anonyme Dunkelheit verschwinden würden.

Der Antisemitismus der Linken

Zu den ebenso hartnäckigen wie unbegründeten Vorurteilen der liberalen öffentlichen Meinung und ihrer Geschichtsschreibung gehörte die kuriose und von keinen Tatsachen zu störende Vorstellung, daß der Antisemitismus ein Phänomen der Reaktion und die Antisemiten Reaktionäre seien. Diese Darstellung trifft noch nicht einmal die Antisemitenagitation in Deutschland am Ende des vorigen Jahrhunderts; sie wird aber geradezu absurd, wenn man die Entwicklung in Frankreich und Österreich verfolgt. Wäre der Antisemitismus nur eine Angelegenheit des neunzehnten Jahrhunderts geblieben und hätte er nicht gerade in Hitlerdeutschland als Katalysator einer totalitären Bewegung gedient, so hätten wir den deutschen Vorgängen weniger Beachtung und den französischen und österreichischen erheblich mehr widmen müssen. Für die eigentliche Geschichte des Antisemitismus, mit der wir hier nicht zentral beschäftigt sind, spielen diese beiden Länder eine sehr viel wichtigere Rolle; als politische Bewegung, die, ihren eigenen Gesetzen folgend, nicht dazu dienen soll, einer ganz anders gearteten Bewegung den Anlauf zu ermöglichen, kann man den

Antisemitismus am besten in der französischen Geschichte verfolgen; zu einer ideologischen Kraft, die im Kampf der öffentlichen Meinung andere Ideologien siegreich aus dem Felde schlägt, hat sich der Antisemitismus zuerst in Österreich-Ungarn entwickelt.

In keinem Staatsapparat haben die Juden eine so entscheidende Rolle gespielt wie in der Doppelmonarchie des Hauses Habsburg, das die zahllosen Nationalitäten eines Territoriums, das nicht einmal national, sondern nur dynastisch begrenzt war, immer mühsamer zusammenhielt. Österreich ist das einzige Land, in welchem der jüdische Staatsbankier bis in unser Jahrhundert gewirkt und selbst den Sturz der Monarchie nach dem verlorenen Krieg überlebt hat. So wie im frühen achtzehnten Jahrhundert der Kredit des Hofjuden Samuel Oppenheimer identisch war mit dem Kredit des habsburgischen Kaiserhauses, so war in den dreißiger Jahren der Bankrott der Wiener Creditanstalt, eines Rothschildschen Bankhauses, identisch mit dem finanziellen Bankrott der österreichischen Republik, nur mit dem Unterschied, daß die Republik diesen Bankrott nicht so gut überlebt hat wie die habsburgische Monarchie den plötzlichen Tod ihres Hofjuden.[44] Österreich-Ungarn ist nie ein Nationalstaat gewesen und hat das neunzehnte Jahrhundert damit verbracht, die wesentlichen Errungenschaften des Nationalstaats, die Verwandlung des aufgeklärten Despotismus in die konstitutionelle Monarchie und die Heranziehung einer unabhängigen Beamtenschaft, zu übernehmen, obwohl mit dem Fehlen einer homogenen Bevölkerung, der wichtigsten Vorbedingung für den Nationalstaat, auch jede Chance, sich wirklich zu modernisieren, sich den Bedingungen des neunzehnten Jahrhunderts anzupassen, fortfiel. Die Übernahme nationalstaatlicher Institutionen unter solchen Umständen hatte eine Reihe kurioser Folgen, unter denen die vielleicht wichtigste eine eigentümliche Verzerrung des Klassensystems war. Entsprechend der Tatsache, daß hier nicht die wirtschaftlichen, aus dem feudalen Ständesystem herausgewachsenen Positionen, sondern die verschiedenen Nationalitäten das Gesicht der Gesellschaft bestimmten, ergab sich schließlich eine Identifizierung von Nationalität und Klassenposition, die wir nirgendwo sonst vorfinden. So wurden hier die Deutschen die herrschende Nationalität (keineswegs die regierende), wie das Bürgertum die herrschende Klasse in den Nationalstaaten geworden war. Die Aristokratie war durch den ungarischen Adel vertreten, und der Staatsapparat, verkörpert in dem Hause Habsburg, versuchte, so gut es ging, den gleichen absoluten Abstand von der Gesellschaft und mit den gleichen Mitteln seine Nationalität im Gleichgewicht zu halten, wie wir es aus dem Verhältnis zwischen Staatsapparat und Klassen in den Nationalstaaten kennen. Was die Juden anlangte, so ergab sich für sie aus dieser Situation, daß sie weder in der Bevölkerung, und das hieß hier: in einer der Nationalitäten aufgehen, noch sich als eine eigene Nationalität konstituieren konnten. Ihre besondere Beziehung zu der habsburgischen Monarchie, die sie von allen anderen Nationalitäten unterschied, machte ihre Normalisierung hier so unmöglich wie überall sonst. Und genau wie im Nationalstaat jede Klasse, die mit dem Staat selbst in Konflikt geriet, automatisch antisemitisch wurde, so begann in Österreich-Ungarn jede Nationalität, die nicht nur in einer der ewigen Nationalitätenstreitigkeiten verstrickt war, sondern in Opposition zu der Monarchie selbst stand, ihren Kampf mit einem Angriff auf die Juden. Trotz dieser offenbaren, in der Natur der Dinge liegenden Parallelen machte sich der Unterschied zwischen Klassenkämpfen und Nationalitätenkonflikten doch insofern geltend, als die Tatsache, daß jede der Nationalitäten sich als ein unterdrücktes Volk und eine potentielle Nation fühlte, welche von der Monarchie um ihre nationalen Ansprüche sowie um die Möglichkeiten eines wirtschaftlichen und gesellschaftlichen Aufstiegs geprellt wurde, alle diese Kämpfe ungeheuer verschärfte. Der Antisemitismus tritt daher in Österreich von vornherein mit einer ganz anderen Vehemenz auf als in Deutschland; und er kam, nachdem er erst einmal Fuß gefaßt hatte, auch nie wieder wirklich zum Abklingen. Denn im Unterschied zum Klassenstaat waren in diesem Nationalitätenstaat schließlich wirklich alle Völker antihabsburgisch gesinnt, so daß die gesamte Bevölkerung aktiv antisemitisch wurde.

Da die deutsche Nationalität die herrschende und in jeder Hinsicht tonangebende war, war ihr Verhalten von ausschlaggebender Bedeutung für die Juden und die Bildung einer antisemitischen Ideologie. Der wirtschaftliche Anlaß hierzu war der gleiche wie in Deutschland, nämlich der Börsenkrach von 1873, der dem Gründungsschwindel gefolgt war; aber die Reaktion auf diesen Anlaß war von der wenige Jahre zuvor erfolgten deutschen Reichsgründung wesentlich bestimmt, da die ohnehin schwankende Haltung der Deutschen in Österreich-Ungarn mit einem Schlage im Sinne des Deutschen Reiches gegen die habsburgische Monarchie entschied. So konnte die sozialdemagogische Propaganda hier sofort viel staatsfeindlicher auftreten und sich bis zu jenen hochverräterischen Tönen vorwagen, die wir in Deutschland erst aus der Parteipropaganda der zwanziger Jahre kennen. Die wichtigste Partei war damals die Deutsche Liberale Partei unter der Führung von Schönerer mit ausgesprochen radikalen Tendenzen und einem starken Zustrom aus dem Kleinbürgertum. Da die Aristokratie in Österreich-Ungarn im wesentlichen die ungarische Nationalität repräsentierte, fehlte in ihr der zurückhaltende Einfluß, den der Adel in anderen Ländern wenigstens im Beginn dieser Entwicklung auszuüben pflegte. Die Liberale Partei blieb eine Partei und war noch keine Bewegung, die hätte Massen organisieren können; dafür aber hatte sie außerordentliche Erfolge an den Universitäten zu verzeichnen, und es gelang ihr, die ersten straff organisierten Studentenbünde auf rein antisemitischer Grundlage zu schaffen. Außerdem schien der Antisemitismus Schönerers, der sich in den ersten Jahren nahezu ausschließlich gegen den Einfluß der Rothschilds richtete, im wesentlichen eine Art radikaler Gesellschaftskritik zu sein, so daß gerade diese sozialdemagogische Note ihm in Österreich (zum Unterschied von Deutschland) die Sympathien der Arbeiterbewegung gewann.[45] Hinzu kam, daß Schönerer, wieder im Unterschied zu seinen deutschen Kollegen, weder ein Betrüger noch ein Scharlatan noch eigentlich ein Demagoge war; er war zum Antisemiten geworden, als er als Mitglied des Reichsrates sich für die Nationalisierung der Eisenbahnen eingesetzt hatte, die sich seit 1836 in den Händen der Rothschilds befanden. Die Lizenz lief im Jahre 1886 ab, und es gelang Schönerer, vierzigtausend Unterschriften gegen eine Erneuerung zu sammeln und damit die Judenfrage in den Brennpunkt des öffentlichen Interesses zu rücken. Dadurch wurden die finanziellen Beziehungen zwischen der Monarchie und dem Hause Rothschild zum Greifen deutlich, weil die Regierung mit allen Mitteln versuchte, die Lizenz unter Bedingungen zu erneuern, die offensichtlich für den Staat wie für die Öffentlichkeit von Nachteil waren. Der Antisemitismus Schönerers entsprang zweifellos seinen eigenen Erfahrungen, und er hat daher auch niemals die Judenfrage lediglich als eine Propagandawaffe gebraucht. Gerade weil dieser Antisemitismus aus einem echten politischen Konflikt stammte, konnte er aus ihm eine neue politische Ideologie entfalten, die dann in den Pan-Germanismus führte und den Nazismus mehr beeinflußt hat als alle deutschen Antisemiten zusammen.

Immerhin hatte Schönerer, auch wenn er es ernst meinte, den Propagandawert des Antisemitismus entdeckt, und von diesem machte alsbald eine ganz und gar verschiedene Partei einen ausgiebigen Gebrauch. Dies waren die Christlich-Sozialen, die um die Jahrhundertwende unter der Führung des späteren Wiener Bürgermeisters Lueger standen. Im Unterschied zu Schönerer war Lueger ein durchaus österreichisch-patriotischer Mann und seine Partei eine ausgesprochen katholische Gruppe, die von Anfang an mit dem Antisemitismus lediglich jene konservativ reaktionären Mächte zu stärken wünschte, die auch in Deutschland eine populäre Parole so dringend nötig hatten. Die Christlich-Sozialen und die Sozialdemokraten waren in Österreich-Ungarn die einzigen größeren Parteien, die wirklich zu der habsburgischen Monarchie hielten und nicht, wie die Mehrzahl der Deutsch-Österreicher, offen auf eine Verbindung mit dem Deutschen Reich hofften. Es ist charakteristisch für die Zustände in der österreichischen Nachkriegsrepublik, daß diese beiden habsburgtreuen Parteien die einzigen waren, welche den Sturz des Kaiserhauses und die Zerstörung des Reiches überlebten und zu den beiden größten und einflußreichsten Parteien zwischen den beiden Kriegen wurden. Der Antisemitismus der Christlich-Sozialen, die dann das zerfallende Erbe des ehemaligen Reiches verwalten sollten, war ein rein demagogischer Stimmenfang, hinter dem sich jene typisch widerspruchsvolle Haltung zu den Juden verbarg, die die Konsequenz der jüdischen Positionen in den modernen Staaten gewesen war und sich in übergroßer Freundschaft für die jüdischen Geschäftsleute und Bankiers und in außerordentlicher Feindseligkeit gegen die jüdische Intelligenz äußerte. Sie waren im Grunde bereits eine Partei für den Staat, lange bevor sie in der Nachkriegsrepublik nach einem blutigen Kampf mit der Sozialdemokratie die Zügel der Regierung endgültig ergriffen. Reduziert auf eine Bevölkerung von Deutsch-Österreichern, war Österreich in die groteske Position gekommen, einen zweiten deutschen Nationalstaat auf dem Kontinent zu präsentieren. Auf diese Rolle waren nur die Christlich-Sozialen vorbereitet gewesen, die als einzige eine Art deutsch-österreichischen Nationalismus vertraten und noch unter den Habsburgern mit dem Vorgeben, daß es sich um ein deutsches Kaiserhaus handle, versucht hatten, die Deutsch-Österreicher wenigstens zu treuen Untertanen der Krone zu machen. Ihr Antisemitismus, den sie zum Stimmenfang immer wieder benutzten, war ohne politische Bedeutung. Nicht zu Unrecht erschien den Juden die Zeit, da der »Antisemit« Lueger Bürgermeister von Wien war, als eine Art goldenes Zeitalter, und dies änderte sich auch nicht nach dem Kriege. Zwischen den Juden und der ausgesprochen pangermanischen antisemitischen Propaganda von Schönerer, der lange vor den Alldeutschen seine Attacken auf die Juden mit Angriffen auf die katholische Kirche vereinigte, standen nicht die Sozialdemokraten, sondern der nur demagogische Antisemitismus der Christlich-Sozialen. Die Katholiken in Österreich aber waren in ihrem Antisemitismus sehr viel vorsichtiger als der französische Klerus zu Beginn der Dritten Republik, der wirklich darauf aus war, die Republik zu stürzen. Nur für Schönerer und seine aus der Deutschen Liberalen Partei erwachsene Los-von-Rom-Bewegung galt, daß sie »den Antisemitismus als einen Grundpfeiler des nationalen Gedankens (betrachteten), als Hauptförderungsmittel echt volkstümlicher Gesinnung, somit als die größte Errungenschaft des Jahrhunderts«.[46]

Die wechselnden Schicksale der beiden österreichischen antisemitischen Bewegungen blieben von den sozialen Kämpfen der Zeit verhältnismäßig unberührt. Zwar konnte Lueger in seiner sozialdemagogischen Propaganda an antisemitische Tendenzen des Kleinbürgertums appellieren, wie es vor ihm Stoecker in Berlin getan hatte, und aus ähnlichen Gründen. Aber der Antisemitismus, den Schönerer losließ, war anderer Art. Statt der sozialdemagogischen Note überwog in ihm ein revolutionär staatsfeindliches Element, das sich als viel nachhaltiger erwies, obwohl es an Schichten appellierte, die nie etwas mit Juden zu tun gehabt hatten, und in Provinzen Fuß faßte, wo es jüdische Bevölkerung überhaupt nicht gab. Nicht der Wiener Judenhaß, sondern der von allen Erfahrungen ungetrübte, rein ideologische Antisemitismus der Provinz hat sich schließlich in Österreich durchgesetzt und in Form der österreichischen Nazibewegung den Christlich-Sozialen den Garaus gemacht. Der Grund für diesen Erfolg liegt unter anderem darin, daß der allgemeine Wohlstand vor dem Ersten Weltkrieg die deutsch-österreichische Bevölkerung der Hauptstadt wieder halbwegs mit ihrer Regierung ausgesöhnt hatte, während die österreichische Provinz von einer solchen zeitweiligen Befriedung nicht sehr viel zu spüren bekam.

Die Radikalität der Schönerer-Bewegung zeigte sich keineswegs nur, und nicht einmal primär, in ihrem Antisemitismus. Entscheidend war die entschlossene landes- und hochverräterische Haltung zu der Regierung des Landes, die sich noch zu Bismarcks Lebzeiten in wiederholten offenen Treueerklärungen an das Deutsche Reich äußerte, ohne sich je von der eindeutig abweisenden Haltung, die diesen Erklärungen von deutscher Seite entgegengebracht wurde, einschüchtern zu lassen. Diese Radikalität hat Schönerer zu seinen eigenen Lebzeiten die Erfolge einer Massenbewegung gekostet; erst nach dem Ersten Weltkrieg stellte sich heraus, wie sehr sie dem gemäßigten Antisemitismus der Christlich-Sozialen überlegen war. Vorher hatten selbst die Alldeutschen des kaiserlichen Deutschland kaum je die Grenzen eines besonders heftigen Chauvinismus überschritten und daher ihre pangermanischen Brüder in Österreich stets mit einem Mißtrauen betrachtet, das sich kaum von dem Bismarcks unterschied. Was sie mißtrauisch machte, waren die weitgespannten Ambitionen der österreichischen Bewegung, die von vornherein an eine revolutionäre Neuordnung ganz Mitteleuropas dachte, in welcher die Deutsch-Österreicher zusammen mit den Deutschen das herrschende Volk sein und alle anderen Völker unterdrücken würden wie die slawischen Völker in Österreich-Ungarn. Die österreichischen Pangermanisten von Schönerer an zogen bereits die eigentlich imperialistischen Konsequenzen aus dem völkischen Volksbegriff, den sie mit den deutschen Antisemitenparteien und den Alldeutschen gemein hatten. Gerade darum gehört ihre Erörterung nicht mehr in die Diskussion der Antisemitenbewegungen des neunzehnten Jahrhunderts, sondern in die des imperialistischen Zeitalters, das mit der Auflösung des Nationalstaates unmittelbar in die totalitären Herrschaftsformen unserer Zeit überleitet.

Wenn der österreichische Antisemitismus selbst im neunzehnten Jahrhundert schon deutlichst in das zwanzigste weist, so bleibt der französische Antisemitismus umgekehrt selbst im zwanzigsten Jahrhundert immer noch innerhalb der Grenzen und Kategorien, die für das nationalstaatliche Denken des neunzehnten Jahrhunderts charakteristisch sind. Den Höhepunkt dieser Entwicklung bildet die Dreyfus-Affäre, die in jeder Hinsicht, in ihren ideologischen wie rein politischen Implikationen, das entscheidende Ereignis der jüdischen Geschichte im Zeitalter des Nationalstaats bleibt. Was die Affäre mit dem zwanzigsten Jahrhundert verbindet, ist nur die außerordentliche Brutalität, die die Führer des Mob auszeichnet und die damals in Europa noch ein Novum darstellte. Gerade diese Brutalität erweckt den Anschein, als handle es sich hier um eine Art Generalprobe für das Massaker der Juden, das dann drei Jahrzehnte später wirklich stattfand. Jedenfalls kamen in ihr die offen zutage liegenden wie die unterirdischen Kräfte, welche die Judenfrage in das Zentrum der politischen Konstellationen getrieben haben, zum ersten Male wirklich zum Ausbruch; andererseits kam dieser Ausbruch so früh, daß der französische Antisemitismus, der als Volksstimmung alle Kabinettswechsel und politischen Krisen der Dritten Republik überdauerte, in den Formen erstarrte, die das neunzehnte Jahrhundert ihm aufgeprägt hatte, und sich niemals den politischen Bedingungen des zwanzigsten anpaßte. Als nach der Niederlage von 1940 das Vichy-Regime offen antisemitisch wurde, zeigte es in seinen Reden und Maßnahmen jenen hoffnungslos antiquierten Charakter, auf den die deutschen Antisemiten immer schon hingewiesen hatten.[47] Auf die Entwicklung des Naziantisemitismus vollends blieb der französische Judenhaß ohne jegliche Einwirkung, und man kann ihm unter keinen Umständen irgendwelche Verantwortung für die hereinbrechende Katastrophe zuschreiben.

Trotz der so modern anmutenden Mob-Brutalität, die die Vorgänge der Dreyfus-Zeit charakterisiert, haben die französischen Antisemitenparteien niemals irgendwelche supranationalen Ziele verfolgt. Wie alles in Frankreich, blieben auch sie im Rahmen der Nation, die eben von Anfang bis Ende die *»nation par excellence«* war. Sie dachten gar nicht daran, eine »Partei über den Parteien« zu gründen oder sich des Staatsapparates zu bemächtigen. Die Staatsstreichversuche, von denen die ersten Jahrzehnte der Dritten Republik voll sind und von denen ein paar einem vorübergehenden Bündnis zwischen Generalstab und Antisemitismus zugeschrieben werden können, waren niemals ernst gemeint. Und auch im Parlament hatten die Antisemiten nur sehr kurzfristige und unbedeutende Erfolge zu verzeichnen; inmitten der Dreyfus-Affäre gelang es neunzehn Abgeordneten, durch eine ausschließlich antisemitische Wahlkampagne ins Parlament zu kommen, aber dies war bereits ein Höhepunkt, der nie wieder erreicht wurde. Die Bedeutung des französischen Antisemitismus liegt darin, daß hier zum ersten Male die Judenfrage sich als ein Kristallisationspunkt für alle anderen politischen Fragen der Zeit erweist. Daß dies so früh geschehen konnte, liegt vor allem daran, daß die Dritte Republik, die ihre Existenz ohnehin einer kleinen Zufallsmajorität verdankte, in wenigen Jahren alles Ansehen, das dem Staatsapparat und der Regierung als solcher traditionsmäßig zukam, in den Augen des Volkes verlor, so daß Angriffe auf den Staat und die Regierung zu einer Selbstverständlichkeit wurden, die überall anderswo damals noch als Hochverrat empfunden worden wären. Hiermit hängt auch die außerordentliche Brutalisierung der französischen Massen zu diesem Zeitpunkt zusammen, die wir nur mit der Brutalisierung des politischen Kampfes im Nachkriegsdeutschland oder -österreich vergleichen können, wo der Staat dreißig Jahre später den gleichen entscheidenden Prestigeverlust erlitten hatte. In Frankreich selbst klang die Brutalität sehr schnell wieder ab und machte einer anarchischen Gesetzlosigkeit Platz, in der sich jeder so gut durchschlug, wie er konnte. Was in anderen Ländern die Folge einer ausgesprochenen Staatsfeindlichkeit im Zuge einer imperialistischen Entwicklung war, kam in

Frankreich gleichsam von selbst zustande, als eine der vielen Folgeerscheinungen der inneren Zersetzung der französischen Nation. Man hat in den letzten Jahren, vor allem im Ausland, so oft das törichte Vorurteil nachgebetet, daß die Nazidiktatur aus einer typisch deutschen, gar noch hegelianischen »Staatsvergötterung« zu erklären sei, daß selbst Historiker manchmal übersehen, daß eine totalitäre Bewegung umgekehrt nur möglich ist, nachdem ein völliger Zusammenbruch nicht nur der »Staatsvergötterung«, sondern ganz gewöhnlicher staatsbürgerlicher Gesinnung stattgefunden hat. Mit der Staatsvergötterung ist es in der Geschichte der letzten hundertfünfzig Jahre ohnehin nie sehr weit her gewesen; keine Republik hat je auf die gleiche Treue der Bürger rechnen können, die für den Untertanen einer Monarchie beinahe eine Selbstverständlichkeit war. Frankreich jedenfalls war, was Verlust staatsbürgerlicher Gesinnung angeht, wie nahezu allen anderen nationalen Fragen, dem Rest Europas um einige Jahrzehnte voraus; die Dritte Republik brachte Zustände mit sich, die in anderen Ländern erst nach dem Ersten Weltkrieg eintreten konnten.

Hinzu kam, daß der französische Antisemitismus sich auf die starke Judenfeindschaft der französischen Aufklärung berufen konnte und somit in antiklerikalen Kreisen wenigstens niemals erst darum zu kämpfen brauchte, salonfähig zu werden. Es gehörte zu den besten französischen Traditionen, in den Juden ein unglückselig in die Neuzeit verschlepptes Stück Mittelalter zu erblicken und sie als die finanziellen Agenten der Aristokratie und der Reaktion überhaupt zu hassen. Bis zu dem plötzlichen Aufflackern eines klerikalen Antisemitismus während der Dreyfus-Affäre waren konservative, klerikale Schriftsteller die einzigen, zuverlässigen Freunde der Juden gewesen, weil sie den Antisemitismus für ein Zeichen radikaler Gesinnung ansahen und als eine »Lieblingstheorie des achtzehnten Jahrhunderts«.[48] Für das gesamte liberale oder radikale Schrifttum der ersten Hälfte des neunzehnten Jahrhunderts war es selbstverständlich gewesen, auf die Juden als barbarisches Beispiel einer patriarchalischen Regierung zu weisen und zu warnen, daß sie die Autorität eines Staates auch dann nicht anerkennen würden, wenn man ihnen die Staatsbürgerschaft verliehe.[49] Aber auch der französische Adel und der Klerus waren frühzeitig durch ein antisemitisches Stadium gegangen, nämlich unmittelbar nach der Französischen Revolution, als man die Republik beschuldigte, die Enteignung des Großgrundbesitzes von Adel und Klerus durchgeführt zu haben, um die Juden und Händler zu bezahlen, bei denen die Regierung sich verschuldet habe.[50] Da der Kampf zwischen Kirche und Staat, zwischen Klerikalismus und Antiklerikalismus das geistige Gesicht Frankreichs durch das ganze neunzehnte Jahrhundert hindurch bestimmte, erhielten sich klerikaler wie antiklerikaler Antisemitismus in erstaunlicher Lebendigkeit, wenn auch die antiklerikalen Parteien zweifellos antisemitischer waren als die klerikalen. Dies änderte sich erst in der Zeit der Dritten Republik. Was die französischen Sozialisten bewog, judenfeindliche Propaganda aus ihren eigenen Reihen auszumerzen und schließlich sogar gegen die Judenhetze zur Zeit der Dreyfus-Affäre aufzutreten, war lediglich, daß die klerikale Partei Frankreichs sich plötzlich des Antisemitismus als Waffe im politischen Kampf bis zu einem solchen Grade bemächtigt hatte, daß man gar nicht mehr antiklerikal bleiben konnte, ohne gegen den Antisemitismus aufzutreten. Erst in diesem Augenblick bricht in Frankreich die judenfeindliche Tradition der Aufklärung, welche die französische Linke bis dahin unbesehen übernommen hatte; erst in diesem Augenblick sind Antiklerikalismus und Antisemitismus nicht mehr verbunden. Aber der antiklerikale Antisemitismus der Radikalen war natürlich nicht nur eine Angelegenheit geistiger Traditionen. Er hatte bereits am Anfang des Jahrhunderts politische Bedeutung infolge des elsässischen Bauernwuchers, der fast ausschließlich in den Händen von Juden lag und bereits unter Napoleon das *Décret Infâme* von 1808 veranlaßt hatte, durch welches die elsässischen Juden ihrer Bürgerrechte wieder beraubt wurden und das erst mit der Rückkehr der Bourbonen außer Kraft gesetzt wurde. Seit der Restauration aber, von den Bourbonen über Louis Philippe bis zu Napoleon III., hat das Haus Rothschild den Staatsbankier in Frankreich gespielt, so daß von da ab alles, was antimonarchisch und republikanisch gesonnen war, notwendigerweise auch antisemitisch wurde.

Hinter diesen offenbaren Veranlassungen gab es andere Gründe, die den spezifisch französischen Radikalismus in seinen antisemitischen Tendenzen bestärkten. Frankreich ist, vermutlich durch das frühe merkantilistische Experiment, entscheidend geschädigt, niemals wirklich industrialisiert worden, und vorkapitalistische Zustände haben dort bis auf den heutigen Tag einen beträchtlichen Einfluß. Dies hatte zur Folge, daß »Bankiers«, kleine und kleinste Geldverleiher, dort eine erheblich bessere Chance im Kleinbürgertum hatten als in Ländern, wo der Proletarisierungsprozeß rapide und ungestört vonstatten ging. Jenes Kleinbürgertum, das in Deutschland und Österreich erst in der Krise der siebziger und achtziger Jahre aus Verzweiflung antisemitisch wurde, war in Frankreich antisemitisch im Augenblick seiner größten Hoffnungen, als es, geführt von der Pariser Arbeiterschaft, die Revolution von 1848 zu einem vorübergehenden Sieg führte. Es gab in Frankreich etwas, was es weder in Deutschland noch in Österreich je gegeben hat, nämlich ein revolutionäres Kleinbürgertum, das sich von der Tradition der französischen Revolution nährte, und es war dieses Kleinbürgertum, das die Flut von Flugschriften gegen die Rothschilds in den vierziger Jahren (unter denen Toussenels *»Les Juifs, Rois de l'Époque«* die wichtigste und interessanteste ist) begeistert las und in seiner Presse, die damals die radikale Linkspresse war, mit Lobsprüchen überschüttete. Wichtig für die Beurteilung dieser Literatur ist, daß die hier vorgetragenen Argumente und die hier gesprochene Sprache nicht wesentlich unterschieden sind von Argumentation und Sprache der Schriften von Marx und Börne, nur daß die letzteren witziger und schärfer sind, weil in ihnen die ganze Erbitterung der mit Recht sich betrogen fühlenden jüdischen Intelligenz zum Ausdruck kommt. Mehr als zehn Jahre vor Toussenel sprach Börne in seinen »Briefen aus Paris« von dem *»empereur des cinq pour cent, Roi des trois pour cent, protecteur des banquiers et médiatiseur des agents de change* ... Wäre es nicht das größte Glück für die Welt, wenn man alle Könige wegjagte und die Familie Rothschild auf deren Thron setzte?« Und man muß schon bis an das Ende des Jahrhunderts warten, um in antisemitischen Pamphleten Passagen von der Schärfe zu finden wie die folgende: »Rothschild hat dem Pabste die Hand geküßt ... Jetzt kommt doch endlich einmal alles in die Ordnung, die Gott beim Erschaffen der Welt eigentlich hat haben wollen. Ein armer Christ küßt dem Pabste die Füße, und ein reicher Jude küßt ihm die Hand. Hätte Rothschild sein römisches Anleihen statt zu 65 percent zu 60 erhalten und so dem Kardinalkämmerling zehntausend Dukaten mehr spendieren können, hätte er dem heiligen Vater um den Hals fallen dürfen ... Ich finde das alles sehr schön. Louis Philipp, wenn er in einem Jahr noch König ist, wird sich krönen lassen; aber nicht zu Reims in St. Remi, sondern zu Paris in Notre-Dame-de-la-Bourse, und Rothschild wird dabei als Erzbischof fungieren.«[51] Gerade aus der französischen Perspektive konnte man noch am ehesten meinen, die Juden und die Figur des jüdischen Staatsbankiers seien repräsentativ für das herrschende Wirtschafts- und Regierungssystem. Nicht nur Toussenel und das antisemitische französische Kleinbürgertum, sondern auch Marx und Börne glaubten in jenen Jahrzehnten, »die Revolution würde gefördert, wenn die allgemeine Enteignung der Kapitalisten mit der Enteignung der jüdischen Kapitalisten begonnen würde, weil sie am typischsten für den Kapitalismus seien und ihre Namen den Massen am vertrautesten«.[52]

Weder der auf wirtschaftliche Erfahrungen gestützte noch der aus der antiklerikalen Tradition stammende Antisemitismus hat in

Frankreich das neunzehnte Jahrhundert überlebt. Der moderne französische Antisemitismus erwuchs aus der immer stärker werdenden Fremdenfeindlichkeit der Nation, die ihre Kraft, fremde Volkselemente zu assimilieren, so gut wie eingebüßt hatte. In der durch die dauernd sinkende Geburtsrate nach dem Ersten Weltkrieg eintretenden Überfremdung Frankreichs – durch italienische Siedler und spanische Landarbeiter im Süden, durch polnische Kohlearbeiter im Norden und durch Intellektuelle und Flüchtlinge aus allen Teilen der Welt in Paris – gewann die Judenfrage noch einmal eine gewisse Bedeutung, und zwar weil die Juden das Sinnbild aller derer wurden, die auf französischem Boden lebten und doch dem Nationalverband nicht angehörten. Zwar war die Unterscheidung zwischen einheimischen Juden und solchen, die vom Osten her das Land »überschwemmten«, überall gang und gäbe; polnische und russische Juden waren in Deutschland und Österreich von der öffentlichen Meinung, und zwar gerade auch der jüdisch-öffentlichen Meinung, nicht anders behandelt worden als rumänische und deutsche Juden in Frankreich. Überhaupt war die sogenannte Ostjudenfrage seit dem Beginn des 19. Jahrhunderts zu einem innerpolitischen Moment der Judenfrage geworden, weil »Ostjuden« sich überall innerhalb der Grenzen des nationalen Territoriums befanden, als posensche Juden in Deutschland, galizische in Österreich und elsässische in Frankreich. Aber nur in Frankreich, wo diese »Ostjuden«-Frage sich mit dem viel allgemeineren und ernsteren Problem der Überfremdung vereinigen konnte, nahm diese Unterscheidung eine solche Schärfe an, daß sie die wesentliche Struktur des Antisemitismus bestimmte. Und dies lag in Frankreich aus zwei Gründen besonders nahe, einmal weil ein heterogenes Bevölkerungselement in der ältesten und gleichsam vollkommensten Nation natürlich als besonders störend empfunden wurde, und andererseits weil der Antisemitismus Frankreichs sich an den Rothschilds nicht nur entzündete, sondern lange um sie zentriert blieb, gerade wegen seiner radikalsozialen Note, wobei dann nicht ausbleiben konnte, daß die ursprünglich aus Deutschland eingewanderte Familie der Sympathien mit dem Erbfeind verdächtigt und so die Juden insgesamt als »*boches*« diffamiert wurden.

Auch dieser Antisemitismus chauvinistischer Prägung war in Frankreich niemals ein Monopol der Reaktion, und auch er konnte bereits auf eine durchaus ansehnliche Tradition innerhalb des radikalen Schrifttums zurücksehen. Von Fouriers Beschreibung des Juden »Ischariot« (im Jahre 1808), der mit hunderttausend englischen Pfunden in Frankreich ankommt, nach Anhäufung eines Riesenvermögens das Land verläßt und sich in Deutschland niederläßt, bis zu Giraudoux' Darstellung (im Jahre 1939) der »hunderttausend Aschkenasim«, die auf geheimnisvolle Weise in das Land eindringen, die Franzosen aus ihren Berufen herauskonkurrieren und die alten Bräuche und Traditionen zerstören, verläuft eine einheitliche Linie, deren Zwischenglieder jederzeit in der antisemitischen Literatur nachzulesen sind.[53] In dieser Hinsicht war der Propagandaminister des Daladierschen Kriegskabinetts mit der Vichy-Regierung, die den Friedensvertrag unterzeichnete, durchaus einer Meinung. Nur war, als die Nazis in Paris einzogen, dieser chauvinistische Antisemitismus ebenso antiquiert wie alle Formen des Antisemitismus in Frankreich, und je mehr die Franzosen sich bemühten, die Deutschen gerade in dieser Hinsicht zufriedenzustellen, desto auffälliger wurde, daß sie gar nicht begriffen hatten, worum es sich eigentlich handelte.

Die beste Illustration für dies Versagen mag der Fall Céline bieten. Céline, den die französische intellektuelle öffentliche Meinung immer für ebenso begabt wie verrückt gehalten hatte, war der einzige Antisemit Frankreichs, der die Tragweite und Radikalität der neuen politischen Waffe voll begriffen hatte. Daß er gleichzeitig ein Romanschriftsteller von Rang war und nicht irgendein obskurer Möchtegern, war charakteristisch dafür, daß in Frankreich im Unterschied zu eigentlich allen anderen zivilisierten Ländern der Antisemitismus sowohl intellektuell wie gesellschaftlich immer salonfähig gewesen ist. Seine zentrale These, die er zur Zeit des Münchener Abkommens konzipiert hatte und in der *»Ecole des Cadavres«* in den ersten Kriegsmonaten veröffentlichen konnte, war ebenso einfach wie schlagend: Die Juden, so führte er aus, hätten bewußt die Einheit Europas verhindert, alle Kriege seit dem Jahre 843 angestiftet und versucht, Deutschland wie Frankreich durch dauernde Kriege zwischen den beiden Ländern zu ruinieren. Diese phantastische, von allen Erfahrungselementen oder nachweisbaren Tatsachen sorgfältigst gereinigte Geschichtstheorie brachte in den französischen Antisemitismus genau das Element rein ideologischen Fanatismus, das ihm so offensichtlich immer gefehlt hatte. Im Gegensatz zu einer früheren Schrift Célines zu dem gleichen Thema wurde die *»Ecole des Cadavres«* überhaupt nicht beachtet. Aber auch die außerordentlich wohlwollende Beachtung, die der schon 1938 erschienenen *»Bagatelle pour un Massacre«* zuteil geworden war, hatte gezeigt, wie blind die Franzosen für die eigentlich modernen Elemente in Célines Hetzschriften waren. *»Bagatelle pour un Massacre«* enthielt zwar noch nicht einen neuen ideologischen Schlüssel, durch den man auf einfachste Weise alle Ereignisse und Geheimnisse der europäischen Geschichte seit Karl dem Großen auf einen Nenner bringen und erklären konnte, aber sie vermied doch bereits alle traditionellen Unterscheidungen zwischen »guten« und »schlechten Juden«, zwischen einheimischen und zugewanderten. Sie hielt sich nicht bei den im französischen Antisemitismus so sehr beliebten Vorschlägen für Sondergesetze für Juden oder ihre Verweisung aus dem Lande auf, sondern schlug gleich die eine, alles erledigende, zentrale Maßnahme vor – die Massakrierung aller Juden. Dies nun gerade, wiewohl es doch sogar dem Buche den Titel geliefert hatte, wurde auch von denen, die diesen Generalangriff auf die Juden mit ausgesprochenem Vergnügen lasen (und zu ihnen gehörte immerhin André Gide, wie andererseits Maritain der einzige war, der entschlossen gegen Céline Stellung nahm), nicht ernstgenommen, sondern für einen witzigen rabelaisschen Einfall gehalten.[54] Und nicht nur die Intellektuellen nahmen Céline nicht ernst, auch die französischen Faschisten sahen in ihm und seinen mörderischen Vorschlägen nur einen grotesken Einfall, so daß die Nazis, die genau wußten, daß Céline der einzige Antisemit Frankreichs in ihrem Sinne war, mit ihm gar nichts anfangen konnten; er hatte nicht einmal die französischen Antisemiten hinter sich. Was die Franzosen hinderte, sich ideologisch so infizieren zu lassen wie andere moderne Völker, war ihr gesunder Menschenverstand, der sich absolut nicht davon überzeugen lassen wollte, daß die Ausrottung der Juden ein Allheilmittel für alle Nöte der Zeit war. Bei aller Bereitschaft, sich der Führung der Nazis anzuvertrauen, die Pétain, Laval und Doriot und mit ihnen einen sehr großen Teil des französischen Volkes ursprünglich beseelte, blieb diese Immunität gegen die ideologische Mentalität der modernen Massenbewegungen doch bestehen und erwies sich als ein entscheidendes Hemmnis, als es galt, die antisemitischen Redensarten voll in die Wirklichkeit, in die wirkliche Vernichtung der Juden, umzusetzen. Solchen Konsequenzen war die Tatsache, daß in Frankreich nicht Scharlatane und von Ressentiment erfüllte Lumpenintellektuelle, sondern – von Fourier bis Giraudoux – höchst fähige Journalisten, wie Edouard Drumont, und selbst Schriftsteller von Format, wie Bernanos, den Antisemitismus auf ein auch für Intellektuelle annehmbares geistiges Niveau erhoben hatten, entscheidend abträglich.

All dies hängt natürlich damit zusammen, daß Frankreich trotz aller inneren Kämpfe und Zersetzungsprozesse eine wirklich entschlossen antinationale Bewegung niemals gekannt hat. Eine eigentlich imperialistische Partei in Frankreich hat trotz der imperialistischen französischen Kolonialpolitik niemals existiert. Hätte es sie gegeben, so hätte sie notwendigerweise deutschfreundlich sein müssen, da nur ein deutsch-französisches Bündnis, wie Frankreichs Kolonialpolitiker sehr gut wußten, es dem Lande ermöglicht haben würde, sich mit England in die Welt zu teilen und sich mit Erfolg an dem *»scramble for Africa«* in den achtziger Jahren zu beteiligen. Das heißt, man hätte nationale Interessen, den Konflikt mit Deutschland, den imperialistischen opfern müssen, und hierzu war in Frankreich niemand bereit.[55] In eine Konkurrenz mit England ist Frankreich niemals getreten, und selbst die recht heftige Anglophobie der dreißiger Jahre unseres Jahrhunderts ist eher auf nationale als auf imperialistische Konfliktstoffe zurückzuführen. Frankreichs Stimme verlor in unserem Jahrhundert mehr und mehr an Bedeutung, weil die französische Nation auch im Zerfall noch die *nation par excellence* blieb und von rein nationalstaatlicher Politik nicht abweichen konnte und wollte. So spielte auch die Judenfrage eine Rolle nur in dem ewigen und eigentlich gegenstandslosen deutsch-französischen Konflikt, konnte aber niemals den Anschluß an die Fragen imperialistischer Politik finden, die anderswo den Antisemitismus erst wirklich virulent machten. Dies ist um so auffallender, als Frankreichs Kolonialbesitz in Algerien eine für solche Zwecke ausgezeichnete Gelegenheit geboten hätte, mit seinem verschiedenen Status für Juden und Araber und dem außerordentlichen Judenhaß der ansässigen Kolonialbevölkerung. In Frankreich hat der *status quo* selbst die Niederlage im Zweiten Weltkrieg, die deutsche Besatzung und die zeitweilige Aufhebung der gesamten politischen Struktur des Landes überlebt, so daß die Vierte Republik mit nichts mehr Ähnlichkeit hat als mit der Dritten. Der innere Zersetzungsprozeß der französischen Nation (nicht des französischen Volkes), der aus dem neunzehnten Jahrhundert stammt und in ihm das modernste Phänomen politischer Geschichte war, ist durch die Ereignisse des zwanzigsten Jahrhunderts weder aufgehalten noch wesentlich beschleunigt worden.

Das goldene Zeitalter der Sicherheit

So hat Stefan Zweig in seiner Autobiographie *Die Welt von Gestern* die Vorkriegszeit genannt, jene zwei Jahrzehnte, die in einer Atmosphäre allgemeiner Zufriedenheit auch das zeitweilige Verschwinden des Antisemitismus aus dem öffentlich-politischen Leben mit sich brachten. Die gleiche Zeit hat Zweigs Altersgenosse, Charles Péguy, wenige Monate bevor er im Ersten Weltkrieg fiel, als das Zeitalter beschrieben, in welchem alle politischen Formen, obwohl sie offensichtlich überlebt waren und von den Völkern nicht mehr als legitim anerkannt wurden, unbegreiflicherweise einfach weiterlebten: in Rußland ein anachronistischer Despotismus; in Österreich die bürokratische Unterdrückung der Nationalitäten unter dem Hause Habsburg; in Deutschland das dem liberalen Bürgertum und der Arbeiterschaft gleichermaßen verhaßte militaristische, prahlerische und verdummende Regiment Wilhelms II.; in Frankreich die Dritte Republik, die von Kabinettskrise zu Kabinettskrise irgendwie weitervegetierte. Nicht daß eine dieser Regierungen sich besonderer Popularität erfreute, die innenpolitische Opposition war sogar überall recht groß; aber sie schien nirgends ernst gemeint, und politische Willensbildung war nirgends in ihr zu entdecken. Alles konnte in Ruhe weitergehen, weil niemand an politischen Fragen auch nur interessiert war. Es war, wie Chesterton in der Beschreibung der englischen Verhältnisse (in seinem Roman »*The Return of Don Quixote*«) einmal bemerkte: »*Everything is prolonging its existence by denying that it exists.*«

Die Lösung des Rätsels ist, daß im goldenen Zeitalter der Sicherheit eine eigentümliche Verlagerung des Machtbegriffes stattfand. Die ungeheure Entwicklung der industriellen und wirtschaftlichen Kräfte hatte bewirkt, daß im internationalen Kräftespiel rein politische Faktoren immer schwächer wurden und rein wirtschaftliche Kräfte immer stärker die eigentliche Herrschaft an sich rissen. Jedermann meinte, daß Macht gleichbedeutend geworden sei mit ökonomischer Potenz und daß politische Faktoren nur das Widerspiel wirtschaftlicher Kräfte seien. Erst in den Jahrzehnten nach dem Ersten Weltkrieg begann man wieder zu verstehen, daß Macht mit wirtschaftlicher Potenz auch dann nicht identisch wird, wenn, wie es unter modernen Bedingungen geschieht, die Industriekapazität eines Landes zur Voraussetzung seiner politischen Macht geworden ist. Vor dem Ersten Weltkrieg aber konnte es wirklich so scheinen, als ob, wie Rathenau meinte, nicht mehr als etwa 300 Männer, die sich alle gegenseitig kannten, die Geschicke der Welt in der Hand hielten.

Diese Illusion platzte im Ersten Weltkrieg, dessen Waffengewalt den Massen wenigstens deutlichst vor Augen führte, daß die wirtschaftliche und industrielle Entwicklung an sich weder das Heil noch überhaupt die Zukunft der Menschheit bestimmen würde.

Die Juden haben sich von dem goldenen Zeitalter der Vorkriegszeit mehr narren lassen als irgendeine andere europäische Bevölkerungsschicht. Da niemand sich sonderlich um den Staat kümmerte, hatte ein aktiver politischer Antisemitismus kaum eine Chance. Bevor die widerstreitenden imperialistischen Interessen der europäischen Nationen sich in einem Krieg entluden, in dessen Wirbel schließlich alle politischen Institutionen hineingerissen und zerrieben wurden, war für einige Jahrzehnte politische Repräsentation zu einer Art Theater geworden, das in manchen Ländern, wie vor allem Österreich-Ungarn, sogar operettenhafte Formen annahm. Den Regierungen, denen nur noch eine politisch entleerte Repräsentationsrolle zufiel, entsprach eine Repräsentation, die immer augenfälliger ins Theatralische, Operettenhafte drängte. In dem Maße, in dem die politische Repräsentanz Theater geworden war, hatte sich das Theater zu einer Art nationaler Institution entwickelt, in der der Schauspieler den nationalen Helden spielte. Weil die politische Welt unleugbar etwas Theatralisches angenommen hatte, konnte das Theater als Welt und als

Realität erscheinen. Nirgends war diese Verkehrung von Sein und Schein, diese Errichtung einer wirklichen Scheinwelt deutlicher als in Wien, wo die Zwittergestalt der habsburgischen Monarchie mit ihrer grandiosen Tradition dieser Kulissenkultur ihre wirkungsvollste Kulisse lieferte. In dieser Kultur, in deren Mittelpunkt der Schauspieler und der Virtuose standen, kündigen sich bereits Hollywood und das Starwesen des Films an. Nur in Wien, wo alles Politische zum reinen Theater geworden war, konnte das Theater sich wirklich an die Stelle aller Realitäten setzen. Aber die Wiener Theaterkultur wurde in jenen Jahrzehnten weit über die Grenzen Österreich-Ungarns hinaus zum Inbegriff europäischer Kultur überhaupt.

Hatten die politischen Verhältnisse die Verwechslung von Sein und Schein möglich und die spezifisch österreichischen Bedingungen diese Verkehrung kulturell produktiv gemacht, so waren es die Juden, welche diese Scheinwelt in Betrieb setzten, das Publikum lieferten und den Ruhm der Schauspieler und Virtuosen verbreiteten. Die außerordentlich auffällige, rapide Verschiebung des jüdischen Einflusses vom Staatsapparat auf den Kulturbetrieb, die Übersiedlung der Juden aus der Sphäre der staatlichen Geschäfts- und Interessensphäre in die der »kulturellen Belange« war natürlich zu einem Teil von dem wachsenden Einfluß des Finanzkapitals auf den Staatsapparat, der die jüdischen Funktionen überflüssig machte, bedingt, aber keineswegs ihm allein zuzuschreiben. Die imperialistische Entwicklung hatte an sich nur zur Folge, daß mehr und mehr Juden das Bankgeschäft verließen und unabhängige Geschäftsleute wurden, daß sich die Zentralisierung des jüdischen Reichtums auflöste, die jüdischen Notabeln ihre herrschenden Positionen in den Gemeinden verloren und daß an die Stelle der Armeelieferungen der Nahrungsmittel- und Getreidehandel und die Bekleidungsindustrie traten, in welchen Juden sehr bald die führenden Stellungen innehatten; so entwickelten sich in der gleichen Zeit aus den dörflichen Gemischtwarenhandlungen und den Leihhäusern die Warenhäuser der großen Städte. Es hatte auch zur Folge, daß, was an direkten Beziehungen zwischen Juden und Staatsapparat übrigblieb, wieder in die Hände weniger Individuen geriet, die von ihren Gemeinden nicht mehr abhängig waren und für die Gesamtlage des west- und mitteleuropäischen Judentums nicht mehr typisch. In dieser Zeit konnte selbst ein getaufter Jude wie Ballin solche Funktionen der Wirtschafts- und Finanzberatung übernehmen, und es ist charakteristisch, daß Ballin der einzige Jude in dieser ganzen Periode gewesen ist, der den Zusammenbruch seines Staatsapparates nicht überleben mochte (er beging 1918 Selbstmord), während Rathenau noch genug in der jüdischen Tradition des Staatsbankiers verwurzelt war, um nach dem Zusammenbruch des Wilhelminischen Deutschland seine Karriere fortzusetzen oder, je nachdem man dies verstehen will, eine neue anzufangen.

Wesentlicher als diese nur aus den politischen Verhältnissen zu erklärende Verschiebung in der jüdischen Sozialstruktur war eine andere, von der sie erst begleitet und dann in den Schatten gestellt wurde. Wir sahen, welche Mühe der Nationalstaat sich gegeben hat, das Entstehen einer jüdischen Intelligenz, das Abfluten von Juden in freie Berufe zu verhindern. Dies Bemühen hatte immer nur teilweise Erfolge gezeitigt, und jetzt war von all dem natürlich nichts mehr zu spüren. Die Söhne der begüterten jüdischen Häuser drängten unaufhaltsam aus dem Geschäftsleben in die reinen Kulturberufe, so daß in wenigen Jahrzehnten sich nicht nur die Berufe der Ärzte und Anwälte mit Juden füllten und überfüllten, sondern in Deutschland sowohl wie in Österreich ein großer Teil des Kulturbetriebes, des Zeitungs-, Verlags- und Theaterwesens, in jüdische Hände geriet. Dies Verhalten der jüdischen Mittelschicht stand in ausgesprochenem Gegensatz zu dem durchschnittlichen Verhalten der Bourgeoisie, die gerade dann, wenn ein Reich- und Reicherwerden bereits sinnlos geworden war, danach strebte, nun die ihr gebührenden Machtpositionen zu besetzen.

Daß die Juden an Macht gerade nicht interessiert waren, hat sich niemals deutlicher erwiesen als in diesen Jahrzehnten, in denen sie ökonomisch uninteressiert, zufrieden mit dem Erworbenen und der Sicherheit, die es zu verheißen und »auf immer« zu garantieren schien, sich in eine Sphäre begaben, wo es zwar Beziehungen und Einfluß gab, aber noch nicht einmal die Möglichkeit politischer Macht. Die positive Bedingung für diese entscheidende Verlagerung der jüdischen Sozialstruktur lag zweifellos in dem einen Teil der jüdischen Tradition, dem offenbar Emanzipation und Assimilation so wenig etwas hatten anhaben können wie die seit dem achtzehnten Jahrhundert unaufhaltsam fortschreitende Auflösung der jüdischen Gemeindeverfassung, wenn sie ihn auch seiner ursprünglichen Inhalte beraubt hatten. Die Tradition, auf der diese Entwicklung beruhte, war die wohl einzigartige einer Gelehrtenkultur gewesen, innerhalb derer auch politische und öffentliche Positionen an den Stand des Gelehrten (der mit dem modernen Rabbiner nur den Namen gemein hat) gebunden blieben. Aber das, was durch den traditionellen jüdischen Respekt für das Lernen ermöglicht worden war, hat in seinen modernen Resultaten zu einem wirklichen Bruch mit der Tradition und einer, wenn auch höchst fragwürdigen Art von Assimilation geführt, die zum ersten Male in der jüdischen Geschichte die Existenz des Volkes aufs Spiel setzte. Denn hier handelte es sich nicht mehr um Ausnahmen, die ihren Weg in die europäische Kultur auf dem Umwege des Landes fanden, in dem sie zufällig geboren waren, sondern um eine ganze Schicht des Volkes, für die zum ersten Mal der Zugang zu der nichtjüdischen Gesellschaft in all ihren Schattierungen eine Existenzfrage geworden war.

Auf der Suche nach dem Weg, der sie in die Gesellschaft führen könnte, folgte diese Schicht natürlich den individuellen Pfaden, die ihr von den wenigen Juden vorgezeichnet waren, die durch das ganze neunzehnte Jahrhundert als Ausnahmen und ausnahmsweise in die nichtjüdische Gesellschaft aufgenommen und von der

Kultur der Umgebung assimiliert worden waren. Dabei stellte sich heraus, daß auch für die Nachfahren galt, was für ihre Vorgänger gegolten hatte, nämlich daß sie außerordentlich befähigt oder außerordentlich berühmt sein mußten, um in der Gesellschaft ihren Platz zu finden. Dafür wiederum bot die theatralische Kulissenkultur und die aufkommende Genieverehrung, bei der der Schauspieler und der Virtuose die Modelle für das Genie überhaupt abgaben, eine selten günstige Gelegenheit. Hier bedurfte es nicht mehr besonderer Befähigung, man konnte, wie die Wiener jüdische Jugend, in eine Art Schule für Berühmtheit gehen, wenn man nur im Theaterbetrieb und dem Schauspieler, dem die Nachwelt keine Kränze flicht und der daher ungeheure Mengen an Ruhm zu konsumieren gezwungen ist, das Modell für Kultur überhaupt erblickte. Die Ungenügsamkeit am eigenen Erfolg, das Streben, den Ruhm zu einer sozialen Atmosphäre zu machen, eine Kaste berühmter Männer zu bilden und eine Gesellschaft der Berühmten zu organisieren, dies war es, was die Juden dieser Generation und ihr Verhalten wesentlich von dem allgemeinen Geniewahnsinn der Zeit unterschied. Dies Bestreben war es auch, das ihnen fast automatisch alle Organisationen von Kunst, Literatur, Musik und Theater in die Hände spielte. Sie waren die einzigen, die an wesentlich mehr interessiert waren als an eigenen Produkten und an der eigenen Berühmtheit. Stefan Zweigs »strahlende Kraft des Ruhms« war eine sehr reale gesellschaftliche Macht, in deren Aura man sich frei bewegen konnte, die eine Heimat für gesellschaftlich heimatlose Menschen schuf. Da großer Erfolg immer die nationalen Grenzen überschreitet, konnten die Berühmten leicht vor sich selbst als Vertreter einer nebulosen internationalen Gesellschaft erscheinen, in welcher »nationale Vorurteile« nicht mehr galten. Jedenfalls wurde ein österreichischer Jude von der französischen Gesellschaft in Paris leichter als Österreicher akzeptiert als bei sich daheim. Das Weltbürgertum dieser Generation hat nichts mehr mit dem echten Kosmopolitismus des achtzehnten oder der internationalen Gesinnung des neunzehnten Jahrhunderts zu tun; es entsprang dem Kulturtrieb, in welchem Berühmtheit erzeugt und organisiert wurde, und es wurde benutzt als eine Art verrückter Nationalität, die man sich gegenseitig bescheinigte, sobald irgend jemand sich erlauben sollte, einen an seine jüdische Abstammung zu erinnern. Als solche hatte sie eine verzweifelte Ähnlichkeit mit jenen Pässen, welche eine Generation später den Inhabern Aufenthalt in allen Ländern ermöglichten außer in dem Lande, das den Paß ausstellte. Unter diesen Umständen gewannen die Juden in der Scheinwelt des Kulturbetriebes an Prominenz, was sie an wirklicher Position und sogar an Machtpotential in der politischen Sphäre verloren hatten. Staatsmänner, ernst zu nehmende Politiker und Publizisten beschäftigten sich mit ihnen, und damit überhaupt mit der Judenfrage, weniger als zu irgendeiner Zeit seit dem Aufstieg der Hofjuden in die Arena europäischer Politik, und der Antisemitismus verschwand nahezu gänzlich als ein Faktor der Innenpolitik. Dafür wurden die Juden das Symbol der Gesellschaft überhaupt und das Objekt des Hasses für alle, die aus gleich welchen Gründen von der tonangebenden Gesellschaft ausgeschlossen waren. Der Antisemitismus, der seine politischen Voraussetzungen verloren hatte, geriet dabei ganz und gar in die Hände der Scharlatane und Kurpfuscher, die jene unheimliche Mischung aus Halbwahrheiten und Aberglauben vorbereiteten, die sich dann nach dem Weltkrieg als die befriedigendste Weltanschauung für alle Schlechtweggekommenen und Ressentimenterfüllten erwies.

Da schließlich die Judenfrage gerade in ihren nichtpolitischen, rein gesellschaftlichen Hinsichten zum Kristallisationspunkt einer untergehenden Gesellschaftsordnung wurde, ist es nötig, wenigstens auf die Hauptzüge der Gesellschaftsgeschichte des emanzipierten europäischen Judentums innerhalb der bürgerlichen Gesellschaft des vorigen Jahrhunderts einzugehen.

3 Die Juden und die Gesellschaft

Eine jahrtausendealte Unerfahrenheit in politischen Angelegenheiten, welche alle Traditionen des Diaspora-Judentums durchherrscht, hatte es den Juden ermöglicht, ihre spezifische Rolle in den Geschäften des Nationalstaates zu spielen und dabei, trotz der fortschreitenden Demokratisierung der nationalen Gesellschaft, an ihren alten Vorurteilen gegen das Volk und für die staatliche Macht, welche sie beschützen sollte, festzuhalten. Die gleiche Unerfahrenheit machte sie blind für die Gefahren des politischen Antisemitismus, obwohl sie im Jahrhundert der Assimilation überempfindlich wurden für alle Formen gesellschaftlicher Abwehr oder Voreingenommenheit. Auch war es nicht einfach, des entscheidenden Unterschieds zwischen einem politischen Argument und gesellschaftlicher Antipathie gewahr zu werden, weil beide sich gleichzeitig in vielfacher Bezogenheit aufeinander entwickelten. Trotz all solcher Bezüge jedoch muß man festhalten, daß politischer Antisemitismus und gesellschaftliche Exklusivität gegen Juden genau entgegengesetzten Aspekten der Emanzipation entsprachen: der politische Antisemitismus hatte seine reale Basis in der Tatsache, daß die Juden fortfuhren, einen mehr oder minder geschlossenen Körper innerhalb der Nation zu bilden; das gesellschaftliche Vorurteil wuchs in dem Maße, in welchem Juden auf Grund ihrer Assimiliertheit in die bürgerliche Gesellschaft einzudringen wünschten.

Die Tatsache, daß die Gleichheit aller Bürger für uns bereits zu den Selbstverständlichkeiten politischer Gerechtigkeit gehört, verführt leicht, zu übersehen, daß Gleichheit nicht nur eine der größten, sondern auch eine der unsichersten Errungenschaften der modernen Menschheit ist. Die politisch-rechtliche Gleichheit aller vor dem Gesetz war begleitet von einer wachsenden Gleichartigkeit gesellschaftlicher und materieller Umstände. Je gleichartiger aber solche Umstände werden, desto weniger kann der durchschnittliche politische Verstand die Unterschiede begreifen, die in Wirklichkeit existieren, desto größer also werden die Ungleichartigkeiten zwischen Individuen und Gruppen. Diese scheinbar paradoxe Konsequenz wird immer dann ans Licht kommen, wenn Gleichheit nicht mehr die Gleichheit vor einem all- und übermächtigen Gott oder dem Tode als einem gemeinsamen menschlichen Schicksal bedeutet, sondern zu einem weltlich organisierenden Prinzip innerhalb eines Volkes selbst geworden ist. Unter solchen Bedingungen hat die Gleichheit den Maßstab verloren, an dem sie gemessen, und die transzendente Wirklichkeit, durch die sie erklärt werden konnte. Sie als das, was sie ist, zu erkennen, nämlich als das Prinzip einer politischen Organisation, innerhalb deren ungleiche Menschen gleiche Rechte haben, hat sich erheblich schwerer erwiesen, als der Optimismus des frühen neunzehnten Jahrhunderts geglaubt hat. Die modernen Massengesellschaften bieten zahllose Beispiele dafür, daß es erheblich näher liegt, Gleichheit für eine angeborene Eigenschaft eines jeden Individuums zu halten, das »normal« genannt wird, wenn es ist wie jedermann, und »anormal«, wenn es sich unterscheidet. Diese pervertierende Umwandlung eines politischen in einen gesellschaftlich-psychologischen Begriff ist dann besonders gefährlich, wenn die Gesellschaft auf verhältnismäßig kleinem Raum die Unterschiede klar ans öffentliche Licht bringt und damit eine Fülle von Konflikten erzeugt. So stellte sich überall heraus, daß die Gesellschaft auf die Abschaffung rechtlich-politischer Rangunterschiede im Nationalstaat erst einmal damit reagierte, sich desto hierarchischer nach innen zu organisieren, je demokratischer sie äußerlich wurde.[1] Und da das Prinzip der Hierarchie in der Aristokratie verkörpert war, hat die Gesellschaft der Nationalstaaten gerade »die Merkmale mehr oder minder modifiziert, mehr oder minder karikiert reproduziert«, die die jeweilige Adelsgesellschaft ihr darbot – ganz unabhängig davon, ob sie antiaristokratisch gesinnt war oder nicht. Die adligen Privilegien waren eine Sache der Vergangenheit geworden, aber keineswegs die adlige Gesellschaft; ihre Maßstäbe haben im Gegenteil durch das ganze neunzehnte Jahrhundert hindurch die Gesellschaft bestimmt, sie lieferten »Grammatik und Syntax des gesellschaftlichen Lebens« überhaupt.[2] Die umgekehrte Gefahr: daß der politischen Gleichberechtigung die Angleichung der Individuen im Gesellschaftsprozeß folgt, ist erst in den konformistischen Massengesellschaften des zwanzigsten Jahrhunderts wirklich aktuell geworden. Das eigentliche Abenteuer der Neuzeit in dieser Hinsicht besteht darin, daß zum ersten Mal in der Geschichte alle Menschen sich allen Menschen gegenübergestellt sehen ohne den Schutz unterschiedlicher Umstände und Lebensbedingungen. Die gefährlichen Aspekte dieses Abenteuers zeigten sich zuerst in dem modernen Rassenwahn, weil Rasse zu den natürlich gegebenen Unterschieden gehört, die durch keine nur erdenkliche Änderung und Einebnung von Umständen und Lebensbedingungen berührt werden können. Der Rassenwahn ist unter anderem auch die Reaktion dagegen, daß der Begriff der Gleichheit fordert, jedermann als meinesgleichen anzuerkennen.

Der Prozeß der Angleichung bedeutet die Angleichung jüdischer Lebensumstände an die der Umwelt. Je weiter dieser Prozeß vorgeschritten war, desto erstaunlicher erschienen der Umwelt die Unterschiede zwischen ihr und ihren jüdischen Mitbürgern. Dies Erstaunen konnte sich in Antipathie wie in Anziehung äußern, so daß Antipathie und Anziehung, Antisemitismus und Philosemitismus die gesellschaftliche Geschichte des assimilierten Judentums bestimmten. Politisch waren beide gleichermaßen steril; die gesellschaftliche Ablehnung hat nicht die politische Bewegung gegen die Juden entfesselt, aber ihre gesellschaftlichen Beziehungen haben die Juden auch niemals gegen ihre Feinde geschützt. Die zweideutige Stellung der Gesellschaft zu den Juden hat nur eines erreicht: sie hat die gesellschaftliche Atmosphäre vergiftet, sie hat einen unschuldigen Verkehr zwischen Juden und Nichtjuden nahezu unmöglich gemacht, und sie hat schließlich das erzeugt, was man als einen jüdischen Typus oder typisch jüdisches Verhalten bezeichnen konnte. Daß all dies verhältnismäßig harmlos blieb, lag unter anderem daran, daß in Europa wirkliche Gleichheit der Umstände nie eine Realität geworden war. Die Juden konnten zu einer immerhin geduldeten und oft bevorzugten Clique in der Gesellschaft werden, weil diese Gesellschaft sich ohnehin in Klassen schied, zu denen man ganz offenbar durch die Tatsache der Geburt gehörte. Eine wirkliche Massengesellschaft, in der es solche durch die Geburt gegebenen gesellschaftlichen Unterschiede überhaupt nicht mehr gibt, kennen wir noch nicht; denn selbst in den Vereinigten Staaten, die innerhalb der westlichen Zivilisation dem am nächsten kommen, spielen die Unterschiede nationaler Herkunft, wenn sie auch an ökonomischer und beruflicher Bedeutung ständig verloren haben, gesellschaftlich immer noch eine wesentliche Rolle.

Die Ausnahmejuden

Das Kräftespiel zwischen Gesellschaft und Staat, auf dessen nie wirklich gesichertem Gleichgewicht der Nationalstaat beruhte, entschied auch über die Bedingungen der Zulassung von Juden in die Gesellschaft. In den 150 Jahren, in denen Juden wirklich inmitten, und nicht nur in der Nachbarschaft europäischer Völker lebten, haben sie stets mit politischem Elend für gesellschaftlichen

Glanz und mit gesellschaftlicher Verachtung für politische Erfolge gezahlt. Wenn Assimilation bedeuten sollte, daß sie wirklich von der nichtjüdischen Gesellschaft akzeptiert waren, so haben sie sich dieser nur so lange erfreut, wie sie sich klar als Ausnahmen von den jüdischen Massen abhoben. Dies geschah am Anfang, als sie noch unter demütigenden politischen Umständen lebten, und am Ende, als die antisemitische Bewegung bereits stark genug war, ihren politischen Status deutlichst zu gefährden. Wann immer die Gesellschaft sich einer politisch und beruflich gesicherten jüdischen Gleichberechtigung gegenübersah, hat sie gesellschaftliche Gleichberechtigung gerade verweigert. Sie hat nie Juden, immer nur Ausnahmen des jüdischen Volkes – Ausnahmejuden – die Türen der Salons geöffnet. Juden, denen man das seltsame Kompliment machte, daß sie Ausnahmen seien, wußten sehr gut, daß sie ihre gesellschaftliche Stellung einer Zweideutigkeit verdankten, die von ihnen verlangte, Juden, aber nicht *wie* Juden zu sein, und dies ist der Grund, daß sie »zu gleicher Zeit Juden sein und Juden nicht sein wollten«.[3] Was die Gesellschaft verlangte, war, daß sie ebenso »gebildet« seien wie sie selbst und daß sie sich anders verhielten als »gewöhnliche Juden«, aber nun nicht, als seien sie eben gewöhnliche Sterbliche, sondern als seien sie etwas Ungewöhnliches, da sie ja doch immerhin Juden waren.

Es ist diese prinzipielle Zweideutigkeit, welche für das gesellschaftliche Verhalten der assimilierten Juden in Westeuropa ausschlaggebend wurde. Sie wollten und durften dem jüdischen Volke nicht mehr zugehören, aber sie wollten und mußten Juden bleiben – Ausnahmen des jüdischen Volkes. Sie wollten und konnten in der nichtjüdischen Gesellschaft eine Rolle spielen, aber sie wollten und konnten nicht in den nichtjüdischen Völkern untergehen; so wurden sie die Ausnahmen der nichtjüdischen Gesellschaft. Sie behaupteten, »ein Mensch auf der Straße und ein Jude zu Hause«[4] sein zu können, und sie fühlten sich als Ausnahmen von anderen Menschen, nämlich als Juden, auf der Straße, und als Ausnahmen von anderen Juden, nämlich als der Masse des eigenen Volkes prinzipiell überlegen, bei sich zu Hause.

Wichtig für die Einstellung von Juden wie Nichtjuden in der Sphäre der Gesellschaft war, daß die Emanzipation von ihren Verfechtern von vornherein als ein Erziehungsproblem hingestellt worden war. Selbst Humboldt hat schließlich geglaubt, daß Assimilation, wenn auch nicht Bedingung, so doch notwendige Folge der Emanzipation sei und daß Juden wie Nichtjuden für sie »erzogen« werden müssen.[5] Damit war aus der politischen Aufgabe ein gesellschaftliches Problem geworden, und es begann jene traurige Zeit, da immer nur die Feinde der Juden, nie ihre Freunde, begreifen wollten, daß die Judenfrage eine »Staatsfrage« war.[6] Zwar hatte man ursprünglich vorausgesetzt, daß die Avantgarde auf beiden Seiten aus besonders Erzogenen, Gebildeten, Vorurteilsfreien, Toleranten bestehen müsse, wobei ja bereits impliziert war, daß den besonders gebildeten Nichtjuden auch nur der Verkehr mit Ausnahmejuden der Bildung zugemutet werden konnte. Aber die Forderung, Vorurteile aufzugeben, wurde natürlich sehr schnell sehr einseitig, so daß Erziehung schließlich nur noch von Juden verlangt wurde. Will man sich von der Naivität der ersten Jahrzehnte, die nie wiederkehren sollte, einen Begriff machen, so erinnere man sich an das »Sendschreiben einiger jüdischer Hausväter«, in dem David Friedländer, ein jüngerer Zeitgenosse Mendelssohns, dem liberalen Probst Teller die Massentaufe der Juden unter der Bedingung anbot, daß die christliche Religion auf ihre »Vorteile«, nämlich ihre Dogmen, verzichte.[7] Und man ziehe andererseits Schleiermacher zu Rat, der über den Abstand, der den gebildeten Juden von seinem Volke trenne, so spricht, daß man annehmen möchte, jeder pommersche Bauer der Zeit sei auf der Höhe der Hegelschen Geschichtsphilosophie gestanden.[8]

Wichtiger jedoch als diese Diskussion über Erziehung und Bildung war, daß die Juden, wenn man sie auch ermahnte, sich nicht wie »gewöhnliche Juden« aufzuführen, nur akzeptiert wurden, weil sie Juden waren. Im achtzehnten Jahrhundert war dies noch nicht dem Reiz des Exotischen, sondern einem Humanismus geschuldet, der mit Herder in den Juden »neue Exemplare der Menschheit« begrüßte.[9] Für die Gesellschaft des »gelehrten Berlin« Mendelssohns wie für die des aufgeklärten Berlin von Lessing bis Humboldt und Schleiermacher wurden die Juden der Beweis dafür, daß alle Menschen Menschen sind. Daß sie mit Markus Herz oder mit Mendelssohn befreundet sein konnten, rettete in ihren Augen die Würde des Menschengeschlechts. Juden waren dafür besonders geeignet, gerade weil sie einem verachteten, unterdrückten Volke entstammten; so konnten sie die Menschheit desto reiner und exemplarischer repräsentieren. Der Umgang mit Juden bewies nicht nur Vorurteilslosigkeit, welche das achtzehnte Jahrhundert Toleranz nannte, sondern er bewies viel positiver die Möglichkeit der Vertrautheit mit dem ganzen Menschengeschlecht in allen seinen Gattungen. Herder, der ein ausgesprochener Freund der Juden war, gebrauchte als erster die später entstellte Wendung von dem »fremden, in unseren Erdteil verschlagenen asiatischen Volk«.[10] Man entfremdete sich jahrtausendalte Nachbarn, eines der Grundvölker des europäischen Geistes, mutwillig, weil je fremder der Ursprung, desto schlagender der Beweis der wesentlich sich immer gleichbleibenden Menschlichkeit war.

Für eine kurze, aber für die Geschichte der europäisierten Judenheit sehr wichtige Periode, als die Juden Frankreichs sich bereits der Emanzipation erfreuten und die Juden Deutschlands eine politische Verbesserung ihres Status weder wünschten noch in Aussicht hatten, gelang es der aufgeklärten Intelligenz Preußens, »die Blicke der Juden der ganzen Welt auf die Berliner jüdische Gemeinde« zu ziehen.[11] Damals mußte es scheinen, als ob in Preußen eine Art gesellschaftlicher Umwälzung die französische politische Emanzipation ersetzen könne. Dies war teilweise dem Eindruck geschuldet, den »Nathan der Weise« gemacht hatte, oder vielmehr dem gängigen Mißverständnis des Stückes, das annahm, daß Juden, weil sie Exempel der Menschheit geworden waren, auch individuell menschlicher sein müßten.[12] Von dieser Meinung war Mirabeau sehr beeinflußt, und er hat sie dann in Paris vor der Revolution machtvoll unter Berufung auf die Person Mendelssohns verkündet.[13] Wieder war es Herder, der als Sprecher dieser ganzen Richtung gelten kann, wenn er von dem gebildeten Juden ausdrücklich größere »Vorurteilslosigkeit« erhoffte, da »der Jude als solcher von manchen politischen Urteilen frei ist, die wir mit Mühe oder gar nicht ablegen«;[14] der vor allem mit ausdrücklichem Protest gegen die »Einräumung neuer merkantilistischer Vorteile« den deutschen Juden die Bildung als Ausweg aus dem Judentum vorschlug, die Ablehnung der »alten stolzen Nationalvorurteile«, durch die sie mehr als alle anderen »rein humanisiert« von großem Nutzen für den »Bau der Wissenschaften, die Gesamtkultur der Menschheit« werden würden.[15] Auch Goethe schrieb um ungefähr die gleiche Zeit, wie man Außerordentliches von Juden als Juden erwartete, denen »alles neu ist«, denen Dinge auffallen müßten, »die durch Gewohnheit auf euch ihre Wirkung verloren haben«, so daß sie »euch aus eurer wohlhergebrachten Gleichgültigkeit reißen, euch mit euern eigenen Reichtümern bekannt machen« würden; und wie man dann enttäuscht und verärgert war, wenn einer »nicht mehr leistete als ein christlicher *étudiant en belles lettres* auch ...«[16]

Für die Normalisierung der Juden war diese nur aus der ihnen fremden Geschichte der Aufklärung zu verstehende Einschätzung als Ausnahmejuden und Ausnahmemenschen außerordentlich verhängnisvoll. Der demoralisierenden Forderung, sich von dem eigenen Volke zu distanzieren, verband sich die nur verlogen zu realisierende Bedingung, anders und besser als alle anderen zu sein. Und da dies, und nicht die Taufe, eigentlich das Entreebillet zur Gesellschaft bildete, kamen die Juden, so gut sie konnten, beiden Forderungen nach.[17] In den ersten Jahrzehnten der Assimilation konnte es fast scheinen, als sollte die Gesellschaft sich in ihren Erwartungen nicht enttäuscht sehen. Was die ersten gebildeten Juden mit den Hofjuden gemeinsam hatten, war, daß sie wirklich niemandem als sich selber ihre Ausnahmestellung verdankten und daß jede ihrer ungewöhnlichen Karrieren noch auf dem soliden Grund ungewöhnlicher individueller Begabung aufgebaut war. Das »gelehrte Berlin«, in welchem Mendelssohn durch Verkehr und Briefwechsel mit nahezu allen berühmten Männern der Zeit in engeren Kontakt hatte treten können, war nur ein Anfang gewesen. Schließlich hatten gelehrte Juden seit dem Hofe Karls des Großen mit ihren christlichen Kollegen Verbindung gehabt. Neu und überraschend an Mendelssohn war, daß die Freundschaft mit ihm von der Umwelt sofort politisch ausgewertet wurde (wie von Dohm und Mirabeau) oder als Exempel der neuen Menschlichkeit hingestellt wurde (wie von Lessing und Herder). Mendelssohn selbst freilich nahm keinen Anteil an den politischen Kämpfen seiner Zeit und distanzierte sich sogar ausdrücklich von allen Bestrebungen für eine bürgerliche Verbesserung der Juden, als hätte er begriffen, daß seine persönliche Freiheit und Ausnahmestellung etwas damit zu tun hatte, daß er politisch und rechtlich zu »den geringsten Einwohnern« des friederizianischen Staates gehörte.[18]

In den jüdischen Salons vollends, in denen eine Generation später Mendelssohns Tochter, Dorothea Schlegel, Henriette Herz und Rahel Levin (Varnhagen) eine wirklich gemischte Geselligkeit versammelten, war, was an jüdisch-politischem Interesse noch etwa bei der älteren Generation vorhanden gewesen war, völlig erloschen. Sie sind bereits der Meinung, daß jede öffentliche Diskussion der Judenfrage, daß vor allem jede staatliche Maßnahme, welche zwangsweise die gebildeten jüdischen Individuen mit den »rückständigen« Juden zusammen befreien würde, ihre Situation nur verschlechtern könnte. Je näher solch eine Emanzipation nach dem Sieg Napoleons über Preußen und den einsetzenden preußischen Reformen rückte, desto größer wurde die Anzahl der Täuflinge. Es war, als wollte das gebildete Judentum Preußens seiner Emanzipation in die Taufe entfliehen.[19]

Der erste jüdische Berliner Salon bildete sich in dem Hause des Arztes und Philosophen Markus Herz anläßlich einer Reihe von privaten Vorlesungen, die der damals recht bekannte Schüler Kants in den achtziger Jahren in seinem Privathaus abhielt. Herz gehörte noch der älteren Generation an, und für ihn, wie für Mendelssohn, war Verkehr mit Nichtjuden kein gesellschaftliches Programm, sondern eine einfache Tatsache persönlichen Umganges und persönlicher Freundschaft mit gelehrten Männern. Um seine sehr viel jüngere Frau erst begann sich eine Art Salon zu entwickeln. Zwar blieb auch in dem Salon der Henriette Herz das Element der Freundschaft noch ausschlaggebend; immerhin versuchte sie bereits, die Freundschaften zu organisieren – in dem sogenannten »Tugendbund«, zu dem die Gebrüder Humboldt, die beiden Grafen Dohna und Schleiermacher gehörten. Das rein Gesellschaftliche, das Persönlich-Intime wurde unter ihren Händen zu einem Programm. Die Assimilation hatte begonnen.

Zehn Jahre später war von dem Tugendbund nichts mehr übrig. Die aufgeklärten Adligen, die romantischen Intellektuellen und die bürgerlichen Bohemiens, die sich in dem Herzschen Hause zusammengefunden hatten, siedelten gemeinsam in das berühmte »Dachstübchen« der Rahel Levin um, wo sie ihrer Mischung ein weiteres Element zufügen konnten: die Schauspieler. Im Gegensatz zu dem Salon der Henriette Herz etablierte sich das Dachstübchen der Rahel am Rande, ja außerhalb der Gesellschaft und ihrer Konventionen. Hatte Henriette durch Gelehrsamkeit geglänzt und war durch die »tugendhaften« Grafen Dohna gesellschaftsfähig geworden, so war Rahel stolz auf ihre »Ignoranz« und berühmt durch ihre originale Klugheit und gesellschaftliche Begabung; das Dachstübchen verdankte sein Renommee dem Prinzen Louis Ferdinand, dem man viel Gutes, aber nicht übertriebene

Rücksichtnahme auf »Tugend« nachsagen kann. Der Salon der Rahel, der nach ihrem eigenen Zeugnis 1806 in der preußischen Niederlage unterging »wie ein Schiff, den höchsten Lebensgenuß enthaltend«,[20] ist ein in der Geschichte von Assimilation und Ausnahmejuden absolut einzigartiges und einmaliges Gebilde gewesen. Was später mit mehr oder weniger Erfolg geheuchelt, mit mehr oder weniger Kosten an Demütigungen gespielt wurde, war hier wirklich, einmalig und in voller Unschuld verwirklicht worden: Hier galt wirklich jeder nur genau so viel, wie er darzustellen vermochte, hier ward jeder nach nichts anderem beurteilt als seiner Persönlichkeit – und weder nach seinem Stande (obwohl Louis Ferdinand ein Prinz aus dem Hause der Hohenzollern war und Rahels späterer Freund Alexander von der Marwitz aus einem der ältesten märkischen Adelsgeschlechter stammte) – noch nach seinem Gelde (obwohl Abraham Mendelssohn, der Sohn von Moses und Vater von Felix Mendelssohn-Bartholdy, ein reicher Bankier war) – noch nach seinem Erfolg im öffentlichen Leben (obwohl Friedrich Gentz damals schon ein bekannter politischer Schriftsteller war) – noch nach seiner literarischen Karriere (denn Friedrich Schlegel war trotz steigender Berühmtheit nie beliebt). Der Salon der Rahel war auch nicht, wie so viele spätere jüdische Salons, nur dem Anspruch nach gemischte Gesellschaft, de facto aber jüdisch mit ein paar nichtjüdischen Ausnahmen, er war aber auch nicht nichtjüdisch mit ein paar zugelassenen Ausnahmejuden. Er war naiv paritätisch und entsprach einer kurzen Blütezeit deutsch-jüdischer Geselligkeit, die mehr Mischehen aufzuweisen hatte als irgendeine spätere.

Das Bemerkenswerte an diesen Mischehen war, daß sie fast ausnahmslos zwischen jüdischen Mädchen und deutschen Adligen geschlossen wurden. Mit der einzigen Ausnahme von Dorothea Veit, die ihrem jüdischen Mann und Kaufmann mit Friedrich Schlegel davonlief, gab es kaum eine einzige bürgerliche Mischehe. Ein Jahrzehnt sah es so aus, als ob die preußischen Judenmädchen in kürzester Zeit von den Adligen einfach aufgeheiratet werden würden. Aber was den Jüdinnen jener Tage wie der Beginn einer neuen, eben »aufgeklärten« Zeit erschien, war in Wahrheit nur das Ende von jahrhundertealten ökonomischen Beziehungen zwischen jüdischen Geldverleihern und verschuldetem Feudaladel. Das Ende, denn die reicheren Juden hatten sich bereits aus dem Darlehensgeschäft mit adligen Privatpersonen zurückgezogen, und die mittleren und kleineren Existenzen waren gerade im Begriff, sich an den neuen ungeheuren Möglichkeiten der Indossierung staatlicher Anleihen so reichlich zu beteiligen, daß auch sie an privaten Anleihen sich desinteressierten. Das Bestreben, die Darlehen durch Mitgiften zu ersetzen, hat eine Zeitlang den wirtschaftlichen Untergrund der geistigen und gesellschaftlichen Vorurteilslosigkeit beim preußischen Adel gebildet. Es ist in diesem Zusammenhang nicht unwichtig, der Tatsache zu gedenken, daß die Rothschildsche Politik, alle Darlehen persönlicher Art abzulehnen und gegebenenfalls durch »Geschenke« zu ersetzen, bis in die Tage des Wiener Kongresses zurückreicht,[21] wenn auch ihr »Hausgesetz«, demzufolge Mädchen mit nichtjüdischen Adligen verheiratet werden, während die männliche Linie rein jüdisch zu bleiben hat, wesentlich jünger ist.

Die zahlreichen Heiraten zwischen Juden und Adligen waren in Preußen von sehr kurzer Dauer. In Österreich hingegen haben bekanntlich engste Beziehungen zwischen Adel und Judentum bis zum Ende der Habsburger Monarchie vorgehalten. Allgemein ist zu sagen, daß während des ganzen neunzehnten Jahrhunderts die außerordentliche Aversion des europäischen Adels gegen das Bürgertum und seine noch größere Angst vor der politischen Konkurrenz der immer mächtiger werdenden Klasse dem Judentum gewisse Chancen bot. Es war immer noch angenehmer und sicher ungefährlicher, sich mit dem Gelde eines jüdischen Bankiers zu helfen, als einen Schwiegervater aus der Großindustrie zu akzeptieren, der entweder selbst gerne ins Parlament wollte oder dessen

Söhne politische Karrieren einzuschlagen wünschten. Vor solchen inopportunen Ambitionen war man bei den Juden sicher.

Charakteristisch für das gesellschaftliche Idyll im Dachstübchen der Rahel war, daß solche sozialen oder ökonomischen Interessen noch sehr verhüllt waren, daß bei diesen Adligen eine sehr starke Sehnsucht nach individueller Emanzipation den Ausschlag gab, wie sie, nur viel stärker und nachhaltiger, den französischen Adel des *Ancien régime* ausgezeichnet hatte. Französische aufklärerische Ideen waren in die Köpfe der jungen Herren durch Vermittlung der verhungerten deutschen Intelligenz gedrungen, deren einziger Broterwerb lange Zeit die Hauslehrerstelle in fürstlichen Häusern war. Die eigentümliche Intimität aber, das unmittelbare Sich-Verstehen, die rein persönlichen Freundschaften, welche so unerwarteterweise die Söhne aus adligen Häusern mit den Töchtern des jüdischen Mittelstandes verbanden, hatten nur indirekt mit der Verbreitung der Aufklärung zu tun. Wesentlicher war, daß die persönlichen Probleme dieser gebildeten Juden mit den persönlichen Problemen der jungen, bildungshungrigen preußischen Aristokratie grundsätzlich identisch waren. Beide wollten eine individuelle – und nicht eine politische – Emanzipation, und beiden stand als größtes Hindernis der feste Familienverband entgegen, in welchem sie in erster Linie ein Glied der Familie und nur sekundär selbständige Personen waren. Individuelle Assimilation der Juden, individuelle Emanzipation der Adligen bedeutete, aus diesem Familienverband herauszutreten und eine von der Familie unabhängige Person werden.[22] Was diese Menschen miteinander verband, war das rein Persönliche; und die kurze gesellschaftliche Blütezeit in Preußen kam gerade dadurch zustande, daß weder die jüdischen Frauen noch die adligen Männer irgendwelche politischen Ziele hatten. Sie waren beschäftigt mit ihrer persönlichen Entwicklung, ihrer *éducation sentimentale,* ihrem Bildungsroman.

Während die jüdischen Salons des beginnenden neunzehnten Jahrhunderts nahezu ohne geschichtliche Konsequenzen blieben und höchstens die gesellschaftlichen Ambitionen des deutschen Judentums, nicht sein wirkliches gesellschaftliches Leben, beeinflußten, hatte der geistige Inhalt des Rahelschen Salons, der von ihr in Berlin gestartete Goethe-Kult ein außerordentlich zähes Leben, sowohl was die Berliner Juden als auch das Berliner Bürgertum anlangte. Die Ausnahmejuden der Bildung, deren Heimat immer Deutschland blieb, hätten alle von sich sagen können, daß sie sich als Deutsche von Goethes Gnaden fühlten. Der Goethesche Bildungsbegriff, wie er uns vor allem im Wilhelm Meister vorliegt (der ja bekanntlich auch seine Bildung den Schauspielern und den Adligen verdankt), wurde dasjenige gedankliche Element, an das diese Juden sich assimilierten. Denn in Wilhelm Meister war Bildung aufs deutlichste auch mit sozialem Aufstieg verbunden, und er zeigt in der Tat, »wie der Bürgersmann zum Edelmann wird«.[23] Durch Bildung wurden diese Juden »Persönlichkeiten«, und der Persönlichkeit standen dem damaligen Gesellschaftsideal folgend alle Tore weit offen. Durch Bildung – und nicht durch politische Mittel wie Emanzipation – wollten sie dem gedrückten Stande ihres Volkes entkommen.

Ihre Bildung gab ihnen ihr gutes Gewissen für den Hochmut gegenüber den »zurückgebliebenen Glaubensbrüdern«, den sie mit den Ausnahmejuden des Reichtums immer teilten, da die »zurückgebliebenen Glaubensbrüder« durch ein merkwürdiges Zusammentreffen von Umständen auch arm zu sein pflegten.

Der Bildungsenthusiasmus der ersten der Enge des Gettos entflohenen Juden hatte mit dem großen Enthusiasmus der Haskala[24] sehr viel mehr gemeinsam als mit dem Bildungsphilistertum späterer Jahrzehnte, das die Juden so unbeliebt gemacht hat wie die nichtjüdischen deutschen Bildungsphilister. Der wesentliche Unterschied zwischen Rahel und allen ihren Nachfolgern beiderlei Geschlechts war, daß sie noch wirklich eine »Persönlichkeit« war. Der »individuelle Ausweg«, der später zur Tradition und eben damit zum Bildungsphilistertum wurde, war bei ihr noch eine rein persönliche Entwicklung. Und wenn es die Ironie ihres Lebens war, daß sie mit genau den geistigen, gesellschaftlichen und psychologischen Mitteln, durch die sie versuchte, dem Judentum zu entkommen, eine jüdische Tradition gestiftet hat, so ist es doch die einmalige Rechtschaffenheit und große Ursprünglichkeit ihrer Person, die es ihr, als einziger unter ihren Altersgenossen, ermöglichte, schließlich als bewußte Jüdin zu sterben,[25] versöhnt mit ihrem Schicksal und getröstet in der Erkenntnis, daß Heines Rebellion gegen die Gesellschaft und das fröhlich-unbekümmerte Pariatum der »Traumweltherrscher« (Heine) ihr Andenken bewahren würden.

Das gesellschaftliche Judenparadies in Preußen – jene kurze Zeitspanne, da der alte Judenhaß wirklich abgetan und der moderne Antisemitismus noch nicht geboren war, da Antisemitismus wirklich, und nicht nur in den Köpfen der Juden, als eines gebildeten Menschen unwürdig galt – nahm in genau dem gleichen Jahre ein definitives Ende, in welchem das *Décret Infâme* Napoleons dem politischen Judenparadies in Frankreich ein vorübergehendes Ende bereitete. Das *Décret Infâme* entzog den elsässischen Juden die Gleichberechtigung und stellte so (wenn auch aus anderen Gründen: es handelte sich um den elsässischen Bauernwucher) die Ordnung wieder her, welche die reiche Judenschaft von Bordeaux und Avignon in den Jahren der Revolution vergeblich verlangt hatte, derzufolge es auf der einen Seite privilegierte Ausnahmejuden und auf der anderen Seite gewöhnliche Juden gab. In Preußen andererseits, das durch die Napoleonischen Kriege und die Abtrennung Posens seine judenreichsten Provinzen verloren hatte, konnte man von Staats wegen ruhig eine Emanzipation wagen, da sie ohnehin nur noch den dem Staate unmittelbar nützlichen und bereits generalprivilegierten Juden zugute kam, ohne die Masse der jüdischen Hausierer und Handwerker zu befreien. Gleich nach der Abtretung Posens, bereits im Jahre 1809, erließ Friedrich Wilhelm III. das sogenannte Preußische Städtegesetz, das den ehemaligen Schutzjuden Friedrichs II. die bürgerlichen, aber noch nicht die politischen Rechte zusprach. Drei Jahre später, unter dem Druck der liberalen Beamtenschaft und auf Veranlassung der Reformer, wurde dann das preußische Emanzipationsdekret erlassen. Als Preußen nach dem Wiener Kongreß Posen und damit den größten Teil seiner Juden zurückgewann, hob es sofort die Emanzipation wieder auf und ließ nur das Städtegesetz in Kraft, das denjenigen Juden, die dem Staate nützlich waren, die notwendigen bürgerlichen Rechte beließ. Die Tatsache, daß bis in die jüngste Zeit die Scheidung zwischen assimilierten Juden und dem »Ostjudentum« sich nicht nur geographisch nach ost- und westeuropäischen Ländern richtete, sondern in den mittel- und westeuropäischen Ländern selbst quer durch die einheimische Judenschaft verlief – den Posener Juden in Preußen entsprachen die galizischen in Österreich und die elsässischen in Frankreich –, geht vor allem auf diese früheren rechtlichen Unterscheidungen zurück, bei denen immer nur eine Minderheit emanzipiert wurde.

Der vorübergehende Wegfall der Posenschen Judenheit bedeutete für die preußischen Schutzjuden, die bisher nicht mehr als zwanzig Prozent von Preußens Gesamtjudenbestand ausgemacht hatten, daß die breite Kulisse armer und ungebildeter Juden wegfiel, von der sich diese Ausnahmejuden so vorteilhaft abgehoben hatten. Das Interesse, das der Staat den ihm verbleibenden Juden bezeigte, wies die Gesellschaft darauf hin, daß sie es nicht mit einzelnen Ausnahmen, sondern mit einem, wenn auch kleinen Kollektiv zu tun hatte, das den Interessen der absoluten Monarchie aufs engste verbunden war.[26] Gesellschaftliche Assimilation im Sinne der vollen Anerkennung durch die nichtjüdische Gesellschaft wurde ihnen nur so lange zuteil, wie sie allen sichtbar sich als Ausnahmen von der Masse der Juden abhoben. Kaum war diese dunkle Masse erst einmal auch nur für wenige Jahre verschwunden, wurden aus unseren »Ausnahmejuden« wieder ganz einfach Juden, nicht Ausnahmen, sondern eher Vertreter des verachteten Volkes. Nach der preußischen Niederlage verließ die Gesellschaft die jüdischen Salons mit einer Plötzlichkeit ohnegleichen. Im Jahre 1808 finden wir sie schon in den Häusern des Beamtenadels und des höheren Mittelstandes. Die Brentano und Arnim und Kleist, ja selbst die ältere Generation der Schlegel und Gentz, werden mehr oder minder antisemitisch, richten ihre Judenverachtung gegen die ihnen bekannten Berliner und nicht mehr gegen die ihnen unbekannten posenschen Juden. Seit der politischen Romantik haben die Gebildeten Deutschlands keine große Diskretion in der Judenfrage mehr gekannt. Ihr Takt wurde bald so schäbig, daß er einer Beleidigung zum Verwechseln ähnlich sah. Keine noch so große Masse von »Ostjuden« diesseits oder jenseits der deutschen Grenzen hat dem armen Häuflein assimilierter Juden mehr zu einem kollektiven Ausnahmebewußtsein verhelfen können. Von nun ab mußte jeder einzelne beweisen, daß er, obwohl Jude, doch kein – Jude war. Und mußte damit nicht nur Teile seiner »zurückgebliebenen Glaubensbrüder«, sondern das ganze Volk verraten wie sich selbst.

Der gesellschaftliche Umschwung zuungunsten der Juden wurde von den Zeitgenossen nur vereinzelt notiert und ist von Geschichtsschreibern kaum zur Kenntnis genommen worden. Das Edikt von 1812, die offensichtlich judenfreundliche Einstellung des Staates der preußischen Reformer, machte nachträglich alle antisemitischen Regungen der Gesellschaft vergessen. Staat und Gesellschaft waren jedoch damals keineswegs miteinander identisch, und die absolute Monarchie war auch dann noch absolut vom Volke getrennt, wenn sie so volksfreundliche Maßnahmen wie die preußische Bauernbefreiung durchführte. Hinter dem preußischen Staate, der die Judenemanzipation gewährte, stand überhaupt keine Klasse des Volkes, geschweige denn hinter seinen judenfreundlichen Maßnahmen. Daher blieb auch der nun aufkommende gesellschaftliche Antisemitismus vorerst politisch genauso wirkungslos, wie es der Philosemitismus der vergangenen Jahrzehnte gewesen war.

Der moderne gesellschaftliche Antisemitismus, seine Sprache und seine Argumente sind ebenso alt wie die Assimilation. In Grattenauers Schrift *Wider die Juden,* die 1802 erschien, steht eigentlich schon alles, was dann in einer ungeheuren Broschürenliteratur durch mehr als 100 Jahre weiter produziert wurde.[27] Sie war witzig geschrieben und nicht dazu bestimmt, auf die Regierung, wohl aber auf die Berliner Gesellschaft Eindruck zu machen – was ihr durchaus gelang. Nicht nur lasen die Gebildeten, die in jüdischen Salons aus- und eingingen, die recht vulgäre Satire mit ausgesprochenem Vergnügen; sie konnte sogar einen großen Dichter inspirieren. Denn Clemens von Brentanos »Der Philister vor, in und nach der Geschichte«, in dem Juden mit Philistern identifiziert werden, verdankt seinen Einfall Grattenauer.[28] Wesentlicher ist, daß in diesem gesellschaftlichen Antisemitismus zum erstenmal die Rede von *dem Juden* ist, nämlich »von keinem jüdischen Individuo, sondern vom Juden überhaupt, vom Juden überall und nirgends«. Diese und ähnliche Redewendungen von dem Juden als einem Prinzip kehren dann das ganze neunzehnte Jahrhundert lang stereotyp wieder. Sie zeigen, daß die Gesellschaft bereits spürt, was die Verfechter der Emanzipation stets ignorierten und wovor die Ausnahmejuden der Bildung sich nur vage fürchteten: daß nämlich die Emanzipation unter den gegebenen Bedingungen darauf hinauslaufen mußte, die ausnahmsweise als Prämien für bestimmte Leistungen an den Staat zugestandenen Privilegien zu generalisieren und so aus dem gesamten einheimischen Judentum eine Art Leistungskollektiv zu machen, das unter genereller Protektion der Regierung stehen und zum Zwecke bedingungsloser Unterstützung des Staatsapparates gebraucht werden würde. Damit war es freilich mit dem Juden als einem Individuum, das die Gesellschaft fast schon assimiliert hatte, vorbei. Jeder Jude ward von nun an als Glied eines Kollektivs angesehen, in welchem die Gesellschaft das Prinzip der staatlichen Herrschaftsmaschine erblickte, unter Umständen bekämpfte, nie wieder jedenfalls freien oder reinen Herzens akzeptierte. In ihrem Umgang mit Juden ist die Gesellschaft bestimmte Hintergedanken nie wieder losgeworden, den Hintergedanken, sich mit exotischen Fremdlingen die Zeit zu vertreiben, oder den, durch solchen Umgang eine Gesinnung zu beweisen.

Historisch gesehen ist die jüdische Assimilation bezeichnend für die jüdische Intelligenz. Der erste assimilierte Jude ist Moses Mendelssohn, und er ist auch der erste, der charakteristische Züge eines Intellektuellen trägt. Die Hofjuden und ihre Nachfolger, die jüdischen Bankiers und Geschäftsleute, waren innerhalb der bürgerlichen Gesellschaft niemals ganz gesellschaftsfähig und haben auch von sich aus kaum etwas dazu getan, die engen Grenzen ihres unsichtbaren Gettos zu überschreiten. Im Beginn waren sie wie alle noch unverdorbenen Parvenus stolz auf ihre Herkunft, wohl wissend, daß nur die dunkle Kulisse des Elends und des Mißgeschicks, ja der allgemeinen Verachtung, ihren Ruhm als Ausnahmen in der gebührenden Weise würde erstrahlen lassen. Später dann, als sie sich bereits unsicher fühlten, haben sie es sich angelegen sein lassen, diesen dunklen Hintergrund, soviel an ihnen lag, zu erhalten, weil die Armut des Volkes für sie bereits zu einem Argument im Kampf gegen antisemitische Angriffe geworden war. Es war bereits eher ihrem Einfluß als den Bestrebungen der preußischen Regierung geschuldet, daß während der ersten Jahrzehnte des neunzehnten Jahrhunderts arme Juden aus Posen nur ausnahmsweise die preußischen Bürgerrechte erhalten konnten. Nur langsam hat sich der jüdische Reichtum von jüdischen Bräuchen und religiösen Sitten entfernt, denn diesen Juden lag nichts ferner, als den anderen einzureden, sie seien gar keine Juden; je weiter sie sich aber von der jüdischen Religion doch entfernten (niemals ganz), desto orthodoxer wurden sie für das Volk.[29] Die »doppelte Abhängigkeit« der jüdischen Massen, die Abhängigkeit

»sowohl vom Staate als von ihren viel vermögenden Brüdern«[30] wurde verstärkt durch die Auflösung der jüdischen Gemeindeautonomien, deren Autorität durch die Herrschaft der Notabeln längst untergraben war.[31]

Die Hofjuden und die Notabeln, wie das neunzehnte Jahrhundert ihre Nachfolger nannte, standen außerhalb aller gesellschaftlichen Beziehungen. Von den Gettos und Judengassen waren sie geographisch und faktisch getrennt. Am Hofe waren sie von den Fürsten angesehen, aber von der Hofgesellschaft natürlich ignoriert und verachtet. Zu anderen Kreisen der Umwelt hatten sie noch nicht einmal geschäftliche, geschweige denn gesellschaftliche Beziehungen. Wie ihr ökonomischer Aufstieg oder Ruin ganz unabhängig blieb von den zeitgenössischen wirtschaftlichen Bedingungen, so ihr persönlicher Umgang von allen Gesetzen der Gesellschaft. Freundschaftsverhältnisse zwischen Fürsten und Hofjuden waren gerade im siebzehnten und achtzehnten Jahrhundert nicht selten, schufen aber gewiß keine gesellschaftliche Atmosphäre. Ihre gesellschaftliche Unabhängigkeit, die sich darin ausdrückte, daß sie keinerlei Rücksichten auf irgendeine der Klassen des Landes zu nehmen brauchten und ihre jüdischen Heimatgemeinden nach Art absoluter Herrscher von ferne regierten, verlieh ihnen den Schein politischer Macht und hat wohl sie selbst manchmal dazu verführt, sich für einen selbständigen politischen Faktor zu halten. So wird zu Beginn des achtzehnten Jahrhunderts von einem »gewissen Juden« berichtet, der, »als ein vornehmer und gelehrter Medicus ihm bescheidentlich vorhielt, daß sie so stolz seien, da sie weder Fürsten noch Regiment unter sich hätten, … freventlich zur Antwort gab: Sind wir keine Fürsten, so regieren wir sie doch«.[32] Dies Gefühl der Macht blieb intakt, solange nur eine sehr kleine Gruppe privilegierter Juden existierte, welche noch kein jüdischer Mittelstand, keine breitere Schicht von Wohlhabenden klassenmäßig von den Massen des jüdischen Volkes trennte. Innerhalb des Volkes herrschten sie zwar wie absolute Fürsten, fühlten sich aber noch als *primi inter pares.* Sie waren noch einzelne, zu großem Glanz aufgestiegene Individuen, sie bildeten weder eine Kaste noch eine Klasse des Volkes.

Der Kastenhochmut der Ausnahmejuden bildete sich nur langsam heran. Er ward lange in Schranken gehalten durch die furchtbare Einsamkeit, in der diese Menschen gelebt haben müssen. In den Hauptstädten, in welchen sie um der Nähe der Höfe willen leben mußten, gab es keine jüdischen Gemeinden, und von einem Verlassen des Judentums, einem Aufgehen in der Umwelt konnte damals natürlich noch weniger die Rede sein als später. Schließlich hing die berufliche Existenz eines Hofjuden ja daran, daß er ein Jude und kein Christ war, daß er als Jude über internationale Beziehungen verfügte, die zu jener Zeit kein christliches Bankhaus und kein christlicher Agent hätte mobilisieren können. So wurde bald die Erlaubnis, andere Juden als Bedienstete und Agenten heranzuziehen, die wichtigste Gunst, die ein Fürst seinem Juden gewähren konnte.

Es ist offenbar, daß die Hofjuden keinerlei gesellschaftlichen Ehrgeiz hatten, keinerlei Bedürfnis, mit Nichtjuden zu verkehren. Daher war aber auch die allgemeine Feindseligkeit der Bevölkerung für sie verhältnismäßig leicht zu ertragen. Diese Verhältnisse können wir am deutlichsten in den Reichsstädten beobachten, in welchen die Juden nicht, wie die anderen Bürger, von der Ratsversammlung, sondern direkt von Kaiser und Reich abhängig waren und daher völlig unbekümmert blieben um die ansteigende Feindschaft der ansässigen Bürgerschaft.[33] Diese Juden konnten noch so viel *commercium* mit ihren Fürsten haben, die Geschäfte brachten sie der fremden Umwelt nicht einen Schritt näher. Samson Wertheimer zum Beispiel, der in den ersten drei Jahrzehnten des achtzehnten Jahrhunderts dem österreichischen Staate mehr als 6 Millionen Gulden geliehen hatte, konnte fast als Vertrauter des Hofes gelten; er hatte Zutritt zu allen Diplomaten, zu allen hohen Adelspersonen seiner Zeit. Aber das war kein gesellschaftlicher

Verkehr, und er dachte gar nicht daran, von den Personen der Höfe als Gleichgestellter anerkannt werden zu wollen. Er »war stolzer auf die Würde eines ›privilegierten Rabbiners der gesamten Judenschaft‹ und auf den Namen eines ›Fürsten des heiligen Landes‹«.[34] Sein Stolz war es gerade, mit diesen Fürsten nur Geschäfte zu machen – wie man in Beziehung tritt zu den Oberhäuptern fremder Nationen. Bis zur Mitte des achtzehnten Jahrhunderts hätten die Hofjuden noch alle jenem holländischen Juden zugestimmt, von dem Schudt in seinen *Merkwürdigkeiten* berichtet: *»Neque in toto orbi alicui nationi inservimus.«* Und sie hätten damals so wenig wie später die Antwort des »gelehrten« Christen verstanden, der ihnen erwiderte: »Aber das ist nur einiger einzelner Personen Glückseligkeit. Das Volk aber, als ein Corpo (sic!) betrachtet, ist aller Orten verjagt, hat kein eigen Regiment, sondern ist unter fremder Gewalt, ohne Macht, ohne Ansehen, und als fremd zerstreut und irrend durch die ganze Welt.«[35] Langsam nur stellte es sich heraus, daß Reichtum und Privilegien sie von ihrem eigenen Volk fast ebenso weit entfernt hatten wie von der nichtjüdischen Umgebung, in der sie lebten. Diese innerjüdische Isolierung wiederum führte keineswegs zu einer Annäherung an die Umwelt, sondern vielmehr zu einer festeren Verknüpfung zwischen den weit voneinander entfernt lebenden Familien von Hofjuden. Den Geschäftsbeziehungen und der den Zeitgenossen so auffallenden internationalen Korrespondenz folgten bald die Heiraten zwischen den führenden Hofjudenfamilien, welche bis in die Einzelheiten den internationalen Heiraten der Aristokratie glichen. Dies konnte zu nichts anderem als einer ausgesprochenen Kastenbildung führen, von der die jüdische Gesellschaft bis dahin so bemerkenswert frei geblieben war. Diese Kastenbildung war der nichtjüdischen Umwelt um so auffallender, als sie sich in einer Zeit vollzog, in der die europäischen Kastenformationen in neu entstehenden Klassen auf- und untergingen. Von solchen Klassen wiederum war innerhalb des jüdischen Volkes nichts zu spüren;

sie waren keine Bauern, und sie nahmen an der kapitalistischen Entwicklung weder als Unternehmer noch als Arbeiter teil. Man begann daher im neunzehnten Jahrhundert, als dieser Prozeß der Klassenbildung in der nichtjüdischen und der Kastenbildung in der jüdischen Welt annähernd vollendet war, das jüdische Volk überhaupt als eine Kaste zu definieren – woran nur soviel richtig war, daß die ehemaligen Hofjuden sich in der Tat innerhalb des jüdischen Volkes als Kaste organisiert hatten.[36]

So entscheidend die Rolle der Hofjuden für die politische Geschichte und für das Entstehen des politischen Antisemitismus ist, so wenig Einfluß haben sie auf die gesellschaftliche Geschichte des Judentums im letzten Jahrhundert gehabt. Die jüdischen Notabeln wollten die Herrschaft im jüdischen Volk und hatten infolgedessen nie den Wunsch, nicht Juden zu sein, während die jüdischen Intellektuellen von vornherein aus dem Judentum weg und in die nichtjüdische Gesellschaft hinein strebten. Dennoch hatten sie eins gemeinsam: beide Typen des modernen westeuropäischen Judentums fühlten sich als Ausnahmen, und dies Gefühl konnte ihnen von ihrer Umwelt nur bestätigt werden. Wie für die Fürsten ihr Hofjude mehr wert war, weil er sich als so nützlich erwiesen hatte, daß er von den Bestimmungen gegen die Juden befreit werden mußte, so wurden die gebildeten Juden von der Gesellschaft mit der ausdrücklichen Versicherung zugelassen, daß sie eigentlich keine Juden mehr seien. »Wer denkt bei Spinozas, Mendelssohns, Herz' philosophischen Schriften daran, daß sie von Juden geschrieben wurden?«[37] In Wahrheit dachte natürlich jeder daran, da ja ein guter Teil des Interesses an diesen Schriften darin bestand, daß Juden nicht mehr wie Juden waren.

Im Gegensatz zu den Ausnahmejuden des Reichtums, die notwendigerweise Juden blieben und die politische Repräsentanz der Gemeinden im neunzehnten Jahrhundert monopolisiert hatten, sind die Ausnahmejuden der Bildung der ersten und zweiten Generation fast alle den Weg der Taufe gegangen. Doch darum hörten sie weder in ihrem eigenen Bewußtsein noch im Urteil der Umwelt auf, Juden zu sein. »Die einen werfen mir vor, daß ich ein Jude bin, die anderen verzeihen mir es, der dritte lobt mich gar dafür, aber alle denken daran«, schrieb Börne viele Jahre nach Taufe und Namensänderung.[38] Heines berühmtes Wort von der Taufe als dem »Entreebillet zur europäischen Kultur« trifft nicht eigentlich die Motive dieser Generation, die gerade dafür der Taufe nicht bedurften. In der Tat blieb der jüdischen Intelligenz, wenn sie beruflich der traditionellen jüdischen Lebensweise entfliehen wollte, keine andere Wahl. Heines weniger bekanntes Eingeständnis, daß er sich nie hätte taufen lassen, wenn »das Gesetz das Stehlen silberner Löffel erlaubte«, kommt der Wahrheit sehr viel näher. Ebenso zwangsläufig, wie jüdische Geschäftsleute aller Art im Judentum bleiben mußten, um Geschäfte machen zu können, ebenso zwangsläufig mußten jüdische Intellektuelle das Judentum wenigstens anscheinend verlassen, wenn sie nicht verhungern wollten.[39] Die erzwungene Taufe stellte die jüdische Intelligenz in einen erbitterten Gegensatz zu einem Stand der Dinge, der auf Charakterlosigkeit Prämien setzte und die einfachste Menschenwürde mit dem Hungertode bestrafte. In der ersten Generation wurden die »neuen Exemplare der Menschheit« samt und sonders Rebellen. Da der jüdische Reichtum, für dessen materielle Interessen aufs großzügigste von dem gleichen Staat vorgesorgt worden war, durch den sie sich nur erniedrigt und beleidigt fühlen konnten, konsequenterweise die reaktionären Regierungen unterstützte und finanzierte, wurde diese Rebellion auch auf den jüdischen Schauplatz getragen. Die antijüdischen Äußerungen von Marx und Börne kann man nur verstehen als Ausdruck dieses innerjüdischen Konflikts, und man mißversteht sie ganz und gar, wenn man in ihnen einen jüdischen »Selbsthaß« zu entdecken meint.

Der Gegensatz zwischen jüdischem Reichtum und jüdischer Bildung war nur in Deutschland voll sichtbar. In Österreich, wo eine jüdische Intelligenz erst gegen Ende des neunzehnten Jahrhunderts entstand und darum den Druck des Antisemitismus sofort in voller Stärke zu spüren bekam, flüchtete sich die jüdische Bildung, bevor sie nach dem Weltkrieg sozialdemokratisch wurde, in den Schutz der habsburgischen Monarchie – mit der großen Ausnahme Karl Kraus', des letzten Vertreters einer Tradition, die Heine und Börne gestiftet hatten. Kraus' Anklagen der jüdischen Geschäfts- und Journalistenwelt waren bitterer und genauer als die seiner Vorgänger, vielleicht gerade, weil er so sehr viel isolierter in Österreich war, als er es in Deutschland gewesen wäre. Frankreich, wo das Emanzipationsdekret alle Schwankungen der Regierungen schließlich überlebte und wo das *Décret infâme* nicht die jüdische Intelligenz betraf, hat wohl einzelne jüdische Intellektuelle, aber nicht eine jüdische Intelligenz als eine neue, gesellschaftlich anerkannte Schicht gekannt. Ähnliches gilt für England. In all diesen Ländern nämlich hat es nie jene kurze, aber für die Geschichte der deutschen Juden entscheidende Periode gegeben, in welcher die Gesellschaft, und zwar gerade in ihrer Elite, Juden nicht nur nolens-volens akzeptierte, sondern sie sich in einem merkwürdigen Enthusiasmus sofort assimilieren, einverleiben wollte. Das bekannte Wort Bismarcks von der Paarung »germanischer Hengste mit jüdischen Stuten« ist nur der letzte und schon vulgäre Ausdruck für diese Aufnahmebereitschaft.

Es scheint eigentlich selbstverständlich, daß die außergewöhnlichen Bedingungen, welche die Gesellschaft für die Ausnahmejuden der Bildung geschaffen hatte, sehr bald keine Rebellen mehr, dafür aber eine Tradition der Anpassung an eben diese Bedingungen erzeugen sollte. Man gewöhnte sich daran, daß man einerseits sich hüten mußte, als gewöhnlicher Jude zu erscheinen, und andererseits doch wußte, daß es für einen Juden leichter war, gerade in die höhere Gesellschaft Eintritt zu erhalten, als für einen Nichtjuden gleicher bürgerlicher Umstände. Wollten die Juden aus der gesellschaftlichen Pariastellung heraus, so mußten sie in der Tat »zu gleicher Zeit Juden sein und Juden nicht sein wollen«. Dieses Bemühen, Juden zu bleiben und sich doch vom »Juden überhaupt« zu unterscheiden, hat dem assimilierten Judentum seinen Stempel aufgedrückt und das hervorgebracht, was man einen jüdischen Typus nennen könnte, eine Menschenart mit bestimmten, festgelegten psychologischen Problemen und gesellschaftlichem Benehmen. Juden hörten für ihre Umwelt wie für ihr eigenes Bewußtsein auf, Menschen einer bestimmten Herkunft, einer bestimmten Religion zu sein, und wurden statt dessen Menschen mit bestimmten Eigenschaften, die man jüdisch nannte. Judentum wurde zur Jüdischkeit, einer psychologischen Qualität, die Judenfrage zu einem individuellen Problem. Dieser jüdische Typus hatte gleich wenig mit dem von den Antisemiten erfundenen »Juden überhaupt« wie dem von der jüdischen Apologetik propagierten »jüdischen Menschen« zu tun. Wenn auch richtig ist, daß man dem »jüdischen Menschen« Eigenschaften zuschrieb, die Juden oft wirklich besaßen, weil sie das Privileg des Paria sind – Menschlichkeit, Güte, Vorurteilslosigkeit. Wie es richtig ist, daß der »Jude überhaupt« in seiner Frechheit, Kriecherei und Vulgarität oft wirklichen Juden glich, weil diese Eigenschaften von jedem Parvenu erworben werden müssen, der es zu etwas bringen will. Solange es diffamierte Völker oder Klassen gibt, werden diese Eigenschaften mit einer Monotonie ohnegleichen in jeder Generation ganz von selbst wieder produziert.

Die individuelle Problematik jüdischer Menschen lag darin, daß sich der einzelne in jeder Generation gleichsam neu zu entscheiden hatte, ob er ein Paria außerhalb der Gesellschaft bleiben oder ein Parvenu werden und Zutritt zu einer Gesellschaft erlangen wollte, wo man – in der unübertrefflichen Formulierung von Karl Kraus – »nur unter der Bedingung geduldet wird, daß man entweder seine jüdische Abstammung verschweigt oder mit dem Geheimnis der Herkunft auch deren Geheimnis verrät«.[40] Und dieser Weg war schwer genug, schon weil das erwartete Geheimnis nicht existierte und durch Geheimnistuerei ersetzt werden mußte. Seit Rahels einzigartiger Versuch, eine Geselligkeit außerhalb der Gesellschaft zu etablieren, gescheitert war, konnten die Wege des Parias und des Parvenus nur in die Vereinsamung führen, die noch dazu vom Bedauern, es nicht anders gemacht zu haben, verbittert wurde. Das Bedauern der Parias, es nicht zum Parvenu gebracht, und das schlechte Gewissen des Parvenu, das Volk verraten, seine Herkunft verleugnet und die Gerechtigkeit für alle gegen individuelle Vorrechte eingetauscht zu haben, bildeten seit Mitte des vorigen Jahrhunderts den Grundstock der sogenannten komplizierten seelischen Verfassung durchschnittlicher Juden. Die einfache Tatsache, daß man als Jude immer entweder zu einer unterprivilegierten Masse oder zu einer überprivilegierten Oberschicht gehörte und daß als Ausweg aus diesem Dilemma nur der sehr fragwürdige Weg aus dem Judentum blieb, hat das Charakterbild von Generationen bestimmt. Hinzu kam, daß sich in einem und dem gleichen Menschenleben Überprivilegierung und Unterprivilegierung auf das kurioseste vermischen konnten. So hätte zum Beispiel Salomon Maimon, jener Schüler Kants, der in einem polnisch-jüdischen Städtchen in bitterster Armut geboren wurde, um in einem preußischen Grafenschloß ohne einen Pfennig in der Tasche zu sterben, seine Abenteuer- und Gelehrtenkarriere nie auch nur antreten können, wenn er nicht ein Jude gewesen wäre, dem Juden halfen; aber hätte es sein polnischer Landsmann überhaupt erst einmal zu einem wohlbekannten Kommentator Kants gebracht, so wäre er – zwar nicht in einem Grafenschloß – aber wahrscheinlich als wohlbestallter Professor unter Hinterlassung eines kleinen Vermögens in bürgerlichem Anstand gestorben. Nun, Salomon Maimon wußte, daß er ein Paria war, und Heinrich Heine wäre nie aus der Reihe der mittleren Talente, welche das deutsche Judentum damals wie später zu Dutzenden produzierte, herausgetreten, um fast ein Dichter und sicherlich einer der großen deutschen Schriftsteller zu werden, wenn er nicht von

Anbeginn an dem »Zufall seiner Geburt« festgehalten hätte. Während die von ihm und Börne so bitter verhöhnten »Geldjuden« sich in die hohe und höchste Politik mischten, obwohl sie sich heimlich als Juden dazu nicht berechtigt fühlten, sagten die großen Rebellen des neunzehnten Jahrhunderts ihr Wort zu allen Angelegenheiten ihrer Zeit, weil sie Juden waren, weil sie die große Legitimation der Unterdrückung vorweisen konnten.

Das Schicksal des durchschnittlichen Juden aber war es, sich nicht entscheiden zu können, von der Gesellschaft auch nicht eindeutig zu einer Entscheidung gezwungen zu werden. Die Masse der assimilierten Juden lebte im Zwielicht von Gunst und Ungunst und ahnte nur, daß beides, Erfolg wie Scheitern, unlöslich mit der Tatsache ihres Judeseins verknüpft war. Für sie hatte die Judenfrage jede politische Bedeutung verloren, spukte dafür aber um so kräftiger in ihrem privaten Leben, bestimmte dafür um so tyrannischer alle ihre persönlichen Entscheidungen. Es war gar nicht so einfach, sich so zu benehmen, daß man dem Bild, das die Gesellschaft vom »Juden überhaupt« hatte, nicht entsprach, und dennoch ein Jude zu bleiben. Der durchschnittliche Jude, der weder eindeutig ein Parvenu noch eindeutig ein Rebell wurde, konnte nur leeres Anderssein betonen, das dann später als angeborene Fremdheit in unzähligen psychologischen Variationen interpretiert wurde. Das Hauptinventarstück dieser unseligen Selbstanalysen wurde die durch die Mentalität des gesamten assimilierten Judentums spukende Vorstellung von dem »unkomplizierten naiven Nichtjuden«, von dem man sich ebenso unterschied wie von dem »rückständigen Ostjuden«, von dem einen bekanntlich auch Welten trennten.

Die Fremdheit der jüdischen Individuen, auf die sie so stolz waren, war nur die ins individuell Psychologische gespiegelte Judenfrage. Es ist schwer, auszumachen, wem diese psychologische Spiegelung mehr geschadet hat – einer vernünftigen Diskussion und Lösung des politischen Problems oder den jüdischen Individuen selbst. Ein politischer Konflikt kann nur entstellt werden, wenn er als seelischer gelöst wird; und die Seelen von Menschen werden sehr merkwürdige Gebilde, wenn Politik zum Erlebnis und öffentliche Wirklichkeit zu privatem Gefühl werden. Aber in einer einigermaßen befriedeten Welt hat man lange mit dieser Haltung gute Erfahrungen gemacht. Denn so schädlich solche Individualisierungen und Sentimentalisierungen für die Politik sind, wo sie die Leidenschaft ersticken, so fruchtbar können sie sich in der Gesellschaft auswirken, in der man seit eh und je diejenigen schätzte, die Gefühle direkt darstellen können – die Schauspieler und die Virtuosen. Die gesellschaftlichen Talente der Juden, die halb mit ihrer Jüdischkeit prahlten und sich halb ihrer schämten, gehörten offenbar in diese Kategorie.

Je mehr sich die bürgerliche Gesellschaft im neunzehnten Jahrhundert von ihren revolutionären Ursprüngen entfernte und sich entpolitisierte, desto bedrohlicher stieg das Gespenst der Langeweile in ihr auf. Kein Zweifel, daß die Juden in den langen Jahrzehnten, die zwischen der Errichtung des zweiten Kaiserreichs in Frankreich und dem Ausbruch des Ersten Weltkrieges lagen, geholfen haben, der europäischen bürgerlichen Gesellschaft die Langeweile zu vertreiben. Und je weniger man sie für seinesgleichen hielt, desto anziehender und amüsanter wurden sie natürlich. Unterhaltungssüchtig und leidenschaftlich interessiert an allem spezifisch Individuellen, Merkwürdigen, von der Norm Abweichenden, begab sich die bürgerliche Gesellschaft auf die Suche nach allem, was außerhalb ihrer eigenen Reichweite lag und was sie daher für mysteriös, geheimnisvoll, lasterhaft und exotisch hielt. Die exotischen Fremdlinge, zu denen man nicht über die halbe Welt nach der Südsee zu segeln brauchte, wurden die Juden. Ihr Judentum, nachdem es erst zu einer psychologischen Eigenschaft, zur Jüdischkeit degradiert war, konnte man leicht zu einer Lasterhaftigkeit sich uminterpretieren. Wenn dieser sogenannten liberalen Gesellschaft – liberal genug, selbst Juden zu akzeptieren, oder Homosexuelle wie in Frankreich, oder Schauspieler – auch nichts ferner lag als die echte Toleranz der Aufklärung, so liebte sie doch nichts so sehr wie das Exotische, das Anormale, das schlechthin andere.

Doch bevor wir die berühmten und berüchtigten Fremdlinge auf ihrem Gange durch die Pariser Salons der *fin-de-siècle*-Gesellschaft verfolgen, tun wir besser daran, eines Mannes zu gedenken, der mehr als irgendein anderer es verdient hat, symbolisch zu werden für die Geschichte der Ausnahmejuden. Es will fast erscheinen, als sei es jeder Mediokrität beschieden, in irgendeinem Individuum zu irgendeinem Zeitpunkt das zu erreichen, was man »historische Größe« nennt. Die historische Größe der Ausnahmejuden war Lord Beaconsfield und hieß Benjamin Disraeli.

Die Karriere Benjamin Disraelis

Die Alten waren der Meinung, daß das Glück eine Göttin sei. Und selbst uns, die wir Glück und Unglück, die großen Mächte des menschlichen Lebens, zum Zufall banalisiert haben, greift es noch ans Herz, wenn einer wirklich im Glücksschlitten die Bahn hinauffährt, die er sonst mühsam mit gebogenem Rücken hätte erkriechen müssen. Solch ein Glückskind, das nie das Märchenreich seiner ein wenig ordinären Phantasie zu verlassen brauchte, solch ein Märchenprinz, der wirklich eine Königin fand und ihr die blaue Blume der Romantik zu überreichen glaubte, ja hoffte, seine Prinzessin auf dem Wunderteppich des Märchenlandes aus dem neblig prosaischen London nach dem geheimnisvoll asiatischen Delhi zu entführen, der nie einzusehen brauchte, daß seine blaue Blume sich bereits in seinen Händen in eine gewöhnliche Primel verwandelt hatte, die das Symbol des sehr handfesten imperialistischen Englands wurde, und daß sein Märchenland ein profitables Kolonialunternehmen war – solch ein Glückspilz war Benjamin Disraeli. Wenn eine Frau ihrem Manne schreibt, wie

Lady Beaconsfield an ihren geliebten Lord: »*You know you married me for money, and I know that if you had to do it again you would do it for love*«,[41] so steht man gerührt und versöhnt. Hier ist ein Mensch, der entgegen alle Vernunft und alle Regel glücklich ist, der sich Geld auf Kosten der Liebe besorgen wollte und dem die Götter aus ihrem Überfluß beides gaben: Geld und Liebe.

Disraelis Glück beruhte auf seinem erstaunlich guten Gewissen. Kein Zweifel, daß er an nichts so interessiert war wie an der Karriere von Lord Beaconsfield, aber diese Karriere, die größte, die ein Jude je gemacht hat, verstieß gegen die Hauptregel des gesamten Ausnahmejudentums, die verlangte, daß man öffentlich so wenig Gebrauch wie möglich von seiner Abstammung machte. Disraeli hatte den genialen Einfall, seine Karriere gerade darauf aufzubauen, sich überall öffentlich als Jude zu deklarieren und laut auszuposaunen, was andere als kostbares Geheimnis hüteten oder als Makel scheu verbargen. Er verstand, sein Anderssein für seine Karriere auszunutzen, es zu unterstreichen dadurch, daß »er sich anders kleidete, sein Haar seltsam scheitelte, merkwürdige Manieriertheiten in Ausdruck und Benehmen annahm«.[42] Unter den jüdischen Intellektuellen hat es wohl keinen gegeben, der so schamlos wünschte, ein Parvenu zu werden, aber er ist der einzige, dem es gelang, auf diesem Wege den Scharm des »Traumweltherrschers« zu bewahren, und jenes natürliche Glück, jene unbekümmerte Fröhlichkeit, die sonst nur diejenigen kennen, welche in der Gesellschaft Parias sind. Er hat sich nie gebückt, um höher zu steigen.

Disraeli hatte das Glück, in England geboren worden zu sein, weil England, in welches Juden nach vielen Jahrhunderten der Verbannung erst im achtzehnten Jahrhundert wieder Eingang fanden, weder Hofjuden noch jüdische Massen, weder Ausnahmejuden noch gewöhnliche Juden hatte und somit die europäische Judenfrage gar nicht kannte. Die wenigen, meist portugiesischen Juden, die sich in England angesiedelt hatten, waren vermögend und gebildet. Erst die achtziger Jahre des vorigen Jahrhunderts, die mit den russischen Pogromen die neuesten Wanderungen des jüdischen Volkes einleiteten, haben jüdische Armut auch nach London geschleppt. Politische Bedeutung erlangten die englischen Juden, als zu Beginn des neunzehnten Jahrhunderts einer der Söhne von Mayer Amschel Rothschild aus Frankfurt nach London zog und die englische Regierung aufs wirksamste in ihrem Kampf gegen Napoleon unterstützte. Während aber die kontinentalen Juden wußten, was sie taten, wenn sie gegen die Armeen Krieg führten, die allen Juden, reich und arm, die Menschenrechte brachten, so kann man ein gleiches schwerlich von den englischen sagen. An ihnen war die Französische Revolution so spurlos vorübergegangen wie an England selbst. Wenn Disraeli meinte, daß man »die verderbliche Lehre der Moderne, die natürliche Gleichheit der Menschen«[43] ausrotten müsse, so folgte er nur dem großen Burke, der schon zur Zeit der Französischen Revolution erklärt hatte, daß er jedenfalls seine Rechte als Engländer und nicht als Mensch zu fordern gedenke. Disraeli forderte unverblümt die Emanzipation der Juden, weil sie offenbar viel besser seien als andere Völker (hatten sie nicht mehr als alle anderen zum Sturze Napoleons beigetragen?) und daher, ihrem faktischen Einfluß entsprechend, vor allen »geehrt und bevorzugt« werden müßten.[44] Kurz, Disraeli ist der einzige Ausnahmejude, der es gewagt hat, offen seine jüdisch-politische Meinung zu sagen. Was wir sonst mühsam aus typischen Verhaltungsweisen und verhüllten Andeutungen erschließen müssen, können wir bei ihm schwarz auf weiß lesen. Dies heißt natürlich nicht, daß dieser getaufte Jude je ermächtigt worden wäre, für die jüdische Gemeinschaft oder irgendeine jüdische Gemeinde zu sprechen; aber es heißt, daß er der einzige Jude dieser Art und dieses Jahrhunderts war, der wenigstens den Versuch machte, die Juden politisch zu vertreten und als Jude politisch zu handeln.

Disraeli, der sich selbst für den »auserwählten Mann einer auserwählten Rasse« hielt,[45] kam charakteristischerweise aus einer völlig assimilierten Familie. Sein Vater, ein gebildeter, ehrlicher und etwas beschränkter Schriftsteller, hatte den Jungen taufen lassen, weil er in der jüdischen Religion nichts mehr sehen konnte als ein unnötiges Hindernis für sein Fortkommen. Diese Überlegungen schon zeigen, daß er nicht zu der Schicht der reichen Juden gehörte und daß er für den Sohn auch eine Schriftstellerkarriere wünschte. Wie sehr die Sache eine Formalität war, ein Zugeständnis an die Vorurteile der Umwelt, sieht man schon daran, daß der Name nicht geändert und erst später das Apostroph (aus d'Israeli wurde Disraeli) weggelassen wurde. Im Elternhaus hat Disraeli auch kaum Juden kennengelernt; wenn er in seiner Jugend überhaupt in nähere Beziehung zu ihnen trat, so nur, weil er sich bei jüdischen Bankiers Geld zu borgen pflegte.[46] Von Hause aus brachte er also nur jenes für alle assimilierten, der jüdischen Religion und dem jüdischen Volk entfremdeten Juden so charakteristische Bewußtsein des Andersseins, der Fremdheit mit. Diese Leere hat er dann allerdings – im Unterschied zu den anderen – höchst phantasievoll auszufüllen verstanden. Dies wiederum konnte er, gerade weil er, wieder im Unterschied zu anderen assimilierten Juden, in keinem jüdischen Milieu mehr aufwuchs und daher die Tatsache seines Judeseins mit ihren großen verborgenen Möglichkeiten mit der gleichen Unbefangenheit von spezifisch jüdischen Urteilen und Vorurteilen betrachten und in Rechnung stellen konnte wie ein Nichtjude. Nur wenn man, wie sein Vater es gewollt hatte, ein normaler Bürger mit normalen Chancen zu sein wünschte, war das Judesein ein Hindernis; nicht aber, wenn man sich gleich zu Beginn vorgenommen hatte, »sich vor allen Zeitgenossen auszuzeichnen«.[47] Dann gerade war es eine Auszeichnung mehr, die schon im Physischen begann; und so begann er »seine olivfarbene Haut und seine kohlschwarzen Augen« zu benutzen, um sich so zu stilisieren, daß er »anders aussah als irgendein anderer lebender Mensch«.[48]

In seinem Ehrgeiz und in seinem Bestreben, adlig zu werden, unterschied sich Disraeli von seinen bürgerlichen Zeitgenossen in England herzlich wenig. Er verstand nur, daß er für die Erreichung seines Zieles als Jude mehr, und nicht weniger Chancen hatte, denn dem adligen Standeshochmut konnte er seinen Rassenhochmut entgegensetzen, der nur allzu gut verstanden und akzeptiert wurde. Weder in Deutschland noch in England hat die bürgerliche Intelligenz oder der höhere Mittelstand sich je mit ihrem Status zufriedengeben können; in beiden Ländern hat der Adel, selbst wenn er politisch nicht mehr allein regierte, die gesellschaftlichen Wertmaßstäbe absolut bestimmt. Um sich dem Adel ebenbürtig zu fühlen, erfand zum Beispiel das unglückliche deutsche Bürgertum die »angeborene Persönlichkeit«, hinter deren Maske es lange Zeit seine sozialen Minderwertigkeitsgefühle verbarg. Die bürgerlichen Versuche, sich gegen den adligen Standeshochmut zu behaupten, scheiterten – bis zum Siege der Rassenkonzeption – alle daran, daß sie nur auf Individuen zugeschnitten waren und daß ihnen das wichtigste Element des adligen Dünkels, das ohne eigenes Verdienst und ohne eigene Arbeit Bevorzugtsein, fehlte. Die deutsche »angeborene Persönlichkeit« konnte ihre Herkunft aus dem Goetheschen Bildungsideal, das immerhin erhebliche Anstrengungen von der »Persönlichkeit« forderte, nur schlecht verleugnen. Dies Element gerade brachten die Juden mit, wie Disraeli in frühester Jugend entdeckte. Und der Adel, der sich im Niedergang gegen das aufstrebende Bürgertum bereits mit der Legende vom »blauen Blut« schützte, verstand die Sprache dieses Parvenus, der »dem Kastenstolz den Rassenstolz entgegensetzte«,[49] besser als die Sprache der angeborenen Persönlichkeit oder der Carlyleschen Heroen oder des romantischen Genies. Von all den Juden, die es ablehnten, gewöhnliche geachtete Bürger zu werden (was ihnen ja auch nie und nirgends gelang), die statt dessen – in Preußen – »ihre Kinder wie Junker erzogen« (Gutzkow) oder – wie in Österreich – sich adlige Titel kauften, ist Disraeli zweifellos der Begabteste gewesen. Er wußte, daß, was immer man von den Juden sonst sagen mochte, eines feststand, nämlich, daß sie ihre gesellschaftliche Stellung gleich dem Adel nur dem Faktum der Geburt schuldeten und daß also der bürgerliche Moralitäts- und Leistungsbegriff auf sie nie zutraf. Er ist von dem einmal eingeschlagenen Wege, alles nur durch Originalität, durch Andersartigkeit, ja, durch offenes Brüskieren herrschender Sitten zu erreichen, nie auch nur einen Finger breit abgewichen. Und das war im viktorianischen England der *respectability* gar nicht leicht und gar nicht ungefährlich.

Diesem Verhalten lag eine Einsicht in das Wesen der Gesellschaft zugrunde, die vielleicht die tiefste war, die wir aus der zweiten Hälfte des Jahrhunderts kennen. Disraeli selbst hat sie in die folgende Formel gebracht: *»What is a crime among the multitude is only a vice among the few«,*[50] was der Masse als ein Verbrechen gilt, verwandelt die Gesellschaft in ein Laster. Aus dieser Einsicht verstand er, daß der Juden Chancen nirgends besser waren als dort, wo man gegen sie voreingenommen war. Denn gerade da, wo die Gesellschaft mit der Masse das Judesein für eine Art Verbrechen hielt, war sie geneigt, es gesellschaftlich in ein anziehendes Laster zu transformieren. Disraeli hat aus seiner Erkenntnis alle Konsequenzen gezogen, nicht nur die physische Fremdartigkeit unterstrichen, sondern selbst ein ganz unbegründetes Gerede über die geheime Lasterhaftigkeit seiner Jugend in die Welt gesetzt; in Wahrheit hat er nie eine andere Leidenschaft als den Ehrgeiz gekannt. Aber dieser Ehrgeiz war eben nicht nur politischer Art und konnte daher durch politische Erfolge nie wirklich gestillt werden. Es war erheblich schwerer, in der Londoner Gesellschaft empfangen und Mitglied von *»Grillions dining club«* zu werden, als einen Sitz im Parlament zu erlangen. Dem Traum Disraelis von einem »ununterbrochenen Triumphzug von der Wiege bis zum Grabe« (Maurois) entsprach das, was die Gesellschaft an Erfolg zu geben vermochte, nur in sehr kümmerlichem Maße. Dafür war aber der Platz, den man in ihr einnehmen konnte, gesicherter als alle politischen Ehren, und Disraeli blieb nach den großen politischen Niederlagen am Ende seines Lebens »die hervorragendste Figur der Londoner Gesellschaft«.[51] An der Spitze der englischen Gesellschaft steht der König von England, und sein Anteil an dem gesellschaftlichen Leben des Landes war unter der konstitutionellen Monarchie immer sehr viel entscheidender als seine politische Rolle. Daher bedeutete die persönliche Freundschaft, die Disraeli mit der Königin Victoria verband, für ihn die Eroberung der englischen Gesellschaft. Nicht seinem politischen Verstand, sondern seiner Einsicht in die Gesellschaft verdankte Disraeli eine Karriere, die den Juden, der noch nicht einmal reich war, zum Ministerpräsidenten und einen der bestgehaßten Männer des Parlaments zu echter Popularität führte. So war es auch ein gesellschaftlicher Instinkt und nicht ein politisches Interesse, der Disraeli bewog, sich nicht den Liberalen, sondern den Konservativen anzuschließen. Die größere Chance bestand darin, daß die Vorurteile gegen Juden bei der konservativen Partei zumindest ausgesprochener, wenn auch vielleicht nicht stärker waren. Disraeli hat sehr gut gewußt, warum er zeit seines Lebens »die Whigs mit Feindschaft bedachte und versuchte, mit den Radikalen in ein Bündnis zu kommen«.[52] Gefährlich war ihm nur die bürgerliche Respektabilität. Das Wunder dieser Karriere ist schließlich die echte Popularität, die er nur erreichte, weil er mit unbeirrbarer Klarheit und Unbefangenheit auf den Vorteilen bestand, die in der jüdischen Herkunft lagen. Gerade sie stellte alles in den Schatten, was man normalerweise hätte erwarten können. Man hat nie aufgehört, ihn einen Scharlatan, einen Schauspieler, einen Zauberer zu nennen,[53] und all dies ist zutreffend, wie es überhaupt zu der Person Disraelis gehört, daß er von seinen Zeitgenossen so ausgezeichnet verstanden wurde wie kaum ein anderer Staatsmann der Zeit. Die Politiker verliebten sich schließlich in den Scharlatan, als er aus den langweiligsten Transaktionen die Fata Morgana des Morgenlandes hervorzauberte; die Gesellschaft war hingerissen von dem Schauspieler, der ihnen besser als alle Virtuosen die Zeit vertrieb. Alle Welt war des Manchestertums und der langweiligen Moralität des viktorianischen Zeitalters müde, alle Welt war ausgehungert nach schwarzer Magie.

Dabei war dies Spiel, in dessen Zentrum immer die jüdische Abstammung stand, ganz und gar aufrichtig.[54] Disraeli hatte eine Bewunderung für alles Jüdische, die sich nur mit seiner absoluten Unwissenheit in allen jüdischen Dingen messen konnte. Zwar ist dies Gemisch von Arroganz und Ignoranz typisch für das gesamte assimilierte Judentum, aber es besteht eben doch noch ein Unterschied zwischen der relativen Unbildung in jüdischen Dingen, die gang und gäbe war, und Disraelis absoluter Ahnungslosigkeit. Gerade sie gab ihm die nötige Unschuld, das öffentlich zu sagen, was die anderen nur im Geheimen und Privaten hofften und meinten. Wenn es einem Engländer einfiel, an dem Alter seines Adels Kritik zu üben, so erzählte er ihm, daß die Engländer »einer parvenuhaften Mischrasse entstammten, während er das reinste Blut Europas«[55] reklamieren könne, daß das Leben eines englischen Peer »sich nach arabischen Gesetzen und syrischen Sitten richte«[56] und eine Jüdin die Himmelskönigin aller Christen sei.[57] Man sieht, die Berufung auf den jüdischen Ursprung des Christentums und das geschichtliche Alter des Volkes genügten in Disraelis Augen nicht, um den Kampf gegen den Hochmut der Adelskaste erfolgreich zu bestehen. Der Adel selbst fand die alten historischen Argumente nicht mehr zureichend im Zeitalter der Gleichheit und war bereits vor der Französischen Revolution in Frankreich und Anfang des neunzehnten Jahrhunderts überall in Europa dazu übergegangen, seine Zuflucht zu Argumenten einer adligen Rasse zu nehmen.[58] Sich auf das »Blut« zu berufen, liegt überall nahe, wo Politik wesentlich und lange Familienpolitik gewesen ist und familiäre »Blutsbande« wirklich eine Kaste konstituieren. Natürlich ist weder Familienpolitik noch Berufung auf

Blutsbande ein Monopol des Adels. Zwar hat gerade das aufstrebende Bürgertum des achtzehnten und neunzehnten Jahrhunderts im Unterschied zu dem der Renaissance keine Familienpolitik getrieben (sie bildete sich erst wieder im Zeitalter des Monopolkapitals), wohl aber haben die Hofjuden schon zur Zeit der Wertheimer, Oppenheimer und Gumpertz sich familienmäßig organisiert und ihre geschäftlichen Beziehungen durch eine internationale Heiratspolitik verfestigt. Die Rothschilds setzten diese Tradition vorerst einmal einfach fort; zwar heiratete von den fünf Brüdern, die sich in den Hauptstädten Europas ansetzten, nur der jüngste seine Nichte; aber in der nächsten Generation, also zur Zeit Disraelis, heiratete überhaupt kein Rothschild mehr außerhalb des Kreises seiner Familie. (Dies änderte sich erst in den siebziger Jahren aus Gründen, die hier nicht zur Erörterung stehen.) Was Disraeli an Juden kannte, waren die verwandtschaftlich miteinander verbundenen Juden, mit denen er eng befreundet war. Rothschild war in seinen Augen der Repräsentant des ganzen jüdischen Volkes, und er hatte es nicht nur am weitesten gebracht, sondern auch die strengste Familienpolitik befolgt. In den Rothschilds sah er die »auserwählten Männer des auserwählten Volkes«, und aus dieser Realität bezog er seine Rassentheorien.

An ihrem Erfolg und ihrem Unternehmungsgeist gemessen, erschienen ihm die englischen Adligen kümmerlich: »Es gibt eigentlich gar keine Aristokratie mehr in England, denn Überlegenheit des animalischen Menschen ist eine wesentliche Eigenschaft der Aristokratie.«[59] In diesem Ausspruch mischt sich bereits der alte Parvenustolz, alles sich selbst zu verdanken, mit dem neuen Rassedünkel.

Weil Disraeli auf den durch Züchtung erreichbaren natürlichen Qualitäten der Rasse bestand, fand er, rascher als der Adel es konnte, die Sprache, auf die auch der Bürger zu hören bereit war. Die Überlegenheit der Rasse, ungleich der des Adels, ist durch Erfolg zu beweisen. Weit entfernt davon, das für das bürgerliche

Selbstbewußtsein so notwendige Ideal einer angeborenen Persönlichkeit auszuschalten, gibt der Rassebegriff ihm überhaupt erst seinen eigentlichen Gehalt; er macht die Persönlichkeit, in den Worten Disraelis, »zur Personifizierung der Rasse, ihrer Vollendung in Reinkultur«.[60] Es ist Disraeli erspart geblieben, seinen *»animal men«* und Personifizierungen der Rasse persönlich zu begegnen; er lebte in der Atmosphäre des Carlyleschen Heroenkultes und kannte weder das Eindringen der Mörder in die Politik noch die morbide Bewunderung der Gesellschaft für sie. Was er vorwegnimmt, ist die Selbstdiffamierung des Bürgertums, das seine eigene Respektabilität als kleinbürgerliches Vorurteil zu verachten begann. Der Aristokratie, die sich auf Geschichte und Tradition gründete, setzte Disraeli als einer der ersten die »Aristokratie der Natur« entgegen, und er definierte sie bereits als eine »ungemischte Rasse, die sich erstklassig organisiert«.[61] An dieser Formulierung ist die erstklassige Organisation noch bezeichnender und aufschlußreicher als die »ungemischte Rasse«. Es ist kein Zweifel, daß in der Phantasie Disraelis sich die Ausnahmejuden mit Rothschild an der Spitze als solch eine reine Rasse erstklassig organisiert und etabliert hatten.

Wenn es eines speziellen Beweises bedürfte, daß die Geschichte der Juden unentwirrbar und unlösbar der europäischen Geschichte verhaftet ist, so gäbe es keinen besseren Beweis als Karriere und Weltanschauung Disraelis. Denn seine Rassentheorien haben mindestens ebensoviel mit der spezifischen Säkularisierung der assimilierten jüdischen Intelligenz zu tun wie mit seinem außerordentlichen Verständnis für die Gesetze der nichtjüdischen Gesellschaft. Er war der erste Europäer, der viel radikaler als später Gobineau und viel konsequenter als die wissenschaftlich verkleideten Krämerseelen behauptet hat, daß »Rasse alles« sei und auf dem »Blut« beruhe. In diesem getauften Juden, der vom Christentum wenig und von jüdischer Religion nichts mehr verstand, treffen wir in voller Reinheit jenen naturalistischen Begriff der Auserwähltheit, der dann als »Salz der Erde« und »Motor der Geschichte« die ganze Literatur des assimilierten Judentums beherrscht. Nicht weil er die Königin von England zur Kaiserin von Indien gemacht hat, sondern weil er die zur maßvollen Unterdrückung fremder Völker notwendige Theorie gleich mitgeliefert hat, kann man Disraeli mit Recht als den Vater eines inzwischen veralteten Imperialismus bezeichnen.

Die neuere Geschichte der Juden ist nicht zu begreifen, wenn man in sie nicht die Veränderung einbegreift, welche die jüdische Selbstinterpretation im Laufe des letzten Jahrhunderts erfahren hat. In diesem Zusammenhang haben wir schwerlich ein entscheidenderes Ereignis zu verzeichnen als die Liquidierung der Messiashoffnung, die ihrer offensichtlich nationalen Haltung wegen bereits von den Männern der Französischen Revolution verlangt wurde. In wenigen Jahren waren alle diesbezüglichen Stellen aus den jüdischen Gebetbüchern herausreformiert. Damit hatte man zwar, soweit man nur konnte, eine Nationalreligion in eine Konfession umgewandelt und ein Alibi für Regierungen erreicht; man hatte aber natürlich damit weder die Messiashoffnung aus den Herzen noch die Auserwähltheitsvorstellungen aus den Köpfen jüdischer Menschen gerissen. Beider bemächtigte sich, was wir den Säkularisierungsprozeß zu nennen gewohnt sind, und die beiden Grundstämme jüdischer Frömmigkeit sind vor der Verwandlung in neumodischen Aberglauben so wenig sicher gewesen, wie etwa der christliche Glaube an einen Heilsplan Gottes sicher gewesen ist vor seiner Verwandlung in den Aberglauben an irgendeine Notwendigkeit, die aus den Sternen oder der Wirtschaft oder der Natur das Leben der Menschen bestimmt.

Bezeichnend für den jüdischen Säkularisierungsprozeß war, daß Auserwähltheitsglaube und Messiashoffnung, die in der Frömmigkeit eng miteinander verbunden gewesen waren, voneinander getrennt wurden, und dies in einem solchen Ausmaße, daß man manchmal glauben möchte, der einen Hälfte des Volkes hätte sich die Schwärmerei und der anderen der Dünkel bemächtigt. Aus der Messiashoffnung wurde eine Menschheitsschwärmerei, die den von ihr befallenen – und dies waren zumeist die Besten des Volkes – jeden Sinn für politische Realität verdarb. Aus dem Auserwähltheitsanspruch des jüdischen Volkes, der innerhalb der jüdischen Frömmigkeit nur Gottes Entschluß ausdrückte, sich für die messianische Befreiung der Menschheit des jüdischen Volkes zu bedienen, wurde der leere, weil aller menschlichen Beziehung entleerte Wahn, daß Juden von Natur besser oder klüger oder gesünder oder widerstandsfähiger oder das »Salz der Erde« seien. Die jüdischen Menschheitsschwärmer, die so stolz aller nationalen Bindungen spotten zu können glaubten, waren der politischen Wirklichkeit weiter entrückt als ihre frommen Väter, die um das Kommen des Messias und die Rückkehr der Juden nach Palästina gebetet hatten. Die Assimilanten, die sich das Salz der Erde dünkten, waren durch ihren Hochmut wirksamer von den Völkern geschieden als ihre Väter durch den Zaun des Gesetzes; denn der Zaun des Gesetzes, der Israel von den Völkern schied, sollte fallen in den Tagen des Messias. Der Dünkel der Assimilanten, die zu »aufgeklärt« waren, um an Gott und den Messias zu glauben, und so abergläubisch wurden, daß sie statt dessen an sich selbst glaubten, zerriß leichtsinnigen Herzens das starke Band der frommen Hoffnung, die Israel immer im Schoße der Menschheit festgehalten hatte.

Es ist das Paradox der assimilierten Judenheit, daß sie das echte jüdische Nationalgefühl liquidiert und den jüdischen Chauvinismus erzeugt hat. Dies Paradox ist in Disraeli am lebendigsten, am mächtigsten, ja, in gewissem Sinne am liebenswertesten ausgedrückt. Disraeli ist ein englischer Imperialist und ein jüdischer Chauvinist. Aber es ist verhältnismäßig leicht, ihm seinen Chauvinismus zu verzeihen, weil er nie ganz ernst war, weil eben doch »England das Israel seiner Phantasie«[62] wurde; und es ist nicht schwer, ihm seinen englischen Imperialismus zu verzeihen, weil auch er nie ganz ernst war, weil Disraeli sich nie eingeredet hat, ein Engländer zu sein.[63] Die kuriosen Widersprüche, welche indizieren, daß Disraeli sich selbst nie ganz ernst nahm, machten den einmaligen Scharm seiner Person aus. Sie bringen in alle seine Äußerungen ein Element von Schwärmerei, von verstiegener Träumerei, die ihn prinzipiell von allen späteren imperialistischen Politikern trennte. Schließlich hatte sich zu seiner Zeit das Manchestertum noch nicht der imperialen Träume bemächtigt, sondern stand vielmehr im schärfsten und wütendsten Widerspruch zu allen kolonialen »Abenteuern«. Disraeli ist nicht mit Cecil Rhodes zu verwechseln. Daher hatte auch Disraelis Blutaberglaube noch nichts mit dem real vergossenen Blut auf den großen Heerstraßen der Welt zu tun. Er mystifizierte nur jenes Blut, das in unsern Adern fließt und in dem er, uraltem Volksaberglauben folgend, eine mysteriöse Kraft sah, die stärker als die sichtbare Macht des Geldes dieser überhaupt zugrunde liege.

Sieht man aber von all diesen mehr oder minder psychologisch erklärbaren Zügen ab und hält man sich, was man vernünftigerweise muß, nur an das, was er gesagt, geglaubt und in die Welt gesetzt hat, so verändert sich das Bild von dem liebenswürdigen Zauberer und dem faszinierenden Gesellschafter und selbst das von dem begabten Politiker. Disraeli nämlich, dessen »Glaube an die Rasse der Glaube an seine eigene war«, ist der erste Staatsmann, der an Auserwähltheit glaubt, ohne an den zu glauben, der auserwählt und verwirft, und er ist der erste Ideologe, der es wagte, für das Wort Gottes das Wort Blut einzuführen.[64] Wie man bei komplizierten Automaten oft nur einen Hebel in Bewegung zu setzen braucht, um einen ganzen technischen Prozeß abzurollen, so brauchte offenbar die Idee des Blutes sich nur des Denkapparates eines Menschen zu bemächtigen, um alle Konsequenzen des modernen Aberglaubens, von den geheimen Gesellschaften oder den großen Unbekannten, die die Welt regieren, bis zu den Hintertreppenvorstellungen von dem ältesten Adel der Menschheit aus besagten Köpfen herauszurollen. Wenn Disraelis »Philosophie« der durchschnittlichen Denkart eines durchschnittlich assimilierten Juden entsprach, was man getrost annehmen darf, so zeigt Disraelis Karriere deutlich an, daß der Ausnahmejude zu historischer Größe kam, weil seine Mentalität im Begriffe war, auf eine unvorhergesehene und vielfach nochmals pervertierte Weise einer immer größeren Anzahl von Menschen aller europäischen Länder zu entsprechen.

Die Vorstellung von einer jüdischen Weltherrschaft hat Disraeli von seiner Jugend bis zu seinem Ende begleitet, nur die Formen einer solchen Herrschaft änderten sich mit dem Wachsen seiner politischen Erfahrung. In seinem ersten, 1833 erschienenen Roman *Alroy* entwickelte er den Plan eines jüdischen Imperiums, in welchem die Juden als streng abgesonderte Herrscherkaste existieren sollten. Das nächste Jahrzehnt, in welchem seine Parlamentserfahrung ihm Gelegenheit gab, die allgemeinen Machtbedingungen seiner Zeit, und ein intimer Umgang mit Juden die jüdische Mentalität besser kennenzulernen, hat ihn dann eines Besseren belehrt.[65] Der Vierzigjährige hat das jüdische Imperium aufgegeben, allerdings zugunsten eines ungleich gefährlicheren und der Stimmung der Zeit gemäßeren Plans. In dem neuen Roman *Coningsby* entfaltet der Held, der allwissende Sidonia, vor dem Leser ein phantastisches, uns aus der antisemitischen Literatur unserer Zeit nur zu bekanntes Panorama einer Welt, in der jüdisches Geld über Aufgang und Niedergang von König- und Kaiserreichen entscheidet und alle Diplomatien beherrscht. Hieran nun, an den geheimen und ausschlaggebenden Einfluß der Auserwählten seines Volkes – oder, wie er sagen würde, seiner Rasse –, hat Disraeli sein Leben lang geglaubt, und es ist kein Zweifel, daß er seine Karriere in diesem Licht und sich selbst in solch geheimnisvoller Verknüpfung gesehen hat. Die Judenfrage war daher die einzige politische Frage, in der dieser getaufte Jude keinen Kompromiß und keinen Opportunismus kannte. Als eine getaufte, an einen Engländer verheiratete Jüdin Disraeli in ihrem Testament reichlich bedachte »zum Zeichen meiner Bewunderung für seine Bemühungen, der Rasse Israels den ihr gebührenden Platz zu verschaffen«, hatte er sich Geld wie Zuneigung ehrlich verdient.[66] Denn er war der einzige Fürsprecher der Emanzipation, der gleiche Rechte nicht im Namen der Gleichheit und der Gerechtigkeit forderte, sondern als längst fällige selbstverständliche Anerkennung großer Vorzüge. Er verlangte, daß man »den Einfluß der jüdischen Rasse auf die modernen Staaten« legalisiere, so daß die Juden das empfingen, was denen gebührt, »die den öffentlichen Geschmack bezauberten und das öffentliche Niveau erhöhten«.[67] Selbst sein Ehrgeiz hatte diese eine Schranke: alles nur als Jude werden zu wollen, um keinen Preis den faszinierend exotischen Hintergrund, den ihm seine Abstammung zugespielt hatte, preiszugeben. Daß er in dieser Frage auch keine Rücksichten der Parteipolitik kannte, hat er in jener denkwürdigen Parlamentsdebatte über die Zulassung Lionel de Rothschilds in das englische Parlament bewiesen, in welcher er und sein Freund, der Parteiführer der Konservativen, Lord Bentinck, ganz allein aus der ganzen Fraktion für die Juden plädierten; dies Plädoyer hat Bentinck die Führung der Partei und Disraeli Jahre seiner Karriere gekostet. Es war ihm bitterer Ernst, wenn er sagte: »Ich kann in diesem Hause nicht bleiben, wenn nicht alle meine Meinung in dieser Angelegenheit kennen, gleich welches die Folgen davon sein mögen für den Sitz, den ich innehabe.«[68]

Wenn Disraeli seinen Jugendtraum von einem jüdischen Imperium aufgab, so gab er weder das Imperium noch die jüdische Politik auf. Im Unterschied zu jenen Juden, welche die staatlichen Anleihen gewährten und die Kommissionen einstrichen und die an den politischen Geschicken ihrer Zeit so wenig interessiert waren wie andere Geschäftsleute, sah Disraeli in jüdischem Kapital nur ein Mittel jüdischer Politik. Die jüdischen Bankiers, deren gut funktionierende Organisation in geschäftlichen Dingen er mehrmals kennenzulernen Gelegenheit hatte, hielt er für eine als

»Geheimgesellschaft« organisierte Sekte, welche – nicht unähnlich den berühmten Rathenauschen dreihundert Männern – die Geschicke der Welt in den Händen hielten. Dies lag um so näher, als die jüdischen Bankiers auf Grund ihrer internationalen Verbundenheit über einen Nachrichtenapparat verfügten und Disraeli zur Verfügung stellten, der damals ohnegleichen war. Aber nicht nur die Juden waren für diesen Ausnahmejuden eine Geheimgesellschaft. Er ist überhaupt der Meinung, daß die Kämpfe der Welt sich eigentlich zwischen geheimen Gesellschaften abspielen: *»Secret societies«* bedrohen den Frieden (in den sechziger Jahren, Rothschild rettet ihn); die römische Kirche, die Jesuiten, alle umstürzlerischen Bewegungen sind geheime und mächtige Organisationen, welche »hinter den Kulissen« mit- und gegeneinander kämpfen, regieren und die Politik bestimmen. Nur daß Disraeli, der einzige der Ausnahmejuden, der wirklich und öffentlich Politik im neunzehnten Jahrhundert gemacht hat, alle diese »Geheimgesellschaften« auch noch für jüdisch hält. »Die ersten Jesuiten waren Juden; die geheimnisvolle russische Diplomatie, die Westeuropa so beunruhigt, ist von Juden organisiert; die gewaltige Revolution, die sich augenblicklich in Deutschland vorbereitet, ... ist ... von Juden geleitet ...«[69] »Die naturgegebene Gleichheit der Menschen und die Abschaffung des Eigentums werden von Geheimgesellschaften proklamiert ... und Männer jüdischer Rasse stehen an ihrer Spitze.«[70] Selbst die Kirche hält er »für die einzige jüdische Institution, die übriggeblieben ist ..., das sichtbare Mittel, das Geständnis an meine Rasse zu erhalten«.[71]

Ein Diplomat in den Diensten Metternichs, Friedrich Gentz, arriviert zum Juden, weil Disraeli in ihm etwas Geheimnisvolles, das Geheimnis der Geheimdiplomatie wittert. Kein Wunder, daß dann Charles Rothschild »eigentlich« Bismarck ist, oder der Bankier Bleichröder, der wahrlich nie auch nur einen Augenblick lang hat Politik auf eigene Faust machen dürfen, nicht nur zu Bismarcks engstem Freund aufrückt, sondern zu dem eigentlichen

Leiter seiner ganzen Politik.[72] In Disraelis Phantasie, wie später in der Phantasie der Antisemiten, war die Welt jüdisch geworden.

Es ist verblüffend, zu sehen, wie vollständig dies später von den Antisemiten entworfene Bild einer jüdischen Weltherrschaft sich bereits in Disraelis Kopfe malte. Es fehlte nicht einmal der geschickteste aller Hitlerschen Propagandatricks, die Behauptung eines geheimen Bündnisses zwischen jüdischen Kapitalisten und Sozialisten.[73] So phantastisch diese Vorstellung war, sie konnte geglaubt werden, und Disraeli konnte auf sie verfallen, weil ja nichts näher lag, als anzunehmen, daß jüdische Millionäre auch jüdische Politik machten. Es lag auch nicht fern, sich vorzustellen, daß Juden sich an der »undankbaren Christenheit« für eine jahrhundertelange Unterdrückung, die noch dazu von der jüdischen Apologetik immer in törichtester Weise übertrieben worden war, rächen würden. Später gesellte sich hierzu noch die Erfahrung, die man häufig mit den Söhnen jüdischer Geschäftsleute machte, die Führer in den revolutionären Arbeiterbewegungen wurden, ohne daß dies die Beziehungen zu ihren Familien wesentlich änderte. In Wahrheit war die Neigung dieser aus reichen Häusern stammenden Juden zu Linksparteien gerade daraus zu erklären, daß ihre Väter, weil sie nur Geschäftsleute und Bankiers, aber nicht Industrielle waren, nie in einen offenen Konflikt mit der Arbeiterschaft hatten geraten können. Ihnen fehlte ein Klassenbewußtsein, das jeder Sohn einer normalen bürgerlichen Familie von Hause aus mitbrachte; sie brauchten es noch nicht einmal zu überwinden. Aus genau dem gleichen Grund fand man auf der anderen Seite in der Arbeiterschaft kaum jene verborgenen oder offenen antijüdischen Vorurteile, die sonst jeder Klasse der Gesellschaft selbstverständlich waren. So wurden die Linksparteien das große Reservoir, in dem Juden sich am leichtesten assimilieren konnten.

Dem Wahn von den Geheimgesellschaften lag bei Disraeli auch seine sehr reale Erfahrung mit der englischen Gesellschaft zugrunde. Er hat nie vergessen, wieviel mühseliger es gewesen war, die Gesellschaft zu erobern als einen Sitz im Parlament; erst nach zwanzigjähriger parlamentarischer Karriere konnte er in die Klubs der englischen Gesellschaft aufgenommen werden. Dem phantastischen Bild von den Geheimgesellschaften, die hinter den Kulissen die Fäden ziehen, entsprach auch diese in Klubs organisierte Gesellschaft, die sich aller öffentlichen Kontrolle entzog und einen entscheidenden Einfluß auf das öffentliche Leben übte. Geheim waren sie höchstens insofern, als nicht jeder Zutritt zu ihnen hatte. Geheimnisvoll haben sie erst diejenigen gemacht, die zu ihnen gar nicht oder zu schwer zugelassen wurden. Wenn also Disraeli mit der Unerschütterlichkeit eines Scharlatans an geheime Gesellschaften als das eigentliche *agens* der Geschichte glaubte, so auch deshalb, weil der Outsider ein Spiel, das dauernd die Grenzen von Gesellschaft und Politik verwischte und in welchem sich dann doch immer automatisch bestimmte, sehr enge Klasseninteressen durchsetzten, gar nicht anders verstehen konnte, als eine von Menschen bewußt geschaffene Einrichtung zu bestimmten Zwecken. Und so sehr er damit auf einem gefährlichen Holzweg war, was das Begreifen der Realität anlangt, so richtig ist es natürlich, daß diese Gesellschaft wirklich zu einem politischen Mittel werden konnte, sobald ein politischer Wille sich ihrer bemächtigte. Ende des Jahrhunderts, im Frankreich der Dreyfus-Affäre, wurde dies ganz offenkundig.

Aber Disraelis politische Weltanschauung hatte noch eine andere und tiefere Wurzel. Er war nicht nur ein Outsider der englischen, er war auch ein Outsider der jüdischen Gesellschaft wie alle Ausnahmejuden. Hielt er schon die lokal begrenzte Gesellschaft Englands für eine Organisation, so erst recht die internationale Kaste der Geldjuden. Gerade weil er assimiliert genug war, um in dem großen politischen Spiel mitspielen zu wollen, konnte er sich nicht vorstellen, daß diese offensichtlich so mächtigen Leute ihre offenbar allen anderen überlegenen Informationsquellen mit den daraus entspringenden Möglichkeiten nur in den Dienst von

Geschäften stellten. Er konnte sich auch nicht vorstellen, daß diejenigen, welche doch offenbar von der bürgerlichen Gesellschaft ausgeschlossen waren und auch keine großen Anstrengungen machten, in sie hineinzukommen, dennoch mit ihr die liberale Vorstellung von Politik teilten, demzufolge Politik nur der Sicherstellung geschäftlicher Gewinne zu dienen hätte. Dies war um so schwerer zu verstehen, als ja die Juden im Staatsgeschäft waren und daher an Politik viel unmittelbarer interessiert als irgendein beliebiger Kaufmann.

So kam es, daß Disraeli sich von den Herrschaftsaspirationen der Juden eine Vorstellung bildete, welche dem Wahn der *Weisen von Zion* – zieht man die veränderten Vorzeichen ab – gar nicht so unähnlich war. Er hatte mit den Antisemiten dies gemeinsam: er konnte sich ein Volk ohne allen politischen Willen, eine Herrschaftskaste ohne allen Willen zu herrschen, nicht vorstellen.[74] Daß die *Protokolle der Weisen von Zion* trotz der wiederholten Beweise der Fälschung, ja, trotz ihrer offenkundigen Abstrusität so hartnäckig geglaubt werden wie keine andere Verleumdung, hat seinen Grund natürlich darin, daß sie etwas zu erklären vorgeben, was die jüdische Apologetik nie auch nur berührt hat. Für die Plausibilität der Erklärung spricht wohl nichts besser als die Tatsache, daß ein Jude, und einer, der am Judesein zäh festhielt, sie als erster in die Welt gesetzt hat. Von diesem Wahne hätte Disraeli – wie diejenigen Antisemiten, für welche Judenhaß und Judenmord noch nicht zu einem zynisch benutzten Mittel der Politik geworden ist – nur geheilt werden können, wenn er erlebt hätte, mit welcher phantastischen Leichtigkeit die »Geheimgesellschaft« zu zerstören, in was für einem Rekordtempo die »erstklassige Organisation« in alle Winde zu zerstreuen war.

Das, was Disraeli (wie Antisemiten) so ungeheuer an den Ausnahmejuden imponierte, war die ohne alles äußere Zeichen nur auf Geld und Blut beruhende Zusammengehörigkeit. Alles Gerede von der mysteriösen Macht des Judentums oder von seiner gespenstischen Existenz geht auf diese Tatsache zurück, nämlich auf die scheinbar ins Unendliche sich fortspinnenden Beziehungen von den Familien- und Geschäftsinteressen. Die Beziehungen bestanden, aber die Macht der Beziehungen war weniger mysteriös als schimärisch. Die Schimäre zu erklären und aus ihr eine Realität zu machen, versuchte Disraelis Rassentheorie, für die er sich der naturalistisch-positivistischen Sprache der Zeit bediente. Die Schimäre, welche die Ausnahmejuden und ihre Macht darstellten, mit Blut zu erfüllen, konnte nicht gut gelingen. Was stattdessen sehr wohl gelang, war, sehr realen und sehr lebendigen und oft sehr gefährlichen Kräften beizubringen, sich als Gespenster aufzuführen, um eine höchst gelangweilte Gesellschaft den Geschmack am Gruseln zu lehren. Der Erwerb etwa der Aktien des Suezkanals war eine höchst vernünftige und sehr unphantastische Aktion englischer Kolonialpolitik, die an Indien orientiert war. Für Disraeli, der sie mit einer Passion ohnegleichen durchführte, weil sie England noch stärker auf das mysteriöse Asien festlegte und es noch mehr von dem so bekannten und daher so uninteressanten europäischen Kontinent wegführte, wurde der Verkauf des bankrotten Khedive von Ägypten an die englische Regierung zu einer mystisch-geheimnisvollen Aktion, in welcher das Geld jener Rothschilds, von denen es seiner Meinung nach gar nicht genug geben konnte, und die geheimen Informationen Henry Oppenheims, kurz, in welcher die jüdischen internationalen Beziehungen die Hauptrolle spielten.

Disraeli hat mit der allen Rassegläubigen eigenen Konsequenz die Idee der Nation für eine »sentimentale Dummheit« gehalten – jene erste politische Organisationsform des Abendlandes nämlich, welche wenigstens versucht hat, den Juden einen Platz zu sichern. Aber dieser Platz hätte bezahlt werden müssen mit wirklicher Assimilation, nämlich mit Untergang. Hierzu waren nicht einmal die Ausnahmejuden bereit, geschweige denn das Volk selbst. Während das Volk einfach an volksmäßigen und oft rückständigen Sitten festhielt, versuchten die als internationale Kaste organisierten Ausnahmejuden sich dem Adel anzugleichen. Und dies nicht nur, weil sie – so wenig wie ihre bürgerlichen Zeitgenossen – keinerlei Lust verspürten, gewöhnliche Sterbliche zu werden, sondern auch, weil die Existenz des Adels zu zeigen schien, wie man sich inmitten der Völker als streng abgeschlossene Kaste halten kann, wenn man nur die Mischehe vermeidet. Rasse ist in diesem Zusammenhang nur ein Wort für die Addition von Volk und Kaste. Daher ist Disraeli der Meinung, daß »der Niedergang einer Rasse eine unvermeidliche Notwendigkeit ist, es sei denn, sie vermeidet jede Vermischung«.[75]

Es ist schwer zu sagen, was aus diesen Rassebegriffen geworden wäre, wenn ihnen nicht plötzlich nach Disraelis Tod der *»scramble for Africa«* und der Hereinbruch des imperialistischen Zeitalters eine neue politische Bedeutung gegeben hätte. Es war schließlich nicht seine Schuld, daß das, was ihm zu einer echten Popularität verholfen hatte, nämlich die Bereitschaft der guten Gesellschaft wie des Mob, sich von Rassevorstellungen begeistern zu lassen, in wenigen Menschenaltern zu dem großen Unglück seines eigenen Volkes werden sollte.

Faubourg Saint-Germain

Paris war »die Hauptstadt des neunzehnten Jahrhunderts« (Walter Benjamin), weil die Pariser Gesellschaft von Balzac bis Proust alle Phasen des größten Kampfes und der größten Niederlage dieses Jahrhunderts, des Kampfes zwischen dem *citoyen* der Französischen Revolution und dem *bourgeois* und der Transformation des *citoyen* in den *bourgeois,* in ihrem Spiegel auffing und in allen Schattierungen zurückreflektierte. So blieb selbst im Niedergang und trotz der Niederlage der »glorreichen Armeen« dies Jahrhundert für Frankreich, für die *nation par excellence,* ein glorreiches

Jahrhundert, das sein Ende erst im Ersten Weltkrieg fand, als Paris ohne politische Bedeutung und ohne gesellschaftlichen Glanz immer noch groß genug war, sich der intellektuellen Avantgarde aller Länder zu öffnen. Am Anfang und am Ende dieses Prozesses stehen Balzac und Proust, die mehr als alle anderen dem Roman dazu verholfen haben, das zu werden, was er allein sein kann – die Kunstform der Gesellschaft. Daß Proust, als er, um die *»apologia pro vita sua«* zu schreiben, sich auf die Suche nach der eigenen verlorenen Vergangenheit begab, dort doch nichts vorfand als eben die Gesellschaft, in der er seine Lebenszeit verbracht hatte, ist vielleicht das größte Zeugnis für die Bedeutung, welche die Gesellschaft für das Individuum gehabt hat. Denn die eigentümliche Wirklichkeit und Konsistenz der Proustschen Welt besteht darin, daß Ereignisse nur wirklich werden, wenn sie sich in der Gesellschaft bereits gespiegelt haben, um dann in dieser Brechung von dem Individuum bedacht zu werden. Individuelle Reflexion und gesellschaftliche Spiegelung sind nur verschiedene Stadien des gleichen Vorgangs,[76] so daß die individuellen Reflexionen auch dann noch gesellschaftlichen Charakter haben, wenn das Individuum sich entschlossen hat, sich von der Gesellschaft zurückzuziehen – wie Proust selbst, als er aus der Gesellschaft in die raffiniert abgeschiedene Isoliertheit verschwand, in der er schließlich sein großes Romanwerk schuf. In dieser Abgeschlossenheit, verborgen hinter den schallabgedichteten Wänden und geschützt von Dienerschaft und Krankheit, konnte er ungestört auf ein »Innenleben« horchen, in welchem alle gesellschaftlichen Erlebnisse und Ereignisse sich in innerer Erfahrung nochmals reproduzierten, als sei dies Innere der Spiegel, der auf zauberhafte Weise gelebte Wirklichkeit in Wahrheit verwandeln könne. Dem Beschauer innerer Erfahrung bietet sich so das Leben in ähnlicher Weise dar wie dem, der bloß ein Beobachter in der Gesellschaft ist; was für den einen psychologische Reflexion ist, ist für den anderen gesellschaftliche Spiegelung. Es gehört zu seiner Genialität, daß Proust, der, am Rande der Gesellschaft stehend, ihr doch noch legitim zugehörte, schließlich seine innere Erfahrung so meisterhaft in die Hand bekam, daß sie die Gesamtheit aller Aspekte, wie sie sich den verschiedenen Gliedern der Gesellschaft darboten und von ihnen individuell reflektiert wurden, umgriff und sie alle produzieren konnte. Aber es gehört auch zu der geschichtlichen Einmaligkeit dieser Gesellschaft des *fin-de-siècle,* in der bereits alle politischen Angelegenheiten in der Form gesellschaftlicher oder psychologischer Probleme in Erscheinung traten, daß derjenige, welcher Zeugnis von ihr ablegte, eine Anatomie der Gesellschaft und des zu ihr gehörenden Individuums bloßlegen konnte, die weit über den geschichtlichen Anlaß hinaus Bedeutung und Gültigkeit besitzt.

Für die Gesellschaftsgeschichte der Juden wie für ihre Rolle in der Gesellschaftsgeschichte des vorigen Jahrhunderts gibt es kaum ein aufschlußreicheres Dokument als die Beschreibung, die Proust uns in *Sodome et Gomorrhe* hinterlassen hat.[77] Gleich bedeutend und bezeichnend für den Charakter des jüdischen Individuums wie für den der Gesellschaft, die es aufnahm, erhalten wir hier den eigentlichen Schlüssel zu dem Phänomen, auf das schon Disraeli in der ihm eigentümlichen Übertreibung aufmerksam gemacht hat: »Es gibt augenblicklich keine Rasse, … die Europa so entzückt und fasziniert und erhebt und veredelt wie die jüdische.«[78] Das Proustsche Werk zeigt unter anderem, welches dies Europa und wer diese Juden gewesen sind.

Aus dem über die Erde verstreuten Volk, das seines Staates verlustig gegangen war, hatten die Ausnahmejuden im Laufe von wenig mehr als hundert Jahren eine über ganz Europa verbreitete Clique herausgespalten, welche überall als repräsentativ für das ganze Volk anerkannt, überall mit *den* Juden identifiziert wurde. Solche Identifikationen sind immer ungerecht, und Juden haben sich lange bitter über die Generalisierung ihrer Feinde beklagt, die aus jedem jüdischen Scheckfälscher ein Volk von Fälschern und aus jedem jüdischen Millionär ein Volk von Millionären konstruierte. Nur sollte man nicht vergessen, daß dies, weit entfernt davon, ein spezifisch jüdisches Problem zu sein, die Beziehungen vieler Völker zueinander vulgären Mißverständnissen ausgesetzt hat. So hat man die Deutschen von Zeit zu Zeit so dargestellt, als gäbe es nur preußische Junker, und die Engländer so geschildert, als wären sie alle hochmütige spleenige Lords. So ungerecht und unheilvoll diese Identifizierungen sind, es würde uns wenig helfen, in das umgekehrte Extrem zu verfallen: die preußischen Junker *sind* Deutsche, die spleenigen Lords *sind* Engländer, und die Ausnahmejuden hörten deshalb, weil sie sich vom Volk entfernt und ihm sich entfremdet hatten, nicht auf, Juden zu sein. Das Zusammengehörigkeitsgefühl, das jedes Kollektivum auszeichnet und kennzeichnet, starb in ihnen nicht aus; der Wille, die eigene Identität zu wahren, der allen Kulturvölkern eigen ist, verschwand nicht. In diesem Sinne ist die Assimilation nie eine Gefahr für den Bestand des Volkes gewesen. Der mächtige Zauberstab, der aus Juden über Nacht – oder in kurzen Jahrzehnten – Nichtjuden herauszaubern könnte, hat nie existiert. Hingegen ist es wahr, daß es der Assimilation gelang, alle natürlichen politischen Instinkte der ihr verfallenen Juden gründlichst und grundsätzlich zu pervertieren. Der große Dichter dieses Pervertierungsprozesses (der, halbjüdisch, sich selbst als Jude ausgab) war Marcel Proust – wie der größere jüdische Dichter, der diesen Pervertierungsprozeß bereits hinter sich hatte, Franz Kafka wurde.

So offenkundig es ist, daß gesellschaftliche Verhältnisse das Gesicht der emanzipierten Judenheit entscheidend mitbestimmt haben, so schwer ist es, die Gesellschaftsgeschichte der letzten 150 Jahre zu rekonstruieren. Wenn Assimilation die Aufnahme von Juden in die nichtjüdische Gesellschaft bedeuten soll, so hat es eine Assimilation für die Massen selbst des emanzipierten Judentums nur sehr sporadisch gegeben. Eine der kurzen Blütezeiten einer gemischten Geselligkeit bot das Berlin des ausgehenden achtzehnten und des anhebenden neunzehnten Jahrhunderts. Eine zweite solche Periode gesellschaftlichen Glanzes fiel in das Paris um die Wende zum zwanzigsten Jahrhundert. In beiden Fällen entsprach dem gesellschaftlichen Paradies eine Zeit politischen Elends, in Preußen die Zeit vor der Emanzipation, in Frankreich die Jahrzehnte des heftigsten Antisemitismus und offenen politischen Kampfes gegen die jüdische Gleichberechtigung. In beiden Fällen ferner geht die Assimilationsbereitschaft vom Adel aus, nur mit dem wichtigen Unterschied, daß die preußischen Adligen in die jüdischen Salons kamen, während die französischen Juden sich in die adligen Salons begeben mußten. Wie es um die Wende zum neunzehnten Jahrhundert für ein jüdisches Mädchen zweifellos leichter war als für ein beliebiges deutsches Bürgermädchen, einen Adligen zur Heirat zu bewegen, so hatte es im Frankreich der Dritten Republik ein Jude, ob getauft oder nicht getauft, zweifellos leichter, Zugang zum Faubourg Saint-Germain zu finden, als irgendein beliebiger Bürgerssohn. Es war auch sicher kein Zufall, daß gerade in Frankreich und gerade in den ersten Jahrzehnten der Dritten Republik die Rothschilds jene entscheidende Änderung ihrer Heiratspolitik vornahmen, derzufolge alle Mädchen mit einem nichtjüdischen Adligen verheiratet wurden und nur noch die männliche Linie rein jüdisch gehalten wurde.

Was den Adel aller europäischen Länder während des neunzehnten Jahrhunderts so geneigt machte, Juden zu akzeptieren, war seine erbitterte Opposition gegen das Bürgertum, das ihm entweder – wie in Preußen zur Zeit der Reformen – versuchte die politische Macht streitig zu machen, oder ihn – wie im Paris der Dritten Republik – bereits politisch entmachtet hatte. Aus den französischen Adligen waren ökonomisch Ende des vorigen Jahrhunderts bereits bürgerliche Geschäftsleute geworden, die sich vom Bürgertum beruflich nur dadurch unterschieden, daß ihr Geschäftssinn von weniger Skrupeln getrübt war. Je mehr der Adel verbürgerlichte, desto eifriger sah er sich gesellschaftlich nach unbürgerlichen Elementen um, in extremen Fällen nach Gruppen, welche die bürgerliche Gesellschaftsmoral ausdrücklich diffamierte. Einer solchen Konstellation verdankte auch Disraeli in England seine so große Karriere, obwohl in keinem anderen Lande der Adel noch so viel naives Selbstbewußtsein, ein solches Maß nationaler Verantwortlichkeit und eine so starke Kraft besaß, sich bürgerliche Elemente zu assimilieren. In Frankreich aber hatte das Bürgertum nicht nur ökonomisch (wie in Deutschland), sondern auch politisch voll gesiegt. Der Französischen Revolution verdankte es sogar ein starkes natürliches Selbstvertrauen. Dies hatte zur Folge, daß der Faubourg Saint-Germain noch um einige Grade isolierter vom französischen Volke lebte als die englische Gentry vom englischen oder die preußischen Junker vom deutschen. Dies wirkte sich erst in der Dritten Republik, die den Privilegierten der Aristokratie ein nun offenbar endgültiges Ende bereitete, voll aus, und auf dieses Ende hat der Adel, der längst seine Neugier für »neue Exemplare der Menschheit« und sein Verlangen nach Kultur eingebüßt hatte, überall mit einem ins Extrem gesteigerten Snobismus reagiert. Dies tritt in Frankreich deutlicher zutage, weil hier die kurze Scheinblüte des zweiten Kaiserreichs vorangegangen war, von der kaum etwas verblieben war außer dem von der Republik geduldeten Privileg, die höheren Offiziersstellen einer adligen Clique zu reservieren. Aber stärker als politisches Machtstreben und viel charakteristischer für die Struktur dieser Gesellschaft war eine aggressive Verachtung für alle bürgerlichen Standards, die sich darin äußerte, daß man alle Kategorien, welche die bürgerliche Gesellschaft als nicht gesellschaftsfähig aus den verschiedensten Gründen ausschloß, unterschiedslos mit offenen Armen aufnahm. Proust schildert, wie die Isoliertheit und die Angst zu verbürgerlichen den französischen Adel auf einem Wege, den weniger radikal auch der österreichische und der englische Adel gegangen waren, zu erstaunlichen Extremen führte und verführte – zu einem Extrem jedenfalls, das uns die wahre Struktur jenes gesellschaftlichen Paradieses zu erkennen gibt, in welches die Ausnahmejuden am Ende ihrer Geschichte Einlaß gewannen.

Seit den Berliner jüdischen Salons zu Beginn des Jahrhunderts waren Juden nur als einzelne, wirklich ausnahmsweise, in die Gesellschaft ihrer Länder gelangt, die Salons des Faubourg Saint-Germain öffneten ihre Tore »ausnahmsweise« allen denjenigen, welche sich rühmen konnten, zu den oberen Zehntausend des französischen Judentums zu gehören. Wir sahen bereits, anläßlich der frühen Berliner Idylle, daß dies nicht zu bedeuten brauchte, daß man Juden als in irgendeinem Sinne »gleich« anerkannte, sondern daß umgekehrt die Gesellschaft Ausnahmen, anders- und fremdartige Elemente begehrte – wenn auch erst in der Form eines humanistischen Enthusiasmus: die »neuen Exemplare des Menschengeschlechts« (Herder). Von diesem Enthusiasmus nun war in der überzeugt antisemitischen Gesellschaft des französischen Adels und der besseren Gesellschaft, die gerade in der Dreyfus-Affäre zeigte, welcher Mittel sie sich zu bedienen gedachte, sollte sie noch einmal die Politik ihres Landes bestimmen dürfen, nicht das geringste mehr zu merken. Noch während des zweiten Kaiserreiches, der glücklichsten Zeit des französischen Judentums, war es in diesen Kreisen eine Frage der Dezenz und des Anstands gewesen, den Verkehr mit Juden auf das Äußerste, nämlich auf geadelte Juden, zu beschränken. Erst der Zusammenbruch aller Sitten und aller konventionellen Standards, den die Dritte Republik verursachte, hatte Juden die Tore geöffnet, ja, hatte Juden gleichsam in die Mode gebracht.

Dieser Gesellschaft Zeuge und Ankläger ist Proust geworden. Der »Zeuge eines dejudaisierten Judentums, der größte Schilderer der Assimilation«[79] begriff die gesellschaftliche Rolle der zugelassenen Juden, zu denen auch er gehörte, als er sah, daß mit den Juden noch eine andere Art von »Ausnahmemenschen« ihren Einzug in die gute Gesellschaft der Pariser Salons hielt: die Homosexuellen. Es tut wenig zur Sache, es beweist wenig gegen die Realität des beobachteten sozialen Phänomens, daß Proust diesen Vergleich ins Monströse getrieben und übertrieben hat, daß er schließlich geglaubt hat, die Reaktion der Zionisten gegen Mentalität und soziales Verhalten dieser merkwürdigen Assimilanten weiter interpretieren zu können als eine Art »Weltanschauung«, welche das Laster rechtfertigen und die Pervertierten als Elite etablieren soll. Diese Absurdität war kaum zu vermeiden, wenn man, wie Proust, glaubte, psychische Mechanismen und soziale Verhaltungsweisen von ihrem politischen und geschichtlichen Grund und Hintergrund isolieren zu können. Es war unvermeidlich, zu so unheilvollen Konsequenzen zu kommen, wenn man vom Judentum nichts anderes sah als dies Häuflein französischer Juden mit ihrer pervertierten Stellung zu sich selbst, und wenn man sie so ernst nahm, daß man sie trennte von ihrer sehr prosaischen Vergangenheit und von ihrem in anderen Ländern lebenden Volk, zu dem sie sich gar nicht verrückt, sondern sehr berechnend egoistisch verhielten. Proust war in beiden Fragen, in der Frage der Homosexualität wie in der Judenfrage, zu einem ganz und gar unangebrachten Ernst gezwungen, weil er in beide »Laster«, und damit in diese ganze sich auflösende, untergehende Gesellschaft, so verstrickt war, daß er nur noch durch den allerbittersten Ernst und die allergenaueste Beschreibung von ihr sich lösen und sie vor sich selbst rechtfertigen konnte.

Proust beginnt seine Schilderung der Juden in den ersten Bänden von *A la Recherche du Temps Perdu* mit der Einführung von Swann, der zugelassen wird, obwohl er Jude ist, weil er klüger, gebildeter und vor allem amüsanter ist als andere. Daß er Jude ist, fällt erst zur Zeit der Dreyfus-Krise auf, als seine Stellungnahme für Dreyfus ihm von seinen adligen Gönnern als eine Art hinterhältigen Verrats und schwarze Undankbarkeit ausgelegt wird. Swann ist eine ganz gewöhnliche Ausnahme, gleichsam aus dem zweiten Kaiserreich in das Proustsche Romanwerk übernommen. Ernstere Schwierigkeiten als sein Judesein bereitet ihm die Heirat seiner Mätresse, einer bekannten Kurtisane, weil er mit dieser Heirat zum ersten Mal, vor der Dreyfus-Affäre, deutlich bekundet, wie wenig ernst er die Konventionen nimmt, wie wenig er sich in diesem Milieu zu Hause fühlt, in das ihn die Abenteuer des Snobismus verschlagen haben. Swann gehört auch noch keiner jüdischen Clique zu, er ist wirklich auch in den Augen der Gesellschaft nur er selbst, ein Individuum, das man liebt, dem man seinen einzigen Makel, Jude zu sein, zu verzeihen bereit ist und dem man später sogar den schlimmsten Makel, die Heirat mit Odette, halb verzeiht. Die Gesellschaft verhielt sich gegen Juden idiosynkratisch, aber sie war nicht antisemitisch. Judenhaß gehörte nicht zu ihren Überzeugungen. Ihre Reserve gegen Juden, ja, ihre Antipathie, war von Snobismus und Indifferenz diktiert wie gegen jeden, der nicht auf eine berühmte Ahnenreihe zurückblicken konnte. Proust berichtet sehr genau den Augenblick, in welchem diese gleiche Gesellschaft wirklich antisemitisch geworden war. Wenige Jahrzehnte später, als Swann bereits gestorben ist, wird seine Tochter in die Gesellschaft eingeführt. Mit der Hypersensibilität der Outcasts erspürt sie bald, daß sie nicht mehr die Mutter, der es zu Swanns Lebzeiten niemals gelungen war, in den Salons empfangen zu werden, sondern den Vater, dem alle Welt eng befreundet gewesen, zu verschweigen hat. Es war alles auf dem besten Wege zu jenem uns so bekannten Zustand, da es ein größerer Makel ist, von einem Juden gezeugt, als von einer Hure geboren zu werden.

Die nächste und für uns wesentlichere Etappe bietet die Fortsetzung in *Sodome et Gomorrhe.* Monsieur de Charlus, der invertierte Held des Buches, wird gleich mit der Bemerkung eingeführt, daß er früher trotz seines Lasters geduldet worden sei, neuerdings aber wegen seines Lasters gefeiert werde, daß alle seine Äußerungen – über Liebe, Eifersucht, Schönheit – begierig aufgenommen werden *»à cause de l'expérience singulière, secrète, raffinée et monstrueuse, où il les avait puisées«. »Les gens comme tout le* *monde«* – eben noch Mittelpunkt und Maßstab für Gesittung – haben alles Vertrauen in sich und ihre moralischen Werte verloren. Sind sie unter sich, so legt eine furchtbare, lähmende Langeweile sich über die Stunden, die sie miteinander zu verbringen haben. Mit der geheimnisvollen Plötzlichkeit, mit der noch immer das dunkle Ende über eine verdorbene Menschenschicht hereingebrochen ist, haben sie allen Kontakt miteinander verloren. Sie finden sich nur noch in der ihnen allen gemeinsamen Neugier zusammen, deren Morbidität von so zweifelhaften Gestalten erweckt wird wie *»ce personnage peinturluré, pansu et clos, semblable à quelque boîte de provenance exotique et suspecte qui laisse échapper la curieuse odeur de fruits auxquels l'idée de goûter seulement vous soulèverait le coeur«.*[80] In diesem Sinne, in der Hoffnung, das Monströse zu entdecken, ließ man sich »russische oder japanische Spiele vorführen« oder scharte sich um das »Genie« in der Hoffnung, etwas Übernatürliches zu erfahren, als handele es sich um eine spiritistische Séance; in dieser Atmosphäre konnten ein jüdischer Herr und eine türkische Dame erscheinen, »als wären sie von einem Medium aus einer anderen Welt herbeibeschworen«.[81]

Die Invertierten selbst, plötzlich zu so hoher Gunst gelangt, beginnen sich zu erholen von der furchtbaren Einsamkeit der Selbstverachtung, in die sie der christliche Moralkodex seit Jahrtausenden gedrängt hatte, beginnen sich anzupassen an die veränderte gesellschaftliche Lage, beginnen ihre Positionen auszunutzen und ihre Stellung zu sich selbst gründlich zu revidieren, beginnen, was sie früher als furchtbares Geheimnis hüteten, als geheimnisvolles Air zur Schau zu tragen, überall durchschimmern zu lassen. Dem Gesetz der Gesellschaft gehorchend, immer das zu sein und zu bieten, was von einem erwartet wird, enden sie dabei, sich als Elite aufzuspielen, enden dabei, gleichsam Proselyten zu werben für ihre Clique, welche, gerade weil sie auf einer natürlichen Perversion besteht, Beziehungen zu allen Kreisen der Gesellschaft unterhalten, quer durch alle etablierten gesellschaftlichen Schranken sich durchsetzen kann.

Dabei hat die Gesellschaft ihren ursprünglichen Moralkodex natürlich nicht einfach abgeschafft. Sie ist nur, wie man es nannte, vorurteilsfrei geworden. Würde sie erklärt haben: Wir haben uns geirrt, Homosexualität, die wir für ein Verbrechen hielten, ist gar kein Verbrechen, so hätten sie sich selbst um das Faszinierende der ganzen Geschichte gebracht. Es ist genau so, wie Disraeli es bereits erkannt hatte: was allgemein als Verbrechen gebrandmarkt ist, kann in der Gesellschaft zum Laster werden. Angezogen wurde die morbide Neugier und die gelangweilte Sucht nach Erlebnissen vom Laster, von geheimen, nur wenigen zugänglichen Erlebnissen, vom Abnormalen und Unnatürlichen, die nur ein Schritt vom Unmenschlichen trennt.

Der Begriff der Vorurteilslosigkeit, der uns aus dem achtzehnten Jahrhundert als Toleranz so lieb und vertraut ist, hatte um die Wende des zwanzigsten Jahrhunderts bereits, also noch vor dem allgemeinen Zusammenbruch der bürgerlichen Welt nach dem Ersten Weltkrieg, seinen Sinn und Inhalt radikal geändert. Die Vorurteilslosigkeit des Faubourg Saint-Germain gegenüber den Invertierten bestand nicht etwa darin, daß sie Homosexualität nicht mehr als Verbrechen verstanden, sondern vielmehr darin, daß sie vor dem Verbrechen keinen Abscheu mehr empfanden. Die Umwandlung des Verbrechens in das Laster war nur die Vorstufe davon, das Verbrechen selbst zu glorifizieren. Das letzte Stadium der brutalsten Verrohung und Abstumpfung gegen Verbrechen und Verbrecher hatte denn auch mit der eigentümlichen Logik, die solchen Prozessen oft eigen ist, im Frankreich der Jahrhundertwende ein kleines, aber bezeichnendes Vorspiel: Während der Dreyfus-Affäre stand die ganze zivilisierte Welt wie vor einem Rätsel, als plötzlich auf dem ältesten Kulturboden der europäischen Menschheit und von der ästhetisch gebildetsten Gesellschaft ihr eine Welle von Brutalität, Verdorbenheit, phantastischsadistischen Träumen und hysterischer Anbetung des Verbrechens entgegenschlug.

Die gleiche Art von Vorurteilslosigkeit, welche die Invertierten in der Gesellschaft beheimatete und ihnen eine Art privilegierter Stellung anwies, wurde gleichzeitig auch auf die Juden angewandt. Das bedeutete praktisch, daß nicht hier und da ein jüdisches Individuum zu gesellschaftlichem Glanz gelangen konnte, wie noch Swann, sondern daß Judesein als solches schon ein Entreebillet wurde. Und zwar ein Entreebillet höchst fragwürdiger Art. Denn von Juden erwartete man sich ebenfalls die Sensation des Exotisch-Fremdartigen, Unnatürlich-Widernatürlichen, die Sensation des Lasterhaften, nachdem man ernster großer Gefühle nicht mehr fähig war. Die großen Leidenschaften, welche seit dem achtzehnten Jahrhundert die französische Gesellschaft beschäftigt hatten und von deren erhabenen oder scharmanten oder grotesken Geschichten die französische Literatur, seit Racine und Molière eine Literatur der Passionen, so herrlich übervoll ist, die großen Leidenschaften waren versiegt, und übrigblieb von ihnen der Hunger nach der Sensation und der Klatsch über das Laster. Juden wurden beliebt, weil man Jüdischsein für eine Art Laster hielt. Für diese Rolle aber eigneten sich die Ausnahmejuden, die man seit mehr als einem Jahrhundert in individuellen Fällen zugelassen und geduldet hatte, als »fremde Parvenus, auf deren Freundschaft niemand auch nur im Traume stolz gewesen wäre«,[82] besonders schlecht; man kannte sie zu gut, sie waren auch, insofern sie die jeweiligen jüdischen Gemeinden öffentlich vertraten, öffentlich zu bekannt und anerkannt, als daß die Phantasie der Gesellschaft mit ihnen viel Absonderliches hätte verbinden können. Viel geeigneter als Swann, der durch den ihm eigenen gesellschaftlichen Scharm und unantastbaren Geschmack sich unentbehrlich gemacht hatte, waren diejenigen, die wie Bloch »einer unbekannten Familie entstammten und daher wie auf dem Grund des Meeres dem ungeheuren Druck ausgesetzt waren, den nicht nur die christliche Oberfläche, sondern alle dazwischenliegenden Schichten der überlegenen jüdischen Kasten ausübten, von denen jede diejenige, die direkt unter ihr lag, mit ihrer Verachtung erdrückte«.[83] Die gesellschaftliche Bereitschaft, das absolut Fremde und scheinbar extrem Lasterhafte aufzunehmen, kürzte den Weg, auf dem im Verlauf von Generationen diese Kasten langsam, »von jüdischer Familie zu jüdischer Familie« an die Oberfläche der Gesellschaft kletterten, auf einen einzigen Sprung ab. Daß diese gesellschaftliche Verschiebung, wo die Letzten plötzlich die Ersten wurden, sich kurz nach dem Panama-Skandal ereignete, währenddessen die einheimische französische Judenheit von der Unternehmungslust und der Skrupellosigkeit zugezogener deutsch-jüdischer Elemente sich hatte überspielen lassen, ist sicher kein Zufall. Nun fanden sich plötzlich die im zweiten Kaiserreich vielfach geadelten Ausnahmejuden mit Leuten in einen Topf geworfen, die sie niemals in ihr Haus geladen hätten. Aber die Ausnahmejuden waren unmodern geworden; denn wenn Jüdischsein darin bestand, eine Ausnahme zu sein, dann konnte man nur diejenigen bevorzugen, die offenbar noch »eine in sich homogene, eng zusammengehörende Gruppe bildeten, die, wenn sie geschlossen in die Gesellschaft einzogen, denen, die ihnen zusahen, äußerst fremdartig vorkamen«,[84] diejenigen mit anderen Worten, die noch nicht assimiliert waren.

Jüdischsein aber konnte man nur deshalb für ein interessantes Laster halten, weil man in einer immer antisemitischer werdenden allgemeinen und politischen Atmosphäre immer geneigter wurde, zuzugestehen, daß Judesein eigentlich ein Verbrechen sei. Je mehr sich die antisemitische Propaganda fühlbar machte, je größere Schichten der Völker sie – nicht nur in Frankreich, sondern auch in Österreich und in Deutschland – ergriff, desto beliebter wurde es in gewissen Kreisen aller dieser Länder, mit Juden zu verkehren. Bis dann schließlich in der Weimarer Republik, dreißig Jahre später, Zustände herrschten, die den französischen aufs Haar glichen – nur mit dem Unterschied, daß kein großer Schriftsteller uns von ihnen berichtet. Wie die von Disraeli bemerkte Fähigkeit der Gesellschaft, Verbrechen in Laster zu verwandeln, die beginnende Kriminalität der Gesellschaft anzeigte, so deutete gerade die zweideutige Aufnahme, die Juden in der Gesellschaft fanden, auf den wachsenden Antisemitismus der öffentlichen Meinung hin.

Hatte bereits die Gesellschaft, in welcher Disraeli so enthusiastisch begrüßt wurde, das Fremdartige mit dem Großen und das Andersartige mit dem Genialen zu identifizieren sich gewöhnt, so ging die Epoche, welche Juden und Homosexuelle sich assimilierte, über den leeren Begriff der menschlichen Größe noch einen Schritt hinaus: sie identifizierte sie mit Unnatürlichem und Unmenschlichem schlechthin. Nicht mehr der Zauberer Disraeli oder der wegen seines dunklen Ursprungs genialische Swann waren die Norm der Größe, sondern direkt das Unnatürliche. Aus dem Übermenschen war der Unmensch geworden, und er wurde zum Inbegriff des Genies, als das Genie zum Idol wurde. Daß Homosexualität das Privileg des genialen Menschen sei, war in der Gesellschaft, von der Proust Kunde gibt, beinahe ein allgemein angenommenes Axiom, bestritten nur von Leuten, welche anderen Abnormitäten den Rang zusprachen. Nichts wurde eifriger studiert und stupider nachgebetet als Theorien über den Zusammenhang von Genialität und Verbrechen, von Genie und Irrsinn. Es ist wohl überflüssig, hinzuzufügen, daß die Invertierten durch solche Theorien nicht genialer wurden, die Irrsinnigen nicht produktiver und die Juden nicht lasterhafter oder exotischer. Aber in die notorische Langeweile dieser Gesellschaft brachten die Pervertierten noch einmal den ersterbenden Glanz der Leidenschaft, und in Monsieur de Charlus' Verfallensein an alle möglichen dunklen Gestalten lebt noch mehr von der Liebesfähigkeit des Menschen als in seinen »normalen« Brüdern. So war auch in dem zweideutigen Zusammenhalten der Juden, in den traurigen Resten einstiger Solidarität der Verfolgten, die Güte und Menschlichkeit des Parias wenigstens noch im Untergang sichtbar.

Daß dem Verbrechen eine gesellschaftsbildende Kraft innewohnt, ist eine alte Weisheit der Soziologie, die von jeder beliebigen Verbrecherbande bestätigt wird, ganz zu schweigen von den furchtbaren Beispielen, mit welchem moderne Historiker aufwarten können. Die gleiche zerstörerische Energie, welche die Bande in dem allgemeinen öffentlichen Leben ausüben kann, sobald dieses ernstlich erkrankt ist, bestätigt die Clique in der Gesellschaft, wenn die zu ihr gehörenden Menschen durch Positives nicht mehr zusammengehalten werden. In extremen Fällen wird das öffentliche Leben sich in den erbitterten Streitereien zwischen Banden auflösen, und in extremen Fällen erzeugt die Gesellschaft aus ihrem Schoße die Cliquen, in welchen sie schließlich untergeht. Es ist keine Frage, daß Proust uns in seinem Werk die genaueste Beschreibung eines solchen Prozesses hinterlassen hat.

Zwischen dem Verbrechen und dem Laster, als welches die Gesellschaft sich das Verbrechen assimiliert, besteht ein fundamentaler Unterschied. Verbrechen verüben freie Menschen, die für ihre Untaten zur Verantwortung gezogen werden können. In Laster werden Menschen kraft einer fatalen natürlichen Veranlagung verstrickt. Daher lebt in all den oft bornierten moralisierenden Attitüden, mit denen frühere Zeiten, allen sogenannten »psychologischen Verständnisses« bar, Laster als Verbrechen be- und verurteilten, so viel mehr Respekt vor der menschlichen Person, vor der Freiheit des Menschen, als in dem humanen »Verstehen« moderner Psychologen, welche den Menschen zu einem nach Gesetzen automatisch funktionierenden Mechanismus erniedrigen. »Die Strafe ist das Recht des Verbrechers«, um das er gebracht wird, wenn – wie Proust es schildert – Richter den Mord bei den Invertierten und den Verrat bei den Juden mit einem *»fatalité de la race«* entschuldigen. Auch das christliche Mittelalter hatte von Zeit zu Zeit Juden als Verbrecher oder als Häretiker verfolgt; aber aus dem Judenhaß des Mittelalters, selbst in seinen verblendetsten Formen, hatte es immer den Ausweg der Taufe gegeben, und das heißt, daß der Jude niemals – auch der verbrannte oder totgeschlagene Jude nicht – aufhörte, ein Mensch zu sein. Erst als man mit angenehmem Gruseln entdeckte, wie interessant das »Laster« des Jüdischseins war, wurde Judesein zu einer natürlichen Fatalität wie Klumpfuß und Buckel. Es tut wenig zur Sache, daß diese Fatalität damals noch seelisch-charakterlich aufgefaßt und erst später zu einem physisch nachweisbaren Rassemerkmal vulgarisiert wurde. Die Fatalität selbst, welche die modern antisemitische Auffassung vom Judentum von allen früheren Phänomenen des Judenhasses, in welchen Ausnahmen immer zugelassen, ja, vorgesehen waren, radikal trennt, hat sich in dieser gesellschaftlichen Atmosphäre vorbereitet. Hinter dem vorgeblichen psychologischen Verständnis verbirgt sich bereits die Anziehungskraft, die Mord und Verrat auszuüben beginnen, wie hinter der angeblichen Toleranz sich bereits die Art von Gesetzgebung vorbereitet, die nicht mehr erwiesene Verbrechen bestraft, sondern alle, die irgendeiner Theorie zufolge »rassisch« vorbelastet sind, ausrottet. Solche katastrophalen Veränderungen können sich im Nu vollziehen, wenn die politischen Institutionen des Staates von der Gesellschaft nicht mehr isoliert sind, so daß gesellschaftliche Wertungen in die Gesetzgebung eindringen und zu politischen Maßnahmen sich verfestigen können. Die scheinbare Vorurteilslosigkeit, die im Verbrechen »nur« ein Laster sieht, wird überall da, wo man ihr erlaubt, die Gesetze zu diktieren, sich als grausamer und unmenschlicher als noch so drakonische Gesetze erweisen, die immerhin noch die Verantwortlichkeit des Individuums für seine eigenen Handlungen anerkennen und respektieren.

Die Gesellschaft unterschied sich von der Unterwelt, welche sie so sehr bewunderte, wesentlich dadurch, daß sie nicht daran interessiert war und auch noch nicht den Mut hatte, ihren Moral- und Anstandskodex offiziell zu ändern, sondern ihn als leere Konvention bestehen ließ. Damit erreichte sie, daß die neu von ihr akzeptierten Elemente in die zweideutige Situation gerieten, einerseits bei Strafe des Verlustes ihrer Anziehungskraft nicht verheimlichen zu dürfen, wer sie waren – Homosexuelle oder Juden; andererseits aber auch bei Strafe des Verlustes ihrer Stellung in den Salons nicht offen zugeben zu dürfen, daß sie waren, wer sie waren. So begann jenes komplizierte Spiel des Zeigens und Versteckens, des halben Sich-zu-erkennen-Gebens, der Demut, die aus der Furcht entsprang, wieder verjagt zu werden, und der Arroganz, die aus der Überraschung geboren war, überhaupt zugelassen worden zu sein. In diesem zweideutigen Hin und Her wurde jedes der in Frage stehenden Individuen ein gelernter Schauspieler, nur daß der Vorhang, der dem Spiel ein Ende machen sollte, nie mehr heruntergelassen wurde und die Menschen, die aus ihrem ganzen Leben eine theatralische Rolle gemacht hatten, auch in der Einsamkeit nicht mehr wußten, wer sie eigentlich waren. Kamen sie in Gesellschaft, so erspähten sie instinktiv diejenigen, die ihresgleichen waren, erkannten sich automatisch an der ungewöhnlichen Mischung von Hochmut und Angst, die jede ihrer Gebärden bestimmt und festgelegt hatte. Hieraus entsprang dann das von Proust so ausführlich besprochene Augurenlächeln der Clique, das, was die Invertierten anlangte, noch einen Rest realer Bedeutung hatte, nämlich den Hinweis auf eine natürliche gemeinsame anomale Veranlagung; was aber die Juden anlangte, überhaupt nichts mehr bedeutete, sondern nur das geheimnisvoll anzeigte, was alle anderen Anwesenden längst wußten, nämlich daß in jener Ecke des Salons der Gräfin Sowieso noch ein Jude saß, der es nie zugeben durfte und der ohne diese an sich ja ziemlich belanglose Tatsache verrückterweise auch nie in die ersehnte Ecke gekommen wäre. Das große Geheimnis, das die Juden miteinander teilten, um das man sie beneidete oder um dessentwillen man sie fürchtete, es war wirklich *le sécret du polichinelle.*

Proust zeigt die absolute Leere des Zusammengehörigkeitsgefühls der Clique auf, indem er schildert, wie diese Menschen sich unter ihresgleichen nicht mehr wohlfühlen, ja, wie sie einen *horror* davor haben, unter ihresgleichen allein existieren zu müssen. Es ist an dieser Stelle, daß Proust seinen düsteren Vergleich zwischen Invertierten und Juden bis zur gräßlichen Identifikation treibt – und damit in der endlich erreichten völligen Absurdität von der Doktrin abläßt, in die Romanhandlung zurückfindet und dem Leser es wieder freistellt, in der unendlichen Deutungsfähigkeit jedes echten Kunstwerkes seine eigenen Wege zu suchen. An der abschließenden Bemerkung des ersten Teils von *Sodome et Gomorrhe* geht Prousts Gebäude in Stücke: er glaubt – unwissentlich einem alten antisemitischen Ladenhüter folgend – mit der Beobachtung, daß diese Juden nicht mehr gerne nur unter ihresgleichen weilten, das Parasitäre der jüdischen Existenz erfaßt zu haben, ja, er glaubt in dieser Tatsache einen Rest von Natürlichkeit in den Lasterhaften in der Form des schlechten Gewissens entdeckt zu haben, und hat doch nichts anderes in der Hand als ein weit über die »lasterhaften« Elemente verbreitetes banales Charakteristikum der gesamten Gesellschaft, von der er berichtet.

Denn keiner der Menschen, von denen Proust uns berichtet, hätte außerhalb der Gesellschaft existieren können, außerhalb der ihnen vertrauten und von der Gesellschaft vorgeschriebenen Rollen, außerhalb des Zusammenspiels der verschieden gearteten Individualitäten, unabhängig von Mitspielenden oder nur unter Menschen mit gleicher Rolle. In dem Zusammenspiel, das der Salon war, hing jeder von seinem Gegenspieler ab, der das Stichwort zu geben hatte, so daß die Homosexuellen ihre Abnormität, die Juden ihre schwarze Magie (»Nekromantik«), die Künstler und Genies ihre Monstrosität und die Adligen schließlich ihre Nichtgewöhnlichkeit – daß sie nicht wie alle Welt waren – zeigen konnten. Es ist diesem Gesellschaftsspiel geschuldet, daß alle neuen Elemente trotz ihrer Cliquenhaftigkeit den Verkehr unter ihresgleichen vermeiden. Nur das Zusammen und Beisammen aller

Cliquen sicherte dem einzelnen die Auszeichnung, durch die er in die Gesellschaft gekommen und die er nun bereits als einen unabdingbaren Bestandteil seines psychologischen Haushalts empfand. In einer Gesellschaft von nichts als Juden oder nichts als Homosexuellen wäre Jüdischkeit oder Homosexualität die normalste, alltäglichste Sache von der Welt. Aber was für Juden und Invertierte galt, galt nicht weniger für ihre adligen Hausherren; auch sie brauchten bereits die Nichtadligen, um sich in ihrem Adel zu bestätigen, wie sie selbst die Juden und die Homosexuellen bewunderten und bestätigten. Wie das Judentum, war auch der Adel nur noch ein gesellschaftliches Phänomen, nachdem er seine politische Bedeutung und soziale Funktion verloren hatte. Gesellschaftlich gesehen hieß adlig sein nur nichtbürgerlich sein, so wie Jude sein in der Gesellschaft nur darin bestand, kein Nichtjude zu sein. Die Angst der Juden, unter sich zu sein, sich selbst überlassen zu werden, war die Angst vor dem Verlust der gesellschaftlichen Stellung, ohne die man sich eine Existenz überhaupt nicht mehr vorstellen konnte. Ihr entsprach nicht nur die Sucht der Invertierten, sich als geheime Clique, der Makel und Auszeichnung des Andersseins anhaftete, unter natürlich Gearteten zu bewegen, sondern auch die Angst der Adligen, wieder allein, unter sich zu bleiben, ihre Angst vor der Langeweile, welche diese höchst gemischte Geselligkeit ja überhaupt erst kreiert hatte.

Man hat den assimilierten Juden oft ihre Gleichgültigkeit für jüdische Angelegenheiten, ihre Entfremdung vom Judentum vorgeworfen. Damit meinte man natürlich nicht die Tatsache, daß assimilierte Juden der jüdischen Religion entfremdet waren; denn dies waren auch andere, größere Teile des Volkes, ohne daß irgendein Mensch daran gedacht hätte, sie als »unjüdisch« zu bezeichnen. Sieht man also von solchen »Vorwürfen«, die faktisch das ganze Volk betreffen, ab, so liegt ein eigentümliches Mißverständnis vor. Man hat wohl das, was offizielle Repräsentanten bei offiziellen Gelegenheiten über sich selbst und ihre Gefühle zum Besten gaben, etwas zu wörtlich genommen und hat eine adäquate Beobachtung des wirklichen Lebens dieser »entjudeten« Juden übermäßig vernachlässigt. Denn man könnte wirklich paradoxerweise behaupten, daß niemals in der jüdischen Geschichte für irgendeine Schicht des Volkes die Tatsache des Judeseins so im Mittelpunkt der individuellen Existenz eines jeden gestanden hat, wie für assimilierte Juden, welche nicht müde wurden zu behaupten, daß sie gar keine Juden wären. Je mehr sie öffentlich erklärten, nichts als Franzosen, Deutsche, Engländer oder Russen zu sein, desto ausschließlicher wurde ihr Privatleben nichts als jüdisch. Die Juden aber haben unter dem Deckmantel der Religion ihre nationale Qualität zur Privatsache gemacht – mit dem Erfolg, daß das Leben eines assimilierten Juden in seinen intimsten Details, in all seinen gefühlsmäßig bestimmten Inhalten, in all seinen wesentlichen Entscheidungen zum Schauplatz eines politischen und öffentlichen Konfliktes wurde. Die Zerrissenheit der betreffenden Seele ließ denn auch nichts zu wünschen übrig. Nichts anderes als dies leere Zerrissensein ist die »angeborene Prädisponiertheit«, von der Proust spricht, dies eigentümliche Verfallensein an das Jüdischsein, das die natürliche Treue und die selbstverständliche Solidarität mit dem Volke ersetzt hatte und das assimilierte Juden kennzeichnet. Dies Verfallensein, in Wahrheit ein gesellschaftliches Verfallsphänomen, wiederholte sich in der Tat mit einer Zwangsläufigkeit, als sei es eine Konsequenz der Fatalität der Geburt, und glich darum, in den Augen des Dichters, der fatalen Verfallenheit an Laster, Unnatur und Rauschgift.

In den Salons des Faubourg Saint-Germain endet die Geschichte der Ausnahmejuden, soweit sie wert ist, festgehalten zu werden. Alles, was nachfolgt, ist nur noch Nachspiel, jedenfalls was die Geschichte der inneren Zustände im assimilierten Judentum anbetrifft. Daß an der außerordentlichen Rolle der Juden in der Gesellschaft des *fin-de-siècle* der Antisemitismus der Dreyfus-Affäre schuld war und daß das Ende der Affäre, das heißt die nicht mehr umgehbare Entdeckung der Unschuld des Hauptmanns Dreyfus, das Ende dieses gesellschaftlichen Glanzes zur Folge hatte, hat schon Proust gewußt.[85] Nur der »Rasse von Verrätern« hatte die Gesellschaft die Tore geöffnet; als es sich herausstellte, daß es einen Verrat gar nicht gab, sondern nur ein recht stupides Opfer einer ganz gewöhnlichen Intrige, und die »Unschuld« der Juden erwiesen war, verschwand das Interesse der Gesellschaft an den Juden so schnell wie der politische Antisemitismus des Mobs auf der Straße. Als Frankreich seine große Antisemitismuskrise der Jahrhundertwende überwunden hatte, wurde das Leben der französischen Juden wieder normal, und sie verschwanden aus den Salons der sogenannten guten Gesellschaft.

Die Antisemitismuswelle der Nachkriegszeit berührte die Länder Westeuropas nur oberflächlich, brachte dafür aber in den Ländern ihres Ursprungs, Deutschland und Österreich, ähnliche Erscheinungen zutage.[86] Das angebliche Verbrechen der Juden war, daß sie schuld am Kriege wären, und dies Verbrechen, das nicht mehr mit einem bestimmten Individuum verknüpft war, konnte auch nicht mehr in den Augen von Gesellschaft und Mob widerlegt werden. So setzte sich die Überzeugung des Mobs, daß Judesein ein Verbrechen sei, durch, und die Gesellschaft dieser Länder konnte sich bis zum Ende, als sie mit einer blitzartigen Schnelligkeit von einem Tag zum anderen alle Beziehungen zu Juden abbrach, an ihren Juden so erfreuen, von ihnen so fasziniert werden, wie Disraeli es beschrieben hat. Was immer an Wahrheits- und Erfahrungsgehalt in der Sündenbockhypothese zwecks Erklärung des Antisemitismus enthalten sein mag, liegt nicht in den politischen Verhältnissen, wohl aber in diesen gesellschaftlichen Umständen beschlossen. Als eine antisemitische Gesetzgebung die Gesellschaft zwang, sich ihrer Juden zu entledigen, empfanden diese »Philosemiten« den Zwang wie eine heilsame Reinigung, eine Kur von der geheimen Lasterhaftigkeit, mit der sie die Juden »geliebt« hatten. Es ist natürlich eher unwahrscheinlich, daß dies

Gefühl der Erleichterung stark genug war, um aus den »Bewunderern« der Juden gerade ihre Mörder rekrutieren zu können. Immerhin ist der Prozentsatz an »Gebildeten« unter den SS-Truppen auffallend und gibt zum Nachdenken Anlaß. Sicher ist, daß nur ein Verständnis für die Psychologie der Gesellschaft die unglaubliche Untreue gerade der Kreise, die Juden am besten gekannt hatten und angeblich von ihnen besonders angezogen worden waren, erklären kann.

Was die Juden anlangte, so war die gesellschaftliche Transformierung des »Verbrechens«, ein Jude zu sein, in das gesellschaftsfähige Laster der Jüdischkeit von äußerster Gefahr. Aus dem Judentum konnte man entkommen, aus der Jüdischkeit nicht; ein Verbrechen unterliegt nur einer Strafe, auf dem Laster, will man es überhaupt bekämpfen, steht die Ausrottung. So stellt sich eine Verbindung her zwischen der gesellschaftlichen Interpretation des Judeseins und der furchtbaren Gründlichkeit, mit der antisemitische Maßnahmen schließlich durchgeführt wurden. Der Nazi-Antisemitismus hatte sicher seine Wurzeln eher in politischen Umständen als in gesellschaftlichen Bedingungen; aber wiewohl gerade der Rassebegriff andere und politisch relevantere Ziele und Funktionen hatte, so war doch seine so furchtbar erfolgreiche Anwendung auf die Juden in weitem Maße gesellschaftlichen Phänomenen und Überzeugungen geschuldet, die jene Atmosphäre allgemeiner Zustimmung schufen, aus der es kein Entrinnen mehr gab.

Die entscheidenden Kräfte, welche die Juden in das Sturmzentrum der neuesten Ereignisse spielten, waren politischen Ursprungs; aber die gesellschaftliche und psychologische Reflexion der Judenfrage in den betreffenden und betroffenen Individuen stand in Beziehung zu der verblüffenden sadistischen Grausamkeit, die sich bereits in der antisemitischen Bewegung der Dreyfus-Affäre zeigte. Es ist fraglich, ob eine nur politisch motivierte Bewegung diese passionierte, verrückte Jagd auf den »Juden überhaupt«, den »Juden überall und nirgends« zustande gebracht hätte. Die gesellschaftlichen Faktoren, von denen die politische und wirtschaftliche Geschichte schweigt, die sich selbst unter der Oberfläche verzeichenbarer Ereignisse verbergen und für die wir daher auf Dichter und Schriftsteller angewiesen sind, haben den Lauf des politischen Antisemitismus zweifellos entscheidend beeinflußt und bis in seine Substanz hinein verändert. Der rein politische Antisemitismus hätte es sicher ohne Schwierigkeit zu antijüdischer Gesetzgebung und selbst zu Massenvertreibungen bringen können. Ob er ohne die Hilfe der Gesellschaft bis in das Extrem der Ausrottung geraten wäre, ist zum mindesten fraglich. Schließlich rechneten die Propaganda und der Fanatismus der Hitler-Bewegung deutlichst mit einer Gesellschaft, welche bewiesen hatte, daß sie nur zu gern das Verbrechen in der Form des Lasters duldete, von der man daher erwarten durfte, daß sie eines Tages, der bloßen Lasterhaftigkeit müde, bereit sein würde, die Verbrecher selbst zu empfangen, um schließlich, wenn sie auch dessen überdrüssig geworden, sich die Zeit damit zu vertreiben, Verbrechen selbst im vollen Licht der Öffentlichkeit zu begehen und auf jeden Fall alle begangenen Untaten gutzuheißen.

4 Die Dreyfus-Affäre[1]

Im achtzehnten und neunzehnten Jahrhundert schlägt das Herz Europas am vernehmlichsten in Frankreich. Erst in unserer Zeit, die so gründlich für Glanz und Elend der Neuzeit – und das ist politisch für Aufstieg und Niedergang des Nationalstaates – zur Rechenschaft gezogen wird, ist das Gesetz des Handelns an andere Völker gekommen. So groß aber ist, trotz nationalstaatlicher Zersplitterung, die Kontinuität und Durchdringung gesamteuropäischer Geschichte, daß nahezu jedes größere Ereignis des zwanzigsten Jahrhunderts, von der Oktoberrevolution bis zum Ausbruch des Nationalsozialismus, im Frankreich des vorigen Jahrhunderts sich in einigen wesentlichen Konturen bereits abgezeichnet hat, um dort als kurzes, scheinbar folgenloses Spiel – als Tragödie, wie die Kommune, oder als Farce, wie die Dreyfus-Affäre – gleichsam eine Generalprobe zu absolvieren. Daß in diesen Generalproben das Fazit eines ganzen Zeitalters gezogen wurde, hat Clemenceau zumindest geahnt, als er ausrief:

»Avoir pris la Bastille, guillotiné Louis XVI et fait des révolutions sans nombre – pour aboutir à l'impossibilité de juger un homme suivant le Code – quelle ironie!«[2]

Ende des Jahres 1894 wurde in Frankreich der jüdische Generalstabsoffizier Alfred Dreyfus von einem militärischen Gerichtshof der Spionage zugunsten des Deutschen Reiches angeklagt und zu lebenslänglicher Deportation auf die Teufelsinseln verurteilt. Das Urteil wurde einstimmig gefällt, die Verhandlungen fanden unter

Ausschluß der Öffentlichkeit statt; aus dem angeblich umfangreichen Aktenstück gegen ihn wurde nur das sogenannte *Bordereau* in der Öffentlichkeit bekannt, ein Brief, der vorgeblich in der Handschrift Dreyfus' an den deutschen Militärattaché Schwartzkoppen gerichtet war. Im Juli des Jahres 1895 wurde der Oberst Picquart zum Chef des Nachrichtenbüros des Generalstabs ernannt. Im Mai 1896 äußerte er zu Boisdeffre, dem Chef des Generalstabs, seine Überzeugung von der Unschuld Dreyfus' und der Schuld des Majors Walsin-Esterhazy. Ende des Jahres 1896 wurde Picquart nach Tunis verbannt. Bernard Lazare, ein jüdischer Schriftsteller, veröffentlichte die erste Schrift zum Dreyfus-Prozeß im Auftrage der Brüder von Dreyfus: *»Une erreur judiciaire; la vérité sur l'affaire Dreyfus.«*

Im Juni 1897 interessierte Picquart durch die Vermittlung eines Anwalts den Vizepräsidenten des Senats, Scheurer-Kestner, für den Dreyfus-Prozeß und überzeugte ihn von der Unschuld Dreyfus'. Im November des gleichen Jahres nahm Clemenceau seinen Kampf für Dreyfus in der Zeitung *Aurore* auf. Im Dezember erschienen die ersten Artikel Zolas, dessen berühmtester: *J'Accuse* im Januar 1898 von Clemenceau in der *Aurore* veröffentlicht wurde. Fast am gleichen Tage wurde Picquart verhaftet. Zola wurde auf Grund der in *J'Accuse* ausgesprochenen »Verleumdungen« der Armee und des Generalstabs in den Anklagezustand versetzt und in erster und zweiter Instanz verurteilt. Im August 1898 wurde der Major Esterhazy wegen ungehöriger militärischer Führung aus der Armee entlassen. Er hatte unter anderem 35 000 Franc unterschlagen. Daraufhin erklärte Esterhazy am gleichen Abend einem englischen Journalisten, daß er, und nicht Dreyfus, das *Bordereau* verfaßt habe, und zwar im Auftrage des damaligen Chefs des Nachrichtenbüros, des Obersten Sandherr. Wenige Tage darauf gestand ein anderes Mitglied der französischen Spionageabteilung, der Oberst Henry, daß er mehrere Stücke des geheimen Dreyfus-Dossiers gefälscht habe, und nahm sich das Leben. Daraufhin setzte der Kassationshof, der oberste Gerichtshof Frankreichs, eine Untersuchungskommission ein.

Im Juni 1899 kassierte der Kassationshof das Urteil von 1894, und im August begann der Revisionsprozeß in Rennes. Dreyfus wurde im September zu zehn Jahren Gefängnis unter Zubilligung mildernder Umstände verurteilt und eine Woche später vom Präsidenten der Republik, Loubet, begnadigt. Im April des Jahres 1900 fand die Eröffnung der Pariser Weltausstellung statt, und im Mai, als der Erfolg der Ausstellung gesichert schien, beschloß das Parlament mit überwältigender Mehrheit, jede nochmalige Revision des Prozesses zu verhindern. Im Dezember des gleichen Jahres wurden sämtliche anläßlich der Dreyfus-Affäre anhängigen Prozesse durch Amnestie erledigt.

Dreyfus reichte 1903 ein neues Revisionsgesuch ein. Die Verhandlungen begannen aber erst 1906, nachdem Clemenceau an die Regierung gekommen war. Zwar wurde Dreyfus im Juli 1906 von dem Kassationshof freigesprochen, aber dieser hatte nur das Recht, das Urteil von Rennes zu kassieren und eine nochmalige Wiederaufnahme des Verfahrens vor einem Militärgericht zu veranlassen. Revision und Freispruch lagen außerhalb seiner Befugnisse. Selbst das Kabinett Clemenceau konnte nicht wagen, die erwiesene Unschuld des Hauptmanns Dreyfus auf legalem Wege zu bestätigen.

So ist die Dreyfus-Affäre niemals zu einem Ende gekommen und das Urteil, das den Justizirrtum reparieren sollte, niemals von dem ganzen Volke anerkannt worden. Selbst die ungeheure Erregung, die sie auslöste, ist in Frankreich erst nach dem Zweiten Weltkrieg abgeklungen. Als im Jahre 1908, neun Jahre nach der Begnadigung, zwei Jahre nach Freispruch und Rehabilitierung, das Ministerium Clemenceaus Zolas Leiche ins Pantheon überführen ließ, wurde Dreyfus auf offener Straße von einem Attentäter verwundet. Das Schwurgericht sprach den Attentäter frei und kassierte so auf seine Weise den Freispruch. Als 1931 das Theaterstück »Die Affäre Dreyfus«[3] in Paris zur Uraufführung kam, war es, als ob an den Parisern zweiunddreißig Jahre nicht anders als im Traum vorbeigegangen waren: Krawalle im Theater und auf der Straße, Stinkbomben im Parkett, Stoßtrupps der *Action Française,* die Publikum und Schauspieler terrorisierten. Und damit nichts fehlte: Kapitulation der Regierung Laval, die erklärte, für die Ruhe nicht bürgen zu können; gefolgt von einem Scheinerfolg der Dreyfusards, die erreichten, daß das Stück einen Abend lang ohne Störung gespielt wurde; dann schleunige Absetzung vom Spielplan. Als Dreyfus 1935 starb, war die Presse äußerst reserviert und wurde von der *Action Française* gebührend dafür gelobt;[4] nur die sozialistischen Blätter sprachen offen von der erwiesenen Unschuld, aber auch nur die äußerste Rechte behauptete, er sei ein Spion gewesen. Und noch zehn Jahre später, unmittelbar nach dem Kriege, konnte die *»Voix du Nord«* in Lille gegen die Verurteilung Pétains mit Hinblick auf die Dreyfus-Affäre protestieren und sich dagegen wenden, daß Gerichte in Sachen Politik entscheiden. Und daß ein Justizspruch in dieser Sache nie anerkannt worden ist, bleibt in der Tat das Entscheidende. Es bedeutete, daß kein Gerichtshof im Frankreich der Dritten Republik genügend Autorität besaß, um wirklich Recht zu sprechen. Clemenceau hat gewußt, daß dies das Ende des Rechtsstaates ist, wie er wußte, daß das Ende des Rechtsstaates der Anfang des Unterganges des Nationalstaates sein mußte.[5]

Der Dreyfus-Prozeß selbst gehört noch ganz dem neunzehnten Jahrhundert an, das an Prozessen so leidenschaftlich interessiert war, weil seine größte Errungenschaft, die Gleichheit vor dem Gesetz, in jedem Urteilsspruch neu ausgeprobt werden konnte. Charakteristisch ist, daß gerade an einem Justizirrtum sich die politischen Leidenschaften entzündeten, und daß diese sich in einem Rattenschwanz von Prozessen austobten, begleitet von einer Unzahl von Duellen. Die Gleichheit vor dem Gesetz war noch so stark in dem Rechtsbewußtsein der zivilisierten Welt verankert, daß die Empörung über den Justizirrtum von Moskau bis New York die öffentliche Meinung erregte; nur die französische öffentliche Meinung war bereits modern genug, sich nur nach politischen Erwägungen zu richten. Das Unrecht, angetan einem einzigen jüdischen Hauptmann in Frankreich, hat die Welt zu einer vehementeren und einheitlicheren Reaktion veranlaßt als alle Verfolgungen der deutschen Juden ein Menschenalter später. Erst die Ausrottungen in den Gaskammern haben dann noch einmal eine ähnliche Empörung gezeitigt. Damals warf selbst das zaristische Rußland Frankreich Barbarei vor, und Beamte des deutschen Kaisers schlugen einen Ton der Entrüstung an, den nur sehr linksliberale Blätter in den dreißiger Jahren gegen Hitler riskiert haben.[6]

Die Figuren des Dreyfus-Prozesses könnten alle noch in den Romanen Balzacs vorkommen: die standesbewußten Generale, die jeden, der zur Clique gehört, decken; und ihr Gegenspieler, der Oberstleutnant Picquart, der die Fälschungen im Nachrichtenbüro aufdeckte, in seiner graden, ruhigen und leicht ironischen Ehrlichkeit und Ehrenhaftigkeit. Die Parlamentarier, die voreinander zittern, weil jeder von jedem etwas weiß; der Präsident der Republik, dessen Besuche in den Freudenhäusern Paris notorisch sind; und die um ihre Karriere besorgten Untersuchungsrichter, die nur für ihre gesellschaftlichen Beziehungen leben und untersuchen. Dann Dreyfus selbst, mit seinen Parvenuallüren, wenn er Kameraden gegenüber mit Geld protzt und einen Teil davon mit Mätressen durchbringt, und seine Brüder, die dem Obersten Sandherr erst ihr ganzes Vermögen, aber dann doch nur 150 000 Franc anbieten, um den Bruder zu retten – wobei sie selbst nicht genau wissen, ob sie ein Opfer bringen oder den Generalstabschef bestechen wollen. Dazu ihr Anwalt, der verbindliche Demange, der zwar von der Unschuld seines Klienten überzeugt ist, aber dennoch auf Zweifel plädiert, um nirgends anzustoßen und keine Interessen zu verletzen. Schließlich der Abenteurer

Esterhazy, dessen Adel so »alt« ist, daß er selbst nicht mehr recht weiß, wo er ihn eigentlich her hat, und der sich in dieser verspießerten Welt so entsetzlich langweilt, daß er zu jeder Heldentat und zu jedem Schurkenstreich bereit ist. Wie dieser ehemalige Souslieutenant der Fremdenlegion seinen Kollegen imponierte mit ein bißchen Mut und viel Frechheit, und wie er sie verachtete! Immer in Schulden, machte er ein vorzügliches Geschäft damit, jüdischen Offizieren als Zeuge in Duellen zu dienen, um dann unbekümmert die reichen Juden zu erpressen, wobei er sich des Oberrabbiners als Mittelsmanns bediente. Wahrhaft Balzacsche Größe hat auch sein Untergang. Daß er ein Verräter war, wußte alle Welt, und daß er von dem großen »Fest« träumte, in welchem Paris von 100 000 trunkenen Soldaten, preußischen Ulanen, eingenommen und geplündert werden würde, wußten zumindest seine Kollegen.[7] All dies bringt ihn nicht zu Fall. Aber daß er eine Verwandte um 35 000 Franc betrogen hat, war unverzeihlich. Über dieses ganze, halb lächerliche, halb widerliche Getriebe legte sich am Ende das große rhetorische und politisch inhaltlose Pathos Zolas in seiner naiven sentimentalen Eitelkeit, diese großspurige Verlogenheit, mit der er am Abend nach seiner Verurteilung seine Flucht aus Frankreich damit erklärt, daß er die Stimme Dreyfus' vernommen habe, die ihn angefleht hätte, das »Opfer« einer Flucht nach London zu bringen.[8]

Dies alles spricht im Stil und trägt die Physiognomie des neunzehnten Jahrhunderts; es hätte schwerlich genügt, um die Pariser im Jahre 1931 nochmals auf die Beine zu bringen und als Dreyfusards oder Anti-Dreyfusards im Theater zu demonstrieren und Stinkbomben zu werfen. Die Begeisterung des Mobs für Esterhazy wie sein Haß auf Zola waren verraucht. Aber auch alle alten jakobinischen Leidenschaften gegen Adel und Klerus, die Jaurès entfesselt hatte und die schließlich allein Dreyfus befreit haben, waren in Frankreich nicht mehr lebendig. Generalstabsoffiziere, die den Staatsstreich vorbereiteten, hatten – wie die Cagoulard-

Affäre zeigte – den Volkszorn nicht mehr zu fürchten. Mit der Trennung von Staat und Kirche war Frankreich zwar nicht klerikaler geworden, aber der Anti-Klerikalismus hatte seine politische Vehemenz ebenso eingebüßt wie der Katholizismus seine politischen Aspirationen. Pétains Versuche, Frankreich auf dem Wege eines klerikalen Faschismus wieder katholisch zu machen, stießen bei der Bevölkerung auf Gleichgültigkeit und beim Klerus auf Widerstand.

Geblieben war von der Dreyfus-Affäre der Haß auf die Juden und mehr noch die Verachtung für die Republik, das Parlament, den gesamten Staatsapparat, den ein großer Teil des Volkes fortfuhr, mit dem Einfluß der Juden und der Macht der Banken zu identifizieren. Mit dem Schlagwort Anti-Dreyfusard ließ sich bis in die jüngste Zeit in Frankreich alles bezeichnen, was antirepublikanisch, antidemokratisch, antisemitisch war – von dem Monarchismus der *Action Française* bis zu dem Nationalbolschewismus Doriots und dem Sozialfaschismus Déats. Die Dritte Republik aber ist nicht an diesen verhältnismäßig unbedeutenden faschistischen und chauvinistischen Gruppen zugrunde gegangen; der antirepublikanische Einfluß ist vielleicht nie so gering gewesen wie zur Zeit des Untergangs. Zugrunde gegangen ist die Republik daran, daß es keine Dreyfusards mehr in ihr gegeben hat, keine Männer mehr, die daran glaubten, daß Demokratie und Freiheit, Gleichheit und Gerechtigkeit in der Form dieser Republik verteidigt und verwirklicht werden können. Als Clemenceau am Ende seines Lebens sagte: *»Espérer? C'est impossible! ... Je ne le puis plus, moi qui ne crois plus a qui m'a passioné: la démocratie«,*[9] da war das Schicksal der Republik besiegelt. Sie fiel schließlich der alten Anti-Dreyfusard-Clique, die in Frankreich immer den Kern der Armee gebildet hatte,[10] wie eine überreife, verdorbene Frucht in den Schoß – zu einer Zeit, da sie zwar nur sehr wenige Feinde, aber so gut wie keine Freunde mehr hatte.

Wie wenig die Pétain-Clique, die so erfolgreich Frankreich an

Deutschland verriet, das Produkt eines modernen Faschismus war, zeigte sich bald an der sklavischen Folgsamkeit, mit der sie die vor mehr als vierzig Jahren formulierten Rezepte getreulich befolgte. Ihre Anglophobie, die am Ende des vorigen Jahrhunderts alle französischen Kolonialpolitiker zu Feinden der Republik gemacht hatte und das Resultat der französischen Niederlage in Ägypten war, blieb unbeirrt von der Tatsache, daß die französischen Kolonien in Nordafrika nun von ganz anderen Mächten bedroht waren und nur von einer französisch-englischen Allianz hätten garantiert werden können. Die von den Deutschen nach der französischen Niederlage gezogene Demarkationslinie, welche unter anderem den Zweck hatte, die um Paris zentrierte Nation aufzuspalten, hinderte sie nicht daran, das alte Barrésche Rezept von den autonomen Provinzen durchzuführen und so Frankreich weiter freiwillig zu zerstückeln. Die Pétain-Regierung führte früher als alle anderen Quisling-Regime ihre Judengesetze ein, weil sie – wie sie den Deutschen mit Stolz versicherte – es nicht nötig hätte, den Antisemitismus aus Deutschland zu importieren. Aber wie alles andere, so war eben auch ihre Judengesetzgebung fünfzig Jahre hinter der Zeit zurück, und sie mußten sich von den Deutschen auch noch sagen lassen, sie hätten den Sinn des Antisemitismus nicht verstanden.[11] Sie besannen sich so gut auf die Rolle des katholischen Klerus in der Anti-Dreyfusard-Bewegung, daß sie glaubten, den Klerus gegen die Juden mobilisieren zu können – und mußten feststellen, daß der Klerus nicht mehr antisemitisch war und der moderne Antisemitismus, vertreten durch den Nationalsozialismus, nicht mehr gewillt, sich von der katholischen Kirche dreinreden zu lassen.

Daß sich die Anti-Dreyfusards komisch genug ausnahmen, als sie mit vierzigjähriger Verspätung plötzlich Gelegenheit bekamen, so zu tun, als ob sie die Geschicke Frankreichs in der Hand hätten, hindert nicht, daß sich in der Dreyfus-Affäre (im Unterschied zu den Dreyfus-Prozessen) bereits wesentliche Züge des zwanzigsten

Jahrhunderts ankündigen. Es ist, wie Bernanos einmal bemerkte: »*L'affaire Dreyfus appartient déjà au cycle tragique dont la dernière guerre n'est sans doute pas encore le terme, hélas! Elle aura ce même caractère inhumain, et, au milieu des passions déchainées, des feux de la haine, on ne sait quel cœur dur et glacé.*«[12] Daß die Anti-Dreyfusards schließlich als komische Figuren endeten, bedeutet nur, daß die Affäre ihre wirklichen Fortsetzer nicht in Frankreich gefunden hat. Frankreich mag an den Krankheiten des neunzehnten Jahrhunderts, an dem Verfallsprozeß des Nationalstaats, schließlich zugrunde gehen. Die furchtbaren Scheußlichkeiten, die es in seinem Schoße barg, brachen nicht hier, sondern in den Ländern aus, die das politische Gesicht des zwanzigsten Jahrhunderts bestimmen. Immerhin erlag Frankreich der deutschen Aggression in der nationalsozialistischen Form so leicht, weil die Hitler-Propaganda eine ihm seit langem vertraute Sprache sprach. Daß der »Cäsarismus« der *Action Française,*[13] der nihilistische Chauvinismus von Barrès und Maurras nie siegten, ist zwar auch negativen Faktoren geschuldet – ihrer Blindheit für die soziale Frage, ihrer Unfähigkeit, die Intellektuellenphantasien in eine Massenbewegung umzusetzen; nicht zuletzt aber hat Frankreich jener jakobinische Patriotismus, für den die Menschenrechte immer Teil des Ruhmes gerade der Nation waren und dessen letzter Vertreter Clemenceau war, vor der Schande eines einheimischen Faschismus bewahrt. Mit diesem Patriotismus hat Frankreich noch den Ersten Weltkrieg gewonnen; den Frieden zu gewinnen, reichte er nicht mehr aus.[14]

Wichtig an der Dreyfus-Affäre ist nicht, daß es in Frankreich noch in der jüngsten Vergangenheit Anti-Dreyfusards gegeben hat, sondern daß bereits einmal, zu einer Zeit, der die *Protokolle der Weisen von Zion* noch nicht vorlagen, ein ganzes Volk sich über die Frage, ob das »geheime Rom« oder das »geheime Juda« die Fäden der Welt in der Hand halte, die Köpfe zerbrach und einschlug. Denn die Vorgeschichte des nationalsozialistischen Deutschland spielt in ganz Europa und ist schwer aufzuspüren unter der breiten Oberfläche offizieller Dokumente und bekannter Autoren. So ist es wichtig, dort zuzugreifen, wo sie einmal aus dem Halbdunkel der Schmutz- und Schundliteratur und den unerforschten unterirdischen Bereichen des Aberglaubens auftaucht und ins volle Licht der erforschten und registrierten Geschichte europäischer Politik tritt. In diesem Zusammenhang können wir auch den bis heute nicht aufgeklärten Kriminalroman der Affäre auf sich beruhen lassen,[15] in dem wir von Generalstabsoffizieren erfahren, die sich falsche Bärte ankleben, blaue Brillen aufsetzen und im nächtlichen Paris mit gefälschten Dokumenten einen schwungvollen Handel treiben. Der Held der geschichtlich relevanten Dreyfus-Affäre heißt nicht Alfred Dreyfus, sondern Clemenceau; und sie beginnt nicht mit der Verhaftung eines jüdischen Generalstabsoffiziers, sondern mit dem Panama-Skandal.

Die Juden und die Dritte Republik

Zwischen 1880 und 1888 hat die Compagnie zur Durchstechung des Panama-Kanals unter Leitung des Ingenieurs Lesseps, des französischen Erbauers des Suez-Kanals, nur wenig dazu tun können, die Arbeiten am Kanal zu fördern. Ihr war es hingegen gelungen, in Frankreich selbst einiges zu vollbringen: sie hatte in diesen acht Jahren 1335538454 Franc in Form von Anleihen aus den Taschen des französischen Volkes gezogen.[16] Diese Leistung war durchaus beachtlich, wenn man bedenkt, wie vorsichtig der französische Mittelstand in der Anlage seiner Gelder ist und immer war, wie stark die Bauernmentalität und ein bäuerliches Mißtrauen weite Schichten des französischen Volkes durchdringt, und wie wenig der französische Kleinrentner geneigt ist, Ersparnisse zu riskieren. Des Rätsels Lösung liegt in der Tatsache, daß die immer wiederholten Anleihen der Compagnie vom Parlament autorisiert wurden. Der Bau des Panama-Kanals wurde allgemein als eine öffentliche und nationale Angelegenheit und nicht als ein Privatgeschäft betrachtet. Der Bankrott der Gesellschaft versetzte dann auch der Republik eine empfindliche außenpolitische Niederlage. Erst einige Jahre später stellte sich heraus, daß schwerwiegender als die außenpolitische Schlappe der Republik die Tatsache wog, daß in Frankreich über eine halbe Million mittelständischer Existenzen ruiniert worden waren. Die Presse und die Untersuchungskommission, die das Parlament schließlich zur Aufklärung des Skandals einsetzen mußte, brachten folgendes zutage:[17] Die Compagnie war seit vielen Jahren bankrott gewesen, Lesseps aber hatte noch immer gehofft, durch neue Geldsummen, wie durch ein Wunder, die Arbeiten wieder in Gang zu bringen. Um die Anleihen vom Parlament autorisieren zu lassen, war er gezwungen gewesen, den größten Teil der Presse, über die Hälfte der Parlamentarier und alle höheren Beamten der Republik zu bestechen. Um diese Bestechungen ins Werk setzen zu können, hatte er Mittelsmänner gebraucht, die ihrerseits sehr hohe Kommissionen verlangten. Also gerade das, was in den Augen des Publikums die Sicherheit des Unternehmens verbürgte, die Autorisierung der Anleihen durch das Parlament, hatte ein mehr oder minder solides privates Geschäft zu einem ungeheuren Schwindelunternehmen gemacht.

Juden waren weder unter den bestochenen Parlamentariern noch in der Direktion der Compagnie. Aber Jacques de Reinach und Cornélius Herz stritten sich um die Ehre, die Subventionen im Parlament zu verteilen. Dabei hatte Jacques de Reinach den rechten Flügel der bürgerlichen Parteien übernommen (die Opportunisten), während Cornélius Herz unter den Radikalen (der antiklerikalen Kleinbürgerpartei) arbeitete.[18] Reinach war in diesen achtziger Jahren der geheime Finanzberater der Regierung gewesen,[19] er hatte auch die Beziehungen zu der Panama-Compagnie in der Hand. Herz spielte in dem Geschäft eine doppelte

Rolle: er diente einmal Reinach als Mittelsmann zu dem radikalen Flügel des Parlaments, zu dem Reinach selbst keine Beziehungen hatte, und er hatte zweitens sich durch diese Vermittlung so gute Kenntnisse über den Umfang der Bestechungen erworben, daß er Reinach erpressen und dadurch immer tiefer in die Sache hineintreiben konnte. Selbstverständlich arbeiteten sowohl für Herz wie für Reinach eine ganze Schar kleinerer jüdischer Geschäftsleute, deren Namen wir besser der wohlverdienten Vergessenheit nicht entreißen. Je unsicherer die Lage der Compagnie wurde, desto höher natürlich die Kommissionsgewinne, die schließlich nur noch kleine Bruchteile der für die Anleihen gezahlten Gelder in die Tasche der Compagnie fließen ließen.[20] Kurz vor dem Zusammenbruch erhielt Herz für eine einzige Aktion innerhalb des Parlaments einen Vorschuß von 600 000 Franc. Es war bereits zu spät, die Anleihe wurde nicht mehr genehmigt, und die Aktionäre waren um 600 000 Franc ärmer geworden. Diese enorme Betrugsaffäre endete vorerst nur für Reinach mit einer Katastrophe: er wurde von den Erpressungen des Herz schließlich in den Selbstmord getrieben.[21] Kurz bevor er sich aber das Leben nahm, hatte er sich zu einem Schritte entschlossen, dessen Folgen für das französische Judentum schwerlich überschätzt werden können: er hatte der *Libre Parole,* der von Edouard Drumont gegründeten antisemitischen Tageszeitung, seine Liste der bestochenen Parlamentarier – der sogenannten chequards – ausgeliefert, mit der einzigen Bedingung, daß die Zeitung ihn persönlich bei den Enthüllungen schone. Die *Libre Parole* wurde über Nacht aus einem kleinen Käseblatt ohne jede politische Bedeutung zu einer der größten Zeitungen des Landes mit einer Auflage von 300 000 Exemplaren. Sie verwaltete den Reinachschen Schatz mit äußerster Vorsicht, veröffentlichte Namen nur tropfenweise, so daß Hunderte von Politikern jahrelang jeden Morgen das Blatt mit Angst und Schrecken entfalteten. Die *Libre Parole,* die antisemitische Presse, die antisemitische Bewegung waren zu gefährlichen

Mächten im Frankreich der Dritten Republik geworden. Der Panama-Skandal, der nach einem Worte Drumonts die *invisibilia* visibel machte,[22] offenbarte zweierlei: erstens, daß Parlamentarier und Staatsbeamte innerhalb der Dritten Republik zu Geschäftsleuten geworden waren. Und zweitens, daß die Vermittlung zwischen dem privaten Geschäft, in diesem Fall der Compagnie und dem Staatsapparat, so gut wie ausschließlich in den Händen von Juden gelegen hatte.[23]

In Frankreich wie in ganz West- und Zentraleuropa waren die Juden seit mehr als 150 Jahren aufs engste mit der Staatswirtschaft verbunden gewesen. Aus dem direkten Anleihegeschäft und den Kriegslieferungen des achtzehnten Jahrhunderts hatte sich das Emissionsgeschäft der Staatsanleihen entwickelt, das praktisch darauf beruhte, daß staatliche Anleihen vom Publikum nur dann gezeichnet wurden, wenn jüdische Bankhäuser sie garantierten. Seit der Restauration der Bourbonen, durch die Zeit des Bürgerkönigtums hindurch bis in das zweite Kaiserreich hatte die Familie Rothschild diesen Zweig der Staatswirtschaft nahezu monopolisiert. Ein Konkurrenzversuch der Péreires mit der Gründung des Crédit Mobilier hatte mit einem Kompromiß der beiden mächtigsten jüdischen Häuser Frankreichs geendet. Und obwohl, wie wir sehen werden, die Republik notwendigerweise diese Monopolstellung der Juden erschütterte, waren die jüdischen Banken doch in den achtziger Jahren noch stark genug gewesen, um eine nichtjüdische, katholische Gründung, die Union Générale, die den Zweck hatte, die Macht der jüdischen Banken zu brechen, niederzukonkurrieren und (1882) zum Bankrott zu zwingen.

Der Friedensvertrag von 1870/71 war in seinem finanziellen Teil noch auf deutscher wie französischer Seite von jüdischen Bankiers verhandelt worden.[24] Bleichröder, dem Bismarck bekanntlich schon die Finanzierung des Krieges gegen Österreich im Jahre 1866 anvertraut hatte, vertrat das Deutsche Reich, die Rothschilds die französische Republik. Die national-chauvinistische Pointe des französischen Antisemitismus, der bis zu diesem Friedensvertrag eher auf eine sozial-demagogische Note gestimmt war, stammt aus dieser Rolle der Juden, denen man nachträglich die Schuld an der französischen Niederlage zuschrieb, mit der sie nichts zu tun hatten, während sie zweifellos einige Verdienste darum erworben hatten, daß die finanziellen Forderungen Deutschlands sich in einem erträglichen Rahmen hielten. (Gerade weil die Juden innerhalb Europas ein internationales Element waren und europäische Interessen vertraten – und dies natürlich unabhängig davon, ob sie gute Patrioten waren oder nicht –, wäre ein moderner Vernichtungsfrieden mit ihrer Hilfe niemals zu schließen gewesen.) Gleich nach dem Friedensschluß aber vollzog das Haus Rothschild eine in seiner Geschichte bisher unbekannte Wendung: es stellte sich in Opposition zu der Republik und machte aus seinen Sympathien für die royalistische Bewegung kein Geheimnis.[25] Neu waren daran nicht die orleanistischen Sympathien, sondern daß sich eine jüdische Finanzmacht gegen die augenblickliche Regierung stellte. Gleich anderen jüdischen Staatsbankiers hatten die Rothschilds bisher sich niemals um innenpolitische Fragen gekümmert. Ihre Loyalität galt den Staatsautoritäten als solchen, und sie hatten seit dem Sturze Napoleons jeder Regierung ihre Dienste zur Verfügung gestellt, weil sie offenbar von jeder gebraucht wurden. Es sah so aus, als wäre die Republik die erste Staatsform, die für sie keine Verwendung hatte.

Der politische Einfluß und die gesellschaftliche Stellung der Juden im neunzehnten Jahrhundert hatten darauf beruht, daß sie als eine in sich geschlossene Gruppe auf Grund bestimmter Leistungen vom Staat direkt protegiert wurden und für den Staat direkt arbeiteten. Ihre direkte und unmittelbare Beziehung zum Herrschaftsapparat war nur möglich, solange der Staat in einer gewissen Entfernung von dem Volk und die herrschenden Gesellschaftsschichten in einer gewissen Desinteressiertheit an den Staatsgeschäften verharrten. In diesen Zeiten waren die Juden die zuverlässigste Gruppe der Gesellschaft für den Staat gewesen, gerade weil sie nicht zur Gesellschaft gehörten. Durch den Parlamentarismus bemächtigte sich in Frankreich das liberale Bürgertum des Staatsapparats. Zu diesem Bürgertum haben die Juden nie gehört, und sie betrachteten nicht mit Unrecht die neuen Männer voller Mißtrauen. Die Regierungen der Republik wiederum brauchten die Juden nicht mehr so notwendig, weil sie durch das Parlament eine breitere Finanzierungsmöglichkeit hatten, als es absolute und konstitutionelle Monarchen der Vergangenheit sich je hatten träumen lassen. Hinzu kam – und dies ist der Grund, warum die Änderung der Staatsform sich so schnell auswirken konnte –, daß die Republik kein in sich geschlossener, von der Gesellschaft mehr oder minder unabhängiger Staatsapparat war und darum der jüdischen Gruppe weder die alte Protektion noch die gewohnte Sicherheit der Geschäfte garantieren konnte. Die führenden jüdischen Häuser zogen sich daher erst einmal aus aller öffentlichen Finanzpolitik zurück, um in den antisemitischen adligen Salons von orleanistischen, boulangistischen oder bonapartistischen Staatsstreichen, beziehungsweise ihrer Finanzierung, kurz, von den guten alten Zeiten zu träumen.[26]

Dies hatte erst einmal zur Folge, daß sich ganz andere jüdische Kreise, jüdische *homines novi,* der Geschäfte der Dritten Republik anzunehmen begannen. Was die Rothschilds beinahe vergessen hatten und was sie fast wirklich ihre Macht gekostet hätte, ist dies Eindringen abenteuerlustiger und gewinnspürender Elemente, die nicht dem einheimischen Judentum entstammten. Sobald sie auch nur eine kurze Zeitspanne lang an einer Regierung sich desinteressierten, verloren sie mit ihrem Einfluß in den Ministerien die Kontrolle über das einheimische Judentum wie über die frisch naturalisierten Elemente.

Diese letzteren nun sahen schneller als alle anderen ihre Chance,[27] die die Zersetzung des Staatsapparats und die Korruption der Regierung boten. Schließlich war ja die Republik nicht das Ergebnis des revolutionären Anstiegs einer geeinten Nation. Aus dem Blute von zwanzigtausend ermordeten Communards, aus militärischer Niederlage und ökonomischem Zusammenbruch erwuchs ein Gebilde, dessen Regierungsfähigkeit von Beginn so fragwürdig war, daß eine in sich zerfallende Gesellschaft schon nach drei Jahren nach dem Diktator schrie und ihn dann in Mac-Mahon auch bekam. Nur daß dieser durch seine Niederlage ausgezeichnete Mann sich auch als ein Parlamentarier erwies und nach wenigen Jahren (1879) bereits abdankte. Inzwischen waren die verschiedenen Schichten der Gesellschaft, von den Opportunisten zu den Radikalen, von den Ralliierten zu der äußersten Rechten, sich darüber klargeworden, welche Politik sie von den von ihnen gewählten Repräsentanten verlangen wollten und welcher Mittel sie sich dazu bedienen mußten: Die Politik hieß engste Interessenvertretung, und das Mittel dazu war die Korruption.[28] Die Distanz zwischen Staatsapparat und Volk im neunzehnten Jahrhundert hatte im wesentlichen auf der Tatsache beruht, daß das Bürgertum zu beschäftigt mit Geschäften gewesen war, als daß es die politische Leitung hätte übernehmen können. An dieser fundamentalen Tatsache hatte sich durch die Errichtung der Republik nicht das mindeste geändert. Die Politiker und die Delegierten des Parlaments waren also in ihrer großen Mehrzahl arm und mußten sich den Zugang zu der Gesellschaft, die sie vertraten, erst im wörtlichsten Sinne des Wortes verdienen.[29] Dazu bot die Republik mannigfach Gelegenheit, von dem Handel mit den höchsten Orden Frankreichs[30] bis zu dem Stimmenkauf für bankrotte Unternehmen.

In diesen ganz neuartigen Regierungsgeschäften waren die Juden die Vermittler. Es ist richtig bemerkt worden, daß in jener Zeit in Frankreich jede Partei ihren Juden hatte wie früher jedes Herrscherhaus seinen Hoffaktor.[31] Aber welch ein Abstand! Die Investierungen jüdischen Kapitals in die Staatswirtschaft hatten den Juden zu einer produktiven Rolle in der Wirtschaft Europas verholfen; ohne ihre Hilfe ist das Werden des Nationalstaates und die Entwicklung des unabhängigen Berufsbeamtentums im achtzehnten Jahrhundert nicht vorstellbar. Den Hof- und Münzjuden hatten die Massen des westeuropäischen Judentums bürgerliche Rechte und politische Freiheit zu verdanken gehabt. Die Kommissionsgeschäfte der Reinach und Genossen konnten nur dazu dienen, die skandalösen Beziehungen, die zwischen Geschäftswelt und Politik bestanden, undurchsichtiger zu machen. Für die Juden führten sie nicht einmal mehr zu dauerhaftem Reichtum; hier waren sie in der Tat nichts als die Parasiten einer unabhängig von ihnen entstandenen Korruption, deren Wellen sie ebenso schnell nach oben brachten, wie sie sie wieder verschwinden ließen.[32] Ihre politische Rolle bestand darin, daß sie einer bis auf den Grund verderbten Gesellschaft zu einem höchst gefährlichen Alibi verhalfen; da sie Juden waren, konnte man sie jederzeit einer empörten Menge zur Beute hinwerfen, um dann weiter ungestört seinen Geschäften nachzugehen. Die Lügen der Antisemiten, welche die sekundäre Rolle der Juden umlogen und behaupteten, ihr nachträgliches Parasitentum sei die eigentliche Ursache der allgemeinen Auflösung, förderten und beschleunigten nur den Prozeß der Zersetzung. (Immerhin unterscheiden sich diese wie andere antisemitische Lügen von denen des zwanzigsten Jahrhunderts dadurch, daß ihnen noch ein Kern realer Erfahrung innewohnt.) Ein Symptom des Zersetzungsprozesses ist auch die Entstehung jenes typisch modernen chauvinistischen Nationalgefühls, das das eigene Volk stets von aller Verantwortung auf Kosten aller anderen Völker freispricht. An diesem Spiel, in dem sich reale Verfallsprozesse gleichsam spiegeln, hatten die Juden insofern ihren Anteil, als sie ihrerseits das jüdische Parasitentum kurzerhand bestritten und sich selbst in die Rolle der verfolgten Unschuld hineinspielten,[33] und dies lange, bevor ihnen diese Rolle in der grauenvoll unmenschlichen Schuld- und Verantwortungslosigkeit der Vernichtungslager wirklich zugespielt wurde.

Die Korruption des französischen Staatsapparates am Ende des Jahrhunderts war eine unmittelbare Folge der ungeheuer blutigen Liquidierung des Communard-Aufstandes, welche die französische Arbeiterbewegung um Jahrzehnte zurückwarf und sie auf immer aus ihrer Vormachtstellung in Europa verdrängte. Damit verlor die französische Bourgeoisie das einzige Band, das die konkurrierenden Interessengruppen hatte zusammenhalten können: die Angst vor dem Proletariat. In der unbeschränkten Konkurrenz, die nun ausbrach, zeigte sich deutlich, daß das *Laisser-aller* der Manchesterpolitik nicht imstande war, aus lauter ungehinderten Egoismen die Harmonie und das Wohlergehen des Ganzen hervorzuzaubern. Statt der Harmonie des Ganzen ergab sich eine in Cliquen auseinanderfallende Gesellschaft, die sich untereinander auf das erbittertste befeindete und nicht einmal mehr imstande war, die Interessen des Bürgertums wahrzunehmen, von den Interessen des Landes ganz zu schweigen. Statt des Wohlergehens aller hinterließ Panama eine halbe Million ruinierter Familien, nachdem noch nicht zehn Jahre vorher der Krach der Union Générale bereits große Opfer in der gleichen Schicht, dem kleinen und mittleren Bürgertum, gefordert hatte. Das Parteien- und Fraktionswesen der Republik setzte Konkurrenz wie Zersetzung dieser gleichen Gesellschaft nur fort. Nicht nur, daß Politik zu einem Geschäft geworden war – dem einzigen, das armen Leuten offen stand.[34] Viel schlimmer noch war, daß dies Geschäft der Politik nach dem Konkurrenzgrundsatz betrieben wurde. Die Parlamentarier betrachteten Parlament und Senat nur noch als die Chance ihrer gesellschaftlichen Karriere und als den Schauplatz, auf dem sie möglichst große Privilegien vom Staat für die Gruppe herausschlugen, die sie gewählt und bezahlt hatte.[35] Schließlich ist es kein Zufall, wenn die französische Intelligenz als erste in Europa nihilistisch wurde und die französische Studentenschaft die später so charakteristischen reaktionären Studentenkrawalle einleitete. Es war nicht ganz einfach, auf der Seite von Liberté–Égalité – Fraternité zu stehen, wenn die Freiheit gerade in der freien Konkurrenz, die Gleichheit in der Korruption und die Brüderlichkeit in dem Augurenlächeln der Clique unterzugehen im Begriff stand.

Was die Juden betrifft, so waren sie bis zum Anbruch der Dritten Republik eine verhältnismäßig in sich geschlossene Gruppe gewesen, an deren Spitze die Rothschilds standen. Sie waren nicht eigentlich in die nichtjüdische Gesellschaft eingedrungen und hatten demzufolge auch wenig mit ihrem Manchestertum gemein. Die antisemitische Bewegung, die in den vierziger Jahren von links her in den Juden das Bürgerkönigtum Louis Philippes bekämpfte, hatte während des zweiten Kaiserreiches alle Bedeutung verloren gehabt.[36] Dies alles änderte sich in der Dritten Republik grundlegend. Die Juden konnten eine einheitliche Gruppe außerhalb der Gesellschaft nur so lange bleiben, wie ein in sich mehr oder minder einheitlicher und gefestigter Staatsapparat sie brauchte und direkt protegierte. Die Zersetzung des Staatsapparates hatte die sofortige Zersetzung des Judentums, das zu dem Staatsapparat so lange gehört hatte, zur Folge. Ein erstes Symptom der Zersetzung waren die Geschäfte der frisch zugezogenen Juden, die sich erst jetzt der Kontrolle der einheimischen Judenschaft entzogen – in dem gleichen Maße etwa wie in Deutschland zur Zeit der Inflation. Sie klemmten sich als Vermittler in die Lücke, die zwischen Geschäftswelt und Staatsapparat noch bestand und die beide Teile gern geschlossen sehen wollten. Katastrophaler noch wirkte sich ein anderer Prozeß aus, der gleichzeitig, gleichsam von oben her, einsetzte. Der Zerfall des Staates in Einzelgruppen, der die Geschlossenheit der jüdischen Gruppe mitsprengte, stieß die Juden nicht in irgendeinen luftleeren Raum, in dem sie außerhalb von Staat und Gesellschaft irgendwie hätten fortvegetieren können. Dazu war die Judenschaft zu reich und damit in einer Zeit, in welcher Geld einen der wichtigsten Machtfaktoren darstellte, zu mächtig. Die Juden wurden vielmehr, je nach ihren politischen

Überzeugungen, häufiger nach ihren gesellschaftlichen Verbindungen, verschiedenen Gesellschaftsgruppen zugeteilt, ohne doch dadurch in diesen einfach zu verschwinden. Sie behielten vielmehr gewisse Beziehungen zum Staatsapparat und setzten, wenn auch nun als Parasiten, das Staatsgeschäft fort. Selbst die Rothschilds, deren Opposition zu der Dritten Republik so bekannt war, übernahmen die Placierung der russischen Anleihe. Und selbst ein Monarchist, Arthur Meyer, war in dem Panama-Skandal kompromittiert.

So erweist sich schließlich, daß die neuen Elemente im französischen Judentum nur eine Art Avantgarde gebildet hatten. Die Vermittlung zwischen den geschäftlichen Interessen der verschiedensten Gesellschaftsgruppen und dem Regierungsapparat fiel großenteils den Juden zu. Waren die Juden bis zu den Zeiten der Dritten Republik eine feste, in sich mächtige Gruppe gewesen, deren Nutzen für den Staat nicht fortdiskutiert werden konnte, so wurden sie jetzt atomisiert, in Cliquen aufgeteilt, unter sich aufs heftigste verfeindet und doch überall die gleiche Funktion erfüllend: der Gesellschaft vermittelnd zu helfen, sich auf Kosten des Staates zu bereichern.

Armee und Klerus gegen die Republik

Scheinbar abseits von diesem Treiben, scheinbar intakt von aller Korruption stand die Armee. Sie war eine Erbschaft aus dem zweiten Kaiserreich, deren sich zu bemächtigen die Republik auch dann nicht wagte, als ihre monarchistischen Sympathien und Staatsstreichneigungen offen zum Ausdruck kamen wie während des Boulangismus. Das höhere Offizierskorps wurde nach wie vor aus den Söhnen jener altadligen Familien Frankreichs zusammengesetzt, deren Vorfahren als französische Emigranten in den Revolutionskriegen auf seiten der alliierten Heere gegen Frankreich gekämpft hatten.[37] Standen schon diese adligen Offiziere stark unter dem Einfluß des Klerus, der seit der Revolution in Frankreich alle reaktionären Kreise und antirepublikanischen Bewegungen gestärkt hatte, so galt dies in vielleicht noch größerem Maße von den wenigen bürgerlichen Offizieren, welche die höhere Karriere einschlagen konnten. Sie verdankten dies nämlich meist nur jener Begabtenauslese der Kirche, die bis zu einem gewissen Grade seit altersher das Talent ungeachtet seiner Herkunft förderte.

Im Gegensatz zu den Cliquen in Gesellschaft und Parlament, zu denen jeder gehören konnte und in welchen es eine ständige Fluktuation gab, das Herüberwechseln aus einer Clique oder einer Partei- oder Fraktionsgruppe in die andere, war die Armee von der Exklusivität besessen, die für Kasten charakteristisch ist. Nicht Soldatentum, nicht Berufsehre, kein *esprit de corps* hielt diese Offiziere zusammen und machte aus ihnen ein Bollwerk gegen Republik und demokratische Einflüsse, sondern ausschließlich ein *esprit de caste*.[38] Der Verzicht des Staates, die Armee zu demokratisieren und sie der Zivilgewalt untertan zu machen, hatte eine höchst merkwürdige Konsequenz: sie stellte die Armee gleichsam außerhalb der Nation, sie schuf eine bewaffnete Macht, von der niemand genau wissen konnte, für wen und gegen wen sie sich eines Tages richten konnte. Daß diese Macht und ihr Kastengeist, sich selbst überlassen, eigentlich gegen niemanden und für niemanden einzusetzen war, das hat die Geschichte der burlesquen Staatsstreiche, welche die Armee n i c h t machen wollte, ziemlich klar erwiesen. Ihr Royalismus war nur der Vorwand, sich innerhalb der Republik als eine selbständige Interessengruppe zu konstituieren, die ihre Vorteile ungeachtet der Republik, trotz der Republik und gegen die Republik zu verteidigen bereit war.[39] Zeitgenössische Journalisten wie spätere Historiker haben häufig versucht, den an der Dreyfus-Affäre ausbrechenden Konflikt zwischen Militär- und Zivilgewalt in der Republik unter den Gegensatz von »Händlern und Soldaten« zu bringen.[40] Wir wissen heute, wie unberechtigt diese antisemitisch gefärbte Konstruktion ist. Das Nachrichtenbüro des Generalstabs handelte mit gefälschten Nachrichten, die an fremde Militärattachés verkauft wurden, mit der gleichen Unbekümmertheit wie irgendein Lederhändler mit Häuten oder der Schwiegersohn des Präsidenten der Republik mit Orden. Auch hier galt nur ein Gesetz, das von Nachfrage und Angebot. Die Tüchtigkeit des damaligen deutschen Militärattachés Schwartzkoppen, der mehr militärische Geheimnisse herausspionieren wollte, als es in Frankreich überhaupt zu verbergen gegeben hat, muß die Herren von der *Contre-Espionage* zur Verzweiflung gebracht haben: so viel, wie man da verkaufen konnte, konnte man kaum produzieren.

Ihre eigentliche politische Bedeutung erhielten diese Fälscherkunststücke durch die Einmischung des katholischen Klerus. Dieser versuchte Ende des vorigen Jahrhunderts überall dort seine alte politische Macht zu restaurieren, wo die weltlichen Gewalten aus gleich welchen Gründen offensichtlich an Autorität unter den Völkern verloren hatten. Dies war der Fall in Spanien, wo ein verrotteter Feudaladel das Land wirtschaftlich und kulturell herunterwirtschaftete; wie in Österreich-Ungarn, das jeden Tag von seinen aufstrebenden Nationalitäten gesprengt zu werden drohte; wie schließlich in Frankreich, wo die Nation im Geschäftemachen unterzugehen drohte.[41] Es war der große Irrtum der klerikalen Politik, zu glauben, sie könne im Zuge ihrer europäischen Politik die Dreyfus-Affäre zu ihren Zwecken ausnutzen und die französische Armee als Instrument benutzen, nur weil diese Armee scheinbar auch antirepublikanisch gesonnen war.[42] Die Kirche bezahlte diesen Irrtum mit dem Verlust des ihr noch verbliebenen politischen Einflusses in Frankreich.[43] Als sich das Nachrichtenbüro des Generalstabs als eine ordinäre »Fälscherwerkstatt« entpuppte,[44] war niemand in Frankreich, selbst die Armee nicht, so schwer kompromittiert wie die Kirche. In Frankreich (wie in Spanien) lag die Leitung dieser Politik im wesentlichen in den Händen der

Jesuiten, die sich der Generalstabsoffiziere, und damit des Kopfes der Armee, bemächtigt hatten und so wirklich auf dem besten Wege waren, die Armee zu einem Staat im Staate zu machen. Die Armee selbst, die ja ihrem Wesen nach immer nur Instrument einer zivilen Politik sein kann und ohne sie ihre *raison d'être* verliert,[45] konnte sich eigentlich nur dazu beglückwünschen, endlich wieder Instrument zu werden, nämlich einen politischen Sinn und damit Daseinsberechtigung zu bekommen.

Ausschlaggebend für den Aufstieg des Katholizismus war schließlich die Verzweiflung weiter Kreise des Volkes an der Republik und dem Demokratismus, in welchem jegliche Ordnung, jegliche Sicherheit und jeglicher politischer Wille verlorenzugehen schienen. Die hierarchische Ordnung der Kirche – wie später der von dem italienischen Faschismus in Mode gebrachte Ständestaat – erschien vielen als die einzige Rettung. Das Prestige des Klerus wuchs so ganz unabhängig von irgendeiner spezifisch religiösen Erneuerungsbewegung.[46] Im Gegenteil, die engagiertesten Anhänger der Kirche vertraten bereits zum ersten Mal Drumont und nach ihm, ihm folgend Maurras – jenen »cerebralen« Katholizismus, der von da ab die ganze royalistische und extrem nationalistische Bewegung in Frankreich bestimmte[47] und der nichts anderes besagte als: Macht dieser durch Tradition geheiligten Institution, ohne Glauben an ihre jenseitige Verankerung. Der katholische Klerus kam diesen Machtfragen insofern entgegen, als er sich mehr und mehr politisierte. Während der Dreyfus-Affäre erreichte diese Politisierung skandalöse Ausmaße. Unter der Führung von drei Priestern wurde das Haus von Victor Basch in Rennes, der sich für eine Revision des Prozesses eingesetzt hatte, gestürmt;[48] niemand Geringerer als der bekannte Dominikanerpater Didon rief die Schüler des College d'Arcueil dazu auf, »das Schwert zu ziehen, zu terrorisieren, Köpfe abzuschneiden, zu wüten, zuzuschlagen«;[49] dreihundert Priester schließlich des niederen Klerus zeichneten das berüchtigte *Monument Henry*, das für alle Zeiten von dem erschreckend verrohten Zustand des französischen Volkes zu jener Zeit zeugen wird.[50]

Die Nazis, diese großen Eklektiker aller Übel Europas, sind unter anderem auch bei den Jesuiten in die Schule gegangen. Ihre bekannten Ordensburgen trugen nicht zufällig diesen Namen, der vor allem die Assoziation mit dem Jesuitenorden nahelegte und damit an die Ausschaltung des individuellen Gewissens und die Erhebung von Disziplin und Gehorsam zu primär konstitutiven Elementen menschlicher Gemeinschaft. Entzieht man solch einer Gemeinschaft das regulative Prinzip ihres Handelns, das *Ad maiorem Dei gloriam,* so behält man immer noch eine Gruppe, die aufs beste für uniforme Aktionen gedrillt ist und der es selbstverständlich sein muß, daß Politik letzten Endes auf einem leeren Machtwillen beruht. Als eine solche Gesellschaft, die nur um der Macht willen existiere, haben die Jesuiten fast seit ihrem Bestehen in den Augen der Völker gegolten. Aber die Nazis konnten mehr von ihnen lernen, als was der populäre Aberglaube aus ihnen gemacht hatte. Die Jesuiten waren in der Tat die ersten, deren Judenhaß mitten im Christentum die Schranken des Sakraments durchbrach; für sie hatten laut der Ordensregel getaufte Juden nie aufgehört, Juden zu sein. Nirgends sonst hat jener Antisemitismus, der sich mit der Verfolgung von Juden nicht begnügte, sondern Millionenbevölkerungen in Ahnenforschung zum Nachweis nichtjüdischer Abkunft verstrickt, einen Vorläufer außer bei dem Jesuitenorden, der seit 1598 einen Nachweis von Judenreinheit bis in die fünfte Generation verlangte und im Jahre 1923 seine Bestimmung dahin »milderte«, Judenstämmlinge nur noch bis in die vierte Generation von der Aufnahme in den Orden auszuschließen.[51]

Wir haben bereits oben erwähnt, daß in der Zersetzung des Staatsapparates und bei dem darauffolgenden Eindringen der Juden in die Gesellschaft es den Rothschilds gelang, in die Kreise des antisemitischen Adels hineinzukommen. Der Faubourg Saint-

Germain öffnete – nicht gerade seine Tore – aber seine Hintertüren groß genug, daß nicht nur geadelte jüdische Barone, sondern auch der dazu gehörende Lakaienstaat, getaufte Juden, antisemitische Juden, mit hineinschlüpfen konnten.[52] Merkwürdigerweise haben die elsässischen Juden, die wie die Dreyfus nach der Abtrennung von Elsaß-Lothringen nach Paris gekommen waren, einen besonders starken Anteil an der Formierung dieses extrem chauvinistischen französischen Judentums, das seinen Patriotismus vor allem in einer stark antisemitisch gefärbten Distanzierung gegen neu zugezogene Elemente zu erhärten suchte. *»Les Dreyfus de 1894 – mais ils étaient antisémites!«*[53] Die Dreyfus gehörten in der Tat zu jener jüdischen Gruppe, die versuchte, sich an den Antisemitismus zu assimilieren. Daß Juden selbst in solch einer Assimilation nicht einfach verschwinden und weder für sich noch für andere aufhören, Juden zu sein, daß sie sich vielmehr verwandeln und ein neues, der gesellschaftlichen Clique entsprechendes, jüdisches Gruppenbewußtsein erzeugen, dies hat der letzte der großen französischen Romanciers, Marcel Proust, meisterhaft dargestellt. Der handgreiflichste Beweis dafür ist die russische Anleihe des Jahres 1892, mit deren Emission die Rothschilds sich der Dritten Republik zu nähern schienen, die aber eher von Rücksichten auf die jüdischen Zustände in Rußland diktiert war. Sie beweist, daß die Nachkommen der Hofjuden sich ihrer Verantwortlichkeit noch erinnerten und sich nur in der politischen Konstellation irrten, als sie versuchten, den pogromierten russischen Juden die Emanzipation vom russischen Staat zu erkaufen und als Geschenk zu präsentieren.[54] Der Moment war schlecht gewählt. Die russische Regierung wußte besser als ihre französischen Bankiers, daß deren Stellung durch den französischen Antisemitismus viel zu erschüttert war, als daß sie als philanthropische Protektoren auftreten konnten. Rußland akzeptierte die Anleihe, nahm »gute Franken für schlechte Rubel«, unterdrückte seine Juden weiter, entrüstete sich über das »barbarische« Frankreich und wußte sich in nichts so einig mit dem französischen Volke wie in seinem Antisemitismus.

Das Eindringen einer jüdischen Gruppe in die altadlige Gesellschaft Frankreichs hatte zur unmittelbaren Folge, daß Juden die gleiche Karriere wie die Söhne ihrer neuen Freunde, die höhere Offizierskarriere, einschlagen wollten und einschlugen. War die Aufnahme in die adligen Salons verhältnismäßig reibungslos vonstatten gegangen, da die höchsten Schichten der Gesellschaft trotz aller royalistischen Träumerei und Renommiererei so wenig politischen Willen hatten wie alle anderen, so änderte sich dies sofort, als Juden die Konsequenzen ihrer Assimilation zogen und in der Armee Gleichberechtigung verlangten. Hier nämlich stießen sie auf einen sehr ausgesprochenen politischen Willen, den der Jesuiten, die unmöglich dulden konnten, daß Offiziere, die Beichteinflüssen nicht zugänglich waren, Karriere machten.[55] Hier stießen sie ferner auf einen viel unerbittlicheren Kastengeist, mit dem sie nach den guten Erfahrungen in den Salons des Faubourg Saint-Germain nicht mehr rechneten, einen Kastengeist, der durch Beruf und Tradition, vor allem aber durch die Unmittelbarkeit der Feindschaft gegen die Dritte Republik und den zivilen Apparat verstärkt war.

Wenn ein neuerer Geschichtsforscher den Kampf zwischen Juden und Jesuiten als den »Kampf zweier Konkurrenten« schildert, in welchem der »hohe jesuitische Klerus und die reiche Judenschaft sich gegenüberstanden, mitten in Frankreich, als zwei unsichtbare Fronten«,[56] so ist daran so viel richtig, als die Juden in den Jesuiten ihren ersten unversöhnlichen Feind gefunden hatten; auch haben die Jesuiten sehr frühzeitig erkannt, was für eine große Waffe der Antisemitismus in moderner Politik sein kann. Hier entsteht der Antisemitismus als die »große politische Idee«,[57] mit der vierzig Jahre vor Hitler Politik im europäischen Maßstab versucht wurde. Versteht man aber unter dieser »Konkurrenz«, daß hier zwei gleich mächtige und auf Macht erpichte Konkurrenten sich um Macht streiten, so ist diese Darstellung den Tatsachen ganz und gar nicht gemäß. Nicht die Juden haben den Jesuiten, sondern die Jesuiten den Juden den Kampf angesagt. Vor allem aber wollten die Juden nichts weniger als Macht. Wie allen anderen Cliquen, in welche die Dritte Republik auseinanderfiel, ging es ihnen um Beziehungen zur Macht, aber nicht um diese selbst. Sie wollten genug Einfluß, um ihre gesellschaftlichen und geschäftlichen Interessen betreiben zu können. An einem politischen Anteil an der Führung der Staatsgeschäfte waren sie ganz uninteressiert. Diese wollten nur die Jesuiten als organisierte Gesellschaft. Und darin machte ihnen keine andere Gruppe Konkurrenz.

Dem Dreyfus-Prozeß gingen einige Vorgänge voran, die Zeugnis davon ablegen, mit welch hartnäckiger Zähigkeit Juden versucht haben, sich in der Armee zu behaupten, und wie allgemein die Feindseligkeit gegen sie bereits war. Die wenigen jüdischen Offiziere wurden dauernd gezwungen, sich wegen gröblichster Beleidigungen mit ihren Kameraden zu duellieren, und sie fanden für diese Duelle keine nichtjüdischen Zeugen. In diesem Zusammenhang taucht zum ersten Mal der Major Esterhazy auf, der jüdischen Kameraden – nach der Häufigkeit seiner Dienste zu urteilen, berufsmäßig – als Zeuge diente und für diese Ritterlichkeit in klarer Erkenntnis des *cui bonum* bei Rothschild durch Vermittlung des Oberrabbiners von Frankreich hohe Summen einkassierte.[58]

Ob es sich bei der 1894 erfolgten Verhaftung und Verurteilung des Hauptmannes Alfred Dreyfus wirklich um einen Justizirrtum handelte, der die willkommene Veranlassung für den sofort einsetzenden politischen Kampf bot, oder ob die Generalstabsoffiziere die Fälschung des Bordereau einzig veranlaßten, um endlich einen Juden als Verräter des Vaterlandes bloßstellen zu können, ist niemals ganz klargeworden. Für die letztere These spricht immerhin die Tatsache, daß Dreyfus der erste Jude im Generalstab war und daß, wie die politischen und gesellschaftlichen Verhältnisse in diesem Staat im Staate nun einmal lagen, dies mehr als Ärgernis, nämlich Wut und Bestürzung erregen mußte. Jedenfalls wurde die antisemitische Hetze noch vor der Verurteilung losgelassen. Offiziere des Generalstabs gaben die Tatsache und den Namen des Verhafteten – der an sich wie in allen nicht abgeurteilten Spionageaffären notwendig hätte geheim bleiben müssen – der *Libre Parole* bekannt, angeblich aus Angst, es würde dem Einfluß der Juden bei der Regierung gelingen, den Prozeß niederzuschlagen und die Affäre zu ersticken.[59] Dieses Argument klingt durchaus plausibel, wenn man bedenkt, wie prekär die Situation der jüdischen Offiziere in der Armee war und wie interessiert andererseits bestimmte Kreise des französischen Judentums gerade an dieser Position waren.

Hinzu kam, daß der Panama-Skandal noch in aller Erinnerung und daß das Mißtrauen gegen die Juden seit der russischen Anleihe besonders groß war. Der Kriegsminister Mercier wurde nicht nur von der bürgerlichen Presse aller Nuancen ob des Prozesses gegen Dreyfus gefeiert; das Organ der Sozialisten, die Zeitung Jaurès', beglückwünschte ihn, »der unglaublichen Pression der korrupten Politiker und der großen Finanz widerstanden zu haben«[60] – was Jaurès charakteristischerweise das uneingeschränkte Lob der *Libre Parole*: »Bravo, Jaurès!« eintrug. Als Bernard Lazare zwei Jahre später seine erste Broschüre über den Justizirrtum veröffentlichte, ersparte sich die gleiche Zeitung jegliches Eingehen auf den Sachverhalt, indem sie den Verfasser als Bewunderer Rothschilds beleidigte und als bezahlten Agenten verdächtigte. Noch 1897, als der Kampf um die Rehabilitation bereits begonnen hatte, konnte Jaurès in der ganzen Angelegenheit nicht mehr entdecken als den Streit zweier Gruppen der Bourgeoisie, der Opportunisten und der Klerikalen.[61] Und der deutsche Sozialdemokrat Wilhelm Liebknecht glaubte sogar noch nach dem Renner Revisionsprozeß an die Schuld Dreyfus', weil er sich nicht vorstellen konnte, daß ein Mitglied der oberen Klasse ungerecht verurteilt werden könne.[62]

Das stark antisemitisch gefärbte Mißtrauen der radikalen und sozialistischen Presse wurde gestützt durch die befremdliche Art, mit der die Familie Dreyfus die Rehabilitierung versuchte. Sie wollte einen Unschuldigen mit den Mitteln retten, deren man sich eigentlich nur bedient, wenn man einen Schuldigen decken will. Sie hatte die größte Angst vor der Öffentlichkeit und das größte Vertrauen in heimliches Antichambrieren.[63] Sie war bestrebt, auf alle nur möglichen Weisen ihr Geld loszuwerden,[64] und behandelte ihren wertvollsten Helfer, eine der größten Figuren, die das französische Judentum hervorgebracht hat, Bernard Lazare, wie einen bezahlten Agenten.[65] Die Clemenceau, Zola, Picquart, Labori – um nur die aktivsten unter den Dreyfusards zu nennen – konnten schließlich ihren guten Namen nur noch dadurch retten, daß sie sich mehr oder minder öffentlich und mit mehr oder minder Skandal von dem konkreten Anlaß ihrer Bemühungen trennten.[66] Dreyfus nämlich war nur zu retten und auch nur würdig gerettet zu werden, wenn man der Komplizität eines korrupten Parlaments, der Verderbtheit einer in sich zerfallenden Gesellschaft, dem Machthunger des Klerus das jakobinische Prinzip der Nation, die auf den Menschenrechten basiert, und das republikanische Prinzip des öffentlichen Lebens, in welchem der Fall eines Bürgers der Fall aller Bürger ist, entgegenhielt. *»L'Affaire d'un seul est l'affaire de tous«* – wie Clemenceau das republikanische Prinzip formulierte.[67] Innerhalb des Parlaments, innerhalb der Gesellschaft war der Fall verloren, ehe er noch begonnen hatte.[68] Dem jüdischen Gelde stand das Geld der reichen katholischen Bourgeoisie in nichts nach. Die Möglichkeit, sich durch Anschwärzung des jüdischen Teils des Bürgertums selber weiß zu waschen, sich von der eigenen höchst fragwürdigen Vergangenheit wie Gegenwart zu distanzieren, war in den Augen aller Teile der besseren Gesellschaft, von den klerikalen und aristokratischen Häusern des Faubourg Saint-Germain bis zu den antiklerikalen der radikalen Kleinbourgeoisie, das Opfer jüdischen Umgangs und jüdischer geschäftlicher Beziehungen schon wert. Das Parlament vollends konnte keine bessere Gelegenheit erhoffen – wie die Äußerungen Jaurès' beweisen – als die hier gebotene, seinen Ruf der Unbestechlichkeit wiederherzustellen oder besser, ihn neu zu erwerben. Und schließlich, hatte man nicht in der Tolerierung des Rufes: »Tod den Juden! Frankreich den Franzosen!« endlich das große Zaubermittel entdeckt, Seine Majestät den Mob, diesen großen Tyrannen unserer Zeit, mit der bestehenden Gesellschaft und Regierungsform auszusöhnen?

Das Volk und der Mob

Ist es der weit verbreitete Irrtum unserer Zeit, zu glauben, daß man mit Propaganda jederzeit jedes erreichen, allen alles einreden kann, wenn man es nur geschickt genug macht und laut genug schreit, so war es der Irrtum jener Zeit, zu glauben, daß die Stimme des Mobs des Volkes Stimme und somit Gottes Stimme sei und daß es – wie Clemenceau höhnte – die Aufgabe der Führer sei, schafsmäßig hinter ihm herzulaufen.[69] Beide Meinungen beruhen auf dem gleichen Grundirrtum, zu glauben, der Mob sei identisch mit dem Volk. Die sozialistischen Führer, die von Beginn der Arbeiterbewegung an in dem Proletariat den ausschließlichen Repräsentanten des ganzen Volkes erblicken wollten, haben damit nur erreicht, die Arbeiterschaft aus dem Volk herauszuspalten, wie die Bourgeoisie im Manchestersturm sich selbst herausgespalten hatte. Damit war es dem Sozialismus zwar gelungen, die Arbeiterschaft verhältnismäßig rein zu halten von dem Einfluß des Mob – und für diese Reinheit gibt es kein besseres Exempel als die Vergeblichkeit aller Versuche, die Arbeiterschaft westeuropäischer Länder antisemitisch zu machen,[70] – aber er hat damit auch verschuldet, daß die Arbeiter niemals zu dem Einfluß auf das Volk gelangt sind, der ihnen gebührt hätte.

Der Mob setzt sich zusammen aus allen Deklassierten. In ihm sind alle Klassen der Gesellschaft vertreten. Er ist das Volk in seiner Karikatur und wird deshalb so leicht mit ihm verwechselt. Kämpft das Volk in allen großen Revolutionen um die Führung der Nation, so schreit der Mob in allen Aufständen nach dem starken Mann, der ihn führen kann. Der Mob kann nicht wählen, er kann nur akklamieren oder steinigen. Daher verlangten seine Führer schon damals jene plebiszitäre Republik,[71] mit der moderne Diktatoren so vorzügliche Erfahrungen gemacht haben. Der Mob haßte die Gesellschaft, aus der er ausgeschlossen, und das Parlament, in dem er nicht vertreten war. Gesellschaft wie Politiker der Dritten Republik hatten in kurz aufeinander folgenden Skandal- und Betrugsaffären den französischen Mob erzeugt. In einer Zeit, die Arbeitslosigkeit als Massenphänomen noch nicht kannte, setzte er sich vorzugsweise aus ruinierten mittelständischen Existenzen zusammen. Gesellschaft wie Politiker der Dritten Republik fühlten diesem Produkt ihrer Regierung gegenüber ein gewisses aus Angst, schlechtem Gewissen und Bewunderung gemischtes Zugehörigkeitsgefühl.[72] Der Mob war Fleisch von ihrem Fleisch und Blut von ihrem Blute. Selbst Joseph Reinach, ein jüdischer Historiker der Zeit, der doch erfahren hatte, daß Juden ihres Lebens nicht mehr sicher sind, wenn der Mob die Straße beherrscht, konnte es sich nicht versagen, in heimlicher Bewunderung von dem *»grand mouvement collectif«* zu sprechen – und damit zu beweisen, wie tief verbunden er dieser Gesellschaft geblieben war.[73]

Wenn Bernanos, rückblickend auf die Dreyfus-Affäre, den Antisemitismus die große politische Idee der Zeit genannt hat, so hatte er in einem recht; es war die »große Idee«, die den Mob auf die Beine gebracht hat. Das war in Berlin und Wien in der Ahlwardt- und der Schönererbewegung bereits erprobt worden. Es wurde nirgends gründlicher bewiesen als in Frankreich. Es war offenbar, daß in den Juden alles, was der Mob haßte, personifiziert war: die Gesellschaft, weil Juden in ihr nur geduldet waren, und der Staat, weil Juden seit Jahrhunderten von ihm direkt vor der Gesellschaft geschützt wurden und daher leicht mit staatlicher Macht identifiziert werden konnten. Der Mob ist zwar nicht wählerisch und hat wahrlich nicht nur Juden verfolgt; er hat Priester gefressen und Freimaurer, Jesuiten und Protestanten, Ausländer und Neger, Bolschewisten, Bourgeois und Aristokraten; aber man kann nicht leugnen, daß er seit dem letzten Drittel des vorigen Jahrhunderts Juden bevorzugt hat.[74] In keinem Falle aber entspringen diese Vorlieben willkürlichen Launen, und die Hauptgruppen, auf die es der moderne Mob abgesehen hat – Jesuiten, Freimaurer und Juden –, haben in seinen Augen etwas gemeinsam. Dies Gemeinsame ist der unterirdische Einfluß, den sie im neunzehnten Jahrhundert ausübten und der sie als Geheimgesellschaften bewundert und gefürchtet sein ließ. Nun ist es zwar nicht wahr, daß irgendeine dieser Gesellschaften je eine Geheimgesellschaft gewesen ist, welche die Welteroberung mit dem Mittel der Weltverschwörung vorbereitet hätte. Wahr ist aber, daß ihre politischen Einflüsse, so wenig geheim sie auch meist waren, sich außerhalb der öffentlichen Politik abspielten, in Vorzimmern, in Logen, im Beichtstuhl. Der Mob der Deklassierten, die von Gesellschaft und Volksvertretung gleichermaßen ausgeschlossen sind und nur außerhalb der öffentlichen politischen und sozialen Institutionen handeln können, hatte eine natürliche Neigung, diese Einflüsse maßlos zu überschätzen, ja, in ihnen die wahren Realitäten des politischen Lebens zu wittern. Seit der Französischen Revolution jedenfalls haben in der Meinung des europäischen Mobs sich diese drei Gruppen in die Ehre, das Zentrum der Weltpolitik, einer »Weltverschwörung« zu sein, mit wechselndem Glück geteilt, um sich dann in der Krisis der Dreyfus-Affäre gegenseitig der Verschwörung und der Welteroberungspläne zu bezichtigen. So ist zweifellos die Parole von dem »geheimen Juda« der Erfindungsgabe der Jesuiten zu danken, die als erste in dem Basler Zionistenkongreß von 1897 das Herz einer jüdischen Weltverschwörung witterten;[75] wie nicht minder zweifellos das Gerede von dem »geheimen Rom« von antiklerikalen Freimaurern und jüdischen »Freidenkern« vorbereitet wurde.

Die Treulosigkeit des Mobs ist sprichwörtlich. Über diese Sache hatten die Anti-Dreyfusards Gelegenheit, bittere Betrachtungen anzustellen, als sich im Laufe des Jahres 1899 der Wind drehte und das kleine Häuflein verzweifelter Republikaner, an deren Spitze Clemenceau stand, plötzlich mit gemischten Gefühlen feststellen mußte, daß auch auf ihre Seite sich ein Teil des Mobs begeben hatte,[76] so daß man in den homerischen Redeschlachten, die nun folgten, glauben konnte, »zwei Trupps von Scharlatanen mache sich eine Kundschaft von Straßenpöbel streitig«.[77] Vielleicht gehörte die gesellschaftliche Weltfremdheit und daher intakte Realitätsnähe eines großen Gelehrten dazu, den wirklichen Gehalt des Schauspiels zu verstehen, zu verstehen nämlich, daß die Stimme Clemenceaus, »die so sehr der Stimme Dantons ähnelte«,[78] das französische Volk noch einmal – nicht zum letzten, aber zum vorletzten Mal – aufgerufen hatte, zurückgerufen in die größte seiner Traditionen, so daß plötzlich vor den unverdorbenen Augen Émile Duclauxs die beiden Trupps von Scharlatanen sich verwandelten in die beiden Chöre der antiken Tragödie, zwischen denen über Recht und Unrecht, Heil oder Verhängnis des Volkes verhandelt wurde. »Gespielt vor einem Volk und verbreitet durch eine Presse, die verursacht, daß die ganze Nation an diesem Drama teilnimmt, sieht man zwei Chöre wie in der antiken Tragödie sich beschimpfen. Die Szene ist Frankreich und das Theater ist die Welt.«[79]

Gelenkt von den Jesuiten, gestützt auf den Mob, gedeckt von der antisemitischen Presse, die durch die Reinachschen Listen der im Panama-Skandal kompromittierten Parlamentarier die Möglichkeit eines Eingreifens der zivilen Gewalten nahezu ausschloß,[80] ging die Armee selbst- und siegesgewiß in den Kampf. Alles, wirklich alles sprach dafür, daß sie diesen Kampf mühelos gewinnen würde: daß die Juden, deren Zuverlässigkeit dem adligen Kastengeist und der jesuitischen Politik gleich verdächtig sein mußte, aus der Armee ausgeschlossen werden würden; daß die Armee das Übergewicht über die korrupte Zivilverwaltung erlangen und der kalte Staatsstreich gelingen würde. Alles sprach dafür, solange nur die Familie Dreyfus mit ihren merkwürdigen Methoden ein Familienmitglied von der Teufelsinsel retten wollte und solange die an der Affäre interessierten Juden um ihre Positionen in antisemitischen Salons und einer noch antisemitischeren Armee sich bemühten. Von ihnen war ein Angriff auf Armee und Gesellschaft sicherlich nicht zu erwarten: wollten sie doch nichts anderes, als in dieser Gesellschaft zugelassen, in dieser Armee geduldet werden. Um der Juden willen brauchte kein Mensch und kein Offizier eine schlaflose Nacht zu verbringen.[81]

Unbehaglich wurde die Lage bereits, als es sich herausstellte, daß im Nachrichtenbüro des Generalstabs ein Mann saß, der, obwohl ein guter Katholik und höherer Offizier mit allen schönen Aussichten für die Zukunft, ja sogar mit ganz einwandfreier Judenantipathie, es noch nicht zu der Einsicht gebracht hatte, daß der Zweck alle Mittel heilige, ein Mann, dessen Gewissen völlig unabhängig von sozialer Zugehörigkeit und beruflichen Ambitionen geblieben war. Dieser Mann war Picquart, und mit diesem einfachen, ruhigen, politisch ganz uninteressierten Menschen wurde der Generalstab nicht fertig. Picquart war kein Held und kein Märtyrer.[82] In jedem gesunden politischen Gemeinwesen gibt es viele seinesgleichen, gute Bürger mit durchschnittlichem Interesse an öffentlichen Angelegenheiten, die in der Stunde der Gefahr, aber auch nicht eine Minute früher, das Vaterland mit der gleichen Selbstverständlichkeit retten, mit der sie ihren alltäglichen Pflichten nachzugehen gewohnt sind. Gefährlich aber wurde die Sache erst, als nach langem Zögern und auf manchen Umwegen Clemenceau sich von der Unschuld Dreyfus' überzeugt hatte und begriff, daß die Republik in Gefahr war.[83] Der moderne Historiker ist angesichts der Tatsache, daß es einem Mann allein gelang, die Republik zu retten, geneigt, an Wunder zu glauben. Denn wahrlich, keiner dieser Republikaner hat gerettet werden wollen. Der Untergang schien von den Göttern beschlossen, wie der Untergang jedes politischen Gebildes, das zu ausgiebig von den verbotenen Früchten des nur-individuellen Interesses und der nur-geschäftlichen Spekulation gegessen hat. Aber im Ratschluß der Götter, das lehrt die Affäre, wird nichts endgültig beschlossen. Ein Gerechter kann genügen, das Verhängnis von der Stadt abzuwenden.

Zu Beginn des Kampfes scharten sich um Clemenceau eine Handvoll bekannter Schriftsteller und Gelehrter,[84] und er fand Unterstützung in einem kleinen und damals ganz unbedeutenden Kreis der französischen Intelligenz, der sich später in den *Cahiers de la Quinzaine* einen Namen machen sollte.[85] Das war alles. Keine politische Gruppe, kein namhafter Politiker schloß sich ihm an. Es ist die Größe des Clemenceauschen Angriffs, daß er sich nicht an den »konkreten« Justizirrtum klammerte, sondern von vornherein so »abstrakte« Ideen wie Gerechtigkeit, Gleichheit vor dem Gesetz, bürgerliche Tugend, Freiheit der Unterdrückten – kurz das ganze Arsenal des jakobinischen Patriotismus, das damals schon so verhöhnt und mit Dreck beworfen wurde wie 40 Jahre später, in den Kampf warf.[86] Als er im Laufe der Jahre, unermüdlich die gleichen Wahrheiten wiederholend und sie jeweils in aktuellen Forderungen erklärend, vor keiner Drohung und keiner Enttäuschung um Fingersbreite zurückweichend, langsam aber stetig an Boden gewann, hätten die »konkreten« Nationalisten, die den Dreyfusards ironisch vorwarfen, eine »Orgie der Metaphysik« (Barrès) zu veranstalten, merken können, daß der »abstrakte« Geist Clemenceaus den politischen Realitäten näher war als der Verstand von verkrachten Geschäftsleuten oder die dem Asphalt entsprossene Toten- und Bodenverbundenheit von Intellektuellen, deren Leitgedanke: »*Le nationalisme, c'est l'accep-*

tation d'un déterminisme«[87] sie schließlich bei Wahrsagerinnen auf der Landstraße um politische Leitlinien anfragen ließ.[88]

So deutlich der Antisemitismus während der drei Jahre, die der Verhaftung Dreyfus' folgten und dem Clemenceauschen Kampf vorausgingen, an Boden gewonnen, so sehr vor allem die antisemitische Presse ihren Leserkreis vergrößert hatte, so ruhig hatte sich die Straße bis dahin verhalten. Erst als Clemenceau täglich einen Artikel in der *Aurore* über Dreyfus zu schreiben begann, als er Zolas *J'Accuse* veröffentlicht und der Rattenschwanz von Prozessen, die den Revisionsprozeß von Rennes einleiteten, begonnen hatte, wurde der Mob lebendig. Jedem Schlag der Dreyfusards, deren Isoliertheit nur zu bekannt war, folgte ein mehr oder minder blutiger Aufruhr der Straße, ein in jedem Fall offener Versuch, zu terrorisieren, einzuschüchtern, zu erpressen.[89] Die Organisation des Mob durch den Generalstab war bewundernswürdig. Die Fäden liefen direkt von der Armee zur Redaktion der *Libre Parole,* die ihrerseits teils indirekt (durch die Zeitung), teils direkt (durch die Redakteure) Studenten, Royalisten, Abenteurer und Gangster auf die Beine und die Straße brachte. Zola hatte gesprochen – das Haus von Zola wurde mit Steinen beworfen. Scheurer-Kestner hatte an den Kolonialminister geschrieben – Scheurer-Kestner wurde auf der Straße angegriffen, während sich die Zeitung seiner inneren Existenz durch Ehrabschneiderei annahm. Einstimmig lauten alle Berichte über den Zola-Prozeß: Wäre Zola freigesprochen worden, er wäre nicht lebendig aus dem Gerichtssaal herausgekommen.[90] Der Ruf »Tod den Juden!« klang durch alle Städte. In Lyon, in Rennes, in Nantes, in Tours, in Bordeaux, Clermont-Ferrant und Marseille – überall antisemitische Kundgebungen, deren zentrale Leitung gar nicht verheimlicht wurde. Der Volkszorn brach überall gleichzeitig, am gleichen Tag, zu der gleichen Stunde aus.[91] Unter der Führung von Guérin organisierte sich der Mob militärisch; antisemitische Stoßtrupps beherrschten die Straßen und ließen jede Versammlung der Dreyfusards in regulärer

Schlacht enden. Die Komplizität der Polizei war überall offensichtlich.[92]

Die modernste Gestalt auf der Seite der Anti-Dreyfusards war vermutlich Jules Guérin, ein ruinierter Geschäftsmann, der nun seine politische Karriere als Polizeispitzel begonnen hatte. Er mag damals noch nicht geahnt haben, welch großen Männern dieser Start als Vorbild dienen würde. Was er aber sicher gekannt oder in seiner Tätigkeit kennengelernt hatte, war die politische Chance, welche das Chaos der vollendeten Korruption den zu allem entschlossenen Abenteurern gibt, sofern sie es nur verstehen, sich die Disziplin und das Organisationstalent der Unterwelt zu eigen zu machen. Dies in der Politik neuartige Organisationstalent machte Guérin zum Begründer und Chef der *Ligue Antisémite.* Er war der erste Verbrecher, in welchem die gute Gesellschaft ihren Helden feierte. An ihm offenbarte sich, daß der Moralkodex des Mob und der Ehrenkodex der Deklassierten mit Urteilen und Vorurteilen der bürgerlichen Gesellschaft bereits fertig geworden waren. Hinter der *Ligue Antisémite* stand der Duc d'Orléans,[93] und der Organisator, der Schlächter von La Vilette, denen man nur einen – wenn auch nicht ganz harmlosen – Objektwechsel ihrer Tätigkeit vorschlug, war der Marquis de Morès – der vorher in Amerika sein Vermögen verloren hatte.[94] Die für die Zukunft bezeichnendste Episode der Zeit ist wohl die Komödie der Belagerung des sogenannten *Fort Chabrol.*[95] In diesem ersten »Braunen Haus« versammelte sich die Elite der *Ligue Antisémite,* als die Polizei sich schließlich entschlossen hatte, gegen ihren Chef einen Haftbefehl zu erlassen. Die Einrichtung war ganz auf der Höhe der Technik jener Zeit. »Die Fenster sind mit Eisenjalousien versehen; elektrische Klingelleitungen, telephonische Verbindungen vom Keller bis zum Boden. Vier Meter hinter dem riesigen Eingangsportal, das immer geschlossen bleibt und mit dreifachen Riegeln und Sicherheitsbalken verriegelt ist, erhebt sich ein hohes Gitter aus Schmiedeeisen. Zur Rechten, zwischen Gitter und Eingangsportal, öffnet sich eine kleine Hintertür, die gleichfalls gepanzert ist und hinter welcher Tag und Nacht Männer Wache halten, welche unter den ehemaligen Schlächtern des Schlachthofes von La Vilette ausgewählt sind.«[96] Gleichermaßen aus der neuesten Geschichte vertraut ist uns die Persönlichkeit des Urhebers der Pogrome in Algier, des jugendlichen Max Régis, der unter heulenden Akklamationen des Pariser Pöbels vorschlug, den »Baum der Freiheit mit Judenblut zu begießen«.[97] Er verkörperte den Teil der Bewegung, der hoffte, mit legalen und parlamentarischen Mitteln zur Macht zu kommen. So ließ er sich zum Bürgermeister von Algier wählen und leitete sorgsam von diesem Verwaltungsposten aus die Pogrome, in welchen 158 jüdische Läden geplündert, Frauen vergewaltigt und viele Juden totgeschlagen wurden.[98] Ihm verdankte auch der literarisch und stilistisch äußerst kultivierte Edouard Drumont, dem sein Werk *La France Juive* den Ruf des größten französischen Historikers seit Fustel eingetragen hatte,[99] den Sitz im Parlament.

Neu waren an diesen Vorgängen nicht die Aktionen des Mob, den es immer in der Geschichte gegeben hat und der immer in Zeiten großer Krisen sich bildet, um der menschlichen Geschichte ein Gran Entmenschtheit und den geschichtlichen Kämpfen ein Gran geschichtsloser Grausamkeit beizumischen. Der Zeit neu und überraschend – uns nur allzu vertraut – war die Organisation des Mob und die Heldenverehrung, die seinen Führern von seiten der guten Gesellschaft und der Elite gezollt wurde. Im Mob, dessen höchst »konkrete« Bestialität sie mit der Metaphysik im allgemeinen und der »abstrakten« Gerechtigkeit im besonderen konfrontierten, sahen Barrès, Daudet und Maurras die Repräsentanten und Vollstrecker ihres »konkreten Nationalismus«;[100] in seinen Heldentaten bewunderten sie Vitalität und ursprüngliche Kraft, die sie im Volke, und das hieß damals bei der organisierten und disziplinierten Arbeiterschaft, mit solcher Verachtung vermißten. Unbestreitbar ist, daß sie und ihr dekadenter Ästhetizismus im fin-de-siècle die Elite der intellektuellen Jugend bildeten, und so finden wir in ihnen zum ersten Mal, was nach dem Weltkrieg zur Regel wurde, die Heldenverehrung der Gangster von seiten der Elite, die Bewunderung jeglicher Grausamkeit, das Bündnis schließlich aller Deklassierten auf der Grundlage des Ressentiments oder der Verzweiflung. In den schon ideologisch durchsetzten und zersetzten Theoremen dieser allem Patriotismus gründlich entfremdeten Chauvinisten ging der Unterschied zwischen Volk und Mob, Nation und Rasse, Nationalgefühl und Chauvinismus bereits mitten im Nationalstaat verloren.

Der furchtbaren Versuchung, den Mob mit dem Volk zu verwechseln, ist auch Clemenceau nicht entgangen.[101] Der unmittelbare Anlaß zu diesem Irrtum war die von Anfang gespaltene und bis zum Ende zweideutige Stellung der Arbeiterpartei in einer Frage »abstrakter«, nämlich interessenfreier Gerechtigkeit. Keine Partei, auch nicht die sozialistische, war bereit, die Sache der Gerechtigkeit zu der ihren zu machen.[102] Die Sozialisten vertraten die Interessen der Arbeiter wie die Opportunisten die der liberalen Bourgeoisie; die Rallierten repräsentierten die gehobeneren Schichten der Katholiken und die Radikalen das antiklerikale Kleinbürgertum. Die Sozialisten hatten den großen Vorzug, im Namen einer in sich einheitlichen Klasse der Gesellschaft zu sprechen, sie waren nicht wie die bürgerlichen Parteien Ausdruck einer in Cliquen und Intrigen zerfallenden Gesellschaft. Aber Interessenvertreter waren auch sie, ohne eigentlichen Sinn für die spezifisch politischen Prinzipien des öffentlichen Lebens. So erklärte Jules Guesde, der Gegenspieler Jaurès' in der sozialistischen Partei, daß »Recht und Gerechtigkeit leere Worte« seien.[103] Damals schon waren sich die Chauvinisten Barrèsscher Prägung und große Teile der Sozialisten in vielen prinzipiellen Fragen auf verhängnisvolle Weise einig; gegen Clemenceau und seine abstrakte Gerechtigkeit Stellung zu nehmen, war keineswegs ein Monopol der Anti-Dreyfusards. Große Teile der Sozialisten, viele

Dreyfusards – und Guesde war Dreyfusard – sprachen eine Sprache, die der ihren zum Verwechseln ähnlich klingt.[104] Wenn die katholische Zeitung *La Croix* erklärte, »man frage sich nicht mehr: ist Dreyfus schuldig oder unschuldig? Man frage sich: wer wird den Sieg davontragen – die Feinde der Armee oder ihre Freunde?«, so gilt dies *mutatis mutandis* auch für die Dreyfusards.[105] Nicht nur der Mob, große Teile des französischen Volkes erklärten sich bestenfalls für desinteressiert, als eine Kategorie von Menschen in Frankreich außerhalb des Gesetzes gestellt werden sollte.

»Devant toute la terre attentive, avec le consentement du Démos, ils ont proclamé la faillite de leur ›démocratie‹. Par eux, le peuple souverain, arraché de son trône de justice, s'exhibe, déchu de son infaillible majesté. Car il n'y a pas moyen de le nier désormais, c'est avec la complicité du peuple lui-même que le mal est parmi nous … Le peuple n'est pas Dieu. A peine l'a-t-on divinisé que le nouveau Dieu tombe au gouffre … Le tyran collectif répandu sur le territoire n'est pas plus acceptable que le tyran unique sur un trône …«[106] Als der Mob sich außerparlamentarisch organisierte und begann, das kleine Häuflein der Dreyfusards zu terrorisieren, fand er die Straße frei. Der Pariser Arbeiter, bezeugt Clemenceau, hatte sich an der Frage desinteressiert.[107] Seine Interessen schienen in einem Streit zwischen verschiedenen Fraktionen der Bourgeoisie nicht berührt. Hierin bekundete sich seine Mitschuld, und daran kann man erkennen, wie tief er selber dieser Gesellschaft, die er bekämpfte, verhaftet war. Denn damit, daß er die Straße dem Mob frei ließ, stellte er es jedem frei, den Mob für das Volk zu halten – für jenen kollektiven Tyrannen, von dem Clemenceau spricht. Clemenceau gelang es schließlich, Jaurès davon zu überzeugen, daß die Verletzung des Rechts eines einzigen die Verletzung des Rechts aller ist. Es gelang ihm aber nur deshalb, weil die Verletzer des Rechts in diesem Fall identisch waren mit den alten Feinden des Volkes aus der Revolutionszeit, mit den Aristokraten und dem Klerus. Gegen Aristokraten und Pfaffen, nicht für die Republik, nicht für Recht

und nicht für Freiheit ging schließlich der Arbeiter auf die Straße. Und wenn es wahr ist, daß in den Reden Jaurès' wie in den Artikeln Clemenceaus das alte Pathos der Revolution, das alte Pathos der Menschenrechte noch stark genug nachklang und noch ein genügend starkes Echo fand, um das Volk von Frankreich zum Kampf zu bewegen, so ist es doch gleichermaßen wahr, daß es erst davon hat überzeugt werden müssen, daß nicht nur Recht und Gerechtigkeit zusammen mit der Republik unterzugehen drohten, sondern daß »Interessen« auf dem Spiel standen. Und ein großer Teil der Sozialisten innerhalb und außerhalb Frankreichs hat es stets für einen Fehler gehalten, sich in die »inneren Streitigkeiten der Bourgeoisie« gemischt und die Republik gerettet zu haben.

Es war nicht Clemenceau und es waren nicht die republikanischen Prinzipien, die schließlich wenigstens einen Teil der Arbeiterschaft aus ihrer Apathie rüttelten. Dies war vielmehr das Verdienst Zolas und seiner, man möchte sagen, Verliebtheit in das Volk. So war Zola auch der erste, der in die große Anklage gegen Parlament, Heer und Staatsapparat jene unreinen Töne mischte, welche, statt von politischen Tatsachen zu reden, an den pöbelhaften Aberglauben des »geheimen Rom« appellierten. Dies gerade war wirksam und entzündete jedenfalls die Begeisterung Jaurès'; und selbst Clemenceau hat, wenn auch nur zögernd und gelegentlich, sich dieser Dinge bedienen müssen. Das zündende Pathos Zolas ist aus seinen Pamphleten nur noch mühsam zu entziffern; es bestand vor allem in dem überzeugten Mut, mit dem dieser Mann, der sein Leben und seine Bücher der Verherrlichung, ja der Vergötterung und Vergötzung des Volkes gewidmet hatte, aufstand und die Massen, in denen er so wenig wie Clemenceau das Volk von dem Mob zu unterscheiden vermochte, herausforderte, bekämpfte und schließlich besiegte. »*On a trouvé des hommes pour résister aux rois les plus puissants, pour refuser de s'incliner devant eux; on a trouvé très peu d'hommes pour résister aux foules, pour se dresser tout seuls, devant les masses égarées …, pour affronter, sans armes, les bras croisés, d'implacables colères, pour oser quand on exige un ›oui‹, lever la tête et dire ›non‹. Voilà ce qu'a fait Zola!«*[108]

J'Accuse hatte eine unmittelbare Wirkung. Kaum war es erschienen, so fand auch schon die erste Versammlung der Pariser Sozialisten statt, in der eine Resolution für die Revision des Dreyfus-Prozesses angenommen wurde. Aber diese Wirkung war keineswegs durchschlagend. Fünf Tage später veröffentlichten zweiunddreißig sozialistische Abgeordnete einen Aufruf, in dem sie erklärten, das Schicksal des »Klassenfeindes« Dreyfus ginge sie nichts an. Hinter diesem Aufruf standen große Teile gerade auch der Pariser Partei. Und diese Spaltung hat die Partei während der ganzen Affäre durchherrscht, wobei die Stärke der Fraktionen je nach den Umständen schwankte.[109] So erklärte nach der Verurteilung Zolas eine sozialistische Versammlung den Antisemitismus für eine »neue Form der Reaktion«; als aber wenige Monate später Parlamentswahlen stattfanden, wurde Jaurès, der Repräsentant der Dreyfusards in der Partei, nicht wieder ins Parlament gewählt, und als der Kriegsminister Cavaignac in der Kammer eine Rede gegen Dreyfus und für die Armee hielt, beschloß die Kammer mit allen Stimmen außer zweien, also auch mit allen sozialistischen Stimmen, den Anschlag der Rede an den Mauern von Paris. Als im Oktober des gleichen Jahres der große Pariser Streik ausbrach und die Pariser Straßen einem Feldlager glichen, berichtete der sehr gut informierte und sehr objektive Graf Münster von der deutschen Gesandtschaft nach Berlin: »Eine politische Frage gibt es für das eigentliche Volk hier nicht. Die Arbeiter wollen höheren Lohn haben, den sie auch schließlich erhalten werden. Um Dreyfus haben sich die Arbeiter niemals gekümmert.«[110]

Wer waren denn überhaupt die Dreyfusards? Woher kamen die dreihunderttausend Franzosen, die sich Zolas *J'Accuse* aus der Hand rissen und den täglichen Leitartikel Clemenceaus lasen? Wo waren die Männer, denen es schließlich gelang, das Volk so aufzuspalten, daß sich in jeder Gesellschaftsschicht, in jedem Freundeskreis, in jeder Familie Anhänger und Gegner der Revision wie erbitterte Feinde gegenüberstanden?

Die Dreyfusards haben nie eine einheitliche gesellschaftliche Gruppe gebildet und sich nie zu einer Partei zusammengeschlossen. Soziologisch kann man feststellen, daß die niederen Klassen mehr Dreyfusards lieferten als die großbürgerlichen und daß es mehr Dreyfusards unter den Ärzten gab als unter Anwälten, Beamten und anderen Angehörigen der freien Berufe.[111] Aber dies tut wenig zur Sache. Die Männer, die wir in diesem einmaligen Kampf zusammenstehen sehen, werden morgen wieder verschiedene Wege gehen, denn sie haben so wenig miteinander im Weltanschaulichen oder Gesellschaftlichen gemein, wie Zola mit Péguy oder Jaurès mit Picquart oder Scheurer-Kestner mit Bernard Lazare. Wie der Mob, der in den Deklassierten alle Klassen der Gesellschaft verschmilzt, das Volk in seiner Karikatur darstellt, so stellen die Bürger, welche in der Stunde der Gefahr der Ruf der Patrioten zu erreichen und in den großen Schmelztiegel der *res publica* aus allen gesellschaftlichen und parteipolitischen Bindungen herauszuschmelzen imstande ist, das Volk in seiner wahren Gestalt dar. *»They come from political parties and religious communities who have nothing in common, who are even in conflict with each other … Those men do not know each other. They have fought, and on occasion, will fight again. Do not deceive yourselves; those are the élite of the French democracy.«*[112]

Wäre Clemenceau selbstbewußt, ja, arrogant genug gewesen, um zu glauben, daß alle, die ihn hören können, nur sie, wirklich das Volk Frankreichs sind, so wäre er jenem verhängnisvollen Hochmut entgangen, der seine Politik nach der Dreyfus-Zeit kennzeichnet, jener verhängnisvollen Verachtung von Volk und Mensch, welche den Zweifel an allen demokratischen Regierungsformen notwendig impliziert, eine Verachtung, die er zeit seines Lebens praktizierte und am Ende auch eingestand.[113] Er, der legitime Sohn des französischen Volkes, hat sich nie so weit erniedrigen können, dem Mob zu applaudieren. Aber als er begann, in ihm das Volk mit zu verachten, über ihm an dem Volk zu verzweifeln, da verlor er den Boden unter den Füßen und geriet in jene grausame Einsamkeit, aus welcher er nur noch blitzartig die französische Politik zu erhellen und in richtige Bahnen zu zwingen vermochte, aber nicht mehr imstande war, die Dritte Republik grundsätzlich zu erneuern. Es wäre keine Hybris, sondern die Wahrheit gewesen, wenn er geglaubt hätte, wirklich die Stimme des Volkes zu sein. Es war Hybris, als er zu glauben anfing, er ganz allein, in Verachtung des Volkes, könne die Republik und Frankreich retten.

Die Aufspaltung des französischen Volkes und seines Parteiensystems ist nur an der Arbeiterpartei wirklich nachzuweisen. Alle anderen Parteien und Gruppen des Parlaments waren zu Beginn der Revisionskampagne einheitlich gegen Dreyfus. Das aber besagte nur, daß die bürgerlichen Parteien die Wählermassen nicht mehr wirklich vollblütig repräsentierten. Denn die Spaltung, die bei den Sozialisten offen zutage trat, fand faktisch in fast allen Teilen des französischen Volkes statt. Und überall war es eine Minorität, die der Clemenceausche Ruf der Gerechtigkeit herausspaltete.

Diese in sich selbst völlig heterogene Minorität sind die Dreyfusards. Ihr Kampf gegen die Armee und gegen die korrupte Komplizität der Republik zu ihren Gunsten beherrschte von dem Ende des Jahres 1897 bis zur Eröffnung der Weltausstellung im Jahre 1900 die gesamte französische Innenpolitik und beeinflußte in entscheidender Weise die Möglichkeiten der französischen Außenpolitik. Aber dieser ganze Kampf, der ja schließlich sogar zu einer Art Sieg führen sollte, spielte sich außerhalb des Parlaments ab. In dieser sogenannten Volksvertretung, in die jede Nuance und jede Gruppe des Bürgertums wie der Arbeiterschaft ihre Vertreter entsandte und wo nahezu 600 Politiker versammelt waren, gab es

1898 genau zwei Dreyfusards – von denen der eine Jaurès war und bei den Neuwahlen nicht wieder ins Parlament kam.

Das Bestürzende an der Dreyfus-Affäre ist, daß nicht nur der Mob zu außerparlamentarischen Aktionen schritt, daß vielmehr die gesamte Politik Frankreichs sich während der Krise außerhalb des Parlaments abspielte. Die Minorität, die für Parlament, Demokratie und Republik kämpfte, sah sich gezwungen, ebenfalls außerhalb des Parlamentes zu agieren, so daß man sagen kann, daß der Mob ihr bereits die Gesetze des Handelns diktierte. Nur war ihr Schauplatz nicht die Straße, sondern erst die Presse und dann der Gerichtshof. Das Parlament nahm die Affäre nicht ernst, auch dann nicht, wenn es geschlossen gegen Dreyfus stimmte. Es lief nur den jeweiligen Stimmungen nach, die außerhalb des Parlaments erzeugt wurden. So muß man sich hüten, die Stimmen des Parlaments für die Armee und gegen die Revision als antidreyfusistisch zu verstehen. Als kurz vor Eröffnung der Weltausstellung die Sorge um ihr Gelingen das Parlament veranlaßte, auf einmal für Dreyfus zu stimmen, besagte dies, wie der Kriegsminister Gallifet mit Recht betonte, für die Stimmung im Lande gar nichts.[114] Die Stimmen gegen die Revision waren keineswegs Ausdruck jener Staatsstreichpolitik, welche die Jesuiten und einige radikale Antisemiten mit Hilfe der Armee durchzusetzen suchten,[115] sondern lediglich Ausdruck der Opposition gegen jegliche Änderung der augenblicklich herrschenden Zustände. Die Kammer hätte mit der gleichen überwältigenden Majorität jede militärisch-klerikale Diktatur abgelehnt.

Die Parlamentarier, welche in der Dritten Republik gelernt hatten, Politik als Interessenvertretung, und Interessenvertretung als Beruf (einen Beruf unter anderen) oder als Geschäft (das einzige, zu dem man kein Kapital brauchte) anzusehen, waren nur an dem *status quo* dieser Republik interessiert, welche ihnen Beruf oder Geschäft garantierte. Die Interessenvertreter waren zu einer vom Volk getrennten und ihm entfremdeten Gruppe mit besonderen

Interessen geworden. Daß auch das Volk der Meinung war, daß seine Vertreter sich nicht um Politik, sondern um Interessenvertretung zu kümmern hätten, beweisen die Wahlen während der Dreyfus-Zeit, in welchen es sehr unpopulär war, von Dreyfus überhaupt zu sprechen. Wäre diese Unpopularität wirklich ausschließlich auf Antisemitismus zurückzuführen gewesen, so wäre die Lage der Dreyfusards aussichtslos gewesen. Als die Wahlen stattfanden, hatten die Dreyfusards in der Arbeiterschaft bereits eine große Anhängerschaft. Daß dennoch Jaurès seinen Sitz im Parlament verlor – und zweifellos, weil er die Dreyfus-Affäre zum Mittelpunkt seiner Wahlkampagne gemacht hatte –, bewies nur, daß auch dreyfusfreundliche Kreise diese politische Frage nicht mit der Wahl für das Parlament verknüpft zu sehen wünschten.

War es Clemenceau und den Dreyfusards gelungen, beträchtliche Teile aus allen Schichten des französischen Volkes für die Revision zu gewinnen, so blieben die überzeugten Katholiken von dieser Aufspaltung bis auf ganz wenige Ausnahmen unberührt.[116] Was die Jesuiten für die Leitung der Aristokratie und der Generalstabsoffiziere leisteten, war den Assumptionisten, deren Zeitung *La Croix* das verbreitetste katholische Organ Frankreichs war, für die Leitung der mittleren und niederen Schichten vorbehalten.[117] Beide gruppierten ihre Politik um die Judenhetze; beide gebärdeten sich als Hüter der Armee und der heiligsten nationalen Güter gegen das internationale Judentum. Frappanter noch als diese einheitliche politische Stellungnahme der französischen Katholiken war die Tatsache, daß die gesamte katholische Presse der Welt anti-dreyfusard war. Im Verlaufe der Affäre wurde immer deutlicher, daß die antisemitische Hetze in Frankreich international geleitet war und politische Aspirationen im internationalen Maßstab verfolgte.[118] Die Jesuiten haben damals schon erkannt, daß jede moderne Machtpolitik sich auf die kolonialen Gegensätze der Nationen stützen muß. So waren sie die ersten, welche den Antisemitismus mit imperialistischer Politik verbanden, die Juden zu

Agenten englischer Politik erklärten und den Antisemitismus mit der französischen Anglophobie amalgamierten. Damit war die Dreyfus-Affäre zu einer Angelegenheit der internationalen Politik geworden, in deren Zentrum sich die Juden befanden. Daß die Engländer den Franzosen Ägypten weggenommen hatten, wurde zur Schuld der Juden,[119] wie die Bemühungen um eine englisch-amerikanische Allianz auf das Konto eines »Rothschildschen Imperialismus«[120] geschrieben wurden. In dem Bestreben, eine international einheitliche Politik zu machen, entdeckte der katholische Klerus die propagandistischen Möglichkeiten eines Antisemitismus, der behauptet, daß die unter allen Nationen lebenden Juden die geheimen Lenker der Weltpolitik seien. Daß das Spiel der Katholiken sich nicht auf Frankreich beschränkt hatte, trat am deutlichsten zutage, als sie in Frankreich ausgespielt hatten. Ende des Jahres 1899, nach Begnadigung Dreyfus' durch den Präsidenten der Republik, als die Stimmung in Frankreich selbst durch die berechtigte Angst vor einem Welt-Boykott der geplanten Weltausstellung umgeschwungen war, genügte ein Interview Leos XIII., um ein sofortiges Abklingen der antisemitischen Hetze in allen Ländern herbeizuführen.[121] Selbst in den Vereinigten Staaten, wo die Parteinahme für Dreyfus besonders leidenschaftlich gewesen und von allen nichtkatholischen Teilen der öffentlichen Meinung geteilt worden war, konnte man konstatieren, daß ein seit 1897 stark anwachsender Antisemitismus gleichsam über Nacht wieder verschwand.[122] Die »große politische Idee« des Antisemitismus hatte als Instrument in den Händen des Katholizismus erst einmal bankrott gemacht.

Die große Versöhnung

Die Affäre des unglücklichen Hauptmanns Dreyfus hatte aller Welt bewiesen, daß in jedem jüdischen Baron, in jedem jüdischen Multimillionär, in jedem jüdischen Nationalisten noch ein Stück von jenem Paria steckte, für welchen die Menschenrechte nicht existierten, den die Gesellschaft außerhalb des Gesetzes zu sehen wünschte. Für niemanden war das so schwer einzusehen wie für die emanzipierten Juden selbst, welche seit hundert Jahren die Gleichberechtigung zu einem Glaubensartikel gemacht hatten, gerade weil sie an der politischen Entwicklung der Völker wenig Anteil hatten nehmen können. Als das drohende Unheil sich in der Dreyfus-Affäre ankündigte, befanden sich die Juden gerade in jenem Prozeß der atomisierenden Assimilation, der ihre Entpolitisierung eher förderte als aufhielt: assimilierten sie sich doch an eine jener Gesellschaftsschichten, welche gerade im Manchestertum, in industrieller Entwicklung und nie gekannten Verdienstmöglichkeiten alle politischen Leidenschaften erstickten. Mit der Judenantipathie, die die Juden im Zuge dieser Assimilation vorfanden, hofften sie fertig zu werden, indem sie sie übertrugen auf arme Juden, neu zugezogene Juden, kurz alle jene Elemente, welche noch nicht assimiliert waren. Mit den gleichen Mitteln, mit denen die nichtjüdische Gesellschaft sich von ihnen distanzierte, distanzierten sie sich von den »Ostjuden«.[123] Politischen Antisemitismus, wie sie ihn aus der staatlich geleiteten Pogrompolitik Rußlands oder Rumäniens kannten, hielten sie für ein Residuum aus dem Mittelalter, also für ein aktuell nicht mehr wirksames Mittel der Politik. Sie haben nie verstanden, daß in der Dreyfus-Affäre mehr auf dem Spiele stehen könne als gesellschaftliche Positionen, weil mehr ins Spiel gekommen war als gesellschaftlicher Antisemitismus.

Dies sind die Gründe, warum man unter den französischen Juden wenige Dreyfusards fand.[124] Die Juden, vor allem die Familie Dreyfus selber, weigerten sich, irgendeinen politischen Kampf zu führen. Die Familie schloß den großen Anwalt Labori, der auch der Verteidiger Zolas gewesen war, von der Verteidigung vor dem Renner Revisionsgericht aus. Der zweite Anwalt Dreyfus', Démange, plädierte im Sinne seiner jüdischen Auftraggeber auf Zweifel, weil man nur so jeden Angriff auf die Armee verteidigen und die Offiziere mit Komplimenten überhäufen konnte. Man glaubte ihnen goldene Brücken zu einem Freispruch zu bauen, indem man so tat, als handele es sich wirklich um einen möglichen Justizirrtum, dessen zufälliges Opfer ein Jude war. Weil man sich nicht mit der Politik der Dreyfusards identifizieren wollte, bewog man Alfred Dreyfus dann, auf sein Revisionsgesuch zu verzichten und um Gnade zu bitten.[125] Je weniger die Juden verstanden, daß sie es mit einem organisierten Kampf und einer prinzipiellen Feindschaft gegen sich zu tun hatten, desto wirksamer sträubten sie sich dagegen, prinzipielle Freunde zu finden. Clemenceaus Kampf für die Gerechtigkeit als die Grundlage für den Nationalstaat wollte die Rechte für die Juden als gleichberechtigte Bürger wiederherstellen. Aber dieser Kampf wäre in der Zeit der Klassenkämpfe und der imperialistischen Eroberungen politisch inhaltslos geblieben, wäre er nicht zugleich ein Kampf für die Unterdrückten und gegen die Unterdrücker gewesen. Clemenceau gehört zu den wenigen echten Freunden, welche die Juden in der neueren Geschichte gehabt haben. Man kann sie meist daran erkennen, daß sie das verstanden, was die jüdischen Notabeln und die jüdischen Parvenus nie wahrhaben wollen, daß nämlich das jüdische Volk im Ganzen zu den unterdrückten Völkern Europas gehörte. Wenn die Antisemiten in jedem jüdischen Parvenu noch den Paria witterten, in jedem reichen Mann noch den Hausierer verachteten, um in jedem Hausierer den Rothschild zu fürchten und in jedem Schnorrer den Parvenu, so erspürte die große Leidenschaft für Gerechtigkeit in Clemenceau noch in den Rothschilds und den Dreyfus die Glieder eines unterdrückten Volkes.

Sein Schmerz über das nationale Unglück Frankreichs öffnete ihm die Augen für jene »Unglücklichen, die sich als Führer des Volkes gebärden und damit anfangen, die Sache ihrer Brüder im Stich zu lassen«;[126] für jene Unterdrückten, denen Unwissenheit, Schwäche und Angst eine unqualifizierte Bewunderung für den jeweilig Stärksten eingeflößt haben, so daß man im Kampf für sie auf ihre Beihilfe gerade nicht mehr zählen kann, wissend und verstehend, warum sie warten werden, bis die Schlacht gewonnen ist, um dann den Siegern zu Hilfe zu eilen.[127]

Daß das Schauspiel, das Frankreich in der Dreyfus-Affäre der Welt bot, doch keine Tragödie, sondern nur eine Farce war, zeigte sich erst an seinem Ende. Der *deus ex machina,* der das in sich gespaltene Land einigte, den Burgfrieden erzwang und alle, von der äußersten Rechten bis zu den Sozialisten, unter einen Hut brachte, war die Weltausstellung des Jahres 1900.[128] Was weder Clemenceaus tägliche Leitartikel noch Jaurès' Reden noch Zolas Pathos noch der Haß des Volkes auf Aristokraten und Pfaffen zuwege gebracht hatten, nämlich eine Stimmungsänderung des Parlaments zugunsten Dreyfus', das brachte die Furcht vor einem Boykott der Weltausstellung im Nu zustande. Das gleiche Parlament, das noch vor einem Jahre nahezu einstimmig die Revision abgelehnt hatte, nahm mit Zweidrittelmehrheit ein Mißtrauensvotum gegen eine dreyfusfeindliche Regierung im Juli 1899 an, brachte das Kabinett Waldeck-Rousseau an die Regierung und war glücklich, als der Begnadigungsakt Loubets der Affäre ein Ende und der Weltausstellung die besten geschäftlichen Aussichten sicherte. In der allgemeinen Verbrüderung wurden sogar die Sozialisten regierungsfähig: Millerand bekam das Handelsministerium, der erste sozialistische Minister Europas!

Parlamentarier als Dreyfusards! Das war die Liquidierung der Affäre. Das war eine Niederlage für Clemenceau, der bis zum Ende sich gegen die zweideutige Begnadigung und das noch zweideutigere Amnestiegesetz wehrte, das »auf schmutzigste Weise die

Ehrenleute und die Banditen zusammen begnadigt. Alle in einem Topf«.[129] Aber Clemenceau war wieder isoliert wie zu Beginn des Kampfes, denn die Sozialisten, allen voran Jaurès, stimmten für Begnadigung und Amnestie. Hatten sie nicht einen Platz in der Regierung und war nun nicht in ausreichender Weise für die Vertretung ihrer Interessen gesorgt? Als wenige Monate später, im Mai 1900, der Erfolg der Ausstellung gesichert war, erwies es sich freilich, daß alle diese Beruhigungsmanöver auf Kosten der Dreyfusards erfolgt waren: die Kammer lehnte mit 425 gegen 60 Stimmen den Antrag auf eine nochmalige Revision ab.

Eine Niederlage für Clemenceau. Aber auch eine Niederlage für Kirche und Armee. Das Gesetz der Trennung von Kirche und Staat, das Verbot für die Kongregationen, Lehrtätigkeit auszuüben, machten dem politischen Einfluß des Katholizismus in Frankreich ein Ende. Die Armee verlor ihren erpresserischen Einfluß auf Regierung und Parlament, als ihr Nachrichtenbüro dem Kriegsministerium, also der zivilen Verwaltung, unterstellt und ihm die Berechtigung, polizeiliche Nachforschungen eigenmächtig anzustellen, entzogen worden war.[130] Damit konnte der Generalstab auf Politiker und Minister keinen Terror mehr ausüben, und damit zerschlugen sich von selbst jene wertvollen Beziehungen zur Presse, durch die der Generalstab die Zivilverwaltung einschüchtern und den Mob hatte aufwiegeln können. Verhältnismäßig wenig belästigt von außerparlamentarischen Bewegungen, nahezu gesichert vor irgendwelchen politischen Führungsansprüchen, die mehr gewollt hätten als Interessenvertretung, aufgeschreckt nur noch einmal, als ein nochmaliges Aufflammen des jakobinischen Patriotismus unter nochmaliger Führung Clemenceaus sie zwang, den Ersten Weltkrieg zu gewinnen, konnte die Republik ruhig ihren Weg bis zum wenig ruhmreichen Ende gehen.

Als im Jahre 1909 Drumont, dessen Antisemitismus einst von den Katholiken gefeiert und vom Volk bejubelt worden war, sich um einen Platz in der Akademie bewarb, da wurde diesem »größten Historiker seit Fustel« der Autor der halb pornographischen *Demi-Vierges,* Marcel Prévost, vorgezogen. Und der Jesuitenpater Du Lac sandte ihm seine Glückwünsche.[131] Selbst der Jesuitenorden hatte sich mit der Dritten Republik ausgesöhnt.

Was die Gerechtigkeit als Prinzip der Republik anlangt, so ging für sie allerdings die Dreyfus-Affäre aus wie das Hornberger Schießen. Eine Ausnahme für Dreyfus, den man nicht wagte einem ordentlichen Gericht anzuvertrauen; eine Ausnahme gegen die Kongregationen, mit der man die Religionsfreiheit antastete.[132] Man stellte die beiden streitenden Parteien *hors de la loi* und erreichte damit, daß Judenfrage und politischer Katholizismus erst einmal von der Bühne öffentlicher Geschichte wieder verschwanden.

Das Ende der Dreyfus-Affäre beschließt auch die kurze und turbulente Geschichte des klerikalen Antisemitismus. Nicht daß es von nun an keine judenfeindlichen Strömungen innerhalb der Kirche mehr gegeben hätte;[133] die Kirche selbst aber hat sich nicht mehr exponiert. Schließlich war für den militanten Katholizismus der emanzipierte Jude nur ein Exponent der Herrschaft des Laienstaates gewesen, und er hatte im Antisemitismus nur ein Mittel gesehen, den christlichen Staat wieder zu erzwingen. Wenn es richtig ist, daß der kirchliche Judenhaß sich gerade gegen den emanzipierten und reichen Juden richtete, weil er Einfluß auf die Regierungsgeschäfte nehmen konnte und weil seine Existenz der theologischen Forderung der Gedrücktheit und Armut des auserwählten und verfluchten Volkes als Zeuge für die Herrschaft Christi auf Erden ins Gesicht schlug (und obwohl der Katholizismus gerade durch diesen Angriff das Entstehen des spezifisch modernen Judenhasses mitverschuldet hat), so hat sich andererseits doch bald erwiesen, daß die Kirche die für die neuere politische antisemitische Bewegung erforderliche Radikalität: Vernichtung der Juden, aus theologischen und somit prinzipiellen

Gründen nicht aufbringen konnte und aus diesem Spiel ausscheiden mußte. Als die Antisemiten dazu übergingen, mit Verfolgung der Juden auch das jüdische Erbe in Europa, nämlich das Christentum, zu liquidieren, zeigte es sich schnell genug, daß nicht der »christliche Staat«, sondern ganz andere Dinge aus dem Antisemitismus den besten Profit schlugen.

Anmerkungen Band I

Vorwort

1 Übersetzt von Michael Schröter.

2 Das jüngste Beispiel für diese Auffassung ist Norman Cohns *Warrant for Genocide. The Myth of the Jewish World-Conspiracy and the »Protocols of the Elders of Zion«*, New York 1966 (dt. Ausgabe: *Die Protokolle der Weisen von Zion. Der Mythos von der jüdischen Weltverschwörung*, Köln-Berlin 1969). Der Verfasser geht aus von der stillschweigenden Voraussetzung, daß es so etwas wie eine jüdische Geschichte überhaupt nicht gibt. Juden sind nach seiner Ansicht »Menschen ..., (die) verstreut über ganz Europa vom Ärmelkanal bis zur Wolga (lebten) und kaum etwas miteinander gemein (hatten) außer der Abkunft von Anhängern der jüdischen Religion« (dt. Ausg., p. 11). Antisemiten dagegen können sich auf einen Stammbaum berufen, der zeitlich wie räumlich direkt und bruchlos bis ins Mittelalter zurückreicht, wo »Juden als Beauftragte Satans, Teufelsanbeter und Dämonen in Menschengestalt« betrachtet wurden (p. 51), und die einzige Einschränkung, mit welcher der gelehrte Verfasser von *Pursuit of the Millenium* (dt. Ausgabe: *Das Ringen um das tausendjährige Reich*) solche summarischen Verallgemeinerungen zu versehen für notwendig hält, ist die, daß er nur »die tödlichste Form von Antisemitismus, die zu Massakern und zu versuchtem Völkermord führt«, behandle (p. 12). Das Buch unternimmt auch den ziemlich gewaltsamen Versuch zu beweisen, daß »das deutsche Volk in seiner großen Masse niemals wirklich gegen die Juden fanatisiert (wurde)« und daß »die Vernichtung der Juden organisiert und im wesentlichen auch durchgeführt wurde von den Fachleuten des SD und der SS«, Gliederungen, die »keinen typischen Querschnitt durch die deutsche Gesellschaft dar(stellten)« (p. 267 ff.). Wenn diese Feststellung sich doch nur mit den Fakten in Einklang bringen ließe! Im Ergebnis liest sich dann die Arbeit, als wäre sie vor etwa 40 Jahren von einem ungewöhnlich geistreichen Mitglied des *Vereins zur Bekämpfung des Antisemitismus* unseligen Andenkens geschrieben worden.

3 Alle Zitate stammen aus Jacob Katz, *Exclusiveness and Tolerance: Jewish-Gentile Relations in Medieval and Modern Times*, New York 1962 (Kap. 12), einer durch und durch originellen Untersuchung auf höchstem Niveau, die in der Tat, wie der Klappentext behauptet, »viele liebgewordene Vorstellungen des Judentums von heute«

über den Haufen werfen mußte, diese Wirkung aber nicht hatte, weil sie außerhalb der Fachpresse fast völlig totgeschwiegen wurde. Katz gehört zu den jüdischen Historikern der jüngeren Generation, die großenteils an der Universität von Jerusalem lehren und in hebräischer Sprache publizieren. Warum ihre Arbeiten nicht rascher übersetzt und in den USA veröffentlicht werden, ist einigermaßen rätselhaft. Sie haben mit der »weinerlichen« Darstellung der jüdischen Geschichte, gegen die Salo W. Baron vor fast 40 Jahren protestierte, in der Tat ein Ende gemacht.

4 Es ist interessant festzustellen, daß der erste moderne jüdische Historiker, J. M. Jost, der um die Mitte des letzten Jahrhunderts in Deutschland schrieb, sehr viel weniger anfällig war für die üblichen Vorurteile der nicht-religiösen jüdischen Geschichtsschreibung als seine berühmteren Nachfolger.

5 Katz, op. cit., p. 196.

6 Ibidem, p. 6.

7 Ibidem, p. 7.

8 Die einzige Ausnahme ist der antisemitische Historiker Walter Frank, Leiter des nationalsozialistischen *Reichsinstituts für die Geschichte des neuen Deutschland* und Herausgeber der neunbändigen *Forschungen zur Judenfrage,* 1937–1944. Vor allem Franks eigene Beiträge können noch heute mit Gewinn herangezogen werden.

2 Die Juden und der Nationalstaat

1 So in einem Brief an seine Frau. Siehe: *Wilhelm und Caroline von Humboldt in ihren Briefen,* Band V, p. 236.

2 In den *Reflections on the Revolution in France*, 1790.

3 In Dohms *Denkwürdigkeiten meiner Zeit,* Lemgo/Hannover 1814–1819, Band IV, p. 487.

4 Daß die Juden innerhalb der Klassengesellschaft weder zu einer der bestehenden Klassen gehörten noch eine eigene Klasse bildeten, ist von dem jüdischen Gesellschaftswissenschaftler Jakob Lestschinsky (im *Weltwirtschafts-Archiv,* 1929, Band 30, p. 123 ff) betont worden. Aber die Juden waren auch nicht, wie L. glaubte, ein »Klasseneinschiebsel«, sie standen jenseits der Klassengesellschaft. L. beschreibt die Nachteile dieser Situation in Ost-Europa, übersieht jedoch die wirtschaftlichen Vorteile in Zentral- und West-Europa.

5 Am nachhaltigsten sind solche Versuche im Preußen Friedrichs II. gemacht worden, und zwar von der preußischen Beamtenschaft, welche es durchsetzte, daß das alte Judenreglement von 1750 durch ein System von Zuzugsscheinen abgelöst wurde, die an Juden gegeben wurden, die bereit waren, einen Teil ihres Vermögens in den vom Staate geförderten Manufakturen anzulegen. Für das durchschnittliche Verhalten der Juden ist das folgende Beispiel charakteristisch, das Felix Priebatsch in seiner grundlegenden Arbeit »Die Judenpolitik des fürstlichen Absolutismus im 17. und 18. Jahrhundert« (in: *Forschungen und Versuche zur Geschichte des Mittelalters und der Neuzeit,* 1915) aus dem frühen 18. Jahrhundert berichtet: »Als die Spiegelfabrik in Neuhaus, Niederösterreich, die von der Verwaltung subsidiert wurde, nicht produ-

zierte, gab der Jude Wertheimer dem Herrscher Geld, sie zu kaufen. Als man ihn aufforderte, die Fabrik zu übernehmen, weigerte er sich mit der Feststellung, daß seine Zeit mit seinen finanziellen Transaktionen in Anspruch genommen sei.« Im großen ganzen gilt die Feststellung von André Sayou (*»Les Juifs«* in der *Revue Economique Internationale,* 1932), daß »die Rothschilds und andere Israeliten so ausschließlich mit der Begebung von Staatsanleihen und dem internationalen Kapitalaustausch beschäftigt waren, daß sie nicht einmal versuchten … große Industrieunternehmen zu gründen«.

Aus der sehr großen Literatur zu dieser Frage heben wir die folgenden Arbeiten hervor: Einen guten Überblick gibt der Artikel »Finanz- und Bankwesen« in der *Enzyklopädia Judica.* Für Österreich: M. Grunwald, *Samuel Oppenheimer und sein Kreis,* Wien 1913. – Für Berlin: Hugo Rachel, *Das Berliner Wirtschaftsleben im Zeitalter des Frühkapitalismus,* Berlin 1931, und vom gleichen Verfasser der Artikel »Die Juden im Berliner Wirtschaftsleben zur Zeit des Merkantilismus« in der *Zeitschrift für die Geschichte der Juden in Deutschland,* Band 2. Für Preußen überhaupt benutzt man am besten die ausgezeichneten Arbeiten von Selma Stern-Täubler, von denen in unserem Zusammenhang vor allem der Aufsatz in der *Zeitschrift für die Geschichte der Juden in Deutschland* über »Die Juden in der Handelspolitik Friedrich Wilhelms I. von Preußen« (Jahrgang 6, Heft 4) zu nennen ist. Selma Stern-Täubler betont immer wieder, daß der Staat in den Juden »einen außerhalb der ständischen Gesellschaft lebenden, vom Herrscher allein abhängigen Stand sah«, und sie weiß auch, daß im Zuge dieser Entwicklung »dem einzelnen Juden (erlaubt wurde), was (der Staat) der Gesamtheit hatte versagen müssen«. (Für diese summarischen Formulierungen siehe »Die Judenfrage in der Ideologie der Aufklärung und Romantik« im *Morgen,* Jahrgang 11, Nr. 617, 1935.) – Eine gute Übersicht über die Lebensbedingungen der Juden im absoluten Staat findet man auch bei dem antisemitischen Historiker Erich Botzenhart, »Der politische Aufstieg des Judentums von der Emanzipation bis zur Revolution 1848« in *Forschungen zur Judenfrage,* Band 3, 1938.

Unter den ebenfalls zahlreichen Arbeiten, die Sombarts These von der Verursachung des Kapitalismus durch die Juden veranlaßte und die alle Sombart aufs schärfste kritisieren, seien die folgenden genannt: F. Rachfahl, »Das Judentum und die Genesis des modernen Kapitalismus« in den *Preußischen Jahrbüchern,* Band 147, 1912. Paul Sundheimer, »Die jüdische Hochfinanz und der bayrische Staat im 18. Jahrhundert« im *Finanz-Archiv,* Jahrgang 41, Band 1 und 2, 1924. Alfred Philipp, *Die Juden und das Wirtschaftsleben,* Straßburg 1929, nimmt wiederum für Sombart Partei und enthält eine ziemlich komplette Bibliographie. Gegen Sombart polemisiert auch Heinrich Sieveking in seiner »Wirtschaftsgeschichte«, in: *Enzyklopädie der Rechts- und Staatswissenschaften,* Bd. 47, 1935.

6 Man möchte fast meinen, daß Frankreich die Radikalität, mit der das Merkantilsystem hier ausexperimentiert wurde, wo es zu einer frühzeitigen Blüte der Manufaktur vor der industriellen Revolution führte, niemals ganz überwunden und sich von den Konsequenzen niemals ganz erholt hat. Denn auf diese Zeit geht sowohl die Zentralisierung des gesamten wirtschaftlichen und politischen Lebens des Landes in

Paris zurück wie das Anwachsen einer parasitären Bürokratie wie schließlich die mangelnde Bereitschaft des einheimischen Kapitals, sich in Unternehmungen des eigenen Landes zu engagieren. Die ökonomische Stagnation, die Frankreich seit der Mitte des 19. Jahrhunderts kennzeichnet, ist allen drei Faktoren geschuldet, und sie wiederum sind deutlichst bis in das merkantilistische Zeitalter zurück zu verfolgen. Für das merkantilistische Zeitalter siehe Eli F. Heckscher, *Der Merkantilismus,* Jena 1932.

7 Siehe Salo W. Baron, *A Social and Religious History of the Jews,* 3 Bde., New York 1937, Vol. II: *The Jews and Capitalism.*

8 Siehe M. Grunwald, op. cit.

9 Vgl. Robert Anchel in *Souvenir et Science,* I, pp. 52 bis 55.

10 Die beste Beschreibung Berlins und der Rolle der Juden in der Gesellschaft zu Beginn des 18. Jahrhunderts findet sich in Wilhelm Dilthey, *Das Leben Schleiermachers,* Berlin 1870, p. 182 ff.

11 So gelang es den österreichischen Hofjuden zu Beginn des 18. Jahrhunderts, Eisenmengers *Entdecktes Judentum* (1703), das ein Sammelwerk aller Argumente des mittelalterlichen Judenhasses darstellte, zu verbieten. Und selbst am Ende des Jahrhunderts konnte *Der Kaufmann von Venedig* in Berlin nicht gespielt werden, ohne daß ein kleiner höflicher Prolog sich bei den (noch nicht emanzipierten) jüdischen Zuschauern im Parkett entschuldigte.

12 Als eine Ausnahme zu dieser Regel mögen die französischen *fermiers-généraux* genannt werden, die ebenfalls außerhalb der Gesellschaft standen und direkt vom Staate abhängig waren. Diese Steuer-Pächter aber, die im Gegensatz zu den Hofjuden kein eigenes Volk hinter sich hatten, blieben vereinzelt und ohne Bedeutung für die Nationalwirtschaft.

13 Wie groß die objektive Bedeutung der Juden für die Staatsfinanzen war, geht aus den Fällen hervor, in denen antisemitisch eingestellte Männer in dem Moment, wo sie in den Staatsdienst traten, ihre Einstellung zu revidieren gezwungen waren. Dies war der Fall Bismarcks, der in seiner Jugend ausgesprochen antisemitische Reden gehalten hat, um als Kanzler des Reiches eine enge Beziehung zu Bleichröder einzugehen. Ein ähnliches Beispiel ist das Verhalten Wilhelms II., der als Kronprinz und Mitglied der adligen Hofgesellschaft allen antisemitischen Bestrebungen der achtziger Jahre, vor allem der Berliner Bewegung des Hofpredigers Stoecker, sehr nahestand, um sofort nach der Thronbesteigung seine Haltung zu ändern und seine antisemitischen Schützlinge ziemlich abrupt im Stich zu lassen.

14 Capefigue in seiner *Histoire des grandes opérations financières* (Band III, Paris 1855) war der Ansicht, daß bereits die Juli-Monarchie ohne die Rothschilds hätte auskommen können. Ähnlich meint Raphael Straus »The Jews in the Economic Evolution of Central Europe«, *Jewish Social Studies,* III, Heft 1, 1941, daß nach 1830 bereits öffentliche Anleihen weniger riskant waren und daß christliche Banken in zunehmendem Maße begannen, solche Geschäfte zu tätigen. Diese Einschätzungen stehen in gewissem Widerspruch zu den geschichtlichen Tatsachen, wiewohl sie die Tendenz der Entwicklung richtig beurteilen. Immerhin hat Napoleon III. sich noch der Roth-

schilds nahezu ausschließlich bedient, und im viktorianischen England war es für Disraeli noch mehr oder minder selbstverständlich, sich den notwendigen Kredit für den Ankauf der Aktien vom Suezkanal bei den englischen Rothschilds zu besorgen. Auch Bismarcks Beziehungen zu Bleichröder während des preußisch-österreichischen Krieges sind bezeichnend.

15 So berichtet Moritz Busch, *Tagebuchblätter*, Leipzig 1899, Band II, p. 125.

16 Siehe Hohenlohe-Schillingsfürst, *Denkwürdigkeiten der Reichskanzlerzeit*, Stuttgart 1931, p. 235.

17 Zitiert bei Otto Jöhlinger, *Bismarck und die Juden*, Berlin 1921, p. 28.

18 Diese Nachrufe abgedruckt bei Walter Frank, »Walter Rathenau und die blonde Rasse« in *Forschungen zur Judenfrage*, Band IV, 1940.

19 Siehe Wilhelm von Humboldts *Tagebücher*, Berlin 1916–1918, Band I, p. 475. Man nimmt allgemein an, daß der Artikel *»Juif«* in der *Encyclopédie* (1751–1765) von Diderot verfaßt ist. In ihm steht: *»Ainsi répandus de nos jours … (les Juifs) sont devenus des instruments par le moyen desquels les nations les plus éloignées peuvent converser et correspondre ensemble. Il en est d'eux comme des chevilles et des clous qu'on emploie dans un grand édifice, et qui sont nécessaires pour en joindre toutes les parties.«* Nietzsches Äußerungen sind zu zahlreich und zu gut bekannt, um zitiert zu werden.

20 Raphael Straus, op. cit.

21 In *Von kommenden Dingen*, Berlin 1917, p. 247.

22 Es ist ein Unterschied zwischen dem Verhalten der Juden und dem Ouvrards, jenes Bankiers Napoleons, der erst die abenteuerlichen hundert Tage Napoleonischer Wiederkehr finanzierte und dann sofort den Bourbonen seine Dienste anbot.

23 Für Rathenaus wirkliche Meinung über seine jüdische Abstammung konsultiert man am besten das 1902 erschienene Buch *Impressionen*, das er später aus dem Buchhandel gezogen hat.

24 So in seinem Hauptwerk, *Imperialism*, 1905, p. 57 der unrevidierten Ausgabe von 1938.

25 Daß die Emanzipation der Juden keineswegs den Wünschen der Vertreter der Juden selbst entsprach, sondern im Gegenteil gegen die Juden selbst würde durchgeführt werden müssen, war im achtzehnten Jahrhundert noch allgemein bekannt und wurde von den Verfechtern der Judenemanzipation als selbstverständlich vorausgesetzt. So meint Mirabeau in seiner berühmten Rede vor der Nationalversammlung im Jahre 1789: *»Messieurs, serait-ce parce que les Juifs ne voudraient pas être citoyens que vous ne les déclareriez pas citoyens? Dans un gouvernement comme celui que vous élevez, il faut que tous les hommes soient hommes; il faut bannir de votre sein tous ceux qui ne le sont pas ou qui refuseraient de le devenir.«* Über die Haltung der deutschen Juden im frühen neunzehnten Jahrhundert berichtet der jüdische Historiker I. M. Jost, *Neuere Geschichte der Israeliten*, 1815 bis 1845. Berlin 1846, Band 10.

26 Das Werk von Egon Cesar Conte Corti, *Die Rothschilds*, in 2 Bänden (Frankfurt 1971), gibt eine objektive und sehr detaillierte Darstellung.

27 In welchem Ausmaße das Haus Rothschild im vorigen Jahrhundert das jüdische Kapital des Kontinents durch seine geschäftlichen Transaktionen kontrollierte und wie

viele der jüdischen Bankiers in allen Ländern mehr oder minder ihre Agenten und Mittelsmänner waren, kann man bis auf den heutigen Tag nicht feststellen, da die Familie den Zugang zu ihren Archiven verweigert.

28 James Parkes, *The Emergence of the Jewish Problem, 1878–1939*, 1946, gibt in Kapitel 4 und 6 eine kurze und vorurteilslos geschriebene Darstellung der Zustände in Osteuropa.

29 Christian Wilhelm Dohm, *Über die bürgerliche Verbesserung der Juden,* Stettin 1781–1783, Band I, p. 174.

30 Henri Pirenne, *Histoire de l'Europe des Invasions au 16ᵉ Siècle,* 1939, p. 277.

31 Für Humboldts Stellung zur Judenfrage vergleiche vor allem sein Gutachten zur Judenemanzipation von 1809, das im Band II von Ismar Freunds *Die Emanzipation der Juden in Preußen,* Berlin 1912, abgedruckt ist, und seinen Brief an Caroline von Humboldt vom 4. Juni 1815, in *Briefe etc.* op. cit. Band IV, p. 565 ff.

32 Zitiert in *Kleines Jahrbuch des Nützlichen und Angenehmen für Israeliten,* Stuttgart 1847.

33 Meusel druckt in Band II seiner Ausgabe der Schriften Ludwig von der Marwitz' (Berlin 1908) die »Letzte Vorstellung etc.« nebst Hardenbergs Randbemerkungen an den König.

34 Die früheste und interessanteste Schrift dieser Art ist Buchholz, *Untersuchungen über den Geburtsadel,* Berlin/Leipzig 1807.

35 Siehe I. Elbogen, *Geschichte der Juden in Deutschland,* Berlin 1935, p. 244.

36 ibidem, pp. 223, 234.

37 So in Briefen an den Kultusminister von Puttkamer und seinen Sohn Herbert von Bismarck aus dem Jahre 1880. Beide Briefe sind abgedruckt bei Walter Frank, *Hofprediger Adolf Stoecker und die christlich-soziale Bewegung,* Berlin 1928, p. 304/5.

38 Die Bemerkung stammt aus der Schrift des liberalen Theologen H. E. G. Paulus, *Die jüdische Nationalabsonderung nach Ursprung, Folgen und Besserungsmitteln,* Heidelberg 1831.

39 Eine klare und erschöpfende Geschichte antisemitischer Argumente im neunzehnten Jahrhundert gibt Waldemar Gurian, »Antisemitism in Modern Germany«, in *Essays on Antisemitism,* ed. by K. S. Pinson, 1946.

40 Für antisemitische Angriffe auf Bismarck siehe Kurt Wawrzinek, »Die Entstehung der deutschen Antisemitenparteien, 1875 bis 1890«, *Historische Studien,* Heft 168, 1927.

41 Otto Glagaus *Der Börsen- und Gründungsschwindel,* Leipzig 1876, dem das obenstehende Zitat entnommen ist, ist eines der interessantesten antisemitischen Pamphlete der Zeit.

42 Erschöpfende Darstellungen dieser Entwicklung finden sich bei Wawrzinek, op. cit., und Frank, op. cit.

43 Auf dem Kongreß in Kassel, wo 1886 die Deutsche Antisemitische Vereinigung gegründet wurde, machte Fritsch den Vorschlag, keine eigene Partei zu gründen und statt dessen lieber zu versuchen, alle anderen Parteien antisemitisch zu machen.

44 Für die Rolle der Wiener Creditanstalt in der österreichischen Republik siehe Paul

H. Emden, »The Story of the Vienna Creditanstalt« in *Menorah Journal,* Band 28, No. 1, 1940.

45 Das Standardwerk über Schönerer ist Eduard Pichl, *Georg Schönerer,* Oldenburg/Berlin 1938 in 6 Bänden erschienen. Wir benutzten außerdem die Dissertation von F.A. Neuschäfer, *Georg Ritter von Schönerer,* Hamburg 1935. Für die radikale soziale Tendenz der Schönerer-Partei ist kennzeichnend, daß die Wiener Arbeiterzeitung noch im Jahre 1912 seiner in den Worten gedachte, die Bismarck angeblich über Lassalle geäußert haben soll: »Und wenn wir Flintenschüsse mit ihm wechselten, so würde die Gerechtigkeit doch erfordern, noch während der Salven einzugestehen: er ist ein Mann; jene aber sind alte Weiber.«

46 So bei Pichl, op. cit., I, 26.

47 Siehe besonders Walfried Vernunft, »Die Hintergründe des französischen Antisemitismus«, in *Nationalsozialistische Monatshefte,* Juni 1939.

48 Joseph de Maistre, *Les Soirées de St. Petersburg,* 1821, Band 2, p. 55.

49 So ausdrücklich Charles Fourier, *»Nouveau Monde industriel et sociétaire«,* 1829, Band 5 der *Oeuvres Complètes,* 1841, p. 421.

50 Clemens August Hoberg, »Die geistigen Grundlagen des Antisemitismus im modernen Frankreich« in *Forschungen zur Judenfrage,* Band 4, 1940, zitiert die Zeitung »Le Patriote Français« aus dem Jahre 1790.

51 Die Stelle findet sich im 72. der »Briefe aus Paris«, die aus den Jahren 1830 bis 1833 stammen.

52 Dies Argument findet sich in dem auch sonst lesenswerten Vorwort des Pariser Stadtrats Paul Brousse zu Cesare Lombrosos berühmtem Werk über den Antisemitismus, Paris 1899.

53 Für Fourier siehe *Theorie des quatre Mouvements,* 1808, für Giraudoux die 1939 erschienene Schrift *Pleins Pouvoirs.*

54 Die Diskussion um Célines *Bagatelle pour un Massacre* liest man am besten in der *Nouvelle Revue Française* von 1938 nach.

55 Eine gute Darstellung der Probleme des französischen Vorkriegsimperialismus in ihrer Auswirkung auf die französische Außenpolitik findet man bei René Pinon, *France et Allemagne,* Paris 1913.

3 Die Juden und die Gesellschaft

1 So bemerkt Proust in *Le Côté des Guermantes,* Teil II, Kap. 2.

2 Siehe Ramon Fernandez in »La vie sociale dans l'œuvre de Marcel Proust« in *Les Cahiers Marcel Proust,* Nr. 2, 1927.

3 Diese erstaunlich treffende Beobachtung findet sich in der Schrift des liberalen protestantischen Theologen H. E. G. Paulus, *Die jüdische Nationalabsonderung nach Ursprung, Folgen und Besserungsmitteln,* 1831.

4 Diese Formel, die das Bewußtsein des gesamten assimilierten Judentums charakterisiert, stammt von Judah Leib Gordon, einem russischen Juden.

5 So verlangte Paulus eine stufenweise, nur Individuen verliehene Emanzipation nach

dem Grade der Assimilation und Bildung des einzelnen in seiner ersten Schrift zur Judenfrage *Beiträge von jüdischen und christlichen Gelehrten zur Verbesserung der Bekenner jüdischen Glaubens,* Frankfurt/Main 1817. Wilhelm von Humboldt, der in seinem »Gutachten« von 1809 (siehe Ismar Freund, *Die Emanzipation der Juden in Preußen,* 1812, Band II, p. 270) sich ausdrücklich gegen »eine allmähliche Aufhebung« der Beschränkungen wendet, da sie »die Absonderung ... verdoppelt«, verlangt eine Erziehung der Nichtjuden: »Auch soll der Staat nicht gerade die Juden zu achten lehren, aber die inhumane und vorurteilsvolle Denkart soll er aufheben.«

6 Der Ausdruck findet sich zum ersten Mal bei Herder, *Adrastea und das achtzehnte Jahrhundert* (1801–1803), Edition Suphan, Band 24, p. 73.

7 Friedländer schlägt 1799 vor, daß »der bessere Jude ... die Hülle des Ceremonialgesetzes abstreift« und sich »öffentlich der Gesellschaft einverleibt« unter der Voraussetzung, daß »der bessere Christ die Grundwahrheiten (seiner Religion) einer neuen Prüfung unterwerfe«.

8 Siehe Schleiermachers Antwort in seinem »Brief bei Gelegenheit ... des Sendschreibens jüdischer Hausväter«, *Werke,* Abt. I, Band 5, p. 19 ff. »Auch sind sich gewiß die gebildeten Juden des schneidenden Unterschiedes, der zwischen ihnen und den übrigen stattfindet, bewußt.« p. 34.

9 *Adrastea,* op. cit., p. 63.

10 ibidem, p. 71.

11 Felix Priebatsch, »Die Judenpolitik des fürstlichen Absolutismus im siebzehnten und achtzehnten Jahrhundert«, in *Forschungen und Versuche zur Geschichte des Mittelalters und der Neuzeit,* 1915, p. 646.

12 Lessing selbst hatte keinerlei derartige Illusionen. Ihn verlangte im Grunde nur nach dem »kürzesten und sichersten Weg nach dem europäischen Lande ..., wo es weder Christen noch Juden gibt«, wie er es in seinem letzten Brief an Mendelssohn ausdrückte. Für Lessings Haltung zu den Juden siehe Franz Mehring, *Die Lessinglegende,* Stuttgart 1906.

13 Vgl. Honoré de Mirabeau, *Sur Moses Mendelssohn,* London 1788.

14 *Adrastea,* op. cit., p. 71.

15 ibidem, pp. 74/5.

16 So anläßlich einer Besprechung der »Gedichte eines polnischen Juden« in den *Frankfurter gelehrten Anzeigen.*

17 Dies gilt noch nicht für Mendelssohn, der von Herder und den Gedanken, welche die jüngere Generation bewegten, kaum Kenntnis gehabt hat. Er fühlte sich in seinen eigenen Worten »als ein Mitglied eines unterdrückten Volkes, das von dem Wohlwollen der herrschenden Nation Schutz und Schirm erflehen muß« (Schreiben an Lavater, 1769, *Akademieausgabe,* Berlin 1930, Band VII). Er wußte, daß der außerordentlichen Wertschätzung seiner Person eine außerordentliche Verachtung seines Volkes entsprach; da er aber diese Verachtung noch nicht teilte, war er auch nicht geneigt, sich für etwas Außerordentliches zu halten.

18 Für Mendelssohns politische Indifferenz ist charakteristisch, daß das gleiche Preußen, das seinem Freunde Lessing als das »sklavischste Land Europas« galt, ihm als

ein Staat erschien, »in welchem einer der weisesten Regenten, die je Menschen beherrscht haben, Künste und Wissenschaften blühend und vernünftige Freiheit zu denken so allgemein gemacht hat, daß sich ihre Wirkungen bis auf die geringsten Einwohner seiner Staaten erstrecken«. Siehe seine »Vorrede zu der Übersetzung von Menasseh ben Israel, Rettung der Juden«, 1782. *Gesammelte Schriften,* Leipzig 1843–1845, Band III.

19 Als Adam Müller im Jahre 1815 an Metternich schrieb, daß »jede gesetzliche oder politische Emanzipation der Juden notwendig zu einer Verschlechterung ihrer bürgerlichen und gesellschaftlichen Verhältnisse führen muß«, gab er durchaus der allgemeinen Meinung des gebildeten Berliner Judentums Ausdruck. (In: *Ausgewählte Abhandlungen,* herausgegeben von J. Baxa, Jena 1921, p. 215.) Ganz ähnlich berichtet der jüdische Historiker Isaak Markus Jost in seiner *Neueren Geschichte der Israeliten,* 1846, Band X, p. 44ff., von der schwachen »Gegenwehr von seiten der Juden«, als sie nach dem Wiener Kongreß der Emanzipation wieder verlustig gingen.

20 Der Brief, aus dem dieses Zitat stammt, wurde von mir im Reclam-Almanach, 1932, veröffentlicht. Im Varnhagen-Archiv der Handschriften-Abteilung der Preußischen Staatsbibliothek, das inzwischen verschollen ist, befand sich eine große Anzahl von unveröffentlichten Rahel-Briefen.

21 Siehe Corti, *Die Rothschilds.*

22 Ein charakteristisches Beispiel dafür, daß die Heiraten zwischen Adligen und Juden nicht nur von ökonomischen und gesellschaftlichen Erwägungen beeinflußt waren, bildet vielleicht die Geschichte der Verlobung zwischen Rahel und dem Grafen Finkelstein, sicher die Geschichte ihrer Freundschaft mit Alexander von der Marwitz.

23 So Victor Hehn, *Gedanken über Goethe,* Berlin 1887, p. 260.

24 Haskala ist der hebräische Name für die Aufklärung unter den osteuropäischen Juden, die zu der Wiederbelebung des Hebräischen führte.

25 Varnhagen, der so sorgsam aus seiner Veröffentlichung der Rahelschen Briefe und Tagebücher das Judenproblem eliminierte, hat immerhin die folgenden Sätze von ihrem Sterbebett publiziert: »Welche Geschichte! ... eine aus Ägypten und Palästina Geflüchtete bin ich hier und finde Hülfe, Liebe und Pflege von euch! Mit erhabenem Entzücken denke ich an diesen meinen Ursprung und diesen ganzen Zusammenhang des Geschickes ... Was so lange Zeit meines Lebens mir die größte Schmach, das herbste Leid und Unglück war, eine Jüdin geboren zu sein, um keinen Preis möcht' ich das jetzt missen.« (*Rahel. Ein Buch des Andenkens,* Berlin 1834, Band I, p. 43.)

26 Im Jahre 1803 bildete das preußische Ausnahmekollektiv, d. h. die Schutzjuden, welche in dem eigentlichen preußischen Gebiet wohnten, nur 19,3% der Gesamtjudenschaft, während 80,7% in den Gebieten ansässig waren, die nach 1808 von Preußen abgetreten wurden. 1811, ein Jahr vor dem Erlaß des Emanzipationsdekrets und nach Abtretung der judenreichsten Provinzen, waren 89,4% des Gesamtjudentums Schutzjuden und nur 10,58% »ausländische Juden«. Gleichzeitig war der jüdische Anteil an der Gesamtbevölkerung Preußens von 2,3% auf 0,72% heruntergegangen und war sogar etwas kleiner, als der Anteil der Schutzjuden an der preußischen Gesamtbevölkerung im Jahre 1803 gewesen war (0,94%). Im Jahre 1816, nach teilweiser

Wiedererlangung der alten, ehemals polnischen Provinzen durch Preußen, sank der Anteil der ehemaligen Schutzjuden, die wir jetzt als preußische Staatsbürger mosaischen Glaubens wiederfinden, auf 52,8 % der gesamtjüdischen Bevölkerung, während Juden ohne Staatsbürgerrechte 47,2 % ausmachten. (Die Zahlen stammen von Heinrich Silbergleit, *Die Bevölkerungs- und Berufsverhältnisse der Juden im Deutschen Reich,* Bd. 1, Berlin 1930, hrsg. von Akademie f. d. Wissensch. d. Judentums.)

27 Carl Wilhelm Friedrich Grattenauer hatte bereits im Jahre 1791 ein Pamphlet *Über die physische und moralische Verfassung der heutigen Juden* geschrieben, in welchem er den wachsenden Einfluß der Juden in Berlin feststellt. Trotz einer Besprechung in der Allgemeinen deutschen Bibliothek (Band 112, Jahrg. 1792, pp. 292 bis 296) blieb es so gut wie unbeachtet.

28 Die Schrift Brentanos war für die 1808 gegründete Christlich-Deutsche Tischgesellschaft geschrieben. Der Vergleich zwischen Juden und Philistern kommt bei Grattenauer in *Wider die Juden,* 2. Auflage, 1802, im 3. Nachtrag vor.

29 So ziehen die Rothschilds in den zwanziger Jahren eine größere Schenkung an ihre Heimatgemeinde in Frankfurt zurück, um dem Einfluß der jüdischen Reformer entgegenzuwirken, die sich um das allgemeine Schulwesen für die ärmere jüdische Bevölkerung sehr verdient gemacht hatten. Paulus bemerkte in der Schrift gegen »Die jüdische Nationalabsonderung ...« (op. cit., pp. 6/7): Die an der Spitze der Judenschaft stehenden »Mächtigen ... streben nur für sich nach größerem Einfluß, wollen aber die anderen alle gern unter dem falschen Vorgeben, wie wenn dies zu ihrer Religion gehörte, in der nationalen Absonderung erhalten. Und warum? Damit sie desto mehr von ihnen abhängen müssen und unter dem Namen ›unsere Leute‹ ausschließlich gebraucht werden können.« – Vgl. auch Jost, op. cit., p. 102.

30 Jost, op. cit., Teil IX, p. 38.

31 Bereits im achtzehnten Jahrhundert, also vor der staatlichen Aufhebung der Gemeindeautonomie, regierten die Hofjuden als Gemeindevorsteher ihre Heimatgemeinden von ferne, und ihre Herrschaft glich im Guten wie im Schlechten bald der absoluter Fürsten. Der erste Hofjude, der monarchische Aspirationen in seiner eigenen »Nation« geltend machte, war ein Prager Jude, der dem Kurfürsten Moritz von Sachsen im sechzehnten Jahrhundert Lieferungen besorgte. Er verlangte als Gegengabe, daß von nun an nur noch aus seinem Geschlecht Rabbiner und Vorsteher gewählt werden sollten. (Siehe Gottlieb Bondy und Franz Dworsky, *Geschichte der Juden in Böhmen,* Prag 1906, Band II, p. 727.) Dies ist eine Ausnahme; die Praxis, Hofjuden auch mit der Diktatur über ihre Gemeinden zu betrauen, ist erst im achtzehnten Jahrhundert und mit Zustimmung der Gemeinden allgemein verbreitet. Aber die Ausnahme zeigt, wie selbstverständlich es diesen Hofjuden gewesen sein muß, die Macht fremder Fürsten für die Herrschaft im eigenen Volke auszunutzen.

32 Johann Jacob Schudt, *Jüdische Merkwürdigkeiten,* Frankfurt/Main 1715–1717, Teil IV, Annex 48.

33 »Die Feindseligkeiten der reichsstädtischen Obrigkeit und namentlich des mittleren Bürgerstandes schien (die Juden) wenig zu stören. Glückel von Hameln meinte, das würde in Hamburg immer so bleiben, solange die Bürger die Stadt regierten. Die

Juden wußten sich durch Kaiser und Fürsten geschützt … Unaufhörlich sind die städtischen Klagen über ihre losen Reden, sie seien gerade so gefreit wie die Städte, sie kümmern sich nicht um die Ratsversammlungen … nur der Kaiser sei ihr Herr und Gebieter.« Priebatsch, op. cit., pp. 598/99.

34 Selma Stern, *Jud Süß*, Berlin 1929, pp. 18/19.

35 Schudt, op. cit., Teil I, p. 19.

36 Für die Bezeichnung des gesamten jüdischen Volkes als einer Handelskaste siehe Christian Friedrich Rühs, »Über die Ansprüche der Juden an das deutsche Bürgerrecht« in *Zeitschrift für die neuste Geschichte der Völker und Staatenkunde,* 1815.

37 Herder, op. cit., p. 73.

38 Briefe aus Paris. 74. Brief, Februar 1832.

39 »Bei weitem die meisten derjenigen Juden, die infolge des Gesetzes von 1812 … sich den Wissenschaften gewidmet hatten, sind zum … Christentum übergetreten … Nur wenigen gestatteten ihre Verhältnisse, in unabhängiger Muße den Wissenschaften oder der Kunst zu leben … Es mag wohl kaum der zehnte Teil aller aus jüdischen Familien seit 1812 hervorgegangenen Gelehrten sein, der auf diese Weise dem Judentum erhalten wurde.« So Gabriel Riesser, ein bekannter jüdischer Publizist der dreißiger und vierziger Jahre in seinen *Betrachtungen über die Verhältnisse der jüdischen Untertanen der preußischen Monarchie,* Altona 1834.
Dennoch sind diese Erwägungen über Judentaufen in gewissem Sinne irreführend. Es ist eine wenig beachtete, aber für die Geschichte gerade der deutschen Juden nicht unwichtige Tatsache, daß Assimilation zwar häufig zur Taufe, aber nur selten zur Mischehe führte. Dieser Tatbestand ist statistisch nicht zu erweisen, da Ehen zwischen getauften Juden und nichtgetauften Jüdinnen und umgekehrt als Mischehen verrechnet wurden. Dennoch ist es eine vielfach zu beobachtende Tatsache, die auch aus Familiengeschichten erhellt, daß der getaufte Jude sehr oft weder seine Familie noch sein jüdisches Milieu verließ. Ganz sicher ist, daß die jüdische Familie sich als viel dauerhafter und konservierender erwies als die jüdische Religion.

40 Die Formulierung stammt aus einem Artikel von 1912, veröffentlicht in *Der Untergang der Welt durch schwarze Magie,* Wien/Leipzig 1925.

41 Siehe Horace B. Samuel, »The Psychology of Disraeli« in *Modernities,* London 1914.

42 Morris S. Lazaron, »Benjamin Disraeli« in *Seed of Abraham,* New York 1930.

43 So in seiner Biographie: *Lord George Bentinck, a Political Biography,* London 1852, p. 496.

44 ibidem, p. 491.

45 H. B. Samuel, op. cit.

46 Einen ausführlichen Bericht über Disraelis Herkunft und Erziehung gibt Joseph Caro, »Benjamin Disraeli, Juden und Judentum« in *Monatsschrift für Geschichte und Wissenschaft des Judentums* 1932, Jahrgang 76. Disraeli selbst berichtet, daß er außerhalb der jüdischen Gesellschaft und mit großen Vorurteilen gegen Juden erzogen worden sei.

47 J. A. Froude beschließt seine Biographie von *Lord Beaconsfield,* London 1890, mit den Worten: »Das Ziel, mit dem er sein Leben begann, war, sich vor allen anderen

auszuzeichnen, und so phantastisch solch ein Ehrgeiz erschienen sein muß, er hat schließlich das Spiel, das er so mutig gespielt hatte, gewonnen.«

48 So Sir John Skleton in einem schon 1867 erschienenen Porträt Disraelis.

49 So E. T. Raymond, *Disraeli, the alien Patriot,* London 1925, p. 1.

50 So in seinem 1847 erschienenen Roman *Tancred.*

51 Nicht nur die ausführlichste, sondern auch die beste Darstellung Disraelis findet man in der englischen Standardbiographie von W. F. Monypenny & G. E. Buckle, *The Life of Benjamin Disraeli, Earl of Beaconsfield,* 1929, 2 Bände. Das obige Zitat findet sich p. 1470. Hier wird auch betont, um wieviel schwieriger und befriedigender für Disraeli die Eroberung der englischen Gesellschaft gewesen sein muß als die Zulassung zum englischen Parlament. p. 1506 ff.

52 So kennzeichnet Lord Salisbury Disraelis Innenpolitik in einem Artikel, der im Jahre 1869 in der Londoner *Quarterly Review* erschien. Daß Disraelis Innenpolitik wesentlich jüdisch beeinflußt war, ist auch Gladstones Meinung. Vgl. John Morley, *Life of Gladstone,* London 1903, Band II, p. 552 ff, Band III, p. 475.

53 Hierfür viele Belegstellen bei Monypenny & Buckle, op. cit.

54 Schon seinen Zeitgenossen fiel die Aufrichtigkeit bei so viel offenbarer Schauspielerei auf. So vor allem Sir John Skleton, op. cit.

55 H. B. Samuel, op. cit.

56 So in *Tancred.*

57 In *Lord George Bentinck.*

58 Hierüber siehe weiter unter Kapitel sechs.

59 So in seinem 1844 erschienenen Roman *Coningsby.*

60 So in *Tancred.*

61 In *Coningsby.*

62 William Flavelle, Monypenny und George Earle Buckle, *The Life of Benjamin Disraeli, Earl of Beaconsfield,* New York 1929, Vol. II, 292 f.

63 H. B. Samuel, op. cit.

64 »Alle Um- und Irrwege der Geschichte laufen auf eine Lösung hinaus – alles ist Rasse« und »das einzige, was Rasse schafft, ist Blut« schreibt er bereits in *Lord George Bentinck,* aber auch noch in seinem letzten, 1881 erschienenen Roman *Endymion.*

65 In den Worten seiner Biographen: Disraeli lernte schließlich, »daß, was immer die Ziele der Juden vor und nach seiner Zeit gewesen sein mögen, sie unter seinen Zeitgenossen nichts mit der Etablierung einer politischen Nationalität, in welcher Form auch immer, zu tun hatten«. Monypenny & Buckle, op. cit., p. 882.

66 Berichtet in Edwin Clarke, *Benjamin Disraeli,* London 1926.

67 So in *Lord George Bentinck,* p. 491.

68 E. Clarke, op. cit.

69 Siehe *Coningsby.*

70 *Lord George Bentinck.*

71 Joseph Caro, op. cit.

72 Siehe in Monypenny & Buckle.

73 In Disraelis pathetischem Stil: »*Men of Jewish race are found at the head of every one of*

them. The people of God co-operate with Atheists; the most skilful accumulators of property ally themselves with communists; the peculiar and chosen race touch the hands of the scum and low caste of Europe! And all this because they wish to destroy that ungrateful Christendom, which owes them even its name and whose tyranny they can no longer endure.« In *Lord George Bentinck.*

74 Dies Phänomen hat als einziger Friedrich Nietzsche erkannt. »Daß die Juden, wenn sie wollten – oder wenn man sie dazu zwänge, wie es die Antisemiten zu wollen scheinen –, jetzt schon das Übergewicht, ja, ganz wörtlich die Herrschaft über Europa haben *könnten,* steht fest; daß sie *nicht* darauf hinarbeiten und Pläne machen, ebenfalls.« »Jenseits von Gut und Böse«, Nr. 251. Natürlich sind diese Vorstellungen von dem jüdischen Machtpotential sehr übertrieben, aber kaum mehr als in anderer Brief- und Memoirenliteratur des vorigen Jahrhunderts. Es ist in der Tat heute so schwer wie damals, dies Machtpotential irgendwie einzuschätzen, eben weil die Juden nie daran gedacht haben, von ihm Gebrauch zu machen, ja, ihnen ihre eigene Machtposition nie wirklich zum Bewußtsein gekommen ist.

75 *Tancred.*

76 Vergleiche die ausgezeichnete Analyse von E. Levinas, »L'Autre dans Proust« in *Deucalion,* 1947, Nr. 2.

77 Die berühmte Beschreibung der homosexuellen und der jüdischen Cliquen in der französischen Gesellschaft findet sich auf den ersten 30 Seiten des Romans.

78 *Lord George Bentinck,* p. 481.

79 J. E. van Praag, »Marcel Proust, Témoin du Judaïsme déjudaïsé« in *Revue Juive de Genève,* 1937, Nr. 48, 49, 50, gibt, soviel ich weiß, die einzige Analyse gerade dieses Teils von Prousts Werk.

80 *Sodome et Gomorrhe,* Teil II, p. 215.

81 *Le Côté de Guermantes,* Teil I, Kapitel 1.

82 ibidem.

83 Vgl. *Le Côté de Guermantes,* loc. cit., mit Teil II von *A l'Ombre des Jeunes Filles.* Teil I.

84 ibidem.

85 *Albertine Disparue,* Kapitel 2.

86 Man möchte glauben, daß Kurt Blumenfelds »post-assimilatorischer Zionismus«, der gerade in dieser Periode einen wesentlichen Einfluß auf die jüdische Intelligenz Deutschlands und Österreichs ausübte, das deutsch-österreichische Ausnahmejudentum vor den schlimmsten Auswüchsen bewahrt hat. Denn die gesellschaftlichen und politischen Analysen dieses zahlenmäßig geringen Kreises hatten eine starke, wenn auch schwer kontrollierbare Wirkung weit über die Mitglieder hinaus.

4 Die Dreyfus-Affäre

1 Die neueren Darstellungen der Dreyfus-Affäre sind alle unter Benutzung der unter dem Titel *Die große Politik der europäischen Kabinette* herausgegebenen Akten und Korrespondenzen des deutschen Auswärtigen Amtes bis 1914 (Herausgeber Mendelssohn-Bartholdy, Thimme und andere) und des Buches von Bernhard Schwertfeger

über den deutschen Militärattaché Schwartzkoppen, *Die Wahrheit über Dreyfus,* Berlin 1930, entstanden. Die beste und objektivste Interpretation der politischen Vorgänge, die die Affäre auslöste, findet sich in dem Buche des englischen Historikers D.W. Brogan, *The development of modern France,* Book VI and VII, London 1940, im folgenden zitiert unter: Brogan. Die ausführlichste Darstellung bietet Wilhelm Herzog, *Der Kampf einer Republik,* Zürich 1933, der den verwickelten Kriminalroman unübertrefflich klar auseinandersetzt und der in einem zweiten Teil des Buches, *Zeittafeln* überschrieben, ein nahezu vollständiges Material bietet. Er schildert die Affäre mit den Augen eines modernen Jaurès. Im folgenden zitiert unter: Herzog, bzw. Herzog, *Zeittafeln.* Die Darstellung des nationalsozialistischen Historikers Walter Frank in *Demokratie und Nationalismus in Frankreich,* Hamburg 1933, bringt Material, das vielfach vernachlässigt wurde, ist aber mit größter Vorsicht zu gebrauchen, da Frank jeden antisemitisch gefärbten Stadtklatsch als historische Tatsache hinstellt. Seine Maßstäbe entlehnt er dem bekannten Journalisten der Wilhelminischen Ära, Maximilian Harden – der ein Jude war. Zitiert unter Frank. Das Buch von Bruno Weil, *Der Prozeß des Hauptmanns Dreyfus* (hier in der französischen Übersetzung *L'Affaire Dreyfus,* Paris 1930 benutzt) ist besonders merkwürdig, weil es die Vorgänge noch im Jahre 1930 vom Standpunkt der Brüder Dreyfus, vor allem Mathieu Dreyfus, schildert. Weil benutzt infolgedessen nur einen Bruchteil des Materials, ist aber wertvoll durch seine sehr genauen Darlegungen der deutsch-französischen Beziehungen der Zeit. Zitiert im folgenden unter: Weil. Eine kurze instruktive Darlegung findet man in G. Charensol, *L'Affaire Dreyfus et la troisième République,* Paris 1930. Zitiert unter: Charensol.

Für den Standpunkt der Anti-Dreyfusards siehe die von zwei höheren Offizieren verfaßte Schrift *Précis de l'Affaire Dreyfus,* erschienen Paris 1909 unter dem Pseudonym Henri Dutrait-Crozon, neu aufgelegt von der *Action Française* im Jahre 1924. Unentbehrlich ist schließlich immer noch die siebenbändige *L'Affaire Dreyfus* von dem zeitgenössischen jüdischen Historiker Joseph Reinach, Paris 1903–1911. Zitiert unter: Reinach.

2 Clemenceau, *Contre la Justice,* Paris 1900, Artikel vom 5. Februar 1899.

3 Das Stück erschien unter dem Pseudonym René Kestner und ist verfaßt von Rehfisch und Wilhelm Herzog. Es handelt sich um den gleichen W. Herzog, der auch Autor des Geschichtswerkes über die Affäre ist.

4 Siehe *Action Française* vom 19. Juli 1935.

5 »*Pour le patriotisme il faut une patrie. Et il n'y a point de patrie sans justice. Il n'y a pas de patrie sans droit.*« In *L'Iniquité,* 1899, Artikel vom 17. Januar 1898.

6 So schreibt der deutsche Geschäftsführer in Paris, von Bülow, an den Reichskanzler Hohenlohe über das in Rennes gefällte Urteil, es sei »eine Mischung von Roheit und Feigheit, das sichere Kennzeichen des Barbarentums«; Frankreich »schließe sich damit selbst aus der Reihe der Kulturnationen aus«. Siehe Herzog, *Zeittafeln,* 12. September 1899. Bernhard von Bülow meint mit Recht in seinen *Denkwürdigkeiten,* Berlin 1930/1931, die Affäre wäre das »Schibboleth« des deutschen Freisinns gewesen (Band I, p. 428).

7 Siehe Theodore Reinach, *Histoire sommaire de l'affaire Dreyfus,* Paris 1924, p. 96.

8 Herzog, *Zeittafeln,* 18. Juni 1898, berichtet die Episode nach Joseph Reinachs Darstellung.

9 Zitiert bei René Benjamin, *Clemenceau dans la Retraite,* Paris 1930.

10 Weygand, bekannt als Anhänger der *Action Française,* war in seiner Jugend Anti-Dreyfusard. Sein Name findet sich auf den Subskriptionslisten zugunsten der Witwe des Obersten Henry, der sich seiner Fälschungen im Generalstab wegen das Leben genommen hatte; die Subskription war von der antisemitischen Zeitung *Libre Parole* veranstaltet worden. Die Listen wurden später veröffentlicht unter dem Titel *Monument Henry.* Siehe weiter unten. Sie enthalten eine ziemlich komplette Namensliste der Anti-Dreyfusards.

Pétain war von 1895 bis 1899 im Pariser Generalstab des *Gouvernement militaire,* wo ein Anti-Dreyfusard um diese Zeit sicher nicht geduldet worden wäre. Siehe Contamine de Latour »Le Maréchal Pétain« in *Revue de Paris,* 1942, Band I, pp. 57–69.

Brogan, p. 382, macht darauf aufmerksam, daß während des Ersten Weltkrieges von den fünf Generälen, die den Marschallstab gewannen, vier antirepublikanisch gesinnt waren – nämlich Foch, Pétain, Lyautey und Fayolle – und daß die klerikalen Neigungen des fünften, Joffre, allgemein bekannt waren.

11 Auch von französischer Seite ist die Legende, der so gut wie das gesamte französische Judentum anfänglich zum Opfer fiel, daß Pétain die Judengesetze nur unter der deutschen Pression in Vichy eingeführt habe, zerstört worden. So vor allem in Yves Simon, *La grande Crise de la République Française, Observations sur la vie politique des Français de 1918 à 1938,* Montreal 1941, das der hier angedeuteten Beurteilung der Nachkriegssituation in Frankreich zugrunde liegt. p. 175 ff.

Daß der französische Antisemitismus von Pétain nicht erfunden zu werden brauchte, beweist schon das 1939 erschienene Buch *Pleins Pouvoirs* von J. Giraudoux, der, ein enger Freund Daladiers, bis zu dem Zusammenbruch Propagandaminister der Regierung Daladier war. Seine antisemitischen Attacken (p. 66 ff) zeichnen sich dadurch aus, daß sie sich gerade gegen die armen und ausländischen Juden richten, eine Politik, die auch in den Vichyer Judengesetzen voll zum Ausdruck kommt. Zwei Jahre vor Pétain schrieb der Propagandaminister Daladiers: *»Nous sommes pleinement d'accord avec Hitler pour proclamer qu'une politique n'atteint sa forme supérieure que si elle est raciale«* (p. 75/76).

Für die nationalsozialistische Kritik des französischen Antisemitismus, von der nur Céline ausgenommen wird, vergleiche Walfried Vernunft, »Die Hintergründe des französischen Antisemitismus« in den *Nationalsozialistischen Monatsheften,* Oktober 1938.

12 George Bernanos, *Le grande peur des bien-pensants, Edouard Drumont,* Paris 1931, p. 262.

13 Waldemar Gurian, *Der integrale Nationalismus in Frankreich. Charles Maurras und die Action Française*, Frankfurt/Main 1931, unterscheidet diese monarchistische Bewegung von den sonstigen reaktionären Bestrebungen. »Die Monarchie der *Action*

Française ist der von seinem Augenblickscharakter befreite Cäsarismus«, p. 92. Über die Dreyfus-Affäre vgl. vom selben Verfasser *Die politischen und sozialen Ideen des französischen Katholizismus,* Mönchengladbach 1929.

14 »*L'esprit de la Révolution française a survécu de plus d'un siècle à la défaite de Napoléon … il a vaincu, puis s'est étaint sans que personne s'on apperçût le 11 novembre 1918. La Révolution française? 1789 – 1918.*« Y. Simon, op. cit., p. 20.

15 So weiß man bis heute nicht, ob der Oberst Henry im Auftrag des Generalstabs oder auf eigene Faust die Stücke des Dreyfus-Dossiers gefälscht hat. Auch das Mordattentat auf Labori, den Verteidiger von Dreyfus in Rennes, ist nie aufgeklärt worden. Für das letztere siehe Emile Zola, *Correspondance. Lettres à Maître Labori,* Paris 1929, p. 32.

16 Frank, p. 273.

17 Siehe für den Bericht der Untersuchungskommission Auguste Lucas, *Précis historique sur l'Affaire Panama,* Paris 1893.

18 Georges Suarez, *La Vie orgueilleuse de Clemenceau,* 1930, p. 208.

19 So sagte der ehemalige Minister Rouvier vor dem parlamentarischen Untersuchungsausschuß aus.

20 Frank, op. cit., Kapitel *Panama.*

21 In seinen Versuchen, sich gegen die Herzschen Erpressungen zu schützen, soll Reinach so weit gegangen sein, mit Hilfe ehemaliger Polizeiinspektoren eine Prämie von 10 000 Franc auf die Ermordung Herz' auszusetzen. Siehe Suarez, op. cit., loc. cit.

22 Edouard Drumont, *Les tréteaux du succès. Les héros et les pitres,* Paris 1901, p. 229 ff.

23 I. Levaillant, »*La Genèse de l'antisémitisme sous la Troisième République*« in *Revue des Etudes Juives,* Band 53, 1907, p. 25.

24 Siehe die durch Drumont festgehaltene Reportage des *Figaro* über den Einzug der Deutschen in Paris in *La France Juive,* 1885, Band I, p. 396.

25 Für die Komplizität der *Haute Banque* mit dem *Orléanisme* siehe Charensol. – Einer der Sprecher dieser mächtigen Gruppe im französischen Judentum war der Herausgeber der Zeitung *Le Gaulois,* Arthur Meyer, ein getaufter Jude und wütender Anti-Dreyfusard. Siehe die Tagebucheintragungen von Hohenlohe in Herzog, *Zeittafeln,* 11. Juni 1898, und Clemenceaus Artikel »*Le spectacle du jour*« in *L'Iniquité.*

26 Über die bonapartistischen Neigungen berichtet Frank, p. 419, nach bis dahin unveröffentlichten Akten aus den politischen Archiven des Auswärtigen Amtes.

27 Jacques de Reinach war in Deutschland geboren, in Italien Baron geworden und in Frankreich naturalisiert. – Cornélius Herz war in Frankreich als Sohn bayrischer Eltern geboren, sehr jung nach Amerika ausgewandert, wo er Vermögen und Staatszugehörigkeit erwarb. Näheres siehe Brogan, 268 ff.

Charakteristisch für das zeitweilige Verschwinden der einheimischen Juden aus dem Staatsgeschäft ist auch, daß Lévy-Cremieux, der ursprüngliche Finanzberater der Panama-Compagnie, in dem Moment durch Reinach ersetzt wurde, als die Geschäfte der Compagnie anfingen, schlecht zu stehen. (Brogan, Book VI, Chapter II: *Panama.*)

28 Georges Lachapelle, *Les finances de la Troisième République,* 1937, p. 54 ff, schildert im Detail, wie die Bürokratie sich der Staatskasse, und damit der Gelder des Volkes, bemächtigte, wie die Budget-Kommission nur noch auf private Interessen Rücksicht nahm und wie nach einem Worte Léon Says (eines Juden) ab 1881 der Betrug das allgemeine Recht wird.

29 *»La plupart, comme Gambetta, ne possèdent même pas de pardessus de rechange.«* Bernanos, op. cit., p. 192.

30 Dem Panama-Skandal ging die sogenannte Affäre Wilson voran: Der Schwiegersohn des Präsidenten der Republik hatte ganz offen mit den höchsten Orden Frankreichs gehandelt.

31 Die Rechte hatte Arthur Meyer, der Boulangismus den Alfred Naquet, die Opportunisten die Reinachs und die Radikalen den Docteur Cornélius Herz. Die Bemerkung stammt von Frank, 321 ff.

32 Auf sie und nur auf sie trifft die Beschreibung, welche Drumont entwirft (*Les tréteaux du succès,* 237), zu: *»Ces grands juifs qui, partis de rien, arrivent à tout … ils arrivent on ne sait d'où, ils vivent dans un mystère, ils meurent dans une conjecture … Ils ne parviennent pas, ils surgissent … ils ne meurent pas ils s'écroulent brusquement …«*

33 Dies änderte sich erst unter dem Einfluß des westeuropäischen Zionismus und mit der jüngeren Generation jüdischer Historiker. Für einen Überblick siehe Salo W. Baron, »Emphases in Jewish History« in *Jewish Social Studies,* Band I, 1939. Baron polemisiert gegen die gängige *»lachrymose conception of Jewish history«* und verlangt *»a new philosophy of Jewish history«.*

34 Für diese Angelegenheit wäre die Geschichte der Karriere Lavals, der, armer Leute Sohn, seine politische Karriere ohne einen Pfennig begann, um schließlich mit zu den reichsten Leuten Frankreichs zu zählen, ein gutes Exempel. Die Korruptheit Lavals war in Frankreich allgemein bekannt, ja sprichwörtlich. Dies hat seinem Ruf in der Gesellschaft nie ernstlich geschadet.

35 Vergleiche Lachapelle, op. cit., der kurz andeutet, wie der politischen Korruptheit in der Gesellschaft der *»piston«,* das Empfehlungsschreiben, entsprach, das selbst auf Examina in der Universität Einfluß hatte.

36 Vergleiche Levaillant, op. cit., p. 9.

37 Dies in Einzelheiten bei Urbain Gohier, *L'Armée de Conde. Mémorial de la trahison pour éclairer l'annuaire de l'Armée sous la troisième République,* Paris 1898.

38 Siehe den von einem hervorragenden englischen zeitgenössischen Kenner der französischen Zustände geschriebenen Artikel »The Dreyfus Case. A Study of French opinion«, gezeichnet K. V. T. in der Londoner *Contemporary Review,* Band 74, Oktober 1898, auf den wir uns auch weiterhin beziehen.

39 So Rosa Luxemburg, die fast die einzige ist, welche die Staatsstreichversuche der Armee in den neunziger Jahren durchschaute. »Der Auflehnung der hohen Militärs lag somit die Bestrebung zugrunde, ihre Aufständigkeit der republikanischen Zivilgewalt gegenüber zu behaupten und nicht diese Aufständigkeit an einen Monarchen vollständig zu verlieren.« Siehe »Die soziale Krise in Frankreich« in *Die Neue Zeit,* Jahrgang 19, Band I, 1901.

40 Der erste, der unter diesem Titel über den Dreyfus-Fall berichtete, war Maximilian Harden in der *Zukunft.* W. Frank benutzt das Schlagwort als Titel seines Kapitels über Dreyfus. Bernanos deutet den gleichen Gegensatz an, wenn er sagt: »*A tort ou à raison, la Démocratie voit dans le soldat son plus dangereux rival*«, op. cit., p. 413.

41 »*L'Espagne agonis sous le joug de l'Eglise romaine. L'Italie parut succomber ... Restent l'Autriche catholique en proie aux suprêmes convulsions, et la France de la Révolution contre que toute l'armée papale à l'heure présente déploie ses bataillons.*« So Clemenceau, *L'Iniquité*, Paris 1899, Artikel »*La Croisade*«.

42 Clemenceau spricht von einer »*caste militaire aux ordres de l'Eglise*« in seinem Artikel vom 5. Februar 1899 in *Contre la Justice,* 1900. Vgl. auch Georges Sorel, *La Révolution dreyfusienne,* Paris 1911: »*Il y a de bonnes raisons que les catholiques suivirent des indications venant du Vatican et que le vrai chef de l'antidreyfusisme fut Léon XIII lui même.*«

43 Siehe vor allem die Darstellung des katholischen Historikers R. P. Lecanuet, *Les Signes avantcoureurs de la séparation 1894–1910,* Paris 1930.

44 Esterhazy, der es eigentlich wissen mußte, hat das *deuxième Bureau* eine »*officine de faux*« genannt. Weil, p. 169.

45 Wie Clemenceau es in seinem Plädoyer im Zola-Prozeß 1898 formulierte: »*Les soldats n'ont de raison d'être que parce qu'ils défendent le principe que la société civile représente.*« In *L'Iniquité.*

46 »*On ne le redira jamais assez: le clergé a été le véritable bénéficiaire du mouvement de réaction qui a suivi la chute de l'Empire et la défaite. Grâce à lui, la réaction nationale a pris, dès 1873, le caractère d'une restauration religieuse.*« Bernanos, op. cit., p. 152.

47 Über die Entstehung des »*catholicisme cérébral*« vgl. Bernanos, op. cit., p. 127 ff.

48 Herzog, *Zeittafeln,* 21. Januar 1898.

49 Lecanuet, op. cit., p. 182.

50 Quillard hat bereits 1899 die Subskriptionslisten der *Libre Parole* zugunsten der Witwe des Oberst Henry, der sich im Gefängnis das Leben genommen hatte, veröffentlicht unter dem Titel *Le Monument Henry.* Dies ist eines der wichtigsten Dokumente der Zeit, da die Subskribenten sich nicht damit begnügten, Geld zu spenden, sondern die Gelegenheit ausgiebig benutzten, sich über die Lösung der Judenfrage zu äußern: Man solle sie lebendig schinden wie der Apollo den Marsyas; einen *pot-au-feu* aus Reinach machen; sie in kochendem Öl kochen; sie bis über die Schultern beschneiden; sie so lange mit Stecknadeln stechen, bis sie krepieren; eine Gruppe von Offizieren erwartet mit Ungeduld den Befehl, die neuen Kanonenmodelle an den 100 000 Juden auszuprobieren, welche das Land verpesten. Unter den Subskribenten befinden sich mehr als 1000 Offiziere, darunter vier aktive Generale, von denen einer Kriegsminister gewesen ist (Mercier). Zahlreiche Intellektuelle, unter ihnen erstaunlicherweise Paul Valéry, der 3 Franc spendet – »*noms sans réflexion*« –, und einige Juden: Arthur Meyer vom *Gaulois* und Gaston Polonius vom *Soir.*

51 In dem unter Hitler erschienenen *Jesuiten-Lexikon,* das von L. Koch, S. J., im Jahre 1934 herausgegeben wurde, kann man im Artikel »Juden« die abschließende Feststellung lesen: »Unter allen Orden ist die Gesellschaft Jesu also derjenige, dessen Verfassung am entschiedensten allen jüdischen Einfluß ablehnt.« Der Artikel berichtet fer-

ner, daß auf Veranlassung Aquavivas auf der Generalversammlung in Rom im Jahre 1593 beschlossen wurde, alle »Judensprößlinge« von der Aufnahme auszuschließen, und daß die sechste Generalversammlung im Jahre 1608 verfügte, daß bei »adligen und als gut christlich angesehenen Familien« die Nachforschungen nicht über den fünften Grad der Abstammung hinauszugehen brauchten. Uns interessiert hier im wesentlichen nur, daß Nichtjuden auf dem Wege der Ahnenforschung den Beweis nichtjüdischer Abstammung erbringen mußten.

52 *»Rothschild qui est l'ami de toute la noblesse antisémite … qui est du parti d'Arthur Meyer lequel est plus papelin que le pape …«* Clemenceau, *L'Iniquité, »Le spectacle du jour«.*

53 André Foucault, *Un nouvel Aspect de l'Affaire Dreyfus,* Paris 1938, p. 310, über die elsässischen Juden, zu denen Dreyfus gehörte: *»ils incarnaient – aux yeux de la bourgeoisie juive parisienne la raideur nationaliste … la manière distante de l'homme de bon ton à l'égard de coréligionnaires parvenus. Leur volonté de s'inféoder absolument à la coutume gauloise, de vivre en intimité avec nos vieilles familles, d'occuper les charges les plus honorables de l'Etat, le mépris qu'ils affichaient pour la juiverie trafiquante, pour les pollacks de Galicie fraîchement naturalisés, leur donnaient presque figure de traîtres à la race … Les Dreyfus de 1894? … Mais ils étaient antisémites.«*

54 Herzog, *Zeittafeln,* 1892, führt aus, wie die Rothschilds sich der Republik nähern. Erstaunlicherweise fällt die Ralliement-Politik Leos XIII., der einen katholischen Annäherungsversuch an die Republik darstellte, in das gleiche Jahr, und es liegt nahe, anzunehmen, daß die Rothschildsche Politik von der klerikalen beeinflußt war. Zu der 500-Millionen-Anleihe bemerkt der deutsche Botschafter in Paris, Graf Münster: »In Frankreich ist die Spekulation wie tot …, die Kapitalisten wissen nicht ihr Geld unterzubringen … und das wird auch zum Erfolg der Anleihe beitragen … Die großen Juden glauben, daß, wenn sie Geld verdienen, sie den kleinen Juden am besten helfen können, und so geben die Franzosen, trotzdem daß der französische Markt mit russischen Werten übersättigt ist, gute Franken für schlechte Rubel.« Herzog, ibidem.

55 *»By the will of the democracy all Frenchmen are to be soldiers; by the will of the Church, Catholics only are to hold the chief commands.«* K. V. T., *»The Dreyfus Case«* in *Contemporary Review,* Oct. 1898, tome 74.

56 Herzog, p. 35.

57 Bernanos, op. cit., p. 151: *»Alors, dégagé des hyperboles ridicules, l'antisémitisme apparaîtra ce qu'il est réellement: non pas une marotte, une vue de l'esprit mais une grande pensée politique.«*

58 Joseph Reinach, II, 53 ff, wo der Brief Esterhazys an Edmond de Rothschild vom Juli 1894 zitiert wird: *»Je n'ai pas hésité quand le Capitain Crémieux ne pouvait pas trouver un seul officier chrétien pour lui servir de témoin.«* Vgl. auch Théodore Reinach, *Histoire sommaire de l'Affaire Dreyfus,* p. 60 ff, und Herzog, *Zeittafeln,* 1892 und Juni 1894, der diese Duelle im einzelnen aufzählt und alle Mittelsmänner Esterhazys zu den reichen Juden nennt. Esterhazy erhielt zum letztenmal im September 1896 10 000 Franc. Diese unangebrachte Freigebigkeit hatte später die unangenehmsten

Folgen. Als Esterhazy also vom sicheren Port in England aus seine Enthüllungen machte, die schließlich zu dem Revisionsverfahren führten, behauptete natürlich die gesamte antisemitische Presse, daß er für seine Selbstbezichtigungen von den Juden bezahlt wurde. Bis in die neueste Zeit bildet diese Behauptung eines der Hauptargumente der Antisemiten für die Schuld von Dreyfus.

59 Frank, p. 361.

60 Reinach, I, p. 471.

61 Herzog, p. 212.

62 Max I. Kohler, »Some new light on the Dreyfus Case«, 1929, New York, in *Studies in Jewish Bibliography and related subjects in memory of A. S. Dreyfus.*

63 So lehnte die Familie Dreyfus von vornherein den Vorschlag des Schriftstellers Arthur Lévy und des Gelehrten Lévy Bruhl ab, ein Protestschreiben an alle Männer des öffentlichen Lebens zu versenden. Statt dessen beginnen die Démarchen bei einigen Politikern, zu denen man Beziehungen hat. Siehe H. Dutrait-Crozon, op. cit., p. 51. Siehe auch Foucault, op. cit., p. 309: *»On s'étonne à distance que les juifs français n'aient même pas … au lieu de travailler sourdement les journeaux fait retentir leur indignation en des formes adéquates …«*

64 Vgl. Herzog, *Zeittafeln,* Dezember 1894, Januar 1898; Charensol, p. 79.

65 Charles Péguy, »A Portrait of Bernard Lazare«, in Bernard Lazare, *Job's Dungheap,* New York 1948.

66 Den größten Skandal verursachte die Trennung von Labori, dem die Familie Dreyfus während des Prozesses in Rennes kurz entschlossen die Verteidigung entzog. Eine ausführliche, aber stark übertreibende Darstellung bei Frank, p. 432. Laboris eigene Schilderung, die sehr für die Noblesse des Mannes spricht, in *La Grande Revue,* p. 337, vom 1. Februar 1900. Zola trennte sich natürlich sofort nach den Vorgängen mit seinem eigenen Anwalt und Freund, Labori. Von Picquart weiß das *Echo de Paris* vom 30. November 1901 zu berichten, daß er nach Rennes Dreyfus nicht mehr empfangen habe. Clemenceau hat die Tatsache, daß ganz Frankreich, ja, die ganze Welt besser verstand, worum es in der Affäre ging, als der unglückliche Angeklagte und seine Familie, offensichtlich mehr von der komischen Seite genommen. Weil, 307/8.

67 Clemenceau, *L'Iniquité,* Artikel vom 17. Januar 1898.

68 Für die Stimmung in Gesellschaft und Parlament vgl. die ausgezeichneten Schilderungen Reinachs, I, p. 233; III, p. 141 und p. 273 ff.

69 Clemenceau, ibidem. Artikel vom 2. Februar 1898.

70 Für die Vergeblichkeit, mit antisemitischen Parolen die französische Arbeiterschaft zu gewinnen, vor allem die Versuche von Léon Daudet, vgl. den royalistischen Schriftsteller Louis Dimier, *Vingt ans d'Action Française,* Paris 1926.

71 Der nationalistische Führer Déroulède rief bei einem der Staatsstreichversuche aus: *»Die parlamentarische Republik hat gelebt. Es lebe die plebiszitäre Republik!«* Frank, p. 466.

72 J. Reinach, p. 273: *»Les plus grandes dames s'encanaillent avec Guérin; leur langage qui n'exagère pas leurs pensées, ferait horreur aux amazones de Dahomey … Le faubourg St. Germain profite de l'occasion pour rompre avec les quelques juifs qui avaient forcé ses*

portes.« Aufschlußreich in diesem Zusammenhang ist auch ein Artikel von André Chevrillon »Huit Jours à Rennes« (in *La Grande Revue,* Februar 1900), in welchem er u.a. berichtet: *»Un médecin disait devant plusieurs de mes amis en parlant de Dreyfus: ›Je voudrais le torturer‹. Une dame disait: ›Je voudrais qu'il fut innocent, comme cela il soufrirait davantage.‹«*

73 Reinach, I, p. 233.

74 Eine Geschichte des europäischen Aberglaubens würde vermutlich zutage fördern, daß Juden erst sehr spät das Objekt dieser für das neunzehnte Jahrhundert spezifischen Gespensterfurcht geworden sind. Ihnen gingen die Rosenkreuzer, die Templer, die Jesuiten und die Freimaurer voran. Jede Behandlung geschichtlicher Probleme des neunzehnten Jahrhunderts, vor allem natürlich die Frage des Antisemitismus, leidet daran, daß es eine solche Untersuchung des modernen Aberglaubens noch nicht gibt.

75 Siehe in der *Civiltà Cattolica* vom 5. Februar 1898 den Artikel »Il caso di Alfredo Dreyfus«.

76 Hierfür siehe vor allem den Roman, der die Dreyfus-Zeit schildert, von Roger Martin du Gard, *Jean Barois,* 1913, p. 272ff, und Daniel Halévys »Apologie pour notre passé«, 1910, in den *Cahiers de la Quinzaine,* 10. und 11. Serie.

77 Georges Sorel, *La Révolution dreyfusienne,* 1911, pp. 70/71.

78 Yves Simon, op. cit., p. 25.

79 Dies sind die Worte von Emile Duclaux, des Nachfolgers Pasteurs, anläßlich des Zola-Prozesses. Zitiert nach Herzog, p. 190.

80 Wie wenig Parlamentarier tun konnten, beweist gerade das Eingreifen des besten unter ihnen, des Vizepräsidenten des Senats, Scheurer-Kestner. Kaum hatte er protestiert, als die *Libre Parole* ihm bereits nachwies, daß sein Schwiegersohn in den Panama-Skandal verwickelt gewesen war. Herzog, *Zeittafeln,* November 1897.

81 *»The desire to let the matter rest was not uncommon among French jews, especially among the richer French jews.«* Brogan, Book VII, Chapter I.

82 Picquart wurde gleich nach seinen Entdeckungen im Nachrichtenbüro des Generalstabs auf einen gefährlichen Posten nach Tunis verbannt, woraufhin er sein Testament machte, die ganze Sache darstellte und es bei seinem Anwalt hinterlegte. Als er nach einigen Monaten immer noch lebte, begann eine wahre Sturmflut von mysteriösen Briefen, die ihn kompromittierten und ihn als einen Komplizen des »Verräters« Dreyfus hinstellen sollten. Man behandelte ihn wie ein Mitglied einer *gang,* der ausgebrochen war und mit der Polizei gedroht hatte. Als alles nichts half, wurde er verhaftet, aus der Armee ausgestoßen und seiner Orden beraubt. Er hat das alles mit einem unglaublichen Gleichmut hingenommen.

83 Für die nachfolgende Beurteilung des Anteils Clemenceaus an dem Verlauf der Affäre vgl. auch Hyndman, *Clemenceau – the Man and his Time,* New York 1919, p. 174ff.

84 Zola, Anatole France, E. Duclaux, Gabriel Monod, Historiker an der Sorbonne, Lucien Herr, Bibliothekar an der Ecole Normale, waren die aktivsten unter ihnen.

85 Zu diesem Kreis gehörten der junge Romain Rolland, Suarez, Georges Sorel, Daniel Halévy, Bernard Lazare; der bedeutendste war Charles Péguy.

86 Wie modern mutet das Bild an, das Zola in seiner *Lettre à la France* im Jahre 1898 entwirft: »*Von allen Seiten hört man, daß der Freiheitsgedanke bankrott gemacht hat. Und als die Dreyfus-Affäre aufkam, fand dieser wachsende Freiheitshaß hier eine äußerst günstige Gelegenheit ... Seht ihr nicht, daß man sich nur aus dem Grunde mit solcher Wut auf Scheurer-Kestner gestürzt hat, weil er einer Generation angehörte, die an die Freiheit geglaubt, die die Freiheit erstrebt hat? Heute zuckt man die Achseln, man macht sich lustig: alte Graubärte, altmodische Biedermänner ...*« Zitiert nach Herzog, *Zeittafeln,* 6. Januar 1898.

87 M. Barrès, *Scènes et doctrines du nationalisme,* Paris 1899, p. 8.

88 Die köstliche Geschichte, wie der große Politiker Ch. Maurras nach der Niederlage auf seiner Flucht »die Ehre und das Vergnügen« hat, eine Astrologin auf der Landstraße zu treffen, welche ihm den politischen Sinn der jüngsten Vorgänge deutete, erzählt Yves Simon, op. cit., pp. 54/55.

89 Die Räume der Fakultät der Universität in Rennes werden verwüstet, als fünf Professoren es wagten, sich für die Revision zu erklären. Royalistische Studenten demonstrierten vor dem Hause des *Figaro* nach Erscheinen der ersten Artikel von Zola; der *Figaro* veröffentlichte darauf keinen revisionsfreundlichen Artikel mehr. Der Herausgeber einer dreyfusfreundlichen Zeitung, *La Bataille,* wird auf offener Straße überfallen und schwer verletzt. Die Richter des Kassationshofes, die schließlich das Urteil von 1894 kassierten, berichten einstimmig von den »verbrecherischen Angriffen«, denen sie ausgesetzt waren. Diese Liste ließe sich unendlich verlängern.

90 Vgl. Weil, p. 125, und Herzog, *Zeittafeln,* Juni 1898.

91 So fanden antisemitische Kundgebungen am 18. Januar 1898 in Bordeaux, Marseille, Clermont-Ferrant, Nantes, Rouen und Lyon statt. Am 19. Studentenunruhen in Rouen, Toulouse und Nantes.

92 Der krasseste Fall ist der des Polizeipräfekten von Rennes, der dem Professor Victor Basch, dessen Haus von 2000 Menschen gestürmt wurde, erklärte, er solle seine Demission einreichen, er könne für seine Sicherheit nicht einstehen.

93 Bernanos, op. cit., p. 346 ff. Ch. Maurras, *Dictionnaire politique et critique,* tome 2, Paris 1932, p. 360.

94 Brogan, p. 284.

95 Frank, Kapitel: Händler und Soldaten. »*Die Belagerung schien lächerlich. Aber in den Zeiten des Prozesses von Rennes war sie nicht ohne Ernst ... Die Schlacht mit der Polizei war die schwerste, die Paris seit 20 Jahren erlebt hatte.*«

96 Bernanos, op. cit., p. 346.

97 Herzog, *Zeittafeln,* Februar 1898.

98 Nach Lecanuet, op. cit., p. 160 ff.

99 Dies Urteil von Lemaître findet sich bei Israel Schapira, *Der Antisemitismus in der französischen Literatur,* Berlin 1927, p. 132.

100 Für diese Theoreme vgl. vor allem: Ch. Maurras, *Au Signe de Flore; Souvenirs de la vie politique, l'affaire Dreyfus et la fondation de l'Action Française,* Paris 1931. N. Barrès, op. cit.; und Léon Daudet, *Panorama de la Troisième République,* Paris 1936.

101 Dies am klarsten in der Vorrede zu *Contre la Justice.*

102 Clemenceau, *l'Iniquité, »A la dérive«: »Nul parti se présente pour la justice quelles qu'en soient les conséquences, seul lien de cohésion indestructibles entre les hommes civilisés.«*

103 Herzog, p. 217.

104 Herzog, *Zeittafeln,* 4. August 1899.

105 Dies gerade war die große Enttäuschung der Dreyfusards, vor allem aber des Kreises um Charles Péguy. Von diesem Gesichtspunkt aus, daß schließlich Dreyfusards und Anti-Dreyfusards sich verzweifelt ähnlich sahen, schrieb Roger Martin du Gard seinen *Jean Barois.*

106 Clemenceau, *Contre la Justice.* Préface.

107 *L'Iniquité,* Artikel vom 25. Februar 1898.

108 Clemenceau in einer Rede vor dem Senat, viele Jahre später. Weil, pp. 112/113.

109 *»Une importante fraction de l'opposition socialiste refuse de suivre Allemane et Jaurès«* (die für die Revision waren). Clemenceau, *L'Iniquité,* Artikel vom 25. Februar 1898.

110 Herzog, *Zeittafeln,* 10. Oktober 1898.

111 K. V. T., op. cit.

112 ibidem.

113 Diese Verachtung deutet Suarez bereits in dem Titel seiner Clemenceau-Biographie an: *La vie orgueilleuse de Clemenceau.* – Siehe auch René Benjamin, op. cit.

114 Der Kriegsminister Gallifet schrieb an Waldeck: *»Vergessen wir nicht, daß die große Mehrheit in Frankreich antisemitisch ist. Wir werden also in folgender Stellung sein (sc. wenn das Urteil von Rennes nochmals revidiert werden sollte): auf der einen Seite die ganze Armee, die Mehrheit der Franzosen – ich spreche nicht von den Abgeordneten und Senatoren ...«* Reinach, V, p. 579.

115 Der bekannteste davon ist der Versuch Déroulèdes am Begräbnistag des Präsidenten Paul Faure (Februar 1899), während dessen er versucht, den General Roget zur Meuterei zu bewegen. Die deutschen Botschafter und Geschäftsträger in Paris berichten alle paar Monate von Staatsstreichgerüchten. Barrès (op. cit., p. 4) hat die Situation ganz richtig beschrieben: *»Nous avons trouvé dans Rennes notre champ de bataille; il n'y manquait que des soldats. Parlons net: des généraux. Parlons plus net: un général.«*

116 *»Among them there is no divergence of opinion ... Whence comes this unanimity of the clericals? In the first place it is due to the influence of the press ... All these journalists marched, and are still marching, at the word of command of their superiors.«* K. V. T., op. cit.

117 Brogan geht so weit, für die gesamte klerikale Hetze die Assumptionisten verantwortlich zu machen.

118 So erklärte die *Civiltà Cattolica* in ihrer Nummer vom 5. Februar 1898, daß Juden nicht nur in Frankreich, sondern auch in Deutschland, Österreich und Italien aus der Nation ausgeschlossen werden müßten.

119 So die *Civiltà Cattolica,* ibidem. Charakteristisch ist auch, was Maurras in später Erinnerung an die Affäre in der *Action Française* vom 14. Juli 1935 schreibt: *»La toute première instigation de l'Affaire vint très probablement de Londres, où l'on s'inquiétait beaucoup de la mission Congo-Nil«* im Jahre 1896 bis 1898.

120 So die in Amerika erscheinende *Catholic World,* Band 67, September 1898. Der Artikel trägt den bezeichnenden Titel »Mr. Chamberlain's foreign policy and the Dreyfus Case«.

121 Siehe Lecanuet, op. cit., p. 188.

122 Für die amerikanische öffentliche Meinung, das Verhalten von Presse und Vereinen siehe die Materialsammlung bei Rose A. Halpern, *The American Reaction to the Dreyfus Case,* 1941, Master Essay in Schreibmaschinenschrift in der Bibliothek der Columbia University.

123 A. Foucault, op. cit.

124 In Clemenceaus *L'Iniquité* siehe die Artikel: »Le spectacle du jour«; »Et les Juifs!«; »La farce du syndicat«; »Encore les Juifs!«.

125 Labori schrieb im Namen aller Dreyfusards, wenn er feststellte: *»Du moment qu' à Rennes au nom de l'accusé on plaidait le doute, du moment que le condamné se désistait de son recours au révisions pour obtenir la grâce, l'Affaire Dreyfus, dans ce qu'elle avait de grand, de général, d'humain, était définitivement close.«* »Le Mal politique et les partis« in *La Grande Revue,* 1901.

126 op. cit., »Encore les Juifs!«.

127 ib., »La farce du syndicat«.

128 *»Wie der Vogel Strauß, wenn er Gefahr merkt, seinen Kopf unter einem Baum oder in den Sand versteckt, versteckt der Franzose seinen politischen Kopf hinter der Ausstellung«,* schrieb der deutsche Gesandte, Graf Münster, an Hohenlohe nach Berlin. Siehe Herzog, *Zeittafeln,* 4. Dezember 1899. Interessant ist auch der Bericht des deutschen Geschäftsträgers von Bülow, ib.

129 Zola an Labori, E. Zola, *Correspondance. Lettres à Maître Labori,* 1929.

130 Frank, p. 500 ff.

131 Herzog, p. 67.

132 Soviel ich sehe, hat nur Bernard Lazare diese Niederlage der republikanischen Prinzipien im Ausgang der Dreyfus-Affäre klar erkannt. In seiner großartigen Darstellung *Notre Jeunesse,* die ein ausführliches Porträt Lazares enthält, formuliert Péguy die Forderungen Lazares wie folgt: *»Droit commun pour Dreyfus, droit commun contre les congrégations. Cela n'a l'air rien, cela peut mener loin. Cela le mena jusqu'à l'isolement dans la mort. Il était essentiellement pour la contre l'exception.«* p. 110 der zweiten Ausgabe, 1934. (Ursprünglich erschienen 1910.) Lazare scheint auch der einzige unter den Dreyfusards zu sein, der gegen das Gesetz gegen die Kongregationen protestierte. p. 102 ff.

133 Für die bis in die dreißiger Jahre unverändert judenfeindliche Haltung der *Civiltà Cattolica* siehe Joshua Starr »Italy's Antisemites« in *Jewish Social Studies,* Band I, 1939.

Band II

Imperialismus

Für Heinrich Blücher

Vorwort[1]

Selten ließ sich der Beginn einer geschichtlichen Epoche mit gleicher Genauigkeit datieren, und kaum je zuvor bot sich zeitgenössischen Beobachtern eine ebenso gute Chance, ihr eindeutiges Ende mitzuerleben, wie im Fall des imperialistischen Zeitalters. Denn der Imperialismus, der aus dem Kolonialismus hervorging, und zwar auf Grund der wirtschaftlichen und industriellen Entwicklung im letzten Drittel des 19. Jahrhunderts, durch welche das Nationalstaatensystem überholt wurde, setzte mit seiner Politik der Expansion um der Expansion willen nicht vor 1848 ein, und diese neue Art von Machtpolitik unterschied sich von den nationalen Eroberungskriegen ebenso wie von dem klassischen Aufbau eines Imperiums durch die Römer. Sein Ende schien gekommen, als »die Liquidierung von *His Majesty's Empire*«, der »zu präsidieren« sich Churchill geweigert hatte, mit der Unabhängigkeitserklärung Indiens zur vollendeten Tatsache geworden war. Daß die Briten ihre Kolonialherrschaft freiwillig liquidierten, ist noch immer eines der folgenschwersten Ereignisse in der Geschichte des 20. Jahrhunderts, und nachdem das geschehen war, konnten auch die anderen europäischen Nationen ihre Überseegebiete nicht mehr halten. Die einzige Ausnahme ist Portugal, und wenn dieses Land die sonderbare Kraft aufbrachte, einen Kampf weiterzuführen, den alle anderen europäischen Kolonialmächte hatten aufgeben müssen, so liegt das vielleicht gar nicht so sehr an der Diktatur Salazars, sondern mehr noch an Portugals Rückständigkeit als Nation; denn was die anderen Mächte davon abhielt, zu extremen Maßnahmen wie »administrativen Massakern« (A. Carthill) zu greifen – die sehr wohl den gewaltlosen Aufstand in Indien hätten niederwerfen können –, und was die große Furcht vor dem Bumerangeffekt in den Mutterländern begründete, wenn die »Herrschaft über Untertanenrassen« (Lord Cromer) fortgesetzt wurde, waren ja nicht bloße Schwäche oder die Erschöpfung nach zwei mörderischen Kriegen innerhalb einer Generation, sondern auch die moralischen Skrupel und das politische Bewußtsein der vollentwickelten Nationalstaaten. Als schließlich Frankreich, dank der damals noch ungebrochenen Autorität de Gaulles, es wagte, Algerien aufzugeben, das von Anfang an nicht weniger als ein Teil des Landes gegolten hatte als etwa das *Département de la Seine,* schien ein Punkt erreicht, von dem es kein Zurück mehr gab.

Wie berechtigt diese Hoffnung auch gewesen wäre, wenn auf den heißen Krieg gegen Nazideutschland nicht der kalte Krieg zwischen Sowjetrußland und den Vereinigten Staaten gefolgt wäre, man ist heute doch versucht, im Rückblick die letzten zwei Jahrzehnte als einen Zeitraum anzusehen, in welchem die beiden mächtigsten Länder der Erde alle Anstrengung darauf richten, einander in einer Neuauflage des Kampfes um die Vorherrschaft in mehr oder weniger denselben Gebieten auszustechen, die zuvor von europäischen Nationen regiert worden waren. Entsprechend ist man auch versucht, in der neuen, halbherzigen Entspannung zwischen Rußland und Amerika weniger die gesunde und natürliche Folge des Abbaus totaler Herrschaft in Rußland nach Stalins Tod zu sehen, als vielmehr ein Ergebnis der Tatsache, daß mittlerweile eine dritte potentielle Weltmacht, China, auf der politischen Bühne aufgetreten ist. Und sollten künftige Entwicklungen diese provisorische Interpretation bestätigen, so würde das, geschichtlich gesehen, bedeuten, daß wir in ungeheuer vergrößertem Maßstab wieder da angelangt sind, von wo wir ausgegangen waren: im imperialistischen Zeitalter und auf dem Kollisionskurs, der damals zum Ersten Weltkrieg führte.

Man hat oft gesagt, die Briten seien zu ihrem Empire in einem Anfall von Geistesabwesenheit gekommen: sie hätten sich viel mehr dem Gefälle automatischer Entwicklungen überlassen und genommen, was greifbar war und sich anbot, als eine überlegte Expansionspolitik verfolgt. Wenn das zutrifft, dann mag der Weg zur Hölle ebenso gut mit gar keinen Vorsätzen gepflastert sein wie mit den guten des Sprichworts. Und man ist tatsächlich geneigt zu glauben, daß die Feststellung zumindest die halbe Wahrheit trifft, wenn man sieht, wie heute die objektiven Fakten dazu einladen, zu einer imperialistischen Politik zurückzukehren – ungeachtet der hohlen Versicherungen, mit denen beide Seiten ihre guten Absichten beteuern, die Amerikaner, wenn sie sich zur Erhaltung eines unhaltbaren Status quo der Korruption und Unfähigkeit »verpflichten«, und die Russen, wenn sie pseudorevolutionär von nationalen Befreiungskriegen reden. Der Aufbau von Nationalstaaten in rückständigen Gebieten, die genau in dem Maß, wie ihnen alle Voraussetzungen für die nationale Unabhängigkeit fehlen, einen ungezügelten, sterilen Chauvinismus ausbilden, hat gewaltige Machtvakuen entstehen lassen, um welche die Supermächte nur um so erbitterter kämpfen, als ihnen mit der Entwicklung der Atomwaffen ein für allemal die Möglichkeit entzogen zu sein scheint, durch die direkte Konfrontation ihrer Gewaltmittel als *ultima ratio* alle Konflikte zu »lösen«. Nicht nur verlockt jeder Konflikt zwischen den kleinen, unentwickelten Ländern in diesen riesigen Gebieten, sei es ein Bürgerkrieg in Vietnam oder ein nationaler Konflikt im Nahen Osten, die Supermächte sofort zur tatsächlichen oder angedrohten Intervention, sondern diese Konflikte selbst, oder zumindest der Zeitpunkt ihres Ausbrechens, stehen im Verdacht, durch Interessen und Manöver beeinflußt und geradezu verursacht zu sein, die mit den eigentlichen Konflikten und Interessen des Gebietes selbst schlechterdings nichts zu tun haben. Nichts charakterisierte die Machtpolitik im imperialistischen Zeitalter besser als dieser Umschwung: daß man jetzt nicht mehr lokalisierte, begrenzte und daher vorhersagbare Ziele, die im nationalen Interesse lagen, verfolgte, sondern im grenzenlosen Streben nach Macht und mehr Macht den ganzen Erdball durchstreifen und verwüsten konnte, ohne eine bestimmte, national oder territorial vorgezeichnete Zielsetzung und daher ohne vorhersagbare Richtung. Dieser Rückschritt zeigt sich auch auf der ideologischen Ebene, denn die berühmte Dominotheorie, nach der die amerikanische Außenpolitik sich verpflichtet fühlt, in einem Land Krieg zu führen, um andere, nicht einmal benachbarte Länder zu schützen, ist offensichtlich nichts weiter als eine neue Version des alten *»Great Game«*, dessen Regeln es zuließen und sogar vorschrieben, ganze Völker als Sprungbrett oder, in heutiger Terminologie, als Faustpfand zu betrachten, das nur den Zugang zu den Reichtümern und der Herrschaft in einem dritten Land eröffnen sollte, welches dann seinerseits wieder zu einem bloßen Sprungbrett wurde im endlosen Prozeß der Machterweiterung und -akkumulation. Auf diese Kettenreaktion, die imperialistischer Machtpolitik inhärent ist und die ihre typischste Verkörperung in der Gestalt des Geheimagenten gefunden hat, bezieht sich Kiplings Satz (aus *Kim*): »Wenn alle tot sind, ist das Große Spiel vorbei; vorher nicht.« Seine Prophezeiung traf nur deshalb nicht ein, weil der Nationalstaat auf die Schranken der Verfassung stieß, und wenn wir heute hoffen, daß sie auch in Zukunft nicht eintrifft, so können wir nur entsprechend auf die Verfassung der amerikanischen Republik bauen und im übrigen auf die technologischen Zwänge des Atomzeitalters.

Damit soll nicht geleugnet werden, daß das unerwartete Wiederaufleben imperialistischer Politik und ihrer Methoden unter stark veränderten Bedingungen und Umständen stattfindet. Die Initiative zur Expansion in Übersee hat sich nach Westen verlagert, von England und Westeuropa nach Amerika, und die Initiative zur Expansion in unmittelbare Nachbargebiete auf dem Kontinent liegt nicht mehr in Mittel- und Osteuropa, sondern ausschließlich bei Rußland. Mehr als irgendein Einzelfaktor sonst hat die imperialistische Politik zum Niedergang der europäischen Nationen beigetragen, und die Prophezeiungen von Politikern und Historikern, daß die zwei Giganten an der östlichen und westlichen Flanke Europas schließlich das Erbe seiner Macht antreten würden, scheinen eingetroffen zu sein. Niemand rechtfertigt mehr die Expansion mit *»the white man's burden«* auf der einen und einem »erweiterten Stammesbewußtsein«, das Menschen ähnlicher ethnischer Abstammung zur Vereinigung dränge, auf der anderen Seite; stattdessen hören wir von »Verpflichtungen« gegenüber abhängigen Bündnispartnern, von der Verantwortung der Macht und der Solidarität mit revolutionären Befreiungsbewegungen. Selbst das Wort »Expansion« ist aus unserem politischen Vokabular verschwunden, das jetzt die Worte *»extension«* oder, in kritischer Absicht, *»overextension«* benutzt, um etwas sehr Ähnliches zu bezeichnen. Politisch wichtiger ist, daß Privatinvestitionen in fernen Ländern, ursprünglich der Hauptmotor imperialistischer Entwicklungen, heute zurückgetreten sind hinter einer wirtschaftlichen und militärischen Auslandshilfe, die direkt von den Regierungen bereitgestellt wird. (Allein 1966 wandte die amerikanische Regierung 4,6 Milliarden Dollar für Wirtschaftshilfe und Auslandskredite auf; die Militärhilfe betrug in dem Jahrzehnt 1956 – 1965 jährlich weitere 1,3 Milliarden, während der Abfluß an Privatkapital 1965 3,69 Milliarden und 1966 3,91 Milliarden Dollar ausmachte.[2]) Das bedeutet, daß das Zeitalter des sogenannten Dollarimperialismus, der die spezifisch amerikanische und politisch die ungefährlichste Version des Imperialismus vor dem Zweiten Weltkrieg war, endgültig der Vergangenheit angehört. Privatinvestitionen – »die Aktivitäten von tausend US-Gesellschaften in hundert fremden Ländern, konzentriert auf die modernsten, strategisch wichtigsten und am schnellsten wachsenden Sektoren der jeweiligen Wirtschaft« – schaffen, auch wenn zu ihrem Schutz nicht die volle Macht der Nation eingesetzt wird, zahlreiche politische Probleme,[3] aber Auslandshilfe ist, auch wenn sie rein humanitären Zwecken dient, ihrem Wesen nach politisch, gerade weil sie nicht dem Profitinteresse entspringt. Milliarden Dollar sind in politische und wirtschaftliche Wüsten, wo Korruption und Unfähigkeit herrschten, gepumpt worden und dort versickert, bevor irgendetwas Produktives damit angefangen werden konnte, und dieses Geld ist nicht mehr das »überschüssige« Kapital, das zu Hause nicht produktiv und gewinnbringend angelegt werden konnte, sondern der unheimliche Auswuchs schieren Überflusses, dessen Verlust die reichen Länder, die *»haves«* im Gegensatz zu den *»have-nots«*, sich eben leisten können. Mit anderen Worten: Das Profitinteresse, dessen Bedeutung für die imperialistische Politik auch in der Vergangenheit häufig überschätzt wurde, ist heute gänzlich in den Hintergrund getreten; nur sehr reiche und sehr mächtige Länder können sich die riesigen Verluste leisten, die der Imperialismus mit sich bringt.

Es ist wahrscheinlich noch zu früh, und jedenfalls liegt es außerhalb des Rahmens meiner Überlegungen, diese jüngsten Tendenzen auch nur halbwegs schlüssig analysieren und einschätzen zu wollen. Was jedoch schon jetzt beängstigend deutlich scheint, ist die Stärke gewisser, scheinbar unkontrollierbarer Prozesse, die darauf hinauslaufen, jede Hoffnung auf eine Entwicklung der neuen Nationen zu Verfassungsstaaten zu zerstören und die republikanischen Institutionen in den alten zu untergraben. Die Beispiele sind zu zahlreich, um sie auch nur flüchtig aufzuzählen, aber das Aufkommen eines *»invisible government«* in Gestalt der Geheimdienste, deren Einfluß auf die Innenpolitik, auf den Kultur-, Ausbildungs- und Wirtschaftsbereich des amerikanischen Lebens, erst unlängst aufgedeckt wurde, ist ein so unheilvolles Zeichen, daß man es nicht mit Stillschweigen übergehen kann. Es gibt keinen

Grund, an der Feststellung von Allen W. Dulles zu zweifeln, daß der CIA seit 1947 »mehr Einfluß auf unsere Regierung als sonst ein Nachrichtendienst auf irgendeine Regierung der Erde hat«,[4] noch gibt es einen Grund anzunehmen, daß sich dieser Einfluß seit 1958, als er seine Feststellung traf, verringert hätte. Auf die tödliche Gefahr, die diese »unsichtbare Regierung« für die Institutionen der »sichtbaren Regierung« bedeutet, ist oft hingewiesen worden; weniger bekannt ist dagegen vielleicht, daß schon immer ein enger Zusammenhang bestand zwischen imperialistischer Politik und der Herrschaft einer »unsichtbaren Regierung« von Geheimagenten. Es ist ein Irrtum zu glauben, die USA hätten nach dem Zweiten Weltkrieg ein Netz von Geheimdiensten in ihrem Land geschaffen, weil sie sich einer unmittelbaren Gefährdung des nationalen Überlebens durch das Spionagenetz Sowjetrußlands erwehren mußten; der Krieg hatte die Vereinigten Staaten in die Position der stärksten Weltmacht katapultiert, und diese Machtposition, nicht die nationale Existenz wurde durch die revolutionäre Macht des von Moskau gelenkten Kommunismus bedroht.[5]

Was immer die Ursachen für Amerikas Aufstieg zur Weltmacht gewesen sein mögen, eine wohlüberlegte außenpolitische Strategie mit diesem Ziel oder irgendein Anspruch auf Weltherrschaft gehören nicht dazu. Und das gleiche gilt wahrscheinlich für seine jüngsten und immer noch zögernden Schritte in Richtung auf eine imperialistische Machtpolitik, für welche seine Regierungsform weniger geeignet ist als die irgendeines anderen Landes. Der gewaltige Abstand zwischen den westlichen Ländern und dem Rest der Welt, nicht nur was Reichtum, sondern vor allem was Ausbildungsstand, technisches Know-how und allgemeine Sachkunde und Leistungsfähigkeit betrifft, belastet die internationalen Beziehungen, seitdem es eigentliche Weltpolitik gibt. Und diese Kluft hat sich nicht etwa in den letzten Jahrzehnten verringert, unter dem Druck eines sich rapide entwickelnden Kommunikationssystems, das die Entfernungen auf der Erde zusammenschrumpfen läßt, sie ist vielmehr ständig gewachsen und hat mittlerweile wahrhaft bedrohliche Ausmaße erreicht. »Die Wachstumsrate der Bevölkerung war in den weniger entwickelten Ländern doppelt so hoch wie in den fortgeschritteneren Ländern«,[6] und dieser Faktor, der für sich allein schon die unentwickelten Länder dazu zwingen würde, sich an jene zu wenden, die über überschüssige Nahrungsmittel und überschüssiges technisches und politisches Wissen verfügen, macht zugleich jede Hilfe zunichte. Augenscheinlich wird die Bevölkerung, je größer sie ist, desto weniger Hilfe pro Kopf erhalten, und so sind denn auch nach zwei Jahrzehnten massiver Hilfsprogramme alle die Länder, die sich nicht, wie Japan, zuerst einmal selbst helfen konnten, ärmer und von wirtschaftlicher oder politischer Stabilität weiter entfernt als je zuvor. Was die Chancen des Imperialismus betrifft, so verbessern sie sich durch diese Lage in furchtbarem Maß, und zwar schon aus dem einfachen Grund, daß bloße Zahlen noch nie eine geringere Rolle gespielt haben als heute; die Herrschaft der Weißen in Süd-Afrika, wo die tyrannische Minderheit numerisch fast im Verhältnis von eins zu zehn unterlegen ist, stand wahrscheinlich noch nie auf festeren Füßen. Eben diese objektive Lage verwandelt jede Auslandshilfe in ein Herrschaftsinstrument und stellt alle Länder, die, um nur zu überleben, mehr und mehr auf diese Hilfe angewiesen sind, vor die Alternative, entweder irgendeine Art von »Herrschaft über Untertanenrassen« zu akzeptieren oder aber binnen kürzester Zeit in Anarchie und Auflösung zu versinken.

Das vorliegende Buch behandelt nur den europäischen Kolonialimperialismus im strengen Sinn, der mit der Liquidierung der britischen Herrschaft über Indien sein Ende fand. Es berichtet vom Zerfall des Nationalstaats, eine Geschichte, die, im nachhinein betrachtet, bereits fast alle Elemente enthielt, die dann das Aufkommen totalitärer Bewegungen und Staaten ermöglichten.

Erst mit dem imperialistischen Zeitalter entstand so etwas wie Weltpolitik, ohne die wiederum der totalitäre Anspruch auf Weltherrschaft keinen Sinn gehabt hätte. Während dieser Epoche erwies sich das Nationalstaatensystem als unfähig, entweder neue Regeln für die Außenpolitik, die zur Weltpolitik geworden war, auszubilden oder aber dem Rest der Welt eine Pax Romana aufzuzwingen. Seine politische Engstirnigkeit und Kurzsichtigkeit führten am Ende zur Katastrophe der totalen Herrschaft, deren beispiellose Greuel die unheilvollen Ereignisse und die noch unheilvollere Mentalität der vorhergehenden Epoche in den Schatten gestellt haben. Die wissenschaftliche Forschung hat sich fast ausschließlich auf das Deutschland Hitlers und das Rußland Stalins konzentriert, auf Kosten ihrer harmloseren Vorgänger. Als Schimpfwort wird der Imperialismus noch gebraucht, sonst scheint er halb vergessen zu sein, und das ist vor allem deshalb zu bedauern, weil die letzten Jahre ziemlich deutlich gemacht haben, wieviel wir für Dinge, die heute geschehen, aus ihm lernen könnten. So hat man in der Kontroverse um den unerklärten Krieg der USA in Vietnam auf beiden Seiten die Analogie zu München oder anderen Präzedenzfällen aus den dreißiger Jahren gezogen, als in der Tat die totale Herrschaft die einzige klare und aktuelle, nur allzu aktuelle Gefahr bedeutete, aber die Taten und Worte, welche die heutige Politik so bedrohlich machen, zeigen eine viel verhängnisvollere Ähnlichkeit mit den Taten und verbalen Rechtfertigungen vor dem Ausbruch des Ersten Weltkriegs, als ein Funke in einem Randgebiet, das für keinen der Beteiligten von sonderlichem Interesse war, genügte, um die ganze Welt in Brand zu setzen.

Wenn hier die unglückselige Bedeutung dieser halbvergessenen Epoche für Dinge, die heute geschehen, betont wird, so soll das natürlich weder heißen, daß die Würfel gefallen sind und wir in eine neue Epoche imperialistischer Politik eintreten, noch daß Imperialismus unter allen Umständen am Ende zu den Katastrophen totaler Herrschaft führen muß. Wieviel wir auch aus der Vergangenheit lernen mögen, sie wird uns nicht lehren, die Zukunft zu lesen.

Juli 1967
Hannah Arendt

5 Die politische Emanzipation der Bourgeoisie

Das Zeitalter des Imperialismus pflegte man jene drei Jahrzehnte, von 1884 bis 1914, zu nennen, die das neunzehnte Jahrhundert, das im *»scramble for Africa«* und mit der Geburt der Pan-Bewegungen endete, vom zwanzigsten trennen, das mit dem Ersten Weltkrieg begann.[1] Bezeichnend für die Zeit ist die atemberaubende Schnelligkeit, mit der sich die Ereignisse und Entwicklungen in Afrika und Asien abspielen, und die eigentümliche, unheimlich stagnierende Ruhe, die sich im gleichen Zeitraum auf Europa gelegt hatte und die man erst in der plötzlichen Katastrophe von 1914 als eine Ruhe vor dem Sturm nachträglich diagnostizieren konnte. In der trügerischen Ruhe und Sicherheit, die diesen Jahrzehnten eignet, zeichneten sich bereits einige grundsätzliche Aspekte ab, die den totalitären Phänomenen des zwanzigsten Jahrhunderts so nahe kommen, daß man versucht ist, die ganze Epoche nur als Ruhe vor dem Sturm, als vorbereitendes Stadium kommender Katastrophen anzusehen. Dennoch sind Ruhe und Sicherheit im Bewußtsein der handelnden Politiker der Zeit noch so vorherrschend, daß fast alle offiziellen Quellen, auch und gerade wenn es sich um revolutionäre Dokumente handelt, deutlichst die Sprache des neunzehnten Jahrhunderts sprechen. Selbst Lenin ist in diesem Sinne noch ein Politiker des neunzehnten Jahrhunderts, wenn er in ruhiger Sicherheit meint, daß nach der Revolution die Menschen sich nach und nach daran gewöhnen würden, die wenigen und selbstverständlichen moralischen Vorschriften einzuhalten, welche die

Grundlage allen gesellschaftlichen Lebens bilden und seit Tausenden von Jahren genugsam bekannt seien.[2]

Wir jedenfalls haben Mühe, dieser nahen und doch schon so fernen Vergangenheit gerecht zu werden. Wir kennen das Ende dieser Geschichte und wissen, daß sie zu einem beinahe vollständigen Bruch mit allen Traditionen und Überlieferungen des Abendlandes geführt hat. Auch können wir uns schlecht eines gewissen Heimwehs erwehren nach diesem »goldenen Zeitalter der Sicherheit« (Stefan Zweig), in welchem selbst Greuel und Grausamkeit sich noch an gewisse Regeln hielten, bestimmte Grenzen nicht überschritten, und man im großen ganzen bei der Beurteilung politischer Ereignisse noch mit dem gesunden Menschenverstand auskam. So nahe uns diese Jahrzehnte daher auch chronologisch sind, wir sind von ihnen durch unsere politischen Erfahrungen nicht weniger getrennt als von irgendeinem anderen Zeitabschnitt abendländischer Geschichte.

In Europa selbst war die politische Emanzipation der Bourgeoisie, die bis dahin trotz wirtschaftlicher Vormachtstellung politische Herrschaft nicht einmal angestrebt hatte, das zentrale innenpolitische Ereignis des imperialistischen Zeitalters. Die eigentümliche Bescheidenheit dieser Klasse hatte aufs engste damit zusammengehangen, daß sie sich in und zusammen mit dem Nationalstaat entwickelt hatte, dessen Prinzip es war, jenseits von Klassen (und Parteien) zu bestehen und sie zu regieren. So konnte die Bourgeoisie die herrschende Klasse der Gesellschaft werden und doch darauf verzichten, zu regieren; solange der Nationalstaat intakt war, blieben alle eigentlich politischen Entscheidungen ihm überlassen. Erst als sich erwies, daß der Nationalstaat unfähig war, den Rahmen für die der kapitalistischen Wirtschaft notwendige Ausdehnung bereitzustellen, wurde der latente Streit zwischen Staat und Gesellschaft zu einem offenen Machtkampf, der jedoch in der imperialistischen Periode nicht zur Entscheidung kam. Überall widerstanden die nationalstaatlichen Institutionen der

Brutalität und dem Größenwahn imperialistischer Aspirationen, und die Versuche der Bourgeoisie, den Staat und seine Gewaltmittel als Instrumente für die eigenen wirtschaftlichen Ziele zu benutzen, waren immer nur halb erfolgreich. Dies änderte sich erst, als die deutsche Bourgeoisie alle ihre Karten auf die Hitlerbewegung setzte in der Hoffnung, daß der Mob ihr die Herrschaft verschaffen werde. Aber da war es bereits zu spät. Zwar gelang es der Bourgeoisie, mit Hilfe der Nazibewegung den Nationalstaat zu zerstören; aber dies war ein Pyrrhussieg, denn der Mob bewies sehr schnell, daß er willens und fähig war, selbst zu regieren, und entmachtete die Bourgeoisie zusammen mit allen anderen Klassen und staatlichen Institutionen.

Expansion und der Nationalstaat

»Expansion is everything«, meinte Cecil Rhodes, der erste, der in Erdteilen dachte und nach den Sternen greifen wollte, um sie zu annektieren. *»I would annex the planets if I could.«*[3]

Expansion ist das neue Prinzip des Zeitalters, das alles in Bewegung brachte. Im Namen dieses Prinzips hat die europäische Menschheit sich in wenigen Jahrzehnten über die ganze Erde »ausgedehnt«, hat der britische Kolonialbesitz sich in zwanzig Jahren um 4½ Millionen Quadratmeilen mit 66 Millionen Einwohnern, der französische um 3½ Millionen mit 26 Millionen Eingeborenen, der deutsche um eine Million Quadratmeilen und 13 Millionen Menschen und der belgische König höchst persönlich um 900 000 Quadratmeilen Landes und etwa 8 Millionen Untertanen vergrößert.[4]

Rhodes' Ausspruch nennt die hinter diesen Erwerbungen liegende politische Konzeption und offenbart den ihr inhärenten Wahnsinn. Die heute gängigen Phantasien von einem interplanetarischen Verkehr haben ihre Voraussetzung nicht weniger in diesem imperialistischen Bewegungsprinzip, für dessen Expansion die Grenze des Erdballs nur ein Störungsfaktor ist, als in der Schwärmerei der Naturwissenschaften. Rhodes jedenfalls hat mit dem Gedankenblitz seiner Verzweiflung, daß nämlich das imperialistische Prinzip im Widerspruch steht zu der irdischen Bedingtheit des Menschseins, nichts weiter anzufangen gewußt. Einsicht wie Verzweiflung überstiegen zu sehr die normalen Fähigkeiten eines ehrgeizigen Geschäftsmannes mit ausgesprochener Neigung zum Größenwahn. Er konnte nur schließen: Da »Ausdehnung alles ist, und da die Oberfläche der Welt beschränkt ist, muß es unsere Aufgabe sein, so viel von ihr zu nehmen, als wir irgend haben können«.[5] »Weltpolitik, das ist für die Politik, was der Größenwahn für den einzelnen Menschen«, sagte Eugen Richter im gleichen geschichtlichen Augenblick und in bezug auf das gleiche neue Phänomen.[6] Aber was half diese Einsicht in einer Zeit, da eben jede Weltpolitik das große unbewältigbare Problem zu werden begann, dem der Nationalstaat hilflos gegenüberstand. Richters Opposition gegen Bismarck, der vorgeschlagen hatte, private Gesellschaften in der Gründung von Handels- und Flottenstützpunkten zu unterstützen, zeigt deutlich, daß er die wirtschaftlichen Notwendigkeiten der Nation noch weniger begriffen hatte als Bismarck. Diejenigen, welche die imperialistischen Bestrebungen bekämpften oder ignorierten – wie Eugen Richter, Bismarck und Caprivi in Deutschland, Gladstone in England oder Clemenceau in Frankreich –, verloren die Fühlung mit der Wirklichkeit, weil sie es nicht verstanden, daß Handel und Wirtschaft bereits alle Nationen in Weltpolitik verwickelt hatten. Das nationale Prinzip konnte nur noch als provinzielle Beschränktheit erscheinen, und der Kampf gegen den Wahnsinn einer Politik, die sich nur halten konnte, wenn sie in ständiger Ausbreitungsbewegung begriffen blieb, war verloren.

Wer immer sich konsequent der imperialistischen Expansion widersetzte, blieb zwar von diesem Wahnsinn unberührt, machte aber entscheidende Fehler. So wies Bismarck 1871 das französische Anerbieten zurück, große afrikanische Besitzungen gegen Elsaß-Lothringen auszutauschen, und erwarb zwanzig Jahre später Helgoland im Tausch gegen Uganda, Sansibar und Witu – zwei Königreiche um eine Badewanne, wie ihm die deutschen Imperialisten nicht zu Unrecht vorrechneten. So verklagte Clemenceau in den achtziger Jahren die »herrschende Partei der Wohlhabenden« in Frankreich, die, imperialistisch gesinnt, ein Expeditionskorps gegen England in Ägypten verlangte, daß sie nur an den Schutz ihres Kapitals denke und die Republik in überseeische Abenteuer verwickeln wolle, und er gab leichten Herzens mehr als dreißig Jahre später die Ölquellen in Mossul zugunsten Englands auf, nur um ein englisch-französisches Bündnis im Interesse europäischer nationalstaatlicher Politik zu erreichen. All dies hatte eine sehr reale Verarmung der französischen Nation zur Folge. Man kann verstehen, daß Cromer, der die Zukunft Englands von Ägypten her bestimmen wollte, meinte, Gladstone sei nicht der Mann, dem man Sicherheit und Zukunft des britischen Empires anvertrauen könne. Die weise Beschränkung aller echt nationalen Politik begann sich überall als überalterte Beschränktheit auszuwirken.

In diesen Zusammenhang gehört auch der mehr oder minder entschiedene Widerstand, den die Imperialisten in den Arbeiterbewegungen fanden. Trotz aller Internationalen blieben diese rein national orientiert, weil sie im wesentlichen an Innenpolitik interessiert und in Kämpfen innerhalb der Nation befangen blieben. Ihr Widerstand half wenig, weil sie an chronischer Unterschätzung der Außenpolitik und damit der imperialistischen Parteien litten. Gelegentliche Warnungen vor dem Lumpenproletariat und möglicher Bestechung von Teilen der Arbeiterschaft durch Beteiligung an imperialistischen Profiten haben nie zu einem tieferen Verständnis für die neue politische Kraft geführt. Die frühzeitige Entdeckung der rein ökonomischen Veranlassungen und Triebfedern des Imperialismus, die wir Hobson in England verdanken, dem Hilferding und Lenin nur folgten, hat die eigentlich politische Struktur, den Versuch nämlich, die Menschheit in Herren- und Sklavenrassen, in *»higher and lower breeds«*, in Schwarze und Weiße, in Bürger und eine *»force noire«*, die sie schützen soll, einzuteilen, eher verdeckt als aufgeklärt.

Daß die Staatsmänner des Nationalstaates dem aufkommenden Imperialismus nicht trauten, war berechtigt genug; nur handelte es sich um mehr und Schwerwiegenderes, als was sie »überseeische Abenteuer« nannten. Sie ahnten, daß diese neue Expansionsbewegung, in welcher »der Patriotismus (sich) am nützlichsten und am wirksamsten durch Geldverdienen (betätigt)« (Hübbe-Schleiden) und die nationale Flagge als »kommerzielles Aktivum« (Cecil Rhodes) verbucht wurde, den politischen Körper des Nationalstaates nur zerstören konnte, und zwar weil hier »das Vaterland das Mittel ist, die Eroberung der Zweck«.[7] In der neueren Geschichte waren Eroberungen und das Gründen von Weltreichen aus guten Gründen in Verruf gekommen. Nicht Nationalstaaten, sondern Staatsformen, die wie die Römische Republik wesentlich auf dem Gesetz beruhten, konnten Weltreiche gründen, die Bestand hatten, weil in ihnen der Prozeß der Eroberung eine wirkliche Integration der verschiedenartigsten Volksgruppen durch die Autorität einer für alle gültigen Gesetzgebung folgte, in der sich die tragende politische Institution des Gesamtreiches verkörperte. Der Nationalstaat besaß kein derart einigendes Prinzip, weil er von vornherein mit einer homogenen Bevölkerung rechnete und eine aktive Zustimmung zu der Regierung (Renans *»plébiscite de tous les jours«*[8]) zur Voraussetzung hat. Die Nation kann keine Reiche gründen, weil ihre politische Konzeption auf einer historischen Zusammengehörigkeit von Territorium, Volk und Staat beruht. Im Falle der Eroberung bleibt dem Nationalstaat nichts übrig, als fremde Bevölkerungen zu assimilieren und ihre »Zustimmung« zu erzwingen; er kann sie nicht integrieren, und er kann ihnen nicht seinen eigenen Maßstab für Recht und Gesetz auferlegen. Daher besteht, wenn er Eroberungen macht, stets die Gefahr der Tyrannis. Dies wußte schon Robespierre, als er ausrief: »*Perissent les colonies si elles nous en coûtent l'honneur, la liberté.*«

Expansion als beständiges und höchstes Ziel aller Politik ist die zentrale politische Idee des Imperialismus. Expansion meint hier weder die vorübergehende Plünderung der Eroberten für die zeitweilige Bereicherung der Eroberer noch ihre definitive Assimilation, und gerade dies macht die Originalität der Konzeption aus. Aber diese Originalität ist eine scheinbare, weil die Konzeption selbst nicht eigentlich politisch ist und nicht politischen Ursprungs. Sie stammt vielmehr aus dem Bereich geschäftlicher Spekulationen, in dem Expansion die dauernde Erweiterung der industriellen Produktion und wirtschaftlicher Transaktionen bedeutete, die für das neunzehnte Jahrhundert charakteristisch waren.

Im rein ökonomischen Bereich hatte sich Expansion als ein angemessenes Prinzip bewährt, weil es dem Bewegungsrhythmus der ständig steigenden industriellen Produktion entsprach. Expansion bedeutete Zunahme der tatsächlichen Produktion und des tatsächlichen Verbrauchs von Gütern. Solche Herstellungsprozesse von Gebrauchsdingen und Konsumgütern sind an sich unbegrenzt, begrenzt nur von der Fähigkeit des Menschen, seine Welt zu produzieren, sie auszurüsten, einzurichten und ständig zu verbessern. Als Produktion und wirtschaftliches Wachstum im letzten Drittel des neunzehnten Jahrhunderts von ökonomischen Krisen bedroht wurden, waren die Hemmnisse nicht eigentlich ökonomischer Natur, sondern politisch bedingt; die industrielle Revolution stieß an die Grenzen des nationalen Territoriums, und die Erzeugung wie Verteilung ihrer Produkte wurde abhängig von vielen Völkern, die in sehr verschiedenartigen politischen Systemen organisiert waren.

Der Imperialismus entstand, als die Industrialisierung der kapitalistisch bewirtschafteten Länder Europas sich bis an die eigenen

Landesgrenzen ausgebreitet hatte und es sich herausstellte, daß diese Landesgrenzen nicht nur einer weiteren Expansion im Wege stehen würden, sondern damit den gesamten Industrialisierungsprozeß aufs schwerste bedrohen könnten. Die Wirtschaft selbst zwang die Bourgeoisie, politisch zu werden; das kapitalistische System, das auf einem ständigen Anwachsen der industriellen Produktion beruht, konnte nur gerettet werden, wenn es gelang, die Außenpolitik der Nationalstaaten im Sinne der für die Wirtschaft notwendigen Expansion zu bestimmen. »Der Geist des Großbetriebes und der überstaatlichen Organisation hatte die Politik erfaßt« (Friedrich Naumann).

Mit dem Schlagwort »Expansion um der Expansion willen« versuchte die Bourgeoisie, die nationalen Regierungen dazu zu bringen, Weltpolitik zu machen. Es ist ihr nie voll gelungen. Vorerst schien der Weg in die Weltpolitik und die Expansion zu einer Art natürlichen Gleichgewichts zurückzuführen, da ja mehrere Nationen ihn gleichzeitig und im Konkurrenzkampf miteinander einschlugen. In seinen Anfangsstadien konnte der Imperialismus in der Tat noch als ein Kampf »konkurrierender Imperien« bezeichnet und als solcher unterschieden werden von »der Idee des Imperiums im Altertum und Mittelalter, die die Föderation von Staaten unter der Hegemonie eines einzigen bezeichnete und die gesamte bekannte Welt umfaßte«.[9] Doch dieser Konkurrenzkampf war nur eines der vielen Überbleibsel einer vergangenen Zeit, eine Art Konzession an das noch herrschende nationale Prinzip, demzufolge die Menschheit aus einer Familie von Völkern besteht, die miteinander wetteifern, oder an liberale Vorstellungen, die meinen, daß freie Konkurrenz automatisch ihre eigenen Grenzen produziert, um das »Spiel der freien Kräfte« zu schützen und zu verhindern, daß ein Konkurrent alle anderen nach beendetem Kampf liquidiert. Solch ein halbwegs ausgewogenes Spiel der Kräfte war jedoch niemals das Resultat irgendwelcher notwendiger ökonomischer Gesetze gewesen, sondern, soweit es bestand, nur politischen und legalen Institutionen und ihrer polizeilichen Bewachung geschuldet. Nur Gesetz und Polizei konnten verhindern, daß die Konkurrenten schließlich die Revolver zogen. Konkurrenz zwischen bis an die Zähne bewaffneten geschäftlichen Riesenkonzernen, die sich alle das stolze Wort »Imperium« zulegten, konnte schwerlich anders als im Kampf aller mit allen enden. Friedlich miteinander konkurrierende Imperien sind ein Unding, weil Konkurrenz so wenig wie Expansion ein politisches Prinzip enthält; beide bedürfen der politischen Macht, die sie kontrolliert und dirigiert und ohne die sie maßlos und zerstörerisch werden müssen.

Im Gegensatz zur Struktur der Wirtschaft und der Produktion, die dauernde Erweiterung zuläßt, sind politische Strukturen und Institutionen immer begrenzt. Aber selbst für ein begrenztes Wachstum und eine limitierte Ausbreitung des politischen Körpers, wie wir es aus der Geschichte so vielfach in Form von Eroberungen und Kolonisationen kennen, ist der Nationalstaat am wenigsten geeignet, weil die Zustimmung der Regierten zu ihrer Regierung, die ihm zugrunde liegt, sich nur mit großen Schwierigkeiten von eroberten Völkern gewinnen läßt. Der Nationalstaat hat daher in all seinen Versuchen von Eroberung fremder Völker ein nur ihm eigenes schlechtes Gewissen gezeigt, weil er sich niemals ohne Heuchelei darauf berufen konnte, ein fremdes »barbarisches« Volk einem angeblich höheren Gesetz zu unterwerfen.[10] Die Nation begriff ihre eigenen Gesetze als aus der einmaligen nationalen Substanz stammend; sie können daher über das eigene Volk hinaus und jenseits des nationalen Territoriums keine Gültigkeit beanspruchen. Die Nation setzt andererseits voraus, daß jenseits ihrer Grenzen ein anderes nationales Gesetz beginnt und daß Verständigungen und Abmachungen innerhalb der Familie von Nationen, die die Menschheit bildet, möglich und nötig sind.

Darum weckte der Nationalstaat, wo immer er als Eroberer auftrat, das Nationalbewußtsein in den eroberten Völkern und mit ihm einen Anspruch auf Selbstherrschaft, gegen den die Nation prinzipiell wehrlos war; alle nationalen Versuche, Reiche von Bestand zu bilden, sind an diesem Widerspruch gescheitert und haben die Nationalstaaten in tödliche Widersprüche verwickelt. So haben die Franzosen einerseits Algerien als eine Provinz dem Mutterlande eingegliedert und andererseits seinen arabischen Bewohnern ihre eigenen Gesetze (das sogenannte *statut personnel*) gelassen, wodurch das sinnlose Zwittergebilde eines nominell französischen Territoriums entstand, das gesetzlich so gut ein Teil Frankreichs ist wie das *Département de la Seine,* dessen Einwohner aber keine französischen Bürger sind und so viele Frauen heiraten dürfen, wie sie wollen.

Den ersten britischen »*empire builders*«, die noch hofften, daß Eroberung ihnen eine legitime Grundlage zur Herrschaft von selbst zuspielen würde, gelang es nicht einmal, ihre nächsten Nachbarn, die Iren, so weit zu »erobern«, daß sie schließlich in das weitgespannte Gebilde des *British Empire* oder des *Commonwealth* eingegliedert werden konnten. Als Irland nach dem Ersten Weltkrieg schließlich Dominionstatus und Gleichberechtigung in dem britischen *Commonwealth* erlangte, benutzte es dies nur, um einseitig diesen Status wieder (1937) zu kündigen, seine völlige Souveränität zu erklären und durch seine Neutralität im Zweiten Weltkrieg alle Verbindungen mit dem englischen Volk demonstrativ zu verleugnen. Englands Herrschaft auf der Grundlage der Eroberung hatte »nicht vermocht, Irland zu zerstören« (Chesterton), aber es hatte auch keineswegs dessen »eigenen schlummernden imperialistischen Geist« erweckt, wie Lord Salisbury meinte; es hatte lediglich den Iren Nationalbewußtsein beigebracht und den nationalen Widerstand gegen England entfacht. Die Eroberung Irlands mißglückte, weil England, das Vereinigte Königreich, ein Nationalstaat war, der sich fremde eroberte Völker nicht einfach eingliedern und assimilieren konnte.[11]

So ist auch das britische *Commonwealth* nicht eigentlich ein

»*Commonwealth of nations*«, sondern hat die Erbschaft Englands angetreten, es ist e i n e Nation, die über die Welt verstreut im Commonwealth organisiert ist. Zerstreuung und Kolonisation haben den englischen Nationalstaat nicht expandiert, sondern verpflanzt mit dem Resultat, daß die Mitgliedstaaten des neuen föderierten Gebildes eng dem Mutterland verbunden blieben durch gemeinsame Geschichte, gemeinsame politische Institutionen und eine vielfach identische Rechtsprechung. Das Beispiel Irlands beweist, wie wenig die innere Struktur Englands sich dazu eignete, ein wirkliches Imperium zu schaffen, in dem viele verschiedene Völker in Frieden zusammen leben konnten. Rätselhaft bleibt immerhin, warum es den Tudors in den Frühstadien der nationalen Entwicklung nicht gelungen ist, Irland Großbritannien so einzugliedern, wie Burgund und die Bretagne Frankreich durch die Valois einverleibt worden sind. Es ist jedoch möglich, daß ein solcher oder ähnlicher Prozeß durch die Regierung Cromwells brutal und frühzeitig unterbrochen wurde. Die Revolutionen des siebzehnten Jahrhunderts waren für die Entwicklung Englands zum Nationalstaat so entscheidend wie die Revolution von 1789 für Frankreich. Nach ihnen hatte die englische Nation bereits jene Reife erlangt, welche immer mit dem Verlust der Assimilationskraft bezahlt ist, die der politische Körper des Nationalstaates nur in seinen Frühstadien besitzt.

Die Größe der britischen Nation jedenfalls zeigte sich nicht in der römischen Form wahrhaft imperialer Politik, sondern lag in einer Kolonisation, die eher dem griechischen Beispiel aus dem Altertum verwandt ist. Engländer haben niemals versucht, in römischer Manier fremden Völkern ihr eigenes Gesetz aufzuerlegen; statt dessen bevölkerten englische Kolonisten neu erschlossenes Territorium in allen Teilen der Welt, ohne damit aufzuhören, Angehörige der britischen Nation zu bleiben.[12] Ob es England gelingen wird, das kurzlebige Empire mit seinen fremdstämmigen Völkern dauernd in das *Commonwealth* aufzunehmen und sie als vollgültige »Partner im Konzern« zu behalten, wird sich in der nahen Zukunft erweisen. Das *Commonwealth* entspricht ursprünglich den Bedürfnissen einer über die Erde verstreuten Nation, und die Aufnahme Indiens als eines Dominions neben Kanada, Australien, Neuseeland und Südafrika sieht eher wie eine vorübergehende Lösung aus, die sich im Zuge der Liquidierung des Empire zwangsweise ergeben hat. Die indischen Nationalisten haben noch während des letzten Krieges diese Lösung ebenso entschieden abgelehnt und wie andere »Partner des Konzerns«, vor allem Südafrika, heftig gegen sie protestiert.[13]

Der innere Widerspruch zwischen Nationalstaat und Eroberungspolitik kam deutlichst ans Licht im Fehlschlagen des großen Napoleonischen Traums. Nicht irgendwelche humanitären Erwägungen eines humanen Jahrhunderts, sondern die gesamteuropäische Erfahrung hat es zustande gebracht, daß Eroberung als solche von maßgebenden Staatsmännern nicht mehr als Lösung für politische Konflikte in Betracht gezogen wurde, so daß bei der Beilegung von Grenzstreitigkeiten »das Recht der Eroberung« eine immer geringere Rolle spielte und Erwägungen nationaler Homogenität der Bevölkerung ein immer entscheidenderer Faktor wurden. Napoleon hatte klar gezeigt, daß Eroberung durch eine Nation entweder zum Erwachen des Nationalbewußtseins des eroberten Volkes führt und damit zur Auflehnung gegen den Eroberer oder, falls der Eroberer vor keinerlei Mitteln zurückschreckt, zur klaren Tyrannei. Und eine solche Tyrannei, wiewohl sie, wenn sie nur brutal genug ist, erfolgreich fremde Völker beherrschen kann, kann sich an der Macht nur halten, wenn sie erst einmal die nationalen, auf Zustimmung der Regierten beruhenden Einrichtungen des Mutterlandes zerstört hat.

Frankreich ist die einzige Nation Europas, die im Zeitalter des Imperialismus immerhin versucht hat, *»ius«* und *»imperium«* miteinander zu verbinden und ein Reich im römischen Sinne zu gründen. Überzeugt, daß »die französische Nation auf dem Wege sei … die Wohltaten der französischen Zivilisation zu verbreiten«, glaubten die französischen Imperialisten den Versuch wagen zu können, die Struktur des Nationalstaates in ein echtes imperiales Gebilde zu verwandeln. Sie allein trachteten von vornherein danach, überseeische Besitzungen dem Mutterlande direkt einzugliedern und die eroberten Völker »sowohl als Brüder wie als … Untertane zu behandeln – als Brüder im Sinne einer gemeinsamen französischen Zivilisation und als Untertane im Sinne von Schülern, die sich der französischen Führung anvertrauen«, bis sie wahrhafte Franzosen geworden sind.[14] So konnten farbige Delegierte ihre Sitze im französischen Parlament in Paris einnehmen, und darum wurde Algerien zur Provinz Frankreichs erklärt.

Das Resultat dieses so human gemeinten Unternehmens war eine besonders brutale Ausbeutung der überseeischen Besitzungen zugunsten der Nation. Praktisch kam bei der programmatischen Gleichstellung der Kolonien mit dem Mutterland nur heraus, daß das ganze französische Empire das »Recht« hatte, das französische Mutterland gegen seine europäischen Bedrohungen zu verteidigen; die Kolonien wurden rein »national« bewertet, nämlich nach Maßgabe des vorhandenen Menschen- und Soldatenpotentials, jener gefürchteten *»force noire«*, die Frankreich beschützen sollte. Poincarés berühmter Ausspruch im Jahre 1923, daß »Frankreich nicht 40, sondern 100 Millionen Einwohner zähle«, ist nicht zu Unrecht dahin interpretiert worden, daß es Frankreich verstanden habe, »auf sparsame Weise Kanonenfutter in Massenproduktion herzustellen«. Als Clemenceau 1918 bei den Friedensverhandlungen hartnäckig darauf bestand, daß ihm nichts so wichtig sei wie »das unbegrenzte Recht, schwarze Truppen auszuheben zur Verteidigung des französischen Territoriums in Europa für den Fall eines nochmaligen Überfalls Deutschlands«,[15] hat er zwar, wie wir heute leider wissen, nicht die französische Nation gerettet, obwohl sein Plan vom Generalstab ausgeführt wurde; aber den damals vielleicht noch bestehenden Möglichkeiten, ein wirklich imperiales französisches Reich zu gründen, hat er jedenfalls den Todesstoß erteilt.[16] Verglichen mit dieser Kolonialpolitik, die nur noch den verzweifelten Impulsen eines verblendeten Nationalismus zu dienen schien, nahmen sich die englischen imperialistischen Nachkriegskompromisse, die zu dem Mandatssystem führten, aus, als seien sie von nichts anderem eingegeben als der Sorge um das Selbstbestimmungsrecht der Völker. Daran konnte auch die Tatsache nichts ändern, daß dieses Mandatssystem sofort als ein neues, willkommenes Instrument des »indirekten Regiments« mißbraucht wurde, das es den Herrschern ermöglichte, ein Volk »nicht direkt, sondern auf dem Umweg seiner eigenen Stammes- und einheimischen Instanzen« zu beherrschen.[17]

Die Engländer versuchten, den gefährlichen Widerspruch zwischen der politischen Struktur der Nation und der Gründung eines imperialen Reiches dadurch zu überbrücken, daß sie das eroberte Volk in allen Dingen, in denen ihre eigenen Interessen nicht unmittelbar auf dem Spiel standen, sich selbst überließen. Sie mischten sich weder in kulturelle noch religiöse Belange und kümmerten sich nicht einmal um die lokale Gesetzgebung, wenn sie es irgend vermeiden konnten. Im Unterschied zu den Franzosen hatten sie keinerlei Ehrgeiz, die Rechts- und Kulturformen Englands einzuführen und zu propagieren. Auch diese Zurückhaltung hat nicht zu verhindern vermocht, daß im Zusammenstoß mit dem Nationalstaat sich das Nationalbewußtsein der unterdrückten Völker entwickelte, obwohl es möglich ist, daß der Prozeß auf diese Weise doch etwas langsamer verlief. Auf jeden Fall haben die britischen imperialistischen Methoden sehr viel dazu beigetragen, jene verhängnisvollen Vorstellungen von permanenter und nicht nur vorübergehender Überlegenheit und einer physischen, absoluten Verschiedenheit zwischen »höheren« und »niederen« Rassen zu verstärken. Dies hat den Kampf der unterdrückten Völker um ihre Freiheit vergiftet und sie blind gemacht gegen die Vorteile und Wohltaten der englischen Herrschaft. Gerade die überlegene Zurückhaltung des englischen Verwaltungsapparates, der »trotz seines echten Respekts und manchmal sogar seiner Liebe für die Eingeborenen als eines Volkes nahezu einmütig davon überzeugt war, daß diese niemals fähig sein würden, sich ohne Überwachung selbst zu regieren«,[18] mußte die Eingeborenen überzeugen, daß keine Änderung ihres Status vorgesehen oder zu erwarten war.

Imperialismus ist nicht Reichsgründung, und Expansion ist nicht Eroberung.[19] Die ehemaligen britischen Eroberer, die Burke die »Brecher aller Gesetze in Indien« genannt hat, hatten kaum etwas gemein mit den Exporteuren britischen Kapitals oder den Männern, die durch den Verwaltungsapparat Indien beherrschten. Vielleicht hätten diese Verwaltungsbeamten wirklich ein Reich gründen können, wenn sie Gesetze erlassen hätten, statt Verordnungen herauszugeben. Daran aber wäre die englische Nation nicht interessiert gewesen, und bei einem solchen Vorhaben hätten sie keine Unterstützung im Mutterlande gefunden. Die Vorläufer dieser Verwaltungsbeamten waren nicht die gesetzlosen Abenteurer und Eroberer des achtzehnten Jahrhunderts, sondern die imperialistisch gesinnten Geschäftsleute des ausgehenden neunzehnten Jahrhunderts; beide waren sich einig darüber, daß es am besten war, wenn der »Afrikaner ein Afrikaner blieb«, und nur diejenigen, welche an den englischen »Knabenidealen« (Harold Nicolson) festhielten, versuchten, sie zu »besseren Afrikanern zu machen« – was immer sie sich darunter vorstellen mochten. Auf keinen Fall waren sie geneigt, (in den Worten Lord Cromers) »das administrative und politische System ihres eigenen Landes auf die Beherrschung zurückgebliebener Völker anzuwenden«,[20] also die ungeheuren Besitzungen der britischen Krone in das Gefüge der englischen Nation einzugliedern. Sie waren Imperialisten, aber keine Reichsgründer.

Im Unterschied zu echt imperialen Gebilden, in denen die politischen Institutionen des Mutterlandes in der verschiedensten

Weise auf das Reich übertragen werden und ihm seine Struktur verleihen, ist es typisch für den Imperialismus, daß die koloniale Verwaltung von den nationalen Institutionen des Mutterlandes stets getrennt wurde, wenn ihnen auch ein gewisses Recht zur Kontrolle zugestanden blieb. Diese Trennung war den modernen imperialistischen Verwaltungsbeamten so selbstverständlich wie den altmodischen nationalen Staatsmännern, wenngleich aus ganz verschiedenen Motiven. Die ersteren handelten aus jener Arroganz für »zurückgebliebene Völker« und »niedere Rassen«, die deutlich aus den Worten Lord Cromers spricht, die anderen gerade umgekehrt aus jenem typisch »nationalen« Bewußtsein des Respekts, das in jedem fremden Volke eine mögliche Nation sieht und darum überzeugt ist, daß keine Nation das Recht habe, ihre Gesetze fremden Völkern aufzuoktroyieren. Es lag in der Natur der Sache, daß die Arroganz sich ganz vorzüglich für die Entwicklung neuer Herrschaftsformen eignete, während der im Negativen verbleibende Respekt keinen neuen Weg im Zusammenleben der Völker zu weisen imstande war und nur die gesetzlose imperialistische Verwaltungsbürokratie in gewissen Schranken zu halten vermochte. Was immer die nichteuropäischen Völker an Nutzen aus der Beherrschung durch europäische Mächte trotz allem haben ziehen können, verdanken sie den Schranken und der Kontrolle durch die nationalen Institutionen und Staatsmänner der Mutterländer. Hierfür gibt es kein beredteres Zeugnis als die nicht enden wollenden Klagen und Beschwerden aller kolonialen Beamtenhierarchien an die Regierungen ihrer Mutterländer über die dauernde Einmischung »einer unerfahrenen Mehrheit«, nämlich der Nation, in die Geschäftsführung jener »Minderheit von Experten«, welche sie selbst repräsentieren, Einmischungen, in denen man immer wieder versuche, sie »zu einer Imitation« der Institutionen der Mutterländer zu bewegen, nämlich dazu, nach gesetzlich festgelegten Standards von Gerechtigkeit und individueller Freiheit zu regieren.[21]

Daß gerade der Nationalstaat, der mehr als irgendeine andere Staatsform auf Begrenztheit des Territoriums und einer mit dem Territorium gegebenen homogenen Bevölkerung beruht, den Boden abgeben sollte, auf dem die imperialistische Expansionsbewegung erwuchs, gehört zu jenen anscheinend absurden Diskrepanzen von Ursache und Wirkung, an denen die neueste Geschichte so reich ist. Nur ein Nebenprodukt dieser Widersprüche ist die phantastische Verwirrung und Vermengung der neueren Terminologie in den historischen und politischen Wissenschaften. Noch heute, da doch die Brüchigkeit dieser Gebilde sich längst erwiesen hat, besteht man darauf, das britische oder französische *»Empire«* mit den ganz anders gearteten Imperien des Altertums, den babylonischen, assyrischen oder römischen Reichen, gleichzusetzen; die entscheidende Differenz zwischen dem britischen Empire und dem *»Commonwealth of Nations«*, die den vorimperialistischen Historikern noch gut bekannt war – man denke an die im neunzehnten Jahrhundert geläufigen Unterscheidungen zwischen »Besitzungen« und »Pflanzungen«, zwischen »abhängigen Provinzen« und »Kolonien«, oder etwas später allgemein zwischen Imperialismus und Kolonialismus[22] –, ist vergessen, und der entscheidende Unterschied zwischen Auswanderung zum Zwecke der Kolonisation und der Ausfuhr von Kapital wird einfach nicht beachtet. Es ist schwer, sich der Vermutung zu erwehren, daß die neuere hochtrabende Terminologie, die vor allem in der Geschichtsschreibung der imperialistischen Epoche Platz gegriffen hat, nicht zuletzt dem geschuldet ist, daß die Historiker versuchen, um die beunruhigende Tatsache herumzukommen, daß so viele wichtige Ereignisse in der modernen Geschichte, wenn man sie im Sinne der klassischen Geschichtsschreibung in ihrem Kausalzusammenhang erklären will, sich ausnehmen, als hätten Fliegen Elefanten geboren.

Betrachtet man die unmittelbaren Motive und die nächstliegenden Veranlassungen, die am Ende des vorigen Jahrhunderts in den *»scramble for Africa«* und damit in die imperialistische Epoche führten, vergleicht man mit ihnen ihr Resultat, den Ersten Weltkrieg, dessen Folgen schließlich zu der Verheerung aller europäischen Länder, dem Zusammenbruch aller abendländischen Traditionen und der Existenzbedrohung aller europäischen Völker geführt haben, und sucht man schließlich diese Kette von Geschehnissen im Sinne eines kausalen Zusammenhanges, in dem Ursache und Folge in einem sinngemäßen Verhältnis stehen müssen, zu erklären – so möchte man in der Tat an der Geschichtsschreibung überhaupt verzweifeln. Denn die nächstliegende Ursache dieser Entwicklung war die Existenz einer kleinen Klasse von Kapitalisten, deren Reichtum die soziale Verfassung ihrer Länder und deren Produktionskapazität die ökonomischen Systeme ihrer Völker sprengte und die daher mit gierigen Augen den Erdball absuchten nach profitablen Investitionen für überflüssiges Kapital; verglichen mit den Folgen war diese Ursache wahrlich eine Bagatelle. Aber die Folgen waren kaum vorauszusehen, als der Imperialismus noch im Lammsgewand den neuen Fetisch der Allzureichen, den Profit, predigte oder an den alten Fetisch der Allzuarmen, das Glück, appellierte. Diese unselige Diskrepanz zwischen Ursache und Folge offenbarte sich bereits in der berühmten und leider ganz richtigen Bemerkung eines Engländers, daß das britische Weltreich in einer Anwandlung von *»absent-mindedness«* erobert worden sei; sie drückt vielen Ereignissen der neueren Geschichte den Stempel des blutigen Spektakels, der karikierenden Verzerrung auf. Je blutiger das Spektakel endet, das manchmal wie in der Dreyfus-Affäre in Frankreich sich fast wie eine Komödie anläßt, desto verletzender ist es für das Bewußtsein von der Würde geschichtlicher Ereignisse. Daß es eines Weltkrieges bedurfte, um mit Hitler fertig zu werden, ist gerade darum so beschämend, weil es auch komisch ist. Die Historiker unserer Zeit haben, verständlich genug, immer wieder versucht, dieses Element des blutigen Narrenspiels zu verdecken, auszulöschen und den Geschehnissen eine Größe zu verleihen, die sie nicht haben, die sie aber menschlich erträglicher machen würde. So haben sie das kuriose Gemisch von Kapital-Export, Rassen-Wahnsinn und bürokratischer Verwaltungsmaschine, das sich selbst den großartigen Namen Imperialismus gab, verdeckt mit Vergleichen, in denen die Eroberungen von Alexander oder Cäsar oder die Reichsgründungen des Altertums heraufbeschworen werden.

Die Größe dieser Jahrzehnte lag nicht in Reichsgründungen und nicht in dem kurzfristigen Sieg des Imperialismus, sondern in dem Kampf des Nationalstaates gegen ihn, der von vornherein verloren war. Die Tragödie begann nicht, als viele nationale Politiker von imperialistischen Geschäftsleuten gekauft wurden, sondern als die Unbestechlichen einsehen mußten, daß Weltpolitik nicht nur »Größenwahn« war, sondern auch eine unausweichliche Notwendigkeit, und daß nur die Imperialisten wenigstens vorgeben konnten, die neuen weltumspannenden Probleme zu lösen. Zugang zu Rohstoffen und Flottenstützpunkte in der ganzen Welt waren zu Lebensfragen für den Bestand der Nation geworden, der anscheinend nur durch Expansion und Annexion zu sichern war. Weil national gesinnte Staatsmänner den Unterschied zwischen den alten Handels- und Flottenstützpunkten, die nur dem Verkehr dienten, und der von den Imperialisten vorgeschlagenen neuen Expansionspolitik nicht verstanden, glaubten sie Cecil Rhodes, daß eine Nation nur noch leben könne, »wenn sie den Handel der Welt besitze«, daß die imperialistischen »Geschäfte die Welt konstituierten, daß das Leben der Nation von ihnen abhinge und nicht von England« und daß sie sich daher politisch vor allem »mit diesen Problemen der Expansion und Besitznahme der Welt befassen« müßten.[23] Ohne es zu wollen, manchmal ohne es zu wissen, wurden sie zu Komplicen imperialistischer Politik, und da sie offiziell am Ruder waren, konnte es nicht ausbleiben, daß sie als erste des Imperialismus beschuldigt wurden. So konnte es geschehen, daß der gleiche Clemenceau, der in den achtziger

Jahren noch die imperialistischen Politiker Frankreichs angeklagt hatte, sie dächten nur an den Schutz ihres Kapitals und wollten die Republik in überseeische Abenteuer verwickeln, dreißig Jahre später in seiner verzweifelten Sorge um den Bestand der französischen Nation zum »Imperialisten« wurde, weil er hoffte, daß die schwarzen Truppen der Kolonien Frankreich sichern würden.

Der Konflikt zwischen den Verwaltungsbeamten in den Kolonien und der Presse und dem Parlament im Mutterlande, in welchem sich das Gewissen der Nation äußerte, brach in allen europäischen Ländern, die sich an den imperialistischen Expansionszügen beteiligt hatten, mit gleicher Schärfe aus. In England wurde diese von der Nation ausgeübte Kontrolle der »imperiale Faktor« genannt, weil man zwischen der Reichsregierung in London und dem Parlament auf der einen Seite und dem kolonialen Verwaltungsapparat auf der anderen unterschied. Politisch drückte er sich darin aus, daß die Eingeborenen angeblich nicht nur von dem englischen Reichstag beschützt, sondern in ihm irgendwie, wenn auch nur durch Engländer, vertreten seien. In dieser antiimperialistischen Konzeption der englischen Liberalen kann man gewisse Ähnlichkeiten mit dem französischen Experiment einer wirklichen Reichsgründung entdecken, wenn auch die Engländer nie so weit gegangen sind, ihren unterworfenen Völkern wirkliche Repräsentation im Parlament zu geben. Sie hofften offenbar, daß die Nation als Ganzes eine Art Treuhänderschaft für die unterdrückten Völker übernehmen könne, und es ist wahr, daß das englische Parlament immer sein möglichstes getan hat, um das Schlimmste zu verhüten.

Wie ein roter Faden zieht sich der Konflikt zwischen den Vertretern des »imperialen Faktors« (der korrekter der nationale genannt werden sollte) und der Kolonialadministration durch die Geschichte des britischen Imperialismus.[24] Immer wieder wiederholte sich die flehentliche Bitte, die schon Lord Cromer an Lord Salisbury im Jahre 1896 anläßlich seiner Verwaltung in Ägypten richtete, man möge sie doch um Gottes willen »vor den englischen Ministerien retten«;[25] bis schließlich in den zwanziger Jahren die imperialistische Partei öffentlich die politischen Institutionen des Mutterlandes für den drohenden Verlust Indiens verantwortlich machte. Nun handelte es sich nicht mehr um das alte Ressentiment der englischen Herrscher in Indien, welche »ihre Existenz und ihre Politik vor der öffentlichen Meinung Englands verantworten mußten«, sondern darum, daß die öffentliche Meinung es in der Tat den konsequent imperialistischen Politikern ganz unmöglich machte, die von ihnen vorgesehenen Maßnahmen eines »Verwaltungsmassenmordes«[26] zu ergreifen, mit denen man gelegentlich in anderen Besitzungen in kleinem Maßstab als *ultima ratio* gegen meuternde Eingeborene vorgegangen war[27] und die vielleicht wirklich die Unabhängigkeitsbewegung in Indien in einem Blutbad hätte ersticken können. Die Vertreter imperialistischer Politik waren die ersten, welche die später so bekannte Verachtung für Parlament und öffentliche Meinung offen zur Schau trugen. Sie fühlten sich in den Worten von Lord Rosebery verpflichtet, »über das Geschwätz der Rednertribüne hinweg die Zukunft der Rasse ins Auge zu fassen, deren Vertrauensmänner wir gegenwärtig sind«.[28] In Deutschland erzwang der Reichstag im Jahre 1897 die Entfernung Carl Peters' aus Südafrika wegen der von ihm begangenen Grausamkeiten an Eingeborenen; 1905 richteten afrikanische Stammeshäuptlinge ihre Beschwerden zum ersten Mal an den Reichstag und nicht an die lokalen afrikanischen Behörden mit dem Erfolg, daß die Kolonialadministration sie ins Gefängnis werfen ließ und die deutsche Regierung erfolgreich intervenierte. Aber solche Siege des Nationalstaates über die imperialistische Partei waren nie endgültig. So mußte im Jahre 1910 der damalige Kolonialminister B. Dernburg seine Entlassung beantragen, weil er durch den Schutz der Eingeborenen in Konflikt mit den Interessen der deutsch-afrikanischen Pflanzer geraten war.[29] In Frankreich wurden die Generalgouverneure in den Kolonien zwar von der Pariser Regierung ernannt, kamen aber dann alsbald unter den Druck der in den Kolonien (vor allem in Algerien) ansässigen europäischen Bevölkerung oder gehörten von Haus aus bereits der französischen imperialistischen Partei an, so daß sie sich einfach weigerten, Reformvorschläge der Regierung in der Behandlung der Eingeborenen durchzuführen, da diese ja doch nur »von den für Taten ungeeigneten demokratischen Prinzipien der Regierung« des Mutterlandes inspiriert worden seien.[30] Überall fühlten die imperialistischen Verwaltungsbeamten, daß die Kontrolle der Nation und des Mutterlandes eine unerträgliche Last und Bedrohung ihrer Herrschaft darstelle.

Und die Imperialisten hatten recht. Sie kannten in der Tat die Bedingungen moderner Herrschaft über die Völker ferner Erdteile besser als jene Staatsmänner, welche einerseits gegen die gesetzlose Herrschaft auf dem Verordnungswege und die Willkür der Bürokraten protestierten und andererseits doch die überseeischen Besitzungen im Interesse der Nation für immer zu beherrschen und zu halten hofften. Die Imperialisten wußten besser als die Nationalisten, daß der politische Körper der Nation für Reichsgründungen ungeeignet ist und daß der Eroberungsmarsch der Nation, wenn man ihn seinen eigenen Gesetzen überläßt, gar nicht anders als mit der nationalen Emanzipation der eroberten Völker und der schließlichen Niederlage des Eroberers enden kann. Folgte man dem französischen Beispiel, so kam man mit nationalen Phrasen in einen Sumpf von Mißwirtschaft und Korruption; folgte man dem englischen Vorbild, so war die Unabhängigkeit Indiens wahrlich nur eine Frage der Zeit.

Die politische Weltanschauung der Bourgeoisie

Das eigentliche Ziel imperialistischer Politik war die Ausdehnung des politischen Machtbereichs ohne eine ihr entsprechende politische Neugründung. Der imperialistischen Expansion war eine merkwürdige Art wirtschaftlicher Krise vorangegangen, die in der Überproduktion von Kapital bestanden hatte, das, da es produktiv innerhalb der nationalen Grenzen nicht zu investieren war, einfach überflüssiges Geld darstellte. Dieses Geld mußte exportiert werden, und so kam es, daß zum ersten Mal die politischen Machtmittel des Staates den Weg gingen, der ihnen vom exportierten Geld vorgewiesen war, anstatt daß umgekehrt Gewalt und Eroberung den Weg freilegten, auf dem finanzielle Investierungen folgten. Die Machtmittel des Staates waren beansprucht worden, weil Investitionen in fernen Ländern völlig unkontrollierbar waren und so große Schichten der Gesellschaft sehr gegen ihren Willen in Spekulanten und Spieler verwandelt hatten, was wiederum drohte, die einheimische Wirtschaft aus einem System kapitalistischer Produktion in einen Schwindel finanzieller Spekulationen zu verwandeln und Produktionsprofite durch Kommissionsgewinne zu ersetzen. Das Jahrzehnt, das den imperialistischen unmittelbar vorausgeht, die siebziger Jahre des vorigen Jahrhunderts, sah mehr Finanzskandale, Börsen- und Gründungsschwindel, als man je zuvor gekannt hatte.

Die Überproduktion von Kapital, das nicht mehr im Inlande in Warenproduktion umzusetzen war, brachte es mit sich, daß der reine Warenhandel an Bedeutung immer mehr verlor und der Kapitalhandel, der Export von anlagesuchendem Kapital in fremde Länder außerordentlich zunahm. Dabei stellte es sich sehr bald heraus, daß die Profite von exportiertem Kapital größer waren, als die reinen Handelsprofite je gewesen. Damit sank, was die überseeischen Besitzungen anlangte, die Bedeutung nicht nur des Handelskapitals, sondern auch des Kaufmanns zugunsten eines neuen wirtschaftlichen Typus, der sich vom Kaufmann wie vom industriellen Produzenten gleich weit unterschied und der gewöhnlich mit dem nicht sehr präzisen Namen Finanzier bezeichnet wird.

Der Finanzier ist innerhalb des kapitalistischen Produktionssystems und in der bürgerlichen Handelswelt eine durchaus neue Erscheinung. Er gewinnt seine Profite weder durch Produktion noch durch Ausbeutung noch durch Austausch von Waren, sondern allein durch die Vermittlung; sein Gewinn ist die Kommission. Er vermittelte den Auszug des Kapitals aus Europa in fremde Erdteile und trennte damit die Interessen der Reichen von denen der Nation. Er vermittelte und veranlaßte durch Kapitalinvestierungen eine neue Art der Ausraubung fremder Länder und Kontinente, welche bisher unbekannt war und von ferne geleitet werden konnte. Damit leitete er die eigentümliche Verwaltungstechnik imperialistischer Herrschaft ein. Er verstärkte das Element der Spekulation im Börsengeschäft außerordentlich, weil die realen Hintergründe von Kursdifferenz, vom Steigen und Fallen von Papieren, die Werte in den entferntesten Ländern der Erde repräsentierten, überhaupt nicht mehr zu kontrollieren waren. Dies eröffnete dem Schwindel ein Feld praktisch unbegrenzter Möglichkeiten, welche die alte Kaufmanns- und auch Börsenmoral aller großen Finanzzentren der Welt in wenigen Jahrzehnten ruinierten. Da der Schwindel so wenig wie das ehrliche Geschäft mit Werten aus aller Herren Länder nicht ohne eine Scheininformation der öffentlichen Meinung gedeihen kann, wurde für ihn, im Gegensatz zu der Epoche des älteren Industrie- und Handelskapitals, der Einfluß auf die Presse und schließlich die Beherrschung eines Teiles ihres Nachrichtenapparates zu einer lebenswichtigen Aufgabe. Der Panama-Skandal, der in den achtziger Jahren in Frankreich eine halbe Million ruinierter Möchtegern-Spekulanten zurückließ, die sich nur auf Grund zuverlässiger, von der Regierung und dem Parlament garantierter Informationen so weit vorgewagt hatten, ist auch hier das klassische Beispiel für die neue unmittelbare Abhängigkeit und Verwobenheit von Spekulationen und geleiteter öffentlicher Meinung in Presse, Parlament und Regierung. In diesem Jahrzehnt vorimperialistischer Entwicklung spielten jüdische Finanziers, die (wie wir in Band 1, Kapitel 2, ausführten) ihren Reichtum außerhalb der kapitalistischen Produktionssphäre erworben und bisher den wachsenden Bedürfnissen des Nationalstaates für international garantierte Anleihen ihre Stellung verdankt hatten, eine prominente Rolle. Der Nationalstaat bedurfte ihrer weniger denn je, seit seine Steuereinnahmen sich zusehends vermehrt und gesichert hatten, so daß sie alle Ursachen hatten, um ihre Existenz besorgt zu sein und sich nach neuen Möglichkeiten umzusehen. Da sie seit Jahrhunderten gewohnt waren, Kommissionsgeschäfte zu machen, waren sie natürlicherweise die ersten, die der Placierung von Kapital, das in dem einheimischen Produktionsmarkt nicht mehr profitabel anzulegen war, zur Verfügung standen und sich zur Verfügung stellten. Hinzu kam, daß die internationalen Beziehungen der Juden sie vorerst als besonders geeignet erscheinen lassen mußten, diese neuen Geschäfte zu tätigen.[31] Den Ausschlag gab vermutlich, daß die Regierungen selbst, die sehr bald in irgendeiner Form in die Kapitalanlagen in fernen Ländern verwickelt wurden, es vorzogen, sich an die ihnen genugsam bekannten jüdischen Bankiers zu wenden, anstatt mit irgendwelchen Abenteurern zu verhandeln. Aber dieses Stadium der Entwicklung nahm ein sehr schnelles Ende. Kaum hatten die Finanzleute dem innerhalb der Nation überflüssigen Reichtum die Wege in ausländische Anlagen geöffnet, als sich auch schon herausstellte, daß diejenigen, die zu spekulieren wünschten, keineswegs daran dachten, das ungeheuer vermehrte Risiko auf sich zu nehmen, das den außerordentlichen und vielfach schwindelhaften Profiten entsprach. Gegen dieses Risiko konnten die nur kommissionsmäßig beteiligten Finanziers ihre Klienten beim besten Willen nicht sichern, und eine nur beratende und aushelfende Kontrolle der Staatsstellen hätte hier auch nichts Wesentliches ändern können. Dies wurde erst anders, als der Staat seine materielle Macht in das Spiel warf.

In dem Maße, in dem es sich erwies, daß der Kapitalexport unweigerlich den Export staatlicher Machtmittel nach sich ziehen würde, büßten die Finanziers im allgemeinen und die jüdischen Finanziers im besonderen ihre Stellung in imperialistischen Geschäften ein, deren Führung in die Hände des Industriekapitals hinüberwechselte. Will man diesen Prozeß in seinen Einzelheiten verfolgen, so braucht man sich nur die Karriere Cecil Rhodes' in Südafrika anzusehen, der in wenigen Jahren, und obwohl er ein völliger Neuling in diesem Lande war, die außerordentlich mächtige jüdische Finanz des Landes überspielen und aus allen Machtpositionen verdrängen konnte. Im Zuge der gleichen Entwicklung wurden in Deutschland in den achtziger Jahren die jüdischen Bankiers Bleichröder und Baron Hirsch von Siemens und der Deutschen Bank mit dem Bau der Bagdad-Bahn aus dem imperialistischen Geschäft verdrängt, und dies, obwohl Bleichröder 1885 noch zu den Mitbegründern der Ostafrikanischen Gesellschaft gehört hatte. All dies vollzog sich ohne eigentliche Machtkämpfe in der friedlichsten Weise von der Welt; der Abneigung der Regierungen, Juden da zu beteiligen, wo wirkliche Macht auf dem Spiele stand, entsprach die alteingewurzelte Abneigung der Juden, sich auf Geschäfte einzulassen, deren Konsequenzen unweigerlich ins Politische führen mußten, und dies war der Fall, als das erste Stadium der imperialistischen Entwicklung, das Stadium schwindelhafter Geschäfte und Kommissionsgewinne, an sein Ende gekommen war.

Nicht daß die Regierungen dies gerne und unbekümmert getan hätten. Im Gegenteil. Sie hatten überall das größte Mißtrauen dagegen, ihre Außenpolitik von Geschäftsleuten beeinflussen zu lassen und die wirtschaftlichen Interessen einer verhältnismäßig kleinen Gruppe der Bevölkerung mit dem nationalen Interesse zu identifizieren. Aber die einzige Alternative für das Eingreifen der Regierungen auf Grund staatlicher Machtmittel schien in einem Opfer so großer Teile des nationalen Wohlstandes zu liegen, daß es unweigerlich eine relativ sehr ernste Verarmung der Nation und ein entscheidendes Zurückbleiben hinter dem dauernd ansteigenden Wohlstand aller anderen Nationen zur Folge haben mußte. Nur die Expansion der Gewaltmittel des Staates konnte das unaufhaltsame Ausströmen nationalen Kapitals in normale, geordnete Bahnen zwingen und so die Spekulationen mit überflüssigem Geld, die alles Sparkapital zu verspielen drohten, wieder in das Wirtschaftssystem der Nation einordnen. Der Staat spannte seine Machtmittel über die Grenzen des Territoriums und leitete so die eigentliche imperialistische Entwicklung ein, weil ihm nur die Wahl blieb zwischen einer unerhört rapiden Vermehrung des Volkswohlstandes und einer untragbaren Einbuße an materieller Substanz.

Das erste Resultat dieses Machtexports war, daß die staatlichen Gewaltmittel, die Polizei und die Armee, welche innerhalb des Nationalstaates immer den zivilen Organen unterstellt und von ihnen kontrolliert waren, in den eigentlichen Kolonialländern, in denen sie zu Hütern des investierten Kapitals bestellt waren, die Repräsentation der gesamten Nation an sich reißen konnten. Nicht in Europa selbst, wohl aber in unzivilisierten und rückständigen Ländern, wo es weder Industrien noch politische Organisationen gab und wo daher die schiere Gewalt ohnehin alle Fragen des täglichen Lebens entschied, haben die sogenannten Gesetze des Kapitalismus sich wirklich realisiert. Der Wahn der Bourgeoisie, daß Geld Geld zeugen kann, so wie Menschen Menschen zeugen, war ein abscheulicher Traum geblieben, solange man dies Geld immerhin in Produktionskraft verwandeln und in Industrieunternehmungen anlegen mußte; Geld hatte in Wahrheit niemals Geld gezeugt, sondern Menschen hatten Produkte hergestellt und Geld verdient. Erst wo das Produktionsgesetz der

Wirtschaft außer Kraft gesetzt war, konnte der Wunschtraum der Bourgeoisie, Geld möge von sich aus Geld erzeugen, in Erfüllung gehen, jedenfalls konnte es den auswärtigen Aktienbesitzern so erscheinen; und dies Wunder der Akkumulation ereignete sich nur, weil in diesen Ländern die schiere Gewalt ohne Rücksicht auf irgendein Gesetz sich Reichtümer aneignen konnte. Was die Besitzer des exportierten Kapitals forderten: außerordentliche Gewinne ohne außerordentliches Risiko, konnte so in der Tat erfüllt werden. Durch eine unbegrenzte Akkumulation von Macht, das heißt von Gewalt, die kein Gesetz begrenzte, konnte eine unbegrenzte oder jedenfalls erst einmal unbegrenzt scheinende Akkumulation von Kapital vonstatten gehen.

Kapitalexport und auswärtige Anlagen, die ursprünglich eine Nothilfe für überflüssiges Geld gewesen waren, wurden zu einer ständigen Einrichtung aller Wirtschaftssysteme, sobald sie von staatlichem Machtexport geschützt waren und dieser Schutz selbst zu einer normalen Funktion der Außenpolitik der Nationalstaaten geworden war. Die imperialistische Konzeption der Ausdehnung, derzufolge Expansion nicht auf ein bestimmtes Gebiet beschränkt oder als zeitweiliges Mittel benutzt, sondern um ihrer selbst willen als ein dauernder Prozeß betrieben wird, wurde zum Bestandstück der politischen Theorie erst, als bereits evident war, daß ständige Akkumulation und Ausdehnung von Macht eine zentrale Rolle in der Politik des Nationalstaates spielen würde. Die kolonialen Verwaltungsbeamten, welche diese Macht verwalteten, bildeten sehr bald eine Gruppe für sich innerhalb der Nationen und hatten einen entscheidenden Einfluß auf den politischen Körper des Mutterlandes, unbeschadet der Tatsache, daß sie selbst den größeren Teil ihres Lebens in den Kolonien verbrachten. Da sie selbst im Grunde nichts als Funktionäre der Gewalt waren, schien es ihnen nur natürlich, Politik überhaupt mit Machtpolitik gleichzusetzen. So waren sie die ersten, die auf Grund ihrer Erfahrungen als eine Gruppe das eigentliche Wesen aller politischen Organisation in Macht und allen politischen Willens im Willen zur Macht sahen.[32]

Neu an der politischen Doktrin des Imperialismus war nicht die beherrschende Stellung, die der Gewalt eingeräumt wurde, und nicht die Einsicht, daß Macht eine der wesentlichsten Realitäten aller Politik bildet. Gewalt ist seit eh und je die *ultima ratio* politischen Handelns gewesen, und Macht war immer der sichtbare Ausdruck von Herrschaft und Regierung. Der Unterschied ist nur, daß weder Gewalt noch Macht je das ausdrückliche und letzte Ziel politischen Handelns gewesen waren. Denn Macht an sich kann nur mehr Macht erzeugen, und Gewalt, die um der Gewalt willen (und nicht um des Gesetzes willen) angewandt wird, entfesselt sofort einen Zerstörungsprozeß, der zum Stillstand erst kommen kann, wenn nichts mehr übrig ist, das nicht vergewaltigt wäre. Dieser Widerspruch, der aller Machtpolitik innewohnt und allen scheinbar ungeheuren Ergebnissen dieser Periode den Stempel des Flüchtigen und Vorläufigen aufprägte, löst sich jedoch, wenn man ihn als Bestandteil eines angeblich permanenten Prozesses versteht, der selbst keinen Zweck hat und kein Ziel außer sich selbst. Innerhalb eines solchen Prozesses wird es sinnlos, bestimmte vorweisbare Leistungen zu erwarten und nach Maßstab einer relativ gesicherten Beständigkeit zu urteilen, weil Macht als der nie endende, sich selbst dauernd neu speisende Motor allen politischen Handelns verstanden ist, der aufs genaueste dem mysteriösen Motor, der zu einer nie endenden Akkumulation des Kapitals führen sollte, entspricht. Der Begriff einer unbegrenzten Ausdehnung, die allein eine unbegrenzte Akkumulation von Kapital erzeugen kann und eine ziellose Akkumulation von Macht wirklich zustande bringt, steht selbst schon im Widerspruch zu der möglichen Neugründung politischer Körper, die vor dem Imperialismus immer auf die militärische Eroberung gefolgt war. Ist der imperialistische Prozeß der Ausdehnung erst einmal losgelassen, so können politische Gemeinschaften sich ihm nur als hinderlich erweisen und von ihm zerstört werden, und dies gilt für die Institutionen des Mutterlandes genauso wie für die der Kolonialvölker. Denn jede politische Struktur und Organisation, gleich welcher Art, entwickelt von sich her eine Kraft des Beständigen, die es den Menschen erlaubt, sich in ihnen einzurichten, und die, unabhängig von den Gesinnungen der in ihr wohnenden Menschen, sich der ständigen Transformation alles Bestehenden in den Weg stellen muß. Daher müssen alle politischen Körper als zeitweilige und unüberwindbare Hindernisse erscheinen, wenn man sie eingebettet glaubt in einen ewigen Strom des immer größer werdenden Machtprozesses.

Das Zeitalter des Imperialismus, in dem dieses Prozeßdenken sich zum ersten Mal in den Vordergrund der Politik drängte, war noch insofern gemäßigt, als die Verwaltungsbeamten des dauernd sich steigernden Machtprozesses nicht nur nicht versuchten, die eroberten Gebiete dem Mutterlande einzuverleiben, sondern auch die rückständigen politischen Organisations- und Gemeinschaftsformen, die sie vorfanden, nach Möglichkeit zu bewahren suchten, wie leere Ruinen einstigen Lebens. Erst die totalitären Nachfolger imperialistischer Expansion gaben dem Gesetz des Prozesses radikal nach und zerstörten, wohin sie kamen, alle politisch etablierten Strukturen, auch die ihrer Stammesländer. Der bloße Export und die bloße Verwaltung der Gewalt in fernen Ländern hatte die Diener zu Herren gemacht, ohne ihnen doch das eigentliche Vorrecht des Herrschens: die mögliche Schaffung einer neuen Welt, zu belassen. Gerade dies bereitete sie so vorzüglich dazu vor, dann in veränderter Form innerhalb der totalitären Expansionspolitik wirklich einen offenbaren Zerstörungs- und Vernichtungsprozeß zu bedienen.

Macht wurde aus einem Element zum Wesen politischen Handelns und aus einem Problem zum Zentrum politischer Theorien, als sie von dem politischen Körper, in dem sie entstanden war und funktioniert hatte, getrennt und als Gewalt exportiert wurde.

Zwar wurde diese Trennung von ökonomischen Faktoren veranlaßt, aber es ist unwahrscheinlich, daß die schließliche Erhebung der Macht zum eigentlichen Gehalt und der Expansion zum letzten Ziel aller Politik so populär geworden oder daß der daraus entstehende Zerfall der nationalen Institution auf so geringen Widerstand gestoßen wäre, hätte nicht gerade dieses Prozeßdenken so vorzüglich zu den geheimen Wünschen und verborgenen Überzeugungen der wirtschaftlich und gesellschaftlich herrschenden Klassen gepaßt. Die Bourgeoisie, die so lange mit der Regierung des Nationalstaats, in dem sie groß geworden war, nichts zu tun hatte, weil sie sich ausdrücklich an allen öffentlichen Angelegenheiten desinteressiert gezeigt hatte, erlangte ihre politische Mündigkeit durch den Imperialismus. Man hat den Imperialismus vielfach als das letzte Stadium des Kapitalismus bezeichnet; er ist jedenfalls das erste (und vielleicht zugleich auch das letzte) Stadium der politischen Herrschaft der Bourgeoisie gewesen. Wie wenig diese Klasse nach politischer Herrschaft von sich aus drängte, ist bekannt und oft beschrieben worden, wie zufrieden sie mit jeder Regierung gewesen ist, auf die sie sich für den Schutz des Eigentums verlassen konnte. Sie hat wahrscheinlich im Staat nie etwas anderes als eine notwendige Organisation zu Polizeizwecken gesehen. Diese Blindheit und unangebrachte Bescheidenheit hatte zur Folge, daß die Mitglieder dieser Klasse immer in erster Linie Privatpersonen blieben und als solche dachten und handelten; ihr politischer Status ging sie nichts an, und es war ihnen gleichgültig, ob sie Untertanen einer Monarchie oder Bürger einer Republik waren. Für sie waren Monarchie und Republik genau das gleiche, nämlich ein Staat überhaupt, in dem es eine Polizei gab.[33] All ihre Erfahrung des Handelns hatte sie für öffentliche Angelegenheiten nicht nur nicht vorbereitet, sondern sie sogar gewisse Prinzipien gelehrt, die dem Politischen nur abträglich sein konnten. Denn die Privatgesellschaft, in der diese Klasse lebte, war eine Gesellschaft von Konkurrenten, in der in der Tat galt, daß Macht Recht ist, daß Erfolg der einzige Maßstab allen Tuns und Leidens ist und daß der Größere notwendigerweise immer den Kleineren verschlingen muß, so daß jeder sehen muß, so groß wie möglich zu werden. Und da Größe ein relativer Begriff ist, konnte dieser Prozeß des Groß- und Größerwerdens erst mit dem Tod zu einem Abschluß kommen.

Im Zeitalter des Imperialismus, da Geschäftsleute selbst von Politikern um ihrer staatsmännischen Einsicht willen bewundert wurden, während Staatsmänner nur noch ernst genommen wurden, wenn sie sich wie erfolgreiche Geschäftsleute gebärdeten und »in Erdteilen dachten«, wurden diese Maximen privaten, an Konkurrenz gebundenen Handelns nach und nach auf das Niveau von Prinzipien für die Ordnung öffentlicher Angelegenheiten gehoben. Diese faktisch vor sich gehende Umwertung der Werte, die im letzten Drittel des neunzehnten Jahrhunderts, etwa zur Zeit der deutschen Reichsgründung, begann und darin bestand, die Weltanschauung der Bourgeoisie politisch zu realisieren, war erst nur in der Außenpolitik sichtbar, wo Machtpolitik als die einzige den Wirklichkeiten Rechnung tragende Realpolitik sich durchsetzte. Gerade weil die nationale Innenpolitik anfänglich von dieser Umwertung verhältnismäßig unberührt blieb, wurde die Bevölkerung im großen und ganzen kaum gewahr, daß das systematische Außerachtlassen aller Fragen des öffentlichen Wohles und die Rücksichtslosigkeit, die für das gesellschaftliche Leben ohnehin schon kennzeichnend waren, aber gegen welche die staatlichen Instanzen die Privatpersonen, so gut es ging, geschützt hatten, nun auf die politische Sphäre der öffentlichen Angelegenheiten selbst ausgedehnt werden sollten, so daß der individuelle Bürger schließlich selbst den dürftigen Schutz noch verlor, den Gesetz und Recht ihm gegen die Anarchie der Gesellschaft geboten hatten.

Es ist von einigem Nutzen, zu sehen, in welchem Ausmaß trotz größter Unabhängigkeit die modernen Machtanbeter mit der Philosophie des einzigen Denkers übereinstimmen, der je versucht hat, das öffentliche Wohl aus privaten Interessen herzuleiten, und der um des Privatinteresses willen einen politischen Körper entwarf, dessen einziges und fundamentales Ziel die Akkumulation von Macht ist. Hobbes ist in der Tat der einzige Philosoph, auf den die Bourgeoisie sich je hätte berufen dürfen; ihre Weltanschauung jedenfalls, gereinigt von aller Heuchelei und unbeirrt von allen christlichen Zugeständnissen, die die bürgerliche Gesellschaft dann doch durch Jahrhunderte zu machen sich gezwungen sah, ist von ihm entworfen und nahezu endgültig formuliert worden, Jahrhunderte bevor die neue Klasse den Mut fand, sich ausdrücklich zu ihr zu bekennen, wiewohl sie zu entsprechenden Verhaltungsweisen eindeutig gezwungen worden war. Was ihr in neuerer Zeit die nihilistischen Weltanschauungen aller Sorten auch intellektuell so verführerisch hat erscheinen lassen, ist eine prinzipielle Verwandtschaft, die sehr viel älter ist als das Erscheinen jenes Intellektuellengesindels, das sie dann verbreitet hat. Es ist immerhin denkwürdig, daß die einzige reine Begriffssprache, welche die Weltanschauung dieser Klasse je gefunden hat, vor mehr als dreihundert Jahren bereits in unübertroffener Offenheit und mit einer durchaus großartigen Konsequenz entwickelt wurde, also zu einer Zeit, in der die Klasse gewissermaßen gerade erst aus dem Schoß der Geschichte entlassen und in ihre Entwicklung hineingeboren wurde. Das Bild vom Menschen, das Hobbes entwirft, ist oft mißverstanden worden, als wäre er daran interessiert gewesen, festzustellen, welche Beschaffenheit diesem Lebewesen überhaupt zukomme oder wie man psychologisch Menschen erklären und verstehen könne. Hobbes ist es nirgends um solche Einsichten oder Feststellungen zu tun; er beschreibt, wie der Mensch sein muß und wohin er, von der Tradition des Abendlandes christlichen oder antiken Ursprungs sich abwendend, gehen muß, um den Forderungen einer kommenden Gesellschaftsordnung, die er nicht nur ahnte, sondern bis ins Detail durchschaute, zu genügen und in ihr sich zu bewegen. In diesem Sinne ist sein Entwurf vom Menschen weder je übertroffen worden, noch kann man ihn als antiquiert bezeichnen. Der »Leviathan« ist der Staat, und seine Philosophie ist die Weltanschauung, denen die bürgerliche Gesellschaft seit ihrem Beginn zustrebte.

Wollen wir daher die Weltanschauung dieser Gesellschaftsklasse, die politisch erst um die Jahrhundertwende von Bedeutung wurde, uns noch einmal vergegenwärtigen, so tun wir am besten daran, die zentralen Axiome der Hobbesschen Philosophie kurz zu resümieren:[34]

Der Wert des Menschen ist »sein Preis, das ist das, was für den Gebrauch seiner Kraft gegeben werden würde«. Der Wert ist das, was früher Tugend geheißen hat, und wird festgestellt durch die »Schätzung der anderen«, die als Gesellschaft konstituiert in der öffentlichen Meinung die Werte nach dem Gesetz von Nachfrage und Angebot bestimmen. Die uns aus der neuesten Philosophie so bekannte Transformierung der Güter und Tugenden der traditionellen Philosophie in Werte, die sich in der sogenannten Wertphilosophie explizieren, tritt uns hier zum ersten Male entgegen. Aber bei Hobbes ist die Tatsache, daß es Werte nur als Austauschwerte geben kann und daß der Wertbegriff daher von Hause aus ein gesellschaftlicher Begriff ist, noch durch keinen idealistischen Nebel verhüllt. Daß ein »absoluter Wert« ein Widerspruch in sich selbst wäre, hat gerade er zur Genüge gewußt. Indem er die Tugend und sogar den Menschen selber als Wert bestimmte, wollte er ja gerade feststellen, daß nichts existierte außer dem, was in der Gesellschaft gegen etwas anderes austauschbar ist. Diese allgemeine Austauschbarkeit hat mit dem Preis, der von Haus aus nicht ein gesellschaftlicher, sondern ökonomischer Begriff ist, der durch die objektiven Faktoren von Arbeit und Materialkosten unabhängig von Angebot und Nachfrage bestimmbar wäre, insofern etwas zu tun, als jedes zu einem Wert gewordene Gut oder jede in einen Wert transformierte Tugend ihren Preis hat, nämlich dasjenige, wofür ihr Besitzer bereit wäre, sie einzutauschen. Die Vergesellschaftung der Güter, der Tugenden und schließlich der Menschen, die sich darin beweist, daß alles zum Wert wird, über dessen jeweiligen Preis im allgemeinen Austausch die Gesellschaft entscheidet, führt automatisch in einen radikalen Relativismus, in dem Absolutes überhaupt nicht mehr festzustellen ist, weil ja erst die eines Absoluten gar nicht fähige Gesellschaft seinen Maßstab hergeben müßte. Hobbes hat sich über diese radikale Relativierung aller bestehenden Einschätzungen niemals irgendwelche Illusionen gemacht.

Was im Austausch und Kampf der Werte miteinander den Ausschlag gibt, ist Macht. Macht ist die Monopolherrschaft über die öffentliche Meinung, welche dem Individuum erlaubt, die Preise so festzusetzen, Angebot und Nachfrage so zu regeln, daß sie dem betreffenden Individuum zu größtmöglichem Vorteil gereichen. Die Beziehung zwischen Individuum und Gesellschaft ist so verstanden, daß das Individuum in der absoluten Minderheit seiner Vereinzelung seinen Vorteil erkennen, ihn aber nur mit Hilfe einer Mehrheit verfolgen und realisieren kann. Daher ist der Wille zur Macht die Grundleidenschaft des Individuums; er regelt das Verhältnis von Individuum und Gesellschaft; auf ihn sind alle anderen Bestrebungen nach Reichtum, Wissen, Ehre letztlich zurückzuführen. Alle Individuen sind in ihrem Streben nach Macht wie in ihrer ursprünglichen Machtkapazität einander gleich, denn die Gleichheit der Menschen beruht nach Hobbes auf der Tatsache, daß jeder von Natur stark genug ist, den anderen totzuschlagen, wobei Schwäche sich durch List ausgleicht. Die Gleichheit der potentiellen Mörder versetzt alle in die gleiche Unsicherheit und damit in die gleiche Angst vor einem gewaltsamen Tod, aus der das Bedürfnis nach Staatengründung entsteht. Der Grund des Staates ist das Sicherheitsbedürfnis des Individuums, das sich in einer Gesellschaft potentieller Mörder befindet.

Der Staat entsteht durch die Delegation von Macht und nicht

von Rechten. Dadurch erwirbt er das Monopol des Tötenkönnens und gewährt als Entgelt eine bedingte Garantie gegen das Totgeschlagenwerden. Sicherheit wird durch das Gesetz hergestellt, das weder auf einem Naturgesetz noch auf dem Wort Gottes noch auf irgendwelchen menschlichen Maßstäben von Recht und Unrecht beruht (es hat mit den Kategorien von Recht und Unrecht im traditionellen Sinne sogar nicht das geringste zu tun), sondern als eine unmittelbare Emanation des staatlichen Machtmonopols gedacht ist. Und da die Macht, die hinter dem Gesetz steht, die vom Staate monopolisierte Macht aller anderen, also einer absoluten Mehrheit darstellt, stellt es sich für das Individuum in seiner Vereinzelung der absoluten Minderheit in der Form absoluter Notwendigkeit dar, gegen die zu rebellieren nicht tollkühn, sondern wahnsinnig wäre. Gegenüber den Gesetzen des Staates, das heißt gegenüber der vom Staate monopolisierten und akkumulierten gesellschaftlichen Macht der Mehrheit, kommt eine Frage nach Recht und Unrecht gar nicht mehr auf. Wer ein Gesetz übertritt, gleich aus welchen Gründen, vergeht sich nicht gegen den Staat oder die Gesellschaft, sondern begibt sich aus dem Raum, in welchem es allein menschliches Zusammenleben überhaupt gibt, hinaus und macht sich so selbst zum Freiwild. Nichts hält daher Hobbes für unsinniger und gefährlicher als die traditionellen Unterscheidungen zwischen tyrannischer Willkür und Gesetz, zwischen Despotie und anderen Herrschaftsformen. Er ist der einzige politische Denker, der je für den von ihm entworfenen Staat mit Stolz den Namen Tyrannis in Anspruch genommen hat.

Das politisch entrechtete Individuum, dem sich alle öffentlich-staatlichen Angelegenheiten nur noch in der Maske der Notwendigkeit zeigen, war von Hobbes selbst bereits auf die Sphäre seines privaten Interesses verwiesen, um derentwillen die Entrechtung ja vollzogen wurde. Was Hobbes nicht vorausgeahnt hat, ist, daß in dieser Sphäre sich dem Individuum in der Tat eine neue Welt der Privatheit, des Privatlebens und des privaten Schicksals würde eröffnen können, die dann ihrerseits das durchaus moderne Phänomen des Persönlichen prägen sollte. Aber auch in dieser Sphäre bleibt die Tatsache bestehen, daß der Mensch seine sachlich fundierten Beziehungen zu seinen Mitmenschen verloren und die Gesellschaft die eigentliche Herrschaft über das Individuum erworben hat. Denn für die Beurteilung seines privaten Daseins bleibt dem Individuum in der Gesellschaft nur der Vergleich mit den Schicksalen anderer Individuen, und hinter diesem dauernden Sich-Vergleichen steht natürlich die überall sich durchsetzende Konkurrenz aller mit allen. In dem Vergleichen verliert alles seinen ihm angestammten Sinn und bekommt jegliches einen Wert. Nachdem der Lauf der öffentlichen Angelegenheiten vom Staate in der Maske der Notwendigkeit geregelt worden ist, nimmt das gesellschaftliche Leben der Konkurrenten, das ja in seinem privaten Inhalt weitgehend von den Mächten, die man Glück und Unglück nennt, bestimmt bleibt, die Maske des Zufalls an. In einer Gesellschaft von Individuen, welche alle von der Natur mit der gleichen Stärke und daher Machtkapazität ausgestattet und vom Staate gleichermaßen gegeneinander gesichert sind, kann nur noch der Zufall die Erfolgreichen auswählen und die Glücklichen an die Spitze bringen. Mit der Erhebung des Zufalls zum letzten Maßstab über Sinn und Sinnlosigkeit des eigenen Lebens entsteht der bürgerliche Schicksalsbegriff, der im Roman zu der eigentlichen Kunstform der Gesellschaft wird, weil er das Zusammenspiel von Individuum und Gesellschaft aufzeigt. Auch er erreicht erst im neunzehnten Jahrhundert die Höhe seiner Entwicklung. Zu seinem Wesen gehört, daß er nur Schicksale zu erzählen weiß und so das Drama ersetzt, das in einer Welt ohne Handeln, in der nämlich der Handelnde sich immer schon der Notwendigkeit unterworfen oder vom Zufall profitiert hat, seinen Nährboden verlor. Der Roman dagegen, für den seit Balzac selbst die Leidenschaften, von Tugend und Laster entleert, sich als Schicksale von außen präsentieren, konnte jene sentimentale Verliebtheit in das eigene

Schicksal lehren, welche am Ende des Jahrhunderts eine so große Rolle in der Intelligenz gespielt hat. Durch solche Verliebtheit gelang es, aus der Unmenschlichkeit des zufälligen Verdiktes in die Fassungs- und Leidenskraft des Menschen wieder zurückzukehren – und es ist wiederum die echte Größe des Romans, die Fassungs- und Leidenskraft des Menschen zu schildern, der, wenn er schon sonst niemand mehr war, doch wenigstens ein bewußtes Opfer sein wollte.

Aus der Konkurrenz, welche das Leben der Gesellschaft ist, scheiden der ganz Unglückliche und der ganz Erfolglose automatisch aus. Glück und Ehre einerseits, Unglück und Schande andererseits werden identische Begriffe. Mit der Abtretung seiner politischen Rechte hat das Individuum auch seine gesellschaftlichen Pflichten an den Staat delegiert; es verlangt von ihm genauso und in der gleichen Gesinnung, daß ihm die Sorge für die Armen abgenommen wird, wie es Schutz vor Verbrechern fordert. Der Unterschied zwischen Armen und Verbrechern verwischt sich, beide stehen außerhalb der Gesellschaft, die einen, weil sie den Regeln der Konkurrenz nicht gewachsen waren, die anderen, weil sie diese Regeln nicht einzuhalten wünschten. Das Verbrechen an sich aber ist, außerhalb der Gesellschaft zu stehen. Der Erfolglose kann sich weder auf die Tugend der Alten berufen, noch kann der Unglückliche an das Gewissen der Christen appellieren. Wer außerhalb der Gesellschaft steht aus gleich welchen Gründen, ist eigentlich kein Mensch mehr. Für diese aus der Gesellschaft ausgeschiedenen Individuen – die Erfolglosen, die Unglücklichen, die Schändlichen – hat Hobbes auf erstaunlich weitsichtige Weise vorgesorgt. Sofern der Staat nicht für sie sorgt, spricht er sie aller Verpflichtungen gegen Staat und Gesellschaft ledig. Sie befinden sich wieder im »Naturzustand« und können dem Grundtrieb der Macht ungestört folgen, die Grundfähigkeit des Tötenkönnens unbekümmert um moralische Gebote ausnutzen und damit die fundamentale Gleichheit der Menschen, welche die Gesellschaft nur aus

Zweckmäßigkeitsgründen zudeckt, wiederherstellen. Und da der Naturzustand des Menschen als Krieg aller gegen alle definiert ist, ist gleichsam apriorisch die mögliche Vergesellschaftung des Deklassierten in eine Mörderbande vorgezeichnet.

Ausdrücklich verwirft Hobbes als einen Haufen von Absurditäten die Begriffe von Freiheit, Recht und *summum bonum,* die in den Etappen der abendländischen Staatsform, in der griechischen Polis, der römischen Republik und dem christlichen Königtum, sichtbar und artikuliert worden waren. Ausdrücklich wird der neuen Gesellschaft von ihrem größten Theoretiker vorgeschlagen, den Bruch mit allen abendländischen Traditionen zugleich zu vollziehen. Er hat damit das Verhalten der Bourgeoisie wie des von ihr erzeugten Mobs in grandioser Weise vorgezeichnet, wie schließlich das, was man gemeinhin unter dem Untergang des Abendlandes versteht.

Aber nicht nur die Überzeugungen der kommenden Gesellschaft und nicht nur ihr innergesellschaftliches Verhalten hat Hobbes' großartige Logik entworfen und vorgezeichnet, er hat in der Konstruktion des Leviathan auch bereits das bezeichnet, was aus dem Staat und seiner Außenpolitik werden sollte, wenn diese Gesellschaft sich erst einmal seines Apparats und seiner Machtmittel wirklich bemächtigt hatte. Der Machtbegriff der neuen Klasse war aus gesellschaftlichen und nicht aus politischen Erfahrungen bezogen, er hatte sich in der anarchistischen Konkurrenz aller mit allen im Zusammenleben vereinzelter Individuen gebildet, nicht in der Sphäre politischen Handelns. Ein auf diese Art Macht begründetes Gemeinwesen konnte in der Ruhe der Stabilität nur zerfallen. So wie das Individuum in der Gesellschaft in seinem Konkurrenzkampf nie erlahmen darf, will es nicht von anderen an die Wand und aus dem Spiel gespielt werden, so muß ein auf diese Gesellschaft gegründeter Staat, der seine Macht erhalten will, dauernd danach streben, mehr Macht zu erwerben. Nur in der dauernden Machterweiterung, im Prozeß der Machtakkumulation, kann er sich stabil erhalten. Ein ewig schwankendes Gebäude, ist er darauf angewiesen, daß er dauernd von außen neue Stützen erhält, soll er nicht über Nacht zusammenstürzen in das zweck- und prinzipienlose Nichts, aus dem er entstand. Dies stellt sich politisch in der Theorie von dem Naturzustand dar, in welchem die Staaten gegeneinander verbleiben und der als Krieg aller gegen alle einen dauernden Machtzuwachs auf Kosten anderer Staaten ermöglicht. Philosophisch kommt die gleiche Einsicht in die notwendige Unstabilität eines auf dem gesellschaftlichen Machtbegriff gegründeten Gemeinwesens in der Konzeption von dem unermüdlichen Prozeß zum Ausdruck. Entsprechend der notwendigerweise dauernd anwachsenden Macht muß dieser Prozeß sich als unendlicher Progreß darstellen, in welchen Individuen, Völker und schließlich die Menschheit (bis zur Errichtung des heute so beliebten Weltstaates) sich unabänderlich und gleich ob zu ihrem Heile oder Unheile gefangen finden. Für diesen Fortschrittsprozeß und alle von ihm beherrschten Geschichtsphilosophien gilt, was Walter Benjamin in seinen »Geschichtsphilosophischen Thesen« schrieb: »Der Engel der Geschichte … hat das Antlitz der Vergangenheit zugewendet. Wo eine Kette von Begebenheiten vor u n s erscheint, da sieht e r eine einzige Katastrophe, die unablässig Trümmer auf Trümmer häuft und sie ihm vor die Füße schleudert. Er möchte wohl verweilen, die Toten wecken und das Zerschlagene zusammenfügen. Aber ein Sturm weht vom Paradiese her, der sich in seinen Flügeln verfangen hat und so stark ist, daß der Engel sie nicht mehr schließen kann. Dieser Sturm treibt unaufhaltsam in die Zukunft, der er den Rücken kehrt, während der Trümmerhaufen vor ihm zum Himmel wächst. Das, was wir den Fortschritt nennen, ist d i e s e r Sturm.«[35] Hier unter dem Bild des Sturmes ist die Geschichte als Prozeß bereits in ihrer zweifachen Ausdeutbarkeit als Fortschritt wie als Untergang, ja, genauer als fortschreitender Untergang oder als untergehender, in den Untergang schreitender Fortschritt gesehen. Falls die Geschichte in Wahrheit, wie das neunzehnte Jahrhundert meinte, dieser Fortschritt oder dieser Untergangsprozeß sein sollte, so ist sie in der Tat nichts als jener Alptraum, von dem schon Joyce uns anriet schleunigst zu erwachen. Denn die optimistische Fortschrittsideologie und die pessimistische Untergangsstimmung sind nur, was die öffentliche Meinung anlangt, aufeinander gefolgt: geschichtlich sind sie gleich alt, und die eine ist durch das ganze neunzehnte Jahrhundert hindurch, von der anderen begleitet, als sei sie der eigentliche Grundakkord, auf den die Zeit jedenfalls nach Goethes Tod gestimmt war. Aus ihren Dichtern, aus Baudelaire und Swinburne – und nicht aus den fortschrittsfreudigen Ideologen oder den expansionshungrigen Geschäftsleuten oder den unbeirrbaren Karrieristen – spricht die ungeheure Traurigkeit des Zeitalters, die mehr als ein Menschenalter vor Kiplings großer Formel ahnte, daß »das große Spiel erst aus ist, wenn alle tot sind«. Daß diese Dichtung nicht der subjektiven Laune einer zufälligen Dekadenz entstammt, haben wir inzwischen gründlichst erfahren und damit beinahe so etwas wie einen Beweis dafür geliefert bekommen, daß nur die Dichter, die unbeirrt von allen Theorien für die »Kinder der Welt« sprechen, dem wirklichen Lauf der Welt unfehlbar verhaftet sind.[36]

Zu dem aus der Verabsolutierung der Macht sich automatisch ergebenden Prozeß einer unabsehbar fortschreitenden Machtakkumulation kam Hobbes aus der theoretisch unbestreitbar richtigen Einsicht, daß eine unabsehbar fortschreitende Besitzakkumulation sich nur halten kann, wenn sie sich auf eine »unwiderstehliche Macht« gründet. Der unbegrenzte Prozeß der Kapitalakkumulation bedarf zu seiner Sicherstellung einer »unbegrenzten Macht«, nämlich eines Prozesses von Machtakkumulation, der durch nichts begrenzt werden darf außer durch die jeweiligen Bedürfnisse der Kapitalakkumulation. Geht man, wie Hobbes es tat, von der Voraussetzung aus, daß der Staat wesentlich dazu da ist, Besitz zu schützen, und lebt man unter den Bedingungen einer neuen besitzenden Klasse, die aus der Binsenwahrheit, daß »man die Macht und die Mittel, gut zu leben, über die man gegenwärtig verfügt, nur sichern kann, indem man mehr Macht und mehr Mittel erwirbt«, ein allgemeines Prinzip des Handelns gemacht hat, so kann man zu dem Ergebnis des Leviathan kommen. Die Konsequenz dieses Schlusses ändert sich nicht durch die historische Tatsache, daß der Staat wie die Bourgeoisie nahezu dreihundert Jahre brauchten, um die »Wahrheit dieser theoretischen Einsicht in die Zweckmäßigkeit der Praxis« zu überführen. Dieser segensreiche Mangel an Konsequenz war zu einem großen Teil der lebendigen Stärke der abendländischen Tradition geschuldet, die Hobbes' logischer Scharfsinn um dreihundert Jahre zu früh pulverisiert hatte. Das ändert zwar nichts an der Stimmigkeit der von ihm so frühzeitig beobachteten Fundamentalstrukturen und nichts an den von ihm so furchtlos gezogenen Schlüssen, aber es hatte historisch zur Folge, daß man sich auch ohne alle Heuchelei an den Aufbau dieser neuen Gesellschaftsordnung machen konnte in dem Wahne, daß das endlose Anwachsen des Besitzes mit politischer Macht nicht das geringste zu tun habe und daß es innerhalb der rein ökonomischen Sphäre Gesetze gäbe, die gleich Naturgesetzen dahin führten, die Akkumulation des Kapitals zu sichern, als ob diese wirtschaftlichen Gesetze nicht gesellschaftliche und von Menschen erzeugte Regeln wären, die genauso lange Gültigkeit besitzen, als Menschen bereit sind, sich in ihrem wirtschaftlichen Handeln nach ihnen zu richten – also gegebenenfalls Bankrott anzusagen, anstatt mit gezogenem Revolver sich der Kasse des nächsten Bankhauses zu bemächtigen.

Erst als die Akkumulation des Kapitals die Grenzen des nationalen Territoriums und staatlich gesicherten Gebietes erreicht hatte und die Bourgeoisie den Prozeß des Groß und Größer, der in der kapitalistischen Produktion selbst lag, weder unterbrechen konnte noch wollte, war man bereit, zuzugeben, daß der gesamte Akkumulationsprozeß eigentlich auf einem Machtprozeß beruhte und nur durch diesen gesichert werden könne. Der imperialistisch gesinnte Unternehmer, den die Sterne ärgerten, weil er sie nicht annektieren konnte, begriff und war bereit zuzugestehen, daß Macht, die um ihrer selbst willen verfolgt wird, und nur sie, automatisch mehr Macht erzeugt. Als die Kapitalakkumulation an ihre Grenze und zu einem gewissen Stillstand gekommen war, wurde zum ersten Mal allen auch ohne alle Beihilfe von seiten logischen Denkens klar, daß der Motor nur durch einen neuen machtakkumulierten Prozeß wieder zum Anrollen gebracht werden konnte, um dann unter der Devise »Expansion ist alles« den Erdball zu überrollen. In dem gleichen Zeitraum jedoch, wo sich die Aussicht auf diese globalen Möglichkeiten eröffnete, erlitt der Optimismus der Fortschrittsideologie auch in der öffentlichen Meinung seinen ersten schweren Stoß. Nicht daß irgend jemand Anlaß hatte, an der Unwiderstehlichkeit des Prozesses selbst zu zweifeln, der im Gegenteil mehr und mehr den Anschein erweckte, als sei hier im Politischen jedenfalls ein *perpetuum mobile* entdeckt; aber was Cecil Rhodes bereits erschreckt hatte, fing an, mehr und mehr Menschen zu beunruhigen, nämlich die Begrenztheit der Erde. Es war, als seien die Bedingungen des irdischen menschlichen Lebens selbst in Konflikt geraten mit dem von Menschen losgelassenen Prozeß, den man weder anhalten noch stabilisieren konnte, sondern der, sollte nicht alles zugrunde gehen, auf immer höhere Touren getrieben werden mußte und der daher, wenn er erst die Grenzen des Erdballs erreichte, notwendigerweise umschlagen und zerstörerisch werden mußte.

Nun hat natürlich selbst Hobbes' ungeheurer Verstand von dieser real eintretenden Entwicklung nichts geahnt. Er ging lediglich von dem aus, was im England des siebzehnten Jahrhunderts für einen so ungewöhnlichen Mann klar zutage lag: dem Aufstieg einer neuen mächtigen Klasse, deren Existenz nicht auf Reichtum und nicht auf Macht beruhte, sondern auf Besitz als einem dynamischen Prinzip, demzufolge er sich ständig vermehrte. Was

Hobbes sofort wahrnahm, war, daß hiermit sich alle überkommenen Begriffe von Eigentum und Reichtum radikal änderten: sie wurden nicht mehr als Resultate von Erwerb und Akkumulation aufgefaßt, sondern als deren Beginn und Bedingung, so daß Reichsein auf einmal besagte, dauernd reicher und reicher zu werden. Die Bezeichnung der Bourgeoisie als einer besitzenden Klasse ist nur in einem oberflächlichen Sinne zutreffend; es hat sich herausgestellt, daß nicht jeder zu ihr gehörte, der Besitz hatte, aber daß jeder in ihr willkommen war, der den Prozeß der Akkumulation des Besitzes mitmachen wollte und konnte. Und dies hieß, Geld unter keinen Umständen als ein Mittel der Konsumtion zu betrachten und auf keinen Fall seinen Besitz einfach zu verzehren. Wir haben unter dem Namen Kapital allen Besitz so weitgehend depersonalisiert, daß uns kaum noch bewußt ist, in welchem Ausmaße dieser Verzicht, Reichtum einfach zu verzehren, dem Wesen von Besitz selbst widerstreitet. Denn Besitz an sich ist immer dem Gebrauch und Verbrauch ausgesetzt und wird also dauernd in seinem Bestand geschmälert. In diesem Sinne ist nichts weniger zu sichern als gerade Besitz. Die radikalste und gesichertste Form des Besitzes ist Zerstörung oder Verzehr, denn nur was ich besessen *habe*, ist wirklich und für immer mein eigen. Aller nicht verzehrte Besitz ist schon dadurch begrenzt, daß ich selbst ja eines Tages im Tode mich von ihm trennen muß. Weil der Tod jedem Besitz ein Ende macht, und weil Menschen sterblich sind, können Besitz und Erwerb gerade niemals echte politische Prinzipien abgeben, die ja gerade für die Nichtsterblichkeit eines Gesamtkörpers zu sorgen haben, der aus Sterblichen besteht. Die Begrenztheit des einzelnen Menschenlebens widerlegt Besitz als ein konstituierendes Prinzip des menschlichen Zusammenlebens mit der gleichen tödlichen Sicherheit, mit der die Begrenztheit des Erdballs Expansion als ein Prinzip politischen Handelns widerlegt. In dem automatischen Prozeß eines kontinuierlichen Reicherwerdens, der unabhängig von allen auf den einzelnen bezogenen

Bedürfnissen und Verbrauchsmöglichkeiten die Grenzen des Menschenlebens prinzipiell übersteigt, hat man bereits das, was eigentlich an die sterbliche Person mehr als alles andere gebunden und daher im strengen Sinne eine Privatsache ist, zu einer öffentlichen Angelegenheit gemacht. Privatinteressen, die ihrem Wesen nach zeitweilig und vorübergehend sind, weil sie an die festgelegte Zeit, die der Mensch auf der Erde verbringt, gebunden sind, können nur dann den einzelnen überleben und damit zu öffentlichen Interessen werden, wenn sie sich aus der Sphäre des Öffentlich-Politischen die unendliche Zeit gleichsam stehlen, die für eine unendliche Akkumulation von Besitz erforderlich ist. Unter solchen Umständen wird in der Tat richtig, was Hobbes behauptet, nämlich daß »das Gemeinwohl von dem privaten sich nicht unterscheidet, und daß daher diejenigen, welche von Natur dazu neigen, ihr Privatinteresse zu verfolgen (also hier über das für die Erhaltung des begrenzten einzelnen Lebens Notwendige hinaus), dadurch bereits für das Gemeinwohl aufs beste Sorge tragen«.

Man hat häufig bemerkt, daß, wenn privates und öffentliches Interesse wirklich identisch wären, menschliches Zusammenleben mit nichts mehr Ähnlichkeit haben würde als mit einem Ameisenhaufen. In Wahrheit entsteht der Schein einer Identität von Privatinteresse und Gemeinwohl dadurch, daß man sich einbildet, man könne durch die bloße Addition von Privatinteressen eine neue Qualität, das Gesamtinteresse erzeugen. Alle Begriffe des Liberalismus, und das ist die politische Sprache der vorimperialistischen Bourgeoisie – wie die Rede von unbegrenzter Konkurrenz, die sich auf mysteriöse Weise von selber ausbalanciert, von der berechtigten Verfolgung des wohlverstandenen eigenen Interesses als einer politischen Tugend, von dem unbegrenzten Fortschritt, der bereits in der bloßen Aufeinanderfolge der Geschehnisse sich durchsetze –, alle haben ein Gemeinsames: sie addieren privates Leben und persönliche Verhaltensweisen und präsentieren die Addition in der Form eines geschichtlichen oder ökonomischen oder politischen Gesetzes. Diese liberalen Konzeptionen jedoch, denen die ursprüngliche Abneigung der bürgerlichen Klasse für öffentliche Angelegenheiten und ihre angeborene Feindschaft gegen politisches Handeln überhaupt noch innewohnt, sind nur zeitweilige Kompromisse zwischen den Maßstäben der abendländischen Tradition und dem neuen Glauben an das dynamische, sich selbst speisende und dauernd steigernde Prinzip des Besitzes als solchen. Diese überkommenen Maßstäbe verschwinden, sobald der automatisch wachsende Reichtum in der Tat politisches Handeln ersetzt.

Dann stellt sich nämlich heraus, daß die privaten Interessen, die sich aus der Nichtsterblichkeit des Gemeinwesens ihre übermenschliche Zeitdauer des Prozesses gestohlen haben, damit in das Gemeinwesen wiederum jenes Element der Zerstörung hineingetragen haben, das ihnen, weil sie an menschlichen und daher sterblichen Besitz gebunden bleiben, unweigerlich anhaftet. Dies Element der Zerstörung drückt sich öffentlich als Machtpolitik aus. Daß Vernichtung die radikalste Form der Macht sowohl wie des Besitzes ist, hat kein Machtanbeter nach Hobbes, der die Gleichheit der Menschen auf das Tötenkönnen gründete, je wieder mit solch großartig unbekümmerter Kühnheit auszusprechen gewagt. Er sah voraus, daß eine Gesellschaft, die den Erwerb für einen unendlichen Prozeß hielt, die politische Macht ergreifen mußte, schon weil der Akkumulationsprozeß früher oder später die Grenzen der nationalen Gebiete überschreiten würde. Er sah voraus, daß eine Gesellschaft, die sich auf diesen Weg des unendlichen Erwerbs begeben hatte, auch einen neuen politischen, dynamischen Apparat brauchen würde, der einen ihr entsprechenden Prozeß der Machtakkumulation hervorbringen könne. Nur mit Hilfe seiner rein logischen Einbildungskraft war er sogar imstande, den neuen Menschentypus zu zeichnen, der sich in einer solchen Form des Zusammenlebens und unter Bedingungen tyrannischer Gewalt zu bewegen weiß. Er verstand die Notwendigkeit einer kommenden Anbetung der schieren Gewalt, und er sah voraus, daß dieser neue Menschentypus von nichts mehr geschmeichelt sein würde, als wenn man ihm seine Machtinstinkte bescheinigte, gerade weil die Gesellschaft ihn zwingen würde, all seine ihm von Natur angestammten Kräfte, seine Tugenden wie seine Laster, zu kastrieren, so daß er in Wirklichkeit noch nicht einmal mehr die Möglichkeit haben werde, sich gegen die Tyrannis zu empören, sondern mit der gleichen zahmen Impotenz sich jedem Befehl unterwerfen werde, und handele es sich darum, aus ihm undurchsichtigen Gründen einer höheren Gewalt seinen besten Freund zu ermorden.

Das Element des Zerstörerischen, das dem Hobbesschen Staat einer grenzenlosen Machtakkumulation innewohnt, führt Hobbes schließlich dazu, einen letzten Krieg zu antizipieren, der sich ereignen muß, wenn alle schwächeren Gemeinwesen von den Mächtigsten verzehrt worden sind und nichts mehr übrigbleibt als ein letzter Kampf, »der für jedermann Vorsorge tragen wird durch Sieg oder Tod«. Nur daß der Vernichtungskrieg, der nur Sieger und Tote übrigläßt, unter seinem eigenen Gesetz einen Frieden nicht errichten kann: Der durch nichts begrenzte Prozeß einer ewigen Machtakkumulation, der die Expansion um der Expansion willen ermöglicht und dauernd neu speist, braucht ständig neues Material, um sich zu erneuern und nicht in den Stillstand zu geraten. Wenn der letzte Sieger im Kampf um die Erde die »Sterne nicht annektieren« kann, so bleibt ihm nur übrig, sich selbst zu zerstören, damit der unendliche Prozeß aufs neue beginnen kann. Dieses letzte Geheimnis der Macht und der Machtpolitik hat die bürgerliche Gesellschaft zu ihrem und unserer aller Heile weder je erkannt, noch, wenn es ihr von den Machtanbetern präsentiert wurde, je wirklich akzeptiert. Dies war der Sinn ihrer so außerordentlich vernünftigen und segensreichen Heuchelei, der erst ihr Sprößling, der Mob, ein Ende bereitete.

Das Bündnis zwischen Kapital und Mob

Als mit dem *»scramble for Africa«* der Imperialismus in den achtziger Jahren den Schauplatz der Politik betrat, stieß er auf den entschiedenen Widerstand aller machthabenden Regierungen und stützte sich im wesentlichen auf Kreise der Großindustrie und des Bankkapitals. Überraschend war, daß große Teile der gebildeten Schichten ihn stürmisch begrüßten.[37] Ihnen erschien er wie ein Geschenk des Himmels, das eine Patentlösung aller politischen Probleme, ein Allheilmittel für alle gesellschaftlichen Übel zu werden versprach. In einem gewissen Sinne hat der Imperialismus diese großen Hoffnungen nicht enttäuscht. Er gewährte sozialen Verhältnissen, vor allem der Klassengesellschaft, und politischen Strukturen, dem Nationalstaat, eine Gnadenfrist von fast einem halben Jahrhundert. Ohne die imperialistischen »Lösungen« hätte es wohl schwerlich zweier Weltkriege bedurft, die bereits Ende des neunzehnten Jahrhunderts deutlich überalterten sozialen und politischen Strukturen Europas zum Verschwinden zu bringen.

Das für Vorkriegseuropa so charakteristische Gefühl der Sekurität, dessen trügerischem Klima sich nur die Besten und Sensibelsten haben entziehen können, hatte seine politische Grundlage in imperialistischer Politik, die eine Zeitlang jedenfalls alle Sorgen Europas in andere Kontinente verwehte. Péguy in Frankreich oder Chesterton in England freilich wußten, daß diese ganze Vorkriegswelt ein Phänomen des Scheins war und gerade ihre Stabilität die größte aller Illusionen. Aber der Zerfall setzte wirklich erst nach dem Ersten Weltkrieg ein, und bis dahin war gerade die Stabilität offensichtlich überlebter Institutionen und Formen eine politische Tatsache ersten Ranges, die alle diejenigen Lügen zu strafen schien, die behaupteten, daß unter der Fassade einer hartnäckigen und indifferenten Langlebigkeit der Boden selbst ins Wanken geraten sei. Fragt man sich, warum die nationalen Regierungen es schließlich doch zuließen, daß das Unheil imperialistischer Expansion immer weiter um sich griff, bis alles zerstört war, das Gute zusammen mit dem Schlimmen, so ist klar: sie wußten, wie es um den Status quo der Nationalstaaten bestellt war, wußten, daß eine innere Zersetzung die Länder ergriffen hatte und daß sie in den alten Formen nicht würden weiterexistieren können.

Harmlos genug erschien Expansion erst einmal nur als Ventil für überschüssige Kapitalanhäufung, der sie das Heilmittel der Kapitalausfuhr anbot.[38] Die unter kapitalistischer Wirtschaft betriebene Industrialisierung Europas hatte den nationalen Reichtum ungeheuer vermehrt, aber dies unter einem sozialen System, das eine gleichmäßige Verteilung der Produkte unter alle Bevölkerungsschichten unmöglich machte. Das Resultat war eine große Anhäufung von Sparkapital, das innerhalb der Grenzen der nationalen Wirtschaft weder produktiv investiert noch angemessen verzehrt werden konnte. Es handelte sich hierbei nicht eigentlich um die von der kapitalistischen Wirtschaft vorgesehene Akkumulation von Kapital, sondern um die ständige Erzeugung von »überflüssigem Geld«, in dessen Besitz immer größere Bevölkerungsschichten kamen, die nicht eigentlich zu der kapitalbesitzenden Klasse gehörten. Die Jahre schwerster Krisen und Depressionen, welche das Zeitalter des Imperialismus einleiteten,[39] hatten die Kreise des industriellen Kapitals darüber belehrt, daß von nun ab »die Realisierung des Mehrwerts als erste Bedingung einen Kreis von Abnehmern außerhalb der kapitalistischen Gesellschaft erforderte«.[40] Angebot und Nachfrage konnten innerhalb des nationalen Territoriums nur so lange geregelt werden, wie das kapitalistische System nicht alle Schichten der Bevölkerung erfaßt, also seine volle Produktionskapazität nicht entwickelt hatte. Erst als der Kapitalismus in die Gesamtstruktur des ökonomischen und gesellschaftlichen Lebens des eigenen Landes eingedrungen war und alle Schichten der Bevölkerung in das von ihm bestimmte Produktions- und Konsumtionssystem eingeordnet hatte, offenbarte es sich, daß »die kapitalistische Produktion von Anbeginn in ihren Bewegungsformen und -gesetzen auf die gesamte Erde als Schatzkammer der Produktionskräfte berechnet« gewesen war und daß die Bewegung der Akkumulation, mit deren Stillstand das ganze System unweigerlich zusammenbrechen mußte, dauernd neuer Territorien bedurfte, die noch nicht kapitalistisch erschlossen waren und daher den Kapitalisierungsprozeß mit Rohstoffen, Waren- und Arbeitsmärkten versorgen konnten.[41]

Die tiefgehende Wirtschaftskrise, die Ende der sechziger Jahre von England ausgehend die gesamte Ökonomie Europas in dem folgenden Jahrzehnt bestimmen sollte, ist in mancher Hinsicht ein entscheidender Wendepunkt in der Geschichte des europäischen Kapitalismus und der modernen Politik. In ihr stellte es sich zum ersten Mal heraus, daß jene »ursprüngliche Akkumulation des Kapitals« (Karl Marx), deren einfache und von keinerlei »eisernen Gesetzen« der Ökonomie selbst noch gehinderte Räuberei den Akkumulationsprozeß allererst ermöglicht hatte, nicht für immer genügen würde, um den Akkumulationsmotor weiterlaufen zu lassen. Ohne eine Wiederholung dieses »Sündenfalls«, das heißt ohne eine Sprengung rein ökonomischer Gesetzmäßigkeit durch politisches Handeln, war offenbar ein Zusammenbruch dieser Wirtschaft unvermeidlich, und solch ein Zusammenbruch, da er nur eintreten konnte, nachdem bereits alle Schichten der Bevölkerung in den industriellen Produktionsprozeß einbezogen waren, mußte zu einer Katastrophe nicht nur für die Bourgeoisie, sondern für die ganze Nation werden. Der Imperialismus entstand aus Notbehelfen gegen diese Gefahr, und die Notbehelfe hatten alle nur ein Ziel, einen Weg zu finden, auf dem noch einmal und für eine möglichst weite Zeitspanne »nach den Methoden der ursprünglichen Akkumulation kapitalistischer Reichtum« geschaffen werden konnte.[42]

Die Sache fing ganz und gar unpolitisch an. Das ständige Wachsen überflüssigen Kapitals, das im Inlande keine Anlagemöglichkeiten fand, führte zum Kapitalexport, und dieser Export ging vorerst ohne alle Expansionsbestrebungen und ohne politische Kontrolle vor sich. Das liberale Vorurteil, das meinte, daß die Wirtschaft wirklich ihren eigenen »Gesetzen« folge und daß das Gesetzliche im wirtschaftlichen Handeln nicht notwendigerweise auf juristischen und polizeilichen Vorschriften beruhe, war so verbreitet, daß niemand auf die unvergleichliche Orgie von Finanzskandalen und betrügerischen Börsenspekulationen vorbereitet war, die mit blitzartiger Geschwindigkeit den ersten Versuchen größerer Geldanlagen in allen Kontinenten folgte. Da die Kapitalanlagen im Ausland in diesem Zeitraum anfingen, erheblich schneller zu steigen als die im Inland, und in manchen Fällen sogar begannen, die Inlandsinvestierungen absolut zu überflügeln, war bald ein erheblicher Teil des Nationalvermögens an schwindelhaften Unternehmungen beteiligt.[43] Das schlimmste war, daß nicht nur große Kapitalien in diese abenteuerlichen Unternehmungen verstrickt waren, sondern daß diese sehr schnell kleine Sparvermögen nach sich gezogen hatten. Da ferner inländische Unternehmungen mit den phantastischen Profitversprechen der ausländischen Geldanlagen Schritt halten mußten, wenn nicht alles Kapital in Auslandsanlagen flüchten sollte, nahmen auch sie ihre Zuflucht zu betrügerischen Methoden. Dies alles hatte zur Folge, daß immer mehr Menschen einen immer steigenden Prozentsatz ihrer Vermögen verspielten und zum Fenster hinauswarfen. Der Panama-Skandal in Frankreich, der Gründungsschwindel in Deutschland und Österreich sind klassische Beispiele der Zeit, nicht nur für Schwindel und Korruption, sondern auch für Leichtgläubigkeit und Leichtsinn. Den Aussichten auf kolossale Profite folgten ungeheure Verluste. Die kleinen Sparvermögen waren bald aufgezehrt; übrig blieben die großen Kapitalisten, die nach wie vor in der einheimischen Produktion »überflüssig«, ohne adäquate Anlagemöglichkeiten blieben, nachdem sie das kleine Sparkapital in Abenteuer verlockt hatten, die nur sie überstehen konnten. Verarmt und verbittert über so viel Betrug, waren die kleinen Leute doch halbwegs beruhigt wieder in die normale Wirtschaft zurückgekehrt; das Problem des Überflüssigseins im Produktionsprozeß und die Gefahr, dem Wirtschaftskörper der Nation entfremdet zu werden, bestand nur für die Inhaber großen Kapitals.[44]

Kapitalexport und Anlagen im Ausland als solche sind nicht imperialistisch und führen nicht notwendigerweise zu einer Politik der Expansion. Solange die Eigentümer überflüssigen Kapitals sich mit dem großen Risiko von Auslandsanlagen zufriedengaben, waren sie zwar dem wirtschaftlichen Leben ihrer Länder entfremdet und handelten allen früheren Traditionen des Nationalismus zuwider; aber sie konnten schlimmstenfalls als Parasiten in der Nation gebrandmarkt werden,[45] sie waren noch keine Imperialisten. Erst als sie, belehrt von der Ära der Finanzskandale, begriffen, daß ohne juristisch-polizeiliche Sicherungen das gesamte Anlagen- und Börsengeschäft zu einem Spiel am Roulettetisch werden würde und daß nur die Regierung selbst ihnen im Ausland Sicherheiten verschaffen konnte, die denen des Inlands halbwegs entsprachen, begannen sie, an Politik zu denken und staatliche Protektion für ihre ausländischen Geldanlagen zu verlangen. Mit dieser Forderung blieben sie durchaus innerhalb der Tradition der Bourgeoisie, die immer politische Institutionen als Instrumente zum Schutz der besitzenden Klassen gedeutet hatte.[46] Nur weil der Aufstieg der Bourgeoisie mit der industriellen Revolution zusammentraf, hatte sie zu einem so entscheidenden Faktor in der Gesamtproduktion der Nation werden können, und solange sie diese Funktion erfüllte, war ihr Reichtum von entscheidender Bedeutung für die moderne Gesellschaft, welche seit der industriellen Revolution immer mehr eine Gesellschaft von Produzenten geworden war. Die Eigentümer überflüssigen Kapitals waren innerhalb dieser Klasse die erste Gruppe, die auf Profit aus war, ohne eine gesellschaftliche Funktion auszufüllen, und die daher keine Polizei auf die Dauer vor dem Volkszorn, der sich schwerlich gegen Reichtum und Macht als solche, wohl aber gegen nutzlosen Reichtum und nur zur Schau getragene Macht richtet, hätte schützen können.

Expansion als ein Mittel der Politik aber ging die ganze Nation und nicht nur die Eigentümer überflüssigen Kapitals an. Wichtiger fast noch als die Sicherung der Profitrate war die Wiedereingliederung dieser Eigentümer in den nationalen Körper. Der Imperialismus rettete die Bourgeoisie davor, parasitär zu werden, und verhalf ihr dazu, politisch gerade in dem Augenblick eine Rolle zu spielen, als ihr Besitzbegriff sich als überaltert herausgestellt hatte, weil ihr Reichtum innerhalb der nationalen Produktion nicht mehr gebraucht werden konnte und sie so mit dem Produktionsideal einer Gesellschaft in Konflikt geraten war, für die Produktivität der absolute Standard war, an dem alles andere gemessen wurde.

Älter als überflüssiger Reichtum war ein anderes Nebenprodukt kapitalistischer Entwicklung: Die menschlichen Abfallprodukte, die nach jeder Krise, wie sie unweigerlich auf jede Periode industrieller Ausdehnung folgte, aus der Reihe der Produzenten ausgeschieden und in permanente Arbeitslosigkeit gestoßen wurden. Diese zum Müßiggang Verurteilten waren für die Gesellschaft ebenso überflüssig wie die Besitzer überflüssigen Kapitals. Sie stellten außerdem ein durchaus bedrohliches Element dar und waren daher durch das ganze neunzehnte Jahrhundert nach anderen Erdteilen exportiert worden. Weder Kanada noch Australien noch die Vereinigten Staaten hätten ohne sie bevölkert werden können. Aber erst der Imperialismus bewirkte, daß diese beiden überflüssigen Kräfte, das überflüssig gewordene Kapital und die überflüssig gewordene Arbeitskraft, sich miteinander verbanden und gemeinsam ihre Heimat verließen. Eine Politik der Expansion, der Export der staatlichen Machtmittel und das Annektieren von Territorien, in denen nationale Arbeitskraft und nationaler Reichtum investiert worden waren, schien das einzige Mittel zu sein, die ständig wachsenden Verluste an Kapital und Produktionskraft zu verhindern und die Kräfte, welche innerhalb der Nation überflüssig geworden waren, der Nation dennoch zu erhalten. Insofern sowohl die Erzeugung überflüssigen Kapitals wie überflüssiger Arbeitskraft typisch für die hochkapitalistische Wirtschaft überhaupt zu sein schien, konnte man meinen, hier ein Allheilmittel für ein allgegenwärtiges Übel gefunden zu haben.[47]

Es ist nicht ohne Ironie, daß das erste Land, welches sich diesem neuen Bündnis zwischen überflüssigem Kapital und überflüssiger Arbeitskraft darbot, selbst in gewissem Sinne für Europa überflüssig geworden war. Südafrika hatte seit Beginn des neunzehnten Jahrhunderts zu den britischen Besitzungen nur gehört, weil es den Seeweg nach Indien sicherte. Für diesen Zweck war es mit Eröffnung des Suezkanals überflüssig geworden; Ägypten, und nicht Südafrika, spielte von nun an eine entscheidende Rolle in britischer Weltpolitik. Ohne das Aufkommen des Imperialismus hätten die Engländer sich wahrscheinlich mit der gleichen Selbstverständlichkeit von Südafrika zurückgezogen wie alle anderen europäischen Nationen, die ihr Interesse an der Sicherung des Seeweges nach Indien verloren hatten. Es waren also keineswegs die weltumspannenden realen Interessen englischer Politik, die Südafrika plötzlich und unerwartet zum »Treibhaus des Imperialismus«[48] machten. Der Anlaß war, daß in den siebziger und achtziger Jahren die Diamanten- und Goldfelder entdeckt wurden, so daß sich hier zum ersten Male der neue Wille zum Profit um jeden Preis mit der alten Jagd nach dem Glück verbinden konnte. Seite an Seite mit dem Kapital zogen aus industriell entwickelten Ländern die Goldgräber, die Abenteurer, der Mob der großen Städte in den dunklen Erdteil. Und von nun an begleitet der Mob, erzeugt von der ungeheuren Akkumulation des Kapitals im neunzehnten Jahrhundert, seinen Erzeuger auf allen seinen abenteuerlichen Entdeckungsreisen, bei denen es nichts zu entdecken gab als profitable Anlagemöglichkeiten. Die Eigentümer überflüssigen

Kapitals waren die einzigen, welche die überflüssigen Arbeitskräfte gebrauchen konnten, die aus allen vier Himmelsrichtungen und allen Teilen der Welt zusammenströmten. Zusammen etablierten sie das erste rein parasitäre Paradies, dessen Lebensblut Gold war. Das Zeitalter des Imperialismus, geboren aus dem Überfluß an Geld und an Menschenkraft, brach an mit der Erzeugung von Waren, die am wenigsten im Produktionsprozeß gebraucht werden – Gold und Diamanten.

Hätte der Imperialismus seine Patentlösung nur denen anzubieten gehabt, die ohnehin im Gefüge der Nation überflüssig geworden waren, so mag es immerhin noch zweifelhaft sein, ob es ihm gelungen wäre, so entscheidend in die Politik der Nationalstaaten einzugreifen. Die Komplizität aller parlamentarischen Parteien in imperialistischer Politik ist genugsam bekannt. Die Geschichte der englischen Arbeiterpartei zeigt deutlichst, wie recht Cecil Rhodes hatte, als er sehr früh voraussagte, daß die Arbeiter Imperialisten werden würden und daß die Liberalen ihnen folgen würden. In Deutschland waren »die Liberalen und nicht die rechte Seite des Reichstags die Träger der Flottenpolitik«,[49] die schließlich in den Ersten Weltkrieg führte. Die deutsche sozialdemokratische Partei schwankte zwischen offener Unterstützung der kaiserlichen Kredite für den Flottenbau und völliger Vernachlässigung aller außenpolitischen Fragen. Die Hilf- und Verantwortungslosigkeit sozialdemokratischer Politik in dieser Frage war nicht nur der Anziehung geschuldet, welche imperialistische Profite natürlich auch auf die Arbeiterklasse ausübten. Wesentlicher war, daß der Imperialismus das erste Phänomen war, dem gegenüber die marxistische Theorie der Wirtschaft versagte. Denn für den Marxismus war das neue Bündnis zwischen Mob und Kapital so unnatürlich, schlug so sehr der Lehre vom Klassenkampf ins Gesicht, daß die unmittelbaren Gefahren des imperialistischen Experiments, sein Versuch, die Menschheit in Herren- und Sklavenrassen, in farbige und weiße Völker zu teilen und das in Klassen gespaltene Volk auf der Basis der Weltanschauung des Mob zu einigen, gar nicht erst zur Kenntnis genommen wurden. Nicht einmal der Zusammenbruch der internationalen Solidarität bei Ausbruch des Krieges konnte die Sozialisten eines Besseren belehren oder ihren Glauben an das Proletariat erschüttern. Als die imperialistische Politik die Bahnen der ökonomischen Gesetzmäßigkeit längst verlassen hatte und der ökonomische Faktor längst dem imperialen zum Opfer gefallen war, mühten sozialistische Theoretiker sich immer noch damit, die »Gesetzmäßigkeit« des Imperialismus zu entdecken. An die unveräußerlichen Rechte der Profitrate glaubten außer einigen älteren Herren in den Kreisen der Hochfinanz nur noch Marxisten, nachdem in Südafrika selbst längst alle rationalen Profitberechnungen dem »Rassenfaktor« aufgeopfert waren.

Es ist immerhin merkwürdig, daß es nie eine wirklich populäre Opposition gegen imperialistische Politik gegeben hat. Die zahlreichen Inkonsequenzen, nicht eingehaltenen Versprechungen und Vertrauensbrüche liberaler Staatsmänner, die, wenn sie an die Macht kamen, eben auch nur imperialistische Politik machen konnten, kann man schwerlich einfach als Opportunismus oder gar Bestechung erklären. Ein Mann wie Gladstone war nicht bestechlich, und wenn er etwa, trotz feierlicher Versprechungen in der Wahlkampagne, Ägypten nicht befreite, als er Ministerpräsident geworden war, so mußte es andere und tiefere Gründe haben. Das Volk wie die Staatsmänner der Zeit wußten, daß der Klassenkampf den Körper der Nation selbst zersplittert hatte und das gesamte politische wie gesellschaftliche Gefüge in äußerster Gefahr war. Expansion schien der zersplitterten Nation ein einheitliches Interesse wiederzugeben und sie aufs neue zu einen. Die Imperialisten wurden zu einem so gefährlichen Feind im Innern der Nation, weil sie in der Tat, wie Hobson meinte, »Parasiten des Patriotismus« waren und sich von der aufrichtigen Sorge der Patrioten um den Fortbestand der Nation nährten.

Es ist keine Frage, daß die patriotischen Hoffnungen auf den Imperialismus etwas mit der alten vergeblichen Praxis zu tun haben, innerpolitische Konflikte durch außenpolitische Abenteuer beizulegen. Aber der Unterschied zu früheren Zeiten ist bezeichnend. Abenteuer sind ihrer Natur nach zeitlich und räumlich beschränkt, und die Lösungen, die sie mitunter bringen können, sind immer darauf berechnet, Zeit zu gewinnen. Das imperialistische Abenteuer einer permanenten Expansion wurde hingegen von Anfang an für unbegrenzt gehalten, es sollte in den Bewegungsprozeß der kapitalistischen Produktion selbst eingeschaltet werden und nicht lediglich eine zeitweilige Krise beseitigen. Auch war der Imperialismus kein Abenteuer, wie man es gewöhnt war, weil er weniger nationalistische Schlagworte der Außenpolitik benutzte, als sich auf eine angeblich solide Basis wirtschaftlich materieller Interessen berief. In einer Gesellschaft von Klassengegensätzen, deren Gemeinwohl sich angeblich aus einer Addition aller Einzelinteressen ergab, konnte Expansion wiederum nur als Interesse erscheinen, aber nun als Interesse der Nation als Ganzes. Da die besitzenden und herrschenden Klassen alle anderen davon überzeugt hatten, daß ein Staat ohnehin nur der Ausdruck ökonomischer Interessen sei und jedenfalls auf einer materiellen Grundlage beruhe, lag es auch nichtimperialistischen Staatsmännern nahe, die Rettung der Nation in einem angeblich allen gemeinsamen, nationalen Interesse zu erblicken.

Solch ein gemeinsames, nationales Gesamtinteresse schien der Imperialismus zu bieten, und dies ist der Grund, warum der europäische Nationalismus sich so außerordentlich leicht imperialistisch infizieren ließ, trotz der entscheidenden Gegensätzlichkeit der ihm einwohnenden Prinzipien.[50] Je weniger der Nationalstaat sich für die Eingliederung fremder Völker eignete, desto größer war die Versuchung, sie einfach zu unterdrücken. Nationalismus und Imperialismus sind theoretisch durch einen Abgrund geschieden; in der Praxis ist dieser Abgrund immer wieder durch rassisch oder völkisch orientierte Nationalismen überbrückt worden. Die Imperialisten rühmten sich von Anfang an, daß sie »über« und »jenseits aller Parteien« ständen, daß sie die einzigen seien, die die Nation als Ganzes verträten. Dies gilt vor allem für den kontinentalen Imperialismus Mittel- und Osteuropas. In den Ländern des überseeischen Imperialismus, vor allem in England, war das Bündnis zwischen den Allzureichen und den Allzuarmen auf die überseeischen Besitzungen beschränkt. Hier aber, wo man bei der Verteilung der Erde schlechter weggekommen war, wie in Deutschland, oder gar wie in Österreich nichts erhalten hatte, kam das Bündnis innerhalb der Mutterländer selbst zustande und übte einen unmittelbaren Einfluß auf die innere Politik des Landes aus.

Alle eigentlich imperialistischen Politiker haben Fragen der Innenpolitik immer mit Verachtung und Gleichgültigkeit behandelt. In England, wo Bewegungen »jenseits der Parteien«, wie die *Primrose League,* von untergeordneter Bedeutung blieben, vollzog sich unter ihrem Einfluß die Umwandlung des Zwei-Parteien-Systems in das sogenannte *»Front-Bench system«,* das die Macht und den Einfluß der Opposition erheblich minderte und die Macht des Kabinetts auf Kosten der des Parlaments erheblich steigerte.[51] In England drückt sich die Parole des »Jenseits der Parteien« in dieser Machtverschiebung aus, die nur geduldet werden konnte, weil die machthabende Partei und vor allem das Kabinett, im Unterschied zu den im Unterhaus vertretenen Parteien, im Namen des ganzen Volkes zu sprechen vorgeben konnte. Nun war diese neue Sprache besonders geeignet, diejenigen anzuziehen, die noch einen echten politischen Idealismus besaßen. Zwar glich dieser verzweifelte Ruf nach Einigkeit der in Klassen aufgesplitterten Nation verzweifelt jenen Schlagworten, mit denen man seit eh und je die Völker in den Krieg geführt hatte; trotzdem entdeckte niemand in dem neuen imperialistischen Mittel, eine beständige Einigkeit zu erzielen, das sicherste Instrument, die Welt dauernd im aktuellen oder latenten Kriegszustand zu erhalten.

Die Beamtenschaft stellte der nationalistischen Form des Imperialismus das größte Menschenmaterial zur Verfügung und ist vorzugsweise für die Konfusion von Nationalismus und Imperialismus verantwortlich zu machen. Die Beamtenschaft, wie wir sie kennen, ist ein Produkt des Nationalstaates, dessen Existenz davon abhing, eine Klasse von Menschen heranzuziehen, die nur dem Staat und weder den wechselnden Regierungen noch der Klasse, aus der sie kamen, sich verpflichtet fühlten. Besonders in England und in Deutschland gründeten sich ihr Selbstbewußtsein und ihre Berufsehre darauf, daß sie Diener der Nation überhaupt waren. Sie waren die einzige Gruppe, die ein direktes Interesse daran hatte, daß der Staat wirklich über Klassen und Parteien in absoluter Unabhängigkeit von den gesellschaftlichen und politischen Kräften der Nation existierte. Die Autorität nationalstaatlicher Regierungen hat sich immer nur in ökonomischer Unabhängigkeit von den Klassen und in politischer Neutralität gegenüber den Parteien bewähren können. Der Verfall des Nationalstaates begann mit der Korruption seiner Beamtenschaft, und seine Autorität war erschüttert, als immer größere Teile des Volkes zu der Überzeugung kamen, daß Staatsbeamte nicht eigentlich dem Staat, sondern den besitzenden Klassen sich verpflichtet fühlten. Am Ende des vorigen Jahrhunderts waren die besitzenden Klassen zwar nicht die regierende, wohl aber die beherrschende Schicht, und diese Herrschaft geriet in einen ausgesprochenen Gegensatz zu dem Interesse der Staatsbeamten, zu ihrer Berufsehre wie zu ihrem Selbstbewußtsein. Sie waren in der Tat in Gefahr, sich lächerlich zu machen, wenn sie sich auf ihren »Idealismus«, d.h. auf ihr Berufsethos, beriefen. Sie gehörten zu keiner Klasse und bildeten innerhalb der Gesellschaft eine Gruppe, eine Clique für sich. Der Kolonialdienst gab ihnen eine willkommene Gelegenheit, allen diesen Konflikten und Widersprüchen, eigentlich ihrer gesellschaftlichen Heimatlosigkeit zu entkommen; in der Fremde und in der Herrschaft über fremde Völker war es erheblich leichter, das Bewußtsein, im Dienste der gesamten Nation zu stehen, festzuhalten. Denn die Kolonien waren längst nicht mehr nur eine »große Wohlfahrtsanstalt für die oberen Klassen«, wie sie James Mill noch hatte beschreiben können, sondern das Rückgrat des englischen Nationalismus, der sich aktiv nur noch in der Herrschaft über ferne Länder und der Beherrschung fremder Völker betätigen konnte. Diese englischen Verwaltungsbeamten glaubten wirklich, daß »der jeder Nation eigentümliche Geist sich nirgends deutlicher beweisen könne als in der Art, wie er unterworfene Völker behandele«.[52]

Und so viel war in der Tat richtig: Nur fern der Heimat konnte ein englischer oder französischer oder deutscher Bürger nichts als Engländer oder Deutscher oder Franzose sein. In seinem Mutterland war er so unentrinnbar in das Netz wirtschaftlicher Interessen und gesellschaftlicher Verpflichtungen eingefangen, daß jeder Ausländer seiner eigenen Klasse ihm näher stand als ein »Volksgenosse«, der zufällig einer anderen gesellschaftlichen Schicht angehörte. An den Tatsachen der Klassengesellschaft drohte das Nationalgefühl in der Tat zu zerbrechen; der aus dieser Gefahr entstandene Nationalismus, in welchem alle echte patriotische Gesinnung ohnehin unterzugehen drohte, konnte die imperialistische Expansion nur begrüßen als ein zeitgemäßes Instrument nationalistischer Politik. Der prahlerische und überhitzte Nationalismus der neuen Kolonialvereine und imperialistischen Ligen fühlte sich dem »Parteigezänk«, in dem in Wirklichkeit über die Politik der Nation entschieden wurde, enthoben und überlegen; je weiter sie sich von den gewählten Repräsentanten der Nation entfernten, desto überzeugter waren sie, daß sie, und nur sie, eine von allen partikulären Interessen gereinigte »nationale« Politik verfolgten. Der Patriotismus hatte seine Funktion und seine Stätte im Nationalstaat vor dem Auftreten des Imperialismus bereits verloren. Je größer die Produktionskapazität der europäischen Nationen wurde, desto verzweifelter gestaltete sich ihre politische Lage, desto anfälliger wurden ihre politischen Institutionen, die immer weniger imstande waren, ein ganz und gar veraltetes gesellschaftliches Gefüge zusammen und in Ordnung zu halten. Die Mittel, diese überalterten Gebilde zu stützen und zu erhalten, waren Mittel, die von der Verzweiflung eingegeben waren. Am Ende zeigte sich, daß das angebliche Allheilmittel des Imperialismus größeres Unheil anrichtete als die Krankheit, die es noch nicht einmal kurierte.

Das Bündnis zwischen Kapital und Mob steht am Anfang aller konsequent imperialistischen Politik, aber nur England hatte das große Glück, dies Bündnis auf seine überseeischen Besitzungen beschränken zu können. Dies ist der Sinn der so vielfach verleumdeten englischen »*Hypokrisie*«, die nicht nur ein Kompliment an die Tugend zu einer Zeit enthielt, da andere Länder solche Komplimente bereits mit Berufung auf »Realpolitik« ersetzt hatten, sondern vor allem auf der nie aufgegebenen prinzipiellen Unterscheidung zwischen kolonialen Methoden und normaler Politik beruhte. So ist England das einzige Land, das am Ende dieser Periode seine imperialistischen Besitzungen liquidieren konnte, ohne daß die Bumerangwirkungen des »*empire building*« die politische Struktur der Nation wirklich hatten zerstören können. Deutschland und Österreich mit seinen imperialistischen Pan-Bewegungen im Mutterland und Frankreich mit seinen Kolonialtruppen waren weniger gut daran. Denn was bei den Anhängern der Pan-Bewegungen und aller »Parteien über den Parteien« sich als Primat der »nationalen« Außenpolitik über das »Gezänk« der Innenpolitik gab, war in Wahrheit schon der erste, wenn auch noch schüchterne Versuch, die Nation zu imperialisieren, sie umzuorganisieren in ein Instrument für die verheerende Eroberung fremder Gebiete und die ausrottende Unterdrückung fremder Völker.

Die Erzeugung des Mob durch das kapitalistische Gesellschafts- und Produktionssystem ist frühzeitig beobachtet, sein Wachstum sorgfältig und besorgt von allen ernsteren Historikern des vorigen Jahrhunderts notiert worden. Der historische Pessimismus von Burckhardt bis Spengler gründet wesentlich auf diesen Beobachtungen. Was die mit dem reinen Phänomen traurig beschäftigten Historiker nicht sahen, war, daß der Mob nicht mit der wachsenden Industriearbeiterschaft und gewiß nicht mit dem Volk in seinen unteren Schichten zu identifizieren war, sondern daß er sich von vornherein aus den Abfällen sämtlicher Klassen und Schichten zusammensetzte. Gerade darum konnte es scheinen, als seien in ihm die Klassenscheidungen aufgehoben und als sei er, der außerhalb der in Klassen gespaltenen Nation stand, das verlorengegangene Volk – die »Volksgemeinschaft« in der Sprache der Nazis. In Wahrheit ist er dessen genaues Wider- und Zerrbild. Was die historischen Pessimisten verstanden, war die dieser Schicht inhärente Verantwortungslosigkeit, und was sie, von Beispielen aus der Geschichte belehrt, voraussagten, war das Umschlagen einer sogenannten Demokratie in eine Despotie, die aus dem Mob hervorgehen und sich auf ihn stützen konnte. Daß diese Voraussage nicht eingetroffen ist – die totalitäre Herrschaft liquidiert nach der Machtergreifung auch das Mobelement, aus dem ihre erste Führerschicht stammt –, liegt an neuen, damals nicht übersehbaren Entwicklungen. Was aber damals durchaus schon offenbar war und was die Historiker dennoch nicht sahen, war, daß der Mob nicht nur der Abfall der Gesellschaft, sondern auch ihr Produkt ist, direkt von ihr erzeugt und daher nie ganz von ihr zu trennen. Was sie zu notieren unterließ, war die ständig wachsende Bewunderung der guten Gesellschaft für die Unterwelt, die sich durch das ganze neunzehnte Jahrhundert zieht, ihr allmähliches Nachgeben in allen moralischen Fragen, ihre wachsende Vorliebe für den anarchischen Zynismus ihres Sprößlings – bis am Ende des Jahrhunderts, während der Dreyfus-Affäre in Frankreich, für einen kurzen und noch verfrühten Augenblick Unterwelt und gute Gesellschaft sich so innig miteinander verbündeten, daß es schwer ist, irgendeinen der »Helden« der Affäre eindeutig zuzuordnen: Sie sind gute Gesellschaft und Unterwelt zugleich.

Dieses Zugehörigkeitsgefühl, das den Erzeuger mit dem Sprößling verbindet (und das bereits in den Balzacschen Romanen einen klassischen Ausdruck gefunden hatte), ist früher als alle ökonomischen, politischen und sozialen Zweckmäßigkeitserwägungen. Weltanschaulich gesprochen könnte man noch viel weiter zurückgehen und sich an jene psychologisch fundamental neue Auffassung vom Menschen erinnern, die Hobbes, den modernen Typus vorwegnehmend, entworfen hatte – dreihundert Jahre fast, bevor er es zu einer durchschnittlichen Alltagswirklichkeit brachte. Ohne die tiefgreifende Desillusionierung jedoch, welche die Bourgeoisie in dem Jahrzehnt der Wirtschaftskrisen, das dem Imperialismus voranging, durchmachen mußte, wäre es vielleicht noch lange nicht dazu gekommen, daß die gute Gesellschaft offen die Revolutionierung aller abendländischen moralischen Standards, die Hobbes' radikaler »Realismus« vorgeschlagen hatte, zugab und der Weltanschauung des Mob und seiner Führer nachgab. Die einfache Tatsache, daß sich herausgestellt hatte, daß es bei einem einmaligen »Sündenfall« in der ursprünglichen Akkumulation des Kapitals nicht würde bleiben können, daß das System der Akkumulation nicht einem *perpetuum mobile* gleich ins Unabsehbare rollen konnte, ohne durch weitere »Sündenfälle« von Zeit zu Zeit kräftig aufgefrischt zu werden, hat die Bourgeoisie erheblich wirkungsvoller davon überzeugt, daß es an der Zeit sei, die lästigen Hemmungen abendländischer Tradition loszuwerden, als es ihr Philosoph oder ihre eigene Unterwelt hätten tun können. Das Ende kam, als in unserer Zeit die deutsche gute Gesellschaft schließlich die Maske der Hypokrisie ganz und gar abwarf und eindeutig den Mob mit der Wahrung ihrer Besitzinteressen beauftragte.

Natürlich ist es kein Zufall, daß dies zuerst gerade in Deutschland geschah. Nur in England und Holland war die Entwicklung der bürgerlichen Gesellschaft verhältnismäßig ungestört vonstatten gegangen, und selbst in Frankreich, wo die Geschichte der Bourgeoisie von einer großen und mehreren kleineren Volksrevolutionen begleitet gewesen war, hatte sie nie die Sicherheit und Furchtlosigkeit gekannt, die zum ungestörten Genuß der Herrschaft und für die Entwicklung bestimmter Prinzipien des Handelns so wichtig sind. In Deutschland aber, wo der entscheidende Aufstieg der Bourgeoisie in die zweite Hälfte des neunzehnten Jahrhunderts fällt, war ihre Herrschaft von Anbeginn von dem Anwachsen einer revolutionären Arbeiterbewegung begleitet, die eine nahezu ebenso lange Tradition hat wie sie. Die Zuneigung der guten Gesellschaft zum Mob offenbarte sich in Frankreich noch früher als in Deutschland und war schließlich in beiden Ländern gleich stark; nur daß Frankreich auf Grund der Tradition der Französischen Revolution und der mangelnden Industrialisierung des Landes sehr wenig Mob produziert hat, so daß die französische Bourgeoisie sich hilfeflehend nach Verbündeten jenseits der Grenzen in Nazi-Deutschland umsehen mußte.

Wie immer es im einzelnen um diese geschichtlich bedingten Vorgänge bestellt sein mag, die politische Weltanschauung des Mob, wie sie uns in so vielen zeitgenössischen, imperialistischen Ideologien entgegentritt, hat eine verblüffende Affinität mit der politischen Weltanschauung der bürgerlichen Gesellschaft, gereinigt von aller Heuchelei. Was ihr in neuester Zeit die nihilistischen Ideologien des Mob auch intellektuell so verführerisch erscheinen läßt, ist ihr eigener Nihilismus, der sehr viel älter ist als die Entstehung des Mob selbst. Die Disparatheit von Ursache und Folge, welche das Entstehen des Imperialismus kennzeichnet, ist somit selbst kein Zufall. Der Anlaß, das überflüssige Kapital, das des Mobs bedurfte, um sich sicher und profitabel zu investieren, setzte einen Hebel in Bewegung, der verborgen und von besseren Traditionen verdeckt in der Grundstruktur der bürgerlichen Gesellschaft immer mit enthalten gewesen war. Die von allen Prinzipien und aller Heuchelei gereinigte Gewaltpolitik konnte sich erst durchsetzen, als sie mit einer Masse von Menschen rechnen konnte, die aller Prinzipien ledig und numerisch so stark angewachsen war, daß sie Fürsorgetätigkeit und Fürsorgefähigkeit des Staates überstieg. Dieser Zustand war um die Wende des Jahrhunderts deutlichst eingetreten. Daß dieser Mob von niemand anderem als imperialistischen Politikern organisiert und von nichts anderem als Rasse-Doktrinen je hat begeistert werden können, zeigt deutlich seinen Ursprung aus der bürgerlichen Gesellschaft an; es erweckte aber auch den verhängnisvollen Anschein, als könnte nur der Imperialismus mit den schweren innenpolitischen, sozialen und ökonomischen Problemen der Zeit fertig werden.

6 Die vorimperialistische Entwicklung des Rassebegriffs

Im Eifer des Kampfes gegen den Nazismus hat man oft gemeint, der Rassebegriff sei eine Art deutsche Erfindung. Wenn das richtig wäre, so hätte »deutsches Denken« (was immer man sich darunter vorstellen mag) lange vor den Nazis und ihrem verhängnisvollen Versuch der Welteroberung große Teile der geistigen Welt des Abendlandes entscheidend bestimmt. In Wahrheit verhielt sich die Sache genau umgekehrt; gerade weil rassische Vorstellungen und Weltanschauungen überall in der öffentlichen Meinung, wiewohl nicht in der offiziellen Sprache der Kabinette, vorherrschend waren und bereits auf eine ansehnliche Tradition zurückblicken konnten, übte der politisch organisierte Rassismus des Hitlerregimes eine so außerordentlich starke Anziehungskraft in den dreißiger Jahren in Europa, und nicht nur in Europa, aus. In der politischen und propagandistischen Kriegführung der Nazis, die dem von ihnen entfesselten Zweiten Weltkrieg voranging und ihn dauernd begleitete, waren diese Strömungen erheblich wirksamere und zuverlässigere Verbündete als alle Geheimagenten und fünften Kolonnen. Die Nazis selbst wußten sehr gut und konnten sich auf die Erfahrungen von fast zwanzig Jahren berufen, daß ihre Rassenpolitik ihre beste Propaganda darstellte, und sie haben in dieser Frage niemals einen Kompromiß gemacht, auch nicht, als sie bei Kriegsausbruch um des deutsch-russischen Bündnisses willen alle Angriffe auf den Bolschewismus unvermittelt aufgaben. Den Rassebegriff aber haben weder die Nazis noch die Deutschen entdeckt, er ist nur nie vorher mit solch gründlicher Konsequenz in die Wirklichkeit umgesetzt worden.

Historisch gesprochen liegen die Ursprünge des Rassebegriffs im Anfang des achtzehnten Jahrhunderts; im neunzehnten finden wir ihn voll ausgebildet nahezu gleichzeitig in allen nationalstaatlich organisierten Ländern Europas; um die Jahrhundertwende wird er dann zu der eigentlichen Ideologie aller imperialistischen Politik. In die imperialistische Ideologie sind zweifellos alle geschichtlich älteren Elemente des Rassedenkens eingegangen, manche von ihnen neu belebt und anders akzentuiert worden; ob aber diese Elemente von sich aus und ohne die Notwendigkeiten imperialistischer Politik fähig gewesen wären, sich in eine einheitliche Weltanschauung zusammenzuschließen, ist mindestens zweifelhaft. Noch Mitte des vorigen Jahrhunderts wurden derartige »Theorien« mit dem Maßstabe der politischen Vernunft gemessen, und Tocqueville meinte sicherlich nicht, daß er »unwissenschaftlich« argumentiere, wenn er an Gobineau schrieb, daß die von ihm vertretene rassistische Erklärung der Geschichte »wahrscheinlich falsch sei, und sicherlich verderblich«.[1] Erst Ende des Jahrhunderts gelang es den Rassetheoretikern, wissenschaftlich ernst genommen zu werden, und von da ab werden ihre »Theorien« behandelt, als seien sie wirklich das Ergebnis wissenschaftlicher Forschung oder einer rein geistigen Entwicklung.[2] Bis dahin aber, bis zu dem verhängnisvollen Jahrzehnt des *»scramble for Africa«*, blieben die Rassetheoreme im Rahmen der zahllosen freien und unverantwortlichen Meinungen, die sich bekämpften und miteinander argumentierten, um die Zustimmung immer größerer Teile der öffentlichen Meinung an sich zu reißen. Diese Meinungen sind noch keine Ideologien, auch wenn sie bereits im Gewand der Weltanschauungen auftreten.[3] In ihnen strudeln die verschiedenartigsten Elemente noch frei und ungezwungen durcheinander, und sie sind noch recht weit davon entfernt, sich auf ein einziges Element, eine einzige willkürliche Behauptung so zu konzentrieren, daß aus ihr dann alles andere einfach auf dem Wege der Schlußfolgerung gefolgert werden könnte. Die erste Stufe zu dieser konzentrierenden Konsolidierung ist dann erreicht, wenn die werdende Ideologie behauptet, den Schlüssel zur Geschichte zu besitzen oder die Lösung der Welträtsel oder die Kenntnis der verborgenen, alles beherrschenden Gesetze, welche die Prozesse des Natur- und Menschenlebens regeln. Ausschlaggebend aber für die weitere Entwicklung zur Ideologie ist, daß die vertretene Grundannahme sich auf genügend Erfahrungsmaterial stützen kann, um plausibel zu erscheinen, und den von ihr erfaßten und organisierten Lebensradius weit genug faßt, um ihre Anhänger verhältnismäßig ungestört durch die Situationen und Schrecken eines durchschnittlichen modernen Lebens zu leiten. Nur wenige Meinungen waren plausibel genug, um in dem harten Konkurrenzkampf der freien Meinungen, der durch das ganze neunzehnte Jahrhundert tobte, bestehen zu können, und nur zwei erwiesen sich als stark genug, um wirkliche Ideologien hervorzubringen – oder richtiger in sie zu degenerieren. Die eine ist die zur Ideologie erstarrte marxistische Lehre vom Klassenkampf als dem eigentlichen Motor der Geschichte, und die andere ist die von Darwin angeregte und mit dem marxistischen Klassenkampf in mancher Beziehung verwandte Lehre von einem von der Natur vorgeschriebenen Rassenkampf, aus dem sich der Geschichtsprozeß, vor allem der Auf- und Abstiegsprozeß von Völkern, ableiten läßt. Nur diesen beiden Ideologien gelang es, im zwanzigsten Jahrhundert sich als offizielle, staatlich geschützte Zwangsdoktrinen durchzusetzen. Aber weit über die Grenzen der Gebiete, in denen diese Zwangsdoktrinen galten, hat die nicht gezwungene öffentliche Meinung sie in solchem Maße als das ihr Gemäße und evident Erscheinende akzeptiert, daß nicht nur volkstümliche, populäre Darstellungen, sondern auch die für die Gebildeten geschriebenen Geschichtsbücher zumeist unausdrücklich das Kategoriensystem einer der beiden Ideologien verwenden, als verstünde es sich von selbst.

Die den Ideologien innewohnende Kraft, Menschen zu überzeugen, ist niemals aus Propagandatricks oder bewußten Betrügereien derer zu erklären, die sich die Leichtgläubigkeit moderner Menschen zunutze machen, die sich auf ihren gesunden Menschenverstand in keiner Hinsicht mehr verlassen können. Die Ideologien müssen in ihrem zentralen Gehalt immer irgendwelchen Erfahrungen oder Wünschen entgegenkommen, sie müssen politische Bedürfnisse angemessen befriedigen. Ihre Glaubwürdigkeit erwerben sie nicht durch den Schein wissenschaftlich bewiesener Tatsachen oder historischer Gesetze, wie das von ihnen ergriffene und ihnen dienende Intellektuellen- und Literatenproletariat uns glauben machen möchte, sondern nur durch ihre politische Treffsicherheit. Jede Ideologie ist eine politische Waffe gewesen, bevor sie zu einer theoretischen Doktrin entwickelt wurde. Dabei kann es passieren, daß die Ideologie ihren ursprünglichen politischen Gehalt ändert, und dies ist bei der Rasseideologie in der Tat der Fall; aber ohne direkten Kontakt mit dem politischen Leben der Zeit und seinen zentralen Problemen kommt sie niemals aus. Ihr pseudowissenschaftlicher Aspekt ist sekundär und entstammt einmal dem allgemeinen Wissenschaftsaberglauben des neunzehnten Jahrhunderts und andererseits einfach der Tatsache, daß Wissenschaftler dem Druck der öffentlichen Meinung und ihrer jeweiligen Überzeugungen nicht weniger ausgesetzt und manchmal für sie sogar anfälliger waren als irgendwer sonst. Seit der Mitte des vorigen Jahrhunderts zeigen gerade Gelehrte und Forscher eine peinliche Neigung, sich aus der Stille ihrer Studierzimmer in das zu stürzen, was sie für das wirkliche Leben halten, um dort der Masse mit einem großen Aufwand an angeblich rein wissenschaftlichen Resultaten das zu predigen, was sie ohnehin glaubt.[4] Auf diese Weise, und nicht auf dem Wege objektiver Forschung, dringen dann die ideologischen Kategorien ihrerseits auch in die wirkliche Wissenschaft, und von solchen Ideologisierungen ist heute nicht eine Disziplin, sei es der Natur- oder der Geisteswissenschaften, wirklich frei. Dies hat wiederum viele Historiker in ihrer Tendenz, die Naturwissenschaften für den Rassenunsinn verantwortlich zu machen, bestärkt und sie verführt, bestimmte philologische oder biologische »Forschungsresultate« für die Ursachen statt für die Folgen der Rasseideologie zu halten.[5] In Wahrheit liegen die Ursachen überall im Politischen und brauchten oft Jahrhunderte, um mit den Traditionen der Forschung selbst fertig zu werden und »Resultate« zu produzieren, die bestimmten, politisch begründeten Überzeugungen entsprachen. So hat die Lehre, daß »Macht Recht ist«, vom siebzehnten bis zum neunzehnten Jahrhundert warten müssen, bis die Naturwissenschaften ihr mit einem biologischen Gesetz von der Erhaltung des Stärkeren aufwarten konnten. Hätten, um das gegenseitige Beispiel zu nehmen, Untergangstheorien der politischen Stimmung des neunzehnten Jahrhunderts so entsprochen wie die Fortschrittsideologie, so hätte sich vermutlich die Theorie de Maistres und Schellings durchgesetzt, derzufolge wilde Stämme und barbarische Völker nicht der Beginn, sondern der Überrest großer Zivilisationen sind. Unter solchen Umständen hätten wir wahrscheinlich nie etwas von den »Primitiven« gehört, und kein Wissenschaftler wäre auf die Idee gekommen, dem *»missing link«* zwischen Affe und Mensch nachzuforschen. Bei all diesen Sachverhalten kann es sich unmöglich darum handeln, die Wissenschaft als solche zu beschuldigen und zu diffamieren; deshalb aber darf man nicht außer acht lassen, daß Wissenschaftler genauso wie alle anderen Menschen im politischen Gefüge der Zeit stehen und daß wir von einer Wissenschaft, die sich ohne die leider immer unzulänglichen Wissenschaftler behelfen könnte, noch nie etwas vernommen haben.

Daß Rassismus die politische Waffe des Imperialismus war, ist so evident, daß es scheint, als hätten manche Forscher es vorgezogen, Theorien zu erfinden, nur um eine solche Binsenwahrheit nicht zu Papier bringen zu müssen. Zu diesen erfundenen Theorien gehört die verbreitete Vorstellung, daß die Rasseideologie eine Abart des Nationalismus sei, obwohl gerade diese Identifizierung immer wieder, besonders von französischen Historikern, widerlegt worden ist. Der Rassismus ist überall ein dem Nationalismus entgegengesetzter und ihn wie jede Form des Patriotismus untergrabender Faktor. Der Grund für die allem Quellenmaterial hohnsprechende Verwechslung mag einfach in einer Art Denkautomatismus liegen. Es lag nahe, in dem Kampf zwischen Rasse- und Klassenideologie um die Herrschaft über die moderne öffentliche Meinung einen Kampf zwischen Nationalismus und Internationalismus zu sehen, bei dem der Rassismus auf nationale Kriege und der dialektische Materialismus auf den Bürgerkrieg zugeschnitten sein mochten. Dies konnte um so wahrscheinlicher erscheinen, als im Ersten Weltkrieg rein nationale Feindschaften sich mit eigentlich imperialistischen Kräften amalgamiert hatten und in der Kriegspropaganda nationale Schlagworte sich noch als zugkräftiger erwiesen als die Propaganda offen imperialistischer Ziele.

Der Zweite Weltkrieg aber, mit seinen fünften Kolonnen und Quislingen in allen von Hitler angegriffenen oder neutralen Ländern, sollte gezeigt haben, wie hervorragend die Rasseideologie sich zur Führung gerade von Bürgerkriegen eignet.

Der Rassebegriff erschien in der Arena politischen Handelns in dem gleichen Moment, in dem die europäischen Völker sich nationalstaatlich organisierten. Von Anfang an kehrte er sich nicht an Begrenzungen nationaler Art, wie sie geographisch, sprachlich oder durch überkommene Bräuche gegeben waren, sondern leugnete prinzipiell die Bedeutung der nationalpolitischen Existenz als solcher. Das antinationale Rassedenken, und nicht Klassenideologien, begleitete wie ein ständiger Schatten die Entwicklung des Nationalstaats und des auf ihm gegründeten Gleichgewichts

Europas, bis es am Ende dieser Periode sich als die Waffe erwies, mit der man der Nation den Garaus machen konnte. Auch rein faktisch haben die Rassentheoretiker einen schlechteren Rekord, was Patriotismus anlangt, als die Vertreter aller internationalen Ideologien zusammen, und sie waren die einzigen, die mit ihrer Leugnung des Prinzips der Gleichheit und der Solidarität der Nationen, das durch die Idee der Menschheit garantiert war, den Nationalstaat zusammen mit dem Nationalismus wirklich ins Herz trafen.

Die Adels-Rasse gegen die Bürger-Nation

Im Frankreich des achtzehnten Jahrhunderts begegnen wir zum ersten Male der großen Neugier auf das Exotische und der großen Begierde, die fernsten, fremdesten und barbarischen Stämme des Menschengeschlechts zu kennen und zu erforschen. Wir sehen es in der Malerei, in der chinesische Vorbilder bewundert und nachgeahmt werden, in den Titeln der Bücher, wenn »Persische Briefe« eine besondere Anziehungskraft versprachen. Reiseberichte waren eine beliebte Lektüre der gebildeten Gesellschaft, und man setzte bereits sehr früh die unverbildete Einfachheit unzivilisierter Völker der verbildeten Künstlichkeit der europäischen Kultur entgegen. Diesem frühen Bestreben, den geistigen Inhalt des Fremden und Fremdartigen zu erfassen, das die französische Gesellschaft des achtzehnten Jahrhunderts durchdrang und beseelte, ist das neunzehnte Jahrhundert dann mit seinen ungeheuer erweiterten Möglichkeiten des Reisens gefolgt, durch die ein Bild der nichteuropäischen Teile der Welt in das Heim jedes durchschnittlichen Bürgers drang. Eine Begeisterung für »neue Exemplare des Menschengeschlechts« (Herder) trug auch die Männer der Französischen Revolution, denen es nicht nur um die Befreiung der französischen Nation ging, sondern die hofften, unter den Farben der Trikolore alle Völker zu befreien und zu Nationen zu machen. Dies ist es, was *»fraternité«* meinte, und sie sollte sich auf die ganze Erde erstrecken, denn: *»La raison est de tous les climats« (La Bruyère).*

Und doch ist es dieses Jahrhundert, das die Nation befreite und sich für die Menschheit begeisterte, in welchem wir die ersten Keime des Rassebegriffs finden, der die Nation zerstörte und die aus der Nation geborene Idee der Menschheit vernichtete.[6] Merkwürdigerweise war der erste Schriftsteller, der in Frankreich die Existenz zweier Völker verschiedener Abstammung annahm, auch der erste, der in Klassenkategorien dachte. Für den Comte de Boulainvilliers, dessen Werke erst nach seinem Tode veröffentlicht wurden und der in den ersten Jahrzehnten des achtzehnten Jahrhunderts schrieb, fiel die französische Geschichte in die voneinander geschiedenen Geschichten zweier Völker auseinander, von denen das eine, germanischen Ursprungs, die älteren Eingeborenen, die Gallier, erobert, enteignet und unter seine Gewalt gezwungen hatte, so daß schließlich die Herrschaft des Landes in den Händen eines Eroberungsvolkes lag, das seine Legitimität aus dem »Recht der Eroberung« herleitete und sich darauf verließ, daß die Notwendigkeit selbst vorschreibt, daß »Gehorsam immer dem Stärksten erwiesen wird«.[7] Das eigentliche Anliegen Boulainvilliers' war natürlich nicht, eine Theorie zur Erforschung der französischen Geschichte zu liefern; er sprach für den Adel, der im Niedergang begriffen war, und versuchte, seine Herrschaft gegen die steigende Macht und die wachsenden Ansprüche des dritten Standes mit neuen Argumenten zu legitimieren. Die Situation war um so ernster, als die absolute Monarchie nicht mehr gesonnen war, innerhalb des Adels und zu ihm gehörig den *primus inter pares* zu spielen, und, in dem Bemühen, sich von allen Klassen und Schichten des Volkes gleichermaßen zu emanzipieren, erst einmal die aufstrebende bürgerliche Klasse protegierte. Für den Adel war es um so wichtiger, neue Argumente für die Legitimität der alten Positionen zu finden, als seine alten verbrieften Rechte von der Monarchie nicht mehr anerkannt und ihre Legalität von den Sprechern des Bürgertums, dem neuen Corps der *»gens de lettres et de loi«*, bestritten wurden. So schlug Boulainvilliers eine ganz und gar neue Theorie vor, welche die Rechte des Adels nicht mehr legal, sondern historisch rechtfertigen und gleichzeitig erklären sollte und derzufolge es eine französische Nation, die auf der Annahme einer im wesentlichen homogenen Bevölkerung mit gemeinsamer Sprache und gleicher Geschichte beruhte, nicht geben sollte, dafür aber zwei voneinander durch physische Merkmale geschiedene Völker, die durch nichts miteinander verbunden waren als dadurch, daß die einen herrschten und befahlen und die anderen unterdrückt waren und gehorchten.[8] Für die Geschichte des Adels in den Jahrhunderten seines Niedergangs ist Boulainvilliers insofern von Bedeutung, als er mit einer später nie wiederkehrenden Kühnheit und ohne alle Kompromisse an Bestandstücke spezifisch nationalen Fühlens und Denkens auf der Wurzellosigkeit gerade des Adels bestand und unbekümmert ausführte, daß die Gallier natürlich länger als der angeblich germanische Adel in französischem Lande ansässig waren und daß die erobernden Franken ursprünglich nicht nur ein fremdes, sondern auch ein barbarisches Volk gewesen seien. Er stützte sich wirklich nur auf das angeblich ewige Recht der Eroberung, aus dem er folgerte, daß in »Friesland ... die eigentliche Wiege der französischen Nation« gestanden habe. So konnte er eine Terminologie entwickeln, die unseren Ohren eigentümlich modern klingt, wiewohl erst der Imperialismus ihr einen durchschlagenden politischen Sinn gegeben hat. Er betrachtete die ursprünglichen Bewohner Frankreichs als Eingeborene, als sei Frankreich wie eine Kolonie erobert worden (nicht von den Römern, sondern von germanischen Stämmen), und die zeitgenössische Bevölkerung erscheint ihm als Untertanen, nicht des Königs, sondern der gesamten Adelskaste, das heißt aller derer, die durch Geburt dem erobernden Volke zugehören und dem Land seinen Namen, Frankreich, gegeben haben.

Boulainvilliers' Theorie stützt sich auf die politische Philosophie des siebzehnten Jahrhunderts, in der Macht und Recht zum ersten Male gleichgesetzt waren; er war nachweislich ein Schüler Spinozas, dessen Ethik er übersetzt und dessen theologisch-politischen Traktat er kommentiert hat. Nur ersetzte er im Sinne des neu erwachten historischen Interesses der Zeit den Hobbesschen und spinozistischen Machtbegriff durch die geschichtlich nachweisbare Tatsache der Eroberung, und dieses historische Ereignis wurde ihm bereits zu einer Art überirdischen Gerichts, das ein für allemal über die natürlich gegebenen Eigenschaften und die auf sie gegründeten Privilegien von Völkern und einzelnen entscheidet. Hier deutet sich bereits die spätere naturalistische Perversion der Doktrin, die Macht gleich Recht setzt, an, und dies um so offensichtlicher, als Boulainvilliers einer der bekanntesten Freidenker seiner Zeit war, dessen Angriffe auf die Kirche noch nicht als rein politisch motivierter Antiklerikalismus verstanden werden können.

Dennoch müssen wir im Auge behalten, daß Boulainvilliers nicht eigentlich von Rassen spricht, sondern noch an der Vorstellung von Völkern festhält. Er gründet das Recht überlegener Völker noch durchaus auf eine geschichtliche Tat, die Eroberung, und nicht auf irgendeine physische Tatsache, wiewohl er bereits davon ausgeht, daß die geschichtliche Tat dann zu bestimmten physischen Eigentümlichkeiten führe. Seine zwei durch Abstammung voneinander geschiedenen Völker setzt er der neuen Idee der Nation entgegen, die in seinen Augen politisch in dem Bündnis zwischen der absoluten Monarchie und dem dritten Stand repräsentiert war. Als Boulainvilliers schrieb, wurde die Idee der Nation zwar als verhältnismäßig neu und revolutionär empfunden, aber man wußte noch nicht, wie eng sie mit republikanischen Regierungsformen verbunden war und wie gefährlich sie schließlich der absoluten Monarchie, in der sie entstanden war, werden sollte.

Wenn Boulainvilliers sein Land für den Bürgerkrieg vorbereitete, so muß man ihm zugute halten, daß er dies unmöglich auch nur ahnen konnte. Daß seine Theorien den Meinungen eines großen Teils der Aristokratie entsprachen, die sich nicht als einen Teil, auch nicht als den vornehmsten Teil der Nation betrachtete, sondern als eine vom Volke absolut getrennte, herrschende Kaste, die mit ähnlichen Kasten anderer Völker erheblich mehr gemein hatte als mit dem eigenen Volk, unterliegt keinem Zweifel. Diese antinationalen und internationalen Tendenzen des Adels wurden politisch erst in dem Milieu der Emigranten wirksam, um von dorther Einfluß auf die Rassendoktrinen des neunzehnten Jahrhunderts auszuüben.

Bevor der Ausbruch der Revolution eine große Zahl des französischen Adels in die Emigration zwang, wo sie die Nützlichkeit dieser Theoreme entdeckten, wurde Boulainvilliers' Einfluß von einer Reihe eigentlich zweitrangiger Schriftsteller der Aristokratie halbwegs lebendig gehalten. Unter ihnen ist der Comte Du Buat-Nançay der interessanteste, weil er bereits vor dem Ausbruch der Revolution vorschlägt, daß sich die französischen Adligen auf ihre »barbarische Abstammung« besinnen und eine Art von »Internationale« der europäischen Aristokratie bilden sollten.[9] Da für diese Zwecke rein praktisch nur der deutsche Adel in Betracht kam, besteht Du Buat-Nançay auch wieder auf der germanischen Abstammung des französischen Adels, und wenn er auch nicht länger wagte, die eingeborene Bevölkerung wie Sklaven zu behandeln, so meint er doch, daß das französische Volk im Unterschied zum Adel nicht frei geboren sei, sondern seine Freiheit nur dem *»affranchissement«* durch den Adel verdanke. Wenige Jahre später haben dann die französischen Emigranten in der Tat versucht, an die Kastensolidarität des englischen und deutschen Adels zu appellieren und eine Internationale der Aristokratie zu organisieren, mit der sie dann die Revolutionen derer zu ersticken hofften, die sie für durch Eroberung versklavte, fremde Völker hielten. Und wenn auch dieses Experiment in Valmy seine entscheidende Niederlage erlitt, so hat es doch noch für Jahrzehnte nicht an Publizisten gefehlt, die fortfuhren, die »römisch-gallische« Mischrasse den Germanen entgegenzusetzen oder von einem Zusammenschluß aller germanischen Völker unabhängig von nationalen Territorien zu träumen.[10] Für nationales Denken waren sie natürlich einfach Vaterlandsverräter; ihnen selbst ist dies um diese Zeit schwerlich zum Bewußtsein gekommen, da sie wirklich der Meinung waren, daß in der Französischen Revolution ein »Krieg zwischen fremden Völkern« ausgebrochen sei – wie François Guizot es später ausdrückte.

Erst nach der Revolution nimmt diese ganze Literatur jenen später so wohlbekannten hämisch-vulgären Ton an, der die Lektüre des mit Rasse beschäftigten Schrifttums so unerfreulich macht. Während Boulainvilliers noch mit der gelassenen Noblesse einer ruhigeren Zeit die Rechte der Aristokratie einzig mit dem Recht der Eroberung verteidigt, ohne damit die natürlichen Qualitäten des eroberten Volkes zu be- und verurteilen, spricht der Comte de Montlosier, der ohnehin eine der fragwürdigsten Gestalten in der französischen Emigration war, bereits voller Verachtung von »diesem neuen, von Sklaven abstammenden Volke ... in dem sich alle Rassen und Epochen gemischt« hätten.[11] Die Zeiten hatten sich gewandelt, und das adlige »Eroberervolk« war nicht nur durch den Bürgerkrieg aus dem Lande vertrieben, sondern auch in einem regulären Kriege geschlagen worden. Mit der alten Vorstellung von Boulainvilliers, daß Eroberung und das Glück der Waffen allein die Art und das Geschick der Menschen bestimmen, konnte man nicht mehr viel anfangen. Nach diesen Regeln hatte man den Kampf endgültig verloren, und der Abbé Sieyès schlug denn auch noch vor Ausbruch der Revolution in einer berühmten Flugschrift vor, »alle Familien, welche an der absurden Anmaßung festhalten, daß sie einer erobernden Rasse entstammten, in die Wälder der Franken zurückzuschicken«.[12]

Es bleibt merkwürdig, daß alle französischen Rassentheoretiker von diesen frühen Anfängen an, da der Adel in seinem Kampf gegen das Bürgertum behauptete, einer anderen Rasse als das Volk anzugehören, die Überlegenheit der germanischen Rassen gepredigt haben auf Kosten ihres eigenen Volkes und der römisch-lateinischen Tradition Frankreichs. Man darf aber die Französische Revolution und die so bewußt zur Schau getragene Erbschaft Roms nun nicht als eine Reaktion gegen die Germanenschwärmerei der Aristokratie ansehen und meinen, das Volk Frankreichs und seine Wortführer hätten, wenn auch mit umgekehrter Absicht, die Zwei-Völker-Theorien des Adels akzeptiert. Bei den Jakobinern handelte es sich um ausschließlich geistige Traditionen, um die bewußte Nachahmung der römischen Republik, nicht aber um die Unterstreichung irgendwelcher Stammesverwandtschaften. Diese Inanspruchnahme Roms für eine historisch-politische Neugründung mag im Gegenteil sogar mit ein Grund dafür gewesen sein, daß es der sogenannte Latinismus nie zu einer eigenen Rasselehre gebracht hat. Jedenfalls ist es paradoxerweise eine historische Tatsache, daß weder die Engländer noch die Deutschen als erste die Überlegenheit der germanischen Völker behauptet und für sich in Anspruch genommen haben, sondern gerade die Franzosen, gegen die sich diese Rassedoktrinen von Beginn an gerichtet haben. Noch merkwürdiger ist, daß das Entstehen von deutschen Rassedoktrinen nach der preußischen Niederlage, wiewohl sie sich ausschließlich gegen Frankreich richteten, zu keiner Reaktion gegen die deutsche Germanenschwärmerei in Frankreich geführt hat. Noch 1840 konnte Augustin Thierry die nun schon mehr als hundert Jahre alten Redensarten von einem »germanischen Adel« und einer »keltischen Bourgeoisie« auskramen oder der Comte de Rémusat nochmals den germanischen Ursprung der gesamten europäischen Aristokratie behaupten. Als Gobineau daher (auf den wir gleich noch zurückkommen werden) schließlich die erste vollentwickelte Geschichtstheorie auf rassischer Grundlage entwickelte, war die Rassentheorie mitsamt der Behauptung von der Überlegenheit der germanischen Völker bereits eine, wenigstens in der Aristokratie Frankreichs, allgemein verbreitete Meinung, die aber nun erst zu einer Weltanschauung wurde, die ihren unmittelbaren Bezug zur Politik, zu politischen Erfahrungen und Zwecken, verloren hatte. Dieses zweite weltanschauliche Stadium des Rassismus begann ebenfalls nicht in Deutschland, sondern in Frankreich mit Gobineau, dessen Einfluß sich dann in beiden Ländern bis in die zwanziger Jahre unseres Jahrhunderts bemerkbar gemacht hat.

Völkische Verbundenheit als Ersatz für nationale Emanzipation

Der deutsche Rassebegriff, der auf die preußischen Patrioten nach der Niederlage von 1806 und die politische Romantik zurückgeht, war in seinen Ursprüngen entscheidend anderer, nämlich ausgesprochen völkischer Art. Auch er war politisch gebunden, bevor er in eine Weltanschauung degenerierte, aber er hatte im Unterschied zu Frankreich gerade den Zweck, das Volk in allen seinen Schichten zu vereinigen, und nicht, eine Gruppe aus ihm herauszuspalten. Es handelte sich hier nicht darum, sich nach Bundesgenossen jenseits der Grenzen umzusehen, sondern das Volk zum Bewußtsein seiner gemeinsamen Herkunft gegen die Fremdherrschaft zu mobilisieren. Dies involvierte sogar ein gewisses Mißtrauen gegen die international verbundene Aristokratie, das in Preußen sich nur deshalb nicht sehr stark bemerkbar machte, weil die preußischen Junker weniger international waren als nahezu alle anderen Aristokratien Europas. Auf jeden Fall schloß diese Absicht und politische Notwendigkeit es aus, daß man sich gerade die vom Volke am exklusivsten getrennte Klasse zum Modell dessen, was Rasse nun eigentlich ist, wählen konnte.

Das völkische Element ist für den deutschen Rassebegriff lange entscheidend geblieben und ist niemals ganz aus ihm verschwunden. Die Bedingungen und politischen Zwecke, die Abwehr der Fremdherrschaft und die Einigung des Volkes, haben zum mindesten bis zur Reichsgründung in der Entwicklung des Rassebegriffs mitgewirkt, so daß sich hier in der Tat echter Nationalismus und typische Rassevorstellungen vielfach miteinander mischen und eben jenes völkische Denken erzeugen, das es nur im deutschsprachigen Bezirk gibt. Hier liegt auch einer der wesentlichen Gründe dafür, daß man den vollausgebildeten Rassismus der Nazis so vielfach mit Nationalismus hat verwechseln können; die deutsche Rasseideologie hat in der Tat die Terminologie des völkisch gefärbten Nationalismus zumindest für Propagandazwecke immer mitbenutzt, um sich eine nationale Tradition zuzulegen, die sie in Wirklichkeit nicht hatte; die entscheidende Anziehungskraft der Naziideologie beruhte von vornherein auf ihren supranationalen Elementen und Programmpunkten, die man aber, um sich der älteren und noch traditionsgebundenen deutschen Schichten zu bemächtigen, hinter einer scheinbar völkischen Propaganda so verbergen konnte, daß die einen in ihr das Supranationale und die anderen das Nationale herauslesen konnten.

Der preußische Adel hatte im Unterschied zum französischen mit der Entwicklung der Rasseideologie oder des ihr vorausgehenden völkischen Denkens überhaupt nichts zu tun. Einen ernsthaften Konflikt zwischen Adel und absoluter Monarchie hat es in Preußen nur in der kurzen Periode der Stein-Hardenbergschen Reformen gegeben, nach welcher der Adel seine Positionen im Staatsapparat mühelos zurückgewann. Der preußische König, der im Jahre 1809 noch der größte Großgrundbesitzer des Landes war, blieb, der Bemühungen der Reformer ungeachtet, so lange ein *primus inter pares,* bis Bismarck ihn zum Kaiser machte. Die deutschen Patrioten, welche nach 1814 den deutschen Nationalismus zu einer Waffe für die Errichtung eines gesamtdeutschen Nationalstaates entwickelten, waren liberal und bekämpften die preußischen Junker. Sie bestanden auf der gemeinsamen Herkunft des kleinstaatlich organisierten Volkes, und sie sahen das deutlichste Zeichen dieser gemeinsamen Herkunft in der deutschen Sprache. Von spezifischen Rasseelementen oder selbst von völkischen Vorstellungen ist bei ihnen nicht viel zu finden.[13] Dies gilt vor allem für die Zeit vor den Befreiungskriegen, als man noch hoffen konnte, daß der Sieg über die französische Besatzung zu einer Befreiung der Nation führen werde. Erst als die Hoffnungen getäuscht waren, beginnen die Versuche, die sprachliche Definition des deutschen Volkes mit scheinbar »realeren«, in Wahrheit natürlich erheblich abstrakteren Vorstellungen von »Blutsbanden« zu erweitern. Dies geschah gleichzeitig bei Männern, die in anderer Hinsicht so verschiedenen politischen Lagern angehörten wie etwa der katholische Schriftsteller Joseph Görres, der liberale Nationalist Ernst Moritz Arndt und der Turnvater Jahn. Dieser naturalistische Einschlag kam deutlichst aus der Einsicht, daß das Volk selbst für die Geburt der Nation nicht reif war, daß ihm sowohl das Bewußtsein einer gemeinsamen geschichtlichen Vergangenheit wie der Wille für eine gemeinsame Zukunft fehlten und daß daher etwas gefunden werden müsse, was sich irgendwie mit dem messen konnte, was die ganze europäische Welt als die glorreiche Macht der geeinten französischen Nation erfahren hatte und noch frisch im Gedächtnis trug. Die organische Geschichtsauffassung, die nur in der deutschen Geistesgeschichte eine so hervorragende Rolle spielt, war wesentlich dieser politischen Verlegenheit geschuldet, daß es Deutschland eben nicht gab und auf deutschsprachigem Territorium sich ein nationales Gedächtnis nicht gebildet hatte. An seine Stelle tritt dann die Vorstellung, daß »alle Glieder ein gemeinsames Band der Blutsverwandtschaft umschlingt«[14] oder daß diejenigen, die es so offensichtlich nicht zu einer organischen Einheit gebracht hatten, allem äußeren Anschein zum Trotz »ein ursprüngliches Volk«[15] seien.

Diese im Zusammenhang der organischen Geschichtsauffassung entwickelten Terminologien und Definitionen haben zwar schon einen deutlich naturalistischen Anklang, halten sich aber politisch noch ganz im Rahmen nationalen Denkens. Der Prüfstein hierfür ist, daß die gleichen Männer, die (wie Jahn) das Leben der Menschen mit dem der Tiere vergleichen, doch darauf bestehen, daß »ein jedes verlöschende Volkstum ein Unglücksfall für die Menschheit [sei] … [denn] in einem Volke kann sich der Adel der Menschheit nicht einzig aussprechen«. In dem gleichen Sinne meint Görres: »Es hat kein Stamm einen Anspruch auf den Besitz des anderen«, und Arndt war ein begeisterter Vorkämpfer der italienischen und polnischen nationalen Befreiungsbewegungen.[16] Die Entwicklung des deutschen Nationalgefühls blieb entscheidend an der Tatsache der Fremdherrschaft und nationalen Unterdrückung orientiert, es blieb ein Reaktionsgefühl, das ohne die Realität eines äußeren Feindes seinen Sinn verlor und daher leichter ins Hysterische umschlug als das Nationalgefühl anderer Nationen. Nur in Deutschland versuchte der Nationalismus als solcher, die schützenden und abwehrenden Grenzen zu ersetzen, die die Nation braucht und die in Deutschland weder historisch noch geographisch klar definierbar waren.

Wie der Rassebegriff der französischen Aristokratie dazu bestimmt war, das Volk zu spalten, und daher zu einer Bürgerkriegswaffe werden konnte, war das völkische Nationalbewußtsein der Deutschen, in dessen Rahmen der spezifisch deutsche Rassebegriff erwuchs, dazu bestimmt, die Einheit des Volkes nach außen zu sichern; er konnte daher vor allem für nationale Kriege mobilisiert werden. Und so wie der Niedergang der französischen Aristokratie die französischen Rassedoktrinen ihres ursprünglichen politischen Sinns entleerte, so verlor die deutsche organische Geschichtsauffassung nach der Reichsgründung ihre politische Bedeutung. Im Falle Frankreichs haben am Ende des Jahrhunderts die Feinde der Dritten Republik sich der Bürgerkriegsqualitäten der Rasselehren entsonnen und so verhindert, daß sie eines natürlichen Todes starben. Im Falle Deutschlands wurde dem völkischen Nationalismus ein ähnlicher Dienst von den alldeutschen Imperialisten erwiesen, die ihre in Wahrheit bereits antinationalen Tendenzen unter dem Deckmantel besserer Traditionen zu verbergen wußten. Dies aber gilt nicht für ein anderes Element der deutschen Rasseideologie, das scheinbar in seinem Ursprung nichtpolitisch ist und das dennoch für die Ausbildung des Rassebegriffs zu einer politischen Ideologie sehr viel beigetragen hat.

Es ist ein Irrtum, die politische Romantik, wie es oft geschehen ist, für den spezifisch völkischen Charakter des deutschen Nationalismus verantwortlich zu machen. Mit dem gleichen Recht könnte man sie für nahezu jegliche unverantwortliche Meinung, die im neunzehnten Jahrhundert irgendwann zur Geltung kam, zur Verantwortung ziehen, denn es gibt kaum etwas in der Moderne, womit sie nicht gespielt hätte. Adam Müller und Friedrich Schlegel sind bis auf den heutigen Tag symptomatisch für jene intellektuelle Verspieltheit, in welcher schlechterdings jegliche Meinung temporär sich ansiedeln kann. Dem kann keine Wirklichkeit, kein Ereignis, keine politische Idee entgehen, weil sie alle nur Gelegenheiten für das eigentliche romantische Spiel sind. In dem Sinne einer historischen Quelle kann man auf sie überhaupt nichts zurückführen, weil (in den Worten Carl Schmitts) »das romantische Welt- und Lebensgefühl sich mit den verschiedensten politischen Zuständen und entgegengesetzten philosophischen Theorien zu verbinden vermag«.[17] Sie haben das Wort Novalis' »Die Welt muß romantisiert werden, so findet man den ursprünglichen Sinn wieder … Indem ich dem Gemeinen einen hohen Sinn, dem Gewöhnlichen ein geheimnisvolles Ansehen, dem Bekannten die Würde des Unbekannten gebe, so romantisiere ich es«,[18] auf ihre Weise verstanden, das heißt, sie haben nur das offensichtlich Schauspielerische dieses Wortes ernst genommen und den »ursprünglichen Sinn« im Spiel der Geheimnistuerei erst übersehen und dann wirklich verloren. Unter diesen romantisierten Objekten befand sich auch das Volk, das die Romantiker natürlich nicht entdeckten, sondern nur wie alle anderen Realitäten »eilig zu romantisieren suchten«.[19] Als romantisiertes Objekt verlor das »Volk« vor allem seine Qualität, von anderen Objekten geschieden und unterschieden zu sein, es konnte sich in jedem Augenblick in eine andere »romantische Realität« verwandeln, etwa den Staat oder die Familie oder den Adel oder was sonst den Romantikern gerade einfiel – wobei ihre Einfälle in der Jugend einem wirklichen Einfallsreichtum entsprangen, während die zu Jahren gekommenen Romantiker bekanntlich alles in das verwandelten, was gerade am besten bezahlt wurde. So ist es schlechterdings unmöglich, den geistesgeschichtlichen Hintergründen irgendeiner der frei miteinander konkurrierenden Meinungen, die im neunzehnten Jahrhundert wie Pilze aus dem Boden schießen, nachzugehen, ohne irgendwann auch einmal auf die politische Romantik zu stoßen.

Was diese ersten modernen Intellektuellen in Wahrheit vorbereiteten, war aber nun ganz und gar nicht diese oder jene Meinung und Ideologie, sondern die spezifische Mentalität der modernen und besonders der modernen deutschen Gelehrten, die ja inzwischen mehr als einmal bewiesen haben, daß es keine mögliche Ideologie gibt, die sie nicht zu beweisen imstande sind, oder richtiger, zu der ihnen nicht etwas einfallen kann, besonders wenn die einzige Wirklichkeit auf dem Spiel steht, die selbst ein Romantiker sich schlecht leisten kann ganz und gar zu übersehen, nämlich die einer bezahlten Stellung mit Pensionsanspruch. Für diesen Einfallsreichtum, der später einfach auf Kommando losgelassen werden konnte, gab die Romantik zugleich das beste Modell und den glänzendsten Vorwand in ihrer grenzenlosen Verehrung der individuellen »Persönlichkeit«, bei der völlige Willkürlichkeit als höchster Beweis von Genialität galt. Das Zentrum des sogenannten romantischen Welt- und Lebensgefühls war der Genie- und

Produktivitätsbegriff, wobei der Grad von Genie von der Anzahl der Einfälle abhing, die einer produzieren konnte. Dieser romantische Genie- und Persönlichkeitskult hat das Gesicht des modernen Intellektuellen entscheidender bestimmt als irgend etwas sonst. Solch ein typischer moderner Intellektueller war etwa noch Mussolini, der sich rühmte, zu gleicher Zeit »Aristokrat und Demokrat, Revolutionär und Reaktionär, proletarisch und antiproletarisch, pazifistisch und antipazifistisch gesinnt zu sein«. Das besagt nicht mehr, als daß ihm zu allem diesem etwas gelegentlich einfallen konnte. Was Mussolini von den romantischen Intellektuellen, aber auch von seinen modernen Zeitgenossen unterschied, war nur, daß er seine Einfälle mit »der größtmöglichen Energie ins Werk setzte«.[20]

Mussolini war der Meinung, daß man Faschist sei, wenn man »Relativist« ist, und von dieser Meinung haben ihn seine Kollegen in Nazi-Deutschland nie ganz zu heilen vermocht. Dieser Relativismus ist in der Tat romantisch, und wo er herrscht, ist es unvermeidlich, daß jede nur denkbare Meinung eines Tages in das Spiel der Einfälle hineingezogen, geistreich formuliert zu Papier gebracht und eiligst gedruckt wird. Weder der Inhalt dieser Meinungen noch das Chaos der Willkür im intellektuellen Leben der Zeit ist in unserem Zusammenhang von Wichtigkeit. Wesentlich ist nur der hinter beiden stehende Kult der Persönlichkeit und des Genies. Er hat in Deutschland aus politischen Gründen eine größere Rolle als anderswo in Europa gespielt, und der Einfluß der Romantik ist ihm im wesentlichen zuzuschreiben. Denn wenn auch die Romantiker die Persönlichkeit so wenig entdeckt haben wie das Volk, so hat sich doch dies Objekt besser als alle anderen zur Romantisierung geeignet und hat seine eigentliche Prägung sogar erst in der Romantisierung erfahren.

Die Persönlichkeit ist natürlich kein politischer Begriff, aber sie ist auch nicht primär ein psychologischer und ganz und gar nicht ein irgendwie gearteter philosophischer Begriff. Die Persönlichkeit ist vor allem ein gesellschaftlicher Begriff, und sie spielt eine Rolle im wesentlichen nur im Leben der Gesellschaft. Da in Deutschland der Kampf zwischen Adel und Bürgertum politisch nie zur Austragung gekommen ist, dafür aber in dem Kampf um Selbstbehauptung und gesellschaftliche Anerkennung von dem Bürgertum selbst ins Gesellschaftliche verlegt wurde, konnte es passieren, daß ein rein gesellschaftlicher Begriff und eine rein gesellschaftliche Wertung auf das Politische von größtem Einfluß wurden. Nachdem es dem deutschen Bürgertum nicht gelungen war, eine politische Emanzipation zu erkämpfen, versuchte es wenigstens, sich gesellschaftlich zu emanzipieren, um dem Druck, den der adlige Hochmut auf sein Selbstbewußtsein legte, zu entkommen. Das hervorragende Mittel in diesem Kampf ist der Begriff der »angeborenen Persönlichkeit« gewesen, den nicht Romantiker, sondern liberale Publizisten, also bürgerliche Intellektuelle, zu Beginn des neunzehnten Jahrhunderts entdeckt haben. Die Erziehungsgeschichte im »Wilhelm Meister«, dem klassischen deutschen Bildungsroman, in der der Held von Adligen und Schauspielern, also denen, die außerhalb der bürgerlichen Gesellschaft stehen, erzogen wird, zeigt deutlichst, wie hoffnungslos die Situation um 1800 gewesen sein muß, wie unwahrscheinlich es war, wirkliche »Persönlichkeiten« im Bürgertum zu finden.

Was immer das deutsche Bürgertum in seiner schwierigen und politisch besonders ungünstigen Situation schließlich an gesellschaftlichem Selbstbewußtsein aufzuweisen hatte, verdankte es seinen Intellektuellen, unter denen die Romantiker eine hervorragende Stellung einnahmen. Es hat sich dadurch erkenntlich erwiesen, daß es »gebildet« wurde und daß Bildung in Deutschland mehr als in anderen Ländern eine ausgesprochen gesellschaftliche, klassenmäßige Indikation erhielt. Nur daß dies Sich-erkenntlich-erweisen seine zwei Seiten hatte: Denn obwohl der Intellektuelle und vor allem der romantische Intellektuelle den Philister haßte, stellte es sich bald heraus, »daß der Philister den

Romantiker liebte, und in einem solchen Verhältnis war die Überlegenheit offenbar auf der Seite des Philisters«.[21] Mit anderen Worten: Die Erhebung der Bildung zu einer gesellschaftlichen Qualität erzeugte jenes Bildungsphilisterium, das es nur in Deutschland gegeben hat und das den deutschen Intellektuellen und den deutschen Bürgern eigentlich gleichermaßen schlecht bekommen ist.

Daß die Vorstellung von einer »angeborenen Persönlichkeit«, bei welcher man sich vorstellt, daß eine Gabe der Natur den Titel verleiht, den die politische Wirklichkeit versagt hat, wie alle gesellschaftlichen Begriffe im Grunde darauf hinauslief, sich von anderen zu distanzieren, stellte sich sehr schnell heraus. In diesem Fall haben die Juden die Rechnung bezahlt. Denn während der langen Periode, da ein nur gesellschaftlicher Antisemitismus ohne politische Impulse jenen eigentlich ruinösen, rein ideologischen, allen politischen Erfahrungsgehaltes entkleideten und darum durch und durch fanatischen Antisemitismus des zwanzigsten Jahrhunderts vorbereitete, waren es der Mangel an »angeborener Persönlichkeit«, an Takt, an Produktivität, die angeborene Neigung zum Geschäftemachen, kurz alle die Eigenschaften, welche der Adel am Bürgertum auszusetzen beliebte, den man auf andere, nämlich die Juden, abschob. Charakteristisch in diesem Bemühen, sich zu distanzieren, ist der Mangel an Zivilcourage nach allen Seiten. In seinem fieberhaften Bemühen, es dem Adel nach- und gleichzutun, hatte das deutsche Bürgertum noch nicht einmal den Mut, sich von den unteren Klassen des eigenen Volkes ideologisch zu distanzieren, obwohl dies faktisch natürlich schon durch die Einführung des Privilegs der Bildung und eben das Bildungsphilisterium geschehen war. Indem man in das Gesellschaftliche die nationale Note hineinbrachte, konnte man sicher sein, sich in der öffentlichen Meinung nach allen Seiten hin zu sichern. Am bezeichnendsten für diese Versuche ist die frühe kleine Satire von Clemens Brentano, »Der Philister vor, in und nach der Geschichte«, die er für die »Christlich-Deutsche Tischgesellschaft« unmittelbar nach der preußischen Niederlage geschrieben und vor diesem sehr erlesenen Auditorium deutscher Patrioten verlesen hat. Alles, was einem zu dem Gegensatz zwischen angeborener Persönlichkeit und Genialität auf der einen Seite und dem Philister auf der anderen einfallen kann, ist Brentano damals bereits eingefallen. Typisch ist nur, daß der Philister sofort mit anderen Völkern identifiziert wird, mit den Franzosen und den Juden, also als Nationalfeind auftritt. Von da ab ist das deutsche nationalistische Bürgertum nicht müde geworden, andere Völker mit den Prädikaten zu belegen, mit denen der deutsche Adel das deutsche Bürgertum belegte – erst die Franzosen und Engländer und immer wieder die Juden. Die großartigen Eigenschaften, welche die bürgerlichen angeborenen Persönlichkeiten sich zulegten und einander dauernd in nationalistischer Terminologie bestätigten, waren natürlich genau diejenigen, auf die der Adel seit alters Anspruch erhoben hatte und die sich unter den Aristokraten unter Umständen auch wirklich in der Form echter Familientradition fanden.

In dieser höchst übertragenen Weise haben die aristokratischen Maßstäbe in der Tat auch bei der Entstehung der Rassenideologie mitgewirkt, aber der preußische Adel hat von sich aus kaum etwas dazu beigetragen. Er war schon deshalb für eine Ideologiebildung höchst ungeeignet, da er ja nicht »gebildet« im bürgerlichen Sinne war und daher ein Bedürfnis nach Weltanschauung viel weniger verspürte als die anderen Schichten des Volkes. Ludwig von der Marwitz etwa brauchte niemals völkische oder Rassebegriffe und besteht darauf, daß die Nationen lediglich durch Sprachunterschiede voneinander getrennt seien. Nicht Adlige, sondern bürgerliche Intellektuelle wie Adam Müller haben aus dem Adel eine Art Ideologie gemacht, darauf bestanden, daß blutsmäßige Reinheit ein Zeichen der Aristokratie sei, oder haben, wie Haller, die Banalität, daß der Mächtige den Machtlosen beherrsche, dahin »vertieft«, daß eine solche Herrschaft ein Naturgesetz sei. Man kann es den Aristokraten selbst, die ja trotz ihrer noch gefestigten Positionen in Preußen recht gut wußten, daß sie sich auf einem absteigenden Ast befanden, kaum verargen, wenn sie diesen bürgerlichen Ideen, denen zufolge ihre Machtstellung nicht nur legal sei, sondern sich sogar in Übereinstimmung mit ewigen Naturgesetzen befände, begeistert zustimmten und sogar ihre Heiratspolitik nach den bürgerlichen Vorstellungen revidierten und Heiraten unter ihrem Stande sorgfältiger denn zuvor vermieden.[22]

Die Blutsbande, mit denen die preußischen Patrioten während der Zeit der Befreiungskriege ein Volk definieren wollten, dem es zur nationalen Emanzipation an echt historisch begründetem Nationalbewußtsein und zur nationalstaatlichen Organisation an klar erkennbar geographischer Begrenzung seines Territoriums fehlte, haben in Deutschland erst die verhältnismäßig harmlose Folge der »organischen Geschichtsauffassung« und dann die weniger harmlose eines von Beginn völkisch bestimmten Nationalgefühls gezeitigt. Darüber hinaus ist dies völkische Element von außerordentlicher Bedeutung für den chauvinistischen Nationalismus der unterdrückten Minderheiten Ost- und Südeuropas geworden, die sich in einer ähnlichen, nur viel hoffnungsloseren Situation befanden als die Deutschen vor der Errichtung des Deutschen Reichs. Dieser zentral- und osteuropäische Nationalismus hat sich von dem Westeuropas immer dadurch unterschieden, daß er von vornherein völkische und der Rasseideologie nah verwandte Elemente in sich aufgenommen hatte. Das zweite spezifisch deutsche Element in den Rasseideologien des neunzehnten Jahrhunderts stammt aus dem Persönlichkeits- und Geniekult, mit dem sich das deutsche Bürger- und Spießbürgertum über seine ursprünglich politisch verursachten Minderwertigkeitsgefühle hinwegzuhelfen suchte. Aus ihm entwickelte sich zwar in keiner Weise das, was Nietzsche mit dem ihm bereits von der öffentlichen Meinung der Zeit inspirierten Terminus »Übermenschen« gemeint hat, wohl aber das, was sich diejenigen darunter vorstellten, die meinten, es sei die ihnen, den Germanen, von der Natur selbst zugewiesene Aufgabe, die ganze Welt zu beherrschen und zu unterdrücken. Solange diese beiden Elemente voneinander getrennt blieben, gehörten sie nur zu den vielen unverbindlichen Meinungen des neunzehnten Jahrhunderts, die in diesem Fall sogar eine gewisse Beziehung zu der politischen Wirklichkeit hatten, insofern sie bestimmte Bedingungen des deutschen politischen Lebens aus der Welt zu schaffen trachteten. Erst als sie miteinander verbunden wurden, konnten sie zusammen so etwas wie die theoretische Grundlage für eine Rasseideologie erzeugen. Dies aber geschah vorerst nicht in Deutschland, sondern in Frankreich, und der Erfinder dieses explosiven Amalgams ist nicht ein bürgerlicher Intellektueller, sondern ein in seiner Weise hochbegabter und in allen seinen politischen Ambitionen getäuschter Adliger, der Comte Arthur de Gobineau.

Gobineau

Gobineaus *Essai sur l'Inégalité des Races Humaines* erschien im Jahre 1853 und brauchte fünfzig Jahre, um berühmt zu werden. Erst um die Jahrhundertwende hatte es sich allgemein als das Standardwerk für alle Geschichtsschreibung durchgesetzt, die auf Rassedoktrinen beruht. Der erste Satz des vierbändigen Werkes sagt mit aller Deutlichkeit, worum es dem Verfasser geht. Er lautet: »*La chûte des civilisations est le plus frappant et en même temps le plus obscur de tous les phénomènes de l'histoire.*« Gobineau ist von dem Phänomen des Untergangs fasziniert, und er dankt es dieser Faszination, daß er in seiner Theorie alle früheren Elemente und einander widerstreitenden Faktoren des Rassebegriffes zu vereinen vermochte. Zwar haben die Menschen sich für versunkene Zivilisationen, untergegangene Reiche und verschwundene Völker seit jeher leidenschaftlich interessiert, aber niemand vor Gobineau ist auf den Gedanken gekommen, die gesamte Geschichte als eine sich immer wiederholende Geschichte des Verfalls und des Untergangs zu interpretieren, die einem einzigen entdeckbaren Gesetz folgt. (Auch die aus der Antike stammende Kreislauftheorie hat hiermit schon darum nichts zu tun, weil der Akzent nicht auf dem Untergang liegt.) Es ist auffallend, daß alle Rassedoktrinen eine starke Affinität zu Untergangslehren haben. So ist etwa ein anderer frühzeitiger Rassedoktrinär, Benjamin Disraeli, in ähnlicher Weise von dem Untergang großer Kulturen fasziniert, während andererseits Hegel in seiner Beschreibung des dialektischen Ganges der Weltgeschichte, die ja von ethnischen Gruppen ihrem Sinne nach unabhängig ist, das Phänomen des Unterganges in der Geschichte kaum auch nur beachtet. Das ganze Anliegen Gobineaus ist, das Gesetz zu finden, nach welchem die Völker zugrunde gehen. Er ist in diesem Bemühen weder von Darwin noch irgendeiner anderen biologischen Entwicklungslehre direkt beeinflußt worden und kam ganz von selbst auf den Gedanken, *»de faire entrer l'histoire dans la famille des sciences naturelles«.*[23]

Um das Gewicht der Gobineauschen Lehre zu verstehen, darf man nicht vergessen, daß er seine Untergangstheorien in der Mitte des neunzehnten Jahrhunderts entwickelte, als der Fortschrittsglaube und die Fortschrittsideologie ihren Höhepunkt erreicht hatten. Auch hat er selbst, als er sein Werk schrieb, nicht daran gedacht, es zu irgendwelchen politischen Zwecken direkt zu benutzen. Dies ist schon an der Unbekümmertheit zu erkennen, mit der er die der Untergangsideologie inhärenten Konsequenzen zieht. Denn Gobineau, sehr viel radikaler als Spengler, sah nicht nur den Untergang des Abendlandes voraus, sondern schließt sein Werk mit der angeblich wissenschaftlich exakten Feststellung, daß die Menschheit, da sie ja einen wissenschaftlich erforschbaren Anfang genommen habe, auch ein Ende haben werde, und bemißt die Gesamtherrschaft des Menschen auf der Erde auf nicht mehr als zwölf- bis vierzehntausend Jahre, von denen die erste Periode bereits vergangen ist und die zweite, die Periode des Alterns und des Verfalls, bereits begonnen hat. Die erstaunlich kurze Gesamtzeit, die Gobineau dem Leben der Menschheit zugesteht, beweist, daß es sich bei ihm nicht um rein wissenschaftliche Theoreme oder astronomische Spekulationen gehandelt hat.

Es ist mit Recht gesagt worden, daß Gobineau das Phänomen der Dekadenz dreißig Jahre vor Nietzsche entdeckt habe.[24] Der Unterschied aber ist entscheidend. Nietzsche schrieb auf Grund einer wirklichen, und zwar gesamteuropäischen Erfahrung und beschrieb ein Phänomen, das in Frankreich mit Baudelaire, in England mit Swinburne und in Deutschland mit Wagner bereits offen zutage lag. Er zog nicht Schlußfolgerungen aus einer Theorie, und er war nicht vom Untergang fasziniert. Gobineau, dem man unmöglich besonderes Feingefühl oder überhaupt irgendeinen Geschmack außer dem vulgärsten nachsagen kann, hatte von der möglichen Vielfalt des modernen *taedium vitae* keine Ahnung; er ist viel eher ein verspäteter Erbe Boulainvilliers', der ohne allen Sinn für Kompliziertheiten psychologischer Natur einfach den Niedergang der Aristokratie mit einem Weltuntergang identifizierte. Mit einer gewissen Naivität übernimmt er ohne weiteres nahezu wörtlich die zentralen Thesen des aristokratischen Rassebegriffs des achtzehnten Jahrhunderts – die Lehre über den Ursprung des französischen Volkes, seine Gespaltenheit in Gallier, die ehemals römische Sklaven waren, und einen germanischen barbarischen Adel, die dem Adel inhärente Bodenlosigkeit und seinen intereuropäischen Herrschaftsanspruch.[25] Viel eher kann man in ihm Züge sehr modernen Scharlatanentums entdecken, so wenn er sich rühmt, seine eigene Abstammung über skandinavische Piraten bis hin zu Odin zurückdatieren zu können – *»moi aussi, je suis de la race des Dieux!«* –, überhaupt in der schnell ins Lächerliche fallenden Überspannung der übernommenen Doktrinen und vor allem auch in der Tatsache, daß er vielleicht ein regulärer Betrüger war, der seinen adligen Titel nur sich selbst verdankte.[26] Aber alles das ist nicht von zentraler Bedeutung. Wesentlich ist nur das Bestehen auf einem notwendigen Untergang der gesamten Menschheit. Daß die eigentlichen politischen Absichten, die Boulainvilliers und seine Nachfolger zur Zeit der französischen Emigration geleitet hatten, bei Gobineau wegfielen, ist auch nicht weiter erstaunlich. Der Niedergang des Adels war zur Zeit des Bürgerkönigtums Louis Philippes nicht mehr eine Gefahr, vor der man sich fürchtete, sondern eine Tatsache, die man nur noch beklagen konnte. Es ist dieser Kummer, der in Gobineau zum Ausdruck kommt und manchmal in den besten Passagen fast die große Verzweiflung der Dichter der Dekadenz erreicht, die wenige Jahrzehnte später von den menschenverlassenen Gärten sangen und dem großen Vorbei der *neiges d'antan.* Gobineau hatte wenig damit zu tun, außer daß er warten mußte, daß die Melancholie des neunzehnten Jahrhunderts die ganze Intelligenz erfaßt hatte, bis er trotz offenkundiger Scharlatanerie und Vulgarität seiner Untergangsstimmung wegen ernst genommen und ihm ein verspäteter Ruhm endlich verkündet wurde – von Robert Dreyfus in Frankreich und Thomas Mann in Deutschland. Das war zu einer Zeit, da die Intellektuellen in Geschmacksdingen nicht mehr sehr wählerisch waren. Lange bevor das Entsetzliche und das Lächerliche sich in einer menschlich nicht mehr begreiflichen Mischung zusammenfanden, hatte das Lächerliche aufgehört, tödlich zu sein.

Gobineau verdankt seinen verspäteten Ruhm dem *fin de siècle* und seiner Untergangsstimmung, die nicht weniger vulgär war als die Fortschrittsideologie der vorangegangenen Zeit, auf die sie in mancher Hinsicht nur eine nahezu automatische Reaktion darstellte. Das besagt aber nicht, daß er gleichsam ein Vorläufer dieser Zeit gewesen sei. Er war nur eine kuriose Mischung von enttäuschtem Adligen und romantischem Intellektuellen, dem die erste konsequente Formulierung einer auf Rasse begründeten Geschichtsauffassung beinahe zufällig zugefallen war. Er konnte zwar die Lehre von den beiden Völkern in Frankreich übernehmen, aber er mußte natürlich die Behauptung der naturalistischen Rassevorstellungen, daß es ein Naturgesetz sei, daß immer die Stärksten und Besten sich durchsetzen, revidieren, weil ja dieses »Naturgesetz« für den Adel gerade höchst katastrophale Folgen gehabt hätte. In traurigem Gegensatz zu seinen Vorgängern konnte er sich nicht damit begnügen, zu erklären, warum der Adel die ihm natürlicherweise zukommenden Positionen auch wirklich innehatte, sondern mußte vielmehr einen Grund finden, warum er sie, und zwar offenbar unwiderruflich, verloren hatte. Ein Weg aus diesem Dilemma war natürlich, den Untergang des französischen Adels mit dem Untergang Frankreichs und dessen Untergang schließlich nach einigen eingeschalteten Zwischenstadien mit dem beginnenden Untergang der Menschheit gleichzusetzen. Im Zuge dieser Notwendigkeit erfand er die dann später von seinen Entdeckern und Biographen so sehr bewunderte Degeneration der Rassen, die dem Untergang der Zivilisation voranging und bei der gerade die Schlechtesten unfehlbar siegen. Die Degeneration der Rasse selbst führte er, und dies ist in der Tat ein neuer Einfall, auf Rassenmischung zurück, bei der sich wiederum notwendigerweise das »minderwertigere« Blut stets durchsetzte. Gobineau hatte vorerst mit diesem Einfall, der nach der Jahrhundertwende sehr schnell eine Banalität wurde, zu Lebzeiten gar kein Glück. Das fortschrittsgläubige Jahrhundert war viel besser für die der Gobineauschen entgegengesetzte Rassentheorie, die »Auslese der Tüchtigsten«, eingerichtet, die dem liberalen Optimismus als ein Schlüssel zur Geschichte plausibler schien als die Vorstellungen von einem unvermeidlichen Untergang aller und gerade der Besten. Gobineau versuchte vergeblich, sich Gehör zu verschaffen, indem er mit seinen Theorien in die amerikanische Diskussion über die Sklavenfrage eingriff und zu diesem Zweck sein ganzes System auf einen grundsätzlichen Konflikt zwischen weißen und schwarzen Rassen umstellte. Er konnte die Untergangsstimmung und die Vorstellung vom Tode der Menschheit nicht eliminieren, und gerade diese Seite seiner Theorien wurde nicht einmal an der Jahrhundertwende, sondern erst nach dem Ersten Weltkrieg gewürdigt, als er es endlich zur Popularität gebracht hatte.[27] Der *»Essai sur l'Inégalité des Races Humaines«* wurde in verkürzter Ausgabe beinahe zu einer Art »Untergang des Abendlandes« für den kleinen Mann.

Die Politik, die Gobineau selbst vorschlug, bestand in der Neudefinition und Neuschöpfung einer »Elite«, welche die untergehende Aristokratie ersetzen sollte. An die Stelle der Prinzen müßte man eine »prinzliche Rasse« setzen, und dies sollten die Arier sein, welche in Gefahr stünden, von den unteren Volksschichten nichtarischen Geblüts auf dem Wege der Demokratie aufgelöst zu werden. Dieser völlig willkürliche Rassebegriff, bei dem es wirklich jedem freistand, als Arier zu definieren, wer einem gerade paßte, machte es möglich, die romantische »angeborene Persönlichkeit« zu einer rassisch bestimmten natürlichen Aristokratie weiterzuentwickeln, der von Natur das Recht zur Herrschaft zustand. Da Gobineau an reine Rassen nicht glaubte, konnte er annehmen, daß sich in jedem Individuum eben eine andere Rassenmischung durchgesetzt habe, so daß er ohne Rücksicht auf nationale Abstammung oder soziale Herkunft in jedem außerordentlichen Individuum einen der »wahren Nachkommen der Merowinger«, einen »Sohn der Könige« sehen konnte. So ermöglichte es der Rassebegriff, politisch, und nicht gesellschaftlich, den Anspruch auf jene Eigenschaften zu machen, welche die Aristokratie für ihr Monopol gehalten hatte; mit seiner Hilfe konnte man »beweisen«, daß man, mit Gobineau zu reden, von Odin selbst abstamme. Daß solch überlegene Abstammung Herrschaftsrechte begründen müsse, verstand sich von selbst. Daß die Bildung einer solchen Rassearistokratie mit Gobineaus Vorhersage des notwendigen Verkommens und schließlichen Untergangs des Menschengeschlechts im Widerspruch stand, ist ihm nie aufgefallen, vor allem auch, weil er zu seinen eigentlichen politischen Schlußfolgerungen und Forderungen erst kam, als ihm der literarische Erfolg versagt blieb. Daß dieser Widerspruch zudem nur logischer Natur, also politisch bedeutungslos ist, können erst wir bezeugen, die eine solche Rassenorganisation mit Untergangsromantik am Werk gesehen haben.

Dem Beispiel seiner Vorgänger folgend, sah Gobineau in seinem Rassebegriff nicht nur ein Bollwerk gegen die Demokratie, sondern auch gegen den Nationalstaat und den Begriff des Vaterlandes, den er für eine *»monstruosité chananéenne«* hielt, die man dem Triumph der gallo-römischen Volksschichten verdankte und von der alles, was noch irgendwelches germanisches Blut in Anspruch nehmen konnte, nichts wußte.[28] Wie immer es mit dem Entstehen des Vaterlandbegriffs bestellt sein mag – und es ist nicht zu leugnen, daß die *patria* römischer Herkunft ist und der Patriotismus der französischen Nation etwas hiermit, wenn auch kaum im Sinne einer römischen Erbschaft, so doch im Sinne einer bewußten Renaissance des Patriotismus durch die Französische Revolution, zu tun hatte –, Gobineau jedenfalls hat sich niemals an vaterländische Gefühle für gebunden gehalten, und dies natürlich um so weniger, als Frankreich in der Tat die *patrie par excellence* war, wie es die einzige Nation war, in der sogar Neger sich unter Umständen der vollen Bürgerrechte erfreuen konnten. Welcher Nation aber Gobineau sich verpflichtet fühlte und in welcher er die Inkarnation der Germanen oder Arier erblickte, hing ausschließlich vom Erfolg der Betreffenden ab. So ist in dem *»Essai«* noch die deutsche Nation kaum germanisch und kann den Vergleich mit England in rassischer Beziehung nicht aufnehmen; dies ändert sich aber sofort nach dem deutsch-französischen Krieg, als Gobineau die hervorragenden Eigenschaften der Deutschen entdeckte.[29] Dies Verhalten ist mit Mangel an Würde oder Opportunismus darum nicht zu erklären, weil es weder individuell ist noch im Widerspruch zu Gobineaus Theorien steht. Es gibt keine Ideologie, die nicht im Erfolg ihren höchsten, ja, eigentlich ihren einzigen Maßstab erblickt. Wer behauptet, jegliche Wirklichkeit und jedes Ereignis aus einer einzigen Grundvoraussetzung ableiten und vorhersagen zu können, kann gar nicht anders, als seine Meinung dauernd dem sich gerade Ereignenden anzupassen. Man kann nicht gut von Leuten Zuverlässigkeit erwarten, die berufsmäßig jede einmal gegebene Realität und eingetretene Tatsache ideologisch rechtfertigen müssen.

Hinzu kommt, daß es im Wesen der Rasseideologie liegt, nicht patriotisch zu sein. Dies konnte man bis zum Aufkommen des Nazismus, dem es an Verachtung für das eigene Volk und Bereitschaft, es den höheren Interessen der arischen Rasse zu opfern, nie gefehlt hat, nur an den französischen Rasseideologien ablesen, weil sie allein mit der den Franzosen eigentümlichen logischen Konsequenz ausgearbeitet waren. Die französischen Rassefanatiker sind nicht einmal während des Ersten Weltkrieges der »Schwäche« des Patriotismus verfallen, und wenn sie auch, vermutlich aus Gründen der Vorsicht, sich hüteten, während des Krieges die *»essence aryenne«* bei den Deutschen zu suchen, und dafür lieber die Angelsachsen und Skandinavier einsetzten, so haben sie sich doch nicht geniert, während des Krieges auszusprechen, daß alles, was man mit den Worten Nation, Patriotismus und Gesetzesstaat bezeichne, nichts sei als törichte »Vorurteile, eingebildete Werte und leere Worte«.[30] Dies war möglich nicht so sehr wegen der Wirkung Gobineaus, den kein Historiker im neunzehnten Jahrhundert ernst genommen hat, sondern weil die von Boulainvilliers begonnene Tradition, Rassebegriffe und bestimmte Rassen in die Geschichtsschreibung einzuführen, auch auf die ideologisch nicht verseuchte Geschichtsschreibung in Frankreich nicht ohne Einfluß geblieben ist. Selbst Taine glaubte an den überlegenen Genius der »germanischen Nation«,[31] und Renan war der erste, der die Unterscheidung zwischen Semiten und Ariern zu der entscheidenden *»division du genre humain«* machte, wiewohl ihm zufolge Zivilisationen auf der Einebnung aller Rassen- und lokalen Unterschiede beruhen und so schließlich auch dieser Unterschied wieder ausgelöscht wird.[32] Das Gerede von Rasse, das so charakteristisch für die französische Publizistik nach 1870 wird, selbst wenn es nicht von einer konsequent innegehaltenen Rasseideologie geleitet wird, ist jedenfalls stets antinational und progermanisch.

Politisch konnte die Lehre Gobineaus im innerpolitischen Kampf Frankreichs den Feinden der französischen Demokratie im allgemeinen und der Dritten Republik im besonderen ihrer antinationalen Grundtendenzen wegen immer dazu dienen, sich nach Bundesgenossen im Ausland umzusehen und den Vorwurf des Landesverrats zu bagatellisieren. Wichtiger war, daß die eigentümliche Vermischung der Rasse mit einer Elite, die sich gleichsam auf natürlichem Wege aus der Geschichte ableiten konnte, das romantische Spiel mit dem Interessanten, wie es von den Intellektuellen seit der deutschen Romantik systematisch betrieben wurde, mit einer neuen, nahezu unerschöpflichen Einfallsquelle versah. In Gobineaus *»fils des rois«* waren die romantisierten Helden, Heiligen und Genies zwar schon ein wenig vulgarisiert, dafür aber ergaben sich ganz neue, ungeahnte Möglichkeiten psychologischer Art, weil man mit ihnen die historischen Ereignisse der Vergangenheit als die Rassenmischung jedes Individuums in die Tiefen und Komplikationen der eigenen Seele verfolgen konnte. Das psychologische Spiel erhielt eine wahrhaft historische Bedeutung, und das eigene teuere Selbst konnte plötzlich als ein erhabenes Schlachtfeld der Geschichte erscheinen. *»Quant à moi, depuis que j'ai lu l'Essai, je n'ai pas cessé de sentir vivre dans mon être chaque fois que quelque conflit … remuait mes sources cachées, une affreuse lubricité, … l'inexorable bataille du Noir, du Jaune, du Sémite et de l'Aryen«*, meinte niemand Geringerer als der bekannte französische Publizist und Historiker jüdischer Abstammung Élie Faure.[33] Für die Mentalität der modernen Intellektuellen, die ihre Herkunft aus der Romantik nie verleugnen können, ganz gleich welche Meinungen sie sich in individuellen Fällen zulegen, kam es nur auf die Mischung der Rassen und die damit gegebene Interessantheit der seelischen Konflikte an; politisch zeigt gerade die Aufnahme dieser Seite der Rasselehre, wie harmlos die ganze Sache hätte ausgehen können, wenn nicht andere und entscheidendere Kräfte der Zeit sich ihrer bemächtigt hätten.

Der Streit zwischen den »Rechten eines Engländers« und den Menschenrechten

Die Ursprünge der englischen Version der Rasseideologie lassen sich mit der gleichen Bestimmtheit in das letzte Jahrzehnt des achtzehnten Jahrhunderts, die Zeit der Reaktion gegen die Französische Revolution, datieren, wie die Ursprünge der deutschen in das erste Jahrzehnt des neunzehnten Jahrhunderts, die Zeit der Reaktion gegen die napoleonischen Kriege. Die ersten Ansätze kann man bereits bei Burke feststellen, in seinem bekannten Kampf gegen die Französische Revolution, die er gleichwohl als »die bemerkenswerteste und erstaunlichste Krisis, die sich je in der Welt ereignet hat«, bezeichnete.[34] Der große Einfluß Burkes auf die englische wie deutsche politische Theorie ist bekannt und soll hier nur erwähnt werden, weil er mit zu den Gründen gehört, warum englische und deutsche Rasseideologien so viel Gemeinsames aufweisen und sich in manchen entscheidenden Punkten von den französischen unterscheiden. Gemeinsam ist beiden Ländern und Traditionen vor allem, daß sie gemeinsam die Armeen Frankreichs schlugen und daher geneigt waren, sich von den Ideen, die in der Devise *Liberté-Égalité-Fraternité* zum Ausdruck kamen, als von etwas Ausländischem, Fremdartigem und Aggressivem zu distanzieren. Zudem war die gesellschaftliche Ungleichheit mehr als anderswo gerade die Grundlage und das Kennzeichen der spezifisch englischen Gesellschaft, so daß die Vorstellung von den Menschenrechten wohl nirgends sonst so aufreizend gewirkt hat. Ungleichheit wurde nicht nur von den englischen Konservativen als ein unabdingbares Merkmal des englischen Nationalcharakters empfunden. »Wenige Dinge in der Geschichte«, meinte Sir James Stephen, »haben einen so schäbigen Anstrich wie die Aufregung, mit der die Franzosen solche Angelegenheiten behandeln.«[35] Und selbst ein Jude wie Disraeli fand es ganz selbstverständlich, daß die »Rechte eines Engländers etwas Besseres beinhalten als die Menschenrechte«.[36] Nur in England konnte sich die Rasseideologie direkt aus der nationalen Tradition, aus dem Bewußtsein, daß gesellschaftliche Ungleichheit zum englischen Nationalcharakter und daß Rechte überhaupt zu den politischen Merkmalen gerade eines Engländers gehörten, entwickeln, so daß Ansichten, die in Frankreich von vornherein gegen die Nation gerichtet waren, in England für lange Jahrzehnte in der nationalen oder nationalistischen Tradition verblieben.

Die Grundeinstellung des englischen Nationalismus, die Burke, von den Ansprüchen der Französischen Revolution in die Enge getrieben, formulierte, ist in dem folgenden Satz enthalten: »*It has been the uniform policy of our constitution to claim and assert our liberties, as an entailed inheritance derived to us from our forefathers, and to be transmitted to our posterity; as an estate specially belonging to the people of this kingdom, without any reference whatever to any other more general or prior right.*« Es gehört in der Tat zu den Eigentümlichkeiten des englischen Nationalgefühls, die Freiheit für einen den Engländern garantierten, erheblichen Besitz zu halten und nicht für etwas, das man im Kampf, sei es des Krieges oder der Revolution, sich erworben hat. Daß dieser Freiheitsbegriff in der Burkeschen Formulierung ganz den feudalen Freiheitsvorstellungen gleicht, in denen Freiheit sich in Freiheiten und verbrieften Privilegien kundtut, die man zusammen mit Titel und Land ererbt hat, ist offensichtlich, nur daß eben nur in England dieser feudale Freiheitsbegriff wirklich sich auf die ganze Nation hat erstrecken und anwenden lassen. Dies wiederum besagte, daß ein Engländer sich im Vergleich zu anderen Nationen als einer gleichsam adligen Nation unter den Nationen zugehörig fühlte, und dies unabhängig davon, welcher Klasse er in England selbst angehören mochte. Daher hatte Burke auch für niemand größere Verachtung als für Engländer, die auf diesen nationalen Adel verzichteten und ihre Freiheit nicht als Engländer reklamierten, sondern als Menschen und Bürger. Sie begaben sich freiwillig der Privilegien, die ihnen die englische Geburt von selbst zugeteilt hatte, auch wenn in England selbst von solch privilegierter Stellung für den einzelnen nicht viel zu spüren sein mochte.

Daß der englische Nationalismus sich so ungestört von Klassenkonflikten, vor allem ohne einen eigentlichen Konflikt zwischen Adel und Bürgertum entwickeln konnte, war vor allem dem geschuldet, daß die englische *Gentry*, die zwischen dem alten Hochadel und dem Bürgertum sich eingeschaltet hatte, die oberen Schichten der Bourgeoisie immer wieder in die Aristokratie hineinassimilierte, so daß trotz des außerordentlich rigiden Charakters des englischen Klassensystems gerade in England dauernde Aufstiege in die Aristokratie möglich waren. Dieser Prozeß gliederte den Adel in die englische Nation ein und erzeugte in ihm jenes auffallende nationale Verantwortungsgefühl, das ihn und die ihn vertretende konservative Partei so vorteilhaft von ihren kontinentalen Kollegen unterschied; er erleichterte aber auch die Assimilation feudaler Maßstäbe und Begriffe durch das Volk, das in einer hierarchieähnlichen Ordnung in allen seinen Schichten miteinander verbunden blieb und weniger als auf dem Kontinent durch das Klassensystem antagonistisch aufgespalten wurde. Das Hierarchische dieser Klassenordnung, an deren Spitze das englische Königshaus stand, ergab von selbst, daß die Maßstäbe der Aristokratie sich in der Nation als eine Art nationales Gesamtbesitztum und Gesamterbteil durchsetzten. Die Folge davon innerhalb der Entwicklung der Rassentheorien war, daß diese mehr als anderswo von Vorstellungen der Züchtung und des biologischen Erbguts beherrscht wurden. Die ganze sogenannte Wissenschaft der Eugenik ist eigentlich englischen Ursprungs.

Die großen, rein physischen Unterschiede zwischen den europäischen Völkern und denen, die sie in allen anderen Erdteilen vorfanden, haben nicht aufgehört, sie zu verblüffen und zu quälen, seitdem sie im achtzehnten Jahrhundert begannen, praktisch-politisch alle Völker der Erde in einen neuen Begriff der Menschheit einzubegreifen. Eine der Reaktionen auf diese quälende Verblüffung waren die Rassentheorien, und um sie zu verstehen, müssen wir uns in den Worten Voltaires vergegenwärtigen, »wie groß die Überraschung des ersten Negers und des ersten Weißen gewesen sein muß, als sie einander begegneten«.[37] Die Begeisterung des achtzehnten Jahrhunderts für die unendliche Verschiedenheit, in die sich die überall gleiche menschliche Natur und Vernunft kleideten, war jedenfalls nicht stark genug, um die entscheidende Frage zu beantworten, ob die christlich-jüdische Annahme der Einheit und Gleichheit aller Menschen, die sich auf die Hypothese der gemeinsamen Abstammung des gesamten Menschengeschlechts in der unübersehbaren Vielfalt seiner Volksstämme von einem einzigen Elternpaar gründete, auch dann noch Menschen plausibel erscheinen würde, wenn sie allen diesen Stämmen wirklich begegnen und sich mit ihnen wirklich die eine Welt teilen würden. Der biblische Mythos von der Entstehung des Menschengeschlechts wurde auf eine sehr ernste Probe gestellt, als Europäer in Afrika und Australien zum ersten Male mit Menschen konfrontiert waren, die von sich aus ganz offenbar weder das, was wir menschliche Vernunft, noch was wir menschliche Empfindungen nennen, besaßen, die keinerlei Kultur, auch nicht eine primitive Kultur, hervorgebracht hatten, ja, kaum im Rahmen feststehender Volksgebräuche lebten und deren politische Organisation Formen, die wir auch aus dem tierischen Gemeinschaftsleben kennen, kaum überschritten. Die Bekanntschaft mit afrikanischen Negern hatte bereits in Amerika einen Rückfall in die Sklaverei verursacht, von der man mit Recht hätte annehmen können, daß sie in dieser Form in der Neuzeit nicht mehr vorkommen würde. Die moderne Sklaverei erscheint überall auf der Grundlage der Rassendifferenz, aber die Versklavung der Negerstämme machte die sklavenhaltenden Völker deswegen noch nicht zu ideologischen Verfechtern von Rassedoktrinen, sie machte sie höchstens anfälliger, wenn sie ihnen gepredigt wurden. Durch das ganze achtzehnte Jahrhundert betrachteten die amerikanischen Sklavenhalter noch die Sklaverei als eine vorübergehende Institution, die man nach und nach abschaffen müsse. Die meisten unter ihnen würden wohl Jefferson beigestimmt haben, der gesagt hat: »Ich zittere, wenn ich daran denke, daß Gott gerecht ist.«

In Frankreich, wo man das Problem der schwarzen Stämme durch Erziehung und Assimilation zu lösen hoffte, legte Buffon in seiner *Histoire Naturelle* (1769 bis 1789) eine erste Aufstellung der Menschenrassen vor, die von einer Beschreibung der europäischen Völker ausging und alle anderen nach ihren Unterschieden von ihnen klassifizierte; dabei aber vermied er jegliche Hierarchie und realisierte das Prinzip der Gleichheit auf seine Art durch strikte Nebeneinanderstellung aller Arten. Das achtzehnte Jahrhundert glaubte eben, in den herrlich präzisen Worten Tocquevilles, »an die Verschiedenheit der Rassen, aber an die Einheit des Menschengeschlechts«.[38] In Deutschland hatte Herder ausdrücklich betont, man solle das »gemeine Wort« Rasse nicht auf Menschen anwenden, und Goethe ausdrücklich (in der Farbenlehre) sich geweigert, von dem Menschen als einem naturwissenschaftlichen Objekt viel zu sagen, da »er sich ganz von der allgemeinen Naturlehre lostrennt«. Auch Gustav Klemm, der erste Kulturhistoriker, der von der Klassifikation der menschlichen Arten geschichtlichen Gebrauch macht (in seiner »Allgemeinen Kulturgeschichte der Menschheit«, 1843 bis 1852), respektiert noch durchaus die Vorstellung von einer einheitlichen Menschheit als dem selbstverständlichen Rahmen seiner eigenen Forschung.

Sehr viel schwieriger lagen die Dinge in England und Amerika, wo es sich nicht um Theorien handelte, sondern nach Abschaffung der Sklaverei politische und praktische Probleme des Zusammenlebens zu lösen waren. Mit der Ausnahme von Südafrika – einem Land, das in diesen Zusammenhang noch nicht gehört, weil seine bereits im neunzehnten Jahrhundert voll ausgebildete Rassengesellschaft die Ideologien Europas erst in den achtziger Jahren des vorigen Jahrhunderts zu beeinflussen beginnt – gab es praktisch politische Rassenprobleme nur in diesen beiden Nationen. In beiden Fällen verschärfte die Abschaffung der Sklaverei erst einmal das Rassenproblem, brachte es als solches allererst in das Bewußtsein der Beteiligten. Jetzt erst, nach Abschaffung der Sklaverei in den britischen Kolonien im Jahre 1834 und in den jahrzehntelangen Diskussionen, die dem amerikanischen Bürgerkrieg vorausgingen und ihn begleiteten, erwies sich, wie verhängnisvoll der Burkesche Standpunkt gewesen war, oder besser, wie verhängnisvoll die Tatsache war, daß die Nationenbildung in England nicht von einer verfassungsrechtlichen Neuformulierung der Menschenrechte begleitet gewesen war, sondern ihnen die nationale Bestätigung der ererbten Rechte der Engländer vorgezogen hatte. Die Folge war, daß Englands öffentliche Meinung für einige Jahrzehnte den fruchtbarsten Boden für eine Unzahl von unsinnigen biologischen Weltanschauungen, die alle an Rassedoktrinen orientiert waren, abgab.

Wir zählen aus diesen naturalistischen Ideologien, die alle mit einem gewaltigen pseudowissenschaftlichen Apparat in die Öffentlichkeit treten, nur die wichtigsten in chronologischer Reihenfolge auf. Da kamen erst einmal die sogenannten Polygenisten, die in offenem Kampf gegen die »Lügen« der Bibel überhaupt jegliche Verwandtschaft zwischen den Rassen leugneten und die erbittertsten Gegner des Naturrechts, das ja eine vorgegebene Verbundenheit aller Menschen voraussetzt, waren. Zwar bestand der Polygenismus nicht auf einer bestimmten, ein für allemal festgelegten rassischen Überlegenheit irgendeines Volkes, aber er bewies wissenschaftlich, daß es physisch unmöglich sei, daß Menschen verschiedener Rassen einander auch nur verstehen könnten. Kiplings berühmtes *»East is East and West is West | And never the twain shall meet«,* das er selber, soweit man ein Nichtbeweisbares widerlegen kann, in seinem Roman *Kim* widerlegt hat, hat noch sehr viel mehr mit den Theorien der Polygenisten als mit wirklichen Erfahrungen gerade in Indien zu tun. Aber die Theorien der Polygenisten hatten auch direkt politische Wirkung durch ihren Einfluß auf die englische Intelligenz und damit auf die Haltung jener Kolonialbeamten, die in einer Mischehe das größte Unglück sahen, das überhaupt passieren, oder die größte Sünde, die ein Mann begehen konnte, da seine Kinder dieser Ideologie zufolge überhaupt keiner Rasse mehr angehören, sondern Mißgeburten sind, bei denen »jede Zelle der Schauplatz eines Bürgerkriegs«[39] ist. Die eigentümliche, unüberwindliche Distanziertheit der englischen Kolonialbeamten, mit der sie sich verhaßter gemacht haben als die Franzosen mit ihrer offenen Korruptheit und die noch nicht einmal einem Gefühl der Verachtung entsprang, war durch diese Theorien aufs beste gestützt. Die Polygenisten lieferten den englischen Kolonialbeamten sozusagen die ihnen entsprechende Weltanschauung.

In gewissem Sinne spricht es für Charakter und Haltung des englischen Kolonialbeamtentums, daß es sich im großen ganzen von den Polygenisten, die eine Hierarchie der Rassen nicht kannten, hat entscheidend bestimmen lassen und nicht von der fast gleichzeitig mit ihnen auftretenden Ideologie des Darwinismus, der in der allgemeinen öffentlichen Meinung den Polygenismus sehr schnell überflügelte und schließlich ganz aus dem Felde drängte. Auch der Darwinismus beruht wesentlich auf Vererbungstheorien, fügt diesen aber das politische Prinzip des neunzehnten Jahrhunderts, den Glauben an den Fortschritt, hinzu, wodurch er erst einmal anscheinend zu der den Polygenisten entgegengesetzten Folgerung kommt, nämlich, daß nicht nur alle Menschen, sondern alle Lebewesen miteinander verwandt und verbunden seien und daß die Existenz niederer Rassen klar beweise, daß es selbst zwischen Mensch und Tier nur gradweise, aber keine fundamentalen Unterschiede gäbe. Wenn dem aber so ist, dann unterliegt das menschliche Leben genau den gleichen Gesetzen wie das Gesamtleben der Natur, das sich bei Darwin als ein Kampf um das Dasein darstellt. Damit lieferte Darwin, abgesehen davon, daß er den Fortschritt als eine biologische Tatsache entdeckt hatte, der alten aus dem siebzehnten Jahrhundert stammenden Macht-ist-Recht-Theorie ein neues und sehr eindrucksvolles Argument. Nur daß diese Doktrin, die einst die stolze Sprache der Eroberung gesprochen hatte, nun in die eher verbitterte und mit Ressentiments belastete Sprechweise von Menschen übersetzt wurde, die den Kampf um das tägliche Brot kannten und mit allen Mitteln ohnehin versuchten, sich nach oben durchzukämpfen.

Der überwältigende Erfolg des Darwinismus war zum großen Teile seiner politischen Unbestimmtheit, also der Tatsache geschuldet, daß er nur ganz im allgemeinen der Stimmung des Zeitalters entsprach und alle seine wesentlichen Elemente irgendwie aufgenommen und verarbeitet hatte. In der Anwendung blieb er ganz ungebunden. Auf der Grundlage dieser Vererbungslehre konnte man ebensogut an eine Rassenherrschaft wie eine Klassenherrschaft glauben oder daran, daß die Geschichte ein Kampf der Rassen, wie daß sie ein Kampf der Klassen sei. Man konnte sich des Darwinismus' für nahezu jegliche ideologische Einstellung bedienen, ja, man konnte auf seiner Grundlage sowohl für die Diskriminierung niederer Rassen wie für ihre Höherentwicklung sich einsetzen. Es ist charakteristisch, daß wir Darwinisten unter den Pazifisten und Kosmopoliten aller Schattierungen wie unter den Imperialisten aller Sorten finden.[40] In den siebziger und achtziger Jahren war der Darwinismus noch fast ausschließlich in den Händen der antiimperialistischen sogenannten utilitarischen Partei Englands, und der erste Evolutionsphilosoph, Herbert Spencer, der die Gesellschaftswissenschaften als einen Teil der Biologie etablieren wollte, glaubte noch, die natürliche Auslese sei von Vorteil für die Menschheit und würde automatisch den ewigen Frieden herbeiführen. Für dieses frühe, noch rein ideologische Stadium von Problemen, die erst später ihr wahres politisches Gesicht zeigen sollten, bot der Darwinismus zwei wichtige Vorstellungen an, mit denen man sich irgendwie überall helfen konnte: erstens die Vorstellung von dem natürlichen Existenzkampf alles Lebendigen mit der optimistischen Voraussage, daß hierbei eine automatische Auslese der Tüchtigsten vonstatten gehen werde, und zweitens die unbegrenzten Möglichkeiten, welche der Vorstellung der Evolution, der Abstammung des Menschen vom Tiere, innewohnen und aus der die neue »Wissenschaft« der Eugenik geboren wurde.

Die Lehre von der natürlicherweise ständig vonstatten gehenden Auslese der Tüchtigsten starb an der gleichen Krankheit, an der Boulainvilliers' Theorie zugrunde gegangen war.

In dem Augenblick, als die herrschenden Klassen Englands sich nicht mehr absolut sicher fühlten und es nicht mehr so ausgemacht schien, daß die, welche die Natur heute als die »Tüchtigsten« ausgelesen hatte, sich auch noch morgen als solche erweisen würden, bedurfte der Darwinismus der gleichen entscheidenden Veränderung, die Gobineau für die Boulainvillierssche Rassentheorie vorgeschlagen hatte.

Diese Aufgabe erfüllten auf ihre Weise die Eugeniker. Sie behielten die Vorstellung der tierischen Abstammung des Menschen bei und mit ihr die optimistische Voraussetzung, daß die Natur an sich progressiv ist und immer höhere Lebewesen von sich aus entwickele; sie gaben aber zu, daß es in dieser Entwicklung störende, verzögernde Faktoren geben könne, und schlugen daher vor, der Natur bei ihrem Werk ein wenig zu helfen. Durch Züchtung nach eugenischen Gesichtspunkten sollte es nun möglich werden, die Tüchtigsten selbst sozusagen herzustellen und auf diese Weise den Nationen, welche die von der Eugenik vorgeschriebenen Gesetze befolgten, eine ewige Tüchtigkeit bzw. ein ewiges Leben zu garantieren. Dazu war nur nötig, die natürlich-biologischen Prozesse in die Hand zu nehmen und sich so in die Werkstatt der Natur, oder was man dachte, daß Natur sei, einzuschalten. Daß es dabei nicht ohne das abgehen würde, was naturwissenschaftlich nicht so gebildete und in alten Vorurteilen befangene Menschen Bestialität nennen, war den Eugenikern durchaus bekannt; sie hatten auch schon das Argument gefunden, das ihrer Meinung nach schließlich alle Welt davon überzeugen müßte, daß man die offensichtlich »Untüchtigen«, die unheilbar Kranken und vor allem die Geisteskranken ausmerzen müsse: Es würde, in den Worten Ernst Haeckels, »sinnlose Ausgaben für Familie und Staat« überflüssig machen.[41] Daß die Eugeniker darwinistischer Herkunft sich für befugt hielten, den Politikern die Gesetze des Handelns vorzuschreiben, ist nicht verwunderlich. Sie hatten, wie das Exempel Huxleys in England, Vacher Lapouges in Frankreich und Haeckels in Deutschland zeigt, eine ganz außerordentliche Neigung, nicht nur die Staatsmänner zu beraten, sondern die Propaganda ihrer Lehre selbst in die Hand zu nehmen, die Forschungsarbeit zu verlassen und sich im wesentlichen mit der Popularisierung ihrer »wissenschaftlichen« Resultate zu beschäftigen. Bis dann schließlich die letzten Darwinisten in Deutschland von naturwissenschaftlicher Forschung gar nichts mehr wußten, dafür aber gelernt hatten, Menschen auf organisatorischem und propagandistischem Wege in das zu verwandeln, was die Darwinisten vielleicht dachten, daß ein Affe ist.

Doch bevor die Nazis im Zuge einer totalitären Politik versuchten, die menschliche Natur zu verändern, hat es zahlreiche Versuche gegeben, die Vererbungslehre für Züchtungszwecke anzuwenden. Es ist mit Recht betont worden, daß es charakteristisch für die frühen Anhänger der Deszendenztheorie war, mit gleicher Unerschütterlichkeit an die äffische Herkunft des Menschen wie an seine englische Zukunft zu glauben.[42] Daß man mit der Verwischung des Unterschiedes zwischen Tier und Mensch in die Gefahr geraten würde, den Unterschied zwischen Mensch und Gott zu vergessen, hat fast hundert Jahre vor den Evolutionstheorien schon Voltaire gewußt. Dazu bedurfte es keiner Wissenschaft, noch nicht einmal der Ansätze einer biologischen Forschung, sondern nur der Durchdenkung der Deszendenzvorstellung und ihrer inhärenten Konsequenzen.[43] An solches Durchdenken war jetzt nicht mehr zu denken, und die Eugeniker glaubten allen Ernstes, daß es ihnen gelingen würde, auf Grund der Vererbungstheorie Genies zu züchten,[44] so daß die Entstehung einer Aristokratie wiederum auf natürlichem und nicht auf politischem Wege zustande kommen sollte. Unter den mannigfachen Einfällen, die die vom Liberalismus enttäuschten Intellektuellen des neunzehnten Jahrhunderts produzierten, war dieser einer der beliebtesten: die ganze Nation in eine natürliche Aristokratie hinaufzuzüchten, aus der sich dann die bestgelungenen Exemplare als Genies und Übermenschen erweisen würden, so daß man mit ganz »natürlichen« Mitteln, und das heißt hier nur: ohne Zuhilfenahme irgendwelcher politischen Mittel, eine neue Elite erzeugen könne. Politische Angelegenheiten wurden im letzten Drittel des neunzehnten Jahrhunderts mit Vorliebe unter Titeln abgehandelt, die der Biologie und Zoologie entlehnt waren, und niemand wunderte sich, wenn Zoologen mit »biologischen Ansichten zur Außenpolitik« auf den Plan traten und behaupteten, in der Zoologie gelernt zu haben, wie es der Staatsmann am besten mit Menschen anstelle.[45] Vor allem in England war es bei den Naturwissenschaftlern Mode geworden, mit immer verbesserten Methoden für die Auslese der Tüchtigsten aufzuwarten und zu behaupten, daß nur mit ihnen den nationalen Interessen des englischen Volkes wirklich gedient werden könne.[46]

Was die mit der Deszendenztheorie gekoppelte Eugenik so erfolgreich und so gefährlich machte, war, daß hier der Vererbungsbegriff mit dem Leistungsbegriff, der für das bürgerliche Selbstbewußtsein des neunzehnten Jahrhunderts so wesentlich geworden war, gekoppelt werden konnte. Das Bürgertum hatte in der Tat ein Interesse daran, zu beweisen, daß die »großen Männer« und nicht der Adel die wahren Repräsentanten der Nation seien, in welchen der »Genius der Rasse« sich verkörpere. Der moderne Wissenschaftsaberglaube fing mit der Biologie in der Form der Eugenik an, und er steht mit dem Geniewahn des neunzehnten Jahrhunderts in engstem Zusammenhang. Das Genie wurde genau das, wofür schon Disraeli ohne alle wissenschaftlichen Voraussetzungen es gehalten hatte: »die Personifizierung der Rasse, ihr bestes Exemplar«, und die Bedeutung dieser Rassenlehre für das englische Nationalgefühl kann nicht besser ausgedrückt werden als in der einfachen Erklärung John Davidsons: »Der Engländer ist der Übermensch, und die Geschichte Englands ist die Geschichte seiner Entwicklung.«[47]

Es ist für das englische wie für das deutsche Spiel mit Rassevorstellungen charakteristisch, daß sie von bürgerlichen und nicht adligen Intellektuellen (wie in Frankreich) ursprünglich formuliert wurden und daß sie dem Bedürfnis entsprangen, Maßstäbe aristokratischer Lebensführung allen Klassen der Nation zu vermitteln, und somit einen Bezug auf echtes Nationalgefühl behielten. So war auch die außerordentlich wirkungsvolle Helden- und Genieverehrung Carlyles, den man sehr zu Unrecht den »Vater des englischen Imperialismus« genannt hat, eng verbunden mit der typischen Mentalität eines Sozialreformers,[48] ganz abgesehen davon, daß sie direkt dem Einfluß entsprang, den die deutsche Romantik in England gehabt hat. Es handelte sich immer um das gleiche, nämlich durchzusetzen, daß Größe von Klassenbedingungen unabhängig sei und in jeder Art gesellschaftlicher Umwelt auftauchen könne. Unter den Männern, die von der Mitte des neunzehnten Jahrhunderts bis zum Beginn des imperialistischen Zeitalters sich in England für ein großes koloniales Reich eingesetzt hatten, ist zwar nicht ein einziger, der nicht von Carlyle direkt oder indirekt beeinflußt worden wäre, aber nicht einem von ihnen kann man eine ausgesprochene Rasseideologie nachsagen. Carlyle, der sich in seinem Essay über die Negerfrage ausgesprochen hat, war nur daran interessiert, Mittel ausfindig zu machen, die selbst in den westindischen Besitzungen »Helden« produzieren könnten. Das imperialistische Zeitalter beginnt weder mit Ideen noch mit Büchern, auch nicht mit Charles Dilkes »Greater Britain« im Jahre 1869,[49] sondern mit dem *»scramble for Africa«* rund 15 Jahre später. Dilke war ein Radikaler, der mit Recht darauf bestand, daß die englischen Kolonisten einen integrierenden Teil der englischen Nation bildeten, und dies im Kampf gegen diejenigen, welche für die den untersten Klassen entstammenden Auswanderer nur Verachtung und für die englischen Kolonien in Australien, Kanada und Neuseeland nur Hohn kannten. Noch J. R. Seeley, dessen *Expansion of England* bereits in den ersten Jahren des imperialistischen Zeitalters erschien und, wohl dank seines zeitgemäßen Titels, in den zwei Jahren von 1883 bis 1885 in mehr als 80 000 Exemplaren verkauft wurde, respektierte in den Indern ein fremdes Volk, das er eindeutig von wilden und barbarischen Stämmen unterschied. Selbst Froude, den man viel eher imperialistischer Tendenzen verdächtigen könnte wegen seiner Bewunderung für die Buren – das einzige weiße Volk, das innerhalb des neunzehnten Jahrhunderts sich als eine Rasse konstituiert hatte –, warnt ausdrücklich vor Souveränität für die südafrikanische Kolonie, weil es sich dabei doch nur um die Herrschaft europäischer Kolonisten über die Eingeborenen handeln könne.[50]

All dieses hat im Grunde mit Rassevorstellungen so wenig zu tun wie die völkische Sprache, mit der die preußischen Patrioten während der Befreiungskriege ein deutsches Nationalgefühl zu mobilisieren versuchten. Auch die englischen Theorien, so gefährlich nahe sie manchmal der Rasseideologie auch kommen, waren noch echten nationalen Bedürfnissen geschuldet. Das nationale Problem Englands war von dem deutschen insofern verschieden, als nirgends sonstwo eine so klare geographische Einheit des Territoriums gegeben war wie im Falle der britischen Inseln. Das Problem entstand erst durch die Auswanderung beträchtlicher Teile der Nation und vor allem dadurch, daß sie, im Unterschied zu eigentlich allen anderen europäischen kolonisierenden Völkern, Engländer in jedem Sinne blieben, nicht nur durch Beibehaltung der Sprache, sondern vor allem durch die Übernahme der politischen und legalen Organisationsformen des Mutterlandes. Was England brauchte, war ein Nationalbegriff, der territorial nicht mehr gebunden, ein über die Welt in festen eigenen Siedlungen verstreutes Volk einigen konnte. Die Unabhängigkeitserklärung der Vereinigten Staaten war für England ein politischer Schock gewesen, von dem es sich nur schwer erholte. Sie hatte gezeigt, daß die Kolonien, die durch Tausende von Meilen vom Mutterlande entfernt waren, auch dann nicht von London aus regiert werden konnten, wenn sie der Sprache, der Kultur und den wesentlichen angelsächsischen Gebräuchen und Institutionen treu blieben, ja, daß sie imstande waren, eigene politische Körper mit einer von der englischen prinzipiell unterschiedenen Verfassung zu bilden. In den anderen Kolonien, vor allem in Australien und Kanada, machten sich ganz ähnliche Tendenzen spürbar, und England fürchtete mit Recht, daß sie einen ähnlichen Weg gehen könnten. Um alle die in Kolonien selbständig ansässigen ehemaligen Glieder der englischen Nation – denn um solche handelte es sich; Kanada und Australien zumindest sind erst bevölkert worden, als die Existenz einer vollentwickelten englischen Nation bereits außer Frage stand – zuverlässig mit England zu verbinden, sprach Dilke in der Nachfolge Carlyles von »*Saxondom*«, einem

Wort, das ihm geeignet schien, unter Umständen sogar die Vereinigten Staaten in den Verband der englischen Nation zurückzugewinnen. Dilke als Radikalem war es zudem selbstverständlich, den amerikanischen Unabhängigkeitskrieg in seiner innerpolitischen Bedeutung zu verstehen und zu sehen, daß es sich hier nicht so sehr um einen Krieg zwischen zwei Völkern gehandelt hatte als um den englischen Teil der Revolution im achtzehnten Jahrhundert, um einen Bürgerkrieg, der, auch wenn er sich in einer englischen Kolonie abspielte, doch in die englische Geschichte gehörte. Dilke ist nicht der einzige Engländer gewesen, der sich, wenn auch etwas verspätet, auf die Seite der Republikaner Amerikas geschlagen hat. So wurden in England gerade die Sozialreformer und die Radikalen zugleich die Wortführer des englischen Nationalismus; für sie waren die Kolonien nicht ein willkommener Ausweg, bei Wirtschaftskrisen einen Teil des englischen Proletariats aus dem Mutterland zu verschiffen, sondern sie wünschten im Gegenteil, England diese Kolonisten als Engländer zu erhalten, weil sie von ihnen einen das englische Gesellschaftssystem revolutionierenden Einfluß erhofften. Solche Motive klingen in allen möglichen Formen bei den von uns erwähnten Autoren durch. So meint Froude, man müsse die Kolonien schon deshalb beim Mutterlande halten, »weil in ihnen ein einfacheres Gesellschaftssystem und eine noblere Lebenshaltung möglich sein werde als in dem industrialisierten England«,[51] und Seeley wünschte, alle Teile des Reiches gleichermaßen als England anzusehen, weil ihm dies die Möglichkeit bot, Republiken in das englische Commonwealth einzugliedern. Was immer die späteren imperialistischen englischen Publizisten sich unter »*Saxondom*« vorgestellt haben mögen, in dieser vorimperialistischen Zeit hatte das Wort noch eine echt politische, und zwar durchaus radikale Bedeutung für eine Nation, die im Zuge ihrer nationalen Geschichte in eine Situation geraten war, in der sie nicht mehr durch ein begrenztes Gebiet zusammengehalten wurde. Man muß sich hüten, spätere rein ideologische

Assoziationen mit Sätzen wie dem folgenden zu verbinden: »Die Idee, die mich auf allen meinen Reisen begleitet und geführt hat, der Schlüssel, mit dem ich mir das Verborgene in fremden Ländern erschlossen habe, ist die Vorstellung … von der Größe unserer Rasse, die bereits den Erdkreis umschlingt und die vielleicht dazu bestimmt ist, sich schließlich über die ganze Erde zu verbreiten.«[52] Weder verstand Dilke unter Rasse eine physische Tatsache, noch glaubte er, daß die Rasse den Schlüssel biete, die Geheimnisse der Geschichte zu entschlüsseln; er brauchte sie nur als einen notwendigen Führer durch die real bestehende englische Welt, als die einzig verläßliche Verbindung zwischen Engländern in einem unbegrenzten Raum.

Diese höchst realen Probleme der englischen Nation haben auch dazu beigetragen, daß die gefährlichste aller nationalistischen Vorstellungen, die Vorstellung von einer nationalen »Mission«, eine besonders große Rolle im englischen Nationalismus gespielt hat. Zwar hat diese Vorstellung sich in allen Ländern lange Zeit unberührt von Rassevorstellungen entwickelt, aber schließlich hat die nationale Missionsidee doch mehr Affinität zu Rasseideologien gezeigt als eigentlich alle anderen Inventarstücke des Nationalismus. An sich gaben die Engländer, die sich einredeten, England sei die beste Garantie für die Existenz der Menschheit, schon weil die »Rechte eines Engländers« den Menschenrechten am nächsten kämen, ebensowenig die Idee der Menschheit auf wie etwa Auguste Comte, der der Meinung war, daß eine geeignete Menschheit selbstverständlich nur unter dem Vorsitz und der Vorherrschaft, der »présidence«, Frankreichs zu organisieren sei.[53] Nur daß in Frankreich, wo das Nationalgefühl mehr als sonstwo mit dem französischen Boden verkoppelt bleibt, das Unsinnige und Chauvinistische dieser Vorstellung sofort auffällt, während in England gerade die Auflösung der Verbundenheit von Volk und Territorium, die die Voraussetzung für die Idee einer nationalen »Mission« überall in der Welt ist, einer Realität entsprach, mit der jeder englische Politiker rechnen mußte. Was die englischen Nationalisten dann schließlich doch davor bewahrt hat, sich in Rasseideologien zu verrennen, war, daß sie sich, solange sie wirklich nur um die Zukunft der englischen Nation besorgt waren, um fremde Rassen und deren politische Stellung nicht den Kopf zu zerbrechen brauchten – Australien und Kanada hatten keine Eingeborenenprobleme.

Es ist bezeichnend für diese grundsätzliche Struktur der englischen Verhältnisse, daß der erste englische Staatsmann, der die Rassefrage ernst nahm und überzeugt war, daß sie der entscheidende Faktor in Politik und Geschichte sei, gerade die Meinung derer teilte, die die mit Engländern besiedelten Kolonien für ein *»dead weight«* hielten, sich aber nicht der Partei des *»little England«* anschloß, sondern bereits vor dem Beginn des Imperialismus den Schwerpunkt der englischen Macht auf Asien verlegen und die Probleme der englischen Politik von Indien her lösen wollte. Es war Lord Beaconsfield, der die Königin von England zur Kaiserin von Indien machte, und er war der erste englische Staatsmann, der Indien zum Eckstein des Reiches erklärte und bewußt die Bande löste, die England mit dem europäischen Kontinent verbanden. Damit legte er den Grundstein für die unter dem Imperialismus eintretende fundamentale Änderung der britischen Herrschaft über Indien.[54] Diese Besitzung der englischen Krone war bisher der anarchischen Brutalität von Männern ausgeliefert gewesen, die Burke *»the breakers of the law in India«* genannt hatte; sie wurden abgelöst durch eine Herrschaft der Bürokratie, die mit Verwaltungsmaßnahmen regierte, die Gesetzlosigkeit ihrer anarchischen und auch ihrer brutalsten Züge entkleidete und gerade dadurch legalisierte. Dies, und nicht die Tyrannei von Eroberung, Ausbeutung und Abenteurertum, hat England der Gefahr sehr nahe gebracht, vor der schon Burke gewarnt hatte, daß nämlich der Tag kommen könne, an dem das englische Parlament nicht mehr imstande sein werde, *»(to) keep the breakers of the* *law in India from becoming the makers of law for England«.*[55] Denn nicht jene englischen Radikalen, Nationalisten und Patrioten, die im Namen des »*Saxondom*« selbst die Vereinigten Staaten England wieder zurückzugewinnen wünschten und für eine enge Verbindung zwischen allen Teilen des britischen Commonwealth kämpften, sondern diejenigen, die der Meinung waren, es gäbe »kein Ereignis in der Geschichte Englands, auf das wir mehr Grund haben, stolz zu sein ... als die Errichtung des indischen Reiches«, waren auch diejenigen, die meinten, Freiheit und Gleichheit seien »große Worte für kleine Sachen«.[56] Entscheidend war in der Politik, die von Lord Beaconsfield eingeleitet und durch das imperialistische Zeitalter zur Vollendung gebracht wurde, daß diese Art der Herrschaft sich nur durch Rasseideologien rechtfertigen konnte. In der bürokratischen Herrschaft über ein Land, das es weder auszubeuten noch zu kolonisieren galt, etablierte sich eine Rassenscheidung, die dann rückwirkend drohte, die ganze Nation aus einem Volk in eine Rasse zu verwandeln, weil in der Tat eine solche Herrschaft sich auf die Dauer nur hätte halten können, wenn sie, in Beaconsfields eigenen Worten, von einer »ungemischten Rasse mit erstklassiger Organisation« durchgeführt worden wäre, die überzeugt war, »den Adel der Natur« selbst zu repräsentieren.[57]

Der Rasseidee als Thema geistesgeschichtlicher Untersuchungen kommt keine geistige Relevanz irgendeiner Art zu. Sie ist eine Waffe im politischen Kampfe gewesen, oft nicht mehr als eine Quelle von Einfällen, mit denen man den verschiedensten politischen Konflikten eine neue und zumeist verschärfende Wendung geben konnte. Eines kann man ihr in dem von uns betrachteten vorbereitenden Abschnitt nicht vorwerfen, nämlich neue Konflikte entzündet oder gar neue Kategorien des politischen Denkens produziert zu haben. Die eigentliche Rasseideologie, wie wir sie aus der Politik des zwanzigsten Jahrhunderts kennen, von dem her wir nachträglich nur allzu geneigt sind, harmlose Äußerungen des neunzehnten oder achtzehnten Jahrhunderts in ihrer Bedeutung zu überschätzen, entsprang Erfahrungen und politischen Gegebenheiten, die selbst Gobineau oder Disraeli noch völlig unbekannt waren. Zwischen den vulgär-brillanten Einfällen dieser Halbintellektuellen und der aktiven Bestialität, die wir seit Ende des vorigen Jahrhunderts von allen Seiten, und vor allem durch die Rasseideologie, in die Politik eindringen sehen, besteht ein Abgrund, den keine Untersuchung über geschichtliche Einflüsse, und sicherlich nicht geistesgeschichtliche, überbrücken kann. Das neunzehnte Jahrhundert ist voll von absurden Weltanschauungen, die wir nahezu vergessen haben; es ist mehr als wahrscheinlich, daß ohne den *»scramble for Africa«* und die neuen erschütternden Erfahrungen, welche in ihm der europäischen Menschheit zugemutet wurden, die rassische Weltanschauung eines ebenso natürlichen Todes gestorben wäre wie andere Weltanschauungen des neunzehnten Jahrhunderts. Die imperialistische Politik andererseits würde eine Rasseideologie auch dann gebraucht und daher vermutlich gezeigt haben, wenn nie jemand vor ihr das Wort Rasse in den Mund genommen hätte. Damit soll nicht geleugnet werden, daß all die vorimperialistischen Meinungen, da sie ja nun einmal existierten und sogar bereits eine Art Tradition gestiftet hatten, der imperialistischen Mentalität außerordentlich zugute gekommen sind, und zwar sowohl was die öffentliche Meinung betrifft, die man für imperialistische Politik gewinnen mußte, als auch was die Imperialisten selbst betrifft. Schlimmer war, daß dadurch, daß die Imperialisten sich einer Terminologie bedienen konnten, die ohne ihre Hilfe ausgearbeitet worden war, das eigentlich Neue und Unerhörte ihrer Vorschläge sich immer wieder hinter anscheinend respektablen Traditionen verstecken und verbergen konnte. Dies gilt vor allem für den pseudonationalistischen Einschlag, wie er in Deutschland auf dem Umwege über das Völkische und in England aus anderen Gründen gang und gäbe war. Ohne diesen Pseudonationalismus hätte der Imperialismus wenigstens nicht verbergen können, daß er die gesamten politischen und moralischen Standards der abendländischen Tradition faktisch leugnete, noch bevor es ihm gelang, das Gleichgewicht der Nation auf dem europäischen Kontinent zu zerstören.

7 Rasse und Bürokratie

Die Expansionspolitik des imperialistischen Zeitalters bediente sich zweier, innerhalb der europäischen Geschichte durchaus neuer Herrschafts- und Organisationsprinzipien: sie führte den Rassebegriff in die innerpolitische Organisation der Völker ein, die sich bis dahin als Nationen verstanden und andere, nichteuropäische Völker als werdende Nationen angesehen hatten, und sie setzte an die Stelle der vorimperialistischen, erobernden und ausraubenden Kolonialherrschaft die geregelte Unterdrückung auf dem Verordnungswege, die wir Bürokratie nennen. Beide Prinzipien haben eine innereuropäische Vorgeschichte von etwa zweihundert Jahren; die Entstehung und Entwicklung des Rassebegriffes versuchten wir in dem vorigen Kapitel kurz zu skizzieren. Die Beziehung zwischen dem imperialistischen Verwaltungsbeamten und der Beamtenschaft des Nationalstaates, wie sie sich seit dem siebzehnten Jahrhundert entwickelt hatte, ist so offenbar, daß es genügen dürfte, darauf hinzuweisen, daß ohne eine solche Beamtenschaft das Entstehen bürokratischer Herrschaft wohl schlechterdings unmöglich gewesen wäre. Wesentlicher, als diesen historischen Vorbedingungen, die sich überall noch bemerkbar machen, im einzelnen nachzugehen, ist es, die eigentlichen Unterschiede herauszuheben und sich des Neuen in dieser Epoche bewußt zu werden. Bürokratie ist eine Herrschaftsform, in welcher Verwaltung an die Stelle der Regierung, die Verordnung an die Stelle des Gesetzes und die anonyme Verfügung eines Büros an die

Stelle öffentlich-rechtlicher Entscheidungen tritt, für die eine Person verantwortlich gemacht und zur Rechenschaft gezogen werden kann. In diesem Sinne hat Bürokratie sachlich mit dem Beamtenapparat, ohne den schon der Nationalstaat nicht auskam und ohne den kein moderner Staat gleich welcher Prägung funktionieren kann, kaum etwas zu tun.

Gleich wie man die vorimperialistische Geschichte des Rassebegriffs auf der einen und der Bürokratie auf der anderen Seite ansetzen will, politisch sind beide gleichzeitig, wiewohl unabhängig voneinander, außerhalb Europas in Afrika, dem schwarzen Kontinent, experimentiert worden. Bürokratie, das *»régime des décrets«*, führten die Franzosen Ende des Jahrhunderts in Algerien ein, und es entsprach jenem *»government by reports«*, das schließlich die britische Herrschaft in Indien kennzeichnete, das aber ursprünglich von Lord Cromer in Ägypten entdeckt wurde und das er selbst zunächst als eine »Zwitterform, der man keinen Namen geben könne und für die es keinen Präzedenzfall gäbe«, empfand.[1] Eine Rassengesellschaft, einen politischen Körper, der ausschließlich auf dem Rassebegriff beruhte, fanden die Goldgräber und Spekulanten, die nach der Entdeckung der Diamantenfelder und Goldminen nach Südafrika strömten, in der einzigartigen Organisations- und Lebensform der Buren vor. Bürokratie, Unterdrückung und Herrschaft auf dem Verwaltungswege waren die Folge der im Zuge der imperialistischen Expansionspolitik liegenden politischen Entscheidungen, für die es in der europäischen Erfahrung Präzedenzfälle nicht gab. Die Rassengesellschaft, der Versuch, die europäischen Völker aus Nationen in Rassenhorden zu verwandeln, war die Antwort auf politische Erfahrungen, denen gegenüber die Traditionen nationalstaatlichen Denkens ganz und gar zu versagen schienen. Nicht nur die Bürokratie, für die wir das großartige Zeugnis Lord Cromers besitzen, sondern auch die Rassengesellschaft ist ursprünglich als Notbehelf entstanden. Der Rassebegriff kann in seiner verhängnisvollen Wirkung auf moderne Politik nur verstanden werden, wenn man auch die Not versteht, aus der er entstand.

Entscheidend für den Rassebegriff des zwanzigsten Jahrhunderts sind die Erfahrungen, welche die europäische Menschheit in Afrika machte und die erst durch den *»scramble for Africa«* und die Expansionspolitik in das allgemeinere Bewußtsein Europas eindrangen. Der in Afrika beheimatete Rassebegriff war der Notbehelf, mit dem Europäer auf menschliche Stämme reagierten, die sie nicht nur nicht verstehen konnten, sondern die als Menschen, als ihresgleichen anzuerkennen sie nicht bereit waren. Der Rassebegriff der Buren entspringt aus dem Entsetzen vor Wesen, die weder Mensch noch Tier zu sein schienen und gespensterhaft, ohne alle faßbare zivilisatorische oder politische Realität, den schwarzen Kontinent bevölkerten und übervölkerten. Aus dem Entsetzen, daß solche Wesen auch Menschen sein könnten, entsprang der Entschluß, auf keinen Fall der gleichen Gattung Lebewesen anzugehören. Hier, unter dem Zwang des Zusammenlebens mit schwarzen Stämmen, verlor die Idee der Menschheit und des gemeinsamen Ursprungs des Menschengeschlechts, wie die christlich-jüdische Tradition des Abendlandes sie lehrt, zum ersten Mal ihre zwingende Überzeugungskraft, und der Wunsch nach systematischer Ausrottung ganzer Rassen setzte sich um so stärker fest, als es offenbar war, daß im Gegensatz zu Australien und Amerika Afrika viel zu übervölkert war, als daß die dort erprobten Lösungen des Eingeborenenproblems je ernstlich in Frage kommen könnten. So wie für die europäischen Einwanderer das Treiben der schwarzen Stämme etwas unheimlich Irreales und Gespensterhaftes hatte, so liegt in den furchtbaren Massakern, die der Rassenwahn unmittelbar zeitigte – in der Ausrottung der Hottentottenstämme durch die Buren, in dem wilden Morden Carl Peters' in Deutsch-Ostafrika, in der ungeheuerlichen Dezimierung der friedlichen Kongobevölkerung durch den belgischen König –, ein Element von irrsinniger Vergeblichkeit. Es gibt keine Rechtfertigung des Rassewahnes, weder eine theoretische noch eine politische; will man daher das Entsetzen begreifen, aus dem er entstand, so wird man sich Auskunft weder bei den Gelehrten der Völkerkunde holen dürfen, da sie ja von dem Entsetzen gerade frei sein mußten, um mit der Forschung überhaupt beginnen zu können, noch bei den Rassefanatikern, die vorgeben, über das Entsetzen erhaben zu sein, noch schließlich bei denen, die in ihrem berechtigten Kampf gegen Rassevorstellungen aller Art die verständliche Tendenz haben, ihnen jegliche reale Erfahrungsgrundlage überhaupt abzusprechen. Joseph Conrads Erzählung »Das Herz der Finsternis« ist jedenfalls geeigneter, diesen Erfahrungshintergrund zu erhellen, als die einschlägige geschichtliche oder politische oder ethnologische Literatur.

Für uns, die wir noch die vielfältige Bezogenheit zwischen Rassenwahn und Bürokratie in der Naziherrschaft vor Augen haben, ist es wichtig, zu sehen, daß in der eigentlich imperialistischen Periode diese beiden Prinzipien sich unabhängig voneinander entwickeln und daß keiner der Männer, die wie Rhodes in Südafrika oder Cromer in Ägypten für die Herausstellung eines der beiden Prinzipien verantwortlich waren, je ahnte, welche außerordentlichen Möglichkeiten an Macht- und Zerstörungsakkumulation sich aus einer Kombination beider ergeben würden. Die Idee des »Verwaltungsmassenmordes«, mit der die Nazis die Judenfrage lösten und mit der sie hofften, alle noch verbleibenden demographischen Probleme der Welt zu lösen, wurde zum ersten Male in den zwanziger Jahren von einem britischen Verwaltungsbeamten zur Lösung der indischen Frage halb ironisch vorgeschlagen.[2] Aber Lord Cromer hat so wenig daran gedacht, daß man durch Verwaltung schließlich würde Massenmorde organisieren können, wie Cecil Rhodes oder die frühen Rassefanatiker daran dachten, daß sie ihre Massaker würden bürokratisch organisieren können.

Die Gespensterwelt des Schwarzen Erdteils

Bis zum Ende des vorigen Jahrhunderts hatten die kolonialen Unternehmungen der seefahrenden und see-erfahrenen europäischen Völker zwei hervorragende Formen der Herrschaft und des Nutzens hervorgebracht: Sie hatten ferne Länder erobert, eingeborene Bevölkerungen dezimiert oder ausgerottet, um sich selbst niederzulassen, zu kolonisieren und neue, dem Mutterland in wesentlichen Zügen gleiche Staatsgebilde zu gründen; oder sie hatten zur Förderung des Handels inmitten fremder, exotischer Länder und Völker Flottenbasen errichtet, Handelsfilialen gegründet, die, auf der alten Dreieinigkeit von Krieg, Handel und Piraterie beruhend, den niemals sehr friedlichen Austausch der Schätze der Welt betrieben. Import europäischer Menschen, Besitzergreifung außereuropäischen Bodens und Ausrottung eingeborener Bevölkerungen fanden auf den beiden Kontinenten statt, die spärlich besiedelt und ohne eigenständige Kultur und Geschichte in die Hand Europas fielen – in Amerika und Australien, den zu Beginn der Neuzeit entdeckten Kontinenten. In Asien, inmitten eng besiedelter Länder, deren Kultur und Schätze Europa seit Beginn der eigenen Geschichte wohl bekannt waren, begnügte man sich stets mit der Errichtung von Handelsplätzen, fühlte sich inmitten fremder Völker und hatte, abgesehen von dem notwendigen Schutz der Niederlassungen gegen europäische Konkurrenten und feindselige Eingeborene, keine kriegerischen Eroberungsabsichten, auch keine Intentionen, eine langwährende Fremdherrschaft zu errichten. Beide Formen der Kolonisierung entwickelten sich stetig im Laufe von nahezu vier Jahrhunderten. Besitz von Handelsplätzen und Herrschaftssphären in den neu erschlossenen Gebieten der Erde wechselten aus der Hand eines Volkes in die eines anderen, je nach der Stärke der Mutterländer inmitten der europäischen Völker.

Der einzige Erdteil, der von beiden Formen europäischer Kolonisation freigeblieben war, war der bis in unser Jahrhundert unerschlossene, schwarze afrikanische Kontinent. Sein arabisch besiedelter Nordrand war bekannt und auf diese oder jene Weise Europa zugehörig seit den Tagen der Antike. Zu bevölkert, um besiedelt, und zu arm, um abgeraubt zu werden, haben diese Gebiete alle Formen der Fremdherrschaft und der vergessenden Vernachlässigung erfahren, ohne daß es ihnen doch je gelungen wäre, nach dem Untergang der ägyptischen Reiche und der Zerstörung Karthagos wieder eigene, unabhängige und lebensfähige Staaten zu bilden. Aber so oft die südlichen Völker Europas auch versuchten, ihre Herrschaft über das Mittelmeer an dem afrikanischen Ufer zu befestigen, und so oft sie auch an dem Gegensatz zwischen ihrer Christlichkeit und dem mohammedanischen Glauben ihrer Nachbarn jenseits des Meeres scheiterten, so versuchten sie doch stets, diese Gebiete sich selbst und damit Europa unmittelbar einzuverleiben, dem Territorium des Mutterlandes direkt anzuschließen, nicht aber sie als Kolonien zu behandeln und zu verwalten. So gilt noch heute Algerien im Gegensatz zu allen anderen französischen Besitzungen als ein *»département«* Frankreichs, und ein großer Teil der administrativen und politischen Schwierigkeiten der französischen Herrschaft in Nordafrika stammt aus dieser Tradition, die den Nordrand Afrikas noch als einen Teil Europas, keinesfalls als eine außereuropäische Kolonie ansah. Dies alles änderte sich erst, als alles sich änderte, nämlich in den achtziger Jahren mit der Besetzung Ägyptens durch England und mit dem Goldfieber in Südafrika. Jetzt, da durch die Eröffnung des Suez-Kanals Ägypten zum wichtigsten Stützpunkt für den Seeweg nach Indien geworden war, wurde ein nordafrikanisches Land von einer Nation besetzt, die nicht am Mittelmeer lag und die an Ägypten selbst keinerlei Interesse hatte.

Wäre es mit rechten Dingen zugegangen und hätte die Expansionspolitik sich an die ungeschriebenen Gesetze der europäischen Kolonialunternehmungen gehalten, so hätte das gleiche Ereignis, das Ägypten in das imperialistische Spiel brachte, Südafrika in Vergessenheit fallen lassen müssen. Das Kap der Guten Hoffnung am Südrand Afrikas war bis dahin diejenige Flottenbasis gewesen, die jedes europäische Volk, das seit dem siebzehnten Jahrhundert seine Hand nach Indien als dem an Schätzen reichsten überseeischen Gebiet ausstreckte, zu besitzen trachten mußte. Diese afrikanischen Besitzungen pflegten zu verfallen, wenn immer eines der Länder in der Konkurrenz um den indischen Handel unterlegen war und seine Filialen aus Indien zurückzog. Als im achtzehnten Jahrhundert die britische Ostindische Compagnie siegreich aus ihren Kämpfen um das indische Handelsmonopol hervorging, verloren Portugal, Holland und Frankreich alles Interesse an ihren südafrikanischen Besitzungen, und England wurde die ausschlaggebende Macht in Südafrika. Wäre die Geschichte dem Zuge des alten überseeischen Handelskolonialismus gefolgt, so hätte England seine Stellung in Südafrika nach der Eröffnung des Suez-Kanals (im Jahre 1869) liquidiert.[3] Denn eine Besitzergreifung und Besiedlung des Landes durch englische Kolonisten nach dem Vorbilde Australiens und Amerikas war hier nie in Frage gekommen. Die wichtigsten Vorbedingungen, guter Boden und Bevölkerungsarmut, waren nicht vorhanden.[4] Abgesehen von einer einmaligen Verpflanzung von fünftausend englischen Arbeitslosen zu Beginn des neunzehnten Jahrhunderts, hatten die Auswandererströme, welche Englands Arbeitsmarkt durch das ganze neunzehnte Jahrhundert nach Australien und Kanada erleichterten, das Kap der Guten Hoffnung immer vermieden. Und selbst im zwanzigsten Jahrhundert, nach dem unwahrscheinlichen Aufschwung der Kolonie, betrachteten Südafrikaner englischer Herkunft offensichtlich Südafrika nicht im selben Sinne als ihre Heimat wie etwa Australier oder Kanadier. Denn Südafrika, obwohl dem Commonwealth und nicht nur dem Empire zugehörend, ist stets das einzige der Commonwealth-Länder gewesen, aus dem ein ständiger Strom von Rückwanderern sich nach England ergießt.[5]

Daß gerade Afrika »das Treibhaus des Imperialismus«[6] werden sollte, war weder von den radikalen Verfechtern des *»Saxondom«* noch von den imperialen Romantikern, weder von denen, die alle Länder englischer Besiedlung inklusive der Vereinigten Staaten für ein englisches Weltreich reklamierten, noch von denen, die von einer englischen Herrschaft über ganz Asien träumten, vorhergesehen worden. Dieser Mangel an Voraussicht, diese Vernachlässigung Afrikas in den Plänen derer, die man heute gern unter die geistigen und politischen Väter des Imperialismus zählt, zeigt deutlich, wie fremd das Phänomen des mit dem *»scramble for Africa«* beginnenden Expansionsimperialismus selbst den Phasen unserer Tradition ist, die doch wenigstens äußerlich seine Vorbedingungen geschaffen haben.

Wenige Jahre nachdem die Eröffnung des Suez-Kanals der alten Bedeutung Afrikas als des Seeweges nach Indien ein Ende bereitet hatte, entdeckte man in der Kapkolonie die ersten großen Gold- und Diamantenfelder. In dem Gesamtgebäude moderner Produktion mögen Gold und Diamanten ihre bescheidene Stelle haben neben Kohle, Eisen, Öl und Gummi; für die Einbildungskraft der Menschheit sind sie seit uralten Zeiten identifiziert mit Reichtum als solchem. Sie sind das einzige Material, das wie ein Wert an sich erscheint, unabhängig von seinem schwankenden Tauschwert und stabil selbst in dem Strom rapid sich ändernder Nutzwerte. Gerade die scheinbare Unabhängigkeit von Bedürfnissen und Gebrauch, die lockende Stabilität gegenüber allen anderen Rohstoffen, deren Werte funktionell jeweils neu festgelegt werden, macht das rein Imaginäre, Phantastische und Schwindelhafte aller Goldgräberei aus. Sie ist seit alters die einzige Produktion, die sich außerhalb der Gesellschaft hielt und von Abenteurern, Glücksrittern und Verbrechern betrieben wurde. In Südafrika lag diese Produktion in den gleichen Händen; aber sie wurde finanziert mit dem neuen überschüssigen Kapital, das einen Platz in der heimatlichen Produktion nicht mehr hatte finden können, und sie wurde geleitet von dem neuen Typus des Finanziers, der als Repräsentant dieses überflüssigen, von der Gesellschaft nicht verwertbaren Kapitals einen Platz in der Gesellschaft nicht hatte. Südafrika wurde gerettet von den Phantasten, den Spekulanten und den Schwindlern, von denen, die innerhalb der Gesellschaft Europas überflüssig geworden waren und dennoch, in dem Maße, als diese Gesellschaft begonnen hatte, überflüssigen Reichtum und überflüssige Menschen zu produzieren, die wahren Repräsentanten seines überalterten sozialen und politischen Systems waren.

Die überflüssigen Menschen, »die Bohemiens der vier Kontinente«,[7] die sich in der Kapkolonie zusammenfanden, hatten noch manches mit dem älteren Typus des Abenteurers gemein. Sie hätten noch mit Kipling singen können: *»Ship me somewhere east of Suez where the best is like the worst | where there aren't no Ten Commandments, an' a man can raise a thirst.«* Der Unterschied lag nicht darin, daß sie unmoralischer waren als die, welche seit eh und je nicht innerhalb der Grenzen des Gesetzes leben können, sondern daß die Entscheidung, sich dem Gesindel »aller Farben und aller Nationen« zuzugesellen, nicht eigentlich von ihnen selbst getroffen worden war. Sie hatten sich nicht aus eigener Initiative aus der bürgerlichen Gesellschaft herausbegeben, weil diese ihnen zu eng war, sondern waren von ihr ausgespien worden. Sie waren im wahrsten Sinne des Wortes der Auswurf dieser Gesellschaft. Es war nicht ihre Unternehmungslust, die sie über alle erlaubten Grenzen lockte, sondern die Überflüssigkeit ihrer Existenz und ihrer Arbeitskraft, deren Opfer sie waren. Ihre einzige Entscheidung, wenn man von Entscheidung schon sprechen will, war vielleicht eine negative gewesen; denn es gab für alle die, welche aus dem Produktionsprozeß herausgeschleudert worden waren, damals immerhin bereits die Zuflucht in die Arbeiterbewegung, welche innerhalb der bürgerlichen Gesellschaft eine Art Gegengesellschaft aufgestellt hatte mit ihren eigenen polemisch orientierten Wertungen und Idealen, von denen aus ein Weg zurück zu menschlicher Kameradschaft und menschlichen Zielen immerhin möglich war. Entscheidend ist, daß diese neuen Abenteurer und Glücksritter nicht von ihrer Natur, sondern von den Ereignissen getrieben waren; leibhaftige Symbole für die menschliche Absurdität sozialer Institutionen und gleich flüchtigen Schatten, welche ein sehr realer Prozeß geworfen hatte, waren sie keine abenteuernden, ungewöhnlichen Individuen. Gerade dies machte sie besonders abstoßend. Wie Herr Kurtz in Conrads *Herz der Finsternis* waren sie »durch und durch leer und hohl, leichtsinnig und weichlich, grausam und feige, voller Gier, aber ohne jede Kühnheit«. Sie glaubten an nichts und waren so leichtgläubig, daß jeder sie dazu bringen konnte, ganz gleich was zu glauben. Ausgespien von der Gesellschaft und ihren Wertungen, waren sie auf sich selbst zurückgeworfen, und es stellte sich heraus, daß dies dem Nichts gleichkam, wenn nicht hie und da einer, wie Herr Kurtz, ein wenig begabter war als die anderen und dadurch erheblich gefährlicher wurde, zumal wenn er aus dem afrikanischen Dschungel je wieder in sein Mutterland zurückkehren durfte. Denn die einzigen Begabungen, die unter diesen Umständen gedeihen konnten, waren die des Demagogen, des »Führers extremistischer Parteien«, Ressentimentsbegabungen im weitesten Sinne wie die von Carl Peters, der vermutlich Conrad für »Herrn Kurtz« Modell gestanden hatte und der selbst freimütig die Motive für sein sogenanntes koloniales Wollen in dem Satz zusammengefaßt hat: »Ich hatte es satt, unter die Parias gerechnet zu werden, und wollte einem Herrenvolk angehören.«[8] Aber mit oder ohne Begabung, »bereit waren sie zu allem, vom Roulettespiel bis zum Mord«; denn so wie sie selbst nur flüchtigen Schatten der Ereignisse glichen, mit denen sie nichts zu tun gehabt hatten, so galt ihnen das Leben ihrer Mitmenschen »nicht mehr als das einer Fliege«. In ihnen war bereits jener moderne Sittenkodex für Mörder angelegt und ausgebildet, demzufolge es nur eine Sünde gibt: die Selbstbeherrschung zu verlieren.

Auch unter ihnen gab es noch wirkliche Gentlemen, wie jenen Mr. Jones aus Conrads »Sieg«, die bereit waren, jeden Preis zu zahlen, nur um der Langeweile der bürgerlichen Gesellschaft zu entkommen und in »der Welt, die Zufall und Abenteuer« regierten, heimisch zu werden; oder auch wie Mr. Heyst, den die eigene Menschenverachtung so ausgehöhlt, so leicht gemacht hatte, daß er sich treiben lassen konnte »wie ein Blatt im Wind ... das an keinem Gegenstand je haftenbleibt«. Diese waren unwiderstehlich von einer Welt angezogen, in der alles ein leerer, folgenloser Spaß blieb; sie gingen hier in die Schule, um jene »Meisterschaft der Verzweiflung« zu lernen, die nur die rücksichtslose, verantwortungslose Verspieltheit lehren kann. Der perfekte Gentleman und der vollendete Schurke trafen sich in diesem »weiten wilden Dschungel ohne Gesetze«, und je besser sie sich kennenlernten, desto überzeugter waren sie, daß sie »gut zueinander paßten trotz aller Verschiedenheit, daß unter verschiedenen Masken ihre Seelen von der gleichen Beschaffenheit waren«. Schließlich entdeckten sie hier nur unter anderen, krasseren Umständen, was Disraeli – dieser gesellschaftlichste aller Staatsmänner – im London der sechziger Jahre entdeckt hatte: »Was im allgemeinen als ein Verbrechen gilt, sieht die gute Gesellschaft nur als Laster an«, und es gibt kein Laster, muß man hinzufügen, dessen Attraktion die gute Gesellschaft nicht entdecken wird, wenn sie erst einmal anfängt, sich zu langweilen. Nichts anderes geschah in der französischen Gesellschaft zur Zeit der Dreyfus-Affäre, als sie sich in die Helden ihrer eigenen Unterwelt verliebte. Dem entspricht auf der anderen Seite der Unterwelt, daß der Verbrecher zivilisiert wird, gutes Benehmen und das Vermeiden »unnötiger Anstrengung« lernt und so schließlich sein Verbrechen mit der Atmosphäre zivilisiert-raffinierter Lasterhaftigkeit in der Wahl der Mittel und des Stils zu umgeben weiß. Dieses Raffinement erlaubt ihm, sich eine Brücke zu bauen zu den Umgangsformen der guten Gesellschaft, bis schließlich zwischen dem lasterhaft gewordenen Verbrecher und den verbrecherisch gewordenen lasterhaften Gliedern der guten Gesellschaft das beste Einvernehmen entsteht. Der Unterschied zwischen dem, was in der schemenhaften, halb irrealen tropischen Welt der Kolonien, und dem, was in Europa vor sich ging, war nur, daß es in Europa einige Jahrzehnte brauchte, die ethischen Standards der Gesellschaft zu zerstören, während hier alles mit der Geschwindigkeit eines Kurzschlusses ablief.

Denn Gentleman und Verbrecher begegneten einander nicht nur außerhalb der zivilisierten Welt und ihrer Heuchelei, sondern vor der Kulisse der Eingeborenen und eines menschlichen Lebens, das völlig realitätslos schien und dadurch das Verbrechen selbst in ein konsequenzloses irreales Spiel verwandelte. Auch auf das Entsetzen vor dem Treiben der Eingeborenen übertrug sich die schemenhafte, gespenstische Qualität und durchsetzte und zersetzte es mit einer sinnlosen und komischen Groteskheit. Man mordete keinen Menschen, wenn man einen Eingeborenen erschlug, sondern ein Schemen, an dessen lebendige Realität man ohnehin nicht glauben konnte, und man handelte nicht in eine Welt hinein, sondern in »ein bloßes Spiel von Schatten. Ein Schattenspiel, durch das die herrschende Rasse unberührt und unbemerkt hindurchschreiten konnte im Verfolg ihrer eigenen unverständlichen Ziele und Absichten«. Diese schemenhafte Welt erwies sich als eine unübertreffbare Kulisse für diejenigen, die der Zivilisation und damit der Wirklichkeit und Verantwortlichkeit ihrer eigenen Welt entronnen waren. Inmitten einer dem Menschen durchaus feindselig gegenüberstehenden Natur und unter einer erbarmungslosen Sonne waren sie auf Wesen gestoßen, die weder Vergangenheit noch Zukunft, weder Ziele noch Leistungen kannten und ihnen daher genauso unverständlich blieben wie die Insassen eines Irrenhauses. »Wer hätte sagen können, ob diese prähistorischen Menschen uns verfluchten oder anbeteten oder willkommen hießen? Wir waren vom Verständnis unserer Umgebung abgeschnitten; wir glitten an ihr vorbei wie Gespenster, verwundert und heimlich erschrocken, wie gesunde Menschen es sein mögen im Treiben eines Irrenhauses. Wir konnten nicht mehr verstehen, weil wir zu entfernt dem allen waren, wir konnten uns nicht mehr erinnern, weil wir in die Nacht frühester Zeiten verschlagen waren, jener Zeiträume, die vergangen sind und uns kaum eine Spur und gar keine Erinnerung hinterlassen haben. Die Erde schien unirdisch … und die Menschen …, nein, sie waren nicht unmenschlich. Und dies war das schlimmste von allem, dieser Verdacht, daß auch sie menschliche Wesen waren. Es überkam einen langsam. Sie heulten und sprangen und drehten sich und schnitten fürchterliche Grimassen; aber das Erregende war gerade der Gedanke an ihre menschliche Natur, die gleiche Natur wie die unsrige, der Gedanke an unsere entfernte Verwandtschaft mit diesem wilden, lärmenden, brünstigen Treiben.« *(Herz der Finsternis.)*

Historisch gesehen bleibt es merkwürdig, daß die Existenz »prähistorischer Menschen« so wenig Einfluß auf die westliche Geschichte vor dem imperialistischen Zeitalter hatte. Tatsache ist, daß die frühen Ausrottungen von Eingeborenenstämmen, die Schiffsladungen von Negern nach Amerika oder die Entdeckerfahrten in den schwarzen Kontinent ohne Bedeutung für die abendländische Geschichte im allgemeinen blieben, obwohl die Berichte von der Welt wilder Eingeborenenstämme, diesem anscheinend ziellosen und sinnlosen Treiben, dem die europäischen Abenteurer die Narrheit der Elfenbeinjagd hinzugefügt hatten, eine deutliche Sprache sprechen. Viele dieser Abenteurer und Entdecker haben den Verstand verloren in der einsamen Wildnis dieses übervölkerten Erdteils, wo das Vorhandensein menschlicher Wesen die Verlorenheit des Menschen nur noch mehr unterstrich und wo eine unberührte Natur, deren überwältigende Feindseligkeit niemals sich in menschlicher Landschaft gewandelt und gemildert hatte, nur in unerschöpflicher Geduld darauf zu warten schien, daß endlich »die phantastische Invasion von Menschen ihr Ende nehme«. Diese individuellen Erfahrungen waren wohl bekannt, hatten aber politisch keine Konsequenzen.

Dies änderte sich erst, als nicht mehr einzelne Abenteurer oder Entdecker, sondern Scharen von Menschen in Afrika erschienen, jene Überflüssigen, die »ganz Europa beigetragen hatte zu produzieren«.[9] Sie setzten sich am südlichen Teil des Kontinents fest, wo sie mit den Buren zusammentrafen, einer europäischen Splittergruppe, die Europa bereits vergessen hatte, die aber jetzt die selbstverständlichen Vermittler in die fremde Umgebung abgaben. Die Reaktion der in Europa überflüssig Gewordenen auf die afrikanische Umgebung orientierte sich selbstverständlich an der Reaktion der einzigen europäischen Gruppe, die sie hier vorfanden und die vor ihnen in völliger Isoliertheit bereits einen Weg in die Welt schwarzer Eingeborenenstämme hatte finden müssen.

Kein Gebiet der Erde hätte der Entstehung der modernen Mobmentalität und dem ihr so gemäßen Rassenwahn günstiger sein können als die Kapkolonie. Hier nämlich hatte sich seit Jahrhunderten ein politischer und gesellschaftlicher Zustand merkwürdigster Art entwickelt. Holländische Siedler waren hier in der Mitte des siebzehnten Jahrhunderts abgesetzt worden, um die Schiffe auf ihrer Reise um das Kap nach Indien mit Frischgemüsen und Fleisch zu versehen. Abgesehen von einer kleinen Gruppe französischer Hugenotten sollte ihnen für mehr als ein volles Jahrhundert keine europäische Immigration folgen. Das ganze achtzehnte Jahrhundert hindurch hatten sie Zeit, sich durch großen Kinderreichtum zu einem kleinen Volk zu vermehren, das in vollkommener Abgeschnittenheit von dem Strom europäischer Ereignisse ein Sonderdasein führte und ein dem Abendland bislang unbekanntes soziales und wirtschaftliches Leben entwickelte.[10]

Die wichtigsten materiellen Faktoren für die Entwicklung der holländischen Splittergruppe, die sich selbst den Namen Buren gab, waren die Tatsache des schlechten Bodens, der sich nur für extensive Viehwirtschaft eignete, und die Anwesenheit einer sehr zahlreichen Eingeborenenbevölkerung, welche in Stämmen organisiert das Leben jagender Nomaden führte.[11] Der schlechte Boden, der intensive Bearbeitung und dichte Siedlungen verbot, brachte die aus einer festen, bodengebundenen, dörflichen Organisation stammenden holländischen Bauern in kürzester Zeit sehr nahe an die nomadisierende Hirten- und Jägerexistenz ihrer barbarischen Umgebung, isolierte auf jeden Fall die einzelnen Familien so sehr, machte sie so nachdrücklich abhängig von sehr großen Räumen, daß der burische Volkssplitter schleunigst in weitere Splitter, in einzelne Familien klanartig auseinanderfiel. Was diese Familien daran hinderte, sich in einander bekriegende Stämme zu verwandeln, war einzig die Anwesenheit der schwarzen Stämme, die, zahlreicher als sie, eine ständige Gefahr für die gesamte weiße Bevölkerung bildeten. Die Unterlegenheit der schwarzen Nomadenstämme gegenüber den europäischen Kolonisten war in Afrika ebenso deutlich wie in anderen Kontinenten, in denen die weiße Kolonisation siegte. Nur daß hier, im Gegensatz zu Amerika und Australien, die Eingeborenen zu zahlreich waren, als daß sie hätten vernichtet werden können, und daß daher die Sklavenwirtschaft sich außerordentlich schnell als die einzige ökonomische Form herausstellte, um sowohl mit der Eingeborenenfrage als auch der Armut des Bodens fertig zu werden.

Die Verwandlung von Eingeborenenstämmen in Arbeitssklaven ähnelte nur sehr äußerlich der Eroberung und Beherrschung eines Volkes durch ein anderes. Keine eigene Organisationsform irgendeiner Art hielt das eroberte Volk zusammen; kein Territorium wurde definitiv gewonnen und definitiv besiedelt. Weder Schwarze noch Weiße hatten ein Gefühl für den Boden, auf dem sie lebten; weder die einen noch die anderen brachten es zu einer staatlichen oder auch nur kommunalen Organisation. »*Each man fled the tyranny of his neighbour's smoke*«[12] blieb das Gesetz des Landes, in dem sich das ausdrückte, was die Buren unter Freiheit verstanden. Jede Organisation bedeutete ihnen Freiheitsberaubung, und sie bildeten eine Gesellschaft, die außer der Familie kein Band zwischen Menschen anerkannte und die nur eine gemeinsame Gefahr zusammenhalten konnte. Der Weg zu dieser Verwilderung ging über die Verachtung der Arbeit, welche alle Formen menschlicher Produktion miteinbezog. Wenn schon der Boden Afrikas keine Reichtümer hergab, ja, wenn er zu kümmerlich war, um den Siedlern auch nur die bescheidene Bauernexistenz zu garantieren, welche noch im achtzehnten und bis tief in das neunzehnte Jahrhundert die materielle Grundlage aller europäischen Nationbildungen war, so schien die Vorsehung ihnen doch zur Kompensation in den Eingeborenen einen schier unerschöpflichen »Rohstoff« beschert zu haben, der Arbeit überflüssig machte und Produktivität als Lebensform eines zivilisierten Volkes abzuschaffen geeignet war.

Was die Sklavenarbeit in der afrikanischen Form von den uns sonst bekannten Formen unterscheidet, ist, daß sie sich nicht nur auf grobe Arbeit, sondern auch auf produktive Tätigkeit jeglicher Art bezog. Sie ist die einzige uns aus der Geschichte bekannte Sklavenwirtschaft, die nicht darauf hinauslief, eine Herrenschicht für andere, »höhere« Tätigkeiten freizusetzen, und die daher auch niemals die materielle Grundlage für eine wie immer geartete Kultur gebildet hat. Sie war in Wahrheit die Art und Weise, in der ein europäisches Volk sich dem Lebensstil der schwarzen Stämme anglich. Abgesehen hiervon brachte sie natürlich alle bekannten Mißstände mit sich – Unproduktivität der Wirtschaft, Vernachlässigung der Werkzeuge, Mangel jeglicher Initiative, Stagnation der Produktionsverhältnisse. Aber das, was anderswo beschränkte Mißstände waren, verabsolutierte sich hier gewissermaßen und gab eine feste, in Jahrhunderten unerschütterte Lebensgewohnheit ab, die, wäre sie von äußeren Umständen unbeeinflußt geblieben, vermutlich an ihrer eigenen Lethargie zugrunde gegangen wäre.

Die absolute Abhängigkeit von der Arbeit anderer, die absolute Verachtung jeglicher Produktion transformierten die nach Südafrika verschlagenen holländischen Familien in die Buren, welche die Kapkolonie schließlich zu ihrer Heimat machten. Die Buren sind die ersten Kolonialmenschen, die sich nie wieder in normale europäische Verhältnisse hätten schicken können, weil ihnen das grundsätzliche Ethos des Europäers, der in einer von ihm selbst mitgeschaffenen und dauernd mitveränderten Welt lebt, nicht mehr begreiflich war. Indem die Buren die Eingeborenen nicht als Menschen, sondern als den Rohstoff des neuen Kontinents ansahen und indem sie rücksichtslos von der trägen, parasitären Ausbeutung dieser »Rohstoffe« lebten, sanken sie selbst auf die Stufe jener barbarischen Stämme, deren wesentliches Merkmal es ist, von der Natur zu leben, ohne sie für den eigenen Nutzen herrichten zu können, das, was die Erde gibt, hinzunehmen, ohne aus den geschenkten Schätzen eine für den Menschen brauchbare und von ihm beherrschte Welt zu erzeugen. Wäre dieser Prozeß ohne nochmaliges Eingreifen Europas im imperialistischen Zeitalter weitergelaufen, so hätte an seinem Ende der weiße Burenstamm sich durch nichts als die Hautfarbe von seinen schwarzen Nachbarn unterschieden. Die Rassentheorien waren hier in der Tat auf dem besten Wege, eine gleichsam wissenschaftlich kontrollierbare Realität zu finden. Die armen Weißen Südafrikas, deren Existenzniveau von dem der Bantu-Bevölkerung noch heute nicht wesentlich unterschieden ist, bilden ein warnendes Beispiel dafür, wie nahe die Buren der endgültigen katastrophalen Verwandlung in eine Rasse gekommen sind. Denn diese weiße Armut, die immerhin zwischen 10 und 20 Prozent der gesamten weißen Bevölkerung umfaßt,[13] verdankt ihre Existenz im wesentlichen der Angleichung an die Lebensweise der schwarzen Bevölkerung: Wie die Eingeborenen des Bantu-Stammes wanderten sie von einem Landstrich zum anderen, verließen die Böden, wenn sie der primitivsten Bearbeitung keine Frucht mehr zollten oder das Wild ausgerottet war. Bevor sie nach der Entdeckung der Gold- und Diamantenfelder zusammen mit den schwarzen Eingeborenen in die

Städte kamen, war ihre Lebensweise fast identisch mit der der sie umgebenden Rasse geworden; sie waren bereits im Begriff, eine weiße Rasse unter Schwarzen zu werden. Kein Wunder, daß ihr Rassebewußtsein am fanatischsten ist. Nicht nur weil sie nichts zu verlieren haben außer ihrer weißen Haut, sondern auch vor allem, weil die Rassenkonzeption auf sie so gefährlich zutrifft.

Noch verhängnisvoller als die Liquidierung von Arbeit und Produktion im Leben der Buren sollte sich die Isolierung der Farmen voneinander, das Mißtrauen zwischen Nachbar und Nachbar, das Fehlen aller kommunalen Organisationsformen auswirken. Es hatte zur Folge, daß jede der Burenfamilien nicht inmitten des eigenen Volkes, sondern unter schwarzen Barbaren lebte, über die sie absolut, in absoluter Willkür und Gesetzlosigkeit herrschte. Da sie über Stämme herrschten und ökonomisch gesehen die Parasiten dieser Stämme waren, glich ihre Stellung in mehr als einer Beziehung der Position jener Stammeshäuptlinge, deren Herrschaft sie im Begriff standen zu vernichten. Da sie sich auf eine den Wilden unbegreifliche, aber unbestreitbare Weise als überlegen erwiesen hatten, waren die Eingeborenen selbst nur allzu bereit, in ihnen eine höhere Art von Stammeshaupt, eine Art menschgewordene Gottheit zu sehen, der man sich nur unterwerfen kann. Die Buren haben keine Literatur hervorgebracht, und so können wir die Stadien der Entwicklung eines europäischen Volkes zu Stammeshäuptlingen von barbarischen Völkern nur erraten. Eines ist sicher: Wenn sie die Sklavenwirtschaft aufrechterhalten wollten in einem Land, in welchem sie in einer hoffnungslosen Minderheit waren, so blieb ihnen gar nichts anderes übrig, als die Rolle, welche ihnen von den Eingeborenen zugeschrieben wurde, auch anzunehmen und durchzuspielen. Daß sie sich damit selbst in die Mitte jener Stämme begaben, auf welche sie mit so viel berechtigter Verachtung und mit einem noch viel berechtigteren Grauen sahen, dürfte ihnen schwerlich zum Bewußtsein gekommen sein.

Zwar blieben die Buren Christen, und zwar finden wir bei ihnen nichts von dem Haß auf das Christentum, der so charakteristisch für alle europäischen Rassetheoreme ist. Aber ihr Christentum bekam ein sehr eigentümliches Gepräge. Um ihre Lebensform, die auf der Leugnung eines einheitlichen Ursprungs des Menschengeschlechts beruhte, mit den Lehren der Bibel in Einklang zu bringen, griffen sie auf das Alte Testament und vor allem auf jene Stelle zurück, in welcher die israelitische Religion am stärksten als Nationalreligion auftritt. Sie bezogen alle Stellen von dem auserwählten Volk Gottes auf sich, ohne jedoch die Messiasgläubigkeit mit zu übernehmen. Sie sahen sich selbst in keinerlei Verbindung mehr mit anderen Völkern; wie es im Alten Testament nur um Juden und nichtjüdische Völker geht, so gab es für sie nur »Weiße« und »Schwarze«, von denen die einen zum Nichtstun und zur trägen Herrschaft erwählt und die anderen zu Fron und einer ebenso trägen Knechtschaft verdammt waren. Dies war Gottes Wille auf Erden, wie ihn die Dutch Reformed Church in erbittertem Gegensatz zu den verhaßten Missionaren aller anderen christlichen Konfessionen bis auf den heutigen Tag offen verkündet.[14]

Es ist klar, daß in dieser Gesellschaft von Weißen und Schwarzen, wo wahrlich nichts wichtiger für den einzelnen war, als mit welch einer Hautfarbe er geboren wurde, der Rassebegriff in seiner politischen Bedeutung bereits deutlichst vorgebildet war. Nur daß dies bis in das späte neunzehnte Jahrhundert, da Europa von diesem Stand der Dinge höchstens aus Neugier, aber ohne jegliches tieferes Interesse Kenntnis genommen hatte, ohne eigentlichen Einfluß auf Fühlen und Denken europäischer Menschen blieb. Zwar hatten gerade Engländer Gelegenheit genug, diese Verhältnisse gründlichst zu studieren. Aber obwohl sie seit 1796 formal die Herrscher der Kapkolonie sind, haben sie die Kolonie vor Ende des neunzehnten Jahrhunderts niemals in das System der überseeischen Besitzungen einbezogen. Noch 1849 galt sie ihnen nur als ein militärischer Stützpunkt. Und was immer die Engländer an politischen oder wirtschaftlichen Reformen versuchten, ist am Widerstand der Buren gescheitert.

Im neunzehnten Jahrhundert äußerte sich der Widerstand der Buren gegen die englische Herrschaft in der Form des Trecks. Auf den Großen Treck, mit dem die Buren 1836 auf die formale Abschaffung der Sklaverei antworteten, folgte ein Treck nach dem anderen, durch den sich die weiße Bevölkerung der englischen Herrschaft in das Innere des Landes entzog. Und der Treck war nicht nur der Ausweg vor dem Verbot der Sklaverei, sondern vor allem die Reaktion auf die Versuche der Regierung, das Land zu bemessen und zu begrenzen. Wovor die Buren in neue unkultivierte Gebiete entflohen, war die Grenze selbst.[15] Zwar fühlten sie sich, im Gegensatz zu den wenigen englischen Siedlern in den Städten, in Afrika zu Hause, aber eben in Afrika, und nicht in einem bestimmten, begrenzten afrikanischen Territorium. Die Beziehung zu einem bestimmten Boden, zu der *patria,* welche ein Volk als einen politischen Körper konstituiert, war bei ihnen von vornherein durch eine reine Stammesgebundenheit ersetzt worden, die aufs genaueste der Stammesgebundenheit der Eingeborenen entsprach, die seit Jahrhunderten den Kontinent durchzogen, ohne es je zur Ansiedlung und Volkwerdung gebracht zu haben.

Das einzig neue Element, das die Buren von sich aus diesem Stammesbewußtsein hinzufügten, war das rassische Überlegenheitsgefühl, und auch dies war in der spontanen Anerkennung und Verehrung der Schwarzen für die mächtigen weißen Herren vorgezeichnet. Es ist bemerkenswert, wie bereits in diesen frühen Rassegefühlen alles Spätere vorgezeichnet war, das Unverständnis für die *patria,* die wirkliche Boden-losigkeit, die Verachtung aller Wertungen, die dem Erarbeiteten und Geleisteten entspringen und gegen welche die natürlich-physische, von Geburt vorbestimmte Gegebenheit als einzig Absolutes gesetzt wird. Denn im Vergleich zu dem Rassenwahn erwächst noch der absurdeste

Chauvinismus aus dem Stolz auf eine zum mindesten ererbte Leistung, auf den gemeinsamen Bau einer gerade für das eigene Volk bestimmten Welt, für welchen das Land selbst stets das höchste Symbol bleibt.

Was andererseits die englische Herrschaft mit ihren Missionaren, Forschern und Soldaten, die allesamt empört waren, daß »die europäischen Siedler in Afrika sich nach dem Muster der Wilden benahmen, da dies offenbar den Gepflogenheiten des Landes entsprach«,[16] nie ganz verstand, war die Tatsache, daß jegliche feste politische Form im Sinne europäischer Staatenbildungen niemals die gleichen Garantien für die bleibende Herrschaft des europäischen Bevölkerungselementes hätte liefern können. Nur als Stammeshäuptlinge von Eingeborenen oder als weiße Herren und Götter der Schwarzen, nur in Angleichung an die Bedingungen der Umwelt konnte ein so kleiner Bevölkerungssplitter wie die Buren sich auf die Dauer überhaupt halten. Jede Veränderung des Stammes- und Rassencharakters Afrikas hätte zu ihrer eigenen Ausrottung geführt. Dies müssen die Buren sehr früh erkannt haben. In ihnen lebt vermutlich heute noch der erste grauenhafte Schrecken, der ihre Vorväter in die Barbarei gezwungen hatte, der Schrecken vor den Menschen Afrikas – die tiefe Angst vor einem fast ins Tierhafte, nämlich wirklich ins Rassische degenerierten Volk, das doch trotz seiner absoluten Fremdheit zweifellos eine Spezies des *homo sapiens* war. Denn was auch immer die Menschheit an Schrecken vor wilden barbarischen Stämmen gekannt hat, das grundsätzliche Entsetzen, das den europäischen Menschen befiel, als er Neger – nicht in einzelnen exportierten Exemplaren, sondern als Bevölkerung eines ganzen Kontinentes – kennenlernte, hat nirgends seinesgleichen. Es ist das Grauen vor der Tatsache, daß dies auch noch Menschen sind, und die diesem Grauen unmittelbar folgende Entscheidung, daß solche »Menschen« keinesfalls unseresgleichen sein durften. Aus dieser Angst und dieser Entscheidung, denen beiden der Zweifel und vielleicht die Verzweiflung an dem Faktum des Menschseins überhaupt zugrunde lag, entstand die neue unchristliche Religiosität der Buren, deren wesentliches Dogma die eigene Auserwähltheit, die Auserwähltheit der weißen Haut ist.

Die Geschichte des Menschengeschlechts nennt Völker, aber gibt von ihren in Stämmen organisierten Vorfahren nur dunkle Kunde. Das Wort Rasse hat eine präzise Bedeutung, sobald man es aus dem Nebel der pseudowissenschaftlichen Theorien herausnimmt und auf die Stämme bezieht, welchen alle eigenen geschichtlichen Erinnerungen und alle der Erinnerung werten Taten fehlen. Damit wird Rasse zu einem wesentlich politischen Begriff, der sich auf eine bestimmte politische Organisationsform bezieht. In diesem Sinne benutzte Hitler das Wort »Rasse«, wenn er immer wieder betonte: »Eine Rasse sind wir nicht, eine Rasse müssen wir erst werden«; aber auch andere Nazi-Schriftsteller, von denen viele nicht zufällig Auslandsdeutsche afrikanischer Herkunft waren, haben ähnlich gedacht.[17] Wirkliche Rassen in diesem Sinne scheinen auf der Erde nur in Afrika und Australien vorgekommen zu sein; sie sind bis heute die einzigen ganz geschichts- und tatenlosen Menschen, von denen wir wissen, die einzigen, die sich weder eine Welt erbaut noch die Natur in irgendeinem Sinne in ihren Dienst gezwungen haben.

Ob diese Rassenstämme die Residuen einer früheren Menschheit, ob sie die zufällig überlebenden Abfallprodukte einer untergegangenen Zivilisation sind, eines ist sicher, wir treffen sie dort an, wo die Natur dem Menschen besonders feindlich, besonders unbezwingbar entgegentritt. Sie sind die Überlebenden einer großen Katastrophe, auf die weitere, kleinere Katastrophen gefolgt sein mögen, bis sie die katastrophenhafte Einförmigkeit ihrer Existenz als etwas Natürliches und Selbstverständliches empfanden. Was sie von anderen Völkern unterschied, war nicht die Hautfarbe; was sie auch physisch erschreckend und abstoßend machte, war die katastrophale Unterlegenheit oder Zugehörigkeit zur Natur, der sie keine menschliche Welt entgegensetzen konnten. Ihre Irrealität, ihr gespenstisch erscheinendes Treiben ist dieser Weltlosigkeit geschuldet. Da sie weltlos sind, erscheint die Natur als die einzige Realität ihres Daseins; und sie gibt sich selbst dem Beobachter als eine so überwältigende Realität – mit weltlosen Menschen kann die Natur nach Belieben umspringen –, daß an ihr gemessen die Menschen etwas Imaginäres, Schattenhaftes, ganz und gar Unwirkliches annehmen. Das Unwirkliche liegt darin, daß sie Menschen sind und doch der dem Menschen eigenen Realität ganz und gar ermangeln. Es ist diese mit ihrer Weltlosigkeit gegebene Unwirklichkeit der Eingeborenenstämme, die zu den furchtbar mörderischen Vernichtungen und zu der völligen Gesetzlosigkeit in Afrika verführt hat.

Das Imaginäre der Rassenorganisation beruht auf dem Fehlen einer von Menschen konstruierten und von ihren Gesetzen beherrschten Welt. Das Trecken der Buren, ihre Unfähigkeit, den Rauch des nachbarlichen Schornsteins zu ertragen oder sich irgendeinem Gesetz, irgendeiner Grenze zu unterwerfen, beruhte auf ihrer Einordnung in die schwarze Welt, deren Götter und Herrscher sie geworden waren. Ihrem gesellschaftslosen, gesetzlosen, anarchischen Zusammensein haftete die gleiche Welt- und Zwecklosigkeit an, die der Fluch des schwarzen Kontinents war, auf den sie ein höchst widriges Schicksal geworfen hatte. Das sinnfälligste Zeichen für die Angleichung eines weißen Volkes an die es umgebenden schwarzen Rassestämme liegt vielleicht darin, daß die furchtbaren Metzeleien, welche die Europäer in Afrika angerichtet haben, sich gewissermaßen in die Tradition des afrikanischen Kontinents selbst ohne Schwierigkeit einfügen. Ausrottung feindlicher Stämme war von eh und je das Gesetz afrikanischer Eingeborenenkriege gewesen. Die furchtbare Vergeblichkeit, die das Verhängnis allen Geschehens innerhalb eines wirklichen Rasseverbandes ist, wird nur verstärkt, aber nicht verändert, wenn es einmal einem Häuptling gelang, mehrere Stämme einheitlich unter seiner Leitung zu organisieren. Der König Shaka, der zu Beginn des vorigen Jahrhunderts die Zulustämme in einer disziplinierten und schlagkräftigen Armee zusammenfaßte, hat damit weder ein Volk noch eine Nation der Zulus geschaffen. Es ist ihm nur gelungen, mehr als eine Million Angehörige feindlicher oder auch nur schwächerer Stämme auszurotten.[18] Disziplin und organisatorische Leistung können die Vernichtung der Menschen durch die unbezwungene Natur beschleunigen, aber keinesfalls eine Welt aufbauen, in der Menschen leben können. Und da ihre einzige Macht die Vernichtung ist, können sie nicht anders, als sich an diesem Werk ihrer Hände erfreuen. Die Vernichtung selbst aber nimmt sofort die Gestalt des Schemenhaften und Schattenhaften an, da sie in keiner Welt sich ereignet, in der Menschen sich erinnern und etwas Bestand haben kann. Über dem ganzen Land, das sich so erfolgreich allen Normalisierungsversuchen der Engländer widersetzte und das so offensichtlich nicht einmal mehr durch Erwägungen von Profit und Zweckmäßigkeit in eine geordnete Gesellschaft zurückzulocken war, lag die Unheimlichkeit des ganz und gar Imaginären, das Grauen des Irrsinns. Und in diesem Sinne paßt der Zufall, der wollte, daß gerade hier Diamanten und Gold, die imaginärsten Schätze der Erde, die Goldgräber, Glücksritter und Finanziers anlocken sollten, die selber außerhalb der modernen Produktionsprozesse standen und ohnehin die irrealsten Gestalten des modernen Wirtschaftslebens waren, ausgezeichnet in den Stil und Sinnzusammenhang des Landes, das nur durch dies zufällige Zusammentreffen aus dem Bann stagnierender Irrealität herausgeschleudert und wieder in den Gang der europäischen Geschichte hineingezogen wurde.

Gold und Blut

Um 1870, kurz nach Eröffnung des Suez-Kanals, wurden die Diamantenfelder in Kimberley entdeckt. Weniger als anderthalb Jahrzehnte später gesellten sich zu ihnen die Goldminen vom Witwatersrand. Abenteurer und Händler, Verbrecher und Spieler, ruinierte Existenzen aller Art kamen von allen Enden Europas nach Südafrika, und der Strom englischer Auswanderer, der Südafrika bisher immer vermieden hatte, wurde von Kanada und Australien abgelenkt und landete seine Fracht von Arbeitslosen an den Küsten des größten Goldgräberlandes der Erde. Sie kamen von Riga und Kiew, Hamburg und Frankfurt, Rotterdam und San Franzisko, berufsmäßige Goldgräber und Spekulanten, Schankwirte und ehemalige Offiziere, die jüngsten Söhne aus guter Familie, kurz alle die, welche Europa nicht mehr gebrauchen konnte oder die sich aus verschiedensten Gründen in ein geordnetes Leben nicht mehr fügen mochten. In Südafrika stießen sie mit einem anderen, nicht minder großen Einwandererstrom zusammen, der aus Afrika selbst kam; die Eingeborenen strömten nach Kimberley und nach Johannesburg, erst nur »um Diamanten zu stehlen und sich für den Ertrag Gewehre und Schießpulver zu kaufen«,[19] dann aber um zu arbeiten und ein schier unerschöpfliches williges Arbeitsreservoir den Neuankömmlingen bereitzustellen. Ungelernte Arbeit wurde in Kimberley und am Witwatersrand von vornherein von Schwarzen geleistet; die Aufseher und Ingenieure waren die zugewanderten Europäer. Und was man an qualifizierter Arbeiterschaft benötigte, mußte weiter importiert werden, da die ansässige weiße Bevölkerung, die Buren, nicht nur keine Ingenieure stellte, sondern auch qualifizierte Arbeiter weder besaß noch zu produzieren bereit war. Es war das Übermaß an billiger, eingeborener Arbeit, das darüber entschied, daß der südafrikanische Goldrausch im Unterschied zu anderen keine flüchtige Episode blieb, sondern die Gold- und Diamantenindustrie einleitete, die bis heute die wirtschaftliche Physiognomie des Landes bestimmt. Dies war der Schatz, der hier gehoben wurde, der eigentliche Rohstoff, der für die afrikanische Wirtschaft die gleiche Rolle spielte wie der Überfluß an Regen und Gras für die Hammelproduktion Neuseelands oder die Weiden für die Wollerzeugung Australiens oder die unübersehbaren fruchtbaren Böden für den Weizen Kanadas.[20] Nur daß der von der Natur vorgegebene Schatz Südafrikas im Unterschied zu den Schätzen der Erde in menschlicher Arbeitskraft bestand, also nicht nur nicht von menschlicher Arbeit erst gehoben und verwertet zu werden brauchte, sondern zu versprechen schien, Arbeit für die Neuankömmlinge überhaupt überflüssig zu machen. Die Goldgräber brauchten noch nicht einmal das Graben selbst zu besorgen.

Dieses Wunder aber, durch Goldgräberei ohne eigene Arbeit reich zu werden, konnte sich nur ereignen, weil (auch dies im Unterschied zu anderen Goldrausch-Unternehmungen) die Abenteurer, Glücksritter und Spieler hier nicht sich selbst überlassen blieben, sondern von dem sich in Europa angehäuften überflüssigen Reichtum finanziert und organisiert wurden, der ohnehin anarchisch in alle Länder strebte, in denen er sich überhaupt noch profitabel anlegen ließ. So war das Goldfieber Südafrikas von vornherein der europäischen Ökonomie verbunden, und zwar vorerst mit Hilfe jüdischer Finanzleute, die die Anlagen europäischen Kapitals in die Gold- und Diamantenindustrien vermittelten.[21]

All dies vollzog sich vorerst ohne irgendeine Beziehung zu der europäischen Bevölkerungsgruppe, die in der Kapkolonie seit Jahrhunderten ansässig war. Die Buren nämlich waren die einzigen, welche von den neuen Zentren ihres Landes nicht angezogen, sondern abgestoßen wurden. Sie verkauften ihre diamantenreichen Ländereien in Kimberley und ihre Goldminen in Johannesburg und machten sich wieder auf den Treck. Sie fürchteten, daß eine auf dem Privileg des Goldes gegründete Gesellschaft die britische Herrschaft notwendigerweise verstärken und ihrer auf dem Privileg der Hautfarbe und des Blutes gegründeten Lebensform den Garaus machen würde. Und eine Weile sah es in der Tat so aus, als ob diese Befürchtungen zu Recht bestanden: Alle die Einwanderer, die Bürgerrechte nicht erlangen konnten und wollten und Ausländer (Uitlanders) blieben, benötigten den englischen Rechtsschutz und stärkten dadurch das britische Element. Was die Buren nicht verstanden, war, daß sie es hier nicht mit Leuten vom Schlage englischer Missionare, Staatsbeamten oder Kolonisten zu tun hatten und daß die abenteuerliche Gesellschaft von Goldgräbern und Finanziers durchaus bereit sein würde, die Rassenprivilegien zur Grundlage auch ihrer Gesellschaft zu machen – schon weil dieser Mob genausowenig daran dachte, sich einer Arbeitsdisziplin zu fügen, genauso unfähig war, eine Zivilisation zu gründen wie sie selbst und daher auch keine wesentlich andere Haltung gegenüber dem von den englischen Beamten repräsentierten Gesetz oder der von den christlichen Missionaren gepredigten Gleichheit aller Menschen einnahm.

Was die Buren befürchteten, wovor sie wieder einmal in die Wildnis des afrikanischen Inneren zu entfliehen suchten, war die Industrialisierung des Landes, welche – hätte sie einen normalen Produktionsprozeß eingeleitet – in der Tat auch die ökonomischen Gesetze des Arbeits- und Warenmarktes eingeführt und den Privilegien des Blutes ein Ende bereitet hätte. Wäre das geförderte Gold, von dem bald mehr als die Hälfte der Bevölkerung ihren Lebensunterhalt bezog, in der gleichen Weise produziert worden und in demselben Sinne eine Ware gewesen wie die Wolle Australiens oder das Fleisch Neuseelands oder der Weizen Kanadas, so wäre es um die Lebensweise und gesellschaftliche Organisationsform der Buren geschehen gewesen. Eine genaue und stabile Kalkulation der Preise hätte produktive und stabile Arbeit verlangt, hätte die Löhne der schwarzen und weißen Arbeiter einander angeglichen, weil sie weder die Unrentabilität und Unachtsamkeit zu billiger schwarzer Arbeit noch die völlig phantastisch entlohnte gelernte weiße Arbeit auf die Dauer hätte ertragen können.

Gold aber ist nicht eine Ware wie andere Waren, sondern primär ein Spekulationsobjekt, dessen Nachfrage von politischen Faktoren abhängig ist, und Goldminen dienen keiner weiteren Produktion wie Eisen und Kohle und brauchen daher nicht die Industrialisierung eines Landes zur Folge zu haben. Auf dem Golde, das man mit Recht »das Lebensblut Südafrikas« genannt hat, brauchte keineswegs die rationale, kalkulierbare wirtschaftliche Welt aufzubauen, vor der die Buren sich so fürchteten. Auch waren die Uitlanders in keiner Weise mit den englischen Siedlern der Dominions zu vergleichen; sie kamen nicht, um zu siedeln, sondern um reich zu werden, und waren daher weder daran interessiert, die gesellschaftlichen und politischen Lebensformen der Buren zu reformieren noch ein eigenes Gemeinwesen aufzubauen. Diejenigen, die blieben (vor allem die Juden, die keine Heimat hatten, in die sie zurückkehren konnten, und alle, bei denen das Reichwerden zu lange gedauert hatte), bildeten bald eine von den Buren abgegrenzte eigene Bevölkerungsschicht, deren Interessen ausschließlich auf der Goldindustrie beruhten. Ihnen waren die politischen Verhältnisse des Landes ganz gemäß, und zwar weil, wie Barnato einmal befriedigt feststellte, »die Transvaal-Regierung keinem Staate der Welt gleicht. Sie ist gar keine Regierung, sondern eine unbeschränkte Handelskompanie mit etwa zwanzigtausend Aktionären«.[22] So war auch der Burenkrieg eigentlich die Folge dieses grundsätzlichen Mißverständnisses der Buren angesichts der neuen Entwicklung des Landes; es handelte sich gar nicht mehr, wie die Buren auf Grund ihrer Erfahrungen aus dem neunzehnten Jahrhundert meinten, darum, daß die englische Regierung mit Gewalt die südafrikanische Union herstellen wollte, sondern einzig und allein um die Interessen der Aktionäre. So verloren auch die Buren durch ihre Niederlage nicht mehr, als was sie ohnehin freiwillig aufgegeben hatten: ihren Anteil an den neuen

Reichtümern des Landes; wesentlicher war, daß sie die englische Regierung endlich dazu bestimmen konnten, alle Versuche, die Situation der Eingeborenen politisch und rechtlich zu verbessern, aufzugeben und das Schicksal der Eingeborenen der künftigen souveränen südafrikanischen Union zu überlassen. Für die Buren endete die militärische Niederlage mit einem politischen Sieg: Von nun an störte niemand mehr die anarchische Gesetzlosigkeit ihrer Rassegesellschaft. Weder die Zugehörigkeit zum britischen Commonwealth noch die scheinbare kapitalistische Entwicklung der letzten fünfzig Jahre haben zu verhindern vermocht, daß in der Rassenfrage sich alle Schichten der weißen Bevölkerung Südafrikas einig sind; in dieser Hinsicht gibt es weder Unterschiede zwischen Engländern und Buren noch zwischen organisierter Arbeiterschaft und Unternehmern.[23] Die zwölf Jahre, als die Nazis bewußt versuchten, das deutsche Volk in eine Rassegesellschaft zu verwandeln, haben die Position der Buren und ihr politisches Selbstbewußtsein erheblich gehoben; aber die Niederlage Deutschlands und das Verschwinden des Naziregimes haben weder das eine noch das andere geschwächt.

Mehr als alle anderen Ausländer haßten und fürchteten die Buren die Finanziers. Es war klar, daß sie die Schlüsselposition innehatten, in der Kombination von überflüssigem Reichtum und überflüssiger Arbeitskraft, die sich zusammen in der Kapkolonie angenistet hatten, und daß es ohne sie nicht möglich gewesen wäre, die Flüchtigkeit eines Goldrausches in ein permanentes reguläres Geschäft zu verwandeln. Nur der Finanzier konnte die Aktien aus den Händen der kurzfristigen Spekulanten in die der an regulären Investitionen interessierten Geschäftsleute überleiten.[24] Damit aber gewann das investierte Kapital eine neue und eminent politische Bedeutung. Die schnellen, großen Profite, welche am Kap auf Grund der billigen Arbeit und des Spekulationswertes von Gold und Diamanten zu erzielen waren, wurden nun der Hebel, durch den das Geld, welches in der heimischen Industrie nutz- und machtlos geblieben war, zu einer eigenständigen Bedeutung anschwoll, um als Finanz- und Investitionskapital an Macht dem Industriekapital bald ebenbürtig und sogar überlegen zu werden. Seine Inhaber waren nicht mehr Spekulanten und waren nicht wie diese bereit, in Spielerlaune die außerordentlich großen Risiken, die allen ausländischen Kapitalinvestitionen anhafteten, einzugehen. Damit aber war es unvermeidlich, daß sie versuchten, auf die auswärtige Politik ihrer Regierungen Einfluß zu gewinnen; so wie in einem geordneten Staatswesen das einheimische Kapital vor Zugriffen durch die Polizei geschützt war, so mußte jetzt das ins Ausland abgewanderte geschützt werden. Die Notwendigkeit staatlich-militärischen Schutzes stellte sich Ende des Jahrhunderts zum ersten Male in Südafrika heraus, und zwar auch, weil die burische Bevölkerung sich offen feindselig verhielt. Der Burenkrieg war in diesem Sinne bereits eine Art Polizeiaktion. Zwar waren diejenigen, welche für diese Politik und das militärische Eingreifen in die Gold- und Diamantenproduktion verantwortlich waren, nicht die Finanziers, sondern Cecil Rhodes, der »nicht nur Geschäftsmann« und, im Gegensatz zu den Beits und Barnatos, sehr viel weniger an Profiten als an Expansion um der Expansion willen interessiert war; aber dies hinderte die Buren nicht, in den Finanziers, die das große Spiel ins Rollen gebracht hatten, die eigentlich Verantwortlichen und Repräsentanten des ganzen ihnen verhaßten Treibens zu sehen. Die Finanziers, die zumeist Juden waren, hatten als bloße Vermittler weder genug politischen Einfluß noch genug wirtschaftliche Macht, um wirklich imperialistische Politik zu machen. Aber daß die Figur des Finanziers im Beginn der imperialistischen Entwicklung eine so große Rolle spielen und zudem noch ausgesprochen jüdische Züge tragen konnte, war vor allem den besonderen Bedingungen geschuldet, von denen die imperialistische Politik gerade in der Kapkolonie, wo sie ihren Ausgang nahm, inspiriert wurde.[25]

Für die Elemente jüdischen Reichtums und jüdischer Armut, die sich in Südafrika in diesen Jahrzehnten zusammenfanden, war die Entdeckung der Goldminen und Diamantenfelder ein ähnlicher Glücksfall wie für die Mob-Elemente aller anderen europäischen Völker. Die russischen Pogrome des Jahres 1881 hatten die neue große Wanderungsbewegung der jüdischen Volksmassen, die bis in unsere Zeit anhält, eingeleitet. Ein kleiner, aber innerhalb des südafrikanischen Einwanderungsstroms beträchtlicher Teil ging nach Johannesburg und beteiligte sich mit anderen überflüssig und heimatlos gewordenen Europäern an dem großen Glücksspiel der Goldfunde. Nur hatten die Juden als eine Gruppe eine erheblich bessere Chance in diesem Spiel, weil die armen jüdischen Einwanderer die jüdischen Finanziers bereits im Lande vorfanden und von ihnen protegiert wurden, da diesen eine verstärkte jüdische Einwanderung nur lieb sein konnte und sie ihre eigene Position im Lande verstärkte. Die jüdischen Finanziers, die Repräsentanten überflüssigen Kapitals, kamen aus fast allen europäischen Ländern und nicht nur aus dem russisch-polnischen Gebiet. Charakteristisch für sie war, daß sie innerhalb der jüdischen Gesellschaft Parvenus waren, nicht aus den Notabelnfamilien und den bekannten Bankhäusern stammten. Dieses ältere jüdische Bankkapital, das aus der Finanzierung von Staatsgeschäften und Staatsanleihen entstanden war, hatte den Höhepunkt seines Einflusses und seiner Macht um 1870 überschritten; es war nicht mehr stark genug, um neue, unternehmungslustige Elemente aufzunehmen und zu kontrollieren. Die siebziger und achtziger Jahre sahen daher in allen traditionellen Finanzzentren der europäischen Welt neben dem alteingesessenen jüdischen Reichtum eine neue Schicht von jüdischen Finanziers aufwachsen, welche meist die Länder ihrer Geburt verlassen hatten und ihr Glück in der reinen Spekulation, im Börsen- und Kommissionsgeschäft suchten. Die Vertreter des alten jüdischen Notabelnreichtums waren diesem Treiben gegenüber machtlos, weil sie im Niedergang auch ihren Einfluß auf die jüdischen Gemeinden einbüßten; sie sahen mit Sorge, wie in den immer häufiger werdenden Spekulationsskandalen, von dem Gründerschwindel in Deutschland und dem Panama-Skandal in Frankreich bis zu dem Phönix-Krach in Österreich, immer mehr Juden an immer prominenterer Stelle fungierten. Sie waren natürlich einigermaßen erleichtert, wenn diese Elemente beschlossen, den Schauplatz ihrer Tätigkeit nach Übersee zu verlegen. Denn innerhalb der jüdischen Bourgeoisie, deren immer schmaler werdende Grundlage das Staatsgeschäft bildete und die in dem aufsteigenden Prozeß des Industriekapitals keine Funktion hatte, war für die zugewanderten Juden kein Platz; so wurden sie nahezu automatisch die Repräsentanten von Kapital, das innerhalb der normalen wirtschaftlichen Ordnung auch keinen Platz mehr hatte. Sie waren gewissermaßen in genau der gleichen Lage, und für sie war die Existenz überflüssigen Kapitals die Rettung aus ihrer eigenen sozial und wirtschaftlich überflüssigen Existenz.

Auch in Südafrika gab es alteingesessenen jüdischen Reichtum, der aber ausschließlich in den Händen von Unternehmern, Kaufleuten und Großhändlern lag. Diese waren um die Wende des achtzehnten Jahrhunderts ins Land gekommen und hatten bis in die Mitte des neunzehnten Jahrhunderts einen sehr kleinen Einwanderungsstrom von Juden nach sich gezogen. Die Neuankömmlinge, die Beits, Barnatos, Sammy Marks, fanden es hier erheblich leichter als in Europa, sie aus ihren Positionen zu verdrängen und selbst die Repräsentanz der jüdischen Gemeinden an sich zu reißen. Dies ist auch einer der Gründe, warum der jüdische Financier in Südafrika mehr erreichte als die wesentlich flüchtige und immer schäbige Prominenz, die wir aus den europäischen Finanzskandalen kennen. Hier wurde er in der Tat gleichsam der dritte und ausschlaggebende Faktor, der das Bündnis zwischen Kapital und Mob in Bewegung setzte, insofern er die Investitionen in den Goldminen und Diamantfeldern vermittelte und dabei eine im öffentlichen Leben sichtbarere Position innehatte als die abwesenden Aktionäre, die er vertrat.

In der Geschichte des modernen Rassenantisemitismus spielt Südafrika eine nicht zu unterschätzende Rolle. Hier waren die Juden zum ersten Male in eine Rassegesellschaft geworfen, und da sie die für die Anfangsstadien der imperialistischen Entwicklung so wichtige Position des Finanziers nahezu monopolisierten, war es nur natürlich, daß der Haß der Buren auf die Uitlanders sich auf die Juden konzentrierte und den Antisemitismus in die burische Rassenweltanschauung einbezog. Von politischer Bedeutung war dabei nicht so sehr, daß die Juden in den Augen der Buren zu den Repräsentanten der Ausländer und des von ihnen begonnenen neuen Treibens wurden, als daß die Juden, weil sie diese repräsentative Rolle in einer Rassegesellschaft spielten, nun ebenfalls als eine gesonderte »Rasse« angesehen wurden, unterschieden von allen anderen »Weißen«; und da dieser Unterschied sich physisch nicht ausweisen ließ und die Juden nach wie vor eine »weiße« Hautfarbe behielten, konnten sie wie die Verkörperung eines teuflischen Prinzips erscheinen, das den »normalen« Unterschied von Weiß und Farbig in Verwirrung brachte. Hinzu kam hier wie bei allem Rassenantisemitismus, daß der ältere Anspruch der Juden auf Auserwähltheit mit dem der Buren, die sich ausdrücklich auf das Alte Testament beriefen, in Konflikt geriet. Der ältere Konflikt der Buren mit den christlichen Missionaren, die das Prinzip eines auserwählten Volkes überhaupt leugneten, verblaßte gegenüber dem Konflikt mit einem Volke, das offenbar den gleichen Anspruch stellte, der noch dazu historisch gesehen legitimer und leichter zu »beweisen« schien. Lange bevor die Nazis in den dreißiger Jahren sich der antisemitischen Bewegung Südafrikas organisatorisch bemächtigten und sie ideologisch unterbauten, hatte der Antisemitismus den Rassenhaß der Buren auf die Ausländer entscheidend bestimmt, so daß jeder Jude als ein »weißer Neger« und jeder Ausländer als ein »weißer Jude« erscheinen konnte.[26]

Und dies ist um so bemerkenswerter, als die Prominenz des jüdischen Finanziers im Wirtschaftsleben des Landes von sehr kurzer Dauer war und die Jahrhundertwende nicht überdauerte.

Denn sobald sich herausstellte, daß die Entwicklung der Gold- und Diamantenindustrien das Stadium erreicht hatte, in dem abwesende Aktionäre den politischen Schutz ihrer Regierung verlangen konnten, verloren die Juden ihre Schlüsselposition. Weder die jüdische Armut noch der jüdische Reichtum hatten eine Heimat, in die sie zurückkehren konnten oder wollten. Ihre Schwäche lag gerade darin, daß sie im Unterschied zu allen anderen Gruppen von Uitlanders in der Kapkolonie sich ansiedeln und hier nicht nur reich werden, sondern eine wirtschaftliche Position erlangen wollten. Hierzu aber konnte ihnen angesichts der Feindschaft der Buren nur die englische Gesellschaft verhelfen. Sie waren gezwungen, ihre wirtschaftlichen Positionen gegen den Status eines »Gentleman« einzuhandeln, wie Cecil Rhodes freimütig meinte, als er Barnatos Aktien aufkaufte und Alfred Beits Unternehmen von seiner eigenen De Beers Company absorbieren ließ.[27] Aber was diese Juden zu bieten hatten, war erheblich mehr und Wichtigeres als Aktienpakete. Es war ihnen zu verdanken, daß Cecil Rhodes, der genauso ein Parvenu und Abenteurer war wie sie selbst, schließlich in der angesehenen englischen Bankwelt empfangen wurde, zu der die Juden immer noch bessere Beziehungen hatten als er.[28] »Nicht eine der englischen Banken war bereit, auch nur einen Schilling auf Goldaktien zu leihen. Aber das unbegrenzte Vertrauen dieser Diamantenhändler von Kimberley wirkte wie ein Magnet auf ihre Religionsgenossen in der Heimat.«[29]

Die Goldgräberei in Südafrika wurde zu einem wirklich imperialistischen Unternehmen erst, als Cecil Rhodes die Juden ausgekauft, die Investitionen von England in seinen Händen vereinigt hatte und die zentrale Figur der Kapkolonie geworden war. Da 75 Prozent aller Dividenden ins Ausland und davon der größte Teil nach England floß, konnte Rhodes die englische Regierung davon überzeugen, daß der Schutz so großer Investitionen ohne Expansion und Export staatlicher Gewaltmittel unmöglich war und daß imperialistische Politik offenbar im nationalen Interesse lag. In Afrika selbst war Rhodes weitgehend für die typisch imperialistische Wirtschaftspolitik verantwortlich, die die Industrialisierung und wirtschaftliche Normalisierung des Landes mit allen Kräften verhinderte. Nicht nur die Goldgräbergesellschaften, sondern die englische Regierung sah darauf, daß die reichen Erz- und Metallschätze des Landes nicht gehoben wurden und die Gebrauchsgüterindustrie nicht gefördert wurde.[30] Mit dieser Wirtschaftspolitik gelang es Rhodes in der Tat, auch die Buren zu befrieden, da sie die zuverlässigste Garantie dafür bot, daß keine normale kapitalistische Entwicklung den Herrlichkeiten der Rassegesellschaft ein Ende bereiten würde.

Die Buren brauchten immerhin einige Jahrzehnte, bis sie begriffen, daß sie den Imperialismus nicht zu fürchten brauchten und daß keine Gefahr bestand, daß Südafrika den Weg Kanadas und Australiens gehen würde. Das vom Ausland angelegte und imperialistisch geschützte Kapital verlangte nichts als die Sicherung seiner hohen Profitrate in dem einen Bezirk seiner Investierung und zeigte keine Neigung, sich auf andere Gebiete zu erstrecken und eine rationale industrielle Produktion in Gang zu bringen. Für diese Zwecke war man durchaus bereit, auf die Gesetze kapitalistischer Produktion, also auf die Industrialisierung des Landes zu verzichten. Dies führte dazu, daß in Südafrika alle Regeln der Rentabilitätskalkulation über Bord geworfen wurden und wir hier zum ersten Male mit dem uns aus der Geschichte Nazideutschlands so bekannten Phänomen einer weder sozialistischen noch am Profit orientierten Wirtschaft konfrontiert sind. Und dies wiederum ist das sicherste Zeichen, daß in dem Bündnis zwischen Mob und Kapital die Initiative auf den Mob übergegangen ist.

In Südafrika besagte das, daß die Buren die unbestrittenen Herren des Landes blieben. Wo immer rationale Berechnung von Arbeits- und Produktionskosten in Konflikt geriet mit rassischen Erwägungen, wurde die erstere den letzteren geopfert, ganz gleich wie hoch der Preis war. Unbekümmert um die Rentabilität der Eisenbahnen, ersetzte die Regierung siebzehntausend Bantu-Angestellte durch weiße Arbeitskräfte, die sie insgesamt um etwa 200 Prozent teurer zu stehen kamen. So wies die Regierung selbst den Privatunternehmern den Weg aus der kapitalistischen in die Rassegesellschaft, wobei der Druck der öffentlichen Meinung das seinige tat, sie auf diesem Weg zu ermuntern.[31] In dem gleichen Zeitraum wurden auch alle Eingeborenen in der lokalen Selbstverwaltung durch weiße Angestellte ersetzt, was die Kosten der Verwaltung ungeheuer erhöhte. Schließlich schloß die Colour Bar Bill alle schwarzen Arbeiter von der Bedienung von Maschinen aus, wodurch mit einem Schlage alle Produktionskosten phantastisch überhöht wurden. Überall hatte sich die Rassegesellschaft der Buren durchgesetzt. Heute hat sie niemanden mehr zu fürchten als die Eingeborenen selbst, sicher nicht die weißen Arbeiter, deren Gewerkschaften sich bitter beklagen, weil ihnen die Colour Bar Bill noch nicht radikal genug war.[32]

Im Gegensatz zu den Nazis, für die der Begriff der Rasse und die Ideologie des Antisemitismus politische Waffen waren, um eine bestehende Zivilisation zu zerstören und einen neuen politischen Körper zu bilden, waren sie für die Buren die gleichsam natürlichen Folgen ihrer eigenen unseligen Geschichte; sie bedurften nicht der Nazis, um antisemitisch zu werden, und ihr Rassebegriff beeinflußte den Nazismus nur mittelbar. Viel wesentlicher als direkte Einflüsse war vorerst, daß das »Treibhaus des Imperialismus« seinen Einfluß überall da fühlbar machte, wo auf Grund der weitgespannten Expansionspolitik südafrikanische Verhältnisse maßgebend werden konnten. Dies galt vor allem für die Kolonialbesitzungen in Asien, wo imperialistische Verwaltungsbeamte und die weiße, geschäftemachende Oberschicht es sehr schnell außerordentlich vorteilhaft fanden, Asiaten ebenfalls wie Neger zu behandeln. Dem kam entgegen, daß Inder und Chinesen nach Südafrika in Massen importiert wurden, wann immer die einheimische billige Arbeitszufuhr zeitweilig ins Stocken geriet, und daß sie in der südafrikanischen Rassegesellschaft sofort den einheimischen Schwarzen gleichgestellt wurden.[33] Entscheidend in dieser Assimilierung asiatischer Völker an afrikanische Standards war, daß nun wirklich nur noch nach Hautfarbe gerechnet wurde und daß der europäische Rassenhochmut gegen Asiaten noch nicht einmal den ursprünglichen Schrecken vor wilden, unverständlichen Stämmen als mildernden Umstand für sich geltend machen konnte. Gerade weil hier jegliche Erfahrungsbasis fehlte, begann das eigentliche Verbrechen der imperialistischen Rassekonzeption in der Behandlung der asiatischen, nicht der afrikanischen Völker; Chinesen und Inder waren von den europäischen Völkern immer als fremde Völker, aber nicht als Rassen empfunden worden. Zwar modifizierte sich der Rassebegriff in Asien; die *»higher and lower breeds«*, wie die Engländer sagten, als sie zwischen sich und den unterworfenen Völkern zu unterscheiden begannen und anfingen, des *»white man's burden«* auf sich zu nehmen, beinhalten immerhin noch die Vorstellung einer möglichen stufenweisen Entwicklung und indizieren nicht unbedingt, daß die höheren von den niederen Wesen wie eine zoologische Gattung von der anderen geschieden sind. Dafür aber war der Rassebegriff hier in Asien, wo er sich in einem historisch bestimmbaren Augenblick an die Stelle ganz anders gearteter und begriffener Beziehungen drängte, eine viel gefährlichere und politisch von vornherein viel belastetere Waffe als in Afrika.

Was die totalitären Bewegungen angeht, so war von vielleicht noch größerer Bedeutung die andere wesentliche Lehre, die man aus der Rassegesellschaft Afrikas ziehen konnte. Innerhalb der kapitalistischen Wirtschaftsordnung hatte sich hier zum ersten Male erwiesen, daß die Profitrechnung kein ehernes Gesetz der Wirtschaft ausmacht, sondern ohne katastrophale ökonomische Folgen außer acht gelassen wird. »In einer Generation, die erlebt hat, wie England den Freihandel, Amerika den Goldstandard aufgaben und Deutschland behauptete, wirtschaftlich autark sein zu können, … ist das südafrikanische Experiment, die Wirtschaft so zu organisieren, daß die Herrschaftsstellung der weißen Rasse gewahrt bleibt, durchaus am Platze.«[34] Dabei hatte sich ferner herausgestellt, daß eine Gesellschaft, die sich nicht um ökonomische Gesetze kümmert, unter Umständen gerade denen eine Chance bieten kann, die unter den Bedingungen rationeller Produktion unweigerlich zu den Ausgebeuteten gehören würden. Südafrika lehrte den Mob, was dieser immer schon vage geahnt hatte, nämlich daß schiere Gewalt selbst ohne alle ökonomischen Machtpositionen genügt, um nach Belieben rechtlose oder ausgebeutete Schichten in der Gesellschaft zu erzeugen, daß man für eine solche Umschichtung eine Revolution nicht braucht, sondern sich sogar von gewissen Schichten der herrschenden Klassen helfen lassen kann, und daß schließlich fremde und rückständige Völker die beste Gelegenheit für den eigenen Aufstieg in der Gesellschaft bieten.

Es dauerte geraume Zeit, ehe die in Südafrika gemachten Erfahrungen auf Europa zurückschlugen. Wie die Männer, die sie vermittelten, aussahen, hat uns Conrad im *Herz der Finsternis* dargestellt. Was die künftigen Mobführer vom Schlage Carl Peters', denen das Ressentiment den Begriff der »Herrenrasse« automatisch vorzeichnete, hier lernen konnten, war, daß es möglich ist, Völker in Rassestämme zurückzuverwandeln, und daß es in diesem Prozeß verhältnismäßig leicht sein würde, wenn man nur rechtzeitig die Initiative in die Hand bekam, das eigene Volk in die Position einer Herrenrasse hineinzumanövrieren. Das Beispiel der Buren war in der Tat sehr dazu angetan, einen jeden von der Illusion zu heilen, daß der historische Prozeß notwendigerweise »fortschreite«; denn wenn die gängige Darstellung der »Wirtschaftsgeschichte lehrte, daß das menschliche Leben sich stufenweise von den Jägernomaden über die Hirtenstämme in Ackerbau betreibende und seßhafte Völker entwickelte«, so bewies die Geschichte der Buren, daß es auch umgekehrt geht, daß ein Volk »aus einem Land, das berühmt war für seine intensive Bodenbestellung, kommen … (und) stufenweise sich in einen Stamm von Jägern und Herdenbesitzern« zurückentwickeln konnte.[35] Die Lehre, die sich aus dieser Entwicklung für die politischen Verhältnisse Europas ergab, verstanden die Mobführer nur zu gut. Sie wußten, daß die Entwicklung der Buren, ihr Absinken auf das Niveau der Eingeborenenstämme, der Preis war, den sie für die unbestrittene Herrschaft über den schwarzen Erdteil hatten zahlen müssen. Und sie waren durchaus bereit, es den Buren gleichzutun, wenn sie durch die Verwandlung ihrer eigenen Nationen in Rassehorden die Herrschaft über andere »Rassen« gewinnen konnten. Sie selbst entstammten dem Abhub der europäischen Gesellschaft, und sie waren mit anderen ihresgleichen in Südafrika zusammengekommen; sie wußten, daß der Mob der gesamten europäischen Welt sich auf ihre Seite schlagen würde.

Die imperialistische Legende und der imperialistische Charakter

Im Gegensatz zu der Rassenideologie, die zum mindesten seit Ausgang des vorigen Jahrhunderts immer die schlechtesten Elemente europäischer Völker angezogen und fasziniert hat, verdankt die Bürokratie, die anonyme Herrschaft auf dem Verordnungswege, ihre Entstehung den besten Elementen des britischen Kolonialdienstes. Der essentiellen Verantwortungslosigkeit einer Rassegesellschaft steht hier ein Verantwortungsbewußtsein entgegen, das aus der Überzeugung entsprang, daß man mit prinzipiell unterlegenen Völkern zu tun hatte, die man einerseits zu schützen in gewissem Sinne die Pflicht hatte, für die aber andererseits niemals die gleichen Gesetze gelten können wie für das Volk, das man selbst in dieser Herrschaft vertrat. Dieser übertriebene Verantwortungssinn – übertrieben, weil es sich um eine Verantwortung handelte, die kein Mensch für seinen Nebenmenschen und kein Volk für ein anderes übernehmen kann – hatte seine historische Rechtfertigung in der Tatsache, daß das britische Empire wirklich nicht das Resultat eines planenden Eroberns gewesen war, sondern England in einem »Anfall von Geistesabwesenheit« zugefallen war, und daß das englische Volk, ohne es zu wollen und lange Zeit ohne es zu wissen, sich plötzlich aus Kolonisatoren in der ganzen Welt in Herrscher über fremde Völker verwandelt hatte. Diejenigen, deren Aufgabe es war, das, was der Zufall ihnen zugespielt hatte, zu halten und zu beherrschen, konnten sich mit dieser von keiner Geschichte und keiner Politik vorhergesehenen, vollendeten Tatsache nur abfinden, indem sie den Zufall zurück- und uminterpretierten in eine der Nation auferlegte Mission und eine vom Volk gewollte politische Aktion. Solche Veränderungen und Selbstinterpretationen in historisch vorgegebenen Situationen sind seit eh und je Sache der Legendenbildung gewesen, und so haben die Legenden, in welchen die englischen Intellektuellen das imperialistische Spiel verherrlichten und umdeuteten, eine wesentliche Rolle gespielt in der Ausbildung des Typus des englischen Bürokraten und des Geheimagenten.

Legendäre Darstellungen der Geschichte haben unter anderem immer den Dienst geleistet, an Tatsachen und Ereignissen nachträglich Korrekturen vorzunehmen, welche die Geschehenskette, in deren Verantwortlichkeit der Mensch unabhängig von bewußter Tat oder voraussehbarer Konsequenz eingespannt ist, menschlich erträglicher machten. Die Wahrheit der alten Legenden, die ihnen den Glanz der Gegenwärtigkeit noch erhält, wenn die Städte, Reiche und Völker, denen sie einst dienten, längst in den Staub gesunken sind, ist diese von Menschen gestiftete Helle, in der allein die Völker es ertragen konnten, vergangenes Geschehen als ihre Vergangenheit anzuerkennen, in der sie Herren wurden über das, was sie nicht getan hatten, oder fertig wurden mit dem, was sie nicht ungeschehen machen konnten. In diesem Sinne gehören Legenden nicht nur zu den frühesten Erinnerungen des Menschengeschlechts, sondern sind geradezu der Beginn menschlicher Geschichte.

Der Sieg des Christentums brachte die Quelle antiker Legendenbildungen zum Versiegen. Seine Interpretation der gesamten Menschheitsgeschichte als eines von Adams Tagen bis zum Jüngsten Gericht einheitlich gelenkten Heilsplans bot eine übermächtige, weil allumfassende Erklärung aller menschlichen Schicksale und vernichtete mit dem Sieg über eine Pluralität von Sagen, deren Geltung ortsmäßig gebunden war, die Bedeutsamkeit und Tiefe, die öffentliches Leben und politisches Schicksal in der Antike hatten. Erst als die geistige Einheit der christlichen Völker sich in Nationen aufgespalten hatte und als der christliche Heilsplan aus einem universalen, auf alle Ereignisse anwendbaren Dogma zu einem ungewissen individuellen Glaubensartikel geworden war, hätte man mit einer neuen Blüte diesmal national gebundener Gründungslegenden rechnen dürfen. Nun hat uns zwar das neunzehnte Jahrhundert das Schauspiel einer Fülle nahezu gleichzeitig entstehender, miteinander konkurrierender Ideologien geboten, die alle behaupteten, den Schlüssel zur Gesamtgeschichte in der Hand zu haben; aber diese Ideologien waren in ihrem Anspruch gerade international scheinbar vollkommen unabhängig von den Nationalstaaten (der Nationalismus ist noch keine Ideologie) und zumeist ihnen sogar grundsätzlich feindlich gesinnt. Außerdem überspringt die Ideologie immer den Boden bestimmter datierbarer Tatsachen und vereinzelter großer Ereignisse, aus dem die Legende gerade, auch wenn sie sie legendär abwandelt und umdeutet, ihre erhellende und besänftigende Kraft zieht.

So bleibt es charakteristisch für den Nationalstaat, daß sein Aufkommen nicht von Gründungslegenden begleitet war und daß der einzige moderne Versuch einer Legendenbildung genau dann gemacht wurde, als der Niedergang des Nationalstaates offenbar geworden war und der Imperialismus sich an die Stelle des Nationalismus gesetzt hatte.

Der Schöpfer der imperialistischen Legende ist Rudyard Kipling; ihr Thema ist das englische Weltreich; und ihr Resultat ist der imperialistische Charakter – die einzige authentische politische Charakterbildung der Moderne. Zwar hat die Legende vom englischen Weltreich die Realitäten des britischen Imperialismus oft bis zur Unkenntlichkeit entstellt, aber sie hat diese Realitäten auch beeinflußt, insofern sie die besten Söhne Englands in seinen Dienst verführte. Denn im Zeitalter des Imperialismus waren Elite, Durchschnitt und Mob noch säuberlich voneinander getrennt. Alle bedurften jedoch bereits irgendeiner Stütze, um ihrem Leben Sinn zu geben und ihre Erfahrungen in und mit der Welt verständlich zu machen. So wurden die Besten von Legenden oder Pseudo-Legenden so geführt und verführt, wie die Menge des Durchschnitts sich den Ideologien anheimgab, während der Mob sich bereits mit den Hintertreppengeschichten geheimer Weltverschwörungen die Zeit vertrieb.

Die Gründungslegende des englischen Weltreiches, wie Kipling sie erzählt, beginnt mit den wirklichen Grundbedingungen des Volkes der britischen Inseln. Umgeben vom Meer, bedürfen sie des Beistandes der drei Elemente: des Wassers, des Windes und der Sonne; und sie verbünden sich mit diesen Elementen durch die Erfindung des Schiffes. Das Schiff trägt das gefährliche Bündnis mit den Elementen und macht die Engländer zu den Herren der Welt.

»You'll win the world without anyone caring how you did it; you'll keep the world without anyone knowing how you did it; and you'll carry the world on your backs without anyone seeing how you did it. But neither you nor your sons will get anything out of that little job except Four Gifts – one for the

> *Sea, one for the Wind, one for the Sun and one for the Ship that carries you … For, winning the world, and keeping the world, and carrying the world on their backs – on land, or on sea, or in the air – your sons will always have the Four Gifts. Longheaded and slow-spoken and heavy – damned heavy – in the hand, will they be; and always a little bit to windward of every enemy – that they may be a safeguard to all who pass on the seas on their lawful occasions.*«

Die Erzählung vom *First Sailor* [36] wahrt selbst noch in ihrer Verspieltheit eine eigentümliche Nähe zu antiken Gründungslegenden. Sie stellt die Engländer als das einzige politisch erwachsene Volk dar, dem darum die Sorge um das Wohlergehen der Welt zur Last gelegt werden kann, während die übrigen Völker offenbar so schwach sind, daß sie eines Beschützers bedürfen, oder so barbarisch, daß sie die großen Kommunikationswege der Erde nur stören und gefährden können. Politisch jedenfalls sind sie alle so unerfahren, daß sie weder wissen, was die Welt zusammenhält, noch sich darum scheren. Dies hat in sich den Schein einer echten Legende und ist doch ein Trug; es fehlt ihr die innere Wahrheit, die antiken Legenden ihre Gültigkeit jenseits des rein Faktischen verbürgte: Die Welt wußte und sah genau, »wie sie es machten«, und die schönste Sage hätte ihr nicht weismachen können, daß die Engländer aus diesem *»little job«* nichts für sich selbst herausholten.

Und dennoch gab es etwas, das dieser Legende in voller Wahrhaftigkeit entsprach. Das, was Kiplings Dichtung überhaupt erst möglich machte, lag zwar nicht in Englands Verhältnis zu anderen Ländern und anderen Völkern, wohl aber in bestimmten Gegebenheiten des Landes selbst. Der Inselcharakter Englands ist entscheidend für das britische Lebensgefühl geworden, und vielleicht ist es ihm zu verdanken, daß bestimmte Tugenden, welche es in der abendländischen Welt sonst kaum noch gab, wie Ritterlichkeit, Noblesse, Tapferkeit, überdauern konnten, unbekümmert darum, wie wenig sie im neunzehnten Jahrhundert, und gar in einer von Cecil Rhodes und Lord Curzon beherrschten Realität, am Platze sein mochten.

Die Phrase von des *»white man's burden«* war nichts anderes und konnte nichts anderes sein als Heuchelei und Rassedünkel. Dies aber hat die Besten Englands nicht davon abhalten können, die Last im Ernst auf sich zu nehmen und sich zu den tragischen Don Quichottes imperialistischer Abenteuer zu machen. Denn hinter der auf dem Kontinent vielfach in ihrer Wirksamkeit überschätzten Tradition der Heuchelei verbirgt sich in England eine andere, weniger bekannte, die eine Tradition von Drachentötern zu nennen man versucht ist. Ritter ohne Furcht und Tadel, zogen sie begeistert in ferne Märchenländer zu fremden und kindlichen Völkern, um den Kampf mit dem Drachen zu bestehen, von dem man in England nur noch auf der Schulbank hören und dem man nur noch in Knabenträumen nachhängen konnte.[37]

Mehr Wahrheit darum, als man vermuten möchte, wenn man sich nur an die offizielle Geschichte des Imperialismus hält, steckt in einer zweiten Geschichte Kiplings, genannt *»The tomb of his ancestor«*.[38] In ihr wird von der Familie Chinn berichtet, die »Generation um Generation Indien dient, wie die Delphine einander reihenweise nachfolgen auf der offenen See«. Sie schießen das Wild, das dem Armen die Saat wegfrißt, führen ihn ein in die Geheimnisse besserer landwirtschaftlicher Methoden, befreien die Eingeborenen von einigen ihrer schädlichsten Aberglauben und jagen Löwen und Tiger im großen Stil. Was bezogen auf die Gesamtheit imperialistischer Politik wie empörende Heuchelei klingt, ist hier Wahrheit: Ihr einziger Lohn ist wirklich das »Grab des Vorfahren«, umraunt von einer Familienlegende, die der Hindustamm erfunden hat und an den er glaubt; ihr zufolge besitzt der »verehrte Ahnherr einen eigenen Tiger, einen gesattelten Tiger, auf dem er durchs Land reitet, wann immer es ihm in den Sinn kommt«. Leider ist dieser Ritt des toten Ahnen immer ein böses Omen, sicheres Anzeichen für »Krieg, Pestilenz oder – sonst etwas

Schlimmes«, in diesem besonderen Falle das böse Zeichen, daß allgemeine Impfung droht. Damit also der Stamm ohne Furcht vor »Krieg, Pestilenz oder sonst etwas Schlimmem« geimpft werden kann, muß Chinn, der Jüngste, ein armseliger Subalterner in der englischen Armeehierarchie, aber ein Halbgott für den Hindustamm, sich aufmachen und die seinem Ahnherrn dienstbare Bestie erlegen.

Angesichts moderner europäischer Lebensbedingungen waren die Chinns in der Tat »besser dran als die meisten Leute«. Im Gegensatz zu denen, die die Gesellschaft zwang, in dem schäbigen Konkurrenzkampf um das bißchen Lebensunterhalt den »Ernst des Lebens« zu bewundern, waren sie in eine Karriere hineingeboren, die sie sanft und natürlich in die Verwirklichung ihrer besten Jugendträume hineinleitete. Wenn sie das Alter erreichten, in dem andere Knaben »die noblen Träume« ihrer Jugend zu vergessen hatten, um als erwachsen anerkannt zu werden, waren die Söhne der Familie Chinn gerade so weit, sie in die Wirklichkeit umzusetzen. Und der Dampfer, der sie nach dreißig Dienstjahren heimwärts in den Ruhestand brachte, begegnete »dem auslaufenden Truppentransporter«, der »den Sohn ostwärts trägt, der Familienpflicht entgegen«, damit die Macht der Existenz des alten Herrn Chinn als eines von der Regierung angestellten und von der Armee besoldeten Drachentöters auf die nächste Generation der Chinns übergehen konnte. Zwar steht fest, daß die britische Regierung ihre Dienste bezahlte, aber es ist keineswegs ausgemacht, in wessen Dienst sie schließlich und endlich ihr Leben verbrachten; jedenfalls waren die zahlende Regierung und der betreute Hindustamm darüber durchaus geteilter Meinung – und beide Meinungen hatten ihre solide Grundlage in der Wirklichkeit. Wenn die höheren Dienststellen des kleinen Leutnants Chinn kaum etwas davon ahnten, daß er eine geglückte Reinkarnation seines Großvaters war, so gab dies seinem traumhaften Doppelleben nur die Garantie der Ungestörtheit. Er war in zwei Welten zu Hause, die luftdicht voneinander abgeschlossen waren. Geboren »im Herzen des struppigen tigerhaften Landes«, erzogen in den besten Schulen Englands, die friedlich, traditionsfromm und ahnungslos kaum wußten, was sie taten, wenn sie junge Menschen dadurch auf das moderne Leben vorbereiteten, daß sie sie zu *gentlemen* heranbildeten, war er verwurzelt und innig vertraut mit Tradition, Sprache, Aberglauben und Vorurteilen zweier Völker und daher ohne weiteres bereit, sein Leben unter beiden dauernd zu verbringen. Aus dem gehorsamen Untergebenen eines Soldaten Seiner Majestät konnte er sich im Handumdrehen verwandeln in eine Märchenfigur in der Welt der Eingeborenen, den allgeliebten Beschützer der Schwachen, den Drachentöter alter Sagen, den Ritter ohne Furcht und Tadel.

Wesentlich ist, daß diese merkwürdigen Don Quichottes, die, verdeckt von der Fassade offizieller Politik und gleichsam in ihren Kulissen, ihren höchst wirksamen Traumfunktionen nachgingen, viel weniger dem Phantasieprodukt eines primitiven Stammes glichen als der Verwirklichung bester Elemente europäisch-christlicher Tradition, die am Ende des neunzehnten Jahrhunderts bereits nur noch in der Flüchtigkeit von Jünglingsidealen sich überliefern konnten. Die innere Größe der abendländischen Welt hätte den Eingeborenen weder der Soldat Seiner Majestät noch der höhere englische Beamte vermitteln und übermitteln können; diese Aufgabe konnten nur die übernehmen, welche niemals fähig gewesen, ihren Knabenträumen ganz zu entsagen, und die darum aus der normalen Welt in den Kolonialdienst geflüchtet waren. Die englische Gesellschaft ihrerseits war nur allzu froh, solche Jünglinge an ferne Länder loszuwerden; es machte die Duldung und Förderung des Gentleman-Ideals in den öffentlichen Schulen möglich, denn es verhinderte die Besten, Ernst damit zu machen. Der Kolonialdienst bot eine gewisse Garantie dafür, daß sich in England selbst jedenfalls harmlose Knabenideale nicht in gefährliche Ideen erwachsener Männer verwandeln würden. So hat der englische Kolonialdienst seit dem neunzehnten Jahrhundert die Besten aus dem Lande gelockt, hat die englische Gesellschaft damit ihrer ehrenhaftesten und gefährlichsten Elemente beraubt und schließlich all diesen »Segnungen« noch die eigentümliche Formung des englischen »Nationalcharakters« hinzugefügt, in welchem knabenhafte Noblesse sich bis ins höchste Alter erhält, weil sie im frühesten Alter sich bereits petrifiziert hat. Das Resultat ist, daß nirgendwo sonst sich heute abendländische Moralvorstellungen so intakt erhalten haben und daß nirgendwo sonst sie in so infantiler Form auftreten.

Lord Cromer, Sekretär des Vizekönigs und Mitglied der Finanzkommission der Regierung in Indien, begann seine Karriere durchaus in der bei ihm etwas schulmeisterlich gewordenen Tradition englischer Drachentöter. »Opfersinn« gegenüber rückständigen Völkern war ursprünglich die Quelle seines außerordentlichen »Pflichtbewußtseins«,[39] und selbst sein Stolz auf England, das »eine Klasse von Beamten hervorgebracht habe, die herrschen wollen und zu herrschen verstehen«,[40] war so frei von persönlicher Eitelkeit, daß er alle Ehrenstellen, die einen minderen Mann zufriedengestellt hätten – die Stellung des Vizekönigs von Indien im Jahre 1894 und die des Außenministers im Jahre 1904 –, leichten Herzens ablehnte und statt dessen von 1883 bis 1907 den unauffälligen, aber allmächtigen Posten eines Generalkonsuls in Ägypten bekleidete. Hier wurde er zu dem ersten imperialistischen Verwaltungsbeamten, sicherlich »hinter niemand zurückstehend unter denen, deren Dienste dem englischen Volk zum Ruhme gereichten«,[41] aber vielleicht der letzte, dem es noch vergönnt war, ungebrochenen Stolzes zu sterben:

»Let these suffice for Britain's meed –
No nobler price was ever won –
The blessings of a people freed
The consciousness of duty done.«[42]

Cromer war nach Ägypten gegangen, weil er verstand, daß, »wenn England sein geliebtes Indien halten wollte, es sich weit ausbreiten und an den Ufern des Nils festen Fuß fassen mußte«.[43] Expansion war notwendig für die Sicherung Indiens, und Ägypten war für Cromer nur ein Mittel zu diesem Zweck. Es fügte sich, daß fast im gleichen Moment ein anderer Engländer mit Herrschaftsplänen nach Afrika kam, allerdings an das entgegengesetzte Ende des Kontinents und mit einem diametral entgegengesetzten Willen. Cecil Rhodes' Rolle in Südafrika ist gerade darum so bedeutsam für den Beginn des imperialistischen Zeitalters, weil er die alte, vorimperialistische Sorge um den Besitz Indiens nicht teilte und unbekümmert um solche Erwägungen die Kapkolonie in das »Treibhaus des Imperialismus« verwandelte. Rhodes war ein schlechterer Mann und hatte modernere Ideen über Expansion als sein Kollege in Ägypten; er brauchte keine realpolitisch verständlichen Motive, um Ausbreitung zu rechtfertigen; Indien oder Südafrika oder Ägypten waren für ihn nur Meilensteine auf einem Wege, dem nur der Umfang des Erdballs ein Ziel setzte.

Gerade weil man sich schwerlich einen größeren Gegensatz der Personen vorstellen kann als den zwischen Cecil Rhodes, einem von Großmannssucht besessenen Megalomanen, und Lord Cromer, dem Muster sachlichen Pflichtbewußtseins und Selbstlosigkeit, sind gewisse ähnliche Züge in ihrer Herrschaft über Südafrika und Ägypten so auffallend und charakteristisch. Zögernd und voller Bedenken hat Cromer schließlich in die Verwaltung Ägyptens die gleiche Selbstherrlichkeit des Bürokraten, die gleiche Entschlossenheit, sich der Kontrolle des Mutterlandes und damit allen legalen Beschränkungen zu entziehen, hineingebracht, die Rhodes bedenkenlos und mit einer parvenühaften Unverschämtheit in die Angelegenheiten der Kapkolonie einführte. Beide haben sich am Schicksal der eingeborenen Völker im gleichen Maße desinteressiert, und dies war gar nicht so einfach für Cromer, der in der englischen Tradition der Drachentöter und Beschützer

»rückständiger Völker« noch so fest verwurzelt war, daß er meinte, das »Selbstinteresse der unterworfenen Völker müsse grundsätzlich das Fundament abgeben für das englische imperiale Gebäude«.[44] Es ergab sich aber daraus, daß er ja Ägypten nur um Indiens willen beherrschen wollte, genau wie Rhodes' Desinteressement an dem Schicksal der Eingeborenen in Südafrika seiner fundamentalen Gleichgültigkeit gegen das Land entsprach, das er nur als eine Art Sprungbrett für weitere Expansion ansah. Am auffälligsten ist vielleicht, daß beide Männer nahezu gleichzeitig und aus persönlich nahezu entgegengesetzten Motiven das so außerordentlich verhängnisvolle Element der Geheimhaltung in die Politik einführten, ohne welches eine wirklich bürokratische Herrschaft niemals funktionieren kann. Dabei erwies sich Cromers Haß auf die öffentliche Meinung, die diskutieren und kontrollieren konnte, als erheblich wirksamer als Rhodes' Hintertreppenphantasien von Geheimgesellschaften, die er finanzieren würde und die schließlich die Welt regieren würden. Aber der neue imperialistische Verwaltungsstil entwickelte sich in beiden Fällen einfach aus der Tatsache, daß die Beherrschung fremder Völker nicht mehr an klar erkennbare, greifbare Interessen gebunden und von ihnen bestimmt war, sondern angeblich weiter gespannten Interessen und höheren Zielen diente, die dann ideologisch gerechtfertigt werden mußten.

Desinteressement und Absonderung, Charakteristik des neuen imperialistischen Verwaltungsapparates, erwiesen sich als eine wesentlich unmenschlichere Regierungsform als despotische Willkür, weil sie, gerade wenn sie in absoluter Integrität durchgeführt wurden, die von ihr beherrschten Menschen gleichsam endgültig zu reinen Verwaltungsobjekten erniedrigten. Desinteressement und Absonderung, verbunden mit Integrität, hatten eine so absolute Scheidung der Interessen von Regierenden und Regierten zur Folge, daß sie noch nicht einmal in Widerstreit treten konnten. Daran gemessen nehmen sich Ausbeutung, Ausraubung und Korruption wie Schutzengel der Menschenwürde aus, denn Ausbeuter und Ausgebeuteter, Räuber und Ausgeraubter, Bestecher und Bestochener leben jedenfalls noch in derselben Welt, haben die gleichen Ziele, kämpfen um den Besitz derselben Dinge;[45] erst die absolut integre Absonderung zerstört dieses *tertium comparationis* des Menschseins. Der Durchschnitt der britischen Verwaltungsbeamten wurde sich der neuen Regierungsform kaum bewußt, gerade weil er wirklich integer, das heißt wirklich desinteressiert in jedem Sinne war; so konnte er mit Cromer glauben, seine Haltung sei »dem erzwungenen Kontakt mit einem auf niederer Stufe lebenden Volke« geschuldet. Statt mit einer wesentlich harmlosen Eitelkeit an eigene Überlegenheit zu glauben, fühlte er sich einer Nation zugehörig, »die einen vergleichsweise höheren Grad der Kultur erklommen hatte«, so daß er sich noch nicht einmal zu dem Stolz auf persönliche Leistungen für berechtigt hielt.[46]

Lord Cromers Karriere ist so faszinierend, weil sie den Wendepunkt vom älteren Kolonial- zu dem neueren imperialistischen Verwaltungsdienst in sich enthält. Bezeichnend sind die ersten Jahre in Ägypten, während deren er immer wieder seinem Unbehagen und seiner Sorge um eine Herrschaftsform Ausdruck gab, die, weil sie nicht auf Annexion abzielte und nicht die Folge von Eroberung war, eine »Zwitterform des Regierens [ist], der man keinen Namen geben kann und für die es keinen Präzedenzfall gibt«. Er hatte vollkommen recht: Expansion im Gegensatz zu Eroberung und Annexion führt zu keiner uns bekannten oder von uns benennbaren Regierungsform. Nach zwei Jahren dienstlicher Erfahrung mit einem System, das ihn nominell zum Britischen Generalkonsul und in Wahrheit zum Herrscher Ägyptens gemacht hatte, weiß er noch, daß dieser »im hohen Grade empfindliche Mechanismus, [dessen] Funktionieren ganz von der Urteilskraft und den Fähigkeiten einiger weniger Menschen abhängt, [nur] gerechtfertigt werden kann, wenn wir ständig den Zeitpunkt der Evakuation im Auge behalten. Rückt diese Möglichkeit in zu weite Ferne, um praktisch noch ins Gewicht zu fallen, so wäre es besser für uns, mit den anderen Mächten ein Übereinkommen abzuschließen und die Regierung des Landes offen zu übernehmen, seine Schulden zu garantieren ...«.[47] Zweifellos, nur Besatzung oder Räumung hätte die Lage wieder normalisieren können. Statt dessen wurde die »Zwitterform«, für die »es keinen Präzedenzfall gab«, das Mahnmal aller imperialistischen Unternehmungen. Zehn Jahre später waren jedermann, Cromer nicht ausgenommen, die Maßstäbe für solche Beurteilungen bereits abhanden gekommen. Cromers anfängliche Einsichten in die politischen Zustände Ägyptens gingen genauso verloren wie Lord Selbornes anfängliches Entsetzen über die Rassegesellschaft in Südafrika.[48] Die beiden Urteile von Cromer und Selborne über die für den Fortgang der Entwicklung entscheidenden Länder, Südafrika und Ägypten, scheinen heute wie ein Symbol für das, was in jenen Jahren der Wende von nationaler zu imperialistischer Politik wirklich geschah: die Einführung beispielloser Lebens- und Regierungsformen in die von europäischen Völkern besetzten außereuropäischen Gebiete.

In den folgenden Jahrzehnten seines Lebens war Cromer nicht nur damit beschäftigt, sich mit der Zwitterform der britischen Herrschaft in Ägypten abzufinden, sondern suchte sie auch zu rechtfertigen und eine Theorie für das Beispiellose zu entwerfen. In seinem Essay über das »*Government of Subject Races*« legte er am Ende seines Lebens die Grundzüge imperialistischer Verwaltungstechnik nieder: Er ging davon aus, daß »persönlicher Einfluß«, ohne rechtliche Grundlage, ohne politischen Vertrag, am besten die »wirksame Beaufsichtigung der öffentlichen Angelegenheiten« fremder Länder garantiere.[49] Solche durch keine Verträge gebundene und durch kein Gesetz beschränkte Einflußnahme ist einer klar definierten und offiziell proklamierten Politik vorzuziehen, weil der Kurs in jedem Moment geändert werden kann und weil die Regierung des Mutterlandes in etwa entstehende Komplikationen nicht verwickelt zu werden braucht. Erforderlich für diese neue Herrschaftsform ist ein ausreichender Stab streng disziplinierter, ausgezeichnet geschulter und absolut verläßlicher Menschen, die nicht nur frei von Eitelkeit und persönlichem Ehrgeiz, sondern auch bereit sind, auf den natürlichen und menschlichen Wunsch, ihre Leistungen mit ihrem Namen verbunden zu sehen, zu verzichten. Was gebraucht wird, sind Männer, die Macht hinter den Kulissen lieben und die eine Leidenschaft für Anonymität haben. »Je weniger über englische Beamten gesprochen wird, desto besser.«[50] Was von ihnen verlangt wird, ist Verachtung für die Öffentlichkeit als solche und für alle, die sich in ihrem Licht bewegen.

Cromer präsentierte persönlich die bestmögliche Verkörperung aller dieser Eigenschaften. Nichts konnte ihn so erzürnen, als wenn man ihn »aus seinem Versteck herausholte« oder wenn »die wirkliche Lage, die bisher nur einigen wenigen hinter den Kulissen bekannt war, aller Welt offenbar wurde«. Er hatte seinen Stolz darein gesetzt, »verborgen zu bleiben und die Drähte zu ziehen«.[51]

Um diesem Stab von Männern hinter den Kulissen eine erfolgreiche Tätigkeit zu ermöglichen, mußten sie gesichert werden gegen jegliche Kontrolle durch öffentliche Institutionen – Parlament, Presse oder Ministerien – und sich gefeit wissen gegen Lob wie Tadel. Da Cromer es für unmöglich hielt, »ein Volk durch ein Volk – das Volk von Indien durch das englische Volk« zu regieren,[52] mußte er dahin kommen, in allen normal funktionierenden, demokratischen Einrichtungen, in jedem Versuch öffentlicher Kontrolle die Gefahr *par excellence* zu sehen. Der imperialistische Verwaltungsapparat sollte eine Regierung von Experten sein, die als eine »erfahrene Minderheit« nur darauf bedacht war, sich dem ständigen Druck der »unerfahrenen Mehrheit« zu entziehen oder zu widersetzen. Jedes Volk galt grundsätzlich als eine unwissende Mehrheit, der man so hochspezialisierte Dinge wie öffentliche Angelegenheiten und Politik nicht anvertrauen kann.

Was die »erfahrene Minderheit« geschulter Verwaltungsbeamter anlangt, so haben sie sich von allgemeinen politischen Ideen, die man ja öffentlich diskutieren könnte, fernzuhalten, und dies in einem solchen Maße, daß ihnen noch nicht einmal jener verständliche Überschwang des Nationalgefühls gestattet werden darf, in welchem politische Grundsätze des eigenen Landes für allgemeingültig angesehen werden. Den Versuch, das Rechtssystem des Nationalstaates auf die Regierung rückständiger Bevölkerungen zu übertragen, verachtete Cromer als »billige Imitation« und warnte ausdrücklich vor diesem Kardinalfehler des französischen Kolonialsystems.[53]

Niemand wird Cecil Rhodes Mangel an Eitelkeit vorwerfen können; Jameson bezeugt, daß er erwartete, noch nach mindestens tausend Jahren erinnert zu werden. Wenn also Rhodes auf die gleiche Idee einer Herrschaft durch eine Art von Geheimorden verfiel wie Cromer, so darf man das wohl als sinnfällige Indikation für die Notwendigkeiten imperialistischer Herrschaft überhaupt ansehen. In den zwei Jahrzehnten seines erwachsenen Lebens hat Rhodes sich in seinen Mußestunden damit abgegeben, Testamente zu entwerfen. All diese Entwürfe haben einen gemeinsamen Kern, nämlich die Verwendung des Geldes für die Gründung einer »geheimen Gesellschaft« zur Verbreitung erst britischer, später »nordischer« Herrschaft über die gesamte Erde; sie sollte in ihrer Organisation den Leitlinien Loyolas folgen, sie zu finanzieren »durch den akkumulierten Reichtum aller derer, die den Wunsch haben, etwas zu vollbringen«, und zum Ziel haben, »zwei- bis dreitausend Männer in der Blüte ihrer Jahre in alle Welt auszuschicken, deren Geist in den empfänglichsten Lebensjahren von den Ideen des Gründers der Gesellschaft (nämlich Rhodes') geprägt und von denen jeder auf das sorgfältigste und mit mathematischer Sicherheit daraufhin geprüft und ausgesucht worden war, ob er den Zwecken des Gründers dienlich sein werde«.[54] Belehrt von der südafrikanischen Rassegesellschaft, ungebunden durch Patriotismus und daher weitsichtiger als Cromer, öffnete Rhodes seine Geheimgesellschaft allen Angehörigen der »nordischen Rasse«, so daß ihr Ziel über das bloße Wachstum und den Ruhm Großbritanniens sogleich hinausging – es ist anzunehmen, daß das altmodische Nationalgefühl Cromers sich zufriedengegeben hätte mit der britischen Besetzung des »gesamten afrikanischen Kontinents, des Heiligen Landes, des Euphrat-Tales, der Inseln Cyprus und Candia, des gesamten südamerikanischen Kontinents, der Inseln des Pazifischen Ozeans …, des ganzen Malayischen Archipels, der Küsten von China und Japan und endlich der Rückgewinnung der Vereinigten Staaten«[55] – und in die Expansion der »nordischen Rasse« mündete, die, als Geheimgesellschaft organisiert, alle Völker der Erde »verwalten« sollte.

Was die Organisation von Verwaltungsbeamten nach den Prinzipien einer Geheimgesellschaft anlangt, so laufen Rhodes' verrückte Testamente, eingegeben von einer wahrhaft monströsen Eitelkeit, und Cromers nüchterne Beschreibung der besten Herrschaftsform über unterdrückte Völker, inspiriert von einem übersteigerten Pflicht- und Verantwortungsbewußtsein, jedenfalls auf das gleiche hinaus. Beide Männer waren in Wahrheit getrieben von der ihnen mehr oder minder bewußten Entdeckung eines neuen politischen Prinzips, der Expansion um der Expansion willen. Dies führte konkret zu der Frage: Wie sollte man Länder regieren, die man nicht um ihrer selbst willen erobert hatte, wie Völker beherrschen, für die man noch nicht einmal das Interesse des Ausbeuters aufbrachte, wie ungeheure Reiche zusammenhalten, die man doch nur als Sprungbrett für weitere Expansion betrachtete? Innerhalb eines solchen Vorhabens ist Ruhmsucht nicht mehr zu befriedigen durch den für das eigene Volk errungenen Triumph über ein anderes Volk; und es gibt keine begrenzten Aufgaben, keine bestimmten Leistungen mehr, an denen das Pflichtbewußtsein Genüge finden könnte, weil jede gelöste Aufgabe, jede vollbrachte Leistung nur einen schier unendlichen Horizont neuer Aufgaben aufreißt. Die Expansion um der Expansion willen ist ein unendlicher Prozeß, in dessen Mahlstrom niemandem erlaubt werden kann, er selbst zu bleiben. Hat man sich erst einmal darauf eingelassen, in diesem Strom mitzuschwimmen, so kann man nur den Gesetzen dieses Prozesses gehorchen, mit seinen anonymen Kräften sich identifizieren, um sie in Bewegung zu halten, sich selbst als eine bloße Funktion betrachten und in der Funktionalität die Inkarnation der dynamischen Stromrichtung erblicken, ja, sie als die höchstmögliche menschliche Leistung ansehen. Dann kommt man in der Tat dazu – und Rhodes war verrückt genug, es auszusprechen –, sich einzubilden, daß man »nichts Unrechtes tun« könne, daß das, was auch immer man tue, recht wird. Rhodes betrachtete es als »seine Pflicht, zu tun, was er wollte. Er fühlte sich selbst als Gott – nicht weniger«.[56] Der sehr nüchterne Lord Cromer hatte kein sehr verschiedenes Phänomen bloßer Funktionalität im Sinne, wenn er von den Verwaltungsbeamten als den »unvergleichlich wertvollen Instrumenten zur Durchführung imperialistischer Politik« sprach.

Daß diese geheimen und anonymen Agenten der Expansion sich den von Menschen gemachten Gesetzen nicht verpflichtet fühlten, ja, sie als spießbürgerliche Moralregel verachteten, versteht sich von selbst. Das Gesetz, dem sie dienten, das Gesetz der Expansion, hatte seine eigenen Spielregeln. Der einzige Beweis ihrer Gesetzestreue war der Erfolg, und wenn sie versagten, wenn sie aus irgendeinem Grunde, der nichts mit ihren Leistungen zu tun zu haben brauchte, aufhörten, »unvergleichlich wertvolle Instrumente« zu sein, hatten sie schweigend in der Vergessenheit zu verschwinden. Solange sie Erfolg hatten, konnten sie Beifall und Ruhm leicht gegen das Bewußtsein eintauschen, übermenschliche Kräfte zu verkörpern. Sie waren Monstren des Hochmuts im Erfolg und Monstren der Bescheidenheit im Scheitern.

Bürokratie oder Herrschaft durch Verwaltung ist technisch immer daran zu erkennen, daß Legalität, also die Permanenz von

Gesetzen mit allgemeiner Gültigkeit, abgelöst wird von einmaligen Verordnungen, die in rascher und ungeordneter Folge erlassen werden, weil sie nur von Fall zu Fall anwendbar sind. Dieser Anarchie aber liegt stets der Aberglaube an eine magische Identifizierung des Menschen mit im geheimen wirkenden Kräften zugrunde, für den die uns bekannte und erforschbare Geschichte nur eine Art flüchtiger Emanation an der Oberfläche menschlichen Daseins ist. Darum ist das politische Idealbild des Bürokraten stets der Mann hinter den Kulissen, der gleichsam an den Drähten der Geschichte zieht. Ihm entsprach Lord Cromer aufs genaueste, als er schließlich seiner anfänglichen Bedenken Herr geworden war und sich entschlossen hatte, die Herrschaft in Ägypten anzutreten ohne »jeden geschriebenen Vertrag oder überhaupt irgend etwas, das greifbar« wäre,[57] um in voller Freiheit dem Gesetz der Expansion zu folgen, jenseits aller von Menschen etablierten Verpflichtungen. Dem Bürokraten, der sich keinem Gesetz, sondern nur den Kräften der Verwaltungsmaschine untertan fühlt, bleibt gar nichts anderes übrig, als jeder Situation mit einem gesonderten Dekret zu begegnen und bindende Verträge wie allgemeingültige Gesetze zu verwerfen; denn Verträgen und Gesetzen, gleich ob sie gut sind oder schlecht, gerecht oder ungerecht, eignet eine Stabilität, die dem Mahlstrom magischer Mächte nur im Wege stehen kann; Gesetze und Verträge haben immer die Tendenz, dauernde Gemeinschaften und politische Körper zu begründen, in denen niemand Gott spielen kann, weil alle dem Gesetz zu gehorchen haben oder durch den Vertrag gebunden sind.

Die zentralen Figuren einer Herrschaftsform, die einen endlosen Prozeß voraussetzt, sind der Bürokrat oder Verwaltungsbeamte auf der einen Seite und der Geheimagent oder Spion auf der anderen. Der Bürokrat im Dienste des britischen Imperialismus hat seine Abkunft von den Drachentötern und Schirmherren der Schwachen nie ganz verleugnet und darum die Bürokratie, das

»Regime der Verordnungen«, nie in das ihr inhärente Extrem getrieben. Zwar fand sich in den zwanziger Jahren unseres Jahrhunderts, fast zwei Jahrzehnte nach Cromers Tod, bereits ein höherer englischer Beamter, der vorschlug, Indien mit Hilfe eines »Verwaltungsmassenmordes« in englischem Besitz zu halten; aber solch ein Einfall, der erst von dem deutschen Naziregime verwirklicht wurde, war nicht eigentlich Ernst, denn dieser Bürokrat wußte so gut wie alle englischen Imperialisten, wie utopisch es war, die verhaßten *»English Departments«,* das heißt die Institutionen des Mutterlandes, für ein solches Unternehmen zu gewinnen.[58] Dazu hätte sich selbst Lord Curzon, Vizekönig von Indien in den zwanziger Jahren, schwerlich geeignet; zwar fehlte ihm durchaus jene Noblesse, die für Cromer so charakteristisch war, und er war auch durchaus bereit, die Rassenideologie des Mob zu übernehmen, wenn sie ihm nur gesellschaftsfähig und snobistisch genug serviert wurde;[59] aber Snobismus ist mit Fanatismus unvereinbar und darum auch nicht wirksam.

Auch die Geheimagenten des Imperialismus haben keine Ursache, sich ihrer Abkunft zu schämen, und sie haben sie, solange sie nur in britischen Diensten standen, nie völlig verleugnen können. Wie sich der Drachentöter und Ritter ohne Furcht und Tadel zum Bürokraten entwickelte, so hat der britische Imperialismus die Abenteurer Englands zu Geheimagenten degradiert. Auch ihnen hat Kipling eine Gründungslegende zu erdichten versucht; es ist die Legende vom »Großen Spiel«, wie sie im *Kim* erzählt wird.

Kim mußte die Abenteurer verführen, weil er »das Spiel um seiner selbst willen liebte«. Wer immer sich noch die Fähigkeit bewahrt hat, zu erstaunen vor einer »großen und wunderbaren Welt«, weiß, daß man das Große Spiel nicht gut damit erledigen konnte, daß »Missionare und Sekretäre von Wohltätigkeitsvereinen seine Schönheit nicht zu begreifen vermochten«. Noch weniger konnte man denen eine Stimme in dieser Angelegenheit zubilligen, die meinten, daß es »eine Sünde sei, eines weißen Mädchens

Mund, und eine Tugend, eines schwarzen Mannes Schuh zu küssen«.[60] In einer zerfallenden Gesellschaft waren es außerdem keineswegs nur die geborenen Abenteurer, die sich von dem Großen Spiel endloser und allseitiger Spionage betören ließen. Wo immer Menschen nicht mehr die Kraft aufbringen, das Leben um seiner selbst willen zu leben und zu lieben, erscheinen Abenteuer und Spiel um des Spieles willen als die letzten großen Lebenssymbole. Es ist ein Unterton leidenschaftlich intensiver Lebendigkeit und Wachheit, der die Geschichte des Geheimagenten Kim zum größten Dokument der imperialistischen Epoche macht. Verwunderlicher vielleicht ist, daß in diesem Roman eine echte Brüderlichkeit aufspringt zwischen den »höheren und niederen Rassen«, daß innerhalb dieser Bruderschaft von Spionen (deren indischen Mitgliedern es so wenig um Geld ging wie ihren englischen Kameraden, die ihrerseits sich jeglichen billigen Nationalismus' wie eines provinziellen Vorurteils geschämt hätten) es ein berechtigtes Wir gab, gleich wie befremdlich es sich im Munde eines so überzeugten Imperialisten wie Kipling ausnehmen mochte. Wenn Kim von »Uns«, den »Kettenmännern«, erzählt, die »alle am gleichen Strang ziehen«, so steckt dahinter mehr als die brüderliche Kameradschaft in der Anonymität, deren Glück es ist, »keinen Namen zu haben, sondern nur eine Nummer und einen Buchstaben«, und deren Stolz der Preis ist, der auf ihren Kopf ausgesetzt ist. Was dieser Kameradschaft ihre Substanz gibt und sie von aller Kameraderie unterscheidet, ist, daß die ihnen gemeinsame Lebensform – die ständige Gefahr und die immer wieder zu überwindende Furcht, die Gewohnheit an Überraschung, die jede Routine des Lebens unmöglich macht, die dauernde Bereitschaft, die Identität zu wechseln, welche die gefährlichste Gewohnheit, die Gewöhnung an die eigene Persönlichkeit, vernichtet – ihnen wie ein Symbol des Lebens selbst erscheinen mußte. Diese Lebensform zog sie hinein in das Leben ganz Indiens, wie es sich auf den Landstraßen hin und her schiebt, befreite sie davon, »allein [zu sein], eine Person in der Mitte von allem« anderen, befreite sie aus der Falle nicht nur ihrer Nationalität, sondern auch ihrer Individualität. Das Große Spiel erschien wie das einzige lebenswerte Leben, weil alle bloße Beigabe, alles bloß Gesellschaftliche oder Angewöhnte – Familie, Beruf, Ehrgeiz, Lebensziele und der gesicherte Platz in der Gesellschaft, der man durch Geburt zugehört – von ihm abgefallen war, so daß es schien, als sei das Leben selbst in einer phantastisch intensivierten Reinheit endlich an den Tag gekommen. »Das Große Spiel ist aus, wenn alle tot sind. Nicht vorher.« Konnte die Parallele zum Leben sinnfälliger sein? Das Leben ist aus, wenn man tot ist; nicht vorher, auch nicht, wenn man erreicht hat, was immer man gewollt haben mag. Daß das Spiel kein Ziel und keinen einsehbaren Zweck hat, gerade dies gab ihm den gefährlich zauberischen Glanz, die Inkarnation des Lebens selbst zu sein.

Kims Existenz ist wie umwoben von dem Zauber der Zwecklosigkeit in einer zu Zwecken degradierten Welt. Er nahm seine seltsamen Pflichten nicht Englands oder Indiens wegen auf sich, überhaupt nicht irgendeiner guten oder schlechten Sache zuliebe. Imperialistische Losungen, wie Expansion um der Expansion willen oder Macht um der Macht willen, waren ihm vielleicht gelegen gekommen, aber gleichsam nebenbei wie der flüchtige Einfall einer Laune. Er betrat den ihm vorgeschriebenen Weg des »*Theirs' not to reason why, theirs' but to do and die*«, ohne je auch nur die Frage zu stellen, auf welche das Klischee die Antwort gibt. Das geheimnisvolle Undsoweiter des Spiels, das zu garantieren schien, daß jedes gelöste Rätsel mit einem neuen Rätsel, jedes entschleierte Geheimnis mit einem tieferen Geheimnis, jedes überstandene Abenteuer mit einem gefährlicheren Abenteuer enden und neu beginnen werde, lockte ihn mit dem Versprechen permanenter Lebendigkeit, die der Abenteurer gerade aus Noblesse, aus Dankbarkeit für Lebendigsein überhaupt, gerne bereit ist einzutauschen gegen das Versprechen des ewigen Lebens.

Den geborenen Abenteurern jedenfalls, nämlich denen, die sich gleich weit aus dem öffentlich-politischen und dem privatgesellschaftlichen Leben ihrer Zeit entfernt hatten, kann man nicht gut einen Vorwurf daraus machen, daß imperialistische Politik sich ihrer besonders gut und zweckentsprechend zu bedienen verstand. Von ihnen standen keine Einsichten in das Wesen der Politik zu erwarten, wie daß ein wesentlich end- und zielloses Spiel gewöhnlich in sehr kurzfristigen Katastrophen endet und daß öffentliche Angelegenheiten, also Angelegenheiten, die prinzipiell alle gleichermaßen angehen, so wenig mit Geheimnissen zu vereinbaren sind, daß aus Geheimpolitik schwerlich etwas anderes herauskommen kann als die vulgäre Duplizität des Spions. Die abenteuernden Spieler des Großen Spiels wurden in jedem Fall zu betrogenen Betrügern. Ihre Auftraggeber hatten bestimmte Zwecke vor Augen, auch wenn sie sich im Netze ihrer eigenen widerstreitenden Zwecke bis zur Direktionslosigkeit verwirrten: ihnen war es selbstverständlich, die Passion dieser Männer für Anonymität zu Zwecken gemeiner Spitzelei auszunutzen. Für uns dürfte es schwerlich ein Trost sein, daß die Rolle des betrogenen Betrügers wenige Jahrzehnte später den profithungrigen Finanziers selbst zufiel, als sie es mit denen zu tun bekamen, die das totalitäre Spiel spielten, ein Spiel, das ohne alle geheimen oder öffentlichen Profitmotive mit so mörderischer Wirksamkeit gespielt werden kann, daß es auch jene verschlingt, die es finanzieren.

Doch bevor sich dies ereignete, hatten die Imperialisten noch Gelegenheit, den besten Mann zu zerstören, der sich je aus einem Abenteurer und Drachentöter in einen Geheimagenten des Intelligence Service verwandelt hat. Niemand hat sich in das Große Spiel mit reineren Händen gemischt, niemand hat mit sich selbst so radikal experimentiert oder so furchtlos alle Konsequenzen für sich selbst gezogen wie Lawrence von Arabien. Wie leicht hätte er, da doch sein großes Abenteuer mit dem des Ersten Weltkrieges zusammenfiel, sich mit der Klage der »verlorenen Generation« zufriedengeben können, daß die »alten Herren« nach dem Krieg »wieder hervorgekommen sind und uns den Sieg weggenommen« haben, um die Welt »im Ebenbild der ihnen bekannten wiederherzustellen«.[61] Damals konnte ja noch niemand wissen, wie ungerecht diese Klage war und wie rasch die »alten Herren« – jedenfalls in den unterlegenen Ländern, an die nach dem Kriege das Gesetz des Handelns überging – ihre Macht dieser selben »verlorenen Generation« aushändigen würden, zu der altersmäßig auch Lawrence gehörte und die sich in ihrem allgemeinen Lebensgefühl von ihm noch nicht einmal sonderlich unterschied. Es gehörte zu Lawrences Größe, war aber auch gewissermaßen bereits seine Privatangelegenheit, daß er sich von denen, die an die Macht kamen, dadurch unterschied, daß er mit einer fast eigensinnigen Starrheit an den Fundamenten nicht der bürgerlichen, aber der abendländischen Moral stets festgehalten hat; denn diese hatte auch in seinem Bewußtsein bereits ihre objektiven Fundamente eingebüßt und konnte darum nur noch in einer Art ritterlicher Donquichotterie bestehen.

Lawrences Flucht aus der philiströsen Wohlanständigkeit einer Welt, in der noch alles in Ordnung schien und nichts mehr in Ordnung war, in das Große Spiel des britischen Imperialismus im Nahen Osten gehört zu den überzeugendsten Verurteilungen der Vorkriegswelt, die wir besitzen. Was ihn in diesen speziellen Sektor des Großen Spiels zog, war, was er *»the gospel of bareness«* genannt hat, die moralische Kargheit eines Wüstenvolkes, die »sich selbst von Penaten gereinigt hat«.[62] Was er versuchte und schließlich erreichte, war, sein eigenes Leben loszuwerden, das Leben nämlich, das ihm in einer ihm durch Geburt mitgegebenen Welt von der ihm angeborenen Persönlichkeit scheinbar unentrinnbar vorgezeichnet war. Als er nach Beendigung des großen Abenteuers in diese Welt zurückzukehren gezwungen war, entfloh er ihr und sich ein zweites Mal in die englische Armee, in die er als gemeiner

Soldat eintrat, weil dies offensichtlich die einzige Institution der abendländischen Welt war, in der es einem Manne zur Ehre gereichen konnte, seine Person aufzugeben.

Lawrence wurde zu Beginn des Ersten Weltkrieges in das Große Spiel mit dem Auftrag hineingezogen, die arabischen Stämme des Nahen Ostens zur Rebellion gegen ihre türkischen Herren aufzuwiegeln. Für dieses Vorhaben galt es, eine national-arabische Bewegung zu entfachen, deren Anfang, Mitte und Ende von den Interessen des englischen Imperialismus bestimmt war. Lawrence hatte die Aufgabe, einen jener romantisch-gelehrten Engländer zu spielen, die ihr Leben wie um eines Spleens willen einem fremden Volk opfern. Er hat diese Rolle so gut gespielt, daß er schließlich fast an sie glaubte; was ihn vor einem solchen Mißverständnis, das nur in Verlogenheit hätte enden können, bewahrt hat, war vielleicht nur sein gründliches Mißtrauen gegen »Persönlichkeit« überhaupt, sein Widerwille, sein altes Selbst einfach mit einem neuen zu vertauschen, und daher seine Einsicht, daß er trotz allem Anschein nicht fähig war, arabische »Gedanken zu denken« und arabischen »Charakter anzunehmen«.[63] Gerade weil er sich kein neues Selbst fabrizierte, gelang es ihm so gründlich, sein »englisches Selbst« loszuwerden. In der Verborgenheit einer Anonymität, die nicht einmal sich selbst mehr zum Mitwisser hat, schien er vor aller Welt geborgen und zugleich allem reinen Geschehen völlig ausgesetzt zu sein. In dieser Position, in der er das eigentlich unerreichbare Ideal des imperialistischen Charakters realisiert hatte, dürfte er sich für die etwas hochtrabenden Selbstrechtfertigungen wohlwollender Herrscher über rückständige Völker, wie sie Cromer noch so geläufig waren, schwerlich auch nur interessiert haben. Eine Generation älter und trauriger als Cromer, entzückte ihn die pure Möglichkeit des Sichselbstauslöschens, das seine Rolle von ihm verlangte, bis er sich ganz in das Große Spiel eingefügt hatte, sich als die Inkarnation der arabischen Nationalbewegung (nicht des arabischen Volkes!) fühlte, als die arabischen

Stämme ihn verehrten. Nun schien es, als sei er wirklich getragen von einem magischen Bündnis mit Kräften, die notwendigerweise ihn überstiegen, ganz gleich wie groß oder wie klein er selbst war. In diesem Spiel erwarb er sich die tödliche Verachtung »nicht für andere Menschen, aber für alles, was sie tun«, nämlich aus eigener Initiative tun, ohne Zauberei.

Als Lawrence durch das Ende des Krieges gezwungen wurde, das Geheimnis des Geheimagenten aufzudecken, und sich sein »englisches Selbst« wieder anzuziehen, hatte er erreicht, was er im Grunde gewollt hatte: »Ich blickte auf Europa und seine Konventionen mit neuen Augen; sie zerstören alles für mich.«[64] Aus der unabsehbaren Weite des Großen Spiels, das von der Öffentlichkeit weder gekannt noch verherrlicht und daher auch nicht hatte begrenzt werden können, aus einer Karriere, die ihn, bevor er das dreißigste Lebensjahr erreicht hatte, über Könige und Ministerpräsidenten erhob – »ich mache sie und spiele mit ihnen«[65] –, kehrte er nach England zurück, besessen nur von einer Gewißheit, nämlich daß nichts mehr im Leben ihn je wieder befriedigen würde, und gejagt nur von einem Verlangen, dem Verlangen, anonym bleiben zu dürfen und nicht wieder ein Selbst werden zu müssen. Was so schwer an ihm zu verstehen war, war das Einfachste: daß er an persönliche Größe nicht glaubte, weil er wußte, daß er seine eigene »Größe« nur dem Spiel verdankt hatte, das er so meisterhaft zu spielen gewußt hatte, und daß dies Spiel ihm eine Größe in die Hand gespielt hatte, die er durch eigene Leistung nie hätte erreichen können. Nun wollte »er nicht mehr groß sein« und wollte noch weniger »wieder ein ehrenhaftes Mitglied der wohlanständigen Gesellschaft werden«, und so war er in der Tat »von jedem Wunsch kuriert, jemals noch etwas für [sich] selbst zu tun«.[66] Er hatte sich zum Exponenten einer Kraft gemacht, und er wurde zum Phantom, als diese Funktion ihm genommen wurde. Was er wollte, war eine neue Rolle, ganz gleich welche, die ihm die Verborgenheit und Geborgenheit in der Anonymität sichern würde. Dies war es, was ihn dazu bewog, Bernhard Shaw um eine Empfehlung für die Position eines Nachtwächters zu bitten. Shaws Antwort: »Welches Spiel spielen Sie eigentlich?« war verständlich genug,[67] wenn sie auch verständnislos blieb, als frage sie aus einer anderen Epoche, einem Jahrhundert, dem große Leistungen noch so eindeutig Größe bezeugten und in dem sie so eindeutig groß waren, daß jedermann sich gerne zu ihnen bekannte. Und dabei war Lawrences Weigerung, »Lawrence von Arabien« zu werden, nicht nur der tatsächlichen Zweideutigkeit seiner Rolle geschuldet, nicht nur seinen berechtigten Zweifeln, ob er nicht, was die Araber anlangte, mehr Schaden als Nutzen gestiftet hatte, nicht nur seiner Verzweiflung darüber, daß Versprechen, die er gemacht hatte, von der Regierung nicht gehalten wurden. Er wußte wohl so gut wie jedermann, daß Kompromisse seinerseits der Sache der Araber nützlicher gewesen wären als die Intransigenz einer Haltung, die es ihm verbot, in irgendeiner Weise »aus dem, was er in Arabien getan hatte, Gewinn zu ziehen. Alle Ehren, die er gewonnen hatte, wurden abgelehnt. Stellungen, die ihm wegen seines Rufes angeboten wurden, konnten gerade darum nicht akzeptiert werden. Und keinesfalls konnte er es sich erlauben, seinen Erfolg dadurch auszuwerten, daß er auch nur einen einzigen bezahlten journalistischen Artikel mit dem Namen Lawrence zeichnete«.[68] Hinter dieser moralisch anmutenden Intransigenz verbarg sich die ernsthafte Angst, es könnte ihm nach all den Mühen, sein altes Selbst zu verlieren, von der Gesellschaft ein neues Selbst aufgezwungen werden. Die Geschichte des T. E. Lawrence ist von einer so ergreifenden Bitterkeit und Bedeutsamkeit, weil sie in eigentümlicher Reinheit einmal den wahrhaften Bericht enthält von dem, was einem Menschen geschieht, der sich im Ernst darauf eingelassen hat, ein Exponent zu sein, ein Funktionär von übermenschlichen Kräften. Lawrence hatte den außerordentlichen Mut, an sich und mit sich selbst das zu experimentieren, wovon die anderen seiner Generation nur mehr oder weniger hochtrabend daherredeten. Er hatte sich mit der sogenannten historischen Notwendigkeit wirklich eingelassen, und wenn er ein »Agent« oder ein »Geheimagent« war, so nur im Auftrage jener geheimen Gewalten, von denen er zu seinem Unglück glaubte, daß sie den Lauf der Welt bestimmen. »Ich warf meinen Kahn in den ewigen Strom, und so schiffte er schneller als die anderen, die quer zum Strom oder gegen den Strom gesteuert wurden. Letztlich habe ich an die arabische Bewegung nicht geglaubt, doch hielt ich sie zu ihrer Zeit und an ihrem Platz für notwendig.«[69] Das Spekulieren ins Unendliche, das der Imperialismus zum Gesetz seiner Politik gemacht hatte, die unendliche Kette von Hintergedanken, an der er alle nachweislichen Taten und alle greifbaren Tatsachen gewissermaßen aufreihte, hat nur Lawrence in all seinen Konsequenzen menschlicher Art verstanden. Am Anfang dieser Entwicklung steht der noch vergleichsweise harmlose, weil greifbare Hintergedanke, der Cromers Herrschaft in Ägypten bestimmte: die Sicherung Indiens; auf ihn folgt der bereits verallgemeinernde, aber doch noch einsehbare Hintergedanke, der Rhodes' Politik in Südafrika beherrschte: die Expansion als solche. Lawrences Hintergedanke, mit dem er die arabischen Stämme fast zu einer Nation gemacht hätte, hatte mit solchen mehr oder minder einsehbaren, mehr oder minder rationalen Zwecken nichts mehr gemein: sein Hintergedanke war eine zweck- und ziellose Bewegung überhaupt, der ewige Strom geschichtlichen Geschehens, von dem keiner weiß, wohin er fließt, der zu nichts dient, der aber dem, der sich in der Stromrichtung einschifft, im Strömen die Illusion der Lebendigkeit vermittelt. Innerhalb dieses Stroms gibt es den Rausch, aber nie die Befriedigung nach einer vollbrachten Leistung, weil jede Leistung begrenzt ist und alle Begrenztheit im Strome sich auflöst. Außerhalb des Stromes, wenn nämlich der Strom sich des auf ihm schwimmenden Menschen entledigt hat, scheint nichts mehr Bestand zu haben, weder das Gute noch das Schlechte; es ist, als sei der Mensch in die furchtbare Öde reinen Vegetierens gestoßen. Als Lawrence, aus der ewigen Bewegung des Großen Spiels, die ihn umfaßt und getragen hatte, wieder in die Heimat vertrieben war, konnte er sein Leben und sich selbst nur noch aushalten, indem er »in rasendem Tempo auf seinem Motorrad« über die Landstraßen Englands jagte.[70]

Lawrence hat sich um keine der Bewegungen und Ideologien seiner Zeit je gekümmert, wahrscheinlich weil er für offenbar abergläubische Gehalte zu gebildet, zu gut erzogen war. Aber der Faszination, die diese Bewegungen, unabhängig von allen greifbaren Gehalten, auf moderne Menschen ausüben, ist er erlegen; denn letztlich verdanken die Bewegungen ihre Anziehungskraft nicht den abergläubischen Gehalten ihrer Propaganda – Rasse oder Klasse –, sondern der Vorstellung eines »ewigen Stroms« selbst und einer endlosen Bewegung. In dieser Vorstellung jedenfalls drückt sich ihr echter Wahrheitsgehalt aus, der die Verzweiflung an der Möglichkeit menschlicher Leistung und Verantwortlichkeit überhaupt ist. Darum hatte Lawrence in gewissem Sinne sein Ziel erreicht, als von ihm als einem Individuum nichts übriggeblieben war als der Stolz, in »die richtige Richtung gestoßen« zu haben; denn das »Individuum … zählt doch mit, denke ich, wenn es in die richtige Richtung stößt«.[71] Mit dieser Art Stolz dürfte es denn wohl mit dem Stolz des abendländischen Menschen zu Ende sein: Als Zweck in sich selbst zählt er nicht mehr, und an Gesetze, die er selbst gemacht, glaubt er nicht mehr; er kann nichts mehr »von sich selbst aus tun und nichts Getanes so rein bewahren, daß es das Seine bleiben könne«;[72] seine einzige Chance ist, »in die richtige Richtung zu stoßen«, das heißt, was ohnehin geschieht, zu beschleunigen; seine einzige Kraft ist erborgt von den geheimen Gewalten des Geschehens, mit denen er im Bunde zu sein wähnt, seine einzige Überzeugung ist die Notwendigkeit, deren Exponent er sein möchte, und seine einzige Lebendigkeit ist leeres Funktionieren.

Als der europäische Mob dahinterkam, daß eine weiße Haut, in Südafrika zum Beispiel, eine »liebliche Tugend« sein kann, als die englischen Eroberer Indiens zu imperialistischen Verwaltungsbeamten geworden waren, die nicht an die Überlegenheit der Gesetze ihres Heimatlandes, wohl aber an ihre eingeborenen Herrscherqualitäten glaubten, als die Drachentöter und Abenteurer sich entweder in »weiße Männer« einer »höheren Rasse« oder in Bürokraten und Spione verwandelt hatten, die das niemals endende Große Spiel unendlicher, hinterhältiger Motive spielten oder mitspielten, als es sich nach dem Ersten Weltkrieg mehr und mehr herausstellte, daß die besten Söhne Englands lieber im British Intelligence Service das Große Spiel in aller Herren Länder spielen wollten, als sich um das Wohl ihres Landes zu Hause zu kümmern – da schienen in der Tat alle Elemente für jedermann greifbar vorzuliegen, die nur zusammengeschmolzen zu werden brauchten, um ein totalitäres Regime auf der Basis einer Rassendoktrin zu errichten.

Es ist anders gekommen. England wußte Verdienst und Glück zu verketten. Obgleich seine imperialistische Herrschaft zwischen den beiden Weltkriegen immer vulgärer wurde, so hat doch Grausamkeit in diesem Zeitraum eine geringere Rolle gespielt als irgendwann zuvor, und die Wunschträume einiger Bürokraten aus dem indischen Dienst haben nicht gehindert, daß ein Minimum von Menschenrechten stets respektiert wurde. Diese erstaunliche, weil von allen objektiven Faktoren unabhängige Mäßigung hat England nicht nur vor der Zerstörung des Nationalstaates im Mutterlande bewahrt, zu der ein voll entwickelter Imperialismus unweigerlich geführt hätte; sie hat vor allem den Weg vorbereitet für das, was Churchill die *»liquidation of His Majesty's Empire«* genannt hat und was sich schließlich noch herausstellen mag als die einzige echte politische Neugründung unseres Jahrhunderts, die Transformation der englischen Nation, die, über die ganze Welt verstreut, eines interterritorialen politischen Körpers bedarf, in ein Commonwealth der englischen Völker.

8 Der kontinentale Imperialismus und die Panbewegungen

Erfolge und Fehlschläge des kontinentalen Imperialismus stehen in genauem Gegensatz zu denen des überseeischen. Die Erfolge des überseeischen Imperialismus waren trotz aller Versuche, die rechtliche und politische Struktur der Nationalstaaten der Mutterländer zu ändern, im wesentlichen außenpolitischer Natur und bestanden in den Annektierungen immer größerer Gebiete in den nichteuropäischen Erdteilen. Auf diesem Gebiet greifbarer Expansion hat der kontinentale Imperialismus, der »seine Kolonialländer auf dem Festland, in unmittelbarem Anschluß an sein Heimatgebiet« suchte,[1] nur Fehlschläge zu melden. Dafür gelang es ihm, die allem Imperialismus innewohnende Staatsfeindlichkeit unmittelbar den zentraleuropäischen Völkern zu übermitteln und große Schichten von ihnen in parteifeindlichen, überparteilichen Bewegungen zu organisieren, die schließlich sehr viel mehr zu dem Untergang des Nationalstaates, jedenfalls sehr viel Direkteres beigetragen haben als die überseeischen Abenteurer des englischen, belgischen, holländischen und französischen Imperialismus.

Jedenfalls verdankten die Nazis der alldeutschen Bewegung österreichischer Prägung, die wir im folgenden, um sie von der reichsdeutschen abzuheben, mit dem bei ihnen geläufigen Namen Pangermanismus nennen werden, mehr und Entscheidenderes als jeder anderen Ideologie oder politischen Bewegung. Und der Bolschewismus Stalinscher Prägung steht tief in der Schuld des Panslawismus. Dies ist besonders in der Außenpolitik deutlich geworden, in der Nazideutschland und Sowjetrußland so genau den vor und während des Ersten Weltkrieges entworfenen Eroberungsprogrammen ihrer respektiven Panbewegungen gefolgt sind, daß es in der Tat nahelag, die hinter diesen Programmen stehenden Ziele der totalen Welteroberung zu verkennen und zu glauben, man habe es hier mit nichts anderem und nichts Schlimmerem zu tun als einer ins Chauvinistische verzerrten außenpolitischen Vertretung normaler nationaler Interessen. Auf diesem Mißverständnis beruhte das Münchener wie das Jaltaer Abkommen.

Es ist auch auffallend, daß Hitler wie Stalin, die sich immer sorgfältig davor gehütet haben, zuzugestehen, wieviel sie imperialistischen und bürokratischen Herrschaftsmethoden verdankten, sich ausdrücklich auf die Panbewegungen beriefen, wenn sie überhaupt sich auf eine nationale Tradition berufen oder an traditionsgebundene Elemente ihrer Völker appellieren wollten. Dies tat Stalin, als er noch während des Krieges die Balkanländer auf ihre Zukunft als russische Satelliten vorbereiten wollte und zu diesem Zwecke einen panslawischen Kongreß in Sofia einberief, der ganz im Sinne panslawistischer Tradition die slawischen Völker ermahnte, die russische Sprache als ihre offizielle und politische Sprache zu akzeptieren und sich der »messianischen Mission« des russischen Volkes zu erinnern.[2] Genau das gleiche gilt für Hitler, der in *Mein Kampf* ausdrücklich diese Herkunft aus der pangermanistischen Bewegung Österreichs betonte: »Ich erhielt (in Wien) die Grundlage für meine Weltanschauung im Großen und eine politische Betrachtungsweise im Kleinen, die ich später nur noch im einzelnen zu ergänzen brauchte, die mich aber nie mehr verließ.«[3]

Die Panbewegungen sind früher entstanden und haben eine kompliziertere Geschichte als der Imperialismus. Um 1870 hatte sich aus den vagen und metaphysisch belasteten Theorien der Slawophilen bereits eine politische Bewegung ergeben,[4] und antihabsburgische alldeutsche Bestrebungen waren in der Mitte des neunzehnten Jahrhunderts in Österreich gang und gäbe. Politisch virulent sind jedoch diese Bestrebungen erst geworden, als in der Mitte der achtziger Jahre die imperialistische Expansion des Westens Europas ihre außerordentlichen Erfolge um die Neuverteilung der Erde zu verzeichnen hatte, von denen Ost-und Mitteleuropa ausgeschlossen bleiben sollten. In dieser Situation meinten vor allem die Völker Zentraleuropas, daß sie »dasselbe Recht wie andere große Völker [hätten sich] auszudehnen, und wenn man in Übersee diese Möglichkeit [ihnen] erschwerte, [blieben sie] gezwungen, sie in Europa zu betätigen«.[5] Alldeutsche und Panslawisten waren sich darüber einig, daß »Festlandvölker«, die in »Festlandstaaten« leben, sich in Europa in die »Zwischenländer« teilen müßten, die von kleineren und machtmäßig unerheblichen Völkern besiedelt waren. Hier entstanden auch die ersten geopolitischen Ideen, und zwar ganz unabhängig voneinander in der alldeutschen wie in der panslawistischen Bewegung, wiewohl gerade die Alldeutschen niemals verfehlten, auf die Ähnlichkeit der geopolitischen Bedingungen Deutschlands und Rußlands hinzuweisen.[6] Die Grundvorstellung, daß politische Macht entweder an die Beherrschung des Festlandes oder die Herrschaft über die Meere gebunden sei, findet sich bereits in den vierziger Jahren in Rußland, wo ein bekannter slawophiler Schriftsteller die »englische Idee«, ausgedrückt in den Worten: »Ich will die Meere beherrschen«, der »russischen Idee«: »Ich will das Land beherrschen« entgegenstellte.[7] Politische Bedeutung aber gewinnen diese »Ideen« erst im Zeitalter des Imperialismus, als angesichts der höchst realen Machterweiterung aller seefahrenden Völker diejenigen, welche bei der Neuverteilung der Erde zu kurz gekommen waren, »das unendliche Übergewicht des Landes über die See ..., die überragende Bedeutung der Landmacht über die Seemacht, der Landgewalt über die Seegewalt ... im allgemeinen wie für uns Deutsche im besonderen« auch theoretisch entdeckten.[8]

Wesentlicher als solche aus einer Art Konkurrenzneid auf England entsprungenen Spekulationen war, daß ein kontinentaler Imperialismus jene Distanz, die im überseeischen Imperialismus zwischen dem Mutterland und seinen Kolonien durch die Trennung der Meere gewährleistet war, nicht akzeptieren konnte, und daß es daher keiner Bumerangeffekte bedurfte, um die Konsequenzen imperialistischer Methoden und Herrschaftsvorstellungen unmittelbar in Europa selbst fühlbar zu machen. Nicht nur schlagen die Alldeutschen sogleich vor, »die unter uns lebenden Europäer fremden Stammes, also die Polen, Tschechen, Juden und Italiener usw. zu [der] Helotenstellung zu verurteilen«, welche der überseeische Imperialismus in fremden Erdteilen den Eingeborenen zugedacht hatte, oder, falls das nicht gehen sollte, Sklavenvölker nach Europa zu importieren – es geht in jedem Falle darum, daß sich das »deutsche Herrenvolk« im eigenen Lande von unterdrückten Rassen abheben können muß –, der Rassebegriff selbst erfährt bei ihnen eine verstärkte und verallgemeinerte Bedeutung. Auch die englischen Imperialisten, selbst wenn sie sich bereits als Vertreter einer »Rasse« fühlten und die Gefahr heraufbeschworen hatten, aus dem englischen Volk wirklich *»white men«,* das heißt einen weißen Rassestamm zu machen, würden immer noch der Meinung gewesen sein, daß »Englands Zukunft auf dem Meere liege«. Es war dem kontinentalen Imperialismus vorbehalten, die Rasseideologie unmittelbar in Politik umzusetzen und apodiktisch zu behaupten: »Deutschlands Zukunft liegt im Blute.«[9] Zwar hatten die Alldeutschen mit den Imperialisten der westlichen Länder die Verachtung für den Nationalstaat und seine Institutionen durchaus gemein; aber sie gingen in ihrem Widerstand nicht von wirtschaftlichen Erwägungen aus, die immerhin realen nationalen Nöten entsprachen, sondern setzten dem »Staat« und dem Nationalgefühl ein »erweitertes Stammesbewußtsein« entgegen,[10] das alle umfassen sollte, welche von dem gleichen Volke abstammten, unabhängig von Geschichte, Sprache und Siedlungsort. So kam auch die später von den Nazis legalisierte Unterscheidung zwischen »Volksfremden« und »Staatsfremden« hier bereits auf.[11] Überhaupt ist zu sagen, daß der kontinentale Imperialismus, vielleicht weil er als eine Reaktion auf den Überseeimperialismus entstanden war, von vornherein an Rassebegriffen sich orientierte, also hierfür nicht erst der im Überseeimperialismus gemachten Erfahrungen bedurfte, und die Rasseweltanschauungen, die das neunzehnte Jahrhundert geliefert hatte, sich viel enthusiastischer und bewußter zu eigen machte.[12]

Die historische Forschung, geblendet von den außerordentlichen Erfolgen des überseeischen Imperialismus, hat begreiflicherweise den Panbewegungen und ihren Programmen für kontinentale Expansion wenig Beachtung geschenkt. Hinzu kam, daß die Anhänger der Panbewegungen eingestandenerweise mehr an politischer Macht als an ökonomischen Profiten interessiert waren, und dies allein machte sie in einer Zeit, da man meinte, daß Politik und Wirtschaft nur zwei Seiten der gleichen Sache seien, und da die ungeheuren Profite der ersten imperialistischen Unternehmungen alles andere in den Schatten stellten, einfach lächerlich. Dabei konnte man leicht die Gemeinsamkeiten wie die Unterschiede zwischen diesen beiden Formen, in denen sich das imperialistische Zeitalter ausprägte, übersehen. So war es durchaus auch für die überseeischen Imperialisten charakteristisch gewesen, daß sie im Gegensatz zu allen anderen Parteien der Nationalstaaten sich wesentlich für Außenpolitik interessierten und dadurch allein in gewissem Sinne in die eigentliche Machtsphäre des Staates, der nach außen alle Parteien und Klassen der Nation zu repräsentieren hatte, eingriffen. Gemeinsam ist ihnen auch die Anziehungskraft, die sie auf die gebildeten und Intelligenzschichten der Nation ausübten, nur daß dies bei dem kontinentalen Imperialismus noch stärker und auffälliger war. Schließlich war die gesamte russische

Intelligenz mit wenigen Ausnahmen panslawistisch gesonnen, und der Pangermanismus in Österreich begann eigentlich als eine Studentenbewegung.[13] Die Richtung, in welcher sich der kontinentale Imperialismus entwickeln sollte, war entscheidend dadurch vorgezeichnet, daß die Bourgeoisie auf ihn so gut wie keinen Einfluß nehmen konnte und wollte, da Europa ja dem unmittelbaren Anlaß imperialistischer Experimente, dem Export überflüssigen Reichtums und überflüssig gewordener Arbeitskraft, keinerlei Ausweg bot. Unter den Führern der Panbewegungen wie unter den Mitgliedern der von ihnen gegründeten Verbände und Vereine finden wir daher so gut wie keine Geschäftsleute oder Unternehmer, dafür aber alle freien Berufe sowie andere Gruppen des gebildeten Mittelstandes wie Lehrer und Beamte.[14]

Während der überseeische Imperialismus trotz seines feindseligen Mißtrauens gegen die repräsentativen Institutionen des Nationalstaates die überalterten politischen Organisationsformen auch dann noch konservierte, wenn er ihren eigentlichen Geist unterminierte, fehlte dem kontinentalen Imperialismus jegliche Zweideutigkeit: Er war und blieb immer staatsfeindlich, und die Panbewegungen müssen zweifellos, sowohl was ihre Absichten als auch den Stil ihrer politischen Rede anlangt, unter die revolutionären Bewegungen der Zeit gerechnet werden. Dem Abhub der Gesellschaft, der sich aus allen Klassen zusammensetzte und für den der überseeische Imperialismus wirkliche Auswege gefunden hatte, hatten die Panbewegungen nichts anzubieten als eine Ideologie und eine Bewegung. Und dies war unter Umständen durchaus ausreichend, besonders in einer Zeit, da viele sich mit einem »Schlüssel zur Weltgeschichte« begnügten und die politische Aktion gerne auf die Zukunft verschoben, besonders wenn der ideologische Schlüssel zur Geschichte in einer Bewegung einen Ausdruck fand, zu der man gehören und durch die man sich wieder inmitten einer atomisierenden und zerfallenden Gesellschaftsordnung als irgendwo zugehörig empfinden konnte. So konnte auch für den sichtbaren Unterschied zwischen einer weißen und einer farbigen Haut, dessen Vorteile in einer schwarzen oder braunen Umgebung materiell greifbar waren, ein Ersatz gefunden werden in rein ideologischen Unterschieden zwischen westlichen und östlichen »Seelen« oder arischem und nichtarischem »Blut«. Die Anziehungskraft dieser zum Teil sogar recht komplizierten Ideologien und ihrer Bewegungen ist jedenfalls immer sehr viel stärker gewesen als die des Imperialismus der westlichen Länder mit ihren in die Augen springenden Vorteilen und ihren scheinbar nur an den gesunden Menschenverstand oder die nationalen Interessen appellierenden Argumenten.

Diese Anziehungskraft auf Massen der Bevölkerungen, welche alle konkreten Mißerfolge und häufigen Programmwechsel überlebte, zeigt bereits eine spätere Entwicklung in den totalitären Bewegungen an, die ebenfalls in ihren konkreten Programmen ganz unbestimmt bleiben und ihre Parteilinien von Tag zu Tag ändern konnten, ohne ihre Anhänger auch nur zu enttäuschen, geschweige denn zu verlieren. Was die Mitglieder der Panbewegungen zusammenhielt und ihnen gemeinsam war, war sehr viel eher eine Art politischer Stimmung und gleichartiger Mentalität als ein bestimmtes konkretes Ziel. Mangel an Konkretheit und ein schwülstiger Pseudo-Mystizismus ist überhaupt eine der hervorstechendsten Eigenschaften des Pangermanismus wie des Panslawismus. Zwar hatte bereits der überseeische Imperialismus, für den Expansion als solche alle materiellen Interessen an einem bestimmten zu erobernden und auszuraubenden Lande in den Hintergrund drängte, in die Politik ein Element abstrakter Weltanschaulichkeit eingeführt. Aber dies wurde doch trotz der gelegentlich phantastischen Äußerungen von Männern wie Rhodes in der Wirklichkeit immer noch in Schranken gehalten durch die Tatsache, daß wirkliches Geld und wirkliche Arbeitskraft exportiert und investiert wurden. Die Panbewegungen kannten nicht einmal dieses bereits anarchisch gewordene Element menschlicher Planung und geographischer Gebundenheit. Aber gerade weil ihr Expansionsdrang ohne Programm und ohne bestimmten Plan blieb, konnten sie die für Welteroberungen benötigte Stimmung der messianischen Sendung erzeugen und so, vom Politischen ausgehend, alle Sphären des menschlichen Lebens weltanschaulich durchdringen. Die aus dem Griechischen entnommene Vorsilbe »pan« bedeutete: alles soll germanisch, alles soll slawisch werden, und zwar sowohl was die Frage der Oberherrschaft über die Erde als auch was die nicht primär politischen Belange der Menschen anlangte. Es handelte sich also um eine ähnliche Indikation wie in dem späteren Adjektiv »total«.

In dem Bündnis zwischen Mob und Kapital, das das imperialistische Zeitalter kennzeichnet, hatte die Initiative, mit Ausnahme Südafrikas, bei den Vertretern des Kapitals gelegen. In den Panbewegungen lag umgekehrt die Initiative von Anfang an ausschließlich beim Mob, der damals wie später von einer Intelligenzschicht geführt wurde. Diese Intellektuellen waren noch nicht von dem Ehrgeiz besessen, die Welt mit Hilfe einer Geheimgesellschaft zu regieren, und sie ahnten noch wenig von den monströsen Möglichkeiten totaler Herrschaft. Aber sie verstanden sich auf die Organisation des Mobs bereits ausgezeichnet, und sie begriffen sehr schnell, welchen organisatorischen Nutzen man aus der Rassekonzeption ziehen konnte und wie gerade der Rassebegriff den Weg anzeigte, aus einem nur propagandistisch-demagogischen Gerede herauszukommen und ideologische Doktrinen in die Wirklichkeit umzusetzen. Ihre Bedeutung kann man aus ihren noch verhältnismäßig maßvollen Programmen für die Außenpolitik kaum erraten – ein germanisiertes Mitteleuropa unter deutscher, ein slawisiertes Ost- und Südeuropa unter russischer Herrschaft –, Programme, deren wahres Wesen sich eigentlich erst enthüllte, als sie der Nazi- und der bolschewistischen Herrschaft den Anstoß zu wirklichen Welteroberungsplänen gaben. Die germanischen Völker außerhalb des Deutschen Reiches wie die unterdrückten slawischen Völker außerhalb des »heiligen Rußland« lieferten nur die Vorwände »nationaler Selbstbestimmung«, um die ersten Sprungbretter weiterer Expansion und Eroberung zu gewinnen. Viel wichtiger war es, daß die totalitären Bewegungen von den Panbewegungen eine Aura transpolitischer Heiligkeit ererbten: Sie brauchten nur an das »heilige Rußland« oder das »Heilige Römische Reich Deutscher Nation« zu erinnern, um bei den russischen und deutschen Intellektuellen ganze Ketten von abergläubischen Assoziationen loszulassen, deren pseudo-mystischer Unsinn sich mit unzähligen, willkürlich der Vergangenheit entrissenen Erinnerungen anreichern konnte, um schließlich in eine Schwärmerei zu führen, die dem einfachen Nationalismus an Tiefe und Fülle unendlich überlegen schien.[15] Hier bereitete sich das neue völkische Fühlen vor, dessen Gewaltsamkeit sich als eine vorzügliche Triebfeder erwies, um die Massen in Bewegung zu setzen, und daher hervorragend geeignet schien, den älteren patriotischen Nationalismus zu ersetzen.

Der völkische Nationalismus hat die nationale Gesinnung aller zentral- und osteuropäischen Nationen und Nationalitäten entscheidend bestimmt und geformt.[16] Er unterscheidet sich von dem westlichen Nationalismus auch dann, wenn dieser in seiner pervertierten chauvinistischen Form in Erscheinung tritt. Der Chauvinismus vor allem französischer Prägung, der in dem *»nationalisme intégral«* von Maurras und Barrès um die Jahrhundertwende seinen theoretischen Ausdruck fand, konnte sich in allen möglichen romantischen Verherrlichungen der Vergangenheit, der Toten- und Ahnenkulte ergehen. Er konnte ein unglaubliches Vokabular der Großsprecherei ersinnen und versuchen, die ganze Nation mit *»gloire«* und *»grandeur«* besoffen zu machen; aber er hat niemals behauptet, daß Menschen französischer Abstammung, die in einem anderen Lande geboren und erzogen, ohne Kenntnis der französischen Sprache und Kultur, nur dank mysteriöser Qualitäten ihres »Blutes« Stammesfranzosen seien. Nur auf

Grund des »erweiterten Stammesbewußtseins« war es möglich, die Nationalität, also das, was Menschen gerade nach außen und in der Welt voneinander unterscheidet, in das Innere der eigenen Seele zu verlegen, so daß das eigentlich öffentlich Politische jede Phase des Privatlebens durchwirkte, bis in den Worten eines Polen »das Privatleben eines jeden wahren Polen stets ein publizistisches Leben des Polentums« geworden ist.[17]

Psychologisch gesprochen ist der Unterschied zwischen dem verrücktesten Chauvinismus und diesem völkischen Nationalismus immer noch der, daß der eine sich immerhin mit der Welt und ihren greifbaren Realitäten beschäftigt, mit den faktisch vorliegenden Leistungen der Nation auf allen Gebieten, während das Völkische selbst in seiner harmlosesten Form (etwa in der deutschen Jugendbewegung) sich nach innen richtet und anfängt, die menschliche Seele als die »Verkörperung« allgemeiner Stammeseigenschaften anzusehen; und da die Seele ja offenbar nicht etwas sein kann, was »verkörpert«, findet man seine Aushilfe im »Blut«, in welchem sich offenbar Seele und Körper eine Art Stelldichein geben sollen. Der chauvinistische Größenwahn zeigt immer noch auf etwas, was wirklich in der Vergangenheit existierte, wenn er auch versucht, diese nationalen Realitäten in ein pseudo-mystisches Reich zu erheben, in welchem sie menschlicher Kontrolle entzogen sind; das völkische Stammesbewußtsein hält sich dagegen von vornherein an nichtexistente, fingierte Vorstellungen, die es auch gar nicht erst aus der Vergangenheit zu belegen sucht, aber statt dessen vorschlägt, sie in der Zukunft zu verwirklichen. Die völkische Arroganz ist größer und schlimmer als der chauvinistische Größenwahn, weil sie sich auf innere unmeßbare Eigenschaften beruft, an denen man dann noch Gegenwart und Vergangenheit des eigenen Volkes mißt und zumeist verwirft. Man kann den völkischen Nationalismus immer daran erkennen, daß er im Grunde alles, was zur sichtbaren Existenz der eigenen Nation gehört, ihre Traditionen, ihre politischen Einrichtungen, ihre Kultur, an diesen fingierten Maßstäben des »Blutes« mißt und verurteilt.

Politisch gesprochen ist es dem völkischen Nationalismus eigen, darauf zu bestehen, daß das eigene Volk von »einer Welt von Feinden umgeben«, in der Situation des »einer gegen alle« sich befindet, und daß es infolgedessen nur einen Unterschied in der Welt gibt, der zählt, den Unterschied zwischen einem selbst und allen anderen. Er behauptet stets, daß das eigene Volk einzigartig und seine Existenz mit der gleichberechtigten Existenz anderer Völker unvereinbar sei; lange bevor das völkische Bewußtsein dazu gebraucht und in gewissem Sinne auch mißbraucht wurde, das Wesen des Menschen zu vernichten, hat es theoretisch und in der Gesinnung die Möglichkeit der Menschheit als eine regulative Idee aller Politik geleugnet.

Der völkische Nationalismus

So wie der kontinentale Imperialismus in den Ländern entsteht, die glauben, bei der Neuverteilung der Erde im imperialistischen Zeitalter zu kurz gekommen zu sein, so verbreitet sich der völkische Nationalismus überall da, wo europäischen Völkern eine nationale Emanzipation gar nicht oder nur halb gelungen war. Beide Bestrebungen entstanden als Reaktion auf die offenbar glücklichere und erfolgreichere Geschichte der westeuropäischen Länder und vor allem Englands. Die Panbewegungen fanden den fruchtbarsten Boden in den beiden Ländern, in welchen sich das Zu-kurz-gekommen-sein in der neuen territorialen Expansion mit dem Unvermögen zum Nationalstaat verband, also in Österreich-Ungarn und in Rußland. Dabei befand sich der Nationalitätenstaat Österreich-Ungarn, der nur von der Habsburger Dynastie zusammengehalten wurde, noch in der besonders unglücklichen Lage, daß Deutsche und Slawen zahlenmäßig an Bedeutung alle anderen Nationalitäten überwogen, so daß auf der Grundlage einer deutschen und slawisch-russischen Irredenta sich hier der Pangermanismus wie der Panslawismus gleichzeitig entwickeln konnten, wobei beide Bewegungen bei aller sonstigen Feindschaft sich darüber einig waren, daß nichts ihren Bestrebungen so im Wege stünde wie die Existenz der habsburgischen Doppelmonarchie. So rückte die Existenz Österreich-Ungarns von vornherein in das politische Zentrum der Panbewegungen.

Russische Panslawisten verlangten seit Mitte des neunzehnten Jahrhunderts die »Befreiung der Slawen« in Österreich und der Türkei, und bereits 1870 wird »die Zertrümmerung Österreichs als Vorstufe … der allslawischen Föderation« angesehen, an deren Spitze der »Zar als Nachfolger Konstantins des Großen und russische Großfürsten als einzelne Oberhäupter des Bundes stehen« sollten.[18] An dieser Zertrümmerung Österreichs waren die Pangermanisten so leidenschaftlich interessiert und machten dafür eine so offene Propaganda, daß selbst der Alldeutsche Verband, dessen Vertreter sie in Österreich doch waren, von ihnen abrückte und gelegentlich von dem »unheilvollen Einfluß« sprach, den »die Annahme des alldeutschen Namens seitens der Radikalen in Österreich auf das Wirken und Gedeihen des Verbandes ausübte«.[19] Daß diese den Reichsdeutschen nicht genehme Radikalität keinen zufälligen Entgleisungen der Los-von-Rom-Bewegung geschuldet war, geht schon daraus hervor, daß »die alldeutsche Bewegung ohne Zweifel am meisten Erfolg in Österreich erzielte«.[20] Bezeichnend für den Unterschied zwischen der reichsdeutschen und der österreichischen Bewegung ist, wie die alldeutschen Kriegsziele im Ersten Weltkrieg, deren rücksichtslose Annexionen sich immerhin auf Europa beschränkten, in Österreich von einer Resolution des »Alldeutschen Vereins für die Ostmark« bereits vor Ausbruch des Krieges vorweggenommen und übertrumpft worden waren; die Österreicher verlangten schon 1913 die »Aufrichtung eines nach allen Seiten unabhängigen und deutsche Mitteleuropäer umfassenden Einheitsstaates auf arischer Grundlage ..., der den Mittelpunkt des gesamten deutschen Lebens des Erdballs bildet und der mit allen Germanenstaaten verbunden ist«.[21]

Weder die deutsche noch die russische Regierung haben sich je der Panbewegungen bedient. Die Expansionsgelüste der Panslawisten waren dem Zaren nicht weniger peinlich als Bismarck die Treueerklärungen an das Deutsche Reich von seiten der Pangermanisten. Im Gegensatz zu Schönerer, der in seinem Enthusiasmus für die Reichsgründung der Meinung war, daß »Österreich als eine Großmacht« aufhören müsse, vertrat Bismarck selbst die Ansicht, daß »ein mächtiges Österreich für Deutschland eine Lebensnotwendigkeit« sei.[22] Schon die ausgesprochene Staatsfeindlichkeit der Panbewegungen mußte sie den Regierungen auch dann verdächtig machen, wenn sie in ihren offen hochverräterischen Programmen vorgaben, sich einem anderen Staate jenseits des von ihnen bewohnten Territoriums verpflichtet zu fühlen. Vor allem aber fühlten die Regierungen sich von dem revolutionären Element, das in den grenzenlosen und alle bestehenden Verhältnisse umstürzenden Expansionsprogrammen klar zum Ausdruck kam, abgestoßen, und dies auch dann, wenn, wie im Falle des Panslawismus, gerade diese Bewegung als die einzig zuverlässige Stütze für das wankende zaristische Regime erschien.[23]

Wie modern und wie revolutionär die Panbewegungen eigentlich waren, mag man am besten an der Art und Weise ermessen, mit der sie sich des Antisemitismus als einer politischen Waffe bedienten. Allerdings kamen ihnen dabei die eigentümlichen Verhältnisse in den Nationalitätenstaaten sehr zustatten. Unterdrückte Minderheiten, wie die Slawen in Österreich oder die Polen im zaristischen Rußland, standen mit der herrschenden Regierung ohnehin einfach ihrer nationalen Zugehörigkeit wegen in schärfstem Konflikt, und es war nur natürlich, daß sie die verborgenen Zusammenhänge zwischen den Juden und den Staatsapparaten schneller entdeckten und empfindlicher auf sie reagierten als westeuropäische Völker. Wo immer der Konflikt mit der Regierung unmittelbar in Staatsfeindlichkeit umschlagen mußte, weil nationaler Patriotismus den Hochverrat sozusagen forderte, wie im Falle der Polen in Rußland oder im Falle der Deutschen in Österreich, mußte auch der Antisemitismus virulentere Formen annehmen, weil man die Juden nun nicht nur als die Agenten des Staatsapparates und einer vorübergehenden Regierung ansah, sondern als die Repräsentanten eines fremden Bedrückers.

So günstig diese Bedingungen für ein Ansteigen des Antisemitismus im allgemeinen auch waren, sie können an sich schwerlich die zentrale Rolle erklären, die der Antisemitismus von vornherein in den Panbewegungen einnahm. Die Lage der Deutschen in Österreich und die Erfahrungen im österreichischen Parlament anläßlich des Kampfes um die in Rothschildschem Besitz befindliche Nordbahn können erklären, daß Schönerer Antisemit wurde, aber nicht, daß er »den Antisemitismus als einen Grundpfeiler des nationalen Gedankens, als Hauptförderungsmittel echt volkstümlicher Gesinnung, somit als die größte Errungenschaft des Jahrhunderts« betrachtete.[24] Das gleiche gilt für die Panslawisten; keinerlei innerrussische Umstände und Bedingungen können Rosanow dazu geführt haben, zu meinen, daß »es kein Problem im russischen Leben gäbe, in welches sich nicht wie ein ›Komma‹ die Frage einschübe: Was machen wir mit den Juden?«[25]

Was diesen Antisemitismus von der antisemitischen Bewegung in Deutschland und Frankreich unterschied, war, daß er mehr war als eine politische Waffe, oder daß man diese politische Waffe anders ansetzte und benutzte: Er wurde zum Zentrum einer Gesamtweltanschauung. Darin liegt natürlich beides: erstens erweiterte man das rein Politische in das Weltanschauliche, und zweitens verschob man das Zentrum des Antisemitismus selbst von dem erfahrungsgemäß gebundenen Judenhaß in das Ideologische, das als solches von Erfahrungen gerade unabhängig ist. Diese Verschiebung wiederum hat sehr viel mehr mit dem Wesen des Völkischen zu tun als mit politischen Tatsachen und Umständen. Entscheidend in dem Antisemitismus der Panbewegungen ist das weltanschauliche Element, durch das der Antisemitismus von allen Erfahrungen mit Juden emanzipiert wurde, seien diese politischer, gesellschaftlicher oder wirtschaftlicher Natur, so daß er von nun ab an nichts mehr gebunden war außer an die den Ideologien eigentümliche Logik.

Der völkische Nationalismus, der die treibende Kraft des kontinentalen Imperialismus und der Panbewegungen bildete, unterscheidet sich in nahezu allen wesentlichen Zügen von dem Nationalgefühl westlicher Prägung. Der Nationalstaat, wie er sich seit der französischen Revolution entwickelt hatte, mit seinem Anspruch, das Volk im ganzen zu repräsentieren, und mit seiner Souveränität, die in diesem Anspruch ihre Legitimierung fand, war dadurch entstanden, daß zwei Faktoren, die im achtzehnten Jahrhundert noch überall getrennt gedacht werden und in Rußland wie Österreich-Ungarn faktisch immer getrennt blieben, nämlich nationale Zugehörigkeit und Staatsapparat, miteinander verschmolzen und im nationalen Denken miteinander identifiziert wurden. Nationen und nationale Befreiungsbewegungen treten uns überall da entgegen, wo Völker begannen, sich als geschichtliche und kulturelle Einheiten zu verstehen, die auf einem bestimmten, ihnen zugewiesenen Siedlungsgebiet beheimatet und verwurzelt sind, weil auf ihm die Geschichte ihre für alle sichtbaren Spuren hinterlassen hatte, so daß die Erde selbst, so wie sie in Feld und Acker und Landschaft von menschlicher Bestellung erzeugt wurde, auf die gemeinsame Arbeit der Vorfahren und das gemeinsame, an diesen Boden gebundene Schicksal der Nachfahren verwies. So kommen mit dem Auftreten der Nationalstaaten überall alle Wanderbewegungen zu einem Ende. Daß es den Völkern Süd- und Osteuropas niemals gelang, Nationalstaaten zu gründen, lag unter anderem daran, daß es in diesen Ländern keine wirklich bodenständigen Bauernklassen gab, auf die sich die Bildung der Nationalstaaten überall gegründet hatte. Gesellschaftlich gesprochen sind die Nationalstaaten die politischen Körper, welche der befreiten europäischen Bauernklasse genau entsprachen, und dies ist auch der Grund, warum die nationalen Armeen ihre staatlichen Macht- und gesellschaftlichen Prestigepositionen nur bis zum Ende des vorigen Jahrhunderts zu halten imstande gewesen sind, das heißt nur so lange, wie sie in ihrer Masse aus bäuerlichen Elementen zusammengesetzt und für das Bauerntum gesellschaftlich und gesinnungsmäßig repräsentativ waren. »Die Armee«, wie Marx gelegentlich der napoleonischen Kriege ausführt, »war der *point d'honneur* der Parzellenbauern, sie selbst in Heroen verwandelnd, nach außen den neuen Besitz verteidigend, ihre eben erst errungene Nationalität verherrlichend, die Welt plündernd und revolutionierend. Die Uniform war ihr eigenes Staatskostüm, der Krieg ihre Poesie, die in der Phantasie verlängerte und abgerundete Parzelle das Vaterland und der Patriotismus die ideale Form des Eigentumssinnes.«[26] Der Nationalismus westeuropäischer Prägung, der in der allgemeinen Wehrpflicht gipfelte, entsprach einer Bevölkerung, die in ihrer Mehrzahl bodenständige und freie Bauern waren.

Während das Nationalbewußtsein der abendländischen Völker sich verhältnismäßig spät entwickelte und eigentlich erst im neunzehnten Jahrhundert zu einem ausschlaggebenden politischen Faktor wurde, hat der Nationalstaat seine staatliche Struktur einer viel längeren, älteren und langsameren Entwicklung zu verdanken. Von den absoluten Königtümern und Kaiserreichen und den aufgeklärten Despotien erbten die nationalen Republiken und konstitutionellen Monarchien ihre legale Struktur, derzufolge die höchste Funktion des Staates der gesetzliche Schutz aller Einwohner des Territoriums ist, ohne Rücksicht auf deren nationale Zugehörigkeit. Es gehört zu der Tragödie des Nationalstaates, daß das Nationalbewußtsein der Völker gerade mit dieser höchsten Funktion des Staates in Konflikt geriet, insofern als es im Namen des Volkswillens verlangte, daß nur diejenigen als vollgültige Bürger in den Staatsverband aufgenommen werden sollten, die durch Abstammung und Geburt dem als wesentlich homogen angenommenen Körper der Nation zugehörten. Dadurch aber wurde der Staat bis zu einem gewissen Grade aus einem gesetzgebenden und Gesetzlichkeit schützenden Apparat zu einem Instrument der Nation. Die Nation setzte sich an die Stelle des Gesetzes.

Die »Eroberung des Staates durch die Nation«[27] war eine unmittelbare Folge des Sturzes der absoluten Monarchie und der mit ihm einsetzenden freien Entwicklung der modernen Klassen. Von dem absoluten Monarchen war die Interessenvertretung der Nation im ganzen erwartet worden; er war ihr sichtbarer Repräsentant und als solcher gleichsam der Beweis dafür, daß ein solch einheitliches nur nationales Interesse existiere. Der aufgeklärte Despotismus gründet sich eigentlich auf Rohans: »die Fürsten kommandieren den Völkern und das Interesse kommandiert Fürsten«, eine Vorstellung, die allen Theorien von der Staatsräson zugrunde liegt.[28] Nachdem die Souveränität des Volkes an die Stelle des souveränen Fürsten getreten war, entstand die niemals wirklich beschworene Gefahr, daß diese auf dem einen Interesse gegründete und selbst der Fürstensouveränität noch übergeordnete Staatsräson in den freigelassenen sozialen Klassenkämpfen zerrieben und durch einen Kampf um die Kontrolle des Staatsapparates in einem ständigen latenten Bürgerkrieg ersetzt werden würde. Das einzige verbliebene Band zwischen den Bürgern eines Nationalstaates, in dem kein Monarch mehr das allen gemeinsame Interesse symbolisch und faktisch repräsentierte, war nun das Nationale, die gemeinsame Abstammung. In einem Jahrhundert, in dem jede Schicht der Bevölkerung von ihren partikularen Klassen- und Gruppeninteressen beherrscht war und Politik sich in der Tat in dem Widerstreit solcher Interessen erschöpfte, erschien daher das gemeinsam nationale Interesse nirgends garantiert zu sein außer in der gemeinsamen Abstammung, dem der Nationalismus als eine bestimmte, allen Klassen und Gruppierungen gemeinsame Gesinnung entsprach.

Der verborgene Konflikt zwischen Staat und Nation kam bereits bei der Geburt des ersten modernen Nationalstaates ans Licht, als die Französische Revolution die Erklärung der Menschenrechte mit der Deklaration des souveränen Volkswillens, also der spezifisch nationalen Souveränität, verband. Die gleichen Grundrechte wurden einmal als das unveräußerliche Eigentum alles dessen, was Menschenantlitz trägt, erklärt, um im selben Atemzug als die spezifisch nationalen Rechte eines souveränen Volkes, das diese Rechte seinem Befreiungskampf und seiner nationalen Geschichte verdankt, hingestellt zu werden. Die gleiche Nation stellte sich einerseits unter die Herrschaft eines Gesetzes, dessen Quelle und Autorität angeblich nur in den Menschenrechten zu suchen waren, und proklamierte doch gleichzeitig seine absolute Souveränität, derzufolge sie keinen allgemeinen, sondern nur nationalen Gesetzen unterworfen war und nichts Höheres anerkannte als den souveränen Volkswillen, also sich selbst. Das praktisch-politische Ergebnis dieses Widerspruches war, daß von nun an die Menschenrechte nur als spezifische, nationale Rechte anerkannt und garantiert wurden und daß der Staat selbst, dessen höchste Funktion es ist, jedem Einwohner seine Menschenrechte, seine Bürgerrechte und seine nationalen Rechte zu garantieren, den Charakter eines rationalen Rechtsstaats verlor und von den romantischen Staatstheorien als Inkarnation der »Seele der Nation« vernebelt und vergöttert werden konnte; wesentlich dabei war lediglich, daß eine solche »nationale Seele« offenbar jenseits und über allen Gesetzen zu stehen kommen mußte. Die aus der Souveränität eines freien Volkes geborene Souveränität des Nationalstaates verlor so mehr und mehr das Element des Volkswillens, an dessen Stelle sich eine pseudo-mystische Aura eines angeblich Organischen setzte.

Wo immer der Nationalismus die vom Patriotismus gezogenen Grenzen überschritt, war er der Ausdruck dieses Prozesses, in dem der Staat in ein Instrument der Nation pervertiert und der Staatsbürger mit dem Angehörigen einer bestimmten Nation gleichgesetzt wurde. Das Verhältnis zwischen Staat und Gesellschaft war durch die Tatsache der Klassenkämpfe bestimmt, die die alte feudale Ordnung aufgelöst hatten. Auf dem Boden dieser Tatsache, in der er die Garantie für politische Freiheit erblickte, stand der Liberalismus, aber so, daß er leugnete, daß der Staat über Klassen herrschte, und behauptete, er regiere lediglich Individuen, wobei der Staat selbst als eine Art Individuum angesehen wurde, als das höchste, dem sich alle anderen gleichmäßig zu beugen hätten. In dem liberalen Staats- und Gesellschaftsbegriff äußerte sich der Wille der Nation, durch den Staat vor den Konsequenzen der gesellschaftlichen Atomisierung geschützt zu werden, und gleichzeitig durch ihn die Garantie zu erhalten, daß an gesellschaftlichen Zuständen nichts geändert werden würde. Um dieser Aufgabe gewachsen zu sein, mußte der Staatsapparat den bereits unter den absoluten Monarchien begonnenen Prozeß der Zentralisation beschleunigen und radikalisieren; nur eine absolut zentralisierte Verwaltung, in der alle Instrumente der Gewalt und Machteroberung monopolisiert waren, konnte die zentrifugalen Kräfte, die eine Klassengesellschaft dauernd neu produziert, ausbalancieren und ihnen ein Gegengewicht entgegensetzen. Nationalismus erwies sich in diesem Zusammenhang als ein unentbehrliches, einzigartiges Bindemittel zwischen dem zentralisierten Staat und einer atomisierten Gesellschaft, während er gleichzeitig offenbar das einzige lebendige und in Notzeiten funktionierende Zusammengehörigkeitsgefühl zwischen den der gleichen Nation angehörenden Menschen darstellte.

Der Nationalismus war so von Anfang an an den Staat gebunden und hat seine »Staatstreue« oder staatliche Gesinnung niemals verleugnet. Er hat, solange er echt war, immer die Funktion gehabt, das ohnehin unsichere und ständig gefährdete Gleichgewicht der Kräfte zwischen Gesellschaft und Staat einigermaßen zu stabilisieren und in den Staatsbürgern des Nationalstaates wenigstens ein Minimum an öffentlich-politischer Anteilnahme und an Sinn für das Gemeinwohl aufrechtzuerhalten. So blieb auch die »Eroberung des Staates durch die Nation« innerhalb gewisser Grenzen und endete nicht einfach mit der Abschaffung des Rechtsstaates. Daß dem Staate seiner Natur nach der Schutz und die Garantie der Rechte aller Einwohner auf dem von ihm beherrschten Territorium oblag, unabhängig von ihrer nationalen Zugehörigkeit, war dem neunzehnten Jahrhundert bis zum Ausbruch des Ersten Weltkrieges noch selbstverständlich. Zwar mochten die einheimischen Bürger auf ihre damals noch ausnahmsweise naturalisierten Mitbürger hie und da herabsehen, weil diese ihre Gleichberechtigung nicht ihrer Abstammung, sondern »nur« einem legalen Akt dankten, aber die von den Alldeutschen vorgeschlagene Unterscheidung zwischen Staatsfremden und Volksfremden, die später in der Nazigesetzgebung legalisiert wurde, wäre ihnen wohl kaum eingefallen. Der Staat blieb auch in der Form des Nationalstaates eine wesentlich legale Institution, und der Nationalismus unterstellte sich seiner Legalität und blieb vor allem auch an die durch den Gesetzesstaat garantierten Grenzen seines Territoriums gebunden.

Ganz anders nun war es um das Nationalgefühl der Völker bestellt, deren nationales Bewußtsein erst durch das Vorbild und die Machtentfaltung der westlichen Nationen erweckt worden war, deren Nationalität es noch nicht weiter als bis zu einem inartikulierten volkhaften Zusammengehörigkeitsgefühl gebracht hatte, deren Sprachen vor allem noch kaum dem Dialektstadium entwachsen waren, durch das alle europäischen Sprachen gehen mußten, bevor sie den Anforderungen der Poesie und Literatur gewachsen waren, und deren Bauernklassen niemals im gleichen Sinne bodenständig gewesen waren wie die der westlichen Nationen. Hier konnte die Nationalität nur als eine vom Territorium unabhängige, bestimmten Personen eingeborene und von ihnen überallhin mitnehmbare Eigenschaft erscheinen, nicht aber als die Qualität einer gemeinsamen Welt, an der man teilhat und der man durch Wanderung verlustig geht. Wie sehr dieses vom Westen unterschiedene Nationalitätenbewußtsein allgemeine Bedingung war und nicht unbedingt ins Völkische zu entarten brauchte, kann man daran sehen, daß die sehr international gesinnte österreichische Sozialdemokratie, einfach weil sie den spezifisch österreichischen Tatsachen Rechnung tragen mußte, vorschlug, ein »Personalitätsprinzip« in die nationale Organisation einzuführen: »Das reine Personalitätsprinzip will die Nation nicht als Gebietskörperschaft, sondern als reinen Personenverband konstituieren.«[29] Daß ein solches Personalitätsprinzip der Gefahr des Völkischen immer besonders stark ausgesetzt bleibt, ist offenbar. Sobald sich dies Personal-Nationale mit dem nationalen Stolz der westlichen Völker messen wollte, stellte sich heraus, daß sie auf kein gemeinsam bebautes und besiedeltes Land, auf keinen Staat, auf keine geschichtliche Leistung weisen konnten, sondern eben nur auf sich selbst – und dies hieß im besten Fall auf die Sprache (als ob Sprache selbst schon eine Leistung wäre) und im schlimmsten Fall auf ihre slawische oder germanische oder tschechische oder Gott weiß welche »Seele«. Andererseits blieb den unterdrückten Völkern in Österreich-Ungarn, Rußland und den Balkanstaaten kaum etwas anderes übrig in einem Jahrhundert, das in jedem Volk eine potentielle Nation sah und das doch nicht einmal in Europa die für die Entstehung der Nation notwendige Bedingung einer Dreieinigkeit von Volk, Staat und Territorium vorweisen konnte. Denn hier im Osten und im Süden gab es keine festen Grenzziehungen zwischen den Völkern, und die Völkerwanderung war hier niemals zu einem wirklichen Ende gekommen. Hier gab es gar keine Gelegenheit, zu erfahren, was *patria* und Patriotismus eigentlich bedeuten, oder die Möglichkeit, politische Verantwortung für eine gemeinsame und geographisch klar begrenzte

Gemeinschaft zu übernehmen. Diese demographischen Bedingungen, denen die Nationalidee in keiner Weise gewachsen war, und weder Rückständigkeit noch Unterdrückung an sich bilden die eigentliche Wurzel allen Unheils und aller Probleme in dem »Gürtel gemischter Bevölkerungen«, der von der Ostsee bis zur Adria reichte und in der Doppelmonarchie seinen politisch repräsentativsten Ausdruck fand.

Der völkische Nationalismus entstammt der Bodenlosigkeit dieser Völker. Er verbreitete sich nicht nur unter den Völkern Österreich-Ungarns, sondern ergriff, wenn auch auf einem wesentlich höheren Niveau, die Intelligenzschichten des zaristischen Rußland. Von dieser Boden- und Wurzellosigkeit nährte sich das »erweiterte Stammesbewußtsein«, das in Wahrheit nur anzeigte, daß die von ihm ergriffenen Völker keine ihnen garantierte irdische Heimat hatten und sich daher überall da zu Hause fühlten, wo sie anderen Gliedern des eigenen Volkes begegneten. Was die österreichischen Pangermanisten so gefährlich machte, war nicht, daß sie nach Berlin anstatt nach Wien »gravitieren, ... sondern überall dorthin, wo Deutsche wohnen«.[30] Es ist höchst bemerkenswert, daß die Panbewegungen niemals auch nur versucht haben, nationale Befreiungsbewegungen im Sinne der Irredenta des neunzehnten Jahrhunderts zu entfachen, sondern stets in ihrer Expansionsschwärmerei alle geographischen Schranken einer bestimmten nationalen Gemeinschaft überschritten und »Volksgemeinschaften« erstrebten, die selbst dann noch hätten Politik machen und Macht erringen können, wenn alle ihre Mitglieder über die Welt verstreut gewesen wären. Von eigentlich nationalen Freiheitsbewegungen unterschieden sie sich auch dadurch, daß sie sich kaum mit Erwägungen und Glorifizierungen der eigenen nationalen Vergangenheit abgaben, sondern immer die eigentliche Grundlage des völkischen Zusammengehörigkeitsbewußtseins, sofern sie mehr als Rasse und Blut beinhaltete, in der Zukunft sahen, in welche die Bewegung zu marschieren versprach.

Der völkische Nationalismus hat alle unterdrückten Nationalitäten in Ost- und Südeuropa infiziert, aber er hat es zu der neuen Organisationsform der Panbewegungen nur bei den Völkern gebracht, die, wie die Deutschen und die Russen, sowohl im eigenen Staat repräsentiert waren als auch als große Minderheiten außerhalb des nationalen Territoriums existierten.[31] Im Gegensatz zu dem überseeischen Imperialismus, der bei allem Macht- und Expansionsdrang sich doch immer mit relativen und politisch begrenzten Überlegenheitstheorien zufriedengegeben hatte (der nationalen »Mission« oder des *»white man's burden«*), erhoben die Panbewegungen sofort den Anspruch der Auserwähltheit. Man hat den Nationalismus oft und zu Unrecht beschuldigt, ein Religionsersatz oder eine »neue Religion« zu sein; wahr ist, daß dieser völkische Nationalismus vor allem in seiner panslawischen Form in der Tat pseudo-religiöse Theorien und Vorstellungen von Heiligkeit produzierte. Es lag weder im Wesen der griechisch-katholischen Kirche, noch hat es irgend etwas mit des Zaren Stellung in ihr zu tun, sondern war ausschließlich der panslawischen Bewegung geschuldet, daß das russische Volk zum »einzigen christlichen Volk der Erde«, dem »Christopher unter den Völkern« (Dostojewski) und »zum heiligen Volk der Neuzeit« avancierte,[32] und es war um solcher Auserwähltheitsansprüche willen, die sie mit dem griechisch-orthodoxen Glauben des Volkes bequem zu vereinigen hofften, daß die Panslawisten die liberalen Tendenzen der Slawophilen aufgaben und, ungeachtet ihrer Staatsfeindlichkeit, die ihnen sogar gelegentlich Verfolgungen von seiten der zaristischen Polizei zuzog, die fanatischsten Propagandisten des »heiligen Rußland« wurden. Da die österreichischen Pangermanisten es mit einem wesentlich moderneren und daher bereits religiös nicht mehr gebundenen Volke zu tun hatten, waren sie antiklerikal und antichristlich im Sinne der Los-von-Rom-Bewegung. Dies hat sie weder gehindert, eine göttliche Auserwähltheit der Germanen zu behaupten, noch gegebenenfalls Gott mit den politischen Angelegenheiten der Völker zu behelligen. Als Hitler in den letzten Monaten vor dem Zusammenbruch erklärte, daß der »allmächtige Gott unser Volk geschaffen hat und wir nun seine Schöpfung verteidigen, wenn wir uns verteidigen«, sprach er noch genau so die Sprache der Pangermanisten und seines Lehrers Schönerer, wie seine russischen Gegner die Sprache des von Stalin wieder erweckten Panslawismus sprachen, wenn sie entgegneten, daß »die deutschen Bestien nicht nur unsere, sondern Gottes Feinde« seien.[33] Solche Formulierungen sind nicht einfach den Propagandabedürfnissen des Augenblicks entsprungen; sie entstammen einer Art Pseudo-Theologie, die für die Panbewegungen eine ähnliche Bedeutung hat wie die Pseudo-Wissenschaftlichkeit für totalitäre Bewegungen.

Die Panbewegungen lehrten den göttlichen Ursprung ihrer Völker und stellten sich damit gegen den überlieferten jüdisch-christlichen Glauben an einen göttlichen Ursprung des Menschen. Da jeder Mensch einem Volke angehört, so argumentierten sie, kann er auf einen göttlichen Ursprung nur Anspruch erheben, wenn das Volk selbst »göttlich« ist. Ist aber das Volk göttlichen Ursprungs, so ist es der Mensch gerade nicht mehr, da er nun auf das Volk zurückverwiesen ist, das gleichsam als Mittler zwischen ihm und Gott auftritt. Das wird sofort deutlich, wenn aus gleich welchen Gründen ein Individuum sich aus der ihm von Geburt gegebenen Volkszugehörigkeit entfernt; mit dem Verlust seiner Nationalität verliert es den göttlichen Ursprung und ist nun nicht etwa ein Mensch, der nach Verlust oder freiwilliger Aufgabe seiner Rechte als Mitglied eines bestimmten Volkes immer noch an die Menschenrechte appellieren kann, sondern ein Jemand, der weniger ist als ein Mensch. Die politischen Vorteile dieser Pseudo-Theologie für die Entwicklung des völkischen Bewußtseins unter den Nationalitäten liegen auf der Hand: Ist nationale Zugehörigkeit eine von Gott selbst geschaffene ewige Eigenschaft des Menschen, und wird solche Nationalität noch dazu als eine Auserwähltheit gedeutet, so wird das gesamte Volk aus dem Verdikt nachprüfbarer Geschichte erlöst, da nun nichts, was ihm im Rahmen seiner geschichtlichen Realität widerfahren ist – Eroberung, Wanderungen, Zerstreuungen –, etwas an seiner geschichtlichen »Sendung« ändern kann. Sein nationales Selbstbewußtsein ist von geschichtlichen und politischen Realitäten unabhängig unbeeinflußbar geworden. Von vielleicht noch unmittelbarerer Bedeutung ist, daß jeglicher Auserwähltheitsanspruch einen absoluten Unterschied zwischen dem eigenen Volk und allen anderen Völkern setzt, vor dem nicht nur die Unterschiede zwischen allen anderen Völkern zunichte werden, sondern auch die gesellschaftlichen, wirtschaftlichen und psychologischen Differenzen zwischen den Mitgliedern des eigenen Volkes verblassen, so daß es auf jene uniforme, totalitäre »Massenhaftigkeit« vorbereitet wird, in welcher der einzelne sich wirklich nur noch als Exemplar einer Spezies fühlt.[34]

Mißt man die Pseudo-Theologien mit den Maßstäben abendländischer Tradition, so ist ihr häretischer Charakter offenkundig, und zwar unabhängig davon, ob sie, wie im Falle des Panslawismus, sich der christlichen Sprache bemächtigen oder, wie im Falle des Pangermanismus, offen antichristlich sind. Aber die Frage, ob Gott den Menschen oder die Menschen oder die Völker schuf, ist in der Tat von grundsätzlicher Bedeutung für jede politische Philosophie. In der durch die Bibel gestifteten Tradition schuf Gott »den Menschen«, aber so, daß es doch wieder *den* Menschen nicht gibt, denn er »schuf sie einen Mann und ein Weib« (Genesis 1, 27). Die Menschen aber schuf er ganz und gar nicht, denn sie erzeugen sich selbst wie alles Lebendige, und Völker gar sind offenkundig das Resultat menschlicher Organisation, auch wenn uns das Alte Testament die Geschichte eines solchen Volkes, das einen besonderen Bund mit seinem Gott schloß, ausführlich erzählt. Unser Begriff von der Gleichheit aller Menschen stammt zwar nicht direkt aus dieser jüdisch-christlichen Tradition, sondern ist wesentlich neueren Datums, hat sich aber in diese Tradition eingefügt. Ihm zufolge sind Menschen ungleich, was ihren menschlich-natürlichen Ursprung angeht, so wie die Völker sich wesentlich voneinander durch verschiedene Organisationen und geschichtliche Schicksale unterscheiden. Ihre Gleichheit ist nur eine Gleichberechtigung, und diese kann sich nur dort verwirklichen, wo Menschen sich so miteinander verständigen und einrichten, daß sie sich solche Gleichberechtigung gegenseitig garantieren. Hinter dieser Gleichberechtigung liegt immer noch die Gleichheitsvorstellung aus der Schöpfungsgeschichte, welche einen gemeinsamen Ursprung setzt, der jenseits menschlicher Geschichte, menschlicher Wesen und menschlicher Ziele liegt, und die ihren durch Jahrtausende maßgebenden Ausdruck in dem historisch unidentifizierbaren Menschenpaar, von dem alle anderen abstammen, gefunden hat. Auf diesen göttlichen Ursprung konnte sich die Gleichberechtigung stützen, und ihm würde dann die politische Vorstellung entsprechen, daß einmal, und keineswegs notwendigerweise am Ende der Zeiten, aus dem Menschengeschlecht eine irdisch etablierte und politisch organisierte Menschheit erwächst. Erst im positivistischen Fortschrittsglauben des neunzehnten Jahrhunderts wurden diese Vorstellungen dahin pervertiert, daß man zu beweisen unternahm, was unbeweisbar ist, nämlich, daß alle Menschen von Natur gleichartig und nur durch geschichtliche und gesellschaftliche Umstände voneinander geschieden seien. Im Sinne dieser Vorstellung wäre es allerdings möglich, sie wieder zu gleichartigen zu machen, und zwar nicht durch Gleichberechtigung, sondern durch Änderung und Uniformierung der Umstände und gehörige Erziehung.

Gleichzeitig mit dieser positivistischen Entartung der Gleichberechtigung läuft die nationalistische Pervertierung der Idee der Menschheit als einer Nationenfamilie durch die Vorstellung von der »nationalen Mission«, in welcher jedem Volk innerhalb einer hierarchisch vorgestellten Pluralität von Völkern eine ihm von

»Natur« angeborene Besonderheit zugesprochen wird. Schließlich leugneten die Rasseideologen überhaupt den gemeinsamen Ursprung des einen Menschengeschlechts und eine allen gemeinsame Aufgabe, nämlich aus dem Geschlecht der Menschen die Menschheit zu entwickeln. Mit ihnen vermischten sich die völkischen Vorstellungen der Panbewegungen, die durch die Einführung der pseudo-religiösen Auserwähltheitsbegriffe die politischen Diskussionen mystisch vernebelten und die Existenz des eigenen Volkes zu etwas Endgültigem, vom Gange der Geschichte unbeeinflußbar Ewigem erklärten.

Es ist diese Endgültigkeit, die den gemeinsamen Nenner zwischen dem Völkischen und dem Rassebewußtsein bildet. Politisch gesprochen ist es nicht entscheidend, ob man Gott oder die Natur zum Schöpfer des eigenen Volkes erklärt; in beiden Fällen versteht man Völker nach dem Modell zoologischer Gattungen, so daß ein Russe sich nun von einem Deutschen nicht anders unterscheidet als ein Wolf von einem Fuchs. Ein göttlich auserwähltes Volk kann sich unter der Welt und den anderen nichts anderes vorstellen als den Kampfplatz, auf dem es entweder der »auserwählte« Verfolger aller anderen ihm unterlegenen Gattungen oder das »auserwählte« Opfer aller stärkeren ist. Was nur besagt, daß die Regeln des Tierreiches zu Gesetzen menschlicher Politik werden.

Es steht außer Frage, daß die Anziehungskraft der Panbewegungen auf ihrer offen ausgesprochenen Verachtung für die sogenannte liberale Weltanschauung und das liberale Vokabular beruhte, das sowohl die Menschheitsidee wie den Begriff der Menschenwürde sentimental-schwärmerisch bestimmt und in individualistische Vorstellungen aufgelöst hatte. Völkische Vorstellungen waren so willkommen, gerade weil sie der Natur ihrer Sache nach so etwas wie Menschenwürde schlechterdings ausschlossen; denn welche Würde soll wohl ein Mensch als Mensch sein eigen nennen, dessen gesamtes Sein davon abhängt, daß er als Deutscher oder als Russe, als Germane oder als Slawe geboren ist? An die Stelle der individualistisch verstandenen Menschenwürde trat im völkischen Denken die Vorstellung, daß alle, die in dasselbe Volk geboren sind, auf eine naturhafte Weise miteinander verbunden sind und, ähnlich wie die Mitglieder der gleichen Familie, aufeinander sich verlassen können. Und die mit solchen Vorstellungen verbundene Wärme und Sicherheit war in der Tat sehr geeignet, die berechtigten Ängste moderner Menschen in dem Dschungel einer atomisierten Gesellschaft zu beschwichtigen. Daß eine Bewegung gerade durch Uniformierung und massenhafte Zusammenfassung von Menschen eine Art Ersatz für gesellschaftliche Heimat und Sicherheitsgefühl zu geben vermag, haben die totalitären Bewegungen bei den Panbewegungen bequem lernen können. Dies aber spielte in dem hier behandelten Zeitraum noch keine so große Rolle wie nach dem Ersten Weltkrieg. Wichtiger war, daß in dem geographischen Raum der »gemischten Bevölkerungen« sich bereits Erfahrungen anmelden konnten, die wenige Jahrzehnte später durch die schrumpfende Oberfläche der Erde in das Bewußtsein aller Völker traten, gerade weil auf diesem Gürtel die verschiedenen Völker bereits so nahe aneinandersaßen und nicht durch die, inzwischen von den modernen Verkehrsmitteln überholten, nationalen Grenzen voreinander geschützt waren. Hier entpuppt sich das schwärmerische Element, das den liberalhumanistischen Menschheitsvorstellungen innewohnte, sehr viel schneller und gründlicher; denn diese Schwärmerei hat nicht nur leichtfertig die nationale Frage übersehen, die überall, wo nationale Emanzipation nicht gelungen war, auf der Tagesordnung stand; sie hat, was ungleich schwerwiegender war, niemals den Ernst und den Schrecken erfaßt, die der Idee der Menschheit und dem jüdisch-christlichen Glauben an einen einheitlichen Ursprung des Menschengeschlechts zukommen, sobald nun wirklich alle Völker auf engstem Raum mit allen anderen konfrontiert sind. Auf dem dicht bevölkerten Gürtel von der Ostsee bis zur

Adria stellte es sich heraus, daß es des Schreckens vor menschlich erscheinenden primitiven Stämmen, der die europäischen Völker in Afrika überfallen hatte, gar nicht bedurfte. Man brauchte nicht zu entdecken, daß die »edlen Wilden« Kannibalen waren, um zu ahnen, was Menschen verschiedener Abstammungen einander zuzufügen imstande waren. Je besser die Völker einander kennenlernen, desto mehr scheuen sie begreiflicherweise vor der Idee der Menschheit zurück, weil sie spüren, daß in der Idee der Menschheit, gleich ob sie in religiöser oder humanistischer oder schwärmerisch kosmopolitischer Form auftritt, eine Verpflichtung zu einer Gesamtverantwortlichkeit mitenthalten ist, die sie nicht zu übernehmen wünschen.[35] Je enger der Raum wird, auf dem die Völker einander begegnen, desto schwerwiegender werden die politischen Realitäten und desto unmöglicher wird es, Menschen mit dem idealistischen Vokabular von Menschenwürde und Menschheit zu überzeugen, und zwar nicht, weil das in diesem Vokabular Gemeinte der Vergangenheit angehörte, sondern umgekehrt, weil diese Inhalte gar keinen »Ideal«-Charakter mehr tragen, sondern Wirklichkeit und aktuelles politisches Problem geworden sind, deren Schwere das Vokabular des neunzehnten Jahrhunderts nicht gewachsen ist. Denn die Idee der Menschheit, gereinigt von aller Sentimentalität, hat politisch die Konsequenz, daß wir in dieser oder jener Weise die Verantwortung für alle von Menschen begangenen Verbrechen, daß die Völker für alle von Völkern begangenen Untaten die Verantwortung werden auf sich nehmen müssen. Gerade diese Einsicht war in dem Durcheinander von Unterdrückung und Ausbeutung einer Nationalität durch die andere in den Nationalitätenstaaten Österreich-Ungarns und des zaristischen Rußland sehr leicht zu gewinnen.

Völkische und rassische Wahnvorstellungen sind sehr reale, wenn auch sehr zerstörerische Auswege, den schier unübersehbaren Komplikationen und der fast untragbaren Bürde einer allseitigen Verantwortlichkeit zu entgehen. Die Betonung einer Blutsgemeinschaft gegen die westlich nationale Bodengemeinschaft, die so genau den Bedürfnissen der nicht bodenständigen Nationalitäten Ost- und Südeuropas entsprach, paßte genauso gut, wenn nicht noch besser und genauer, auf die Nöte der entwurzelten Großstadtmassen und wurde daher zu einem so wesentlichen Bestandteil der totalitären Bewegungen. Selbst die fanatisierte Vergötzung der bedeutendsten antinationalen Doktrin, des Marxismus durch den Bolschewismus, hat nicht gehindert, daß panslawische Vorstellungen von der bolschewistischen Propaganda aufgegriffen wurden, weil es sich herausstellte, welch außerordentlicher Wert diesen Vorstellungen für die Isolierung eines Volkes von allen anderen Völkern auch unter Bedingungen eines gleichen Lebensraumes zukam.[36]

Insofern das österreichische und das zaristische Regierungssystem auf der Unterdrückung nationaler Freiheitsbestrebungen beruhten, haben sie wie eine Schule für die Heranzüchtung völkischer Instinkte gewirkt. In Rußland war die Unterdrückung ein Monopol der zaristischen Bürokratie, die das russische Volk kaum weniger bedrückte als die nichtrussischen Nationalitäten, was den Erfolg hatte, daß die russische Intelligenz panslawistisch wurde. In Österreich-Ungarn jedoch regierte das Haus Habsburg seine unruhigen Völker dadurch, daß es gewissermaßen einem jeden gerade genug Freiheit gab, ein anderes zu unterdrücken, was dazu führte, daß die Panbewegungen hier an die Volksmassen selbst appellieren konnten, und zwar an die aller Nationalitäten. Das Geheimnis, daß die Dynastie hier so lange der österreichfeindlichen Stimmungen ihrer Völker Herr bleiben konnte, lag darin, daß ein supranationaler Staatsapparat von den gegenseitigen Feindseligkeiten und Ausbeutungen der Nationalitäten untereinander – der Tschechen durch die Deutschen, der Slowaken durch die Ungarn, der Ruthenen durch die Polen, und so fort – gestützt und gleichsam in der Balance gehalten wurde. Hier lernten die unterdrückten Völker, daß man nationale Freiheit nur auf Kosten anderer Völker verwirklichen und daß man auf Freiheit innerhalb des politischen Körpers verzichten könne, wenn man nur von einer eigenen Regierung, anstatt von der eines anderen Volkes, unterdrückt würde.

Die prinzipielle Staatsfeindschaft, die schon den Slawophilen eignete und die von da ab das hervorstechende Merkmal aller Panbewegungen ist, ist mit Recht von Berdjajew als etwas beschrieben worden, »das sich von allem unterscheidet, was wir sonst in dem System des Nationalismus vorfinden«.[37] Hierbei handelt es sich keineswegs um die bei unterdrückten Völkern selbstverständliche Gegnerschaft gegen die Regierung, sondern um die These, daß es im Wesen jeglicher staatlichen Institution liege, volksfremd zu sein. Die Größe des russischen Volkes wurde von den Slawophilen bereits darin gesehen, daß es völlig unpolitisch sei, sich für die Geschäfte der Regierung nicht interessiere und die Souveränität des nationalen Volkswillens im westlichen Sinne ablehne; denn »wenn das Volk Herrscher ist, wenn das Volk Regierung ist, dann gibt es kein Volk«. In diesem Sinne galten die Russen als ein »staatsloses Volk«,[38] und auf dem Boden dieser volksverherrlichenden Theorien konnten sich die Slawophilen allerdings ihrer liberalen Vergangenheit aufs beste entledigen und sich mit dem despotischen Regime der Zaren vollkommen aussöhnen: »Bei Geltung solcher Grundsätze, der Nichteinmischung des Volkes in die Staatsgewalt, muß diese unbeschränkt sein«.[39] Aber diese Aussöhnung, bei der um des Volkes willen jede Despotie gutgeheißen wird, bleibt staatsfeindlich, weil ja selbst der despotische Staat mehr sein will als ein bloßer Machtapparat, und dem zaristischen Regime ist das hinterhältig Zweideutige seiner panslawistischen Freunde nie entgangen. Die Alldeutschen andererseits waren immer der Meinung gewesen, daß »die Weltpolitik über den Rahmen des Staates hinausgeht, der sich in seiner Vorstellung ausschließlich an das Staatsgebiet klammert«, daß »die Nationen dauernder sind als die Staaten«, ja, daß »das einzige, was im Flusse tausendjähriger Entwicklung Bestand hat, das Volk ist.«[40] Da der Nationalsozialismus auf diese Staatsfeindlichkeit zurückgriff, konnten gerade die Alldeutschen in ihm die Erfüllung ihrer Wünsche sehen. In Nazi-Deutschland war nun in der Tat »der Staat nichts als eine der Funktionen des Volkslebens« geworden, und der spezifisch preußisch-deutschen Tradition einer, wie es den Alldeutschen schien, »bis zu einer Vergottung gehenden Verherrlichung des Staates an sich« war ausdrücklich ein Ende gemacht worden.[41] Bis zum Ende des Ersten Weltkrieges spielte dieses allen völkischen Doktrinen innewohnende Element der Staatsfeindschaft allerdings weder in Deutschland noch in Rußland eine große Rolle; desto entscheidender war es in Österreich-Ungarn, wo ihm der offenbare Niedergang der habsburgischen Monarchie und die allgemeine Verachtung der Regierung so außerordentlich entgegenkamen.

Man sollte sich hüten, die Führer der Panbewegungen als Reaktionäre oder Konterrevolutionäre abzufertigen. Zwar waren sie an sozialen Fragen zumeist nicht sonderlich interessiert; aber sie haben auch nie den Fehler gemacht, sich auf die Seite der Bourgeoisie und des Kapitalismus zu schlagen. Viele von ihnen kamen aus fortschrittlichen, liberalen Parteien, und da der Alldeutsche Verband keine eigentliche Partei war, gehörten manche Alldeutschen auch nach ihrer Aufnahme in den Verband diesen Parteien an. Auch soll man nicht vergessen, daß sich gerade in der Staatsfeindschaft der Alldeutschen der Versuch geltend machte, die Außenpolitik der Kontrolle des Volkes zu unterstellen.[42] Nur daß der Mob, der in den Panbewegungen organisiert und von völkischen »Idealen« inspiriert werden konnte, nicht mehr sehr viel mit dem Volk zu tun hatte, dessen Revolutionen die Ära der Verfassungsstaaten eingeleitet hatten und dessen wahre Vertreter zu jener Zeit nur noch in den Arbeiterbewegungen zu finden waren. Dieser Mob nannte sich nicht umsonst völkisch; mit seinem »erweiterten Stammesbewußtsein« und seinem verdächtigen Mangel an Patriotismus und Gebundenheit an die heimatliche Erde glich er sehr viel eher einer Rasse als einem Volk.

Der Panslawismus, ein Produkt von nahezu drei Generationen russischer Intellektueller, hat es nie zu politisch so wirksamen und programmatisch so konsequenten Organisationen gebracht wie der Pangermanismus oder die Alldeutschen. Dafür hat er sich sehr lange auf einem hohen Niveau im Literarischen gehalten und sich mit mancherlei kuriosen Spekulationen die Zeit vertrieben. Als Rosanow sich noch über die geheimnisvollen Unterschiede zwischen jüdischer und christlicher Sexualpotenz den Kopf zerbrach (und dabei zu dem überraschenden Schluß kam, daß »die Juden von Natur mit dieser Kraft geeinigt, die Christen aber ihr entfremdet seien«[43]), waren die österreichischen Pangermanisten bereits eifrig damit beschäftigt, das Interesse des kleinen Mannes zu mobilisieren, und an Stelle von Aphorismen und Abstrusitäten setzten sie Propagandalieder und Postkarten, Schönerer-Bierkrüge, -Spazierstöcke und -Zündhölzer in die Welt. Aber schließlich ist es doch auf das gleiche herausgekommen.

Die Pangermanisten haben einsehen müssen, daß es mit Propagandatricks und Spazierstöcken nicht zu machen ist, sondern daß man eine »wissenschaftlich fundierte« Weltanschauung braucht, um den kleinen Mann zu begeistern; und die Panslawisten haben bereits vor dem Ersten Weltkrieg ihre Studien von Hegel und Schelling aufgegeben und sich bei den Naturwissenschaften ihre »theoretischen Kampfmittel« holen müssen.[44]

Der Pangermanismus besaß keine literarisch intellektuelle Tradition, sondern war eigentlich das Produkt eines einzigen Mannes, Georg von Schönerers. Er konnte daher von Anfang an eine viel vulgärere, aber auch aktuellere Sprache sprechen und, obwohl er in seinen Anfängen fast ausschließlich auf der deutsch-österreichischen Studentenschaft beruhte, sich an viel breitere und ungebildetere Massen wenden. Es war auch Schönerer, der als erster verstand, daß die »politische Waffe des Antisemitismus« sich sowohl dazu eignete, »die Außenpolitik zu bestimmen als auch die innenpolitische Struktur des Staates zu unterminieren«.[45] Es ist interessant, zu sehen, daß der Antisemitismus, der schließlich in beiden Panbewegungen eine gleich starke und zentrale Rolle spielte, erst verhältnismäßig spät in sie eindrang. Das »erweiterte Stammesbewußtsein« war bereits aufs beste entwickelt, und Schönerer hatte bereits offen seine Staatsfeindschaft erklärt, als noch viele Juden Mitglieder seiner Partei waren. Das sogenannte »Linzer Programm«, in welchem die Alldeutschen Österreichs 1882 ihre wesentlichen Programmpunkte niederlegten und das bis zum Ende der österreichischen Bewegung in Kraft blieb, hatte ursprünglich nicht nur keine Judenparagraphen, sondern es war sogar von einem Ausschuß, in dem drei Juden saßen, formuliert worden. Drei Jahre später wurde dem Linzer Programm dann ein Judenparagraph angehängt. In Deutschland waren zwar die Alldeutschen unter dem Eindruck der propagandistischen Erfolge der Stoecker-Bewegung im großen und ganzen antisemitisch gesonnen, aber sie haben doch erst nach 1918 daraus die Konsequenz gezogen, Juden von der Mitgliedschaft auszuschließen. In Rußland hat es gelegentliche judenfeindliche Strömungen und Stimmungen schon bei den Slawophilen gegeben, aber die Panslawisten wurden antisemitisch erst, als nach der Ermordung des Zaren im Jahre 1881 eine Welle von Pogromen, die von der Regierung und der Polizei organisiert waren, über Rußland ging und so die Judenfrage in das Zentrum des öffentlichen Interesses brachte. Aus der Perspektive des Panslawismus und seiner Geschichte gesehen, könnte so der Antisemitismus dieser Bewegung fast wie ein Zufall erscheinen.

Ein ähnlicher Zufall scheint Schönerer zum Antisemiten gemacht zu haben, und zwar nicht der Zufall der »Nordbahnangelegenheit, durch die die antisemitische Frage eigentlich erst ins Rollen gebracht wurde«,[46] aber der Zufall, daß Schönerer, der den Antisemitismus bei den Wiener Burschenschaften in den siebziger

Jahren bereits recht ausgebildet vorgefunden hatte,[47] begriff, daß das beste Mittel für die »Zertrümmerung Österreichs«, dessen Staatsstruktur auf einer national heterogenen Bevölkerung beruhte, darin bestand, eine dieser Nationalitäten aus diesem empfindlichen Bau mit seinem prekären Gleichgewicht herauszusprengen. Indem man eine Bewegung gegen eines der Völker Österreichs auf die Beine brachte, konnte man eine Volksbewegung erzeugen, der die Struktur dieses Landes mit seiner durch die Beamtenschaft geführten Verwaltung, in der bei mäßiger, gleichmäßiger Unterdrückung sich doch auch wieder alle Nationalitäten einer gewissen Gleichheit vor der Dynastie erfreuten, nicht gewachsen sein würde. Dieses Ziel aber hätte natürlich genauso gut erreicht werden können, wenn sich die Pangermanisten mit dem bereits etablierten Volkshaß auf die slawischen Nationalitäten begnügt hätten. Gerade in Österreich, wo so viele Antagonismen zwischen Völkern zur Verfügung standen, deutet die Wahl der Juden und des Antisemitismus als Kristallisationspunkt der völkischen Bewegung auf tiefere, nicht zufällige Beziehungen zwischen der Existenz der Juden und den Panbewegungen hin.

Vergegenwärtigt man sich die völkischen Doktrinen und die Tatsache, daß sie nur zu gut auf die Existenzform der in kleinen Volkssplittern durcheinander siedelnden Nationalitäten zugeschnitten waren, so fällt auf, daß sie keiner besser entsprachen als der des jüdischen Volkes, das es immerhin fertiggebracht hatte, ganz und gar landlos und staatenlos durch zweitausend Jahre hindurch seine Identität zu bewahren. Im Sinne der völkischen Theorien mochte es sogar scheinen, als seien die Juden das einzige vollkommene Modell eines Volkes, dessen geschichtlich bewährte Stammesorganisation die Panbewegungen nur nachzuahmen brauchten, dessen Vitalität und Macht in der Zerstreuung jedenfalls der beste Beweis für die Richtigkeit völkischer Doktrinen war. Alles, was die Nationalitäten der österreichischen Doppelmonarchie von den Völkern des Westens nur relativ unterschied, fand sich bei den Juden in einem gleichsam absoluten Maßstab vor. Waren diese Völker weniger bodenständig, so kamen die Juden ohne jegliches Territorium aus; betonte der völkische Nationalismus die Priorität des Volkes über die sichtbaren und handgreiflichen repräsentativen Institutionen staatlicher Organisation, so zeigten die Juden, daß ein Staat überhaupt überflüssig war, ja, daß für ein höchst entwickeltes Stammesbewußtsein noch nicht einmal die Einheit einer gemeinsamen Sprache notwendig war.

Überall, und keineswegs nur in spezifisch antisemitischer Literatur, erscheinen so die Juden als Beweis dafür, daß es weder eines Staates noch eines Territoriums bedarf, um ein Volk zu konstituieren.[48] Zu diesen objektiven Faktoren gesellte sich die schwerer demonstrierbare, aber darum der allgemeinen Erfahrung nicht weniger zugängliche Tatsache, daß das jüdische Selbstbewußtsein gerade des assimilierten Judentums, das seinen Glauben an den Gott Israel, der auserwählt und verwirft, verloren hatte, ohne darum den Auserwähltheitsanspruch aufzugeben, in auffallender Weise dem völkischen Nationalismus glich, der sich auf psychologische und physische Eigenschaften des eigenen Stammes und nicht auf geschichtlich tradierte und erinnerte Leistung berief. Ob man das Blut nannte oder Volks- oder Rasseseele, ausschlaggebend blieb, daß die Panbewegungen verlangten, daß sich jeder Deutsche oder jeder Slawe nicht etwa als Repräsentant Deutschlands oder der russischen Kultur, sondern als die lebendige Verkörperung des »Deutschtums« oder der »russischen Seele« fühle, so wie die assimilierten Juden, die schon ihrer Ignoranz wegen jüdische Traditionen nicht mehr repräsentieren konnten, sich als individuelle Inkarnationen irgendeines nebulosen Judentums »überhaupt« fühlten, das sie dann zumeist mit dem »Salz der Erde« oder dem »Motor der Geschichte« identifizierten.

Natürlich war diese jüdische Abart des Völkischen eine Folge der anomalen Stellung der Juden in der Neuzeit, die sie jenseits der Gesellschaft wie der Nation placiert und ihnen gleichzeitig jede legitime Basis für die Fortführung ihrer Gruppenexistenz entzogen hatte. Aber die Situation dieser entwurzelten Nationalitäten, deren Nationalbewußtsein der Reaktion auf die westlichen Nationalstaaten entsprang und daher niemals ressentimentfrei war, war in mancher Hinsicht ganz ähnlich gelagert. Auch sie standen außerhalb der maßgebenden Gesellschaft und fühlten sich von den maßgebenden Institutionen der Nationalstaaten nicht repräsentiert. Die Juden hatten in einer scheinbar ähnlichen Situation einen Weg gefunden, ohne sichtbare Vertretung und ohne staatliche Institutionen eine Gesellschaftsordnung zu etablieren, die einen Ersatz für die Nationbildung abgeben konnte.

Was aber mehr als alle anderen Faktoren die Juden zu dem gleichsam natürlichen Kristallisationspunkt der Rasseideologie des zwanzigsten Jahrhunderts machte, war die allen Beteiligten evidente Tatsache, daß der Auserwähltheitsanspruch der Panbewegungen nur in dem jüdischen Auserwähltheitsglauben einen ernsthaften Konkurrenten hatte. Dabei ist es kaum von Belang, daß die jüdischen, religiös gebundenen Auserwähltheitsvorstellungen mit den völkischen Lehren von dem göttlichen Ursprung des eigenen Volkes nichts zu tun hatten. Der Mob, der es satt hatte, den Paria zu spielen, und um jeden Preis zu einer Herrenrasse avancieren wollte, war an historisch demonstrierbaren Unterscheidungen nicht interessiert und hätte wohl auch schwerlich den Unterschied verstanden zwischen der jüdischen Vorstellung, derzufolge die Auserwähltheit eines Volkes dazu dienen sollte, die Menschheit zu etablieren, und der Rassevorstellung, derzufolge man »auserwählt« war, andere Völker niederzutrampeln. Was zumindest die modernen Mobführer (und zu ihnen gehörten die prominenten Persönlichkeiten der Panbewegungen wie der Alldeutschen) sehr gut verstanden, war, daß die Juden die Völker in zwei Kategorien untergebracht hatten, das eigene Volk auf der einen und alle anderen Völker auf der anderen Seite. Und dieses Verständnis der Mobführer war vorbereitet von dem unendlichen

Einfallsreichtum und dem nicht minder bemerkenswerten Unvermögen für Unterscheidungen der modernen Intelligenz, die auf Grund der aus jedem Einfall sich ergebenden unendlichen Mannigfaltigkeit von Assoziationen alles mit allem zusammenbringen kann. Wie ähnlich sich dann plötzlich alles war, kann man etwa aus der folgenden Zusammenstellung ersehen, die nur insofern zufällig ist, als sie durch zahllose Zusammenstellungen ähnlicher Art ergänzt werden könnte: Der jüdische Philosoph Steinberg meinte, daß das »Wissen um das absolut einzigartige Schicksal des jüdischen Volkes … die erste und letzte weltanschauliche Voraussetzung der jüdischen Geschichtsschreibung« sei; der russische Philosoph Tschaadajew meinte, daß die Russen »ein Ausnahme-Volk [sind]. [Sie] gehören zu der Gruppe jener Nationen, die scheinbar in den Bestand der Menschheit nicht eingehen, vielmehr nur dazu da sind, der Welt irgendeine wichtige Lehre zu geben«, und der moderne russische Religionsphilosoph Berdjajew zieht hieraus bereits die Folgerung: »Der russische und der jüdische Messianismus sind eng miteinander verwandt.«[49] Politisch ist das Mißliche in all solchen Konkurrenzkämpfen zwischen völkischen Auserwähltheitsansprüchen, daß innerhalb des abendländischen Kulturkreises die Juden unfehlbar als diejenigen empfunden werden müssen, deren Anspruch der älteste und bestlegitimierte ist.

Daß der Antisemitismus eigentlich nur dem Neid auf einen glücklicheren und geschickteren Konkurrenten entspringe, gehört zu jenen Banalitäten, die durch endlose Wiederholungen nicht wahrer werden. Der einzige Punkt, an dem dieser Theorie ein gewisser Wahrheitsgehalt nicht aberkannt werden kann, liegt auf dem Gebiet des Auserwähltheitsanspruchs. Völker, die aus gleich welchen Gründen daran verhindert sind, sich in einer gemeinsam errichteten Welt sichtbar zu bewähren und so einzurichten, daß jede große Leistung und außerordentliche Handlung einer Nachwelt zuverlässig überliefert werden können, neigen nur zu leicht dazu, sich auf sich selbst zurückzuziehen, auf die nackte brutale Tatsache ihrer natürlichen Gegebenheit zurückzufallen, um von ihr den übersteigerten Anspruch abzuleiten, die ganze Welt zu erlösen. Wann immer dies in der abendländischen Kulturwelt geschieht, steht ihnen unweigerlich der uralte Anspruch der Juden auf solche Welterlösung im Wege. Dies wußten die Wortführer der Panbewegungen deutscher oder russischer Provenienz sehr gut, und dies ist der Grund, warum sie sich so unbekümmert über die realpolitische Frage, ob denn dem sogenannten Judenproblem politisch überhaupt genug Gewicht beikomme, um den Judenhaß zum Zentrum einer politischen Ideologie zu machen, hinwegsetzten. So wie ihr eigenes völkisches Nationalbewußtsein unabhängig war von allen geschichtlich bezeugten Leistungen und Handlungen, so hatte sich ihr Antisemitismus von allen spezifischen Erfahrungen mit Juden im Guten wie im Bösen emanzipiert. Und diese Erfahrungslosigkeit des Judenhasses, daß es gewissermaßen gar keiner Juden mehr bedurfte, um den Haß auf sie loszulassen, ist es, was den Antisemitismus des zwanzigsten von dem des neunzehnten Jahrhunderts unterscheidet. Was wiederum die Panbewegungen noch von den totalitären Bewegungen unterscheidet, ist nicht so sehr die Ideologie selbst als die Unfähigkeit, diese unmittelbar organisatorisch durchzusetzen und so die ideologischen Lügen zu verwirklichen.

Die zeitliche Differenz, die sich zwischen die Formulierung der Ideologien der Panbewegungen und ihre politisch ausgereifte Anwendung schob, kann man vielleicht am besten an der Geschichte der *Protokolle der Weisen von Zion* illustrieren. Diese sind bekanntlich eine Fälschung, die von Agenten der russischen Geheimpolizei um die Jahrhundertwende in Paris fabriziert wurde, die offenbar mangels eigener Einfälle sich einer vergessenen revolutionären Broschüre gegen Napoleon III. bedienten, die ihnen ihr Aufenthalt in Paris in die Hände gespielt hatte und in welcher ein gewisser Maurice Joly in der Form eines »*Dialogue aux Enfers entre*

Machiavel et Montesquieu« die Grundregeln aller machiavellischen Politik darlegte. Die Fälschung geschah im Auftrag von Pobedonoszew, einem hohen russischen Beamten und intimen Berater des Zaren Nikolaus II., dem einzigen Panslawisten, der es je zu einer einflußreichen Position gebracht hat. Interessant ist, daß diese zu Propagandazwecken der russischen Regierung, als Rechtfertigung der Pogrome zu Anfang des Jahrhunderts, fabrizierte Fälschung vollkommen unbeachtet blieb und bereits völlig vergessen war, als sie plötzlich nach dem Ende des Ersten Weltkrieges eine phänomenale Wiederauferstehung feierte und in unzähligen Auflagen einen wahren Triumphzug durch ganz Europa antrat.[50] Weder die Fälscher noch ihre Auftraggeber hatten wohl geahnt, daß eine Zeit kommen werde, da die Polizei sich wirklich zu der herrschenden Macht in der Gesellschaft aufschwingen würde und die Gesamtmacht einer europäischen Nation in genauester Übereinstimmung mit den Prinzipien organisiert und eingesetzt werden könnte, welche die Protokolle für die Grundprinzipien der »jüdischen Weltherrschaft« erklärt hatten. Es war wohl Stalin, der als erster die außerordentlichen Möglichkeiten entdeckte, die in einem wirklich konsequent durchgeführten Polizeiregiment liegen; aber es war sicher Hitler, der, sehr viel intelligenter als sein Lehrer Schönerer, zuerst begriff, wie man durch den Antisemitismus das pseudohierarchische Prinzip der Rasse organisatorisch umsetzen könne, indem man mit der Etablierung einer »schlechtesten« Rasse die »beste« dazu mobilisieren konnte, alle eroberten und unterdrückten Völker in einer immer variablen Ordnung so zu regieren, daß ein jedes, mit der Ausnahme des »besten«, zu einem anderen aufblicken mußte, aber auch ein jedes, mit der Ausnahme des »schlechtesten«, sich als etwas Besseres dünken konnte.

All diese Möglichkeiten lagen in den *Protokollen* bereits offen ausgesprochen vor. Aber es bedurfte immerhin noch einiger Jahrzehnte, bevor größere Massen aller Völker (die *Protokolle* wurden nach dem Kriege in alle europäischen Sprachen übersetzt und erzielten überall die gleichen verblüffenden Auflagen) verzweifelt genug waren, es mit den politischen Methoden zu versuchen, von denen bisher, wie man ihnen einredete, nur die »teuflischen Juden« Gebrauch gemacht hatten. Was vor allem die Führer der Panbewegungen noch daran verhinderte, die wirklichen Möglichkeiten der *Protokolle* zu entdecken, war ihr einseitiges Interesse an der Außenpolitik, so daß sie nicht verstanden, wie wichtig es war, daß man den Antisemitismus als ein Bindeglied zwischen Außen- und Innenpolitik verwenden konnte. Sie wußten noch nicht, daß gerade ihre Außenpolitik nur von einer »Volksgemeinschaft« im Sinne der Nazis zu verwirklichen war, das heißt von einer völlig entwurzelten, ideologisch fanatisierten Rassenhorde.

Mit dem Antisemitismus der Panbewegungen rückten die Juden mit einem Schlage in das Sturmzentrum der Ereignisse des zwanzigsten Jahrhunderts; was die Geschichte des europäischen Judentums anlangt, so sollte dies der Anfang vom Ende sein. Wohl selten hat sich in einem Volke seine eigene Geschichte so bitter und so präzise gerächt wie in dieser fratzenhaften, völkischen Verzerrung, in welcher den Juden ihre eigenen Auserwähltheitsansprüche auf einmal präsentiert wurden. Denn in den Behauptungen der Aufklärung von Voltaire bis Renan und Taine, daß der jüdische Auserwähltheitsbegriff – seine Identifizierung von Religion und Volk, der Anspruch auf ein einzigartiges Verhältnis zu Gott und darum auf eine absolute Position innerhalb der Geschichte der Völker – in die abendländische Welt ein der Antike unbekanntes Element des Fanatismus verschleppt hätte (welchen das Christentum in der Form eines absoluten dogmatischen Wahrheitsanspruches geerbt habe), steckt natürlich ebensoviel Wahrheit wie in der oft gemachten Beobachtung, daß das Volksbewußtsein auch der frommen Juden sich immer in gefährlicher Nähe zu Rassevorstellungen bewegt. Jede Nationalreligion kann sich auf das Zusammenleben der Völker verhängnisvoll auswirken, und was die politischen Konsequenzen anlangt, ist es nicht von großem Belang, daß das Judentum genau wie das Christentum jede Vorstellung von einer Immanenz des Göttlichen als häretisch verwarf.

Denn in einem abstrakten, aber gerade darum logisch plausiblen Sinn ist der völkische Nationalismus die Perversion, die als Möglichkeit in jeder Nationalreligion steckt, in der Gott ein Volk auserwählt und dies Volk das eigene ist. Zwischen diesem Mythos des Altertums (der in der abendländischen Kultur schon darum so tiefe Wurzeln geschlagen hat, weil er von dem einzigen die Antike überlebenden Volke getragen wurde) und dem völkischen Nationalismus besteht zum mindesten der Zusammenhang, daß die modernen Mobführer ohne ihn wohl schwerlich auf die Unverschämtheit verfallen wären, Gott für die Konflikte zwischen den Völkern zu bemühen und zu behaupten, man habe seine Zustimmung für eine Wahl, die man selbst sich bereits zurechtmanipuliert hat.[51] Der Haß der Völkischen auf die Juden entsprang den traurigen Residuen christlicher Frömmigkeit, die sich in die abergläubische Furcht verwandelt hatte, es seien vielleicht eben doch die Juden und nicht das eigene Volk, das Gott auserwählt und für den endgültigen Sieg über alle anderen Völker aufgespart habe. Sofern Neid eine entscheidende Rolle im Antisemitismus spielt, trat er in Form dieses eigentlich schwachsinnigen Ressentiments gegen die Juden auf, von denen man fürchtete, sie besäßen eine rational nicht begreifbare Garantie, daß ihnen allem Schein zum Trotz am Ende der Zeiten die Herrscherposition über die Welt sicher sei.

Denn für die Mentalität des Mob bedeutete die jüdische Vorstellung eines von Gott gegebenen Auftrags, das Königreich Gottes auf Erden zu verwirklichen, nur dann etwas, wenn sie in die vulgären Vorstellungen von Erfolg und Mißerfolg sich übersetzen ließ. Der abergläubische Zweifel an der eigenen Auserwähltheit und das abergläubische Ressentiment auf die Juden konnten sich immerhin auf die Tatsache berufen, daß das Christentum als eine Religion jüdischen Ursprungs bereits die abendländische Menschheit »erobert« habe. Es ist dieser törichte Aberglaube, den man auf allen Stufen der Publizistik nachverfolgen kann, von den abstrusen Einfällen der Literaten bis zu den vulgären Propagandaschlagworten der Demagogen, und der sich auch oft in scheinbar philosemitischen Wendungen kundtut, der die Führer der Panbewegungen jenen Punkt entdecken ließ, von dem aus man den eigentlichen Sinn jüdischer Frömmigkeit in sein Gegenteil verkehren konnte, so daß nun die Auserwähltheitsvorstellung aus einem Mythos, der die Erstehung der Menschheit zum Inhalt hatte, zu einem Instrument wurde, die Idee der Menschheit zu vernichten.

Bürokratie: Die Erbschaft des Despotismus

Verachtung für Gesetz und Legalität begegnet uns bei allen imperialistischen Verwaltungsbeamten, doch sind sie viel ausgesprochener und erfahren eine viel eingehendere ideologische Rechtfertigung in dem kontinentalen Imperialismus. Wir wiesen bereits darauf hin, daß dies zum Teil damit zusammenhängt, daß der kontinentale Imperialismus der geographischen Distanz ermangelte, die in den Überseereichen die kolonialen Herrschaftsmethoden von den Institutionen und dem geltenden Recht des Mutterlandes trennte. Von mindestens gleicher Bedeutung aber ist, daß die Panbewegungen in Ländern entstanden, die Nationalstaaten nicht hatten werden können und die, wenn sie die Herrschaft über ihre auseinanderstrebenden Nationalitäten aufrechterhalten wollten, es sich auch nicht leisten konnten, die nationale Entwicklung aus der absoluten Monarchie oder dem aufgeklärten Despotismus zum Verfassungsstaat mit parlamentarischer Regierung mitzumachen. Es ist wichtig, festzuhalten, daß die Führer der

Panbewegungen von Hause aus Herrschaft und Macht nur in der Form willkürlicher und für den Beherrschten unverständlicher Entscheidungen erfahren hatten.

Verachtung von Legalität ist kennzeichnend geworden für alle Bewegungen, die unter anderem auch gerade dadurch sich von den Parteien der Nationalstaaten unterscheiden.[52] Der Panslawismus hat diese Legalitätsfeindlichkeit in den nicht endenwollenden Spekulationen über die Unterschiede zwischen West und Ost sehr viel schärfer artikuliert als der Pangermanismus, aber sie entspricht der Staatsform Österreich-Ungarns kaum weniger als der des zaristischen Rußland. Was diese beiden Despotien, die einzigen, die zu Beginn des Ersten Weltkrieges noch in Europa vorzufinden waren und bekanntlich beide den Krieg nicht überlebten, von den westlichen Verfassungsstaaten unterschied, war einmal natürlich, daß sie Nationalitätenreiche und keine Nationalstaaten waren; es war aber zum anderen, und gleichsam von innen her gesehen, daß in ihnen die Beamtenschaft andere und ungleich bürokratischere Funktionen hatte; sie war nämlich an der Regierung direkt mitbeteiligt. Da die Parteien für den Staatsapparat kaum eine Rolle spielten und die Parlamente keine legislativen Aufgaben zu erfüllen hatten, vollzog sich die absolute, das heißt weder durch Gesetz noch durch den Volkswillen eingeschränkte Herrschaft in bürokratischen Formen.

Juristisch gesprochen und im Gegensatz zur Gesetzesherrschaft ist Bürokratie das Regime der Verordnungen. Die Macht, die in Verfassungsstaaten nur der Ausführung und Innehaltung der Gesetze dient, wird hier, wie in einem Befehl, zur direkten Quelle der Anordnung. Verordnungen sind ferner immer anonym, während Gesetze immer auf bestimmte Personen oder gesetzgebende Versammlungen zurückgeführt werden können; sie bedürfen weder der Begründung noch der Rechtfertigung im einzelnen Fall – wiewohl die in jedem Ausnahmezustand sich als notwendig erweisenden Notverordnungen insgesamt den Notstand als ihre Rechtfertigung anrufen müssen, der dann aber zeitlich begrenzt, klar als Ausnahme von der Regel erkannt wird. Der Notstand rechtfertigt in der Ausnahme das, was in der Despotie die Regel ist, nämlich die Konzentration und Unbegrenztheit der Macht gegenüber dem Untertan. In der Despotie, wo die Verordnung sich nicht auf einen zeitweiligen Notstand beruft, erscheinen alle »Gesetze« als unmittelbarer Ausfluß einer überwältigenden Allmacht, die als solche für ihre Existenz der Rechtfertigung schon darum nicht bedarf, weil eine Rechtfertigung bereits einer Einbuße an Machtvollkommenheit gleichkäme.

Vom Standpunkt dieser Bürokratie, die die despotische Herrschaft für den Dynasten besorgte, erschienen die verfassungsrechtliche Regierung als unendlich unterlegen und die ihr eigentümlichen Gesetze als »Fallen«, in welchen die Herrschenden sich nur unnötigerweise verstrickten.[53] Auch fühlten diese Bürokraten, wiewohl sie selber doch nur den Willen des Herrschers vollstreckten, sich den gesetzgebenden verfassungsmäßigen Regierungen dadurch überlegen, daß sie durch keine Prinzipien in der Ausübung der Macht eingeschränkt waren, also in ihrem Sinne über eine sehr viel größere Freiheit verfügten; auf die Beamtenschaft dieser Staaten sahen sie ebenfalls herab, weil diese in der Anwendung der Gesetze wiederum von Gesetzesinterpretationen gehemmt und so an direktem politischen Handeln verhindert war. Der Bürokrat, wiewohl er nur Verordnungen durchführt, die er selbst nicht erlassen hat, hat zum mindesten die Illusion einer ständigen, weitreichenden Tätigkeit und fühlt sich himmelweit den »unpraktischen« Leuten überlegen, die sich dauernd über legalistische Details den Kopf zerbrechen müssen und daher außerhalb der Machtsphäre bleiben, die für ihn Politik überhaupt verkörpert.

Das Gesetz erscheint dem Bürokraten in seiner ganzen Ohnmacht, weil es als solches prinzipiell von seiner Ausführung geschieden bleibt. Die Verordnung andererseits existiert überhaupt nur, insofern und solange sie unmittelbar exekutiert wird; der einzige Maßstab für ihren Wert ist, ob sie anwendbar oder unanwendbar ist. In einer Bürokratie, wo diese Verordnungen ohne Begründung, ohne Rechtfertigung und oft sogar ohne gehörige vorhergehende Veröffentlichung ausgeführt werden, erscheinen sie wie die Verkörperung der Macht selbst, und der Bürokrat erscheint als ihr ausführendes Organ. Hinter diesen Verordnungen liegen keine an sich immer einfachen Prinzipien, die jedermann verstehen könnte, sondern sie entspringen einer Reihe oft höchst komplizierter Umstände, die nur der Fachmann übersehen kann. Menschen, die unter dem Regime der Verordnungen leben, wissen niemals, was oder wer sie eigentlich regiert, weil Verordnungen an sich immer unverständlich sind und die Umstände und Absichten, die sie verständlicher machen könnten, von der Bürokratie immer sorgfältig, als handele es sich gerade hier um die höchsten Staatsgeheimnisse, verschwiegen werden. In gewissem Sinne ist eine einheimische Bürokratie noch verderblicher und korrumpierender als jene imperialistische Verwaltung in den Kolonien, über die wir bereits gesprochen haben und in welcher die Unterdrückten wenigstens wußten, daß sie es mit Usurpatoren und einer Fremdherrschaft zu tun hatten. Im zaristischen Rußland aber und, wenn auch in schwächerem Ausmaße, in Österreich-Ungarn wurden die despotischen Bürokratien als legitim akzeptiert, und gerade diese Legitimität half besser als alles Geheimhalten und Sichaufspielen den grundsätzlichen Opportunismus verbergen, der hinter der Willkür aller bürokratischen Regime liegt.

Die Vorteile bürokratischer Herrschaft für große Reiche mit heterogener Bevölkerung, die man unterdrücken muß, will man sie überhaupt zusammenhalten, liegen auf der Hand. Die Effektivleistung der Verordnung ist durchschlagend, weil sie die vermittelnden Stufen zwischen Gesetzgebung, Veröffentlichung und Exekution vermeidet und dadurch gar keine Gelegenheit zur Diskussion und einer etwaigen Meinungsbildung bietet. Die Verordnung braucht daher auch auf die einer einheitlichen Gesetzgebung so sehr im Wege stehende Vielfalt lokaler Gebräuche nicht Rücksicht zu nehmen, die zumal in einem Nationalitätenstaat eine legitime Gesetzgebung außerordentlich verzögern und verlangsamen würde. Aus dem gleichen Grunde kann sich auf dieser Grundlage ein zentralisierter Verwaltungsapparat leichter etablieren und reibungsloser arbeiten. Wenn die Herrschaft guter Gesetze oft der Regierung der Weisheit verglichen worden ist, könnte man die Herrschaft durch angemessene und den jeweiligen Umständen sich schnell anpassende Verordnungen das Regiment der Schlauheit nennen.

Bürokratie als eine Herrschaftsform ist nicht das gleiche wie Bürokratisierung bestehender Beamtenapparate, die wir überall antreffen und die vor allem in jüngster Zeit den Niedergang der Nationalstaaten begleitet und gefördert haben. Hierfür ist wohl das klassische Beispiel Frankreich, wo die Administration alle Regierungswechsel seit der Revolution überlebt und seit Ende des vorigen Jahrhunderts parasitär in dem politischen Körper der Nation gewuchert hat. Wenn es das Interesse ist, was eine Klasse konstituiert, so ist diese französische Administration vielleicht die ausschlaggebende, herrschende Klasse Frankreichs, wenn ihre ökonomische Funktion wohl auch in kaum etwas anderem bestanden hat, als durch unsägliche Verkomplizierung aller Betätigungen und durch Schikanen das Wirtschaftsleben des Landes zur Stagnation zu bringen. Zwischen diesen bürokratisierten Verwaltungsapparaten und einer wirklichen Bürokratie bestehen natürlich mancherlei Ähnlichkeiten, die vor allem dann auffallen, wenn man die psychologischen Züge des kleinen schikanösen Beamten nachzeichnet. Gegen solche oberflächlichen Gleichsetzungen muß man historisch darauf bestehen, daß die Franzosen zwar den sehr bösen Irrtum begangen haben, sich mit dieser bürokratisierten und degenerierten Beamtenschaft abzufinden, als handele es sich hier um ein notwendiges Übel, daß sie aber nie in den verhängnisvollen politischen Fehler verfallen sind, den *»rondsdecuir«* zu erlauben, das Land zu regieren; was unter anderem zur Folge gehabt hat, daß seit nun nahezu achtzig Jahren niemand mehr in Frankreich regieren kann. Der französische Staatsapparat ist schikanös und unglaublich unfähig; aber niemand kann behaupten, daß er sich in eine pseudomystische Aura gehüllt hätte. Es ist gut denkbar, daß an ihm Frankreich zugrunde geht, aber nicht, daß er je Frankreich wird beherrschen können.

Die pseudomystische Aura, die in Österreich-Ungarn wie in Rußland die regierenden Dynastien mit einer Art Heiligenschein umgab, ist das typische Produkt einer voll entwickelten und traditionell verwurzelten Bürokratie. Da die von ihr beherrschten Völker niemals wirklich verstehen können, warum etwas geschieht, und eine vernünftige Erklärung und Auslegung von Gesetzen nicht existiert, zählt nichts als das nackte, brutale Geschehnis selbst. Was einem auf diese Weise geschieht, kann dann Gegenstand unendlicher Auslegungen werden, deren Möglichkeiten weder durch vernünftige Einsicht noch durch verläßliches Wissen begrenzt sind. Im Spiel solcher unendlichen Deutungen und Spekulationen, die so bezeichnend für alle Gattungen der vorrevolutionären russischen Literatur sind, erhält das Zusammen von Leben und Welt etwas unendlich Geheimnisvolles und scheint sich ungeahnten Tiefen zu öffnen. Der große, gefährliche Reiz eines schier unerschöpflichen Reichtums steigt aus den Deutungen des reinen Leidens, die unendlich sind, weil das Leid, das sich in die Seele zurückzieht, in ihr alle Möglichkeiten menschlicher Einbildungskraft entfaltet, während die Interpretationen des Handelns immer begrenzt sind durch die Welt, in die hineingehandelt wird und in der eine allen gemeinsame Erfahrung die Deutungsmöglichkeiten ständig kontrolliert und beschneidet.

Es gehört zu den auffallenden Unterschieden zwischen der altmodischen bürokratischen Herrschaft, wie wir sie aus den Vorkriegsdespotien kennen, und den totalitären Regimen, daß die ersteren sich mit der Lenkung der äußeren Geschicke ihrer Untertanen, soweit sie dem politischen Raum angehörten, zufriedengaben und niemals versuchten, ihr Seelenleben zu beherrschen. Die totalitäre Bürokratie, die das Wesen absoluter Macht besser versteht, hat sich in alle Angelegenheiten der Bürger, private wie öffentliche, seelische wie äußere mit gleicher Konsequenz und Brutalität einzuschalten verstanden. Das Resultat war, daß unter den älteren bürokratischen Regimen nur die politische Spontaneität und Produktivität der Völker erstickt wurde, während die totalitären Regime mit der Spontaneität und Produktivität in allen Zweigen menschlicher Tätigkeit fertig werden. Der politischen Unproduktivität folgte die totale Sterilität.

Solche totale Sterilität gerade kannte das Zeitalter, in dem die Panbewegungen sich abspielten, noch nicht. Einem politisch unbefangenen Beobachter mochte es eher erscheinen, daß die »östliche Seele« unendlich reicher, ihre Psychologie unendlich komplizierter und ihre Literatur unendlich tiefer sei als die der westlichen Völker der gleichen Periode. Diese in ihrer Weise große Entdeckungsfahrt in die Tiefen des Leidens war auf Rußland beschränkt, weil die österreichische Literatur eben doch vor allem ein Zweig der deutschen Literatur blieb und sich nicht nach ihrem eigenen politischen Gesetz frei entfaltete. Zudem war die politische Struktur Österreichs zu brüchig und das Bewußtsein, daß es mit der alten Herrlichkeit auf diese oder jene Weise zu Ende gehen, daß sie schwerlich den Tod des alten Kaisers überleben würde, zu allgemein, als daß die bürokratische Verwaltung die Aura einer mysteriösen Allmacht überzeugend hätte verbreiten können. In welch bitterer, aber auch verzweifelt satirischer Verzerrung die Bürokratie in Österreich erschien, kann man am besten noch bei Franz Kafka nachlesen, dem größten Prosaschriftsteller, den Österreich im zwanzigsten Jahrhundert hervorgebracht hat und den man ganz zu Unrecht, wenn auch keineswegs zufällig, fast immer im

Sinne der russischen Romanliteratur versteht und deutet. Kafka, der aus eigener Berufserfahrung die Herrschaftsform der Bürokratie ausgezeichnet kannte, wußte nur zu gut um den Schicksalsaberglauben, der unweigerlich die erfaßt, die in ihrem täglichen Leben der Herrschaft des Zufalls – nämlich dem, was ihnen nur als Zufall erscheinen kann – anheimgegeben sind: wie sie gar nicht anders können, als dem vernünftig nicht Begreifbaren eine übermenschliche Bedeutsamkeit zu geben, um es nur menschlich überhaupt erträglich zu machen. Er wußte auch um die dunkle Anziehungskraft, die solchen Völkern und ihrer herrlich melancholischen Volksliteratur eignet, die so viel tiefer und vieldeutiger scheint als die helle, präzise Klarheit anderer vom Glück begünstigter Völker. Eines der Hauptthemen in Kafkas Romanen ist die Satire auf den Schicksalsaberglauben und den mit ihm zusammenhängenden Stolz, in irgendeine furchtbare, dunkle Notwendigkeit verstrickt zu sein, in deren Unglück sich der Sinn des Lebens offenbart. Der Verklärer der bürokratischen Weltordnung im *Prozeß* ist der Geistliche, der dem Angeklagten K. ihr Grundprinzip in einem Satze erklärt: »Man muß nicht alles für wahr halten, man muß es nur für notwendig halten.« Woraufhin K. eben meint: »Trübselige Meinung. Die Lüge wird zur Weltordnung gemacht.«[54] Die gleiche Verkehrung spielt im *Schloß* eine Rolle, wo die Dorfbewohner unter der Allmacht einer bürokratischen Herrschaft leben, die ihre Geschicke bis in alle privatesten Einzelheiten kontrolliert und ihnen beigebracht hat, daß es eine Frage des Schicksals, dunkler und menschlich unkontrollierbarer Mächte, ist, ob einer im Recht oder im Unrecht ist. Die zentrale Geschichte des Romans in dieser Hinsicht ist »Amalias Geheimnis«, das darin besteht, daß die ganze Familie dafür bestraft wird, daß einer der hohen Beamten ihr einen obszönen Brief geschrieben hat; das ist nun ihre und nicht des Beamten »Schande«. Dem K. des Romans »scheint das ungerecht und ungeheuerlich, [aber] das ist eine im Dorf völlig vereinzelte Meinung«, denn »man muß schon ein Fremder in meiner besonderen Lage sein, um sich dem Vorurteil entwinden« und an der unabänderlichen Notwendigkeit dieses »erstaunlich einheitlichen Spiels« zweifeln zu können.[55] Man kann diese Romane als Satire auf die russische Literatur lesen, aber das Erstaunliche bleibt, daß Kafka die Grundelemente bürokratischer Herrschaft mit all ihren Konsequenzen begriff, obwohl sie in der ihm bekannten österreichischen Bürokratie nicht voll ausgebildet waren; in dem Verwandlungsprozeß der Wirklichkeit durch die dichterisch verdichtende Einbildungskraft entstand ein Modell, das weit über die damalige Erfahrung hinaus gültig und vorbildlich ist.

Nur weil in Österreich-Ungarn die Elemente bürokratischer Herrschaft genügend vorgebildet waren, um erkenntlich zu sein, aber nicht so vorherrschend, daß sie die Gesamtstimmung seiner Einwohner hätten bestimmen können, war der satirischen Distanz Kafkas die Verdichtung in die einfachsten und absurdesten Prinzipien des Lebens unter einer Bürokratie möglich. In Rußland, wo ein kaum durch Verkehrswege erschlossenes, unübersehbar riesiges Territorium, das von oft primitivsten Völkerschaften notdürftig besiedelt war, unter einer unverständlichen Despotie dahinvegetierte, machte die bürokratische Herrschaft sich unvergleichlich stärker auf allen Lebensgebieten bemerkbar. Schließlich konnte nur sie das träge Chaos, das sie hervorgebracht hatte, auch einigermaßen in Ordnung halten. Die russische Intelligenz hat eine diesen Bedingungen aufs genaueste entsprechende Philosophie des Zufalls entwickelt, in welcher die anarchischen und sich widersprechenden Launen der Beamten, von denen doch alles abhing, zu einer Art göttlicher Vorsehung erhoben wurden, der sie in der Tat durch ihre Allmächtigkeit wie ihre Unverständlichkeit zu gleichen schienen.[56] Die Panslawisten, die sich immer viel auf die Interessantheit des russischen Lebens im Vergleich mit dem westlicher Länder zugute taten, stellten jedenfalls das unselige russische Volk und seine Seele als die irdische Heimat des Göttlichen überhaupt dar. In einer schier unendlichen Variation von Einfällen wird das flache, sterile und nur zivilisierte Europa, das nicht weiß, was Leiden und Opfer sind, der Tiefe und ursprünglichen Gewalttätigkeit Rußlands gegenübergestellt, wobei jede Europäisierung Rußlands als »systematische Vergiftung des russischen Volkskörpers« ausgelegt wird.[57] Von diesem ebenso fanatischen wie inartikulierten Haß auf die westliche Zivilisation haben dann später noch die totalitären Bewegungen profitiert, da inzwischen, teilweise durch die russische Literatur und ihre außerordentlichen Qualitäten verführt, sich ähnliche Stimmungen auch unter den europäischen Intellektuellen vor allem nach dem Ersten Weltkrieg bemerkbar machten. Auch übten die durch die Oktoberrevolution exilierten russischen Intellektuellen einen nicht geringen Einfluß auf das geistige Leben der zwanziger Jahre aus, das rein stimmungsmäßig totalitären Bewegungen nur günstig sein konnte.[58]

Im Gegensatz zu Parteien, die durch Bürokratisierung degenerieren, haben die Bewegungen sich von vornherein an bürokratischen Regimen orientiert und in ihnen Modelle für ihre eigene Organisation gesehen. Der Staatsapparat des zaristischen Rußland flößte den so staatsfeindlichen Panslawisten die größte Bewunderung ein, weil er, nur auf Macht gestellt, »eine ungeheure Maschine [bildet], die, auf das einfachste eingerichtet, von der Hand eines Mannes, des russischen Zaren, gelenkt und durch sie in jedem Augenblick mit einer einzigen Bewegung in Gang gebracht wird, die Richtung und jede beliebige Geschwindigkeit erhält ... Ich frage: vermag da jemand mit uns anzubinden und wen werden wir nicht zum Gehorsam zwingen?«.[59] Nun, wie diese allmächtige Maschine, der sich niemand in den Weg stellen kann, geendet hat, ist bekannt genug; bekannt genug aber auch dies größenwahnsinnige Vertrauen des typischen Bürokraten, der wirklich meint, in seiner Verwaltungsmaschine die Allmacht selbst gleichsam mit Händen zu greifen. Insofern der Zar das Oberhaupt dieser Verwaltungsmaschine war, brachten die Panslawisten ihm ein ganz ungerechtfertigtes und zudem meist unerwidertes Vertrauen entgegen, das manchmal so weit ging, dem Zaren die Führung der panslawistischen Bewegung anzubieten. Solche Ehre konnte dem Kaiser Franz Joseph natürlich nie zuteil werden, aber es hat wohl auch keiner der österreichischen Pangermanisten je daran gedacht, etwa Wilhelm II. zum gekrönten Haupt der Bewegung zu ernennen. Der Grund für diesen Unterschied liegt natürlich in der Stellung des Zaren, die von der aller europäischen Monarchen sich dadurch unterschied, daß die russische Despotie überhaupt nicht eine so durchrationalisierte und organisierte Beamtenschaft entwickelt hat wie die aufgeklärten Monarchien Europas. Das Zarentum erschien daher den Panslawisten wie das Symbol einer ungeheuren Triebkraft, in der die göttliche Allmacht sich direkt auf Erden kundgibt.[60] Die Panslawisten waren insofern in einer besseren Position als die Pangermanisten, als sie es nicht nötig hatten, eine neue Ideologie zu erfinden; sie konnten einfach auf das Zarentum zurückgreifen, es weiter- und uminterpretieren, bis sein »Mysterium« zum Symbol für die europa-, gesetzes- und staatsfeindlichen Bestrebungen der Bewegung wurde.

Im Zentrum der panslawistischen »Philosophie« steht die Identifizierung des Göttlichen mit dem Mächtigen, und zwar so, daß der Unterschied zwischen der Allmacht Gottes und der irdischen Macht des Menschen aufgehoben wird. Macht erscheint hier weder als ein Mittel zu einem Zweck noch als Resultat der Organisierung menschlicher Kräfte, sondern als direkte Emanation des Göttlichen selbst, das als Übermächtiges alles Irdische und Natürliche durchwaltet. Der Macht zu dienen ist hier im wörtlichen Sinne Gottesdienst, und jedes Gesetz, das Macht zu regulieren oder einzuschränken bestimmt war, wurde bereits als ein Sakrileg empfunden, als die Rebellion des Menschen gegen göttliche Allmacht. Macht in ihrer »Grenzenlosigkeit und ihrem Schrecken« war an sich heiliggesprochen, und je willkürlicher sie auftrat, je unbegreiflicher ihre Aktionen den von ihr Betroffenen blieben, desto sichtbarer war ihre »Heiligkeit«. Gesetze waren dieser Heiligkeit nicht nur inadäquat, sie waren der Ausdruck der Sündhaftigkeit des Menschen, der sich in seinen eigenen Fallen fängt und nun, von Zweifel und Verantwortungsbewußtsein wie von dem bösen Geist selbst befallen, des Handelns, nämlich des Vollzugs von Gottes Willen auf Erden, der sich in jeder Machtwillkür kundtut, unfähig wird.[61] Was immer die Herrschenden taten, sie waren die Verkörperung der göttlichen Allmacht, sofern diese handelnd in die Geschichte tritt.[62]

Die Aufgabe der Panslawisten war es, sich dieser Macht zu unterstellen und ihr eine Volksbewegung bereitzustellen, die schließlich, wenn sie erst das ganze Volk erfaßt haben, alle zum Gefäß der Macht und damit zum Gefäß des Heiligen machen würde.

Diese Glorifizierung bürokratischer Herrschaft ist zwar historisch einzigartig, liegt aber an sich in ihrem Wesen. Der Verwaltungsbeamte unterscheidet sich von allen gesetzgebenden politischen Körperschaften dadurch, daß er unmittelbar handelt, und dies innerhalb des Rahmens eines von ihm selbst nicht gegebenen und daher von ihm nur als Grenze und Hindernis empfundenen Gesetzes. Verliert der Beamte in einem despotisch regierten Staat die Beziehung zu der gesetzgebenden Tätigkeit des Staatsmanns auf der einen und zu der gesetzauslegenden Tätigkeit der Juristen auf der anderen Seite, so entsteht in ihm das Bewußtsein, der einzig Handelnde auf der Bühne der Politik zu sein. In einer bürokratischen Herrschaft, wo an die Stelle des Gesetzes die Verordnung getreten ist, wird dauernd gehandelt, bevor Recht gesprochen worden ist, werden dauernd vollendete Tatsachen geschaffen, gegen die es dann einen Einspruch entweder überhaupt nicht gibt oder nur auf einem so komplizierten, eben »bürokratisierten« Wege, daß ihm praktisch keine Bedeutung mehr zukommt. Es liegt in der Natur der Sache, daß man auf dem Verordnungswege immer außerordentlich schnell, auf dem Rechtswege dagegen immer nur verhältnismäßig langsam Resultate zeitigen kann. Es ist daher immer ein Zeichen bürokratischer Herrschaft, wenn der Rechtsweg nur noch für die Beherrschten und ihre Proteste offengelassen ist, alles eigentlich politische Handeln sich aber auf dem Verordnungswege vollzieht. Wie immer die auf solchen Prinzipien beruhende Verwaltung de facto aussieht, und ganz unabhängig davon, ob sie Bestechungen zugänglich ist oder »sachlich« arbeitet, sie wird immer die Machtlosigkeit des Gesetzes den von ihr Verwalteten vordemonstrieren, da sie Rechte ja nur geltend machen können, wenn das Unglück bereits geschehen ist. Willkür und Zufall werden zum Kennzeichen des Wirklichen selbst. Diese in Rußland bestehenden Bedingungen bürokratischer Herrschaft haben die Panslawisten mystifiziert und gleichzeitig spekulativbegrifflich zu einer Art Weltanschauung artikuliert; hinzugefügt haben sie nur die Vorstellung von der Heiligkeit des ganzen Volkes. In diesem Sinne bedeutet der Panslawismus, »der erste der Panismen«,[63] in der Tat »den ersten bewußten Zusammenschluß einer ganzen Rasse gegenüber anderen Völkern«.[64]

Indem die Panbewegungen die wesentlichen Elemente bürokratischer Herrschaft zu einer Weltanschauung kristallisierten, haben sie natürlich die ihnen übernommene politische Erbschaft entscheidend verändert. Hierfür gerade mußten sie auf die ihnen sonst so konträren Parteien zurückgreifen, die als »Weltanschauungsparteien« sich bereits auf dem europäischen Kontinent etabliert hatten, nur daß diese Bewegungen nun nicht, wie die Weltanschauungsparteien, den von ihnen vertretenen Interessen eine ideologische Rechtfertigung beifügten, sondern die Ideologien selbst unmittelbar als die eigentlich konstituierenden Prinzipien ihrer Organisationen etablierten. Die Parteien blieben doch immer im wesentlichen die Körperschaften, in denen bestimmte Klassen- und Gruppeninteressen einen organisatorischen Ausdruck fanden; dagegen verstanden die Bewegungen sich von Anfang an als Verkörperungen bestimmter Ideologien. Ihre Anziehungskraft beruhte zu einem wesentlichen Teil gerade darauf, daß sie nicht nur Weltanschauungen als mögliche Meinungen vertraten, sondern behaupteten, die »Individuation der moralischen Universalia in einem Kollektiv« in Gang gebracht zu haben.[65]

Man pflegt die Konkretisierung von Ideen in Politik und Geschichte mit Hegels und Marx' Geschichts- und Gesellschaftstheorien in Verbindung zu bringen, und es ist sicher kein Zufall, daß der russische Panslawismus mindestens ebenso stark von Hegel beeinflußt war[66] wie der Bolschewismus von Marx. Nur sollte man darüber nicht vergessen, daß schließlich weder Marx noch Hegel gemeint haben, daß wirkliche Menschen oder Parteien oder Völker fleischgewordene Ideen seien, sondern daß beide einen höchst komplizierten dialektischen Prozeß annahmen, in dessen Gesamtverlauf allein Ideen sich konkretisieren konnten. Es bedurfte schon der abergläubischen Mentalität der modernen Demagogen, um aus diesen konkretisierten Ideen eine Weltanschauung zu entwickeln, in der nun wirklich jedes Glied der Bewegung sich als eine höchst persönliche Verkörperung von, sagen wir, Treue, Großmut, Tapferkeit fühlen konnte. Dabei waren die Pangermanisten zweifellos an organisatorischer Geschicklichkeit ihren panslawistischen Kollegen überlegen, da sie den individuellen Deutschen, der sich ihrer Bewegung nicht anschließen wollte, kurzerhand auch von der Verkörperung aller »germanischen« Eigenschaften ausschlossen, während die Panslawisten, die sich so viel tiefer in die endlosen Spekulationen über die »russische Seele« eingelassen hatten, jedem Slawen großzügig eine solche Seele zugestanden, ganz gleich ob er in der Bewegung organisiert war oder nicht. In den pangermanistischen Organisationsprinzipien kündigt sich bereits die Verachtung an, welche die Nazis später für alle Deutschen, die nicht in der Partei organisiert waren, an den Tag legten; diese Verachtung für das Volk, sofern es nicht organisiert ist, war den Panslawisten noch ganz fern und ist auch in den Bolschewismus erst durch Stalin eingedrungen.

Was die Panbewegungen von den Parteien unterscheidet und

was die totalitären Bewegungen von ihnen direkt erbten, war der Absolutheitsanspruch, der gerade der bewußten Parteilichkeit so fremd ist und der von vornherein allen Einsprüchen des individuellen Gewissens übergeordnet wurde. Dies hat hier noch nichts mit einer programmatischen Rebellion gegen die »bürgerliche« Moral zu tun. Die eigentümliche Realität der Person erscheint und verschwindet zugleich auf dem Hintergrund einer angeblich höheren und mächtigeren Realität des Allgemeinen und Unbedingten; sie wird überspült von dem Strom der dynamischen Bewegung des Universalen, das mit dem Kollektiven gleichgesetzt wird. In diesem Strom wird der Unterschied zwischen Mittel und Zweck, der ja einen Sinn nur hat, wo es sich um feste, klar voneinander abhebbare Gegenständlichkeiten handelt, belanglos, und mit ihm die Person, die sich Zwecke setzt und Mittel ergreift. Gemessen an der Größe und Mächtigkeit des Stroms, den die Ideologie rechtfertigt, werden alle Maßstäbe, politische wie moralische, sinnlos. Was zählt, ist nur noch die dauernd in Bewegung gehaltene Bewegung selbst.

Partei und Bewegung

Es ist höchst bemerkenswert, daß, soweit unsere heutige Erfahrung reicht, es so scheint, als ob die Bewegungen des zwanzigsten Jahrhunderts sich nur in Ländern mit Viel-Parteien-Systemen durchsetzen können und als ob das Zwei-Parteien-System der angelsächsischen Länder gegen die Unterminierung durch außerparlamentarische Bewegungen nahezu immun ist. Trotz seiner ausgeprägten imperialistischen Traditionen, und obwohl es an Gruppierungen, die sich gegen und über die Parteien stellten, nicht gefehlt hat, hat England keine Bewegung von Bedeutung gekannt, weder eine kommunistische noch eine faschistische, und das gleiche gilt für Amerika, das zwar außerhalb aller imperialistischen Traditionen steht, dafür aber in seiner Massengesellschaft Elemente und Tendenzen totalitärer Art birgt und dauernd neu produziert. Wenn dieser Eindruck sich bewahrheiten sollte, so würde er natürlich nicht besagen, daß Länder mit Zwei-Parteien-Systemen immun wären gegen die Gefahren totaler Herrschaft – eine solche Immunität gibt es nicht unter den Bedingungen des zwanzigsten Jahrhunderts –, wohl aber, daß eine solche Herrschaft hier in anderen Formen und Vorbereitungen auftreten würde als in denen, die wir aus Europa kennen.

Die Feindschaft gegen das Parteiensystem des Nationalstaates geht auf die zu Ende des vorigen Jahrhunderts überall entstehenden, meist imperialistischen und oft antisemitischen Gruppen zurück, die behaupteten, »über den Parteien zu stehen«, an »Männer aller Parteien zu appellieren« und »fern dem Zank aller Parteien rein nationale Interessen zu vertreten«.[67] Auf den ersten Blick schien dies nicht mehr als die selbstverständliche Folge eines vorwiegend außenpolitischen Interesses, denn in Fragen der Außenpolitik wurde ohnehin vorausgesetzt, daß die Nation als ein von Klassen und Parteien unabhängiges Ganzes handele.[68] In den kontinentalen Parteiensystemen war diese Repräsentation der Nation in der Tat Monopol des Staates, was nichts anderes besagte, als daß die Außenpolitik dem mehr oder minder demokratisch organisierten Volkswillen, der über die Innenpolitik zu befinden hatte, entzogen bleiben sollte. Es lag durchaus im Zuge des imperialistischen Zeitalters, dem ja in der demokratisch gehandhabten Innenpolitik der Nation der entscheidende Widerstand gegen seine Expansionspolitik entgegentrat, Politik überhaupt mit Außenpolitik zu identifizieren. Unter dieser Voraussetzung sah es in der Tat so aus, als habe der Staat die Politik monopolisiert[69] und als suchten die Imperialisten nun für das überparteiliche Interesse der Nation die lang entbehrte Unterstützung im Volke selbst zu gewinnen. Ungeachtet aller solcher Ansprüche auf wahre Volksvertretung blieben die »Parteien über den Parteien« kleine Verbände und Gesellschaften, die wohl an die »Gebildeten und Wohlhabenden« appellieren konnten, aber unfähig waren, Massenbewegungen auf die Beine zu stellen. Die Geschichte des Alldeutschen Verbandes, der erst im Ersten Weltkrieg und dann auf dem Umwege über die Oberste Heeresleitung politische Bedeutung gewann, ist durchaus kennzeichnend.[70]

Die entscheidende Erfindung der Panbewegungen war nicht, daß sie gleichfalls sich außerhalb und über den Parteien etablierten, sondern daß sie sich »Bewegung« nannten und so bereits in ihrem Namen bekundeten, daß sie dem Parteiensystem eine grundsätzlich andere Organisationsform entgegenzusetzen trachteten. Mißtrauen gegen das Parteiensystem und das von ihm abhängige Parlament war schon um die Jahrhundertwende in Europa weit verbreitet, bis schließlich in den Tagen der Weimarer Republik »jede neue politische Gruppe glaubte, sich nicht besser vor den umworbenen Massen legitimieren zu können als durch die klare Betonung, daß sie nicht ›Partei‹, sondern Bewegung sei«.[71] Von diesem populären Mißtrauen hatten zwar schon die imperialistischen und antisemitischen »Parteien über den Parteien« einen gewissen Profit gezogen; aber sie hatten diesen Profit auch wieder verspielt, weil sie der Partei keine grundsätzlich andere Organisationsform entgegenzusetzen wußten, so daß sie schließlich, anstatt zu »Bewegungen« anzuschwellen, in Splittergruppen und gesellschaftlichen Clubs verkamen.

Der wirkliche Zerfall des europäischen Parteiensystems ist gewiß nicht durch die Panbewegungen, sondern erst durch die totalitären Bewegungen in Gang gekommen, aber die Panbewegungen waren doch Vorläufer der totalitären Bewegungen, sofern sie das in allen imperialistischen Verbänden so hervorstechende Element des Snobismus (des englischen Reichtums- und Geburts- oder des deutschen Bildungssnobismus) eliminierten und so aus dem volkstümlichen Mißtrauen gegen alle Institutionen, die das Volk zu vertreten vorgaben, erst wirklich Kapital schlagen konnten. Dies Mißtrauen ist auch nach der Niederlage der Nazi- und faschistischen Bewegungen und trotz der Furcht vor dem Bolschewismus keineswegs verschwunden; auch heute ist England das einzige größere Land Europas, in dem das Parlament nicht verachtet und das Parteiensystem nicht mit Mißtrauen betrachtet wird.

Angesichts der Stabilität des englischen Nationalstaates und seines gleichzeitigen Niederganges auf dem Kontinent ist man versucht, dem Unterschiede zwischen dem angelsächsischen und dem kontinentalen Parteiensystem eine entscheidende Bedeutung zuzuschreiben. (Die Vereinigten Staaten kommen für einen solchen Vergleich natürlich nicht in Betracht, da die Vereinigten Staaten keinen Nationalstaat bilden und ihre allgemeinen politischen Bedingungen sich von denen Europas bis in die zwanziger Jahre unseres Jahrhunderts in wesentlichen Zügen unterscheiden.) England hat an nahezu allen wichtigeren Ereignissen und Katastrophen des zwanzigsten Jahrhunderts teilgehabt, ohne doch die Erschütterungen des politischen Systems zu erfahren, welche auf dem Kontinent unweigerlich die Folge gewesen sind. Arbeitslosigkeit, der stärkste revolutionierende Faktor zwischen den beiden Kriegen, hat England eher härter getroffen als die kontinentalen Länder; der materielle Unterschied zwischen einem sehr verarmten England und einem unzerstörten Frankreich bei Ende des Zweiten Weltkriegs war nicht sehr groß, und die Erschütterung, der Englands politische Stabilität gleich nach Kriegsende durch die wirtschaftlichen Reformen der Labourregierung und die Liquidierung der Herrschaft in Indien ausgesetzt war, übertrifft eigentlich alles, was wir von den Ländern des Kontinents kennen. Es scheint, daß England seine soziale Struktur, sein Wirtschaftssystem und seine politische Stellung in der Welt, seine gesamte Außenpolitik radikal hat ändern können, ohne doch seine politische Struktur auch nur zu reformieren. Und der Kern dieser Struktur ist nicht wie in den Vereinigten Staaten die Verfassung, aber auch nicht die Monarchie, sondern das Zwei-Parteien-System.

Der Unterschied zwischen einem Zwei- und einem Vielparteiensystem deutet nur äußerlich an, worum es sich eigentlich handelt. Der grundsätzliche Unterschied bezieht sich auf die Funktion der Partei im politischen Gesamtkörper, auf ihr Verhältnis zur Macht und auf die Stellung des Bürgers im Staat. Im Zweiparteiensystem ist eine der Parteien immer identisch mit der Regierung; sie ist an der Macht und regiert das Land tatsächlich. Die Partei wird hier temporär zum Staat, und nur in der Dauerstellung des Königs, an dessen Stelle in Amerika eben die Konstitution getreten ist, ist eine von Parteien unabhängige Einheit des Landes repräsentiert.[72] So wie die Parteien für alternierenden Machtbesitz geplant und organisiert sind, so sind alle Zweige der Verwaltung auf diese durchgreifende Veränderung aus- und eingerichtet.[73] Da diese Parteiherrschaft zeitlich begrenzt ist, übt die Oppositionspartei eine Kontrolle aus, deren Wirksamkeit dadurch garantiert ist, daß in ihr der Herrscher von morgen spricht. Es ist daher nicht so sehr der Monarch wie die Opposition, welche die Integrität des Ganzen gegen eine Parteidiktatur schützt. Bei einer solchen Sachlage entfällt der für die Politik der Nationalstaaten so entscheidende Unterschied zwischen Staat und Regierung. Ferner bleiben Macht und Staatsapparat in der Griffnähe des Bürgers, der, sofern er in einer Partei organisiert ist, entweder die Macht und den Staat von heute oder von morgen repräsentiert. Da es einen Staat, der über den Parteien schwebt, nicht gibt, haben die Parteien wiederum wenig Anlaß, sich in Spekulationen über Macht und Staat überhaupt zu ergehen, als seien diese absolute Wesen, die außerhalb menschlicher Reichweite lägen und Gesetzen gehorchen könnten, die vom Willen und Handeln der Bürger unabhängig sind.

Das kontinentale Parteiensystem setzt voraus, daß sich jede Partei bewußt als Teil eines Ganzen definiert, das seinerseits von dem Staat über den Parteien repräsentiert ist.[74] Zwar sollen alle

Parteien zusammen das Ganze bilden; aber dieses Ganze ist dann doch wieder eine Einheit in sich, die unter Umständen allen seinen »Teilen« entgegentreten kann. Alleinherrschaft einer Partei kann hier nichts anderes bedeuten als illegitime Monopolisierung der Macht durch einen Teil des Ganzen bei gleichzeitiger Unterdrückung aller anderen Teile. Mit anderen Worten, die in dem englischen System selbstverständliche Identifizierung von einer Partei mit dem Staatsapparat kann hier nur in der Form der Diktatur auftreten. Der Staat bleibt in dem kontinentalen System auch dann von der Regierung getrennt und ihr übergeordnet, wenn, wie es zumeist und normalerweise der Fall ist, eine Koalitionsregierung am Ruder ist. Die Nachteile der Koalitionsregierungen sind oft beschrieben worden. Abgesehen davon, daß, angesichts der notwendigen Vertretung vieler Parteien im Kabinett, die Minister nicht auf Grund ihrer Kompetenz ausgewählt werden können, gestattet die Natur der Koalitionsregierung niemals, daß irgendein Mann oder eine Partei volle Verantwortlichkeit übernimmt, was natürlich dazu führt, daß solche Regierungen sich überhaupt nicht im gleichen Sinne voll verantwortlich für das fühlen, was unter ihrer Herrschaft geschieht. Sollte aber das Unwahrscheinliche eintreten und eine Partei im Parlament die absolute Majorität haben, so daß eine Koalitionsregierung überflüssig wird, so wird, da das System auf solche Parteiregierungen schlechterdings nicht eingerichtet ist, dies entweder mit einer Parteidiktatur oder, solange das demokratische Gewissen noch intakt ist, mit einem nur zögernden Gebrauch der Macht in der Durchsetzung des Parteiprogramms enden, eben weil jede Partei sich nicht als der zeitweilig Beauftragte der gesamten Nation, sondern immer nur als der Teil eines Ganzen weiß. In exemplarischer Weise zeigte sich diese echte Verlegenheit, als nach dem Ersten Weltkrieg die deutschen und österreichischen Sozialdemokraten einen Augenblick absolute Mehrheiten hatten und dann die ihnen zufallende Macht nicht auszuüben wagten.[75]

Seit dem Heraufkommen des Parteiensystems ist es selbstverständlich gewesen, die Parteien mit partiellen Interessen ökonomischer oder anderer Natur zu identifizieren.[76] Nicht nur die Arbeiterparteien, alle kontinentalen Gruppierungen gaben Interessenvertretung offen zu, solange sie überzeugt sein konnten, daß ein über den Parteien stehender Staat seine Macht mehr oder minder im Interesse aller benutzte. In dem angelsächsischen System sind reine Interessen sehr viel mehr innerhalb der Partei selbst vertreten, wo sie sich in innerparteilichen Kämpfen Ausdruck verschaffen und die rechten und linken Flügel der Partei bilden. Auf jeden Fall werden reine Interessenvertretungen durch die Notwendigkeit in Schach gehalten, absolute Majorität bei den Wahlen zu gewinnen, so daß man ständig an alle Schichten des Volkes appellieren können muß. Eine Partei, die außerstande ist, irgendwann einmal die Majorität zu erobern und die Macht zu übernehmen, kann sich auf die Dauer nicht halten. Dies erübrigt die theoretische Rechtfertigung des Interesses und hindert die Entwicklung von Ideologien. Das heißt aber, daß die Interessen, die ihrer Natur nach flüchtig und veränderlich sind, sich nicht verfestigen, so daß das politische Leben Englands den Fanatismus kontinentaler Parteikämpfe nicht kennt, der weniger den Interessenkonflikten als den auf ihnen basierenden Weltanschauungen und Ideologien zu entspringen pflegt.[77]

Das Unglück der kontinentalen Parteien, die ohnehin von der Macht und dem Staat grundsätzlich geschieden sind, war noch nicht einmal, daß sie in der Enge partikularer Interessen verstrickt blieben, sondern fing damit an, daß sie sich des »Materialismus« dieser Interessen schämten und daher zu beweisen trachteten, daß die jeweiligen, besonderen Interessen einer Klasse oder Gruppe haargenau mit dem Gesamtinteresse der Nation oder gar dem Interesse der ganzen Menschheit übereinstimmten. So gab sich die konservative Partei nicht damit zufrieden, die Interessen der Grundeigentümer zu vertreten, für die sie gegründet worden war, sondern verbreitete eine Weltanschauung, derzufolge Gott den Menschen nur dazu erschaffen hat, im Schweiße seines Angesichts die Erde zu bestellen. Das gleiche gilt für die Fortschrittsideologien der Mittelstandsparteien, in denen die wirtschaftliche Expansion der Bourgeoisie sich mit dem Fortschritt der Geschichte überhaupt verquickte, oder für die Ausrufung des Proletariats zum Führer der Menschheit durch die Arbeiterparteien. Diese verlogenen Kombinationen engster Interessen und allgemeinster Weltanschauungen sind nur scheinbar paradox. Da diese Parteien ihre Mitglieder nicht zum Zwecke der Machtübernahme organisierten, sondern eigentlich nur private Individuen mit privaten Interessen vertraten, so hatten sie schließlich für alle Arten privater Bedürfnisse Sorge zu tragen, für die geistigen wie für die materiellen. Der Hauptunterschied zwischen der angelsächsischen und der kontinentalen Partei ist daher, daß die eine eine politische Organisation von Bürgern, also von Menschen in ihrer öffentlich-politischen Kapazität, ist, die, um überhaupt handeln zu können, sich zusammenschließen müssen,[78] während die andere erst einmal ein Verein privater, an öffentlichen Angelegenheiten gar nicht interessierter Individuen ist, die den Schutz gemeinsamer Interessen von der politischen Macht fordern und zu einem politischen Faktor nur dadurch werden, daß zahlenmäßig viele solcher Individuen sich vereinigt haben. Das englische Parteimitglied identifiziert sich und seine Partei mit der Macht und der Verantwortung für das politische Schicksal der Nation; das kontinentale Parteimitglied wünscht, daß seine Partei es gegen andere Ansprüche und gegen die Regierung schützen möge, der es doch auf der anderen Seite die Verantwortung für die Nation überläßt.

Dem kontinentalen Vielparteiensystem entspricht eine Staatsauffassung, derzufolge es im Wesen des Bürgers liegt, sich dem Staate gegenüber nicht als Parteimitglied zu verhalten, sondern in einer individuellen, unorganisierten Beziehung zu verbleiben; der Bürger ist entweder »Staatsbürger« oder Parteimitglied, entweder unorganisiertes Mitglied eines wesentlich öffentlichen Apparates oder organisiertes Mitglied einer wesentlich privaten Vereinigung.[79] Als Staatsbürger gerade ist er an den eigentlichen Staatsgeschäften ganz unbeteiligt außer in Zeiten nationaler Not, wenn der Staat seine Bürger als Soldaten einzieht. Dies war das unglückliche Ergebnis der Transformation des Citoyen der Französischen Revolution in den Bourgeois des neunzehnten Jahrhunderts und des hieraus sich entwickelnden Gegensatzes zwischen Staat und Gesellschaft. Die Folge war, daß die Deutschen dazu neigten, Patriotismus mit Gehorsam und Aufgabe der eigenen Interessen zu verwechseln, während die Franzosen begannen, sich mit begeisterten Schwärmereien am Phantom eines »ewigen Frankreich« zu berauschen. In beiden Fällen bedeutete Patriotismus das Aufgeben der eigenen Partei und der partikulären Interessen zugunsten des Staates und des nationalen Interesses. Solche nationalistischen Deformationen waren in einem System, das politische Parteien nur als Ausdruck privater Interessen kannte, fast unvermeidlich, da das Allgemeinwohl und Gesamtinteresse abhängig wurde von dem Gewalt- und Machtmonopol des Staates auf der einen und von dem Opfermut des Volkes auf der anderen Seite, und der Opfermut privater Individuen konnte natürlich nur durch Aufpeitschung nationaler Leidenschaften mobilisiert werden. Dieser Gegensatz zwischen privaten und nationalen Interessen, der für den kontinentalen Nationalstaat entscheidend war, hat in England niemals die gleiche Rolle gespielt.[80] Je mehr das kontinentale Parteiensystem das gesellschaftliche Klassensystem reflektierte, desto dringender bedurfte die Nation des Nationalismus, des volkstümlichen Ausdrucks gesamtnationaler Interessen; diesen Nationalismus gerade konnte England mit seiner direkten Regierung durch Partei und Opposition entbehren.

Es ist einleuchtend, daß die Nachkriegsbewegungen, die erst einmal auf Machtergreifung und die Etablierung von Parteidiktaturen ausgerichtet waren, einen günstigeren Boden auf dem Kontinent als in England fanden. Es ist leichter, die Macht zu ergreifen, wenn es sich um einen Staatsapparat handelt, der über den Parteien und damit über den Bürgern schwebt, als wenn dieser Apparat sich in den Händen einer Parteiorganisation befindet, deren Mitglieder sich als die legitimen Eigentümer der Staatsmacht betrachten. Auch kann die »Machtpropaganda« der Bewegungen, die ohne die weltanschauliche Mystifizierung der Macht nicht möglich ist, nur dort gedeihen, wo die Bürger von der Macht in der Tat getrennt sind, so daß sie ihnen entweder, wie in bürokratisch beherrschten Ländern, als etwas gegenübertritt, was sich ihrem Verständnis von vornherein und prinzipiell entzieht, oder, wie in Rechtsstaaten, als die Gewalt, welche notwendig ist, Gesetze zu vollstrecken, und die gerade darum unparteiisch und dem Zugriff wie der aktiven Erfahrung der »Staatsbürger« entzogen bleiben muß.

Mit dieser Machtfremdheit, die trotz aller Demokratisierung die politischen Lebensformen der kontinentalen Staaten geformt hat, hängt die so außerordentliche Entfremdung des Volkes von seiner Regierung, die sich im Haß auf das Parlament und alle politischen Institutionen äußerte, eng zusammen. Der Prozeß dieser Entfremdung verlief in Frankreich und den anderen westlichen Demokratien anders als in Zentraleuropa und in Deutschland. In Deutschland, wo der Staat geradezu dadurch definiert war, daß er über den Parteien stand, wurde von Parteiführern erwartet, daß sie ihre Treue zur Partei in dem Augenblick aufgaben, wo sie ein Staatsamt bekleideten und Minister wurden. Untreue zur eigenen Partei war gewissermaßen die erste Pflicht des Staatsbeamten.[81] In Frankreich, wo seit der Dritten Republik eine Koalitionsregierung auf die andere mit solcher Rapidität gefolgt ist, daß man von einer Regierung kaum noch sprechen kann, sind die Parteien gewissermaßen mit dem Staat fertig geworden, ohne daß es gelungen wäre, das Parteiensystem so umzuorganisieren, daß es regierungsfähig geworden wäre. Die Regierungen sind dort nichts anderes als der

Ausdruck der ewig wechselnden Stimmungen eines Parlaments, das seinerseits wiederum direkt von den Wählermassen und damit von der ewig wechselnden öffentlichen Meinung abhängig ist. Entscheidend war das Parlament und nicht die Regierung, und das Parlament war nicht regierungsfähig. In Deutschland fand das Umgekehrte statt. Der Staat blieb das eigentliche Machtorgan, und das Parlament wurde zum Schauplatz widerstreitender Interessen und Meinungen, deren praktische Bedeutung für die Führung der Staatsgeschäfte höchst fragwürdig war; das Parlament wurde zur »Schwatzbude«. Mit anderen Worten: In Frankreich haben die Parteien den Staat lächerlich gemacht, in Deutschland machte der Staat die Parteien lächerlich.

Wie immer der Prozeß der Entfremdung von Volk und Regierung verlaufen mochte, das parlamentarische Parteiensystem ist seit Ende des vorigen Jahrhunderts offenbar ständig im Niedergang begriffen und gilt in der Volksmeinung mehr und mehr als eine kostspielige und eigentlich unnötige Institution. Das Phänomen, daß jede Gruppe, die außerhalb des Parlaments mit einem Programm »jenseits von Parteien- und Klasseninteressen« auftritt, die Chance echter Popularität hat, ist mehr als fünfzig Jahre alt. Daß diese Gruppen dem Allgemeinwohl dienten und zur Führung der Staatsgeschäfte geeigneter sein würden als das parlamentarische Parteiensystem, war freilich nur ein Schein; sie alle verfolgten in Wahrheit nur das Ziel, ihr eigenes partikulares Interesse an die Stelle der vielen, widersprechenden Interessen der Klassengesellschaft zu setzen und in Form der Parteidiktatur die Macht, also den Staatsapparat zu ergreifen. Solch eine Parteidiktatur, die sich aus dem Vielparteiensystem unter Umständen als eine Lösung der Regierungsschwierigkeiten von Koalitionsregierungen ergibt, war die faschistische Diktatur Mussolinis in Italien, die, solange sie von der Nazidiktatur in Deutschland verhältnismäßig unabhängig blieb, also bis 1938, noch keine eigentlich totalitären Züge trug. Sie bestätigte die alte Einsicht, daß eine Demokratie verhältnismäßig leicht in eine Diktatur umschlagen kann; aber dieser Umschlag hat wenig mit dem modernen Phänomen einer totalen Herrschaft zu tun. Daß man die Machtergreifung der Nazis mit einer solchen Parteidiktatur ohne weiteres zumeist gleichsetzte, zeigt nur, wie sehr man in alten Formen der Politik dachte und wie wenig man auf das, was wirklich folgen sollte, vorbereitet war. Typisch modern an der faschistischen Parteidiktatur ist nur, daß auch hier die Partei bereits behauptete, eine Bewegung zu sein; daß sie das in Wahrheit nicht war, sondern das Schlagwort »Bewegung« nur usurpierte, um Massen zu ergreifen, zeigte sich, sobald sie sich des Staatsapparats bemächtigte, ohne einschneidende Veränderungen in ihm vorzunehmen, und sich damit begnügte, alle Beamtenstellen mit Parteimitgliedern zu besetzen. Durch die Identifizierung der Partei mit dem Staat, welche die Nazis wie die Bolschewisten immer sorgfältig vermieden haben, wurde gerade das Bewegungselement der Partei stillgelegt und an die an sich stabile Struktur des Staates gebunden.

Obwohl die totalitären Bewegungen und ihre Vorläufer, die Panbewegungen, von vornherein auf die Zerstörung des Staates abzielten und die Übernahme des Staatsapparates, wie ihn die »über den Parteien stehenden« Parteien erstrebten, nur als eine notwendige Etappe betrachteten, fanden die Nazis es vorteilhaft, so lange wie möglich so zu tun, als seien sie wirklich nichts als folgsame Schüler des italienischen Faschismus. Auf diese Weise sicherten sie sich die Unterstützung der Kreise des Großkapitals, die bereits hinter den imperialistischen Gruppierungen gestanden hatten und die NSDAP mit diesen, oft von ihnen selbst ins Leben gerufenen Vereinen und Verbänden verwechselten.[82] Es war für die Nazis sehr wichtig, von dem imperialistischen Teil des Großkapitals für Imperialisten alten Stiles gehalten zu werden, und es war für Hitlers Laufbahn entscheidend, daß er in diesen Kreisen die Rolle des altbekannten Diktators zu spielen wußte, der sich von partikulären Interessen in den Sattel helfen ließ, um dann als die Kreatur seiner Geldgeber zum Vorteil ihrer und zum Nachteil aller anderen Klassen zu regieren. So konnte es scheinen, als tue Hitler nichts anderes, als die alldeutsche Bewegung zu reorganisieren und ihr eine Massenbasis zu verschaffen, die sie bis dahin niemals gehabt hatte.

Daß man mit dem Imperialismus überseeischer oder kontinentaler Art keine Massenbewegung organisieren kann und sicher nicht in einem Lande, wo imperialistische Expansionsträume immer nur mit Fehlschlägen geendet hatten, war nach dem Ersten Weltkrieg politisch bereits erwiesen. Mit der Anklage der demokratischen Institutionen des Nationalstaates, mit einem hochmütigen Verwerfen der Klasseninteressen als des realen Fundaments des Parteiensystems war es nicht getan; gerade das letztere entzog diesen Gruppen nur das Maß an Zugkraft, mit dem gewöhnliche Parteien immer noch rechnen konnten. Gerade nach dem Kriege erwies sich, daß alle diese kleinen hypernationalistischen Gruppen trotz aller hochtrabenden Phrasen keine wirkliche Ideologie, ja, nicht einmal eine Weltanschauung, die es mit den älteren Parteien hätte aufnehmen können, besaßen. Als die Alldeutschen, vor allem Ludendorff und seine Frau, dies nach der Niederlage einsahen und gutzumachen versuchten, blieben sie, trotz ihrer bemerkenswerten Fähigkeiten, an die abergläubischen Instinkte der Massen zu appellieren, erfolglos, weil sie an einer überholten Staatsvergottung festhielten und nicht verstanden, daß in Mitteleuropa jedenfalls die Massen gar nicht so sehr daran interessiert waren, die »überstaatlichen Mächte« – Jesuiten, Juden und Freimaurer – durch einen gewalttätigen Staatsapparat zu vernichten, als daran, sich selbst als eine solche »überstaatliche« Macht zu organisieren.[83] Diese Gruppen waren die eigentlichen Faschisten Deutschlands, und wenn Hitler zu Beginn sich auch mit ihnen verbündete, wo immer er konnte, so hatten sie doch nach der Machtergreifung nichts mehr zu melden.

Nicht in Deutschland und nicht in den zentraleuropäischen

Ländern, wohl aber in einigen lateinischen Staaten, wie Italien, Spanien und Portugal, also überall da, wo die Macht der Kirche die nationale Emanzipation verhindert oder doch verzögert hatte, konnte man, gerade weil man noch mit dem alten Konflikt zwischen Staat und Kirche zu rechnen hatte, mit einer chauvinistisch gefärbten Staatsvergottung an Massen appellieren. Daß der anfänglich heftige antiklerikale Tenor des faschistischen Nationalismus sich rasch milderte, um in Italien einem Modus vivendi und in Spanien und Portugal einem regelrechten Bündnis mit der Kirche Platz zu machen, ist unter anderem dem geschuldet, daß der faschistische Staat eben totalitäre Tendenzen nicht hatte und daher ein religiöses Eigenleben sehr gut dulden konnte und daß andererseits die Kirche sehr gut begriff, daß der Faschismus im Prinzip weder totalitär noch antichristlich war, sondern lediglich die Trennung von Staat und Kirche, die in allen Nationalstaaten längst existierte, etwas verspätet durchführte.

Die zentrale politische Idee des Faschismus ist die Vorstellung von einem korporativen Staat. Was Mussolini in seinen Versuchen in Italien eigentlich bezweckte, war, einen Nationalstaat zu errichten, der nicht dauernd von einer in Klassen aufgespaltenen Gesellschaft gefährdet sein würde, sondern wo der Widerspruch zwischen Staat und Gesellschaft durch die »Verstaatlichung« der Gesellschaft, durch die Einbeziehung des gesamten Volkes in den Staatsapparat aufgelöst werden würde.[84] Als die faschistische Partei sich des Staates bemächtigt und Staat und Parteiautorität miteinander verschmolzen hatte im Namen der Nation als Ganzem, ging sie dazu über, das »Volk zu einem Teil des Staates« zu machen. Das aber besagt nicht, daß der Faschismus sich über den Staat stellte oder daß seine Führer meinten, sie ständen über der Nation. Was die Faschisten anlangte, so war die Bewegung zu ihrem Ende gekommen mit der Machtergreifung, jedenfalls was die Innenpolitik anlangte; »bewegen« konnte sich die Bewegung nun nur außenpolitisch im Sinne imperialistischer Expansion und typisch imperialistischer Abenteuer. Die Nazis haben sich von dieser faschistischen Form der Diktatur, in der die »Bewegung« nur dazu dient, die Partei an die Macht zu bringen, bereits vor der Machtergreifung deutlichst distanziert, und zwar dadurch, daß sie die Partei bewußt dazu benutzten, »die Bewegung vorwärts zu treiben«, die ihrerseits, im Gegensatz zur Partei, keine »bestimmten, fest umrissenen Ziele« haben darf.[85]

Der Unterschied zwischen der faschistischen und den totalitären Bewegungen kommt am sinnfälligsten zum Ausdruck in ihrer Stellung zur Armee, also der nationalen Institution *par excellence.* Im Gegensatz zu den Nazis und den Bolschewisten, die den Geist der Armee zerstörten, indem sie sie den politischen Kommissaren oder totalitären Eliteformationen unterstellten, haben die Faschisten immer nur versucht, sich mit der Armee ebenso zu verschmelzen, wie sie es mit dem Staatsapparat getan haben. Sie wollten einen faschistischen Staat und eine faschistische Armee, aber immer noch eine Armee und einen Staat, nur in Nazideutschland wie in Sowjetrußland wurden Armee und Staat zu untergeordneten Funktionen der Bewegung. So ist die Einparteidiktatur des Faschismus innerlich noch dem Vielparteiensystem verbunden, in dessen Rahmen der faschistische – aber weder der Nazi- noch der bolschewistische – Diktator ein Usurpator im Sinne der klassischen politischen Theorie ist. Hier ist das durchgeführt, was die imperialistischen Verbände und »überparteilichen Parteien« im Sinn gehabt haben. Praktisch läuft der Versuch, das Volk als einen Teil des Staates zu organisieren, nur darauf hinaus, daß die Bürger nun dauernd als jene »Staatsbürger« und »Patrioten« zu existieren haben, als welche sie der Nationalstaat nur in Zeiten der Not und der *»union sacrée«* mobilisierte.[86]

Es gibt keine Bewegungen ohne Staatsfeindschaft, und diese war den Alldeutschen in der relativen Stabilität Vorkriegsdeutschlands so gut wie unbekannt. Die Bewegungen entstanden in Österreich-Ungarn, wo es für die unterdrückten Nationalitäten eine

Frage des Patriotismus war, staatsfeindlich zu sein, und wo Parteien, mit Ausnahme der Sozialdemokratie (der einzigen wirklich österreichisch-loyalen Partei neben den Christlich-Sozialen), nicht nach Klassen, sondern nach Nationalitäten organisiert waren. Dabei liefen ökonomische und nationale Interessen weitgehend parallel, weil die wirtschaftliche und gesellschaftliche Stellung von der Nationalitätszugehörigkeit abhing. Dabei ergab sich ganz von selbst, daß der Nationalismus, der im Nationalstaat das verbindende Element zwischen den Angehörigen verschiedener Klassen und Parteien gewesen war, hier gerade umgekehrt zum organisierenden Prinzip der Parteien wurde. Abgesehen davon, daß sich hierdurch die zentrifugalen Tendenzen der Nationalitäten unmittelbar auf die Parteien übertrugen und sie unfähig machten, sich im Sinne des Vielparteiensystems als Teile eines Ganzen zu fühlen, ist der Nationalismus überhaupt gerade für Parteienbildung im Sinne des neunzehnten Jahrhunderts außerordentlich ungeeignet, da er nur ein Gefühl der Zusammengehörigkeit erzeugen, aber niemals zu eigentlichen Zielen und Parteiprogrammen kommen konnte, es sei denn, die Parteien proklamierten als ihr Ziel die Zerstörung des Staates. Dies haben die Panbewegungen in der Tat getan und haben dabei entdeckt (lange bevor die Nazis sich rühmten, eines Programmes gar nicht zu bedürfen), daß für den Appell an die Massen eine allgemeine Stimmung und ein vages Gefühl der Zusammengehörigkeit unter Umständen weit bedeutsamer sein konnte als Interessenvertretung, Richtlinien, Parteiprogramme und Plattformen. Für eine Bewegung jedenfalls gibt es nur eine Sache, die zählt, und das ist, daß sie beständig in Bewegung bleibt. Dies haben die Nazis sehr genau gewußt, als sie die vierzehn Jahre Weimarer Republik als die »Systemzeit« kennzeichneten, wobei sie in der Wortwahl bereits anzeigten, daß auf eine bewegungslose und undynamische Epoche eine »Ära der Bewegung« anbrechen werde.

Für eine Bewegung ist, selbst wenn sie im Sinne der Einparteidiktatur sich des Staatsapparats bemächtigt hat, der Staat immer ein Hindernis für die ständig wechselnden Bedürfnisse der sich bewegenden Bewegung. Selbst ihre eigene Parteidiktatur ist ihr im Wege, und sie wird sie zerschlagen um der Bewegung willen. Erst die Bewegung in ihrer totalitären Form erkennt wirklich keine Autorität neben und über sich.

Praktische Bedeutung gewann die Staatsfeindlichkeit der Bewegungen, als nach dem Ersten Weltkrieg das Parteiensystem aufhörte, normal zu funktionieren, weil das Klassensystem, auf dem es beruhte, unter dem Druck der durch die Ereignisse deklassierten Massen einzufallen begann. Davon konnten zwar nicht mehr die Panbewegungen profitieren, die im Zusammenbruch des zaristischen Rußland und Österreich-Ungarns mit untergegangen waren, wohl aber ihre totalitären Nachfolger, die in wenigen Jahren so sehr die Bühne der Politik beherrschten, daß alle anderen Parteien sich an ihnen negativ orientierten und entweder antifaschistisch oder antikommunistisch oder beides zugleich wurden. Die prätotalitäre Atmosphäre ist parteipolitisch durch diese »negativen Majoritäten« gekennzeichnet.[87] Dadurch, daß die Parteien sich diese negative Haltung aufzwingen ließen, erkannten sie bereits an, nicht nur, daß das Gesetz des Handelns nicht mehr bei ihnen lag, sondern, daß auch sie aufgehört hatten, partikuläre Klasseninteressen zu vertreten, und statt dessen zu Verteidigern des Parteisystems als solchem, des Status quo überhaupt geworden waren. Inzwischen zogen die Bewegungen alles, was immer schon parteifeindlich gewesen war, mit großer Geschwindigkeit an sich; dies ging in Deutschland mit der Gleichschaltung der Alldeutschen und in Österreich mit der der Pangermanisten sehr schnell; aber auch die Panslawisten aller Länder haben sich schließlich überzeugen lassen, daß aus der Oktoberrevolution eine »Bewegung« entstanden war, und sie haben sich schließlich während des Krieges Stalin von ganzem Herzen angeschlossen. Daß weder der Bolschewismus noch der Nazismus im Grunde an das völkische

Prinzip glaubten, sondern es nur als Propagandamaterial handhabten, daß die totalitären Bewegungen sehr schnell über die Panbewegungen hinauswuchsen und in diesem Prozeß ihre alldeutschen oder panslawistischen Anhänger bitter enttäuschten, ist eine andere Sache.

Der Zerfall des kontinentalen Parteiensystems war begleitet von einem weniger dramatischen, aber nicht weniger unaufhaltsamen Verlust an Prestige für den Staat selbst. Hierzu trugen die neuen, durch Weltkrieg und Revolutionen ausgelösten Wanderbewegungen nicht wenig bei, welche die nationale Homogenität der europäischen Nationalstaaten wesentlich gefährdeten. Dies machte sich besonders in Frankreich fühlbar, das nicht nur zwischen den beiden Weltkriegen die größte Anzahl politischer Flüchtlinge aufnahm, sondern, was viel wesentlicher war, nach dem Ersten Weltkriege von ausländischen Arbeitskräften abhängig wurde. Daß ungeachtet des faktischen Einströmens von Ausländern nach Frankreich die französische Einwanderungspolitik unverändert fremdenfeindlich blieb, diente zwar immer noch nationalen, aber keineswegs mehr wirtschaftlichen Belangen, und die offensichtliche Diskrepanz zwischen offizieller Politik und faktischen Zuständen zeigte nur zu deutlich, daß der Nationalstaat außerstande war, auch nur die entscheidenden innenpolitischen Probleme der Zeit auf seine Weise zu lösen.[88] Noch schwerer fiel ins Gewicht, daß die Friedensverträge von 1919, durch die man versucht hatte, in Ost- und Südosteuropa Nationalstaaten nach westlichem Muster zu etablieren, damit geendet hatten, daß die »Staatsvölker« oft noch nicht einmal die absolute Mehrheit der Bevölkerung ausmachten, sondern an Zahl von ihren kombinierten »Minderheiten« übertroffen wurden. Es war, als hätte die Liquidation des österreichisch-ungarischen Nationalitätenstaates nur dem Zwecke gedient, einen ganzen Rattenschwanz ähnlicher Experimente im Zwergformat nach sich zu ziehen, was die Probleme natürlich außerordentlich verschärfte. In allen diesen Sukzessionsstaaten war für Parteibildungen die Nationalität ausschlaggebend, mit Ausnahme der kommunistischen Partei, die nun eine ähnliche Rolle spielte wie die sozialdemokratische im alten Österreich-Ungarn.[89] In anderen Ländern, wo die Organisation der Nation und die Struktur der Parteien weder durch Einwanderung noch durch das Nationalitätenproblem in Frage gestellt waren, stellten sich Inflation und Arbeitslosigkeit ein, die im Endeffekt den Zusammenbruch der Klassengesellschaft bewirkten. Dies war vor allem in Deutschland der Fall.

In den Jahrzehnten zwischen den beiden Weltkriegen hatten die Bewegungen den großen Vorteil, daß sie nicht an Klassen und Klassenbewußtsein appellierten und daß sie prinzipiell staatsfeindlich waren. Die faschistische und Nazipropaganda gegen das Klassensystem, das kurzerhand für eine marxistische Erfindung erklärt wurde, war so erfolgreich, daß selbst die kommunistische Bewegung, ungeachtet ihrer marxistischen Ideologie, sich veranlaßt sah, die eigentliche Klassenpropaganda aufzugeben und, unter dem Vorwand einer Verbreiterung der Massenbasis, die »Volksfrontpolitik« einführte, durch die sie nun ebenfalls an Massen sich wenden konnte und nicht mehr auf die Arbeiterklasse und ihre Sympathisierenden beschränkt war. Diese Massen, die klassenmäßig nicht mehr einzuordnen waren und sich aus Deklassierten aller Gruppen zusammensetzten, waren in Europa ein durchaus neues Phänomen, und keine der alten Parteien war darauf eingerichtet, sie bei sich aufzunehmen oder auch nur ihre numerische Bedeutung und den ihnen zugehörigen neuen Führertypus richtig einzuschätzen. Die Parteien, und nicht nur der Staat und das Parlament, hatten die Beziehung zum Volk verloren; in den neuen Republiken fühlten sie sich ihrer Position im Parlament so sicher und durch die Ministerien, die sie besetzten, dem Staatsapparat so nahe, daß sie sich ihren eigenen Wählermassen mehr und mehr entfremdeten. Im Gegensatz zu dem Volk waren sie staatsgläubiger denn je, fest überzeugt davon, daß der Staatsapparat der entscheidende Faktor des politischen Lebens sei und die Armee in allen etwa eintretenden inneren Krisen eben doch den Ausschlag geben würde. Inzwischen wuchsen überall in Europa paramilitärische Organisationen heran, die in schwarzen, braunen, roten und blauen Hemden das tägliche Leben unsicher machten und in allen innerpolitischen Auseinandersetzungen bereits eine wesentliche, von der Polizei kaum behelligte Rolle spielten.

Je stärker der Druck der außerparlamentarischen Bewegungen auf das alte Parteiensystem wurde, desto mehr verschwand der Gegensatz zwischen den Parteien und dem Staat, der für die alten Parteien eine Lebensbedingung gewesen war. Die Parteiführer mochten sich dieser neuen Harmonie erfreuen und glauben, daß ihnen aus der engen Beziehung zum Staatsapparat sogar große, neue Machtmöglichkeiten erwuchsen. In Wahrheit war der Staat durch den Druck der revolutionären Bewegungen ganz genauso bedroht wie das Parteiensystem, und die neue Harmonie hatte mit Macht gar nichts zu tun, wohl aber sehr viel mit der Tatsache, daß der Staat es sich einfach nicht mehr leisten konnte, seine über innere Kämpfe erhabene Stellung und die damit verbundene Unpopularität beizubehalten. Damit hing zusammen, daß auch die Armee nicht nur nicht mehr den Ausschlag gab, sondern nicht einmal mehr ein verläßliches Bollwerk gegen revolutionäre Unruhen war, und zwar nicht weil sie revolutionärer Sympathien verdächtig war, sondern weil sie von dem Macht- und Prestigeverlust des Nationalstaates natürlicherweise mit betroffen und ihrer Position im Staatsapparat nicht mehr sicher war. Dies wurde aller Welt durch die Duldung der paramilitärischen Formationen und ihrer Uniformen, die ja das höchste Privileg der Armeen dargestellt hatten, demonstriert. Aber gezeigt hatte sich diese innere Schwäche bereits im Frankreich des neunzehnten Jahrhunderts, wo die Armee sich zweimal geweigert hat, der zivilen Regierung in einer Krisenzeit zu helfen, und wo sie beide Male doch nicht daran dachte, die Macht selbst zu ergreifen und eine Militärdiktatur zu errichten. Dies ereignete sich das erste Mal unmittelbar nach der Revolution von 1848, als die Armee der »Gesellschaft des 10. Dezember« erlaubte, Napoleon III. an die Macht zu bringen, und das zweite Mal, als sie während der Dreyfus-Affäre gegen die Regierung konspirierte, aber die Macht, die damals wirklich auf der Straße lag, nicht ergriff. Da sich dies beides in Frankreich ereignete, der Nation *par excellence,* kann man sagen, daß damals bereits die Armee die ihr vom Nationalstaat zugeschriebene Funktion und Position selbst liquidiert und sich aus dem politischen Kräftespiel selbst ausgeschaltet hat. Die Neutralität der Armee, ihre Bereitwilligkeit, jedem Herren, auch einem Usurpator, zu dienen, bedeutete für den Staat einen so ungeheuren Machtverlust, ganz zu schweigen von der Einbuße an Prestige, daß ihm nun wirklich nur noch der »vermittelnde Ausgleich zwischen den organisierten Parteiinteressen [übrig blieb]. Er stand nicht mehr über, sondern zwischen den Schichten der Gesellschaft«.[90] Damit hatte sich eine Situation ergeben, in der Parteien und Staat gemeinsam den Status quo gegen die revolutionären Bewegungen verteidigten, ohne zu merken, daß diese gemeinsame Verteidigung bereits deutlichst anzeigte, wie sehr der Status quo sich geändert hatte.

Es wird jetzt oft vergessen, daß bei Ausbruch des Zweiten Weltkrieges die meisten europäischen Länder das Parteiensystem abgeschafft hatten und daß dieser revolutionäre Wechsel fast immer ohne revolutionären Aufstand vonstatten gegangen war. Wo es zu revolutionären Aktionen kam, sahen sie theatralischen Spektakeln sehr viel ähnlicher als ernstgemeinten Kämpfen um die Macht; dies gilt vor allem für den mit ein paar tausend fast unbewaffneten Leuten inszenierten »Marsch auf Rom«, der eher der Zelebration nach einer Tat als einer erkämpften Machtübernahme glich. Im Grunde vollzog sich damals in Italien auch nicht viel anderes als mehr als ein Jahrzehnt später in Polen, wo die Abschaffung des Parteiensystems ohne alles Tamtam vor sich ging, einfach dadurch, daß ein sogenannter »parteiloser Block« mit einem halbfaschistischen Programm und einer aus Adligen und Bauern, Arbeitern und Kapitalisten, Katholiken und orthodoxen Juden rekrutierten Mitgliedschaft auf legale Weise zwei Drittel der Parlamentssitze gewann.[91]

Wie brüchig das Parteiensystem überall in Europa war, offenbarte sich in eklatanter Weise durch Hitlers Machtübernahme. In Frankreich änderten sich über Nacht die Programme aller Parteien ebenso radikal wie ihre Beziehungen untereinander. Die französische Rechte, traditionell antideutsch und militaristisch, wurde plötzlich zum Vorkämpfer eines Friedens um jeden Preis und der sofortigen Verständigung mit Hitlerdeutschland, während die Linke, bis dahin pazifistisch und verständigungsbereit, sich mit gleicher Geschwindigkeit die nationalistische Phraseologie der Rechten aneignete. Die Rechte, die gestern noch den linken Pazifismus als nationalen Verrat angeprangert hatte, denunzierte den linken Flügel nun als eine Partei von Kriegshetzern, während umgekehrt die Linke der Rechten vorwarf, Frankreich zu verraten. Aber dies sind Äußerlichkeiten, die man dadurch erklären könnte, daß die Bewegungen eben durch ihre ideologische Politik eine Neu- und Umorientierung der alten Parteien notwendig gemacht hatten. Viel charakteristischer war, daß jede Partei ihre Kriegs- und ihre Friedensfraktion hatte und daß, wenn es zu den wichtigen politischen Entscheidungen kam, sie sich alle gleichermaßen in Antifaschisten auf der einen und Profaschisten auf der anderen Seite aufspalteten.[92] Keine der Parteien konnte einheitliche Beschlüsse fassen und keine konnte damit rechnen, daß ihre Vertreter im Parlament sich nach Parteibeschlüssen richten würden. Die sogenannte Linke war nur scheinbar antifaschistisch und die sogenannte Rechte keineswegs einig in ihren Friedensbemühungen mit Hitler. Es bedurfte keines Betruges und keiner schlauen Manöver, um diese Situation auszunutzen; die Nazis hatten freie Wahl unter allen Parteien, als sie darangingen, ihre

Quislingregime zu etablieren. Es gab keine Partei, die nicht Kollaborateure produzierte.

Überall stand diesem Verfall der älteren Parteien die geschlossene Einheitlichkeit der faschistischen und kommunistischen Bewegungen gegenüber, eine Einheitlichkeit, die zudem nicht auf ein Land beschränkt war, sondern im internationalen Maßstab funktionierte. Wenn Deutschlands und Italiens faschistische Regierungen angriffslustig waren und zum Krieg rüsteten, konnten sie sich darauf verlassen, daß ihre Kollegen in anderen Ländern pazifistisch wurden und den Frieden um jeden Preis predigten. Solange Sowjetrußland das deutsche Naziregime bekämpfen wollte, konnten die Bolschewisten sich darauf verlassen, daß ihre kommunistischen Parteien überall den Krieg um jeden Preis, selbst um den Preis des nationalen Ruins propagieren würden. Als Rußland mit Deutschland den Nichtangriffspakt von 1939 gezeichnet hatte, konnten die Kommunisten sofort Pazifisten werden, und als knapp zwei Jahre später Rußland durch den deutschen Angriff in den Krieg gezogen wurde, konnten sie wieder schwenken, und ihre Mitgliedermassen in allen Ländern bildeten von da an den eigentlichen militanten Kern aller Resistancebewegungen. Die Nazis bewiesen während der Dauer des Nichtangriffspaktes, daß sie die faschistische Bewegung Europas genauso hin und her werfen konnten wie die Bolschewisten die kommunistische. Eine Propaganda, die durch Jahrzehnte hindurch den Massen eingeredet hatte, daß der Kern der faschistischen Ideologie der Antibolschewismus sei (was niemals der Wahrheit entsprochen hatte), konnte sich über Nacht umstellen, alle diesbezüglichen Schlagworte fallenlassen und sogar entdecken, daß man nur auf verschiedenen Wegen die gleiche revolutionäre Neuordnung der Welt erstrebe. Mit anderen Worten, während es kaum noch eine politische Frage von irgendwelcher Bedeutung gab, in welcher die älteren Parteien nicht gespalten waren, gab es keine noch so opportunistische oder plötzliche Wendung der Politik, welche die Anhänger der Bewegungen nicht einheitlich und geschlossen mitzumachen bereit waren.

Der Zusammenbruch des Parteiensystems, den Hitlers Machtübernahme in allen noch parlamentarisch und demokratisch regierten Ländern Europas so eklatant offenbarte, hatte sich in Deutschland bereits vor 1933 ereignet. Bei der letzten Präsidentenwahl im Jahre 1932 war dieser Zusammenbruch bereits eine vollendete Tatsache. Das ging aus den völlig neuen und sehr komplizierten Formen hervor, in welchen sich dieser Wahlkampf abspielte. Da war erst einmal die merkwürdige Wahl der Kandidaten selbst. Zwar lag es in der Natur der Sache, daß die beiden, das »System« revolutionär bekämpfenden Bewegungen ihre eigenen Kandidaten – Hitler und Thälmann – aufstellten, aber es lag keineswegs in der Natur des Vielparteiensystems, daß alle anderen Parteien sich auf einen Kandidaten einigen konnten. Daß die Wahl dann auf den »greisen Feldmarschall« fiel, der jene unvergleichliche Popularität genoß, die seit den Zeiten Mac-Mahons die im Felde geschlagenen Generäle in der Heimat zu erwarten scheint, ist nicht nur komisch. Es zeigt, daß den alten Parteien nichts so sehr am Herzen lag, als sich mit dem Staat zu identifizieren, mit dem Staat über den Parteien, und sie griffen für die Identifikation natürlicherweise auf die Armee zurück, in der sie immer noch das größte Symbol des Nationalstaates sahen. Damit aber hatten sie selbst das Parteiensystem, das von jeder Partei Parteiischkeit und Distanz vom Staat verlangte, aufgegeben. Und dies natürlich nicht ohne Grund. In der Tat waren angesichts der Bewegungen die alten Unterschiede zwischen den Parteien belanglos geworden, und die Interessen, die jede von ihnen zu vertreten behauptete, waren längst in den Schatten gestellt von dem einen beherrschenden Interesse, das ihnen allen gemeinsam war, dem Interesse an der eigenen Existenz. In einem Kampf, in dem ihrer aller Existenz auf dem Spiel stand, entschlossen sie sich, gemeinsam den Status quo zu verteidigen, der ihnen wenigstens das Existenzminimum garantierte. So wurde Hindenburg zum Symbol des Staates *und* des Parteiensystems, während Hitler und Thälmann sich um die Repräsentation der Massen stritten.

So bezeichnend wie die Kandidaten waren die Wahlplakate. Die Kandidaten selbst, ihre Verdienste und Versprechungen, spielten bei ihnen kaum eine Rolle, sondern nur die Funktion, die ihnen in der politischen Gesamtsituation zukam. Die sozialdemokratischen Plakate für Hindenburg erklärten: »Wer für Thälmann stimmt, stimmt für Hitler«, und erwähnten Hindenburgs Namen noch nicht einmal. Die Rechte spielte das gleiche Spiel, wenn sie plakatierte: »Wer Hitler wählt, wählt Thälmann.« Vorausgesetzt wurde in beiden Fällen, daß sich der Wähler doch nur an den Bewegungen und ihren Kandidaten orientieren würde; er wurde gewarnt, seine Stimme einem aussichtslosen Kandidaten zu geben, was zur Folge haben könnte, daß gerade derjenige, den seine Bewegung zum Hauptfeind erklärt hatte, gewählt werden würde. Während also die Parteien selbst nur an der Aufrechterhaltung des Status quo interessiert waren, rechneten sie bereits mit Massen, die bereit waren, die Kandidaten zu bevorzugen, die eine revolutionäre Änderung versprachen und nur fürchteten, daß der Kandidat der ihnen nicht genehmen revolutionären Bewegung ans Ruder kommen und damit die Aussichten der eigenen Bewegung ein für alle Male zunichte machen würde. Nur in diesem Sinne glaubten sie, die Massen noch an der Aufrechterhaltung des Status quo interessieren zu können.

Im Gegensatz zu der Propaganda für Hindenburg, die sich an jene wandte, die aus den verschiedensten Gründen an der Aufrechterhaltung des Status quo interessiert waren, rechneten die Kandidaten der Bewegungen mit allen, die eine revolutionäre Änderung der bestehenden Zustände, die immerhin damals Arbeits- und Erwerbslosigkeit für die Hälfte des deutschen Volkes bedeuteten, um jeden Preis wollten, und zwar sowohl um den Preis der Zerstörung aller legalen Institutionen und der Eigentumsverhältnisse wie um den Preis, daß revolutionäre Gegenkandidaten der eigenen Bewegung an die Macht kämen. Als Hauptfeind von Hitler und Thälmann fungierte daher Hindenburg, und die Nazis plakatierten: »Wer Thälmann wählt, wählt Hindenburg«, und die Kommunisten antworteten: »Wer Hitler wählt, wählt Hindenburg.«

In diesen wohl einzigartigen Wahlkampfmethoden, auf die sich nun alle, Parteien wie Bewegungen, geeinigt hatten, zeigt sich, daß alle Welt wußte, die Wählermassen würden von Angst bestimmt zur Wahlurne schreiten, und diese Ängste – die Angst vor den Kommunisten, die Angst vor den Nazis, die Angst vor dem Status quo – würden sich irgendwie die Waage halten. In dieser chaotischen Atmosphäre, in der nun wirklich nur noch »negative Mehrheiten« möglich waren, waren alle die Faktoren, die sonst bei Wahlen den Ausschlag geben konnten, von der politischen Bildfläche verschwunden. Das Bündnis der Parteien zur Erhaltung des Status quo verwischte die Klassenstruktur der Gesellschaft, die die Anhänger der Parteien in ihren verschiedenen Parteiorganisationen festgehalten hatten, und die Mitgliedschaft der Bewegungen war ohnehin so heterogen, so dynamisch und fluktuierend in ihrer Zusammensetzung wie die Erwerbslosigkeit selbst.[93] Während sich im Parlament die Rechte und die Linke in die Arme sanken, beschäftigten sich die Nazis und die Kommunisten in größter Eintracht damit, auf den Straßen Berlins im Herbst 1932 gemeinsam den Transportarbeiterstreik zu organisieren.

Die Partei als ein integrierender Bestandteil des politischen Lebens ist sehr neuen Datums und hat sich offenbar nur in der Form des angelsächsischen Zweiparteiensystems bewährt. Vor dem neunzehnten Jahrhundert gibt es sie nur in England, die europäischen Parteien kommen erst nach den Revolutionen von 1848 ins politische Spiel. Als solche sind sie kaum vier Jahrzehnte lang ein unbestrittenes Instrument der nationalen Innenpolitik gewesen. Bereits im ausgehenden neunzehnten Jahrhundert begann eine Entwicklung, in welcher gerade die wichtigen innenpolitischen Ereignisse und Strömungen sich außerhalb des Parlaments und in Feindschaft zu dem Parteiensystem entwickelten. Um die Jahrhundertwende treffen wir bereits überall die imperialistischen Verbände an, die vorgeben, sich mit dem Willen der Nation als Ganzem zu identifizieren, und sich über die Parteien stellen, wiewohl diese Versuche sich erst nach dem Ersten Weltkrieg in den faschistischen Bewegungen verwirklichten. Gleichzeitig erwachsen den Parteien in den Panbewegungen Organisationen, die ihnen zwar nicht unmittelbar gefährlich wurden, die aber bereits darauf hinwiesen, daß weder der Staat noch die Partei im Sinne des Nationalstaates fähig war, die europäischen politischen Probleme in dieser Staats- und Herrschaftsform zu lösen.

Die totalitären Bewegungen schließlich, die von den Imperialisten die Partei- und von den Panbewegungen die Staatsfeindschaft übernahmen, aber deren positive Ziele, das Reich oder die völkisch verstandene Volksgemeinschaft, nur noch zu Zwecken der Propaganda benutzten, stellten sich für die Organisation von Massen in einer Massengesellschaft als allen anderen überlegen heraus. Dabei haben sie alle von dem Nationalstaat vorgezeichneten Gehalte rücksichtslos aufgegeben, nicht nur das Interesse der Klassen, nicht nur das Interesse der Staatsräson, sondern auch das Interesse der Nation und des Volkes selbst. Denn »die Bewegung ist sowohl Staat wie Volk, und weder der heutige Staat ... noch das heutige Volk wären ohne die Bewegung auch nur vorstellbar«.[94]

9 Der Niedergang des Nationalstaates und das Ende der Menschenrechte

Was am 1. August 1914 in Europa geschah, kann keine Geschichte der Ursachen und Veranlassungen, die zum Ersten Weltkrieg führten, und keine Analyse der Motive und Hintergedanken, die hinter den offiziellen Kriegserklärungen lagen, erhellen. Das Schlaglicht der Katastrophe mag uns heute noch so blenden, daß wir die Konturen des Ereignisses nur mit Mühe sehen und nachziehen können; es ist jedenfalls das einzige Licht, das wir haben, und es beleuchtet, wie alle Ereignisse, die ihr Licht in den Geschehniszusammenhang der Geschichte werfen, nicht nur sich selbst, sondern seine eigene Vergangenheit und seine unmittelbare Zukunft. Wir können aus der Geschichte des neunzehnten Jahrhunderts den Ersten Weltkrieg nicht »erklären«; aber wir können gar nicht anders, als im Lichte dieser Katastrophe das Jahrhundert verstehen, das in ihr sein Ende fand.

Vielleicht würde es um dieses Ereignis weniger dramatisch bestellt sein, wenn es mit dieser einen Katastrophe sein Bewenden gehabt hätte. Aber die Ruhe der Trauer, die nach großen Katastrophen sich über eine Unglücksstätte senkt, ist bis heute ausgeblieben. Die erste Explosion war wie der Starter einer Kettenreaktion, die bis heute nicht zum Halten gebracht werden konnte. Auf den Krieg, den zwar die europäischen Völker überlebten, von dem sich aber die europäische Völkerfamilie nicht wieder erholt hat, folgte die Inflation, welche die Besitzverhältnisse so radikal änderte, daß die Klassengesellschaft sich von ihr nie wieder erholt hat. Auf sie folgten Arbeits- und Erwerbslosigkeit, die nur noch im Namen etwas mit den uns bekannten Krisen der kapitalistischen Produktion gemein hatten, denn sie blieben nicht auf die Arbeiter- oder besitzlosen Klassen beschränkt, sondern erfaßten ganze Nationen und sämtliche Berufe. Die Bürgerkriege, die sich zwischen die beiden Weltkriege schoben, waren nicht nur blutiger und grausamer als früher; sie hatten Völkerwanderungen zur Folge, wie sie Europa seit Jahrhunderten, ja, seit Jahrtausenden nicht mehr gekannt hatte. Und ungleich ihren glücklicheren Vorgängern, den Vertriebenen der Religionskriege, konnten diese Scharen von Flüchtlingen und Staatenlosen trotz besten Willens aller Beteiligten und großer humanitärer Anstrengungen innerhalb Europas nirgends wieder ansässig gemacht werden. Wen immer die Ereignisse aus der alten Dreieinigkeit von Volk–Territorium–Staat, auf der die Nation geruht hatte, herausgeschlagen hatten, blieb heimat- und staatenlos; wer immer einmal die Rechte, die in der Staatsbürgerschaft garantiert waren, verloren hatte, blieb rechtlos. Nichts, was seit dem Ersten Weltkrieg sich wirklich ereignete, konnte wieder repariert werden, und kein Unheil, nicht einmal der Ausbruch eines zweiten Weltkrieges, konnte verhindert werden. Jedes Ereignis hatte die Qualität einer Katastrophe, und jede Katastrophe war endgültig.

Das Resultat der Katastrophenfolge, die durch den Ersten Weltkrieg eingeleitet wurde, war, daß mehr und mehr Menschen in Situationen gerieten, die weder von dem politischen noch von dem gesellschaftlichen herrschenden System vorhergesehen waren. Dies System zwar brach nur dort zusammen, wo totalitäre Bewegungen sich der Herrschaft bemächtigen konnten, aber ganz unabhängig von dieser Entwicklung entstanden überall immer größere Gruppen, die sich, gemessen an den Maßstäben der scheinbar stabilen Umgebung, in einer Ausnahmesituation befanden.

Arbeits-, Staaten- oder Heimatlosigkeit, auch wenn Millionen von Menschen von ihnen ergriffen waren, galten als Anomalien in einer ansonsten normalen Welt, mit dem Erfolg, daß Opfer wie Betrachter angesichts der Unmöglichkeit, mit normalen Mitteln die wachsenden Anomalien zu normalisieren, geneigt waren, den Gang der Dinge mit einem ebenso dünkelhaften wie ahnungslosen Zynismus als den normalen Lauf der Welt anzusehen. Die Opfer fügten dem Zynismus einen kaum verborgenen, schwelenden Haß auf diesen normalen Lauf der Welt hinzu, der um so gefährlicher war, als weder sie noch ihre Umgebung verstanden, was eigentlich passiert war. An Haß hat es vermutlich niemals in der Welt gefehlt; aber in diesen Nachkriegsjahren wuchs er zu einem entscheidenden politischen Faktor in allen öffentlichen Angelegenheiten heran. Die Atmosphäre des öffentlichen Lebens der zwanziger Jahre schien geladen mit der schwülen und unheilvollen, diffusen Irritabilität einer Strindbergschen Familientragödie. Denn der Haß konnte sich auf niemand und nichts wirklich konzentrieren; er fand niemanden vor, den er verantwortlich machen konnte – nicht die Regierung und nicht die Bourgeoisie und nicht die jeweiligen Mächte des Auslandes. So drang er in alle Poren des täglichen Lebens und konnte sich nach allen Richtungen verbreiten, konnte die phantastischsten, unvorhersehbarsten Formen annehmen; nichts blieb vor ihm geschützt, und es gab keine Sache in der Welt, bei der man sicher sein konnte, daß der Haß sich nicht plötzlich gerade auf sie konzentrieren würde.

Diese Atmosphäre des Zerfalls hing zwischen den beiden Weltkriegen über ganz Europa; aber sie war dichter und spürbarer in den besiegten als in den Siegerländern und voll ausgebildet wohl nur in den Staaten, die durch die Friedensverträge nach dem Auseinanderfall von Österreich-Ungarn und dem zaristischen Reich neu errichtet worden waren. Nach dem Untergang der beiden Nationalitätenstaaten, deren zentralisierende Bürokratien den »Gürtel der gemischten Bevölkerungen« halbwegs zusammengehalten und dem dort aufgespeicherten Haß als ein auch wieder alle einigendes Zentrum gedient hatten, trat die Nationalitätenfrage des Ostens und Südens Europas zum ersten Male in das Zentrum europäischer Politik. Damit aber trat der Völkerhaß in Europa selbst in ein neues Stadium. Denn hier war jeder gegen jeden und vor allem gegen seinen Nachbarn, die Slowaken gegen die Tschechen, die Ungarn gegen die Slowaken, die Kroaten gegen die Serben, die Ukrainer gegen die Polen, die Polen gegen die Juden – und so fort in einer unendlichen Variation, die nur von der Zahl der durcheinander siedelnden Völker und Volkssplitter begrenzt war. Selbst die Friedensverträge, welche die Nationalitäten in »Staatsvölker« und Minderheiten aufteilten, haben in dieses Chaos gegenseitigen Hasses keine Ordnung bringen können. Die Minderheiten haßten zwar die Staatsvölker; aber dies hinderte sie nicht, die anderen Minderheiten des gleichen Gebiets genauso zu hassen und nach Möglichkeit zu verfolgen. Nicht nur die Zustände in Polen, die wohl für immer als warnendes Beispiel dienen dürften, auch die in der wirklich demokratisch regierten Tschechoslowakei waren vergiftet von diesem allseitigen mörderischen Haß, in welchem etwa die Slowaken kaum noch wußten, wen sie mehr haßten, die Tschechen, welche *de facto* (wiewohl nicht *de jure*) das Staatsvolk waren, oder die Ungarn, welche in den slowakischen Gebieten eine kompakte Minderheit bildeten.

Als diese Nationalitätenstreitigkeiten unmittelbar nach Kriegsende losbrachen, mag es erst so ausgesehen haben, als könnten die Schicksale dieser Zwergvölker nicht viel im europäischen Gesamtschicksal bedeuten. Was der Sache ihre politische Bedeutung gab, war nicht der Haß und die Irritabilität aller gegen alle, sondern daß sich sehr bald zwei größere Gruppen von Opfern abzeichneten, deren Status prinzipiell anders und, wie sich erweisen sollte, unvergleichlich schlechter war als der aller anderen Kriegsgeschädigten, schlechter als der des enteigneten mittleren Bürgertums, als der der Arbeitslosen oder der Kleinrentner, die ihre soziale

Position und ihre Arbeit und ihren Lebensunterhalt und ihren Besitz verloren hatten; denn diese Gruppen hatten ein Recht verloren, das man stets für unveräußerlich, von spezifisch politischen Umständen unabhängig gehalten hatte: sie hatten die sogenannten Menschenrechte verloren.

Die Anomalie der Minderheiten auf der einen, der Flüchtlinge und Staatenlosen auf der anderen Seite bestand darin, daß sie von keinem Staat offiziell repräsentiert und geschützt wurden und daher entweder, wie die Minderheiten, unter Ausnahmegesetzen lebten, welche als Minderheitenverträge international garantiert und von allen betroffenen Regierungen (mit Ausnahme der Tschechoslowakei) unter Protest unterzeichnet worden waren, oder, wie die Staatenlosen, für die eine solche internationale Regelung nicht mehr möglich war, überhaupt außerhalb aller Gesetze standen und auf Duldung angewiesen waren. Die Friedenskonferenz in Versailles nahm das Problem der Staatenlosen, das sich schließlich sogar als das viel ernstere enthüllen sollte, noch nicht zur Kenntnis; aber in den Minderheiten, die man mit Recht die »Vettern der Staatenlosen« genannt hat,[1] hatte, ohne daß irgendeiner dessen gewahr geworden wäre, das Problem der Staatenlosigkeit bereits vorgelegen und war von den Staatsmännern sogar gewissermaßen anerkannt worden, da sie den Minderheiten ja einen zusätzlichen internationalen Schutz zu garantieren für notwendig hielten. Die Minderheiten waren Völker ohne Staat, die ein Ausnahmegesetz brauchten, weil sie auf das Wohlwollen der Staaten, unter denen sie lebten, angewiesen waren.

Die Minderheiten Ost- und Südeuropas und die Staatenlosen, die sich in großen Gruppen und schließlich als kompakte Volkssplitter über ganz Mittel- und Westeuropa ergossen, haben den Zerfallsprozeß des Nationalstaates insofern außerordentlich beschleunigt, als die nationalstaatliche Lebensform nun immer größere Gruppen europäischer Menschen ausschloß und in ein Niemandsland verwies, in dem es weder Recht noch Gesetz noch irgendeine Form geregelten menschlichen Zusammenlebens gab. Totalitäre Regierungen, die im Zuge ihrer Welteroberungspolitik ohnehin trachten mußten, die Nationalstaaten zu zerstören, haben sich dann ganz bewußt darum bemüht, diese staatenlosen Gruppen zu vermehren, um die Nationalstaaten von innen her zu zersetzen. Denaturalisierung und Entzug der Staatsbürgerschaft gehörten zu den wirksamsten Waffen in der internationalen Politik totalitärer Regierungen, weil sie hierdurch dem Ausland, das innerhalb seiner eigenen Verfassungen unfähig war, den Verfolgten die elementarsten Menschenrechte zu sichern, ihre eigenen Maßstäbe aufzwingen konnten. Wen immer die Verfolger als Auswurf der Menschheit aus dem Lande jagten – Juden, Trotzkisten und so weiter –, wurde überall auch als Auswurf der Menschheit empfangen, und wen sie für unerwünscht und lästig erklärt hatten, wurde zum lästigen Ausländer, wo immer er hinkam. Daß solche Tatsachen sich über alle Meinungsverschiedenheiten hinweg durchsetzen würden, hat das »Schwarze Korps« im Jahre 1938 klar genug seinen Lesern auseinandergesetzt: Eine Welt, die sich offenbar noch nicht davon hatte überzeugen können, daß Juden der Auswurf der Menschheit seien, würde bald eines Besseren belehrt werden, wenn Juden ohne Geld, ohne Staatsbürgerschaft und ohne Pässe in Scharen über die Grenzen gejagt werden würden.[2] Daß diese Propaganda der vollendeten Tatsachen bessere und schnellere Resultate erzielen würde als alle Propagandareden zusammen, war offenbar. Denn nicht nur gelang es auf diese Weise, die Juden wirklich zum Abschaum der Menschheit zu machen, es gelang auch, was im großen gesehen ungleich wichtiger für totalitäre Herrschaft war, praktisch, am Modell einer unerhörten Not für unschuldige Menschen, darzulegen, daß solche Dinge wie unveräußerbare Menschenrechte bloßes Geschwätz und daß die Proteste der Demokratien nur Heuchelei seien. Das bloße Wort »Menschenrechte« wurde überall und für jedermann, in totalitären und demokratischen Ländern, für Opfer, Verfolger und

Betrachter gleichermaßen, zum Inbegriff eines heuchlerischen oder schwachsinnigen Idealismus.

Die Nation der Minderheiten und das Volk der Staatenlosen

Ungleich den Staatenlosen, die ein Nebenprodukt der politischen Ereignisse selbst waren, sind die Minderheiten das Ergebnis der Friedensverträge von 1919 und 1920, die das nationale Selbstbestimmungsrecht, das Prinzip der nationalen Emanzipation, auf alle Volksgruppen und alle europäischen Länder auszudehnen versprachen. Im Sinne dieses Systems, das den Osten und Süden Europas neu gliedern sollte, waren die Minderheiten der unglückselig verbleibende Rest, der in dem System schlechterdings keinen Platz hatte. Die Minderheitenverträge, deren Befolgung vom Völkerbund garantiert war, bildeten einen Kompromiß zwischen den neu entstehenden Nationen, die, nach westlichem Muster gebildet, ein natürliches Interesse daran hatten, ihre Minderheiten zu assimilieren oder zu liquidieren, und den Minderheiten selbst, die ebenfalls nationale Emanzipation erstrebten, denen man aber einen eigenen Nationalstaat oder eine Vereinigung mit dem Gebiet, in dem sie in der Mehrheit und ein Staatsvolk waren, aus praktisch-politischen Gründen nicht zugestehen konnte.[3] Dabei ging man von der Voraussetzung aus, daß die Minderheiten sich mit ihrem Status zufriedengeben und keine weiteren politischen Forderungen stellen, daß sie, mit anderen Worten, sich nicht als eine der Nationalitäten aufführen würden, denen ja im Sinne der Formulierung der Minderheitenverträge nationales Selbstbestimmungsrecht zukam. Deshalb versuchte man, bei der Definition des Begriffs Minderheit auf jeden Fall das Wort »national« zu vermeiden und darauf zu bestehen, daß es nur »rassische, religiöse und sprachliche Minderheiten« gebe. Da in dem großen Völkergemisch dieser Gebiete ganz offenbar nur die Juden die Absicht hatten, sich mit einem permanenten Minderheitenstatus zufriedenzugeben, und da außerdem auch nur die Juden in allen Ländern mit Minderheitenverträgen vertreten waren, wurden die Juden zu der *»minorité par excellence«* und die Verträge selbst weitgehend auf ihre Forderungen zugeschnitten.[4] Daß man die Minderheit am Modell der Juden konstruiert hatte, bot den weiteren wichtigen Vorteil, das Wort Minderheit uminterpretieren zu können. Bisher hatte man unter Minderheit einen von der Mehrheit des eigenen Volkes getrennten Volkssplitter verstanden, was die Folge hatte, daß es für selbstverständlich gehalten wurde, daß der Staat des Landes der Mehrheit seine Minderheit auf fremdem Staatsgebiet nach Möglichkeit schützen würde; jetzt aber, um allen außenpolitischen Schwierigkeiten vorzubeugen, verlangte man, daß die Minderheit sich als eine Minorität innerhalb des Majoritäts-Volkes fühlen sollte, in welchem es lebte.

Es ist ein müßiges Beginnen, sich zu überlegen, ob dieses System sich bewährt hätte, wenn man es nicht nur den neugeschaffenen Staaten aufgezwungen, sondern alle dem Völkerbund angehörenden Länder daran gebunden hätte. Die diskriminatorische Differenz zwischen alten und neuen Staaten wurde jedenfalls von vornherein, besonders von Polen, als ein Vorwand benutzt, sich um die eingegangenen Verpflichtungen so wenig wie nur möglich zu kümmern. Die von den Minderheitenverträgen betroffenen Staaten sahen in ihnen vor allem ein Herrschaftsinstrument der Alliierten, das sie verhindern sollte, von sich aus bilaterale Verträge mit den Ursprungsländern ihrer Minderheiten abzuschließen. Aber all das sind Erwägungen zweiten Ranges. Das Minderheitensystem hätte nur funktionieren können, wenn man es in dem großen Gebiet mit gemischten Bevölkerungen, das von der Ostsee bis zur Adria reicht, wirklich nur mit einheitlichen Nationalstaaten auf der einen und anerkannten Minderheiten auf der anderen Seite zu tun gehabt hätte. Das Minderheitensystem war nicht lebensfähig, weil diese neuen Staaten nicht lebensfähig waren. Ihrem Anspruch auf nationale Souveränität entsprach keine der Voraussetzungen, auf welchen die Nationalstaaten, nach deren Muster sie errichtet waren, ruhten. In der Tat, »ein Blick auf die Siedlungskarte Europas (hätte lehren müssen), daß sich das nationalstaatliche Prinzip im Osten Europas unmöglich verwirklichen läßt«.[5] Die Friedensverträge errichteten keine Nationalstaaten, sondern eine Reihe von Nationalitätenstaaten im Zwergmaßstab, wobei sie mehr oder minder willkürlich eine dieser Nationalitäten zum Staatsvolk avancieren ließen (wie die Tschechen, die rund 50 Prozent der Bevölkerung der Tschechoslowakei, oder die Serben, die nicht mehr als 42 Prozent der Bevölkerung Jugoslawiens ausmachten) und stillschweigend annahmen, daß die wichtigsten Nationalitäten des Gebietes einen angemessenen Anteil an Regierung und Verwaltung haben würden, um dann die kleineren Volkssplitter in den Minderheitenverträgen zusammenzufassen.[6] Die Unterscheidung zwischen Nationalitäten und »rassischen, religiösen und sprachlichen Minderheiten« war durchaus künstlich; daß die Tschechen ihren Staat Tschechoslowakei nannten, hat die Slowaken nicht von systematischer Obstruktion abgehalten, und die Serben haben den nationalen Einheitsstaat im Jahre 1921 gegen alle Stimmen der Kroaten und Slowenen durchgesetzt und mit blutigem Terror die daraufhin einsetzenden kroatischen Bauernrevolten niedergeschlagen. Und wie es in einem Nationalstaat wie Polen aussah, in welchem das Staatsvolk kaum zwei Drittel der Gesamtbevölkerung ausmachte, ist bekannt genug. Der Unterschied zwischen den Minderheiten und den Nationalitäten war nur der, daß die ersteren nicht nur in einem der neugeschaffenen Staaten in kompakten Siedlungsgruppen angetroffen wurden, und dieser Unterschied äußerte sich praktisch darin, daß sie nach den Nachbarstaaten blickten, wo sie selbst ein Staatsvolk waren, und die territoriale Vereinigung erstrebten, während die Nationalitäten einen erbitterten Kampf um den Staatsapparat und entschlossene separatistische Bewegungen zu entfalten begannen. In den Augen der Minderheiten und der nationalen Gruppen, also aller Völker, welchen in Versailles kein Staat zugebilligt worden war, waren die Verträge das Resultat eines willkürlichen oder parteiischen oder intriganten Spiels, das den einen die Herrschaft und den anderen die Knechtschaft zuspielte. In den Augen der neuen Staatsvölker war die territoriale Verteilung ebenfalls völlig willkürlich, und sie beeilten sich, den schon bestehenden territorialen Konflikten zahllose neue Grenzstreitigkeiten hinzuzufügen. Mehr denn je waren die territorialen Grenzen zu etwas Willkürlichem und Zufälligem geworden, durch das kein Volk und keine Nationalität zu begrenzen war. Es hätte in dieser Ecke Europas wahrlich nicht Hitlers bedurft, um alle gegen alle zu hetzen.

Was die Staatsmänner in Versailles zu diesem verhängnisvollen Experiment verleitete, war noch nicht einmal, jedenfalls nicht in erster Linie, das politische Vakuum, das der Auflösung der Donaumonarchie und der Befreiung Polens und der baltischen Länder von russischer Herrschaft gefolgt war. Entscheidend für gerade diese Lösung war, daß man unmöglich weiterhin hundert Millionen Europäern (rund einem Viertel der Gesamtbevölkerung des Kontinents) ein nationales Selbstbestimmungsrecht versagen konnte, auf das die Kolonialvölker bereits Anspruch erhoben und das ihnen auch im Prinzip zugestanden war. Im Grunde handelte es sich hier um ein Problem allerersten Ranges, das den westeuropäischen Staaten, wenn auch in ganz anderer Form, gar nicht so unbekannt war, nämlich um die wirkliche Befreiung und Emanzipation aller bisher unterdrückten und Politik nur erleidenden Gruppen, die in den Nationalstaaten unter dem Namen Proletariat zusammengefaßt wurden und denen die sogenannten »geschichtslosen Völker« im Süden und Osten in vielem entsprachen.[7] Die nationalen Befreiungsbewegungen des Ostens waren in dem gleichen Sinne revolutionär wie die Arbeiterbewegung des Westens; in beiden Fällen ging es nicht so sehr um sozialen oder ökonomischen Status, als vielmehr um den faktischen Anteil an der politischen Macht und das Privileg politischen Handelns. Da es sich in Versailles darum handelte, den Status quo in Europa zu restaurieren, blieb gar nichts anderes übrig, als das westliche Prinzip auf den Osten zu übertragen; die einzige Alternative in diesem Rahmen wäre die Einführung kolonialer Unterdrückungsmethoden nach Europa gewesen – wie sie die Panbewegungen immer schon vorgeschlagen hatten.[8]

Was sich in der durch die Versailler Verträge getroffenen Regelung herausstellte, war, daß einer der vielen Gründe, warum der europäische Status quo weder zu halten noch zu restaurieren war, darin bestand, daß das Nationalstaatssystem des Westens sich nicht auf ganz Europa ausdehnen ließ und daß also Europa seit mehr als hundertfünfzig Jahren in einer Staatsform lebte, die für ein rundes Viertel seiner Bevölkerung nicht anwendbar war.[9] Die Verwirklichung des nationalstaatlichen Prinzips in ganz Europa hatte nur eine weitere Diskreditierung des Nationalstaates zur Folge; es konnte nur einem Bruchteil der betroffenen Völker nationale Souveränität geben und zwang diese, da ihre Souveränität überall gegen die enttäuschten Aspirationen anderer nationaler Gruppen durchgesetzt war, von vornherein in die Rolle des Unterdrückers. Die unterdrückten Gruppen wiederum wurden gerade durch diese Regelung in ihrer Überzeugung bestärkt, daß Freiheit ohne nationales Selbstbestimmungsrecht und volle Souveränität nicht möglich sei, und fühlten sich daher nicht nur in ihren nationalen Aspirationen getäuscht, sondern um das, was sie für Menschenrechte hielten, betrogen. Und für dieses Gefühl konnten sie sich auf nichts Geringeres als die Französische Revolution berufen, welche die Tradition des Nationalstaates eigentlich begründet hat, und zwar mit der Gleichsetzung von nationaler Souveränität und Genuß der Menschenrechte.

Die außerordentlich scharfen und erbitterten Konflikte, die der Neuregelung in Versailles auf dem Fuße folgten und die sehr schnell in allen betroffenen Ländern nahe an den Bürgerkrieg führten, zwangen ihre Schöpfer und Exekutoren im Völkerbund, ihre eigentlichen Intentionen genauer zu interpretieren und auf die »Pflichten« hinzuweisen, welche die Minderheiten gegenüber ihren neuen Regierungen hätten.[10] Dabei stellte sich heraus, daß die Verträge nur als ein Mittel schmerzloser und humanitärer Assimilation gedacht waren – was die Minderheiten natürlich sehr empörte, aber innerhalb eines Systems von souveränen nationalen Staaten gar nicht anders gedacht werden konnte. Eine volle Respektierung der Minderheiten, selbst schon die skrupelhafte Beobachtung der Schutzverträge, hätte eine starke Einschränkung der nationalen Souveränität bedeutet, was nicht ohne Folgen auf die Anerkennung nationaler Souveränität auch der etablierten Mächte hätte bleiben können. Die Repräsentanten der großen Nationen waren sich wohl bewußt, daß innerhalb des Nationalstaates nationale Minderheiten früher oder später assimiliert oder liquidiert werden müssen.[11] Und so sehr sie aus humanitären Erwägungen kleine Volkssplitter vor Verfolgungen schützen und aus politischen Gründen die Großmächte, vor allem Deutschland, daran hindern wollten, wegen ihrer Minderheiten direkt zu intervenieren, so wenig konnten noch wollten sie die Gesetze nationaler Staaten umstürzen oder reformieren.[12]

Die Gründung eines Minderheitenkongresses, der es sich zur Aufgabe machte, die Interessen aller Minderheiten gleich welcher Nationalität zu vertreten, beschloß die Schaffung der Verträge von 1919 und 1920. Damit schien es, als hätten die betroffenen Volksgruppen sich endgültig mit dem Status einer permanenten Minorität abgefunden und wären nun bereit, sich international zu organisieren, um Minderheitenrechte überhaupt – wie Arbeiterrechte und andere ökonomische oder Klasseninteressen – zu verteidigen. Niemand schien es sonderlich aufzufallen, daß man inmitten eines Systems von Nationalstaaten versuchte, nationale Ansprüche international und außerhalb des Völkerbundes durchzusetzen, und niemand nahm Anstoß daran, daß der Minderheitenkongreß sich einen Namen gab, der implicite den Verträgen und ihrer sorgfältigen Vermeidung des ominösen Wortes »national« widersprach, nämlich »Kongreß der organisierten nationalen Gruppen in den Staaten Europas«. Im Nachkriegseuropa lebten offiziell zwischen 25 und 30 Millionen Menschen unter Minderheitenstatuten. Da der Kongreß sie organisatorisch mit »nationalen Gruppen« vereinigte, die weder als Staatsvölker noch als Minderheiten anerkannt waren, bildeten alle diese Nationalitäten zusammen eine zahlenmäßig weit stärkere Gruppe als die der kleineren Staatsvölker. Daß diese Gruppe von Millionen von Europäern auf gemeinsamen Interessen beruhte, war nicht zu leugnen, und auf der Grundlage dieses gemeinsamen Interesses formierten sie sich zu einer »Nation der Minderheiten«, deren Parlament der Minderheitenkongreß war.

Dieser neuen und paradoxen Nation war nur ein kurzes Leben beschieden. Das Band, das sie einigte, war ein formales Statut, dem keine politische, reale Solidarität zwischen ganz divergierenden Volksgruppen entsprach. Die Minderheiten wurden *de facto* auf ihrem Kongreß von den beiden Gruppen zusammengehalten, welche in nahezu allen der neugegründeten Staaten als kompakte Volksmassen vertreten und zahlenmäßig die größten waren, nämlich von den Deutschen und den Juden. Dieser Zusammenhalt funktionierte genau so lange, wie Juden und Deutsche gemeinsam handelten, was ihnen erst einmal dadurch ermöglicht wurde, daß die Weimarer Republik sich immer als die besondere Beschützerin der Minderheiten erwies. Hiervon abgesehen aber beruhte die Stärke jeder dieser Gruppen natürlich darauf, daß sie unabhängig von ihren divergenten staatsbürgerlichen Zugehörigkeiten solidarisch handelten. Die deutschen Minderheiten in Rumänien und der Tschechoslowakei stimmten selbstverständlich mit den deutschen Minderheiten in Polen und Ungarn, und das gleiche galt von allen Gruppen. Der Präsident des Kongresses betonte (im Jahre 1933) ausdrücklich: »Eines ist gewiß: daß wir bei unseren

Kongressen nicht einfach als Angehörige gleichsam abstrakter Minderheiten uns versammeln, sondern jeder von uns mit Leib und Seele einem bestimmten, nämlich seinem Volk angehört, mit dem Schicksal dieses seines Volkes auf Gedeih und Verderb sich verbunden fühlt, also, wenn ich so sagen darf, zum Beispiel als Vollblutdeutscher und Vollblutjude, als Vollblutungar und Vollblutukrainer dasteht.«[13] In anderen Worten: Nationale und volksmäßige Interessen setzten sich durch, bildeten ein interterritoriales Band, ganz unabhängig von den Klauseln der Verträge, welche ja gerade diese gefährlichen interterritorialen Zusammenhänge hatten auflösen sollen. Durch die Organisation in einem Kongreß hatten die Minderheiten eigentlich das gesamte System, das so kunstvoll zu ihrem Schutze aufgebaut worden war, von sich aus gekündigt. Daß sie sich als Minderheiten der Staaten fühlten, in welchen sie als Volk die Mehrheit bildeten, und nicht derjenigen, auf deren Territorium sie wohnten, kam am entschiedensten zum Ausdruck, als die jüdische Delegation nach Hitlers Machtergreifung eine Protestkundgebung gegen die Behandlung der Juden im Deutschen Reich verlangte. Die Vertreter der deutschen Minderheiten, die sich in den Tagen der Weimarer Republik immer mit den Juden solidarisiert hatten, stimmten geschlossen gegen die Resolution und solidarisierten sich offen mit der neuen deutschen Regierung, und mit ihnen stimmte die Mehrheit des Kongresses. Die jüdische Delegation, die die *»minorité par excellence«* vertrat, verließ den Kongreß, um nie wieder in ihn zurückzukehren. Der Kongreß hat diese Entscheidung auch nur scheinbar überlebt; er verlor alle politische Bedeutung. Die Minderheiten hatten zu klar zu verstehen gegeben, daß sie dem Schutz des Völkerbundes nicht trauten und gegebenenfalls auch ihre eigene internationale Schutzorganisation zu sprengen bereit waren, um ihr Vertrauen wieder in die alten Protektionsmethoden zu setzen, mit denen die Großmächte seit eh und je ihre in der Welt verstreuten Volksgruppen zu schützen pflegen.

So endete ein Experiment, das versucht hatte, in die europäische Politik ein bis dahin unbekanntes Element, die Garantie von Rechten durch eine internationale Körperschaft, den Völkerbund, einzuführen. Nicht daß es Minderheiten früher nicht gegeben hätte, man kannte sie nur zu gut, seit das protestantische Prinzip der Gewissensfreiheit über den Grundsatz *cuius regio, eius religio* gesiegt hatte. Mit nationalen Minderheiten hatte es schon der Wiener Kongreß zu tun, der anläßlich der Teilung Polens versuchte, den polnischen Bevölkerungen im russischen, preußischen und österreichischen Staate gewisse Rechte zu garantieren; alle späteren internationalen Abmachungen (von dem Protokoll von 1830, in dem England, Frankreich und Rußland die griechische Unabhängigkeit erklärten, bis zum Berliner Kongreß, der sich 1878 der rumänischen Juden annahm) sprechen charakteristischerweise nur von »religiösen«, aber nicht »nationalen« Minderheiten, denen »bürgerliche«, aber nicht »politische« Rechte gesichert werden. Die Minderheit als eine permanente Institution, als ein permanenter Modus vivendi zwischen Völkern auf dem gleichen staatlichen Gebiet war jedenfalls in der Geschichte der Nationalstaaten etwas ganz Neues.

Die politische Bedeutung dieses Experiments lag darin, daß die Minderheitenverträge deutlichst aussprachen, was bis dahin mehr oder minder zweideutig das Funktionieren des Nationalstaates bestimmt hatte, nämlich daß Staatsbürgerschaft und nationale Zugehörigkeit nicht zu trennen sind, daß nur die nationale Abstammung den Gesetzesschutz wirklich garantiert und daß Gruppen einer anderen Nationalität nur durch Ausnahmerecht zu schützen sind, solange sie nicht völlig assimiliert sind und ihre volksmäßige Abstammung vergessen ist. Diese Implikationen der Minderheitenverträge kamen vor allem in den interpretierenden Reden der Staatsmänner im Völkerbund ans Licht, die immer wieder betonten, daß man von keinem Lande erwarten könnte, daß es seinen Gesetzesschutz auf die erstreckte, die für immer auf einer Sonderstellung bestünden und unassimilierbar seien.[14] Sie gaben damit zu, was das Flüchtlings- und Staatenlosenproblem bald in ganz Europa mit der Präzision eines immer wiederholbaren Experiments demonstrieren sollte, daß nämlich die Transformation des Staates aus einer legalen in eine nationale Institution eine vollendete Tatsache war, daß in der Tat »die Nation den Staat erobert hatte«. Und dies wiederum konnte gar nichts anderes heißen, als daß nationale Interessen allen Erwägungen juridischer Art überzuordnen waren, daß mit anderen Worten »Recht ist, was dem deutschen Volke nützt«. Die Sprache des Mob drückte hier wie auch sonst nur das in brutaler Offenheit aus, wovon die öffentliche Meinung ohnehin überzeugt war und dem die öffentliche Politik, wenn auch mit Zurückhaltung, ohnehin Rechnung trug.

Es ist keine Frage, daß diese Entwicklung der Eroberung des Staates durch die Nation stets die dem Nationalstaat spezifische Gefahr gewesen ist. Da diese Staatsform gleichzeitig die Errichtung verfassungsmäßiger Regierungen bedeutet und wesentlich auf der Herrschaft des Gesetzes gegen willkürlich despotische Verwaltung beruht hatte, war es auch die Gefahr, die gerade für diese Regierungsform tödlich war. Sobald das immer prekäre Gleichgewicht zwischen Nation und Staat, zwischen Volkswillen und Gesetz, zwischen nationalem Interesse und legalen Institutionen verlorenging zugunsten eines demagogisch verhetzbaren Volkswillens, einer immer chauvinistischer werdenden Nation und von Interessen, die oft nicht einmal mehr im wahren Interesse der Nation lagen, erfolgte die innere Zersetzung des Nationalstaates mit großer Geschwindigkeit, wobei man sich klar sein muß, daß Geschwindigkeit historisch nach Jahrzehnten und nicht nach Jahren oder Monaten zu berechnen ist. Und diese Zersetzung begann in genau dem historischen Augenblick, als zum ersten Male das Recht zur nationalen Selbstbestimmung in ganz Europa anerkannt worden war. Dies hieß eben auch, daß der Vorrang des nationalen Volkswillens von allen legalen Institutionen und »abstrakten« Maßstäben in ganz Europa akzeptiert worden war.

Die Schöpfer der Minderheitenverträge, welche die in ihnen niedergelegten Verpflichtungen internationaler Kontrolle nur den Sukzessionsstaaten auferlegten, konnten sich noch darauf berufen, daß die etablierten Staaten Europas durch Verfassungen geschützt waren, die entweder ausdrücklich (wie im Falle Frankreichs, das immer Modell für den Nationalstaat war, wie die Juden Modell der Minderheit) oder unausdrücklich sich auf eine Erklärung der Menschenrechte gründeten, so daß der Rechtsschutz von Gruppen einer abweichenden Nationalität nur in den neuerrichteten Staaten notwendig sei. Dieser Illusion machten die Staatenlosen ein Ende.

Die Minderheiten waren nicht eigentlich staatenlos; juristisch wenigstens gehörten sie einem staatlichen Organismus an, obwohl sie zusätzlichen Gesetzesschutz und spezielle Garantien brauchten, um gewisse Rechte zu genießen, die sich sonst mit Staatsbürgerrechten decken. Alle diese Rechte aber waren kultureller Natur, das Recht auf die eigene Sprache, das Recht auf eigene Schulen und andere gesellschaftliche, religiöse und kulturelle Institutionen. Die eigentlichen Elementarrechte, wie das Recht auf Aufenthalt und Arbeit, waren in den Minderheitenverträgen nicht vorgesehen, weil es noch niemandem eingefallen war, daß auch diese Rechte einer differierenden nationalen Gruppe versagt werden könnten. Die Schöpfer der Minderheitenverträge wußten noch nichts von Bevölkerungstransfers, und sie ahnten nicht, daß es ganze Gruppen von Menschen in Europa geben könne, die »undeportierbar« waren, weil sie in keinem Lande der Welt Aufenthaltsrecht hatten. Will man sich den Abstand vergegenwärtigen, der die zwanziger Jahre unseres Jahrhunderts von den Vierzigern trennt, so braucht man sich nur an die brutal durchgeführten Bevölkerungstransfers unmittelbar nach dem Zweiten Weltkrieg zu erinnern, die keineswegs den Leidenschaften und noch nicht einmal den verständlichen Haßausbrüchen der durch das Naziregime unterdrückten Völker geschuldet waren, sondern dem sorgfältig ausgearbeiteten Plan der Großmächte, bei dieser Gelegenheit den »Gürtel der gemischten Bevölkerung«, so gut es nur irgend ging, zu entmischen.[15] Und dieser Versuch einer Riesenrepatriierung war nicht das direkte Resultat der katastrophalen Erfahrungen, die man mit den Minderheitenverträgen gemacht hatte; man hoffte vielmehr, hierdurch auch endlich mit dem Problem fertig zu werden, das immer größere Proportionen in den vorangegangenen Jahrzehnten angenommen hatte und für das es eine international anerkannte Regelung überhaupt nicht gab, mit dem Problem der Staatenlosen.

Staatenlosigkeit ist das neueste Phänomen, die Staatenlosen sind die neueste Menschengruppe der neueren Geschichte. Entstanden aus den ungeheuren Flüchtlingszügen, welche unmittelbar nach dem Ersten Weltkrieg einsetzten und in deren Verlauf eine europäische Nation nach der anderen Teile ihrer Bevölkerung über die Grenzen des Territoriums jagte und aus ihrem Staatsverband entließ, sind die Staatenlosen das traurigste Produkt der europäischen Bürgerkriege und das deutlichste Zeichen für die Zerrüttung der Nationalstaaten. Weder das achtzehnte noch das neunzehnte Jahrhundert kannte Menschen, die, obgleich sie in zivilisierten Ländern leben, sich in einer Situation absoluter Recht- und Schutzlosigkeit befinden. Seit dem Ersten Weltkrieg hat jeder Krieg und jede Revolution mit einer Monotonie sondergleichen die Masse der Recht- und Heimatlosen vermehrt und das Problem der Staatenlosigkeit in neue Länder und Kontinente verschleppt. Kein anderes Problem kehrt mit gleicher Beharrlichkeit und mit gleicher Aussichtslosigkeit auf befriedigende Lösung auf allen internationalen Konferenzen der letzten fünfundzwanzig Jahre wieder.[16] Und keine Paradoxie zeitgenössischer Politik ist von einer bittereren Ironie erfüllt als die Diskrepanz zwischen den Bemühungen wohlmeinender Idealisten, welche beharrlich Rechte als unabdingbare Menschenrechte hinstellen, deren sich nur die Bürger der blühendsten und zivilisiertesten Länder erfreuen, und der Situation der Entrechteten selbst, die sich ebenso beharrlich verschlechtert hat, bis das Internierungslager, das vor dem Zweiten Weltkrieg doch nur eine ausnahmsweise realisierte Drohung für den Staatenlosen war, zur Routinelösung des Aufenthaltsproblems der *»displaced persons«* geworden ist.

Verschlechtert hat sich sogar die auf die Staatenlosen angewandte Terminologie. Mit der Benennung »Staatenlose« war aber zumindest noch anerkannt, daß sie den Schutz ihrer Regierungen verloren hatten und zur Sicherung ihres legalen Status internationaler Vereinbarungen bedurften. Die Nachkriegsbezeichnung *»displaced persons«* wurde bereits während des Krieges ausdrücklich zu dem Zwecke erfunden, um die Staatenlosigkeit ein für allemal aus der Welt zu schaffen. Solche Nichtanerkennung von Staatenlosigkeit heißt immer Repatriierung, Rückverweisung in ein »Heimatland«, das entweder den Repatriierten nicht haben und als Staatsbürger nicht anerkennen will oder umgekehrt ihn nur allzu dringend zurückwünscht, weil er ein Flüchtling ist. Da nichttotalitäre Länder trotz aller schlechten Vorsätze, die in der Kriegsatmosphäre leicht zu fassen waren, Massenrepatriierungen doch im allgemeinen scheuen, ist die Zahl der Staatenlosen zehn Jahre nach Kriegsende größer als je zuvor. Der Entschluß der Staatsmänner, Staatenlosigkeit auf dem Wege der Ignorierung zu lösen, drückt sich auch einmal in dem Fehlen irgendeiner verläßlichen Statistik aus; immerhin weiß man, daß einer Million »anerkannter« Staatenloser mehr als zehn Millionen sogenannter »*de facto* Staatenloser« gegenüberstehen, und während das vergleichsweise harmlose Problem der »*de jure* Staatenlosen« noch gelegentlich auf internationalen Konferenzen erörtert wird, bleibt das wirkliche Staatenlosenproblem, das mit der Flüchtlingsfrage identisch ist, einfach unerwähnt. Schlimmer ist, daß die Zahl der potentiellen Staatenlosen ständig im Steigen begriffen ist. Während vor dem letzten Krieg nur die totalitären oder halbtotalitären Diktaturen sich der Waffe der Denaturalisierung in bezug auf nichtnaturalisierte Staatsbürger bedienten, haben nun bereits freie Demokratien, wie die Vereinigten Staaten, ernsthaft in Erwägung gezogen, gebürtigen Amerikanern, die Kommunisten sind, ihre Staatsbürgerschaft zu entziehen. Das Unheimliche an diesen Vorgängen ist, daß solche Maßnahmen in aller Unschuld erwogen werden. Dabei braucht man sich nur zu erinnern, mit welcher Sorgfalt die Nazis darauf bestanden, daß Juden nichtdeutscher Staatsangehörigkeit »vor dem Abschub oder spätestens am Tage der Deportierung ihre Staatsangehörigkeit verlieren«[17] (für deutsche Juden war dies nicht nötig, weil es ein Gesetz im Dritten Reich gab, demzufolge alle Juden im Ausland, also auch in einem polnischen Deportationslager, ihre Staatsangehörigkeit verlieren), um sich klar darüber zu werden, was Staatenlosigkeit in Wahrheit bedeutet, unabhängig von der unzureichenden Einsicht derer, die sie verschulden.

Vor dem Ersten Weltkrieg war Staatenlosigkeit nicht mehr als ein Kuriosum, ein nur den Juristen interessierendes, unerhebliches Nebenprodukt der großen Wanderungen der europäischen Völker nach der Neuen Welt. Sie entstand, wenn die Vereinigten Staaten in gezählten Fällen einem Naturalisierten die Staatsbürgerschaft wieder entzogen, weil der Betreffende außerhalb der Vereinigten Staaten seinen Wohnsitz genommen hatte. Während des Ersten Weltkrieges sind dann eine Reihe europäischer Staaten dem Vorbild Nordamerikas gefolgt und haben Denaturalisierung durch Dekret eingeführt.[18] Da sich solche Maßnahmen vorerst nur auf Naturalisierte bezogen und noch dazu auf ehemalige Bürger der Feindländer beschränkt blieben, waren sie nur von symptomatischer Bedeutung; sie zeigten an, daß die Staaten nicht bereit waren, naturalisierten Bürgern die gleichen, unveräußerlichen Rechte zuzugestehen wie denen, die auf dem nationalen Territorium geboren waren. Die Friedensverträge, die Auflösung Österreich-Ungarns, die Errichtung der baltischen Staaten und die endlosen Grenzstreitigkeiten zwischen ihnen und dem wiedererstandenen Polen (durch die Städte und Provinzen von Jahrfünft zu Jahrfünft ihre Staatenzugehörigkeit wechselten) haben den Staatenlosen eine Kategorie hinzugefügt, die sogenannten »Heimatlosen«, nämlich Menschen, deren Heimat aus irgendwelchen Gründen nicht zu bestimmen war und welche die Franzosen mit Recht *»de nationalité indéterminée«* nannten.[19] Diese Gruppe, die vor dem Zweiten Weltkrieg vorwiegend aus Juden bestand, war sowohl zahlenmäßig wie politisch die unerheblichste, und es ist charakteristisch für den Versuch, das Problem der Staatenlosigkeit durch Nichtbeachtung zu lösen, daß sie heute die einzigen sind, deren Staatenlosigkeit *»de jure«* anerkannt ist. Rückblickend sind diese Beginne der Staatenlosigkeit durch Denaturalisierung und Heimatlosigkeit insofern interessant, als sie gewisse Traditionen etablieren, die sich auch später unter radikal geänderten und verschärften Bedingungen durchhielten. So begann der Prozeß der Entziehung der Staatsbürgerschaft für alle deutschen Juden mit Denaturalisierung der naturalisierten Juden, für die es Präzedenzfälle bereits gab; so war der Weg geebnet für die Entziehung der Staatsbürgerrechte überhaupt. Andererseits waren die Heimatlosen nach dem Ersten Weltkrieg die erste Kategorie, in der sich sehr viele »freiwillige« Staatenlose befanden, die entweder bereits während des ersten Krieges erreicht hatten, staatenlos zu werden, um von den Bestimmungen für feindliche Ausländer nicht mitbetroffen zu werden, oder nach dem Krieg sich in Staatenlosigkeit flüchteten, um nicht in eine »Heimat« abtransportiert zu werden, die für sie faktisch die Fremde bedeutete. Die Heimatlosen waren die ersten, welche in der Staatenlosigkeit Privilegien und juridische Vorteile entdeckten, wie sie die ersten waren, für welche der alte Begriff der *patria* in dem Schreckgespenst der Repatriierung untergegangen war.

Zu einem politischen Problem allererster Ordnung wurde die

Staatenlosigkeit erst nach der russischen Revolution, als die sowjetische Regierung den Millionen geflüchteter Russen die Staatsbürgerschaft entzog. Daß dies kein vereinzeltes Ereignis bleiben würde, stellte sich sehr schnell heraus. Denn den russischen Flüchtlingen folgten in chronologischer Reihenfolge Hunderttausende von Armeniern, Tausende von Ungarn (welche der weiße Terror, der dem Zusammenbruch der Diktatur Bela Khuns gefolgt war, aus dem Lande jagte), Hunderttausende von Deutschen, bis schließlich der spanische Bürgerkrieg eine halbe Million Soldaten der republikanischen Armee und Hunderttausende der flüchtenden Zivilbevölkerung auf französischen Boden trieb. Zu diesen bekanntesten Kategorien kommen noch Zehn- und wahrscheinlich Hunderttausende von Staatenlosen aus dem Balkan und Polen, die oft noch als reguläre Staatsbürger mit Pässen und in der Maske von Reisenden in die westlichen Länder gekommen waren, sich aber als Flüchtlinge erwiesen, sobald ihnen mit Repatriierung gedroht wurde; sie pflegten dann, oft mit der Hilfe ihrer Konsulate (vor allem im Falle Rumäniens und Polens), sich ihrer Staatsbürgerschaft zu entledigen. Von allen diesen Flüchtlingen sind nur die, welche mit der ersten Welle gekommen waren, also die Russen und die Armenier, als »staatenlos« anerkannt und dem an den Völkerbund angeschlossenen Nansen-Office unterstellt worden. Sie bilden unter den Staatenlosen eine Art Aristokratie, weil sie wenigstens im Besitz von Reisepapieren und Identitätsausweisen sind. Sobald sich die ungeheuren Proportionen des Problems herausstellten, begannen die nicht enden wollenden Versuche, durch juristische Interpretationen das Phänomen aus der Welt zu deuten. Zu ihnen gehört auch die Bemühung, einen Unterschied zwischen Staatenlosen und Flüchtlingen zu konstruieren, der ungefähr der heutigen Unterscheidung zwischen *»de jure«* und *»de facto«* Staatenlosen entspricht, wobei man damals wie heute vorgab, es im Falle der Flüchtlinge mit einer vorübergehenden Anomalie zu tun zu haben.[20] Alle diese Bemühungen scheiterten schon an der einfachen Tatsache, daß alle Flüchtlinge praktisch staatenlos und nahezu alle Staatenlosen faktisch Flüchtlinge waren; sie wurden geradezu lächerlich, als sich herausstellte, daß im Laufe einer Generation nicht eine einzige Gruppe durch Repatriierung oder Naturalisierung aus der Staatenlosigkeit wieder zu lösen war.[21]

In gewissem Sinne bedeutete die Verwandlung der Flüchtlinge in Staatenlose, die in dem Augenblick automatisch vonstatten ging, als nicht mehr einzelne, verfolgte Individuen über die Grenze kamen, sondern ganze Volkssplitter, den Zusammenbruch des Asylrechts. Flüchtlinge kennt die europäische Welt seit der Antike, und das Asylrecht galt als heilig seit den frühesten Anfängen politischer Organisation. Es besagte, daß dem Flüchtling, der dem Machtbereich eines Staates entkommen war, sich automatisch der Schutz eines anderen staatlichen Gemeinwesens öffnete, wodurch verhindert wurde, daß irgendein Mensch ganz rechtlos wurde oder ganz und gar außerhalb aller Gesetze zu stehen kam. Daß dieses Asylrecht innerhalb einer nationalstaatlich organisierten Welt kein Recht mehr war, sondern nur auf Duldung beruhte, die ihrerseits auf Sitten und Traditionen, aber keineswegs auf die Proklamation der Menschenrechte zurückging, hätte man vielleicht schon daran erkennen können, daß es als geschriebenes Gesetz in keiner modernen Konstitution (nicht einmal in der der Sowjetunion, die wahrlich großzügig sein konnte, da ihr gar keine praktische Bedeutung zukam) zu finden ist und von dem Covenant des Völkerbundes wie von dem der Vereinten Nationen (die schließlich so viele alte und neue Rechte theoretisch zu bestätigen versuchten) noch nicht einmal erwähnt wird.[22] Das Asylrecht scheitert in unserer Zeit schon daran, daß seit Aufhebung des mittelalterlichen Grundsatzes: *quidquid est in territorio est de territorio* der moderne Staat den Schutz seiner Bürger auch über die Grenzen des Staatsgebietes hinweg übernommen hat und durch Gegenseitigkeitsverträge dafür Sorge trägt, daß seine Glieder auch in der

Fremde gewissen Gesetzen ihrer Heimat unterstellt bleiben. Daraus folgte zum Beispiel für die deutschen Flüchtlinge, daß sie in einer Reihe von Ländern den Nürnberger Gesetzen unterstellt blieben und im Falle von Mischehen zwischen Juden und Nichtjuden des Rechtes auf Eheschließung verlustig gegangen waren, ganz gleich wo sie sich gerade befanden. Das Asylrecht gerät also dauernd mit den internationalen Rechten der Staaten in Konflikt, die in keiner Domäne souveräner sind, als wo es sich um »Emigration, Naturalisation, Nationalität und Ausweisung« handelt.[23] Von diesen souveränen Rechten haben die Staaten vor dem Ersten Weltkrieg einen höchst sparsamen Gebrauch gemacht, und selbst das faschistische Italien handhabte Denaturalisierung seiner Flüchtlinge noch sehr zögernd.[24] Im allgemeinen aber setzte sich gerade angesichts des neuen Flüchtlingsproblems überall die Tendenz durch, die Souveränität, welche die Staaten einander in Gegenseitigkeitsverträgen garantierten, radikal zu benutzen und alle anderen Erwägungen als bloß humanitär und zweitrangig abzutun. Dies zeigte sich vor allem darin, daß das einzige legale Mittel, durch welches ein Land dem Staatenlosen wieder in eine gesetzlich geordnete menschliche Gemeinschaft helfen konnte, die Naturalisierung, nicht nur nicht erleichtert, sondern unter dem Druck erhöhter Nachfrage überall erschwert wurde, um schließlich in einer Welle von Massendenaturalisationen zu enden.[25]

Gleichzeitig mit dem Asylrecht also brach das System der Naturalisierung zusammen. Gleich dem Asylrecht war es innerhalb der Nationalstaaten immer nur auf einzelne Individuen zugeschnitten gewesen, eine Randerscheinung nationaler Organisation, eine Art von Ausnahme, dazu bestimmt, die Regel zu bestätigen.[26] In dem Augenblick, da Tausende, Zehntausende, Hunderttausende und schließlich Millionen hätten naturalisiert werden müssen, wurde das ganze Verfahren sinnlos.[27] Schon rein administrativ wäre keine Beamtenschaft Europas diesem Problem gewachsen gewesen. Auch konnte ja von einer Assimilation ganzer Volkssplitter im

Ernst kaum gesprochen werden, und Assimilation war immer die Voraussetzung der Naturalisierung gewesen. En-bloc-Naturalisationen hätten (vor allem in Frankreich, aber in kleinerem Ausmaße auch in den anderen westlichen Demokratien) bedeutet, daß sich der Nationalstaat in einen Nationalitätenstaat verwandelte. Um dieser Gefahr zu begegnen, begann man nicht nur die Naturalisierungen zu erschweren, sondern bereits erfolgte Naturalisationen rückgängig zu machen. Und auch dieser administrative Prozeß, der nun weiter Staatenlose produzierte, fand seine Rechtfertigung in der durch das fortwährende Neuhereinströmen von Flüchtlingen geschaffenen Situation. Denn in allen Fällen, wo eine Flüchtlingswelle auf Angehörige der gleichen Nationalitäten im fremden Lande traf – wie die Armenier und die Italiener in Frankreich etwa –, setzte eine De-Assimilierung der schon länger ansässigen Fremden ein, schon weil ihre Hilfe und Solidarität nur mit Berufung auf die gleiche Nationalität mobilisiert werden konnten. Und an dieser Mobilisierung wiederum hatten die Staaten, welche weder direkte Hilfe noch Arbeitserlaubnis zu geben gedachten, ein unmittelbares Interesse. Sie selbst appellierten an ein nationales Bewußtsein, das sie andererseits für so gefährlich hielten.[28] So haben zum Beispiel zehntausend italienische Flüchtlinge genügt, um die Million italienischer Immigranten in Frankreich an einer Assimilation zu hindern und das Nationalbewußtsein in ihnen wieder zu erwecken.

In den Augen der fremdländischen Bevölkerungen konnten die neuen Bestimmungen, welche die Naturalisation entweder halb rückgängig machten oder auf die geringfügigsten Vergehen mit ihrem Entzug drohten, das ganze Verfahren nur diskreditieren. Die Flüchtlinge hatten ohnehin eine viel stärkere Tendenz, an ihrer Nationalität festzuhalten, als die Fremden und Immigranten oder die Heimatlosen je gezeigt hatten, da sie ja mit den Staatsmännern die Illusion teilten, daß es sich um ein vorübergehendes Exil handele; die Denaturalisierungstendenzen der betroffenen Staaten bestätigten sie in ihrer Überzeugung, daß Assimilation weder möglich noch wünschenswert sei, und überzeugten sozusagen nachträglich die Fremden, welche es mit der Naturalisierung versucht und die Assimilation ernst genommen hatten. Mit anderen Worten, die Flüchtlinge hatten eine Tendenz, die ansässige Bevölkerung der gleichen Nationalität in Flüchtlinge zu verwandeln, auch wenn diese ursprünglich Immigranten gewesen waren.

Was immer die Regierungen unternahmen, um der Staatenlosigkeit zu wehren, erzeugte automatisch neue Gruppen wirklicher oder potentieller Staatenloser. Sobald ein Land nur erst einmal von Staatenlosigkeit überhaupt gleichsam befallen war, bedurfte es keiner neuen katastrophalen Ereignisse mehr, um ihre Zahl ständig zu vermehren; sie verbreiteten sich wie eine ansteckende Krankheit, denn nicht nur die Naturalisierten, die in keinem der betroffenen Länder an Zahl sehr erheblich waren, standen in Gefahr, durch die Ankunft der Staatenlosen selbst staatenlos zu werden; die Lebensbedingungen aller Fremden wurden entscheidend durch diese neuen Menschengruppen beeinflußt. In den dreißiger Jahren wurde es immer schwieriger, zwischen Fremden und Staatenlosen zu unterscheiden, und die Fremden machten in den westlichen Ländern bereits wesentliche Prozentsätze der Gesamtbevölkerung aus. Frankreich, das mit nahezu zehn Prozent Fremden schließlich das größte Immigrationsland Europas wurde, versuchte seine Fremdenpolitik seit langem so zu leiten, daß es bei einsetzender Depression seine Arbeitslosigkeit in Gestalt ausländischer Arbeiter über die Grenzen schieben konnte. Der letzte große Schub erfolgte unter der Regierung Laval im Jahre 1935, als beinahe eine halbe Million Fremder zwangsweise repatriiert wurden. Von dieser Massendeportation blieben die Staatenlosen natürlich verschont, und die verbleibenden Fremden lernten bei dieser Gelegenheit einiges über die möglichen Vorteile der Staatenlosigkeit, in die sie sich oft mit allen nur möglichen Mitteln zu retten versuchten. Während die Staaten ein Interesse daran hatten, ihre fremdländische Bevölkerung fein säuberlich in möglichst viele administrative Kategorien aufzuteilen, um so wenig wie möglich Staatenlose übrigzubehalten, hatten die Fremden umgekehrt ein Interesse daran, in einem unentwirrbaren Chaos von Flüchtlingen, Staatenlosen, »Wirtschaftsemigranten« und »Touristen« zu verschwinden. Zu welcher Kategorie der betreffende Fremde wirklich gehörte, stellte sich in Wahrheit erst in dem Moment heraus, wo ihm mit Repatriierung und Deportation gedroht wurde.

Die Angst der Regierungen vor der immer weiter um sich greifenden Staatenlosigkeit war in den dreißiger Jahren um so berechtigter, als der wirklichen Staatenlosigkeit eine potentielle Staatenlosigkeit entsprach, die kaum noch abschätzbar war. Zur Zeit der Evian-Konferenz im Jahre 1938 gab es außer den 600 000 »potentiellen Flüchtlingen«, die von der Konferenz anerkannt wurden, eine Million Juden in Polen, die der polnische Außenminister als für Polen »überzählig«, also potentiell staatenlos, erklärt hatte, und eine nicht abschätzbare Zahl rumänischer Juden, die plötzlich von der rumänischen Regierung als naturalisierte Bürger betrachtet wurden, die man also jederzeit in beliebiger Anzahl denaturalisieren und staatenlos machen konnte; denn daß es von der Naturalisierung zur Staatenlosigkeit nur eines sehr kleinen Schrittes bedurfte, wußte in den dreißiger Jahren alle Welt.[29] Außerordentlich bedrohlich in dieser Entwicklung war, daß es sich hier nicht mehr, wie im Falle der russischen Flüchtlinge, darum handelte, Angehörige mißliebiger Klassen oder Parteien über die Grenzen zu jagen, sondern die von den Friedensverträgen anerkannten Minderheiten, vor allem die Juden und die Armenier. Wäre dieser Prozeß nicht durch den Krieg unterbrochen worden, so hätten sich schließlich alle Minderheiten in der Lage potentieller Staatenloser und Flüchtlinge befunden. Daß die Staatenlosen in der Tat die »Vettern der Minderheiten« waren, kam vielleicht noch deutlicher darin zum Ausdruck, daß ganze Gruppen von Flüchtlingen freiwillig aus dem Staatsverband ausschieden, um über alle nationalen Grenzen hinweg sich an ideologischen Kämpfen in gleich welchen Ländern zu beteiligen und sich sogar von den Armeen fremder Länder anwerben zu lassen. Dies, und nicht die Angst vor dem Kommunismus, war der Grund, warum die internationale Brigade im spanischen Bürgerkrieg alle Regierungen so sehr in Schrecken versetzte. Daß dann schließlich die reguläre Armee der Republik das Schicksal dieser »vaterlandlosen Gesellen« teilen und so dem Heere der Staatenlosen eine halbe Million Menschen zuführen würde, machte die Sache natürlich noch schlimmer.[30] Denn es war ja offenbar, daß alle diese Staatenlosen mit dem Verlust der Staatsbürgerschaft keineswegs ihre Nationalität verloren hatten oder daran dachten, auf sie zu verzichten. Gleich den Nationalitäten im osteuropäischen Raum identifizierten sie Nationalzugehörigkeit nicht mehr mit der Zugehörigkeit zu einem staatlich gesicherten Territorium. Für den Staatenlosen, im Gegensatz zu dem Immigranten und Heimatlosen, war gerade die Zähigkeit, mit der er an seiner Nationalität festhielt, bezeichnend. Und obwohl es zweifellos im Sinne der Staaten lag, eine internationale Regelung, die alle Staatenlosen in einen Topf geworfen hätte, zu vermeiden, so ist es keineswegs ausgemacht, daß die Staatenlosen selbst ein für alle identisches Ausweispapier akzeptiert hätten.[31] Die Regierungen, denen bereits nach den ersten Flüchtlingswellen klargeworden war, daß dieses neue »Ausländerproblem« mit den klassischen Mitteln der souveränen Regierungen, Naturalisierung und Repatriierung, nicht zu lösen war, versuchten mit allen Mitteln, potentielle Staatenlose davon abzuhalten, sich durch Emigration in wirkliche Flüchtlinge zu verwandeln. Kaum hatte der Völkerbund angefangen, sich mit der Frage der Flüchtlinge zu befassen, da wurde er bereits von den ihn konstituierenden Regierungen darauf hingewiesen, daß »das Flüchtlingswerk des Völkerbundes mit der größtmöglichen Geschwindigkeit ›liquidiert‹ werden müsse«.[32] Die bloße Beschäftigung mit der Frage versetzte die Staatsmänner in Angst und Schrecken, als könnte sie bereits mehr und mehr Menschen ermutigen, die fragwürdige Existenz eines staatenlosen Flüchtlings der gegenwärtigen Situation vorzuziehen. Die Liquidierung des Werkes gelang nie restlos, da es ja nicht (oder noch nicht) möglich war, die Flüchtlinge selbst zu »liquidieren«; immerhin gelang es, die potentiellen Flüchtlinge, die sich in ihrer verzweifelten Lage ja deshalb befanden, weil der internationale Minderheitenschutz nicht funktionierte, darüber aufzuklären, daß kein internationales Statut und keine internationale Institution wie das Nansen-Office sich ihrer Interessen annehmen würde. Man verschlechterte die Situation der Staatenlosen willentlich, um Abschreckungsmaßnahmen zu schaffen, wobei manche Regierungen so weit gingen, jeden Flüchtling kurzerhand als »lästigen Ausländer« zu bezeichnen, und ihre Polizei anwiesen, sie dementsprechend zu behandeln.[33] Wieweit diese Abschreckungsmaßnahmen effektiv waren, ist schwer abzuschätzen. In den letzten Jahren vor Kriegsausbruch hatten die Polizeien der westlichen Länder alle Übersicht über die Ausländer verloren, weil die Flüchtlinge sich in die Illegalität gerettet hatten, wie sie vorher in die Staatenlosigkeit geflüchtet waren.[34] Die Weigerung, die Staatenlosigkeit anzuerkennen und auf irgendeine Weise zu legalisieren, hatte vor allem zur Folge, daß immer mehr Menschen lernten, unter Bedingungen absoluter Gesetzlosigkeit zu leben und in der Illegalität ihren besten und verläßlichsten Schutz zu sehen.

Die Tatsache, daß die europäischen Nationalstaaten sich in solche schieden, welche alle Elemente, die ihnen nicht paßten, aus dem Lande jagten, und solche, welche diesen Volksgruppen als mehr oder minder illegale Auffanggebiete dienten, hatte eine ganze Reihe von Konsequenzen, die, ohne daß die Öffentlichkeit sich ihrer Tragweite noch bewußt geworden wäre, alle darauf hinausliefen, Legalität überhaupt im Innern der betroffenen Staaten wie in ihren zwischenstaatlichen Beziehungen zu unterminieren.

In dem Maße, wie der Staatenlose selbst außerhalb des Gesetzes steht, zwingt er auch jede Regierung, die es mit ihm zu tun bekommt, die Sphäre des Gesetzes zu verlassen. Dies wird besonders deutlich, sobald es sich darum handelt, den Staatenlosen auszuweisen. Nun scheint es zwar selbstverständlich, daß man Staatenlose wegen ihrer Undeportierbarkeit in ein Heimatland nicht ausweisen kann; der Nationalstaat aber kann auf das Recht der Ausweisung schon darum nicht verzichten, weil er im Prinzip überhaupt nur auf Grund dieses Rechtes Fremde auf sein Territorium läßt. Da kein Land den ausgewiesenen Staatenlosen aufnehmen will, und zwar schon deshalb nicht, weil es ja seinerseits dann den Staatenlosen nirgendwohin ausweisen kann, muß die Polizei, welche die Befehle zur Ausweisung vollstrecken soll, sich illegaler Mittel bedienen. Bei Nacht also schmuggelt die Polizei des einen Staates den Staatenlosen auf das Territorium des Nachbarstaates und verstößt damit gegen dessen Gesetze; mit dem Erfolg, daß der Nachbarstaat sich der unbequemen Last in der nächsten nebeligen Nacht seinerseits unter Verstoß gegen die Gesetze seines Nachbarn entledigt.[35] Die Ideallösung dieser »Repatriierung«, nämlich den Staatenlosen in sein Ursprungsland zurückzuschmuggeln, glückte nur in gezählten Fällen, teils weil die Polizei der westlichen Demokratien noch gewisse Rücksichten nahm, teils weil der Staatenlose aus seinem »Heimatland« genauso zurückgeschmuggelt wurde wie aus jedem anderen und teils weil dieser ganze Verkehr bei Nacht und Nebel sich ja nur zwischen benachbarten Ländern abspielen kann. So kam es mitten im Frieden zu Kleinkriegen zwischen den Polizeien befreundeter Länder, ganz zu schweigen von den Opfern, welche oft Gelegenheit hatten, das internationale Gefängniswesen auf das gründlichste aus eigener Anschauung zu studieren, weil sie immer wieder »illegal« mit Hilfe der verschiedenen Polizeien die europäischen Grenzen überschritten hatten. Alle Versuche, dem Staatenlosen durch ein international garantiertes Statut zu helfen, sind vorläufig daran gescheitert, daß kein internationaler Status das Territorium ersetzen kann, auf das man einen unerwünschten Ausländer abschiebt. Alle Diskussionen über die Staatenlosen- und Flüchtlingsfrage drehen sich seit mehr als dreißig Jahren um eine einzige Frage: Wie kann man den Staatenlosen wieder deportationsfähig machen? Der einzige praktische Ersatz für das ihm mangelnde nationale Territorium sind immer wieder die Internierungslager gewesen; sie sind die einzige *patria,* die die Welt dem Apatriden anzubieten hat.[36]

Erheblich schlimmer als diese Illegalitäten im zwischenstaatlichen Grenzverkehr war die Gesetzlosigkeit, welche die Staatenlosigkeit in die Innenpolitik der betroffenen Länder schleppte. Dabei war noch die Tatsache, daß Menschen ohne Aufenthalts- und Arbeitserlaubnis gezwungen sind, sich außerhalb der für sie geltenden Gesetze zu stellen, verhältnismäßig harmlos, und auch die Tatsache, daß Menschen, die sich nie eines Vergehens schuldig gemacht hatten, dauernd von Gefängnisstrafen ereilt wurden, ist hier nicht entscheidend; wiewohl natürlich ein Mensch, der sich bereits durch die Tatsache, daß er existiert, strafbar macht, nur noch sein individuelles Gewissen zu befragen hat, um zu entscheiden, ob er sich zusätzlich noch einen Bankeinbruch leisten will oder nicht; denn die Strafe, die er für illegalen Grenzübertritt, illegalen Aufenthalt und illegale Arbeit zu erwarten hat, wird zumeist die, welche auf Einbruch steht, übertreffen. Ausschlaggebend ist vielmehr, daß diejenigen, für die überhaupt kein Gesetz vorgesehen ist, automatisch eine genaue Umkehrung des juridischen Systems verursachen: Da der Staatenlose »die Anomalie darstellt, für die das Gesetz nicht vorgesorgt hat«,[37] kann er sich nur dadurch normalisieren, daß er den Verstoß gegen die Norm begeht, die im Gesetz vorgesehen ist, nämlich das Verbrechen.

Um zu erfahren, ob eine bestimmte Menschengruppe wirklich rechtlos geworden ist, braucht man sich nur zu fragen, ob die Begehung eines Verbrechens ihre Situation verbessert oder nicht. Wenn immer ein kleiner Einbruch den legalen Status eines Menschen verbessert, und sei es auch nur vorübergehend, kann man eigentlich sicher sein, daß man es mit einem Entzug der Menschenrechte zu tun hat. Nur auf dem Weg der Kriminalität, welche eine anerkannte Ausnahme zu der vom Gesetze statuierten Norm darstellt, kann der Rechtlose wieder in eine Lage kommen, in welcher ihm nichts anderes widerfährt als jedem anderen auch, wo er also seine Gleichheit vor dem Gesetz wiedererlangt hat. Als Verbrecher kann selbst der Staatenlose den Gesetzesschutz erlangen, der in allen zivilisierten Ländern den Strafvollzug regelt: Wenn er sich gegen das Gesetz, das ihn verfolgte, solange er unschuldig war, vergeht, wird plötzlich das Gesetz sich seiner wieder annehmen. Solange sein Prozeß und seine Strafe dauern, ist er dem willkürlichen Polizeireglement, das mit ihm buchstäblich machen kann, was es will, gegen dessen Verordnungen keine Rechtsanwälte helfen und von dessen Entscheidungen es kein Appellieren an eine höhere Instanz gibt, entronnen. Der gleiche Mann, der gestern noch im Gefängnis saß, nur weil er überhaupt auf der Welt war, der vollkommen rechtlos war, dauernd vor der Deportation zitterte oder vor dem Internierungslager, ist plötzlich im Genuß aller bürgerlichen Rechte, nur weil er sich endlich wirklich etwas hat zuschulden kommen lassen. Nun gibt es auf einmal Rechtsanwälte für ihn, und wenn er kein Geld hat, muß sogar das Gericht selbst für die gehörige Vertretung seiner Interessen sorgen; er kann sich über die Gefängniswärter beklagen, und wenn die Polizei ihn mißhandelt, wird man sich seine Beschwerden anhören und Abhilfe schaffen. Niemand hat mehr das Recht, ihn als Abschaum der Menschheit zu behandeln oder ihm die Kenntnis seiner eigenen Akten zu verwehren; im Gegenteil, jedermann wird beflissen sein, ihn genau zu informieren, und er wird sogar das Gesetz kennenlernen, das in seinem Falle zuständig ist. Er ist endlich wieder jemand, mit dem alle Welt rechnen muß. Diesen außerordentlichen Vorteilen gegenüber fällt das Strafmaß kaum noch ins Gewicht; es hat ohnehin für ihn nicht entfernt die

Bedeutung, welche eine polizeiliche Ausweisung oder die Nichtverlängerung der Arbeitserlaubnis oder eine Verordnung, ihn zu internieren, in seinem Leben haben würde.[38]

Es hat erfahrungsgemäß noch einen anderen Weg für die Flüchtlinge und Staatenlosen gegeben, sich auf dem Umwege der Anomalie zu normalisieren, und dies ist, zu beschließen, entweder ein Genie zu werden oder, da dies nicht ganz einfach ist, wenigstens so zu tun, als ob man eines sei. So wie das Gesetz nur den Verbrecher als Ausnahme anerkennt und in seine Norm einbezieht, so hat die bürgerliche Gesellschaft immer nur dem Genie eine Ausnahmestellung zugebilligt. Soziologisch gesprochen, war das Genie in der guten Gesellschaft des neunzehnten Jahrhunderts dasselbe wie die Stars der Vergnügungsindustrie in der Massengesellschaft des zwanzigsten, nur mit dem allerdings entscheidenden Unterschied, daß die Massengesellschaft ihren Konformismus auch noch in ihre Vergnügungen trägt. Wo immer die Klassengesellschaft noch intakt war oder ihre Traditionen noch den Kulturbetrieb beherrschten, wie eigentlich in allen westlichen Ländern in den Jahrzehnten zwischen den Kriegen, duldete die Gesellschaft in ihren »Genies« nicht nur eine gewisse Monstrosität (oder das, was sie als solche empfand), sondern verlangte sie sogar. Innerhalb der Gesellschaft konnte der Flüchtling und Staatenlose genauso die Rolle der Ausnahme, des Exotischen und Fremdartigen spielen wie vor ihm die Homosexuellen oder die Juden. Hier konnte die Tatsache, daß er außerhalb aller Gesetze der menschlichen Gesellschaft stand, sich noch zu einem Vorteil kehren, und dies um so eher, je bewußter er als Ausländer auftrat. Die so erfolgte Normalisierung verschaffte zwar dem Staatenlosen nicht den Schutz der Gesetze, aber sie rettete ihn aus dem mit dem Rechtsverlust verbundenen Namens- und Identitätsverlust, den die Staatenlosigkeit immer zur Folge hat und für den die verzweifelten Versuche der Flüchtlinge, sich wenigstens Geburtsurkunden zu beschaffen, das treffendste Sinnbild sind. Besaßen sie wieder einen Namen, der sie aus der großen, namenlosen Masse heraushob, so war eines ihrer Probleme jedenfalls gelöst. Der Ruhm konnte ein Ersatz für die gesellschaftliche Heimat werden, in der man einen kennt; er war eigentlich die einzige Antwort auf die immer wieder geäußerte und durchaus berechtigte Klage aller Flüchtlinge – niemand weiß mehr, wer ich bin. Daß die Chancen, zu überleben, sich für den berühmten Flüchtling unendlich verbessern, hat die Geschichte der letzten dreißig Jahre in zahllosen Fällen bewiesen; schließlich hat ein Hund mit Halsband und Namen eine bessere Chance als ein Straßenhund, der nichts ist als ein Hund überhaupt. Wie nahe gerade das Phänomen der Staatenlosigkeit bereits der totalitären Welt verwandt ist, kann man daran erkennen, daß sich später in den Konzentrationslagern genau die gleichen Kategorien als »Aristokratien« etablierten – die Verbrecher, die sich durch das, was sie wirklich getan hatten, aus der Menge heraushoben, auf der einen Seite und ein paar »Genies«, Artisten und Leute aus der Vergnügungsindustrie auf der anderen.

Die Umkehrung aller gesetzlich vorgesehenen Verhältnisse und Maßstäbe, die durch die Staatenlosigkeit eintrat, zeigte sich am deutlichsten in dem außerordentlich erweiterten Machtbereich der Polizei, der die Staatenlosen unterstellt wurden. In Westeuropa war dies das erste Mal, daß der Polizei gestattet wurde, selbst die Bestimmungen zu erlassen, nach denen sie sich zu richten gedachte, und daß sie die Befugnis erhielt, direkt über Menschen zu verfügen und zu herrschen. In Flüchtlingsangelegenheiten war sie nicht mehr das Vollstreckungsinstrument des Gesetzessystems und anderen Regierungsinstanzen unterstellt, sondern konnte vollkommen unabhängig handeln.[39] Die Bedeutung dieser Emanzipation von Gesetz und Regierung wuchs im Verhältnis zu dem Anwachsen der Staatenlosen im Lande, durch das sich ihr Machtbereich dauernd vergrößerte. Jeder neu über die Grenze gekommene Flüchtling vergrößerte automatisch die Volkszahl dieses unsichtbaren Staates im Staate. Je größer der unsichtbare Polizeistaat zahlenmäßig wurde, je mehr Menschen in ihm, und nicht in dem Rechtsstaat, lebten – und im Vorkriegsfrankreich bildeten die Staatenlosen und potentiell Staatenlosen zehn Prozent der Gesamtbevölkerung –, desto größer war natürlich die Gefahr, daß das ganze Land unter die Herrschaft eines Polizeistaates geriet.

Natürlich hatten die totalitären Regime, in denen die Polizei zur höchsten Staatsmacht avanciert war, ein ausgesprochenes Interesse daran, die Polizeimacht in der Herrschaft über große Menschengruppen, die von vornherein, unabhängig von allen individuell begangenen Delikten, außerhalb der Gesetze standen, zu verankern. In Nazideutschland hatten die Nürnberger Gesetze mit ihrer Scheidung zwischen Reichsbürgern (Vollbürgern) und Staatsangehörigen (Bürger zweiter Klasse ohne politische Rechte) den Weg für eine Entwicklung freigelegt, in der schließlich alle Staatsangehörigen »artfremden Blutes« ihre Staatsangehörigkeit auf dem Verordnungswege verlieren konnten; nur der Ausbruch des Krieges hat eine entsprechende Gesetzgebung, für die bereits alles vorbereitet war, verhindert.[40] Andererseits entwickelte sich durch die wachsenden Gruppen von Staatenlosen in den nichttotalitären Ländern eine Form polizeilich organisierter Gesetzlosigkeit, welche auf die friedlichste Weise der Welt die freien Länder den totalitär regierten Staaten anglich. Daß Konzentrationslager schließlich für die gleichen Gruppen in allen Ländern vorgesehen waren, wenn auch natürlich die Behandlung in ihnen sehr differierte, ist um so kennzeichnender, als ja schließlich die Auswahl der Gruppen ausschließlich der Initiative der totalitären Regime überlassen war (wen die Nazis in ein Konzentrationslager brachten, der wurde bei geglückter Flucht von den Holländern etwa in ein Internierungslager gesperrt). So hatte lange vor Ausbruch des Krieges eine Reihe von westlichen Polizeien unter dem Vorwand der »nationalen Sicherheit« auf eigene Faust enge Verbindungen mit der Gestapo und mit der GPU etabliert, so daß man bereits von einer unabhängigen Außenpolitik der Polizei sprechen konnte. Denn die polizeiliche Außenpolitik war von der offiziellen Regierung ganz unabhängig; die Beziehungen zwischen Gestapo und französischer Polizei haben niemals besser funktioniert als zu der Zeit, als die Volksfrontregierung Léon Blums eine entschlossen antideutsche Politik verfolgte. Im Unterschied zu den Regierungen haben die Polizeien auch niemals sich mit »Vorurteilen« gegen eines der totalitären Regime belastet; ihnen waren die Informationen und Denunziationen, die sie von GPU-Agenten erhielten, genauso willkommen wie die von faschistischen oder Gestapoagenten. Sie wußten, was für eine ausgezeichnete Rolle der Polizei in allen totalitären Regimen zukommt, wie sehr sich ihr sozialer Status und ihre politische Bedeutung erhöht, und sie haben aus ihren Sympathien nie einen Hehl gemacht. Daß schließlich die Nazis so schändlich geringen Widerstand in den Polizeiapparaten der von ihnen besetzten Länder vorfanden und daß sie so weitgehend ihren Terror mit ihrer Hilfe organisieren konnten, war zu einem Teil wenigstens der Machtstellung geschuldet, welche die Polizei sich in den langen Jahren unumschränkter und willkürlicher Herrschaft über Staatenlose und Flüchtlinge erobert hatte.

In den Jahrzehnten zwischen den beiden Kriegen, als die Judenfrage die Schwierigkeiten des Minderheiten- wie des Staatenlosenproblems in sich vereinigte und exemplarisch repräsentierte, war es noch verhältnismäßig leicht, die Tragweite beider Probleme zu ignorieren, eben unter dem Vorwand, daß sie nur für die Schicksale des jüdischen Volkes, die ohnehin angeblich Sondergesetzen folgten, von Belang seien.[41] Dabei übersah man vor allem, daß die Hitlersche Lösung der Judenfrage, in der erst die deutschen Juden in die Lage einer nicht anerkannten Minderheit in Deutschland gebracht, dann als Staatenlose über die Grenzen gejagt und schließlich überall wieder sorgsam eingesammelt und in die Vernichtungslager transportiert wurden, aller Welt aufs deutlichste demonstrierte, wie man alle Minderheiten- und Staatenlosenprobleme wirklich »liquidieren« kann. Nach dem Krieg hat sich dann herausgestellt, daß man gerade die Judenfrage, die als einzig unlösbare galt, lösen konnte, und zwar auf Grund eines inzwischen erst kolonisierten und dann eroberten Territoriums, daß aber damit weder die Minderheiten- noch die Staatenlosenfragen gelöst sind, sondern daß im Gegenteil die Lösung der Judenfrage, wie nahezu alle Ereignisse unseres Jahrhunderts, auch nur zur Folge gehabt hat, daß eine neue Kategorie, die arabischen Flüchtlinge, die Zahl der Staaten- und Rechtlosen um weitere siebenhundert- bis achthunderttausend Menschen vermehrte. Und was in Palästina sich auf kleinstem Raum und im Maßstab von Hunderttausenden abspielte, hat sich dann auf größtem Raum und im Maßstab von vielen Millionen noch einmal auf dem indischen Kontinent wiederholt. Die Flüchtlinge und Staatenlosen sind seit den Friedensverträgen von 1919 und 1920 wie der Fluch, der sich an alle neuen, im Bilde des Nationalstaates errichteten Staaten der Erde heftet.

Für die neuen Staaten wirkt sich dieser Fluch wie der Keim einer tödlichen Krankheit aus. Denn der Nationalstaat kann nicht existieren, wenn nicht alle seine Bürger vor dem Gesetze gleich sind, und kein Staat kann bestehen, wenn ein Teil seiner Einwohner außerhalb aller Gesetze zu stehen kommt und *de facto* vogelfrei ist.

Die Aporien der Menschenrechte

So wie der geistesgeschichtliche Beginn der Neuzeit im sechzehnten und siebzehnten Jahrhundert liegt, so hebt die politische Neuzeit mit der Erklärung der Menschenrechte durch die beiden großen Revolutionen im letzten Drittel des achtzehnten Jahrhunderts an. (Diese Datierung ist nur dann richtig, wenn man die Neuzeit nicht mit der modernen Welt gleichsetzt, deren Anfang mitten in die Neuzeit fällt, keinesfalls vor die Mitte des vorigen Jahrhunderts, und die durch die Industrialisierung der Welt und die Technisierung des Lebens ebenso gekennzeichnet ist wie durch die Emanzipation der Arbeiterklasse.) Diese Erklärung, die seither die Grundlage aller Republiken gebildet hat und sie grundsätzlich von allen anderen uns aus der Geschichte bekannten unterscheidet, besagt nicht mehr und nicht weniger, als daß von nun an der Mensch als solcher, und weder die Gebote Gottes noch die des Naturrechts noch die Gebräuche und Sitten der durch Tradition geheiligten Vergangenheit, den Maßstab dafür abgeben sollen, was recht und was unrecht sei. In der Sprache des achtzehnten Jahrhunderts besagte sie, daß die Völker sich von der Vormundschaft aller gesellschaftlichen, religiösen und historischen Autoritäten befreit hätten, daß das Menschengeschlecht seine »Erziehung« beendet habe und mündig geworden sei.

Darüber hinaus kommt der Proklamierung der Menschenrechte noch ein anderer, geschichtlich sehr wesentlicher Sinn zu. Die Menschen der Neuzeit hatten ihre gesellschaftliche und ihre geistige Heimat verloren: Sie waren des Standes, in den sie geboren wurden, durch die Fluktuierungen der Klassengesellschaft nicht mehr sicher, und es gab mit der zunehmenden Säkularisierung der Welt keine Garantie mehr, daß sie wenigstens außerhalb der politisch-säkularen Sphäre als Christen und vor Gott alle gleich seien. Der politische Körper mußte nun selbst die Garantien schaffen, die bisher von außerpolitischen Mächten getragen worden waren. Was weder die gesellschaftlichen noch die geistigen noch die religiösen Mächte mehr zu bieten imstande waren, sollte jetzt vom Staat direkt geleistet und in Verfassungen verankert werden. Die Rolle der Menschenrechte in diesem Prozeß war, das zu garantieren, was politisch nicht garantierbar oder doch noch nie politisch garantiert worden war. Daraus ergab sich, daß an die Menschenrechte durch das ganze neunzehnte Jahrhundert hindurch immer dann appelliert wurde, wenn das Individuum von der wachsenden Staatsmacht oder den sozialen Ungerechtigkeiten allzu offensichtlich in seiner Existenz bedroht wurde. So trat fast unmerklich die Idee der Menschenrechte selbst in einen neuen Bedeutungszusammenhang: Sie wurden zu einer Art zusätzlichen Ausnahmerechts für die Unterdrückten, auf das sich ihre Beschützer beriefen; jedermann behandelte die Menschenrechte, als stellten sie ein Minimum an Recht für die Entrechteten dar. Damit hängt zusammen, daß der Begriff der Menschenrechte im politischen Denken des neunzehnten Jahrhunderts kaum eine Rolle spielte, und daß selbst im zwanzigsten Jahrhundert, als zum ersten Male große Gruppen von Menschen auftauchten, die in eklatanter Weise aller Rechte beraubt sind, sich keine liberale oder radikale Partei bereit gefunden hat, eine neue Proklamation der Menschenrechte in ihr Programm aufzunehmen. Die Menschenrechte haben immer das Unglück gehabt, von politisch bedeutungslosen Individuen oder Vereinen repräsentiert zu werden, deren sentimental humanitäre Sprache sich oft nur um ein geringes von den Broschüren der Tierschutzvereine unterschied. Dies lag natürlich in der Natur der Sache; wenn die Menschenrechte wirklich den Grundstein der Verfassungen aller zivilisierten Länder bilden, wie immer vorausgesetzt wurde, dann mußten die verschiedenen Gesetze der Staatsbürger das unabdingbare Recht des Menschen, das an sich unabhängig von Staatsbürgerschaft und nationaler Differenz konzipiert war, mit verkörpern und konkretisieren. Da alle Menschen Staatsbürger irgendeines politischen Körpers waren, konnte man erwarten, daß die Menschenrechte in jeweils verschiedener Form für alle verwirklicht werden würden. Nur eine Tyrannis konnte die Menschen ihrer eingeborenen Rechte berauben, und in diesem Falle waren die Bürger im Sinne der politischen Philosophie des achtzehnten Jahrhunderts verpflichtet, durch revolutionäre Aktion ein neues Staatswesen zu gründen.

Da die Menschenrechte als unabdingbar und unveräußerlich proklamiert wurden, so daß ihre Gültigkeit sich auf kein anderes

Gesetz oder Recht berufen konnte, sie vielmehr axiomatisch allen anderen zugrunde gelegt werden sollten, bedurfte es anscheinend auch keiner Autorität, um sie zu etablieren. Der Mensch als solcher war ihre Quelle wie ihr eigentliches Ziel. Da alle anderen Gesetze angeblich von ihnen abgeleitet werden konnten und auf ihnen beruhten, wäre es paradox gewesen, ein besonderes Gesetz für ihre Innehaltung zu schaffen. Wie das Volk der einzige anerkannte Souverän in allen Angelegenheiten öffentlichen Handelns geworden war, so der Mensch die einzige Autorität in allen Fragen von Recht und Unrecht. Und die Volkssouveränität war nicht wie die Souveränität der Dynastien im Namen und von Gnaden Gottes proklamiert, sondern wiederum im Namen und von Gnaden des Menschen überhaupt. So schien es eigentlich fast selbstverständlich, daß diese beiden Dinge: Volkssouveränität und Menschenrechte, einander bedingten und sich gegenseitig garantierten.

Die Fragwürdigkeit dieser Verschmelzung liegt darin, daß der Mensch sich kaum als ein von allen Autoritäten gelöstes und aus allen Bindungen herausgelöstes, völlig isoliertes Wesen etabliert hatte, das seine ihm eigentümliche Würde, die neue Menschenwürde, nur in sich selbst vorfand, ohne jeden Bezug zu einer anderen, höheren und umgreifenden Ordnung, als er aus dieser Isolierung auch schon wieder verschwand und sich in das Glied eines Volkes verwandelte. Diese kuriose Verwandlung, auf der das ganze rhetorische Pathos der Französischen Revolution beruht, war mehr als der Taschenspielertrick von Demagogen. Die Paradoxie, die von Anfang an in dem Begriff der unveräußerbaren Menschenrechte lag, war, daß dieses Recht mit einem »Menschen überhaupt« rechnete, den es nirgends gab, da ja selbst die Wilden in irgendeiner Form menschlicher Gemeinschaft leben, ja, daß dieses Recht der Natur selbst förmlich zu widersprechen schien, da wir ja »Menschen« nur in der Form von Männern und Frauen kennen, also der Begriff des Menschen, wenn er politisch brauchbar gefaßt sein soll, die Pluralität der Menschen stets in sich einschließen muß. Diese Pluralität konnte nur wieder aufgeholt werden im Sinne der politischen Gegebenheiten des achtzehnten Jahrhunderts, indem man den »Menschen überhaupt« mit dem Glied eines Volkes identifizierte.

Zu dieser Schwierigkeit gesellte sich eine geschichtliche, die im Grunde den gleichen Tatbestand in anderer Perspektive ausdrückte. Historisch war es ja offenbar, daß die Menschenrechte, zu deren Proklamation es ungezählter Jahrtausende bedurft hatte, keineswegs unabdingbar oder unveräußerlich waren. Der historische Tatbestand im Sinne des achtzehnten Jahrhunderts war, daß »rückständige« Gemeinwesen, denen die Menschenrechte unbekannt waren, offenbar noch nicht das Stadium zivilisatorischer Reife erlangt hatten, auf dem die Volkssouveränität diese Rechte gegen Tyrannei und Unterdrückung durchsetzen konnte. So vermengte sich die ganze Frage der Menschenrechte von vornherein unentwirrbar mit der Frage der nationalen Emanzipation und des Selbstbestimmungsrechtes der Völker. Nur die emanzipierte Souveränität des Volkswillens, und zwar des Willens des eigenen Volkes, schien imstande, die Menschenrechte zu verwirklichen. Insofern die Französische Revolution die Menschheit als eine Familie von Nationen begriff, richtete sich der Begriff des Menschen, der den Menschenrechten zugrunde lag, nach dem Volk und nicht nach dem Individuum.

Was diese Verquickung der Menschenrechte mit der im Nationalstaat verwirklichten Volkssouveränität eigentlich bedeutete, stellte sich erst heraus, als immer mehr Menschen und immer mehr Volksgruppen erschienen, deren elementaren Rechte als Menschen wie als Völker im Herzen Europas so wenig gesichert waren, als hätte sie ein widriges Schicksal plötzlich in die Wildnis des afrikanischen Erdteils verschlagen. Schließlich hatte man, wenn man von unveräußerlichen und unabdingbaren Menschenrechten sprach, gemeint, diese seien unabhängig von allen Regierungen und müßten von allen Regierungen in jedem Menschen respektiert werden. Nun stellte sich plötzlich heraus, daß in dem Augenblick, in dem Menschen sich nicht mehr des Schutzes einer Regierung erfreuen, keine Staatsbürgerrechte mehr genießen und daher auf das Minimum an Recht verwiesen sind, das ihnen angeblich eingeboren ist, es niemanden gab, der ihnen dies Recht garantieren konnte, und keine staatliche oder zwischenstaatliche Autorität bereit war, es zu beschützen. Wenn andererseits, wie im Falle der Minderheiten, sich wirklich eine internationale Körperschaft bereit fand, diesen fehlenden Regierungsschutz zu ersetzen, fand sie sich schneller diskreditiert, als sie überhaupt Zeit hatte, ihre Maßnahmen zu ergreifen und ihre Vorschläge durchzusetzen; nicht nur stieß sie auf den Widerstand der Regierungen, die für ihre Souveränität fürchteten, sie geriet gleicherweise in Konflikt mit den Beschützten selbst, die ebenfalls einen nichtnationalen Schutz nicht anerkannten und das tiefste Mißtrauen gegen eine Protektion ihrer bloßen Menschenrechte (der »sprachlichen, religiösen und ethnischen«) hegten; auch sie waren der Meinung, daß die Menschenrechte nur Teile ihrer nationalen Rechte und Forderungen seien und nur mit ihnen zusammen durchgesetzt werden könnten. Immer wieder zogen sie dem Beschwerdeweg an den Völkerbund entweder den Schutz ihres nationalen »Mutterlands« vor, wie im Falle der Ungarn oder der Deutschen, oder die internationale Solidarität und die aus ihr sich ergebenden nichtoffiziellen Verbindungen, wie im Falle der Juden. Und je mehr die Lage sich zuspitzte, desto radikalere Formen nahm dieses ausschließliche Vertrauen in national gesicherte Rechte an; so verlangten kurz vor Ausbruch des Zweiten Weltkrieges 75 Prozent der im italienischen Tirol ansässigen deutschen Minderheit, nach Deutschland »repatriiert« zu werden, und genau die gleiche Forderung einer gleichsam freiwilligen Deportation erhob der deutsche Volkssplitter in Jugoslawien, der seit dem vierzehnten Jahrhundert unter dem slowenischen Volksstamm gesiedelt hatte, um im zwanzigsten plötzlich zu entdecken, daß er hier gerade nicht zu Hause sei; hierher gehört auch die einmütige Ablehnung aller Massennaturalisierungen durch die jüdischen *»displaced persons«* nach dem Kriege (die nicht nur in Deutschland, sondern vor allem auch in Italien erfolgte) wie die Weigerung der überwältigenden Mehrheit, nach irgendeinem anderen Lande als nach Palästina zu emigrieren.[42] In all diesen Fällen, die sich beliebig vermehren ließen, handelte es sich um mehr als vorübergehenden Fanatismus oder Chauvinismus oder, wie im Falle der Juden, um die Nachwirkungen einer Katastrophe von unerhörten Ausmaßen. Worum es in Wahrheit geht, ist, daß keine dieser Menschengruppen ihrer elementaren Menschenrechte sicher sein kann, wo diese nicht von einem Staate geschützt sind, dessen Oberhoheit man durch Geburt und internationale Zugehörigkeit untersteht. Die Staatenlosen haben in dieser Hinsicht nicht anders reagiert als die Minderheiten. Die russischen Flüchtlinge waren nur die ersten, welche auf ihrer Nationalität bestanden und sich auf das heftigste dagegen wehrten, mit anderen Staatenlosen zusammen in einen Topf geworfen zu werden. Nicht eine einzige Gruppe von Flüchtlingen ist je auf die Idee gekommen, an die Menschenrechte zu appellieren; wo immer sie sich organisierten, haben sie für ihre Rechte als Polen oder als Juden oder als Deutsche gekämpft. Mit den Großmächten hatten die Staatenlosen zumindest eines gemeinsam, die gleichgültige Verachtung für die Gesellschaften zum Schutz der Menschenrechte.

Staatenlosigkeit in Massendimensionen hat die Welt faktisch vor die unausweichliche und höchst verwirrende Frage gestellt, ob es überhaupt so etwas wie unabdingbare Menschenrechte gibt, das heißt Rechte, die unabhängig sind von jedem besonderen politischen Status und einzig der bloßen Tatsache des Menschseins entspringen. Und diese Frage kann sich nur weiter verwirren, wenn man (wie es in Nachkriegsversuchen, eine neue Charta der Menschenrechte zu definieren, immer wieder geschehen ist) alle nur erdenklichen Ansprüche, die in manchen Ländern zu Rechten geworden sind, wie Arbeitslosenversicherung oder Altersunterstützung, unter die Menschenrechte rechnet. Eine ordentliche Sozialgesetzgebung ist eine sehr schöne Sache; daraus folgt aber noch nicht, daß Pensionsberechtigung ein unveräußerliches Menschenrecht ist. Diese anscheinend humanitären Anstrengungen, wenigstens auf dem Papier jedem Menschen so viel Rechte wie nur möglich zuzusprechen, diskreditieren nicht nur die Idee der Menschenrechte als eine Utopie; sie sind selbst nur eines der vielen Symptome für die sich überall durchsetzende Tendenz, die wirkliche Situation der Staatenlosigkeit, die Unmöglichkeit, ihnen die Menschenrechte innerhalb des Systems souveräner Staaten zu sichern, zu ignorieren. Wenn es überhaupt so etwas wie ein eingeborenes Menschenrecht gibt, dann kann es nur ein Recht sein, das sich grundsätzlich von allen Staatsbürgerrechten unterscheidet. Um dieses Recht zu entdecken, mag es nützlich sein, sich erst einmal die legale Lage der Rechtlosen selbst anzusehen, um ausfindig zu machen, welche Rechte sie denn eigentlich verloren und warum gerade der Verlust solcher Rechte sie in eine Situation absoluter Rechtlosigkeit brachte.

Der erste Verlust, den die Rechtlosen erlitten, war der Verlust der Heimat. Die Heimat verlieren heißt die Umwelt verlieren, in die man hineingeboren ist und innerhalb deren man sich einen Platz in der Welt geschaffen hat, der einem sowohl Stand wie Raum gibt. Solches Unglück ist in der Geschichte der Völker, die uns von vielen Wanderungen von Individuen und ganzen Volksgruppen berichtet, ein beinahe alltägliches Ereignis. Historisch beispiellos ist nicht der Verlust der Heimat, wohl aber die Unmöglichkeit, eine neue zu finden. Jählings gab es auf der Erde keinen Platz mehr, wohin Wanderer gehen konnten, ohne den schärfsten Einschränkungen unterworfen zu sein, kein Land, das sie assimilierte, kein Territorium, auf dem sie eine neue Gemeinschaft errichten konnten. Dabei hatte diese Unmöglichkeit keineswegs ihren Grund in Bevölkerungsproblemen; menschenleere Länder benahmen sich nicht anders als übervölkerte; es war kein Raumproblem, sondern eine Frage politischer Organisation. Was sich herausstellte, war, daß das Menschengeschlecht, das man sich so lange unter dem Bilde einer Familie von Nationen vorgestellt hatte, dieses Stadium wirklich erreicht hatte – mit dem Resultat, daß jeder, der aus einer dieser geschlossenen politischen Gemeinschaften ausgeschlossen wurde, sich aus der gesamten Familie der Nationen und damit aus der Menschheit selbst ausgeschlossen fand.[43]

Zusammen mit der Heimat verloren die Rechtlosen den Schutz ihrer Regierung, und dieser Verlust ist in der Geschichte so wenig unbekannt wie der Verlust der Heimat. Zivilisierte Länder haben seit der Antike Flüchtlingen, die aus politischen Gründen von ihren Regierungen verfolgt wurden, Asyl geboten, und obgleich diese Praxis niemals offiziell in irgendeiner Verfassung verankert war, hat sie doch das ganze neunzehnte Jahrhundert hindurch und sogar noch im Beginn unseres Jahrhunderts leidlich funktioniert. Das Asylrecht setzte voraus, daß der Verfolgte etwas getan hatte, was im Asyllande nicht außerhalb des Gesetzes lag; hatte er das Asylland erst einmal erreicht, so war er der Reichweite der Verordnungen, gegen die er sich vergangen hatte, entflohen, er unterstand nun einem anderen Gesetze. Anders ausgedrückt, das nationale Gesetz selber, dem er durch seine Staatsbürgerschaft unterstand, hatte nur territoriale Geltung; es konnte ihn nicht über die Grenzen des Staatsgebietes hinaus verfolgen. Das Asylrecht setzte ferner voraus, daß der Flüchtling wirklich und nachweisbar etwas getan hatte, womit er sich gegen die gerade geltenden Gesetze seines Landes vergangen hatte. Das Erscheinen der Staatenlosen bewies, daß unter modernen Verhältnissen beide Voraussetzungen hinfällig geworden sind. Da Gegenseitigkeitsverträge und internationale Abkommen ein Netz über die Erde gesponnen haben, das es dem Staatsbürger jedes Landes ermöglicht, seinen legalen Status mit sich zu tragen, wohin er immer gehen mag, ist das Gesetz, dem er auf Grund seiner Staatsbürgerschaft unterstellt ist, nicht mehr auf ein Land beschränkt, und die Polizei des Gastlandes ist durch Auslieferungsverträge verpflichtet, die Polizei der Heimat zu ersetzen. Wo immer Auslieferungsverträge nicht anwendbar sind, stellt sich jedenfalls heraus, daß, wer nicht mehr in das Netz internationaler Gegenseitigkeitsverträge gehört, weil für ihn keine Regierung und kein nationales Gesetz zuständig ist, aus dem Rahmen der Legalität überhaupt herausgeschleudert ist und aufgehört hat, eine juristische Person zu sein. (So haben sich zum Beispiel die Staatenlosen während des letzten Krieges durchgängig in einer schlechteren Position befunden als die jeweiligen feindlichen Ausländer, die von ihren Regierungen auch inmitten des Krieges indirekt durch internationale Abkommen geschützt werden konnten. Nur mit den Staatenlosen, nicht mit den feindlichen Ausländern, konnte jeder Staat machen, was er wollte.)

War so auf der einen Seite für den Flüchtling objektiv kein Raum gelassen, in den er sich vor der ihn verfolgenden Regierung flüchten konnte, so konnte auf der anderen Seite der Flüchtling subjektiv nur in gezählten Fällen beweisen, daß er überhaupt ein Flüchtling war. Die modernen Flüchtlinge sind nicht verfolgt, weil sie dies oder jenes getan oder gedacht hätten, sondern auf Grund dessen, was sie unabänderlicherweise von Geburt sind – hineingeboren in die falsche Rasse oder die falsche Klasse oder von der falschen Regierung zu den Fahnen geholt (wie im Falle der spanischen republikanischen Armee). Der moderne Flüchtling ist das, was ein Flüchtling seinem Wesen nach niemals sein darf: er ist unschuldig selbst im Sinne der ihn verfolgenden Mächte.[44] Diese ihnen unabweisbar anhaftende subjektive Unschuld war ihr größtes Unglück; in ihr bekundete sich verhängnisvoller als in jeder anderen Qualität oder in allen Verlusten, daß die Rechtlosen nicht mehr in der Menschenwelt zu Hause waren, in der absolute Unschuld nicht geduldet wird, weil die absolute Verantwortungslosigkeit, die mit ihr Hand in Hand geht, unerträglich ist.

Es gehört zu den Aporien moderner Erfahrung, daß es offenbar leichter ist, den völlig Unschuldigen seiner juristischen Person zu berauben, als irgendeinen anderen, leichter als den politischen Gegner oder den Verbrecher, bei denen sich selbst im Falle der infamsten Verfolgung oder der drakonischsten Gesetzgebung die juristische Person immer noch in dem Zusammenhang durchsetzt, der zwischen dem, was sie getan hat, und dem, was ihr geschieht, besteht. »Wenn man mich bezichtigt, die Türme von Notre Dame gestohlen zu haben, gehe ich außer Landes« – dieses berühmte Wort Anatole Frances ist leider erheblich ernster, als seine Ironie hat voraussehen können; die modernen Flüchtlinge sind samt und sonders Leute, die man bezichtigt hat, die Türme von Notre Dame gestohlen zu haben, und der Strafe, die auf diesem Verbrechen steht, konnten sie auch dann nicht entfliehen, wenn sie außer Landes gingen. Die Juristen, die daran gewöhnt sind, das Gesetz durch die Strafe zu definieren (Mord ist, worauf Todesstrafe steht), werden, da ja die Strafe immer im Entzug bestimmter Rechte und im äußersten Falle im Entzug des Rechts auf das Leben selbst besteht, es vielleicht noch schwerer als der Laie verstehen, daß es eine Strafe gibt, die nicht nur kein bestimmtes Verbrechen mehr definiert, sondern überhaupt in keinerlei Zusammenhang mit irgendeinem Vergehen gebracht werden kann. Absolute Rechtlosigkeit hat sich in unserer Zeit als die Strafe erwiesen, die auf absolute Unschuld steht.

Diese Situation ist geeignet, die vielen Schwierigkeiten zu enthüllen, die im Begriff der Menschenrechte immer enthalten waren. Wie immer sie einst definiert wurden (als Recht auf Leben, Freiheit und Streben nach Glück in der amerikanischen oder als Gleichheit vor dem Gesetz, Freiheit, Recht auf Eigentum und nationale Souveränität wie in der französischen Fassung) und wie man auch versuchte, zweideutige Formulierungen, wie »Streben nach Glück«, auszubessern oder antiquierte Rechte, wie das Recht auf Privateigentum, zu qualifizieren und einzuschränken – die reale Situation derjenigen, die im zwanzigsten Jahrhundert der Menschenrechte in der Tat beraubt worden sind, ist mit ihnen nicht zu fassen, und zwar deshalb nicht, weil kein Verlust partikularer Rechte unbedingt den Zustand absoluter Rechtlosigkeit nach sich zieht, in dem allein von einem Verlust der Menschenrechte mit Sinn gesprochen werden kann. Der Soldat ist seines Rechtes auf Leben im Kriege so beraubt wie der Verbrecher seines Rechtes auf Freiheit, solange er seine Strafe verbüßt, und alle Bürger büßen in einer nationalen Notlage ihr Recht auf Streben nach Glück ein (ganz gleich, was man darunter verstehen will); niemand wird behaupten können, daß in irgendeinem dieser Fälle ein Verlust der Menschenrechte vorläge. Andererseits kann jeder Staatenlose bezeugen, daß er sich dieser sogenannten Menschenrechte oft noch unter den Bedingungen absoluter Rechtlosigkeit erfreuen konnte.

Denn das Unglück der Rechtlosen liegt nicht darin, daß er des Rechtes auf Leben, auf Freiheit, auf Streben nach Glück, der Gleichheit vor dem Gesetz oder gar der Meinungsfreiheit beraubt ist; alle diese Formeln stehen deshalb in gar keiner Beziehung zu seiner Situation, weil sie entworfen wurden, um Rechte innerhalb gegebener Gemeinschaften sicherzustellen. Die Rechtlosigkeit hingegen entspringt einzig der Tatsache, daß der von ihr Befallene zu keiner irgendwie gearteten Gemeinschaft gehört. Es ist sinnlos, Gleichheit vor dem Gesetz für den zu verlangen, für den es kein Gesetz gibt; kommt er erst einmal vor das Gesetz, etwa indem er ein im Gesetz vorgesehenes Verbrechen begeht, so wird er sich über Ungleichheit vor diesem Gesetz schwerlich beklagen können. Es ist sinnlos, für jemanden Freiheit zu verlangen, der gar nicht unterdrückt wird, ja, dessen Unglück man dadurch definieren könnte, daß niemand ihn auch nur zu unterdrücken wünscht. Seine Bewegungsfreiheit ist oft erheblich größer als die rechtmäßiger Einwohner eines Landes, in dem eine Diktatur herrscht, und das gleiche gilt von seiner Meinungsfreiheit, sofern er sich in einem Internierungslager eines demokratischen Landes befindet. Sein Recht auf Leben wird nur von totalitären Regimen bedroht, und auch dann erst im letzten Stadium eines langwierigen Prozesses, in dem er stufenweise in jene komplette Rechtlosigkeit gebracht wird, die ihn sicherer als alle unmittelbare Gewalt von der Welt der Lebenden scheidet. Die Nazis haben mit der ihnen eigenen Gründlichkeit im Falle der Juden einen solchen langwierigen Prozeß der Präparierung für die Ausrottung von Menschen aller Welt vordemonstriert; er begann mit der Erklärung, daß Juden Staatsbürger zweiter Klasse sind, ging über den Entzug der Staatsbürgerschaft auf dem Wege der Deportation in die Ghettos und Konzentrationslager, von wo sie nochmals, nun bereits als absolut Rechtlose, aller Welt öffentlich angeboten wurden, um zu sehen, ob sich einer fände, der sie reklamiere; erst als ihre »Überflüssigkeit« oder Standlosigkeit in der gesamten Menschenwelt als erwiesen gelten konnte, ging man dazu über, sie auszurotten. Mit anderen Worten, das Recht auf Leben wird erst in Frage gestellt, wenn die absolute Rechtlosigkeit – und das heißt, daß niemand sich bereit findet, Rechte für diese bestimmte Kategorie von Menschen zu garantieren – eine vollendete Tatsache ist.

Die partikularen Rechte, die der Staatenlose in nichttotalitären Ländern genießt und die sich vielfach mit den proklamierten Menschenrechten decken, können an der fundamentalen Situation der Rechtlosigkeit nicht das geringste ändern. Sein Leben, das unter Umständen durch private oder öffentliche Wohlfahrtsorganisationen über Jahrzehnte erhalten wird, verdankt er der Mildtätigkeit privater oder der Hilflosigkeit öffentlicher Instanzen, in keinem Falle aber hat er ein Recht darauf, da es kein Gesetz gibt, das die Nationen zwingen könnte, ihn zu ernähren. Seine Bewegungsfreiheit, die ohnehin erheblich eingeschränkt ist, gründet sich auf kein Aufenthaltsrecht, und Bewegungsfreiheit ohne Aufenthaltsrecht hat mit der Hasenfreiheit zu Zeiten der Jagd eine verzweifelte Ähnlichkeit. Seine Meinungsfreiheit erweist sich immer als eine Narrenfreiheit, weil das, was er denkt, für nichts und niemanden von Belang ist. Man hat oft darauf hingewiesen, daß unter Bedingungen totalitären Terrors die Konzentrationslager häufig den einzigen Platz darstellten, wo es noch einen freien Meinungsaustausch und freie Diskussion gab; das machte sie nicht zu »Inseln der Freiheit«, sondern der Narrenfreiheit, der gleichen, der sich die Staatenlosen erfreuten.[45]

Der Verlust der Menschenrechte findet nicht dann statt, wenn dieses oder jenes Recht, das gewöhnlich unter die Menschenrechte gezählt wird, verlorengeht, sondern nur wenn der Mensch den Standort in der Welt verliert, durch den allein er überhaupt Rechte haben kann und der die Bedingung dafür bildet, daß seine Meinungen Gewicht haben und seine Handlungen von Belang sind. Etwas viel Grundlegenderes als die in der Staatsbürgerschaft gesicherte Freiheit und Gleichheit vor dem Gesetz also steht auf dem Spiel, wenn die Zugehörigkeit zu der Gemeinschaft, in die man hineingeboren ist, nicht mehr selbstverständlich und die Nichtzugehörigkeit zu ihr nicht mehr eine Sache der Wahl ist oder, wenn Menschen in die Situation gebracht werden, wo ihnen, falls sie sich nicht entschließen, Verbrecher zu werden, dauernd Dinge zustoßen, die ganz unabhängig davon sind, was sie tun oder unterlassen. Auch wo ihnen eine noch intakte Zivilisation das Leben sichert, sind sie, politisch gesprochen, lebende Leichname. Zu solchen lebenden Leichnamen machte die Sowjetunion die Millionen von Flüchtlingen aus Rußland in den zwanziger Jahren, deren einziges Verbrechen darin bestanden hatte, zufällig in die falsche Klasse hineingeboren zu sein, und das gleiche tat Nazideutschland, als es die Juden zu »Feinden« erklärte, ohne ihnen Gelegenheit gegeben zu haben, selber Partei zu ergreifen. Daraus ergab sich, daß die einen wie die anderen nie als Gegner des sie verfolgenden Regimes anerkannt wurden und daß sich ihre Lage auch dann nicht verbesserte, wenn das Land, in dem sie Zuflucht gesucht hatten, in einen Krieg mit ihren Verfolgern verwickelt war. Sie waren politisch (aber natürlich nicht personal) der Fähigkeit beraubt, Überzeugungen zu haben und zu handeln. Es stellte sich heraus, daß diese Fähigkeiten selbst nur funktionieren können, wenn sie durch ein Recht gesichert sind, von dessen Existenz diejenigen, welche die Menschenrechte proklamierten, offenbar noch nichts geahnt haben.

Daß es so etwas gibt wie ein Recht, Rechte zu haben – und dies ist gleichbedeutend damit, in einem Beziehungssystem zu leben, in dem man auf Grund von Handlungen und Meinungen beurteilt wird –, wissen wir erst, seitdem Millionen von Menschen aufgetaucht sind, die dieses Recht verloren haben und zufolge der neuen globalen Organisation der Welt nicht imstande sind, es wiederzugewinnen. Dieses Übel hat so wenig etwas mit den uns aus der Geschichte bekannten Übeln von Unterdrückung, Tyrannei oder Barbarei zu tun (und widersteht daher auch allen humanitären Heilungsmethoden), daß es sogar nur möglich war, weil es keinen »unzivilisierten« Flecken Erde mehr gibt, weil wir, ob wir wollen oder nicht, in der Tat in »einer Welt« leben. Nur weil die Völker der Erde trotz aller bestehenden Konflikte sich bereits als ein Menschengeschlecht etabliert haben, konnte der Verlust der Heimat und des politischen Status identisch werden mit der Ausstoßung aus der Menschheit überhaupt.

Bevor sich dies ereignete, wurde das, was wir heute als ein »Recht« zu betrachten gelernt haben, eher als ein allgemeines Kennzeichen des Menschseins angesehen und die Rechte, die hier verlorengehen, als menschliche Fähigkeiten. Der Verlust der Relevanz und damit der Realität des Gesprochenen involviert in gewissem Sinne den Verlust der Sprache, zwar nicht in einem physischen Sinne, wohl aber in dem Sinne, in dem Aristoteles den Menschen als ein Lebewesen definierte, das sprechen kann; denn hiermit meinte er nicht die physische Kapazität, die auch Barbaren und Sklaven zukam, sondern die Fähigkeit, im Zusammenleben durch Sprechen, und nicht durch Gewalt, die Angelegenheiten des menschlichen und vor allem des öffentlichen Lebens zu regeln. Die Narrenfreiheit der Internierungslager wie die Verfolgungen, die unabhängig sind von dem, was einer sagt und meint, machen gleicherweise den Betroffenen mundtot in des Wortes eigentlicher Bedeutung. Und an diesen Verlust reiht sich der Verlust der öffentlich gesicherten Gemeinschaft überhaupt, der Fähigkeit zum Politischen, die, wie immer man sie deutete, seit Aristoteles ebenfalls als ein Kennzeichen des Menschseins überhaupt galten. Hier treten mit anderen Worten Verluste ein, die wir im Sinne der abendländischen Tradition nur als Verlust einiger der essentiellen Charaktere menschlichen Lebens überhaupt verstehen können. Zwar ist es richtig, daß solche Verluste bereits unter den Bedingungen der Sklaverei eintraten, und es ist charakteristisch, daß für Aristoteles Sklaven nicht eigentlich Menschen waren. Dabei muß man sich vergegenwärtigen, daß das grundsätzliche Verbrechen der Sklaverei nicht darin bestand, daß Sklaven die Freiheit verloren (was auch unter anderen Umständen eintreten kann), sondern darin, daß ein System geschaffen wurde, in dem ein Kampf für Freiheit unmöglich wurde, und eine Institution, in der man den Verlust der Freiheit als ein naturgegebenes Faktum verstand, so daß es erscheinen konnte, als wären Menschen entweder als Freie oder als Sklaven geboren. Daß man in der Formulierung der Menschenrechte gerade auch die Freiheit für ein »angeborenes Recht« erklärte, ist nur der letzte Rest dieser Theorie; die angeborene Freiheit wurde nun auf jedermann, selbst auf die Sklaven erstreckt, und man übersah, daß beides, Freiheit wie Unfreiheit, ein Produkt menschlichen Handelns ist und mit der »Natur« gar nichts zu tun hat. Aber wie immer es um die Sklaverei bestellt sein mag, in gewissem Sinne ist der moderne Staatenlose weiter und endgültiger aus der Menschheit ausgestoßen als der Sklave, dessen Arbeit gebraucht, genutzt und ausgebeutet wurde und der dadurch immer noch in den Rahmen des Menschseins einbezogen blieb. Er lebte noch in bestimmten, sozialen und politischen Beziehungen, die erst die *displaced persons* eines Internierungs- oder die Insassen eines Konzentrationslagers ganz und gar verloren haben. Sie sind ein warnendes Exempel dafür, daß der Mensch alle sogenannten Menschenrechte einbüßen kann, daß er sogar in Sklaverei geraten kann, ohne seine wesentlich menschliche Qualität zu verlieren; diese Qualität, das, was macht, daß ein Mensch ein Mensch ist, und was die Philosophie des achtzehnten Jahrhunderts die »Menschenwürde« nannte, kann er nur verlieren, wenn man ihn aus der Menschheit überhaupt, und das heißt konkret aus jeglicher politischen Gemeinschaft, entfernt.

Das Recht, das diesem Verlust entspricht und das unter den Menschenrechten niemals auch nur erwähnt wurde, ist in den Kategorien des achtzehnten Jahrhunderts nicht zu fassen, weil sie annehmen, daß Rechte unmittelbar der »Natur« des Menschen entspringen – wobei es verhältnismäßig gleichgültig ist, ob diese Natur im Sinne des Naturrechts oder im Sinne einer im Ebenbilde Gottes geschaffenen Kreatur vorgestellt ist, ob es sich um »natürliche« Rechte oder göttliche Gebote handelt. Entscheidend bleibt, daß diese Rechte und die mit ihnen verbundene Menschenwürde auch dann gültig und real bleiben müßten, wenn es nur einen einzigen Menschen auf der Welt gäbe; sie sind unabhängig von der menschlichen Pluralität und müßten auch dann gültig bleiben, wenn ein Mensch aus der menschlichen Gesellschaft ausgestoßen ist.

Als die Menschenrechte zum ersten Male proklamiert wurden, galten sie als unabhängig von der Geschichte und von den Privilegien, welche die Geschichte gewissen Schichten der Gesellschaft zugespielt hatte. In der neuen Unabhängigkeit lag die neu entdeckte Würde des Menschen. Diese neue Würde nun war von Anfang an recht fragwürdiger Art. Historische Rechte wurden durch natürliche Rechte ersetzt, die »Natur« an die Stelle der Geschichte gesetzt, wobei stillschweigend vorausgesetzt war, daß die Natur dem Wesen des Menschen weniger fremd sei als die Geschichte.

Schon die Terminologie der »*Déclaration des Droits de l'Homme*« wie der »*Declaration of Independence*«, die von »unabdingbaren«, »unveräußerlichen«, »angeborenen« Rechten und »axiomatischen Wahrheiten« sprechen, beinhaltet den Glauben an eine »Natur« des Menschen, die den gleichen Wachstumsgesetzen unterliegt wie die des Individuums und von der sich Rechte und Gesetze ableiten lassen. Was es mit dieser menschlichen »Natur« auf sich hat, wissen wir heute vielleicht besser; jedenfalls hat sie uns Möglichkeiten gezeigt, die von der abendländischen Philosophie und Religion, die seit mehr als dreitausend Jahren diese »Natur« gedeutet und definiert haben, weder gekannt noch geahnt wurden. Aber es ist nicht nur die gleichsam menschliche Seite der Natur, die uns fragwürdig geworden ist. Die Natur selbst ist uns fremd geworden, seit der Mensch sie so weit in seine Gewalt bekommen hat, daß die Zerstörung der Erde und allen organischen Lebens durch menschliche Instrumente denkbar und praktisch-technisch möglich geworden ist. Die Natur selbst ist uns unheimlich geworden, seit ein tieferes Wissen von natürlichen Vorgängen gerade den Zweifel an der Existenz von Naturgesetzen überhaupt gezeitigt hat. Wie sollte man Gesetze und Rechte aus einem Universum ableiten, das offenbar weder das eine noch das andere kennt?

Der Mensch des zwanzigsten Jahrhunderts hat sich von der Natur genauso emanzipiert, wie der Mensch des achtzehnten Jahrhunderts von der Geschichte. Geschichte und Natur sind uns in diesem Sinne gleichermaßen fremd, nämlich in dem Sinne, daß das Wesen des Menschen mit ihren Kategorien nicht mehr zu begreifen ist. Andererseits ist die Menschheit, die für das achtzehnte Jahrhundert, kantisch gesprochen, nicht mehr als eine regulative Idee war, für uns zu einer unausweichlichen Tatsache geworden. Diese neue Situation, in der die »Menschheit« faktisch die Rolle übernommen hat, die früher der Natur oder der Geschichte zugeschrieben wurde, würde in diesem Zusammenhang besagen, daß das Recht auf Rechte oder das Recht jedes Menschen, zur

Menschheit zu gehören, von der Menschheit selbst garantiert werden müßte. Und ob dies möglich ist, ist durchaus nicht ausgemacht. Denn entgegen allen noch so gutwilligen humanitären Versuchen, neue Erklärungen der Menschenrechte von internationalen Körperschaften zu erlangen, muß man begreifen, daß das internationale Recht mit diesem Gedanken seine gegenwärtige Sphäre überschreitet, nämlich die Sphäre zwischenstaatlicher Abkommen und Verträge; und eine Sphäre, die über den Nationen stünde, gibt es vorläufig nicht. Auch würde sich diese Kalamität keineswegs durch die Errichtung einer »Weltregierung« ändern. Solch eine Weltregierung steht in der Tat durchaus im Bereich der Möglichkeiten, nur daß sie sich in der Wirklichkeit erheblich anders ausnehmen dürfte, als die idealistischen Verbände, die sie propagieren, sie sich vorstellen. Die Verbrechen gegen die Menschenrechte, welche eine Spezialität totalitärer Regierungen geworden sind, können immer gerechtfertigt werden dadurch, daß man behauptet, Recht sei, was gut oder nützlich für das Ganze (im Unterschied zu seinen Teilen) sei. (Das Hitlersche »Recht ist, was dem deutschen Volke nützt« ist nur die vulgarisierte Form einer Rechtsauffassung, die überall gang und gäbe ist und sich praktisch nur so lange nicht auswirkt, als ältere Traditionen, die in den Verfassungen noch wirksam sind, dies verhindern.) Eine Rechtsauffassung, die das, was recht ist, mit dem identifiziert, was gut für ... ist – den einzelnen oder die Familie oder das Volk oder die größte Zahl –, ist unausweichlich, wenn die absoluten und transzendenten Maßstäbe der Religion oder des Naturrechts ihre Autorität verloren haben. Und an dieser Schwierigkeit wird gar nichts geändert, wenn man die Gesamtheit, für die das Recht gut sein soll, so erweitert, daß das Gemeinwohl, nach dem sich alles richten soll, nun die gesamte Menschheit einschließt. Denn es ist durchaus denkbar und liegt sogar im Bereich praktisch politischer Möglichkeiten, daß eines Tages ein bis ins letzte durchorganisiertes, mechanisiertes Menschengeschlecht auf höchst demokratische Weise, nämlich durch Majoritätsbeschluß, entscheidet, daß es für die Menschheit im ganzen besser ist, gewisse Teile derselben zu liquidieren. Wir begegnen hier auf höchst reale Weise einer der ältesten Aporien der politischen Philosophie, die uns nur so lange verborgen bleiben konnte, als eine unerschütterte christliche Theologie den Rahmen für alle politischen und philosophischen Probleme abgab, die aber bereits Plato dazu veranlaßte, zu sagen: »Nicht der Mensch, sondern ein Gott muß das Maß aller Dinge sein.«

Unsere neuesten Erfahrungen und die sich aus ihnen ergebenden Reflexionen muten wie eine verspätete ironische Bestätigung der berühmten Argumente an, die Edmund Burke einst der Erklärung der Menschenrechte durch die Französische Revolution entgegengehalten hat. Sie scheinen gleichsam experimentell zu beweisen, daß Menschenrechte nichts sind als eine sinnlose »Abstraktion«, daß sich Rechte wie eine »überkommene Erbschaft« tradieren, die man Kindern und Kindeskindern weitergibt wie das Leben selbst, und daß es politisch sinnlos ist, seine eigenen Rechte als unveräußerliche Menschenrechte zu reklamieren, da sie konkret niemals etwas anderes sein können als »die Rechte eines Engländers« oder eines Deutschen oder welch anderer Nation immer. Die einzige Rechtsquelle, die bleibt, wenn die Gesetze der Natur wie die Gebote Gottes nicht mehr gelten sollen, scheint in der Tat die Nation zu sein; »aus der Nation« also, und nirgendwo sonst entspringen Rechte,[46] sicher nicht aus Robespierres »Menschheit, dem Souverän der Erde«.[47] An der pragmatischen Richtigkeit der Burkeschen Argumente besteht kein Zweifel. Der Verlust der nationalen Rechte hat in allen Fällen den Verlust der Rechte nach sich gezogen, die seit dem achtzehnten Jahrhundert zu den Menschenrechten gezählt wurden, und diese haben, wie das Beispiel der Juden und des Staates Israel zeigt, bisher nur durch die Etablierung nationaler Rechte wiederhergestellt werden können. Der Begriff der Menschenrechte brach, wie Burke es vorausgesagt hatte, in der Tat in dem Augenblick zusammen, wo Menschen sich wirklich nur noch auf sie und auf keine national garantierten Rechte mehr berufen konnten. Sobald alle anderen gesellschaftlichen und politischen Qualitäten verloren waren, entsprang dem bloßen Menschsein keinerlei Recht mehr. Vor der abstrakten Nacktheit des Menschseins hat die Welt keinerlei Ehrfurcht empfunden; die Menschenwürde war offenbar durch das bloße Auch-ein-Mensch-sein nicht zu realisieren. Aber selbst wenn man von der Reaktion der Welt absieht und nur die Idee in Betracht zieht, auf welche Menschenrechte sich angeblich gründen (Ideen, die, wie wir sahen, in der modernen Welt ohnehin keine allgemeingültige politische Geltung mehr beanspruchen können): die göttliche Ebenbildschaft des Menschen, wie die amerikanische Fassung meint, oder die Repräsentanz der Menschheit in jedem Menschen (wie die französische Formel sie voraussetzt), so ist schwer einzusehen, wie sie zu einer praktisch wirksamen Lösung des Problems hätten verhelfen können.

Die Staatenlosen, die Überlebenden der Vernichtungslager, die Insassen der Konzentrations- und Internierungslager, sie alle jedenfalls bedurften keiner Burkeschen Argumente, um einzusehen, daß die abstrakte Nacktheit ihres Nichts-als-Menschseins ihre größte Gefahr war. Sie waren damit in das zurückgefallen, was die politische Theorie den »Naturzustand« und die zivilisierte Welt die Barbarei nannte. Ihr fanatisches Bestehen auf ihrer Nationalität war eine instinktive Reaktion gegen diesen Zustand der Barbarei, der verzweifelte Hinweis auf ihre Zugehörigkeit zu der in Nationen organisierten zivilisierten Menschheit. Was ihnen an den Menschenrechten so ungeheuer verdächtig erschien, war gerade, daß dies ja Rechte sind, die sie auch mit wilden barbarischen Völkerschaften zu teilen haben würden. Hierauf gerade hatte Burke bereits hingewiesen, als er meinte, daß man unter dem Menschen eingeborenen Rechten schwerlich etwas anderes verstehen könne als die Rechte von »nackten Wilden«, denen er jedenfalls die

»Rechte eines Engländers« vorzöge.[48] Burke hatte ferner befürchtet, daß, wenn zivilisierte Nationen sich auf die Menschenrechte als die Grundlage ihrer Verfassungen zu berufen anfangen würden, sie gerade dadurch in den »Naturzustand«, in die Barbarei zurückfallen würden. Dieser aus Argumenten und Theorien genährten Befürchtung entspricht die verzweifelte Angst der Rechtlosen, die sich an ihre Nationalität klammern, weil sie wissen, daß diese, auch wenn sie ihnen weder Rechte noch Schutz mehr gewährt, doch das einzige ist, was sie von dem Wilden, der nichts vorzuzeigen hat als das nackte Minimum menschlichen Ursprungs, unterscheidet. Nur ihre nationale Vergangenheit und die ihnen geraubte »überkommene Erbschaft« scheint zu verbürgen, daß sie der zivilisierten Welt noch zugehören.

Die Parallele zwischen dem Naturzustand, in dem es »nur« Menschenrechte gibt, und dem Zustand der Staatenlosigkeit, in welchem alle anderen Rechte verlorengegangen sind, durch die wir Burkes Argumentation, besser als er selbst es konnte, nachträglich überprüfen können, läßt sich in jeder Hinsicht verifizieren. Welche Behandlung die Rechtlosen auch immer erfahren mögen und ganz unabhängig davon, ob sie gerecht oder ungerecht behandelt werden, in Internierungslagern sitzen oder in Freiheit sich bewegen, sie haben die Bezüge zu der von Menschen errichteten Welt und zu allen jenen Bezirken menschlichen Lebens, die das Ergebnis gemeinsamer Arbeit sind, verloren. Wenn die Tragödie wilder Völkerstämme darin besteht, daß sie in einer Natur wohnen, in der sie sich nicht haben einrichten können und die daher übermächtig geblieben ist, daß sie leben und sterben, ohne eine gemeinsame Welt errichtet zu haben, in der jeder seine Spuren hätte hinterlassen können und die insgesamt der menschlich verständliche Ausweis ihrer Existenz hätte sein müssen, wenn diese Naturverhaftetheit und die mit ihr verbundene Flüchtigkeit für uns das eigentliche Kennzeichen des »Naturzustandes« ist, so sind die modernen Staaten- und Rechtlosen in der Tat in ihn zurückgeworfen. Zwar sind sie keine Barbaren, sondern gehören oft den gebildetsten Schichten ihrer Heimat an, und dennoch erscheinen sie inmitten einer Welt, die den Zustand der Barbarei fast beseitigt hat, als die ersten Boten einer kommenden Barbarisierung, einer möglichen Regression der Zivilisation.

Der Gegensatz und die Feindschaft zwischen Zivilisation und Barbarei sind von mehr als nur historischem Interesse. Je höher entwickelt eine Zivilisation ist, je vollständiger die von ihr geschaffene Welt zur menschlichen Heimat geworden ist, je mehr die Menschen sich in diesem »künstlichen«, von menschlichen Künsten entworfenen Gebilde zu Hause fühlen, desto empfindlicher werden sie gegenüber allem, was sie nicht produziert oder nicht verändert haben, desto geneigter, alles als barbarisch zu betrachten, was, wie die Erde und das Leben selbst, auf geheimnisvolle, nie zu enträtselnde Art einfach gegeben ist. Normalerweise kommt diese elementar »natürliche« Sphäre unseres Lebens nur noch in dem zur Geltung, was wir das Privatleben nennen, innerhalb dessen wir von Geburt und Tod betroffen sind und uns durch Freundschaft, Sympathie, Liebe mehr oder minder unzulänglich mit dem bloßen Geschenk menschlicher Existenz abzufinden versuchen. Es ist die Sphäre, wo, was immer von Entscheidung oder auch nur Belang ist, nicht das Resultat unseres eigenen oder anderer Menschen Tun und Treiben ist. Seit den Römern ist uns bekannt, daß ein hochentwickeltes öffentliches Leben ein tiefes Mißtrauen gegen diese ganze private Sphäre entwickelt, eine Art Groll gegen das, was Menschen nicht gemacht haben und nicht machen können und von dem sie doch immer abhängig bleiben; politisch äußert sich dieser Groll am deutlichsten in dem Unbehagen daran, daß ein jeder von uns ist, wie er ist, einzigartig, unnachahmlich, unveränderbar. Die zivilisierte Gesellschaft hat all dies in ihr Privatleben verwiesen, weil diese gegebene Einzigartigkeit alles menschlichen Daseins eine dauernde Bedrohung des öffentlichen Lebens darstellt, das sich auf das Gesetz, vor dem alle gleich sind, ebenso beharrlich gründet, wie die private Sphäre in der Tatsache der Verschiedenheit und unendlichen Unterscheidung verwurzelt ist. Gleichheit ist nicht gegeben, und als Gleiche nur sind wir das Produkt menschlichen Handelns. Gleiche werden wir als Glieder einer Gruppe, in der wir uns kraft unserer eigenen Entscheidung gleiche Rechte gegenseitig garantieren.

Hochentwickelte Gemeinwesen, wie die antiken Stadtstaaten oder die modernen Nationen, in denen große Bezirke des Lebens zum Gegenstand der öffentlichen Angelegenheiten geworden sind, zeigen immer eine Neigung zur Fremdenfeindlichkeit, weil sich in dem Fremden die von Natur gegebene Unterscheidung und das natürlich Unabänderliche viel deutlicher offenbaren als in dem Einheimischen. Aus dem gleichen Grunde sind sie so verhängnisvoll interessiert an ethnischer Gleichförmigkeit und gehen oft gerade an ihrer Unfähigkeit, Unterschiedliches zu assimilieren, zugrunde. Das Unterschiedliche, das in dem Fremden repräsentiert ist, zeigt innerhalb der öffentlichen Sphäre die Grenzen an, die jeder menschlich sinnvollen Betätigung innerhalb des Reiches des Handelns gezogen sind; die Grenze ist eine dauernde Mahnung an die Begrenztheit der Macht des Menschen. Jede Zivilisation noch hat die Neigung gehabt, diese Mahnung zu überhören und diese Grenzen zu überschreiten. Wenn es ihr gelingt, den dunklen Hintergrund des rätselhaft Gegebenen auszuscheiden oder zu reduzieren und die unendliche, natürliche Differenziertheit einzuebnen, so endet sie in den bekannten Formen der Versteinerung, wenn nicht die Barbarenstämme, die sie nicht mehr assimilieren kann, sie überrennen und eine neue Herrschaft aufrichten. Das sind die Strafen dafür, daß Menschen vergessen, daß sie vielleicht die Herren der Welt, aber niemals ihre Schöpfer sind.

Innerhalb der zivilisierten Welt, in der wir normalerweise leben und die sich in unserem Jahrhundert über die ganze Erde erstreckt hat, ist der Naturzustand, der vormals von wilden Völkerschaften repräsentiert wurde, in den Staaten- und Rechtlosen verkörpert, die, indem sie aus allen menschlichen Gemeinschaften herausgeschleudert wurden, auf ihre naturhafte Gegebenheit und nur auf sie zurückgeworfen sind. Sie sind, nachdem sie aufgehört haben, als Deutsche oder Russen oder Armenier oder Griechen anerkannt zu sein, nichts als Menschen; jedoch sofern sie von aller Teilhabe an der von Menschen errichteten und von ihren Künsten ersonnenen Welt ausgeschaltet sind, besagt dies Menschsein nicht mehr, als daß sie dem Menschengeschlecht in der gleichen Weise zugehören wie Tiere der ihnen vorgezeichneten Tierart. Dies abstrakte Menschenwesen, das keinen Beruf, keine Staatszugehörigkeit, keine Meinung und keine Leistung hat, durch die es sich identifizieren und spezifizieren könnte, ist gleichsam das genaue Gegenbild des Staatsbürgers, dessen Ungleichheit und Differenziertheit dauernd innerhalb der politischen Sphäre von dem großen Gleichmacher aller Unterschiede, der Staatsbürgerschaft selbst, eingeebnet werden; denn wiewohl der Rechtlose nichts ist als ein Mensch, ist er doch dies gerade nicht durch die gegenseitig sich garantierende Gleichheit der Rechte, sondern in seiner absolut einzigartigen, unveränderlichen und stummen Individualität, der der Weg in die gemeinsame und darum verständliche Welt dadurch abgeschnitten ist, daß man ihn aller Mittel beraubt hat, seine Individualität in das Gemeinsame zu übersetzen und in ihm auszudrücken. Er ist gleichzeitig der Mensch und das Individuum überhaupt, das allerallgemeinste und das allerspeziellste, das beides gleichermaßen abstrakt ist, weil es gleichermaßen weltlos bleibt.

Die Existenz solch einer Kategorie von Menschen birgt für die zivilisierte Welt eine zweifache Gefahr. Ihre Unbezogenheit zur Welt, ihre Weltlosigkeit ist wie eine Aufforderung zum Mord, insofern der Tod von Menschen, die außerhalb aller weltlichen Bezüge rechtlicher, sozialer und politischer Art stehen, ohne jede Konsequenzen für die Überlebenden bleibt. Wenn man sie mordet, ist es, als sei niemandem ein Unrecht oder auch nur ein Leid geschehen. Dies war die furchtbare Gefahr, welche der antike und mittelalterliche Brauch der Vogelfreiheit und Friedlosigkeit mit sich führte, bis das neuzeitliche Polizeisystem und die modernen Auslieferungsverträge dieses Mittel, den Verbrecher zu zwingen, sich dem Gesetz zu stellen, überflüssig machten.[49] Es ist die alte Vogelfreiheit, welche die Staatenlosigkeit heute über die Flüchtlinge in aller Welt verhängt, nur daß die alte Voraussetzung, daß Vogelfreiheit Folge einer Handlung ist, mit der sich der Betroffene selbst und freiwillig aus der menschlichen Gemeinschaft ausgeschlossen hat, nicht mehr zutrifft. Ferner bedroht ihre ständig wachsende Zahl unsere Zivilisation und politische Welt in ähnlicher und vielleicht noch unheimlicherer Weise wie einst barbarische Völker oder Naturkatastrophen, nur daß diesmal nicht diese oder jene Zivilisation auf dem Spiele steht, sondern die Zivilisation der gesamten Menschheit. Es ist, als ob eine globale, durchgängig verwebte zivilisatorische Welt Barbaren aus sich selbst heraus produzierte, indem sie in einem inneren Zersetzungsprozeß ungezählte Millionen von Menschen in Lebensumstände stößt, die essentiell die gleichen sind wie die wilder Volksstämme oder außerhalb aller Zivilisation lebender Barbaren.

Anmerkungen Band II

Vorwort

1 Übersetzt von Michael Schröter.

2 Die Zahlen stammen aus Leo Model, *The Politics of Private Foreign Investment,* bzw. Kenneth M. Kauffman und Helena Stalson, *U. S. Assistance to Less Developed Countries, 1956–1965,* beide Aufsätze in *Foreign Affairs,* Juli 1967.

3 L. Models oben zitierter Aufsatz bietet (p. 641) eine sehr nützliche Analyse der einschlägigen Probleme.

4 So Dulles in einer Rede an der Yale University, zitiert nach David Wise und Thomas B. Ross, *The Invisible Government,* New York 1964, p. 2.

5 Nach Dulles mußte die Regierung »Feuer mit Feuer bekämpfen«, und mit einer entwaffnenden Offenheit, die den ehemaligen Chef des CIA vor seinen Kollegen in anderen Ländern auszeichnet, erklärte er im folgenden, was das hieß. Der CIA mußte sich demnach an dem Vorbild des sowjetischen Staatsgeheimdienstes ausrichten, der »mehr ist als eine geheime Polizeiorganisation, mehr als eine Spionage- oder Spionageabwehrorganisation. Er ist ein Instrument der *Unterwanderung, Manipulation und Gewalt,* ein Instrument der *geheimen Einmischung in die Angelegenheiten anderer Länder*«. (Meine Hervorhebungen.) Siehe Allen W. Dulles, *The Craft of Intelligence,* New York 1963, p. 155.

6 Vgl. den sehr lehrreichen Aufsatz von Orville L. Freeman, *Malthus, Marx and the North American Breadbasket, in Foreign Affairs,* Juli 1967.

5 Die politische Emanzipation der Bourgeoisie

1 Für diese Datierung siehe J. A. Hobson, *Imperialism,* London 1905 und 1938, p. 19, der meint, daß man zwar eine bewußte imperialistische Politik bis in das Jahr 1870 zurückdatieren kann, daß die Expansion aber erst um das Jahr 1884 wirklich anhebt.

2 Vgl. *Staat und Revolution,* 1917, Abschnitt V.

3 In Gertrude Millin, *Rhodes,* London 1933, p. 138.

4 Diese Zahlen stimmen im einzelnen nicht bei allen Forschern überein. Vgl. etwa Carlton J. H. Hayes, *A Generation of Materialism,* New York 1941, p. 237, dem wir im Text folgen, mit Hobson, op. cit. p. 19.

5 Zitiert nach der *Propyläen Weltgeschichte,* Band X, *Das Zeitalter des Imperialismus,* Berlin 1933, p. 230.

6 Zitiert nach Ernst Hasse, *Deutsche Weltpolitik* (Alldeutsche Flugschriften Nr. 5), München 1897, p. 1.

7 Die treffende Formulierung stammt von dem italienischen Imperialisten Arcari und findet sich in seinem Buch über das nationale Bewußtsein in Italien.

8 Der klassische Essay von Ernest Renan: *Qu'est-ce qu'une nation?,* 1882, in dem die berühmte Formel von dem *»plébiscite de tous les jours«* vorkommt, unterstreicht, daß die Nation nur dadurch einen politischen Körper bilde, daß sie dauernd erneut der Regierung ihre aktive Zustimmung gebe und so einen artikulierten Willen zum Zusammenleben und dem gemeinsamen Hüten der überkommenen Herrschaft äußere.

9 Hobson, op. cit.

10 Dies schlechte Gewissen, das typisch für die Nation ist, bringt Harold Nicolson anläßlich der Behandlung der englischen Politik in Ägypten am Ende des imperialistischen Zeitalters ausgezeichnet zum Ausdruck: »Die Rechtfertigung dafür, daß wir in Ägypten sind, beruht nicht auf dem durchaus zu rechtfertigenden Recht des Eroberers oder der Gewalt, sondern auf unserem eigenen Glauben an die Rolle der Zustimmung (von seiten der Regierten). Im Jahre 1919 hat dies Element der Zustimmung sich artikuliert nicht geäußert, und die ägyptischen Unruhen im März 1919 haben auf dramatische Weise seine Existenz in Frage gestellt.« In: *Curzon: The Last Phase 1919–1925,* Boston/New York 1934.

11 Eine ausgezeichnete Übersicht über die irische Frage, die bis in die Gegenwart reicht, ist Nicholas Manserghs *Britain and Ireland* (Longmans' Pamphlets on the British Commonwealth), London 1942.

12 So betont der große englische Historiker J. A. Froude kurz vor Beginn des imperialistischen Zeitalters ausdrücklich: »Stellen wir ein für allemal fest, daß ein Engländer, der nach Kanada oder der Kapkolonie oder Australien oder Neuseeland auswanderte, seine Nationalität nicht verlor, daß er sich immer noch auf englischem Boden befand, gerade als wäre er in Devonshire oder Yorkshire, und daß er ein Engländer blieb, solange das englische Empire überhaupt bestand; würden wir nur ein Viertel der Summen, die in den Sümpfen von Balaclava verschwunden sind, dafür ausgeben, zwei Millionen unserer Bevölkerung in diese Kolonien zu senden und sie dort anzusiedeln, so hätten wir mehr für die eigentliche Macht Englands selbst getan als durch alle Kriege, in die wir von Agincourt bis Waterloo verwickelt waren.« Zitiert nach Robert Livingston Schuyler, *The Fall of the Old Colonial System,* New York 1945, pp. 280/1.

13 Typisch ist die folgende Äußerung des bekannten südafrikanischen Publizisten Jan Disselboom: »England ist nur ein Partner in dem Konzern (des Commonwealth) ..., in dem alle dieselbe volksmäßige Herkunft haben ... Die Teile des Empires, die von Rassen bevölkert sind, für die dies nicht zutrifft, waren niemals Partner im Konzern. Sie waren das Privateigentum des einen, überwiegenden Partners ... (England muß sich entscheiden) ob es die weißen Dominions behalten oder Indien als Dominion

anerkennen will, aber es kann nicht beide haben.« Zitiert nach A. Carthill, *The Lost Dominion,* Edinburgh/London 1924.

14 So Ernest Barker, *Ideas and Ideals of the British Empire,* Cambridge 1941, p. 4. Vgl. auch die ausgezeichnete Broschüre über die Prinzipien des französischen Empire, die das *Royal Institute of International Affairs* 1941 in seiner Serie: *Information Department Papers,* Nr. 25, unter dem Titel »The French Colonial Empire« herausgegeben hat.

15 So berichtet Lloyd George in seinen *Memoirs of the Peace Conference,* New Haven 1939, Vol. I, p. 362 ff.

16 Ein ähnliches Beispiel brutaler Ausbeutung überseeischen Besitzes zugunsten nationaler Belange liefert die Geschichte der holländischen Kolonisation in Ostindien, vor allem in den Jahren, als die Kolonien dem verarmten Mutterlande nach Napoleons Niederlage zurückgegeben worden waren. Die Rücksichtslose Ausbeutung hielt aber hier nicht lange an, und gegen Ende des neunzehnten Jahrhunderts wurde Holländisch-Indien ein bewundertes Vorbild aller kolonisierenden Nationen (Sir Hesketh Bell). Die holländischen Methoden sind den französischen in vielem ähnlich: auch sie beruhten auf einem Versuch der Assimilation und erzielten das gleiche Resultat: ein schnelles Erwachen des Nationalbewußtseins und eine starke nationale Unabhängigkeitsbewegung bei den Eingeborenen. Wir werden im folgenden von einer Analyse des holländischen und des belgischen Imperialismus absehen. Der holländische Imperialismus weist einen häufigen Wechsel und manchmal eine kuriose Mischung von französischen und englischen Methoden auf. Der Imperialismus Belgiens auf der anderen Seite ist weder den Expansionsgelüsten der belgischen Bourgeoisie noch den Eroberungsgelüsten der belgischen Nation zuzuschreiben; er ist *sui generis,* weil er lediglich auf der höchst persönlichen »Expansion« des belgischen Königs beruhte, die allerdings weder durch eine Regierung noch durch andere nationale Institutionen, wie öffentliche Meinung, Parlament und ähnliches, gehemmt war. Beide Formen, die holländische wie die belgische, sind atypisch. Die Holländer haben nicht erst in den achtziger Jahren ihr Reich erworben oder ungeheuer vergrößert, sondern nur ihren alten Besitz konsolidiert und modernisiert. Die ungeheuerlichen Greuel in Belgisch-Kongo wiederum gehen über die von Imperialisten anderen Ortes verübten Grausamkeiten so weit hinaus, daß es unfair wäre, sie als Beispiel imperialistischer Herrschaft anzuführen. Für den holländischen Imperialismus siehe vor allem de Kat Angelino, *Colonial Policy,* Vol. II: *The Dutch Indies,* Chicago 1931, und Sir Hesketh Bell, *Foreign Colonial Administration in the Far East,* London 1928.

17 Ernest Barker, op. cit., p. 69.

18 Selwyn James, *South of the Congo,* New York 1943, p. 326.

19 Auf dieser Verwechslung beruht nahezu die gesamte Literatur über den Imperialismus. Einzig die sozialistischen Historiker haben sich von diesen irreführenden Vergleichen einigermaßen freigehalten, und auch sie nicht immer. Dafür sehen sie nicht die echten politischen Elemente des Imperialismus, die aus den Unzulänglichkeiten des Nationalstaates stammen, und sie verstehen nicht, daß es einzig der Nationalstaat war, der dem Imperialismus gewisse Schranken auferlegte. So sind gerade sie für

die noch verhängnisvollere Konfusion von Nationalismus und Imperialismus verantwortlich, die noch heute große Teile der öffentlichen Meinung beherrscht.

20 Lord Cromers Artikel »The Government of Subject Races« ist eines der wichtigsten Dokumente des Imperialismus. Er erschien im Januar 1908 in der *Edinburgh Review.*

21 Cromer, ibidem.

22 Der englische Historiker J. A. Hobson war der erste, der das Wort Imperialismus gebrauchte, um zu einer klaren Unterscheidung zwischen Empire und Commonwealth zu kommen. Dies war nur terminologisch eine Neuerung; der wesentliche Unterschied war vor ihm bekannt. Der gesamte englische Liberalismus, der nachträglich mit der amerikanischen Revolution sympathisierte, verfocht das Prinzip der Freiheit für die »Kolonien«, aber als Kolonie galt nur ein von Engländern besiedeltes Territorium, das die Einführung spezifisch englischer politischer Institutionen gewährleisten würde. Das neunzehnte Jahrhundert in England unterschied drei Arten überseeischen Besitzes: die Niederlassungen, Pflanzungen oder Kolonien wie Australien oder Kanada; Handelsplätze oder Besitzungen wie Indien; und Flotten- oder Militärstützpunkte wie das Kap der Guten Hoffnung, das für den Seeweg nach Indien von Bedeutung war. Die Herrschaftsformen und die politische Bedeutung all dieser überseeischen, mit England verbundenen Länder änderten sich entscheidend im Zeitalter des Imperialismus. Siehe R. L. Schuyler, op. cit., p. 236 ff.

23 G. Millin, op. cit., p. 175.

24 Der mißverständliche Name »imperialer Faktor« entstand vermutlich in Südafrika zur Zeit der Herrschaft von Cecil Rhodes und Jameson, die bekanntlich die »imperiale Regierung« in London sehr gegen ihren Willen in den Krieg mit den Buren führten. »In Wahrheit waren damals Rhodes oder vielmehr Jameson absolute Herrscher über ein Gebiet, das dreimal so groß wie England war und das man verwalten konnte, ohne erst die widerwillig gegebene Zustimmung oder die höfliche Ablehnung des Hohen Kommissars abzuwarten.« (Reginal Ivan Lovell, *The Struggle for South Africa 1875–1899,* New York 1934, p. 194.) Die imperiale Regierung war in Wirklichkeit das englische Kabinett, über das die Herren sich hinwegsetzten. Rhodes und Jameson wiederum sind nur die Vorläufer der europäischen Kolonialbevölkerung, die dann auch regelmäßig in Konflikt mit den Instanzen des Mutterlandes geriet. Daß die Politik von Rhodes erst einmal zu einem Krieg mit den Buren führte, die heute das einzige europäische Bevölkerungselement sind, das wirklich noch entschlossen rein imperialistische Politik macht, ist dafür von geringem Belang. Wesentlicher ist, sich klarzumachen, was geschieht, wenn das einheimische koloniale europäische Element die Oberherrschaft bekommt, ohne die traditionellen und verfassungsmäßigen Machtbeschränkungen des Nationalstaates zu kennen oder anzuerkennen. Dies kann man am besten in Südafrika studieren, dessen gegenwärtige Entwicklung eine unmittelbare Folge seiner Unabhängigkeit ist. So hätte der Imperialismus überall ausgesehen, wenn er sich nur unter der Ägide des ansässigen Verwaltungsapparates oder des lokalen europäischen Bevölkerungselements hätte entwickeln dürfen.

25 Siehe Lawrence J. Zetland, *Lord Cromer,* 1932, p. 224.

26 A. Carthill, op. cit., pp. 41/2, 93.

27 T. E. Lawrence schildert in einem 1920 im *Observer* erschienenen Artikel »France, Britain and the Arabs« ein solches Unternehmen. Siehe die von David Garnett herausgegebenen *Letters,* p. 311 ff.

28 Der Ausspruch stammt aus dem Jahre 1886. Hier zitiert nach der *Propyläen Weltgeschichte,* Band X, »Das Zeitalter des Imperialismus«, 1933.

29 Eine gute Analyse für Deutschland gibt Mary E. Townsend, *Rise and Fall of Germanys Colonial Empire,* New York 1930. Vgl. auch P. Leutwein, *Kämpfe um Afrika,* Lübeck 1936.

30 Dies sind die Worte des ehemaligen Generalgouverneurs von Madagaskar, Leon Cayla, der ein naher Freund Pétains war.

31 Das jüdische Element wird charakteristischerweise in der frühen Literatur über den Imperialismus von allen Historikern stark hervorgehoben, während es in der späteren Literatur kaum noch je erwähnt wird. Ganz typisch für diese Entwicklung ist, daß J. A. Hobson in seinem ersten Versuch, eine Klärung des Imperialismus herbeizuführen, es noch sehr betont, um es dann später nicht einmal mehr zu erwähnen. Siehe »Capitalism and Imperialism in South Africa« in *Contemporary Review,* 1900.

32 Ich hoffe, es erübrigt sich, darauf hinzuweisen, daß dieser Wille zur Macht mit Nietzsche nicht das geringste zu tun hat – außer daß die imperialistischen Machtanbeter natürlich nicht unterließen, sich auf Nietzsche zu berufen.

33 Es ist hier nicht der Ort, auf die Marxsche Staatstheorie einzugehen. Immerhin darf bemerkt werden, daß die eigentümliche und oft gerügte Blindheit Marx' in der Staatsfrage aufs engste damit zusammenhängt, daß er alles vom Standpunkt der Bourgeoisie aus, wenn auch oft mit umgekehrten Vorzeichen, betrachtet. Sein Staatsbegriff jedenfalls ist mit dem der Bourgeoisie nahezu identisch; er sieht im Staate genau das, was die Bourgeoisie wollte, daß er sei. Mit der Wirklichkeit des Nationalstaates hat sich dies nie gedeckt.

34 Alle Zitate im folgenden, wenn sie nicht anders vermerkt sind, entstammen dem *Leviathan.*

35 Diese und andere wesentliche Einsichten finden sich in den schwer verständlichen, weil absichtlich fragmentarisch hingeworfenen und nach vielen Seiten deutenden Thesen, die unter dem Titel *Über den Begriff der Geschichte* in mimographierter Form von dem Institut für Sozialforschung im Jahre 1942 in New York einem kleinen Freundeskreis Benjamins zugänglich gemacht wurden. Die Imperialisten selbst wußten um diese Zusammenhänge auf ihre Weise auch Bescheid. Der ehemalige und unter dem Pseudonym A. Carthill (op. cit., p. 209) sich verbergende Beamte des Civil Service in Indien schreibt nach dem Ersten Weltkrieg von dem »Triumphwagen des Fortschritts«, der die Menschen unter seinen Rädern zermalmt.

36 Um Mißverständnissen vorzubeugen, soll daran erinnert werden, daß der unendliche Fortschrittsprozeß der Fortschrittsideologie des neunzehnten Jahrhunderts mit dem Fortschrittsbegriff des achtzehnten nur so viel zu tun hat, daß er unverkennbar in ihm verschwunden und von ihm aufgelöst worden ist. Der Fortschritt der Aufklärung kam mit der Mündigkeit des Menschen zu seinem Abschluß, der Mensch schritt fort in seine Freiheit und Autonomie, er wurde nicht von einem übermensch-

lichen Prozeß fortgeschwemmt. Darum spielt in dieser Literatur auch das Beispiel vom Kind, das zum Manne reift, eine große Rolle, um dann aus der entsprechenden Literatur des neunzehnten Jahrhunderts ganz zu verschwinden.

37 Dies hat schon Hobson in seiner Erstlingsarbeit notiert. Auch Hayes (op. cit., p. 220) unterstreicht, daß es gerade patriotische Professoren und Publizisten waren, die ganz unabhängig von ökonomischen Interessen in den achtziger Jahren sich in der Mitgliedschaft und den Vorständen der aggressiv imperialistischen Ligen und Gesellschaften herumtrieben.

38 Die folgende Darstellung benutzt weitgehend J. A. Hobsons frühe Arbeit *Imperialism,* die bereits im Jahre 1905 in meisterhafter Weise die politische Bedeutung der wirtschaftlich treibenden Kräfte erkannte und analysierte. Als Hobson 1938 sein Buch wiederauflegte, stellte er einem unrevidierten Text eine Einleitung voran, in der er mit Recht darauf hinwies, daß seine Arbeit eine Art Beweis dafür darstelle, »daß die wesentlichen Gefahren und Erschütterungen … von heute … schon vor einer Generation latent und sichtbar in der Welt vorhanden« gewesen waren.

39 Die Bedeutung dieser Krisen als das eigentlich auslösende Vorstadium des imperialistischen Zeitalters wird in der nichtsozialistischen Literatur oft vernachlässigt. Hayes, op. cit., erwähnt die Krise der sechziger Jahre in England, die sich in den siebziger Jahren auf den Kontinent fortpflanzte, nur in einer Fußnote (p. 219), und auch Schuyler geht nicht weiter auf sie ein, obwohl er p. 280 (op. cit.) ausdrücklich bemerkt, daß ein erneutes Interesse an Auswanderung infolge der englischen Wirtschaftskrise ein wichtiger Faktor für die imperialistische Bewegung war. Der Zusammenhang ist gerade in England so offenbar, weil die Krise mit einem Schlage eine ausgesprochen antikoloniale Stimmung der Viktorianischen Ära ablöste.

40 Rosa Luxemburg, *Die Akkumulation des Kapitals,* Berlin 1923, p. 273.

41 ibidem, p. 279. – Unter den Büchern über den Imperialismus ist vielleicht keines von einem so außerordentlichen geschichtlichen Instinkt geleitet wie die Arbeit Rosa Luxemburgs. Da sie im Verfolg ihrer Studien zu Resultaten kam, die mit dem Marxismus weder in seiner orthodoxen noch in seiner reformierten Form in Einklang zu bringen waren, und doch sich von dem mitgebrachten Rüstzeug nicht befreien konnte, ist ihr Werk Stückwerk geblieben; und da sie es weder den Marxisten noch deren Gegnern hatte recht machen können, ist es fast unbeachtet geblieben. Wir zitieren im folgenden noch einige Sätze, nur um auf die auch heute noch nicht erkannte Tragweite einiger ihrer Einsichten hinzuweisen, die vor allem sehr gegen ihre eigene Absicht beweisen, daß es eine von der Politik schlechthin unabhängige, ihren eigenen Gesetzen gehorchende, kapitalistische Entwicklung nicht geben kann und nie gegeben hat: Die Realisierung des Mehrwertes »ist von vornherein an nichtkapitalistische Produzenten und Konsumenten als solche gebunden. Die Existenz nichtkapitalistischer Abnehmer des Mehrwerts ist also direkte Lebensbedingung für das Kapital und seine Akkumulation, insofern also der entscheidende Punkt im Problem der Kapitalsakkumulation«. So »ist die Kapitalsakkumulation als geschichtlicher Prozeß in allen ihren Beziehungen auf nichtkapitalistische Gesellschaftsschichten und Formen angewiesen« (p. 287). »Der Imperialismus ist der politische Ausdruck

des Prozesses der Kapitalsakkumulation in ihrem Konkurrenzkampf um die Reste der noch nicht mit Beschlag belegten nichtkapitalistischen Welt … Der Imperialismus ist ebensosehr eine geschichtliche Methode der Existenzverlängerung des Kapitals wie das sicherste Mittel, dessen Existenz auf dem kürzesten Wege ein Ziel zu setzen« (p. 391). Die unumgängliche Abhängigkeit des Kapitalismus von einer nichtkapitalistischen Welt liegt allen Aspekten des Imperialismus zugrunde, den man dann ökonomisch mit Hobson als das Resultat des *»oversaving«* und der *»maldistribution«,* mit Lenin als das Resultat der Überproduktion und des darauf folgenden Bedürfnisses für neue Märkte (in *Der Imperialismus als höchstes Stadium des Kapitalismus,* Zürich 1917), mit Hayes als das Resultat des eintretenden Rohstoffmangels oder mit Hilferding als den für die Ausgleichung der nationalen Profitrate notwendigen Kapitalexport (*Das Finanzkapital,* Wien/Frankfurt 1968) erklären kann.

42 So Hilferding, op. cit., p. 401. Warum allerdings »plötzlich nach den Methoden der ursprünglichen Akkumulation kapitalistischer Reichtum in der Hand weniger Kapitalmagnaten« wieder geschaffen wird, erklärt Hilferding nicht.

43 Hilferding, p. 409, in einer Anmerkung, bemerkt, daß das britische Auslandseinkommen sich in den Jahren 1865 bis 1898 verneunfachte, während das Nationaleinkommen sich nur verdoppelte, und nimmt ein ähnliches schnelleres Wachsen von Kapitalanlagen im Ausland als im Inland für Deutschland und Frankreich an.

44 Für Frankreich siehe George Lachapelle, *Les Finances de la Troisième République,* 1937, und D. W. Brogan, *The Development of Modern France,* 1940. Für Deutschland finden sich interessante zeitgenössische Zeugnisse in Max Wirth, *Geschichte der Handelskrisen,* 1873, Kapitel 15, und A. Schäffle, »Der große Börsenkrach des Jahres 1873« in der *Zeitschrift für die gesamte Staatswissenschaft,* 1874, Band 30.

45 So Hobson in *Capitalism and Imperialism etc.,* op. cit.

46 Dies beschreibt Hilferding sehr eindringlich: »Wird … die politische Macht des Staates auf dem Weltmarkt zu einem Konkurrenzmittel des Finanzkapitals, so bedeutet dies natürlich die völlige Änderung des Verhaltens des Bürgertums zum Staate« (p. 423). »Es hört auf, friedlich und humanitär zu sein« (p. 426). »Daher der Ruf aller in fremden Ländern interessierten Kapitalisten nach der starken Staatsmacht … Am wohlsten fühlt sich das exportierte Kapital bei völliger Beherrschung des neuen Gebietes durch die Staatsmacht seines Landes« (p. 406). Es fühlt sich nämlich dann im wörtlichsten Sinne wie zu Hause.

47 Nationale Motive spielten eine besonders nachdrückliche Rolle im deutschen Imperialismus und im Alldeutschen Verband, der 1891 gegründet wurde. Charakteristisch sind die ersten Versuche des Verbandes, deutsche Auswanderer daran zu hindern, ihre Staatsbürgerschaft zu wechseln. In diesem Sinne war auch bereits die Rede Wilhelms II. anläßlich des 25. Gründungstages des Deutschen Reiches verfaßt: »Aus dem Deutschen Reiche ist ein Weltreich geworden. Überall in fernen Teilen der Erde wohnen Tausende unserer Landsleute. Deutsche Güter, deutsches Wissen, deutsche Betriebsamkeit gehen über den Ozean … An Sie, meine Herren, tritt die erste Pflicht heran, mir zu helfen, dieses größere deutsche Reich auch fest an unser heimisches zu gliedern.« – Vgl. auch die Bemerkung Froudes in Anmerkung 11.

48 So stellt E. H. Dance, *The Victorian Illusion,* London 1928, p. 164, ausdrücklich fest: »Afrika, das weder auf dem Wege derer lag, die für *saxondom* schwärmten, noch bei den berufsmäßigen Philosophen der imperialen Geschichte vorkam, wurde das Treibhaus des britischen Imperialismus.«

49 So Alfred von Tirpitz in seinen *Erinnerungen,* Berlin/Leipzig 1919. Vgl. auch die unter dem Pseudonym Daniel Frymann erschienene Schrift des Alldeutschen Heinrich Claß, *Wenn ich der Kaiser wär,* Leipzig 1912: *»Die eigentliche Reichspartei ist die nationalliberale«* (p. 200).

50 Hobson erkannte bereits sowohl den grundsätzlichen Gegensatz zwischen Imperialismus und Nationalismus wie die Tendenz des Nationalismus, imperialistisch zu werden. Er hielt den Imperialismus für eine »Perversion des Nationalismus«.

51 Dies wird von zahlreichen Historikern, unter anderem auch von Hobson, op. cit., p. 146 ff, ausführlich beschrieben. Vgl. auch Bryce (*Studies in History and Jurisprudence,* London 1901, Band I, p. 177), der betont, daß es keinem Zweifel unterliegen könne, daß die Macht des Kabinetts ständig und rapide auf Kosten der Macht des Parlaments angewachsen sei und noch anwachse. Wie sich dies innerhalb des englischen Systems der *Front Bench* auswirkt, ist dargestellt von Hilaire Belloc und Cecil Chesterton, *The Party System,* London 1911.

52 So Sir Hesketh Bell, der ehemalige Gouverneur von Uganda, op. cit., Band I, p. 300. – Der gleiche Gedanke war gang und gäbe im holländischen Kolonialdienst. »Die höchste Aufgabe, die Aufgabe ohnegleichen, ist die, welche den Beamten von Ostindien erwartet … In diesem Beamtenapparat zu dienen, sollte als die höchste Ehre betrachtet werden …, (denn) dies ist die Körperschaft, die Hollands überseeische Mission erfüllt.« De Kat Angelino, op. cit., Band II, p. 129.

6 Die vorimperialistische Entwicklung des Rassebegriffs

1 Siehe »Lettres de Alexis de Tocqueville et de Arthur de Gobineau« in der *Revue de Deux Mondes,* 1907, Band 199, Brief vom 17. November 1853.

2 Die beste geistesgeschichtliche Darstellung des Rassebegriffes ist Erich Voegelins *Rasse und Staat,* Tübingen 1933.

3 Carlton Hayes, *A Generation of Materialism* (New York 1941), gibt eine gute Darstellung der zahllosen, einander widersprechenden und doch immer auf dem gleichen Prinzip beruhenden Weltanschauungen des neunzehnten Jahrhunderts. Siehe besonders pp. 111 bis 122.

4 Auch für die merkwürdige Desertion der Wissenschaft siehe Hayes, op. cit., p. 126 ff. Die Nazis sahen natürlich gerade in diesem Popularitätshunger der Wissenschaftler eine ihnen entgegenkommende Tendenz und beurteilten sie dementsprechend. Vgl. zum Beispiel die Arbeit von H. Brücher, »Ernst Häckel. Ein Wegbereiter biologischen Staatsdenkens« in den *Nationalsozialistischen Monatsheften,* 1935, Heft 69. All dies aber zeigt sich deutlich erst während des Ersten Weltkrieges, als es zum ersten Male Mode wurde, die Kriegführung mit Hilfe der Wissenschaft zu propagieren und die Gelehrten auf ihre Art zu mobilisieren. Wessen Gelehrte von Namen in allen La-

gern damals bereits fähig waren, spottet eigentlich jeder Beschreibung. So entdeckte etwa der bekannte deutsche Kunsthistoriker Josef Strzygowski den nordischen Ursprung der folgenden Völker: Ukrainer, Armenier, Perser, Ungarn, Bulgaren und Türken in seinem auch seines hetzerischen Stils wegen bemerkenswerten Werk *Altai-Iran und die Völkerwanderungen,* das 1917 erschien. – In Frankreich veröffentlichte um etwa die gleiche Zeit die Pariser Medizinische Gesellschaft einen ausführlichen Bericht über die Eigentümlichkeiten der deutschen Rasse, die an »Polychesia« (übermäßiger Fäkal-Entleerung) und »Bromidrosis« (auffallendem Körpergeruch) leide. Hier wird allen Ernstes vorgeschlagen, Urin-Analysen für die Entdeckung deutscher Spione anzuwenden, da »deutscher« Urin 20 Prozent, der anderer Rassen aber nur 15 Prozent Stickstoff enthalte. – Für diese und ähnliche Beispiele siehe Jacques Barzun, *Race,* New York 1937.

5 Diese Verwechslung war teilweise der geistesgeschichtlichen Methode geschuldet, die in übergroßer Gründlichkeit alle Stellen sammelte, in denen das Wort »Rasse« erwähnt wurde. Dabei wurden an sich ganz harmlose Autoren, die sich hie und da des Wortes bedienten, mit ausgesprochenen Rasseideologen auf eine Stufe gestellt. Dadurch hat man vor allem den Anthropologen des vorigen Jahrhunderts Unrecht getan. Wenn etwa der bekannte französische Gelehrte Paul Broca erklärt, daß »das Gehirn etwas mit Rasse zu tun hat und daß man den Inhalt des Gehirns am besten auf Grund von Schädelmessungen erkenne« (vgl. Barzun, op. cit., p. 162), so hat er sich dabei noch nicht viel und vermutlich nichts Weltanschauliches gedacht. Anders steht es mit den Philologen. Begriff und Vorstellung des »Ariers« sind in der Tat philologischer Herkunft. Daraus aber folgt nicht, wie nahezu alle Historiker annehmen, daß wir hier einen Ursprung des Rassebegriffs in der Hand haben, nur weil die Rasseideologie sich nachher gerade dieser Vorstellung mit Vorliebe bediente. Die eigentlichen Intentionen der Philologen sind nicht nur wie die der frühen Anthropologen in dieser Hinsicht neutral; sie sind in ihren Grundintentionen sogar denen der Rasseideologen geradezu entgegengesetzt. Es handelt sich nicht darum, die Nationen durch die Annahme unabhängiger Rasseursprünge voneinander zu scheiden, sondern im Gegenteil so viele wie möglich in einem gleichen Ursprung zusammenzufassen. In den Worten Ernest Seillières (*La Philosophie de l'Impérialisme,* Paris 1903–1906), der diese philologischen Bemühungen in ihren politischen Intentionen und Implikationen richtig beurteilt: »Es war wie eine Art Rausch: die moderne Zivilisation glaubte ihren Stammbaum wiederentdeckt zu haben …; hieraus entstand ein Organismus, der alle die Nationen miteinander verbrüderte, deren Sprachen auch nur die geringste Verwandtschaft mit dem Sanskrit aufwiesen« (Vorwort, Band I). Diese Philologen standen noch in der humanistischen Tradition des achtzehnten Jahrhunderts und teilten seinen Enthusiasmus für fremde Völker und exotische Kulturen.

6 Geistesgeschichtlich orientierte Historiker, wie Ernest Seillière, haben manchmal versucht, die Entstehung des Rassebegriffs in das sechzehnte Jahrhundert zurückzudatieren, und sich dabei auf François Hotmans *Franco-Gallia* berufen. Hiergegen hat bereits Théophile Simar in seiner *Etudes Critiques sur la formation de la doctrine des*

races au 18e et son expansion au 19e siècle (Brüssel 1922, p. 20) mit Recht protestiert: »Hotman ist nicht ein Verteidiger der Teutonen, sondern ein Advokat des Volkes, das von der Monarchie unterdrückt wurde.«

7 *Histoire de l'Ancien Gouvernement de la France,* 1727, Band I, p. 33.

8 Schon Montesquieu bemerkte, daß die *Histoire de l'Ancien Gouvernement* von Boulainvilliers in politischer Absicht geschrieben war, um dem Adel als Waffe gegen die Ansprüche des Tiers Etat zu dienen. Siehe *Esprit des Lois,* 1784, Buch 30, Kapitel 10.

9 So Seillière, op. cit., p. 32. Daß es sich um eine Erweiterung der Boulainvilliersschen Theorie handelte, kommt bereits im Titel des Werkes zum Ausdruck: *Les Origines de l'Ancien Gouvernement de la France, de l'Allemagne et de l'Italie,* 1789.

10 Vgl. vor allem auch René Maunier, *Sociologie Coloniale,* Paris 1932, Band II, p. 115.

11 Der exilierte Graf Montlosier soll die engsten Verbindungen mit dem berühmten Begründer der französischen Geheimpolizei, Fouché, unterhalten haben, der seinerzeit sich gegen alle Eventualitäten dadurch sicherte, daß er die traurigen finanziellen Umstände der Emigrierten etwas aufbesserte. Montlosier finden wir später dann als Geheimagent Napoleons wieder. Siehe Joseph Brugerette, *Le Comte de Montlosier,* Aurillac 1931, und auch Simar, op. cit., p. 71.

12 *Qu'est-ce que le Tiers Etat?* erschien wenige Monate vor Ausbruch der Revolution im Jahre 1789.

13 Dies gilt für Friedrich Schlegels *Philosophische Vorlesungen aus den Jahren 1804 bis 1806,* für Ernst Moritz Arndt und vor allem für Fichte, der ganz zu Unrecht so vielfach für die Entstehung der deutschen Rasseideologie verantwortlich gemacht worden ist.

14 So Görres in einem Aufsatz im *Rheinischen Merkur* vom Jahre 1814, Nr. 25.

15 Dies ist die Hauptthese von E. M. Arndts *Phantasien zur Berichtigung der Urteile über künftige deutsche Verfassungen,* 1815.

16 Für Jahn siehe sein *Deutsches Volkstum,* 1810; für Arndt sein *Blick aus der Zeit auf die Zeit,* 1814; für Görres den oben zitierten Aufsatz aus dem *Rheinischen Merkur.*

17 Carl Schmitts *Politische Romantik* ist immer noch das beste Werk über diesen Gegenstand, das wir auch im folgenden noch häufiger benutzen werden. Ich zitiere nach der 2. Auflage, 1925. Die im Text gedruckte Stelle findet sich auf p. 160.

18 In der *Neuen Fragmentensammlung* von 1798. In Novalis' Schriften, Leipziger Ausgabe von 1929, Band II, p. 335.

19 Schmitt, op. cit., p. 101.

20 Mussolinis Aufsatz »Relativismo e Fascismo«, der 1924 in der *Diuturna* in Mailand erschien, ist für die spezifische Mentalität, die von der der Nazis sorgfältig zu scheiden ist, sehr bezeichnend.

21 Auch diese ausgezeichnete Formulierung, die ein Schlaglicht auf die spezifisch deutsche Variation des Spießers wirft, stammt von Carl Schmitt, op. cit., p. 134.

22 Für eine zuverlässige Darstellung dieser Entwicklung siehe Sigmund Neumann, »Die Stufen des preußischen Konservativismus«, *Historische Studien,* Heft 190, Berlin 1930.

23 Band IV der ersten Ausgabe, p. 340.

24 So Robert Dreyfus, der Entdecker Gobineaus für die französische Intelligenz, in *»La vie et les prophéties du Comte de Gobineau«*. Der Aufsatz erschien in der exklusiven, von Péguy geleiteten Zeitschrift *Cahiers de la Quinzaine,* Serie 6, Cahier 16.

25 Essai, Band II, p. 445. Eine kurze Summierung seiner Theorien gibt Gobineau in einem nach der französischen Niederlage geschriebenen Essay *»Ce qui est arrivé à la France en 1870«,* der im Jahre 1923 von der Zeitschrift *Europe* wiederabgedruckt wurde.

26 Zitiert nach J. Duesberg, »Le Comte de Gobineau«, in der *Revue Générale,* 1939.

27 Hiervon kann man sich leicht überzeugen, wenn man die dem Andenken Gobineaus gewidmete Nummer von *Europe* aus dem Jahre 1923 nachliest. Da wird behauptet, daß die gesamte Nachkriegsgeneration in Frankreich die Werke Gobineaus wie eine Art Offenbarung aufnahm.

28 Essai, Band II, p. 440 und p. 445, Anmerkung.

29 Vgl. den oben zitierten Artikel »Ce qui est arrivé à la France en 1870«. Sehr aufschlußreich ist das Kapitel, das der »Philosoph« des Imperialismus, Seillière, in seinem oben zitierten Werk Gobineau widmet. Fest davon überzeugt, daß die Lehre Gobineaus die »intellektuellen klimatischen Bedingungen aufweise, an die sich die Lungen des zwanzigsten Jahrhunderts werden anpassen müssen«, leugnet er nicht etwa die opportunistischen Schwenkungen und den offenen Vaterlandsverrat seines Helden, er findet es im Gegenteil ganz selbstverständlich, daß solche Meinungen sich nach dem Erfolg richten müssen.

30 Das Zitat stammt von Camille Spieß, dessen *Impérialismes. Gobinisme en France* mitten im Kriege, 1917, erschien. Das Buch ist typisch für ein ganzes Genre französischer Kriegsliteratur.

31 Für eine gute Zusammenstellung der Meinungen Taines in dieser Hinsicht siehe John S. White, »Taine on Race and Genius« in der New Yorker Zeitschrift *Social Research,* Februar 1943.

32 Für Renans Theorie siehe vor allem seine *Histoire générale et Système comparé des Langues sémitiques,* die 1863 zum ersten Male erschien und im ersten Teil den Unterschied weitläufig erklärt und dauernd auf ihn zurückkommt. Die gleiche Unterscheidung findet man natürlich in den *Langues Sémitiques,* vor allem Band I, p. 15.

33 In seinem Beitrag zu der Gedenknummer für Gobineau in *Europe.*

34 So in den berühmten *Reflections on the Revolution in France,* die 1790 erschienen. Hier zitiert nach der Everyman's Library Edition, p. 8.

35 Siehe James F. Stephen, *Liberty, Equality, Fraternity,* London 1873, p. 254.

36 In *Lord George Bentinck,* 1852, p. 184.

37 In seinem *Dictionnaire Philosophique,* Artikel *»Homme«.*

38 In dem oben zitierten Briefwechsel mit Gobineau, Brief vom 15. Mai 1852.

39 Diese für die Einstellung der englischen Kolonialbeamten so charakteristische Wendung steht in dem unter dem Pseudonym A. Carthill erschienenen Buch *The Lost Dominion,* 1924, p. 158, das aller Wahrscheinlichkeit nach von einem hohen Beamten der indischen Verwaltung geschrieben wurde.

40 Dies nachgewiesen bei Friedrich Brie, *Imperialistische Strömungen in der englischen Literatur,* Halle 1928.

41 So Haeckel, *Die Lebenswunder,* Leipzig 1904, p. 128 ff.

42 Hayes, op. cit., p. 11. – Hayes betont an anderem Ort (p. 130) mit Recht, daß es eine gewisse Zeit dauerte, bis die Materialisten die Konsequenzen ihrer bestialischen Theorien zogen, und daß man bei der früheren Generation eine merkwürdige Divergenz zwischen persönlich moralischen Standards und wissenschaftlicher Überzeugung beobachten kann.

43 Voltaire schreibt in seinem *Dictionnaire Philosophique: »L'imagination se complait d'abord à voir le passage imperceptible de la matière brûte à la matière organisée, des plantes aux zoophytes, de ces zoophytes aux animaux, de ceux-ci à l'homme aux génies, de ces génies … à des substances immaterielles; et … jusqu'à Dieu même … mais le plus parfait des génies créés par l'Etre suprême peut-il devenir Dieu? … n'y a-t-il pas l'infini entre Dieu et lui? … n'y a-t-il pas visiblement un vide entre le singe et l'homme?« (Artikel: »Chaine des Etres Créés«.)* Hier ist im Grunde die gesamte Deszendenztheorie mitsamt ihrer Widerlegung einfach dadurch vorweggenommen, daß Voltaire, der mit diesen und ähnlichen Einfällen auch zu spielen liebte, immerhin darauf bestand, sie sich zu durchdenken.

44 *Hereditary Genius* lautete der Titel des weitverbreiteten Buches von Sir Francis Galton, das 1869 erschien und eine Flut von Schriften ähnlichen Inhalts nach sich zog.

45 »A Biological View on Our Foreign Policy« war der Titel eines Artikels, den P. Charles Michel in der Londoner *Saturday Review* im Februar 1896 veröffentlichte.

46 Im folgenden seien die wichtigsten Werke dieser sehr umfangreichen und doch heute bereits recht verschollenen Literatur erwähnt, die in der Geschichte der modernen öffentlichen Meinung eine beträchtliche Rolle gespielt haben. Es ist interessant, festzustellen, daß, obwohl der optimistisch-fortschrittliche Charakter dieser Literaturgattung außer Zweifel steht, doch nahezu alle der folgenden Autoren auf diese oder jene Weise damit beschäftigt sind, einen möglichen Untergang oder eine niedersteigende Entwicklung abzuwehren. So meint Galton in dem oben zitierten Werk, daß es sich darum handele, die Verbesserung der menschlichen Fähigkeiten zu sichern, indem man sie wissenschaftlich unter Kontrolle hat. Thomas Huxleys *The Struggle for Existence in Human Society,* 1888, spricht ausdrücklich von einem möglichen Untergang der Kultur, dem man nur durch Kontrolle der Geburtenrate begegnen könne. Karl Pearson, Professor für Eugenik an der Londoner Universität, beschreibt bereits den Fortschritt als einen natürlichen, auf die Wünsche der Menschen keinerlei Rücksicht nehmenden Naturprozeß, der alles, was sich ihm in den Weg stellt, vernichtet. Charles H. Harveys *The Biology of British Politics,* 1904, meint, daß, wenn man den natürlichen »Existenzkampf« innerhalb der Nation kontrolliere und richtig handhabe, man der eigenen Nation ein Übergewicht über alle anderen Völker sichern, sie in dem unvermeidlichen Kampf aller mit allen zum Sieger machen könne.

47 *Testament of John Davidson,* London 1908.

48 Siehe hierzu C. A. Bodelsen, *Studies in Mid-Victorian Imperialism,* Kopenhagen 1924, p. 22 ff.

49 So meint E. H. Dance, *The Victorian Illusion,* 1928: »Der Imperialismus begann mit

einem Buch ... Dilkes *Greater Britain.*« Ideengeschichtliche Ableitungen des Imperialismus findet man natürlich bei allen Geistesgeschichtlern.

50 Siehe Froudes »Two Lectures on South Africa« in den *Short Studies On Great Subjects,* London 1867–1882.

51 Zitiert nach Bodelsen, op. cit., p. 199.

52 So Dilke, op. cit., in der Vorrede.

53 Siehe Comtes *Discours sur l'Ensemble du Positivisme,* 1848, p. 384 f.

54 Die folgenden, nach der Standardbiographie von Monypenny and Buckle, *The Life of Benjamin Disraeli, Earl of Beaconsfield,* zitierten Sätze geben die politische Haltung von Disraeli in dieser Hinsicht wieder: »Macht und Einfluß sollten wir in Asien ausüben; daher auch in Westeuropa« (II, p. 210). Aber: »Sollte Europa je durch seine Engstirnigkeit in den Niedergang geraten, so bleibt für England immer noch eine strahlende Zukunft« (I. Buch IV, Kapitel 2). Denn »England ist lange nicht mehr eine europäische Macht ... sondern eigentlich bereits eher eine asiatische Macht« (II, p. 201).

55 Burke, op. cit., pp. 42 bis 43.

56 So Sir James F. Stephen, op. cit., p. 243. Vgl. auch seinen Essay über die »Foundations of the Government of India«, der 1883 in *The Nineteenth Century* erschien, Band 80.

57 Disraelis Rassevorstellungen sind ausführlicher im dritten Kapitel dieser Arbeit diskutiert.

7 Rasse und Bürokratie

1 Für die imperialistische Verwaltung Algeriens siehe Émile Larcher, *Traité Élémentaire de Législation Algérienne,* Paris 1903, der mit Recht hervorhebt, daß *»le régime des décrets»* in allen französischen Kolonien herrsche. Band II, pp. 150 bis 152. – Der treffende Ausdruck *»government by reports«* stammt von Carthill, *The Lost Dominion,* p. 70. Lord Cromers Bemerkung findet sich in einem Brief aus dem Jahre 1884, der in der englischen Standardbiographie von Lawrence J. Zetland, *Lord Cromer,* London 1932, p. 117, wiedergegeben ist.

2 Carthill, *The Lost Dominion.*

3 »Noch 1884 war die englische Regierung bereit, ihre Position und ihren Einfluß in Südafrika einzuschränken«, bemerkt C. W. de Kiewiet in seiner klassischen Darstellung südafrikanischer Verhältnisse, *A History of South Africa, Social and Economic,* Oxford 1941, p. 113.

4 Hier und im folgenden halten wir uns an de Kiewiets Darstellung, die wir nicht mehr im einzelnen zitieren werden.

5 Für die englische Ein- und Auswanderung in Südafrika siehe Leonard Barnes, *Caliban in Africa. An Impression of Colour Madness,* Philadelphia 1931, p. 59.

6 Für diese Bemerkung siehe Dance, *The Victorian Illusion.*

7 Siehe die Beschreibung von J. A. Froude, »Leaves from a South African Journal« in seinen *Short Studies on Great Subjects,* Band IV.

8 Zitiert nach Paul Ritter, *Kolonien im deutschen Schrifttum,* Berlin 1936, in der Einleitung.

9 Froude, op. cit.

10 Das Unerhörte und Grauenhafte der Geschichte der Buren und ihrer Verwandlung aus einem Volk in einen weißen Rassestamm ist in Europa eigentlich erst in den dreißiger Jahren allgemein bekanntgeworden, als die bewußt rassische Politik der Südafrikaner und ihre außerordentlichen Sympathien für Nazi-Deutschland sie so offenkundig in Gegensatz zu allen anderen britischen Dominions brachte. Um so auffallender ist es, daß Lord Selborne sich bereits im Jahre 1907 darüber klar war, daß hier etwas vorgegangen war, das aus der sonstigen Geschichte Europas kaum bekannt war: »*The white people of South Africa are committed to such a path as few nations have trod before them, and scarcely one trod with success.*« Zitiert bei Kiewiet, op. cit., Kapitel 6.

11 Hierfür siehe besonders Kapitel 3 in Kiewiet, op. cit.

12 ib., p. 19.

13 Kiewiet, op. cit., p. 181, schätzt die Anzahl der in tiefster Armut lebenden Weißen im Jahre 1923 auf 160 000 Menschen oder 10 Prozent der Gesamtbevölkerung. Selwyn James gibt für das Jahr 1943 in seinem Buch *South of the Congo* (New York, 1943, p. 43) die Zahl 500 000 an, die etwa 20 Prozent der weißen Bevölkerung entsprechen würde.

14 Die Dutch Reformed Church hat innerhalb der christlichen Kirchen immer eine Sonderstellung eingenommen, vor allem auch wegen ihres erbitterten Kampfes gegen christliche Missionare aller Konfessionen. Im Jahre 1944 beschloß sie einstimmig, ohne daß ein einziger Protest laut geworden wäre, Ehen zwischen Buren und Südafrikanern englischer Herkunft nach Möglichkeit zu verhindern. Daß »der Gott des Alten Testaments für die Buren ein Nationalgott war wie für die Juden«, bemerkt unter anderen Barnes, op. cit., p. 33. Für die Buren wie für ihre »christliche« Kirche ist es selbstverständlich, »daß die Absonderung und Unterdrückung der Eingeborenen von Gott befohlen sind und daß es eine Blasphemie und ein Verbrechen ist, dies auch nur in Frage zu stellen« (Norman Bentwich, »South Africa. Dominion of Racial Problems« in *Political Quarterly,* 1939, Band 10, Nr. 3); hieraus ergibt sich, daß der »Missionar bis auf den heutigen Tag für den Buren grundsätzlich ein Verräter ist, der weiße Mann nämlich, der die Partei der Schwarzen gegen die Weißen ergriffen hat«. S. Gertrude Millin, *Rhodes,* p. 38.

15 Siehe die ausgezeichnete Darstellung bei Kiewiet, op. cit., pp. 54 bis 58. James, op. cit., p. 28, hebt mit Recht hervor, daß der Große Treck eine Art Rebellion gegen die englische Regierung darstellte und den Grundstein legte zu dem angloburischen Rassismus des zwanzigsten Jahrhunderts.

16 Froude, op. cit., p. 175.

17 Recht interessantes Material hierfür bietet Theodore Abel, *Why Hitler came into Power,* New York 1938; das Buch bringt biographische Daten für 600 Nazis. Hitler ging so weit, den Ausdruck »deutsche Rasse« im Parteigebrauch zu verbieten. Siehe Parteikanzlei, *Verfügungen, Anordnungen, Bekanntgaben,* Erlaß vom 9. August 1941.

18 James, op. cit., p. 28.

19 Froude, op. cit., p. 400.

20 Kiewiet, op. cit., p. 96.

21 Froude, ibidem. Vgl. auch Hobson, »*Capitalism and Imperialism in South Africa*«, in *Contemporary Review,* 1900.

22 Zitiert nach Paul H. Emden, *Jews of Britain. A Series of Biographies,* London 1944, aus dem Kapitel »From Cairo to the Cape«.

23 Siehe James, op. cit., p. 47.

24 Emden, op. cit., schreibt dies ausdrücklich dem aus Hamburg eingewanderten Diamantenhändler Alfred Beit zu: »Bis dahin waren die Aktionäre der Goldminen nur Spekulanten gewesen … Beit verstand es, normale Investierungen zu erreichen.«

25 Siehe hierzu das in Anmerkung 28 zu Kapitel 5 Erwähnte.

26 Vgl. Ernst Schultze, »Die Judenfrage in Südafrika«, in *Der Weltkampf,* Oktober 1938, Band 15, Nr. 178.

27 Barnato verkaufte seine Aktien an Rhodes, um von diesem in den englischen Club im Kimberley eingeführt zu werden. Rhodes soll Barnato bei dieser Gelegenheit gesagt haben: »Ich werde Sie dafür zu einem Gentleman machen.« Barnato erfreute sich seines Lebens als Gentleman durch acht Jahre und nahm sich dann das Leben. Siehe Millin, op. cit., pp. 14 und 85.

28 In der Darstellung Millins, op. cit.: »Der Weg von einem Juden (nämlich Alfred Beit aus Hamburg) zu einem anderen Juden ist immer offen. Rhodes ging nach England, um Lord Rothschild zu sehen, und Lord Rothschild fand an ihm Gefallen.«

29 Emden, op. cit.

30 »Südafrika konzentrierte alle seine Industrieenergien auf die Förderung von Gold. Die durchschnittliche Vermögensanlage geschah in Gold, weil Gold die schnellsten und größten Profite abwarf. Aber Südafrika ist reich an enormen Eisen-, Kupfer-, Asbest-, Mangan-, Blei-, Platin- und anderen Erzlagern. All diese und die Kohlenbergwerke wie die wenigen Betriebe, die Gebrauchsgüter herstellen, wurden ›zweitrangige‹ Industrien genannt. Und einer Entwicklung dieser zweitrangigen Industrien standen die Goldbergwerke sowie großenteils die Regierung entgegen.« James, op. cit., p. 333.

31 Ibidem, pp. 111 bis 112.

32 Ibidem, p. 108.

33 Im Laufe des neunzehnten Jahrhunderts wurden mehr als 100 000 indische Kulis in die Zuckerplantagen von Natal importiert. Ihnen folgten die chinesischen Bergwerksarbeiter, die im Jahre 1907 etwa 55 000 Mann stellten. Im Jahre 1910 verordnete die englische Regierung die Repatriierung der chinesischen Bergwerksarbeiter und verbot im Jahre 1913 jede weitere Einwanderung aus Asien. Immerhin waren im Jahre 1931 noch 142 000 Asiaten in Südafrika, die genauso behandelt wurden wie die schwarzen Eingeborenen. Vgl. Schultze, op. cit.

34 Kiewiet, op. cit., p. 245.

35 Ibidem, p. 13.

36 In Kiplings *Humorous Tales,* 1891.

37 Der Ausdruck »*boyhood-ideals*« stammt von Harold Nicolson. Wie sie in dem englischen Schulsystem entwickelt wurden, kann man bei Kipling, *Stalky and Company*, nachlesen.

38 In der Sammlung von Erzählungen *The Day's Work*, 1898.

39 Zetland, op. cit., p. 16.

40 Lord Cromer, »The Government of Subject Races« in der *Edinburgh Review*, Januar 1908.

41 So Lord Curzon in einer Rede bei der Einweihung einer Gedenktafel für Cromer. Zetland, op. cit., p. 362.

42 Diese Zeilen sind aus einem Gedicht Cromers. Zetland, op. cit., pp. 17 bis 18.

43 Aus einem Brief Cromers aus dem Jahre 1882. Ibidem, p. 87.

44 Lord Cromer, op. cit.

45 Die mildernde, ja humanisierende Rolle, die Bestechung in allen despotischen Regimen spielt, ist bekannt. Für das vorbolschewistische Rußland meint Moissaye J. Olgin (*The Soul of the Russian Revolution*, New York 1917) mit Recht, daß »Bestechung die menschlichste Einrichtung in der von Stacheldraht eingezäunten russischen Ordnung darstellte«.

46 Zetland, op. cit., p. 89.

47 So Cromer in einem Brief an Lord Granville, ein Mitglied der Liberalen Partei, im Jahre 1885. Ibidem, p. 219.

48 Siehe Anmerkung 10.

49 Dies dargestellt in einem Brief an Lord Rosebery im Jahre 1886. Ibidem, p. 134.

50 Ibidem, p. 352.

51 Aus Briefen an Lord Roseberry aus dem Jahre 1893. Ibidem, pp. 204/5 und 192.

52 Siehe Cromers Rede im Parlament im Jahre 1904. Ibidem, p. 311.

53 In einem Brief an Salisbury im Jahre 1899. Ibidem, p. 248.

54 Die sechs Testamente, die Rhodes hinterlassen hat, drehen sich alle um die Errichtung einer »Geheimgesellschaft«. Aus dieser hat sich dann die bekannte *Rhodes Scholarship Association* entwickelt, die mit den Ideen ihres Gründers wahrlich nur so viel gemein hat, daß zu ihr nicht nur Engländer, sondern alle »nordischen Rassen« zugelassen sind. Für die Rhodesschen Testamente siehe Basil Williams, *Cecil Rhodes*, London 1921, und Millin, op. cit., pp. 128 und 331.

55 Williams, op. cit., p. 51.

56 Millin, op. cit., p. 92.

57 So in dem bereits erwähnten Brief an Lord Rosebery aus dem Jahre 1886. Zetland, op. cit., p. 134.

58 »Das indische System einer Regierung ›by reports‹ war … in England verdächtig … Die Männer des formalen Rechts sahen den Erfolg des indischen Experiments mit Mißbehagen. ›Wenn‹, so meinten sie, ›Despotismus und Bürokratie so gut in Indien funktionieren, so könnte dies vielleicht irgendwann einmal als ein Argument gebraucht werden, ähnliche Methoden hier einzuführen.‹« Jedenfalls wußten die englischen Bürokraten in Indien sehr genau, »daß sie immer noch sich vor der öffentlichen Meinung in England würden verantworten müssen und daß diese öffentli-

che Meinung Unterdrückung nicht tolerieren würde«. Carthill, op. cit., pp. 70 und 41/2.

59 Harold Nicolson, in *Curzon: The Last Phase* 1919–1925, erzählt eine bezeichnende Geschichte: Während des Weltkrieges kam Curzon dazu, als Hunderte von englischen Soldaten splitternackt sich ein Bad in den Riesenwannen einer flandrischen Brauerei gönnten. »*Dear me*«, soll Curzon gesagt haben, »*I had no conception that the lower classes had such white skins*«, pp. 47/8.

60 Carthill, op. cit., p. 88.

61 Aus der später unterdrückten Einleitung zu den *Seven Pillars of Wisdom,* erste Ausgabe, 1926.

62 Siehe *Briefe,* herausgegeben von David Garnett, New York 1939, p. 244.

63 *Seven Pillars of Wisdom,* erstes Kapitel.

64 Ibidem.

65 So in einem Brief aus dem Jahre 1929. *Letters,* p. 653.

66 Ibidem, pp. 244, 447, 450. Vgl. auch den Brief von 1918 (p. 244) mit den beiden Briefen an Shaw aus dem Jahre 1923 (p. 447) und dem Jahre 1928 (p. 616).

67 Shaw nahm natürlich an, daß Lawrences Bemühungen, einen Nachtwächterposten, für den er »sich gute Empfehlungen besorgen könne«, zu erlangen, eine schauspielerische Geste seien.

68 *Letters,* p. 264.

69 Ibidem, p. 693.

70 Ibidem, p. 456.

71 Ibidem, p. 693.

72 *Seven Pillars of Wisdom,* erstes Kapitel.

8 Der kontinentale Imperialismus und die Panbewegungen

1 Ernst Hasse, *Deutsche Politik,* Heft 3, p. 168.

2 Stalin bediente sich hierfür des Führers der griechisch-orthodoxen Kirche in Bulgarien, des Exarchen Stephan I., der während des Krieges verschiedentlich über den Rundfunk die Bulgaren ermahnte, sich »dem heiligen Kreml« und Marschall Stalin anzuvertrauen, da die Morgenröte der Einheit der slawischen Völker am Horizont aufleuchte und das russische Volk sich »seiner messianischen Sendung« entsinne. (Siehe die New Yorker Zeitschrift *Politics,* Januar 1945.) Stalin selbst brachte charakteristischerweise gleich nach Kriegsende einen Toast nicht nur auf das »Sowjetvolk«, sondern »vor allem auf das russische Volk« aus, das die »hervorragendste Nation« der Sowjetunion, ihr »führendes Volk« sei. Siehe die in New York erscheinende russische Zeitung *Novoye Russkoye Slovo* vom 1. Juli 1945.

3 Hitler, *Mein Kampf,* p. 137.

4 Für den Panslawismus siehe die umfassende Darstellung bei Hans Kohn, *Panslavism,* Notre Dame 1954, für die slawophile Bewegung auch Alexandre Koyré, *La Philosophie et le problème national en Russie au début du 19e siècle,* Paris 1929.

5 Ernst Hasse, op. cit., Heft 4, p. 132.

6 Ernst Hasse, op. cit., Heft 3, p. 167 ff. Interessanterweise erwähnen nur die deutschen Alldeutschen, aber nicht die österreichischen Pangermanisten, die Parallele mit Rußland.

7 So J. Slowacki, ein polnischer Publizist des vorigen Jahrhunderts; siehe N. O. Lossky, *Three Chapters from the History of Polish Messianism,* Prag 1936.

8 Reismann-Grone, *Überseepolitik oder Festlandspolitik?* (Flugschriften des Alldeutschen Verbandes Nr. 22), München 1905, p. 17.

9 So Ernst Hasse, op. cit., Heft 1, p. 59. Für die vorhergehenden Zitate siehe ibidem, p. 60 ff.

10 Emil Deckert, *Panlatinismus, Panslawismus und Panteutonismus in ihrer Bedeutung für die politische Weltlage,* Frankfurt/Main 1914, betont, daß nicht nur den Slawen, sondern auch den Romanen und Teutonen »das Nationalbewußtsein zu eng und unbefriedigend erscheint und sie deshalb ein weiteres Stammesbewußtsein hegen und zur Geltung bringen«. Deckert stellt fest, daß »es mit dem Panlatinismus mehr und mehr bergab gegangen ist«, eben weil dort »der Nationalismus und das Staatsbewußtsein« so stark geblieben sind wie »kaum irgendwo in Europa«.

11 Diese Unterscheidung taucht wohl zum erstenmal in dem kurz vor dem Ersten Weltkrieg erschienenen Buch des Alldeutschen Heinrich Claß auf (der unter dem Pseudonym Daniel Frymann publizierte): *Wenn ich der Kaiser wär',* 1912.

12 G. Masaryk hat den »zoologischen Patriotismus« der Slawophilen wie der Pangermanen bereits ausführlich dargestellt. Siehe *Zur russischen Geschichts- und Religionsphilosophie,* Kapitel 10, 1913, und *Das neue Europa,* das während des Krieges entstand. Auch Otto Bonhard, der offizielle Historiker der Alldeutschen, weist ausdrücklich auf die Verwandtschaft zwischen der alldeutschen »Weltanschauung« und Gobineau hin. *Geschichte des alldeutschen Verbandes,* Leipzig 1920, p. 95.

13 Paul Molisch, *Geschichte der deutschnationalen Bewegung in Österreich,* Jena 1926, meint, »daß die Studentenschaft keineswegs ein bloßes Spiegelbild des politischen Lebens bildete, vielmehr haben ausgesprochene alldeutsche Ansichten großenteils erst aus der Studentenschaft ihren Weg in die Politik genommen«. p. 90.

14 Für die soziale Zusammensetzung des alldeutschen Verbandes siehe Mildred S. Wertheimer, *The Pan-German League, 1890–1914,* New York 1924. Ferner Lothar Werner, *Der alldeutsche Verband 1890 bis 1918* (Historische Studien, Heft 278), Berlin 1935, und Gottfried Nippold, *Der deutsche Chauvinismus,* Bern 1913, p. 179 ff.

15 Auf der Seite der Russen ist hierfür wohl K. S. Aksakow besonders charakteristisch, siehe Masaryk, op. cit., p. 234 ff. Auf deutscher Seite braucht man sich nur an Moeller van den Bruck, *Das Dritte Reich,* Hamburg 1923, zu erinnern, in dem er etwa behauptet: »Es gibt nur ein Reich, wie es nur eine Kirche gibt. Was sonst diesen Namen beansprucht, das ist Staat, oder das ist Gemeinde oder Sekte. Es gibt nur das Reich.«

16 »Die nationale Wiedergeburt der slawischen Völker hatte von allem Anfang an ein mehr oder minder ausgesprochen panslawistisches Programm.« Masaryk, op. cit., p. 258. M. nimmt mit Recht die Tschechen hiervon bis zu einem gewissen Grade aus; p. 261. Sie waren in der Tat die »westlichste« Nation Osteuropas.

17 So George Cleinow, *Die Zukunft Polens,* Leipzig 1914, Band II, p. 93.

18 Siehe K. Stählin, *Geschichte Rußlands von den Anfängen bis zur Gegenwart,* 4 Bde., Berlin 1923–1939, Band IV/1, p. 282.

19 Bonhard, op. cit., p. 58 ff.

20 Hugo Grell, *Der Alldeutsche Verband, seine Geschichte, seine Bestrebungen, seine Erfolge* (Flugschriften des Alldeutschen Verbandes, Nr. 8), München 1898.

21 Siehe Eduard Pichl, *Georg Schönerer,* Band VI, p. 375.

22 Für Schönerer siehe Pichl, op. cit., Band I, p. 90, für Bismarck siehe F. A. Neuschäfer, *Georg Ritter von Schönerer,* Hamburg 1935.

23 Die Stellung des Zaren war natürlich sehr viel zweideutiger, da sie »in dieser Revolutionszeit [nicht] auf das unschätzbare Fundament verzichten wollten, das unentwegte Treue zu ihm selbst ... darbot«; um so auffallender ist, daß sie sich dennoch gegen die Expansionspolitik der Slawophilen immer verwahrt haben. Siehe Stählin, op. cit., Band IV/1, p. 30 ff.

24 Pichl, op. cit., Band I, p. 26.

25 Wassili Rosanow, *Fallen Leaves,* London 1929, p. 163 f.

26 *Der Achtzehnte Brumaire des Louis Bonaparte,* Berlin 1852, p. 124.

27 Die Formulierung stammt aus der interessanten Arbeit von J. T. Delos, *La Nation,* Montreal 1944.

28 Mit diesem Satz beginnt der Duc de Rohan die wesentliche Erörterung seines *De l'Intérêt des Princes et Etats de la Chrétienté,* 1638. Die Übersetzung stammt von Friedrich Meinecke, *Die Idee der Staatsraison,* München/Berlin *1924,* p. 210.

29 Siehe Otto Bauer, *Die Nationalitätenfrage und die österreichische Sozialdemokratie,* Wien 1907, vor allem pp. 332 ff, 353 ff.

30 Pichl, op. cit., Band I, p. 152.

31 Der Panlatinismus und andere Panbewegungen drücken meist scheiternde Versuche westlicher Nationen aus, dem sie bedrohenden aggressiven Panslawismus oder Pangermanismus etwas Ähnliches entgegenzustellen. Siehe hierfür auch Emil Deckert, op. cit.

32 Für die Slawophilen und panslawistischen Autoren, die nur spärlich in Übersetzungen zugänglich sind, sei auf die ausgezeichnete Quellensammlung von Hans Ehrenberg und Nicolai von Bubnoff, *Östliches Christentum. Dokumente,* 1925, verwiesen. Siehe besonders Tschaadajew, *Philosophische Briefe,* Band I, p. 5 ff, und K. S. Aksakow, *Über Rußlands inneren Zustand,* p. 92 ff. Vgl. auch N. Berdjajew, *The Origin of Russian Communism,* London 1937, der ausführlich auf diese Theorien eingeht.

33 Das Hitler-Zitat stammt aus der Rede vom 30. Januar 1945, die »Entgegnung« von Lukas, dem Erzbischof von Tambow, in dem *Journal of the Moscow Patriarchate,* No. 2, 1944.

34 So meint etwa Tschaadajew, op. cit., p. 60: »Die Menschen werden erkennen, daß der Mensch in dieser Welt keine andere Bestimmung hat als diese Arbeit der Vernichtung seines persönlichen Seins und seines Ersatzes durch ein völlig soziales und unpersönliches.«

35 Dies ist sehr klar ausgedrückt in dem folgenden Zitat von Claas, op. cit., p. 186: »Was unser Volk ist mit seinen guten und schlechten Seiten, wissen wir – die Menschheit

kennen wir nicht und lehnen es ab, für sie zu sorgen oder gar uns für sie zu begeistern. Wo fängt das an und hört es auf, was uns zugemutet werden soll, als zur Menschheit gehörig zu lieben …? Ist der verkommene oder halbtierische russische Bauer des Mir, der Schwarze in Ostafrika, das Halbblut Deutsch-Südwests oder die unerträglichen Juden Galiziens oder Rumäniens ein Glied der Menschheit? … So wird man an eine Solidarität der germanischen Völker glauben können – was außerhalb dieses Kreises liegt, kümmert uns gar nicht.«

36 Von großer politischer Bedeutung in dieser Hinsicht waren die von Stalin so gewaltsam propagierten, inzwischen allerdings bereits »überholten« Theorien der sowjetrussischen Genetiker, denen zufolge es eine Vererbung erworbener Eigenschaften gibt, so daß eine Bevölkerung, die unter ungünstigen Bedingungen lebt, eine schlechtere Erbmasse weitergibt als etwa Völker der Sowjetunion. Daß sich hieraus ohne weiteres die Unterscheidung zwischen geborenen Herren- und Untertanenrassen ergibt, ist evident. Siehe H. J. Muller, »The Soviet Master Race Theory« in der New Yorker Zeitschrift *New Leader* vom 30. Juli 1949.

37 Berdjajew, op. cit., p. 29.

38 So Aksakow, siehe Masaryk, op. cit., p. 234 ff.

39 So Aksakow, siehe Ehrenberg, op. cit., p. 97.

40 So Ernst Hasse, *Deutsche Weltpolitik* (Flugschriften des Alldeutschen Verbandes, Nr. 5), München 1897 und *Deutsche Politik,* München 1905, Heft 1, p. 50.

41 Sehr interessant für die Stellung der Alldeutschen zum Nationalsozialismus ist Graf E. Reventlow, *Judas Kampf und Niederlage in Deutschland,* Berlin 1937. Das Zitat auf p. 39.

42 Für diese Tendenzen siehe vor allem Wertheimer, op. cit., p. 49.

43 Rosanow, op. cit., pp. 56/7.

44 Diese Entwicklung von den Slawophilen zu den Panslawisten bei Louis Levine, *Pan-Slavism and European Politics,* New York 1914.

45 Siehe Oscar Karbach, »The Founder of Modern Political Antisemitism: Georg von Schönerer«, in *Jewish Social Studies,* Band VII, No. 1, 1945.

46 Pichl, op. cit., I, p. 236. Vgl. die Darstellung in Kapitel 2 des ersten Bandes.

47 Pichl, op. cit., II, p. 319.

48 So bei dem zweifellos nicht antisemitischen Sozialdemokraten Otto Bauer, op. cit., p. 373. Natürlich entsprach dies durchaus auch dem jüdischen Volks- und Geschichtsbewußtsein, jedenfalls im vorzionistischen Judentum. So schreibt A. S. Steinberg in seinem Essay über »Die weltanschaulichen Voraussetzungen der jüdischen Geschichtsschreibung« (in der *Dubnow-Festschrift,* 1930): »Ist man … von der in der Geschichte des Judentums lebenden Weltanschauung … durchdrungen, dann verliert die Frage des Staates, wie man sich zu diesem auch sonst stellen mag, ihre konstitutive Bedeutung.«

49 Für Steinberg s. op. cit.; für Tschaadajew Ehrenberg op. cit., p. 9; für Berdjajew op. cit., p. 135.

50 Eine gute Darstellung dieser Geschichte gibt John S. Curtiss, *An Appraisal of the Protocols of Zion,* New York 1942.

51 Das phantastischste Beispiel dieser Argumentation, das ich kenne, stammt von Léon Bloy: »Frankreich ist so sehr das erste der Völker, daß alle anderen, wer sie auch seien, sich geehrt fühlen müssen, wenn sie das Brot seiner Hunde essen dürfen. Wenn nur Frankreich glücklich ist, kann die übrige Welt zufrieden sein, selbst wenn sich jenes Glück mit Sklaverei oder Vernichtung bezahlen müßte. Wenn aber Frankreich leidet, so leidet Gott selbst mit ihm ... Das ist so absolut und so unabänderlich wie das Geheimnis der Prädestination.« Immerhin klingt diese für einen französischen Schriftsteller außerordentlich merkwürdige »Theologie«, als sei sie von den panslawistischen Russen abgeschrieben und dabei noch übertrieben. Das Zitat stammt von R. Nadolny, *Germanisierung oder Slawisierung?*, Berlin 1928, p. 55.

52 Legalitätsfeindlichkeit spielt eine größere Rolle im Panslawismus als im Pangermanismus. Immerhin ist bezeichnend, daß der Alldeutsche Claß (op. cit.) bereits die »Sicherungshaft« vorschlug, mit der später die Nazis alle gesetzlichen Vorschriften umgingen und den Gesetzesstaat in einen Polizeistaat verwandelten.

53 Pobedonoszew, *Reflections of a Russian Statesman* (London 1898) enthält die artikulierte Darstellung der politischen Weltanschauung eines Bürokraten. Für diesen »wird das Gesetz zu einer Falle, ... weil es durch eine Unzahl begrenzender und widerspruchsvoller Ausdeutungen die Freiheit des Urteils hindert, ohne welche eine einsichtige Ausübung der Macht von seiten der Administration nicht möglich ist ... Wenn aber der Ausführer des Gesetzes in dem Gesetz selbst auf Schritt und Tritt begrenzende Vorschriften antrifft ..., dann verliert sich alle Autorität im Zweifel, sie wird durch die Gesetze geschwächt ... und schließlich durch die Furcht vor Verantwortung vernichtet.« p. 88.

54 Siehe das Kapitel »Im Dom«, p. 232 der *Schocken-Ausgabe* der *Gesammelten Werke.*

55 Siehe p. 218 ff, besonders p. 226 und den Zusatz zu diesem Kapitel auf p. 392 der *Schocken-Ausgabe.*

56 Natürlich spielt eine Vergöttlichung des Zufalls bei allen unterdrückten Völkern eine Rolle. Auch hierfür ist das jüdische Geschichtsbewußtsein durchaus charakteristisch. Vgl. den oben zitierten *Essai* von Steinberg: »Denn der Zufall ... ist es, der ... für die Struktur der jüdischen Geschichte entscheidend ist. Man weiß, daß der Zufall ... in der religiösen Sprache Vorsehung heißt.«

57 Siehe N. v. Bubnoff, *Kultur und Geschichte im russischen Denken der Gegenwart,* Berlin 1927, p. 54. – Für den bekannten fanatischen Haß auf die westliche Zivilisation vgl. Victor Bérard, *L'Empire russe et le tsarisme,* Paris 1905.

58 Ehrenberg in seinem Nachwort zu dem oben zitierten Werk, Band II, p. 334, betont mit Recht, daß die Gedanken eines Kirejewski, Chomjakow, Leontjew »sich nunmehr über ganz Europa ergossen (haben) und gegenwärtig ... in Sofia, Konstantinopel, Berlin, Paris, London sitzen. Die Russen, und zwar gerade die Schüler und Nachfolger der von uns gesammelten Autoren, sind heute mehr Europäer als irgendwelche Europäer ... (und) geben über Europa verbreitete Werke und Zeitschriften heraus, in denen sie ihre Ideen, die Ideen ihrer geistigen Väter vertreten. Der russische Geist ist heute ein europäischer geworden.«

59 So Pogodin, zitiert nach K. Stählin, »Die Entstehung des Panslawismus« in *Germano-Slavica,* 1936, Heft 4.

60 So schreibt Katkow: »Alle Macht stammt von Gott; der russische Zar aber hat eine besondere Auszeichnung erhalten, die ihn von allen anderen Herrschern der Welt unterscheidet ... Er ist der Nachfolger der Cäsaren des östlichen Reiches, ... der Gründer des Bekenntnisses, des Glaubens an Christus ... Hier liegt das Geheimnis des tiefen Unterschiedes zwischen Rußland und allen anderen Völkern der Welt.« Zitiert nach Salo W. Baron, *Modern Nationalism and Religion,* New York 1947.

61 So schreibt Pobedonoszew, op. cit., p. 254: »Macht existiert nicht um ihrer selbst, sondern um der Liebe zu Gott willen. Sie ist ein Gottesdienst, dem Menschen sich weihen. Daher kommt die grenzenlose, furchtbare Kraft der Macht, und darum ist sie eine grenzenlose, furchtbare Last.«

62 So meint Katkow, »daß in Rußland das Wort Regierung einen total anderen Sinn habe als in anderen Ländern ... In Rußland ist die Regierung im höchsten Sinne des Wortes die Allmacht im Vollzug ihres Wirkens.« Zitiert nach Moissaye J. Olgin, *The Soul of the Russian Revolution,* New York 1917, p. 57.

63 So Hoetzsch, *Rußland,* Berlin 1913, p. 439.

64 So Nadolny, op. cit., p. 70.

65 Delos, op. cit.

66 Über diesen Einfluß vgl. auch Masaryk, op. cit.

67 Die erste Partei, die behauptete, mehr als eine Partei, nämlich eine Reichspartei, zu sein, war die National-Liberale Partei in Deutschland unter der Führung von Ernst Bassermann. Für die antisemitischen Parteien vergleiche Kapitel 2 in Band 1. Selbstverständlich war der Alldeutsche Verband »von Haus ... eine Vereinigung, die über den Parteien stand. Das war und ist für ihn Lebensbedingung«. Bonhard, op. cit., p. 6. Eine gute Darstellung der deutschen Verhältnisse in dieser Hinsicht bei Mary E. Townsend, *Origin of Modern German Colonialism. 1871–1885,* New York 1921, vor allem für die früheren Kolonial- und Handelsverbände.

68 Charakteristisch für die frühen imperialistischen Verbände ist, daß sie noch nicht unbedingt an die Stelle der Parteien treten wollen, sondern Angehörige anderer Parteien zusätzlich bei sich aufnehmen. Dabei wird ursprünglich vorausgesetzt, daß die deutsche Nation der Boden ist, auf dem sich alle treffen können (siehe Lehr, *Zwecke und Ziele des Alldeutschen Verbandes* [Flugschriften des Alldeutschen Verbandes, Nr. 12], München 1899), daß man unabhängig von innenpolitischen Positionen sich über außenpolitische Ziele einigen könne. Ganz anders sieht dies natürlich aus, sobald verlangt wird, daß die Angehörigen anderer Parteien sich die »völkischen Ziele (der Alldeutschen) zu eigen machen« müßten. Bonhard, op. cit., p. 90.

69 So Carl Schmitt in *Staat, Bewegung, Volk,* Hamburg 1934.

70 Siehe Hans Delbrück, *Ludendorffs Selbstporträt,* Berlin 1922: »Der entscheidende Exponent des Alldeutschtums war die Oberste Heeresleitung.« Vgl. auch Delbrücks Artikel über die Alldeutschen in den *Preußischen Jahrbüchern,* Band 154, Dezember 1913.

71 So Sigmund Neumann, *Die deutschen Parteien,* Berlin 1932, p. 99. – Moeller van den Bruck, *Das Dritte Reich,* pp. VII/VIII beschreibt die Situation ganz richtig: »Als der

Weltkrieg mit dem Zusammenbruch endete ..., da fanden wir auf unserem Wege überall Deutsche, die sich ›parteilos‹ nannten, die von ›parteifrei‹ sprachen, die auf einen ›überparteilichen‹ Standort sich zu stellen suchten ... Im Volk gibt es ... ein sehr verbreitetes Gefühl, das nicht die geringste Achtung vor den Parlamenten aufbringt ..., (in denen) zu keiner Stunde verspürt (wird), was im Volke vor sich geht.«

72 Durch die Institution eines *»permanent undersecretary«* im Foreign Office ist es England gelungen, die Kontinuität der Geschäftsführung in der Außenpolitik gegen die alternierende Parteienherrschaft zu sichern. Das englische Parteiensystem ist das älteste von allen; es geht auf die Revolution von 1688 zurück, nach der die Staatsgeschäfte nicht mehr ausschließlich Prärogative der Krone waren. Ursprünglich war der König der Repräsentant der Nation gegen die Parteien. Dies änderte sich erst im neunzehnten Jahrhundert. Vgl. W.A. Rudlin, *»Political Parties«* in der *Encyclopedia of Social Sciences.*

73 In der ältesten Geschichte der Partei, in George W. Cooke, *The History of Party*, London 1836, definiert der Autor sein Thema in der Vorrede direkt als das System, durch welches »zwei Gruppen von Staatsmännern ... alternierend ein mächtiges Reich regieren«.

74 Die beste Darstellung des Prinzips des kontinentalen Parteiensystems verdanken wir dem Schweizer Juristen Johann Caspar Bluntschli. Er sagt in seinem Buch über *Charakter und Geist der politischen Parteien,* Nördlingen 1869: »Die Partei ist allerdings nur ein Teil eines größeren Ganzen, niemals dieses Ganze selbst ... Sie darf sich niemals mit dem Ganzen, dem Volk, dem Staat, identifizieren, ... sie darf daher die anderen Parteien bekämpfen, aber sie darf sie dabei nicht ignorieren und in der Regel auch nicht vernichten wollen. Keine Partei kann für sich allein bestehen.« (p. 3.) Im selben Sinne definiert Karl Rosenkranz, dessen *Ueber den Begriff der politischen Partei* 1843 erschien, bevor es politische Parteien in Deutschland gab: »Partei ist selbstbewußte Einseitigkeit«, p. 9.

75 Für eine Beschreibung dieser Verlegenheit siehe Peter R. Rohdens Einleitung zu dem Sammelwerk *Demokratie und Partei,* Wien 1932.

76 Abgesehen von Frankreich, wo sich Parteien im Anschluß an die Französische Revolution entwickelten, kannte kein europäisches Land diese Einrichtung vor 1848. Parteien entstanden überall aus Parlamentsfraktionen. In Schweden war die Sozialdemokratische Partei die erste, die 1889 mit einem regulären Parteiprogramm auftrat. Parteien waren von Anfang an zum Zwecke der Vertretung und des Schutzes bestimmter Interessen gegründet. Die deutsche Konservative Partei entwickelte sich z. B. aus dem »Verein zur Wahrung der Interessen des Großgrundbesitzes«, der 1848 gegründet wurde. Aber solche Interessen brauchten nicht ökonomischer Natur sein. Die holländischen Parteien entstanden aus Interessenverbänden zur Sicherung von Konfessionsschulen. Siehe den Artikel *»Political Parties«* in der *Encyclopedia of Social Sciences.* Für Deutschland vergleiche auch Ludwig Bergsträsser, *Geschichte der politischen Parteien,* München 1921.

77 Arthur Holcombe (*Encyclopedia of Social Sciences,* loc. cit.) betont, daß in dem Zweiparteiensystem die Prinzipien der beiden Parteien »dahin tendierten, die gleichen zu

sein. Wäre das nicht so, würde die Unterwerfung der besiegten Partei unter die siegreiche undenkbar sein.«

78 Edmund Burke in seinem Buche *Upon Party* führt das Wesen der Partei auf das folgende zurück: »*No men could act with effect, who did not act in concert; no men could act in concert, who did not act with confidence; no men could act with confidence, who were not bound together by common opinions, common affections, and common interests.*« In diesem Sinne definiert er dann, was in der Tat das Wesen der englischen Partei ist: »*Party is a body of men united for promoting, by their joint endeavor, the national interest, upon some particular principle in which they are all agreed.*«

79 Auch über das Verhältnis zwischen Staat und Partei hat Bluntschli, op. cit., p. 9 ff das Entscheidende gesagt: »Die Parteien sind keine staatsrechtliche … Institution, … keine Glieder in dem Organismus des Staatskörpers, sondern sind freie, in ihren Zusammensetzungen dem wechselnden Beitritt und Austritt anheimfallende Gesellschaftsgruppen, welche durch eine bestimmte Gesinnung zu gemeinsamer politischer Aktion verbunden sind. … Niemals darf die Partei sich selber über den Staat – niemals ihr Parteiinteresse dem Staatsinteresse überordnen.«

80 Das dem kontinentalen System innewohnende Mißtrauen gegen die Partei kann man deutlich aus Bluntschlis Ausführungen heraushören. Dies gerade kontrastiert so auffallend mit der englischen Auffassung. Burke, op. cit., wendet sich ausdrücklich gegen die Ansicht, daß Parteiinteressen dem »Staatsbürgertum« abträglich sein könnten: »*Commonwealths are made of families, free commonwealths of parties also; and we may as well affirm that our natural regards and ties of blood tend inevitably to make men bad citizens, as that the bonds of our party weaken those by which we are held to our country.*« Lord John Russell, in seiner Schrift *Upon Party,* 1850, geht über diese Stellung noch weit hinaus und meint, daß es die Parteien und die Parteigebundenheit sei, »*that gives a substance to the shadowy opinions of politicians, and attaches them to steady and lasting principles*«.

81 Hiermit muß man vergleichen, wie es Staatsmännern in England ergeht, die über einem Ministerposten ihre Parteiverpflichtungen vergessen. Die Karriere Ramsay MacDonalds, dem der »Verrat« an der Partei nie verziehen wurde, ist hierfür bezeichnend. In Deutschland war eine solche Haltung erst unter den Nazis möglich und kam dann gleich einer hochverräterischen Gesinnung gleich. So wenn Goebbels ausdrücklich erklärt: »Jeder Parteigenosse, der Träger eines Staatsamtes sei, habe sich in erster Linie als Nationalsozialist zu betrachten … und eng mit den Parteidienststellen zusammenzuarbeiten.« Zitiert nach Gottfried Neeße, *Partei und Staat,* Hamburg 1936, p. 28.

82 Dies gilt für den Kolonialverein, den Centralverein für Handelsgeographie, den Flottenverein etc. und selbst, wenn auch im beschränkten Maße, für den Alldeutschen Verband während des Ersten Weltkrieges. Am repräsentativsten für diese überparteilichen Verbände der Bourgeoisie waren natürlich die Nationalliberalen.

83 Siehe Erich Ludendorff, *Die überstaatlichen Mächte im letzten Jahre des Weltkrieges,* Leipzig 1927, und seine *Feldherrnworte,* München 1938, 2 Bände, vor allem Band I, pp. 43 und 55; Band II, p. 80.

84 Der Hauptzweck des korporativen Staates ist »Korrektur und Unschädlichmachen der Bedingungen, die durch die industrielle Revolution des neunzehnten Jahrhunderts produziert worden sind, welche Kapital und Arbeit voneinander schieden, so daß auf der einen Seite eine kapitalistische Klasse von Unternehmern und auf der anderen eine große besitzlose Klasse, das industrielle Proletariat, entstand. Das Nebeneinander dieser Klassen führte unvermeidlich zu einem Konflikt entgegengesetzter Interessen.« Auf diese Situation hat der korporative Staat die folgende Antwort bereit: »Wenn der Staat wirklich die Nation repräsentieren soll, dann muß das Volk, aus dem die Nation besteht, auch Teil des Staates sein. Wie kann man das erreichen? Die faschistische Antwort ist, durch die Organisation des Volkes in Berufsgruppen, die repräsentiert von ihren Führern ... wie in einer Pyramide sich aufeinanderlegen, so daß die Massen die Basis bilden und der Staat die Spitze. Keine Gruppe außerhalb des Staates, keine Gruppe gegen den Staat, alle Gruppen im Staat ... das ist die Nation selbst in ihrer Artikulation.« Siehe *The Fascist Era,* Rom 1939, Kapitel 3.

85 Siehe die außerordentlich interessante Darstellung des Verhältnisses von Partei und Bewegung in der »Dienstvorschrift f. die P. O. der NSDAP«, 1932, p. II ff und die an ihr orientierte Darstellung von Werner Best, *Die deutsche Polizei,* Darmstadt 1941, p. 107: »Der Partei obliegt die Aufgabe, die Bewegung ... zusammenzufassen und ihr Halt und Richtung zu geben.«

86 So verteidigte Mussolini seine Einparteiendiktatur (in einer Rede im November 1933) mit Argumenten und in einer Sprache, die gang und gäbe waren in der nationalen Kriegspropaganda – die Notwendigkeit der Disziplin, das Band des gemeinsamen Schicksals, die Einheit aller jenseits der Interessenkonflikte etc. Siehe Mussolini, *Four Speeches on the Corporate State,* Rom 1935.

87 Hitler meinte mit Recht, daß es im Jahre 1932 nur negative Mehrheiten gegen die nationalsozialistische Bewegung in Deutschland gegeben hätte.

88 Für die Bevölkerungsverhältnisse in Frankreich, wo bei Ausbruch des Zweiten Weltkrieges 10 Prozent der Gesamtbevölkerung aus nicht-naturalisierten Fremden bestand, siehe Carr-Saunders, *World Population,* Oxford 1936, pp. 145 bis 158.

89 Für die Parteien in den Sukzessorstaaten siehe den Artikel, op. cit., in der *Encyclopedia of Social Sciences.*

90 Schmitt, op. cit., p. 31.

91 Siehe Vaclav Fiala, »Les Partis politiques polonais« in *Monde Slave,* Februar 1935.

92 Für eine ausgezeichnete Analyse der Veränderungen der französischen Parteien nach Hitlers Machtergreifung siehe Charles A. Micaud, *The French Right and Nazi Germany 1933–1939,* Durham 1943. Das bekannteste Beispiel für die innere Spaltung der französischen Parteien in der Frage der Nazidiktatur ist die Abspaltung der Déat-Gruppe von der von Blum geführten Partei auf dem Partei-Kongreß des Seine-Departements kurz vor München im Jahre 1938; Blum, obwohl Parteiführer, blieb auf dem Kongreß in der Minderheit.

93 Wie sich die Mitgliederbestände der Parteien unter dem Druck der Bewegungen in ihrer Struktur vollkommen änderten, kann man an der Geschichte der deutschen Sozialdemokratischen Partei gut ablesen. Diese war vor dem Ersten Weltkrieg eine

typische Arbeiterpartei; nur 10 Prozent ihrer Mitglieder gehörten nicht der Arbeiterklasse an, und nur etwa 25 Prozent ihrer Wahlstimmen verdankte sie den Mittelklassen. Im Jahre 1930 jedoch, als die Partei bereits eine typische Partei des Status quo war, waren nur noch 60 Prozent ihrer Wähler Arbeiter, und etwa 40 Prozent gehörten zu den bürgerlichen Klassen. Siehe Sigmund Neumann, op. cit., p. 28 ff.

94 Carl Schmitt, op. cit., p. 12.

9 Der Niedergang des Nationalstaates und das Ende der Menschenrechte

1 Siehe Lawford Childs, »Refugees – a Permanent Problem in International Organization«, in der von dem Internationalen Arbeitsamt veröffentlichten Serie: *War is not Inevitable. Problems of Peace,* London 1938.

2 Ein Rundbrief des Auswärtigen Amtes vom Januar 1939, also kurz nach den Novemberpogromen, an alle deutschen Stellen im Ausland betont ausdrücklich, daß es sich bei diesen Verfolgungen nicht so sehr darum handle, die Juden loszuwerden, als den Antisemitismus in die westlichen Länder, in denen Juden Zuflucht gefunden haben, zu tragen. Die Auswanderung von hunderttausend Juden habe in dieser Hinsicht bereits die erwünschten Resultate gezeitigt; Deutschland sei an der Zerstreuung der Juden interessiert, da diese die beste Propaganda für die gegenwärtige deutsche Judenpolitik bilde. Dabei wird ausdrücklich darauf hingewiesen, daß es im deutschen Interesse liege, die Juden als Bettler über die Grenzen zu jagen, denn je ärmer der Einwanderer sei, desto größer die Last für das Gastland. *Nazi Conspiracy and Aggression,* Band VI, p. 87 ff.

3 Joseph Roušek, *The Minority Principle as a Problem of Political Science* (Prag 1928), bemerkt mit Recht, daß das Minderheitensystem in den Fällen einspringen sollte, wo die territorialen Regelungen den Forderungen der Nationalitäten nicht Genüge tun konnten (p. 29). Das Unglück war nur, daß die Minderheiten keine Ausnahmen darstellten, sondern daß alle territorialen Regelungen im Osten und Südosten Europas willkürlich waren, weil es gar kein Gebiet gab, auf das nicht mehrere Nationalitäten Anspruch erhoben.

4 C. A. Macartney, dessen *National States and National Minorities,* London 1934, noch immer das Standardwerk für diese Frage ist, beschreibt ausführlich, welch umständlicher Verhandlungen und Beratungen es bedurfte, bis schließlich das ominöse Wort »national« aus den Minderheitenverträgen entfernt war. Wie gelegen die Juden den Urhebern der Verträge dabei kamen und welche Rolle sie gerade in dieser Hinsicht spielten, ist ausführlich dargestellt bei Oscar J. Janowsky, *The Jews and Minority Rights,* New York 1933, und David Erdstein, *Le Statut juridique des minorités en Europe,* Paris 1932. Siehe auch Macartney, pp. 4, 213, 281 und passim.

5 So Kurt Tramples, »Völkerbund und Völkerfreiheit«, in den *Süddeutschen Monatsheften,* 26. Jahrgang, Juli 1929.

6 Mussolini hatte nicht so unrecht, wenn er unmittelbar nach der Münchener Krise im Jahre 1938 meinte, daß die verzweifelte Situation der Tschechoslowakei daher käme, daß sie eben nicht nur eine Tschecho-Slowakei, sondern eine *»Tschecho-Germano-*

Polno-Ungaro-Rutheno-Rumano-Slowakei« sei. Siehe Hubert Ripka, *Munich: Before and After,* London 1939, p. 117. Für die Bevölkerungsverhältnisse in dem *»belt of mixed populations«* (Macartney) und den Sukzessionsstaaten siehe P. de Azcarates Artikel *»Minorities. League of Nations«* in der *Encyclopedia Britannica,* 1929, W. Winkler, *Statistisches Handbuch der europäischen Nationalitäten,* Wien 1931, Otto Junghann, *National Minorities in Europe,* New York 1932, und Tramples, op. cit.

7 Der Ausdruck »geschichtslose Völker« stammt von Otto Bauer, *Die Nationalitätenfrage und die österreichische Sozialdemokratie,* Wien 1907. Seine Berechtigung liegt darin, daß geschichtlich das Erwachen des Nationalbewußtseins tatsächlich immer mit einem Erwachen des geschichtlichen Bewußtseins eng verbunden war. Damit wiederum hängt zusammen, daß die Entwicklung einer Nationalsprache immer als Zeichen der nationalen Reife des betreffenden Volkes galt. Auch in dieser Hinsicht ahmten die osteuropäischen Nationalitäten bewußt die Entwicklung der westlichen Nationen nach, deren Entstehung ja mit der Literaturreife der Volkssprachen und der Emanzipation des geschriebenen Wortes vom Lateinischen und (später) Französischen zusammenfiel. Das Resultat dieser Nachahmung war, daß die nationalen Befreiungsbewegungen merkwürdigerweise meist mit einer philologischen Renaissance begannen, die oft wunderbare Früchte zeitigte, da sie ja im Dienste politischer Interessen stand, aber im ganzen doch sehr fruchtbar war. Es handelte sich bei den Gelehrten der kleinen »geschichtslosen« Völker immer in erster Linie darum, zu beweisen, daß sie doch eine Geschichte und eine Literatur besaßen und darum auch den Anspruch auf nationale Unabhängigkeit stellen konnten.

8 Auch die Minderheiten wurden teilweise wie Kolonialvölker behandelt. So bemerkt Jacob Robinson, daß sich in den Sukzessionsstaaten »ein eigenartiger Wirtschaftsprotektionismus herausbildete, der nicht nach außen, sondern nach innen gerichtet war. Manche Methoden der kolonialen Ausbeutung konnte man mit Erstaunen in der Praxis Mitteleuropas beobachten«. Siehe seinen Aufsatz »Staatsbürgerliche und wirtschaftliche Gleichberechtigung« in den *Süddeutschen Monatsheften,* 26. Jahrgang, Juli 1929.

9 Man rechnet, daß es vor 1914 etwa 100 Millionen Menschen in Europa gab, für die das Selbstbestimmungsrecht der Völker nicht galt. Siehe Charles Kingsley Webster, »Minorities. History« in der *Encyclopedia Britannica,* 1929. – »Das Resultat der Friedensverträge war, daß jeder Staat in dem Gürtel der gemischten Bevölkerungen sich für einen Nationalstaat hielt. Aber die Tatsachen sprachen dagegen ... Nicht einer dieser Staaten war tatsächlich uni-national, so wie es nicht eine Nation gab, deren Glieder alle in einem einzigen Staate lebten.« Macartney, op. cit., p. 210.

10 P. de Azcarate in dem oben zitierten Artikel weist darauf hin, daß »die Verträge keinerlei Bestimmungen über die Pflichten der Minderheiten mit Bezug zu den Staaten, von denen sie ein Teil waren, enthielten. Erst die dritte allgemeine Versammlung des Völkerbundes im Jahre 1922 ... nahm Beschlüsse an, die sich auf die ›Pflichten der Minderheiten‹ bezogen«.

11 Besonders die englischen und französischen Delegierten nahmen, als es zur Auslegung der Minderheitenverträge kam, kein Blatt mehr vor den Mund. So meinte

Briand: »Der Prozeß, den wir im Auge haben, zielt zwar nicht direkt auf das Verschwinden der Minderheiten ab, aber doch auf ihre Assimilation«, und Sir Austen Chamberlain ging so weit, offen zu erklären, daß das »Ziel der Minderheitenverträge darin besteht …, Schutz und Gesetzlichkeit sicherzustellen, die nach und nach die Minderheiten darauf vorbereiten sollen, sich in den nationalen Gemeinschaften aufzulösen, zu denen sie gehören«. Macartney, op. cit., p. 276 ff.

12 Es ist oft darauf hingewiesen worden, daß man besser daran getan hätte, dieses ganze Gebiet nach dem Vorbild der Schweiz zu organisieren. Beneš vor allem scheint in den zwanziger Jahren gehofft zu haben, das Schweizer Prinzip auf die Tschechoslowakei anwenden zu können. Ob hierin eine echte Chance lag oder ob die Schweiz die eine Ausnahme darstellt, welche die Regel bestätigt, ist schwer zu sagen. Die Stabilität des Schweizer Systems beruht einerseits auf einer Tradition kommunaler Selbstverwaltung, wie wir sie nirgends sonstwo kennen und die allen modernen Tendenzen zur Zentralisierung erfolgreich widerstanden hat. Sie hatte andererseits das Glück, daß ihr volksmäßig drei Volkssplitter zugehören, deren nationale Ambitionen in Frankreich, Deutschland und Italien voll verwirklicht wurden. Beide Voraussetzungen trafen für Ost- und Südeuropa nicht zu; vor allem handelte es sich durchgehend um Nationalitäten, denen zum ersten Male die Chance der Nationwerdung geboten wurde und deren nationale Ambitionen sich niemals anderswo hatten verwirklichen lassen.

13 Siehe die *Sitzungsberichte des Kongresses der organisierten nationalen Gruppen in den Staaten Europas,* 1933, p. 8.

14 Vgl. Anmerkung 9. Der Delegierte Brasiliens zum Völkerbund, de Mello Franco, formulierte das durch die Minderheitenverträge entstandene Problem wie folgt: »Es scheint mir selbstverständlich, daß die Urheber dieses Schutzsystems sich nicht im Traume haben einfallen lassen, daß sie damit innerhalb gewisser Staaten eine Gruppe von Einwohnern schaffen könnten, die sich als permanente Fremde in der allgemeinen Organisation des Landes fühlen würden.« Macartney, op. cit., p. 277.

15 Daß man hoffte, den Krieg dazu benutzen zu können, um in einem gigantischen Bevölkerungstransfer endlich alle Minderheitenprobleme zu liquidieren, als ob dies die letzte Chance für die Restaurierung des Nationalstaates sei, geht aus den während des Krieges stattgefundenen Verhandlungen zwischen den Alliierten klar hervor, auch wenn diese Verhandlungen später ohne praktische Bedeutung blieben. So unterzeichneten Frankreich und die Tschechoslowakei einen Vertrag zwecks Austausches von in Frankreich lebenden Tschechen und Slowaken gegen die (vermutlich nicht existenten) Franzosen in der Tschechoslowakei, und ein ähnlicher Vertrag wurde von Rußland und Bulgarien gezeichnet. Von geradezu symbolischer Bedeutung ist in diesem Zusammenhang der Gesinnungswechsel Beneš', der einst darauf gehofft hatte, die Tschechoslowakei in eine Schweiz zu verwandeln, und Präsident des einzigen Landes war, das die Minderheitenverträge gutgeheißen und sich der Kontrolle des Völkerbundes freiwillig unterworfen hatte. Gerade Beneš war während des Zweiten Weltkrieges einer der prominenten Wortführer der Bevölkerungstransfers, die dann ja auch zu der Ausweisung aller Deutschen aus der Tschechoslowakei

geführt haben. Vgl. hierfür Oscar Janowsky, *Nationalities and National Minorities,* New York 1945, p. 136 ff.

16 Bei dem letzten Versuch der Vereinten Nationen, wenigstens für eine kleine Gruppe der Staatenlosen, den sogenannten »*de jure* Staatenlosen«, eine Verbesserung ihres legalen Status durchzusetzen, handelt es sich bereits nur noch darum, die Vertreter von mindestens zwanzig Staaten zusammenzubekommen, unter der ausdrücklichen Versicherung, daß die Teilnahme an einer solchen Konferenz keinerlei Verpflichtungen nach sich ziehen werde. Selbst unter diesen Bedingungen war das Zustandekommen der Konferenz höchst zweifelhaft. Siehe die Nachricht in der *New York Times* vom 17. Oktober 1954, p. 9.

17 Das Zitat stammt aus einem Befehl des Hauptsturmführers Dannecker vom 10. März 1943, betreffend den »Abschub von 5000 Juden aus Frankreich, Quote 1942«. Das Dokument, das in der außerordentlich reichen Sammlung des Pariser Centre de Documentation Juive in Photokopie vorliegt, gehört zu den Nürnberger Dokumenten Nr. RF 1216. Gleichlautende Abmachungen wurden für die Deportation der bulgarischen Juden getroffen. Siehe ebenda das Memorandum von H. Wagner vom 3. April 1943, Dokument NG 4180.

18 Über den amerikanischen Ursprung der Staatenlosigkeit siehe John Hope Simpson, *The Refugee Problem* (Institute of International Affairs), Oxford 1939, p. 231.

19 Was das eigentlich heißt und wie undeterminierbar Nationalität unter Umständen sein kann, geht vielleicht am besten aus folgendem Bericht einer Sozialarbeiterin der Quäker in Spanien hervor; sie fragte an, was sie mit einem Mann machen sollte, der »in Berlin geboren, aber polnischer Abstammung ist, da seine Eltern Polen waren, und der daher … staatenlos ist, aber selber behauptet, Ukrainer zu sein, und den außerdem die Russen angefordert haben, um ihn zu repatriieren und in die Rote Armee zu stecken«. Siehe *American Friends Service Bulletin, General Relief Bulletin,* März 1943. – Aber es bedarf nicht solcher Umstände, um legal undeterminierbar zu werden. Es genügte, in Wilna geboren zu sein, einer Stadt, die der französischen Fremdenpolizei nicht zu Unrecht als »die Hauptstadt der Staatenlosen« galt.

20 Für die Tatsache, daß die Anomalie nicht vorübergehend, sondern chronisch war, ist die Geschichte der russischen Flüchtlinge vielleicht der beste Beweis. Nach 25 Jahren Exil, und obwohl diese ersten Flüchtlinge freundlicher empfangen wurden als alle späteren, gab es von den Millionen russischer Staatenloser noch 350 bis 450 Tausend, die nicht hatten assimiliert werden können, und dies trotz einer relativ hohen Todesrate, einer sehr starken überseeischen Emigration und einer beträchtlichen Anzahl von Fällen, in denen Staatsbürgerschaft durch Heirat erworben wurde. Diese Anomalie geht jedenfalls so langsam vorüber, daß der Betroffene es meistens nicht erlebt. Vgl. hierfür Simpson, op. cit., p. 559. Eugene M. Kulischer, *The Displacement of Population in Europe,* Montreal 1943, und Winifred N. Hadsel, »Can Europe's Refugees find new Homes?« in den *Foreign Policy Reports,* Band 10, Nr. 10, August 1943. Angesichts dieser Tatsachen entbehren die Formulierungen wie die folgenden nicht einer unfreiwilligen Komik: »Der Status des Flüchtlings ist natürlich kein permanenter. Das Ziel ist, daß er sich dieses Status so schnell wie möglich entledigt, sei es

durch Repatriierung oder durch Naturalisierung in seinem Zufluchtsland.« (R. Yewdall Jermings, »*Some international Aspects of the Refugee Question*« im *British Yearbook of International Law,* 1939.) Was die Repatriierung anlangt, so ist ihre Unmöglichkeit ja gerade das, was legal den Flüchtling konstituiert. Praktisch ist sie ohne jede Bedeutung; von den russischen Flüchtlingen sind kaum ein paar tausend wieder in die Heimat zurückgekehrt.

21 Über die zahlreichen Versuche der Juristen, legale Unterschiede zwischen den Staatenlosen und den Flüchtlingen zu konstruieren, wie etwa, daß der »Staatenlose dadurch charakterisiert ist, daß er keine Nationalität hat, während der Flüchtling diplomatischen Schutz verloren habe«, siehe Simpson, op. cit., p. 232; Simpson merkt ausdrücklich an, daß alle diese Definitionen daran scheiterten, »daß alle Flüchtlinge praktisch staatenlos sind«, p. 4.

22 Childs, op. cit., beklagt ausdrücklich, daß der Völkerbund »*no charter for political refugees, no solace for exiles*« enthalten habe; das hat sich inzwischen in den Vereinten Nationen nicht geändert. Der Erfolg davon war, daß das Asylrecht zur Spezialität der Liga für Menschenrechte wurde, deren Hauptsitz in Paris war mit Zweigstellen in allen europäischen Ländern. Die Liga, die trotz gelegentlicher revolutionärer Töne ganz in den Vorstellungen des neunzehnten Jahrhunderts befangen blieb, hat niemals auch nur zur Kenntnis genommen, daß ihre Klientel nach 1920 nicht mehr aus Individuen bestand, die für diese oder jene politische Überzeugung verfolgt wurden. Den Millionen von Russen, Juden, Armeniern, Italienern, Spaniern war sie weder administrativ noch ideologisch gewachsen. Ohne die dafür notwendigen Mittel zu haben, begann die Liga, sich mehr und mehr als eine Wohltätigkeitsorganisation zu betätigen und dadurch immer mehr an Bedeutung zu verlieren, da sie in diesem Feld von den großen Wohltätigkeitsorganisationen, vor allem denen der Juden, aber auch denen der anderen Flüchtlinge, natürlich in den Schatten gestellt wurde. Zudem konnte die Tatsache, daß eine Wohltätigkeitsorganisation sich des Asylrechts und der Menschenrechte annahm, diese Ideen nur noch mehr diskreditieren.

23 Lawrence Preuss, »La Dénationalisation imposée pour des motifs politiques«, in der *Revue Internationale Française du Droit des Gens,* 1937, Band 4, Nr. 1, 2, 5.

24 Ein italienisches Gesetz von 1926 gegen Emigranten schien erst einen Denaturalisierungsprozeß der antifaschistischen Flüchtlinge einzuleiten; jedoch kam dieser Prozeß um 1929 wieder zum Stillstand. Von den 40 000 Mitgliedern der *Unione Popolare Italiana* in Frankreich waren mindestens 10 000 echte Flüchtlinge, aber nur etwa 3000 hatten hierdurch ihre Staatsbürgerschaft beziehungsweise ihre Pässe verloren. Siehe Simpson, op. cit., p. 122 ff.

25 Die Tendenz, Naturalisierungen wieder rückgängig zu machen, war die erste und unmittelbare Reaktion der Nationalstaaten auf die Flüchtlingswellen. Sie setzte bereits 1922 ein, wobei wir von den Denaturalisierungen während des Krieges, die nur auf Naturalisierte Bezug hatten, die aus dem feindlichen Auslande stammten, absehen. Die Denaturalisationsgesetzgebung beginnt in Belgien im Jahre 1922, es folgen Italien, Ägypten und die Türkei im Jahre 1926, Frankreich im Jahre 1927. (Die deutsche Gesetzgebung von 1933, derzufolge allen Deutschen im Auslande jederzeit die

Staatsbürgerschaft entzogen werden konnte, geht natürlich hierüber hinaus und folgte dem Vorbild des russischen Gesetzes von 1921.) Die Verordnungen dieser neuen Gesetzgebung, welche die Vergehen, auf die Entzug der Naturalisation stand, definieren, sind so vage gehalten, daß sie förmlich wie Vorbereitungen auf Massendenaturalisierungen anmuten. Sie entsprechen im allgemeinen den polizeilichen Richtlinien für die Ausweisung lästiger Ausländer, bei der ein eigentliches Vergehen nicht vorzuliegen braucht, und sprechen in legal nicht faßbaren Ausdrücken von »schwerer Verletzung der Pflichten als belgischer Bürger« oder »Verhalten, das der italienischen Nationalität unwürdig« ist, oder »Handlungen, die den Interessen Frankreichs und seiner Sicherheit abträglich« sein könnten. (Vgl. Lawrence Preuss, op. cit.) Hinzu kam, daß man gleich eine Fülle von Verordnungen erließ, die praktisch auf die Nichtanerkennung der Naturalisation hinausliefen, wie etwa, daß ein Arzt erst zehn Jahre nach seiner Naturalisierung zur Ausübung seines Berufes berechtigt sei. Das Resultat war, daß sich innerhalb weniger Jahre der Status der Naturalisierten so verschlechterte, daß der Unterschied zwischen ihnen und den Staatenlosen nicht mehr sehr groß war.

26 Die Tatsache, daß die Vereinigten Staaten staatenlose Emigranten genau wie alle anderen behandelten, hat nichts mit Asylrecht zu tun, sondern damit, daß Amerika die Gesetzgebung eines Einwanderungslandes hat und in jedem Neuankömmling den zukünftigen Bürger begrüßt.

27 Die Massennaturalisation der Armenier in Syrien und anderen ehemals türkischen Besitzungen erfolgte auf Grund der alten türkischen Staatsangehörigkeit, und die der griechischen Flüchtlinge aus der Türkei im Jahre 1922 durch die griechische Regierung kam Menschen gleicher Nationalität zugute, die eben nicht als Fremde empfunden wurden.

28 Siehe Simpson, op. cit., p. 45 ff.

29 Für die Erklärungen des polnischen Außenministers Beck und des Präsidenten der rumänischen Kommission für Minderheiten, Professor Dragomir, im Jahre 1938 siehe Simpson, op. cit., p. 235.

30 Es ist in dieser Hinsicht bemerkenswert, daß weder Hitlers Armeen noch die Resistance-Bewegungen national einheitlich waren, daß aber in beiden Fällen, wie auch im Falle der internationalen Brigade im spanischen Bürgerkrieg, die Fremden in nationalen Formationen kämpften. Als deutsche und italienische Antifaschisten auf spanischem Boden bewußt gegen Hitler und Mussolini, als ein paar Jahre später spanische Republikaner auf französischem Boden gegen Franco kämpften, war die Nationalität auch für Glieder der älteren europäischen Nationalstaaten zu etwas Portablem geworden.

31 Der Nansenpaß bezeichnete seine Träger als *»personne d'origine russe«*, weil niemand »gewagt hätte, dem russischen Emigranten zu sagen, er sei ohne Nationalität oder von zweifelhafter Nationalität«, meint Marc Vichniac, »Le Statut International des apatrides« in dem *Recueil des Cours de l'Académie de Droit International*, Band 33, 1933. Die Nansenpaßinhaber wehrten sich verzweifelt gegen Bestrebungen, alle Staatenlosen mit diesem Papier zu versehen, weil sie in diesem Paß »ein Zeichen der ju-

ristischen Anerkennung ihres besonderen Status« erblickten (Jermings, op. cit.). Auch die deutschen Flüchtlinge hatten keine große Lust, in der Masse der Staatenlosen einfach unterzugehen, und machten von derartigen Möglichkeiten erst Gebrauch, als sie durch die Eroberungen Hitlers in eine besonders gefährdete Lage geraten waren. Vorher waren sie eher zufrieden, daß sie durch das *»refugié provenant d'Allemagne«* ebenfalls einer speziellen Kategorie zugeteilt worden waren.

32 Childs, op. cit.

33 Ein Rundbrief der holländischen Behörden vom 7. Mai 1938 definierte jeden Flüchtling als »unerwünschten Ausländer« und definierte einen Flüchtling als einen »Fremden, der durch den Druck der Umstände gezwungen worden war, das Land zu verlassen«. (Siehe den Artikel *»L'Emigration, problème Révolutionnaire«* in *Esprit,* 7. Jahrgang, Nr. 82, Juli 1939, p. 602.) Für die Besorgnis der Regierungen, daß jede halbwegs humane Behandlung der Flüchtlinge nur »die anderen Länder ermutigen würde, sich ihrer überflüssigen Bevölkerung zu entledigen, und viele zur Emigration veranlassen könnte, die sonst auch unter großen Schwierigkeiten in ihren Ländern bleiben würden«, siehe Louise W. Holborn, »The Legal Status of Political Refugees, 1920–1938« in dem *American Journal of International Law,* 1938.

34 Welchen Umfang diese illegale Völkerbewegung angenommen hatte, kann man daran ermessen, daß der tägliche Zuzug von illegalen Flüchtlingen in das Department de la Seine, also im wesentlichen nach Paris, im Jahre 1939 auf 100 Menschen geschätzt wurde. Siehe Georges Mauco in *Esprit,* 7. Jahrgang, Nr. 82.

35 Lawrence Preuss, op. cit., beschreibt diese um sich greifende Illegalität wie folgt: Dadurch, daß eine Regierung jemandem die Staatsbürgerschaft entzieht, »begeht sie ein Vergehen gegen das internationale Recht, weil das Gesetz des Landes verletzt wird, in das der Staatenlose ausgewiesen ist. Dies Land wiederum kann sich seiner nicht entledigen, ohne das Gesetz eines dritten Landes zu verletzen ... Der Staatenlose schließlich hat nur die Wahl, entweder gegen das Gesetz des Landes zu verstoßen, in dem er sich gerade befindet, oder desjenigen, in das er ausgewiesen wird«. Aus dieser Situation, sollte man meinen, ergibt sich eigentlich von selbst, daß Denaturalisierung, wie überhaupt jeder Entzug der Staatsbürgerschaft, internationales Recht verletzt, und zu dieser Feststellung ist auch Sir John Fischer Williams in einem Artikel über *»Denationalisation«* in dem *British Yearbook of International Law* (Band 7, 1927) gekommen. Als aber die Frage auf der Konferenz für die *Codification du Droit International* im Haag im Jahre 1930 auf die Tagesordnung kam, stellte sich heraus, daß nur die finnische Regierung bereit war, für eine Resolution zu stimmen, die festlegte, daß Entzug der Staatsbürgerschaft niemals als Strafe benutzt werden dürfe und auch niemals dazu führen dürfe, eine unerwünschte Person auszuweisen.

36 Selbst Childs, der Sachverständige des Internationalen Arbeitsamtes, der immer wieder betont hat, daß Staatenlose und Flüchtlinge ein »permanentes Problem internationaler Organisationen« seien, weiß schließlich, wenn es zu praktischen Vorschlägen kommt, auch keinen anderen Rat als Internierungslager (*»transitional centers«* wie er sie euphemistisch nennt), um nur einen Platz auf der Welt zu finden, wohin ein souveräner Staat seine Flüchtlinge deportieren kann.

37 Jermings, op. cit.

38 Um ein Beispiel zu wählen, das verhältnismäßig harmlos ist (und außerdem wohl den einzigen Fall darstellt, in dem die gleiche Regierung den von ihr angerichteten Schaden wiedergutgemacht hat), sei an die Lage der japanischen Amerikaner während des Krieges erinnert, die bekanntlich durch die Armee von der Westküste entfernt und während des Krieges in Internierungslager gebracht wurden; da sie nicht mehr Japaner, sondern amerikanische Staatsbürger waren, waren sie durch die Verordnung praktisch Staatenlose geworden; die einzige Regierung, die sie schützen konnte, hatte beschlossen, sie einzusperren. Das hatte zur Folge, daß sie einen großen Teil ihres Eigentums erst einmal verloren. Diejenigen unter ihnen aber, die sich etwas hatten zuschulden kommen lassen, konnten bleiben, wo sie waren, sie hatten vom Gericht bestellte Rechtsanwälte, die sich um ihre Interessen zu kümmern hatten; hatten sie Glück, so hatten sie ihre Strafe abgesessen, als alles vorüber war und sie friedlich in ihre früheren Berufe zurückkehren konnten. Die Gefängnisstrafe garantierte ihnen die konstitutionellen Rechte, die alle »Unschuldigen« verloren hatten.

39 In Frankreich drückte sich dies darin aus, daß ein von der Polizei gezeichneter Ausweisungsbefehl unverhältnismäßig schwerwiegender war als diejenigen, welche das Innenministerium selbst erließ, obwohl die Polizei an sich dem Innenministerium natürlich untersteht.

40 Im Februar des Jahres 1938 legte das Reichs- und Preußische Ministerium des Innern den »Entwurf eines Gesetzes über den Erwerb und Verlust der deutschen Staatsangehörigkeit« vor, der weit über die Nürnberger Gesetzgebung hinausging und vorsah, daß alle Kinder von »Juden, jüdischen Mischlingen oder (Personen) sonst artfremden Blutes« (die ohnehin nicht Reichsbürger werden konnten) auch die Staatsangehörigkeit nicht länger besitzen dürften, und zwar »auch dann nicht, wenn der Vater die deutsche Staatsangehörigkeit kraft Geburt besitzt«. Daß es sich hier nicht mehr nur um eine Judengesetzgebung handelte, geht vor allem aus der Stellungnahme des Justizministers vom 19. Juli 1939 hervor – der empfiehlt, »die Worte Jude und jüdischer Mischling in dem Gesetz nach Möglichkeit zu vermeiden und statt dessen von ›Fremdblütigen‹ oder von ›Personen nichtdeutschen oder nicht artverwandten Blutes‹ zu sprechen«. Interessant an dieser geplanten außerordentlichen Erweiterung der staatenlosen Bevölkerung in Nazideutschland ist, daß Findelkinder ausdrücklich als staatenlos gelten, bis »eine Prüfung ihrer rassischen Einordnung möglich ist«. Hier ist also der Grundsatz, daß jeder Mensch mit unabdingbaren Menschenrechten geboren ist, die ihm durch seine Staatsangehörigkeit garantiert sind, genau und bewußt umgekehrt worden: Jeder Mensch ist von Natur rechtlos, nämlich staatenlos, soweit nicht anders entschieden ist.

Das hier benutzte Originaldossier über den Gesetzentwurf mit den Stellungnahmen aller Ministerien und des Oberkommandos der Wehrmacht befindet sich im Archiv des *Yiddish Scientific Institute* in New York (G–75), das mir Einsichtnahme und Benutzung freundlichst gestattete.

41 »Fällt die Judenfrage weg, so besteht zwar immer noch eine Flüchtlingsfrage, aber sie

wird, da die Juden einen hohen Prozentsatz der Flüchtlinge stellen, bedeutend vereinfacht« – diese Meinung wurde eigentlich von allen geteilt. Kabermann, »Das internationale Flüchtlingsproblem«, in der *Zeitschrift für Politik,* Band 29, Nr. 3, 1939.

42 Siehe Kulischer, op. cit. Schon Simpson machte darauf aufmerksam, daß die Flüchtlinge, wenn sie in Länder kämen, wo ihre Volksgenossen als Minderheiten ansässig waren (wie im Falle der Russen und Ukrainer in Polen), zwar die Tendenz hatten, sich an diese zu assimilieren, aber es eher vermieden, sich naturalisieren zu lassen (op. cit., p. 364).

43 Gerade die wenigen Beispiele geglückter Wiedereingliederung von Flüchtlingen demonstrieren dies sehr deutlich, denn sie haben immer nur da stattgefunden, wo eine gemeinsame Nationalität vorlag. So hieß die mexikanische Regierung die spanischen Flüchtlinge willkommen. So gab das Quotensystem, das die Vereinigten Staaten zur Regelung der Einwanderung Anfang der zwanziger Jahre einführten, jeder der bereits im Lande vertretenen Nationalitäten das Recht, proportional ihrem numerischen Anteil an der Gesamtbevölkerung ihre Landsleute nach den Staaten zu bringen.

44 Wie sich diese Art der Unschuld praktisch auswirkt, mag an folgendem Beispiel illustriert werden. Nach der französischen Niederlage im Jahre 1940 bot die amerikanische Regierung den in Frankreich weilenden Flüchtlingen, die durch den Auslieferungsparagraphen des deutsch-französischen Waffenstillstandsabkommens bedroht waren, Asyl in den Vereinigten Staaten für die Dauer des Krieges an. Um von diesem Recht Gebrauch zu machen, mußte der Asylsuchende natürlich beweisen, daß er etwas gegen die Naziherrschaft unternommen habe, auf Grund dessen er verfolgt wurde. Dieser Bedingung konnten nur sehr wenige Flüchtlinge entsprechen, und diese waren außerdem keineswegs die am meisten Gefährdeten.

45 Für die »Inseln der Freiheit« in den Konzentrationslagern siehe Anton Ciliga, *The Russian Enigma,* London 1940, p. 200, und David Rousset, *Les Jours de notre mort,* Paris 1947, das Buchenwald schildert.

46 Edmund Burke, *»Reflections on the Revolution in France«,* 1790, zitiert nach E. J. Paynes Ausgabe in *Everyman's Library.*

47 Robespierres Rede vom 24. April 1793.

48 Siehe Paynes Einführung zu Burke, op. cit.

49 Das frühe Mittelalter war sich offenbar der Gefahr, welche die Vogelfreiheit für die gesamte Gemeinschaft barg, durchaus bewußt. Exkommunikation bezog sich im späten römischen Reiche nur auf die Kirche und bedeutete nicht den bürgerlichen Tod. Beide fielen erst unter den Merowingern zusammen, und in dieser Zeit war die Praxis der Exkommunikation zeitlich limitiert, und die durch sie verlorenen Rechte konnten wiedergewonnen werden. Vgl. die Artikel »Outlawry« und »Excommunication« in der *Encyclopedia of Social Sciences.*

Band III

Totale Herrschaft

Für Heinrich Blücher

Vorwort[1]

I

Das ursprüngliche Manuskript von *Elemente und Ursprünge totaler Herrschaft* wurde im Herbst 1949 fertiggestellt, über vier Jahre nach der Niederlage Hitlerdeutschlands, weniger als vier Jahre vor Stalins Tod. Die erste Ausgabe des Buches erschien 1951. Im Rückblick erscheinen die Jahre nach 1945, während derer ich es schrieb, als eine Zeitspanne, in welcher nach Jahrzehnten des Aufruhrs, Wirrwarrs und des blanken Grauens erstmals wieder relative Ruhe herrschte – nach Jahrzehnten, die zunächst die Revolutionen im Gefolge des Ersten Weltkrieges gesehen hatten, dann den Aufstieg totalitärer Bewegungen und die Aushöhlung der parlamentarischen Regierungsform, dann neue Tyrannenherrschaften aller Art, faschistische und halbfaschistische, Einparteien- und Militärdiktaturen, und schließlich totalitäre Regierungen, die fest etabliert schienen und von der Unterstützung der Massen getragen waren:[2] so in Rußland 1929, im Jahr der, wie man sie heute oft nennt, »zweiten Revolution«, so in Deutschland 1933.

Mit der Niederlage Nazideutschlands war ein Kapitel dieser Geschichte abgeschlossen. Zum erstenmal schien der Moment gekommen, da man die Zeitgeschichte mit dem rückwärtsgerichteten Blick des Historikers und dem analytischen Eifer des Politologen betrachten konnte, zum erstenmal konnte man versuchen, zu berichten und zu verstehen, was geschehen war, noch nicht *sine ira et studio*, noch immer voll Trauer und Schmerz und daher mit einer Neigung zur Klage, aber doch nicht mehr voll sprachloser Empörung und ohnmächtigem Grauen. Auf jeden Fall war es der Zeitpunkt, da es zum erstenmal möglich wurde, die Fragen zu artikulieren und zu verfolgen, die meine Generation während des größeren Teils ihres Erwachsenenlebens unausweichlich begleitet haben: *Was war geschehen? Warum war es geschehen? Wie konnte es geschehen?* Denn die deutsche Niederlage, die ein Land in Trümmern hinterließ und eine Nation, die sich am »Nullpunkt« ihrer Geschichte fühlte, hatte Berge von Papier so gut wie unversehrt zum Vorschein kommen lassen, ein überreiches Dokumentenmaterial über jeden Aspekt der zwölf Jahre, die Hitlers »Tausendjähriges Reich« gedauert hatte. Die ersten umfangreichen Auswahlen aus dieser Überfülle von Quellen, die bis heute noch keineswegs erschöpfend veröffentlicht und untersucht sind, die zwölf Bände von *Nazi Conspiracy and Aggression*, begannen 1946, in Verbindung mit den Nürnberger Prozessen gegen die Hauptkriegsverbrecher, zu erscheinen.[3]

Das Vorwort zu der ersten Auflage dieses Buches aus dem Jahre 1950 habe ich auch in dieser Ausgabe wieder abgedruckt, um die Stimmung jener Jahre, in der schließlich das ganze Buch geschrieben ist, zu indizieren. Als 1958 die zweite Ausgabe meines Buches erschien, war freilich viel zusätzliches Dokumenten- und sonstiges Material in Bibliotheken und Archiven zugänglich geworden. Was ich daraus lernen konnte, war außerordentlich interessant, doch nötigte es mich kaum zu einschneidenden Veränderungen meiner Darstellung, weder in der Analyse, noch in der Argumentation. Zwar schien es ratsam, zahlreiche Zitate in den Fußnoten hinzuzufügen oder auszutauschen, und der Text wurde beträchtlich erweitert. Aber diese Veränderungen waren ausschließlich technischer Natur. 1949 waren die Nürnberger Dokumente nur auszugsweise und in englischer Übersetzung bekannt, und ein Großteil der Bücher, Broschüren und Zeitschriften, die in Deutschland zwischen 1933 und 1945 erschienen waren, hatte mir nicht zur Verfügung gestanden. Ferner berücksichtigte ich in einer Reihe von Zusätzen sowohl einige der wichtigeren Ereignisse nach Stalins Tod, die Nachfolgekrise und Chruschtschows Rede auf dem XX. Parteitag, als auch neue Informationen über das Stalin-Regime, die in Veröffentlichungen der letzten Jahre enthalten sind. Und schließlich waren gewisse Erkenntnisse streng theoretischer Natur einzuarbeiten, die in engem Zusammenhang mit meiner Analyse der Elemente totaler Herrschaft standen, die ich jedoch noch nicht gewonnen hatte, als ich das ursprüngliche Manuskript fertigstellte und meine so wenig schlüssigen »Schlußbemerkungen« schrieb. Das letzte Kapitel der vorliegenden Ausgabe, »Ideologie und Terror«, trat an die Stelle jener »Bemerkungen«, die, soweit sie noch stichhaltig schienen, auf andere Kapitel verteilt wurden. Der zweiten Ausgabe hatte ich einen Epilog angefügt, in dem ich kurz die Einführung des russischen Systems in den Satellitenländern und die Ungarische Revolution diskutierte. Dieser Epilog war viel später geschrieben; er unterschied sich im Tonfall erheblich von dem Rest des Buches, da er unmittelbar aktuelle Ereignisse behandelte, und ist in vielen Einzelheiten überholt. Ich habe ihn jetzt weggelassen; ansonsten ist die vorliegende Ausgabe gegenüber der zweiten im wesentlichen unverändert.

Augenscheinlich bedeutete das Kriegsende nicht zugleich auch das Ende der totalitären Herrschaft in Rußland. Ganz im Gegenteil folgte ihm die Bolschewisierung Osteuropas, d. h. die Ausbreitung totaler Herrschaft, und der Friede stellte lediglich einen wichtigen Wendepunkt dar, von dem aus sich die Ähnlichkeiten und Unterschiede zwischen den Methoden und Institutionen der beiden totalitären Regimes analysieren ließen. Nicht das Kriegsende, sondern Stalins Tod acht Jahre danach brachte den Umschlag. Rückblickend scheint es, als habe dieser Tod nicht bloß eine Nachfolgekrise und ein »Tauwetter« nach sich gezogen, das so lange anhielt, bis ein neuer Führer sich durchgesetzt hatte, sondern einen echten, wenn auch nie unzweideutigen, Abbau totaler Herrschaft. Von daher gab es keinen Grund, meine Darstellung über 1953 hinauszuführen und die jüngsten Ereignisse miteinzubeziehen; und was unser Wissen über den allein in Frage stehenden Zeitraum angeht, so haben sich darin keine so umwälzenden Veränderungen ergeben, daß umfängliche Korrekturen und Zusätze nötig würden. Im Gegensatz zu Deutschland, wo Hitler seinen Krieg bewußt dazu benutzte, das totalitäre System weiterzuentwickeln und gleichsam zu vervollkommnen, brachten die Kriegsjahre in Rußland die zeitweilige Aufhebung totaler Herrschaft mit sich. Im Mittelpunkt meines Interesses stehen, entsprechend meiner Fragestellung, die Jahre von 1929 bis 1941 und dann wieder von 1945 bis 1953, und für diese Zeiträume verfügen wir heute, im Vergleich zu 1958 oder sogar 1949, weder über neue noch über neuartige Quellen. Was wir mit Nazideutschland erlebten, daß nämlich seine Geschichte ein eindeutiges Ende fand, das uns zugleich das grauenvoll klare und unwiderlegbare Beweismaterial lieferte, mit dem wir diese Geschichte Schritt für Schritt belegen können, hat sich mit Rußland nicht wiederholt und wird sich, soweit vorhersehbar, auch in Zukunft nicht wiederholen.

Die einzige wichtige Quelle, die unser Wissen erweitert hat, der Bestand des Smolensker Archivs, 1958 von Merle Fainsod veröffentlicht, hat gezeigt, wie entscheidend alle Forschung über diese Epoche der russischen Geschichte auch weiterhin dadurch behindert sein wird, daß uns die elementarsten Dokumente und Statistiken fehlen. Denn obwohl das Archiv, das vom deutschen Geheimdienst im Smolensker Parteihauptquartier entdeckt und dann von der amerikanischen Besatzungsmacht in Deutschland beschlagnahmt wurde, Dokumente im Umfang von etwa 200 000 Seiten enthält und für die Zeit von 1917 bis 1938 so gut wie vollständig vorliegt, ist es schlechtweg erstaunlich, wieviel Informationen wir darin *nicht* finden. So bietet es zwar »eine fast unübersehbare

Materialfülle über die Säuberungen« von 1929 bis 1937, aber einen Hinweis auf die Zahl der Opfer oder irgendwelche sonstigen bevölkerungsstatistischen Daten suchen wir darin vergebens. Und wenn einmal Zahlen angegeben werden, widersprechen sie einander hoffnungslos, jede der verschiedenen Organisationen hat ihre eigenen, und als einzige unbezweifelbare Tatsache erfahren wir nur, daß viele dieser Zahlen, wenn es sie denn überhaupt je gab, auf Anweisung der Regierung an der Quelle zurückgehalten wurden.[4] Das Archiv gibt auch keinerlei Auskunft über die Beziehungen zwischen den verschiedenen Machtapparaten, »zwischen Partei, Militär und NKWD« oder zwischen Partei und Regierung, und ebenso schweigt es sich aus über die Kanäle der Befehls- und Nachrichtenübermittlung. Kurz, wir erfahren nichts über die Organisationsstruktur des Regimes, über die wir im Falle Nazideutschlands so genau Bescheid wissen.[5] Mit anderen Worten: Während man schon immer wußte, daß offizielle sowjetische Veröffentlichungen Propagandazwecken dienen und äußerst unzuverlässig sind, hat es jetzt auch den Anschein, als hätten zuverlässige Quellen und Statistiken an keiner Stelle jemals existiert.

Sehr viel schwerer wiegt eine andere Frage: ob es sich nämlich eine Untersuchung totaler Herrschaft leisten kann, unbeachtet zu lassen, was in China geschehen ist und immer noch geschieht. Hier wissen wir noch weniger Genaues als seinerzeit in den dreißiger Jahren über Rußland. Zum einen liegt das daran, daß es dem Land nach dem Sieg der Revolution viel besser gelungen ist, sich gegen Beobachter von außen fast gänzlich abzuschirmen, zum anderen sind uns bis heute noch keine Überläufer aus den höheren Rängen der Kommunistischen Partei Chinas zu Hilfe gekommen, was natürlich in sich schon bezeichnend genug ist. Das bißchen, was wir in den letzten 17 Jahren zweifelsfrei in Erfahrung bringen konnten, wies auf sehr gewichtige Unterschiede hin: Nach einer anfänglichen Periode erheblichen Blutvergießens – die Zahl der Opfer betrug während der ersten Jahre der Diktatur nach glaubwürdigen Schätzungen 15 Millionen, d.h. etwa drei Prozent der Bevölkerung von 1949, was prozentual erheblich unter den Verlusten liegt, die Stalins »zweite Revolution« gekostet hat – und nach dem Verschwinden einer organisierten Opposition gab es keinen verschärften Terror, keine Blutbäder unter Unschuldigen, keine Kategorie von »objektiven Gegnern«, keine Schauprozesse (allerdings viel öffentliche Schuldbekenntnisse und »Selbstkritik«) und keine ausgesprochenen Verbrechen. Maos berühmte Rede von 1957 »Über die richtige Behandlung der Widersprüche im Volke«, gemeinhin bekannt unter der irreführenden Überschrift »Laßt hundert Blumen blühen«, war zwar gewiß kein Plädoyer für die Freiheit, aber sie erkannte doch an, daß es auch unter einer kommunistischen Diktatur nicht-antagonistische Widersprüche zwischen den Klassen und, wichtiger noch, zwischen Volk und Regierung gibt. Auf Gegner wandte man eine Methode an, die »Berichtigung des Denkens« hieß, ein ausgearbeitetes Verfahren, den Geist ständig zu modeln und umzumodeln, dem sich anscheinend mehr oder weniger die ganze Bevölkerung unterziehen mußte. Wir wußten nie viel darüber, wie das im täglichen Leben funktionierte, wer ausgenommen war – d.h. wer das »Ummodeln« durchführte –, und wir hatten keine Ahnung von den Resultaten der »Gehirnwäsche«, ob sie von nachhaltiger Wirkung war und echte Persönlichkeitsveränderungen erzeugte. Wenn man den gegenwärtigen Verlautbarungen der chinesischen Führung trauen darf, erzeugte sie nichts weiter als Heuchelei in gigantischem Maßstab, den »Nährboden der Konterrevolution«. Wenn das Terror war, und daran kann gar kein Zweifel bestehen, so war es ein Terror neuer Art, und was immer er auch bewirkt haben mag, er dezimierte nicht die Bevölkerung. Er nahm klar Rücksicht auf das Interesse der Nation, er ermöglichte es dem Land, sich friedlich zu entwickeln, sich die Leistungsfähigkeit und Sachkunde derer, die aus den vormals herrschenden Klassen stammten, nutzbar zu machen und die akademischen und Fachausbildungs-

Standards aufrechtzuerhalten. Kurz gesagt: Es war ganz offensichtlich, daß Mao Tse-tungs »Denken« nicht in den Bahnen verlief, die von Stalin (oder dann auch Hitler) vorgezeichnet waren, daß er nicht von Mordinstinkten gelenkt wurde und daß jene nationalistische Gesinnung, die bei allen revolutionären Erhebungen in früheren Kolonialländern eine so überragende Rolle spielte, stark genug war, die totale Herrschaft in Schranken zu halten. All dies schien gewissen Befürchtungen zu widersprechen, die im vorliegenden Buch ausgesprochen waren.

Auf der anderen Seite hatte sich die Kommunistische Partei Chinas sogleich nach ihrem Sieg als »eine internationale Bewegung mit dem ideologischen Anspruch auf Weltherrschaft« aufgebaut, d. h. ihre totalitären Züge waren von Anfang an unverkennbar. Diese Züge traten, je mehr sich der chinesisch-sowjetische Konflikt entwickelte, desto stärker in den Vordergrund, obgleich es sehr gut möglich ist, daß dieser Konflikt selbst eher durch nationale als durch ideologische Gegensätze ausgelöst wurde. Daß die Chinesen sich beharrlich um eine Rehabilitierung Stalins bemühten und die russischen Ansätze zum Abbau der totalen Herrschaft als »revisionistische« Abweichung brandmarkten, ließ schon Böses ahnen, wäre aber noch vergleichsweise harmlos gewesen, wenn sie nicht gleichzeitig eine äußerst skrupellose Außenpolitik betrieben hätten, die, wenn auch bisher ohne Erfolg, darauf abzielte, alle revolutionären Bewegungen mit chinesischen Agenten zu durchsetzen und die Komintern unter Pekings Führung wiederaufleben zu lassen. All diese Entwicklungen sind gegenwärtig schwer zu beurteilen, zum Teil weil wir nicht genug wissen, zum Teil weil immer noch alles im Fluß ist. Und leider haben wir uns die Lage, über diese Ungewißheiten hinaus, die in der Natur der Sache liegen, durch selbstgeschaffene Hindernisse noch weiter erschwert. Denn es erleichtert nicht gerade die Lösung der Probleme, weder theoretisch noch praktisch, daß uns die Ära des Kalten Krieges eine offizielle »Gegenideologie« hinterlassen hat, den Antikommunismus, welcher gleichfalls dazu neigt, einen Anspruch auf Weltherrschaft zu entwickeln, und uns dazu verleitet, nun unsererseits einer Fiktion nachzuhängen; denn er verbietet es uns prinzipiell, die verschiedenen kommunistischen Einparteiendiktaturen, denen wir in der Realität gegenüberstehen, von einem echten totalitären System zu unterscheiden, wie es sich in China, wenn auch in neuer Form, herausbilden könnte. Natürlich geht es hier nicht einfach darum, daß das kommunistische China mit dem kommunistischen Rußland nicht in jeder Hinsicht identisch ist, so wenig wie es Stalins Rußland mit Hitlers Deutschland war. So spielten etwa Alkoholismus und Mangel an Sachkunde, Faktoren, die sich in jeder Beschreibung Rußlands aus den zwanziger oder dreißiger Jahren so deutlich abzeichnen und noch heute weit verbreitet sind, in der Geschichte Nazideutschlands nicht die geringste Rolle, wohingegen die unbeschreibliche und so ganz grundlose Grausamkeit in den deutschen Konzentrations- und Vernichtungslagern den russischen Lagern weitgehend gefehlt zu haben scheint, wo man die Gefangenen mehr verhungern und erfrieren ließ als zu Tode quälte. Die Korruption, von Anfang an das Erzübel der russischen Verwaltung, griff auch in Deutschland während der letzten Jahre des Naziregimes um sich, scheint aber in China seit der Revolution völlig verschwunden zu sein. Die Aufzählung solcher Unterschiede ließe sich beliebig fortsetzen; sie sind überaus bezeichnend und untrennbar mit der Nationalgeschichte der jeweiligen Länder verbunden, aber sie sagen nicht unmittelbar etwas über die Staatsform aus. Die absolute Monarchie war unzweifelhaft in Spanien, Frankreich, England oder Preußen jeweils etwas völlig anderes; und trotzdem war sie überall die gleiche Staatsform. Ausschlaggebend ist in unserem Zusammenhang, daß sich ein totalitärer Staat von einer Diktatur und einer Tyrannis unterscheidet; und zwischen ihnen differenzieren zu können, ist beileibe nicht ein akademisches Problem, das man getrost den »Theoretikern« überlassen dürfte, denn totale Herrschaft ist die einzige Staatsform, mit der es keine Koexistenz geben kann.

Wir haben daher allen Grund, mit dem Wort »totalitär« sparsam und vorsichtig umzugehen. Andererseits haben wir auch allen Grund zu äußerster Besorgnis. Wir erleben heute die erste, die ganze Nation ergreifende Parteisäuberung in China, in welcher offen mit Massenmorden gedroht wird. Sollten diese Drohungen in die Tat umgesetzt werden, könnten sich sehr wohl dieselben Bedingungen herausschälen, die wir aus dem stalinistischen Rußland so gut kennen. Wir wissen nicht, was diese plötzliche Entwicklung ausgelöst hat, eine Entwicklung, »die selbst erfahrene chinesische Funktionäre völlig überrascht haben soll« (Max Frankel in der *New York Times* vom 26. Juni 1966), ob sie die Folge eines sorgfältig geheimgehaltenen Nachfolgekampfes ist oder das Ergebnis der jüngsten Katastrophen, die die chinesischen Außenbeziehungen erlitten haben. Doch die Hysterie, mit der entgegen allem Augenschein die Gefahr einer »bourgeoisen Konterrevolution« beschworen wird, die unterstützt und begünstigt werde durch »Revisionisten«, »parteifeindliche Elemente innerhalb der Partei«, intellektuelle »Klapperschlangen« und »Giftkräuter«, könnte leicht einen Wandel des Regimes einleiten, der jenem anderen gleicht, durch den wie durch eine »zweite Revolution« Lenins Diktatur beseitigt und Stalins totale Herrschaft begründet wurde. Solche Bemerkungen können allerdings im Moment nichts weiter sein als Spekulation, und die Tatsache bleibt bestehen, daß wir auch in seinen schlimmsten Zeiten über Rußland mehr wußten als heute über China. Auch nur der Versuch, seine gegenwärtige Regierungsform analysieren zu wollen, wäre ein vermessenes Unterfangen, und zwar schon allein, weil sie sich noch nicht herausgebildet hat.

So selten und unzuverlässig neue Quellen sind, die unser Tatsachenwissen über die totalitäre Herrschaft erweitern, so gewaltig hat, in krassem Gegensatz dazu, die Zahl der Untersuchungen in den letzten 15 Jahren zugenommen, die sich mit modernen Diktaturen aller Art, totalitär oder nicht, beschäftigen. Das gilt natürlich vor allem für Nazideutschland und Sowjetrußland. Es gibt heute viele Arbeiten, die man in der Tat nicht übergehen kann, wenn man auf diesem Feld weiterforschen will, und ich habe mir alle Mühe gegeben, meine alte Bibliographie entsprechend zu ergänzen. (Der zweiten Ausgabe war keine Bibliographie beigegeben.) Bewußt nicht aufgenommen habe ich lediglich, mit wenigen Ausnahmen, die recht umfangreiche Memoirenliteratur der Nachkriegszeit, die von ehemaligen Nazigenerälen und hohen Funktionären in die Welt gesetzt wurde. Daß sich Verteidigungsschriften dieser Art nicht gerade durch Ehrlichkeit auszeichnen, versteht sich von selbst und sollte uns nicht davon abhalten, sie zu berücksichtigen. Doch offenbaren diese Erinnerungen ein so frappantes Unverständnis für die tatsächlichen Ereignisse und die Rollen, die die Verfasser selbst in ihrem Verlauf gespielt haben, daß sie sich selbst disqualifizieren und allenfalls noch ein gewisses psychologisches Interesse beanspruchen können.

II

Was das Belegmaterial betrifft, so hat dem Buch die Tatsache, daß es so früh schon konzipiert und niedergeschrieben wurde, am Ende weniger geschadet, als man eigentlich hätte annehmen müssen, und das gilt sowohl für das Material über die nationalsozialistische, als auch für das über die bolschewistische Spielart totaler Herrschaft. Es gehört zu den Merkwürdigkeiten der Literatur über totale Herrschaft, daß sehr frühe Versuche von Zeitgenossen, ihre »Geschichte« zu schreiben, Versuche, die nach allen Regeln der Zunft scheitern mußten, weil sie weder über einwandfreies Quellenmaterial verfügten noch die erforderliche Gefühlsdistanz aufbrachten, sich gleichwohl erstaunlich gut gehalten haben. Konrad Heidens Hitler-Biographie und Boris Souvarines Stalin-Biographie, beide in den dreißiger Jahren geschrieben und veröffentlicht, sind in mancher Hinsicht genauer und in fast jeder Hinsicht gewichtiger als die Standardbiographien von Allan Bullock bzw. Isaac Deutscher. Das mag viele Gründe haben, aber einer davon ist mit Sicherheit die schlichte Tatsache, daß das Dokumentenmaterial bei beiden Fällen im wesentlichen nur bestätigt und ergänzt hat, was aus den Berichten prominenter Renegaten und sonstiger Augenzeugen ohnehin und immer schon bekannt war.

Um es etwas drastisch auszudrücken: Es bedurfte nicht der Geheimrede Chruschtschows, um uns davon in Kenntnis zu setzen, daß Stalin Verbrechen begangen hatte oder daß dieser angeblich »wahnhaft mißtrauische« Mann beschlossen hatte, Hitler zu vertrauen. Was dieses Vertrauen angeht, so bietet es allerdings den denkbar besten Beweis dafür, daß Stalin nicht wahnsinnig war; er war da mißtrauisch, wo er allen Grund dazu hatte, wo er nämlich jemanden auszuschalten wünschte oder plante, und das betraf praktisch jedermann in den höheren Rängen von Partei und Regierung; er vertraute ebenso natürlich Hitler, weil er ihm nichts Böses wünschte. Was Stalins Verbrechen angeht, so hatten Chruschtschows aufsehenerregende Enthüllungen – die allein schon, weil seine Zuhörer und er selbst in Wahrheit ganz und gar in die Geschichte mit hineinverwickelt waren, erheblich mehr verschleierten als sie aufdeckten – das unglückselige Ergebnis, daß sie in den Augen vieler (auch vieler Wissenschaftler, die ja von Berufs wegen eine Vorliebe für amtliche Quellen hegen) das ungeheure Ausmaß der Verbrechen herunterspielten; denn diese erschöpften sich ja schließlich nicht in der Verleumdung und Ermordung einiger hundert oder tausend prominenter Gestalten aus Politik und Literatur, die man posthum »rehabilitieren« kann, sondern bestanden in der Vernichtung von buchstäblich ungezählten Millionen, und zwar von Menschen, denen niemand, auch kein Stalin, konterrevolutionäre Handlungen nachsagen konnte. Gerade indem er einige Verbrechen zugab, lenkte Chruschtschow von dem verbrecherischen Charakter des Regimes als Ganzem ab, und genau gegen diese Verschleierung, gegen die Heuchelei der gegenwärtigen Machthaber in Rußland, deren Ausbildung und Aufstieg ausnahmslos in die Zeit Stalins fällt, richtet sich heute die fast offene Rebellion der jüngeren Generation russischer Intellektueller. Denn wenn jemand über »Massensäuberungen und die Verschleppung und Ausrottung ganzer Völker«[6] Bescheid weiß, dann sind sie es. Außerdem verschleierte Chruschtschows Erklärung für die Verbrechen, die er zugab, – Stalins wahnhaftes Mißtrauen – das, was den totalitären Terror am meisten charakterisiert: daß er entfesselt wird, wenn jede organisierte Opposition sich gelegt hat und der totalitäre Herrscher weiß, er muß nichts mehr befürchten. Das gilt besonders für die Entwicklung in Rußland. Stalin begann mit seinen riesigen Säuberungen nicht 1928, als er gestand: »Wir haben Gegner im Inneren«, und wirklich noch Grund zur Furcht hatte – er wußte, daß ihn Bucharin mit Dschingis Khan verglich und die Überzeugung vertrat, Stalins Politik »führt das Land in Hunger, Zusammenbruch und Polizeiherrschaft«,[7] wie es ja dann auch geschah –, sondern er begann damit 1934, als alle vormaligen Gegner »ihre Irrtümer gestanden« und Stalin selbst auf dem VII. Parteitag, von ihm auch »Parteitag der Sieger« genannt, erklärt hatte: »Auf diesem Parteitage (braucht man) nichts zu beweisen, und es gibt wohl auch niemanden, der geschlagen werden müßte.«[8] Es kann kein Zweifel bestehen, daß der XX. Parteitag eine Sensation war und entscheidende politische Bedeutung für Sowjetrußland und die kommunistische Bewegung insgesamt besaß. Aber seine Bedeutung ist eben politischer Art; man sollte das Licht, das offizielle Quellen in der nachstalinistischen Ära auf die Geschehnisse der Vergangenheit werfen, nicht verwechseln mit dem Licht der Wahrheit.[9]

Was unsere Kenntnis der Stalin-Ära betrifft, so ist Fainsods Veröffentlichung des Smolensker Archivs, die ich oben bereits erwähnte, die mit Abstand wichtigste Veröffentlichung geblieben, und man kann nur bedauern, daß dieser ersten Zufallsauswahl nicht eine umfangreichere Veröffentlichung des Materials nachgeschickt wurde. Nach Fainsods Buch zu urteilen, gibt es über die Mitte der zwanziger Jahre, die Periode von Stalins Kampf um die Macht, noch viel zu lernen: Wir wissen jetzt, wie prekär die Stellung der Partei war, nicht nur weil im Land eine ausgesprochene Oppositionsstimmung herrschte, sondern auch weil Korruption und Alkoholismus ihre eigenen Reihen erschütterten; daß unverhohlener Antisemitismus in fast allen Forderungen nach Liberalisierung mitklang;[10] daß die Kampagne für die Kollektivierung und gegen das Kulakentum ab 1928 in Wirklichkeit einen Bruch mit der NEP, mit Lenins neuer ökonomischer Politik, bedeutete und damit die Kluft zwischen dem Volk und seiner Regierung, die sich gerade langsam zu schließen begann, wieder aufriß;[11] wie erbittert sich die gesamte Bauernklasse diesen Maßnahmen widersetzte, mit der Parole: »Lieber gleich tot, als einer Kolchose beitreten«,[12] und mit welcher Solidarität sie sich weigerte, sich in reiche, mittlere und arme Bauern aufspalten und gegen die Kulaken aufhetzen zu lassen:[13] »Da sitzt einer, der ist noch schlimmer als die Kulaken, und er hat keinen anderen Gedanken, als wie er die Leute fertigmachen kann«;[14] und daß die Lage in den Städten nicht viel besser war, wo die Arbeiter sich der Kooperation mit den von der Partei kontrollierten Gewerkschaften verweigerten und die Fabrikleitung »vollgefressene Teufel«, »heuchlerische Schielaugen« und dergleichen titulierten.[15]

Die Dokumente zeigen ganz deutlich, und Fainsod weist zu Recht darauf hin, daß es nicht nur eine »weitverbreitete Unzufriedenheit der Massen« gab, sondern daß auch jede »ausreichend organisierte Opposition« gegen das Regime als Ganzes fehlte. Ebenso geht aber, wie ich meine, aus dem Belegmaterial auch hervor, und diesen Punkt übersieht er, daß es zu Stalins Machtergreifung und der Umwandlung der Einparteiendiktatur in ein System totaler Herrschaft eine klare Alternative gab: nämlich die Fortsetzung der NEP-Politik, wie sie von Lenin eingeschlagen worden war.[16] Darüberhinaus beweisen die Maßnahmen, die Stalin 1928, als er die Partei fast restlos kontrollierte, bei der Einführung des Fünfjahresplans ergriff, daß die Umwandlung der Klassen in Massen und die damit einhergehende Beseitigung jeder Gruppensolidarität die *conditio sine qua non* totaler Herrschaft ist.

Was die Zeit nach 1929 angeht, die Periode der unangefochtenen Herrschaft Stalins, so bestätigte das Smolensker Archiv im großen ganzen, was wir schon zuvor aus nicht so unwiderlegbaren Quellen wußten. Das gilt sogar für einige seiner merkwürdigen Lücken, besonders für das Fehlen statistischer Daten. Denn diese Lücke beweist nur, daß das Stalin-Regime, in dieser wie in anderer Hinsicht, gnadenlos konsequent war: alle Fakten, die sich mit der offiziellen Fiktion nicht vertrugen oder sie womöglich hätten widerlegen können – die Höhe der Ernteerträge, die Kriminalitätsrate, die tatsächliche Häufigkeit »konterrevolutionärer« Aktivitäten im Unterschied zu der fiktiven Verschwörung späterer Jahre – wurden behandelt, als existierten sie nicht. Es lag in der Tat ganz auf der Linie der totalitären Verachtung für Fakten und Realitäten, daß alle Zahlen dieser Art nicht etwa aus allen vier Ecken des riesigen Territoriums nach Moskau flossen und dort gesammelt wurden, sondern umgekehrt den jeweiligen Gebieten erst durch die Veröffentlichung in der *Prawda, Iswestija* oder sonst einem offiziellen Moskauer Organ bekanntgemacht wurden, so daß jedes Gebiet und jeder Bezirk der Sowjetunion seine amtlichen fiktiven statistischen Daten in weitgehend derselben Weise zuerteilt bekam wie die nicht weniger fiktiven Normen, die ihm der Fünfjahresplan zudiktierte.[17]

Ich will nur kurz einige der auffälligeren Punkte aufzählen, über die wir bisher nur Mutmaßungen anstellen konnten und die jetzt durch Dokumentenmaterial belegt sind. Wir hatten immer vermutet und wissen jetzt, daß das Regime niemals »monolithisch«

war, sondern »ein bewußt so konstruiertes System sich überschneidender, Doppel- und Parallelfunktionen«, und daß diese in groteskem Maß amorphe Struktur durch dasselbe Führerprinzip, den sogenannten »Personenkult«, zusammengehalten wurde wie in Nazideutschland;[18] daß die Exekutivgewalt in diesem speziellen Regierungssystem nicht bei der Partei lag, sondern bei der Polizei, deren »Operationen nicht durch Parteikanäle reguliert wurden«;[19] daß die völlig unschuldigen Opfer, die das Regime zu Millionen ermordete, die »objektiven Gegner« in der Sprache der Bolschewisten, genau wußten, daß sie »Verbrecher ohne Verbrechen« waren;[20] daß gerade diese neue Kategorie, im Unterschied zu den früheren echten Feinden des Regimes – Mördern von Regierungsbeamten, Brandstiftern oder Banditen – auf den Terror mit derselben »vollständigen Passivität«[21] reagierte, die wir aus dem Verhalten der Opfer des Naziterrors so gut kennen. Es bestand nie ein Zweifel darüber, daß die »Flut gegenseitiger Denunzierungen« während der Großen Säuberung sich ebenso verheerend auf das wirtschaftliche und soziale Wohlergehen des Landes auswirkte, wie sie die Position des totalitären Herrschers festigte, doch erst jetzt wissen wir, wie wohlüberlegt Stalin diese »unheilvolle Kette von Denunzierungen in Gang setzte«,[22] als er am 29. Juli 1936 offiziell verkündete: *»Unter den gegenwärtigen Umständen muß es die unveräußerliche Eigenschaft eines jeden Bolschewiken sein, daß er einen Gegner der Partei zu erkennen vermag, auch wenn er sich noch so gut tarnt.«*[23] (Hervorhebung d. Verf.) Denn so wie Hitlers »Endlösung« in Wirklichkeit bedeutete, daß die Elite der Nazipartei auf das Gebot »Du sollst töten« verpflichtet wurde, so erklärte Stalins Verlautbarung das »Du sollst falsches Zeugnis reden« zur Verhaltensregel für alle Mitglieder der bolschewistischen Partei. Schließlich zerstreute das, was wir hier zum erstenmal wenigstens andeutungsweise über die tatsächliche Lage der Dinge und den wirklichen Gang der Ereignisse in einem bestimmten Gebiet erfahren, auch die letzten Bedenken, die uns immer noch fragen ließen, ob die geläufige Theorie, daß der Terror der späten zwanziger und der dreißiger Jahre der »hohe Leidenspreis« gewesen sei, den die Industrialisierung und der wirtschaftliche Fortschritt forderten, nicht doch einen wahren Kern enthalte.[24] Der Terror hatte keine der behaupteten Wirkungen. Die Ergebnisse der Liquidierung des Kulakentums, der Kollektivierung und der Großen Säuberung, die am besten belegt sind durch die Dokumente, sind weder Fortschritt noch rapide Industrialisierung, sondern Hungersnot, chaotische Zustände in der Nahrungsmittelerzeugung und Entvölkerung. Die weiteren Folgen waren, daß die Landwirtschaft in eine chronische Krise geriet, das Bevölkerungswachstum zum Stillstand kam und alle Pläne, das sibirische Hinterland zu entwickeln und zu besiedeln, scheiterten. Und mehr noch: Stalins Regierungsmethoden führten auch dazu, wie das Smolensker Archiv bis ins einzelne erweist, daß das Land den Stand an Sachkunde, Leistungsfähigkeit und technischem Knowhow, den es nach der Oktoberrevolution immerhin erreicht hatte, wieder einbüßte. Alles dies zusammen war in der Tat ein unglaublich »hoher Preis«, nicht nur an Menschenleben, der vor allem dafür bezahlt wurde, daß für Bevölkerungsgruppen, die oft nicht nur »*politische* Analphabeten« waren, Aufstiegsmöglichkeiten in den Partei- und Regierungsbürokratien eröffnet wurden.[25] In Wahrheit war der Preis, den die totale Herrschaft in Deutschland wie in Rußland forderte, so hoch, daß noch heute beide Länder daran zahlen.

III

Ich erwähnte bereits den Abbau der totalen Herrschaft, der nach Stalins Tod einsetzte. 1958 war ich noch nicht sicher, ob das »Tauwetter« mehr bedeutete als eine vorübergehende Entspannung, eine Art Notmaßnahme, veranlaßt durch die Nachfolgekrise und durchaus vergleichbar mit der erheblichen Lockerung totalitärer Kontrollen während des Zweiten Weltkriegs. Auch heute können wir noch nicht wissen, ob der Prozeß endgültig und unwiderruflich ist, doch steht inzwischen immerhin fest, daß er mehr ist als nur vorübergehend und vorläufig. Denn wie man auch den oft verwirrenden Zickzackkurs der sowjetischen Politik nach 1953 deuten mag, es läßt sich nicht leugnen, daß das riesige Polizei-Imperium liquidiert wurde, daß die meisten Konzentrationslager aufgelöst sind, daß es keine neuen Säuberungsaktionen gegen »objektive Gegner« gegeben hat und daß Auseinandersetzungen zwischen den Mitgliedern der neuen »kollektiven Führung« heute nicht mehr durch Schauprozesse, Selbstbezichtigungen und Morde beigelegt werden, sondern indem man jemanden degradiert oder aus Moskau verbannt. Zweifellos hielten sich die neuen Machthaber nach Stalins Tod in ihren Methoden immer noch eng an das Vorbild, das Stalin nach Lenins Tod gegeben hatte: wieder tauchte ein Triumvirat auf, das sich, mit einem von Stalin 1925 geprägten Begriff, »kollektive Führung« nannte, und nach vier Jahren voller Intrigen und Machtkämpfe wiederholte sich auch Stalins Staatsstreich von 1929 in Chruschtschows Machtergreifung von 1957. In technischer Hinsicht hielt sich Chruschtschows Coup ganz eng an die Methoden seines toten Meisters, dem er doch öffentlich abgeschworen hatte. Auch er benötigte eine Kraft außerhalb der Partei, um sich an die Spitze ihrer Hierarchie setzen zu können, und er benutzte die Unterstützung durch Marschall Schukow und die Armee in genau der gleichen Weise wie Stalin seine Beziehungen zur Geheimpolizei im Nachfolgekampf 30 Jahre zuvor.[26] Und ganz wie im Falle Stalins die Partei nach dem Staatsstreich ihre Position als Zentrum der Macht keineswegs an die Polizei verlor, sondern beibehielt, so hatte auch in Chruschtschows Fall »die Kommunistische Partei der Sowjetunion Ende 1957 in allen Bereichen des Sowjetlebens eine Vorrangstellung erreicht, die unbestritten war«;[27] denn ganz wie Stalin keinen Moment gezögert hatte, die Kader seiner Polizei zu säubern und ihren Chef zu liquidieren, hatte auch Chruschtschow, im Gefolge seiner innerparteilichen Manöver, Schukow sowohl aus Vorstand und Zentralkomitee der Partei entfernt, in die er nach dem Staatsstreich gewählt worden war, als auch ihn von seinem Posten als Oberbefehlshaber der Armee abgesetzt.

Gewiß, als Chruschtschow bei Schukow Unterstützung suchte, hatte sich das Übergewicht der Armee gegenüber der Polizei in der Sowjetunion längst hergestellt. Es war dies eine der automatischen Konsequenzen gewesen, die sich aus dem Zusammenbruch des Polizei-Imperiums ergaben, ähnlich hierin dem Machtzuwachs bei der Gruppe der Wirtschaftsfunktionäre, die nun plötzlich ihren schärfsten wirtschaftlichen Konkurrenten losgeworden waren und beerben konnten; denn jenes Imperium hatte auch die Herrschaft über riesige Teile der Sowjetwirtschaft, Industrien, Bergwerke und Grundbesitz, miteingeschlossen. Aber der automatische Machtzuwachs bei der Armee war von noch größerer Bedeutung; sie verfügte nun unangefochten über das Monopol an den Gewaltmitteln, die bei innerparteilichen Auseinandersetzungen den Ausschlag gaben. Es spricht für Chruschtschows Intelligenz, daß er diese Konsequenzen eines Prozesses, den sie vermutlich gemeinsam in Gang gesetzt hatten, schneller erfaßte als seine Kollegen. Doch hatte, seine Motive dahingestellt, diese Gewichtsverlagerung im Kampf um die Macht von der Polizei auf das Militär auf jeden Fall weitreichende Folgen. Es kennzeichnet zwar viele tyrannische Systeme, und nicht nur die totalitären, daß die Geheimpolizei das Übergewicht über den Militärapparat gewinnt, doch im Falle der totalitären Regierungsform entspringt die Vormachtstellung der Polizei nicht allein dem Bestreben, die Bevölkerung im eigenen Land zu unterdrücken, sondern entspricht auch dem ideologischen Anspruch auf Weltherrschaft. Denn augenscheinlich muß, wer die ganze Erde als sein künftiges Territorium betrachtet, das Gewicht auf das Instrument der innenpolitischen Gewaltausübung legen und das eroberte Territorium weniger mit den Methoden und dem Personal der Armee als mit denen der Polizei zu regieren suchen. So setzten denn auch die Nazis die SS, eigentlich eine Polizeitruppe, für die Beherrschung und sogar Eroberung fremden Territoriums ein und planten auf lange Sicht, die Armee mit der Polizei unter der Führung der SS zu verschmelzen.

Im übrigen hatte es sich schon zuvor gezeigt, welche Bedeutung dieser Verschiebung im Machtgleichgewicht zukam: als nämlich die Ungarische Revolution gewaltsam unterdrückt wurde. Der Aufstand wurde blutig niedergeschlagen; doch so brutal und entschlossen die Russen auch durchgriffen, sie setzten dabei keine Polizeitruppen ein, sondern reguläre Armee-Einheiten, und daher unterschied sich ihr Vorgehen auch in der Folge durchaus von einer typisch stalinistischen Lösung. Zwar wurden im Anschluß an die Militäroperation die Führer des Aufstands hingerichtet und Tausende ins Gefängnis geworfen, aber es kam zu keiner Massendeportation; tatsächlich wurde kein Versuch zur Umsiedlung der Bevölkerung unternommen. Und da es sich um eine Militäroperation und keine Polizeiaktion handelte, konnten es sich die Sowjets auch leisten, dem geschlagenen Land so viele Hilfsgüter zu schicken, daß eine Massenhungersnot vermieden und der totale Zusammenbruch der Wirtschaft im Jahr nach der Revolution abgewandt werden konnte. Nichts hätte, ohne Zweifel, Stalin unter ähnlichen Umständen ferner gelegen.

Daß man die Sowjetunion im strengen Sinn des Wortes nicht mehr totalitär nennen kann, zeigt natürlich am deutlichsten das erstaunlich rasche und üppige Wiederaufblühen der Künste in den letzten zehn Jahren. Gewiß, es gibt periodisch wiederkehrende Anstrengungen, Stalin zu rehabilitieren und die von Studenten, Schriftstellern und Künstlern immer lautstärker vorgebrachten Forderungen nach Rede- und Gedankenfreiheit zu unterdrücken, aber sie sind bisher durchweg ohne großen Erfolg geblieben und werden es wohl auch in Zukunft bleiben, es sei denn, der Terror und die Polizeiherrschaft früherer Jahre würden in vollem Umfang wieder eingeführt. Ohne Zweifel werden dem sowjetischen Volk alle denkbaren politischen Freiheiten vorenthalten, nicht nur die Versammlungsfreiheit, sondern auch die Freiheit des Gedankens, der Meinung und der öffentlichen Meinungsäußerung. Es sieht so aus, als hätte sich nichts geändert, wo sich doch in Wirklichkeit alles geändert hat. Als Stalin starb, waren die Schubladen der Schriftsteller und Künstler leer; heute dagegen ist eine ganze neue Literatur entstanden und geht, in Manuskriptform, von Hand zu Hand, und die Maler erproben in ihren Ateliers alle möglichen Errungenschaften der modernen Malerei, deren Bekanntheit, trotz Ausstellungsverbot, zunimmt. Mit all dem soll nicht der Unterschied zwischen einer tyrannischen Zensur und der Freiheit der Kunst geleugnet werden, es geht nur darum herauszustreichen, daß der Unterschied zwischen einer Untergrundliteratur und keiner Literatur der ist zwischen Etwas und Nichts.

Ferner bekommen heute Mitglieder der intellektuellen Opposition immerhin einen, wenn auch keinen öffentlichen, Prozeß, sie können sich im Gerichtssaal Gehör verschaffen und außerhalb auf Unterstützung rechnen, sie gestehen nichts mehr, sondern plädieren auf nicht-schuldig; und dies alles beweist schon für sich, daß wir es hier nicht mehr mit totaler Herrschaft zu tun haben. Was mit Sinjawski und Daniel geschah, Schriftstellern, die im Februar 1966 vor Gericht kamen, weil sie im Ausland Werke veröffentlicht hatten, die sie in der Sowjetunion nicht hatten veröffentlichen können, und die zu sieben bzw. fünf Jahren Zwangsarbeit verurteilt wurden, war gewiß nach allen Maßstäben von Gerechtigkeit, wie sie in Verfassungsstaaten gelten, ungeheuerlich; doch was sie zu sagen hatten, fand Gehör rund um die Welt und wird so leicht nicht vergessen werden. Sie verschwanden nicht in dem Abgrund des Schweigens, den totalitäre Herrscher ihren Gegnern bereiten. Weniger bekannt, aber vielleicht noch überzeugender ist die Tatsache, daß Chruschtschows eigener, überaus ehrgeiziger Versuch, den Abbau der totalen Herrschaft rückgängig zu machen, in einem völligen Fiasko endete. 1957 brachte er ein neues »Gesetz gegen Parasiten der Gesellschaft« ein, das die Regierung von neuem ermächtigt hatte, Massendeportationen vorzunehmen, Sklavenarbeit großen Stils einzuführen und – von größter Wichtigkeit für totale Herrschaft – eine Flut von Massendenunzierungen zu entfesseln; denn wer ein »Parasit« war, sollte das Volk selbst in Massenversammlungen bestimmen. Das »Gesetz« stieß auf den Widerstand der sowjetischen Juristen und wurde zurückgezogen, bevor es auch nur erprobt werden konnte.[28] Mit anderen Worten: Auf dem sowjetischen Volk lastet heute nicht mehr der Alptraum eines totalitären Regimes, es leidet nur noch unter den vielfältigen Unterdrückungen, Gefahren und Ungerechtigkeiten, die eine Einparteiendiktatur mit sich bringt; und diese moderne Form der Tyrannis bietet zwar keine der Garantien, die ein Verfassungsstaat kennt, und »selbst wenn man die Voraussetzungen der kommunistischen Ideologie zugrundelegt, ist alle Macht in der UdSSR letztlich illegitim«,[29] und das Land kann daher von einem Tag auf den anderen, ohne daß es dazu größerer Umwälzungen bedürfte, wieder auf die Stufe der totalen Herrschaft zurückfallen – und doch kann man, ohne das Recht dieser Feststellungen im geringsten zu schmälern, mit gleichem Recht feststellen, daß die totale Herrschaft, die furchtbarste aller modernen Regierungsformen, deren Elemente und geschichtliche Ursprünge zu analysieren ich mir vorgenommen habe, mit dem Tod Stalins in Rußland nicht weniger ihr Ende gefunden hat als in Deutschland mit dem Tod Hitlers.

Das vorliegende Buch behandelt die totale Herrschaft, und zwar ihre Ursprünge und Elemente; dagegen gehört ihre Nachgeschichte in Deutschland wie in Rußland nur insoweit in den Rahmen seiner Erwägungen, als sie erhellen kann, was zuvor geschah. Daher ist für unseren Zusammenhang die Zeit nach Stalins Tod von geringerer Bedeutung als die Nachkriegsära seiner Herrschaft.

Und diese acht Jahre von 1945 bis 1953 brachten weder eine Ergänzung durch neue Elemente noch eine Korrektur, sie brachten nur eine Bestätigung und Ausführung dessen, was seit der Mitte der dreißiger Jahre klar war. Die Ereignisse nach dem Sieg, die Maßnahmen, die ergriffen wurden, um einerseits die totale Herrschaft nach der vorübergehenden Lockerung der Kriegsjahre erneut zu festigen und andererseits die totalitäre Staatsform in den Satellitenländern einzuführen, entsprachen samt und sonders den Spielregeln, die wir mittlerweile kannten. Die Bolschewisierung der Satelliten lief nach einem festen Schema ab: auf Volksfronttaktik und Pseudoparlamentarismus in der ersten Phase folgte rasch die offene Errichtung einer Einparteiendiktatur, in welcher die Führer und Mitglieder der zuvor geduldeten Parteien liquidiert wurden, und in der letzten Phase wurden schließlich die einheimischen kommunistischen Führer, denen Moskau zu Recht oder Unrecht mißtraute, brutal hereingelegt, in Schauprozessen gedemütigt, gefoltert und getötet, und an die Macht kamen die korruptesten und jämmerlichsten Elemente in der Partei, Leute, die in erster Linie nicht Kommunisten waren, sondern Agenten Moskaus. Es war, als spiele Moskau, hastig und zusammengedrängt, alle Phasen von der Oktoberrevolution bis zum Auftreten der totalitären Diktatur noch einmal durch. Die Geschichte ist daher, obschon für sich gesehen unsäglich grauenvoll, ziemlich uninteressant und im übrigen auch ziemlich einförmig: was in einem Satellitenland geschah, geschah fast gleichzeitig auch in allen anderen, von der Ostsee bis hinunter zur Adria. Unterschiede gab es freilich in Gebieten, die nicht in das Satellitensystem einbezogen wurden. Die baltischen Staaten wurden der Sowjetunion direkt einverleibt und fuhren erheblich schlechter dabei als die Satelliten: über eine halbe Million Menschen wurde aus den drei kleinen Ländern deportiert, und ein »riesiger Zustrom russischer Siedler« brachte die einheimische Bevölkerung in Gefahr, in ihren eigenen Ländern zur Minderheit herabzusinken.[30] Auf der anderen Seite wird Ostdeutschland erst jetzt, nach dem Bau der Berliner Mauer, allmählich in das Satellitensystem eingegliedert; bis dahin war es mehr wie ein Besatzungsgebiet mit einer Quislingregierung behandelt worden.

In unserem Zusammenhang von größerer Bedeutung sind Entwicklungen in der Sowjetunion selbst, vor allem nach 1948, dem Jahr von Schdanows mysteriösem Tod einerseits und der »Leningrad-Affäre« andererseits. Zum erstenmal seit der Großen Säuberung ließ Stalin wieder eine große Zahl hoher und höchster Funktionäre hinrichten, und wir wissen mit Sicherheit, daß dies den Auftakt zu einer neuen das ganze Land erfassenden Säuberung bilden sollte. Sie wäre durch die »Ärzteverschwörung« ausgelöst worden, wenn Stalins Tod nicht dazwischengekommen wäre. Eine Gruppe zumeist jüdischer Ärzte wurde beschuldigt, sie hätte sich verschworen,»die führenden Kader der UdSSR auszulöschen«.[31] Was zwischen 1948 und Januar 1953, als die »Ärzteverschwörung« »aufgedeckt« wurde, in Rußland geschah, glich bis ins einzelne den Ereignissen, die in den dreißiger Jahren die Große Säuberung vorbereiteten, und ließ Böses ahnen: der Tod Schdanows und die Leningrader Säuberung hatten ihr Gegenstück in Kirows nicht weniger mysteriösem Tod von 1934 und in der gleichsam vorbereitenden Säuberung, die ihm unmittelbar folgte und die sich gegen »alle ehemaligen Oppositionsmitglieder, die in der Partei geblieben sind«, richtete.[32]

Im übrigen muß allein der Inhalt der absurden Beschuldigung, die Ärzte hätten geplant, leitende Funktionäre im ganzen Land zu ermorden, die Eingeweihten mit schlimmsten Vorahnungen erfüllt haben; denn es war immer schon Stalins Methode gewesen, einen fiktiven Feind genau des Verbrechens zu beschuldigen, das er selbst im Begriff war zu begehen. (Das bekannteste Beispiel ist natürlich, wie Stalin genau in dem Moment Tuchaschewski der Konspiration mit Deutschland beschuldigte, als er selbst ein Bündnis mit den Nazis erwog.) Offensichtlich war man 1952 in Stalins Umgebung viel hellhöriger für das, was seine Worte in Wirklichkeit bedeuteten, als es in den dreißiger Jahren möglich war, und so muß schon der Wortlaut der Anklage alle höheren Funktionäre des Regimes in panische Angst versetzt haben. Vielleicht bietet diese Angst immer noch die beste Erklärung für Stalins Tod und die mysteriösen Begleitumstände, die ihn umgeben; sie würde auch verständlich machen, wie die höheren Ränge der Partei, sonst notorisch gespalten durch Machtkämpfe und Intrigen, in den ersten Monaten der Nachfolgekrise so schnell die Reihen schließen konnten. Wir wissen nicht viel über die Details dieser Geschichte, aber das wenige, was wir wissen, ist mehr als genug, um meine ursprüngliche Überzeugung zu erhärten, daß »Abbruchunternehmen« wie die Große Säuberung keine vereinzelten, episodischen Ereignisse waren, keine Exzesse des Regimes, provoziert durch außergewöhnliche Umstände, daß sie vielmehr eine Institution des Terrors darstellten und man in regelmäßigen Abständen mit ihnen rechnen mußte – natürlich nur so lange, als sich die Natur des Regimes nicht änderte.

Das dramatischste neue Element in dieser letzten Säuberung, die Stalin in den letzten Jahren seines Lebens plante, war ein entscheidender ideologischer Umschwung: die Einführung einer jüdischen Weltverschwörung. Durch eine Reihe von Prozessen in den Satellitenländern – den Rajk-Prozeß in Ungarn, die Affäre Anna Pauker 1952 in Rumänien, den Slánský-Prozeß in der Tschechoslowakei – war in jahrelanger sorgfältiger Arbeit der Boden für diesen Wandel bereitet worden. Bei den Vorbereitungsmaßnahmen wurden hohe Parteifunktionäre auf Grund ihrer »jüdisch-bourgeoisen« Herkunft herausgegriffen und des Zionismus beschuldigt; dabei wandelte man die Bedeutung des Wortes allmählich ab, bis es auch Organisationen miteinschloß, deren nicht-zionistische Einstellung notorisch ist (das gilt besonders für das *American Jewish Joint Distribution Committee*), womit demonstriert werden sollte, daß alle Juden Zionisten und alle zionistischen Gruppen »Söldner des amerikanischen Imperialismus«

waren.[33] Natürlich war an diesem »Verbrechen« des Zionismus nichts neu, aber als die Kampagne Fortschritte machte und sich auf die Juden in der Sowjetunion zu konzentrieren begann, vollzog sich ein weiterer bezeichnender Wandel: die Anklage gegen die Juden lautete jetzt nicht mehr auf Zionismus, sondern auf »Kosmopolitismus«, und die Struktur der Beschuldigungen, die sich aus diesem Schlagwort herauskristallisierte, hielt sich immer enger an das nazistische Vorbild einer jüdischen Weltverschwörung im Sinne der Weisen von Zion. Es offenbarte sich jetzt mit erschreckender Deutlichkeit, wie tief beeindruckt Stalin von dieser Hauptstütze der Nazi-Ideologie gewesen sein muß (Anzeichen dafür waren seit dem Hitler-Stalin-Pakt immer wieder zu erkennen gewesen); das lag zum Teil natürlich an ihrem offensichtlichen Propagandawert für Rußland wie für alle Satellitenländer, wo überall antijüdische Ressentiments weit verbreitet waren und antijüdische Propaganda immer große Popularität genossen hatte, zum Teil aber auch daran, daß eine fiktive Weltverschwörung dieser Art sich viel besser zur Hintergrundideologie für totalitäre Weltherrschaftsansprüche eignete als die Wall-Street, der Kapitalismus oder der Imperialismus. Indem er mit schamloser Offenheit adoptierte, was für alle Welt das hervorstechendste Merkmal des Nazismus geworden war, erwies Stalin seinem toten Kollegen und Rivalen im Kampf um die totale Herrschaft, mit dem er sich, sehr zu seinem Kummer, nicht dauerhaft hatte verständigen können, die letzte Ehre.

Stalin starb, wie Hitler, mitten in der Durchführung neuer, grauenhafter Vorhaben. Mit seinem Tod fand die Geschichte, die dieses Buch erzählen muß und erfassen und verstehen will, zumindest ein vorläufiges Ende.

Juni 1966
Hannah Arendt

10 Der Untergang der Klassengesellschaft

Nichts ist kennzeichnender für die totalitären Bewegungen im allgemeinen und für die Qualität des Ruhmes ihrer Führer im besonderen als die verblüffende Schnelligkeit, mit der sie vergessen, und die verblüffende Leichtigkeit, mit der sie ausgewechselt werden können. Was Stalin nur in jahrelangen, erbitterten innerparteilichen Kämpfen und unter den größten Konzessionen zumindest an den Namen seines Vorgängers gelang, sich als Nachfolger Lenins zu legitimieren, versuchten seine Nachfolger ohne alle Konzessionen an den Namen ihres Vorgängers zu erreichen, und dies obwohl Stalin dreißig Jahre Zeit gehabt und ein zu Lenins Zeiten noch unbekannter Propagandaapparat zur Verfügung gestanden hatte, um seinen Namen unsterblich zu machen. Das gleiche gilt für Hitler, dessen Faszination sich zu seinen Lebzeiten angeblich niemand hat entziehen können[1] und der nach Niederlage und Tod so gründlich vergessen ist, daß er selbst in den neofaschistischen und neonazistischen Gruppen Nachkriegsdeutschlands kaum eine Rolle spielt. Diese Bestandlosigkeit hat sicher etwas mit der sprichwörtlichen Unbeständigkeit der Massen und des Massenruhmes zu tun, mehr noch mit der Bewegungssüchtigkeit totalitärer Bewegungen, die sich überhaupt nur halten können, solange sie in Bewegung bleiben und alles um sich herum in Bewegung versetzen, so daß in gewissem Sinne auch gerade diese Vergeblichkeit den toten Führern kein schlechtes Zeugnis über das Ausmaß ihrer Erfolge in bezug auf die spezifisch totalitäre Infizierung ihrer Untertanen ausstellt; denn gerade diese außerordentliche Umstellungsfähigkeit und Kontinuitätslosigkeit ist, wenn es überhaupt so etwas gibt wie einen totalitären Charakter oder eine totalitäre Mentalität, zweifellos ein hervorragendes Merkmal. Es wäre daher ein Irrtum, zu meinen, daß Unbeständigkeit und Vergeßlichkeit ein Zeichen dafür seien, daß die Massen von dem totalitären Wahn, den man manchmal mit dem Hitler- oder dem Stalinkult gleichsetzt, geheilt seien; das Umgekehrte könnte der Fall sein.

Ein noch bedenklicherer Irrtum wäre es, über dieser Unbeständigkeit zu vergessen, daß die totalitären Regime, solange sie die Macht haben, und die totalitären Führer, solange sie am Leben sind, sich einer echten und keineswegs von Propaganda künstlich erzeugten Popularität erfreuen. Totale Herrschaft ist ohne Massenbewegung und ohne Unterstützung durch die von ihr terrorisierten Massen nicht möglich.[2] Hitlers Machtergreifung war legal nach allen Regeln der demokratischen Verfassung; er war der Führer der weitaus größten Partei, der nur wenig zu einer absoluten Majorität fehlte.[3] Ohne das Vertrauen der Massen hätte weder er noch Stalin Führer bleiben können, schon weil sie die vielen inneren und äußeren Krisen gar nicht überlebt und die innerparteilichen Kämpfe, die auch nach der Machtergreifung andauerten, gar nicht hätten gewinnen können. Weder die Moskauer Prozesse noch die Liquidierung der Röhm-Fraktion wären möglich gewesen, wenn nicht gerade die Massen hinter Stalin und Hitler gestanden hätten. Die Vorstellung, daß Hitler ein Agent des deutschen Industriekapitals und Stalin nichts als ein rücksichtsloser Schwindler gewesen sei, der durch die Fälschung von Lenins Testament ans Ruder gelangte, läßt sich durch viele geschichtliche Tatsachen widerlegen, vor allem aber durch die unbestreitbare Popularität, derer sich beide erfreuten.[4] Und diese Popularität wiederum ist keineswegs das Produkt einer meisterhaften und lügnerischen Propaganda, welche die Dummheit und Unwissenheit der Massen auszunutzen versteht; denn die Propaganda totalitärer Bewegungen, die der totalen Herrschaft vorausgehen und sie bis zu einem gewissen Punkte weiterhin begleiten, ist zwar letztlich verlogen, aber keineswegs geheimnistuerisch; totalitäre Führer beginnen ihre Karriere meist damit, daß sie sich ihrer vergangenen Verbrechen mit unvergleichlicher Offenheit rühmen und ihre zukünftigen mit unvergleichlicher Genauigkeit »voraussagen«. Sie verlassen sich darauf, daß »Gewalttätigkeiten mit dem bewundernden Ausdruck: es ist zwar gemein, aber sehr klug« aufgenommen werden,[5] und sie haben diese alte Erkenntnis der Natur des Pöbels immer wieder ausprobiert, sei es, daß die Nazis sich noch vor der Machtergreifung öffentlich der Potempa-Morde rühmten, oder daß die Bolschewisten überall moralische Maßstäbe als kleinbürgerlich diffamieren konnten. Daß moderne Massen in dieser Hinsicht nicht anders reagieren als der Pöbel aller Zeiten, haben die Demagogen immer gewußt.

Totalitäre Führer aber sind nicht nur Demagogen, und das Beunruhigende ihres Erfolges liegt nicht darin, daß sie an pöbelhafte Instinkte appellieren. Was die modernen Massen von dem Mob unterscheidet, ist die Selbstlosigkeit und Desinteressiertheit am eigenen Wohlergehen, die sich so auffallend in den modernen totalitären Massenorganisationen manifestiert. Daß Mitglieder totalitärer Bewegungen sich nicht über Verbrechen aufregten, die Außenstehende oder Gegner bestrafen, ist, zieht man die Mentalität des Pöbels in Betracht, nur selbstverständlich; keineswegs selbstverständlich ist, daß wir die gleiche Bewunderung für das Verbrechen, oder doch zumindest die gleiche Indifferenz, auch dann antreffen, wenn die Betroffenen Mitglieder der eigenen Bewegung sind, und daß schließlich, wie wir aus zahllosen Beispielen aus der kommunistischen Partei wissen, die Anhänger auch dann nicht in ihren Überzeugungen zu erschüttern sind, wenn sie selbst die Opfer werden. Was die gesamte zivilisierte Welt an den Moskauer Prozessen so erschütterte und verwirrte, war ja gerade, daß die

Opfer als die willigen Helfershelfer der Ankläger erschienen und in ihren »Geständnissen« die freien Erfindungen der Staatsanwaltschaft eher noch überboten. Die Parteidisziplin, der sie sich unterstellt hatten, als sie in die Bewegung eintraten, und die dann über ihr ganzes Leben verfügte, hielt allen Proben stand und erwies sich als erheblich stärker als der Instinkt für Selbsterhaltung oder – wenn man annimmt, daß sie ohnehin zum Tode verurteilt waren – als der Wunsch, die Ehre und Integrität der eigenen Person zu wahren. Das Argument, dem sie sich alle beugten, lautete: »Wenn du wirklich, wie du behauptest, für die Sowjetregierung bist, dann kannst du es augenblicklich nur dadurch beweisen, daß du die Geständnisse ablegst, die die Regierung von dir verlangt, weil sie in diesem Zeitpunkt solche Geständnisse braucht.«[6] Sie blieben, mit anderen Worten, auch auf der Anklagebank noch Funktionäre der Partei und bemühten sich ebenso eifrig, das Beweismaterial für ihre eigenen Todesurteile in physischer wie moralischer Hinsicht herbeizuschaffen, wie sie sich bemüht hatten, alle anderen Funktionen in der Partei getreulich zu erfüllen.

Sie handelten wirklich im Sinne der Maxime, die ironischerweise Trotzki, einer der wenigen, die sich nicht an sie gehalten haben, einmal formulierte: »Nur mit und durch die Partei können wir Recht haben; die Geschichte stellt keinen anderen Weg zur Verfügung. Wenn die Engländer sagen ›*Right or wrong my country*‹, … so sagen wir mit erheblich besserer geschichtlicher Rechtfertigung, daß meine Partei meine Partei bleibt, unabhängig davon, ob sie in bestimmten, einzelnen, konkreten Fällen im Recht oder im Unrecht ist.«[7]

Es liegt natürlich nahe, diese eigensinnige Zähigkeit der Überzeugtheit, die, solange die Bewegung funktioniert, sich über alle Erfahrung hinwegsetzen und alle Selbsterhaltungsinstinkte überspülen kann, mit dem schwärmerischen Idealismus gleichzusetzen, der uns aus allen revolutionären Bewegungen vertraut ist. Die Kommunisten, die ja aus ideologischen Gründen das Wort »Idealismus« nicht verwenden können, haben sich hierzu nie geäußert; die Nazis aber haben sich ausdrücklich dagegen verwahrt, für Idealisten gehalten zu werden.[8] Jede idealistische Gesinnung, ob sie schwärmerisch ist oder heroisch, kommt aus einem individuellen Entschluß und führt zu einer Überzeugung, die von Erfahrungen und Argumenten abhängig bleibt und in ihnen sich bewegt, und dies auch dann, wenn das Idealistische ins Fanatische umschlagen sollte, wie es bei Ausbleiben von Erfolgen oder übergroßer Gegnerschaft leicht geschehen kann. Der Fanatismus der totalitären Bewegungen bricht in deutlichem Gegensatz zu allen Formen des Idealismus in dem Augenblick zusammen, wo die Bewegung ihre fanatisierten Anhänger im Stich läßt; in ihnen lebt keine Überzeugung mehr, die den Untergang der Bewegung überleben könnte.[9] Solange aber die Bewegung hält und innerhalb ihres organisatorischen Rahmens ist das fanatisierte Mitglied weder von Erfahrung noch von Argumenten zu erreichen; es hat sich so sehr mit der Bewegung identifiziert, geht den Bewegungsgesetzen so völlig konform, daß es scheint, als sei die Fähigkeit, Erfahrungen zu machen, überhaupt vernichtet, so daß der einzelne selbst gegen Tortur abgedichtet ist und gleichsam nicht mehr dazu kommt, auch nur die Angst vor dem Tod zu empfinden.

Die Massen

Totalitäre Bewegungen sind Massenbewegungen, und sie sind bis heute die einzige Organisationsform, welche die modernen Massen gefunden haben und die ihnen adäquat scheint. Schon dadurch unterscheiden sie sich von allen Parteien, die entweder als Interessen- und Weltanschauungsparteien die Klassen des Nationalstaates politisch vertreten oder in dem Zweiparteiensystem der angelsächsischen Länder diejenigen Bürger zusammenfassen, welche jeweils bestimmte Ansichten und gemeinsame Interessen an der Handhabung öffentlicher Angelegenheiten haben. Im Gegensatz zu den Parteien, deren Macht von ihrer relativen zahlenmäßigen Stärke in einem gegebenen Lande abhängt, so daß wir auch von starken Parteien in kleinen Ländern sprechen können, kann eine Bewegung nur existieren, wenn sie Millionen von Menschen erfaßt, und ist unmöglich, selbst unter sonst günstigen Umständen, in Ländern mit relativ kleiner Bevölkerungszahl.[10] So haben die antiparlamentarischen und halbfaschistischen, halbtotalitären Bewegungen, die nach dem ersten Weltkrieg ganz Zentral-, Süd- und Osteuropa überfluteten, doch nur in Deutschland und in Rußland, den bevölkerungsstärksten Ländern des Kontinents, zu totalitären Regimen geführt, und selbst Mussolini, der das Wort »totaler Staat« zum ersten Mal gebrauchte, mußte sich mit der Diktatur eines Einparteienstaats begnügen,[11] die sich nicht wesentlich von den ebenfalls nichttotalitären Militärdiktaturen in Rumänien, Polen, den baltischen Staaten, Ungarn, Portugal und schließlich Spanien unterscheidet. Die Nazis, die sich immer die größte Mühe gegeben haben, den prinzipiellen Unterschied zwischen der totalitären Herrschaft und den verschiedenen faschistischen Vorläufern zu statuieren, haben sich niemals gescheut, ihre Verachtung für ihre faschistischen Verbündeten und ihre Bewunderung und Sympathie für die bolschewistischen Gegner öffentlich kundzugeben.[12] »Unbedingten Respekt« hatte Hitler nur für den »genialen Stalin«,[13] und wenn uns auch für Stalin und die russische Herrschaftsform das reiche Quellenmaterial, das wir für Deutschland besitzen, nicht zur Verfügung steht (und vermutlich nie zur Verfügung stehen wird), so gibt es doch viele Anhaltspunkte dafür, daß Hitlers Gefühle, die natürlich auf einer sehr exakten Erkenntnis der Verwandtschaft der beiden Systeme gegründet waren, nicht unerwidert blieben.

Uns kommt es hier nur darauf an, festzustellen, daß in den kleineren Ländern nichttotalitäre Regime auf totalitäre Bewegungen folgten, so daß es aussieht, als sei die totale Herrschaft für sie ein zu hoch gestecktes Ziel gewesen. Zwar konnten auch kleinere Länder totalitäre Bewegungen gut gebrauchen, um die Massen zu organisieren und den Mob an die Macht zu bringen; aber eine eigentlich totale Herrschaft konnten sie sich nicht leisten, weil sie einfach nicht über genügend Menschenmaterial verfügten, um die ungeheuren Verluste an Menschenleben, die der totale Herrschaftsapparat dauernd fordert, zu ertragen.[14] Mussolini versuchte dem abzuhelfen, indem er sich in koloniale Abenteuer stürzte, die ihm auch nicht viel mehr einbrachten als die ihm sehr abträgliche Gegnerschaft der älteren imperialistischen Mächte, vor allem Englands; aber auch hier hätte er im Falle des Gelingens höchstens Kolonisationsgebiet für den Geburtenüberschuß Italiens erhalten, nicht aber Menschenmassen, mit denen man totale Herrschaftsexperimente machen konnte. Selbst Deutschland in seinen Vorkriegsgrenzen hätte für eine solche Herrschaft nicht ausgereicht, und Hitler war sich wohl bewußt, daß die bis zum Ausbruch des Krieges beherrschte Volkszahl ihm eine gewisse Mäßigung auferlegte, die mit den eigentlichen Tendenzen seiner Bewegung auf die Dauer nicht zu vereinigen war. Einen voll entwickelten totalen Herrschaftsapparat hätte Deutschland erst im Falle eines gewonnenen Krieges kennengelernt, und welche Opfer dieser an Deutschen und nicht etwa nur an »minderwertigen Rassen« gekostet hätte, können wir aus den uns überlieferten Plänen Hitlers erraten und abschätzen.[15] Jedenfalls hat Deutschland erst während des Krieges, nachdem die Eroberungen im Osten Vernichtungslager möglich machten und große Volksmengen zur Verfügung stellten, seinen Herrschaftsapparat wirklich totalisieren können. Gerade weil totale Herrschaft ohne eine Massenbasis nicht möglich ist, scheint diese Herrschaftsform so außerordentlich geeignet, die Erbschaft des asiatischen Despotismus vor allem in China und Indien anzutreten, wo ein unerschöpfliches Menschenreservoir vorhanden ist, um den machtakkumulierenden und menschenzerstörenden Apparat totalitärer Bewegungen in Schwung zu halten, wobei noch hinzukommt, daß in Asien nicht die abendländisch-christliche Tradition von dem Wert jedes Menschenlebens dem Gefühl der Massen von der Überflüssigkeit der Menschen – ein Gefühl, das in Europa ganz neuen Datums ist und sich erst aus der außerordentlichen Bevölkerungszunahme der letzten 150 Jahre ergeben hat, um dann in den Krisen der Massenarbeitslosigkeit akut zu werden – entgegensteht. Die größte innenpolitische Gefahr totaler Diktaturen, die Entvölkerung des eigenen Landes und die damit verbundene Machtschwächung, brauchte in Asien nicht nur keine Rolle zu spielen, sondern könnte sogar dazu dienen, die chaotische Bevölkerungsentwicklung, die augenblicklich das größte und schwerste Problem aller asiatischen Länder ist, zu kontrollieren und in beherrschbare Bahnen zu leiten. Denn nur wo große Menschenmassen überflüssig oder ohne Gefahr der Entvölkerung entbehrlich sind, ist eine voll entwickelte totale Herrschaft im Unterschied zu totalitären Bewegungen realisierbar.

Totalitäre Bewegungen andererseits sind überall da möglich, wo Massen existieren, die aus gleich welchen Gründen nach politischer Organisation verlangen. Massen werden nicht von gemeinsamen Interessen zusammengehalten, und ihnen fehlt jedes spezifische Klassenbewußtsein, das sich bestimmte, begrenzte und erreichbare Ziele setzt. Der Ausdruck »Masse« ist überall da zutreffend, und nur da, wo wir es mit Gruppen zu tun haben, die sich, entweder weil sie zu zahlreich oder weil sie zu gleichgültig für öffentliche Angelegenheiten sind, in keiner Organisation strukturieren lassen, die auf gemeinsamen Interessen an einer gemeinsam erfahrenen und verwalteten Welt beruht, also in keinen Parteien, keinen Interessenverbänden, keinen lokalen Selbstverwaltungen, keinen Gewerkschaften, keinen Berufsvereinen. Potentiell existieren sie in jedem Lande und zu jeder Zeit; sie bilden sogar zumeist die Mehrheit der Bevölkerung auch sehr zivilisierter Länder, nur daß sie eben in normalen Zeiten politisch neutral bleiben und sich damit begnügen, ihre Stimmen nicht abzugeben und den Parteien nicht beizutreten.

Es war charakteristisch für den Aufstieg der totalitären Bewegungen in Europa, der faschistischen wie der kommunistischen, daß sie ihre Mitglieder aus der Masse jener scheinbar politisch ganz uninteressierten Gruppen rekrutierten, welche von allen anderen Parteien als zu dumm oder zu apathisch aufgegeben worden waren. Der Unterschied war nur der, daß der Faschismus sich von vornherein an dieses Element in den europäischen Bevölkerungen wandte, während die kommunistische Partei, die ursprünglich ganz im Sinne der Interessenparteien der Nationalstaaten eine radikale Partei der Arbeiterklasse gewesen war, diesen selben Weg verhältnismäßig spät, etwa seit 1930, einschlug, teils weil dies durchaus im Sinne der Stalinschen Herrschaft in Rußland lag, die auch erst um 1930 herum wirklich zum Sieg gelangte, und teils weil sie in der Konkurrenz mit dem Faschismus bewußt lernte, sich faschistischer Methoden zu bedienen.[16] Das Resultat der Konkurrenz um die »Seele der Massen« war, daß die Mitgliedschaft beider Bewegungen aus Leuten bestand, die nie zuvor auf der politischen Bühne erschienen waren. Dies erleichterte natürlich die Einführung ganz neuer Methoden politischer Propaganda ungemein, es ermöglichte vor allem das Totschweigen der Argumente der politischen Gegner; die Bewegungen stellten sich nicht nur prinzipiell außerhalb des Parteiensystems, sie rekrutierten sich auch eine Mitgliedschaft, die niemals von diesem Parteiensystem erreicht und daher auch nie durch es »verdorben« worden war. So brauchten sie sich um gegnerische Argumente nicht zu kümmern, sie brauchten überhaupt nicht eigentlich zu überzeugen, wenn Überzeugung voraussetzt, daß der Überzeugte vorher eine andere Meinung gehabt hat; sie konnten mitten im Frieden, und ohne daß dies von revolutionären Umwälzungen begleitet worden wäre, die Methoden des Bürgerkrieges in die normale politische Propaganda tragen, den Gegner morden, anstatt ihn zu widerlegen, diejenigen, welche nicht bei ihnen organisiert waren, terrorisieren, anstatt sie zu überzeugen. Sie gingen immer von der Voraussetzung aus, daß ihre eigenen Anhänger mit allen anderen Bürgern nicht das mindeste gemein hätten, und deuteten alle Meinungsverschiedenheiten als unabänderliche Unterschiede sozialer oder völkischer oder psychologischer Natur, die weder von der Vernunft erfaßt noch von dem Individuum kontrolliert werden konnten. Diese Haltung hätte sich als ein schwerer Nachteil erwiesen, wenn sie je versucht hätten, in eine ernsthafte Konkurrenz mit den existierenden Parteien zu treten und ihnen ihre Mitglieder streitig zu machen. Es war nicht nur kein Nachteil, sondern ein klarer Vorteil, wenn sie es wirklich, wie sie annahmen, mit Menschen zu tun hatten, die ursprünglich indifferent gewesen waren und dann Gründe entdeckt hatten, sich allen Parteien gegenüber gleich feindselig zu verhalten.

Der Massenerfolg der totalitären Bewegungen bedeutete das Ende zweier Illusionen, die allen Demokraten und besonders allen Anhängern des europäischen Parteiensystems teuer gewesen waren. Die erste Illusion war, daß alle Einwohner eines Landes auch Bürger sind, die ein aktives Interesse an öffentlichen Angelegenheiten nehmen, und daß jeder einzelne zwar nicht notwendigerweise in einer Partei organisiert zu sein brauchte, aber doch mit irgendeiner von ihnen sympathisierte und sich von ihr auch dann vertreten fühlte, wenn er selbst niemals wählte. Die Bewegungen bewiesen, daß politisch neutrale und indifferente Massen die Mehrheit der Bevölkerung auch in einer Demokratie bilden können und daß es also demokratisch regierte Staaten gibt, die zwar im Sinne des Mehrheitsprinzips funktionieren, in denen aber dennoch nur eine Minderheit herrscht oder überhaupt politisch repräsentiert ist. Die zweite Illusion, die von den totalitären Bewegungen vernichtet wurde, war, daß diese politisch neutralen und indifferenten Massen auch ohne politisches Gewicht seien, daß sie wirklich, wenn es sie schon gab, neutral seien und nur den Hintergrund des politischen Lebens der Nation bildeten. Die tiefe Erschütterung des gesamten politischen Lebens, welche die totalitären Bewegungen auch dort auslösen, wo sie nicht zur Macht kommen, zeigt deutlich, daß eine demokratische Verfassung auf die schweigende Duldung aller politisch inaktiven Elemente in der Bevölkerung angewiesen ist und von dieser inartikulierten und unkontrollierbaren Massenstimmung ebenso abhängt wie von den artikulierten und organisierten öffentlichen Institutionen. Da die totalitären Bewegungen trotz ihrer Verachtung des Parlamentes, und nur scheinbar im Widerspruch zu ihr, sich an öffentlichen Wahlen beteiligten und ihre Repräsentanten in die Reichstage schickten, konnten sie sogar innerhalb demokratischer Spielregeln demonstrieren, daß die parlamentarischen Majoritäten nur scheinbare waren, daß die antiparlamentarischen Bewegungen im Begriff waren, die Mehrheit des Volkes zu repräsentieren, daß also die Majoritäten, die sich in den Parlamenten innerhalb des Parteiensystems bildeten, den Realitäten des Landes niemals entsprachen; und da sie all dies im Parlament selbst demonstrierten, konnten sie dabei auch noch damit rechnen, das Selbstbewußtsein der Parlamentarier von innen zu unterminieren, denn die Parlamentarier der Nachkriegsrepubliken glaubten samt und sonders weniger an republikanische Verfassungen als an demokratische Mehrheiten.

Man hat immer wieder bemerkt, daß totalitäre Bewegungen sich der demokratischen Freiheiten bedienen, um dieselben abzuschaffen. Hinter diesem Spiel, das trotz aller Proteste immer wieder erfolgreich gespielt wird, sobald sich eine prätotalitäre Atmosphäre eines Landes bemächtigt hat und die totalitären Bewegungen eine gewisse Stärke erreicht haben, steckt weder eine überlegene Schlauheit auf seiten totalitärer Führer noch eine hoffnungslose, durch keine Erfahrungen zu belehrende Torheit und Schwäche demokratischer Politiker. Demokratische Freiheiten gründen sich zwar auf der Gleichheit aller Bürger vor dem Gesetz;

aber diese Gleichheit hat nur dann einen Sinn und kann nur dort funktionieren, wo die Bürger zu bestimmten Gruppen gehören, in denen sie repräsentiert werden können, oder wo sie innerhalb einer sozialen oder politischen Hierarchie leben. Gerade Gleichheit vor dem Gesetz kann es nur für Ungleiche, also, politisch gesprochen, nur für Menschen geben, die entweder von Geburt oder durch ihren Beruf oder durch ihren politischen Willen sich in Gruppen scheiden und differenzieren. Der Zusammenbruch der Klassengesellschaft, welche die einzige zugleich soziale und politische Strukturiertheit der Nationalstaaten bildete, war zweifellos »eines der dramatischsten Ereignisse der neueren deutschen Geschichte«[17] und hat dem Aufstieg der Nazibewegung die gleichen günstigen Bedingungen geboten wie das Fehlen jeder gesellschaftlichen Strukturiertheit in der ungeheuren russischen Landbevölkerung (diesem »großen schwammigen Körper ohne politische Erziehung«, wie Gorki meinte) dem Sturz der Kerensky-Regierung durch die Bolschewisten. Unter solchen Bedingungen einer Massengesellschaft verlieren die demokratischen Institutionen wie die demokratischen Freiheiten ihren Sinn; sie können nicht funktionieren, weil die Mehrheit des Volkes nie in ihnen vertreten ist, und sie werden ausgesprochen gefährlich, wenn der nicht vertretene Teil des Volkes, der die wahre Mehrheit darstellt, sich dagegen auflehnt, von einer angeblichen Mehrheit regiert zu werden.

Dieser Augenblick ist heute, nach dem Zweiten Weltkrieg, in nahezu allen europäischen Ländern eingetreten, und die Stärke der kommunistischen Bewegung in Italien und Frankreich, denen sich jeden Tag eine neofaschistische Bewegung gleicher Stärke an die Seite stellen könnte, spricht in dieser Hinsicht eine deutliche Sprache. Es hat sich hier nur das wiederholt, was sich nach dem Ersten Weltkriege in Deutschland ereignete, die Klassengesellschaft ist zusammengebrochen, und das Parteiensystem, das diese nicht mehr existenten Klassen doch noch weiter zu repräsentieren vorgibt, wird von den Bewegungen, die Massen repräsentieren, an die Wand gespielt. Wir leben heute in allen Teilen der Welt unter den Bedingungen einer fortschreitenden Vermassung aller gesellschaftlichen Strukturen, denen die traditionellen, politischen und gesellschaftlichen Formationen besseren oder schlechteren Widerstand leisten. Die gesellschaftlichen und politischen Zerfallserscheinungen im vorhitlerischen Deutschland sind für den Gang, den diese Prozesse in der westlichen Welt nehmen *können*, nicht weniger maßgebend als die russischen Bedingungen für den asiatischen Kontinent. Daß augenblicklich totalitäre Bewegungen die Neigung haben, dem bolschewistischen Modell zu folgen, daß neofaschistische Gruppen durch die Niederlage von Hitler und Mussolini an Bedeutung verloren haben und die Rasseideologie in der Nachkriegswelt keine große Rolle spielt, könnte angesichts der wirklich bestehenden Konflikte zwischen den »weißen« und den »farbigen« Völkern eine vorübergehende Erscheinung sein. In jedem Fall wird es praktisch, nämlich für die politische Struktur totaler Herrschaftsapparate, von nicht allzu großem Belang sein, ob sie die Massen im Namen der Rasse oder der Klasse, mit Hilfe des Lebens- und Naturgesetzes oder des dialektisch-materialistischen Gesetzes der Geschichte organisieren.

Gleichgültigkeit in allen Angelegenheiten des öffentlichen Lebens und Indifferenz gegenüber politischen Fragen sind an sich nicht Ursache totalitärer Bewegungen. Die konkurrierende Erwerbsgesellschaft der Bourgeoisie hat von Anfang an eine Apathie und sogar eine gewisse Feindseligkeit gegen öffentlich-politische Angelegenheiten mit sich geführt, und zwar nicht einmal so sehr in den sozialen Schichten, die von ihr ausgebeutet und auf lange von politischer Repräsentation ausgeschlossen waren, sondern vor allem innerhalb der bürgerlichen Klasse selbst. Erst im imperialistischen Zeitalter, als die traditionelle Politik des Nationalstaates ihren Interessen positiv zuwiderzulaufen begann, hat die Bourgeoisie ihre politische Bescheidenheit, die ihr ermöglichte, sich mit der Position der herrschenden Klasse im ökonomischen Leben der Nation zufriedenzugeben und das Regieren dem Adel und der Beamtenschaft zu überlassen, aufgegeben und ihre politischen Ansprüche angemeldet, die sich meist auf die Führung der außenpolitischen Geschäfte beschränkten. Sowohl die anfängliche Bescheidenheit wie die spätere Konzentration auf die Außenpolitik (die im Zeitalter des Imperialismus überall als die einzig belangvolle Form von Politik überhaupt empfunden wurde) hängen aufs engste mit der Weltsicht und Weltanschauung einer Erwerbsgesellschaft zusammen, in der das Menschenleben am Modell des Erfolgs oder Scheiterns in rücksichtsloser Konkurrenz, im Wirtschaftskampf, erfahren wird und sich so ausschließlich auf die Notwendigkeiten des privat-persönlichen Erfolgs konzentriert hat, daß die Pflichten und Verantwortlichkeiten des Bürgers zu einer untragbaren zusätzlichen Last werden. Daß diese Einstellung all den Formen der Diktatur, in denen ein »starker Mann« diese Last auf seine Schultern nimmt, außerordentlich günstig ist, ist ebenso richtig, wie daß sie der Entwicklung totalitärer Bewegungen wegen ihres inhärenten Individualismus nur hinderlich sein kann. Die totalitäre Forderung nach der Politisierung des ganzen Volkes und der Formierung »politischer Soldaten« war zwar im wesentlichen verlogen, aber sie bedeutete auch im Anfang nicht viel mehr als eine Kampfansage an diese bürgerlich-individualistischen Verhaltungsweisen, die nur eine politisch begrenzte Tyrannei ermöglichen, totale Herrschaft aber gerade unmöglich machen. Die politisch apathischen Schichten einer Gesellschaft, in der die Bourgeoisie die herrschende Klasse ist, mögen politisch verantwortungslos sein, sie bleiben als Individuen intakte Personen, im Vollbesitz ihrer personalen Qualitäten, und sei es nur, weil sie ohne diese kaum im Konkurrenzkampf bestehen könnten.

Die entscheidenden Unterschiede zwischen den Moborganisationen und -formationen des neunzehnten und den Massenbewegungen des zwanzigsten Jahrhunderts werden so leicht übersehen, weil der moderne totalitäre Führer psychologisch sich noch nicht sehr von den Demagogen und Mobführern der Neuzeit unterscheidet, deren moralische Maximen und politische Methoden noch so eng mit denen der Bourgeoisie zusammenhingen, daß sie oft nur die Kehrseite der bourgeoisen Weltanschauung offenbarten, das nämlich, was von der Heuchelei der bürgerlichen Gesellschaft notdürftig verdeckt gehalten war. Insofern die totalitären Bewegungen, ungeachtet der Herkunft ihrer Führer, den Individualismus sowohl der Bourgeoisie wie des von ihr erzeugten Mobs liquidieren, können sie mit Recht behaupten, daß sie die ersten wirklich antibürgerlichen Parteien in Europa darstellen. Keine ihrer Vorgänger, nicht die Gesellschaft vom 10. Dezember, die Louis Bonaparte ein Kaiserreich verschaffte, noch die Schlächterbrigaden, die während der Dreyfus-Affäre Paris terrorisierten, noch die Schwarzen Hundert der russischen Pogrome, noch die Panbewegungen haben je ihre Mitglieder so »total« erfassen können, daß individuelle Ansprüche und Ehrgeize wirklich abstarben, noch haben sie geahnt, daß es Organisationsformen geben könne, welche die individuelle Identität des einzelnen für die Dauer seines Lebens, und nicht nur für die Dauer einer einzigen heroischen Aktion, auslöschten.

Das Verhältnis zwischen der bürgerlichen Klassengesellschaft und den Massen, die nach ihrem Zusammenbruch entstanden, ist nicht das gleiche wie das Verhältnis zwischen Bourgeoisie und dem Mob, der ein Nebenprodukt der kapitalistischen Produktionsweise war. Die Massen haben mit dem Mob nur eines gemein: daß sie beide außerhalb aller gesellschaftlichen Strukturen und Zugehörigkeiten wie jenseits aller politischen Repräsentationen geraten sind. Der Mob trat die Erbschaft der herrschenden Klasse an und blieb ihren Standards verbunden, die er dann pervertierte, um durch diese Perversion rückwirkend wiederum einen gewissen Einfluß auf die Bourgeoisie zu gewinnen. Die Massen ermangeln selbst dieser »Klassenbasis«, und sie reflektieren und pervertieren die Standards und Einstellungen des gesamten Volkes. Sie verkörpern wirklich den »Zeitgeist« und nichts sonst und sind darum nur von allgemeinsten Parolen, die nur dem geschichtlichen Moment »überhaupt«, aber keiner konkreten politischen Situation mehr entsprechen, anzusprechen und zu mobilisieren. Die Tatsache, daß jeder einzelne, der durch den Zusammenbruch des Klassensystems in die Masse geschleudert wurde, noch eine deutliche Klassenherkunft hatte, spielte dabei kaum eine Rolle. In dem Moment, wo er sich in der Masse vorfand, wurde er die Beute dieser alles durchdringenden Strömungen und der ihnen entsprechenden Schlagworte, die unausgesprochen und inartikuliert bereits alle Klassen der Gesellschaft ergriffen hatten.

Innerhalb der Klassengesellschaft und des von ihr entwickelten Parteiensystems hing Art wie Intensität der Beteiligung an öffentlichen Angelegenheiten für den einzelnen von seiner Klassenzugehörigkeit ab, und diese war, abgesehen von Ausnahmefällen außerordentlicher Gaben oder ungewöhnlicher Schicksalsfälle, durch die Geburt entschieden, wenn auch diese Entscheidung nach dem Untergang der Feudalgesellschaft nicht mehr rechtlich verankert und nicht unumstößlich war. Mit eigentlichen Regierungsgeschäften fand sich der normale Staatsbürger nur in Fällen einer nationalen Krise konfrontiert, wenn von ihm verlangt wurde, daß er ungeachtet aller sozialen und parteilichen Bindungen handeln und sich entscheiden solle; im normalen Lauf der Dinge hatte er für sie weder eine Verantwortung noch die Möglichkeit, sie zu beeinflussen. Sobald eine Klasse der Gesellschaft an Bedeutung gewann und im gesamtgesellschaftlichen Gefüge aufstieg, begann sie eine gewisse Zahl von Menschen für Politik zu erziehen, und für diese wurde dann Politik in der Tat ein Beruf, wobei es gleichgültig ist, ob dieser Beruf im Staatsdienst, als Parlamentsabgeordneter oder als Parteiführer, bezahlt oder unbezahlt ausgeübt wurde. Die Mehrheit des Volkes blieb von dieser Politik, die als Beruf ausgeübt wurde, unberührt und außerhalb aller politischen

Verbände und Organisationen; dies war für das Funktionieren der Repräsentanz der Klassen verhältnismäßig gleichgültig und galt außerdem für alle Klassen, von der Aristokratie bis zu der Arbeiterklasse. Mit anderen Worten, es waren gerade die Zugehörigkeit zu einer Klasse und die in diesem System entwickelten Formen der Repräsentanz, welche verhinderten, daß sich ein politisches Bewußtsein entwickelte, bei dem jeder Bürger sich mehr oder minder verantwortlich für die Abwicklung der Regierungsgeschäfte gefühlt hätte. Da aber dieser Zustand doch im großen ganzen zu einer befriedigenden Interessenvertretung aller Klassen geführt hatte, kam der eigentlich unpolitische Charakter der nationalstaatlichen Regierungsform erst ans Licht, als das Klassensystem auseinanderbrach und dadurch die unzähligen sichtbaren und unsichtbaren Fäden zerschnitten wurden, die die Nation mit dem politischen Körper und den eigentlich politischen Institutionen verbunden hatten.

Der Zusammenbruch des Klassensystems bedeutete automatisch den Zusammenbruch des Parteiensystems, weil diese Parteien wirklich Interessenparteien waren, so daß ihnen nun gleichsam keine Interessen mehr zur Verfügung standen, die sie repräsentieren konnten. Zwar überlebten sie ihren eigenen Zusammenbruch erheblich besser, als das Volk den Auseinanderfall der Klassengesellschaft überlebte, weil ja jede von ihnen ihren eigenen Parteiapparat entwickelt hatte, dem von sich aus, wie allen menschlichen Institutionen, eine gewisse Vitalität eignete. (Wie zählebig solche Apparaturen sind, selbst wenn ihnen keinerlei Realität mehr entspricht, kann man vor allem daraus ersehen, daß sie sogar nach dem Zweiten Weltkrieg noch eine Art Auferstehung feiern konnten; vor allem in Frankreich, aber auch in Italien und Deutschland sind die Parteiapparate in einer Weise restauriert worden, daß man glauben möchte, es wäre inzwischen überhaupt nichts geschehen.) Was aber die Parteimitglieder anlangte, so bestand die Bedeutung dieser überlebenden Parteien vor allem darin, daß sie zu garantieren schienen, daß alles irgendwann einmal wieder in seine alte Ordnung zurückfallen würde; mit anderen Worten, was die Parteimitglieder zusammenhielt, waren nicht so sehr gemeinsame Interessen als die ihnen gemeinsame Hoffnung, die Parteien würden diese Interessen wieder zum Leben erwecken können.

Je unklarer und irrealer die Klassenbasis der Parteien wurde, desto mehr entwickelten sie sich in der Richtung der Weltanschauungsparteien, einer Richtung, die ihnen aus ihrer früheren Existenz keineswegs unbekannt war, die aber jetzt eine ganz andere Bedeutung erhielt. Ihre Propaganda versteifte und fanatisierte sich, weil ihnen nichts als weltanschauliche »Prinzipien« verblieben waren, um zu appellieren, und sie wurde gleichzeitig eigentümlich apologetisch, gefärbt von der Sehnsucht nach der guten alten Zeit. Ihre numerische Stärke war von dem allgemeinen Niedergang nicht wesentlich betroffen, und gerade diese Tatsache verführte sie, zu übersehen, daß sie die jeweils ihnen zugehörigen Massen schweigender Sympathisierender verloren hatten, die sich nur so lange nicht für Politik interessiert hatten, als sie wußten, daß es eine ihnen entsprechende Partei gab, die sich ihrer Interessen schon annehmen würde. Das erste Anzeichen des Niedergangs war keineswegs der Verlust alter Parteimitglieder, sondern die Unfähigkeit, die jüngere Generation zu erreichen und einen Nachwuchs für den Parteiapparat zu erziehen. Aber selbst dies machte sich erst wirklich spürbar, als die Parteien plötzlich entdecken mußten, daß die unorganisierten Massen, mit deren apathischer, passiver Unterstützung sie gerechnet hatten, erstens nicht mehr apathisch waren und sie zweitens nicht mehr unterstützten, sondern überall da auftauchten, wo sie eine Gelegenheit erspürten, ihre generelle Feindseligkeit gegen das ganze System zu äußern.

Mit dem Wegfall der Klassenstruktur verwandelten sich die potentiellen, apathischen Mehrheiten, die bisher hinter jeder Partei gestanden hatten, in eine unorganisierte, unstrukturierte Masse verzweifelter und haßerfüllter Individuen, die nichts verband außer der allen gemeinsamen Einsicht, daß die Hoffnungen der Parteimitglieder auf die Wiederkehr der guten alten Zeit sich nicht erfüllen und daß sie jedenfalls diese Wiederkehr schwerlich erleben würden und daß daher diejenigen, welche bisher die Gemeinschaft vertreten und als ihre artikuliertesten und bestinformierten Glieder respektiert worden waren, in Wahrheit Narren waren, die sich mit den bestehenden Mächten verbündeten, um alle übrigen entweder aus schierer Dummheit oder aus schwindelhafter Gemeinheit in den Abgrund zu führen. Dabei war es nicht sehr wichtig, daß diese furchtbare negative Solidarität den verschiedensten Anlässen entsprang, daß etwa die Arbeitslosen den Status quo und die Machthaber der Republik in der Sozialdemokratischen Partei erblickten und auf sie ihren Haß konzentrierten, während der enteignete Kleinbesitz seine Wut auf die Mittelstandsparteien entlud oder das ehemalige mittlere und obere Bürgertum sich an den traditionellen Rechtsparteien schadlos zu halten wünschte. Diese Masse verzweifelter und ressentimenterfüllter Individuen wuchs sehr rasch nach dem Ersten Weltkrieg in Deutschland und Österreich, wo Inflation und Arbeitslosigkeit in kurzen Abständen der militärischen Niederlage und ihren Konsequenzen gefolgt waren; aber sie existierte in großer Zahl auch in den Sukzessionsstaaten, die kaum besser dran waren, und sie hat sich erschreckend schnell nach dem Zweiten Weltkrieg in Frankreich und Italien gebildet und vermehrt.

Die spezifische Mentalität europäischer Massen ist in dieser Atmosphäre allgemeiner Zersetzung entstanden. Dies sind nicht einfach Massen, welche nie etwas anderes als eine Massengesellschaft gekannt haben, sondern das Produkt der Zersetzung einer Klassengesellschaft, die, was den einzelnen anlangte, im wesentlichen individualistisch gesonnen blieb. Dieser alteingewöhnte Individualismus hatte jetzt zur Folge, daß die monotone Gleichförmigkeit, mit der das gleiche Schicksal Massen von Individuen befallen hatte, diese nicht daran hinderte, an sich selbst nach wie vor die Maßstäbe der konkurrierenden Erwerbsgesellschaft anzulegen und sich selbst in Vorstellungen von individuellem Erfolg zu be- und verurteilen. Diejenigen, denen es nicht gelang, sich durch irgendwelche Schwindeleien doch durchzuhelfen und sich ihre Zigarre am Weltbrand anzustecken, betrachteten sich als gescheiterte Existenzen. Aber selbst diese egozentrische Bitterkeit, die individuell psychologisch gesehen das Kennzeichen einer ganzen Generation wurde, war nicht etwas, was sie gemeinsam hatten, obwohl alle individuellen Unterschiede schließlich in einem allgemeinen Ressentiment untergingen; der Egozentrismus konnte keine gemeinsamen Interessen entstehen lassen, und er war daher sehr oft mit einer typischen Schwächung des Instinkts der Selbsterhaltung verbunden. Selbstlosigkeit, nicht als Güte, sondern als Gefühl, daß es auf einen selbst nicht ankommt, daß das eigene Selbst jederzeit und überall durch ein anderes ersetzt werden kann, wurde ein allgemeines Massenphänomen, das wohl den einzelnen dazu bewegen konnte, sein Leben in die Schanze zu schlagen, aber mit dem, was wir gewöhnlich unter Idealismus verstehen, nicht das geringste zu tun hatte. Diese Menschen konnte man nicht mehr zu politischen oder revolutionären Aktionen bewegen, indem man ihnen sagte, daß sie nichts zu verlieren hätten als ihre Ketten; sie hatten bereits sehr viel mehr verloren als die Kette des Elends und der Ausbeutung, als das Interesse an sich selbst ihnen aus der Hand geschlagen wurde. Ihr materielles Elend war zumeist durchaus erträglich dank der Sozialversicherung moderner Staaten, aber das gab ihnen die verlorene Beziehung zu einer gemeinsamen Welt nicht wieder. Mit dem Verlust der gemeinsamen Welt hatten die vermassten Individuen die Quelle aller Ängste und Sorgen verloren, die das menschliche Leben in der Welt nicht nur bekümmern, sondern es auch leiten und dirigieren. Sie waren in der Tat nicht »materialistisch« und reagierten auf materialistische Argumente nicht mehr, weil selbst rein materielle Vorteile in dieser Situation ein gut Teil ihres Sinnes verloren. Mit ihrer Weltlosigkeit verglichen waren die christlichen Mönche weltverhaftet, voller Interesse für weltliche Angelegenheiten. Himmler, der sich so ausgezeichnet auf die Mentalität derer verstand, die er zu organisieren hatte, beschrieb nicht nur seine SS-Leute, sondern die Schichten des deutschen Volkes, aus denen er sie rekrutierte, wenn er sagte, sie seien ganz uninteressiert »an Problemen des Alltags«, was sie interessiere, seien nur »weltanschauliche Fragen« und »das große Glück, auserwählt zu sein, an einer Aufgabe mitzuarbeiten, die in Geschichtsabschnitten rechnet und deren Spur auch nicht in Jahrtausenden untergehen kann«.[18] Die Vermassung von Individuen erzeugte eine Mentalität, die, ähnlich wie Cecil Rhodes in seiner Großmannssucht einige Generationen früher, in »Erdteilen dachte« und in Jahrhunderten fühlte.

Seit dem Beginn des neunzehnten Jahrhunderts haben viele bedeutende Historiker und Staatsmänner das Herannahen eines Massenzeitalters prophezeit. Seit der Mitte des vorigen Jahrhunderts entstand eine ganze Literatur über Massenpsychologie, welche die alte, der Antike so wohlbekannte Weisheit von der Affinität zwischen Demokratie und Diktatur, zwischen Pöbelherrschaft und Tyrannis in unzähligen Varianten neu formulierte. Kein Zweifel, die politisch Gebildeten Europas waren zum mindesten seit Jakob Burckhardt und Nietzsche auf das Emporkommen von Demagogen und Militärdiktaturen, auf die Verbreitung von Aberglauben, Leichtgläubigkeit, Dummheit und Brutalität vorbereitet. All diese Prophezeiungen sind nun in der Tat eingetroffen, aber, wie es mit Prophezeiungen meist zu gehen pflegt, in einer Art und Weise, die doch von den Propheten nicht vorhergesehen war. Was sie kaum vorausgesehen oder doch in seinen eigentlichen Folgen nicht richtig eingeschätzt hatten, war dies ganz unerwartete Phänomen eines radikalen Selbstverlusts, diese zynische oder gelangweilte Gleichgültigkeit, mit der die Massen dem eigenen Tod begegneten oder anderen persönlichen Katastrophen, und ihre überraschende Neigung für die abstraktesten Vorstellungen, diese leidenschaftliche Vorliebe, ihr Leben nach sinnlosen Begriffen zu gestalten, wenn sie dadurch nur dem Alltag und dem gesunden Menschenverstand, den sie mehr verachteten als irgend etwas sonst, entgehen konnten.[19]

Der auffallendste Irrtum des historischen Pessimismus des neunzehnten Jahrhunderts, der in Spenglers *Untergang des Abendlandes* seinen Abschluß findet, betrifft jedoch einen anderen Aspekt des gleichen Phänomens. Entgegen allen Erwartungen waren die Massen nicht das Resultat der neuen Gleichheit und »Gleichmacherei«, der bewußten Einebnung aller Klassenunterschiede, wie sie von den Revolutionen des achtzehnten Jahrhunderts geplant war, der Verbreitung der Volksschulbildung und der damit verbundenen Senkung des Bildungsstandards und der Popularisierung der Bildungsinhalte. Die Vereinigten Staaten, wo die Gleichheit vor dem Gesetz von vornherein mit einer so außerordentlichen Gleichheit der Lebensbedingungen und Uniformierung verbunden war, daß es trotz der rapiden kapitalistisch-industriellen Entwicklung des Landes niemals zur Formierung einer Klassengesellschaft im europäischen Sinne gekommen ist, kennen zwar alle kulturellen Nachteile der »Gleichmacherei« und des Fehlens einer Bildungsaristokratie, haben aber dafür die vielleicht geringste Erfahrung mit der Formation moderner Massen und dem Entstehen einer Massenpsychologie. Und wenn sich diese Umstände, wie es beinahe erscheinen möchte, auch vielleicht in den nächsten Jahrzehnten ändern werden und Amerika mit den für das zwanzigste Jahrhundert typischen politischen Problemen konfrontiert werden wird, so würde das an dem einmal gemachten Experiment, nämlich daß Uniformierung der Bildung und der Lebensumstände nicht notwendigerweise zu einer Vermassung der Gesellschaft führt, nicht sehr viel ändern. Denn die Anziehungskraft der Massenbewegungen wirkte auf die europäische Bildungsaristokratie mindestens ebenso stark wie auf alle anderen Schichten der

Bevölkerung; manchmal möchte es fast scheinen, als ob gerade die eigentliche Elite der europäischen Kultur für die eigentümliche Selbstverlorenheit und das Aufgeben der individuellen Eigentümlichkeit, die in den Massenbewegungen sich vollzieht, besonders anfällig ist. Da man diese Entwicklung nicht erwartet, sondern immer mit einer klaren Gegnerschaft zwischen den Massen und den Gebildeten gerechnet hatte, kamen viele – angesichts der offensichtlichen Tatsache, daß Kultiviertheit und ausgeprägte Geistigkeit niemanden daran hinderten, die vulgärsten Theorien zu akzeptieren, wenn diese nur erst einmal »die Massen ergriffen« hatten – auf den Gedanken, nun umgekehrt zu meinen, daß der »Geist« dazu neige, sich selbst zu hassen, und gerade die Intelligenz bereit sei, ihn zu verraten. Diese verbreitete Meinung, die in Bendas *»trahison des clercs«* ihren bekanntesten Ausdruck gefunden hat, übersieht, daß die Intellektuellen notwendigerweise die Formulierer und geistigen Repräsentanten auch dieser Bewegungen wurden, nicht weil sie von ihnen mehr, sondern weil sie von ihnen ebenso stark angezogen wurden wie alle anderen, nur daß sie im Unterschied zu den anderen artikuliert genug waren, typische Meinungen und Einstellungen zu formulieren und in Weltanschauungen zu kristallisieren.

Besonders anfällig waren die Intellektuellen nur, insofern sie mit anderen Schichten einen hohen Grad der persönlichen Individualisierung und der damit verbundenen politischen Apathie teilten; sie verhielten sich nicht wesentlich anders als alle diejenigen (und dies war die Mehrheit), welche der Nationalstaat ohnehin niemals in das Parteiensystem und damit in eine aktive Anteilnahme an Politik hatte hineinbringen können.

Die europäischen Massen entstanden aus der Zersetzung einer bereits atomisierten Gesellschaft, in der die Konkurrenz zwischen Individuen und die aus ihr entstehenden Probleme der Verlassenheit nur dadurch in gewissen Grenzen gehalten wurden, daß die Individuen gleichzeitig von Geburt zu einer Klasse gehörten, in der sie unabhängig von Erfolg und Scheitern beheimatet blieben. Das Hauptmerkmal der Individuen in einer Massengesellschaft ist nicht Brutalität oder Dummheit oder Unbildung, sondern Kontaktlosigkeit und Entwurzeltsein. Insofern sie noch herkunfts- und erinnerungsmäßig stark genug mit der Klassengesellschaft des Nationalstaates verbunden waren, um nach den dort gemachten Erfahrungen ihr neues Leben einzurichten, verfielen sie einem besonders fanatischen und chauvinistisch gefärbten Nationalismus, da ja der Nationalismus das Verbindungsmittel gewesen war, welches die Nation über alle Klassengegensätze hinweg zu einigen hatte. Aber gerade in dieser Hinsicht waren sie gewissermaßen altmodisch, was die Führer der totalitären Bewegungen, die mit dieser nationalistischen »Rückständigkeit« zu rechnen und im Beginn ihr wichtige Konzessionen zu machen hatten, sehr gut wußten. Insofern die totalitären Führer aus den nationalistischen Emotionen der Massen ein gewisses Propagandakapital schlugen, benahmen sie sich nicht anders als die Demagogen des neunzehnten Jahrhunderts. Was sie von diesen unterschied, war, daß sie selbst weder Nationalisten waren noch gedachten, die nationalistische Propagandalinie länger zu verfolgen als unbedingt nötig.[20]

Auf die Dauer ist den Massen weder der völkische Nationalismus noch der aufsässige, ressentimentgeladene Nihilismus adäquat, von denen sich der Mob aller Arten so leicht überzeugen und begeistern läßt. Dies war im Beginn der totalitären Bewegungen schwer nachweisbar, weil gerade ihre begabtesten Führer noch nicht eigentlich Produkte der Massen waren, sondern aus den Pöbelschichten ihrer Völker aufstiegen. Hitlers Biographie ist in dieser Hinsicht wie ein Schulbuchexempel, und auch Stalin ist wesentlich dadurch gekennzeichnet, daß er nicht eigentlich aus der Partei, sondern aus dem konspirativen Apparat aufgestiegen ist, in dem sich gerade das Gesindel der revolutionären Parteien mit Vorliebe zu versammeln pflegt. Die Nationalsozialistische Partei, die in ihren Anfängen fast ausschließlich aus gescheiterten Existenzen und Abenteurern, denen das bürgerliche Leben zu langweilig war, bestand, repräsentierte in der Tat einmal jene »bewaffnete Bohemiengesellschaft« (Konrad Heiden), die seit der Mitte des vorigen Jahrhunderts die Kehrseite der guten Gesellschaft gebildet hatte und für die daher die deutsche Bourgeoisie eigentlich Verwendung hätte haben sollen. Dies aber gerade war nicht mehr möglich, und die industriellen Unternehmer, die Hitler finanziert hatten, sahen sich von den Nazis genauso getäuscht und betrogen wie die Röhm-Schleicher-Fraktion in der Reichswehr, die ebenfalls glaubte, daß sie den ehemaligen Reichswehrspitzel Hitler und die SA-Truppen in der Hand behalten und dazu verwenden könnte, der Reichswehr nach der nationalsozialistischen Machtergreifung durch Eingliederung der SA-Formationen eine fanatisierte Massenbasis zu verschaffen und so eine Militärdiktatur in Deutschland zu sichern.[21] Sowohl die gute Gesellschaft, verkörpert in den Ruhrindustriellen und Herrn von Papen, als auch der Mob, verkörpert in dem Führer der SA, Hauptmann Röhm, beurteilten die Nazibewegung nach ihren Anfängen und glaubten, es mit nichts anderem als einem pöbelhaften oder abenteuerlustigen Gesindel zu tun zu haben; sie übersahen das eigentlich Neue in einem Typus wie Hitler und die Tatsache, daß die Massen, die hinter ihm standen und ihn trugen, eine ganz andere Mentalität und ganz andere Bedürfnisse zeigten als der Mob, den sie zu kennen meinten. Röhm, der sich in der Tat zu einem bloßen Agenten der Reichswehr oder der Bourgeoisie vorzüglich geeignet hätte, war verglichen mit Hitler und Himmler eine nicht weniger altmodische Figur als Herr von Papen.

Was diese älteren Mobschichten, aus denen die totalitären Massenführer der älteren Generation noch hervorgewachsen sind, mit den modernen Massen verbindet, ist, daß diese nicht nur durch ihre Strukturlosigkeit gekennzeichnet sind, die allein als Vorbedingung totalitärer Bewegungen nicht ausreicht, sondern sich wesentlich vor früheren Massengesellschaften dadurch auszeichnen, daß sie aus Individuen bestehen, zwischen denen eine gemeinsame Welt in Stücke zerfallen ist. Wie sehr gerade die eigentümliche Individualisierung und Atomisierung der modernen Massengesellschaft notwendig ist, um totalitäre Herrschaft überhaupt zu ermöglichen, kann man am besten durch einen Vergleich des Nazismus mit dem Bolschewismus erhellen, die unter den denkbar disparatesten historischen und sozialen Umständen entstanden sind, um schließlich in einer verblüffenden Ähnlichkeit der Herrschaftsformen wie der Institutionen zu enden. Stalin nämlich, im Unterschied zu Hitler, fand keineswegs zu Beginn seiner Herrschaft eine sich zersetzende Gesellschaftsordnung als die gleichsam natürliche Vorgegebenheit seiner Bewegung vor, sondern er mußte, um die revolutionäre Einparteidiktatur, die Lenin ihm vermacht hatte, in ein totalitäres Regime zu verwandeln, erst mit künstlichen Mitteln diese Vorbedingungen schaffen.

Die Oktoberrevolution hatte ihren erstaunlich leichten Sieg der Tatsache verdankt, daß der Sturz des Zaren und des zentralistischen, bürokratischen Despotismus das Land ohne jede politische oder gesellschaftliche Organisation irgendeiner Art gelassen hatte. Die ungeheure unstrukturierte Masse der russischen Bevölkerung, in der weder die Überreste der feudalen Stände noch die Anfänge einer städtischen Bourgeoisie und eines Proletariats irgendeine Rolle spielten, schien, nachdem der Despotismus alter Ordnung erst einmal gestürzt war, einen modernen, aufgeklärten Despotismus, ob in Form einer revolutionären Diktatur oder in anderen Formen, förmlich herauszufordern. Wenn Lenin meinte, daß nirgends sonst in der Welt es so leicht sei, die Macht zu erringen, und so schwer, sie zu halten, spielte er nicht nur auf die numerische Schwäche der russischen Arbeiterschaft an, sondern auf diese an sich anarchischen Verhältnisse völliger Ungegliedertheit, in denen plötzliche Umschwünge aller Art möglich waren, weil nichts Stabiles sich ihnen wirklich entgegensetzen konnte. Dies aber waren keineswegs die Verhältnisse, die Stalin sechs Jahre später vorfand.

Denn Lenin, dem gerade die Instinkte eines Massenführers völlig mangelten – er war kein Redner und hatte eine ausgesprochene Vorliebe, öffentlich seine eigenen Fehler zuzugeben und zu analysieren, was nicht nur gegen die Unfehlbarkeit des totalitären Führers, sondern auch gegen die Elementarregeln aller Demagogie verstößt –, hatte die wenigen Jahre seiner Macht dazu benutzt, seinen marxistischen Überzeugungen zum Trotz alle nur möglichen Differenzierungen sozialer, nationaler und berufsmäßiger Natur, deren er nur habhaft werden konnte, zu stärken und zu institutionalisieren, um nur irgendeine Strukturiertheit in die russische Massenbevölkerung zu bringen. Er war offenbar der Meinung, daß nur so die Partei fähig sein würde, die Macht, die ihr die Revolution zugespielt hatte, zu halten. Die Kompromisse, die er durch diese Politik mit der marxistischen Ideologie und seinen eigenen Theorien zu machen hatte, waren sehr erheblich, aber die Frage, ob er sich in dem Tumult dieser Jahre der Konzessionen einer sich ihm zwingend darstellenden Praxis an die Ideologie bewußt war, hat nur ein akademisches Interesse. Jedenfalls begann er damit, die von den Bauern auf eigene Hand durchgeführten anarchischen Landenteignungen der Großgrundbesitzer zu legalisieren, und schuf damit, wohl zum ersten und, vorläufig wenigstens, letzten Male in Rußland, jene emanzipierte Bauernklasse auf eigenem Grund und Boden, die seit der Französischen Revolution der zuverlässigste Träger der westlichen Nationalstaaten gewesen war. Er tat sein möglichstes, die Arbeiterklasse zu stärken, indem er ausdrücklich erklärte, daß sie auch in einem Staat, in dem die Macht angeblich in den Händen des Proletariats liegt, unabhängige Gewerkschaften benötigte, die ihre Interessen nötigenfalls gegen den staatlichen Beamtenapparat durchzusetzen imstande sind. Er duldete und ermutigte die Anfänge eines neuen Mittelstandes, der durch die NEP-Politik hervorgerufen war und sich erstaunlich schnell nach dem Ende des Bürgerkrieges entwickelte. Vor allem aber versuchte er, Differenzierung durch eine außerordentlich weitgehende Nationalitätenpolitik zu schaffen, wobei er die primitivsten Völkerschaften der Sowjetunion als werdende Nationalitäten mit eigener Sprache und Kultur ansprach.

Die Politik Lenins, die seiner außerordentlichen Fähigkeit, Erfahrungen zu machen und von den alltäglichen Gegebenheiten des Lebens zu lernen, entsprang, ist schwer mit seinen Theorien in Einklang zu bringen; aus ihr geht eindeutig hervor, daß ihm die Strukturlosigkeit der russischen Massen als eine größere Gefahr erschien als der mögliche Zerfall des Reiches durch eine zu weit getriebene Nationalitätenpolitik oder das Heranwachsen einer Klassengesellschaft im Sinne des Westens, die nach seinen eigenen Theorien jedenfalls unvermeidlich war, sobald sich erst einmal ein noch so bescheidener städtischer Mittelstand zu einer fest etablierten Bauernklasse gesellt hatte. Für Lenin selbst, der noch nicht wissen konnte, daß vom Werk seiner Hände nichts übrig bleiben sollte als Broschüren, gedrucktes Papier und ein entweder furchtbar mißbrauchter oder geschändeter Name, kam der Augenblick seiner schwersten Niederlage, als unter dem Zwang des Bürgerkrieges die eigentliche Macht im Staate, die er in den gewählten Räten der Sowjets hatte vereinigen wollen, in die Hände der Parteibürokratie überging. Diese Entwicklung machte in der Tat der Revolution und allem, was Lenin gewollt hatte, ein Ende; aber auch sie hätte nicht zu einer totalitären Herrschaft geführt. Denn die nun wirklich verankerte und verfestigte Einparteidiktatur fügte den sich ohnehin entwickelnden Klassen und Gruppierungen nur noch eine hinzu, eben die Bürokratie, die eine kurze Zeit wirklich in der Marxschen Formulierung den Staat als ihr Privateigentum besaß.[22]

Als Lenin starb, waren noch sehr viele Wege offen. Die neuen Klassenformationen hätten keineswegs notwendigerweise zu dem für Europa charakteristischen Klassenkampf und zu einer eindeutig kapitalistischen Entwicklung zu führen brauchen, wie die extreme Linke fürchtete; das bürokratische Einparteisystem wiederum hätte auch keineswegs automatisch in den Sozialismus führen müssen. Die Landwirtschaft vor allem hätte sich vermutlich ebenso gut kollektiv wie kooperativ wie als Privatwirtschaft aufbauen lassen, und nichts war darüber ausgemacht, ob die Gesamtökonomie des Landes sozialistischen oder staatskapitalistischen oder den Bahnen des freien Unternehmertums folgen würde. Keine dieser Entwicklungen hätte von sich aus die neue Strukturiertheit des Landes zu zerstören brauchen.

So wie Hitler sich für totale Herrschaft dadurch vorbereitete, daß er in einer zerfallenden atomisierten Gesellschaft erst einmal eine Bewegung entfachte, so bereitete Stalin seine totalitäre Diktatur dadurch vor, daß er erst einmal eine solche zerfallene, atomisierte Masse herstellte. Dies geschah dadurch, daß er im Namen des Internationalismus die neuen Nationalitäten und im Namen der klassenlosen Gesellschaften die neuen Klassen der Sowjetunion liquidierte. Er begann mit der Liquidation des Überrestes an Macht und Prestige, der den Sowjets, die als Organ der Nationalitäten fungierten, noch verblieben war, weil diese Körperschaft selbst in ihrer machtlosen Repräsentanz eine gewisse Einschränkung der Allmacht der Parteihierarchie darstellte. Bemerkenswert an dieser Liquidation war, daß er die Sowjets nicht einfach abschaffte, sondern sie mit Parteizellen durchsetzte und diesen in sich zersetzten Körper, der in Wahrheit nur noch eine Fassade der Partei selbst war, bis zum Schluß beibehielt.[23] In wenigen Jahren verschwanden alle Reste kommunaler oder anderer Selbstverwaltung, und um 1930 war Rußland von dem Parteiapparat in Moskau so zentralisiert wie unter dem Zaren; auch die Russifizierung des Reiches, die Unterdrückung der Nationalitäten, unterschied sich nur insofern von der Zarenherrschaft, als die neue despotische Herrschaft das Analphabetentum abschaffte, da sich dieses noch immer als ein sehr natürlicher und höchst wirksamer Schutz gegen Propaganda und ideologische Indoktrination erwiesen hat.

Auf die Liquidierung der Nationalitäten und die Zersetzung der Sowjets folgte die der Klassen, zuerst natürlich der besitzenden auf dem Lande und in den Städten, und zwar erst des Mittelstandes und dann der Bauern. Mit dem Mittelstand war es nicht schwer, fertig zu werden, er war ohnehin in den ersten Anfängen seiner Entwicklung gewesen. Aber die Bauern waren, potentiell zumindest, die mächtigste Klasse der Sowjetunion, weil sie die größte an Zahl war und sich in der Revolution ungeheuer bereichert hatte, wenn auch dieser Reichtum ebenfalls noch in dem Stadium einer Potentialität war, vor allem wenn man ihn an westlichen Maßstäben mißt. Ihre Liquidation bildete daher das erst einmal blutigste Kapitel der russischen Geschichte, blutiger als Krieg, Revolution und Bürgerkrieg; die Enteignung der sogenannten Kulaken (und Kulaken waren Ende der zwanziger Jahre die Mehrzahl der russischen Bauern) und die Kollektivierung der Landwirtschaft wurden mit Hilfe einer künstlich erzeugten Hungersnot und von Massendeportationen durchgeführt, die in einem einzigen Jahr in der Ukraine allein acht Millionen Menschenleben kosteten, wobei die Deportierten noch nicht einmal mitgezählt sind.[24] Anfang der dreißiger Jahre waren die Bauern- und Mittelklassen »abgestorben«, diejenigen, die nicht zu den Millionen Toten und Deportierten gehörten, hatten gelernt, daß es gegen die Staatsmacht keine Gruppensolidarität und keine Hilfe gibt, daß das Leben ihrer Familien und das eigene Schicksal mit dem ihrer Mitbürger in keiner Weise verbunden war, sondern daß jeder von ihnen in absoluter Hilflosigkeit und Verlassenheit von höheren Mächten abhing, die jederzeit über ihn befinden konnten. Das in der Revolution geborene Klassenbewußtsein der Bauernschaft war erst einmal wieder ausgerottet. Der in die Kollektive zusammengetriebene Haufe verzweifelter Individuen, in dem jeder jedem mißtrauen mußte, weil keiner wissen konnte, wer ein Agent der Partei war, brauchte mehr als eine Generation, um sich wieder als eine Gruppe mit einem Gruppenbewußtsein zu konstituieren. Der Augenblick, da die Kollektivwirtschaft ihrerseits eine neue Bauernschaft mit gemeinsamen Interessen erzeugt hatte, die wiederum wegen der Schlüsselposition, die sie zahlenmäßig wie ökonomisch in der Wirtschaft des Landes einnimmt, eine potentielle Gefahr für totale Herrschaft darstellt, ist weder statistisch noch quellenmäßig zu eruieren; er war aber für diejenigen, die totalitäres »Quellenmaterial« zu lesen wissen, gekommen, als Stalin zwei Jahre vor seinem Tode den Vorschlag machte, die Kollektive aufzulösen und in größere Einheiten zu verwandeln. Es ist nicht mehr dazu gekommen, diesen Plan auszuführen; die Opfer wären diesmal vielleicht noch größer und die chaotischen Folgen für die Gesamtwirtschaft noch katastrophaler gewesen als die Liquidation der ersten Bauernklasse, aber an einem möglichen Gelingen zu zweifeln besteht kein Grund; es gibt keine Klasse, die man nicht ausrotten kann, wenn man nur genügend Individuen, die ihr angehören, ermordet.

Die Arbeiterklasse hat es in Rußland auch nach der Revolution niemals an Bedeutung mit der Bauernschaft aufnehmen können. Was revolutionäre Errungenschaften anlangte, war sie ohnehin ungeheuer benachteiligt, weil ihr die Fabriken, die sie sich mit der gleichen Selbstverständlichkeit angeeignet hatte, wie die Bauern sich des Landes bemächtigt hatten, nicht gelassen, sondern von der Partei unter der Vorgabe, daß alle Macht im Staate ohnehin dem Proletariat gehöre, wieder weggenommen und zu Staatseigentum gemacht worden waren. Ohne Besitz und ohne jede Möglichkeit, die Macht wirklich zu ergreifen, haben die Arbeiter es auch im vorstalinistischen Rußland niemals auch nur bis zur herrschenden, geschweige denn zur regierenden Klasse gebracht. Die herrschende Klasse war natürlich die Bürokratie und die mit ihr aufs engste verbundene Intelligentsia, und sofern man von einem Klassensystem in Rußland überhaupt reden kann, hat sich hieran gerade in den dreißiger Jahren stürmischster Entwicklungen nicht das geringste geändert. Trotz seiner Schwäche gab es aber natürlich ein Proletariat, das Stalin als Klasse durch die Einführung des Stachanow-Systems atomisierte und liquidierte. Dies System der rücksichtslosesten Konkurrenz innerhalb der Arbeiterklasse, in welchem der Akkordlohn in ein Extrem getrieben wurde, das das kapitalistische System kaum in seinen Anfängen noch ganz ungezügelter Ausbeutung gekannt hatte, atomisierte die Arbeiter nicht nur dadurch, daß der Produktionsprozeß zerstückelt und jeder gegen jeden im Arbeitsprozeß selbst aufgehetzt wurde, sondern auch in sozialer Hinsicht, indem den gewöhnlichen Arbeitern eine Stachanow-Aristokratie, die aus ihren eigenen Reihen hervorgegangen war, vor die Nase gesetzt wurde, welche natürlich eine viel tiefere Erbitterung erregte als die Fabrikleitung. Der Prozeß der Liquidation der Arbeiterklasse ging langsamer und unblutiger vor sich als der der Bauernschaft; er war im Jahre 1938 an sein Ende gelangt, als die Einführung des Arbeitsbuches, ohne welches kein Arbeiter mehr in Rußland arbeiten oder reisen oder Lebensmittel beziehen kann und in dem alle Einzelheiten seiner Berufstätigkeit vermerkt werden, die gesamte Arbeiterschaft in eine einzige gigantische Zwangsarbeiterschaft verwandelte, der alle Freiheiten kollektiv entzogen worden waren. Von nun ab dienten die Gewerkschaften, die Lenin als vom Staate und der Parteibürokratie unabhängige Organe aufgebaut hatte, dazu, die Arbeiter zu bespitzeln und anzutreiben, die festgesetzten »Normen« zu erfüllen.

Erst als diese Klassen vernichtet waren, begann Stalin die Klasse zu vernichten, die ein direktes Produkt der Revolution gewesen war und mit deren Hilfe, unter Appell an ihre Überzeugungen von einer klassenlosen Gesellschaft, er die übrigen Klassen vernichtet hatte. Es bedurfte nur zweier Jahre unumschränkten Terrors, um die gesamte Verwaltungs- und Militäraristokratie der Sowjetunion zu liquidieren. Den Auftakt gaben die Moskauer

Prozesse im Jahre 1936, in denen den Überlebenden der Oktoberrevolution der Prozeß gemacht wurde. Aber diese Prozesse hatten kaum mehr als eine symbolische Bedeutung, verglichen mit dem, was ihnen folgte oder sich auch gleichzeitig abspielte; es gab kaum ein Büro oder eine Fabrik oder überhaupt eine Institution wirtschaftlicher oder kultureller Natur, keine staatliche oder militärische oder parteiamtliche Funktion, die nicht »gesäubert« wurde; »nahezu die Hälfte des gesamten Verwaltungsapparats der Partei wie aller anderen Instanzen wurde auf die Straße gesetzt«, fünfzig Prozent aller Parteimitglieder und mindestens acht Millionen Menschen, die nicht Parteimitglieder waren, wurden liquidiert – das heißt entweder in die Konzentrationslager abgeschleppt oder direkt erschossen.[25] Auch dieser Prozeß endete mit der Einführung eines neuen zwangsweisen Identitätsausweises, auf dem alle Reisen vermerkt, der bei allen Eingaben oder Bewerbungen vorzuweisen war; was ihren juridischen Status anlangte, war nun die Bürokratie, inklusive der Parteibeamtenschaft, der Arbeiterschaft gleichgestellt; auch sie gehörte nun in das ungeheure Heer der russischen Zwangsarbeiter, mit ihrem Status als einer bevorrechteten Klasse in der Sowjetgesellschaft war es vorbei. Und da diese Generalsäuberung mit einer Säuberung der obersten Polizeistellen endete, der gleichen, welche die Generalsäuberung durchgeführt hatten, konnten nicht einmal die Kader der GPU, die Vollstrecker des Terrors selbst, sich einreden, daß sie als eine Gruppe irgend etwas, geschweige denn irgendeine Macht repräsentierten.

Keines dieser ungeheuren Opfer kann man erklären oder rechtfertigen mit Berufung auf eine wie immer geartete Staatsräson, denn keine der liquidierten Gruppen hatte vor ihrer Liquidation auch nur die Chance gehabt, rebellische Neigungen zu entwickeln, noch war es irgendwie wahrscheinlich, daß sie sie im Laufe einer übersehbaren Zukunft unter den Bedingungen einer modernen Einparteidiktatur hätten entwickeln können. Was es an aktiver Opposition in Sowjetrußland gegeben hat, war nach der Beendigung des Bürgerkrieges immer nur aus dem Parteiapparat selbst gekommen, und diese innerparteiliche Opposition hatte ihr Ende sechs Jahre vor den Moskauer Prozessen gefunden, in denen sie zusammen mit vielen anderen an die Wand gestellt wurde, nämlich im Jahre 1930, als Stalin auf dem 16. Parteikongreß die rechten und linken Fraktionen innerhalb der Partei für illegal erklärte und behauptete, daß sie Exponenten einer (nicht existierenden) Opposition von seiten des Kleinbürgertums und der Bauern wären.[26] Die Wahrheit war natürlich, daß alle antistalinistischen Fraktionen der russischen Partei ohne jede Fühlung mit der Bevölkerung waren und ohnehin in einem luftleeren Raum dahinvegetierten. Der Terror einer revolutionären Diktatur, der sich von totalitärem Terror in dem einen, aber wesentlichen Punkte unterscheidet, daß er sich im wesentlichen gegen wirkliche Gegner des Regimes, aber nicht gegen jedermann richtet, hatte bereits vor Lenins Tod alles politische Leben in Rußland vernichtet; er hatte politisch die Friedhofsruhe erzeugt, welche die Folge jeder Tyrannis ist. Auch war im Jahre 1930 keine Gefahr mehr, daß das Ausland auf dem Umwege über antistalinistische Gruppen in Rußland intervenieren würde, da die Sowjetregierung bereits von fast allen Regierungen anerkannt war und mit vielen in äußerst ersprießlichen Handelsverbindungen stand. Insofern aber separatistische Tendenzen in der Union vorhanden waren, war der Terror, den Stalin über das Land losließ, nicht geeignet, sie zu ersticken; jedenfalls wissen wir von dem letzten Krieg, daß Hitler, wenn er nur gewollt hätte, sich nicht in Partisanenkämpfen hätte aufreiben lassen müssen und zumindest die Ukrainer als recht verläßliche Bundesgenossen hätte gewinnen können.

Im Sinne normaler Machtpolitik also war die Liquidation der Klassen in der Sowjetunion und die Errichtung einer Massengesellschaft terrorisierter und isolierter Individuen absolut überflüssig; wahrhaft katastrophal aber wirkte sie sich natürlich auf wirtschaftlichem Gebiet aus. Die Folgen der künstlichen Hungersnot machten sich auf viele Jahre hin bemerkbar, und die Einführung des Stachanow-Systems im Jahre 1935 hatte eine völlige Desorganisierung der ohnehin noch in den Anfängen steckenden industriellen Produktion zur Folge.[27] Hinzu kam, daß die plötzliche Entsetzung der Fabrikdirektoren, die klassenmäßig zur Bürokratie gehörten, die Industrie um das ohnehin nicht allzu große Maß an Erfahrung und technischer Organisationsfähigkeit brachte, das sich die nachrevolutionäre russische Intelligenz inzwischen hatte erwerben können.

Tyrannen und Despoten haben immer gewußt, daß Gleichheit ihrer Untertanen, Ausschaltung von Rangunterschieden und Verhinderung jeder gesicherten, gesellschaftlichen und politischen Hierarchie die unabdingbare Voraussetzung ihrer Herrschaft bildet. Der griechische Tyrann, der, wie uns eine Geschichte berichtet, seine Herrschaftsmethoden an einem Kornfeld illustriert, auf dem er die Ähren mit einem Schlag alle auf die gleiche Höhe herunterschlägt, zeigte nur, was aller tyrannischen und despotischen Weisheit letzter Schluß ist. Aber solche Gleichheit ist für totale Herrschaft nicht genug, denn sie läßt alle nichtpolitischen Beziehungen zwischen den Untertanen außer Betracht und kümmert sich nicht um deren Familienbindungen oder ihre gemeinsamen kulturellen Interessen. Sie isoliert die Menschen nur voneinander, sie stößt sie nicht in die Verlassenheit. Will die totale Herrschaft ihr Ziel wirklich erreichen, so muß sie dafür sorgen, daß »es mit der Neutralität des Schachspielens um des Schachspielens willen ein für allemal ein Ende hat«, genauso wie es mit der Kunst um der Kunst willen unbedingt ein Ende haben muß.[28] Für den totalitären Herrscher stehen die beiden Tätigkeiten des Schachspielens und der Kunst auf durchaus dem gleichen Niveau; in beiden ist der Mensch völlig von einer Sache absorbiert und gerade darum nicht vollkommen beherrschbar. Himmler hat nicht zu Unrecht den SS-Mann als den neuen Typus definiert, der unter keinen Umständen je »eine Sache um ihrer selbst willen« tun wird.[29] Der

Schachspieler ist mit seinem Mitmenschen immer noch durch das Brett verbunden, das die Gegner voneinander trennt und gleichzeitig miteinander verbindet, weil es ein Stück einer ihnen gemeinsamen Welt ist. Nur wo diese gemeinsame Welt völlig zerstört und eine in sich völlig unzusammenhängende Gesellschaftsmasse entstanden ist, deren heterogene Gleichförmigkeit aus nicht nur isolierten, sondern auf sich selbst und nichts sonst zurückgeworfenen Individuen besteht, kann die totale Herrschaft ihre volle Macht ausüben, sich ungehindert durchzusetzen. Vom Standpunkt totaler Herrschaft gesehen, ist eine Gesellschaft verspielter Taugenichtse, die sich etwa nur für das Schachspielen um des Schachspielens willen interessiert, nur um einen Grad, aber nicht prinzipiell ungefährlicher und hinderlicher als eine Klasse von Bauern, die an nichts interessiert ist als an der Bestellung des Bodens. Den Boden um seiner selbst willen zu bestellen – gerade dies kann die totalitäre Diktatur nicht dulden. Für den Schachspieler, der nicht mehr um des Schachs willen spielt, verliert das Brett sofort den Charakter eines Stücks aus einer gemeinsamen Welt; es wird zu einem Mittel zum Zweck, das jederzeit von willkürlich gesetzten und veränderlichen Zwecken zerstört werden kann.

Die russischen Säuberungsprozesse, die der Klassen- und Gruppenliquidierung unweigerlich vorangehen, dienen dem Zweck, nicht nur eine strukturlose »klassenlose Gesellschaft«, sondern eine atomisierte Massengesellschaft herzustellen. Dies wird technisch dadurch erreicht, daß jede Anklage nicht nur einen einzelnen betrifft, sondern den ganzen Kreis seiner normalen menschlichen Beziehungen, seine Familie, seine Freunde, seine Arbeits- und Berufskollegen, seine Bekanntschaften mit einbezieht. Die Vorteile, die das Prinzip des *»guilt by association«* jeder willkürlichen Gewaltherrschaft bietet, schon weil es eine geordnete Rechtsprechung sofort vernichtet, sind bekannt genug, und die Nazis haben von ihm, als es sich für sie darum handelte, die Grundlage nicht nur der alten, sondern jeder Legalität zu untergraben, reichlich Gebrauch gemacht; auch in Hitler-Deutschland galt: wer mit Juden umgeht, ist selbst ein Jude. Aber die eigentliche Radikalisierung dieses Prinzips ist doch eher eine Eigentümlichkeit der bolschewistischen totalen Diktatur geworden, sofern es hier so generalisiert und so systematisch verwendet wird, daß es zu einem zentralen Konstituens der Sowjetgesellschaft geworden ist. Sobald gegen jemanden Anklage erhoben wird, müssen sich seine Freunde über Nacht in seine erbittertsten und gefährlichsten Feinde verwandeln, weil sie dadurch, daß sie ihn denunzieren und dabei helfen, das Aktenstück der Polizei und der Staatsanwaltschaft gehörig anzureichern, sich ihrer eigenen Haut wehren können; da es sich bei den Anklagen im allgemeinen um nichtexistente Verbrechen handelt, braucht man gerade sie, um den Indizienbeweis zu erbringen. Während der großen Säuberungswellen gibt es überhaupt nur ein Mittel, die eigene Zuverlässigkeit zu beweisen, und das ist die Denunziation seiner Freunde.[30] Und dies wiederum ist, was die totale Herrschaft und die Mitgliedschaft in einer totalitären Bewegung angeht, ein durchaus richtiger Maßstab; hier ist in der Tat nur der zuverlässig, der seine Freunde zu verraten bereit ist. Was suspekt ist, ist Freundschaft und jegliche andere menschliche Bindung überhaupt. Was die »Freunde« also vor allem beweisen müssen, ist, daß ihre Bekanntschaft mit dem Angeklagten nur ein Vorwand war, ihn auszuspionieren, ob er nicht vielleicht ein Saboteur sei oder ein Trotzkist oder ein Agent des Auslandes oder ein Faschist – je nachdem, worauf die Anklage gerade lautet. Da diese Art Beweismittel offenbar nur von Freunden erbracht werden kann, ist es klar, daß der durchschnittliche Sowjetbürger eines in den unzähligen Säuberungsaktionen der Polizei gelernt hat, nämlich daß nichts so gefährlich ist, wie überhaupt Freunde zu haben, und zwar nicht wegen der sich unmerkbar einstellenden Intimität, in der man in Gefahr geraten könnte, seine geheimsten Gedanken zu verraten, sondern einzig und allein, weil niemand im Moment der Gefahr ein dringenderes Interesse an seinem Ruin haben wird als diejenigen, die ihm am nächsten verbunden sind. Die völlige Atomisierung der russischen Massengesellschaft, die bei weitem alles übersteigt, was wir aus anderen Ländern kennen, ist letztlich nur diesen radikalen und bis in die letzte Konsequenz getriebenen Polizeimethoden zu verdanken, die auch in verhältnismäßig ruhigen Zeiten eine Aura von hilfloser Verlassenheit um jeden einzelnen legen, die durch bloß jeweilig sich ereignende und zeitlich befristete Katastrophen niemals erzeugt werden könnte.

Die totalitären Bewegungen sind Massenorganisationen atomisierter und isolierter Individuen, von denen sie eine, verglichen mit anderen Parteien und Bewegungen, unerhörte Ergebenheit und »Treue« verlangen und erhalten können. Wie sehr die totale Ergebenheit der Mentalität des Massenindividuums entspricht, kann man deutlichst daran ablesen, daß totalitäre Führer und Bewegungen sich auf sie verlassen können, bevor sie die Macht ergriffen und den totalen Terror organisiert haben. Innerhalb der Bewegung genügt die ideologisch begründete Behauptung, daß die Bewegung im Begriff stehe, die gesamte Menschheit zu organisieren, vollkommen, denn wer diese Behauptung ernst nimmt, schließt sich ja von der zukünftigen Menschheit überhaupt aus, wenn er die Forderung der totalen »Treue« nicht erfüllt. Auch macht die Machtergreifung die totalitäre Bewegung keineswegs, wie wir sehen werden, überflüssig; in Rußland, wo totale Herrschaft der Organisation einer totalitären Bewegung teils voranging, teils sie begleitete, wurden die Bedingungen für das Entstehen des Massenindividuums und seiner Mentalität eben künstlich geschaffen. Totale »Treue« ist eine der wesentlichen psychologischen Grundbedingungen für das Funktionieren der Bewegung. Und sie wiederum kann nur von absolut isolierten Individuen geleistet werden, denen die Bindung weder an die Familie noch an Freunde, Kameraden oder Bekannte einen gesicherten Platz in der Welt garantiert. Daß es überhaupt auf der Welt ist und in ihr einen Platz einnimmt, hängt für ein Mitglied der totalitären Bewegung ausschließlich von seiner Mitgliedschaft in der Partei und der Funktion ab, die sie ihm zugeschrieben hat.[31]

Treue, wie wir sie kennen, ist niemals absolut und niemals absolut zuverlässig, schon weil kein Mensch eigentlich für sich selbst absolut gutsagen kann. Dies hängt unter anderem damit zusammen, daß unsere Treue stets an bestimmte, konkrete Menschen und Inhalte gebunden ist, über die wir eine Meinung haben, die wir, weil wir sie haben (und die Meinung nicht uns hat), auch ändern können. Die totalitären Bewegungen haben dies sehr wohl erkannt, und sie haben, jede in ihrer eigenen Manier, sich die größte Mühe gegeben, alle spezifischen, konkreten Inhalte, die ihnen aus den Anfängen ihrer Entwicklung überkommen waren, zu eliminieren. Sie wußten sehr gut, daß jedes noch so radikal und scheinbar unerreichbare, aber politisch definierbare Ziel, das mehr beinhaltet als den Anspruch auf Weltherrschaft, und jedes politische Programm, das die »weltanschaulichen Fragen der nächsten Jahrtausende« konkretisieren würde, der totalen Herrschaft im Wege stehen würden, weil sie konkret genug wären (auch wenn sie ganz utopisch gehalten sind), um eine Meinung und damit eine mögliche Meinungsänderung zu erlauben. Hitlers größte Leistung in der Reorganisation der ihm in die Hände fallenden Nationalsozialistischen Partei, die, bevor er sich ihrer annahm, eine der vielen unbedeutenden Gruppierungen war, in denen sich Welterlöser und Scharlatane aller Sorten zusammenfanden, war, daß er das Parteiprogramm abschaffte, und zwar nicht dadurch, daß er es durch ein anderes ersetzte, sondern einfach indem er sich weigerte, es zu erwähnen oder es einer öffentlichen Diskussion auszusetzen. Dabei hatte es den zusätzlichen Vorteil, daß die verhältnismäßig gemäßigten Forderungen von Feders 25 Punkten der immer radikaler werdenden Bewegung auch noch ein gewisses Alibi nach außen verschafften.[32]

Auch in dieser Hinsicht hatte es Stalin erheblich schwerer, denn das sozialistische Programm der bolschewistischen Partei, das immerhin die Theorien Marx' noch zur Grundlage hatte, war eine erheblich schwerere Belastung als das Fabrikat eines Scharlatans und Demagogen. Stalin hat das Parteiprogramm, als er erst einmal die Fraktionen innerhalb der kommunistischen Partei liquidiert hatte, einfach durch den Zick-Zack-Kurs der Parteilinie abgeschafft, in deren dauernden Schwenkungen und Neuinterpretationen des »Marxismus« alle konkreten, greifbaren Gehalte sich wie von selbst auflösten. Die elementare Tatsache, daß die beste Kenntnis Marx' und Lenins nicht das geringste dazu beitrug, vorhersagen zu können, in welche Richtung sich die Parteilinie morgen schlagen würde, sondern daß solch ausschlaggebend wichtige Kenntnis nur der täglich erscheinenden Zeitung zu entnehmen war, in der am Morgen das stand, was Stalin den Tag zuvor gesagt hatte, hatte genau die gleiche Folge der Entleerung aller Inhalte wie Hitlers Weigerung, Inhalte zu diskutieren. Auch hier hatte es keinen Sinn mehr, Marx oder Lenin oder dem Sozialismus oder dem Kommunismus die Treue zu halten, sondern einzig und allein der dauernd sich bewegenden und niemals voraussehbaren Bewegung selbst. In Himmlers schlagender Formulierung des Spruches für die SS »Meine Ehre heißt Treue« kommt eine Mentalität zum Ausdruck, die für den Nazismus wie für den Bolschewismus gleich charakteristisch ist; während die Ehre eines Menschen sonst in dem gegründet ist, dem er die Treue hält, ist hier die Treue selbst, in abstraktester Gehaltlosigkeit und gerade darum in einem nicht überbietbaren Fanatismus, zu dem gemacht, was jeden einzelnen überhaupt zusammen- und in der Welt hält.

Das Fehlen eines Parteiprogramms jedoch ist an sich noch kein Kennzeichen dafür, daß wir es mit einer totalitären Bewegung zu tun haben. Die ersten, die Parteiprogramme für überflüssig erklärten, weil sie in ihrer Stabilität sowohl die Gefahr bindender Versprechen wie ein Hindernis für eine Bewegung sahen, waren Mussolini und der faschistische Aktivismus und »Aktualismus«, die alles dem »historischen Moment« und seiner inspirierenden Kraft anheimgeben wollten.[33] Der Drang, sich der Gewalt um jeden Preis zu bemächtigen, und der damit zusammenhängende, verständliche Widerwille, öffentlich zu sagen, wozu man nun eigentlich die Gewalt benutzen wolle, ist charakteristisch für alle Mobführer und Demagogen, die daher auch immer so besonders erbittert von dem »Schwatzen« normaler Parteiführer reden. Totalitäre Führer gehen über diese bekannten Verhaltungsweisen der Demagogie erheblich hinaus, schon weil sie an weit mehr als an der Macht und der Machtergreifung in einem Lande interessiert sind. Das Ziel des Faschismus war wirklich nichts als die Machtergreifung und die Etablierung der faschistischen »Elite« im Staatsapparat des Landes. Die totale Herrschaft gibt sich niemals damit zufrieden, von außen, durch den Staat und einen Gewaltapparat, zu herrschen; in der ihr eigentümlichen Ideologie und der Rolle, die ihr in dem Zwangsapparat zugeteilt ist, hat die totale Herrschaft ein Mittel entdeckt, Menschen von innen her zu beherrschen und zu terrorisieren. In diesem Sinne schafft die totale Herrschaft gerade den Unterschied zwischen Herrschern und Beherrschten ab und erzielt einen Zustand, in dem das, was wir unter Macht und Willen zur Macht verstehen, gar keine oder eine sekundäre Rolle spielt. Der totalitäre Führer ist wirklich nichts als ein Exponent der von ihm geführten Massen; er ist nicht ein machthungriges Individuum, das seinen Untertanen einen willkürlichen Willen tyrannisch auferlegt. Als Exponent ist er jederzeit ersetzbar und hängt von dem »Willen« der Massen, die er verkörpert, genauso ab wie die Massen von ihm, ohne den sie »körperlos« bleiben würden. Ohne den Führer sind die Massen ein Haufen, ohne die Massen ist der Führer ein Nichts. Hitler, der über diese Zusammenhänge sehr gut Bescheid wußte, hat dies einmal anläßlich einer Rede an die SA so ausgedrückt: »Alles, was ihr seid, verdankt ihr mir; alles, was ich bin, verdanke ich euch.«[34] Wir sind nur allzu geneigt, solche Aussprüche nicht ernst zu nehmen oder sie in dem Sinne mißzuverstehen, daß eben hier Handeln, wie so oft in der abendländischen Geschichte und ihrer politischen Tradition, als Erteilen und Ausführen von Befehlen definiert ist.[35] Dabei war immer vorausgesetzt, daß der Befehlende denkt und will, um dann sein Denken und Wollen einer gedanken- und willenlosen Gruppe aufzuerlegen, sei es durch Überzeugung oder durch Autorität oder Gewalt. Hitler hingegen war der Meinung, daß es auch das »Denken … nur in der Erteilung oder im Vollzug eines Befehls (gibt)«,[36] und hat damit sogar in theoretisch artikulierter Form den Unterschied zwischen Denken und Handeln wie den zwischen Herrschen und Beherrschtsein aufgehoben.

Weder der Nationalsozialismus noch der Bolschewismus haben je eine neue Staatsform proklamiert oder behauptet, daß ihre Ziele mit dem Ergreifen der Macht und des Staatsapparats befriedigt seien. Was die Herrschaft anlangte, so ging es ihnen um etwas, was kein Staat und kein bloßer Gewaltapparat, sondern nur eine ständig in Bewegung gehaltene Bewegung leisten kann, nämlich die ständige und sich auf alles erstreckende Beherrschung jedes einzelnen Menschen.[37] Die Macht als Gewalt ist für totalitäre Herrschaft niemals ein Ziel, sondern nur ein Mittel, und die Machtergreifung in einem gegebenen Land nur das willkommene Durchgangsstadium, nicht das Ende der Bewegung. Das praktische Ziel der Bewegungen ist, soviel Menschen wie möglich in die Bewegung hineinzuorganisieren und in Schwung zu bekommen; ein politisches Ziel, bei dem die Bewegung an ihr Ende kommen würde, gibt es überhaupt nicht.

Das zeitweilige Bündnis zwischen Mob und Elite

Daß totalitäre Bewegungen auf rückhaltlose Ergebenheit ihrer Mitglieder, daß totalitäre Regierungen oft auf echte Popularität in den von ihnen unterdrückten Völkern rechnen können, ist erschreckend genug. Erstaunlicher und beunruhigender ist die unzweifelhafte Anziehungskraft, die sie auf die geistige und künstlerische Elite ausüben. Weder Weltfremdheit noch Naivität können erklären, daß eine erschreckend große Zahl der wirklich bedeutenden Männer unserer Zeit sich unter den Sympathisierenden oder den eingeschriebenen Mitgliedern totalitärer Bewegungen befinden oder zu irgendeiner Zeit ihres Lebens befunden haben.

Diese Attraktion ist ein ebenso wesentlicher Schlüssel zum Verständnis der totalitären Bewegungen wie der näherliegende Zusammenhang zwischen den Bewegungen und dem Abschaum der Gesellschaft. Dieses Schlüssels aber kann man sich nur dann bedienen, wenn man beachtet, daß weder die Elite noch der Mob irgendeine Rolle in dem eigentlichen totalitären Herrschaftsapparat spielen, daß ihre Rolle vielmehr ausgespielt ist, sobald die Bewegungen an die Macht kommen. Sie sind wesentlich nur für das Verständnis der allgemeinen geschichtlichen Situation, der Atmosphäre, in welcher der Aufstieg der totalitären Bewegung statthat. Schließlich sind nicht nur die Führer, sondern auch die Sympathisierenden der Bewegungen historisch älter als die Massen, die in ihnen organisiert werden. Die Elite, die aus guten Gründen sich von der Gesellschaft lossagte, bevor der Zusammenbruch des Klassensystems die Massenindividuen erzeugte, und der Mob, dies frühe Abfallprodukt der Herrschaft der Bourgeoisie, die zu ihr gehörige Unterwelt, standen beide lange genug außerhalb der Gesellschaft, um die Massen verstehen und organisieren zu können. Dabei wurde das Verstehen die Sache der Elite und das Führen die Sache des Mob. Die Führer, welche die totalitären

Bewegungen organisierten und sie an die Macht brachten, tragen noch die charakteristischen, uns wohl bekannten Züge des Pöbels. Wie die Führer aussehen werden, die wirklich aus der Massengesellschaft selbst kommen, wissen wir nicht. Aber die Wahrscheinlichkeit spricht dafür, daß sich eher die pedantisch berechnete Korrektheit Himmlers als der hysterische Fanatismus Hitlers, eher die verbohrte Sturheit Molotows als die sinnlich rachsüchtige Grausamkeit Stalins durchsetzen werden.

In dieser Hinsicht unterscheidet sich die Lage nach dem Zweiten Weltkrieg in Europa nicht wesentlich von der nach dem Ersten. Wie in den zwanziger Jahren die Ideologien des Faschismus, Bolschewismus und Nazismus formuliert und die Bewegungen geführt wurden von der sogenannten Frontgeneration, also von Menschen, die, in der Vorkriegszeit aufgewachsen, sich noch genau an sie erinnerten, so wird das politische und geistige Klima der Nachkriegsbewegungen heute von einer Generation bestimmt, deren Entwicklung sich noch unter halbwegs normalen Bedingungen vollzog. Dies gilt insbesondere für Frankreich, aber auch für Italien; in beiden Ländern erfolgte der Zusammenbruch des Klassensystems nach dem Zweiten Weltkrieg statt nach dem Ersten. Der italienische Faschismus hat trotz aller Propaganda für den »Ständestaat« das zerbrechende Klassensystem Italiens noch einmal gestützt und die Verwandlung der Bevölkerung in eine Massengesellschaft verhindert. Die aus dem Mob stammenden Führer der totalitären Bewegungen haben mit den sympathisierenden Intellektuellen schließlich das gleiche gemein, was schon die großen Abenteurer der imperialistischen Epoche mit dem Gesindel, das sie überall hin begleitete, gemein hatten: sie standen außerhalb des Klassen- und Nationalstaatssystems der europäischen Völker, bevor es zusammenbrach.

Die anarchische Verzweiflung, die sich in diesem Zusammenbruch der Massen des Volkes bemächtigte, schien der revolutionären Stimmung der Elite ebenso entgegenzukommen wie den verbrecherischen Instinkten des Mob. Daß der Mob hier seine erste große Gelegenheit erblicken mußte, liegt auf der Hand; die Führer des Mob hatten zum ersten Male die Chance, nicht nur das Gesindel, sondern große Massen des Volkes zu organisieren. Die Tatsache, daß sie meist in die politische Laufbahn nur gekommen waren, weil sie in einer normalen beruflichen Karriere Schiffbruch erlitten und als Sexualverbrecher, Rauschsüchtige oder Pervertierte sich in einem normalen Privatleben nicht hatten zurechtfinden können – Tatsachen, mit denen naiverweise die Leiter der traditionellen politischen Parteien sie bei der Masse zu diskreditieren hofften –, bildete ihre größte Anziehungskraft auf die Massen. Schien dieser Tatbestand doch zu beweisen, daß sich in ihnen das Massenschicksal der Zeit verkörperte und daß ihre Versicherungen der Aufopferung für die Bewegung, der Solidarität mit den von der Katastrophe Betroffenen und der Verachtung für die bürgerliche Gesellschaft echt waren, daß sie nicht danach trachteten, in diese Gesellschaft aufzusteigen, sondern die Brücken wirklich hinter sich verbrannt hatten.

Die Elite der Frontgeneration war nur wenig jünger als die Generation, die sich bereits vom Imperialismus hatte gebrauchen und mißbrauchen lassen, um – als Spieler und Abenteurer, als Ritter ohne Furcht und Tadel und Drachentöter, als Agenten und Spione – der Heuchelei der bürgerlichen Welt und der Langeweile der in ihr möglichen Karrieren zu entkommen. Sie kannten aus eigenster Erfahrung die Sehnsucht von Lawrence von Arabien, das »eigene Selbst zu verlieren«, wie seinen Ekel vor allen bevorstehenden »Werten«, seine Verachtung für alle bestehenden Mächte. Sie konnten sich, wenn sie an »goldene Zeitalter der Sicherheit« vor dem Ersten Weltkrieg zurückdachten, auch noch ganz genau daran erinnern, wie tief sie es gehaßt hatten. Es waren nicht nur Hitler und die Gescheiterten, die »Gott auf den Knien dankten«, als der Erste Weltkrieg ausbrach.[38] Sie brauchten sich nicht einmal vorzuwerfen, einer chauvinistischen Propaganda über den Verteidigungscharakter des Krieges leichtgläubig auf den Leim gegangen zu sein. Die Elite zog 1914 in der jubelnden Hoffnung in den Krieg, daß die ganze Welt und Zivilisation, wie sie sie gekannt hatte, in »Stahlgewittern« (Ernst Jünger) untergehen werde, und ihre Gedichte galten, wie Thomas Mann als erster bemerkte, nicht den Siegen ihrer Vaterländer, sondern dem Krieg, dem »Reiniger« und »Erlöser« als solchem. Worum es ging, war, den »Kulturplunder« loszuwerden, und wenn ein Parteigänger der Nazis anderthalb Jahrzehnte später verkündete: »Wenn ich das Wort Kultur höre, entsichere ich meinen Revolver«, so drückte er nur die Stimmung, mit der die Frontgeneration bereits in den Krieg gezogen war, auf seine Weise aus.[39]

Diesen leidenschaftlichen Ekel vor der Vorkriegszeit und alle späteren Versuche, sie zu restaurieren – von Nietzsche und Sorel bis Pareto, von Rimbaud und T. E. Lawrence bis Jünger, Brecht und Malraux, von Bakunin und Netschajew bis Alexander Blok –, einfach als Ausbrüche des Nihilismus abzutun, ist schwerlich erlaubt, wenn man sich vergegenwärtigt, wie die gute Gesellschaft der Vorkriegszeit, die heute angesichts der neuesten Katastrophen gerne idealisiert dargestellt wird, wirklich ausgesehen hat. Freilich kannte die Frontgeneration, in deutlichem Gegensatz zu den von ihr selbst erwählten geistigen Ahnen, kaum noch eine andere Sehnsucht, als diese ganze Welt des Humbugs mit ihrer künstlichen Sicherheit, ihrer Scheinkultur und ihren zur Fassade erstarrten »Werten« in Trümmern zu sehen. Diese Sehnsucht war überwältigend geworden, sie überwog an Leidenschaftlichkeit und Artikuliertheit alle positiven Versuche. So dachte diese Generation weder an eine »Umwertung der Werte«, wie sie Nietzsche versucht hatte, noch war ihr viel an halb politischen, halb religiösen Formulierungen gelegen, wie sie damals durch Sorel und Péguy in Frankreich maßgebend waren, und selbst jene verlorene Liebe zum Leben in einer wilden Reinheit, von der Rimbauds Leben und Dichten Zeugnis ablegt, war ihr schon ein wenig fremd.[40]

An der Echtheit ihrer Gefühle ist nicht zu zweifeln. Sie ist verbürgt durch die Tatsache, daß nur verhältnismäßig wenige dieser Generation durch die Erfahrung des Krieges von dem Kriegsenthusiasmus geheilt wurden. Die Überlebenden der Schützengräben wurden nicht Pazifisten, sondern klammerten sich an eine Erfahrung, von der sie hofften, sie würde sie definitiv aus der gehaßten Respektabilität und Unerschütterbarkeit ihrer Umgebung lösen. Politisch gesprochen hofften sie, die vier Jahre Schützengraben würden ein objektives Unterscheidungsmerkmal für die Bildung einer neuen Führerschicht abgeben. Dabei erlagen sie nicht der Versuchung, das Vergangene zu idealisieren; diese Anbeter des Kriegs waren die ersten, zuzugestehen, daß der Krieg im Maschinenzeitalter nicht gut die ritterlichen Tugenden von Tapferkeit, Ehre und Männlichkeit erzeugen könne, daß er vielmehr außer der Erfahrung absoluter Zerstörung dem Menschen höchstens die Demütigung beibringe, nichts zu sein als ein kleines Rad in der gewaltigen Maschine des Massenmordes.

Für diese Generation wurde der Erste Weltkrieg zu dem großen Vorspiel des Zusammenbruches der Klassen und ihrer Umwandlung in Massen. Der Krieg in seiner unbeirrbar mörderischen Willkür wurde zum Symbol für den »großen Gleichmacher« Tod und damit zum wahren Vater einer neuen Weltordnung.[41] Das leidenschaftliche Verlangen nach Gleichheit und Gerechtigkeit, nach dem Übersteigen enger und sinnlos gewordener Klassenschranken, nach der Aufgabe törichter Vorrechte und Vorurteile schien im Krieg einen Ausweg aus der herablassenden Haltung des Mitleids mit den Unterdrückten und Enterbten gefunden zu haben. Das folgende Jahrzehnt, bestimmt von Inflation und Arbeitslosigkeit, war nicht geeignet, eine Revision dieser Haltung zu veranlassen. In Zeiten steigenden Elends, wenn niemand mehr niemandem helfen kann, scheint es ebenso schwer, Mitleid nicht zu einer alles vernichtenden Passion werden zu lassen, wie zu verhindern, daß man auf die Grenzenlosigkeit des Mitleidens mit

Ressentiment reagiert; auf jeden Fall scheint Mitleid, wenn es nicht streng personal gebunden ist, die Menschenwürde mit ebenso tödlicher Sicherheit zu vernichten wie das Elend selbst.

Hitler hat im Beginn seiner Laufbahn, als eine Wiederherstellung des europäischen Status quo dem Verlangen des Mob noch als die ernsteste Gefahr erschien, fast ausschließlich an diese Gefühle der Frontgeneration appelliert.[42] Die spezifische Selbstlosigkeit des Massenmenschen erschien hier als eine Sucht nach Anonymität, nach reinem Funktionieren, nach Aufgehen in einem sogenannten größeren Ganzen – mit anderen Worten für jegliche Verwandlung, die dazu verhelfen könnte, die eigene, unechte Identität mit bestimmten Rollen und vorgeschriebenen Funktionen in der Gesellschaft auszulöschen. Der Krieg war als die mächtigste aller Massenaktionen erfahren worden, in der alle persönlichen Unterschiede verschwanden, so daß nun selbst das Leiden, das herkömmlicherweise Menschen durch einzigartige, unvertauschbare Schicksale voneinander unterschieden hatte, als »Massenleiden« das »Mittel des geschichtlichen Fortschritts« werden konnte.[43]

Auch waren die Massen, in denen die Nachkriegselite unterzugehen wünschte, nicht durch nationale Unterschiede begrenzt. Bereits der Erste Weltkrieg hat paradoxerweise die echten Nationalgefühle in Europa fast ausgelöscht; in der Zeit zwischen den beiden Kriegen war es von sehr viel größerer Bedeutung, zu den Generationen der Schützengräben auf ganz gleich welcher Seite gehört zu haben, als ein Deutscher oder ein Franzose zu sein.[44] Die Nazis haben ihre ganze europäische Propaganda um diese »Schicksalsgemeinschaft« zentriert und mit ihr die Sympathien einer sehr großen Anzahl von Kriegerverbänden in allen europäischen Ländern gewonnen – womit sie deutlichst bewiesen, wie belanglos nationale Schlagworte selbst in den Reihen der sogenannten Rechten in Europa geworden waren, wo sie zwar weiter benutzt wurden um ihrer gewalttätigen Assoziationen willen, aber nicht wegen ihres spezifisch nationalen Inhalts.

Die einzelnen geistigen Bestandteile dieser europäischen Nachkriegsatmosphäre waren keineswegs neu. Schon Bakunin hatte bekannt: »Ich will nicht *ich*, ich will *wir* sein«, und Netschajew hatte das Evangelium der »Verdammten« gepredigt – »ohne personale Interessen, ohne Gefühle, ohne Bindungen, ohne Eigentum, und selbst ohne eigenen Namen«.[45] Auch waren den antihumanistischen, antiliberalen, antiindividualistischen und zivilisationsfeindlichen Instinkten der Frontgeneration, ihrer geistvollen, paradoxen und oft brillanten Verherrlichung von Gewalttätigkeit, Macht und Grausamkeit die plumpen und hochtrabenden »wissenschaftlichen« Beweise imperialistischer »Gelehrter« vorangegangen, die herausfanden, daß der Kampf aller gegen alle das Gesetz des Universums, daß Expansion eine Notwendigkeit der Menschennatur und daher eine notwendige politische Parole sei und daß der Mensch sich gefälligst nach solch objektiv festgestellten universalen Gesetzen zu richten habe.[46] Neu waren an den Schriften der Frontgeneration nur ihr hohes literarisches Niveau und ihre echte Leidenschaftlichkeit; sie scherten sich nicht mehr um die wissenschaftlichen Ergebnisse der Vererbungslehre, und sie benutzten kaum die gesammelten Werke von Gobineau oder Houston Stewart Chamberlain, die eher zum kulturellen Haushalt des Bildungsspießers gehörten. Sie lasen den Marquis de Sade lieber als Darwin, und wenn sie überhaupt noch an zwingende Gesetze glaubten, so lag ihnen bestimmt nicht viel daran, außerdem sich auch noch nach ihnen zu richten.[47] Gewalttätigkeit, Machtstreben, Grausamkeit galten ihnen als die höchsten Fähigkeiten von Menschen, die ihre Stellung im Weltall definitiv verloren hatten und zu stolz waren, einer Theorie nachzujagen, die sie wieder in den Hafen gesetzlicher Sicherheit bringen und in die Welt eingliedern würde. Sie nahmen blind auf jeden Fall für das Partei, was die gute Gesellschaft gebrandmarkt hatte, ohne Rücksicht auf Doktrin oder Inhalt, und sie erhoben die Grausamkeit zur höchsten Tugend, weil gerade dies am genauesten der liberalen und humanitären Hypokrisie ihrer Umgebung widersprach.

Vergleichen wir diese Generation mit dem neunzehnten Jahrhundert, mit dessen Ideologie sie so viel gemeinsam zu haben scheint, so fällt die Verachtung der Theorie und die Direktheit der Sprache auf. Das soziale Elend, die gesellschaftliche Heuchelei und die geistige Not der Zeit hatten diese Menschen tiefer, tödlicher verwundet als alle die Apostel der Brüderlichkeit und Prediger einer religiösen Erneuerung zusammen. Hierin glichen sie der imperialistischen Generation, nur gab es für sie nicht mehr den Ausweg in exotische Länder; sie konnten sich nicht mehr die Zeit vertreiben und glorreiche Abenteuer bestehen unter fernsten Himmeln bei fremdesten Völkern. Die imperialistische Epoche war zu Ende, noch bevor sie für die zentraleuropäischen Völker recht angefangen hatte; die Tore ins Märchenland hatten sich endgültig geschlossen, und es gab kein Entrinnen mehr aus Elend, Gedrücktheit, Enttäuschung und Ressentiment, das alles zusammen von dem nicht enden wollenden gebildeten Gerede überdeckt wurde, wie es kein Entkommen gab vor dem Ekel, den dieses Gemisch immer wieder hervorrief.

Die Unmöglichkeit der Flucht in die weite Welt, das Gefühl, unentrinnbar in den Maschen und Fallen der Gesellschaft verfangen zu sein – so verschieden von den Bedingungen, die den imperialistischen Charakter geformt hatten –, fügten dem alten Hang zu Anonymität und Selbstpreisgabe ein überspanntes und oft hysterisches Verlangen nach Gewalt hinzu. Freiwilliges Untertauchen in einen übermenschlichen Kraftprozeß der Zerstörung schien auf jeden Fall alle Bindungen an vorgegebene Funktionen in der Gesellschaft zu lösen und aus der Verstrickung in nichtssagende Banalität zu erlösen. Die Anziehungskraft der totalitären Bewegungen auf diese Menschen bestand und besteht in dem, was man oft ihren »Aktivismus« genannt hat, und das heißt, in jener nur scheinbar widerspruchsvollen Amalgamierung einer von allen

Bedenken »gereinigten«, brutal-reinen Aktion mit dem Glauben an die überwältigende Macht einer allem menschlichen Verstehen entzogenen, brutal-reinen Notwendigkeit. Denn diese Mischung entsprach aufs genaueste dem wesentlichsten Kriegserlebnis der Frontgeneration, der Erfahrung einer ständigen, zerstörerischen Aktivität im Rahmen einer durch keine Aktion abzuwehrenden Fatalität. Daß dieses Fronterlebnis sich in der gesteigerten Technisierung und Automatisierung der Nachkriegswelt immer neue Impulse seiner Gültigkeit holen konnte, hat ihm eine erstaunliche Langlebigkeit gesichert. So beherrscht es noch heute die Stimmung eines bedeutenden Teiles des französischen Existentialismus, wo ebenfalls der Mensch einerseits den Mächten, und zwar den terroristisch-gewalttätigen der Geschichte, ganz anheimgegeben ist, um dann doch andererseits nur in der Aktion seine eigene Identität zu finden. So jedenfalls liegen die Dinge für Sartre und Merleau-Ponty, für die daher auch die kommunistische Bewegung in ihrer heutigen Form eine alle Argumente übersteigende und vernichtende Anziehungskraft hat.

Der Aktivismus der totalitären Bewegungen äußert sich vor allem in der ausgesprochenen Vorliebe für terroristische Aktionen, die allen anderen Arten politischen Handelns als überlegen gelten. Dieser Terrorismus hatte wenig gemein mit dem Terror älterer revolutionärer oder anarchistischer Verbände. Terroraktionen stehen nicht mehr im Dienste einer so oder anders gearteten Politik, sind nicht mehr die *ultima ratio* politischen Handelns, gelten nicht mehr der Beseitigung bestimmter Personen, welche zum Symbol der Unterdrückung geworden waren. Was die intellektuelle Elite wie den Mob zum totalitären Terror verführte, war vielmehr der Umstand, daß es sich um Terrorismus im wahrsten Sinne des Wortes handelte, um eine Art Philosophie des Terrors. Terror war zum Stil politischen Handelns überhaupt geworden, ein Mittel, sich selbst, den eigenen Haß und ein blindes Ressentiment auf alles Bestehende auszudrücken. Er war eine Art Bombenexpressionismus, und seine Anhänger waren durchaus bereit, mit ihrem Leben für einen gelungenen Ausdruck ihres Selbst, und das heißt für eine Anerkennung ihrer Existenz von seiten der normalen Gesellschaft, zu bezahlen. In diesem Geiste und in diesem Stil verkündete Goebbels lange vor der deutschen Katastrophe mit unverhohlener Freude, daß die Nazis im Falle einer Niederlage es verstehen würden, die Tür so hinter sich zuzuschlagen, daß man sie auf Jahrtausende nicht vergessen würde.

Dennoch findet sich hier, wenn irgendwo, ein gültiges Unterscheidungsmerkmal zwischen der Elite und dem Mob der vortotalitären Zeit. Was der Mob wollte und was Goebbels so schlagkräftig zum Ausdruck brachte, war der Zugang und Eingang in die Geschichte überhaupt, selbst um den Preis der eigenen Vernichtung. Goebbels' aufrichtige Überzeugung von dem »größten Glück, das einem Zeitgenossen widerfahren könne, entweder ein Genie zu sein oder einem zu dienen«,[48] war typisch für den Mob, aber weder für die Massen noch für die mit ihnen sympathisierende Elite. Dieser war es vielmehr so ernst mit der Anonymität, daß sie allen Ernstes leugnete, daß es so etwas wie Genies überhaupt gäbe. Charakteristisch für die Kunsttheorien der zwanziger Jahre war gerade, daß sie verzweifelt nachzuweisen suchten, daß das Hervorragende nichts sei als das Ergebnis von handwerklichem Können und logischer Folgerichtigkeit, zu der sich dann noch ein Instinkt geselle für die Verwirklichung der im Material selbst vorgezeichneten Möglichkeiten. Nur den Pöbel faszinierte »die strahlende Macht des Ruhmes« (Stefan Zweig), nur der Mob erklärte sich zum Erben des Geniekults der späten bürgerlichen Welt. Und hierin folgte er getreulich dem Muster der Emporkömmlinge in der bürgerlichen Gesellschaft, die ebenfalls entdeckt hatten, daß diese Gesellschaft nicht dem Verdienst, sondern dem faszinierenden »Abnormalen« – dem Genie, dem Homosexuellen, dem Juden – ihre Tore öffnete. Die Verachtung der Elite für das »Genie« und ihre Sehnsucht nach Anonymität hatte sehr wenig mit dem Geist eines Massenzeitalters und gar nichts mit der Mentalität des Mob zu tun; dafür war in ihr noch jener Enthusiasmus lebendig, der, in den Worten Robespierres, die Größe des Menschen wahrt vor der Niedrigkeit der Großen.

Wie immer aber die Elite sich in Wahrheit vom Mob unterscheiden mochte, fraglos ist, daß sie Gefallen daran finden mußte, wenn die Unterwelt die gute Gesellschaft zwang, mit ihr auf gleichem Fuß zu verkehren. Daß die Salons sich um die Ehre rissen, die Helden des Pöbels zu empfangen, erschien wie ein Akt ausgleichender Gerechtigkeit im Gewande der Komödie. In das gleiche Kapitel gehört die unbestreitbare und sicher auch skandalöse Tatsache, daß die Elite sich mit den phantastischen Geschichtsfälschungen totalitärer Propaganda und totalitärer Regierungen so leicht hat abfinden können. Überzeugt, daß alle traditionelle Geschichtsschreibung, die ja notwendigerweise die Benachteiligten und Unterdrückten aus dem Gedächtnis der Menschheit ausschließt, ohnehin eine Fälschung sei, sahen sie in den faustdicken Lügen totalitärer Propaganda nur den faustdicken Spaß, der die Gültigkeit der überlieferten Geschichte überhaupt in Frage zog. Seit der Glaube an ein Leben nach dem Tode geschwunden war und mit ihm die Zuversicht, daß irgend einmal die Waagschale der Gerechtigkeit richtiges Gewicht geben würde, war es nicht mehr so leicht gewesen, sich damit abzufinden, daß diejenigen, denen das Leid der Unterdrückung zu Lebzeiten zuteil geworden war, außerdem ihre Stimme für immer im Chor der Menschheit verlieren. Marx' Versuch, die Weltgeschichte in eine Geschichte von Klassenkämpfen umzudeuten, schlug auch die in seinen Bann, die an die objektive Richtigkeit seiner These nicht glaubten, und zwar ausschließlich deshalb, weil dieser Versuch von der Absicht geleitet war, den aus der offiziellen Geschichtsschreibung Ausgeschlossenen einen Platz im Gedächtnis der Nachwelt zu sichern: »Denn die einen stehn im Dunkeln / Und die andern stehn im Licht; / Und man sieht nur die im Lichte / Die im Dunkeln sieht man nicht« (Brecht).

Jedenfalls beruhte das zeitweilige Bündnis zwischen Elite und Mob weitgehend auf dem echten Vergnügen, das der Mob der Elite bereitete, als er daranging, die Respektabilität der guten Gesellschaft zu entlarven, ob nun die deutschen Stahlbarone den »Anstreicher Hitler« empfingen oder ob das Geistes- und Kulturleben mit plumpen und vulgären Fälschungen aus seiner akademischen Bahn geworfen wurde. Von diesem Gesichtspunkt aus konnte man es sogar begrüßen, daß Bolschewismus wie Nazismus konsequent genug waren, die Quellen auch der eigenen Ideologie zu verstopfen, sobald sie in akademischen oder anderen offiziellen Kreisen Anerkennung gefunden hatten. Nicht Marx' historischer Materialismus, sondern die Verschwörung der dreihundert Familien, nicht die hochtrabende Wissenschaftlichkeit von Gobineau und Chamberlain, sondern die *Protokolle der Weisen von Zion*, nicht der nachweisbare Einfluß der katholischen Kirche und die Rolle des Antiklerikalismus in romanischen Ländern, sondern die Hintertreppenliteratur über Jesuiten und Freimaurer lieferten die Inspiration für die Neudeutung der abendländischen Geschichte. Das Leitmotiv dieser Konstruktionen, gleich in welchem Gewande sie erschienen, war, die offiziell bekannte Geschichte als Fassade zu entlarven und eine Sphäre geheimer Einflüsse zu erweisen, die sich dieser sichtbaren Geschichte nur bedient, um alle Welt zu narren.

Zu der Abneigung der Elite für offizielle Geschichtsschreibung, zu ihrer Überzeugung, daß dieses gigantische Feld von Fälschungen sich noch am besten zum Spielplatz für Scharlatane eigne, trat die ungeheuer verführerische und demoralisierende Vorstellung von der Möglichkeit, Fälschungen und Lügen, wenn sie nur groß und kühn genug sind, als unbezweifelbare Tatsachen zu etablieren: Könnte es nicht sein, daß der Mensch die Freiheit hat, seine Vergangenheit willkürlich zu ändern? Könnte der Unterschied zwischen wahr und falsch nicht einfach eine Sache der Macht sein und der Schlauheit, jederzeit korrigierbar durch Terror und Propaganda? Die Faszination lag nicht einfach in Stalins und Hitlers Meisterschaft in der Kunst des Lügens, sondern in der Tatsache, daß sie es vermochten, die Massen so zu organisieren, daß ihre Lügen sich in Wirklichkeit umsetzten. Was vom Standpunkt der Gelehrten simple Fälschung war, schien die Sanktionierung durch die Geschichte selbst zu empfangen, sobald die »in die Zukunft marschierende« Bewegung sich dahinterstellte und sie als Quelle der Inspiration »historischer« Aktionen benutzte.

Die Anziehung, welche die totalitären Bewegungen auf die Elite vor der Machtergreifung ausüben, ist so verblüffend für die Außenstehenden, weil sie ihr Augenmerk natürlicherweise nur oder vorzugsweise auf die offensichtlich platten und unsinnigen Doktrinen der Bewegungen richten und nicht auf die eigentümliche allgemeine Stimmung, für die diese Doktrinen meist nur ein mehr oder minder willkürlicher Ausdruck sind. Das offenkundige Vergnügen, mit dem die Elite sich die »Ideen« des Mob aneignete, und der Eifer, mit dem vor allem Literaten ihre Interpretationskünste an ihnen erprobten, mußten alle, die in den entscheidenden Erfahrungen unserer Zeit verhältnismäßig unerfahren sind, außerordentlich bestürzen. Dabei konnte es nicht ausbleiben, daß man diese Dinge, was ihren Gehalt anlangte, viel zu ernst nahm und übersah, daß sie aus einer Atmosphäre erwuchsen, in welcher alle überkommenen Werte und Vorstellungen, also auch die alten Standards und Maßstäbe, ohnehin ihre Gültigkeit verloren hatten. In dem prätotalitären Meinungschaos, in dem ohnehin jeder, der etwas für wahr hielt, für einen Narren gehalten wurde, war es erheblich leichter, offenkundig absurde Behauptungen zu akzeptieren als die alten Wahrheiten, die zu frommen Banalitäten geworden waren. Hier war man jedenfalls vor dem Ernst, den die alten Wahrheiten noch zu verlangen schienen, ganz und gar sicher. Vulgarität, die offen-zynische Verabschiedung aller allgemein anerkannten Standards implizierte ein erhebliches Zugeständnis des Schlimmsten und eine Verachtung aller Prätentionen, die leicht als ein neuer Mut und ein neuer Lebensstil mißverstanden werden konnten. In den Überzeugungen und Verhaltensweisen des Mob – welche in Wahrheit nur die Überzeugungen und Verhaltensweisen einer ihrer Heuchelei entkleideten Bourgeoisie waren – sahen diejenigen, welche die Bourgeoisie wirklich haßten und freiwillig die Gesellschaft der Respektabilität verlassen hatten, nur das Fehlen von Heuchelei und Respektabilität, nicht aber die eigentlichen Gehalte.[49]

Insofern die Bourgeoisie sich als Hüterin der abendländischen Tradition aufspielte und öffentlich mit Tugenden prunkte, die sie nicht nur im privaten und geschäftlichen Leben nicht ausübte, sondern in Wirklichkeit sogar verachtete, erschien ein gewisses Prahlen mit Grausamkeit, Unmenschlichkeit und Amoralität als revolutionär; zumindest beseitigte es die Doppelzüngigkeit, auf der die bestehende Gesellschaftsordnung zu beruhen schien. Gerade weil die Elite die Brüchigkeit dieser Gesellschaft nicht erkannte, weil sie sich einbildete, immer noch in dem heuchlerischen Zwielicht einer doppelten Moral zu leben, erschien ihr die Maske der Grausamkeit so verführerisch: Wie herrlich erschien das Böse in einer Welt, in der es nur noch zur Gemeinheit langte. Je weniger die Elite von den früheren Beziehungen zwischen Bourgeoisie und ihrer eigenen Unterwelt wußte, desto sicherer war sie, daß man das alte Spiel des *»épater le bourgeois«* noch einmal und bis zur Vollendung wiederholen könne, indem man einfach die Gesellschaft durch ein ironisch übertreibendes Bild ihres eigenen Verhaltens schockierte.

Damals kam noch niemand auf den Gedanken, daß das Opfer dieser Ironie die Elite und nicht die Bourgeoisie sein werde. Die Avantgarde wußte nicht, daß diese Gesellschaft nicht mehr zu schockieren war und daß ihre Amoralität mit großer Anstrengung offene Türen einrannte. Alle derartigen Versuche hatten einen so überwältigenden Erfolg im Nachkriegsdeutschland, daß die »revolutionäre Minderheit« eigentlich hätte merken müssen, daß sie offenbar den Geist einer Majorität repräsentierte. Ganz typisch in dieser Hinsicht war die Aufnahme von Brechts *Dreigroschen-Oper*, diesem vielleicht erfolgreichsten Stück des vorhitlerischen Theaters, in welchem die wohlbestallten Hüter der bürgerlichen Ordnung als Verbrecher, Unterweltscharaktere hingegen als Geschäftsleute auftraten. Die Ironie des Stückes ging ein bißchen verloren, wenn achtbare Geschäftsleute in der Zuhörerschaft das »Erst kommt das Fressen und dann kommt die Moral« als tiefe Einsicht in den Lauf der Welt beklatschten, während der Mob in der ganzen Sache nur eine erfreuliche Sanktionierung des Gangstertums begrüßte. An der Entlarvung bürgerlicher Heuchelei freute sich keineswegs nur die Elite, sondern vorerst einmal die bürgerliche Gesellschaft selbst, da sie die Heuchelei, das »Kompliment des Lasters an die Tugend«, ohnehin als überflüssigen Ballast abzuwerfen im Begriffe stand. Die Wirkung des Stückes war das genaue Gegenteil von dem, was Brecht mit ihm gewollt hatte; sein einziges politisches Ergebnis war, daß jedermann ermutigt wurde, die unbequeme Maske der Heuchelei fallen zu lassen und offen die Maßstäbe des Pöbels zu übernehmen.

Etwas ganz Ähnliches wiederholte sich zehn Jahre später in Frankreich, als Céline in *Bagatelles pour un Massacre* vorschlug, alle Juden zu massakrieren. André Gide gab in der *Nouvelle Revue Française* öffentlich sein Vergnügen bekannt, natürlich nicht, weil er wünschte, die Juden Frankreichs umzubringen, sondern weil er glaubte, es handele sich nur um eine neue Variante des alten Spiels *»épater le bourgeois«*, wobei ihm dann Célines Massivität als Gegenstück zu der verheuchelten Höflichkeit, mit der man in der guten Gesellschaft die Judenfrage umging, ausgezeichnet gefiel. Daß die Elite sich dieses Vergnügen nicht einmal durch die sehr realen Judenverfolgungen Hitlers, die damals bereits im vollen Schwunge waren, verderben ließ, zeigt nur, wie wenig sie von der wirklichen Natur der totalitären Bewegungen ahnte und wie unwiderstehlich das Verlangen nach Entlarvung der Heuchelei war. Gides Reaktion hatte sehr viel weniger mit Antisemitismus als mit der Aversion gegen den liberalen Philosemitismus zu tun. Aus dieser Mentalität erklärt sich auch die bemerkenswerte Tatsache, daß Hitlers und Stalins weithin veröffentlichte Ansichten über Kunst und ihre Verfolgung aller modernen Künstler niemals die Anziehung zu beseitigen vermochten, welche die totalitären Bewegungen auf gerade diese Künstler ausübten. Der Mangel an wirklicher Urteilskraft geht hier Hand in Hand mit der eigentümlichen, modernen Selbstlosigkeit, und beides findet nur zu sehr seine Entsprechung in dem Drang der Massen in eine fiktive Welt und ihre Ungebundenheit durch kollektive Interessen. Es gehörte zu den großen Chancen der totalitären Bewegungen – und ist einer der Gründe dafür, daß ein zeitweiliges Zusammengehen von Elite und Mob zustande kommen konnte –, daß in einem primitiven, undifferenzierten Sinn die Probleme der Elite und des Mob sich nicht mehr voneinander unterschieden und daß sie beide aufs engste mit den Problemen und der Mentalität der heimatlos gewordenen Massen verbunden waren.

Nahe verwandt der Anziehung, die der Mob durch seine Freiheit von Heuchelei und die Massen durch ihre Freiheit von Klasseninteressen auf die Elite ausübten, war der Anspruch der totalitären Bewegungen, die Trennung zwischen privatem und öffentlichem Leben aufgehoben und eine mysteriöse irrationale Ganzheit im Menschen wiederhergestellt zu haben. Seit Balzac das Privatleben der öffentlichen Persönlichkeiten Frankreichs enthüllt und seit Ibsens *Stützen der Gesellschaft* die europäischen Bühnen erobert hatten, war die doppelte Moral zu einem der Hauptthemen von Trauerspielen, Komödien und Romanen geworden. Diese kuriose Problematik von privat und öffentlich war typisch gewesen für die von der Bourgeoisie bestimmte Gesellschaft und hatte nichts zu tun mit der berechtigten Scheidung zwischen einer personal-privaten Sphäre des menschlichen Lebens und einer öffentlich-politischen. Sie war ein deutlicher psychologischer Niederschlag jenes Kampfes zwischen *bourgeois* und *citoyen*, den die Französische Revolution entfacht hatte und der im Verlauf des neunzehnten Jahrhunderts, je mehr er zugunsten des *bourgeois* entschieden wurde, desto deutlicher sich in der Brust jedes einzelnen Staatsbürgers abzuspielen pflegte. Worum es in Wahrheit ging, war die Existenzbedrohung und ständige Einengung der öffentlich-politischen Sphäre überhaupt durch die gesellschaftlich-ökonomischen Konkurrenzkämpfe einerseits und die Klasseninteressen der herrschenden Klassen andererseits. In diesem Zusammenhang erschien die politische Theorie des Liberalismus, derzufolge die Summe der Einzelinteressen sich zu dem Wunder eines Gemeinwohls addiert, wie ein leicht zu durchschauender »Überbau« der Rücksichtslosigkeit, mit der Privatinteressen auf Kosten des Gemeinwohls, das heißt auf Kosten des »Ganzen«, durchgedrückt werden sollten.

Gegenüber dem europäischen Parteiensystem, in welchem jede Partei einem partikularen Klassen- oder Gruppeninteresse entsprach und demzufolge niemals Anspruch auf Totalität machte, sondern im Gegenteil bewußt als Teil eines Ganzen handelte, in welchem außerdem jedes Mitglied nur als Glied einer Klasse oder Gruppe, also nicht in seiner personalen Totalität vertreten war, behaupteten die totalitären Bewegungen von vornherein, daß sie als Weltanschauungsparteien sich an alle wendeten und daß sie auf Grund dieser Weltanschauung Anspruch auf den Menschen als Ganzes machten.[50] In diesem Totalitätsanspruch hatten die Mobführer der Bewegungen wieder im Grunde nur die unausgesprochenen Überzeugungen der Bourgeoisie formuliert und pervertiert. Die Bourgeoisie, die ihren Aufstieg nur dem Druck verdankte, den wirtschaftliche Bedingungen auf eine sich auflösende Gesellschaft ausübten, und die politische Macht durch ökonomische Erpressung politischer Institutionen zu erwerben pflegte, war immer der Meinung gewesen, daß die öffentlichen und sichtbaren Träger der Macht im Staate in Wahrheit abhingen und geleitet wurden von ihren eigenen, nichtöffentlichen Klasseninteressen und von persönlicher Beeinflussung. Die politischen Überzeugungen der Bourgeoisie waren in diesem Sinne immer »totalitär« gewesen, das heißt hatten die Identität von Politik, Wirtschaft und Gesellschaft vorausgesetzt, wobei die politisch-staatlichen Institutionen als bloße Fassade für Privatinteressen angesehen wurden. (In diesem Sinne ist gerade Marx' Ideologienlehre nur die Radikalisierung der Weltanschauung der Bourgeoisie; revolutionär war das Aussprechen, nicht der Inhalt.) Daß die Bourgeoisie schließlich und endlich die doppelte Moral erfand, daß sie sich zu der Unterscheidung zwischen privater und öffentlicher Sphäre entschloß, war ein Zugeständnis an den Nationalstaat gewesen, der verzweifelt versucht hatte, die beiden Bereiche auseinanderzuhalten.

Was die Elite ansprach, war Radikalismus als solcher. Die faszinierende Anziehung, die Sowjetrußland in fast gleicher Stärke auf nazistisch wie kommunistisch gestimmte Intellektuelle ausübte, lag darin begründet, daß »die Revolution in Rußland eine Religion und eine Philosophie war, und nicht bloß ein Konflikt, der die soziale und politische Seite des Lebens angeht«.[51] Die westeuropäische Intelligenz hatte in der Tat angefangen, sich dem Typus des russischen Revolutionärs anzugleichen, der sich nicht mit einer Änderung der gesellschaftlichen und politischen Umstände begnügte, sondern die radikale Zerstörung alles Bestehenden forderte. Der Mob zog seinen Vorteil aus dieser für Westeuropa neuen Stimmung des Radikalismus um jeden Preis und brachte damit ein kurzfristiges Zusammengehen von echten Revolutionären und wirklichen Kriminellen zustande – eine Mischung, die wir aus den revolutionären Geheimverbänden des zaristischen Rußland kennen, die aber in Europa bisher nicht vorgekommen war.

Das beunruhigende Bündnis zwischen Mob und Elite, die merkwürdige Koinzidenz ihrer Überraschungen und Bestrebungen hatten ihren Ursprung in dem Umstand, daß innerhalb des Zerfalls des Nationalstaats und der Klassengesellschaft diese Schichten als erste sozial und politisch heimatlos geworden waren. Sie fanden so leicht, wenn auch nur vorübergehend, zueinander, weil sie beide fühlten, daß sie repräsentativ waren für das Schicksal der Zeit, daß große Massen hinter ihnen standen, die nach und mit ihnen den Weg in die Heimatlosigkeit würden antreten müssen, ja, daß früher oder später die europäischen Völker in ihrer Mehrheit mit ihnen gehen würden – bereit, wie sie meinten, *ihre* Revolution zu machen.

Was dieses letzte anlangte, so stellte sich heraus, daß sie beide im Irrtum waren. Der Mob, die Unterwelt der Bourgeoisie, hoffte, die hilflosen Massen würden gar nicht anders können, als ihn an die Macht bringen, was nichts anderes bedeutet hätte, als daß die älteren Schichten der Bourgeoisie von jüngeren und unternehmungsfreudigeren Elementen abgelöst worden wären. Die Führer der totalitären Bewegungen aber, obwohl sie selbst noch der Mobschicht entstammten, verspürten, als sie erst einmal an die Macht gekommen waren, keinerlei Bedürfnis, sich zu Repräsentanten der Gruppe zu machen, aus der sie kamen; sie gebärdeten sich nicht als Vertreter irgendwelcher Interessen, und ihnen lag an einer Position in der Gesellschaft gar nichts. Sie wollten nicht die Minister und Professoren von morgen, sondern die Gründer tausendjähriger Reiche werden. Als überzeugte Anhänger totalitärer Ideologien wußten sie, daß jegliche Initiative und jeglicher Unternehmungsgeist, der der Kriminellen nicht weniger als der der Intellektuellen, der totalen Beherrschung des Menschen nur gefährlich sein kann. Für die Bedienung fehlerlos funktionierender Beherrschungs- und Vernichtungsapparate lieferten die Massen gleichgeschalteter Spießer auf jeden Fall ein erheblich zuverlässigeres Menschenmaterial; es sollte sich bald herausstellen, daß sie weit größerer Verbrechen fähig waren als alle sogenannten Berufsverbrecher, wenn man nur diese Verbrechen einwandfrei organisierte und sie in Routinehandlungen verwandelte.

Es ist daher kein Zufall, daß von den wenigen Protesten, die selbst in Deutschland gegen die Massenabschlachtung von Juden und osteuropäischen Völkern laut wurden, die meisten nicht aus den Kreisen der Armee oder von den »nur gleichgeschalteten« Mitläufern erhoben wurden, sondern gerade von jenen frühen Mitgliedern der Nazipartei, die gleich Hitler typische Repräsentanten des Mob waren.[52] Und von ihnen wiederum gehörte keiner zu dem engeren Kreis um Hitler, in dem sich überhaupt außer Himmler und Goebbels keine alten Parteigenossen befanden. Dies aber besagt, daß sich außer Goebbels keiner der frühen Mob- und Unterweltcharaktere, unter denen die Nazis ursprünglich ihre wertvollsten Helfer rekrutierten, in die wirklich total gewordene Herrschaft zu fügen wußte. Denn Himmler, der nach 1936 potentiell mächtigste Mann Deutschlands, gehörte weder zu den »bewaffneten Bohemiens« (K. Heiden) noch eigentlich zum Pöbel. Der Organisator der Vernichtungsfabriken war »normaler« als irgendeiner der ursprünglichen Führer der Nazibewegung, war ein Spießer und weder ein verkommener Intellektueller wie Goebbels, noch ein Scharlatan wie Rosenberg, noch ein Sexualverbrecher wie Streicher, noch ein hysterischer Fanatiker wie Hitler, noch ein Abenteurer wie Göring.[53] Seine außerordentliche Fähigkeit, Massen so vollständig in totales Beherrschtsein hineinzuorganisieren, daß aus ihnen sowohl Funktionäre als auch Opfer des Verwaltungsmassenmordes gleich willkürlich und gleich zweckentsprechend ausgewählt werden konnten, bewies er gerade durch die Einsicht, daß die meisten Menschen weder Bohemiens noch Fanatiker sind, weder Abenteurer noch Pervertierte noch einfach Narren, sondern vor allem besorgt um die eigene Sekurität und das Wohlergehen ihrer Familien.

Der Philister, der sich ins Privatleben zurückgezogen hatte, einzig besorgt um Sekurität und Karriere, war das letzte und bereits entartete Produkt der Bourgeoisie und ihres Glaubens an das absolute Primat der sozialen und ökonomischen Interessen vor den Ansprüchen des öffentlichen und staatlichen Lebens. Der Spießer ist der Bourgeois in seiner Isolierung, in seiner Verlassenheit von der eigenen Klasse. Als solcher, als ein atomisiertes Individuum, entstand er in Massen erst durch den Zusammenbruch der Bourgeoisie als Klasse. Der Massenmensch, den Himmlers Organisationskünste unschwer zum Funktionär und willigen Komplicen der größten Verbrechen, welche die Geschichte kennt, machten, trug deutlich die Züge des Spießers, nicht die Züge des Mob; hier waren keine Leidenschaften, verbrecherische oder normale, im Spiel, sondern lediglich eine Gesinnung, die es selbstverständlich fand, bei der geringsten Gefährdung der Sekurität alles – Ehre, Würde, Glauben – preiszugeben. Nichts erwies sich leichter zerstörbar als die Privatmoral von Leuten, die einzig an die ununterbrochene Normalität ihres privaten Lebens dachten, nichts konnte leichter gleichgeschaltet, öffentlich uniformiert werden als dieses Privatleben. Nach wenigen Jahren systematischer Gleichschaltung konnten die Nazis mit Recht erklären: »Der einzige Mensch, der in Deutschland noch ein Privatleben führt, ist jemand, der schläft.«[54]

Was hingegen jene Angehörigen der geistigen und künstlerischen Elite anlangt, die sich in so betrübend großer Zahl bei der einen oder anderen Gelegenheit von den totalitären Bewegungen haben verleiten lassen und denen man sogar wegen ihrer überragenden Fähigkeiten manchmal vorwirft, sie hätten diesen ganzen Höllenspuk inspiriert, so muß in aller Gerechtigkeit gesagt werden, daß, was immer diese verzweifelten Menschen des zwanzigsten Jahrhunderts begangen oder unterlassen haben, sie auf die totalen Herrschaftsapparate niemals und nirgendwo irgendeinen Einfluß hatten. Höchstens spielten sie eine nicht sehr wesentliche Rolle bei den anfangs erfolgreichen Versuchen der Bewegungen, die nicht totalitäre Außenwelt zum Ernstnehmen ihrer Ideologien zu veranlassen. Wo immer die Bewegungen an die Macht kamen, haben sie diese Gruppe von Sympathisierenden zuerst abgeschüttelt, und dieser Reinigungsprozeß war stets beendet, bevor die totalitären Regierungen zu ihren wirklich typischen Verbrechen im großen Ausmaße schritten. Geistige und künstlerische Initiative ist der totalen Herrschaft nicht weniger gefährlich als die Gangsterinitiative des Mob, und beide sind ihr bedrohlicher als bloß politische Gegnerschaft. Die konsequente Unterdrückung aller höheren Formen geistiger Aktivität durch die modernen Massenführer hat tiefere Gründe als die natürliche Abneigung gegen das, was man nicht versteht. Totale Beherrschung kann freie Initiative in keinem Lebensbereich erlauben, weil sie kein Handeln zulassen darf, das nicht absolut voraussehbar ist. Die totalitäre Bewegung muß daher, wenn sie erst einmal die Macht in der Hand hat, unerbittlich alle Talente und Begabungen ohne Rücksicht auf etwaige Sympathien durch Scharlatane und Narren ersetzen; ihre Dummheit und ihr Mangel an Einfällen sind so lange die beste Bürgschaft für die Sicherheit des Regimes, als dieses noch nicht seine eigene Funktionärschicht herangezogen hat, die selbst gegen die Menschlichkeit der Narrheit und Scharlatanerie gefeit ist.[55]

11 Die totalitäre Bewegung

Totalitäre Propaganda

Auf die Mob- und Eliteelemente der Gesellschaft üben die totalitären Bewegungen eine Anziehungskraft aus, die von Propaganda nahezu unabhängig ist und vor allem jener Trieb- und Schwungkraft ihre Wirkung verdankt, die zu versprechen scheint, alles Bestehende in einem Sturm von Umwälzungen und Terror hinwegzufegen. Die Massen hingegen können nur durch Propaganda gewonnen werden. Totalitäre Bewegungen, sofern sie sich unter normalen Bedingungen von Meinungsfreiheit und verfassungsmäßiger Regierung entwickeln, appellieren an das gleiche Publikum, dem Informationsquellen noch in unbeschränktem Maße zur Verfügung stehen und das durch Gewaltakte nur in sehr begrenztem Maße terrorisiert werden kann.

Daß Propaganda und Terror sich ergänzen wie zwei Seiten der gleichen Medaille, ist zwar von Kritikern wie Anhängern totalitärer Systeme behauptet worden, ist aber nur begrenzt richtig.[1] Totalitäre Regierungen pflegen die Propaganda der Bewegungen durch Indoktrination zu ersetzen, und ihr Terror richtet sich sehr bald (sobald nämlich die Anfangsstadien einer organisierten Opposition überwunden sind) nicht so sehr gegen die Gegner, die man durch Propaganda nicht hat überzeugen können, als gegen jedermann. Sobald totalitäre Diktaturen fest im Sattel sitzen, benutzen sie Terror, um ihre ideologischen Doktrinen und die aus ihnen folgenden praktischen Lügen mit Gewalt in die Wirklichkeit umzusetzen: Terror wird zu der spezifisch totalen Regierungsform.

So setzte etwa die bolschewistische Regierung in Rußland die ideologische Forderung durch, daß es in einem sozialistischen Lande keine Arbeitslosigkeit geben dürfe, aber nicht so, daß sie propagandistisch-schwindelhaft in einem Moment offenbarer Arbeitslosigkeit behauptete, es gäbe keine Erwerbslosen, sondern indem sie ohne alle Propaganda erst einmal die Arbeitslosenunterstützung abschaffte.[2] Die Lüge wurde Wahrheit: Es gab keine Arbeitslosen mehr in Rußland, nur noch Bettler und asoziale Elemente, und der alte sozialistische Grundsatz »Wer nicht arbeitet, soll auch nicht essen« war auf eine zwar unerwartete, dafür aber um so radikalere Weise verwirklicht worden. Oder: Als Stalin die Geschichte der russischen Revolution umzuschreiben beschloß, bestand seine »Propaganda« der neuen Fassung lediglich darin, zusammen mit der alten Auflage und den zu ihr gehörenden Dokumenten die alten Autoren und ihre Leser zu vernichten. Als im Jahre 1938 die neue Geschichte der Kommunistischen Partei Rußlands erschien, war die Publikation selbst das Zeichen, daß die Generalreinigung der Partei, die eine ganze Generation der russischen Intelligenz dezimiert hatte, zu Ende war. In beiden Fällen diente Terror dazu, eine Doktrin zu verwirklichen, nicht sie zu propagieren.

Das Naziregime verhielt sich in diesen Fragen ganz ähnlich. Solange es sich noch darum handelte, die Bevölkerung der besetzten Ostgebiete für die Besatzungsmacht zu gewinnen, entfalteten die Nazis eine recht erhebliche antisemitische Propagandatätigkeit, welche auf Terror schon darum verzichten konnte, weil sie der Stimmung der Bevölkerung, vor allem Polens, ganz und gar entgegenkam. Terror wurde erst angewandt, als es sich kurze Zeit darauf darum handelte, die Rassenlehre, derzufolge die östlichen Völker als Untermenschen keine Intelligenz haben, in die Wirklichkeit umzusetzen und die politische Intelligenz auszurotten, von der damals Widerstand noch nicht einmal zu befürchten stand. Genauso zielte die sogenannte »Heuaktion«, die wegen der Kriegsereignisse nur ansatzweise zur Durchführung kam und in der alle blonden und blauäugigen Kinder aus Polen nach Deutschland entführt werden sollten, nicht darauf ab, die Bevölkerung in Schrecken zu setzen, sondern das germanische »Blut zu retten«, das heißt die Rassegrundsätze zu verwirklichen.[3]

Insofern totalitäre Bewegungen in einer Welt existieren, die selbst nicht totalitär ist, sind sie auch gezwungen, das zu machen, was wir gewöhnlich unter Propaganda verstehen. Als solche richtet sie sich immer an ein Außen, sei es an die nichttotalitären Schichten des Volkes, sei es an das nichttotalitäre Ausland. Das Außen, an das die totalitäre Propaganda sich wendet, kann außerordentlich verschieden sein; es kann auch noch nach der Machtergreifung in den Schichten des eigenen Volkes bestehen, die man nur gleichschalten, aber nicht verläßlich indoktrinieren konnte. In dieser Hinsicht sind die Reden, die Hitler seinen Generälen während des Krieges hielt, Musterstücke der Propaganda, vor allem durch die faustdicken Lügen kenntlich, mit denen der Führer seine Tischgesellschaft unterhielt und für sich zu gewinnen suchte.[4] Das Außen kann auch durch die Sympathisierenden-Gruppen repräsentiert werden, denen man die eigentlichen Ziele der Bewegung noch nicht mitteilen kann; es kommt schließlich auch oft vor, daß selbst die Parteimitglieder von dem innersten Führerkreis oder den Mitgliedern der Eliteformationen als ein solches Außen betrachtet werden, das noch der Propaganda bedarf, weil es noch nicht zuverlässig beherrscht werden kann. Um die Bedeutung dieser Propaganda und ihrer Lügen nicht zu überschätzen, muß man sich die an sich viel zahlreicheren Fälle vor Augen halten, in denen Hitler an Aufrichtigkeit und brutaler Eindeutigkeit in der Definition der eigentlichen Ziele nicht das geringste zu wünschen übrig ließ, die aber dann von einem auf diese

Konsequenz nicht vorbereiteten Publikum einfach nicht zur Kenntnis genommen wurden.[5] Im wesentlichen aber strebt die totale Herrschaft danach, Propagandamethoden nur noch in ihrer Außenpolitik zu verwenden oder die Filialen der Bewegung im Ausland mit geeigneter Propaganda zu versorgen. Kommt die Indoktrination des bereits total beherrschten Landes mit der Propagandalinie für das Ausland in Konflikt (was in Rußland geschah, nicht als Stalin seinen Pakt mit Hitler schloß, wohl aber, als er gezwungenermaßen ein Bündnis mit der demokratischen Welt eingehen mußte), so wird die Propaganda innerhalb der eigenen Bewegung ausdrücklich als »zeitweiliges taktisches Manöver« erklärt.[6] Die Unterscheidung zwischen ideologischer Doktrin, die innerhalb der Bewegung der Propaganda nicht mehr bedarf, und reiner Propaganda für die Außenwelt ist soweit wie möglich bereits ausgebildet, bevor die Bewegungen an die Macht kommen. Das Verhältnis zwischen Propaganda und Indoktrination hängt von der Größe und Stärke der Bewegung einerseits, von dem Druck, den die Außenwelt auf sie ausübt, andererseits ab. Je kleiner die Bewegung ist, desto mehr Energie wird sie noch auf Propaganda verwenden; je größer der Druck der Außenwelt auf totalitäre Regierungen ist, ein Druck, der selbst hinter einem »eisernen Vorhang« niemals ganz ignoriert werden kann, desto aktiver wird die totalitäre Propaganda nach außen und im Ausland werden. Wesentlich ist, daß die Notwendigkeiten der Propaganda immer von der Außenwelt diktiert werden und daß die Bewegungen von sich aus nicht eigentlich propagieren, sondern indoktrinieren. So wächst die mit Terror notwendig gekoppelte Indoktrination, je stärker die Bewegungen werden oder je sicherer die totalitären Regierungen sich fühlen.

Propaganda ist in der Tat ein unabdingbarer Bestandteil »psychologischer Kriegsführung«. Terror aber ist mehr, Terror bleibt grundsätzlich die Herrschaftsform totalitärer Regierungen, wenn seine psychologischen Ziele längst erreicht sind; das wirkliche

Grauen setzt erst ein, wenn Terror eine vollkommen unterworfene Bevölkerung beherrscht. Wo immer Terror seine Perfektion erreicht hat, wie in den Konzentrationslagern, verschwindet Propaganda völlig; sie war in den Konzentrationslagern sogar ausdrücklich verboten.[7] Propaganda ist mit anderen Worten nur ein Instrument, wenn auch vielleicht das wichtigste, im Verkehr mit der Außenwelt; Terror dagegen ist das wahre Wesen totaler Herrschaft. Terror hat in totalitär regierten Ländern so wenig mit der Existenz von Gegnern des Regimes zu tun, wie die Gesetze in konstitutionell regierten Ländern von denjenigen abhängen, die sie brechen.

Gewaltanwendung als bloße Stärkung politischer Propaganda hat in der Nazibewegung eine größere Rolle gespielt als in der kommunistischen, und in beiden keine größere als in anderen nichttotalitären Bewegungen mit revolutionären Zielen. Die Nazis haben aus der Welle politischer Verbrechen im Deutschland der zwanziger Jahre ein gewisses Kapital geschlagen; sie selber haben charakteristischerweise Morde an prominenten Politikern, die man dem Mord von Rathenau oder Erzberger zur Seite stellen könnte, vermieden. Ihnen kam es immer mehr darauf an, durch Verbrechen an kleinen, schlecht geschützten Funktionären oder einflußreichen, aber nicht prominenten Mitgliedern gegnerischer Parteien der Bevölkerung zu beweisen, daß bloße Mitgliedschaft bereits eine gefährliche Sache sei. Dieser sogenannte Massenterror, obwohl nur in relativ kleinem Maßstab wirklich durchgeführt, konnte darum ernsthaft ins Gewicht fallen, weil weder Polizei noch Gerichte der Weimarer Republik Verbrechen von »rechts« ernsthaft verfolgten. Es handelte sich, wie ein Theoretiker der Nazis richtig festgestellt hat, um eine Art »Machtpropaganda«,[8] nämlich darum, der Bevölkerung klarzumachen, daß die Macht der Nazis größer war als die der Regierung und daß es sicherer sein konnte, Mitglied einer von der Republik verbotenen paramilitärischen Organisation zu sein, als loyal einem republikanischen

Verband anzugehören. Worum es ging, war die Gewalt selbst und ihre propagandistische Verwertung, nicht die Bedeutung der Ermordeten. Die Nazis gaben ihre Verbrechen selbst öffentlich bekannt (höchstens bei Sympathisierenden haben sie sich je für Ausschreitungen »unterer Organe« entschuldigt), weil sie damit rechneten, daß das Verbrechen als solches propagandistische Wirkung haben würde. Die »Machtpropaganda« verschaffte ihnen das Prestige, keine »leeren Schwätzer« zu sein.

Die Ähnlichkeiten zwischen dieser Art von Terror und den Erpressermethoden gewöhnlicher Verbrecherbanden sind zu offensichtlich, um ausgeführt zu werden. Dennoch waren die Nazis keineswegs, wie man oft aus diesen Ähnlichkeiten geschlossen hat, eine Gangsterorganisation, und Nazismus kann keineswegs mit Kriminalität gleichgesetzt werden. Die auf der Hand liegenden Ähnlichkeiten besagen nur, daß die Nazis, die zugestandenerweise sehr viel von amerikanischer Massenreklame für ihre Zwecke politischer Propaganda gelernt hatten, auch einiges von den Methoden amerikanischer Gangsterorganisationen übernommen hatten, freilich ohne es zuzugeben.

Viel bezeichnender für totalitäre Propaganda als direkte Erpressung oder Mord unliebsamer Individuen ist die verhüllte, indirekte Drohung gegen alle, die entweder sich nicht einfach indoktrinieren lassen oder aus irgendeinem Grunde zur Indoktrination nicht zugelassen werden. Hier zeichnet sich bereits das letzte, voll entwickelte Stadium totalitären Terrors ab, wenn immer größere Massen von Menschen ohne Ansehen von »Schuld« oder »Unschuld« bestraft, also ermordet werden. Es ist offenbar, daß die bolschewistische Propaganda, die aus der Doktrin der »absterbenden Klassen« die Drohung entwickelt hat, daß, wer den Zug der Geschichte verpaßt, eine Art lebendiger Leichnam sei, den Mord ebenso vorbereitet wie die Nazipropaganda, die allen einen irreparablen mysteriösen Verderb des Blutes androhte, die ihr Leben nicht nach den »ewigen Gesetzen der Natur«, also nach arischen

Rassegesetzen, einzurichten willens waren. Die Bolschewisten lassen angeblich nur die Millionen in Arbeitslagern verrecken, die vorher bereits »abgestorben« waren, während die Nazis nur diejenigen in die Gaskammern schickten, die es nach den ewigen Gesetzen der Natur gar nicht hätte geben dürfen.

Da totalitäre Propaganda ihre Behauptungen immer »wissenschaftlich« verbrämt, hat man sie den Techniken der Massenreklame verglichen, die auch, wie man sich in den Spalten jeder Zeitung überzeugen kann, die »beste Seife der Welt« mit Hilfe komplizierter Laboratoriumsbefunde und chemischer Formeln an den Mann bringt.[9] Es ist auch richtig, daß in diesen Geschäftsmethoden bereits ein gewisses Element möglicher Gewalttätigkeit verborgen ist. Hinter der Behauptung etwa, daß nur diese eine Seife Pickel verhindere und es ermögliche, einen Mann zu finden, verbirgt sich natürlich der Wunschtraum des betreffenden Fabrikanten, er möge eines Tages wirklich die Macht haben, alle Mädchen, die seine Seife nicht besitzen, des Ehemannes zu berauben. Offensichtlich ist in beiden Fällen, im Falle der Geschäftsreklame wie im Falle der totalitären Propaganda, »Wissenschaft« nur ein kläglicher, vorläufiger Ersatz für die Macht des Monopols, die man erhofft. Die totalitären Bewegungen geben daher auch ihre anfängliche Vorliebe für »wissenschaftliche« Beweise auf, sobald sie die Macht wirklich in Händen haben. Die Nazis entließen mit Freuden auch diejenigen Gelehrten, die ihnen zu helfen wünschten, und die Bolschewisten pflegten ihren Gelehrten entweder den Garaus zu machen oder sie in die Rolle von Scharlatanen zu zwingen.

Leider ist die Pseudowissenschaftlichkeit der Massenpropaganda sehr viel ernsterer Natur und entspricht in sehr viel exakterer Weise den eigentlichen Wünschen der Massen als die Massenreklame. Im Gegensatz zu älteren Formen politischer Propaganda, die dazu neigte, sich auf die Vergangenheit zu berufen, um Gegenwärtiges zu rechtfertigen, benutzt totalitäre Propaganda die Wissenschaft, um die Zukunft zu prophezeien. Niemals zeigt sich deutlicher, wie sehr gerade auf den Ideologien – Sozialismus oder Rassedoktrinen – die eigentliche Anziehungskraft der Bewegungen beruht, als wenn die Massenredner, anstatt zu sagen, was sie konkret zu tun gedenken, unter ungeheurem Beifall auseinandersetzen, daß sie die verborgenen Kräfte entdeckt haben, welche ihnen und allen, die mit ihnen gehen, unweigerlich Glück bringen werden in der voraussagbaren und durchschaubaren Kette des Geschicks. Tocqueville kannte bereits die große abergläubische Kraft, die von »absoluten Systemen« ausgeht, »die alle Ereignisse der Geschichte von primären großen Ursachen abhängig machen und sie so in eine Kette der Notwendigkeit binden, die es erlaubt, die Menschen gleichsam aus der Geschichte des Menschengeschlechts zu eliminieren«. Insofern die totalitären Führer an diese mögliche Elimination der Menschen aus der Geschichte des Menschengeschlechts glauben, die zugleich die Eliminierung des Zufalls und des Unvorhersehbaren aus allem Geschehen bedeuten würde, sind sie mehr als Demagogen, nämlich wirkliche Repräsentanten der Massen. Sätze wie die folgenden gehörten zweifellos in das Arsenal der nicht sehr zahlreichen Klischees, von denen die Nazis bis hinauf in die oberste Führerschaft wirklich überzeugt waren: »Je besser wir die Gesetze der Natur und des Lebens erkennen und beobachten, … desto mehr passen wir uns dem Willen des Allmächtigen an. Je mehr Einsicht wir in den Willen des Allmächtigen gewinnen, desto größer werden unsere Erfolge sein.«[10] Und es ist mehr als wahrscheinlich, daß man an dem obigen Glaubensbekenntnis nur wenige Worte zu ändern braucht, um das in der Hand zu haben, woran Stalin über alle taktischen Lügen hinaus wirklich glaubte: Je besser wir die Gesetze der Geschichte und des Klassenkampfes erkennen und beobachten, desto mehr passen wir uns dem dialektischen Materialismus an. Je mehr Einsicht wir in den dialektischen Materialismus gewinnen, desto größer werden unsere Erfolge sein. Jedenfalls würde solch ein Glaubensbekenntnis dem stalinistischen Begriff der »korrekten Führung« auf das genaueste entsprechen.[11]

Die eigentliche demagogische Seite aller ideologisch-wissenschaftlichen Massenpropaganda ist offenbar und von den totalitären Bewegungen nicht erfunden, wohl aber technisch verbessert worden. Man kann natürlich eine außerordentlich große Durchschlagskraft trotz größter inhaltlicher Absurdität erreichen, sobald man ein Argument prinzipiell und in voller Konsequenz der Kontrolle durch Gegenwart wie Vergangenheit entzieht und behauptet, daß nur eine unbestimmt gehaltene Zukunft seine Richtigkeit beweisen kann. Dies muß in jeder Krise wirken, in der die Vergangenheit suspekt und die Gegenwart unerträglich geworden ist. Gerade weil diese Art der Propaganda von den totalitären Bewegungen nicht erfunden worden ist und weil die Sehnsucht moderner Massen nach wissenschaftlichen Beweisen eine so große Rolle in moderner Politik überhaupt spielt, ist man auf die Idee gekommen, das ganze Phänomen als ein Symptom jener Wissenschaftsbesessenheit zu erklären, die die westliche Welt seit dem Aufkommen der neuzeitlichen Mathematik und Physik befallen habe. In diesem Zusammenhang scheint das totalitäre Phänomen nur das letzte Stadium eines Prozesses anzuzeigen, in dessen Verlauf »Wissenschaft zum Götzen geworden ist, der magisch alle Übel des Lebens beseitigen und die Natur des Menschen selbst verändern wird«.[12] Für diese Auslegung spricht, daß in der Tat das Aufkommen der Massen sehr früh in Bezug gebracht worden ist mit einer Art von Wissenschaftlichkeit, der es weniger um Erkenntnis des Seienden als um die gesicherte Voraussehbarkeit alles Geschehenden geht. Der »Kollektivismus« der Massen wurde von denen begrüßt, die hofften, mit ihrer Hilfe die Unvoraussehbarkeit individueller Handlungen und Reaktionen zu eliminieren, um Menschen gemäß neuentdeckten »Naturgesetzen der geschichtlichen Entwicklung« zu handhaben. So sah schon Enfantin »die Zeit herannahen, in der ›die Kunst, die Massen in Bewegung zu setzen‹

so vollkommen entwickelt sein wird, daß der Maler, der Musiker, der Dichter die Macht haben werden, die Massen mit der gleichen Gewißheit zu erschüttern, mit der der Mathematiker ein geometrisches Problem löst oder der Chemiker eine Substanz analysiert. Hier, und nicht erst in unserem Jahrhundert, scheint der Geburtsort der Massenpropaganda zu liegen«.[13]

Was immer die Unzulänglichkeiten und Borniertheiten des Positivismus, Pragmatismus und Behaviorismus sein und welche Rolle sie in der Formation des für das neunzehnte Jahrhundert typischen »gesunden Menschenverstandes« gespielt haben mögen: die Massen, mit welchen es die totalitäre Propaganda zu tun hat, leiden in keiner Weise an einer »krebsartigen Wucherung des utilitarischen Sektors der menschlichen Existenz«.[14] Sie leiden umgekehrt an einem radikalen Schwund des gesunden Menschenverstandes und seiner Urteilskraft sowie an einem nicht minder radikalen Versagen der elementarsten Selbsterhaltungstriebe. Die Hoffnung der Positivisten, in einer vernünftig geregelten Welt die Zukunft vorherbestimmen und den Zufall ausschließen zu können, beruhte auf der noch selbstverständlichen Voraussetzung, daß Geschichte durch ein immerwährendes Spiel von Interessen geschehe und daß Machtgesetze in diesem Spiel ausschlaggebend und objektiv feststellbar sind. Der Kern aller utilitaristischen und pragmatischen Geschichtsauffassungen, der Kern gerade ihrer Pseudowissenschaftlichkeit, ist immer noch Rohans Interesse – »die Könige befehlen dem Volk und das Interesse befiehlt dem König« –, ein Interesse, das selbst niemals »fehlgehen«, sondern nur richtig oder fasch verstanden, richtig oder falsch in der Welt durchgesetzt werden kann; weil »richtig oder falsch verstandenes Interesse über Leben oder Tod von Staaten entscheidet«, spielen Verständnis von Interessen und ihre Interpretation in allen »wissenschaftlichen« politischen Theorien eine so entscheidende Rolle, die auch durch offenbare scholastische Verstiegenheiten kaum gemindert werden kann. Keine dieser wissenschaftlichen Theorien aber hat je behauptet, daß es möglich sei, »die Natur des Menschen zu verändern«; im Gegensatz zu allen totalitären Theorien beruhen sie vielmehr auf der stillschweigenden Annahme, daß die Menschennatur sich stets gleichbleibt und daß es daher nur darauf ankommt, die Umstände zu ändern, um automatisch die Aktionen und Reaktionen einer ewig gleichen Menschennatur in erwünschte und voraussehbare Bahnen zu lenken. Wissenschaftlichkeit und Wissenschaftsaberglauben im Sinne des Positivismus, Pragmatismus und schließlich Sozialismus behielten immer die menschliche Wohlfahrt als Ziel aller Politik im Auge, und dies Ziel und Vorhaben ist den totalitären Bewegungen ganz und gar fremd.[15]

Weil der utilitaristische Kern der Ideologien des neunzehnten Jahrhunderts dem aus dem achtzehnten Jahrhundert ererbten gesunden Menschenverstand so selbstverständlich war, wurde es der nichttotalitären und von totalitären Doktrinen noch nicht anfechtbaren Welt so schwer, die vollkommene Verachtung alles greifbaren Nutzens in den Bewegungen und die große Gleichgültigkeit der Massen gegen ihre eigenen Interessen zu verstehen. So war auch der Verdacht der Alliierten, daß das zu Beginn des Krieges von Hitler befohlene Morden der Geisteskranken dem Wunsch zuzuschreiben sei, sich der unnötigen Mäuler zu entledigen, ganz und gar unberechtigt.[16] Hitler ist nicht durch den Krieg gedrängt worden, ethische Bedenken über den Haufen zu werfen, sondern hat das Massenmorden eines Krieges für eine unvergleichliche Gelegenheit gehalten, um ein Mordprogramm, das wie all seine Programmpunkte auf Jahrtausende berechnet war, anzukurbeln.[17] Da man so viele Jahrhunderte, eigentlich fast durch die gesamte europäische Geschichte hindurch, gelernt hatte, jede politische Handlung nach ihrem *cui bono* abzufragen und alle politischen Ereignisse nach den ihnen zugrunde liegenden Interessen zu berechnen, sah man sich plötzlich mit einem Element noch nie dagewesener Unberechenbarkeit konfrontiert. Totalitäre Propaganda, die lange vor der Machtübernahme deutlich anzeigt, wie wenig die Massen von dem berühmten Selbsterhaltungstrieb getrieben werden, wurde ihrer demagogischen Qualitäten wegen nicht ernst genommen. Der Erfolg der totalitären Propaganda beruht aber nicht so sehr auf ihrer Demagogie als darauf, daß sie versteht, daß Interessen sich als eine kollektive Kraft nur geltend machen können in einer gruppenmäßig geordneten, also nicht vermassten Gesellschaft, daß aber, sobald stabile, soziale Gemeinschaften nicht mehr existieren, mit ihnen auch die Übertragungsbänder verschwinden, die individuelle Interessen in Gruppen- und Kollektivinteressen transformieren. Keine noch so brutal an materielle Interessen appellierende Propaganda kann wirksam werden, wenn sie es mit Massenmenschen zu tun hat, deren Hauptmerkmal ist, daß sie keinem sozialen oder politischen Körper mehr angehören, sondern ein wahres Chaos individueller, nicht transformierbarer Interessen darstellen. Die noch so massenhafte Aufsummierung dieser untransformierbaren individuellen Interessen ergibt nie ein Gesamtinteresse, wie etwa das Interesse einer Klasse oder einer Nation, sondern hebt sich in der Masse gerade auf; damit wird der Massenmensch jener fanatischen und jederzeit zum Opfertod bereiten Ergebenheit fähig, die sich so deutlich von der Loyalität der treuesten Mitglieder normaler Parteien unterscheidet. Die Nazis haben bewiesen, daß man ein ganzes Volk mit dem Schlagwort »Sieg oder Untergang« in den Krieg führen kann[18] – ein Schlagwort, das die Kriegspropaganda des Ersten Weltkrieges sorgsam vermieden hat –, und dies nicht etwa in Zeiten von Massenelend, Arbeitslosigkeit oder auch nur unbefriedigten nationalen Ambitionen. Wie gut die Nazis in dieser unheimlichen Welt absoluter Selbstlosigkeit zu Hause waren, zeigt ihre Propaganda am Ende eines bereits verlorengegebenen Krieges; sie versprach, daß der Führer »in seiner Güte für den Fall des unglücklichen Kriegsausgangs für das deutsche Volk einen sanften Tod durch Vergasung bereit hätte«.[19]

Die totalitären Bewegungen brauchen die Ideologien nicht um ihres utilitaristischen Inhalts willen, der sie einstmals zur Waffe im politischen Kampfe einer Klasse, eines Volkes, einer Nation machte. Für sie ist vielmehr nur die eigentümliche Form wichtig, in welche alle Ideologien ihre Aussagen einkleiden, die Form der unfehlbaren, allwissenden Voraussage.[20] Immer wiederholte und immer währende Unfehlbarkeit ist die Haupteigenschaft des Massenführers, er darf niemals einen Irrtum zugeben. Diese Unfehlbarkeit gilt nicht so sehr als Zeichen einer überlegenen Intelligenz als vielmehr eines Bündnisses mit den unfehlbar verläßlichen Kräften der Geschichte oder der Natur, welche durch Niederlage und Katastrophen nicht widerlegt werden können, weil sie sich am Ende immer wieder durchsetzen müssen. So haben Massenführer nur eine Sorge, vor der alle reinen Nützlichkeitserwägungen unwesentlich werden, nämlich dauernd zu beweisen, daß sie richtig vorausgesagt haben. Es war daher für die Nazis unvergleichlich wichtiger, jeden Parteigenossen auf die Unfehlbarkeit des Führers als auf irgendwelche speziellen politischen oder ideologischen Überzeugungen zu verpflichten.[21] Hitler hat kurz vor Kriegsende mit einer Entschlossenheit sondergleichen alles getan, um eine möglichst vollkommene Zerstörung Deutschlands zu provozieren, und dies einzig zu dem Zweck, seine Prophezeiung von dem Untergang im Falle einer Niederlage wahr zu machen. Dies schien in seinen Augen eine bessere Garantie für das Überleben der Bewegung als die persönliche Rettung der Führergarnitur.

Die außerordentliche Wirkung, welche Unfehlbarkeit auf die Massen ausübt, der schlagende Erfolg dieser Pose, bloß interpretierender Agent voraussagbarer Kräfte zu sein, hat einen neuen Stil politischer Äußerungen gezeitigt, der nicht ohne weiteres in der nichttotalitären Welt verstanden wird. Das berühmteste Beispiel ist jene Ankündigung Hitlers vor dem »ersten Reichstag Großdeutschlands« am 30. Januar 1939, in der er »prophezeite«, daß, »wenn es dem internationalen Finanzjudentum … gelingen sollte, die Völker noch einmal in einen Weltkrieg zu stürzen ..., das Ergebnis ... die Vernichtung der jüdischen Rasse in Europa« sein würde. In nichttotalitäre Sprache übersetzt, sagte Hitler damit deutlich genug: Ich beabsichtige, Krieg zu machen, und ich beabsichtige, das europäische Judentum auszurotten. Ein weniger bekanntes, aber gleich wesentliches Beispiel ist die große Rede, die Stalin vor dem Zentralkomitee der Kommunistischen Partei im Jahre 1930 hielt; damals kündigte er die Liquidierung der innerparteilichen rechten und linken Fraktionen damit an, daß er sie als Repräsentanten »absterbender Klassen« definierte.[22] Diese Bezeichnung gab nicht nur dem Argument seine eigentliche Schärfe, sondern kündigte im totalitären Stil die physische Ausrottung derer an, deren »Absterben« soeben prophezeit worden war. In beiden Fällen ist das gleiche erreicht: die Liquidierung ist in einen Prozeß eingespannt, in welchem der Mensch nur tut und erleidet, was ohnehin gemäß unwandelbaren Gesetzen vor sich gehen muß. Ist die Exekution der Opfer dann eingetreten, so wird die »Prophezeiung« zu einem nachträglichen Alibi: Es ist nur eingetreten, was vorausgesagt war.[23] Es ist gleichgültig, ob »geschichtliche Gesetze« die Klassen und ihre Vertreter »absterben« lassen oder ob »Naturgesetze« alle die, welche ohnehin nicht »lebensfähig« sind – Demokratien, Juden, östliche Untermenschen, unheilbare Kranke –, »ausmerzen«. Übrigens hat auch Hitler von »absterbenden Gesellschaftsschichten« gesprochen, die man »kurzerhand beseitigen muß«.[24]

Gleich anderen totalitären Formen der Politik kann diese Methode, den zu Ermordenden als einen Sterbenden hinzustellen, sich voll nur unter den Bedingungen einer totalitären Diktatur durchsetzen. Dann allerdings werden alle Diskussionen über die Richtigkeit oder Falschheit der Prophezeiungen totalitärer Führer gegenstandslos; es ist, als ob man mit einem potentiellen Mörder darüber debattiert, ob sein zukünftiges Opfer tot oder lebendig sei, und vergißt, daß ein Mörder jederzeit den Beweis für seine

Behauptung durch die Tat antreten kann. Bevor die Massenführer die Macht in die Hände bekommen, die Wirklichkeit ihren Lügen anzugleichen, zeichnet sich ihre Propaganda durch eine bemerkenswerte Verachtung für Tatsachen überhaupt aus.[25] In dieser Verachtung drückt sich bereits die Überzeugung aus, daß Tatsachen nur von dem abhängen, der die Macht hat, sie zu etablieren. Die Behauptung, daß nur Moskau eine Untergrundbahn habe, ist nur so lange eine Lüge, als die Bolschewisten nicht die Macht haben, alle anderen Untergrundbahnen zu zerstören. Daher verrät die Propagandamethode der unfehlbaren Voraussage, verbunden mit der ihr inhärenten Verachtung aller Tatsachen, mehr als jeder andere totalitäre Propagandatrick, daß die Beherrschung des Erdballs das notwendige Endziel der totalitären Bewegungen ist; denn nur in einer vollständig kontrollierten und beherrschten Welt kann der totalitäre Diktator alle Tatsachen verachten, alle Lügen in die Wirklichkeit umsetzen und alle Prophezeiungen wahr machen.

Solange aber die totalitären Bewegungen noch Propaganda brauchen, zehren sie von der Brüchigkeit einer Welt, die ein menschliches Zuhause nicht mehr anzubieten hat und damit einlädt, sich scheinbar ewigen, alles beherrschenden, anonymen Kräften zu überlassen, deren Strom diejenigen, die sich ihm anvertrauen, von selbst in den Hafen neuer Sicherheit tragen wird. Dieser Versuchung sind erst nur die besten Europäer erlegen, die sich gleich Lawrence aus einer Welt leerer Prätentionen in das Niemandsland übermenschlicher Kräfte retteten. Wenige Jahre später war diese Sehnsucht bereits eine Sucht und ein Massenphänomen, auf das die Art und Weise, in der totalitäre Bewegungen ideologische Elemente und ihre Pseudowissenschaftlichkeit benutzen, aufs genaueste zugeschnitten war. Ob man das Leben eines Volkes und seiner Verfassung nach den unabänderlichen Gesetzen der Genetik oder der Ökonomie einrichtet, ist weniger wichtig, als daß man in beiden Fällen einen Sieg apodiktisch verspricht, der von Mißerfolgen bestimmter Unternehmungen ganz unabhängig ist, weil Sieg oder Niederlage hier nur in einer ganz abstrakten Form, die aber zugleich endgültig ist, existieren. Im Gegensatz zu Klassen, die, an bestimmte Interessen gebunden, sich stets für bestimmte Unternehmungen einsetzen, die sich auch unter ungünstigen Umständen durchzusetzen versuchen, sind Massen nur am Sieg als solchem, am Erfolg überhaupt interessiert. Es geht ihnen nie um eine Sache oder eine bestimmte Unternehmung, sondern um den Sieg ganz gleich welcher Sache und um den Erfolg welchen Unternehmens auch immer.

Totalitäre Propaganda vervollkommnet die Techniken der Massenpropaganda; sie hat sie nicht erfunden, und sie gibt ihr nicht die Themen vor. Diese lagen bereit, sorgsam präpariert in jenen fünf Jahrzehnten, da der Imperialismus den Untergang des Nationalstaates vorbereitete; und der Mob, der in dem gleichen Zeitraum auf der Bildfläche europäischer Politik erscheint, hatte sie bereits vielfach aufgegriffen und genutzt. Vom Mob, dem ja die totalitären Führer der Zeit noch selbst entstammten, hat die totalitäre Propaganda gelernt, daß sie in das Zentrum der Agitation immer das stellen muß, was die öffentliche Meinung und die Propaganda der Parteien jeweils mit Schweigen übergehen, wobei die objektive Bedeutung der gewählten Themen ganz unberücksichtigt bleiben kann. Denn im Unterschied zu der erst später entwickelten totalen Massenherrschaft, die an die Existenz von Wahrheit überhaupt nicht glaubt, glaubt der Mob in aufrichtiger Beschränktheit, daß wahr sei, was immer die Heuchelei der guten Gesellschaft oder die offiziellen Kundgebungen der Regierungen verleugnen oder mit Korruption zudecken. Noch im engsten Zusammenhang mit dieser Mentalität wählt totalitäre Propaganda ihre Themen erst einmal nach den Kriterien politischer Hintertreppengeheimnisse. Solch anrüchig interessanten Ruf konnten im Lauf der Geschichte Organisationen erworben haben, die aus Gründen sehr rationaler politischer Zweckmäßigkeit im Dunkeln arbeiten mußten, wie der britische Intelligence Service und das französische Deuxième Bureau, oder revolutionäre Verbände, die notwendigerweise konspirativ arbeiteten, wie die Anarchisten und andere terroristische Gruppen; oder Vereine, die sich ursprünglich auf ein Geheimnis gegründet hatten, das inzwischen längst bekannt und in einem formalen Ritual erstarrt war, wie die Freimaurer; oder bestimmte Gesellschaften, um die jahrhundertealter Aberglaube ein Netz schauriger Legenden gewoben hatte, wie die Jesuiten und Juden. Die Nazis haben, bevor sie sich auf die Juden konzentrierten, alle diese Themen ausprobiert, während die bolschewistische Propaganda, weniger instinktsicher und dafür origineller, sich nur graduell diese Art Thematik zu eigen machte. Immerhin hat bolschewistische Propaganda seit der Mitte der dreißiger Jahre mit einer geheimen Weltverschwörung gegen die Sowjetunion nach der anderen gearbeitet, von den Trotzkisten über die Herrschaft der 300 Familien zu den Verschwörungen imperialistischer Geheimdienste, der »Kosmopoliten« und Wallstreets.[26]

Die Mentalität moderner Massen vor ihrer Erfassung in totalitären Organisationen ist nur zu verstehen, wenn man die Durchschlagskraft dieser Art Propaganda voll in Rechnung stellt. Sie beruht darauf, daß Massen an die Realität der sichtbaren Welt nicht glauben, sich auf eigene, kontrollierbare Erfahrungen nie verlassen, ihren fünf Sinnen mißtrauen und darum eine Einbildungskraft entwickeln, die durch jegliches in Bewegung gesetzt werden kann, was scheinbar universelle Bedeutung hat und in sich konsequent ist. Massen werden so wenig durch Tatsachen überzeugt, daß selbst erlogene Tatsachen keinen Eindruck auf sie machen. Auf sie wirkt nur die Konsequenz und Stimmigkeit frei erfundener Systeme, die sie miteinzuschließen versprechen. Wiederholung ist nicht darum ein so wirksamer Bestandteil aller Massenpropaganda, weil die Massen zu dumm wären, etwas zu verstehen, oder zu träge, sich an etwas zu erinnern, sondern weil

Wiederholung Folgerichtigkeit in der Zeit sichert, die zeitliche Konsequenz, der die nur logisch unantastbaren Systeme sonst entbehren würden. Was die Massen sich weigern anzuerkennen, ist die Zufälligkeit, die eine Komponente alles Wirklichen bildet. Ideologien kommen dieser Weigerung entgegen, sofern sie alle Tatsachen in Beispiele vorweggenommener Gesetze verwandeln und alle Koinzidenz eliminieren durch die Annahme einer alle Einzelheiten umfassenden Allmächtigkeit. Diese Attitude der Flucht aus der Wirklichkeit in die Einbildung, von dem Ereignis in den notwendigen Ablauf des Geschehens, ist die Voraussetzung für alle Massenpropaganda.

Die Hauptschwierigkeit totalitärer Propaganda besteht darin, daß sie die Sehnsucht der Massen nach einem völlig in sich konsequenten, verständlichen und voraussagbaren Geschehen nicht erfüllen kann, ohne mit dem gesunden Menschenverstand in Konflikt zu kommen. So müssen etwa die totalitären Machthaber in der Sowjetunion gerade mit Rücksicht auf Massenpropaganda im Ausland darauf achten, daß die »Geständnisse« aller vom Regime Angeklagten in der gleichen Sprache verfaßt sind und gleichartige Motive angeben; die konsequenzhungrigen Massen werden in solcher verblüffenden Uniformität einen Beweis für die Echtheit des »Geständnisses« sehen, während der gesunde Menschenverstand umgekehrt das gleiche Phänomen als das sicherste Zeichen der Fälschung beurteilen wird. Es ist, als verlangten die Massen nach einer ständigen Wiederholung des Wunders der Septuaginta, das davon berichtet, wie siebzig voneinander getrennte Übersetzer eine identische griechische Übersetzung des Alten Testaments hervorgebracht haben. Für den gesunden Menschenverstand ist diese Geschichte entweder eine Legende oder ein Wunder göttlicher Offenbarung, weil er von vornherein mit einer nie ganz eindeutigen, nie wirklich in sich stimmigen Realität rechnet. Hätte aber der gesunde Menschenverstand dieses Vorurteil nicht, verließe er sich vielmehr, aller realen Urteilskraft beraubt, nur auf die dem menschlichen Verstande selbst innewohnende Logik in sich stimmiger Schlußfolgerungen, so würde das gleiche Phänomen nicht nur nicht mehr offenbares Anzeichen einer Legende oder eines Wunders sein, sondern umgekehrt einzig möglicher Beweis absoluter Wahrheit jedes einzigen Wortes des übersetzten Textes. Die besessene Blindheit, die der Realitätsflucht der Massen in eine in sich stimmige fiktive Welt eigen ist, entspricht ihrer Heimatlosigkeit in einer Welt, in der sie nicht mehr existieren können, weil der anarchische Zufall in Form vernichtender Katastrophen ihrer Herr geworden ist. Zugleich aber melden sich in dieser Sehnsucht nach lückenloser Konsequenz und absoluter Stimmigkeit auch alle jene wesentlich menschlichen Fähigkeiten des Verstandes, durch die er dem bloßen Geschehen überlegen ist und die es ihm allererst ermöglichen, chaotische und zufällige Bedingungen immer wieder in menschlich begreifbare und beherrschbare Bahnen einer relativen Stimmigkeit zu lenken. Die Revolte der Massen gegen den Wirklichkeitssinn des gesunden Menschenverstands und das, was ihm im Lauf der Welt plausibel erscheint, ist das Resultat einer Atomisierung, durch die sie nicht nur ihren Stand in der Gesellschaft verloren, sondern mit ihm die ganze Sphäre gemeinschaftlicher Beziehungen, in deren Rahmen der gesunde Menschenverstand allein sinngemäß funktionieren kann. In einer Situation völliger geistiger und sozialer Heimatlosigkeit ergibt eine wohlabgewogene Einsicht in die gegenseitige Bedingtheit des Willkürlichen und des Geplanten, des Zufälligen und des Notwendigen, durch die sich der Lauf der Welt konstituiert, keinen Sinn mehr. Nur wo der gesunde Menschenverstand seinen Sinn verloren hat, kann ihm totalitäre Propaganda ungestraft ins Gesicht schlagen. Wo immer aber Menschen vor die an sich unerhörte Alternative gestellt werden, entweder inmitten eines anarchisch wuchernden und jeder Willkür preisgegebenen Verfalls dahinzuvegetieren oder sich der starren und verrückten Stimmigkeit einer Ideologie zu unterwerfen, werden sie den Tod der Konsequenz wählen und bereit sein, für ihn auch den physischen Tod zu erleiden – und dies nicht, weil sie dumm sind oder schlecht, sondern weil im allgemeinen Zusammenbruch des Chaos diese Flucht in die Fiktion ihnen immerhin noch ein Minimum von Selbstachtung und Menschenwürde zu garantieren scheint.

Während die Propaganda der Nazis ihren Profit vor allem aus der Sehnsucht der Massen nach Stimmigkeit zog, haben bolschewistische Propagandamethoden wie in einem Laboratorium den verhängnisvollen Einfluß gezeigt, den solche Stimmigkeit auf den isolierten Massenmenschen ausübt. Die russische Geheimpolizei, die so eifrig darauf bedacht ist, nicht nur die Welt, sondern auch ihre Angeklagten von Verbrechen zu überzeugen, die sie weder begangen haben noch hätten begehen können, hat es verstanden, alle Faktoren der Wirklichkeit aus der Anklage zu eliminieren, so daß dem Angeklagten in seiner kompletten Isolierung von der Realität schließlich nichts mehr wirklich erscheint als die innere Logik, die Stimmigkeit der Fabel selbst. Um in einer solchen Situation, in der eine Grenzlinie zwischen Einbildung und Wirklichkeit psychologisch nicht mehr feststellbar ist, sich nicht von der Logik der Anklage überwältigen zu lassen, genügt Charakterstärke nicht; viel wesentlicher ist Vertrauen in die Existenz anderer Menschen, denen man verbunden ist – Verwandte, Freunde, Nachbarn –, Vertrauen, daß sie die Fabel niemals glauben werden, um der Versuchung widerstehen zu können, einfach der abstrakt immer bestehenden Möglichkeit des Schuldigseins nachzugeben. Dieses Extrem einer künstlich fabrizierten, aber dann spontan funktionierenden Geistesgestörtheit kann natürlich nur innerhalb einer total beherrschten Welt zustande gebracht werden. Dann aber ist es auch Teil der Propagandamaschine totalitärer Regierungen, denn für die Strafe selbst sind ja Geständnisse nicht erforderlich. Die Geständnisse sind ebenso Teil des bolschewistischen Propagandaapparates, wie die kurios pedantische Gesetzgebung, mit der das Hitlerregime retroaktiv seine Verbrechen legalisierte, einen wesentlichen Teil der Nazipropaganda bildete. In beiden Fällen ist das eigentliche Ziel, alles in sich konsequent und stimmig zu machen.

Bevor die totalitären Bewegungen die Macht haben, die Welt wirklich auf das Prokrustesbett ihrer Doktrinen zu schnallen, beschwören sie eine Lügenwelt der Konsequenz herauf, die den Bedürfnissen des menschlichen Gemüts besser entspricht als die Wirklichkeit selbst, eine Welt, in der die entwurzelten Massen mit Hilfe der menschlichen Einbildungskraft sich erst einmal einrichten können und in der ihnen jene ständigen Erschütterungen erspart bleiben, welche wirkliches Leben den Menschen und ihren Erwartungen dauernd bereitet. Bevor die Bewegungen noch die Macht haben, den eisernen Vorhang herunterzulassen, um jede Störung der furchtbaren Stille ihrer in der Wirklichkeit errichteten, total imaginären Welt durch den leisesten Ton von außen zu verhindern, besitzt totalitäre Propaganda bereits die Kraft, die Massen imaginär von der wirklichen Welt abzuschließen. Das einzige, was sich dem Verständnis der Massen, die mit jedem neuen Unglücksschlag leichtgläubiger werden, von der wirklichen Welt noch darbietet, sind gleichsam ihre Lücken, das heißt die Fragen, die die Welt nicht öffentlich diskutieren will, oder die Gerüchte, denen sie nicht öffentlich zu widersprechen wagt, weil sie, wenn auch in entstellter Weise, irgendeinen wunden Punkt berühren.

Aus diesen wunden Punkten ziehen die Lügen der totalitären Propaganda jenes Minimum an Wahrheit und realer Erfahrung, dessen sie bedürfen, um die Brücke schlagen zu können von der Realität in die totale Fiktion. Selbst die durch Terror unterbauten lügenhaften Fiktionen totalitärer Regierungen sind bis heute noch nicht ganz und gar von Willkür diktiert, wenn der Terror auch hilft, die Lügen roher, unverschämter und sozusagen origineller zu machen, als es die Lügen der Bewegungen vor der Machtübernahme sein können. (Nicht Propagandatechnik, sondern Macht ist notwendig, um eine Revision der russischen Revolutionsgeschichte zirkulieren zu lassen, in der ein Mann namens Trotzki niemals Chef der Roten Armee war.) Die Lügen der Bewegungen sind subtiler und folgen auf das sorgfältigste allen Gebieten des sozialen und politischen Lebens, die dem Auge der Öffentlichkeit entzogen sind. Ihre stärkste Wirkung erzielen sie, wenn die öffentlichen Institutionen sich mit einer Atmosphäre des Geheimnisses umgeben. Wo immer sie reale Bedingungen betreffen, deren Existenz verborgen gehalten wird, gewinnen sie den Anschein einer überlegenen Realitätsnähe. Skandale in der besseren Gesellschaft, politische Korruption, überhaupt das gesamte Gebiet des Revolverjournalismus liefert totalitärer Propaganda eine Waffe, deren Bedeutung weit über den Sensationswert solcher Dinge hinausgeht.

Bekanntlich wurde die Fabel von einer jüdischen Weltverschwörung zur wirksamsten Fiktion der Nazipropaganda vor der Machtergreifung. Antisemitismus hatte sich seit dem letzten Drittel des neunzehnten Jahrhunderts als die wirksamste Waffe demagogischer Propaganda bewährt und bildete auch ohne jeden Einfluß von seiten der Nazis in den zwanziger Jahren in Deutschland und Österreich einen der mächtigsten Faktoren der öffentlichen Meinung. Es war nur natürlich, daß die antisemitische Stimmung desto mehr anstieg, je beharrlicher alle der Republik ergebenen Parteien und Organe der öffentlichen Meinung eine Diskussion der Judenfrage vermieden. Daß diese als nicht »salonfähig« galt, war für den Mob der schlüssigste Beweis dafür, daß die Juden die wahren Repräsentanten der herrschenden Gewalten sind, und machte die Behandlung der Judenfrage als solche zum Symbol für den Kampf gegen die Heuchelei und Verlogenheit des ganzen »Systems«.

Die Themen der antisemitischen Nachkriegspropaganda waren weder originell noch ein Monopol der Nazis. Lügen über eine jüdische Weltverschwörung waren seit der Dreyfus-Affäre gang und gäbe und hatten ihre Grundlage in der wirklich bestehenden, internationalen Verbundenheit und gegenseitigen Abhängigkeit des über die Erde verstreuten jüdischen Volkes. Im wesentlichen harmlose, volkstümlich legendenhafte Übertreibungen der Macht der Juden gehen bis ins Ende des achtzehnten Jahrhunderts zurück, als die enge Verbindung zwischen jüdischem Kapital und der Finanzsphäre der Nationalstaaten offenbar wurde. Die Vorstellung von dem Juden als einer Verkörperung aller möglichen und oft beliebig wechselnden Übel wird meist als ein Überrest mittelalterlichen Aberglaubens angesehen, ist aber tatsächlich weit mehr der zweideutigen Rolle geschuldet, welche die Juden seit ihrer Emanzipation in der modernen europäischen Gesellschaft gespielt hatten (siehe Band 1, 3. Kapitel). Fest steht, daß die Juden in dieser Nachkriegsperiode prominenter und im kulturell-öffentlichen Leben einflußreicher geworden waren als je zuvor.

Was die Juden selbst anlangt, so war entscheidend, daß sie ihre neue unwägbare, dafür aber um so sichtbarere Prominenz mit einem klaren Verlust an realer Macht und an greifbarem, wenn auch oft unsichtbarem Einfluß bezahlten. Die Juden verloren ihre politisch wesentlichen Positionen in dem Maße, in dem der Nationalstaat an Macht einbüßte. Je erfolgreicher die Nation den Staat erobert hatte, desto unmöglicher war es für den Staat, an seiner Stellung über allen Klassen und Parteien festzuhalten. Damit verlor für den Staat sein altes Bündnis mit dem jüdischen Teil der Bevölkerung, der gleich ihm außerhalb der Reihen der Gesellschaft gestanden und in völliger Gleichgültigkeit zu aller Parteipolitik verharrt hatte, jedes Interesse. Der wachsende Anteil, den eine imperialistisch gesinnte Bourgeoisie an der Außenpolitik nahm, und der steigende Einfluß, den sie dadurch auf den Staatsapparat gewann, hatte nichts geändert an der alten Weigerung fast des gesamten jüdischen Reichtums, sich auf industrielle Unternehmungen einzulassen und die Tradition des Geldhandels zugunsten einer kapitalistisch-imperialistischen Entwicklung aufzugeben. Dies hatte einerseits zur Folge, daß die Juden als eine in sich geschlossene Gruppe dem Staate von keinem großen ökonomischen Nutzen mehr sein konnten, und daß andererseits die auch unter dem Deckmantel der Emanzipation aufrechterhaltene gesellschaftliche Separierung der Juden von der Bevölkerung für die Juden selbst keinerlei ökonomischen Sinn mehr hatte, ganz abgesehen davon, daß der Staat selbst aufgehört hatte, diese Separierung zu fördern und zu privilegieren. Die mitteleuropäischen Juden assimilierten sich nach dem Ersten Weltkrieg mit der gleichen Rapidität wie die französischen Juden in den ersten zwei Jahrzehnten der Dritten Republik.

Daß sich die Staaten selbst dieser radikalen Änderung der Situation sehr wohl bewußt waren, zeigte sich noch während des Ersten Weltkrieges, als die deutsche Regierung im Jahre 1917 nach altem Brauche ihre Juden benutzen wollte, um Friedensverhandlungen mit den Alliierten zu versuchen. Statt sich an die anerkannten Führer der deutschen Judenschaft zu wenden, trat sie an die kleine und einflußlose zionistische Minderheit heran; zu ihr hatte sie das alte Vertrauen, gerade weil sie auf der Existenz eines von Staatsbürgerschaften unabhängigen, unassimilierbaren jüdischen Volkes bestand und man darum von ihr erwarten konnte, noch intakte internationale Beziehungen zu unterhalten. Allerdings stellte sich dieser Schritt als ein Irrtum seitens der deutschen Regierung heraus; die Zionisten taten etwas, woran die früher für solche Zwecke benutzten jüdischen Bankiers nie auch nur im Traum gedacht hatten: sie stellten ihre eigenen Bedingungen und erklärten, sie würden nur für einen Frieden ohne Annexion und ohne Reparationen verhandeln.[27] Das alte jüdische Desinteressement an allen politischen Fragen war dahin: Die Mehrheit teilte die politischen Aspirationen der Bevölkerung, und die Minderheit war wertlos, weil sie ihre eigenen politischen Ideen hatte.

Die Ablösung der mitteleuropäischen Monarchien durch Republiken hatte die gleiche auflösende Einwirkung auf die mitteleuropäischen Judenschaften, die die Gründung der Dritten Republik fünfzig Jahre früher auf die französische Judenschaft gehabt hatte (siehe Band 1, 4. Kapitel). Die neuen Regierungen etablierten sich unter Bedingungen, unter denen ihnen sowohl Macht wie Interesse fehlte, ihre Juden, die ohnehin bereits sehr an Einfluß verloren hatten, zu schützen. Bei den Versailler Friedensverhandlungen spielten Juden bereits nur noch als Experten eine Rolle, und was die kleinen jüdischen Schieber der Nachkriegszeit anbetrifft (meist Neuankömmlinge, deren betrügerische Betätigung noch der alten Indifferenz gegenüber den Standards der Umgebung entsprang), so mußten selbst Antisemiten zugeben, daß es immerhin unwahrscheinlich sei, daß sie mit den angeblich mächtigen Häuptern einer jüdischen Internationale in Verbindung standen.[28]

Inmitten einer Unzahl antisemitischer Gruppen und in einer mit Antisemitismus geschwängerten Atmosphäre entwickelte die Nazipropaganda eine Methode, die sich von allen anderen unterschied und allen anderen überlegen war. Dabei war kein einziges ihrer Schlagworte neu, nicht einmal Hitlers demagogische Darstellung des Klassenkampfes, in welcher ein jüdischer Kapitalist die Arbeiter ausbeutete, während sein leibhaftiger Bruder, natürlich im Bündnis mit ihm, die gleichen Arbeiter auf dem Fabrikhof zum Streik aufhetzt.[29] Neu und allerdings entscheidend war nur, daß die NSDAP sich nicht damit begnügte, Juden von der Mitgliedschaft auszuschließen, sondern von vornherein den Nachweis nichtjüdischer Abstammung verlangte und daß sie, trotz des Federprogramms, sich nur undeutlich drohend über die Maßnahmen gegen Juden nach der Machtergreifung äußerte. Innerhalb der Nazipropaganda war Antisemitismus nicht mehr eine Frage einer Meinung über ein Volk, die Juden, sondern wurde zur inneren Angelegenheit jedes Mitglieds, zu einer Frage seiner persönlichen Existenz. Niemand konnte Mitglied werden, dessen Stammbaum nicht erwiesenermaßen in Ordnung war, und je höher ein Mitglied in der Nazihierarchie stieg, desto weiter zurück mußte sein Stammbaum nachweisbar sein.[30] Ganz ähnlich, wenn auch nicht mit gleicher Konsequenz, haben die Bolschewisten die marxistische Lehre von dem sicheren Endsieg des Proletariats propagandistisch benutzt, indem sie ihre Mitglieder als »geborene Proletarier« organisierten und von ihnen, jedenfalls in den Ländern, in denen sie zur Macht kamen, einen Nachweis ihrer Klassenabstammung verlangten.[31] So zeigten sich auch die totalitären Tendenzen des sogenannten McCarthyism in den Vereinigten Staaten am deutlichsten in dem Versuch, nicht einfach Kommunisten zu verfolgen, sondern jeden Bürger dazu zu veranlassen, sich als Nichtkommunist auszuweisen.

Das eigentliche Neue an der Nazipropaganda war, daß sie den Antisemitismus zu einem Prinzip der Selbstbestimmung machte und ihn damit dem ewig schwankenden Strom der Meinungen entzog. Massendemagogie war hierfür nur eine Vorbereitung, die als solche niemals, weder in ihrem rednerischen noch in ihrem journalistischen Einfluß, überschätzt wurde.[32] Den Massen atomisierter, undefinierbarer und substanzloser Individuen wurde ein Mittel der Selbstidentifizierung in die Hand gegeben, das ihnen ein durchaus brauchbares Surrogat für das verlorengegangene gesellschaftliche Prestige bot und sie zugleich, auf Grund der fiktiven Stabilität einer neuen Selbstidentifizierung, zu erheblich besseren Kandidaten der Organisation machte. Diese Propaganda, die von vornherein auf Organisation abzielte, konnte in der Tat die Bewegung als eine Art in Permanenz erklärter Massenversammlung etablieren, das heißt, sie konnte jene wesentlich temporären Stimmungen überhitzten Selbst- und hysterischen Sicherheitsgefühls, die die Massenversammlung dem isolierten Individuum einer atomisierten Gesellschaft inspiriert, rationalisieren und institutionalisieren.[33]

Daß die eigentliche Originalität der Nazis nicht in der Erfindung neuer, sondern in der Benutzung alter und bereits bewährter Schlagworte lag, zeigte sich keineswegs nur in der Behandlung der Judenfrage. In einer Zeit, in der Nationalismus und Sozialismus die populären Brennpunkte des politischen Fanatismus darstellten, in der diese Schlagworte die ideologische Wasserscheide zwischen Rechts und Links hergaben und daher für schlechthin unvereinbar gehalten wurden, warf die »National-Sozialistische Deutsche Arbeiterpartei« eine Synthese auf den Wortmarkt, die nationale Einheit versprach. Schon mit ihrem Namen, der sich mit der Addierung des Nationalen und Sozialistischen nicht begnügte, sondern ihm zur Sicherheit noch die (rechte) Handelsmarke »deutsch« und die (linke) »Arbeiter« anheftete, stahl die Bewegung allen anderen Parteien ihre politischen Gehalte und prätendierte, sie alle in sich zu verkörpern. Kombinationen angeblich entgegengesetzter Ideologien (national-sozialistisch, christlich-sozial) waren schon vorher versucht und als wirksam erwiesen worden, so daß selbst in dieser Hinsicht die Nazis nichts eigentlich Neues zu bieten hatten. Nur sie aber verstanden es, aus diesen Kombinationen die in ihnen liegende Wirkung auch wirklich herauszuholen, so daß nun auf einmal der ganze parlamentarische und Parteienkampf zwischen Nationalisten und Sozialisten, zwischen solchen, die sich primär als Arbeiter, und solchen, die sich primär als Deutsche fühlten, aussehen konnte, als sei er ein Spiegelgefecht der Korruption, hinter dem sich finstere Pläne und verdächtige Hintergedanken verbargen; denn jedes Mitglied der Nazibewegung konnte doch offenbar alle diese angeblich entgegengesetzten Dinge zu gleicher Zeit sein.

So ungeniert sich die Nazipropaganda überall bediente, wo es sich um Ideologien und ideologische Schlagworte handelte, so mißtrauisch vermied sie es, sich jemals auf eine Diskussion bestimmter Regierungsformen einzulassen oder eine Stellung in dem Kampf zwischen Anhängern monarchischer und solchen republikanischer Staatsformen zu beziehen.[34] Es ist, als hätten die Nazis von Anfang an gewußt, daß sie in diesem einen Punkt absolut originell sein würden. Alle derartigen Fragen wurden als »leeres Geschwätz« gebrandmarkt und als bloße Formalitäten abgetan;

der Staat war Hitler zufolge nur ein »Mittel« zum Zwecke der »Erhaltung der Rasse« – genauso wie der Staat bolschewistischer Propaganda zufolge nur ein Instrument des Klassenkampfes ist.[35]

Die negativen Antworten, welche die Nazipropaganda vor der Machtergreifung auf die offene Frage einer künftigen Regierungsform gab, ihre Distanzierung von der Monarchie bei entschlossenem Kampf gegen das »System« der Weimarer Republik, ihre Scheu, das Wort Diktatur zu benutzen, bei unmäßigem Schimpfen auf die »verfaulten Demokratien«, zeigten deutlich die Entschlossenheit der Bewegung, mit allen traditionellen politischen Formen zu brechen. Die einzige positive Antwort, die eine ganz außerordentliche Attraktion für die Massen hatte und wegen ihrer offenbaren Abenteuerlichkeit dennoch so gut wie unbeachtet blieb, lag in der Art, wie sich diese Propaganda der sogenannten *Protokolle der Weisen von Zion* zu bedienen wußte, nämlich als eines Hausbuches für die künftige Organisation deutscher oder arischer Massen für die Errichtung eines Weltreiches. Die demagogische Benutzung der *Protokolle* war bereits vor dem Aufkommen der Nazibewegung in Zentraleuropa in vollem Schwunge; Hunderttausende von Exemplaren waren im Deutschland der Nachkriegszeit von allen möglichen Parteien und Gruppen verkauft worden; selbst ihre Verwendung als ein Handbuch der Politik war bereits von dem »Altmeister des deutschen Antisemitismus«, Theodor Fritsch, unabhängig von den Nazis, empfohlen worden.[36] Aber dies war doch nur ein mehr oder weniger geschickter Nebengedanke gewesen. Die *Protokolle* wurden hauptsächlich zur Judenhetze benutzt ohne weitere politische Ambitionen. Die Nazis waren durchaus die ersten, die entdeckten, daß die Massen sich gar nicht so sehr vor der jüdischen Weltherrschaft fürchteten, als daß sie interessiert daran waren, diesen angeblichen Weltherrschern das Handwerk abzusehen, und daß die ungeheure Popularität der *Protokolle* nicht dem Judenhaß, sondern eher der Bewunderung der Juden und dem Wunsch, etwas von ihnen zu lernen, geschuldet war. Daraus ergab sich natürlich, daß es geraten war, sich in allen schlagwortartigen Formulierungen so eng wie möglich an die *Protokolle* zu halten, und Hitler hat sich nicht geniert, sein »Recht ist, was dem deutschen Volk nützt« direkt aus den *Protokollen* und ihrem »Alles, was dem Volke Juda nützt, ist moralisch und ist heilig« abzuschreiben.[37]

Die *Protokolle* sind in mancher Hinsicht eines der merkwürdigsten und bemerkenswertesten Dokumente unserer Zeit. Interessant an ihnen ist nicht der billige Machiavellismus, durch den sie sich kaum von anderen Pamphleten des neunzehnten Jahrhunderts unterscheiden. Wesentlich ist vielmehr, daß sie auf ihre Manier alle zentralen Fragen unserer unmittelbaren Vergangenheit aufgreifen und auf sie eine, den bestehenden Zuständen entgegengesetzte Antwort geben. Die *Protokolle* sind prinzipiell antinational und schildern den Nationalstaat als einen Koloß auf tönernen Füßen; sie mokieren sich über nationale Souveränität und entwerfen, in den Worten Hitlers, ein Weltimperium, das seine »nationale Basis sehr bald weit unter sich läßt«.[38] Sie sprechen viel von Revolution, aber nie von Revolution in einem bestimmten Land; vielmehr identifizieren sie Revolution durchgängig mit Welteroberung und Weltherrschaft. In den Mittelpunkt ihrer politischen Konzeption stellen sie ein Volk, das, notorisch schwach an Zahl, ohne Territorium und ohne Staat, nur durch das Wunder einer überlegenen Organisation angeblich die Welt regieren kann.

Dies sind die eigentümlich modernen Elemente, denen die *Protokolle* ihre außerordentliche Aktualität verdankten und die stärker wirkten als die viel banalere Beimischung uralten Aberglaubens. Geschichten über eine seit dem Altertum ununterbrochen bestehende, international verbreitete Sekte mit identisch aufrührerischen und verderblichen Zielen sind sehr alt[39] und haben namentlich seit der Französischen Revolution ihre Rolle in der politischen Hintertreppenliteratur aller westlichen Länder gespielt –

obgleich es natürlich am Ende des achtzehnten oder zu Beginn des neunzehnten Jahrhunderts noch keinem eingefallen wäre, diese »revolutionäre Sekte« – diese *»nation particulière qui a pris naissance et s'est agrandie dans les ténèbres au milieu de toutes les nations civilisées avec le but de les soumettre toutes à sa domination«*[40] – mit den Juden zu identifizieren.

Das Motiv einer den Erdball umspannenden Verschwörung wirkte auf die Phantasie der Massen, weil es modernen Machtverhältnissen auf so genaue Weise entsprach. Hitler versprach schon sehr früh, daß die Nazibewegung »sehr bald über die Grenzen des heutigen engen Nationalismus hinausgelangen« werde, und in der SS waren während des Krieges Bestrebungen im Gange, das Wort »Nation« überhaupt aus dem nationalsozialistischen Wortschatz zu eliminieren.[41] Nur Weltmächte scheinen noch eine Chance souveräner Existenz zu haben, nur Weltpolitik scheint noch praktisch sinnvoll zu sein. Daß eine solche Lage alle Völker erschrecken muß, die nicht Weltmächte sind und deren Souveränität angesichts der wirklichen Machtverhältnisse wie kindisches Theater erscheint, ist nur zu verständlich. Die *Protokolle* schienen einen Ausweg anzubieten, der nicht von unabänderlichen objektiven Bedingungen abhing, sondern von der selbst inszenierbaren Macht einer Organisation.

Die Nazipropaganda, die die Wünsche moderner Massen besser kannte als irgendeine Massenpropaganda vor oder nach ihr, präsentierte »den Juden« als Herrscher der Welt, um versichern zu können, daß »diejenigen Völker, welche den Juden zuerst durchschaut und bekämpft haben, seinen Platz in der Beherrschung der Welt einnehmen werden«.[42] Die Fiktion einer gegenwärtigen jüdischen Weltherrschaft bildete die Grundlage für die Illusion einer zukünftigen deutschen Weltherrschaft. Dies meinte Himmler, wenn er versicherte, »die Kunst des Regierens verdanken wir den Juden«, und zwar den *Protokollen*, die »der Führer auswendig gelernt« habe.[43] Nur darum rückte der Antisemitismus unverrückbar in das Zentrum der Nazifiktion; ihn daraus wieder zu entfernen, hätte geheißen, den Massen die Zuversicht auf die unabwendbar näherrückende künftige deutsche Weltherrschaft zu rauben. Indem die *Protokolle* die gegenwärtige Weltherrschaft den Juden zuschoben, stellten sie Welteroberung als eine einfache Sache hin, der nichts im Wege stand als ein kleines Volk ohne Staat und ohne physische Gewaltmittel, dem nur ein Geheimnis zu entlocken und eine Methode abzulernen war.

Die Organisation eines ganzen Volkes für den Zweck der Welteroberung nach dem Modell der »Weisen von Zion« faßten die Nazis in dem Begriff der Volksgemeinschaft propagandistisch zusammen. Die Volksgemeinschaft sollte auf der absoluten Gleichheit aller Deutschen, ihrer identischen, natürlich-physischen Überlegenheit über alle anderen Völker einerseits und auf ihrer absoluten Feindschaft gegen das jüdische Volk andererseits gründen. Nach der Machtübernahme verlor dieser Begriff etwas an propagandistischer Bedeutung, weil die Nazis es nicht mehr für nötig hielten, ihre Verachtung des deutschen Volkes (wie aller Völker als Völker) zu verbergen, und weil sie, in konsequenter Verfolgung ihrer Rasseideologie, mehr und mehr versuchten, die Reihen der Bewegung und vor allem der Elitegruppen den »Ariern« anderer Völker zu öffnen. Die Volksgemeinschaft war nur eine propagandistische Vorbereitung auf eine arische Rassegesellschaft, die schließlich allen Völkern, auch dem deutschen, den Garaus gemacht hätte.[44]

Die Propaganda der Nazis vor der Machtergreifung benutzte die Volksgemeinschaft vor allem als Antwort auf die klassenlose Gesellschaft kommunistischer Propaganda, und gerade in dieser Hinsicht bewährte sich die Volksgemeinschaft vorzüglich. Das Element einer nichtideologischen, revolutionären Gerechtigkeit war in dem Begriff der klassenlosen Gesellschaft noch so lebendig, daß sie propagandistisch in dem Konkurrenzkampf mit der Volksgemeinschaft bald den kürzeren zog. Was die Massen hörten und was der Mob vor ihnen gehört hatte, war nur, daß die Einebnung aller sozialen und aller Eigentumsunterschiede in der klassenlosen Gesellschaft offensichtlich so vonstatten gehen würde, daß jeder auf den Stand eines gelernten Arbeiters gebracht werden sollte, während die Volksgemeinschaft mit ihren Assoziationen von Weltverschwörung und Welteroberung hoffen ließ, daß jeder Deutsche schließlich und endlich als Fabrikbesitzer enden würde. Für die Massen und den Mob war die Volksgemeinschaft das Symbol des nationalsozialistischen Sozialprogramms, und zwar durchaus in dem Sinne, in dem Hitler es formuliert hatte: »Wie die künftige Sozialordnung ausschauen wird ... das will ich Ihnen sagen: ... Das deutsche Volk ist berufen, die neue Herrenschicht der Welt zu geben ... Dann wird es aber noch die Schicht der unterworfenen Fremdstämmigen geben, nennen wir sie richtig die modernen Sklavenstämme ...«[45] Für die Bewegung war von großer Bedeutung, daß im Unterschiede zu der klassenlosen Gesellschaft, deren Realisierung von objektiven Bedingungen außerhalb der Bewegung abhing, die Volksgemeinschaft als eine »geschworene Sippengemeinschaft«,[46] geeint durch den Kampf gegen den angeblichen Hauptfeind, den Juden, sofort innerhalb der Bewegung realisiert werden konnte, und zwar durch die Einebnung aller sozialen Unterschiede einerseits und durch den von allen geforderten Judenhaß andererseits. Volksgemeinschaft wurde damit der Name für die fiktive Welt der Bewegung selbst.

Totalitäre Propaganda hat ihr Ziel nicht erreicht, wenn sie überzeugt, sondern wenn sie organisiert: »Sie ist die Kunst der Machtbildung ohne den Besitz der Machtmittel.«[47] Für ein solches Vorhaben ist Originalität in der ideologischen Konzeption nur ein Hindernis. Die beiden totalitären Bewegungen, so furchtbar originell sie sich in ihren Herrschaftsmethoden und so überlegen erfinderisch sie sich in ihren Organisationsformen erwiesen, haben niemals den Versuch gemacht, eine neue Doktrin zu predigen oder ihre Ideologien auch nur um ein Stückchen selbstgefundenen Unsinns zu bereichern. Sie wußten, daß die Massen nicht durch die temporären Erfolge einer überzeugenden Demagogie gewonnen werden, sondern nur durch die sichtbare Wirklichkeit und Macht einer »lebendigen Organisation«.[48] Nicht seinem großen Rednertalent hatte Hitler seine Stellung in der Partei zu verdanken (dies hat nur seine Umgebung dazu verleitet, ihn als Demagogen zu unterschätzen), und Stalin hat es vermocht, sich gegen Trotzki, den größten Redner der Oktoberrevolution, durchzusetzen. Totalitäre Führer sind keine Demagogen im gewöhnlichen Sinne, und sicher keine »charismatischen Führer« im Sinne Max Webers.[49] Was sie auszeichnet, ist die unbeirrbare Sicherheit, mit der sie sich aus bestehenden Ideologien die Elemente heraussuchen, die sich für die Etablierung einer den Tatsachen entgegengesetzten, ganz und gar fiktiven Welt eignen. Die Fiktion der *Protokolle der Weisen von Zion* war hierfür so geeignet wie die Fiktion einer trotzkistischen Verschwörung, weil beide Fiktionen von internationaler Bedeutung waren, und weil sie beide ein Element des Plausiblen enthielten – den nichtöffentlichen Einfluß der Juden im neunzehnten Jahrhundert, den Machtkampf zwischen Stalin und Trotzki nach Lenins Tode –, ohne das die fiktive Welt der totalitären Bewegungen in einer nichttotalitären Umgebung nicht etabliert werden kann. Die Kunst des totalitären Führers besteht darin, in der erfahrbaren Realität geeignete Elemente für seine Fiktion herauszufinden und sie so zu verwenden, daß sie fortan von aller überprüfbaren Erfahrung getrennt bleiben. Dies geschieht dadurch, daß man Erfahrungselemente isoliert und verallgemeinert, also sie dem Bereich der Urteilskraft, die ihnen ihren Platz in der Welt angewiesen hatte, entzieht, um dann die so vom gesunden Menschenverstand unabhängig gewordene, aus ihrem allgemeinen Zusammenhang gerissene Erfahrung in das ihr logisch inhärente Extrem zu treiben. Dadurch wird eine Konsequenz und Stimmigkeit erreicht, mit der die wirkliche Welt und die nicht verabsolutierte Erfahrung nie und nimmer in Konkurrenz treten können. Die Organisation der totalitären Bewegung entspricht aufs genaueste dieser in der Propaganda erreichten Stimmigkeit einer fiktiven Welt. In ihr vermag die Bewegung die Aufdeckung aller spezifischen Lügen zu überleben, weil die Konsequenz der Fiktion als solche eine »höhere« Wahrheit zu repräsentieren scheint. So hat weder die offenbare Hilflosigkeit der Juden gegen ihre Ausrottung die Fabel von der Allmacht der Juden noch haben die Liquidierung der Trotzkisten in Rußland und die Ermordung Trotzkis die Fabel von der Verschwörung der Trotzkisten gegen die Sowjetunion zu zerstören vermocht.

Die Hartnäckigkeit, mit der totalitäre Führer an den ursprünglichen Lügen, welche die Bewegung zur Macht gebracht haben, selbst dann festhalten, wenn ihre Absurdität voll erwiesen ist, hat wenig mit der bekannten Psychologie des Lügners zu tun, der das letzte Opfer seiner eigenen Lügen wird, wenn diese es nur zu genügendem Ansehen in der Welt gebracht haben. Sobald die Lügen der Propaganda sich in einer »lebendigen Organisation« verkörpert haben, können sie nicht mehr eliminiert werden, ohne das ganze Gebäude der Organisation selbst zu gefährden. Die Nazipropaganda verwandelte die Fabel einer jüdischen Weltverschwörung aus einer objektiv debattierbaren Lüge in das zentrale Element einer totalitären Wirklichkeit: Die Nazis handelten wirklich so, als ob die Welt von Juden beherrscht sei und einer Gegenverschwörung bedürfe, um gerettet zu werden. Die Rassedoktrinen waren nicht mehr eine Theorie höchst zweifelhaften wissenschaftlichen Wertes, sondern wurden jeden Tag innerhalb einer funktionierenden Welt realisiert, in deren Rahmen es höchst »unrealistisch« gewesen wäre, ihren Realitätswert zu bezweifeln. So braucht auch der Bolschewismus sich nicht mehr darauf einzulassen, die ausschlaggebende Bedeutung der Klassenkämpfe für die Geschichte oder die unbedingte Abhängigkeit des Wohlergehens des Proletariats vom Wohlergehen der Sowjetunion oder die objektive Überlegenheit der Arbeiterklasse über alle anderen Klassen der Menschheit zu beweisen; die funktionierende Organisation der Komintern ist überzeugender, als ein bloßes Argument oder selbst eine bloße Ideologie es jemals sein könnten.

Der wahre Grund für die unabwendbare, prinzipielle Überlegenheit aller totalitären Propaganda über die Propaganda aller anderen Parteien oder Regierungen ist, daß ihr Inhalt – jedenfalls für die Mitglieder der Bewegung und die Bevölkerung eines totalitären Landes – nichts mehr mit Meinungen zu tun hat, über die man streiten könnte, sondern zu einem ebenso unangreifbar realen Element ihres täglichen Lebens geworden ist, wie daß zwei mal zwei vier ist. Die Vorteile einer Propaganda, die sich niemals nur auf sich selbst und ihre Argumente verläßt, sondern zu der von vornherein »die Gewalt der Organisation hinzutritt«,[50] in der sie durch Gewalt ständig und unmittelbar verwirklicht, was sie sagt, sind so außerordentlich, daß es fast schon eine gefährliche Unterschätzung ihrer Möglichkeiten ist, sie noch mit dem Namen Propaganda zu belegen. Alle bloßen Argumente gegen sie, die ja aus einer Wirklichkeit stammen, welche die Bewegung ohnehin zu ändern verspricht, sind bereits im vorhinein dadurch disqualifiziert, daß die Massen die wirkliche Welt weder akzeptieren können noch akzeptieren wollen. Totalitäre Propaganda ist keine Propaganda im üblichen Sinn und kann daher nicht durch Gegenpropaganda widerlegt oder bekämpft werden. Sie ist Teil der totalitären Welt und wird nur mit ihr zusammen vernichtet.

Erst im Moment der Niederlage macht sich die wesentliche Schwäche totalitärer Propaganda geltend. Bricht die Bewegung aus gleich welchen äußeren Gründen zusammen und ist die »Gewalt der Organisation« verschwunden, so hören ihre Anhänger von einem Tag zum anderen auf, an ein Dogma und eine Fiktion zu glauben, der ihr Leben zu opfern sie gestern noch bereit waren. Mit dem Zusammenbruch ihrer fiktiven Heimat kehren die Massen wieder in die Welt zurück, vor deren Realität die Bewegung sie geschützt hatte, werden wieder zu den isolierten Individuen, als die sie sich massenhaft zusammengefunden hatten, und übernehmen entweder neue Aufgaben in einer veränderten Welt oder fallen in die verzweifelte Überflüssigkeit zurück, von der die Fiktion sie für einen Moment erlöst hatte. Eben noch freudigst entschlossen, den Tod von Robotern auf sich zu nehmen um irgendwelcher tausendjährigen Reiche willen, wird keiner von ihnen es den religiösen Fanatikern gleichtun und den Märtyrertod sterben. In aller Stille, als handele es sich um nichts als einen dummen Reinfall, werden sie ihre Vergangenheit aufgeben und, wenn es not tut, verleugnen, sich nach einer neuen vielversprechenden Fiktion umsehen oder warten, bis die alte Ideologie wieder an Stärke gewinnt und eine neue Massenbewegung ins Leben ruft.

Es ist mehr als ein Zeichen allgemein menschlicher Schwäche oder spezifisch deutschen Opportunismus, daß die Alliierten nach der Niederlage von Nazideutschland vergeblich nach einem einzigen überzeugten Nazi in der Bevölkerung fahndeten, und dies besagt nichts gegen die Tatsache, daß vermutlich achtzig Prozent des deutschen Volkes irgendwann einmal überzeugte Anhänger oder Sympathisierende der Nazis gewesen waren. Der Nazismus als eine Ideologie war so vollständig in der Organisation der Bewegung und des Reiches »realisiert« worden, daß von seinem Inhalt als einem System bestimmter Doktrinen mit einer von der Realität unabhängigen geistigen Existenz nichts übriggeblieben war.[51] Die Zerstörung der Nazifiktion in der Wirklichkeit hinterließ buchstäblich nichts, nicht einmal den Fanatismus des Aberglaubens.

Totale Organisation

Im Gegensatz zu den ideologischen Gehalten, die immer überkommen sind, und den Propagandaschlagworten, die oft von konkurrierenden Parteien oder Bewegungen nahezu identisch gebraucht werden (allerdings ohne die spezifisch totalitäre Stimmigkeit), sind die Organisationsformen totalitärer Bewegungen von einer beispiellosen Originalität.[52] Sie haben die Aufgabe, die zentrale ideologische Fiktion (die Verschwörung der Juden, der Trotzkisten oder der Dreihundert Familien), um die das Lügengespinst der Propaganda jeweils neu gewoben wird, in die Wirklichkeit umzusetzen und in der noch nicht totalitären Welt Menschen so zu organisieren, daß sie sich nach den Gesetzen dieser fiktiven Wirklichkeit bewegen. Im Unterschied zu gleichzeitigen und scheinbar gleichgearteten Parteien und Bewegungen faschistischer oder sozialistischer, völkischer oder kommunistischer Art, die alle, wenn sie nur einen bestimmten Grad der Radikalität erreicht haben (der meist nur von dem Grade der Verzweiflung ihrer Mitglieder abhängt), Propaganda mit Terrormethoden unterstützen, macht die totalitäre Bewegung mit ihrer Propaganda wirklich ernst, und dieser Ernst äußert sich sehr viel furchtbarer in der Organisation ihrer Anhänger als in dem Einschlagen der Köpfe ihrer Gegner. Nicht Terror und Propaganda, sondern Organisation und Propaganda sind die zwei Seiten der gleichen Medaille.[53]

Sieht man zu, wie totalitäre Bewegungen ihre Anhänger vor der Machtergreifung organisieren, so fällt die Schaffung von Frontorganisationen und die Unterscheidung zwischen Parteimitgliedern und Sympathisierenden als wesentlich neues und originales Organisationsmittel auf. Dieser Erfindung gegenüber sind andere Phänomene, die wir heute gewöhnlich als typisch totalitär ansehen, wie die Ernennung aller Funktionäre von oben und die schließliche Monopolisierung aller Ernennungen durch einen Mann – das sogenannte Führerprinzip –, von sekundärer Bedeutung. Das Führerprinzip als solches ist noch nicht totalitär; ihm haften gewisse autoritäre und militärdiktatorische Züge an, die viel dazu beigetragen haben, das eigentlich totalitäre Phänomen mißzuverstehen und zu verharmlosen. Hätten die von oben ernannten Funktionäre wirklich Autorität und Verantwortlichkeit, so hätten wir es mit einem hierarchischen Gebilde zu tun, in welchem Autorität und Macht planmäßig verteilt und nach Gesetzen geregelt sind. Ähnliches gilt von der Organisation einer Armee und der nach ihrem Modell errichteten Militärdiktatur, in welcher die absolute Befehlsgewalt nach unten und der absolute Gehorsamszwang nach oben den Bedingungen des Handelns im Feld äußerster Gefahr und aktiver Bedrohung entsprechen und gerade darum nicht total sind. Eine hierarchisch geregelte Vermittlung von Befehlen besagt, daß die Macht des Befehlshabers von der Befehlshierarchie, in die er hineingestellt ist, abhängig ist. Jede Hierarchie, und sei sie noch so autoritativ geleitet, und jede Befehlsvermittlung, und seien die Befehle noch so selbstherrlich-diktatorisch erteilt, würden die totale Macht des Führers einer totalitären Bewegung stabilisieren und damit einschränken.[54] Es ist, in der Sprache der Nazis, der dynamische, niemals ruhende »Wille des Führers« (und nicht seine Befehle, denen eine festlegbare Autorität zukommen könnte), der zum »obersten Gesetz« in einer totalen Herrschaft wird.[55] Erst aus der Stellung, welche die totalitäre Bewegung vermöge ihrer einzigartigen Organisation dem Führer gibt, aus seiner Funktion für die Bewegung, entwickelte sich das Führerprinzip im totalitären Sinne. Hiermit stimmt auch überein, daß in Hitlers wie in Stalins Falle das eigentliche Führerprinzip sich nur verhältnismäßig langsam im Verlauf einer fortschreitenden »Totalisierung« der Bewegung entwickelt hat.[56]

Die ersten organisierten Sympathisierendengruppen wurden von den kommunistischen Parteien in den zwanziger Jahren ins Leben gerufen; sie waren jedoch vorerst nichts anderes, als was ihr Name indizierte, Zusammenfassungen von mehr oder minder vage sympathisierenden Freunden zwecks finanzieller oder anderer Hilfe. Erst mit der zunehmenden Bolschewisierung der kommunistischen Parteien wurden aus den »Freunden der Sowjetunion« oder der »Roten Hilfe« ausgesprochene Frontorganisationen. Der erste, welcher in sympathisierenden Massen, auf die alle

Parteien für den Wahltag rechneten, die sie aber für zu unbeständig für Parteimitgliedschaft hielten, nicht nur ein Stimmenreservoir, sondern eine eigenständige, politische Kraft sah, war zweifellos Hitler, der bereits in *Mein Kampf* vorschlug, die durch Propaganda gewonnenen Massen in Sympathisierende und Mitglieder aufzuteilen. Diesen Vorschlag begründete er mit einigen Banalitäten über die Feigheit und Faulheit der meisten Menschen, die es ihnen verwehre, sich für Überzeugungen kämpfend einzusetzen, eine Begründung, die ihn immerhin beinahe automatisch dazu führte, in die Sympathisierendengruppen so viele Mitläufer wie möglich aufzunehmen, während die Parteimitgliedschaft als solche nach Möglichkeit begrenzt wurde.[57] Diese Vorstellung von einer Parteiminorität, die von einer Sympathisierendenmajorität umgeben ist, kommt den eigentlichen Frontorganisationen bereits sehr nahe. Wesentlich ist, daß die Nazis von vornherein die Sympathisierenden, bei aller Verachtung für das Menschenmaterial in diesen Organisationen, mit zur Bewegung rechneten und daher sehr bald verstanden, daß die Frontorganisationen – ein Name, der aufs genaueste die eigentliche Beziehung zwischen Parteimitglied und Sympathisierendem anzeigt – für die Bewegung im ganzen nicht weniger wichtig sind als die eigentliche Parteimitgliedschaft.

Die totalitäre Bewegung benutzt die Frontorganisationen als einen Schutzwall, der die Mitgliedschaft, ihren fanatischen Glauben an die ideologische Fiktion und ihre »revolutionäre« Moral gegen den Schock einer noch intakten Außenwelt schützt; gleichzeitig dient die Frontorganisation der Mitgliedschaft als eine genau überwachte Brücke in die Normalität zurück, eine Brücke, ohne welche die Mitglieder vor dem Sieg der totalitären Bewegung den Gegensatz zwischen ihren Überzeugungen und den Ansichten aller übrigen, zwischen der ideologischen Fiktion und der Realität der normalen Welt allzu scharf empfinden würden. Während des Kampfes der Bewegung um die Macht bewährt sich die

Frontorganisation gerade darin, daß sie die Parteimitglieder nicht nur isoliert, sondern ihnen gleichzeitig sich als Normalität darbietet, ihnen ein Falsifikat der Außenwelt gibt, das den Einbruch der wirklichen Welt wirksamer abhält als bloße Indoktrination und Fanatismus. Die deutliche Differenz zwischen seiner eigenen Haltung und der eines Sympathisierenden wird den Parteinazi oder den Parteibolschewisten in seinem Glauben an die ideologisch-fiktive Erklärung von Welt und Geschichte gerade darum bestärken, weil der Sympathisierende ähnliche Meinungen in einer noch »normalen« Form hegt. Die Reste von Normalität im Sympathisierenden, seine mangelnde Folgerichtigkeit und ein gewisser Wirklichkeitssinn, der es nicht dazu kommen läßt, ideologische Meinungen in das ihnen inhärente totalitäre Extrem zu treiben, erscheinen dem Parteimitglied als repräsentativ für die gesamte außerhalb der Bewegung stehende Welt. So gewinnt er die Vorstellung, als hätte er in einer weniger konsequenten und konfuseren Weise jeden auf seiner Seite, den die Bewegung nicht von vornherein als *den* Feind gebrandmarkt hat – *den* Juden, *den* Kapitalisten. Durch die Frontorganisationen der Sympathisierenden hindurch erscheint die Welt als voll von geheimen Verbündeten, die nur noch nicht die notwendige Geistes- und Charakterstärke aufbringen können, um die Konsequenzen aus ihren Überzeugungen zu ziehen. Die Frontorganisationen sind die von den totalitären Bewegungen eigens errichtete Fassade einer nichttotalitären Außenwelt. Es ist der Ersatz der Wirklichkeit, der am wirksamsten vor der Wirklichkeit schützt.

Ebenso wirksam nun, wie die Frontorganisationen die Mitglieder über den eigentlichen Charakter der Außenwelt täuschen, täuschen sie die Außenwelt über den eigentlichen Charakter der Bewegung. Die Sympathisierenden, deren alltägliches Leben ja noch innerhalb einer nichttotalitären Welt und nach »normalen« Regeln sich vollzieht, bieten sich natürlicherweise den Blicken der Außenstehenden zuerst dar. Sie machen zumeist noch nicht einmal den Eindruck von Fanatikern und können in jedem Fall den Anspruch erheben, daß ihre Meinung unter anderen Meinungen gehört werde. Es ist in dieser Form einer anscheinend harmlosen Meinung unter Meinungen, daß die ideologische Fiktion zuerst in dem Meinungschaos der modernen Welt erscheint und in ihm eine erst kaum merkliche Präponderanz gewinnt, bis schließlich in dem eigentlich prätotalitären Stadium alle Diskussionen von totalitären Elementen vergiftet sind.[58] Diese sind als solche schwer zu diagnostizieren, weil die totalitären Meinungen von Menschen vertreten werden, die subjektiv ehrlich meinen, daß sie eben nur anderer Meinung sind als andere Leute; zudem fällt in dem ohnehin herrschenden Meinungschaos die Absurdität gerade ihrer Meinung kaum auf. Die Sympathisierendenorganisationen hüllen die Bewegung in einen Nebel der Normalität und Respektabilität und dienen ihnen in doppelter Weise als Fassade: Sie täuschen die Parteimitglieder über den radikalen Bruch, den sie mit der gesamten nichttotalitären Welt vollzogen haben; und sie täuschen die nichttotalitäre Umgebung über die radikale Andersartigkeit und Aggressivität der ideologischen Fiktion.

Es ist möglich und sogar wahrscheinlich, daß die Zusammensetzung einer totalitären Bewegung aus Parteimitgliedern und Sympathisierendengruppen relativ zufällig entstanden ist und daß die eigentümliche Beziehung zwischen ihnen sich aus den Bedingungen des Kampfes einer totalitären Bewegung innerhalb einer nichttotalitären Welt gleichsam von selbst ergeben hat. Um so erstaunlicher ist, daß die Beziehung zwischen einer Fassade und einem Kern wie die Doppelfunktion der Fassade nach außen und innen sich durch die gesamte Organisation der Bewegungen hindurch wiederholt, ja die eigentliche Struktur der totalitären Organisation ausmacht. So wie die Parteimitglieder durch die Sympathisierenden von der Außenwelt zugleich getrennt und mit ihr verbunden sind, so sind die Eliteformationen der Bewegungen durch die gewöhnliche Parteimitgliedschaft zugleich von der nichttotalitären Umgebung geschützt und ihr verbunden. Das Parteimitglied ist für den Angehörigen einer Eliteformation genauso nichtradikal, also nicht wirklich total gebunden, wie der Sympathisierende für das Parteimitglied. Parteimitglieder leben beruflich und gesellschaftlich immer noch in der nichttotalitären Welt; sie sind, bevor den Bewegungen die Macht zufällt, total erfaßbar, obwohl ihnen klar sein mag, daß im Konfliktsfalle die Parteitreue über berufliches, gesellschaftliches und privates Leben hinweggehen muß. Das hindert nicht, daß sie den eigentlich militanten Gruppen als der Inbegriff einer harmlosen Bürgerlichkeit erscheinen.

Es ist offenbar, daß ein wesentlicher Vorteil dieser Struktur darin besteht, daß die totalitäre Bewegung als Ganzes bereits vor der Machtergreifung so etwas wie eine eigene geschlossene Welt darstellen kann, in welcher Abstufungen und Differenzierungen die von den Eliteformationen gesicherte radikale Folgerichtigkeit der zentralen Fiktion nicht nur mildern, sondern auch gewissermaßen echte Meinungsverschiedenheiten ersetzen. Ebenso wesentlich ist, daß diese Struktur es verhindert, daß irgendeinem der Angehörigen der Bewegung, gleich welcher Schicht er zugehört, jemals die Unerhörtheit der totalitären Dichotomie der Menschheit in Angehörige der Bewegung einerseits und einer unterschiedslos feindseligen Außenwelt andererseits voll zum Bewußtsein kommt. Der Schock dieser erschreckenden und monströsen Zweiteilung fängt sich in der sorgsam gestuften Hierarchie der Radikalität, in welcher jeder niedere Rang den unmittelbar übergeordneten über das wahre Bild der Außenwelt täuscht, weil er als deren Repräsentant erscheint. Dadurch wird erreicht, daß die Feindseligkeit der gesamten nichttotalitären Welt zu einem bloß ideologisch geglaubten Artikel einer Weltanschauung ohne alle reale Erfahrung wird. Die Mitglieder einer totalitären Bewegung sind organisatorisch gegen die Außenwelt so abgedichtet, daß sie die außerordentlichen Risiken einer totalitären Politik, die in ihrer Vorstellung es immer nur mit Scheingegnern – nämlich mit einer weniger radikalen, weniger konsequenten, aber heimlich »sympathisierenden« Majorität und einer teuflisch schlauen, aber machtmäßig ganz unerheblichen Minorität – zu tun hat, prinzipiell und beharrlich unterschätzen.

Zweifellos greifen die totalitären Bewegungen die bestehenden Verhältnisse radikaler an als alle früheren revolutionären Parteien oder Bewegungen, ganz abgesehen davon, daß, wie wir sehen werden, ihren Ambitionen mit einer bloßen Veränderung der Verhältnisse gar nicht gedient ist. Dieser Radikalismus ist teilweise natürlich den tiefsten Sehnsüchten der heimatlos gewordenen Massen geschuldet, die sich vor nichts so sehr fürchten wie vor dem Fortbestand des Bestehenden. Dennoch bleibt fraglich, ob eine Massenorganisation sich durch lange Jahre hindurch einen solchen Radikalismus leisten könnte, wenn sie nicht in ihrer Organisation einen nahezu vollgültigen Ersatz für jenes gewöhnliche, unpolitische Leben böte, das die totalitäre Bewegung zwar sofort abzuschaffen trachten wird, wenn sie zur Macht kommt, das aber vor der Machtergreifung dauernd als Versuchung von der nichttotalitären Umgebung angeboten wird. Wesentlich ist, daß diese Art der Organisation jene unbarmherzige Alternative, vor die der »Berufsrevolutionär« sich unausweichlich gestellt sah, nämlich entweder sich von der gesamten Welt nichtpolitischer, gesellschaftlicher Beziehungen radikal zu lösen oder sie so zu akzeptieren, wie sie nun einmal ist, aus der Welt schafft, da ja selbst den Angehörigen der Eliteformationen (die den »Berufsrevolutionären« der revolutionären Parteien entsprechen) in Form der weniger militanten Gruppen eine akzeptable »Normalität« geboten werden kann. Die Eliteformationen sind niemals dem Schock ausgesetzt, der sich aus der Konfrontierung »revolutionärer« Überzeugungen mit der »normalen« Welt ergibt und dem der Berufsrevolutionär nie entgehen konnte, wenn er einmal den engen Kreis derer verließ, mit denen er durch seine Arbeit unmittelbar verbunden war. Gerade in ihrem »revolutionären« Stadium vor der Machtergreifung können deshalb die Bewegungen eine so große Anziehungskraft auf die Spießer ausüben. Alle ihnen Zugehörigen, Sympathisierende wie Parteimitglieder wie Eliteformationen, leben in einem Narrenparadies der Normalität, die Parteimitglieder umgeben von der normalen Spießigkeit der Sympathisierenden und die Eliteformationen umgeben von der normalen Spießigkeit der Parteimitglieder.

Ein anderer Vorteil dieses Organisationsschemas, der sich allerdings erst nach der Machtergreifung herausstellt, ist seine unendliche Wiederholbarkeit. Einfügung immer neuer Schichten mit erneuten Radikalitätsstufungen ist möglich und verhindert das Erstarren des Parteiapparats durch Bürokratisierung. Man könnte die ganze Geschichte der Nazipartei in der Geschichte von Neuformationen innerhalb der Bewegung darstellen. Die SA, 1922 gegründet, war die erste Formation, die bestimmt war, radikaler zu sein als die Partei selbst.[59] Die SS wurde im Jahre 1926 als Eliteformation, das heißt als der militante Flügel der SA gegründet. Drei Jahre später wurde die SS unter Himmlers Kommando von der SA getrennt, und in wenigen Jahren begann das gleiche Spiel, nun innerhalb der SS. Nacheinander, und sich an Radikalität ständig überbietend, traten aus der Allgemeinen SS, deren Mitglieder bis auf das höhere Führerkorps in ihren zivilen Berufen blieben, erst die Verfügungstruppen heraus, dann die Totenkopfverbände, die »Bewachungsmannschaften der Konzentrationslager«, schließlich der Sicherheitsdienst, der »weltanschauliche Nachrichtendienst der Partei«, dem die Ausführung der »negativen Bevölkerungspolitik« unterstand, und das Rasse- und Siedlungswesen, dessen Aufgaben »positiver Art« waren. Zu all diesen Neuformationen verhielt sich das Mitglied der Allgemeinen SS nun genauso wie der SA-Mann zum SS-Mann, oder das Parteimitglied zum SA-Mann, oder der Sympathisierende einer Frontorganisation zum Parteimitglied.[60] Die Allgemeine SS hatte nun nicht nur die Aufgabe, »vor den … Verkörperungen der nationalsozialistischen Idee die Wacht (zu) halten«, sondern auch »die Angehörigen aller mit Sonderaufgaben betrauten Einheiten der SS vor Loslösung von der Gesamtbewegung zu bewahren«.[61]

Fluktuierende Hierarchien mit ständiger Zufügung neuer Schichten oder Instanzen und ständiger Verschiebung des Machtzentrums kennen wir aus der Geschichte der Geheimpolizisten und der Spionagedienste, das heißt aus der Geschichte von Organisationen, die ständig neue Kontrollen brauchten, um die Kontrolleure zu kontrollieren. Totale Spionage ist vor der Machtergreifung der Bewegungen undurchführbar, doch ermöglicht die dem Geheimdienst verwandte fluktuierende Hierarchie es auch vor Besitz der öffentlichen Gewaltmittel, jede Gruppe gleich welchen Ranges, in der sich Unzuverlässigkeit oder Nachlassen der Radikalität zeigt, durch Einfügung neuer, radikalerer Schichten innerhalb des Organisationszusammenhanges der Bewegung zu degradieren und sie so automatisch aus dem Zentrum der Bewegung in Richtung ihrer Fassaden, die in den Frontorganisationen endet, wegzutreiben. Dies passierte der Partei in den Jahren des Machtzuwachses der SA, dann wurde die SA zugunsten der SS innerhalb der Bewegung degradiert, dann die Allgemeine SS zugunsten der militanten Verbände, schließlich ein militanter Verband zugunsten eines noch radikaleren, und so fort.

Der rein militärische Wert totalitärer Eliteformationen ist höchst zweifelhafter Natur, selbst wenn sie so militaristisch organisiert werden, wie es bei der SA und der SS der Fall war. Daß ihnen im wesentlichen innerparteiliche Bedeutung zukommt, hat Hitler immer gewußt und niemals verheimlicht.[62] Keine der faschistischen Hemdenorganisationen ist zum Zwecke des Angriffes, etwa des bewaffneten Aufstandes oder der Verteidigung gegründet worden; Saalschutz oder Schutz von Parteifunktionären waren lediglich beliebte Vorwände in der Diskussion mit Außenstehenden. Die SA, wie andere paramilitärische faschistische Verbände, war ein »Instrument zur Vertretung und Stärkung des

Weltanschauungskampfes der Bewegung«,[63] und zwar ursprünglich ein Instrument gegen den weitverbreiteten Pazifismus nach dem Ersten Weltkrieg. Für totalitäre Zwecke war es viel wichtiger, eine Scheinarmee auf die Beine zu stellen, die eine »kämpferische Haltung ausdrückte«, als eine Truppe gut ausgebildeter Soldaten zur Verfügung zu haben.[64] Der Kampf gegen den Pazifismus, das heißt gegen eine weitverbreitete Meinung ohne jede wirkliche Macht, sollte geführt werden und wurde sehr wirksam geführt, mit einer Truppe, die genauso aussah, wie die Pazifisten sich eine Armee fälschlicherweise vorzustellen pflegten, das heißt wie eine Mörder- und Räuberbande. Über den nationalsozialistischen Ausfällen gegen die Pazifisten übersieht man leicht, daß die Nazis an der pazifistischen Gleichsetzung von Krieg und Morden nie gezweifelt haben, also niemals Militaristen im eigentlichen Sinn des Wortes gewesen sind. Es handelte sich darum, das Recht zum Morden sichtbar darzustellen, um die Abschaffung aller sittlichen und moralischen Standards, die gewöhnlich auch im Kriege gelten und die nun als »unkämpferisch« denunziert wurden. Für Mordpropaganda brauchte man Mord- und Gewalttaten, aber keine militärischen Übungen. Die paramilitärischen Faschistenorganisationen waren nie für gewaltsame Eroberung der Staatsmacht geplant, sondern nur für Ausdruck und Propagierung einer »Weltanschauung«; selbst Mord war nicht primär Mittel, politische Gegner aus dem Felde zu räumen, sondern, wie die grotesken Uniformen, Ausdrucksmittel »kämpferischer Gesinnung« und sichtbarer Beweis, daß man die »bürgerlichen moralischen Vorurteile« der Umgebung nicht teilte.

So ist auch zu erklären, daß dieser ganzen militaristischen Maskerade zum Trotz diejenige innerparteiliche Fraktion der Nazipartei, die vorwiegend nationalistisch empfand und militaristisch dachte, als erste liquidiert wurde. Der wesentliche Konflikt zwischen Hitler und Röhm bestand gerade darin, daß Röhm nicht wie Hitler die paramilitärischen Verbände als bloße Parteiorganisationen ansah, sondern durch sie vor der Machtergreifung die durch den Versailler Vertrag beschränkte Reichswehr illegal erweitern wollte, um nach der Machtergreifung die SA direkt in die Reichswehr einzugliedern. Dies hätte die SA der Reichswehr unterstellt und sie aus »politischen Soldaten« zu Berufssoldaten gemacht, statt umgekehrt zu warten, bis man stark genug war, die militärische Tradition Deutschlands zu brechen und die Reichswehr den Eliteformationen zu unterstellen – wie es dann im Verlauf des Krieges geschah.[65] Was Röhm nicht verstand oder vielleicht nicht verstehen wollte, war, daß Hitler bereits am Ende der zwanziger Jahre eine solche Entwicklung anstrebte und ihn darum als Führer der SA entließ, obwohl seine soldatische Erfahrung aus dem Kriege und in der Organisation der Schwarzen Reichswehr ihn für ein militärisches Ausbildungsprogramm der paramilitärischen Nazitruppen unentbehrlich gemacht hätte. Deutlicher fast noch war die Tatsache, daß Himmler, der von militärischen Dingen nie eine Ahnung gehabt hatte, zum Reorganisator und Reichsführer der SS ernannt wurde.

Die Bedeutung der Eliteverbände ist mit ihrer Rolle innerhalb der Bewegung, wo sie den ständig wechselnden Maßstab der äußersten Radikalität abgeben, nicht erschöpft. Ihre paramilitärische Struktur muß im Zusammenhang jener von den Bewegungen etablierten Berufsorganisationen gesehen werden, die normale Berufsverbände in ähnlicher, paraprofessioneller Weise imitieren, karikieren und kompromittieren wie die paramilitärischen Verbände die Armee. Dieser Zusammenhang liegt nicht ganz so klar zutage, weil nur paramilitärische, aber nicht andere paraprofessionelle Verbände die Eliteformationen der Bewegungen bildeten. In den kommunistischen Parteien zumal, die ihre Sympathisierendengruppen vor allem aus den freien Berufen rekrutierten, blieben die Frontorganisationen so weit wie möglich von dem Elitekern der Bewegung – ehemals den »Berufsrevolutionären«, dann den Parteifunktionären und schließlich den Komintern- und

GPU-Agenten – entfernt. Innerhalb der kommunistischen Bewegung waren aber auch die paramilitärischen Verbände, die Rot-Front-Gruppen, keine eigentlichen Eliteformationen; sie machten die militaristische Ausdrucksmaskerade der entsprechenden Naziformationen nicht mit, trugen keine Uniformen und waren »weltanschaulich« nicht besser geschult als andere Kader der Partei. Dafür war ihre rein militärische Ausbildung besser; so sehr waren sie noch aus den »alten Tagen« der Oktober- und Novemberrevolutionen auf den bewaffneten Aufstand und revolutionäre Machtübernahme eingestellt, daß die bolschewistische Bewegung charakteristischerweise gerade sie (und nur sie unter den Frontorganisationen) nicht von innen her zersetzen konnte oder wollte, sondern sie überhaupt abschaffte. Bei den Nazis lagen die Verhältnisse etwas komplizierter. Zwar waren auch bei ihnen die paraprofessionellen Verbände, mit Ausnahme der paramilitärischen, wesentlich Frontorganisationen, aber die Bewegung konnte gerade aus ihnen – und das hängt mit der außerordentlichen Attraktion zusammen, die das »Weltanschauliche« der Bewegung auf die freien Berufe in Deutschland ausübte – oft ihre radikalsten und verbrecherischsten Elemente rekrutieren.

Die Funktion der paraprofessionellen Verbände jedoch ist bei beiden totalitären Bewegungen die gleiche. Sie hängt aufs engste mit dem »totalen« Charakter der Bewegung zusammen, die eine Organisation aufstellt, die von vornherein prätendiert, die gesamte Welt, die gesamte Gesellschaft zu repräsentieren. So wie es das ausgesprochene Endziel der Nazipropaganda war und die unausgesprochene Praxis des bolschewistischen Systems ist, nach der Machtergreifung das gesamte Volk als Sympathisierende (aber nicht als Parteimitglieder) zu organisieren, so ist das Ziel der totalitären Bewegung, vor der Machtergreifung den Eindruck zu erwecken, daß man gleichsam komplett sei, das heißt alle Elemente der Gesellschaft in den eigenen Reihen habe. Die Nazis gingen in der Organisation einer kompletten Gegen-Welt vor der

Machtergreifung noch einen Schritt weiter als die Bolschewisten und errichteten eine Reihe von Parteiinstitutionen, die genau nach dem Modell der staatlichen Ministerien gebildet waren. Keine dieser Parteiabteilungen – für auswärtige Angelegenheiten, für Erziehung, Kultur, Sport und so weiter – hatte rein beruflich ein höheres Niveau als die paramilitärischen Verbände. Alle zusammen bildeten eine vollkommene Scheinwelt, in der jede Realität der nichttotalitären Welt ihre genaue Entsprechung gefunden hatte.

Diese Verdoppelungstechnik, so wertlos für die Machtergreifung im allgemeinen wie die paramilitärischen Verbände für den bewaffneten Aufstand im besonderen, wurde dann von größter Bedeutung für den sogenannten totalitären Staat. Aber auch vor der Machtergreifung, innerhalb einer nichttotalitären Welt, sind die paraprofessionellen Frontorganisationen von größtem Wert. Sie dienen nicht nur der Komplettierung der fiktiven Welt der Bewegung, in der alles und alle, vom Straßenfeger bis zum Universitätsprofessor, vertreten sein muß, sie bilden nicht nur unvergleichliche Werkzeuge für die Unterminierung der betreffenden Sektoren einer noch nicht totalitären Gesellschaft und ihres Berufsethos, sondern sie sind, gleich den paramilitärischen Verbänden, aufs genaueste bestimmten ideologischen Massenüberzeugungen angepaßt, durch die sie karikierend das Zerrbild, das die Masse sich von bestimmten Berufsgruppen gemacht hat, in die Wirklichkeit umsetzen. Der Vorstellung, die in einer durch Krisen erschütterten Welt verständlich genug ist, daß die Vertreter des Rechts eigentlich Rechtsbrecher seien, wird entgegengekommen durch eine Organisation von Juristen, die Rechtsbrecher aus Überzeugung sind und das Verbrechen juristisch verteidigen; der Vorstellung, daß Ärzte eigentlich Mörder seien, wird entsprochen durch eine Ärzteorganisation, die alle diejenigen aufnimmt, die bereit sind, ihre eugenischen Prinzipien bis zu der Konsequenz des Mordes durchzuführen; der Vorstellung von der Ignoranz der Gelehrten wird nachgeholfen durch Verbände an den Universitäten, in denen nicht nur Ignoranz zugunsten sogenannter Charaktereigenschaften gepredigt, sondern offen demonstriert wird. Die totalitären Bewegungen, mit anderen Worten, realisieren das Zerrbild, das die heimatlos und asozial gewordenen Massen sich von der Gesellschaft gemacht haben, mit der gleichen Konsequenz, mit der sie die Wahnidee der Weisen von Zion sich zu eigen machen. Die Führer der Bewegungen, die selbst noch nichttotalitären Verhältnissen entstammen und die geheimen Wünsche der Massen kennen, wissen sehr genau, daß hinter dem Zerrbild vom Rechtsvertreter als dem Rechtsverdreher, vom Arzt als dem Mörder, vom Gelehrten als dem Ignoranten der Wunsch steht, das Recht zu brechen, Menschen zu töten und das Wissen aus der Welt zu schaffen. Die totalitären Bewegungen organisieren vor der Machtergreifung alle diejenigen Elemente in den verschiedenen Berufsgruppen, die diesen Massenwünschen bereits entsprechen, und verfügen damit über ein für jede Gruppe in der Gesellschaft spezifisch geeignetes Instrument der Zersetzung.

Der deutsche Gleichschaltungsprozeß nach Hitlers Machtergreifung ist wie ein Schulbeispiel der eminenten Bedeutung der paraprofessionellen Frontorganisationen. Nur ihnen ist es zu danken, daß die Nazis sofort imstande waren, nicht nur die politische Macht zu übernehmen, sondern das gesamte Gesicht der Gesellschaft buchstäblich von einem Tag zum andern zu verändern. Die im Schoße der nichttotalitären Gesellschaft gebildete totalitäre Gegengesellschaft war so genau dem Modell der Wirklichkeit nachgebildet, daß es nicht eine Berufs- oder Standesgruppe in Deutschland gab, die nicht von einem Tag zum andern übernommen und gleichgeschaltet werden konnte. Die einzige Organisation, die nicht direkt zu übernehmen war, war die Armee. In diesem Sinne war der Prozeß der Gleichschaltung erst beendet und die eigentliche Bedeutung der paramilitärischen Formationen erst erwiesen, als im letzten Stadium des Krieges die reguläre militärische Hierarchie der Autorität von SS-Generälen unterstellt werden konnte. Die Technik der Gleichschaltung war so erfinderisch neu und unwiderstehlich, wie der Verfall der beruflichen Standards in allen Gruppen rapid und radikal war, ein Verfall, der sich naturgemäß auf dem Gebiet der Kriegführung unmittelbarer zeigte als in anderen Gebieten und der in Sowjetrußland, wo die totalitäre Regierungsform mehr Zeit gehabt hat, sich zu etablieren, und weniger feste berufliche Traditionen vorgefunden hat, auffallender ist als in Nazideutschland.

Daß dieser berufliche und technische Verfall den totalitären Herrschern nicht unbedingt unwillkommen ist und bestimmte politische Machtvorteile in sich birgt, werden wir später sehen. Jedenfalls gehört es mit zu der Unterminierungsfunktion der paraprofessionellen Gruppen, die beruflichen Maßstäbe nach Möglichkeit zu senken und das spezifische Berufsethos jeder Gruppe zu untergraben. Die eigentümliche Substanzentleerung, die entweder bereits vorgebildet, der Grund und Boden wird, auf dem totalitäre Bewegungen entspringen und gedeihen können, oder als Vorbedingung totalitärer Herrschaft künstlich nach der Machtübernahme hergestellt wird, wird durch die paraprofessionellen Gruppen aufs wirksamste gefördert. Die Tatsache, daß in solchen Verbänden automatisch diejenigen prominent werden, die an ihrem Beruf am wenigsten interessiert oder in ihm am schlechtesten weggekommen sind, ist hierbei sogar von zweitrangiger Bedeutung. Wesentlicher ist, daß ihre politische Schulung gerade darin besteht, ihren sachlich gebundenen und daher notwendig limitierten Vorstellungskreis zu »erweitern«, bis sie gelernt haben, in Jahrhunderten und »Kontinenten zu denken«. Allgemein gesprochen geht es um die Vorbereitung jener Mentalität, die mit Himmlers Worten »eine Sache nie um ihrer selbst willen tut«.

Unter allen paraprofessionellen Organisationen nehmen die paramilitärischen eine besondere Stellung ein, weil ihre Bedeutung sich nicht in der Imitation und Substanzentleerung der regulären Armee erschöpft. Als Eliteformationen sind sie schärfer von der Außenwelt abgetrennt als alle anderen Gruppen. Daß totale Einsatzfähigkeit nur unter der Bedingung totaler Isolierung von der Normalität des Lebens erreicht werden kann, und das heißt unter der Bedingung totaler Entwurzelung in jedem Sinn, ist von den Nazis gerade sehr früh erkannt worden. Niemals fanden die Sturmtruppen Verwendung in ihren Heimatgemeinden, und die aktiven Kader der SA vor der Machtübernahme wie der SS unter dem Naziregime wurden so mobil gehalten und so oft ausgewechselt, daß sie nie Gelegenheit fanden, sich in irgendeinem Teil der normalen Welt einzugewöhnen und zu verwurzeln.[66] Nach dem Modell von Verbrecherbanden organisiert und für organisierten Mord verwandt, haben diese Gruppen die genau entgegengesetzte Funktion aller anderen paraprofessionellen Verbände: Während es Aufgabe der Frontorganisationen war, der Bewegung den Anschein der Respektabilität zu geben und ihren Mitgliedern Vertrauen einzuflößen, ist es Aufgabe der Elitetruppen, die Umwelt von der Gefährlichkeit der Bewegung zu überzeugen, sie einzuschüchtern und ihre Mitglieder durch Komplizität absolut an die Bewegung zu binden.[67] Denn die Morde der Bewegungen, zum mindesten der Nazibewegung, die für solche Propagandafragen einen untrüglichen Instinkt hatte, werden von totalitären Funktionären gerne zugegeben und öffentlich zur Schau gestellt, so daß die Gesamtverantwortlichkeit aller Mitglieder außer Zweifel bleibt. Aufgabe der Eliteformationen und ihrer Morde ist es, die Bewegung in ihrer Gesamtheit schärfer von der Umwelt zu isolieren und jedem ihrer Mitglieder den Rückweg in die Normalität nach Möglichkeit zu versperren.[68]

Denn die organisierten Morde dienen keineswegs nur und nicht einmal primär dem Zwecke, Bürgerkriegsbedingungen zu schaffen. Diese existieren meist, bevor die totalitären Bewegungen entstehen, oder sind nach der Machtergreifung durch den anfänglichen Terror gegen alle politischen Gegner schnell beseitigt. Damit ist aber die Aufgabe der Elitetruppen keineswegs mit beseitigt.

Die organisierte Gewalt ist für die Bewegung der wirksamste unter den Schutzwällen, mit denen die Anhänger von der Außenwelt abgesperrt werden; die Realität der fiktiven Welt erweist sich am besten, wenn der Austritt aus der Bewegung mehr gefürchtet wird als die Konsequenz der Komplizität, wenn selbst unter nichttotalitären Bedingungen und bei offizieller Verfolgung der Bewegung ein jeder sich sicherer fühlt als ein Mitglied der Bewegung denn als ihr Gegner. Es ist keineswegs nur der innerparteiliche Terror, der die fiktive Welt der Bewegung zusammenhält, sondern ebenso wirksam das Wissen, daß man von der Außenwelt für die weithin propagierten Verbrechen der Bewegung in jedem Fall mitverantwortlich gemacht wird und vor dieser Außenwelt wiederum durch die Eliteformationen und ihre organisierten Gewalttaten geschützt wird.

Im Zentrum der Bewegung, als der Motor gleichsam, der sie in Bewegung setzt, sitzt der Führer. Er lebt innerhalb eines intimen Kreises von Eingeweihten, die ihn von den Eliteformationen trennen und um ihn eine undurchdringliche Aura des Geheimnisses verbreiten, die seiner eigentümlich ungreifbaren, legal oft lange nicht festgelegten Vormachtstellung in der Bewegung entspricht.[69] Seinen Aufstieg zur Macht innerhalb der Bewegung verdankt er eher einer ungewöhnlichen großen Manövrierbegabung in innerparteilichen Kämpfen als irgendwelchen demagogischen oder bürokratisch-organisatorischen Talenten, und er unterscheidet sich von älteren Diktatorentypen dadurch, daß brutale Gewalt in seinem Kampf um die innerparteiliche Macht kaum eine Rolle spielt. Trotzki, und nicht Stalin, war das große rednerisch-demagogische Talent der russischen Revolution, und Trotzki, und nicht Stalin, hielt als Chef der Roten Armee das größte Machtpotential der Sowjetunion in seinen Händen. Ebenso bedurfte Hitler weder der SA noch der SS, um seine Stellung in der Nazibewegung zu gewinnen und zu sichern. Röhm, der Chef der SA, dem die Truppe persönlich durchaus ergeben war, war ein innerparteilicher Gegner Hitlers.[70] Und es ist keine Frage, daß Trotzki und Himmler organisatorisch Stalin und Hitler überlegen waren.[71] Was auf der anderen Seite sowohl Hitler als auch Stalin meisterhaft verstanden, besser als alle Gegner, Konkurrenten und Kollegen, war eine bis ins letzte Detail interessierte, oft intrigenhaft sich verstrickende, aber niemals in der bloßen Intrige endende Personalpolitik. Beide Männer haben die ersten Jahre ihrer Laufbahn fast ausschließlich solchen personalen Fragen gewidmet, so daß es nach wenigen Jahren kaum noch einen Funktionär in der Bewegung gab, der nicht ihnen seine Stellung direkt verdankte. Stalin hat später diese anfängliche Personalpolitik durch die periodisch wiederkehrenden Säuberungen der Parteifunktionäre institutionalisiert und so verhindert, daß die Parteibürokratie sich von seiner direkten, persönlichen Einflußnahme unabhängig machte; die jeweils in der Komintern herrschende Führerschicht fühlte sich ihm so lange direkt verpflichtet, bis sie in die Nacht der Konzentrationslager oder in den Nebel der Sanatorien verschwand.[72]

Persönliche Fähigkeiten des Führers sind unerläßlich nur, solange die Bewegung sich auf dem Wege zur Totalisierung befindet. Für die totalitäre Bewegung selbst, ist sie erst einmal vollentwickelt, ist die Funktion des Führers und seine Position im Zentrum der Bewegung sehr viel wichtiger als seine persönlichen Eigenschaften. Das Prinzip »Der Wille des Führers ist das Gesetz der Partei« besagt, daß die gesamte totalitäre Hierarchie so organisiert ist, daß sie nur den einen Zweck hat, diesen »Willen« unmittelbar in allen ihren Rängen zu verwirklichen. Wenn dieses Stadium der Bewegung erreicht ist, wird der Führer unersetzlich, weil die ganze komplizierte Struktur der Bewegung ohne seine Befehle sofort ins Leere stoßen und sich selbst vernichten würde. Dies ist auch der Grund oder einer der Gründe, warum die Stellung des Führers in beiden Bewegungen so gesichert gegen Palastrevolutionen erscheint, und dies trotz nie endender Kabalen der inneren Clique, ständigen Personalwechsels und der damit verbundenen Anhäufung von Haß und Ressentiment. An ihrer unbedingten Ergebenheit ändert es nichts, daß die Leute der näheren Umgebung des Führers sich meist keinerlei Illusionen über seine persönlichen Fähigkeiten hingeben. Sie haben die aufrichtige und keineswegs unbegründete Überzeugung, daß ohne den Führer, gleich wer oder wie er sei, alles sofort verloren wäre.

Die oberste Aufgabe des Führers ist es, jene Doppelfunktion zu personifizieren, die für jede Schicht der Bewegung charakteristisch ist: Er dient als der magische Schutzwall, der die Bewegung gegen die Außenwelt verteidigt, und er ist gleichzeitig eine Brücke, durch die sie wenigstens scheinbar mit ihr verbunden ist und bleibt. Dies geschieht dadurch, daß er die totale Verantwortung für jede Aktion, Tat oder Untat, die ein Mitglied oder ein Funktionär in seiner Eigenschaft als Nazi oder Bolschewik verübt hat, persönlich auf sich nimmt.[73] Hierdurch unterscheidet er sich auch radikal von jedem gewöhnlichen Parteiführer, der gerade umgekehrt immer versuchen wird, Verantwortung mit allen möglichen Organen oder Unterorganen der Partei zu teilen. Wesentlich in dieser totalen Verantwortlichkeit ist, daß jeder Funktionär nicht nur vom Führer ernannt ist, sondern, solange er im Amte ist, als direkte Verkörperung des Führers agiert; dies hat zur Folge, daß jeder erteilte Befehl die Sanktion von einer anscheinend allgegenwärtigen höchsten Autorität in sich birgt. Diese durchgehende Identifizierung des Führers mit jedem ernannten Funktionär wie sein Verantwortlichkeitsmonopol für alles, was innerhalb der Bewegung getan wird, sind deutliche Zeichen dafür, daß ein totalitärer Führer keineswegs einem gewöhnlichen Diktator oder einem der uns bekannten Tyrannentypen gleicht. Ein Tyrann mag seine Untergebenen als Sündenböcke benutzen, die ihn vor dem Zorn des Volkes bewahren; er würde sich nie mit seinen Untergebenen und ihren Handlungen von vornherein und blind identifizieren, sondern würde gerade meinen, daß seine Macht auf einer absoluten Distanz zwischen ihm und selbst dem obersten Würdenträger seines Reiches beruht. Der Führer kann Kritik an seinen Untergebenen nicht dulden, weil sie nicht nur in seinem Namen, sondern als seine direkten Stellvertreter handeln; ein zugegebener Fehler oder Irrtum kann im Rahmen einer solchen Organisation nur daraus entstehen, daß die Verkörperung des Führers mißlungen ist, daß es sich, mit anderen Worten, um einen Betrüger handelt. Wenn der Führer daher Irrtümer, eigene oder fremde, zu korrigieren wünscht, so bleibt ihm gar nichts anderes übrig, als diejenigen, welche sie ausführten, zu liquidieren; will er seine eigenen Fehler auf andere abwälzen, so muß er sie töten. Stalin, der diese Technik zur Meisterschaft entwickelt hatte, pflegte für diejenigen seiner Handlungen, die er rückgängig zu machen wünschte, sich im vorhinein eine Liste sozusagen von Unerwünschten anzulegen, welche als mögliche Schwindler, als zukünftige Personifizierungen von Irrtümern (die dann natürlich als Verbrechen ausgelegt wurden) immer in Bereitschaft standen.[74] Die totale Verantwortlichkeit des Führers für alles, was im Rahmen eines totalitären Systems geschieht – von außenpolitischen Verhandlungen bis zu den Entdeckungen der Biologen und den Theorien der Mathematiker – ist für den Funktionärsapparat die wichtigste Fiktion der Bewegung, weil sie automatisch ausschließt, daß ein Funktionär sich je für das, was er tut, verantwortlich fühlen kann oder fürchten muß, zur Verantwortung gezogen zu werden. Als einer der vielen, mit denen der Führer beschlossen hat sich zu identifizieren oder die er auserwählt hat, seine Verkörperung zu sein, kann er zwar liquidiert werden, wenn sich herausstellen sollte, daß der Führer die Identifikation mit der ihm gerade zuerteilten Aufgabe nicht mehr wünscht; in keinem Fall wird er in die Lage kommen, sich ein solches böses Ende selbst zuschreiben zu müssen. In diesem Zusammenhang hat auch die totalitäre Methode, den Funktionären niemals die Gründe für bestimmte Aufgaben anzugeben und sich auf ihren blinden Gehorsam zu verlassen, sehr viel ernstere und gewichtigere Hintergründe als die unmittelbaren Zweckmäßigkeitserwägungen militärischer Organisationen. Ein totales Verantwortungsmonopol ist nur zu erreichen, wenn es auf der Grundlage eines totalen Willensmonopols errichtet wird, wenn wirklich ein Wille sich in einer Pluralität von Menschen einheitlich manifestiert. Dies setzt voraus, daß die Grundlage der Willensbildung, nämlich das Wissen um das notwendige Hin und Her der Gründe, das aus der Vieldeutigkeit aller Umstände entspringt, seinerseits monopolisiert ist.

In dem Maße, in dem der Führer die Erklärungen für alle Handlungen der Bewegung monopolisiert hat, erscheint er der Außenwelt als der einzige in der Bewegung, mit dem man noch in nichttotalitären Begriffen sprechen kann, weil er wenigstens weiß und zugibt, daß er weiß, was er tut. Er ist der einzige, der auf Entgegnungen nicht antworten kann: Frag nicht mich, frag den Führer! Darum kann der Führer, der das Zentrum der Bewegung bildet, sich dennoch so gebärden, als stände er über ihr. Es ist daher auch durchaus verständlich – und leider durchaus sinnlos –, daß Außenstehende immer wieder ihre Hoffnungen auf eine persönliche Aussprache mit dem Führer selbst setzen, wenn sie es mit totalitären Bewegungen oder Regierungen zu tun bekommen. Die gleichzeitige Übernahme eines totalen Verantwortungs- und eines totalen Erklärungsmonopols ermöglicht es dem totalitären Führer, innerhalb der Bewegung der Radikalste der Radikalen zu sein und nach außen trotzdem in der Maskerade des ehrenwert-naiven Sympathisierenden zu erscheinen.[75] In diesem Sinne verkörpert der Führer in der Tat alle Schichten und alle Aspekte der Bewegung in einer Person.

Totalitäre Bewegungen sind mit »Geheimgesellschaften« verglichen worden, die sich im vollen Licht der Öffentlichkeit etablieren.[76] Die Struktur der Bewegungen, beispiellos, wenn wir sie mit Parteien und Fraktionen vergleichen, weist in der Tat auffallende Ähnlichkeit mit gewissen bekannten Charakteristiken von Geheimgesellschaften auf.[77] Gleich den Rängen in den Bewegungen beruhen die Hierarchien geheimer Gesellschaften auf dem Grad des »Eingeweihtseins« ihrer Mitglieder, deren Leben nach den Vorschriften einer geheimgehaltenen Lebenssicht reguliert werden, derzufolge jede Tatsache und jedes Ereignis etwas anderes »bedeutet«, als was es in Wirklichkeit ist (oder zu sein scheint). Diese ständige Uminterpretierung der Wirklichkeit im Sinne des Schlüssels der Eingeweihten führt notwendigerweise zu einer konsequenten Lügenstrategie gegenüber allen Uneingeweihten. Die Mitglieder von Geheimgesellschaften werden durch absoluten Gehorsam zu einem oft unbekannten und stets in ein Geheimnis gehüllten Führer zusammengehalten, der von einer kleinen Gruppe völlig Eingeweihter umgeben ist; um diese wiederum bildet »der Kreis der nur teilweise Eingeweihten … gewissermaßen einen Puffer-Rayon gegen die gar nicht Eingeweihten«. So entsteht »die allmähliche Verdichtung der Repulsionssphäre um [das Zentrum des Geheimnisses] herum, die es sicherer schützt, als die Schroffheit eines radikalen Ganz-darinnen- oder Ganz-draußen-seins es könnte«. Auch die Dichotomie der gesamten Welt, die organisatorisch verankerte »absolute Feindseligkeit« gegen alle, die nicht zur Bewegung gehören, durch die totalitäre Bewegungen bereits vor der Machtergreifung ihre Mitglieder so wirkungsvoll aus ihrer normalen Umgebung herauslösen, haben sie mit Geheimgesellschaften gemeinsam.

Diese Unterscheidung zwischen Eingeweihten und allen anderen, zwischen der »geschworenen Sippengemeinschaft« und einer angeblich gegen sie verschworenen Welt, ist wesentlich anderer Natur als die normale Parteiunterscheidung in solche, die dazu-, und solche, die nicht dazugehören.[78] Alle öffentlichen Verbände werden immer nur diejenigen als ihre Feinde betrachten, die sich ihnen ausdrücklich entgegenstellen; das Prinzip der Geheimgesellschaften war immer, »daß ausgeschlossen ist, wer nicht ausdrücklich eingeschlossen ist«, daß jeder ein Feind ist, der nicht dazugehört, oder, in der Anwendung dieses Prinzips durch die Nazis, daß jeder einer minderwertigen Rasse zugehört, dessen Stammbaum nicht untersucht ist.[79] Dem entspricht es, daß wir nur in den Geheimgesellschaften Vorformen jenes typisch totalitären Anspruchs auf die Schaffung einer »Lebenstotalität«, dem der ganze Mensch sich verpflichtet, finden; wobei allerdings klar bleiben muß, daß dieser Anspruch bei den Geheimgesellschaften aus dem Geheimnis, das heißt einer objektiven organisatorischen Notwendigkeit entsprang, während die totalitären Bewegungen diese organisatorischen Notwendigkeiten umgekehrt aus ihrer Ideologie entwickelten. Das wesentliche Phänomen der totalitären Bewegungen ist gerade, daß sie bestimmte Strukturen der Geheimgesellschaften nachahmen konnten, obwohl sie deren eigentlichen Zweck, nämlich die Geheimhaltung eines Geheimnisses, weder annehmen wollten noch für Massenorganisationen hätten annehmen können.

Um das esoterische Prinzip des »ausgeschlossen ist, wer nicht ausdrücklich eingeschlossen ist« auf eine Massenorganisation zu übertragen, gingen die Nazis über den einfachen Ausschluß von Juden hinaus und errichteten eine komplizierte Bürokratie, deren einzige Aufgabe es war, achtzig Millionen Deutschen dabei behilflich zu sein, ihre Ahnen auf jüdisches Blut hin zu untersuchen. Als sich besagte achtzig Millionen auf die Suche nach dem gefürchteten jüdischen Großvater machten, war eine Art Einweihungsritual erreicht: Jedermann kam aus der Sache mit dem Gefühl heraus, zu einer Gruppe von »Eingeschlossenen« zu gehören, denen eine imaginäre Masse von »Ausgeschlossenen« gegenüberstand. Die bolschewistische Bewegung erreicht das gleiche durch ihre periodischen Säuberungen, die jedem, der nicht gerade ausgeschlossen wird, aufs neue bestätigen, daß er zur Gruppe der »Eingeschlossenen« gehört.

Die Rolle des Rituals in den Bewegungen ist überhaupt für ihre Affinität mit Geheimgesellschaften bezeichnend. Die Umzüge auf dem Roten Platz in Moskau sind nicht weniger charakteristisch als die pompösen Feierlichkeiten der Nürnberger Parteitage. Im Zentrum des bolschewistischen Rituals ist die mumifizierte Leiche Lenins, wie im Zentrum des nazistischen Rituals die »Blutfahne« war. Diese Idole sind jedoch keine eigentlichen Götzen und die Rituale kein Götzendienst im Sinne einer pseudoreligiösen oder häretischen Bewegung. Sie sind nichts als organisatorische Attrappen gleich den furchteinflößenden Symbolen und Handlungen, mit denen Geheimgesellschaften seit eh und je ihre Mitglieder in Geheimhaltung und Treue hineinzuängstigen pflegten. Was produziert wird, ist das Erlebnis einer mysteriösen Handlung, das offenbar als solches Menschen besser und sicherer aneinanderkettet als das nüchterne Bewußtsein, ein Geheimnis miteinander zu teilen. Darum ändert auch die Tatsache, daß das »Geheimnis« der totalitären Bewegungen in Wort und Schrift tausendfach publiziert und propagiert wird, nichts an der Qualität des Erlebnisses einerseits und an seinem organisatorischen Nutzen andererseits.

Es ist bezeichnend, aber keine zulängliche Erklärung für solche frappanten Ähnlichkeiten, daß sowohl Hitler als auch Stalin Mitglieder moderner Geheimgesellschaften waren, bevor sie zu totalitären Führern wurden. (Hitler kam aus dem Spitzeldienst der Reichswehr, und Stalin war groß geworden im konspirativen Apparat der russischen kommunistischen Partei.) Wesentlicher ist die Verschwörungsfiktion der totalitären Bewegungen selbst, die ja angeblich gegründet wurden, um Geheimgesellschaften – die Geheimverschwörung der Juden oder der Trotzkisten – zu bekämpfen. Bemerkenswert ist nur, daß die totalitären Bewegungen so leicht diese Struktur adaptieren konnten, ohne je auch nur zu versuchen, ihre eigenen Ziele als Geheimnis zu hüten. Daß die Nazis die Welt erobern, »artfremde« Völker aussiedeln und »erbbiologisch Minderwertige ausmerzen« wollten, war so wenig ein Geheimnis wie die Weltrevolution und -eroberungspläne des russischen Bolschewismus.[80] Die totalitären Bewegungen adaptieren die organisatorischen Mittel der Geheimgesellschaft und entleeren sie gleichzeitig der einzigen Substanz, die solche Methoden rechtfertigen oder zweckmäßig erscheinen lassen könnte, nämlich des Geheimnisses und der Notwendigkeit, es zu hüten.

In dieser wie in so vielen anderen Beziehungen ist die Ähnlichkeit zwischen der Nazi- und der bolschewistischen Bewegung so verblüffend, weil sie von so außerordentlich verschiedenen geschichtlichen Voraussetzungen ausgehend zu den gleichen Endresultaten gelangten. Die Nazis begannen mit der ideologischen Fiktion einer Weltverschwörung und organisierten sich mehr oder weniger bewußt nach dem Modell der fiktiven Geheimgesellschaft der Weisen von Zion. Die Bolschewisten waren das Produkt einer revolutionären Partei, die nach Errichtung der Parteidiktatur sich von den Massen trennte, die sie zur Herrschaft gebracht hatten, dann eine Parteibürokratie entwickelte, die sich von der Partei trennte, bis das Politbüro der Partei sich von der Parteibürokratie emanzipiert hatte.[81] Erst als diese Entwicklung zu ihrem Abschluß gekommen war, gelang es Stalin, einen aller ursprünglichen Gehalte und Ziele entleerten Parteiapparat denjenigen Regeln zu unterwerfen, die seit jeher die Regeln des konspirativen Apparats der Partei gewesen waren und aus denen sich nun ohne Schwierigkeiten die wirklich totalitären Organisationsformen entwickeln ließen. Hierfür jedoch war ebenfalls eine Fiktion der Weltverschwörung notwendig, da nur unter dieser Bedingung die eiserne Disziplin einer Geheimgesellschaft sich in einer Massenorganisation verwirklichen läßt. Die Entwicklung der Nazibewegung, die von der Fiktion ausging, ist in gewisser Weise logischer und konsequenter; dafür bietet die Geschichte der bolschewistischen Bewegung, die sich aus einer revolutionären Partei entwickelte, eine vielleicht noch überzeugendere Illustration für die außerordentlich zentrale Rolle, welche die Fiktion von Weltverschwörungen für totalitäre Bewegungen spielt, die offenbar nur als »Antwort« auf eine solche Fiktion organisiert werden können. Die Bolschewisten wurden zu einer volltotalitären Bewegung mit Hilfe der

Fiktion der Weltverschwörung der Trotzkisten; seither haben sie die Fiktion oft geändert – einmal sind es die »dreihundert Familien«, ein andermal ist es ein »Imperialismus«, dann wieder die Verschwörung der »wurzellosen Kosmopoliten« oder die Einkreisungspolitik der »Kapitalisten« –, je nach den augenblicklichen Bedürfnissen der Tagespropaganda; jedoch ist es seit dem Jahre 1930 niemals mehr möglich gewesen, bolschewistische Politik als Innen- oder Außenpolitik ohne eine solche Fiktion zu treiben.

Die technischen Mittel, mit denen Stalin die russische Parteidiktatur in eine totalitäre Regierung und die kommunistischen Parteien in totalitäre Bewegungen verwandelte, waren Liquidation der Fraktionen und der innerparteilichen Demokratie, rücksichtslose Ausrottung der nationalen Unabhängigkeit der kommunistischen Parteien und ihre Transformation in Filialen der in Moskau zentralisierten Komintern. Geheimgesellschaften, wie die konspirativen Apparate revolutionärer Parteien, konnten natürlich niemals Fraktionsbildung oder abweichende Meinungen überhaupt dulden, und sie mußten auf der absoluten Zentralisation der Befehlsgewalt bestehen. Solche Maßnahmen waren selbstverständlich zum Schutz der Mitglieder gegen Verfolgung und Verrat; der absolut blinde Gehorsam wie die absolut blinde Befehlsgewalt waren unvermeidliches Nebenprodukt höchst praktischer Notwendigkeiten. Daß Menschen, die von Politik keine anderen Erfahrungen haben als die, welche sie in konspirativen Apparaten revolutionärer Parteien gemacht haben, geneigt sind, diese Methoden überhaupt für die einzigen politisch wirksamen zu halten, ist nur zu verständlich; die Versuchung, sie dadurch zu vervollkommnen, daß man sie im vollen Licht der Öffentlichkeit, ohne den Druck der Gefahr, ausexperimentiert und sie mit dem Machtarsenal eines ganzen Landes unterbaut, muß in der Tat, vom Erfahrungskreis des Verschwörers aus gesehen, fast unwiderstehlich sein. Jedenfalls hat Stalin ihr nicht widerstanden und ihr wohl auch kaum zu widerstehen versucht, sondern offenbar geglaubt, daß auf diese Weise die Möglichkeiten der reinen Machtakkumulation schlechthin unbegrenzt seien.

Gerade weil Politik ihrem Wesen nach eine Angelegenheit des öffentlichen Lebens ist, sind konspirative Methoden ebenso gefährlich für die Struktur von Parteien wie geheime Polizei- und Spionagedienste für die Struktur von Staaten. Beide können nur unter Ausnahmebedingungen gerechtfertigt werden, die selbstverständlich dann nicht mehr vorliegen, wenn, wie im Falle der totalitären Bewegungen, das zu hütende Geheimnis nicht nur nicht gehütet, sondern propagandistisch verwertet wird. Solange der Körper einer Partei im wesentlichen intakt ist, wird ihrem konspirativen Apparat etwa die Bedeutung zukommen, die einer Armee in einem gesunden Staatswesen zukommt. So wie die Armee, obwohl in ihren Reihen radikal andere Beziehungen und Verhaltungsregeln herrschen als in zivilen Körperschaften, doch immer dem Kommando der zivilen Staatsmänner unterstellt und von zivilen Behörden kontrolliert werden muß, so hat der konspirative Apparat einer Partei der Partei unterstellt zu bleiben, nicht aber umgekehrt die Partei zu terrorisieren. So wie die Gefahr einer Militärdiktatur droht, sobald die Armee gegen die zivilen, ihr vorgesetzten Behörden rebelliert, so droht die Gefahr einer totalitären Entwicklung in einer revolutionären Partei, wenn ihr konspirativer Sektor sich von der Führung durch die Partei emanzipiert und selbst auf die Führung spekuliert. Dies ist es, was den kommunistischen Parteien passierte, als Stalin in Rußland ans Ruder kam. Seine Methoden waren immer für einen Mann des konspirativen Apparates charakteristisch gewesen: außerordentliche Aufmerksamkeit für die Details der Organisation, Identifizierung aller politischen Fragen mit personalpolitischen Anliegen, absolute Rücksichtslosigkeit in der Benutzung wie der Liquidierung von Kameraden und Freunden. In dem Nachfolgerstreit nach Lenins Tod wurde Stalin höchst wirksam von der Geheimpolizei unterstützt, der damals noch keiner seiner Konkurrenten im politischen Machtkampf besondere Bedeutung zumaß, obwohl sie sich bereits zu einem der mächtigsten Sektoren der russischen Partei entwickelt hatte.[82] Daß andererseits die Tscheka mit demjenigen Kandidaten sympathisierte, der aus dem konspirativen Apparat der Partei stammte, war nur natürlich; auf keinen anderen konnte man so sicher zählen für die Erhaltung von Privilegien und die Erweiterung der eigenen Machtsphäre.

Der Sieg des konspirativen Apparates über alle anderen Sektoren der kommunistischen Partei – und dies war die eigentliche politische Bedeutung von Stalins Sieg im Nachfolgestreit – war jedoch nur der erste Schritt zur totalitären Bewegung. Es genügte nicht, die russische Geheimpolizei und ihre Agenten zu den heimlichen Herren (den Eliteformationen) der kommunistischen Parteien zu machen; um diese Herrschaft sicherzustellen, mußten diese Parteien selbst verwandelt werden. Dies geschah in der russischen wie den außerrussischen Parteien dadurch, daß man nach Ausrottung der Fraktionen und nach den ungeheuren Säuberungen im Gefolge der Liquidation der innerparteilichen Demokratie die Parteien zu Massenorganisationen machte, so daß (unter dem Vorwand der Volksfrontpolitik) die Majoritäten sehr bald aus politisch unerfahrenen, klassenmäßig nicht gebundenen, »neutralen« Elementen bestanden.

Die bolschewistische Bewegung in ihrer totalitären Entwicklung nahm ihren Ausgang von einer revolutionären Partei, die mit Hilfe der Eliteformationen – der Agenten der Geheimpolizei und des konspirativen Apparats – in eine Massenorganisation verwandelt wurde. Die Nazibewegung entstand umgekehrt aus einer durch Massenpropaganda zusammengerafften Anhängerschaft, aus der sich Organisation und Eliteformationen gleichzeitig entwickelten. Das Resultat war in beiden Fällen das gleiche. Der deutschen militaristischen Tradition entsprechend und ihren Vorurteilen Rechnung tragend, organisierten die Nazis ihre Eliteformationen als paramilitärische Verbände, während die Bolschewisten von Anfang an die eigentliche Exekutivgewalt in die Hände der Geheimpolizei legten. Aber auch dieser Unterschied verschwand schon nach wenigen Jahren totalitärer Entwicklung. Himmler, der Chef der SS, wurde der Chef der Geheimpolizei, die SS-Verbände wurden mit der Gestapo verschmolzen, die Elitetruppen wurden zu einer Polizeitruppe umgeformt.[83]

Daß totalitäre Regierungen die Polizei, und nicht die Armee, als ihre zuverlässigsten Stützen betrachten und sie zu dem eigentlichen Sitz der Gewalt ausgestalten, liegt an der wesentlichen Affinität zwischen konspirativen Geheimgesellschaften und der zu ihrer Bekämpfung organisierten Geheimpolizei. Nichts beweist schlagender, wie ernst es den totalitären Regierungen mit der Fiktion einer globalen Verschwörung gegen sie und mit ihrem eigenen Anspruch auf Weltherrschaft ist, als die Tatsache, daß die Polizei, und nicht die Armee, die größte Macht und das höchste Prestige in ihnen genießt. Im Stadium vor der Machtergreifung jedoch bieten die »Geheimgesellschaften, die im Tageslicht der Öffentlichkeit sich etablieren«, andere Vorteile. Der offenbare Widerspruch zwischen einer Geheimgesellschaft und einer Massenorganisation verliert jede Bedeutung angesichts der Tatsache, daß die den Geheimgesellschaften eigene Struktur die Möglichkeit bot, die totalitäre Dichotomie zwischen der eigenen Bewegung und der gesamten Außenwelt, welche ihrerseits auf der blinden Feindseligkeit der Massen gegen den gesamten Bestand des Bestehenden, ohne Ansehen irgendwelcher Nuancen und Differenzierungen, beruhte, zu einem organisatorischen Prinzip zu machen. Eine Organisation, die nach dem Prinzip aufgebaut ist »Wer nicht eingeschlossen ist, ist ausgeschlossen«, »Wer nicht für mich ist, ist wider mich«, raubt der Welt jene wirklich existierende Mannigfaltigkeit, die für Massen, die in ihr ihren Platz und damit ihre Orientierungsmöglichkeit verloren haben, nur verwirrend und sogar untragbar ist. Die Aufteilung zwischen »uns« und allen anderen flößt diesen Massen die gleiche uneingeschränkte

Loyalität ein wie den Gliedern geheimer Gesellschaften das Geheimnis selbst, in das sie eingeweiht sind. Jede totalitäre Bewegung behauptet, daß außerhalb von ihr alle Wirklichkeit »absterbe«, eine Behauptung, die dann unter den mörderischen Bedingungen totaler Herrschaft sich sehr drastisch bewahrheitet; im Stadium vor der Machtergreifung gibt keine andere Behauptung den Massen, die ja vor ihrer eigenen, unverschuldeten Direktionslosigkeit und Desintegration in das fiktive Heim der Bewegungen geflohen sind, einen so handgreiflichen Trost und eine so einleuchtende Hoffnung.

Die Selbstlosigkeit, ja Selbstauslöschung, auf die totalitäre Bewegungen bei ihren Anhängern rechnen können, hat wiederum ihresgleichen nur in Geheimgesellschaften, aber in keinerlei sonstigen politischen Parteien oder Formationen.[84] Die willenlose Gefügigkeit, mit der die bewaffnete SA es duldete, daß man ihr einen geliebten Führer und viele Hunderte bewährter Kameraden ermordete, war bereits ein merkwürdiges Schauspiel, das um so bemerkenswerter wird, als in diesem Augenblick die Reichswehr vermutlich hinter Röhm und nicht hinter Hitler stand. Aber derartige Vorkommnisse in der Nazibewegung sind inzwischen weit in den Schatten gestellt durch das seit zwanzig Jahren sich wiederholende Schauspiel der bolschewistischen Schauprozesse mit den Geständnissen der Angeklagten, die offenbar ebenso notwendig für dies System wie unbegreiflich für die nichttotalitäre Außenwelt sind. Wie immer auch heute die Opfer für die Geständnisprozedur vorbereitet oder zugerichtet werden mögen, dies Ritual selbst verdankt seinen Ursprung den aller Wahrscheinlichkeit nach nicht fabrizierten Geständnissen der alten bolschewistischen Garde im Jahre 1936. Selbst vor den berühmten Moskauer Prozessen war Beobachtern aufgefallen, daß Todesurteile von ehemaligen Angehörigen der Partei und besonders von Mitgliedern der Tscheka mit merkwürdigem Gleichmut entgegengenommen wurden.[85] Hier bewährt sich eine Organisationsform, die dafür sorgt, daß keines ihrer Mitglieder sich mehr ein Leben außerhalb ihrer vorstellen kann, so daß selbst der zum Tode Verurteilte das Spiel weiterspielt und nichts verrät, im Bewußtsein, noch im Tode zu der auserwählten Schar der »Eingeweihten« zu gehören. Sie brauchen nicht mehr die Gloriole des Heldentods oder des Martyriums, um ihr Leben zu opfern; sie sind es zufrieden, wenn absurde »Geständnisse« dessen, was sie nie taten, und diffamierende Todesurteile dazu dienen, die nichttotalitäre Welt besser zu betrügen.

Vielleicht der größte Dienst, den die Geheimgesellschaften als Vorbild den totalitären Bewegungen leisteten, ist die den hierarchischen Graduierungen zwischen Eingeweihten und Uneingeweihten inhärente Einführung der Lüge als eines organisatorischen Mittels. Daß eine fiktive Welt nur durch Lügen zu etablieren ist, ist evident, aber ihre Sicherung bedarf eines in sich zusammenhängenden, dichteren Truggewebes, als es die bekannte Kurzbeinigkeit von Lügen gewähren zu können scheint. Den Lügen wird in totalitären Organisationen dadurch Konsistenz verliehen, daß sie strukturell in die Organisation selbst, und zwar graduiert, eingebaut werden, so daß man schließlich die gesamte Hierarchie der Bewegung, vom naiv Sympathisierenden über die Parteimitgliedschaft und die Eliteformation bis hinauf zu dem engsten Kreis um den Führer danach beurteilen kann, in welcher Mischung Leichtgläubigkeit und Zynismus sich miteinander vereinen. Jedem Angehörigen einer totalitären Bewegung ist die seinem Rang und Stand in der Bewegung entsprechende Mischung, mit der er auf die wechselnden, lügnerischen Erklärungen der Führerschaft sowie auf die nie wechselnde, zentrale ideologische Fiktion der Bewegung zu reagieren hat, durch seinen Platz in der Bewegung vorgeschrieben. Auch diese Hierarchie entspricht auf das genaueste der Hierarchie der Einweihung in Geheimgesellschaften.

Das Beisammensein von Leichtgläubigkeit und Zynismus war charakteristisch für die Mobmentalität, bevor es eine alltägliche Erscheinung moderner Massen wurde. In beiden Fällen entstand diese Mischung dort, wo Menschen in einer ständig wechselnden und immer unverständlicher werdenden Welt sich darauf eingerichtet hatten, jederzeit jegliches und gar nichts zu glauben, überzeugt, daß schlechterdings alles möglich sei und nichts wahr. Das Beisammensein von Leichtgläubigkeit und Zynismus war an sich merkwürdig genug, denn es bedeutete das Ende jener Illusion, derzufolge Leichtgläubigkeit das Zeichen primitiver »ungebildeter« Menschen, während Zynismus das Laster souveräner und raffinierter Geister ist. Diesem Vorurteil macht die Massenpropaganda insofern ein Ende, als sie mit außerordentlichem Erfolg ein Publikum voraussetzt, das jederzeit bereit ist, leichtgläubig alles hinzunehmen, und sei es noch so unwahrscheinlich, und es doch nicht im mindesten verübelt, wenn der Betrug sich herausstellt, weil es offenbar jede Aussage ohnehin für eine Lüge hält. Totalitäre Führer haben ihre gesamte Propaganda auf die psychologisch richtige Annahme gegründet, daß dieselben Menschen heute dazu gebracht werden können, die unglaublichsten Märchen zu akzeptieren, und morgen, wenn sie sich von der Unrichtigkeit der Märchen überzeugt haben sollten, dazu gebracht werden können, zynisch zu behaupten, sie hätten Lügen von vornherein durchschaut und seien stolz darauf, Führer zu haben, die so souverän andere Leute an der Nase herumzuführen verstünden.

Was erst eine nachweisbare Reaktion des Publikums auf demagogische Massenpropaganda war, wurde zum hierarchischen Prinzip der Massenorganisationen. Ein Beisammensein von Zynismus und Leichtgläubigkeit durchherrscht alle Ränge totalitärer Bewegungen; je höher der Rang ist, desto mehr überwiegt in dieser Mischung der Zynismus. Alle Ränge, vom Sympathisierenden bis zum Führer, sind davon überzeugt, daß Politik als solche im hergebrachten Sinne wesentlich ein Spiel des Betrügens ist und daß demzufolge das »erste Gebot« der Bewegung: »Der Führer hat immer recht«, für den weltweiten Betrug der Weltpolitik so unerläßlich ist wie militärische Disziplin für die Kriegführung.

Die Maschine, welche die monströsen Fälschungen totalitärer Bewegungen fabriziert, organisiert und verbreitet, wird vom Führer selbst in Bewegung gesetzt. Der ideologisch verankerten Propagandazusicherung, daß alles Geschehen wissenschaftlich voraussehbar sei – den Naturgesetzen oder den ökonomischen Gesetzen folge –, fügt die totalitäre Organisation die Funktion des Führers hinzu, der die Voraussagen monopolisiert hat und dessen entscheidende Eigenschaft ist, daß er »immer recht gehabt hat und immer recht haben wird«.[86] Innerhalb einer totalitären Bewegung und für eine für ihre Zwecke geschulte Mentalität hat das wissenschaftlich voraussehbare Geschehen so wenig mit Wahrheit zu tun, wie die Behauptung, daß der Führer immer recht habe, sich an der Richtigkeit oder Unrichtigkeit seiner Aussagen erweisen könnte. Nicht Tatsachen und nicht Argumente, sondern nur zukünftige Erfolge oder Mißerfolge können einen Maßstab für die Beurteilung abgeben. Und da die Taten des Führers wie die Behauptungen der Ideologien für die Zukunft von Jahrtausenden geplant sind, sind sie dem Erfahrungskreis und der Urteilskraft der Mitlebenden entzogen.[87]

Buchstäblich an des Führers Worte zu glauben, wird nur von den Sympathisierenden erwartet. Ihre Aufgabe ist es, die Bewegung in einen Nebel einfältiger Treuherzigkeit zu hüllen und dem Führer bei der einen Hälfte seiner Funktion, nämlich der, in der Umwelt Vertrauen zu erwecken, zu helfen. Von Parteimitgliedern wird nicht erwartet, daß sie öffentlichen Erklärungen Glauben schenken. Um sie hiervor zu warnen, macht die innerparteiliche totalitäre Propaganda ihnen Komplimente über ihre überlegene Intelligenz, durch die sie sich von den Sympathisierenden unterscheiden. Die durchaus anomale Leichtgläubigkeit der Sympathisierenden wiederum, die sich, in der Sprache der Bewegungen gesprochen, positiv alles einreden lassen, wird den Parteimitgliedern als der Normalzustand der nichttotalitären Welt dargestellt. Als Hitler seinen Legalitätseid vor dem Reichsgerichtshof der Weimarer Republik schwor, glaubten ihm nur die Sympathisierenden; die Parteimitglieder wußten, daß es sich um einen Meineid handelte, und vertrauten ihm desto mehr, weil er offenbar fähig war, die öffentliche Meinung und die höchsten Instanzen des Staates zu nasführen. Als Hitler Jahre später das gleiche im Weltmaßstab wiederholte, nämlich seine friedlichsten Absichten beteuerte und gleichzeitig den Krieg vorbereitete, kannte die Bewunderung der Partei keine Grenzen. Das Vertrauen wuchs im Maßstab des durchschauten Betrugs. Genau die gleichen Verhältnisse herrschten in der bolschewistischen Bewegung. Nur Sympathisierende, durch die hindurch Stalin hoffte, die nichttotalitäre Welt zu täuschen, haben je an die wirkliche Auflösung der Komintern geglaubt, und nur die breiten unorganisierten Massen in Rußland, deren Einsatz man während des Krieges brauchte, sollten den prodemokratischen Versprechungen des Politbüros während des Krieges vertrauen. Parteimitglieder wurden ausdrücklich vor solchen Mißverständnissen gewarnt und aufgefordert, mit ihrer überlegenen Intelligenz die große Schläue ihres Führers im Betrug seiner Verbündeten zu bewundern.[88]

Ohne die organisatorische Aufteilung der Bewegung in Eliteverbände, Mitgliedschaft und Sympathisierende können die Lügen des Führers nie ihre volle Wirksamkeit entfalten. In Anbetracht der Tatsache, daß diese Lügen dauernd durch die Wirklichkeit widerlegt werden, ist eine Skala von Zynismus, die sich in einer Hierarchie der Verachtung ausdrückt, mindestens ebenso notwendig wie einfache Leichtgläubigkeit und Dummheit. Den in den Frontorganisationen organisierten Sympathisierenden wird Gelegenheit gegeben, ihre Mitbürger, die ganz und gar nicht Eingeweihten, zu verachten; die Parteimitglieder verachten die Leichtgläubigkeit und den Mangel an Radikalität der Sympathisierendengruppen, um ihrerseits aus ähnlichen Gründen von den Eliteverbänden verachtet zu werden.[89] Das gleiche Spiel setzt sich natürlich innerhalb der Eliteformationen bei Neugründungen beliebig fort. Das Resultat dieses verblüffend einfachen Systems ist, daß die Sympathisierenden wirklich bis zu einem gewissen Grade der außenstehenden Welt Lügen glaubhaft machen, die ohne sie nicht geglaubt werden würden, während auf der anderen Seite der graduierte Zynismus innerhalb der Bewegung die Gefahr bannt, daß der Führer durch das Gewicht seiner eigenen Propagandalügen gezwungen werden könnte, seine Erklärungen wahrzumachen und aus der gespielten Ehrenhaftigkeit in eine echte hineinzugleiten. Der Hauptnachteil der nichttotalitären Welt in ihren Beziehungen mit totalitären Bewegungen und Regierungen war nicht so sehr, daß sie den totalitären Lügen zum Opfer fiel, als daß sie dies System nicht durchschaute und daher berechtigterweise annahm, daß entweder die Ungeheuerlichkeit der totalitären Lügen selbst sie zuschanden machen werde oder daß die geheuchelte Respektabilität des Führers eine Handhabe böte, ihn beim Wort zu nehmen und zu zwingen, seine Beteuerungen entgegen seinen Intentionen wahrzumachen. Leider sind totalitäre Systeme gegen derartige normale Konsequenzen geschützt; insofern sie jede Realität eliminiert und durch eine Fiktion ersetzt haben, haben sie es auch erreicht, jene Macht der Wirklichkeit auszuschalten, die dem Lügner entweder die Maske vom Gesicht reißt oder ihn zwingt, seine Lügen wahrzumachen.

Die Mitgliedschaft, die allen aktuellen öffentlichen Kundgebungen prinzipiell mißtraut, glaubt um so fester an jene ideologischen Klischees und Pauschalerklärungen aller vergangenen und zukünftigen Geschichte, welche die totalitären Bewegungen aus dem neunzehnten Jahrhundert erbten und sie mittels ihrer Organisation in die Wirklichkeit umgesetzt haben. Ideologische Elemente, an die vage und abstrakt nahezu jedermann ohnehin schon glaubte, wurden nun zu aktuellen Lügen: aus pseudowissenschaftlichen Rassentheorien wurde die Beherrschung der Welt durch die Juden, aus allgemeinen Klassetheorien die Beherrschung der Welt durch die Wallstreet. Wesentlich für das Aktionsschema der Bewegungen ist, daß sie in den Ideologien zum Teil schon den »notwendigen« Untergang des ihnen angeblich Feindlichen – der Juden, der Kapitalisten – vorfanden, so daß anscheinend nur noch Sterbendes, die absterbenden Klassen der kapitalistischen Länder oder die verfaulten Demokratien, ihnen im Wege stehen. Im Gegensatz zu den buchstäblich von Tag zu Tag wechselnden taktischen Lügen totalitärer Führer sind diese ideologisch verankerten Lügen unantastbar. Sie werden mit sorgfältig ausgearbeiteten Systemen pseudowissenschaftlicher Beweise geschützt, die dem Außenstehenden nicht einzuleuchten brauchen und doch Zeugnis für ein gewisses Bedürfnis nach Beweisen, nach Demonstration der Minderwertigkeit der Juden oder des Elends der Völker in kapitalistischen Ländern, in diesen Kreisen der Bewegung ablegen.

Die Eliteverbände jedenfalls sind von der Parteimitgliedschaft gerade dadurch unterschieden, daß sie solcher Beweise nicht bedürfen und daß sie nicht an die buchstäbliche Richtigkeit der ideologischen Klischees zu glauben brauchen. Selbst diese sind noch auf ein gewisses Bedürfnis der Massen nach Richtigkeit und Erklärung zugeschnitten. Der Fanatismus der Elite, im Unterschied zum Fanatismus der Parteimitglieder, ist nicht ein ideologischer Fanatismus und hat weniger mit Weltanschauung zu tun, als man gemeinhin annimmt. Die Elite ist darauf abgerichtet, solche argumentativen Unterscheidungen wie die zwischen Richtigkeit und Falschheit oder solche Unterscheidungen der Urteilskraft wie die zwischen Fiktion und Realität gar nicht erst anzustellen. Ihre Überlegenheit beruht auf der Fähigkeit, jede Tatsachenfeststellung unmittelbar in eine Willenskundgebung aufzulösen. Im Unterschied zu den gewöhnlichen Parteimitgliedern, die man etwa zum Mord an Juden am besten dadurch bringt, daß man die Minderwertigkeit von Juden »beweist«, versteht die Elite unmittelbar, daß die Erklärung »Juden sind minderwertig« bedeutet »Juden werden ausgerottet«. Die bolschewistischen Eliteverbände verstehen, daß die Feststellung »Nur Moskau besitzt eine Untergrundbahn« in Wahrheit bedeutet, alle Untergrundbahnen müssen zerstört werden, und sie sind daher keineswegs besonders überrascht, wenn sie eine Untergrundbahn in Paris antreffen. Nur Konzentrationslager und Zwangsdeportationen konnten den ungeheuren Schrecken heilen, der die Rote Armee bei ihrem Eroberungszug durch Ost- und Zentraleuropa befiel, als sich die phantastische Lügenhaftigkeit ihrer einheimischen Informationen enthüllte; die Polizeiformationen, welche die Armee begleiteten, waren auf diesen Schock durchaus vorbereitet, zwar nicht durch bessere Informationen – es gibt keine geheimen Eliteschulen in Rußland, in denen authentische Fakten über das Ausland gelehrt würden –, wohl aber durch die ihnen anerzogene Verachtung für Tatsachen und Wirklichkeit überhaupt.

Die Mentalität der Elite ist kein Produkt der Massenkatastrophen unserer Zeit und kann nicht einfach mit sozialer Wurzellosigkeit und politischer Anarchie erklärt werden. Sie ist das Produkt einer sorgfältigen Erziehung, und ihre Herstellung spielt in totalitären Führerschulen, den Ordensburgen in Nazideutschland und den Moskauer Schulen für Kominternagenten, einen wichtigeren Bestandteil des Lehrganges als Rassenhaß oder Bürgerkriegstechnik. Ohne die Elite, ohne ihre künstlich gezüchtete Unfähigkeit, Tatsachen zu verstehen und Wahrheit von Lüge zu unterscheiden, könnte die Bewegung niemals auch nur versuchen, ihre Fiktion in Wirklichkeit umzusetzen. Die wesentliche negative Qualität der totalitären Elite ist, niemals die Welt, so wie sie ist, als gegeben anzunehmen und niemals Lügen mit der Wirklichkeit auch nur zu vergleichen. Ihre größte Tugend muß daher Treue zum Führer sein, denn er ist der Talisman, der allein den schließlichen Sieg der Lüge und der fiktiven Ideologie über Wahrheit und Wirklichkeit sichern kann.

Die innerste Schicht dieser zweifelhaft strukturierten Organisation wird von dem engsten Kreis um den Führer gebildet, der sich in einer formellen Institution wie dem bolschewistischen Politbüro verfestigen oder eine wechselnde Clique bleiben kann, deren Glieder keineswegs immer hohe Posten zu bekleiden brauchen. Ihre Eignung und Begabung zeigt sich daran, daß ihnen ideologische Klischees oder Fragen der Weltanschauung unmittelbar zu organisatorischen Werkzeugen werden. So war es Himmlers größtes Verdienst, daß er in der Reorganisation der SS eine durchschlagend einfache Methode fand, »das Problem des Blutes durch die Tat zu lösen«: Er begann seine Kandidaten nicht auf Grund ihrer Gesinnungen, sondern auf Grund ihres »Blutes« sich auszusuchen; sie hatten 1,70 Meter groß zu sein, mußten blaue Augen und blonde Haare haben und ihre »arische« Abstammung bis 1750 nachweisen können.[90] Die Bedeutung dieser »Lösung durch die Tat« war, daß die Organisation unabhängig wurde von allen Lehren der Rassenwissenschaft und allen Argumenten darüber, also auch unabhängig vom Antisemitismus als einer spezifischen Ideologie, deren Brauchbarkeit mit der Ausrottung der Juden ihr Ende finden mußte.[91] Die Rassenlehre hatte sich in eine Rassegesellschaft umgesetzt, die von einem Rassenausschuß geprüft und durch bestimmte Ehegesetze gesichert war, und war damit die lästige Wissenschaftlichkeit ideologischer Propaganda losgeworden.[92] Wenn man die Rasseelite noch damit beschäftigte, Konzentrationslager zu verwalten für »den besseren Nachweis der Vererbungs- und Rassegesetze«,[93] hatte man in der Tat die ideologischen Klischees mit solchem Nachdruck in einer »lebendigen Organisation« (Hitler) verwirklicht, daß man es sich auf der anderen Seite leisten konnte, alle Dogmatik beiseite zu lassen und semitischen Völkern, wie den Arabern, erst einmal Freundschaft anzubieten oder sich mit den ehemaligen Repräsentanten der »gelben Gefahr«, den Japanern, zu verbünden. Die Realität einer Rassegesellschaft, die Formation einer nach angeblich rassischen Gesichtspunkten ausgesuchten Elite wäre in der Tat eine bessere Sicherung der Rasselehre gewesen als die schönsten wissenschaftlichen oder pseudowissenschaftlichen Beweise.

Die außerordentliche und selbstherrliche Überlegenheit, mit der nicht nur die sowjetrussische, sondern auch die Komintern-politik seit 1930 die marxistische Ideologie handhabt, ist gleicher Art und wurde erst möglich, nachdem die alten Parteien in totalitäre Bewegungen verwandelt waren. Bündnisse mit dem »Klassenfeind« sind seit der Volksfrontpolitik an der Tagesordnung, und keine Allianz mit kapitalistischen, imperialistischen oder faschistischen Ländern hat die Verläßlichkeit der Kader oder ihren Glauben an die Gesetze des historischen Materialismus zu erschüttern vermocht. Nachdem der Klassenkampf aus einer sozialen Realität und einem politisch-revolutionären Willen zu einem organisatorischen Werkzeug gemacht war, das die totalitäre Dichotomie zwischen einer »Klasse« und allen anderen realisierte, brauchte die bolschewistische Politik nur noch durch ihre innerrussischen Eliteformationen, die GPU-Verbände, und ihre außerrussischen Kominternagenten diese kompromißlose Feindseligkeit gegen die gesamte nichttotalitäre Welt zu kontrollieren, um sich auf der anderen Seite eine völlig »vorurteilsfreie« Politik leisten zu können.

Freiheit vom Inhalt der eigenen Ideologie charakterisiert die innerste Schicht der totalitären Hierarchie. Der engste Kreis der Eingeweihten, die Leute in der unmittelbaren Umgebung des Führers, betrachteten alles nur noch nach organisatorischen Gesichtspunkten, und der Führer selbst ist für sie weder ein inspirierter Talisman wie für die Eliteverbände, noch der Mann, der unfehlbar recht hat, sondern lediglich eine höchst notwendige Funktion der Bewegung. Dies steht nur in scheinbarem Widerspruch zu der Tatsache, daß totalitäre Führer im Gegensatz zu anderen Despoten oder Tyrannen gerade nicht das Opfer von Cliquen werden, die sich ihrer als Strohmann bedienen, sondern tatsächlich frei sind zu tun, was sie wollen, und auf die absolute Ergebenheit ihrer Umgebung auch dann noch rechnen können, wenn sie sich entschließen, sie umzubringen.

Der technische Grund für diese selbstmörderische Treue mag darin liegen, daß die Nachfolge in totalitären Regierungen nicht durch Erbschafts- oder andere Gesetze reguliert ist. Dieser Mangel bedeutet, daß eine erfolgreiche Palastrevolution für die Bewegung ähnlich katastrophale Folgen haben könnte wie eine Niederlage im Kriege. Schließlich ist die gesamte Organisation, in der jeder Funktionär unmittelbar als der verkörperte allgegenwärtige Wille des Führers gilt, auf der Unfehlbarkeit seiner Entschlüsse aufgebaut, und jedes Eingeständnis eines, und sei es auch nur einmaligen, Irrtums oder eines temporären Abirrens vom rechten Weg des unfehlbar gewissen Sieges würde den Bann dieser Unfehlbarkeit, der das Amt des Führers umgibt und sichert, brechen und damit allen, die der Bewegung verbunden sind, den Zusammenbruch ankündigen. Nicht die Richtigkeit der Worte des Führers, sondern die Unfehlbarkeit seiner Handlungen bildet die Basis der Gesamtbewegung. Jede Diskussion und jeder Kampf um diese Position, die ja Fehlbarkeit als eine Möglichkeit voraussetzen würden, könnte das Ende der totalitären Fiktion überhaupt bedeuten, das Ende einer Scheinwelt, die ohnehin ständig von der Macht der reinen Tatsächlichkeit bedroht ist und nur durch den Glauben aufrechterhalten werden kann, daß die totalitäre Fiktion unfehlbar in Bewegung ist, die tatsächliche Welt endgültig zu vernichten.

Doch hat die unbedingte Ergebenheit derer, welche weder an die ideologischen Klischees noch an die Person des Führers glauben, ernstere, nichttechnische Gründe. Was diese Menschen wirklich miteinander verbindet und was weit über den engstirnigen Fanatismus jeder einzelnen Ideologie oder Weltanschauung hinausgeht, ist die Überzeugung von der Allmacht des Menschen. Dem moralischen Nihilismus des »Alles ist erlaubt« haben sie durch den sehr viel radikaleren Nihilismus eines »Alles ist möglich« erst seine wirkliche Grundlage gegeben. Für sie handelt es sich nicht um die Wahnideen der Rasselehre oder der Klassentheoreme, und sie haben es nicht nötig, an die Verschwörung der

Weisen von Zion oder der Wallstreet zu glauben. Ihnen genügt die Hybris, wirklich zu meinen, daß alles gemacht werden kann, daß alles Gegebene nur ein zeitweiliges Hindernis ist, das durch überlegene Organisation überkommen werden kann. Sie vertrauen darauf, daß durch Organisation erzeugte Macht jederzeit die Macht der Substanz vernichten und verzehren kann, so wie etwa die Gewalt einer gutorganisierten Räuberbande jederzeit den schlecht bewachten Reichtum an sich bringen kann. So überschätzen sie beharrlich die reine Triebkraft der Bewegung und unterschätzen beharrlich die substantielle Macht stabiler Gemeinwesen. Sie sind betrogene Betrüger, auch wenn sie sich nicht in den Netzen ihrer eigenen spezifischen Lügen verfangen; gerade weil sie die gegen sie gerichtete sogenannte Weltverschwörung nur als ein organisatorisches Mittel verwenden, vergessen sie, daß ihre eigene Verschwörung gegen die gesamte Welt in der Tat diese Welt dazu bringen kann, sich gegen sie zu vereinigen.

Wie immer die Illusion von der Allmacht des Menschen schließlich enden mag, ihre sehr praktische Konsequenz innerhalb der Bewegung ist, daß die Umgebung des Führers im Falle ihres Nichtübereinstimmens mit ihm ihre eigene Meinung niemals wirklich ernst nimmt. Auf der Basis einer Überzeugung, daß alles möglich ist, können Meinungsverschiedenheiten nicht entscheidend sein, weil sie impliziert, daß selbst die verrückteste Politik oder das verrückteste Auswahlprinzip für politische Handlungen noch eine gute und möglicherweise eine gleich gute Chance auf Erfolg hat wie ein anderes. Die unbedingte Ergebenheit gegenüber dem Führer rührt hier nicht daher, daß der Führer als Person für unfehlbar gehalten wird, sondern daher, daß offenbar jeder, der im Besitz der akkumulierten Gewalt ist und die überlegenen Methoden totaler Organisation zu handhaben weiß, unfehlbar wird. Es geht nicht mehr darum, ob blaue Augen, blondes Haar und 1,70 m wirklich die Garantie für überlegene Eigenschaften bieten, sondern darum, daß man mit diesem wie einem anderen

Mittel Menschen organisieren und zu bestimmten Handlungen bringen kann, bis dies wirklich der entscheidende Unterschied zwischen Menschen wird und sich niemand mehr entsinnen kann, ob dies je fraglich war, und niemand mehr Gelegenheit hat, sich zu besinnen, ob diese Unterscheidung sinnvoll ist oder sinnlos. Je größer die Macht der totalitären Regierungen wird, desto größer sind ihre Chancen, die Relativität von Erfolg und Mißerfolg zu demonstrieren und zu beweisen, daß ein Verlust an Substanz durchaus durch einen Gewinn an Organisationsmacht aufgewogen werden kann. Die groteske Mißwirtschaft im industriellen Aufbau Sowjetrußlands brachte die Atomisierung der Arbeiterklasse zustande und bedeutete zweifellos einen Machtzuwachs der bolschewistischen Bewegung, genauso wie die Massaker der Nazis in den Ostgebieten zwar zu einem »beklagenswerten Verlust an Arbeitskraft« führten, aber auch zu einer Stabilisierung der Rassegesellschaft durch die konsequent durchgeführte Praxis der Ausrottung von Völkern, so daß, »wenn man in Generationen denkt, der Verlust nicht bedauert zu werden brauchte«.[94] Schließlich ist unter totalitären Bedingungen die Frage von Erfolg und Mißerfolg objektiv nicht mehr zu entscheiden, weil sie bis zum Moment der Katastrophe ausschließlich Sache einer durchorganisierten und terrorisierten Öffentlichkeit geworden ist. In einer fiktiven Welt gibt es gar keine Instanz, die Mißerfolge als solche verbuchen könnte; ja selbst der einfache Unterschied zwischen Erfolg und Mißerfolg hängt von dem Fortbestand einer tatsächlichen und damit von der Existenz einer nichttotalitären Welt ab.

12 Die totale Herrschaft

Eine der ersten und wichtigsten Aufgaben des totalen Herrschaftsapparats ist es, mit den eigentümlichen Schwierigkeiten und Widersprüchen fertig zu werden, in die eine internationale Bewegung mit dem ideologischen Anspruch auf Unfehlbarkeit und dem politischen Anspruch auf Weltherrschaft gerät, wenn es ihr gelingt, die Macht in einem Lande zu ergreifen. Diese Schwierigkeiten waren prinzipiell für die Naziherrschaft wie für die Sowjetunion, aber sie machten sich weniger geltend, weil die Nazis niemals über große Massenorganisationen außerhalb Deutschlands verfügten. Andererseits ist das Widerspruchsvolle der Situation selbst durch die unendlichen Diskussionen über den »Aufbau des Sozialismus in einem Lande« in den zwanziger Jahren eher verdeckt worden, und der beispiellose Erfolg in der zentralistischen Erfassung aller nationalen kommunistischen Parteien durch die totale Diktatur von Moskau hat das Seinige dazu beigetragen, die Aufmerksamkeit von diesem Problem überhaupt abzulenken. Hinzu kam, daß der sozialistischen Bewegung diese Krise und die aus ihr sich ergebende Problematik erspart geblieben ist, einmal weil Marx und Engels sich theoretisch um die sogenannte nationale Frage nicht gekümmert haben, was nichts anderes heißt, als daß sie dem eigentlich praktisch-strategischen Problem der Weltrevolution aus dem Wege gingen, und zweitens, weil der Erste Weltkrieg und der Zusammenbruch der Zweiten Internationale deutlichst bewiesen, daß die sozialistischen Parteien in der ganzen

Welt bis auf unbedeutende Splittergruppen nicht weniger national waren als alle anderen Parteien, daß ihr Internationalismus politisch ohne Bedeutung war. Mit anderen Worten, die sozialistischen Arbeiterparteien waren international nur in dem Sinne gewesen, daß sie im internationalen Maßstabe der Arbeiterklasse ihre Position im Nationalstaat erkämpften; wo immer das gelungen war, verwandelten sie sich sofort in nationale Parteien, die im Rahmen des Nationalstaats die Interessen der Arbeiter vertraten und in genau dem gleichen Maße regierungsfähig wurden, das heißt imstande, die Interessen der Nation als Ganzes für eine Zeit zu repräsentieren wie alle anderen Parteien.[1]

Die totale Herrschaft in der von Stalin wie in der von Hitler entwickelten Form bedeutete erst einmal, daß die Machtergreifung die totalitäre Bewegung weder in ihrer Organisationsstruktur noch in ihrem ideologischen Gehalt veränderte und daß die Umwandlung aus einer internationalen Bewegung in eine national begrenzte Partei nicht stattfand. Die Gefahr für die Bewegung zur Zeit der Machtergreifung bestand darin, daß sie einerseits durch die Übernahme des Staatsapparats »erstarren« und in einer absolutistischen Staatsform untergehen,[2] und daß sie andererseits durch die Grenzen des Territoriums, in welchem sie offiziell zur Macht gekommen war, in ihrer Bewegungsfreiheit begrenzt werden konnte. Im Sinne der totalitären Bewegung sind beide Gefahren gleich tödlich; eine Entwicklung zum Absolutismus würde der Bewegung im Innern ein Ende setzen, und eine Nationalisierung würde die Expansion nach außen, auf die sie angewiesen ist, unmöglich machen. Sobald die totalitären Bewegungen an die Macht kommen, sind sie daher auf das angewiesen, was Trotzki die »permanente Revolution« nannte und worunter er sich nicht mehr vorstellte als eine Serie von Revolutionen, die von einer Klasse zur anderen, von der bürgerlichen zu der proletarischen Revolution, und von einem Land zum anderen, von den hochentwickelten industrialisierten Ländern zu den Kolonialvölkern, sich unwiderstehlich fortsetzt.[3] Für totalitäre Herrschaft ist nicht dieser Versuch entscheidend, die von Marx und Engels vernachlässigte Theorie einer revolutionären Strategie auszuarbeiten, die Trotzkis wie Lenins Anliegen war, sondern die Art und Weise, wie Stalin die Trotzkische Theorie benutzte und die permanente Revolution als Herrschaftsform in Rußland etablierte. Dies geschah, indem er die Parteisäuberungen, die ursprünglich als demokratische Kontrollmaßnahmen gegen die Bürokratisierung und Korrumpierung des Parteiapparates gedacht waren, in jene gigantischen »Reinigungswellen« verwandelte, die ab 1934 in periodischen Abständen über dem ganzen Land zusammenschlugen und sich in der Tat wie Revolutionen auswirkten, nur mit dem Unterschied, daß keine wirkliche Revolution, auch nicht die russische, je so ungeheure Opfer an Menschenleben gefordert hat wie die künstliche, permanente Revolution des Stalinregimes.[4] Daß Stalin diese Entwicklung damit einleitete, daß er Trotzki gerade wegen der Theorie der permanenten Revolution angriff und ihr seine eigene des »Aufbaus des Sozialismus in einem Lande« entgegenstellte, war teilweise ein geschicktes Manöver, die eigenen Absichten zu tarnen, teilweise aber auch der bekannten Stalinschen Taktik geschuldet, wirklichen oder erfundenen Gegnern dasjenige als »Verbrechen« in die Schuhe zu schieben, was er selbst plante – so hat er später die Generäle der Roten Armee der Verhandlungen mit Hitler und dem Faschismus bezichtigt, weil er entschlossen war, ein Bündnis mit Hitlerdeutschland abzuschließen.[5] Diese Taktik bewährte sich natürlich vor allem im Falle von unpopulären Maßnahmen. Hitler hat seine »permanente Revolution« ebenfalls damit begonnen, daß er diejenigen, welche wagten, von dem nächsten Stadium der Revolution öffentlich zu sprechen, liquidierte, und zwar gerade, weil »der Führer und seine alte Garde wußten, daß jetzt erst der eigentliche Kampf begann«.[6] Dem bolschewistischen Begriff der permanenten Revolution entspricht hier die rassische »Auslese, bei der es niemals einen Stillstand geben kann« und die verlangt, daß die Kriterien, nach denen »ausgemerzt« wird, sich dauernd verschärfen.[7] In Stalins wie in Hitlers Falle, in Rußland im Jahre 1924 und in Deutschland im Jahre 1934, lagen die Dinge an sich außerordentlich ähnlich: In beiden Fällen war die Existenz der Bewegung durch eine offenbare Normalisierung der Verhältnisse ernstlich in Gefahr; die Revolution war an ihr Ende gekommen, und die Bevölkerung wünschte nichts sehnlicher als die Stabilisierung der bestehenden Verhältnisse.[8] In beiden Fällen benutzten die totalitären Machthaber diese Situation, um scheinbar den Wünschen des Volkes entgegenzukommen und die Extremisten in den eigenen Reihen abzuwürgen, in Wahrheit aber durch diese Gewalttätigkeit selbst die revolutionäre Bewegung vorwärtszutreiben und einen Zustand permanenter Unstabilität zu erzeugen.

Läßt man das, was Trotzki sich selbst bei der Formulierung seiner Theorie von der »permanenten Revolution« gedacht hat, außer Betracht, und nimmt man das Wort nur als Schlagwort, so könnte man schwerlich eine treffendere Bezeichnung für die Technik finden, mit der die totale Herrschaft die Widersprüche zwischen Staat und Bewegung, zwischen totalem Herrschaftsanspruch und begrenzter Macht in einem begrenzten Territorium, zwischen dem Anspruch auf Weltherrschaft und einer halbwegs normalen Außenpolitik, in der jede Nation die Souveränität aller anderen Nationen im Prinzip anerkennen muß, gelöst hat. Um diese Technik zu verstehen, muß man sich vor Augen halten, daß der totalitäre Machthaber mit einer doppelten und in sich widerspruchsvollen Aufgabe konfrontiert ist: Er muß einerseits die fiktive Welt der Bewegung als handfeste Wirklichkeit etablieren, die sich im Alltag nicht nur bewähren kann, sondern das gesamte alltägliche Leben beherrscht, und er muß andererseits verhindern, daß diese neue »revolutionäre« Welt ihrerseits sich stabilisiert und zum Alltag wird, weil in solcher Stabilisierung die Bewegung selbst vernichtet würde, und damit sowohl die Hoffnung auf Welteroberung wie die totale Herrschaft in dem einmal eroberten Gebiet verlorengehen würden. Mit anderen Worten: Der totalitäre Machthaber muß mit allen Mitteln die Bedingungen des Zerfalls, unter denen die Bewegung zur Macht gekommen ist, aufrechterhalten und verhindern, daß das, was er dauernd versprochen hat, wirklich eintritt, nämlich eine Neuordnung aller Lebensverhältnisse und eine neue Normalität und Stabilität, die sich auf der Neuordnung gründet. Jede solche Neuordnung, gleichgültig wie »revolutionär« sie erst einmal anmuten sollte, würde auf die Dauer ihren Platz in den ungeheuer verschiedenen und kontrastierenden politischen Lebensformen der Völker der Erde finden, sie würde zu einer unter vielen werden, und gerade dies muß um jeden Preis verhindert werden. Selbst die revolutionären Institutionen der totalitären Bewegungen würden sich in nationale Lebensformen verwandelt haben, wenn Hitlers Behauptung, daß der Nationalsozialismus keine »Exportware« sei, und Stalins Theorie von dem »Aufbau des Sozialismus in einem Lande« etwas anderes gewesen wären als Propaganda für In- und Ausland.

Die Paradoxie der totalen Herrschaft ist, daß die Machtergreifung, der Besitz des Staatsapparats und der Gewalt in einem Lande, für die totalitäre Bewegung mindestens ebenso viele Gefahren wie Vorteile bietet. Je länger sie an der Macht ist, desto schwerer wird es, die für die Bewegung unabdingbare Verachtung aller Tatsächlichkeit, das konsequente Festhalten an den Regeln einer fiktiven Welt aufrechtzuerhalten. Gerade weil Macht die Welt, in der wir leben, bis zu einem gewissen Grade verändern kann und dauernd verändert, ist sie auch auf die Wirklichkeit in ihrer Faktizität angewiesen und von ihr abhängig, und diese Abhängigkeit muß die totale Herrschaft aufzuheben wissen. Hierfür reichen Organisation und Propaganda, wie wir sie in der totalitären Bewegung kennenlernten, nicht mehr aus; gerade das, worauf sich die totalitäre Fiktion psychologisch stützen konnte, das aktive Ressentiment der Massen gegen die gegebene Welt, das sie bereit machte zu glauben, daß das Unmögliche möglich, das Unglaubwürdige wahr und alles, was in der Welt geschieht, aus einem einzigen Punkt zu erklären sei, existiert nicht mehr nach der Machtergreifung. Die Massen gerade normalisieren sich sofort, fallen – in der Sprache der Bewegungen – in den alten Schlendrian zurück, und nun wird jeder Fetzen faktischer Information, der durch den eisernen Vorhang dringt, gefährlicher als alle Gegenpropaganda zur Zeit vor der Machtergreifung. Nur gegen diese faktischen Informationen, gegen das Eindringen der Welt der Tatsächlichkeit, und nicht gegen die groß aufgezogene Propaganda der nichttotalitären Welt, ist der eiserne Vorhang niedergelassen. Der eiserne Vorhang ist nur ein mehr oder minder zureichender Ersatz für die ursprüngliche Weigerung der Massen, den Tatsachen zu vertrauen und ihren fünf Sinnen Glauben zu schenken, auf der die totalitäre Bewegung ihre fiktive Welt errichtet hatte. Aber gerade diese Mentalität der Massen hat sie zerstört, sobald sie an die Macht kommt.

Der Kampf um totale Herrschaft im Weltmaßstab und die Zerstörung aller anderen Staats- und Herrschaftsformen ist jedem totalitären Regime eigen, weil keines sich auf die Dauer halten könnte, ohne die gesamte Wirklichkeit der Erde zuverlässig zu kontrollieren und jede Faktizität innerhalb der Menschenwelt auszuschalten. Selbst ein einziges Individuum kann absolut und total nur beherrscht werden, wenn die gesamte Erde unter totalitärer Herrschaft steht. All dieses ist den totalitären Machthabern entweder bekannt, bevor sie die Herrschaft ergreifen, oder drängt sich in der Herrschaft selbst ganz automatisch auf. Die Machtergreifung in einem Lande bedeutet daher primär die Etablierung eines offiziellen und international anerkannten Hauptquartiers der Bewegung (und der Errichtung von Filialen im Falle der Satellitenstaaten). Dabei wird für den Machthaber das Land, in dem er zur Herrschaft gelangte, zu einer Art Laboratorium, in welchem er das Experiment mit der oder vielmehr gegen die Wirklichkeit einer tatsächlich vorgegebenen Welt unter zwar unvollkommenen, aber doch ausreichenden Bedingungen anstellen und mit den gewonnenen Ergebnissen die Bewegung vorwärtstreiben kann. Hierfür wird der Staatsapparat benutzt, dessen die Bewegung so lange bedarf, als es noch ein Außen und eine nichttotalitäre Welt gibt; er würde in der Tat »absterben«, wenn das eigentliche Ziel der Welteroberung erreicht und das Außen verschwinden würde. Innerhalb einer total beherrschten Welt herrscht der Polizeiapparat, der in jedem totalitär beherrschten Land dem Staatsapparat übergeordnet ist und dem die Aufgabe zufällt, das innenpolitische Experiment der Transformation der Tatsächlichkeit in die Fiktion zu überwachen, zu sichern und durchzuführen. Die Polizei ist so in jedem Sinne das höchste und vornehmste Organ des totalen Herrschaftsapparats; sie verfügt zudem in den Konzentrationslagern über ein in jeder Hinsicht vollkommen ausgestattetes Laboratorium, in welchem die Ansprüche totaler Herrschaft experimentell verifiziert werden sollen.

Der Staatsapparat

Wir wissen aus der Geschichte, daß revolutionäre Parteien, je länger sie an der Macht sind und die mit ihr verbundene Verantwortlichkeit zu tragen haben, desto deutlicher ihren eigentlich revolutionären Charakter verlieren. Die Erfahrung und der auf sie sich stützende gesunde Menschenverstand waren durchaus berechtigt zu erwarten, daß der Besitz der Macht den revolutionären Elan und die utopischen Elemente der totalitären Bewegungen dämpfen und mäßigen würde und daß die alltäglichen drängenden Geschäfte des Regierens ganz von selbst der fiktiven Welt und ihren Organisationen ein Ende bereiten würden. Schließlich, so meinte der gesunde Menschenverstand, liegt es ja in der Natur aller Dinge, und nicht nur der politischen Angelegenheiten, daß extreme Forderungen und Ziele sich objektiver Bedingungen bequemen müssen, und gerade diese objektiven Bedingungen müssen sich geltend machen in dem Besitz der wirklichen Macht. Dann würde sich auch sofort erweisen, daß die politische Wirklichkeit in ihrer Gesamtheit nur zu einem sehr geringen Teil von dem Verlangen einer Massengesellschaft atomisierter Individuen bestimmt ist, die versucht, aus der Wirklichkeit in eine fiktive Welt zu entfliehen.

Solche Überlegungen des gesunden Menschenverstandes liegen den meisten Fehleinschätzungen der nichttotalitären Welt in ihren diplomatischen Abmachungen mit totalitären Ländern zugrunde, dem München-Pakt mit Hitler nicht weniger als dem Jalta-Abkommen mit Stalin. Die Enttäuschung und Erbitterung waren in beiden Fällen gleich groß, und zwar nicht nur weil man sich betrogen fühlte, sondern auch weil man sich vergeblich und verzweifelt fragte, wie man einer Welt begegnen sollte, in der die von allen anerkannten Regeln des gesunden Menschenverstandes offensichtlich nicht mehr galten. Gegen alle berechtigten Erwartungen war es keineswegs möglich, die totalitären Länder durch Konzessionen und großes internationales Prestige wieder in den normalen Verkehr zurückzubinden, und alle Versuche, ihnen durch Taten zu beweisen, daß ihre ideologisch begründeten Behauptungen, sie seien von einer Welt von Feinden umgeben, nicht zuträfen, blieben vergeblich. Jedesmal, wenn diplomatische Siege errungen waren, die nur darauf hinausliefen, Gewalttätigkeit und Krieg zu vermeiden, stellte sich heraus, daß es Pyrrhus-Siege waren und die totalitäre Regierung auf Kompromißwilligkeit mit verstärkter Feindseligkeit reagierte.

Diese Enttäuschungen von Staatsmännern und Diplomaten haben ihre Parallele in der ihnen meist schon vorangegangenen tiefen Desillusionierung wohlwollender Außenstehender und Sympathisierender mit den neuen revolutionären Regierungen. Dies waren im Falle Sowjetrußlands die zahlreichen Intellektuellen, welche die Oktoberrevolution so begrüßten, wie ihre Vorväter hundertdreißig Jahre vorher die Französische und die Amerikanische Revolution begrüßt hatten; im Falle von Nazideutschland handelt es sich um die großen Gruppen von Auslandsdeutschen oder Staatsbürgern anderer Länder, vor allem der Vereinigten Staaten, die deutscher Abstammung waren, aber darüber hinaus auch um deutschfreundlich Gesinnte in der ganzen Welt, die das, was 1933 in Deutschland geschah, im Sinne der Nazipropaganda für Aus- und Inland als »nationale Revolution« mißverstanden.

Beide Gruppen waren überzeugt, daß die »Revolution« und der mit ihr verbundene Terror ihr Ende finden würden, sobald neue, aus dem Geist der Revolution geborene Institutionen und Gesetze erlassen und die innere Opposition erst einmal besiegt sein würde. Was statt dessen eintraf, war, daß der Terror mit Abnahme der Opposition im Lande nicht abnahm, sondern sich verstärkte, so daß es aussah, als sei diese Opposition nicht (wie die liberalen Gegner der totalitären Regime immer glaubten) der Anlaß der Gewaltherrschaft gewesen, sondern im Gegenteil das letzte Hindernis, das seiner vollen, unbarmherzigen Entfaltung im Wege gestanden hätte. Nicht in den zwanziger Jahren und zu Zeiten des Bürgerkrieges in Rußland, sondern nach 1930, als alle gegenrevolutionäre wie innerparteiliche Opposition restlos liquidiert war, brach die wirkliche Schreckensherrschaft in Rußland an.[9] Und es war nicht im Jahre 1933, als die Naziherrschaft noch wirkliche Opposition im eigenen Lande hatte, sondern im Jahre 1937, als selbst nach Berichten der Gestapo das Land vollkommen befriedigt war, daß die außerordentliche Erweiterung des Konzentrationslagersystems ins Werk gesetzt wurde, das dann schließlich zu den Vernichtungslagern während des Krieges führte, in denen wohl kaum ein Gegner des Regimes ums Leben kam.[10] Diese nämlich, wie das Beispiel des 20. Juli 1944 zeigt, pflegte man sofort zu erschießen oder zu erhängen.

Noch auffallender als diese Entwicklung des Terrors, die darauf schließen ließ, daß die totale Herrschaft nichts mehr befürchtete, als daß Terror sich eines Tages als überflüssig erweisen könnte, war, daß die neuen Regierungen, denen man wahrlich nicht irgendwelche Unentschlossenheit vorwerfen konnte, den in sie gesetzten Erwartungen einer neuen revolutionären Gesetzgebung ganz und gar nicht entsprachen. Zwar begann das Regime des Dritten Reiches erst einmal damit, Deutschland mit einer Lawine von neuen Gesetzen und Dekreten zu überschütten; aber als diese Entwicklung mit dem Erlaß der Nürnberger Gesetze zum Stillstand gekommen war, stellte sich heraus, daß die Nazis selbst keineswegs gedachten, sich um ihre eigene Gesetzgebung zu kümmern, daß es vielmehr »nur ein Weiterschreiten auf dem eingeschlagenen Weg zu immer Neuem« gab, so daß schließlich »Zweck und Arbeitsumfang der Geheimen Staatspolizei« wie aller anderen von den Nazis geschaffenen Institutionen parteilicher oder staatlicher Natur »in keiner Weise durch die gesetzlichen Bestimmungen erschöpft werden (konnten), die für sie erlassen worden sind«.[11] Praktisch äußerte sich dieser Zustand der Gesetzlosigkeit in Permanenz darin, daß »eine Reihe von geltenden Vorschriften nicht mehr verkündet« wurde.[12] Theoretisch entsprach er Hitlers Diktum, »daß der totale Staat keinen Unterschied kennen darf zwischen Recht und Moral«;[13] denn wenn angenommen wird, daß das geltende Recht identisch ist mit der von jedermann gekannten, weil in seinem Gewissen verkündeten Moral, bedarf es in der Tat keiner öffentlich erlassenen Gesetze. (Daß Hitler dabei unter »Moral« die nationalsozialistische Weltanschauung verstand, die durch systematisches »Exerzieren« und nicht durch das Gewissen jedem Deutschen von der Wiege bis zum Grabe verkündet wurde, ändert an diesem Sachverhalt nicht das geringste.) Auf der anderen Seite haben die Nazis erstaunlicherweise nach einem vierzehnjährigen Kampf gegen das Weimarer System niemals die Weimarer Verfassung abgeschafft, und selbst die Beamtenschaft des Staatsapparats, die doch nach allen Revolutionen sofort ausgewechselt wird und die in allen wirklich faschistisch regierten Ländern sofort durch Parteimitglieder ersetzt wurde, blieb mehr oder minder intakt. (Daß natürlich gerade die Beibehaltung von Verfassung und Beamtenapparat wesentlich zu der Täuschung der Umwelt über die Radikalität der Bewegung beitrug, sei nur nebenbei erwähnt.)

Eine ganz ähnliche Entwicklung vollzog sich in Sowjetrußland, wo Stalin keine eigentliche Verfassung vorfand, da die Revolution die alte abgeschafft und eine neue noch nicht erlassen hatte. Als brauchte auch er eine Verfassung nur zu dem Zweck, um gegen den Hintergrund gesetzlich gesicherter Rechte den Terror in seiner furchtbaren Willkür und Gesetzlosigkeit desto schärfer erkennen zu lassen, wurde im Jahre 1936 eine sorgfältigst ausgearbeitete Konstitution dem russischen Volk überreicht, und das Ausland hat auch hier nicht versäumt, dieses Ereignis als den eigentlichen Abschluß der revolutionären Epoche zu begrüßen. In Wahrheit war die Veröffentlichung der Verfassung nur die Ouvertüre zu den Moskauer Prozessen und jener von 1936 bis 1938 dauernden »Generalreinigung«, in welcher die gesamte Bürokratie liquidiert wurde und durch die alle Anfänge einer Normalisierung des russischen Lebens, das sich gerade von der etwa vier Jahre zuvor beendeten Liquidierung der Kulaken und der Kollektivisierung der Landwirtschaft zu erholen begann, wieder vernichtet wurden.[14] Vom Moment ihrer Verkündung spielte die Sowjetverfassung die gleiche Rolle wie die Weimarer Verfassung im Dritten Reich: Niemand kümmerte sich um sie, aber sie wurde niemals abgeschafft. Der einzige Unterschied war, daß Stalin das, worum es ihm ging, noch etwas deutlicher und konkreter illustrieren konnte: Mit der Ausnahme von Wyschinski ließ er sämtliche Personen, die bei dem Entwurf der Verfassung tätig gewesen waren, als Verräter umbringen.

Die Literatur über das Nazi- und das bolschewistische System ist voll von Klagen über ihre angeblich monolithische Staatsstruktur; nichts entspricht weniger den Realitäten eines totalen Herrschaftsapparates. So ist denn auch manchen Beobachtern schon früh die eigentümliche »Strukturlosigkeit« totalitärer Regierungen aufgefallen[15] und vor allem natürlich die Tatsache einer doppelten Autorität von Staat und Partei, wobei wiederum die Beziehungen zwischen diesen Instanzen so formlos gelassen sind, daß niemand sich in ihnen zuverlässig auskennen kann.[16] Dem, worum es sich hier in Wahrheit handelt, kommt die Theorie am nächsten, welche zwischen der nur angeblichen Autorität des Staats- und der wirklichen Macht des Parteiapparates unterscheidet und dabei in der Staatsautorität die ohnmächtige Fassade erblickt, hinter der sich die wirkliche Macht der Partei verbirgt und nach außen schützt.[17] Diese Beschreibung rührt in der Tat an eines der Grundprinzipien der totalen Herrschaftstechnik.

Zu Beginn des Dritten Reiches ließen die Nazis es sich angelegen sein, alle Ämter von irgendeiner Bedeutung so zu verdoppeln, daß die gleiche Funktion einmal von einem Staatsbeamten und zweitens von einem Parteimitglied erfüllt wurde. Das fing schon damit an, daß die alte Einteilung Deutschlands in Provinzen und Bundesstaaten nicht einfach abgeschafft, sondern durch die Einteilung in Gaue überlagert wurde, wobei die Grenzen noch nicht einmal miteinander übereinstimmten, so daß jeder beliebige Ort des Reiches selbst geographisch zwei diametral verschiedenen Verwaltungsinstanzen unterstellt war.[18] Wie bewußt dieses System als Herrschaftstechnik aufgebaut wurde, kann man weiterhin daraus ersehen, daß die Nazis niemals die Verdoppelung der Funktionen aufgaben, wenn einer der Ihrigen Staatsminister wurde. Sobald so alte und bewährte Parteigenossen wie Frick und Gürtner etwa Innen- und Justizminister wurden, wurde nicht der betreffende Verwaltungszweig des Staatsapparates durchgehend nazifiziert, sondern umgekehrt die zu Ministern aufgestiegenen Parteigenossen ihres Einflusses und ihrer Stellung in der Partei beraubt. In diesem Falle wurde ihnen beiden der Polizeichef Himmler auf die Nase gesetzt, der normalerweise ein Untergebener des Innenministers hätte sein müssen.[19] Ganz typisch in dieser Hinsicht ist die Geschichte des deutschen Auswärtigen Amtes, dessen Personal die Nazis beinahe so beließen, wie sie es vorgefunden hatten. Gleichzeitig aber unterhielten sie zwei andere Auswärtige Ämter, die direkt Institutionen der Partei waren, das eine, das sogenannte Rosenberg-Büro, das die Partei noch vor dem Machtantritt gegründet hatte und dem nun die Beziehungen mit den faschistischen Bewegungen in Ost- und Südosteuropa zufielen,[20] und das neu errichtete Ribbentrop-Büro, das unabhängig von der Wilhelmstraße diplomatische Beziehungen mit dem Westen unterhielt. Ribbentrop selbst wurde später in den Beamtenapparat der Wilhelmstraße übernommen und als Gesandter nach England geschickt; dies war zwar das Ende von Ribbentrops persönlichem Einfluß in der Partei, aber keineswegs des sogenannten Ribbentrop-Büros, das ruhig fortfuhr, neben und über dem Auswärtigen Amt seine eigene Außenpolitik zu machen. Schließlich wurde dem Auswärtigen Amt neben diesen Parteistellen auch noch ein SS-Amt zugeordnet, das »für Verhandlungen mit allen germanischvölkischen Gruppen in Dänemark, Norwegen, Belgien und den Niederlanden« zuständig war.[21]

Stalin erbte aus der Revolutionszeit eine Einrichtung, durch die er eine ähnliche Teilung der Funktionen (wenn auch nicht der Gewalten!) in Rußland durchführen konnte, und dies war das eigentliche Sowjet- (das heißt Räte-) System. Gerade weil der Allrussische Sowjetkongreß bereits während des Bürgerkriegs all seine Macht an die Partei verloren hatte, eignete er sich so vorzüglich zur Fassade nach außen und zur Repräsentation der Ohnmacht aller Gesetze nach innen. Entscheidend in dieser Entwicklung war, daß im Jahre 1923, dem ersten Jahr, da Stalin Generalsekretär der Partei war, die politische Polizei der Partei und nicht den Sowjets unterstellt wurde.[22] Von da ab führte der Sowjetkongreß, der einmal das neue Parlament Rußlands hatte werden sollen, ein Schattendasein, hinter dem die wirkliche Macht erst des Zentralkomitees und dann des Politbüros stand. Entscheidend aber in unserem Zusammenhang ist nicht, daß die Sowjets von der Partei unterminiert und schließlich zerstört wurden, sondern die Tatsache, daß »die Bolschewisten, wiewohl dies nicht die mindeste Schwierigkeit gemacht hätte, die Sowjets nicht abschafften und sie als dekoratives, äußeres Symbol ihrer Macht benutzten«.[23] Hier war das Nebeneinander von Schattenregierung und wirklicher Macht teilweise bereits das Resultat von Revolution und Bürgerkrieg, so daß, als Stalin in den dreißiger Jahren die totale Herrschaft in Rußland in allem Ernste erreichte, diese Institution bereits halb vergessen war. Die Einführung der Sowjetverfassung, die ausdrücklich auf dem Sowjet- (und nicht einem Partei-) Kongreß verkündet wurde, hatte den Zweck, gerade diese im wesentlichen demokratische Institution dem russischen Volk wieder in Erinnerung zu rufen, um dann gleichzeitig es von der Ohnmächtigkeit aller solcher Institutionen aufs kräftigste zu überzeugen.

Die Nazis hatten es in dieser Beziehung besser; das Staatsbewußtsein und die Achtung vor dem Staatsapparat waren in der deutschen Tradition so fest verankert, daß es keiner besonderen Anstrengungen bedurfte, sie durch ein feierlich erlassenes Gesetz neu in Erinnerung zu rufen. Die totalitäre Verachtung für Gesetze überhaupt, die »trotz größter Wandelbarkeit … immer noch der Ausdruck für eine auf die Dauer gewollte Ordnung« sind,[24] sah in der Sowjetverfassung wie in der nie abgeschafften Weimarer Verfassung den bestmöglichen Hintergrund, gegen den sich ihre eigene Gesetzlosigkeit abzeichnen konnte. Und da Verfassungen und Gesetze ihrer Meinung nach das hervorragende Kennzeichen »absterbender Demokratien« und erstarrter Staatsformen waren, konnten sie ihre Überzeugung von der Hilflosigkeit und Ohnmacht solcher Systeme nicht besser propagieren, als indem sie täglich und stündlich ihre Bevölkerung überzeugten, daß geltendes Recht und festgelegte Staatsautorität zwar existieren, aber eben nur ein Schattendasein führen.[25]

Vergleicht man den totalen Herrschaftsapparat mit einem der vielen uns aus der Geschichte bekannten Staatsapparate, so kann man ihn nur als strukturlos bezeichnen. Dabei vergißt man, daß nur ein Gebäude eine Struktur haben kann, daß aber eine Bewegung, nimmt man dies Wort so buchstäblich ernst, wie die Nazis es genommen haben, nur eine Richtung haben kann und daß jegliche gesetzliche oder staatliche Struktur für eine immer schneller in eine bestimmte Richtung sich bewegende Bewegung nur ein Hindernis ist. Die totalitären Bewegungen repräsentieren bereits vor der Machtergreifung diejenigen Massen, welche in einem staatlichen Gebäude gleich welcher Natur nicht mehr zu leben bereit sind, Massen, die sich in Bewegung gesetzt haben, um die von den Staaten gesicherten Grenzen gesetzlicher und geographischer Natur zu überfluten. Gemessen an unseren Begriffen von Staat und Staatsstruktur müssen die Bewegungen daher, solange sie physisch noch auf ein bestimmtes Territorium beschränkt sind, Strukturlosigkeit herstellen, und für diese würde eine bloße Verdoppelung aller Ämter und Instanzen in Partei- und Staatsinstanzen nicht genügen. Auch diese Verdoppelung, vor allem wegen der ihr inhärenten Beziehungen zwischen Fassade und Innerem, würde wieder zu einer Art Struktur führen, und die Beziehung zwischen Partei und Staat würde automatisch in eine gesetzliche Regelung auslaufen, welche die Kompetenzen gegeneinander abgrenzt und gesetzlich verankert.[26]

An die Stelle der Verdoppelung tritt daher im Laufe der Entwicklung ein anderes Phänomen, das man vielleicht am besten als Multiplikation bezeichnet. So gingen die Nazis, nachdem sie erst einmal durch die Gaue die territorialen Zuständigkeiten dupliziert hatten, sofort daran, eine ganze Reihe anderer geographischer Einteilungen durchzuführen, die bestimmten innerparteilichen Divisionen entsprachen: So fiel die territoriale Zuständigkeit der SA weder mit den Gauen noch mit den Provinzen zusammen und war außerdem nochmals von derjenigen der SS geschieden;

zu den SA- und SS-Territorien trat dann noch die Zone, die für die Hitlerjugend maßgebend war und die mit keiner der erwähnten Einteilungen zusammenfiel.[27] Wie im Falle der Parteigaue und der staatlichen Provinzen, der Gauleiter und der Landespräsidenten bildete diese geographische Konfusion nur die Grundlage, auf der sich immer wieder, und zwar in dauernder Veränderung, das Spiel zwischen bloßer Fassade und wirklicher Macht wiederholte.

Der Einwohner des Dritten Reiches lebte nicht nur unter den gleichzeitigen und zumeist miteinander konkurrierenden Instanzen von Partei und Staat, von SA und SS, von SS und Sicherheitsdienst, er wußte niemals im gegebenen Augenblick, welche dieser Instanzen gerade die Fassade und welche die wirkliche Macht repräsentierte. Nur eine Art sechster Sinn, den allerdings die Bewohner totalitärer Länder äußerst schnell entwickeln, konnte ihm sagen, wessen Befehl er wirklich zu gehorchen hatte und um wen er sich nicht mehr zu kümmern brauchte. Andererseits waren diejenigen, welche die Befehle durchzuführen hatten, welche die Führung im Interesse der Bewegung für wirklich notwendig hielt – und solche Befehle wurden natürlich im Unterschied zu staatlichen Maßnahmen nur den Eliteformationen der Partei anvertraut –, nicht wesentlich besser daran. Solche Befehle wurden zumeist »absichtlich unklar [gegeben] in der Erwartung … der Befehlsempfänger werde den Willen des Befehlsgebers erkennen und danach handeln«;[28] denn die Eliteformationen waren keineswegs daran gehalten, in jedem Fall dem Befehl des Führers zu gehorchen (dies galt ohnehin für alle Instanzen), sondern den »Willen der Führung zu vollziehen«,[29] und dies war, wie man sich in den langwierigen Verhandlungen über »Ausschweifungen« vor den Parteigerichten überzeugen kann, keineswegs immer dasselbe. Der Unterschied war nur, daß die Eliteformationen in einer für solche Zwecke bestimmten Schulung gelernt hatten, aus »Andeutungen« »mehr herauszulesen als wörtlich gesagt ist«.[30]

Rein technisch bewegt sich die Bewegung innerhalb des totalen Herrschaftsapparats dadurch, daß die Führung das eigentliche Machtzentrum dauernd verschiebt, in andere Organisationen verlegt, ohne doch darum die so entmachteten Gruppen aufzulösen oder auch nur öffentlich an den Pranger zu stellen. So lag zu Beginn des Naziregimes unmittelbar nach dem Reichstagsbrand alle Macht bei der SA, mit der verglichen Gauleiter und andere Parteifunktionäre eine nur scheinbare Macht besaßen.[31] Die Verschiebung der Macht von der SA auf die SS vollzog sich im Anschluß an die Liquidierung der Röhm-Fraktion im Sommer 1934, und zwar dadurch, daß die SS mit der Erschießung der SA-Truppen betraut wurde. Offiziell wurde diese Machtverschiebung niemals bekanntgegeben, und Hitler tat sogar sein möglichstes, um sie noch zwei Jahre später in einer Rede an die SA zu verschleiern.[32] Innerhalb der SS begann dann natürlich wieder das gleiche Spiel. Gegen die Allgemeine SS wurden die Verfügungstruppen und dann die Totenkopfverbände gegründet, denen gegenüber wiederum die Allgemeine SS die Fassade bildete. Dies aber hinderte nicht, daß alle diese Formationen darauf vereidigt wurden, »den Willen der Führung«, also des Führers, zu vollziehen, nur daß dieser Wille selbst, der dennoch durchaus das eigentliche Machtzentrum oder die eigentliche Machtquelle der ganzen Bewegung bildete, sich dauernd ändern mußte, weil er ja wesentlich damit beschäftigt war, die Bewegung vorwärtszutreiben und zu verhindern, daß stabile Verhältnisse sich bildeten. Dies hatte natürlich das Resultat, daß abgesehen von dem im Führer verkörperten Willen es niemals feststehen konnte, wo sich gerade das Machtzentrum des Herrschaftsapparats befand, und daß niemand sicher sein konnte, welche Position er in der wirklichen geheimen Machthierarchie einnahm. So konnte es etwa passieren, daß Alfred Rosenberg trotz seiner langen Karriere in der Partei und seiner scheinbaren Machtpositionen sich so über seine Stellung täuschte, daß er noch lange Memoranden über die zukünftigen »staatlichen

Formen« der unterworfenen osteuropäischen Völker schrieb und vorschlug, sie »gegen Moskau aufzubauen«, als bereits feststand, daß man »staatliche Gebilde« in Zukunft in diesen Gebieten nicht dulden werde und ihre Einwohner als Staatenlose ansah, die man im Laufe der weiteren Entwicklung auszurotten gedachte.[33] Man ließ Rosenberg gewähren, weil seine Pläne und Memoranden als Fassade dienten, hinter welcher sich die wirklichen Pläne und Aktionen verbergen konnten. Einer der wesentlichen technischen Unterschiede zwischen dem sowjetischen und dem nationalsozialistischen System besteht darin, daß Stalin in Fällen solcher Machtverschiebungen von einem Apparat zum anderen innerhalb der eigenen Bewegung die Tendenz hatte, den Apparat mitsamt seinem Personalbestand zu liquidieren, während Hitler sich zwar verächtlich über die Leute äußerte, die nicht »imstande seien, über ihren Schatten zu springen«,[34] aber durchaus bereit war, die Schatten weiterhin, wenn auch in anderer Funktion, zu benutzen.

Hieraus ergab sich natürlich, daß die Zahl der mit der gleichen Aufgabe betrauten Ämter und Instanzen ständig wuchs. Dies wiederum hatte auch den Vorteil, daß die Anzahl der Personen, die in der eigentlichen Machtbürokratie beschäftigt und daher an dem Fortbestand des Systems durchaus persönlich interessiert waren, dauernd anstieg. Diese Form der einfachen Multiplikation begann bereits mit dem Prozeß der Gleichschaltung aller öffentlichen Verbände, Gesellschaften und Institutionen. Was in diesem Prozeß so bezeichnend ist, war, daß die Gleichschaltung keineswegs bedeutete, daß die betreffende Organisation nun in die Partei aufgenommen wurde oder daß umgekehrt die ihr entsprechende und bis zum Tage der Machtergreifung öffentlich nicht anerkannte Formation in der Partei aufgelöst worden wäre. Vielmehr existierten bis zum Ende des Regimes nebeneinander zwei nationalsozialistische Studentenorganisationen, die gleichgeschaltete und die ursprünglich nationalsozialistische, zwei nationalsozialistische Frauenorganisationen, zwei für Universitätsprofessoren, Rechtsanwälte, Ärzte und so fort.[35] Dabei aber war keineswegs ausgemacht, welcher von diesen beiden Berufsverbänden näher an das Machtzentrum der Bewegung rücken würde, genausowenig wie irgend jemand wirklich voraussagen konnte, welcher Parteigruppe im nächsten Jahre die eigentliche Macht, das heißt die Ausführung des »Willens des Führers«, zufallen würde.[36]

Wie sich eine solche Entmachtung von einer Instanz nach der anderen vollzog, und in welcher Weise die geplante »Strukturlosigkeit« sich auswirkte, kann vielleicht am besten an der Organisation des für die Nazis so wichtigen »wissenschaftlichen« Antisemitismus illustriert werden. Hier begann alles mit der Gründung des Münchner Instituts zur Erforschung der Judenfrage im Jahre 1933, das sich schnell zu dem Reichsinstitut für die Erforschung neuerer deutscher Geschichte überhaupt erweitern ließ, da ja nachgewiesen werden sollte, daß diese Geschichte überhaupt von der Judenfrage bestimmt worden war. Dadurch wurden die Universitäten und ihre historischen Fakultäten in Fassaden verwandelt, in denen nur scheinbar »Wissenschaft« getrieben wurde, und dieser Eindruck wurde noch verstärkt, als zum Präsidenten des Münchener Instituts der bekannte und begabte Historiker Walter Frank ernannt wurde. Der nächste Schritt erfolgte im Jahre 1940, als plötzlich ein neues Institut zur Erforschung der Judenfrage in Frankfurt gegründet wurde unter der Leitung von Alfred Rosenberg, den man nun wahrlich keiner wissenschaftlichen Neigungen mehr verdächtigen konnte. Das München-Institut verfiel sofort in ein Schattendasein, was sich herausstellte, als die geraubten Judica- und Hebraica-Sammlungen aus ganz Europa nach Frankfurt und nicht nach München gingen. Wenige Jahre später wiederum stellte sich heraus, daß die eigentlich wertvollen Teile dieser Bibliotheken auch nicht mehr nach Frankfurt kamen, sondern direkt nach Berlin gingen an das dort befindliche Sicherheitshauptamt, das seinerseits eine Spezialabteilung für das Studium der Judenfrage eröffnet hatte unter der Leitung des berüchtigten Eichmann.

Im Verlauf dieser Entwicklung wurde keines der ehemaligen Institute jemals beseitigt, so daß die Situation im Jahre 1944 sich etwa so darstellte: Hinter der Fassade der historischen Fakultäten der Universitäten stand das Münchener Institut, das seinerseits nur eine Fassade des Frankfurter Instituts war; das eigentliche Machtzentrum, an dem sowohl über die historische Rolle der Juden wie über die Lösung der Judenfrage entschieden wurde, lag hinter diesen drei Fassaden verborgen, der Öffentlichkeit nahezu unbekannt; es war das Reichssicherheitshauptamt in Berlin.

Die Fassade des sowjetischen Staatsapparats ist trotz der Feierlichkeit, mit der die Verfassung von 1936 erlassen wurde, niemals so eindrucksvoll und überzeugend gewesen wie der staatliche Beamtenapparat und die Ministerien, welche die Nazis von der Weimarer Republik erbten und ihrer Tradition wegen beibehielten. Da Stalin nicht die Gleichschaltung für eine Multiplikation von Instanzen zur Verfügung stand, hat er sich mehr auf die auch von den Nazis vielfach angewandte Methode der Neuschaffung von bürokratischen Apparaten verlassen, durch welche er die bereits bestehenden dann in den Schatten der Machtlosigkeit gleiten lassen konnte. Dabei sind das einzige Mittel gegen eine gigantische Überlastung des gesamten bürokratischen Apparates die periodisch sich wiederholenden Säuberungen, die Platz schaffen für weitere Neubildungen. Dennoch kann man auch in Rußland wenigstens drei streng voneinander geschiedene Apparate feststellen, den Sowjet- oder Staatsapparat, den Parteiapparat und den NKWD-Apparat, von denen jeder ein unabhängiges Wirtschaftsministerium, eine politische Abteilung, ein Erziehungs- und Kulturministerium, eine Militärabteilung usw. enthält.[37]

Der ursprünglichen Duplikation von Partei und Staat in Nazideutschland entspricht in Rußland die scheinbare Macht der Parteibürokratie gegen die wirkliche Macht der Geheimpolizei, und die Multiplikation tritt erst dadurch ein, daß die Geheimpolizei selbst sich in ein äußerst kompliziertes Netz von Agenten verzweigt, in dem immer eine Abteilung die Aufgabe hat, die andere zu überwachen und auszuspionieren. Technisch wird dies dadurch bewerkstelligt, daß jedem Unternehmen seine Spezialabteilung der Geheimpolizei angegliedert ist, die sowohl Parteimitglieder als auch anderes Personal zu überwachen hat. Neben dieser Abteilung unterhält die Partei selbst noch eine Spionageabteilung, die nun ihrerseits alle überwacht, die Agenten der Geheimpolizei nicht ausgenommen; da beide Spionageabteilungen geheim arbeiten, kennen sie zudem noch nicht einmal die Agenten der Konkurrenz. Zu diesen beiden Spionageapparaten tritt noch die Gewerkschaft in den Betrieben, die darauf zu achten hat, daß die Arbeiter die vorgeschriebene Norm erfüllen. Ungleich wichtiger als diese Apparate ist aber die Sonderabteilung der NKWD, die ihrerseits eine Art Geheimpolizei innerhalb der Geheimpolizei bildet.[38] Alle Berichte dieser miteinander konkurrierenden Polizeinetze enden schließlich im Moskauer Zentralkomitee und im Politbüro. Hier wird entschieden, welcher der Berichte ausschlaggebend ist und welcher der Polizeiabteilungen das Recht zuerkannt werden soll, die entsprechenden Polizeimaßnahmen durchzuführen. Wie diese Entscheidung ausfallen wird, weiß natürlich weder der normale Bewohner des Landes noch einer der Polizeiapparate; es kann heute die Sonderabteilung der NKWD sein, morgen der Agentenapparat der Partei, übermorgen sind es die Lokalinstanzen oder eine der regionalen Körperschaften. Eine legal verankerte Macht- oder Autoritätshierarchie zwischen diesen Abteilungen gibt es nicht; das einzige, was feststeht, ist, daß eine von ihnen schließlich dazu ausersehen werden wird, »den Willen der Führung« zu verkörpern.

Die einzige Regel, auf die sich jedermann in einem totalitär beherrschten Lande verlassen kann, ist, daß ein Apparat desto weniger Macht hat, je öffentlicher und bekannter er ist. Dieser Regel zufolge haben die Sowjets, welche eine schriftlich niedergelegte, allgemein bekannte Verfassung als die höchste Autorität des

Staates anerkennen, weniger Macht als die bolschewistische Partei; die Partei wiederum, die ihre Mitglieder öffentlich anwirbt und von allen als die eigentlich regierende Klasse betrachtet wird, hat weniger Macht als die Geheimpolizei. Macht beginnt immer dort, wo die Öffentlichkeit aufhört. In dieser Hinsicht ähneln sich die Herrschaftsapparate der Nazis und der Bolschewisten wie ein Ei dem anderen. Ihre Unterschiede sind technischer Natur. Andererseits ist offenbar, daß diese merkwürdige Art der Organisation der Herrschaft durchaus den Organisationsprinzipien der totalitären Bewegungen vor der Machtergreifung entspricht.

Betrachtet man nun diesen Herrschaftsapparat wirklich nur als ein Machtinstrument und läßt man alle Fragen verwaltungsmäßiger, industrieller und wirtschaftlicher Kapazitäten beiseite, so stellt sich heraus, daß seine »Strukturlosigkeit« sich vorzüglich dazu eignet, das zu verwirklichen, was die Nazis das Führerprinzip nannten. Die dauernde Konkurrenz von Instanzen, deren Funktionen sich nicht nur überschneiden, sondern die mit der gleichen Aufgabe betraut sind, macht Opposition oder Sabotage nahezu unmöglich. Wie sehr sich die totalitäre Führung solcher technischer Vorteile bewußt war, kann man daran sehen, daß es »eine Spezialität von Himmler war, zwei verschiedene Personen mit der gleichen Aufgabe zu betrauen«.[39] Ein plötzlicher Wechsel, durch den das eine Büro in den Schatten und ein anderes, technisch gleich qualifiziertes zur »Macht« erhoben wird, kann alle etwa entstehenden Probleme, was die »Befehlsempfänger« anlangt, lösen, ohne daß in dem dauernden Wechsel irgend jemand auch nur zu bemerken braucht, daß sich irgendwo Opposition geltend gemacht hat; ja, die betroffene Instanz braucht selber noch nicht einmal etwas von ihrer Entmachtung zu ahnen, da sie ja nicht einfach abgeschafft wird oder, wenn sie liquidiert wird, dies prinzipiell zu einem anderen Zeitpunkt geschieht und ohne jede Bezugnahme auf den faktischen Vorfall. Dies vollzieht sich um so reibungsloser, als niemand genau weiß, in welcher Hierarchie die

Instanzen stehen, am wenigsten natürlich der Beobachter von außen, der nur hie und da sich von diesen Verhältnissen ein ungefähres Bild machen kann, wenn ein hochgestellter Diplomat einer Gesandtschaft im Ausland sich plötzlich zur Desertion entschließt und man dann erfährt, daß irgendein obskurer kleiner Angestellter sich eines Tages als sein Vorgesetzter entpuppt hat. Nachträglich ist es oft möglich, festzustellen, warum solch plötzlicher Machtverlust erfolgte, beziehungsweise daß er überhaupt erfolgte. So ist es nicht schwer, zu verstehen, warum Leute wie Alfred Rosenberg oder Hans Frank zu Beginn des Krieges auf Staatspositionen abgeschoben und aus dem eigentlichen Machtzentrum des Kreises um Hitler entfernt wurden.[40] Entscheidend ist nicht nur, daß sie diese Gründe nicht kannten, sondern daß sie auch vermutlich nicht ahnten, daß scheinbar so hohe Positionen wie Generalgouverneur von Polen oder Reichsminister für alle östlichen Gebiete nicht einen Höhepunkt, sondern das Ende ihrer nationalsozialistischen Karrieren bedeuteten.

Das Führerprinzip etabliert sowenig eine Hierarchie in dem totalen Herrschaftsapparat wie in der totalitären Bewegung. Sachlich liegt dies darin begründet, daß es eine Hierarchie ohne Autorität nicht gibt und daß, trotz der mannigfachen Mißverständnisse über den sogenannten »autoritären Staat«, das Prinzip der Autorität in allen entscheidenden Punkten dem der totalen Herrschaft diametral entgegengesetzt ist. Dabei kann man sogar von dem historischen Gehalt der Autorität, die römischen Ursprungs ist, ganz absehen, wiewohl es für eine Sicherstellung der staatswissenschaftlichen Terminologie gut wäre, wenn man sich daran erinnerte, daß Autorität ursprünglich an Religion (im römischen Sinne) und Tradition gebunden ist und daß diese Trinität von Religion-Tradition-Autorität von der katholischen Kirche übernommen wurde, als sie daranging, die ihr zufallende Erbschaft des römischen Reiches zu verwalten. (Die Autorität der Kirche wie die des römischen Senats gründete sich ursprünglich auf der Heiligkeit eines in ferner Vergangenheit liegenden, entscheidenden Ereignisses, der Gründung Roms oder der Geburt und Auferstehung Christi, dem man sich »religiös« verpflichtet fühlte und das von Generation zu Generation tradiert und aufbewahrt wurde. Wie eng diese drei römischen Begriffe in der politischen und geistigen Geschichte des Abendlandes verbunden blieben, kann man schon daran erkennen, daß, wo immer das Vertrauen in eines von ihnen ins Wanken geriet, die beiden anderen unfehlbar mitstürzten.) Sieht man aber von diesen historischen Zusammenhängen ganz ab, so bleibt immer noch die Tatsache bestehen, daß Autorität in gleich welcher Form immer dazu da ist, die Freiheit einzuengen oder zu begrenzen, niemals aber sie einfach abzuschaffen. Um diese Abschaffung der Freiheit aber, um die Eliminierung der menschlichen Spontaneität überhaupt, geht es der totalen Herrschaft, und keineswegs um eine sei es noch so tyrannische Begrenzung. Technisch zeigt sich diese Autoritäts- und Hierarchielosigkeit der totalen Herrschaft darin, daß es hier zwischen der obersten Instanz, dem Führer, und den Beherrschten keine zuverlässigen Zwischenschichten gibt, von denen jeder ihr Teil Autorität und ihr Teil Gehorsam zugemessen wäre. Der Wille des Führers kann sich jederzeit überall verkörpern, und er selbst ist an keinerlei Hierarchie, auch nicht an die von ihm etwa selbst etablierte, gebunden. Daher ist es auch nicht richtig, daß die Bewegung nach der Machtergreifung eine Fülle von »kleinen Nazifürstentümern« errichtet habe, »die eine Machtpyramide gebildet hätten, an deren Spitze der Führer gestanden«, in deren Umkreis aber jeder kleine Unterführer tun und lassen konnte, was er wollte.[41] Die Vorstellung, daß »die Partei der Orden der Führer« sei, war eine ganz gewöhnliche Propagandalüge.[42] Die unendliche Multiplikation von Instanzen und die anderthalb Millionen von Führern und Unterführern im Dritten Reich, die alle auf nichts und niemanden verpflichtet waren als auf die Person Hitlers selbst,[43] schuf gerade wegen der ihr innewohnenden Konfusion eine Situation, in der sich jedermann mit dem Willen des Führers direkt konfrontiert fühlen mußte. Diese direkte Abhängigkeit, die sich juristisch darin ausdrückte, daß nicht der Vollzug von Befehlen, die von dieser oder jener Instanz erlassen sein mochten, sondern das »Vollziehen des Willens der Führung« über Rechtmäßigkeit oder Rechtswidrigkeit einer Handlung entschied, war real wirksam, während der Hierarchie der Führer und Unterführer höchstens eine gesellschaftliche Bedeutung zukam, ganz abgesehen davon, daß in ihr vielleicht sogar bewußt eine scheinbare Nachahmung eines autoritären Staates versucht wurde.

Das absolute Macht- und Befehlsmonopol in der Person des Führers selbst war im Stalinschen Rußland sogar noch auffälliger, weil dort kein Polizeichef je eine Machtposition besessen hat, die sich mit der Himmlers in den letzten Jahren des Dritten Reiches vergleichen könnte. Hierbei handelt es sich, wie in allen Machtfragen totalitärer Regime, nicht um materielle Macht oder den Besitz der Mittel der Gewalt, die in totalen Herrschaftsformen mehr und mehr aus den Händen der Armee in die der Polizei wechseln, sondern ausschließlich um organisatorische Machtvollkommenheit. So hatte etwa Beria unmittelbar nach Stalins Tode genug materielle Macht, um mit seinen Polizeitruppen ganz Moskau und alle Zugänge zum Kreml zu besetzen; vielleicht hätte die Rote Armee ihm diese Macht in einem blutigen Bürgerkrieg streitig machen können; entscheidend ist nur, daß er aus Mangel an organisatorischer Macht alle diese Positionen schon nach wenigen Tagen aufgeben mußte und dann auch noch wenige Monate später mit seinem Kopf dafür zu zahlen hatte, daß er ein paar Tage lang gewagt hatte, die materielle Macht der Polizei gegen die organisatorische der Partei auszuspielen.[44]

Es ist nun höchst bemerkenswert, zu sehen, wie Himmler, der doch vor dem Herbst 1944 niemals das Machtmonopol Hitlers anzutasten gedacht hatte,[45] sofort daranging, die ihm zufallende materielle Gewalt organisatorisch dadurch zu unterbauen, daß er auch in den bis dahin zentralisierten Apparat der Geheimpolizei die Multiplikation der Instanzen einführte – also scheinbar das tat, was alle Experten der Macht vor den totalitären Regimen als Dezentralisation und Machtschwächung gefürchtet haben würden. Dem Apparat der Gestapo fügte er erst einmal den Sicherheitsdienst bei, der ursprünglich eine Abteilung der SS gewesen und für innerparteiliche Spionage gebraucht worden war. Während nun die Hauptsitze der Gestapo und des Sicherheitsdienstes nach Berlin verlegt und dort zentralisiert wurden, blieben die regionalen Zweigstellen dieser beiden gigantischen Geheimapparate voneinander separiert, so daß jede von ihnen direkt an Himmler Bericht erstattete.[46] Im Laufe des Krieges errichtete Himmler zwei weitere Spionageapparate, von denen der eine die Überwachung und Koordination von Sicherheitspolizei und Sicherheitsdienst zur Aufgabe hatte, die sogenannten Inspekteure, die ihrerseits der lokalen SS unterstanden, während der andere, das sogenannte Militärische Amt, alle die Spionagesektionen, welche Militärspionage außerhalb der Wehrmacht betrieben, in sich vereinigte. Zwar vereinigte schließlich das Reichssicherheitshauptamt formell alle diese Geheimapparate, insofern als alle Berichte schließlich hier zusammenliefen; aber hiervon abgesehen hätte niemand mit Bestimmtheit zu sagen vermocht, welcher dieser ganz unabhängig voneinander arbeitenden Apparate dem anderen übergeordnet sei oder welche abgegrenzten Kompetenzen einem jeden zukämen.

So wie ein naheliegendes Mißverständnis des Führerprinzips dazu verführt, die totale Herrschaft im Sinne der Tyrannis mißzuverstehen, so kann man leicht durch eine Überschätzung der »alten Kameraden« oder »Genossen«, mit denen zusammen der Führer an die Macht kommt, auf die Idee kommen, daß es sich hier um ein Gangster- oder Cliquenregime handelt.[47] Auch dies ist ein Mißverständnis. Was immer wir von der Hitler- und der Stalin-Diktatur wissen, deutet darauf hin, daß die Isolierung und Atomisierung, welche der totalen Herrschaft ihre Massenbasis verschaffen, sich bis in die Spitze der Führung fortsetzen und daß der Führer auch im intimsten Kreise niemals als ein Primus inter pares auftritt. Er mag mit einer Clique oder einer Bande zur Macht gekommen, er mag weiterhin von ihnen umgeben sein, er selbst gehört weder vor noch nach dem Machtantritt einer dieser Cliquen an. Stalin hat das Problem der Cliquenbildung einfach dadurch gelöst, daß er jede Clique, die auf ihn gerade einen Anspruch hätte erheben können, physisch aus dem Wege räumte. Hitlers Mittel, Cliquenbildungen zu verhindern und niemals zu gestatten, daß eine der Nazicliquen sich einbilden konnte, er sei eines ihrer Mitglieder, waren weniger dramatisch, mit der einen Ausnahme der physischen Liquidierung der Röhm-Clique, die allerdings wohl besonders schwer anders aufzulösen war, weil ihre Mitglieder durch das Band der Homosexualität zusammengehalten waren. Dauernde Verschiebung in den Machtverhältnissen und sehr häufiger Wechsel in der Wahl der Vertrauten der nächsten Umgebung leisteten ihm die gleichen Dienste. Dabei handelte es sich bei ihm wie bei Stalin nicht nur darum, daß sie selber außerhalb aller Cliquen zu bleiben wünschten, sondern vor allem darum, zu verhindern, daß irgendeine Solidarität zwischen den Angehörigen der Bewegung selbst sich bildete.[48] Das Problem für die totale Herrschaft ist gerade, zu erreichen, daß jedes Mitglied der Bewegung ein hundertprozentiger Bolschewist oder Nazi wird, ohne dadurch irgendwelche Solidaritätsgefühle mit anderen Nazis und Bolschewisten zu mobilisieren. Was Stalin und Hitler zudem als Personen anlangt, so ist offenbar, daß die monströse Verlogenheit, die von beiden in nahezu gleichen Worten berichtet wird, sich nicht gerade dazu eignete, einer so permanenten Gruppe zu präsidieren, wie sie eine Clique oder eine Bande darstellt. Entscheidend jedoch bleibt, daß verhindert wird, daß sich Querverbindungen bilden zwischen denjenigen, die mit Ämtern und Funktionen betraut sind; sie dürfen weder durch gleichen Status, wie in einer staatlichen Hierarchie, noch durch die Beziehungen zwischen Vorgesetzten und Untergebenen, wie in einer gewöhnlichen Bürokratie, noch endlich durch die sprichwörtliche gegenseitige Ergebenheit von Gangstern verbunden sein. In Rußland weiß jedermann, daß der Leiter eines großen industriellen Konzerns oder der Außenminister von einem Tage zum anderen aus seinem Amte herausgesäubert werden und daß der Kollege oder Vorgesetzte von morgen ein heute völlig unbekannter Mann sein kann. Die Komplizität andererseits, die die Grundlage aller Verbrecherbanden bildet, hat zwar im Beginn der Nazidiktatur eine Rolle gespielt; aber hier galt es nur, jeden durch Mitwisserschaft oder Teilnahme an Verbrechen so weit zu kompromittieren, daß eine Rückkehr in das bürgerliche Leben unmöglich wurde. In der voll errichteten totalen Herrschaft erstreckt sich diese Komplizität dann auf das ganze Volk, das so organisiert wird, daß alle gleich schuldig sind; dadurch stellt sich zwar eine Solidarität gegen die nichttotalitäre Welt ein, aber sie umfaßt so viele Personen, daß sie sich nicht zur Cliquensolidarität eignet.

Gerade das Fehlen einer Clique hat die Frage der Nachfolgeschaft in totalitären Regimen zu einem so schwierigen Problem gemacht. Der totalitäre Diktator befindet sich hier in keiner anderen Situation als der Usurpator, nur daß er sich nicht seiner Mittel bedienen und eine Dynastie errichten kann, durch die seinen Söhnen die Führung als Erbe zufallen würde. Hitler wie Stalin haben immer wieder andere aus ihrer jeweiligen Umgebung zu Nachfolgern ernannt, mit dem Unterschied, daß Stalin seine potentiellen Nachfolger nach einer gewissen Zeit gewöhnlich umbringen ließ. Eine wirklich gültige Ernennung würde in der Tat, wenn sie nicht im allerletzten Moment getroffen wird, bereits die Gefahr einer Cliquenbildung und einer allseitigen Information mit sich führen, die der Führer ja gerade vermeiden will. Dies hat Hitler einmal auf seine Weise den Oberbefehlshabern der Wehrmacht, die sich mitten im Kriege vielleicht den Kopf über dies Problem zerbrochen hatten, klargemacht: »Als letzten Faktor muß ich in aller

Bescheidenheit meine eigene Person nennen: unersetzbar ... Das Schicksal des Reiches hängt nur von mir ab.«[49] Dabei braucht man in der Bescheidenheit keine Ironie zu sehen; der totalitäre »Führer« unterscheidet sich in der Tat von allen früheren Usurpatoren, Despoten und Tyrannen offenbar dadurch, daß er überzeugt ist, daß der Nachfolgefrage keine zu große Bedeutung zukommt, daß, ist die Herrschaft erst einmal organisiert, buchstäblich jeder »Führer« sein kann, weil das Land schließlich jedem gehorchen wird, der gerade an der Macht ist, daß es also einen Cliquenkampf um die Macht nicht geben wird.[50]

Die Mittel der totalen Herrschaft sind ebenso einfach wie wirksam. Sie sichern nicht nur ein absolutes Machtmonopol, sondern eine sonst nirgends vorzufindende absolute Gewißheit, daß alle Befehle irgendwie immer ausgeführt werden. Durch die Multiplikation der möglichen ausführenden Organe und das Fehlen jeder gesicherten Hierarchie bleibt der Diktator in absoluter Unabhängigkeit von jedem seiner Untergebenen und kann jederzeit die außerordentlich rapiden und überraschenden Wendungen seiner Politik vornehmen, für welche die totalitären Regime so berühmt geworden sind. Der politische Körper des Landes ist gegen jede Erschütterung gerade darum gesichert, weil er völlig strukturlos ist.

Angesichts solch großer Vorteile, die mit verhältnismäßig einfachen Mitteln erreicht werden, und angesichts der Tatsache, daß Machthunger ja nicht gerade ein neues Phänomen in der Geschichte ist, fragt man sich, warum eigentlich Tyrannen und Despoten nicht früher auf diese Methode verfallen sind. Der Grund hierfür ist ebenso einfach wie die Methoden selbst. Die Multiplikation von Instanzen und die Strukturlosigkeit des politischen Körpers zerstören alles Verantwortungsbewußtsein und alle Sachkenntnis. Dabei handelt es sich noch nicht einmal darum, daß das ungeheure Anwachsen der Apparate an sich schon eine große wirtschaftliche Belastung und Herabminderung der Produktivität zur Folge hat, sondern darum, daß ja dauernd einander widersprechende Befehle gegeben werden, die erst durch das Eingreifen des Führers selbst geschlichtet werden können. Das ungeheure Dokumentenmaterial, das die Nazis uns hinterlassen haben, ist wie eine Illustration dieser dauernden Selbstbehinderung, die sich natürlich vor allem während des Krieges in den östlichen Gebieten auswirkte, wo nun überhaupt niemand mehr wußte, wer was zu befehlen hatte. In dies Chaos kam erst Ordnung, als schließlich die SS unbestritten die Übermacht auch über die höchsten Wehrmachts- und Besatzungsinstanzen erhielt und begann, alles »ruhig auszumerzen«, wie Hitler sich auszudrücken pflegte. Daß die Devise der SS: »Keine Aufgabe existiert um ihrer selbst willen«, sich gut zum Morden eignete und zu Fanatismen jeder Art, ist evident; sie zerstört aber auch gleichzeitig jedes echte Interesse an einer spezifischen Sache und Aufgabe und erzeugt eine Mentalität, in der etwas Bleibendes schon darum überhaupt nicht geschaffen werden kann, weil ja jede Handlung nur als ein Mittel für etwas durchaus anderes angesehen wird. Mit anderen Worten, es mag sehr nützlich und zweckentsprechend sein, Mördern einzureden, daß sie nicht an Mord, sondern an die Rasse, und nicht an die jetzt stattfindende Tat, sondern an ein tausendjähriges Reich denken sollten; es ist fraglich, ob sich das gleiche Rezept in der Landwirtschaft oder in der Industrie bewährt. Und diese Mentalität ist natürlich nur in den Anfangsstadien des Regimes auf die Eliteformationen beschränkt; sie durchdringt mehr oder minder rasch schließlich die gesamte Bevölkerung, deren Leben bis in seine intimsten Einzelheiten von »politischen« Entscheidungen abhängt, das heißt von Ursachen und Motiven, die nicht das mindeste mit Leistung als solcher zu tun haben. Die dauernden Säuberungen, das plötzliche Auf und Ab der Berufskarrieren verhindern jedes Sicheinarbeiten, jede Entwicklung zuverläßlicher Berufserfahrungen. Wirtschaftlich gesehen ist Sklavenarbeit ein Luxus, den sich Rußland eigentlich nicht leisten konnte; in einer Zeit akuter

Knappheit an qualifizierten technischen Arbeitskräften waren die Konzentrationslager voll »von hochqualifizierten Ingenieuren, die sich darum rissen, Uhren, Lichtleitungen und Telefone zu reparieren«.[51] Hätte es sich nur um Zweckmäßigkeitserwägungen gehandelt, so hätte Rußland sich genausowenig die Säuberungsaktionen in den dreißiger Jahren leisten können, welche die wirtschaftliche Erholung des Landes vielleicht um Jahrzehnte verzögerten, wie die Liquidierung des Generalstabes der Roten Armee, die das riesige Rußland fast in eine Niederlage in dem Krieg mit Finnland führte.

Die außerordentlichen Einbußen an Leistungsfähigkeit auf allen Gebieten, welche das System totaler Herrschaft unweigerlich zur Folge hat, haben sich in Nazideutschland erheblich weniger fühlbar gemacht, weil die zwölf Jahre, die das Tausendjährige Reich dauerte, nicht genügten, um mit der großen deutschen Arbeits- und Leistungstradition fertig zu werden. Die Nazis haben zu Beginn ihrer Herrschaft es sich noch vielfach angelegen sein lassen, sich die Dienste technischer und administrativer Experten durch Gleichschaltung zu sichern, bis ein geeigneter Nachwuchs herangezogen werden konnte. Selbst bei Ausbruch des Krieges war Deutschland noch keineswegs total beherrscht, und sofern man Kriegsvorbereitungen unter die rationalen Wirtschaftsformen zählt, hat die deutsche Wirtschaft bis etwa zum Jahre 1942 noch ungefähr rational funktioniert. Auch ist die Vorbereitung für den Krieg keineswegs unbedingt unzweckmäßig von einem wirtschaftlichen Standpunkt aus, trotz der ungeheuren Kosten eines modernen Rüstungsbudgets; es kann in der Tat »viel billiger sein, sich des Reichtums und der Reserven anderer Nationen durch Eroberung zu bemächtigen, als das gleiche aus dem Ausland zu kaufen oder im Inland zu produzieren«.[52] Schließlich hat das Dritte Reich im ersten Kriegsjahr die gesamten Ausgaben für Rüstungen aus den Jahren 1933 bis 1939 durch einfachen Raub decken können.[53] Alle Gesetze der Ökonomie sind letztlich Gesetze wirtschaftlichen Handelns, welche Menschen sich geben und die ihre Gültigkeit genauso lange behalten, als sie sich danach richten. Die Devise, welche die Nazis vorgeblich ihrer Kriegswirtschaft voranstellten: »Butter oder Kanonen«, bedeutete in Wahrheit natürlich, daß sie sich durch Kanonen Butter zu verschaffen gedachten, und das deutsche Volk, dem Jahre der Inflation und Arbeitslosigkeit einiges Mißtrauen in die ökonomischen Gesetze beigebracht hatten, hat gerade diese »politische« Änderung der wirtschaftlichen Gesetzmäßigkeit an den Nazis sehr geschätzt. Erst von 1942 ab begann die totale Herrschaft sich wirklich aller Lebensgebiete zu bemächtigen und alle anderen Erwägungen in den Hintergrund zu schieben.

Die Radikalisierung setzte unmittelbar mit Kriegsausbruch ein, ja, es ist anzunehmen, daß Hitler diesen Krieg mit deshalb vom Zaun brach, weil er ihm ermöglichte, die Entwicklung so zu beschleunigen, wie es in Friedenszeiten kaum möglich gewesen wäre.[54] Bemerkenswert an diesem Prozeß jedoch ist, daß er durch eine so schwere Niederlage wie die vor Stalingrad nicht etwa eingedämmt wurde und daß die Gefahr, den Krieg überhaupt zu verlieren, nur dazu führte, alle Zweckmäßigkeitserwägungen über Bord zu werfen und alles daranzusetzen, durch totale Organisation die Ziele der totalitären Rasseideologie rücksichtslos, und sei es auf noch so kurze Zeit, zu verwirklichen.[55] Nach Stalingrad wurden die SS-Kader, die bisher nach Möglichkeit von der Bevölkerung abgesondert worden waren, außerordentlich erweitert; das Verbot der Parteimitgliedschaft für Angehörige der Wehrmacht wurde aufgehoben und das Militär überall unter die faktische Oberhoheit von SS-Befehlshabern gestellt. Selbst das von der SS eifersüchtig gehütete Monopol des Mordens wurde durchbrochen, und Angehörige der Wehrmacht wurden mehr und mehr an den Massenmorden beteiligt.[56] Weder militärischen noch wirtschaftlichen noch politischen Überlegungen wurde irgendwelches Gewicht beigemessen, wenn es sich darum handelte, das kostspielige und den Kriegshandlungen in jeder Hinsicht abträgliche Programm der Massenaussiedlungen und »Ausmerzungen« durchzuführen.

Betrachtet man die letzten Jahre der Naziherrschaft und ergänzt man die Sprache der vollendeten Tatsachen, die in diesen Jahren geschaffen wurden, mit den zahllosen Plänen, die aus Zeitmangel nicht mehr oder nur ansatzweise ausgeführt werden konnten – wie die geplante Ausrottung der Polen und Ukrainer (in einer Version sogar die 170 Millionen Russen), der Intelligenzschichten der westlichen Völker, wie der Holländer, der Lothringer und der Elsässer und all derjenigen Deutschen, die dem geplanten Reichsgesundheitsgesetz nicht genügen oder unter das in Aussicht genommene »Gemeinschaftsfremdengesetz« fallen würden –, so drängt sich der Vergleich mit der totalitären Diktatur Stalins, die im Jahre 1929 ebenfalls mit einem Fünfjahresplan begann, unweigerlich auf. Daß dabei an die Stelle der dialektisch-materialistischen Phraseologie die Schlagworte der Eugenik traten, ändert wenig an der Sache. In beiden Fällen sind wir mit der Phase der totalen Herrschaft konfrontiert, die von außen gesehen nur noch »einem phantastischen Tollhausstück gleicht, in dem alle Regeln der Logik und Prinzipien der Wirtschaft auf den Kopf gestellt sind«.[57]

Diese und ähnliche Bemerkungen, deren sich der außenstehende Beobachter kaum erwehren kann, haben ihren Grund darin, daß nahezu niemand geneigt ist, das, was die totalitäre Führung über ihr eigenes Handeln aussagte, ernst zu nehmen. Statt dessen zieht man vor, an das Phänomen der totalen Herrschaft die alten Kategorien der Bürokratie, der Tyrannis oder der Diktatur anzulegen, die in der Tat sämtlich im Rahmen von Zweckmäßigkeitserwägungen, wie wir sie verstehen, verbleiben. Entscheidend für das Verständnis der Nazis, denen offenbar gar nicht so viel daran lag, den Krieg zu gewinnen, wie ihre Experimente durchzuführen, ist, was sie selbst wie die Bolschewisten immer betont haben, nämlich daß sie das Land, in dem sie zur Macht gekommen sind, nur als eine Art zeitweiliges Hauptquartier für die internationale Bewegung auf dem Wege zur Welteroberung betrachten, daß sie Siege und Niederlagen in Jahrhunderten oder Jahrtausenden berechneten und daß das Interesse dieser auf Tausende von Jahren abzielenden Bewegung in jedem Fall über dem Interesse des Landes oder des Staates stehen müsse, den sie gerade zufällig besetzen.[58] »Recht ist, was dem deutschen Volke nützt«, war nur eine Propagandalüge, die sich an die Mobschichten in Deutschland wandte; den Nazis wurde von vornherein eingeschärft, daß Recht nur sei, »was der Bewegung nützt«, und diese beiden Dinge brauchten natürlich keineswegs immer zu koinzidieren.[59] Die Nazis waren nicht der Meinung, daß die Deutschen eine Herrenrasse seien, denen die Welt gehöre, sondern daß sie von einer Herrenrasse geführt werden müßten wie alle anderen Völker, und daß diese Rasse erst im Entstehen sei.[60] Der Beginn der Herrenrasse waren nicht die Deutschen, sondern die SS. Das »germanische Weltreich«, wie Himmler sagte, oder das arische Weltreich, wie Hitler gesagt haben würde, war ohnehin noch Hunderte von Jahren entfernt.[61] Für die »Bewegung« war es wichtiger, zu demonstrieren, wie man eine Rasse durch Ausmerzung anderer »Rassen« herstellt, als einen Krieg mit begrenzten Zielen zu gewinnen. Das, was dem außenstehenden Beobachter wie ein »Stück aus dem Tollhaus« vorkommt, ist nichts als die Konsequenz des absoluten Primats der Bewegung nicht nur über den Staat, sondern auch über die Nation, das Volk und sogar die eigenen Machtpositionen. Der Grund, warum diese Methoden totaler Herrschaft niemals vorher versucht worden sind, liegt darin, daß Macht niemals zuvor nur in dem organisierten Funktionszusammenhang selbst gesehen wurde unter Absehung von allen direkt materiellen Faktoren. Was so schwer scheint, in allen seinen Konsequenzen zu begreifen, ist, daß es sich hier wirklich um die Herstellung einer rein fiktiven Welt in einer unabsehbaren Zukunft handelt, und nicht um einfachen materiellen Machtbesitz oder das rücksichtslose Durchsetzen irgendwelcher Interessen, seien diese ökonomischer, nationaler, militärischer oder auch rein persönlicher Natur.

Das Rätsel der Strukturlosigkeit des totalitären Staates löst sich, sobald man den totalitären Führern zugesteht, daß die Machtergreifung sie nicht in dem Sinne »korrumpiert« oder mäßigt, daß sie der Ideologie der totalitären Bewegung, die sie zur Macht gebracht hat, untreu werden. Dies zeigt sich am deutlichsten darin, daß die Herrschaftsformen auch rein technisch durchaus den Organisationsprinzipien entsprechen, nach denen die Bewegung aufgebaut wurde. Die totale Herrschaftsform ist die Form, in der die totalitäre Bewegung sich des Staats- und Machtapparats bemächtigt, eine Form, die es ihr ermöglichen muß, als Bewegung unberührt von der Machtergreifung weiterzuexistieren, wobei nur das Geheimnis der öffentlich etablierten »Geheimgesellschaft« nun gleichsam nachträglich einen Platz findet und sich dort ansiedelt, wo immer das Machtzentrum der Herrschaft sich gerade befindet. Die Einteilung in Parteimitglieder und Sympathisierende fällt nicht weg, sondern führt zu der Gleichschaltung, durch die die gesamte Bevölkerung nun als Sympathisierende organisiert ist. Der große Zuwachs an Sympathisierenden wird dadurch wettgemacht, daß die Parteistärke mehr und mehr begrenzt wird und ihr wiederum die Eliteformationen gegenübergestellt werden. Die Multiplikation der Instanzen und die Verdoppelung der Funktionen wie die in der Gleichschaltung vollzogene Anpassung des Verhältnisses zwischen Partei- und Frontorganisation bedeuten nur, daß die Zwiebelstruktur der Bewegung, in der jede Schicht die Fassade und die Front der nächsten radikaleren Gruppe bildete, beibehalten worden ist. Der Staatsapparat erscheint nun als Frontorganisation sympathisierender Verwaltungsbeamten, deren innenpolitische Funktion darin besteht, den bloß gleichgeschalteten Gruppen der Bevölkerung Vertrauen einzuflößen, und deren außenpolitische Rolle es ist, das Ausland zu betrügen und an der

Nase herumzuführen.[62] Und der Führer als Staatsoberhaupt und Führer der Bewegung vereinigt wiederum in seiner Person den Gipfel rücksichtslosester Radikalität und Vertrauen einflößender Mäßigung.

Was den totalitären Diktator anlangt, so existiert immerhin ein nicht unwichtiger Unterschied zwischen der Zeit, da er nur Führer der Bewegung war, und der Periode der Machtergreifung. Als Staatsoberhaupt ist er genötigt, mehr und konsequenter zu lügen als in der Zeit vor der Machtergreifung. Dies liegt einerseits natürlich daran, daß es ein anerkanntes Staatsoberhaupt mit dem Lügen ein wenig schwerer hat als ein Parteidemagoge, andererseits aber auch daran, daß die Gleichschaltung eines ganzen Volkes den unangenehmen Nachteil hat, das Element der Unzuverlässigen innerhalb der Bewegung sehr stark zu vermehren. Hitler begann seine Rolle als Staatsoberhaupt damit, daß er das nationalistisch-chauvinistische Element, das er vor der Machtergreifung noch ganz ungeniert als beschränkt und provinziell denunziert hatte, außerordentlich verstärkte; vor allem durch seine wiederholten pathetischen Erklärungen, daß der »Nationalsozialismus keine Exportware« sei, gelang es ihm, die gleichgeschalteten Deutschen wie das Ausland zu beruhigen, die beide wirklich meinten, er würde mit einer Erfüllung der traditionellen Ansprüche einer nationalistischen deutschen Außenpolitik – Rückgabe der durch den Versailler Vertrag verlorenen Gebiete, Anschluß von Österreich und Annexion der deutschsprechenden Teile der Tschechoslowakei – zufrieden sein. Stalin hat sich genau der gleichen Mittel bedient, und zwar ebenfalls nur, um der russischen öffentlichen Meinung und dem Ausland entgegenzukommen, als er behauptete, er wolle nichts als den Aufbau des Sozialismus in einem Land, und das Ziel der Weltrevolution sei eine Erfindung Trotzkis.[63]

Lügen innerhalb einer gesicherten Realität und einer von allen kontrollierten Welt haben kurze Beine, und sie sind vor Entlarvung nur sicher, wenn die Bedingungen der totalen Herrschaft sich bereits so weit der alltäglichen Welt bemächtigt haben, daß Propaganda sich als überflüssig erweist. Solange die Bewegungen die Macht noch nicht haben, können sie es sich niemals leisten, da sie ja Massenorganisationen zu inspirieren haben, ihre wirklichen Ziele zu verheimlichen. Aber wenn man die Möglichkeit hat, Juden wie Wanzen, nämlich mit Giftgas, auszurotten, hat man nicht mehr nötig, zu propagieren, daß Juden Wanzen sind,[64] wenn man die Macht hat, einem ganzen Volke die Geschichte der russischen Revolution beizubringen, ohne den Namen Trotzkis zu erwähnen, braucht man keine Propaganda gegen Trotzki. Die Methoden andererseits, derer man sich für die Ausführung der ideologischen Ziele bedient, kann man nur denen »zumuten«, die »weltanschaulich ganz gefestigt« sind, sei es daß man sie in den Kominternschulen oder auf den Ordensburgen zu solcher Festigkeit erzogen hat, und dies auch dann, wenn man die Ziele weiterhin öffentlich bekanntgibt. Bei solcher Bekanntgabe stellt sich erfahrungsgemäß immer nur heraus, daß die bloß Sympathisierenden niemals verstehen, worum es sich eigentlich handelt.[65] Dies hat die scheinbar paradoxe Konsequenz, daß die öffentlich etablierte Geheimgesellschaft sich wirklich konspirativer Methoden erst dann bedient, wenn sie an der Macht und von allen als legal anerkannt ist. Hitler, der sich vor der Machtergreifung heftigst dagegen gesträubt hatte, die Partei oder auch nur die Eliteverbände auf einer konspirativen Basis für den Fall der Illegalität zu organisieren,[66] war nach der Machtergreifung sofort bereit, die SS in eine wirkliche Geheimgesellschaft umzuwandeln.[67] Genauso bevorzugen die kommunistischen Parteien unter Moskaus Leitung im Unterschied zu ihren Vorgängern gerade dann die Methoden konspirativer Arbeit, wenn Legalität durchaus möglich und gefahrlos ist.[68] Je offenbarer und anerkannter die Macht der totalitären Bewegung sich geltend macht, desto geheimer werden ihre eigentlichen Ziele. Um zu wissen, was Hitler eigentlich bezweckte, war es erheblich besser, »Mein Kampf« genau zu lesen, als sich um die Reden zu kümmern, die er als Reichskanzler hielt. So wäre es auch informativer gewesen, auf Stalins wiederholte prinzipielle Feindseligkeit zwischen »kapitalistischen« und sozialistischen Ländern zu hören, die er »theoretisch« auf den Parteikongressen zum besten gab, als sich um die unendlichen Streitereien über den »Sozialismus in einem Lande« zu kümmern. Die totalitären Diktatoren kennen die Gefahren, welche selbst der Pose der Normalität innewohnen, nur zu gut; sie wissen, daß sie aus dem Gerede nur zu leicht in eine wirkliche nationalistische Politik oder den wirklichen sozialistischen Aufbau hineingleiten könnten. Ihr Mittel, dieser Gefahr zu begegnen, ist, konsequent eine auffällige Diskrepanz zwischen dem, was sie sagen, und dem, was sie tun, herzustellen, und dies bis zu dem Punkt, wo man bereits mit einiger Sicherheit erwarten kann, daß sie genau das Entgegengesetzte von dem tun werden, was sie gerade öffentlich verkünden. Dies war die Form, in der Hitler bewußt den Krieg vorbereitete und wofür er die Friedenskomödie von München brauchte. Aber zu einer wirklich entwickelten Meisterschaft hat es Stalin in dieser Kunst der prinzipiellen Verlogenheit gebracht; unter seiner Herrschaft ist eine Mäßigung in außenpolitischen Fragen oder in der Linie der Komintern nahezu immer von radikalen Säuberungen in der russischen Partei begleitet gewesen. Und es war zweifellos kein Zufall, sondern ein klar durchdachtes Manöver, daß die Volksfrontpolitik und der Entwurf einer relativ liberalen Sowjetverfassung von den Moskauer Prozessen begleitet wurde.

Daß totalitäre Bewegungen mit dem Anspruch auftreten, mit ihrer Ideologie und ihrer Organisation schließlich die Welt zu erobern, ist von der Broschürenliteratur der Nazis und Bolschewisten so oft wiederholt worden, daß sich das Zitieren erübrigt. Auch ist diese ideologische Propagandaliteratur nicht entscheidend, zumal sie ihre Programme meist aus der prätotalitären Periode der Bewegung bezieht – aus den supranationalen antisemitischen Parteien und den alldeutschen Reichsträumen im Falle der

Nazis, aus den Vorstellungen eines internationalen, revolutionären Sozialismus im Falle der Bolschewisten. Entscheidend ist vielmehr, daß die totalitären Regime ihre Außenpolitik konsequent und systematisch unter der Voraussetzung einer schließlichen Weltherrschaft führen, und zwar indem sie ein Ausland im eigentlichen Sinne nicht anerkennen, sondern sich zu jedem fremden Land so stellen, als sei es potentiell zum mindesten ihr eigenes Herrschaftsgebiet. Dies zeigt sich am klarsten darin, daß die Besetzung fremden Gebiets im Kriege wie im Frieden immer zu einer retroaktiven Gesetzgebung führte, welche die für das eigene Land gültigen Vorschriften als das für alle Länder eigentlich geltende Recht proklamierte, das nur vor der Besetzung der ausführenden Organe ermangelt hatte. So erklärten die Nazis bei ihrer Besetzung der westeuropäischen Länder alle Handlungen gegen das Dritte Reich, die vor der Niederlage nicht nur legal, sondern teilweise sogar von den ehemaligen Regierungen vorgeschrieben waren, genauso zum Hoch- und Landesverrat wie Handlungen, die von Deutschen innerhalb Deutschlands begangen worden waren. Gerade in juristischer Beziehung handelte die Nazibesatzung, als ob die Besatzungsarmee nicht als Eroberer ins Land gekommen sei und das neue Recht des Eroberers erlassen hätte, sondern als ob endlich die Vollzugsorgane eines Gesetzes angekommen und ernannt worden wären, das für jedermann längst gültig gewesen war.[69] Daß sich die bolschewistische Herrschaft im besetzten Polen und den baltischen Ländern genau ebenso verhält, wissen wir aus zahllosen Berichten, wenn auch anscheinend nur die Nazis diese retroaktive Recht- oder Unrechtsprechung in einer ausdrücklich retroaktiven Gesetzgebung verankerten.

Die gleiche Tendenz, den Anspruch auf Weltherrschaft konkret praktisch soweit wie möglich sofort zu verwirklichen, zeigt sich in Friedenszeiten in den zahllosen Versuchen, sich direkt in die Innenpolitik fremder Länder einzumischen und niemals mit guten außenpolitischen Beziehungen sich zufriedenzugeben. Was die

Bolschewisten in dieser Hinsicht durch die von Moskau geleiteten kommunistischen Bewegungen in allen Ländern erreichen, ist bekannt genug; ob ein Streik in Frankreich oder in Italien ausbricht, bis zu welchem Punkte er getrieben, wie er im einzelnen geleitet wird und welche Forderungen vertreten werden, hängt oft ausschließlich von Moskau ab, wobei selbstverständlich lokale Interessen in der Streikführung mit berücksichtigt werden. Die Art, wie die Dritte Internationale, im Unterschied zur Zweiten, ihre Geschäfte führte, ist immer darauf hinausgelaufen, sich der Innenpolitik des Auslandes zu bemächtigen. Die Nazis, denen Massenbewegungen außerhalb Deutschlands nur in den seltensten Fällen zur Verfügung standen (selbst die mit den Nazis aktiv sympathisierenden und konspirierenden faschistischen Hemdenorganisationen waren niemals so zuverlässig wie die Parteien der Dritten Internationale), haben sehr frühzeitig erkannt, daß ihr bestes Mittel, internationale Politik im Sinne der Welteroberung im großen Stil zu betreiben, in der Judenfrage lag. Dabei handelte es sich nicht nur darum, daß die »Lösung der Judenfrage« ideologisch ihr bester Exportartikel blieb, jedenfalls in allen Ländern, in denen es eine Judenfrage wirklich gab, sondern daß sie durch die Austreibung der deutschen Juden die Judenfrage erst zu einem internationalen politischen Problem machten und alle Maßnahmen, welche das Ausland gegen die Flüchtlinge ergriff, mit Recht als eine Art stillschweigender Fortsetzung und Anerkennung ihrer eigenen Gesetzgebung verbuchten.[70] Dadurch ferner, daß sie alle Juden der Welt in eine kompromißlose Feindschaft gegen das Dritte Reich gezwungen hatten, konnten sie überall Anlässe finden, sich in die innerpolitischen Verhältnisse des Auslandes einzumischen.

Die Annahme, daß die Verordnungen, welche die Bewegung im Lande ihrer Machtergreifung erlassen hat, für alle Völker der Welt bindend sind, ist mehr als lediglich ein Mittel der Unterdrückung, obwohl natürlich die implizierte Drohung, man werde sich an jedem Feind des Regimes im In- oder Ausland zu gegebener Zeit rächen, nicht zu verachten ist. Die totale Herrschaft schreckt vor den dem Begriff einer Weltherrschaft innewohnenden Konsequenzen auch dann nicht zurück, wenn sie sich erst einmal gegen das eigene Volk wenden. Logisch ist es vollkommen richtig, daß ein Programm der Welteroberung die Abschaffung eines Unterschiedes zwischen dem erobernden und dem eroberten Lande beinhaltet, genauso wie innerhalb dieses Rahmens die Unterscheidung zwischen Innen- und Außenpolitik, auf der alle nichttotalitären Institutionen und der gesamte internationale Verkehr beruhen, sinnlos wird. Der totalitäre Herrscher kennt in der Tat diesen Unterschied zwischen Innen und Außen nicht mehr, und wenn er sich in jedem Land, welches das Kriegsunglück ihm zugespielt hat, benimmt, als ob er hier immer zu Hause gewesen sei, so haben die Maßnahmen, die er in der Heimat ergreift, eine nur zu fatale Ähnlichkeit mit denen eines fremden Eroberers. Die Nazis haben unzählige Male betont, daß ihr »Kampf« nach der Besetzung großer europäischer Gebiete bis ins einzelne dem Kampf der Frühzeit der Bewegung gliche, als es galt, die Institutionen des eigenen Landes zu zerstören. Und es ist richtig, daß sie sich immer und überall der gleichen Methoden bedienten. Auch im eigenen Lande ergreift die totalitäre Bewegung die Macht genauso wie ein fremder Eroberer, dem auch nicht daran liegt, das eroberte Land um seiner selbst willen zu beherrschen, sondern der es nutzt und ausnutzt für fremde Zwecke. Wir sahen, daß die imperialistische Verwaltung bereits in die alte koloniale Ausbeutung eine Herrschaftsform hineintrug, in welcher ein Land nicht um seiner eigenen Reichtümer willen gehalten und ausgebeutet wurde, sondern weil es notwendig war in dem Expansionsprozeß als solchem. Im Falle der totalen Herrschaft liegt das eigentliche Ziel der politischen Entscheidung noch weiter entfernt als im Falle des Imperialismus; denn hier gibt es weder ein Mutterland, um dessentwillen ausgeraubt wird, noch ein drittes Land, um dessentwillen das eroberte Territorium in der Verwaltungsmaschine gehalten wird. Ein Land nach dem anderen, ein Volk nach dem anderen werden der zugegebenermaßen in unendlicher Ferne liegenden, schließlichen Weltherrschaft geopfert. Es liegt im Zuge der direkten Verwirklichung einer durchaus fiktiven Realität, welche totale Herrschaft immer und überall unternimmt, daß, dieser unabsehbaren Ferne ungeachtet, alles Handeln so geschieht, als sei der Moment der Weltherrschaft bereits angebrochen. Die Nazis haben sich in Deutschland wie fremde Eroberer benommen, als sie bewußt und unter Anspannung aller Kräfte versuchten, den verlorenen Krieg in eine absolute Katastrophe für das gesamte deutsche Volk zu verwandeln.

Gleich einem fremden Eroberer erachtet der totalitäre Machthaber die Schätze und Reichtümer des eigenen Landes nur als eine Quelle des Raubs, aus der er schöpfen kann, um die Welteroberungspläne der Bewegung weiterzutreiben. Nur dieser ist er verpflichtet, und das heißt, daß keine Nation, kein Volk und kein Territorium dem systematischen Raubbau ein Ende setzen. Dieser Prozeß kennt keinen Sättigungsgrad, weil er im Prinzip unendlich weitergetrieben werden kann. So ist der totalitäre Machthaber schlimmer als ein fremder Eroberer; es ist, als käme er von nirgendher, und seine Raub- und Schandtaten kommen schließlich niemandem zugute. Daß die Beute erst einmal im Heimatland verteilt wird, ist nur ein zeitweiliges taktisches Manöver, das in Deutschland direkt darauf berechnet war, dem Volk den Geschmack an einem Raubkrieg beizubringen. Was die sogenannten wirtschaftlichen Belange betrifft, so sind die totalitären Bewegungen überall so zu Hause, wie ein Heuschreckenschwarm überall zu Hause ist, wo er sich gerade niederläßt. Dabei ist sogar das Land, in dem der totalitäre Diktator zufällig wirklich zu Hause ist, eher noch schlechter dran als die von ihm eroberten Gebiete, weil nirgend sonstwo die Brutalität der Unterdrückung so systematisch und so wirksam betrieben werden kann. Daher stammt auch die

Vorliebe der totalitären Diktaturen für Satelliten- oder Quisling-Regierungen; die offensichtlichen Gefahren solch indirekter Herrschaft werden bei weitem dadurch aufgewogen, daß die Fremdherrschaft, welche totalitäre Regierungen in jedem, auch dem eigenen Lande errichten, nirgends schließlich furchtbarer und blutiger wütet als in dem eigenen. Schließlich hat der vom Dritten Reich mit allen verbrecherischen Mitteln geführte Krieg gegen die Sowjetunion immer noch erheblich weniger Menschenleben gekostet als der »Krieg«, den Stalin selbst gegen das eigene Land in den dreißiger Jahren losließ.[71]

Totalitäre Politik ist nicht Machtpolitik im alten Sinne, auch nicht im Sinne einer noch nie dagewesenen Übertreibung und Radikalisierung des alten Strebens nach Macht nur um der Macht willen; hinter totalitärer Machtpolitik wie hinter totalitärer Realpolitik liegen neue, in der Geschichte bisher unbekannte Vorstellungen von Realität und Macht überhaupt. Auf diese Begriffsverschiebung kommt alles an, denn sie, und nicht bloße Brutalität, bestimmt die außerordentliche Schlagkraft wie die ungeheuren Verbrechen der totalen Herrschaft. Es handelt sich bei totalitären Methoden nicht um Rücksichtslosigkeit, sondern um die völlige Nichtachtung aller berechenbaren äußeren Konsequenzen, nicht um chauvinistische Greueltaten, sondern um die Nichtachtung aller nationalen Interessen und die völlige Wurzellosigkeit derer, die sich der Bewegung als solcher verschrieben haben, nicht um die vulgäre Durchsetzung irgendwelcher personaler oder Cliqueninteressen, sondern um die ruchlose Verachtung aller Zweckmäßigkeitserwägungen. Das, was man zu Unrecht oft als den »Idealismus« der Bewegung beschrieben findet, nämlich der unerschütterliche Glaube an eine ideologisch-fiktive Welt, die es herzustellen gilt, hat die politischen Verhältnisse der Gegenwart tiefer und entscheidender erschüttert, als Machthunger oder Angriffslust es je hätten tun können.

Der Machtbegriff der totalen Herrschaft beruht ausschließlich auf der Kraft und Stärke, welche durch Organisation und reibungsloses Funktionieren zu erreichen sind. So sah Stalin jede Institution nur als »einen Transmissionsriemen, der die Partei mit dem Volk verband«,[72] das heißt ganz unabhängig von der sachlichen Aufgabe, die ihr sonst zukam, und er war zweifellos ehrlich davon überzeugt, daß die größten Reichtümer Rußlands weder in seinen Bodenschätzen noch in seiner industriellen Kapazität noch in seinem Menschenmaterial bestünden, sondern einzig und allein »in den Kadern der Partei«, und das hieß seit Ende der zwanziger Jahre: in der Geheimpolizei und ihren weitläufigen Verzweigungen.[73] So lag für Hitler die eigentliche Größe der Bewegung darin, daß »sechzigtausend Mann äußerlich wirklich eine Einheit geworden waren, daß nicht nur die Ideen dieser Glieder [der Bewegung] uniform sind, sondern auch ihr physiognomischer Ausdruck. Wenn man diese lachenden Augen sieht, diesen fanatischen Enthusiasmus, dann weiß man ... wie in der Bewegung hunderttausend Menschen ein einziger Typus geworden sind«.[74]

Welche Verbindung das Abendland immer in den verschiedenen Stadien seiner Geschichte zwischen Macht und irdischen Gütern, Reichtum, Schätzen gesehen hat, sie alle sind hier aufgelöst, und Macht erscheint wie ein immaterieller Mechanismus, der mit jeder seiner Bewegungen mehr Macht erzeugt, wie Reibung oder galvanischer Strom Elektrizität erzeugen. Der von totalitärer Propaganda so oft verwandte Trick, die Nationen in Besitzende und Besitzlose einzuteilen, sich selbst immer stolz unter die Besitzlosen zu rechnen und allen materiellen Reichtum mit Dekadenz gleichzusetzen, ist nicht nur Demagogie. Dem angesammelten Reichtum wird aber nicht die Produktivität der Arbeit entgegengehalten, sondern einzig die Entwicklung und automatische Akkumulation jener totalen organisatorischen Macht, die materielle Schätze nur zu verzehren, aber weder aufzubauen noch zu nutzen imstande ist. Stalin erachtete die dauernde Zunahme und immer raffiniertere Entwicklung der Polizeikader als erheblich wichtiger und kostbarer als das Öl von Baku, die Kohlen und Erzlager im Ural, das Getreide der Ukraine oder die noch ungehobenen Bodenschätze Sibiriens. Es ist die gleiche Mentalität, in der Hitler ganz Deutschland den Kadern der SS aufopferte; nicht die Ruinen der deutschen Städte und nicht die Lahmlegung der Industrie überzeugten ihn von der bevorstehenden Niederlage; aber als er erfuhr, daß die SS nicht mehr zuverlässig sei, hielt er den Zeitpunkt für gekommen, sich das Leben zu nehmen.[75] Wer von der Allmächtigkeit der Organisation gegen alle nur materielle Faktoren, seien sie militärischer oder wirtschaftlicher Art, wirklich überzeugt ist und wer außerdem mit dem Sieg seiner Sache ohnehin nur in Jahrhunderten rechnet, kann weder in der militärischen Niederlage noch in dem wirtschaftlichen Zusammenbruch mehr sehen als einen zeitweiligen Rückschlag; aber wenn die Kader versagen, welche dazu ausersehen sind, die Bewegung in einer Reihe von Generationen schließlich an die Weltherrschaft zu bringen, ist die Katastrophe da.

Die Strukturlosigkeit der totalen Herrschaft, ihre Nichtachtung aller materiellen Faktoren und Interessen, ihre Unabhängigkeit von Zweckmäßigkeitserwägungen und bloßem Machthunger haben in einer Welt, in welcher Politik primär als das verstanden wird, was für das materielle Wohlergehen und die Sicherheit möglichst zweckentsprechend Vorsorge treffen soll, alles politische Handeln schlechterdings unberechenbar gemacht. Weil die totale Herrschaft ein völlig neues Macht- und Realitätsprinzip in das Leben der Völker geworfen hat, ist es dem an der Vergangenheit geschulten gesunden Menschenverstand der nichttotalitären Welt noch nicht einmal möglich, die objektive Stärke dieser neuen Gebilde zu beurteilen oder zu berechnen. So teilen sich die außenstehenden und verblüfften Beobachter in diejenigen, welche die furchtbare Durchschlagskraft der totalitären Organisation und der Geheimpolizei der totalen Herrschaft richtig einschätzen und sich hierdurch verleiten lassen, die materielle Macht totalitärer

Länder zu überschätzen, und diejenigen, welche die Leistungsunfähigkeit der totalitär geleiteten Wirtschaft begriffen haben und daher geneigt sind, das Machtpotential zu unterschätzen, das dort unter Nichtbeachtung aller materiellen und ökonomischen Faktoren erzeugt worden ist.

Die Rolle der Geheimpolizei

Wir kennen bisher nur zwei wirklich totalitäre Herrschaftsapparate, die Diktatur des Nationalsozialismus nach 1938 und die Diktatur des Bolschewismus seit 1930. Diese Herrschaftsformen unterscheiden sich wesentlich von anderen Arten diktatorischer, despotischer oder tyrannischer Gewalt, und wenn sie sich auch aus Parteidiktaturen mit einer gewissen Folgerichtigkeit entwickelt haben, so sind doch die eigentlich totalitären Züge ihrer Herrschaft neu und aus den Einparteisystemen nicht ableitbar. Die Einparteisysteme trachten danach, sich nicht nur des Staatsapparats zu bemächtigen, sondern durch Besetzung aller Staatsämter mit Parteigenossen eine völlige Verschmelzung von Staat und Partei einzuleiten, so daß die Partei nach der Machtergreifung zu einer Art Propagandainstitution für den Staat wird. Dies System ist »total« nur in dem negativen Sinne, daß die herrschende Partei keine anderen Parteien, keine Opposition und keine freie politische Meinungsbildung duldet. Ist eine Parteidiktatur erst einmal an die Macht gekommen, so läßt sie das ursprüngliche Machtverhältnis zwischen Staat und Partei bestehen; der Staats- und Militärapparat bleibt nach wie vor im Besitz der Macht, und die »Revolution« besteht nur darin, daß alle Staatsfunktionen in die Hände von Parteigenossen übergehen. Die Macht der Partei beruht in allen diesen Fällen auf der Monopolstellung, die der Staat ihr sichert; sie ist vom Staat kaum zu unterscheiden und besitzt kein eigenes Machtzentrum mehr.

Die Revolution, welche die totalitären Bewegungen nach ihrer Machtergreifung einleiten, ist wesentlich radikalerer Natur. Sie sind von vornherein sorgfältig darauf bedacht, die wesentlichen Differenzen zwischen Staat und Bewegung aufrechtzuerhalten und die »revolutionären« Institutionen der Bewegung nicht zu liquidieren.[76] Sie lösen das Problem, sich des Staatsapparats zu bemächtigen, ohne mit ihm zu verschmelzen, dadurch, daß sie nur solche Parteigenossen in den Staatsapparat aufsteigen lassen, deren Bedeutung für die Bewegung zweitrangig ist. Alle wirklichen Machtpositionen liegen in den Institutionen der Bewegung, außerhalb des Staats- und Militärapparats. Innerhalb der Bewegung, die das Aktionszentrum des Landes bleibt, werden alle Entscheidungen getroffen, von denen die reguläre Beamtenschaft oft nicht einmal informiert wird, und Parteigenossen, deren Ehrgeiz es war, Minister zu werden, haben solche aus der normalen Welt stammenden Gelüste in allen Fällen mit dem Verlust ihres Einflusses auf die Bewegung und des Vertrauens der maßgebenden Stellen zu bezahlen gehabt.

In totalitär regierten Ländern wird der Staat zu der Fassade, die das Land nach außen in der nichttotalitären Welt repräsentiert. Er hat die Aufgabe, das Doppelspiel, das die Bewegung zwecks Machtergreifung mit Regierung, Parlament und Parteien des eigenen Landes spielte, im internationalen Maßstab weiterspielen zu helfen. Gleichzeitig dient die Fassade der Normalität dazu, die Bewohner des totalitär regierten Landes vor einer Einsicht in die ungeheuerliche »Originalität« des Systems zu schützen und es über seine eigentlichen Aktionen beruhigend hinwegzutäuschen. In diesem Sinne tritt die Staatsfassade nach der Machtergreifung die Erbschaft der Sympathisierendengruppen der Bewegung vor ihrer Machtergreifung an; es geht hier wie dort darum, die fiktive Welt der Bewegung vor dem Zusammenprall mit der Wirklichkeit der Außenwelt zu schützen und gleichzeitig dieser Außenwelt eine gewisse Normalität vorzutäuschen.

Die einzige Institution, in der Staatsmacht und Parteiapparatur zusammenzufallen scheinen und die gerade darum sich als das eigentliche Machtzentrum im totalitären Herrschaftsapparat entpuppt, ist die Geheimpolizei.[77] Auffallend hieran ist vorerst die eigentümliche Vernachlässigung der Armee, deren überwältigendem Gewaltpotential offenbar in der Meinung totalitärer Machthaber kein eigentliches Machtpotential entspricht, so daß man sie ungestraft zugunsten der Polizei degradieren darf. Zu diesem Zweck beläßt man sie in einer nationalen Tradition und erlaubt ihr nationalistische Attitüden, die man innerhalb der Bewegung längst ausgerottet hat, da diese die widerspruchslose Unterwerfung unter jeden zivilen Machthaber verbürgen. Daß andererseits die Armee als Machtzentrum für totalitäre Regime unbrauchbar ist, hängt aufs engste mit ihren Ansprüchen auf Weltherrschaft und dem internationalen Charakter der totalitären Bewegungen zusammen. Diesem Anspruch und Charakter entspricht es, alle Unterschiede zwischen dem eigenen Land und fremden Ländern als temporäre, alle Differenzen zwischen Innen- und Außenpolitik als taktische Unterscheidungen anzusehen. Damit wird jeder Krieg von vornherein zu einem Bürgerkrieg, in dem man die Armee nicht anders einsetzt als reguläre Truppen im Falle eines Aufstandes. Sowenig man einer soldatisch geschulten Streitmacht zumuten kann, das eigene Volk wie ein fremder Eroberer zu behandeln, sowenig kann man sich darauf verlassen, daß Generäle, die in militärischen Traditionen erzogen sind, eroberte Völker wie hochverräterische Rebellen behandeln werden.[78] Beides aber ist offenbar notwendig, sofern mit dem Anspruch auf Weltherrschaft ernst gemacht wird. Solange totalitär regierte Länder es im Falle des Krieges mit regulären Armeen zu tun bekommen, können sie auf militärische Tradition und Schulung technisch nicht verzichten. Innerhalb des eigenen Landes aber und im Falle der Eroberung eines fremden Territoriums wird die Armee konsequent unter die Befehlsgewalt der aus dem Polizeiapparat stammenden Funktionäre gestellt, und die Angehörigen der Wehrmacht werden rücksichtslos zugunsten der von der Polizei aufgestellten Eliteformationen degradiert. Dies kündigt sich bereits in Friedenszeiten dadurch an, daß die übliche Militärspionage im Ausland an Bedeutung verliert und alle wesentlichen Aufträge den internationalen Agenten der geheimen politischen Apparate übertragen werden.[79] Die politischen Geheimagenten aber sind nicht nur Agenten der Parteien, etwa Kominternagenten oder Nazispitzel, sondern beauftragt und angestellt von den jeweiligen Polizeiapparaten, sie sind GPU- oder Gestapo-Agenten.

Im Gegensatz zu allen anderen Formationen der totalitären Bewegungen, die zwar erzogen werden, international zu denken, aber nicht ohne weiteres international organisiert werden können, handelt die totalitäre Geheimpolizei von vornherein, selbst noch vor der Machtergreifung, im internationalen Maßstab. Sie hat ihre Agenten in allen Botschaften und Konsulaten, meist in untergeordneten Stellungen, um das diplomatische Personal, das ja dem Staatsapparat entstammt und infolgedessen selbst dann als nicht zuverlässig gilt, wenn es sich um Parteigenossen handelt, zu überwachen und ihm gegebenenfalls die Befehle zu übermitteln, die man nicht durch die offiziellen Kanäle laufen lassen will. Durch diese Geheimagenten erreicht der totalitäre Machthaber es, selbst im Ausland hinter der Fassade des Staatsapparats dauernd wirksam anwesend zu bleiben. Gleichzeitig ist es die Aufgabe dieser im diplomatischen Dienst versteckten und durch ihn geschützten Agenten, fünfte Kolonnen im Ausland zu bilden, die Filialen der Bewegung zu leiten und dadurch einen Einfluß auf die Innenpolitik des Auslandes zu gewinnen. Sie handeln stets unter der Voraussetzung, daß von Rechts wegen sie, und nicht die ausländische Regierung, Herr im Lande sein müßten, und machen es möglich, daß der totalitäre Machthaber – nach dem erhofften und konspirierten Sturz der Regierung oder dem erhofften und vorbereiteten siegreichen Feldzug – sich auf dem Boden des fremden

Landes völlig auskennen und wie zu Hause fühlen kann. So werden die über die ganze Welt verstreuten und einheitlich geleiteten Außenstellen der Geheimpolizei zu den Transmissionsriemen, durch die beständig die als Außenpolitik getarnten Weisungen und Maßnahmen der totalitären Herrschaft transformiert werden in innenpolitische Angelegenheiten der totalitären Bewegung. Durch diese Transformationen wird die totalitäre Fiktion, derzufolge die Weltherrschaft potentiell bereits angetreten ist und ihre Realisierung nur eine Frage der Zeit sei, wenigstens so weit realisiert, um sie in Zeiten des Friedens und der Normalisierung vor dem Zusammenbruch zu bewahren.

Alle Aufgaben, die der Geheimpolizei auf außenpolitischem Gebiet übertragen werden, sind von untergeordneter Bedeutung gegenüber ihrer wesentlichen Funktion: der unmittelbaren Verwirklichung der totalitären Fiktion nach der Machtergreifung. Die dominierende Rolle der Polizei und der Geheimpolizei in der Innenpolitik totalitärer Länder ist natürlich oft bemerkt worden; sie hat meist dazu verführt, totalitäre Regime mit despotischen Systemen, die sich ja auch in erster Linie auf die Polizei verlassen, um das eigene Volk zu unterdrücken, zu vergleichen und zu verwechseln. Das Mißverständnis liegt besonders nahe, weil der totalitäre Machthaber in den Anfangsstadien seiner Diktatur nicht anders handeln kann als jeder Diktator; er muß erst einmal die politische Opposition durch Terror ausrotten. Wesentlich und im eigentlichen Sinne »totalitär« sind nicht diese Anfangsstadien, da die Polizei und die Eliteverbände noch die wirklichen Gegner des Regimes terrorisierten. Der spezifisch totalitäre Terror und die eigentliche Herrschaft der Geheimpolizei beginnen erst, wenn eine solche Opposition nicht mehr vorhanden ist. Nach diesem Zeitpunkt – und dank der technischen Vervollkommnung und moralischen Skrupellosigkeit moderner Polizeimethoden kommt dieser Zeitpunkt meist früher, als irgendeiner zu fürchten oder zu hoffen wagt – wird politische Opposition nur noch als Vorwand benutzt, um die eigentlichen Absichten des ständig sich erweiternden Polizeiapparates zu tarnen.

So kommt es zu den gar nicht seltenen, verwirrenden Fällen, in denen Lügenmärchen über die Existenz einer Opposition im eigenen Lande von den totalitären Machthabern selbst verbreitet werden. Indem sie die Rolle von Tyrannen übernehmen – die für sie und ihre Absichten eine Tarnung von ungleich Schlimmerem ist –, können sie behaupten, sie versuchten nur ihr eigenes Regime zu stabilisieren, wenn sie in Wahrheit im Begriff stehen, eine immer dynamischere »Bewegung« zu entfesseln. So rechtfertigte Himmler in seiner bekannten Ansprache an die Wehrmacht im Jahre 1937, als es eine politische Opposition in Deutschland überhaupt nicht mehr gab, die Verstärkung der Polizei- und Eliteformationen und die Erweiterung des Konzentrationslagersystems damit, daß man im Falle eines Krieges mit einem »vierten Kriegsschauplatz« in Deutschland selbst zu rechnen haben werde.[80] In ganz ähnlicher Weise übertrieb Stalin bewußt die politische Bedeutung der alten revolutionären Garde in der Sowjetunion im Jahre 1936, um die erste Riesensäuberung eines ihm ganz und gar ergebenen Beamtenapparates zu rechtfertigen und einzuleiten.

Nur in den Anfangsstadien totalitärer Regime ist Terror – gewiß keine Erfindung unseres Jahrhunderts (selbst die unerhörte Grausamkeit moderner Terrormethoden findet nur in der jüngsten Geschichte der europäischen Nationen keine Parallele) – im gleichen Sinne Mittel zu einem Zweck wie in anderen Diktaturen und Despotien. Aber selbst in diesen Anfangsstadien, wenn die totalitäre Herrschaft noch damit beschäftigt ist, ihre heimlichen Feinde aufzuspüren und alle Gegner unschädlich zu machen, weichen ihre Polizeimethoden von den uns aus der Geschichte bekannten in charakteristischer Weise ab. Während die Gesamtbevölkerung gleichgeschaltet und in Sympathisierenden- und Frontorganisationen zusammengefaßt wird, überträgt oder überläßt man es den Parteimitgliedern, die zweifelhaften Sympathien der Gleichgeschalteten polizeimäßig zu überwachen. Es gilt, die für besondere Zwecke bestimmten Formationen der Geheimpolizei mit diesen konventionellen, aber unumgänglichen »Lappalien« so wenig wie möglich zu behelligen. Da die Bewegung ohnehin eine Massenbewegung ist, sind Denunziationen aus der Bevölkerung in dieser ersten Phase sehr viel häufiger als Berichte von Geheimagenten, so daß der Nachbar sich bald als gefährlicher erweist als die Polizei.

Terror hört auf, ein bloßes Mittel für die Brechung des Widerstands und die Bewachung der Bevölkerung zu sein, wenn alle wirkliche Opposition liquidiert und die Bevölkerung so organisiert ist, daß sie sich ohnehin nicht mehr rühren kann, einer eigentlichen Bewachung also kaum noch bedarf. Erst in diesem Stadium beginnt die wirklich totale Herrschaft, deren eigentliches Wesen der Terror ist. Der Inhalt dieses spezifisch totalitären Terrors ist niemals einfach negativ – etwa die Niederschlagung der Feinde des Regimes –, sondern dient positiv der Verwirklichung der jeweiligen totalitären Fiktion – Errichtung der klassenlosen Gesellschaft oder der Volksgemeinschaft oder der Rassegesellschaft. Zwar ist theoretisch die Verwirklichung dieser Fiktionen, und damit totale Herrschaft überhaupt, nur unter den Voraussetzungen der Weltherrschaft möglich, so daß alle Schritte in dieser Richtung immer einen nur experimentalen Charakter haben. Aber innerhalb dieser Begrenzung kann die totalitäre Fiktion wenigstens zeitweise nahezu vollkommen verwirklicht werden, und zwar desto vollkommener, je lückenloser der totalitär beherrschte Raum von der Außenwelt abgeschlossen ist. Eine solche einzigartige Gelegenheit der Isolierung war für Hitlerdeutschland der Zweite Weltkrieg, und Hitler hat noch unter den größten militärischen Rückschlägen niemals vergessen, daß nur der Krieg ihm erlaubt hatte, »die Brücken abzubrechen« zu der nichttotalitären Welt und die nazistische Fiktion einer Rassegesellschaft mit Hilfe fabrikmäßig betriebener Ausrottung aller »rassisch Minderwertigen« wenigstens zeitweise total zu verwirklichen.

Der totalen Verwirklichung der totalitären Fiktion im eigenen Lande und nicht so sehr der inneren Sicherheit des Regimes dienen die Eliteformationen der NSDAP und die bolschewistischen Kader der NKWD. Ebenso wie der totalitäre Anspruch auf Weltherrschaft nur scheinbar mit imperialistischer Expansionspolitik identisch ist, so erinnert auch der Anspruch auf totale Beherrschung nur scheinbar an Zustände, die uns aus despotischen Regierungsformen vertraut sind. Besteht der wesentliche Unterschied zwischen totalitärer und imperialistischer Diktatur darin, daß der totalitäre Diktator den Unterschied zwischen national regiertem Mutterland und bürokratisch verwalteter Kolonie aufhebt (also den Unterschied, an dessen innerem Konflikt die imperialistische Konzeption zerbrach), so unterscheidet sich die despotische von der totalitären Geheimpolizei dadurch, daß die totalitäre Polizei alle Unterscheidungen zwischen Feind und Freund ignoriert und daher auch weder versucht, den geheimen Gedanken der Beherrschten nachzuspüren, noch die für diesen Zweck altbewährte Methode der Provokation anzuwenden.[81]

Die Besonderheit totalitärer Geheimpolizei hat außenstehende Beobachter vielfach verführt, die Funktionen der Geheimpolizei zu unterschätzen, nämlich aus dem Mangel an Feinden des Regimes auf ihre Überflüssigkeit zu schließen, oder aber umgekehrt die Sicherheit des Regimes zu unterschätzen und aus der Rolle der Polizei auf die Existenz einer Opposition zu schließen. Daß politische Geheimdienste nach relativ kurzer Zeit sich selbst überflüssig machen, ist eine alte, wenn auch wenig beachtete Erfahrung und keineswegs charakteristisch für totalitäre Regime. Offenbar kann keine Opposition sich auf die Dauer halten und betätigen, wenn die Regierung wirklich entschlossen ist, mit allen Methoden des Polizeiterrors vorzugehen. Da aber die Geheimpolizei unter nichttotalitären Verhältnissen schließlich eine Institution wie alle anderen ist und sehr schnell vor allem daran interessiert ist, im Amte zu bleiben und Stellen zu halten, hat dieser Tatbestand nur dazu geführt, eine Reihe von Methoden zu entwickeln, die das Studium der Geschichte von Revolutionen einigermaßen erschweren. So hat es unter Louis Napoleon nicht eine einzige gegen die Regierung gerichtete Aktion gegeben, die nicht von der Polizei selbst inspiriert war;[82] und die Rolle der Geheimagenten in allen revolutionären Parteien und Gesellschaften im zaristischen Rußland ist so groß, daß man aus der Vorgeschichte der russischen Revolution die als Provokation gemeinten Aktionen der Geheimagenten der zaristischen Polizei gar nicht wegdenken kann, ohne sofort die Kontinuität der revolutionären Bewegung ernstlich in Frage zu stellen.[83] Sicher ist, daß die Polizeiprovokation der Kontinuität revolutionärer Traditionen außerordentlich förderlich ist, wenn sie auch den Personenstand revolutionärer Organisationen selbst dauernd gefährdet.

Es liegt teilweise in dieser zweideutigen Rolle der Provokation, daß die modernen Diktatoren, die ja zumeist selbst aus revolutionären Bewegungen stammen und diese Verhältnisse besser kennen als ihre Vorgänger, auch in den Anfangsstadien ihrer Herrschaft das Mittel der Provokation nicht mehr benutzen. Auch hat dies Mittel ja nur einen Sinn, wenn noch unter Bedingungen gehandelt wird, unter denen der bloße Verdacht oder die bloße Denunziation für Verhaftung und Bestrafung nicht ausreichen. Daß man *agents provocateurs* nötig habe, um einen mutmaßlichen Gegner zu erledigen – auf diesen Gedanken dürfte wohl keiner der modernen Diktatoren je auch nur im Traum verfallen sein.

Wichtiger aber als diese technischen Erwägungen ist, daß es zu dem Wesen totalitärer Bewegungen gehört, ihre Feinde in Übereinstimmung mit ihrer bereits vor der Machtergreifung voll entwickelten Ideologie zu definieren, und da diese Definitionen mit freundlichen oder feindlichen Gedanken der Betroffenen nichts zu tun haben, braucht die Polizei auch keine besonderen Erkundigungen, um »verdächtige Personen« festzustellen. Die ideologisch definierten Gegner werden aus den natürlichen oder historischen

Ablaufsgesetzen, deren Exekutor der totalitäre Machthaber zu sein vorgibt, »objektiv« errechnet. Rassisch Minderwertige sind »objektive Feinde« der Rassegesellschaft, genauso wie die »sterbenden Klassen« und ihre Vertreter (die subjektiv sich einbilden mögen, sehr gute Kommunisten zu sein) objektive Feinde der klassenlosen Gesellschaft und objektive Helfer der Bourgeoisie sind.

Der »objektive Gegner« unterscheidet sich von dem »Verdächtigen« früherer Geheimpolizeien dadurch, daß er nicht durch irgendeine Aktion oder einen Plan, dessen Urheber er selber ist, sondern nur durch die von ihm unbeeinflußbare Politik des Regimes selbst zum »Gegner« wird.[84] Wer der zu Verhaftende und Liquidierende ist, was er denkt und plant, ist von vornherein entschieden, sein wirkliches Denken oder Planen interessiert keinen Menschen. Was sein Verbrechen ist, ist objektiv, ohne alle Zuhilfenahme »subjektiver Faktoren« festgestellt: Handelt es sich um die Bekämpfung des Weltjudentums, so ist er ein Mitglied der Verschwörung der Weisen von Zion; handelt es sich um eine pro-arabische Außenpolitik, so ist er Zionist; geht es um die rassische Gesundheit des Volkes, so ist er ein erkrankter Parasit am gesunden Körper eines germanischen Volkes; ist der Feind gerade Amerika, so ist er auch dann ein amerikanischer Agent, wenn er nie einen Amerikaner gesehen hat und kaum weiß, wo dies Land sich eigentlich befindet. In jedem Fall ist das »Verbrechen« früher als die Aufspürung des Verbrechers. Ist aber erst einmal objektiv entschieden, welches Verbrechen in einem bestimmten Moment der Geschichte gerade an der Tagesordnung ist, so müssen auch die »Verbrecher« gefunden werden.

So kann der Angeklagte kaum je eine Person sein, der man etwa gefährliche Gedanken entlocken könnte oder deren Vergangenheit Mißtrauen rechtfertigte. (Ehemalige Kommunisten wurden von den Nazis mit gleichem Vertrauen aufgenommen und eingereiht wie ehemalige Nazis heute von den kommunistischen Regimen in Osteuropa.) Der Gegner ist, wie die nazistische Rechtswissenschaft mit Recht feststellte, gleich einem Bazillenträger, objektiv gefährlich als Träger bestimmter Tendenzen; und die in Sowjetrußland tödliche Anklage des Konterrevolutionärs wird erhoben und ist bewiesen, »bevor die Frage nach dem Verhalten des Angeklagten sich überhaupt gestellt hat«.[85] In der Praxis sieht dies natürlich so aus, daß die von dem Regime zur Ausrottung bestimmten Gruppen so lange diffamiert, beschimpft und der größten Verbrechen geziehen werden, bis alle Welt weiß, daß es sich hier nur um Feinde handeln kann, und schließlich die Aktion gegen sie als mehr oder minder berechtigt empfunden wird. Diese Taktik ist nicht sehr kompliziert, aber sehr wirksam – wie jeder bezeugen kann, der beobachtet hat, mit welchen Methoden Karrieremacher lästige Konkurrenten in Betrieben aller Art unschädlich zu machen wissen.

Die Einführung des Begriffes vom »objektiven Gegner« ist für das Funktionieren totalitärer Regime wichtiger als die ideologisch festgelegte Bestimmung, wer der Gegner jeweils ist. Ginge es wirklich nur darum, Juden oder Bourgeois auszurotten, so wäre es immerhin denkbar, daß die totalitäre Herrschaft nach einem einzigen, riesenhaften Verbrechen zu dem Alltag normalen Lebens und normaler Regierungsmethoden zurückkehren würde. Wir wissen, das Gegenteil ist der Fall. Der Begriff des »objektiven Gegners« hat ein zäheres Leben als der Haß auf die ideologisch definierten Feinde, der trotz aller ideologischen Verzerrung seine Nahrung doch noch aus bestimmten sozialen und geschichtlichen Verhältnissen zog und daher mit der grundlegenden Änderung dieser Verhältnisse bald erlischt. Der Begriff des »objektiven Gegners«, dessen Identität je nach Lage der Dinge wechselt – so daß, sobald eine Kategorie liquidiert ist, einer neuen der Krieg erklärt werden kann –, entspricht aufs genaueste dem von totalitären Machthabern immer wieder proklamierten Tatbestand, daß ihr Regime nicht eine Regierung im althergebrachten Sinne sei, sondern eine *Bewegung*, deren Fortschreiten naturgemäß immer wieder auf Widerstände stößt, die aufs neue zu beseitigen sind. Sofern man von einem Rechtsdenken der totalitären Herrschaftsform sprechen kann, ist der »objektive Gegner« sein zentraler Begriff.

Nicht die Fassade des nationalsozialistischen Staats (der selbst die Ausrottungsaktion gegen die Juden nur widerwillig legalisierte), sondern die nationalsozialistische Bewegung begann, bereits bevor die jüdische Ausrottungsaktion abgeschlossen war, sich nach neuen »objektiven Gegnern« umzusehen und neue Opfer zu präparieren. So wurden im Jahre 1941 alle ursprünglich für die Juden erlassenen Vorschriften auf die Polen übertragen – die sogenannten Nürnberger Gesetze sowohl wie das Tragen eines identifizierenden und diskriminierenden Abzeichens –, und Hitler selbst beschäftigte sich in den gleichen Jahren mit großangelegten Plänen zur »Gesundung« des deutschen Volkskörpers, denen zufolge alle organisch Erkrankten, vor allem Lungen- und Herzkranke, mitsamt ihren Familien eliminiert werden sollten.[86] Im bolschewistischen Regime spielten die Nachkommen der ehemals herrschenden Klassen die Rolle der Juden in Nazideutschland. Nach ihrer Liquidierung, die wie die Liquidierung der Juden noch in den »revolutionären«, also aus der vortotalitären Epoche stammenden Programmen vorgesehen war, wurde die Bauernklasse Anfang der dreißiger Jahre zum »objektiven Gegner« der klassenlosen Gesellschaft; ihnen folgten die Klasse der Bürokraten in den Generalsäuberungen nach 1936, Russen polnischer Abstammung kurz vor Ausbruch des Krieges, die Krimtartaren und die Wolgadeutschen während der Kriegsjahre. Seit Ende des Krieges wurden die ehemaligen russischen Kriegsgefangenen und jene Einheiten der Roten Armee, welche zu Besatzungszwecken im Westen gewesen waren, als »Träger gefährlicher Tendenzen« erkannt. Da die Sowjetunion bisher noch niemals in die »glückliche Lage« gekommen ist, von der nichttotalitären Welt – und das heißt von den kommunistischen Parteien anderer Länder – so abgeschnitten zu sein wie Hitlerdeutschland zur Zeit des Krieges, müssen die

»objektiven Gegner« immer noch so ausgewählt werden, daß sie immerhin als mögliche Feinde in Betracht kommen und propagandistisch erklärt und ausgewertet werden können. Die Schauprozesse, die subjektive Schuldbekenntnisse von »objektiv« festgestellten Feinden fordern, sind für diese Zwecke bestimmt; sie können am besten mit denjenigen inszeniert werden, die eine totalitäre Schulung genossen haben, die sie instand setzt, ihre »objektive« Schädlichkeit »subjektiv« einzusehen und »um der Sache willen« zu gestehen.[87]

Die Tatsache, daß die totalitäre Geheimpolizei nicht mehr nach »verdächtigen Personen« fahndet, sondern »objektive Gegner« vernichtet, steht im engen Zusammenhang mit einer grundsätzlichen Änderung ihrer Stellung und Funktion im Machtapparat. Bis zum Aufkommen totalitärer Herrschaftsformen hat man die Geheimpolizeien mit Recht als »Staat im Staate« gekennzeichnet. Besitz geheimer Informationen, das Recht, Minister und Staatsbeamte zu bespitzeln und dementsprechende Akten über ihr Leben und Vorleben anzulegen, gibt unter allen Umständen – gleich ob es sich um konstitutionelle, halbkonstitutionelle oder despotische Staaten handelt – eine Vormachtstellung gegenüber allen anderen Regierungsorganen, die immer in Gefahr ist, zu einem wahren Erpressermonopol auszuarten.[88] Mit dieser relativen Unabhängigkeit vom Staatsapparat ist es unter totalitären Verhältnissen vorbei; nicht nur ist die Geheimpolizei letztlich dem Führer unterstellt, vor dem das Geheimnis ihrer Informationsdienste nicht geschützt werden kann, Geheimdienste im üblichen Sinne, der Nachweis verdächtiger Personen und geheimer Organisationen, werden von ihr gar nicht mehr verlangt. Wer der nächste »objektive Gegner« sein wird, entscheidet der Führer, nicht die Polizei, mit deren Hilfe er liquidiert werden soll. Und diese Führerentscheidung setzt sich auch dann durch, wenn es sich darum handelt – wie am Ende der Moskauer Prozesse –, die Kader und den Chef der Geheimpolizei selbst zu erledigen. In den Worten Himmlers: »Jeder vom Führer eingesetzte Führer wird von uns gedeckt; jeder vom Führer abgesetzte Führer wird von uns, wenn es sein muß, mit Brachialgewalt entfernt, denn es gilt eben nur der Befehl des Führers.«[89]

Mit der Abschaffung der Provokation verlor die Geheimpolizei die altbewährte und einzig wirksame Methode, ihre Unabhängigkeit von anderen Regierungsinstanzen zu wahren und ihre Existenz beliebig zu verlängern. Nur sie konnte entscheiden, ob man sie brauchte oder nicht, und Provokation war immer das sicherste Mittel, zu ihren Gunsten zu entscheiden. Unter totalitären Bedingungen ist sie genauso abhängig von der oberen Befehlsgewalt wie alle übrigen Institutionen.[90] In dieser Hinsicht ähnelt ihre Stellung der Position der Armee in einer konstitutionellen Regierung, deren Pflicht und Ehre es ist, lediglich das getreue Exekutionsorgan der zivilen Instanzen zu sein. Aller anderen Vorrechte, die sie vor allem unter der Herrschaft despotischer Bürokratie immer genossen hatte, geht die Polizei im totalitären Herrschaftsapparat verlustig.

Die totalitäre Polizei hat nicht die Aufgabe, Verbrechen aufzudecken; was für Verbrechen gerade verübt werden und wer die Verbrecher jeweilig sind, bestimmt der Führer. Sie hat dafür immer zur Stelle zu sein, wenn bestimmte Kategorien der Bevölkerung verhaftet werden sollen, und sie hat für ihr Verschwinden zu sorgen. Die einzige Auszeichnung, deren sie sich rühmen kann – und dies ist eine sehr hohe Auszeichnung –, ist, daß nur sie weiß, was jeweils geplant und welche politische Linie jeweils beschlossen wurde. Dies gilt vor allem für hochpolitische Angelegenheiten wie die Liquidierung einer ganzen Klasse oder einer ganzen Volksgruppe. Nur die GPU-Kader wußten um die eigentlichen Ziele des Politbüros Anfang der dreißiger Jahre Bescheid, als das russische Bauerntum als Klasse vernichtet wurde; nur die SD-Dienststellen wußten bereits zu Beginn des russischen Feldzuges, daß die Deportationen und gelegentlichen Massenermordungen von Juden die Ausrottung des gesamten Judentums einleiten sollten.

Innerhalb eines totalitären Regimes, wo alles in dem eigentümlichen Zwielicht von halbem, nicht zugestandenem Wissen bei vollkommenem Mangel zuverlässiger, überprüfbarer Informationen vor sich geht, wo alles sich abspielt zwischen Nachrichten, über die niemand zu reden wagt, und Propagandalügen, an die niemand glaubt, ist das Vorrecht, wirklich Bescheid zu wissen und über das, was man weiß, reden zu dürfen, von großer Bedeutung. Die Kader der Geheimpolizei, die in Nazideutschland den Ehrentitel Eliteformationen trugen, sind in der Tat in der Position einer offiziell anerkannten Elite, da nur sie in der Lage sind, sich in den Dingen des täglichen Lebens auszukennen und sich von ihrem eigenen Leben und ihrer eigenen Rolle einen klaren Begriff zu machen. So wissen einzig die Agenten der NKWD in einem russischen Industrieunternehmen, was es bedeutet, wenn Moskau beispielsweise eine Beschleunigung der Röhrenproduktion anordnet – ob man wirklich mehr Röhren braucht oder ob man den Direktor der Fabrik erledigen will oder ob die gesamte Betriebsführung diskreditiert werden soll, ob, sollte das letztere zutreffen, es sich um eine lokal begrenzte Maßnahme handelt oder ob diese Anordnung beschleunigter Röhrenfabrikation eine neue Welle der Säuberungen im ganzen Lande loslassen wird.

So hat sich der Inhalt der Informationen, die nur der Polizei zugänglich sind, entscheidend in dem totalen Herrschaftsapparat geändert. Sie ist zum Mitwisser, und zum einzigen Mitwisser, dessen geworden, was den höchsten Staatsgeheimnissen anderer Staaten entspricht. Zwar weiß sie nichts, was der Führer nicht besser wüßte, und ist zu einem rein ausführenden Organ seiner Politik geworden. Aber dafür hat sie auch die Hintertreppensphäre der Politik hinter sich gelassen und ist in den Mittelpunkt hochpolitischer Entscheidungen gerückt. Ihre Agenten haben fortan den

Status des diplomatischen Korps, in deren Schatten und unter deren Befehlsgewalt der reguläre Außendienst ein kümmerliches Dasein fristet, zu einer leeren Repräsentationsrolle verurteilt, die er nach Goebbels' Meinung um so besser spielen werde, je weniger er von den Absichten der Herrschenden unterrichtet ist.

In Sowjetrußland, wo der Ausbau des Geheimpolizeisystems ungleich weiter vorgeschritten ist als in Nazideutschland – das Kriegsende bereitete Himmlers Organisationstalenten ein vorzeitiges Ende –, bestehen, wie wir oben ausführten, eine ganze Reihe miteinander konkurrierender Geheimdienste, deren Agenten sich nicht kennen. Dies System der Multiplikation identischer Institutionen, das für den gesamten totalen Herrschaftsapparat so kennzeichnend ist, dient vor allem der unter diesen Bedingungen unbedingt erforderlichen Rapidität der Befehlsübertragung, die es möglich macht, Entscheidungen von großer organisatorischer Tragweite im buchstäblich letzten Moment zu treffen. So könnte es, um bei unserem Beispiel der Röhrenfabrikation zu bleiben, durchaus passieren, daß Moskau im Augenblick seines Befehls zur Beschleunigung der Produktion selbst noch nicht weiß, ob es mehr Röhren haben oder eine Säuberungswelle loslassen will. Hierüber braucht erst in letzter Minute ein Entschluß gefaßt zu werden; denn während die Agenten des einen Geheimdienstes bereits Vorbereitungen treffen, den Direktor der Fabrik mit dem Lenin-Orden auszuzeichnen, können die Agenten des anderen Dienstes die nötigen Maßnahmen treffen, ihn und die Betriebsführung zu verhaften. Die Geheimpolizei erweist sich als ein so vorzügliches Ausführungsorgan totaler Herrschaft, weil ihre Organisation die Garantie für die Geheimhaltung aller Anordnungen gibt, so daß bei Bestehen mehrerer Dienste entgegengesetzte Befehle gleichzeitig zentral erteilt werden können und ihre Ausführung in aller Unabhängigkeit voneinander vorbereitet wird.

Mit der Liquidierung aller politischen Opposition, welche die totale Herrschaft in ihren Anfangsstadien mit unvergleichlicher

Gründlichkeit besorgt und nach deren Vollendung die Bedingungen für das Funktionieren einer totalitären Geheimpolizei erst hergestellt sind, entfällt nicht nur die Fahndung nach verdächtigen Personen, die es kaum noch gibt und deren »gefährliche Gedanken« dem Bestehen des Regimes jedenfalls kaum noch gefährlich werden können, sondern es entfallen auch alle sonstigen Abwehrmaßnahmen gegen real geplante Bedrohungen des Staates. An die Stelle des heimlich geplanten, aber faktisch nachweisbaren Vergehens tritt das objektiv errechenbare »mögliche Verbrechen«, dessen Planung sich nicht mehr in den Köpfen von Staatsfeinden abspielt, sondern logisch aus der Analyse jeweiliger historisch-politischer Vorgänge ableitbar ist. So wie der »Verdächtige« in despotischen Regimen verhaftet wird, weil er eines zum Bild seiner Persönlichkeit (oder seiner gemutmaßten Persönlichkeit) passenden Verbrechens verdächtigt wird oder weil bestimmte Denunziationen gegen ihn vorliegen, so wird der »objektive Gegner« ausgesucht am Leitfaden eines Prozesses, der sich objektiv aus dem Gang der Entwicklung selbst ergibt und daher gleichsam eine objektive Möglichkeit der Geschichte darstellt.[91] Konstruiert man den Verlauf der Weltgeschichte am Schema der *Protokolle der Weisen von Zion*, so ergibt sich »objektiv« – das heißt hier logisch aus einer Prämisse deduzierbar –, daß die Juden danach streben müssen, die Herrschaft zu ergreifen, ganz unabhängig von den faktisch feststellbaren Wünschen und Plänen konkret existierender Juden.

Das klassische Beispiel aber für die juristische Konstruktion solcher objektiv möglichen Verbrechen liefern Moskauer Schauprozesse gegen die Alte Garde der Partei und die führenden Generäle der Roten Armee. Hinter den phantastischen, in jeder Einzelheit mühelos widerlegbaren Beschuldigungen standen folgende politischen Berechnungen: Es war durchaus denkbar, daß die Entwicklung in der Sowjetunion zu einer Krise führen könnte, deren Auswirkung Stalins Diktatur bedroht hätte; dies wiederum hätte die militärische Macht des Landes schwächen können, so daß Hitlerdeutschland zu einem Krieg gegen Rußland ermutigt worden wäre; dieser Krieg hätte seinerseits die russische Regierung zu einem Waffenstillstand oder gar zu einem Bündnis mit Hitler zwingen können. Solche Berechnungen sind keinem Politiker fremd, aber nur totalitäre Politiker werden aus ihnen Stalins Schlußfolgerungen ziehen, nämlich erklären, daß man einem Komplott zum Sturze der Regierung und einer Verschwörung im Bündnis mit Hitler auf die Spur gekommen sei.[92] Aus genau der gleichen Mentalität haben die Nazijuristen immer wieder beteuert, daß es ihnen unmöglich sei, zu definieren, was nun eigentlich ein staatsgefährdendes Vergehen sei; man könne, meinten sie, niemals voraussehen, was in der Zukunft Führer und Volk bedrohen würde.[93] Mit anderen Worten, das Delikt hängt ganz und gar von den im geschichtlichen Augenblick enthaltenen Möglichkeiten ab. Diesen Möglichkeiten muß auch dann entsprochen werden, wenn die Wirklichkeit ihnen nicht entspricht, das heißt, wenn zu dem »möglichen Verbrechen« keine wirklichen Verbrecher sich entschlossen haben. Denn es liegt im Wesen der totalitären Fiktion, daß sie nicht nur das Unmögliche möglich macht, sondern vor allem auch alles, was sie nach ihrem ideologisch geleiteten Schema als möglich »voraussieht« – und Voraussehen heißt hier lediglich Berechnen –, bereits als wirklich in Rechnung stellt. Da die Geschichte in der totalitären Fiktion voraussehbar und berechenbar verläuft, muß jeder ihrer Möglichkeiten auch eine Wirklichkeit entsprechen. Diese »Wirklichkeit« wird dann nicht anders fabriziert als andere »Tatsachen« in dieser rein fiktiven Welt.

Solchen objektiv errechenbaren, wenn auch real völlig unwahrscheinlichen Möglichkeiten stehen immer nur eine Reihe rein subjektiver Faktoren gegenüber – im Falle der Moskauer Prozesse also die Erschöpfung und völlige Macht- und Einflußlosigkeit der Angeklagten, ihre ehrliche Überzeugung, daß ohne Stalin die Revolution verloren wäre, ihr Haß auf den Faschismus, ihre oft ans

Absurde grenzende Treue zu einer Partei, die mit der von ihnen einst geführten keinerlei Ähnlichkeit aufzuweisen hatte: unzusammenhängende Einzelheiten also, die natürlich nicht die Folgerichtigkeit und Überzeugungskraft eines erfundenen und daher in aller Konsequenz berechneten »möglichen Verbrechens« haben konnten. An den die Außenwelt so vielfach verwirrenden Moskauer Prozessen wurde zum ersten Male klar, daß die für die totale Herrschaft zentral wichtige Annahme, daß jeder aus bestimmten Gesetzen logisch einwandfrei errechneten Möglichkeit auch eine Realität entsprechen müsse, zu der absurd-furchtbaren Konsequenz führt, daß jedes von den jeweiligen logischen Rechenkünsten der Machthaber deduzierte mögliche Vergehen in diesem System auch bestraft werden muß – als hätte die Geschichte, in der es tatsächlich nicht begangen wurde, sich eines Fehlers schuldig gemacht, der von denen, die mit der Exekution geschichtlicher Gesetze betraut zu sein wähnen, korrigiert werden müsse.

Daß es nicht Aufgabe der Polizei sein kann, solche Fehler in der Wirklichkeit zu entdecken, daß kein Geheimdienst der Welt imstande wäre, sie auch nur zu erfinden und zu produzieren, ist offensichtlich. Die Geheimpolizei ist kein »Staat im Staate« mehr, der von der Hintertreppe her mit den ihm eigentümlichen und in der bürgerlichen Gesellschaft immer verfemten Methoden in sein Getriebe unabhängig eingreifen könnte. Ihr ist vielmehr die »Ehre« zuteil geworden, die »Weltanschauung«, die Ideologie des Herrschaftsapparats selbst zu verkörpern.

Nur in einer Hinsicht kann selbst die totalitäre Geheimpolizei auf die Tradition ihrer Herkunft nicht verzichten. Seit Fouché haben die Geheimdienste verstanden, ihr offizielles, vom Staate bewilligtes und kontrolliertes Budget durch Nebeneinnahmen zu erhöhen, indem sie von ihren Opfern profitieren. Diese illegale Finanzgebarung wurde immer stillschweigend geduldet und schuf die finanzielle Basis für die Unabhängigkeit der Geheimpolizei von den offiziellen Instanzen. Ihre Methoden waren immer die gleichen: bereitwillige Annahme von Bestechungsgeldern, die oft einer regulären Partnerschaft in den von der Polizei zu bekämpfenden Gewerben gleichkamen, Erpressung, illegale Bereicherung an beschlagnahmtem Eigentum.

Bemerkenswerterweise hat sich die Tradition, sich von den eigenen Opfern finanzieren zu lassen, durch alle sonstigen Veränderungen hindurch erhalten. In Sowjetrußland hängt der riesige Apparat der NKWD ausschließlich von der Sklavenarbeit in den Konzentrationslagern ab, die zwar in Perioden akuten Arbeitermangels einen wesentlichen Anteil an der Produktion in der russischen Wirtschaft hat, so wie sie in Zeiten der Arbeitslosigkeit offenbar dazu dient, überflüssig gewordene Arbeitskräfte zu liquidieren, die aber ihren rein ökonomischen Zweck damit zu erfüllen scheint, daß sie diejenigen erhält, die mit ihrer Verhaftung und Bewachung betraut sind. So ist es charakteristisch, daß die SS, welche Hitler von vornherein als eine Polizeitruppe geplant hatte, als einzige Gliederung der Bewegung »das Recht zur Werbung fördernder Mitglieder« erhielt, so daß sie von den altbewährten Erpressermethoden, mit »freiwilligen Spenden« den Unterhalt der Geheimpolizei zu bestreiten, ausgiebig Gebrauch machen konnte.[94] Nach der Machtergreifung finanzierte Himmler die SS aus dem Erlös konfiszierten Eigentums, und obwohl er später, als diese Erwerbsquellen nicht mehr ausreichten, versuchte, sich reguläre Einnahmen zu sichern – erst durch ein Abkommen mit dem Landwirtschaftsministerium Darrés, von dem er einige hundert Millionen Mark jährlich erhielt gegen Zusicherung seiner allerdings sehr wertvollen »Freundschaft«, und später nach Ausbruch des Krieges mit Albert Speer von der Organisation Todt, der sich auf diese Weise Arbeitskräfte kaufte –, hat er auf das ihm ausdrücklich zugestandene »Recht«, sich Nebeneinnahmen zu verschaffen, niemals verzichtet.[95] Es ist einer der wesentlichsten Unterschiede zwischen dem deutschen und dem russischen Konzentrationslagersystem, daß die Arbeitskraft der Häftlinge von den Nazis aus ideologischen Gründen nicht ausgebeutet wurde. Arbeit in den Lagern war ein wesentlicher Bestandteil der Folterung und durfte gerade darum nicht zweckhaft sein.[96] Erst in den letzten Jahren des Krieges, als Himmler nicht mehr allein über das Menschenmaterial in den Lagern zu befinden hatte, änderte sich dies.

Diese bis in die totalitären Herrschaftsformen hinüberdauernde Spur aus der Tradition der Geheimpolizei ist nicht von großer Bedeutung. Immerhin ist interessant, daß solche Spuren sich gerade auf wirtschaftlichem und finanziellem Gebiet finden, also Bereichen, denen totale Machthaber keine große Wichtigkeit zumessen. Darum hat das, was unter anderen Umständen die materielle Basis der Unabhängigkeit der Geheimpolizei darstellte und ihr auch ihren schlechten Ruf eingetragen hat, unter totalitären Umständen kaum ein Gewicht. Die totalitäre Geheimpolizei steht nicht nur außerhalb des Gesetzes, sie verkörpert es vielmehr, und ihre Respektabilität ist über jeden Verdacht erhaben. Aus eigener Initiative organisiert sie keine Morde mehr, provoziert keine Vergehen gegen Staat und Gesellschaft, und gegen Durchstechereien, Bestechungen und irreguläre Bereicherungen geht sie mit großer Schärfe vor. Die Moralpredigt, die Himmler seinen Leuten mitten im Kriege halten und mit sehr handfesten Drohungen versehen konnte – »Wir hatten das moralische Recht, ... dieses [jüdische] Volk, das uns umbringen wollte, umzubringen. Wir haben aber nicht das Recht, uns auch nur mit einem Pelz, mit einer Uhr, mit einer Mark oder mit einer Zigarette oder mit sonst etwas zu bereichern«[97] –, schlägt Töne an, die man in der Geschichte der Geheimpolizei vergeblich suchen dürfte.

Da alle aus der Tradition bekannten Funktionen der Geheimpolizei im totalen Herrschaftsapparat hinfällig geworden sind, hat man vielfach versucht, ihr eine wirtschaftliche Funktion, die Sklavenausbeutung als wirtschaftlich-kolonisatorische Maßnahme, zuzuschreiben. Hierfür scheint zu sprechen, daß die NKWD in periodischen Abständen bestimmte vorher fixierte Prozentsätze der russischen Bevölkerung in Lager deportiert, deren für Propagandazwecke erfundener Titel »Zwangsarbeitslager« zu Mißverständnissen geführt hat.[98] Auch das Interesse an Ausbeutung von seiten der NKWD, der ja andere Gelder nicht zur Verfügung zu stehen scheinen, ist offensichtlich, aber auch daß dieses Interesse in engen Grenzen gehalten wird, wenn man bedenkt, wie ungeheuer hoch die Sterblichkeitsrate und wie lächerlich gering die Produktionskapazität der Lager ist. Am einleuchtendsten scheint noch, daß dieses ganze Verfahren in der Sowjetunion jedenfalls auch der Lösung des Arbeitslosenproblems dient. Denn alle sonstigen wirtschaftlichen Argumente scheitern immer wieder an der Tatsache, daß selbst unter russischen Verhältnissen freie Arbeit erheblich rentabler ist. Wie immer es um die russische Wirtschaft, von der wir so gut wie nichts zuverlässig wissen, bestellt sein mag, an sie die Kategorien rationaler Wirtschaftsführung anzulegen, ist zweifellos absurd. Im Sinne rationalen wirtschaftlichen Denkens sind Geheimpolizei wie Sklavenarbeit überflüssig und ihre ökonomische Leistung mehr als fragwürdig.

Weder überflüssig noch fragwürdig ist die politische Funktion der Geheimpolizei im Machtapparat des Regimes. Als Exekutive der Regierung ist sie der »bestorganisierte und leistungsfähigste aller Verwaltungszweige«,[99] durch welchen alle Befehle erst einmal geleitet werden, bevor sie an ihr Ziel kommen. Mit dem über das ganze Land gespannten Netz von Kadern und Eliteformationen verfügten totalitäre Diktatoren über eine Klasse von Menschen, die neben der Zwiebelstruktur der Scheinhierarchie existiert und von allen anderen Staats- wie Parteiinstitutionen völlig isoliert ist. Will man überhaupt von einer herrschenden Schicht in total beherrschten Gesellschaften sprechen, so besteht sie zweifellos aus Agenten und organisierten Truppen der politischen Geheimpolizei. Himmlers Heiratsgesetze für die SS zeigen, wie bewußt diese

Stellung der herrschenden Schicht, des »Ordens« in der Sprache der Nazi, von der Geheimpolizei selbst bezogen wird und wie genau sie weiß, daß sie damit eine Position im gesellschaftlichen Leben einnimmt, von der aus sie die gesamte Bevölkerung mit ihren Maßstäben und Wertungen durchdringen kann.[100]

Um die speziellen Aufgaben totalitärer Geheimpolizeien zu verstehen, ist es wichtig, sich klarzumachen, daß die Atmosphäre, in der sie sie ausführen, bereits von Wertungen, Denkungsweisen und Eigenschaften beherrscht ist, die in nichttotalitären Staaten nur in dem kleinen, isolierten Sektor der Geheimpolizeien und dem ebenfalls kleinen Kreis von Verschwörern und suspekten Elementen, zu deren Bekämpfung sie etabliert war, Geltung hatten. Die totalitäre Geheimpolizei kann sich schon darum nicht mehr mit »verdächtigen Personen« abgeben, weil vom Standpunkt totalitärer Herrschaft die gesamte Bevölkerung dazu gehört. Wenn jeder von einer ständig wechselnden Parteilinie abweichende Gedanke verdächtig ist, wenn das, was am Vortage noch durchaus orthodox war, heute Grund zur Verhaftung werden kann, so besagt dies von einem Polizeistandpunkt aus, daß eigentlich alle Personen ständig unter Polizeiaufsicht gestellt werden müssen. Außerdem muß vom Standpunkt totaler Herrschaft allein die Tatsache, daß menschliche Wesen denken können, einen Verdacht erregen, den kein noch so vorbildliches Verhalten je zerstreuen kann. Denn die Fähigkeit zu denken ist unauflöslich mit der Fähigkeit, seine Meinung zu ändern, verknüpft.

Dieser universalen Verdächtigkeit entspricht ein nicht weniger universales Mißtrauen, das mehr als alles andere alle menschlichen Beziehungen in der totalitären Gesellschaft unterminiert. Das professionelle Mißtrauen des Polizeiagenten ist allgemeines gesellschaftliches Gesetz geworden. Die Verzweiflung des Polizeiagenten, dessen Tüchtigkeit immer wieder daran scheitert, daß niemand einem anderen ins Herz oder in den Kopf blicken kann – und Folter ist lediglich der verzweifelte und immer scheiternde

Versuch, Unmögliches zu erreichen –, hat sich nun aller Mitglieder der Gesellschaft bemächtigt, von denen jeder in äußerster Gefahr lebt, ohne die Möglichkeit zu haben, sich nach allgemeinen Interessen bestimmter Menschengruppen oder nach gemeinsamen Wertskalen auszurichten, die alle, die sich nicht ausdrücklich gegen die Gesellschaft stellen, verbinden. So beherrschen gegenseitiges Mißtrauen und gegenseitige Verdächtigungen die Gesamtatmosphäre ganz unabhängig von den Spezialaufgaben der Geheimpolizei. Jeder ist gleichsam zum Polizeiagenten seines Nächsten geworden.

Dies wird besonders deutlich, wenn wir noch einmal auf die Rolle der Provokation blicken, auf welche die totalitäre Geheimpolizei ganz verzichtet hat. Provokation ist in einer totalitären Gesellschaft fast zur täglichen Umgangsform zwischen den Menschen geworden, natürlich nicht, weil sie zu ihrer Ausübung ausdrücklich erzogen oder sich zu ihr bewußt entschlossen hätten, sondern weil jeder unbefangene Austausch von Gedanken bei einer plötzlichen Änderung der Parteilinie sich nachträglich wie eine Provokation auswirken kann. In den russischen Säuberungen ist es an der Tagesordnung, im Falle der Anklage oder der Verdächtigung die Worte von gestern als Provokation zu rechtfertigen. Freiwilliges Denunziantentum und unbezahlte Spitzeltätigkeit sind sicher nichts Neues; neu ist nur, daß diese Tätigkeiten »total« organisiert werden, so daß Agenten für diese Zwecke sich erübrigen. In einer Atmosphäre, in der wissentlich oder unwissentlich jeder jeden bespitzelt, jeder sich als Agent herausstellen kann, jeder sich ständig bedroht fühlen muß, unter Verhältnissen, die Sicherheit im alltäglichen Leben ausschließen und unter denen man ebenso schnell Karriere machen wie ruiniert sein kann, wird jedes gesprochene Wort zweideutig und kann hinterher nach Bedarf ausgelegt werden.

Den sinnfälligsten Beweis, daß alle Schichten der totalitären Gesellschaft auf die Methoden und Maßstäbe der Geheimpolizei abgestimmt sind, bilden die Karrieren in totalitär regierten Ländern. Sie vollziehen sich nach bestimmten Regeln, die ehemals nur aus den Karrieren von Geheimagenten bekannt waren. Diese dienten nicht nur der Sache, die sie zu bekämpfen hatten, nahezu im gleichen Maße wie ihren Auftraggebern, sondern entwickelten auch sehr häufig einen dieser Lage entsprechenden doppelten Ehrgeiz: sie wollten sowohl in der revolutionären Partei, die sie bespitzelten, als auch in der Polizei, die sie bezahlte, Karriere machen. Die Karriere des Doppelagenten ist nicht eine Anomalie, sondern beinahe die normale Karriere aller Geheimagenten. Um dies zu erreichen, brauchen sie nur gewisse Methoden anzuwenden, von denen Subalternbeamte, deren Beförderung unter normalen Umständen vom Dienstalter abhängt, nur träumen dürfen. Dank ihrer Stellung in der Partei war es ihnen ein leichtes, Rivalen und Vorgesetzte in dem illegalen Apparat durch Verhaftung oder Ermordung zu beseitigen, während dieser illegale Apparat andererseits ihnen die Möglichkeit gab, sich der Vorgesetzten in der Polizei zu entledigen.[101]

Betrachtet man die Regeln, nach welchen die Aufstiegsmöglichkeiten in der gegenwärtigen bolschewistischen Gesellschaft sich richten, so fällt auf, daß alle höheren Beamten ihre Stellungen einer »Säuberungsaktion« verdanken, durch die ältere Vorgesetzte liquidiert wurden, ein Verfahren, das keineswegs auf politische oder rein bürokratische Karrieren beschränkt ist. Es sieht aus, als schaffe eine die ganze Nation erfassende Säuberungswelle alle zehn Jahre Platz für eine neue, auf Posten hungrige Generation. Die Beförderungsbedingungen, die der Geheimagent sich auf Grund seiner irregulären Stellung in der Gesellschaft aus eigener Initiative schaffen kann, hat die bolschewistische Herrschaft monopolisiert und in alle Schichten der Gesellschaft getragen.

Dieser gewalttätige, in regelmäßigen Abständen sich wiederholende, gigantische *turn-over* des gesamten Verwaltungsapparats hat neben dem offenbaren Nachteil, die Entwicklung echter Leistung und Tüchtigkeit zu verhindern, sehr große machtpolitische Vorteile. Es wird für eine verhältnismäßig junge Beamtenschaft gesorgt und eine Stabilisierung der Verhältnisse verhütet, die vor allem in Friedenszeiten zu den größten Gefahren totaler Herrschaft gehört. Die regelmäßige Eliminierung der älteren Jahrgänge verhindert, daß alle jene halb berufsmäßigen und halb personalen Bindungen entstehen, die sich normalerweise zwischen jungen Leuten und ihren Vorgesetzten entwickeln, auf deren gutem Willen ihr Fortkommen und ihre Sekurität beruhen. Schließlich – und dies ist vielleicht von ausschlaggebender Bedeutung – ist in diesem System das Gespenst der Arbeitslosigkeit ein für allemal gebannt, und jeder ist sicher, eine seiner Erziehung entsprechende Beschäftigung zu finden. So konnte Stalin im Jahre 1939, als die gigantische Säuberung anläßlich der Moskauer Prozesse gerade zu ihrem Abschluß gekommen war, mit großer Befriedigung erklären, daß »die Partei in der Lage gewesen sei, mehr als 500 000 junge Bolschewisten in führende Posten im Staats- und Parteiapparat zu befördern«.[102] Zu diesen gleichsam objektiven Vorteilen tritt der für machtpolitische Erwägungen nicht unerhebliche psychologische Faktor einer zum System erhobenen Demütigung hinzu, den eigenen Posten nur der ungerechtfertigten Beseitigung eines Vorgesetzten zu verdanken, und die aus ihr entspringende Demoralisierung aller Beamten und Angestellten. Dies erreichte das Naziregime gleich zu Beginn durch die Beseitigung der Juden und die dadurch geschaffenen Aufstiegsmöglichkeiten für Nichtjuden. Jedem Beamten, jedem Angestellten wird zum Bewußtsein gebracht, daß er aus den illegalen Akten seiner Regierung einen direkten Profit zieht, ohne den er nicht mehr leben könnte, mit dem Ergebnis, daß er um so leidenschaftlicher für das Regime eintreten wird, je sensibler er ist und je empfindlicher ihn die erlittene Demütigung getroffen hat.

Vom Standpunkt totaler Herrschaft ist dies System nur das folgerichtige Ergebnis des Führerprinzips in allen seinen Konsequenzen, insofern es den Lebensunterhalt jeder neuen Generation direkt von der gerade vom Führer erlassenen neuen Parteilinie abhängig macht; es ist die jeweils letzte Säuberungsaktion, die den gerade Beamteten ihre Posten verschafft hat. So wird die Karriere selbst zur sichersten Gewähr für Loyalität. Auf diese Weise realisieren die totalen Herrschaftsapparate sehr wirksam jene Identität von privatem und öffentlichem Interesse, auf die die Propagandisten und Theoretiker des Bolschewismus so stolz sind; es sind mehr oder minder die gleichen Methoden, mit denen die Nazis das Privatleben abschafften, worauf sie bekanntlich nicht weniger stolz waren. Die faktische Identität von privatem und öffentlichem Interesse bricht zwar auseinander, wenn die nächste Säuberungswelle die für eine Zeit so glücklich Harmonisierten aus dem Amt in der Versenkung verschwinden läßt. Aber dieser Zusammenbruch wirkt sich weder für das System noch für das Bewußtsein seines Beamtenapparates in gefährlicher Weise aus, weil die totale Beherrschung dafür sorgt, daß ihre Opfer nicht nur aus dem Amt, sondern auch aus der Welt der Lebenden verschwinden.

All dies erinnert nur zu deutlich an die Karriere- und Schicksalsbedingungen jener Polizeiagenten, die das doppelte Spiel der Spitzelei wirklich bewußt durchspielten und Doppelagenten großen Formats wurden. Da dieses Doppelspiel wesensmäßig früher oder später ein Ende haben mußte, konnten sensationelle Aufstiege nur mit einem gewaltsamen und anonymen Tod enden. Diese Aufstiegsbedingungen, die früher nur für die Abenteurer der Gesellschaft, also diejenigen, welche die bürgerliche Gesellschaft selbst als ihren Abschaum bezeichnete, galten, hat die totale Herrschaft auf alle Sphären ausgedehnt und damit erreicht, den Charakter dieser Gesellschaft grundlegend zu wandeln. Die Psychologie des Geheimagenten, der einen kurzen kometenhaften Aufstieg mit seinem Leben zu bezahlen gerne bereit war, ist vielleicht zu der durchschnittlichen Lebenshaltung der gesamten nachrevolutionären Generation Rußlands geworden, eine Haltung, die wir in geringerem Maße auch in den zwanziger Jahren in Deutschland unschwer feststellen können.

So sieht die Gesellschaft aus, in der die totalitäre Geheimpolizei ihre Funktionen erfüllt oder zu erfüllen beginnt, wenn es eine wirkliche Opposition nicht mehr gibt und die Jagd auf den »objektiven Gegner« und die Ahndung »möglicher Vergehen« beginnen kann. In den Anfangsstadien totaler Herrschaft haben selbst die »objektiven Gegner« immer noch eine Beziehung zu dem, was in einer normalen Welt ein politischer Feind sein könnte – wie etwa die Juden oder die Polen unter der Naziherrschaft, die Nachkommen der ehemals herrschenden Klassen oder Russen polnischer Herkunft in Sowjetrußland. Erst in einem vollentwickelten totalitären System werden die Opfer ganz und gar nach »objektiven« Kriterien, ganz und gar willkürlich, was ihre eigene Person betrifft, deren Herkunft oder Gruppenzugehörigkeit sie noch im alten Sinne »verdächtig« machen könnte, bestimmt. Dieses Stadium wäre in Deutschland eingetreten, wenn Hitlers Pläne eines Reichsgesundheitsgesetzes, demzufolge alle Herz- und Lungenkranken nebst ihren Familien für »lebensuntauglich« erklärt werden sollten, sich verwirklicht hätten; in Rußland gehören alle diejenigen dazu – und das sind Millionen –, welche verhaftet und deportiert werden, weil objektiv festgestellt ist, daß die Schicht, zu der sie gehören, gerade im Begriff steht, »abzusterben«.

Keine Tyrannenherrschaft hat jemals menschliche Freiheit so wirksam und gründlich negiert wie die Willkür, die sich aus dem Begriff des »objektiven Gegners« ergibt. Um seinen Kopf zu verlieren, mußte man ihn zumindest hinhalten; für diejenigen, die ihr Leben riskieren wollten, war Freiheit nicht abschaffbar. Dieser Schwierigkeit, mit der Freiheit auch dann fertig zu werden, wenn sie die Form des Heldentums annimmt, sind die totalitären Systeme dadurch Herr geworden, daß sie den »schuldigen« Helden nicht nur auf eine Stufe mit dem »unschuldigen« objektiven Gegner stellten, sondern ihn zumeist auch noch ihm gegenüber privilegierten. Es war erheblich gefährlicher, in Nazideutschland ein Jude oder Pole zu sein, als Gegner des politischen Systems, und Stalin hat durch Ausrottung seiner bewährtesten Anhänger wieder und wieder erwiesen, wie gleichgültig ihm subjektiv erprobte Freundschaft oder Feindschaft war. In einem Konzentrationslager, dessen überwältigende Majorität aus unschuldigen Opfern, nämlich »objektiven Gegnern« besteht, wird die Situation dessen, der bewußt etwas riskiert hat, absurd; er hat nur riskiert, was die anderen ohnehin getroffen hat. Ein Held kann er nicht mehr sein unter diesen Bedingungen, höchstens ein Heiliger, der das größte Leiden der Zeit unter allen Umständen miterleiden will, gleichsam aus Furcht, es könnte ihn nicht treffen, könnte an ihm vorübergehen. Dies Leiden ist zwar sicher auch ein Handeln, aber es vollzieht sich außerhalb aller politischen Maßstäbe und ist in unserem Sinne nicht mehr Vollzug menschlicher Freiheit. Es kommt politisch der einzigen, offenbar nicht aus der Welt zu schaffenden Möglichkeit der Freiheit gleich – dem Selbstmord, und das heißt dem Zugeständnis, daß Handeln in dieser Welt nicht möglich ist.

Die totale Herrschaft hat die Begriffe von Verbrechen und Auszeichnung, von Schuld und Unschuld nicht, wie die uns bekannten Diktaturen oder Despotien, nach ihr genehmen Richtlinien »revolutioniert« – sie hat sie einfach abgeschafft und an ihre Stelle den in seiner ganzen Furchtbarkeit noch kaum geahnten neuen Begriff der »Unerwünschten« und »Lebensuntauglichen« gesetzt. Nur Verbrecher kann man bestrafen, Unerwünschte und Lebensuntaugliche läßt man von der Erdoberfläche verschwinden, als hätte es sie nie gegeben; mit ihnen will man noch nicht einmal ein Exempel statuieren. Die einzige Spur, die sie hinterlassen, ist die Erinnerung derer, die sie kannten, liebten und zu deren Welt sie gehörten. Daher gehört es zu den vornehmsten und schwierigsten Aufgaben der totalitären Polizei, auch diese Spur mit den Toten zugleich auszulöschen.

Es heißt, daß die zaristische Geheimpolizei, die Ochrana, ein besonderes Registrierverfahren erfunden hatte, wonach jeder in Rußland Verdächtige auf einer Riesenwandkarte durch einen roten Kreis, in dessen Mitte sein Name stand, vermerkt wurde. Kleinere rote Kreise, mit dem Kreis des Hauptverdächtigen verbunden, kennzeichneten seine politischen, grüne Kreise seine nichtpolitischen Bekannten und braune Kreise diejenigen Personen, die mit Freunden des Verdächtigten wiederum irgendeinen Kontakt hatten, ohne ihn persönlich zu kennen.[103] Offensichtlich hat diese Methode, die gesamte Bevölkerung so zu katalogisieren, daß man nicht nur sie selbst, sondern auch die Erinnerung an sie absolut beherrscht, ihre Grenzen nur an der Größe der Wandkarte.

Theoretisch wäre es durchaus denkbar, daß eine einzige solche Karte in riesenhaften Ausmaßen die Beziehungen und Querverbindungen der Bevölkerung eines ganzen Territoriums enthält. Und genau dies entspricht dem Wunschtraum totalitärer Polizei. Sie hat den alten Traum der Polizei, dem noch der Lügendetektor dient, aufgegeben und versucht nicht mehr festzustellen, wer oder was einer ist und welche Gedanken in seinem Kopfe leben. (Der Lügendetektor ist vielleicht das anschauliche Beispiel dafür, wie faszinierend dieser Traum für alle Polizeigehirne offenbar ist; denn hier ist ja ganz offenbar, daß die komplizierten Meßapparate nie etwas anderes herausbringen können als ob man es gerade mit einem kaltblütigen oder einem nervösen Menschen beziehungsweise Lügner zu tun hat. Das schwachsinnige Mißverständnis dieser Apparatur läßt sich eigentlich nur aus dem Wunsch erklären, es möge doch so eine Möglichkeit des Gedankenlesens geben.) Dieser Traum war furchtbar genug und hat seit eh und je zur Tortur und zu den furchtbarsten Grausamkeiten geführt; er hatte nur eines für sich: er träumte etwas Unmögliches. Der moderne Traum der technisierten Polizei unter totalitären Bedingungen ist ungleich furchtbarer; sie träumt davon, mit einem Blick auf die Riesenkarte an der Bürowand ausfindig machen zu können, wer zu wem Beziehungen hat; und dieser Traum ist grundsätzlich nicht unerfüllbar, er ist nur etwas schwierig in seiner technischen Ausführbarkeit. Gäbe es diese Wandkarte wirklich, so stände nicht einmal mehr das Gedächtnis den totalitären Herrschaftsansprüchen im Wege; die Wandkarte könnte es ermöglichen, Menschen wirklich spurlos verschwinden zu lassen, so als hätte es sie nie gegeben.

Die russische Geheimpolizei ist, wenn man den Berichten verhafteter NKWD-Beamten trauen darf, diesem Ideal totaler Herrschaft bereits recht nahe gekommen. Die Polizei besitzt geheime Aktenstücke von jedem Einwohner des Riesenreiches; in diesen sind vor allem die vielfältigen Beziehungen, die zwischen Menschen existieren, von der zufälligen Bekanntschaft über wirkliche Freundschaften zu den Familienbeziehungen sorgfältig notiert; denn nur um solche Beziehungen festzustellen, werden die Angeklagten, deren »Verbrechen« ja bereits vor der Verhaftung »objektiv« festgestellt sind, eingehend verhört. Was schließlich die der totalen Herrschaft so gefährliche Gabe der Erinnerung anlangt, so meinen ausländische Beobachter, daß, »wenn es stimmt, daß Elefanten niemals vergessen, die Russen uns wie das genaue Gegenteil von Elefanten erscheinen ... Sowjetrussische Psychologie scheint Vergessen wirklich möglich zu machen«.[104]

Wie ernst es den totalitären Systemen um dieses spurlose Verschwinden ihrer Opfer ist, zeigen jene vereinzelten Fälle, in denen Mißgriffe in dieser Hinsicht gemacht wurden. Während des Krieges beging ein SS-Lagerkommandant den Fehler, eine Französin von dem Tode ihres Mannes in einem deutschen Konzentrationslager zu benachrichtigen. Die Folge war eine wahre Lawine von Befehlen und Instruktionen, die sich über alle Lagerkommandanten ergoß, um ihnen einzuschärfen, daß die Außenwelt unter keinen Umständen jemals etwas von dem Verbleib der im Lager Verschwundenen erfahren und die Hinterbliebenen niemals Sicherheit über Leben oder Tod ihrer Angehörigen erhalten dürfen.[105]

Die Bevölkerung muß daran gewöhnt werden, daß der Verhaftete aus der Welt der Lebenden nicht nur so verschwindet, als wäre er gestorben, sondern als hätte es ihn nie gegeben. Die Sowjetunion hat Zeit genug gehabt, ihre Bevölkerung in diesem Sinne umzuerziehen, und die an russisches Verhalten gewöhnten Beamten der NKWD standen voll ungläubigen Staunens vor den Frauen und Männern im besetzten Polen, die verzweifelt herauszufinden versuchten, was mit ihren verhafteten Angehörigen geschehen war.[106]

Die von der Polizei verwalteten Gefängnisse und Lager sind nicht einfach Stätten der Ungerechtigkeit und des Verbrechens; sie sind organisiert als Höhlen des Vergessens, in die jeder jederzeit hineinstolpern kann, um in ihnen zu verschwinden, als hätte es ihn nie gegeben; weder Leichnam noch Grab geben Kunde davon, daß ein Mord geschah oder daß jemand starb. Mit dieser neuesten Methode der »Liquidierung« verglichen, erscheinen politische oder kriminelle Morde anderer Länder und anderer Zeiten wie barbarisch primitive Versuche mit untauglichen Mitteln. Der Mörder, der einen Leichnam hinter sich läßt und nur darum besorgt ist, die Spuren der eigenen Identität zu verwischen, kann es schwerlich aufnehmen mit modernen Massenmördern, die keine Spuren ihrer Taten hinterlassen und politisch organisierte Macht besitzen, die groß genug ist, ihre Opfer aus dem Gedächtnis der Lebenden zu streichen. Erst wenn ein Mensch aus der Welt der Lebenden so ausgelöscht ist, als ob er nie gelebt hätte, ist er wirklich ermordet.

Geheimpolizei und Geheimgesellschaften sind offenbar und seit alters miteinander verbunden. Seit jeher hat die Geheimpolizei ihre Existenz und ihre Methoden mit der Bedrohung gerechtfertigt, die der Gesellschaft aus revolutionären Geheimgesellschaften erwachse. Solcher Rechtfertigung bedarf es natürlich unter totalitären Umständen nicht, und auch die organisatorische Anpassung der Geheimpolizei an die konspirativen Methoden der Geheimgesellschaft kommt hier nicht mehr in Frage. Die Anonymität der Opfer, die nicht Feinde des Regimes sind und deren Identität ihnen wie ihren Verfolgern bis zum letzten Augenblick unbekannt ist, da eine, was sie angeht, ganz und gar sinnlose Entscheidung sie aus der Welt der Lebenden und ihr Andenken aus der Welt der Toten auslöscht, diese Anonymität erfordert andere Organisationsformen, die alles in den Schatten stellen, was verschwörerische Geheimbünde und die sie imitierende Geheimpolizei je von ihren Mitgliedern an Verschwiegenheit, Zuverlässigkeit und absoluter Vertrautheit mit allen Künsten des Doppelspiels und des Doppellebens verlangt haben.

Es gehört zu den Eigentümlichkeiten totalitärer Bewegungen, daß sie vor der Machtergreifung ungleich anderen konspirativen oder revolutionären Gruppen sich nicht als Geheimgesellschaften organisieren, sondern in aller Öffentlichkeit ihre Ziele und ihre illegalen und kriminellen Handlungen zugestehen. Dies gerade ändert sich nach der Machtergreifung; die Geheimpolizei gleicht gerade dann, wenn sie in einem totalitären Herrschaftsapparat alle Macht in ihrer Hand vereinigt und niemanden mehr zu fürchten braucht, einer echten Geheimgesellschaft.[107] Das einzige, was in totalitär regierten Ländern – trotz aller offiziell inspirierten Flüsterpropaganda – immer Geheimnis bleibt, sind die Aktionen der Polizei, und die einzige »Geheimlehre«, die sie zu lehren hat, sind die Methoden und die spezifische Denk- und Empfindungsweise ihrer Mitglieder.

Dies besagt natürlich nicht, daß die allgemeinen Tatsachen des Polizeiregimes nicht einem großen Teil der Bevölkerung und vor allem den Parteimitgliedern bekannt wären. Daß es Konzentrationslager gibt, daß Unschuldige verhaftet werden, daß Menschen spurlos verschwinden, weiß ein jeder. Gleichzeitig aber weiß auch jedermann, daß es nichts Gefährlicheres und nichts Verboteneres gibt, als über diese offenen Geheimnisse zu sprechen oder gar sich nach ihnen zu erkundigen. Da Menschen für Wissen wie Erfahrungen der Mitmenschen bedürfen, die das Gewußte und Erfahrene mitverstehen und bestätigen können, verliert das, was jeder irgendwie weiß, aber nie lautwerden lassen darf, alle greifbare Wirklichkeit und macht sich nur in der Form einer alle Bereiche und Tätigkeiten durchwaltenden, quälenden, vagen Unsicherheit und Angst geltend.

Das Privileg des Geheimbundes der Polizei, der Elite und Kaderformationen, ist es, dies Geheimnis zu kennen und besprechen zu dürfen. Welches die nächste Kategorie der »Unerwünschten« und »Lebensuntauglichen« sein wird und wichtiger noch, daß es immer solche Kategorien geben wird, ist das esoterische Wissen, um das diese Eingeweihten verfügen. Sie haben das große Vorrecht, über das sprechen zu dürfen, was die eigentliche und fundamentale Realität für alle ist. Sie sind die einzigen, die nicht in der Narrenhölle des Wissens und Nichtwissens gefoltert werden; ihnen ist das Recht auf Kommunikation belassen, und sie können weiterhin getrost ihren fünf Sinnen trauen. Dies ist ihr Geheimnis, und um dies als Geheimnis zu hüten, sind sie als Geheimorganisation etabliert. Sie bleiben Mitglieder der Geheimorganisation, auch wenn diese sie verhaftet, zu Geständnissen zwingt und sie schließlich liquidiert. Solange sie das Geheimnis hüten, gehören sie zur Elite, und sie geben es in der Regel auch dann nicht preis, wenn sie in den Gefängnissen und Konzentrationslagern sitzen.[108]

Zu den vielen Paradoxien des totalen Herrschaftsapparats, die dem gesunden Menschenverstand nur schwer verständlich sind, gehört auch der anscheinend ganz unzweckmäßige Gebrauch, den totale Machthaber von konspirativen Methoden machen. Es scheint absurd, daß Bewegungen, solange sie noch von der Polizei verfolgt werden, entweder konspirative Methoden bewußt ablehnen (wie im Falle der NSDAP) oder sie doch verhältnismäßig sparsam verwenden, hingegen, wenn sie zur Macht gekommen sind und diese Methoden doch entbehren könnten, sich als eine Geheimgesellschaft organisieren. Es scheint, als fürchteten totalitäre Bewegungen die Anerkennung und Legitimierung durch die nichttotalitäre Welt mehr als ihre ohnehin niemals sehr wirksamen Verfolgungsmaßnahmen.

Der Grund für dieses nur scheinbar paradoxe Verhalten ist, daß in der Tat nichts den Bewegungen gefährlicher sein könnte als normales Eingereihtwerden in eine sie tolerierende Welt. Aber das Geheimnis der Geheimpolizei ist nicht nur eine Farce, um sie wirksamer von aller Welt abzuschließen, und es ist auch mehr als das Privileg einer herrschenden Schicht, obwohl es ursprünglich wahrscheinlich nur aus diesen technisch organisatorischen Gründen eingeführt wurde. Erst im Verlauf der totalen Herrschaft, und zwar in dem Maße, als der Führer selbst schrittweise entdeckt, welches die wirklichen Spielregeln der durch die Ideologie etablierten fiktiven Welt sind, erhält das Geheimnis seinen vollen Inhalt. Der Glaube, daß die Macht des Menschen durch Befolgung und Exekution irgendwelcher Natur- oder Geschichtsgesetze zur Allmacht kraft Organisation werden könnte, führt zu Experimenten, die in der Geschichte der Menschheit bisher nicht vorgekommen sind. Die ungeheuerlichen Entdeckungen im Bereich des Möglichen werden von einer ideologisch bestimmten Wissenschaftlichkeit geleitet, die nichts mehr mit dem zu tun hat, was wir Vernunft nennen, und die dem gesamten Bereich der Tatsächlichkeit verschlossener gegenübersteht als die wildesten vorwissenschaftlichen Spekulationen. Das Geheimnis der Geheimpolizei, die Erziehung »politischer Soldaten«, die ideologische Schulung der Eliteformationen dienen alle nur dem einen Zweck – der furchtbaren und grundsätzlich unbegrenzbaren Erforschung der Reiche des Möglichen und der Verwirklichung einer Welt, in der es Realität und Tatsache im Sinne einer dem Menschen vorgegebenen Faktizität nicht mehr gibt. Um die Faktizität des Gegebenen abzuschaffen und die Fiktion im eigenen Lande immer weitergehend zu realisieren, bedarf es eines Geheimbundes, dessen Regeln mit der beruflichen Geheimhaltung neuer wissenschaftlicher Ergebnisse sehr viel mehr zu tun haben als mit den uns bekannten Regeln von Geheimgesellschaften und Geheimpolizeien.

Während der totale Herrschaftsapparat im eigenen Lande konspirativ arbeitet, propagiert er die Verschwörung gegen die nichttotalitäre Welt, den Anspruch auf Weltherrschaft, genauso offen und unbekümmert, wie er den Staatsstreich vor der Machtergreifung verkündet hat. Die gleichgeschaltete Bevölkerung wird daran gewöhnt, in Begriffen einer Verschwörung zu denken und sich zu verhalten, indem man ihr erzählt, die gesamte Welt hätte sich gegen sie verschworen. Man führt auch hier die alten Methoden der Geheimdienste in die gesamte Gesellschaft ein, indem man es jedem im Ausland befindlichen Untertanen zur Pflicht macht, nach Hause zu berichten, als sei er ein bezahlter Spion, und indem man jeden Ausländer auf dem eigenen Territorium als Spion diffamiert.[109] Um diese komplette Isolierung zu erreichen – und nicht um irgendwelcher militärischer oder sonstiger Geheimnisse willen –, läßt man die eisernen Vorhänge herunterfallen. Denn das wirkliche Geheimnis der totalen Herrschaft, die Laboratorien des totalitären Experiments, welche die Konzentrationslager sind, werden vor dem eigenen Volk nicht weniger, häufig sogar ihm verborgener gehalten als dem Ausland.

Um die Aufdeckung der totalitären Massenverbrechen macht sich der totale Machthaber verhältnismäßig wenig Sorge. Er weiß, daß der beste Schutz für ihn in der Normalität der normalen Welt liegt, die solche Dinge, wie sie sich in seinem Herrschaftsbereich ereignen, doch selbst dann für schlechthin unmöglich hält, wenn ihr Dokumente, Filme und andere Beweise unleugbar vor Augen stehen. So wenig er an die Faktizität von unabänderlichen Fakten glaubt, so wenig glaubt er an die Überzeugungskraft des Indizienbeweises. Und obwohl solche Berechnungen ihre Grenze haben, so ist doch so viel an ihnen wahr, daß Menschen in der Tat nicht einfach am Gängelband von »Beweisen« zu führen sind und daß der »normale« Mensch sich ebenso und mit gleichem Recht gewissermaßen weigert, seinen Sinnen und seinem Verstand zu trauen, wenn sie ihm das Ungeheuerliche zumuten, wie die Massen sich weigern, ihren Sinnen zu trauen, wenn sie mit einer Realität konfrontiert werden, in der es für sie keinen Platz mehr gibt. Der totale Machthaber kommt dieser natürlichen Abneigung nur entgegen, wenn er diesen ganzen Bereich mit konspirativen Methoden vor der Außenwelt sichert, so daß weder Statistiken noch offizielle Dokumente je von der zentralen politischen Tätigkeit eines totalitär verwalteten Landes, solange es nicht besiegt ist und seine Archive erobert sind, Auskunft geben; was bleibt, sind subjektive, niemals absolut zuverlässige und nachprüfbare Berichte.[110]

Unter diesen Umständen ist eine wirkliche Übersicht über die Resultate des totalitären Experiments in den Laboratorien der Konzentrationslager und Deportationen nicht möglich. Zwar haben wir genug Berichte, deren Monotonie überzeugender ist als alle Gegenpropaganda, um im allgemeinen die Möglichkeiten totaler Herrschaft abschätzen zu können und darüber hinaus einen Blick in den Abgrund des »Möglichen« zu werfen. Bis zu welchem Ausmaße aber eine wirkliche Veränderung der menschlichen Natur und eine effektive Veränderung des individuellen Charakters möglich sind, wissen wir nicht.

Noch weniger ahnen wir, wie viele Menschen unseres Jahrhunderts bereit wären, totale Herrschaftsmethoden zu akzeptieren bei voller Einsicht in ihre Ungeheuerlichkeit – wie viele etwa durchaus willens wären, die sichere Erfüllung aller Aufstiegswünsche mit einer erheblich abgekürzten Lebenszeit zu bezahlen. Wir wissen, wie sehr totalitäre Propaganda den Bedürfnissen der geistig und physisch heimatlos gewordenen Massen entgegenkommt, und wie viele totale Machthaber von diesen Bedürfnissen für ihre organisatorischen Zwecke gelernt haben. Wir wissen nicht, wie viele Menschen in diesem Massenzeitalter – in dem sich jeder auch dann noch fürchtet, »überflüssig« zu sein, wenn das Gespenst der Arbeitslosigkeit nicht umgeht – freudig jenen »Bevölkerungspolitikern« zustimmen würden, die unter diesem oder jenem ideologischen Vorwand in regelmäßigen Abständen die »Überflüssigen« ausmerzen. Wir wissen auch nicht, aber wir können es ahnen, wie viele Menschen sich in Erkenntnis ihrer wachsenden Unfähigkeit, die Last des Lebens unter modernen Verhältnissen zu tragen und zu ertragen, willig einem System unterwerfen würden, das ihnen mit der Selbstbestimmung auch die Verantwortung für das eigene Leben abnimmt.

Verfahren und spezifische Funktionen totalitärer Geheimpolizeien können wir kennen und beschreiben. Die Frage bleibt, ob nicht vielleicht das »Geheimnis« dieser Geheimgesellschaft auf mehr denn eine Weise den geheimen Wünschen derer entspricht, die wirklich in dem »Massenzeitalter« ihr Leben zu verbringen haben.

Die Konzentrationslager

Die Konzentrations- und Vernichtungslager dienen dem totalen Herrschaftsapparat als Laboratorien, in denen experimentiert wird, ob der fundamentale Anspruch der totalitären Systeme, daß Menschen total beherrschbar sind, zutreffend ist. Hier handelt es sich darum, festzustellen, was überhaupt möglich ist, und den Beweis dafür zu erbringen, daß schlechthin alles möglich ist. (Demgegenüber sind alle anderen Experimente, vor allem medizinischer Natur, über deren Ungeheuerlichkeit die Prozesse gegen die Ärzte des Dritten Reiches so ausführlich berichten, sekundär, wenn auch charakteristisch bleibt, daß diese Laboratorien eben für Experimente aller Art verwendet wurden.)

Totale Herrschaft, die darauf ausgeht, alle Menschen in ihrer unendlichen Pluralität und Verschiedenheit so zu organisieren, als ob sie alle zusammen nur einen einzigen Menschen darstellten, ist nur möglich, wenn es gelingt, jeden Menschen auf eine sich immer gleichbleibende Identität von Reaktionen zu reduzieren, so daß jedes dieser Reaktionsbündel mit jedem anderen vertauschbar ist. Es handelt sich dabei darum, das herzustellen, was es nicht gibt, nämlich so etwas wie eine Spezies Mensch, deren einzige »Freiheit« darin bestehen würde, die »eigene Art zu erhalten«.[111] Dieses Resultat versucht die totale Herrschaft gleichzeitig durch ideologische Indoktrination in den Eliteformationen und durch absoluten Terror in den Lagern zu erreichen, wobei die Greueltaten, zu denen man die Eliteformationen rücksichtslos einsetzt, gleichsam die praktische Fortsetzung der ideologischen Indoktrination sind, dasjenige, an dem sie sich zu beweisen hat, während das unerhörte Schauspiel der Lager selber der »theoretischen« Verifikation der Ideologie dienen soll.

Die Lager dienen nicht nur der Ausrottung von Menschen und der Erniedrigung von Individuen, sondern auch dem ungeheuerlichen Experiment, unter wissenschaftlich exakten Bedingungen Spontaneität als menschliche Verhaltungsweise abzuschaffen und Menschen in ein Ding zu verwandeln, das unter gleichen Bedingungen sich immer gleich verhalten wird, also etwas, was selbst Tiere nicht sind; denn der Pawlowsche Hund, den man bekanntlich darauf dressiert hatte, nicht zu essen, wenn er hungrig war, sondern wenn eine Glocke ertönte, war ein pervertiertes Tier.

Unter normalen Umständen ist dies niemals zu erreichen, weil Spontaneität nie ganz auszuschalten ist, sofern mit ihr nicht nur menschliche Freiheit, sondern Leben überhaupt im Sinne des einfach Lebendigbleibens zusammenhängt. Nur in den Konzentrationslagern ist dieses Experiment überhaupt möglich, und sie sind daher nicht nur *»la société la plus totalitaire encore réalisée«* (David Rousset), sondern darüber hinaus das richtunggebende Gesellschaftsideal für die totale Herrschaft überhaupt. So wie die Stabilität des totalitären Regimes von der Isolierung der fiktiven Welt der Bewegung von der Außenwelt abhängt, so hängt das Experiment der totalen Herrschaft in den Konzentrationslagern daran, daß sie auch innerhalb eines totalitär regierten Landes sicher gegen die Welt aller anderen, die Welt der Lebenden überhaupt, abgedichtet sind. Mit dieser Abdichtung hängt die eigentümliche Unwirklichkeit und Unglaubwürdigkeit zusammen, die allen Berichten aus den Lagern innewohnt und eine der Hauptschwierigkeiten für das wirkliche Verständnis der totalen Herrschaftsformen bildet, deren Existenz mit der Existenz der Konzentrations- und Vernichtungslager steht und fällt; denn diese Lager sind, so unwahrscheinlich dies klingen mag, die eigentliche zentrale Institution des totalen Macht- und Organisationsapparats.

Die Berichte der Überlebenden von Konzentrations- und Vernichtungslagern sind außerordentlich zahlreich und von auffallender Monotonie. Je echter diese Zeugnisse sind, desto kommunikationsloser sind sie, desto klagloser berichten sie, was sich menschlicher Fassungskraft und menschlicher Erfahrung entzieht.[112] Sie lassen den Leser kalt, stoßen ihn, wenn er sich ihnen wirklich überläßt, in das gleiche apathische Nicht-mehr-Begreifen, in dem sich der Berichterstatter bewegt, und sie lösen fast niemals jene Leidenschaften des empörten Mitleidens aus, durch die von jeher Menschen für die Gerechtigkeit mobilisiert wurden. Trotz überwältigender Beweise haftet das Odium der Unglaubwürdigkeit, mit dem Berichte aus Konzentrationslagern zuerst aufgenommen wurden, immer noch jedem an, der davon berichtet; und je entschlossener der Berichterstatter in die Welt der Lebenden zurückgekehrt ist, desto stärker wird ihn selbst der Zweifel an seiner eigenen Wahrhaftigkeit ergreifen, als verwechsle er einen Alptraum mit der Wirklichkeit.[113] In dieser an sich selbst und der erlebten Realität irre werdenden Unsicherheit gibt sich nur kund, was die Nazis schon immer gewußt haben; daß es nämlich, ist man zum Verbrechen entschlossen, zweckmäßig ist, Verbrechen in allergrößtem, allerunwahrscheinlichstem Maßstabe zu inszenieren. Nicht nur, daß solchermaßen alle Strafen, die in einem Rechtssystem vorgesehen sind, inadäquat und lächerlich werden; die Ungeheuerlichkeit der begangenen Untaten schafft automatisch eine Garantie dafür, daß den Mördern, die mit Lügen ihre Unschuld beteuern, eher Glauben geschenkt wird als den Opfern, deren Wahrheit den gesunden Menschenverstand beleidigt. Die Nazis haben sich auf diesen automatischen Schutz so sehr verlassen, daß sie es nicht einmal für nötig gehalten haben, diese Entdeckung für sich zu behalten; Hitler hat in Millionen von Exemplaren verbreitet, daß Lügen nur dann Erfolg haben können, wenn sie enorm sind, das heißt, wenn sie sich nicht damit abgeben, einzelne Tatsachen innerhalb eines intakt gelassenen Tatsächlichkeitszusammenhangs zu leugnen, wobei dann die intakte Tatsächlichkeit die Lüge immer an den Tag bringt, sondern wenn sie die gesamte Tatsächlichkeit so umlügen, daß alle einzelnen erlogenen Tatbestände in einem in sich stimmigen Zusammenhang eine fiktive Welt an die Stelle der wirklichen setzen. Dies hat bekanntlich so wenig verhindert, daß ihm geglaubt wurde, wie die hundertfach wiederholten Ankündigungen, daß Juden Parasiten seien, die man ausrotten müsse, dazu führten, an ein systematisches Ausrottungsprogramm zu glauben.[114]

Man kann sich dem Bann dieser in der Sache selbst liegenden Unglaubwürdigkeit auf manche Weise entziehen. Der Weg zur totalen Herrschaft führt über viele Zwischenstadien, für die man zahlreiche Analogien und Präzedenzfälle finden kann. Der außerordentlich blutige Terror im Anfangsstadium einer totalen Herrschaft dient in der Tat nur dazu, den politischen Gegner zu erledigen und alle Opposition unmöglich zu machen; der totale Terror wird aber erst losgelassen, wenn das Anfangsstadium überwunden ist und das Regime keinerlei Opposition mehr zu fürchten hat. Hierzu hat man vielfach bemerkt, daß in diesem Falle eben das Mittel zum Zweck geworden ist, was schließlich nur das in ein Paradoxon gekleidete Zugeständnis ist, daß die Zweck-Mittel-Kategorie nicht mehr funktioniert, daß Terror »zwecklos« geworden ist, daß er nicht mehr das Mittel ist, um Menschen in Schrecken zu versetzen. Auch die aus Betrachtungen der Französischen Revolution stammende Erklärung, daß die Revolution eben ihre eigenen Kinder verschlinge, versagt, wenn der Terror weitergeht, nachdem alles, was man so bezeichnen könnte – die russischen Fraktionen, die Machtzentren in Partei, Armee und Bürokratie –, bereits verschlungen ist. Vieles, was heute zur Spezialität totaler Herrschaftsapparate geworden ist, ist aus der Geschichte nur zu bekannt. Angriffskriege hat es nahezu immer gegeben; das Niedermetzeln feindlicher Bevölkerungen im Falle des Sieges ist erst durch das römische *parcere subiectis* einigermaßen eingedämmt worden; die Ausrottung von Eingeborenenvölkern begleitete durch die Jahrhunderte die Besiedlung von Amerika, Australien und Afrika; Sklaverei ist eine der ältesten Einrichtungen der Menschheit, und auf der Verwendung von Staatssklaven für die Errichtung öffentlicher Bauten haben alle Reiche der Antike beruht. Nicht einmal Konzentrationslager sind eine Erfindung totalitärer Bewegungen. Sie tauchen zum ersten Mal zu Beginn des Jahrhunderts im Burenkrieg auf und sind dann weiterhin in Südafrika wie in Indien für »unerwünschte Elemente« benutzt worden; hier finden wir auch zum ersten Mal den Ausdruck *»protective custody«*, der dann zu der »Schutzhaft« des Dritten Reiches wurde. Diese Lager entsprechen durchaus den Konzentrationslagern zu Beginn der totalen Herrschaft; man benutzte sie für »Verdächtige«, denen man ein Vergehen nicht nachweisen und die man im ordentlichen Strafvollzug nicht verurteilen konnte. All dies hat einen deutlichen Bezug zu totalen Herrschaftsmethoden; es sind Elemente, die sie benutzen, weiterentwickeln, kristallisieren auf Grund des ihnen bereits selbstverständlichen nihilistischen Prinzips: alles ist erlaubt. Wo immer aber diese neuen Herrschaftsmethoden ihre wirklich totale Struktur erhalten, gehen sie über dieses an den Nutzen und das Interesse der Machthaber gebundene Prinzip hinaus und versuchen sich in dem uns bisher gänzlich unbekannten Spielraum des »alles ist möglich«. Und dieser

Spielraum ist gerade dadurch charakterisiert, daß weder Nutzen noch wie immer verstandenes Interesse ihm Grenzen ziehen.

Was dem gesunden Menschenverstand zuwiderläuft, ist nicht das nihilistische »alles ist erlaubt«, das sogar in der utilitaristischen Ausprägung des gesunden Menschenverstandes im neunzehnten Jahrhundert bereits enthalten ist. Was der gesunde Menschenverstand, was »normale Menschen« nicht glauben, ist, daß alles möglich ist.[115] Die größte Schwierigkeit, die einem angemessenen Verstehen des totalitären Phänomens entgegensteht, ist diese Stimme des Unglaubens, die in jedem von uns sitzt und uns mit den Argumenten des gesunden Menschenverstandes schlecht zuredet. So versucht man als »Verbrechertum« zu klassifizieren, was doch unter keiner solchen Kategorie je vorgesehen war. Was soll man mit dem Begriff des Mordes anfangen, wenn man mit der Fabrikation von Leichen konfrontiert ist? Man versucht andererseits, das Verhalten der Lagerinsassen in psychologischen Kategorien aller Art zu verstehen, und vergißt, daß es darauf ankommt, zu begreifen, daß das, was man gemeinhin »Seele« nennt (oder Charakter), zerstört werden kann, ohne daß dabei der körperliche Mensch notwendig mit zerstört werden muß, ja, daß Seele, Charakter, Individualität sich offenbar unter bestimmten Bedingungen nur in der Schnelligkeit oder Langsamkeit manifestieren, mit der sie zugrunde gehen.[116] Das Endresultat sind jedenfalls entseelte, und das heißt psychologisch nicht mehr zu begreifende Menschen, deren Rückkehr in die psychologisch oder anders zu begreifende Menschenwelt in der Tat der Wiederauferstehung des Lazarus auf das genaueste gleicht. Alle Erklärungen des gesunden Menschenverstandes, alle Vergleiche aus der Geschichte, alles Pochen auf Präzedenzfälle dienen schließlich nur dazu, es als »oberflächlich« ablehnen zu dürfen, »beim Grauen zu verweilen«.[117]

Wenn es richtig ist, daß die Konzentrationslager die konsequenteste Institution totaler Herrschaft sind, dann dürfte zu ihrer Erkenntnis ein Verweilen beim Grauen unerläßlich sein. Dies kann die rückschauende Erinnerungsreportage ebensowenig leisten wie der kommunikationslose Augenzeugenbericht. Die ihnen innewohnende Richtung wendet sich von dem Erlebten fluchtartig ab; sie wissen instinktiv oder ausdrücklich zu genau über den furchtbaren Abgrund Bescheid, der die Welt der Lebenden von der der lebenden Toten trennt, als daß sie mehr geben könnten als eine Reihe erinnerter Begebenheiten, die ihnen selbst ebenso unglaubwürdig erscheinen müssen wie denen, die sie hören. Nur die antizipierende Angst, die sich an solchen Berichten entzündet, der ja aber faktisch noch nichts auf den Leib gerückt ist und die deshalb noch frei ist von der tierisch verzweifelten Furcht, die vor dem real gegenwärtigen Grauenhaften unweigerlich alles lähmt, was nicht bloße Reaktion ist – nur sie kann es sich gewissermaßen leisten, beim Grauen zu verweilen. Dies hat einen Sinn nur für die Erkenntnis politischer Zusammenhänge und die Mobilisierung politischer Leidenschaften. Eine wie immer geartete Veränderung von Personen kann das Verweilen beim Grauenhaften ebensowenig bewirken wie das reale Erlebnis des Grauens. Die Reduktion des Menschen auf ein Reaktionsbündel trennt ihn von allem, was »Person« oder »Charakter« in ihm ist, mit der gleichen Radikalität wie die Geisteskrankheit. Als wiederauferstandener Lazarus findet er seine Person oder seinen Charakter unverändert wieder vor, so wie er ihn verlassen hatte.

So wenig das Grauen oder das Verweilen bei ihm eine Charakterveränderung bewirken, Menschen besser oder schlechter machen kann, so wenig kann es zur Grundlage einer politischen Gemeinschaft oder Partei im engeren Sinne werden. Versuche, auf dem intereuropäisch erfahrenen Konzentrationslager eine europäische Elite mit einem Programm intereuropäischer Verständigung aufzubauen, sind ähnlich gescheitert wie Versuche nach dem Ersten Weltkrieg, aus dem internationalen Frontkämpfererlebnis politische Konsequenzen zu ziehen. Hier wie dort stellte sich heraus, daß die Erlebnisse selbst nur nihilistische Banalitäten mitteilen können.[118] Politische Konsequenzen, wie etwa der Nachkriegspazifismus, stammten aus der allgemeinen Angst vor dem Kriege, nicht aus dem Erlebnis des Krieges. Die von der Angst geleitete und mobilisierte Einsicht in die Struktur moderner Kriege hätte, statt zu einem realitätslosen Pazifismus, dazu führen können, als Maßstab eines notwendigen Krieges nur noch die Bekämpfung von Zuständen anzuerkennen, unter welchen man nicht mehr zu leben wünscht – und unsere Erfahrungen mit den Lagern und Marterhöllen totalitärer Regime haben uns über die Möglichkeit solcher Zustände nur zu gut belehrt.[119]

So könnte die von der Angst vor den Konzentrationslagern geleitete Einsicht in die Natur totaler Herrschaft dazu dienen, alle veralteten politischen Differenzierungen von rechts bis links zu entwerten und neben und über sie den politisch wesentlichsten Maßstab für die Beurteilung von Ereignissen in unserer Zeit einzuführen, nämlich: ob sie einer totalen Herrschaft dienen oder nicht.

Auf jeden Fall hat die antizipierende Angst den großen Vorteil, die sophistisch-dialektischen Interpretationen der Politik aufzulösen, die alle auf dem Aberglauben beruhen, daß aus dem Bösen etwas Gutes entstehen könne. Solche dialektischen Kunststücke hatten so lange wenigstens noch einen Schein von Berechtigung, als das Böseste, was der Mensch dem Menschen antun konnte, Mord war. Mord aber ist, wie wir heute wissen, noch etwas begrenzt Böses. Der Mörder, der einen Menschen tötet, der ohnehin sterben muß, bewegt sich noch innerhalb des uns bekannten Reichs von Leben und Tod; beide haben in der Tat einen notwendigen Zusammenhang miteinander, auf den die Dialektik sich gründet, auch wenn sie sich seiner nicht immer bewußt ist. Der Mörder hinterläßt einen Leichnam und behauptet nicht, daß sein Opfer nie existiert habe; wenn er Spuren verwischt, so die seiner eigenen Identität, nicht die der Erinnerung und Trauer derer, die sein Opfer liebten; er vernichtet ein Leben, aber er vernichtet nicht die Tatsache einer Existenz überhaupt.

Die Nazis mit der ihnen eigentümlichen Präzision pflegten die Konzentrationslager-Operationen unter der Rubrik »Nacht und Nebel« zu verbuchen. Die Radikalität dieser Maßnahmen, Menschen so zu behandeln, als ob es sie nie gegeben hätte, sie im wörtlichsten Sinne verschwinden zu lassen, ist oft auf den ersten Blick nicht ersichtlich, weil das deutsche wie das russische System nicht einheitlich ist, sondern eine Reihe von Gliederungen kennt, in denen Menschen sehr verschieden behandelt werden. Dabei pflegten in den deutschen Lagern diese verschiedenen Kategorien sich in dem gleichen Lager zu befinden, ohne doch miteinander in Berührung zu kommen; die Isolierung zwischen den Kategorien war oft noch erheblich strikter durchgeführt als die Isolierung von der Außenwelt. So wurden in Deutschland während des Krieges die Angehörigen der skandinavischen Völker aus rassischen Erwägungen prinzipiell anders behandelt als die Angehörigen von anderen Völkern, obwohl es sich hier nur um ausgesprochene Feinde der Nazis handelte. Diese wiederum waren danach eingeteilt, ob die »Ausmerzung« des betreffenden Volkes unmittelbar auf der Tagesordnung, wie im Falle der Juden, oder in der absehbaren Zukunft zu erwarten stand, wie im Falle der Polen, Russen und Ukrainer, oder ob über solch eine pauschale »Endlösung« noch kein Bescheid vorlag, wie im Falle der Franzosen, der Belgier. In Rußland andererseits muß man drei voneinander mehr oder minder unabhängige Systeme unterscheiden. Es gibt dort erstens wirkliche Zwangsarbeiterkolonnen, die in relativer Freiheit leben und nur auf Zeit verurteilt sind. Es gibt ferner Konzentrationslager, in denen das Menschenmaterial zwar rücksichtslos ausgebeutet wird und die Todesrate außerordentlich hoch ist, die aber im wesentlichen ebenfalls für Arbeitszwecke zusammengefaßt sind. Und es gibt drittens die Vernichtungslager, in denen die Insassen durch Hunger und Vernachlässigung systematisch ausgerottet werden.

Das eigentliche Grauen der Konzentrations- und Vernichtungslager besteht darin, daß die Insassen, selbst wenn sie zufällig am Leben bleiben, von der Welt der Lebenden wirksamer abgeschnitten sind, als wenn sie gestorben wären, weil der Terror Vergessen erzwingt. Der Mord geschieht hier ganz ohne Ansehen der Person; er kommt dem Zerdrücken einer Mücke gleich. Es mag einer sterben, weil er den systematischen Folterungen erliegt oder dem Hunger oder weil das Lager überbelegt ist und überflüssiges Menschenmaterial liquidiert werden muß. Umgekehrt kann es auch vorkommen, daß bei Mangel an neueingeliefertem Menschenmaterial die Gefahr entsteht, daß die Lager sich entvölkern, und daß nun der Befehl herauskommt, die Todesrate mit allen Mitteln herunterzudrücken.[120] David Rousset nannte seinen Bericht über die Zeit in einem deutschen Konzentrationslager *»Les Jours de Notre Mort«*, und es ist wahr, daß es ist, als hätte man eine Möglichkeit entdeckt, das Sterben selbst permanent zu machen, einen Zustand zu erzwingen, in dem Tod wie Leben gleich wirksam verhindert werden.

Das Grauen vor dem radikal Bösen weiß, daß hier das Ende des Umschlagens von Qualitäten und Entwicklungen gekommen ist. Hier gibt es weder politische noch geschichtliche noch einfach moralische Maßstäbe, sondern höchstens die Erkenntnis, daß es in der modernen Politik um etwas zu gehen scheint, worum es eigentlich in der Politik, wie wir sie gewöhnlich verstehen, nie gehen dürfte, nämlich um alles oder nichts – um alles, und das ist eine unbestimmte Unendlichkeit von Formen menschlichen Zusammenlebens, oder nichts, und das ist im Falle der Konzentrationslager ebenso exakt der Untergang des Menschen wie im Falle der Wasserstoffbombe der Untergang des Menschengeschlechts.

Es gibt keine Parallele zu dem Leben in den Konzentrationslagern. Was immer sich uns als solche darbietet, vernebelt uns den Sinn und lenkte die Aufmerksamkeit vom Wesentlichen ab. Zwangsarbeit, Verbannung, Sklaverei scheinen alle einen Augenblick lang trostreich aufzuleuchten, um bei näherer Überlegung ins Wesenlose zu versinken.

Zwangsarbeit als Strafe ist begrenzt nach Zeit und Intensität. Der Bestrafte behält das Recht über seinen Körper; er ist nicht nur nicht absolut gequält, er ist nicht einmal absolut beherrscht. Verbannung verbannt nur aus einem bestimmten Teil der Welt in eine andere, ebenfalls von Menschen bewohnte Welt; sie stößt nicht aus der Menschenwelt überhaupt aus. Sklaverei war, wo immer sie historisch auftrat, eine Institution innerhalb einer Gesellschaftsordnung; Sklaven wurden nicht, wie die Lagerinsassen, den Augen und damit der Kontrolle der Umwelt entzogen; als Arbeitsmittel hatten sie einen bestimmten Preis und als Eigentum einen bestimmten Wert. Der »Konzentrationär« hat keinen Preis, weil er jederzeit ersetzt werden kann, und er gehört niemandem zu eigen. Er ist, was das Leben der normalen Gesellschaft angeht, vollkommen überflüssig, obwohl er wegen der großen Knappheit an Arbeitskräften in Deutschland während des Krieges zur Arbeit verwendet wurde, und obwohl das russische System die Einrichtung der Läger und das ungeheure in ihnen konzentrierte Menschenmaterial auch dazu benutzt, Angebot und Nachfrage auf dem Arbeitsmarkt zu regeln. Diese Regelung erfolgt durch eine planmäßige Regelung der Todesrate in den Lagern.

Nirgends sind bisher Konzentrationslager um der möglichen Arbeitsleistung willen eingerichtet worden; ihre einzige ökonomische Funktion war und ist die Finanzierung des sie bewachenden Apparats, und das heißt: ökonomisch sind die Konzentrationslager um ihrer selbst willen da. Überall hätte die gleiche Arbeit, wenn Arbeit geleistet wurde, unter anderen Bedingungen unvergleichlich viel besser und billiger geleistet werden können.[121] Gerade Rußland, dessen Konzentrationslager zumeist als Zwangsarbeitslager beschrieben werden, weil die sowjetische Bürokratie sie mit diesem Titel belegt und beschönigt hat, zeigt am deutlichsten, daß es sich um Zwangsarbeit nicht handelt; Zwangsarbeit ist die normale Lebensbedingung des gesamten russischen Proletariats, dessen Freizügigkeit aufgehoben ist und das ohnehin beliebig jederzeit überallhin mobilisiert werden kann. Die Unglaubwürdigkeit der Greuel hängt aufs engste mit ihrer ökonomischen Zwecklosigkeit zusammen. Die Nazis haben diese Zwecklosigkeit bis zur offenen Zweckwidrigkeit getrieben, als sie mitten im Kriege und bei offenbarem Mangel an rollendem Material Millionen von Juden transportierten und riesige, kostspielige Vernichtungsfabriken anlegten. Durch den offenbaren Widerspruch dieser Veranstaltungen zu den Notwendigkeiten der Kriegshandlungen gaben sie dem ganzen Unternehmen inmitten einer zweckbeherrschten Welt den Anschein einer verrückten Irrealität.

Solche aus scheinbarer Sinnlosigkeit stammende Irrealität liegt aber *de facto* allen Formen der Konzentrationslager zugrunde. Von außen gesehen sind sie und was in ihnen sich abspielt nur mit Bildern zu beschreiben, die aus der Vorstellungswelt von einem Leben nach dem Tode stammen, nämlich von einem Leben, das irdischen Zwecken enthoben ist. Mit einer verblüffenden Genauigkeit könnte man Konzentrationslager in Typen einteilen, welche den drei wesentlichen abendländischen Vorstellungen von einem Leben nach dem Tode im Hades, im Fegefeuer und in der Hölle entsprechen. Dem Hades würden jene verhältnismäßig milden Formen des vernachlässigenden Aus-dem-Wege-Räumens entsprechen, die für unerwünschte Elemente aller Arten – Flüchtlinge, Staatenlose, Asoziale, Arbeitslose – auch in nichttotalitären Staaten in Mode zu kommen drohten; sie haben als DP-Camps, das heißt wieder als Lager für lästig und überflüssig gewordene Menschen, den Krieg überdauert. Das Fegefeuer stellt sich in jenen vorgeblichen Arbeitslagern der Sowjetunion dar, in denen sich Vernachlässigung mit chaotischem Arbeitszwang vereint. Die Hölle schließlich im wortwörtlichsten Verstande bilden jene nur von den Nazis bis zur Vollendung ausgebildeten Typen, in welchen das gesamte Leben nach dem Gesichtspunkt der größtmöglichen Quälerei systematisch durchorganisiert war. Allen drei Typen ist gemeinsam, daß die in sie verschlagenen Menschen so behandelt werden, als ob sie nicht mehr existierten, als ob das, was mit ihnen geschehe, nicht mehr und für niemanden zähle, als seien sie bereits gestorben und als amüsiere sich nun, bevor sie zur ewigen Ruhe zugelassen werden, noch irgendein verrückt gewordener böser Geist damit, sie zwischen Leben und Tod eben ein wenig aufzuhalten.

Es ist nicht so sehr der Stacheldraht wie die fabrizierte und kunstvoll hergestellte Unwirklichkeit derer, die er einzäunt, welche zu so ungeheuerlichen Grausamkeiten provoziert und die Vernichtung schließlich als eine durchaus normale Maßnahme erscheinen läßt. Nichts von dem, was sich in den Lagern abgespielt hat, ist uns unbekannt aus perversen und bösartigen Phantasiewelten. Was so schwer zu verstehen ist, ist gerade der Umstand, daß diese grausigen Verwirklichungen sich nicht weniger in einer Phantomwelt abspielen als jene Phantasien, in einer Welt nämlich, in der es weder Konsequenzen noch Verantwortungen gibt, so daß schließlich weder Peiniger noch Gepeinigte und am wenigsten der Außenstehende begreifen können, daß es sich um mehr handelt als ein grausames Spiel oder einen dummen Traum.

Die Filme, die die Alliierten nach Kriegsende in Deutschland und im Ausland laufen ließen, haben nur zu deutlich erwiesen, daß der Irrsinns- und Irrealitätscharakter der photographierten Begebenheiten aller reinen Reportage standhält. Für den unbefangenen Zuschauer kommt ihnen etwa soviel Überzeugungskraft zu wie den Photographien mysteriöser Substanzen in spiritistischen Sitzungen.[122] Der gesunde Menschenverstand reagierte auf die Greuel von Buchenwald oder Auschwitz mit dem plausiblen Argument: »Was müssen die Leute nur angestellt haben, daß dies mit ihnen geschah?« Oder, in Deutschland und Österreich inmitten der Hungersnot, der Übervölkerung und des allgemeinen Hasses: »Wie schade, daß man nicht mehr Juden vergast hat!«

Oder überall mit dem Kopfschütteln des Mißtrauens gegen einen besonders unwirksamen Propagandatrick.

Wenn die Propaganda der Wahrheit ihrer Ungeheuerlichkeit wegen den noch normalen Spießbürger nicht überzeugt, so hat sie eine desto gefährlichere Wirkung auf diejenigen, welche aus ihren eigenen Phantasiemöglichkeiten wissen, daß sie so etwas tun könnten, und aus diesem Grunde nur zu froh sind, an die Realität des Gezeigten zu glauben. Urplötzlich stellt sich heraus, daß, was die menschliche Phantasie seit Jahrtausenden in ein Reich jenseits menschlicher Kompetenz verbannt hatte, tatsächlich herstellbar ist. Hölle und Fegefeuer und selbst ein Abglanz ihrer ewigen Dauer können errichtet werden, indem man Menschen mit den modernsten Mitteln der Destruktion und der Heilkunst unendlich lange sterben läßt. Was diesen Typen, von denen es in jeder Großstadt sehr viel mehr gibt, als wir gerne wahrhaben möchten, beim Anblick dieser Filme oder beim Lesen jener Reportagen aufgeht, ist, daß die Macht des Menschen größer ist, als sie sich einzugestehen wagten, und daß man höllische Phantasien realisieren kann, ohne daß der Himmel einstürzt und die Erde sich auftut.

Das einzige, was nicht realisierbar bleibt, ist zugleich dasjenige, was allein die traditionellen Höllenvorstellungen menschlich erträglich machte: das Jüngste Gericht und die Vorstellung eines absoluten Maßstabes der Gerechtigkeit, verbunden mit der unendlichen Möglichkeit der Gnade. Denn nach menschlichem Ermessen gibt es kein Verbrechen und keine Sünde, die mit der Höllenstrafe und ihrer Ewigkeit kommensurabel wären. Daher die erregte Frage des gesunden Menschenverstandes: Was müssen diese Menschen verbrochen haben, um so unmenschlich zu leiden? Daher aber auch die absolute Unschuld der Opfer: dies hat kein Mensch je verdient. Daher schließlich die groteske Willkür der Auswahl der Lagerinsassen in jedem vervollkommneten Terrorstaat: Diese »Strafe« kann mit gleichem Recht und mit gleichem Unrecht über jeden verhängt werden.

Verglichen mit der Irrsinnswelt der Konzentrationslagergesellschaft selbst, die von der Phantasie nie ganz erreicht werden kann, weil sie außerhalb von Leben und Tod steht, ist der Prozeß, durch den Menschen auf sie präpariert und gleichsam zugerichtet werden, einsichtig und zweckvoll. Der irrsinnigen Massenfabrikation von Leichen geht die historisch und politisch verständliche Präparation lebender Leichname voran. Den Anstoß und, was mehr ist, die schweigende Billigung solch unerhörter Zustände in der Mitte Europas haben jene Ereignisse erzeugt, welche in einer Periode untergehender politischer Formen plötzlich Hunderttausende und dann Millionen von Menschen heimatlos, staatenlos, rechtlos machten, wirtschaftlich überflüssig und sozial unerwünscht. An ihnen hatte sich bereits erwiesen, daß die Menschenrechte, welche ohnehin weder philosophisch begründet noch politisch je gesichert gewesen waren, auch ihre rein proklamatorische, appellierende Wirkung verloren und in ihrer traditionellen Form zumindest nirgends mehr Geltung hatten. Dies aber sind nur die negativen Vorbedingungen; schließlich war der Verlust des Arbeitsplatzes und damit des angestammten Platzes in der Gesellschaft, wie die Arbeitslosigkeit ihn mit sich gebracht hatte, oder der bei den Staatenlosen eingetretene Verlust von Paß, Heimat, gesichertem Aufenthalt und Recht auf Erwerb nur eine sehr vorläufige, summarische Vorbereitung, die für das Endresultat schwerlich ausgereicht hätte.

Der erste entscheidende Schritt auf dem Wege zur totalen Herrschaft ist nichtsdestoweniger die Tötung der juristischen Person, die im Falle der Staatenlosigkeit automatisch dadurch erfolgt, daß der Staatenlose außerhalb allen geltenden Rechtes zu stehen kommt. Im Falle der totalen Herrschaft wird aus dieser automatischen Tötung ein geplanter Mord, der dadurch eintritt, daß die Konzentrationslager immer außerhalb des normalen Strafvollzugs gestellt werden und die Insassen niemals »zur Ahndung von strafbaren oder sonst verwerflichen Taten« eingeliefert werden dürfen.[123] Unter allen Umständen achtet die totale Herrschaft darauf, in den Lagern Menschen zu versammeln, die nur noch *sind* – Juden, Bazillenträger, Exponenten absterbender Klassen –, aber ihre Fähigkeit zu handeln, zur Tat wie zur Missetat, bereits verloren haben. Propagandistisch ausgedrückt heißt dies, die »Schutzhaft« als eine »polizeiliche Präventivmaßnahme« handhaben,[124] das heißt als eine Maßnahme, die Menschen des Handelns beraubt. Aus diesem Grunde werden Verbrecher immer erst nach Verbüßung ihrer Strafe eingeliefert, wenn von dem Verbrechen nicht mehr die Rede ist und man behaupten kann, es mit jemandem zu tun zu haben, der ein Verbrecher ist, unabhängig davon, was er tut oder läßt. Abweichungen von dieser Regel in Rußland sind aus einem akuten Mangel an Gefängnissen zu erklären[125] und vielleicht auch aus dem noch nicht geglückten Versuch, das gesamte Justizsystem abzuschaffen und durch die Polizeiverwaltung und ihre Konzentrationslager zu ersetzen.

Dennoch darf das Element der Verbrecher in keinem Konzentrationslager fehlen. Es dient einerseits dem Propagandaanspruch der Institution, daß sie nur für asoziale Elemente bestimmt sei, und andererseits der Entmachtung des regulären Justizsystems: Nicht nur werden die Verbrecher erst eingeliefert, wenn die Justiz ihnen gerade wieder den Anspruch auf Freiheit zuerkannt hat, sondern die Behandlung in den Lagern ist so ungeheuer viel schlechter als in allen Gefängnissen und Zuchthäusern, daß sich immer herausstellt, daß die eigentliche Strafe erst beginnt, wenn die von ordentlichen Gerichten verhängte Strafzeit abgebüßt ist. Dennoch bleiben die Verbrecher die einzigen, bei denen das, was sie getan haben, in einem klar nachweisbaren Zusammenhang mit dem steht, was ihnen geschieht. Das aber heißt nur, daß bei ihnen wenigstens Spuren – gleichsam Erinnerungsspuren – ihrer juristischen Person erhalten bleiben, und die Tatsache, daß sie fast ausnahmslos die Aristokratie der Lager bildeten und die administrativen Funktionen erfüllten, zeigt deutlich, daß es erheblich schwerer ist, die juristische Person in einem Menschen zu töten, der sich etwas hat zuschulden kommen lassen, als in einem völlig Unschuldigen. Der Aufstieg des Verbrechers in die Aristokratie der Lager ähnelt auffallend der Verbesserung, die in der juristischen Lage der Staatenlosen, welche ja auch ihre bürgerlichen Rechte verloren haben, eintritt, sobald sie sich zu einem Diebstahl entschließen.

Die Vorherrschaft der Verbrecher in den Lagern ist in Nazideutschland während des Krieges zeitweise von der der Kommunisten abgelöst worden, da unter den chaotischen Bedingungen einer Verbrecheradministration nicht einmal ein Minimum rationeller Arbeitsleistung möglich war. Das besagt nur, daß die Konzentrationslager – aber niemals die Vernichtungslager! – sich unter dem Druck des Krieges zeitweise in Zwangsarbeitslager verwandelten.[126] Typisch aber ist, daß diese Kriegsadministration niemals in die Hände der »Unschuldigen« fiel, sondern derjenigen, bei denen nach den Verbrechern noch am meisten Zusammenhang zwischen Handeln und Leiden bestehen geblieben war. Es ist auch ein Irrtum, zu glauben, daß die Tatsache der Verbrecheraristokratie mit einer Affinität zwischen Wachmannschaften und den verbrecherischen Elementen unter den Insassen zusammenhängt, denn die sowjetrussischen Wachmannschaften im Unterschied zu den SS-Kommandeuren waren nicht speziell auf Verbrecher trainiert, und dennoch bilden auch dort die Verbrecher die Aristokratie der Lager.[127] Worauf es ankommt, ist, daß bei den Verbrechern und den Politischen die Zerstörung der juristischen Person nicht voll gelingen kann, weil sie wissen, warum sie dort sind.[128] Die Politischen befinden sich dabei im Nachteil, weil auf sie dies nur subjektiv zutrifft. Wirkliche Gegner werden ohnehin erledigt, und ihre Handlungen, sofern sie überhaupt noch Handlungen waren und nicht nur Gesinnungen oder zufällige Beziehung zu politischen Gegnern, sind von dem normalen Rechtssystem des Landes nicht vorgesehen und juristisch nicht definierbar. Gerade darum wurden sie ja in Polizeigewahrsam gebracht.

Verbrecher gehören eigentlich nicht in das Konzentrationslager. Daß sie dennoch eine permanente Kategorie in allen Lagern bilden, ist vom Standpunkt des totalen Herrschaftsapparats aus gesehen eine Art Konzession an die Vorurteile der Gesellschaft, die man auf diese Weise am leichtesten an die Existenz der Lager gewöhnen kann. Das Amalgam von Verbrechern mit allen anderen Kategorien hat außerdem den Vorteil, allen anderen Ankömmlingen sofort schockartig klarzumachen, daß sie auf der untersten Stufe der Gesellschaft gelandet sind.[129] Zwar stellt sich bald heraus, daß die Neuankömmlinge allen Grund haben, jeden beliebigen Raubmörder um sein Schicksal zu beneiden; aber für den Anfang ist die unterste Stufe ein guter Ausgangspunkt. Und nach außen ist es ein gutes Mittel der Verschleierung: Dies passiert nur Verbrechern, sagt man der Gesellschaft; nichts Schlimmeres, als was eben Verbrechern geschieht, wird dir passieren, sagt man dem Neuankömmling.

Zu dem Amalgam von Politischen und Verbrechern, mit dem in Deutschland wie Rußland die Konzentrationslager begannen, fügt sich sehr früh ein drittes Element, das bald die Majorität aller Insassen bilden sollte. Diese größte Gruppe besteht aus Menschen, die überhaupt nichts getan haben, was, sei es in ihrem eigenen Bewußtsein oder im Bewußtsein ihrer Peiniger, in irgendeinem rationalen Zusammenhang mit ihrer Haft steht. Ohne sie hätten die Lager niemals existieren beziehungsweise die ersten Jahre des Regimes überleben können. Man braucht sich nur die Belegschaftsstärke von Buchenwald in den Jahren nach 1936 anzusehen, um zu verstehen, wie absolut notwendig das Element der Unschuldigen für die Fortexistenz der Lager war. »Die Lager wären ausgestorben, wenn die Gestapo bei den Verhaftungen nur mehr von dem Grundsatz der Gegnerschaft ausgegangen wäre«, und Buchenwald war Ende des Jahres 1937 mit noch nicht eintausend Insassen dem Aussterben nahe, bis dann die Novemberpogrome mehr als zwanzigtausend Neuankömmlinge brachten.[130] In

Deutschland war dies Element der Unschuldigen seit 1938 massenhaft vertreten, in Rußland durch beliebige Gruppen der Bevölkerung, die aus irgendeinem mit ihren Handlungen in keinerlei Zusammenhang stehenden Grunde mißliebig geworden waren.[131] Aber wenn die Wendung zu dem eigentlich totalitär geleiteten Konzentrationslager mit seinem enormen Überwiegen völlig »unschuldiger« Insassen in Deutschland erst im Jahre 1938 gemacht wurde, geht sie in Rußland auf das Ende der zwanziger Jahre zurück, wo bis zum Jahre 1930 die Majorität der Konzentrationslager-Bevölkerung noch aus Verbrechern, Konterrevolutionären und »Politischen« (das heißt in diesem Falle Angehörigen abweichender Fraktionen) bestanden hat. Seitdem sind der Unschuldigen in den Lagern so viele, daß es schwer hält, sie in Kategorien zu fassen – Leute, die irgendwelchen Kontakt mit dem Ausland hatten, Russen polnischer Herkunft (vor allem in den Jahren 1936 bis 1938), Bauern, deren Dörfer aus irgendeinem planwirtschaftlichen Grunde liquidiert werden, Nationalitäten, die ausgesiedelt werden, demobilisierte Soldaten der Roten Armee, die zufällig zu Regimentern gehörten, die zu lange für Besatzungszwecke im Ausland gewesen oder in deutsche Kriegsgefangenschaft geraten waren, und was dergleichen mehr ist.

Diese in jedem Sinne vollkommen Unschuldigen bilden nicht nur die Majorität der Lagerbevölkerung, sie sind auch diejenigen, die schließlich in den deutschen Gaskammern »ausgemerzt« wurden. Nur in ihnen konnte der Mord der juristischen Person so vollständig durchgeführt werden, daß sie ohne Namen und ohne Taten oder Missetaten, an denen man sie hätte erkennen können, in den Massenfabriken des Todes »verarbeitet« werden konnten, die zudem schon ihrer Fassungskraft wegen individuelle Fälle gar nicht mehr berücksichtigen konnten. (Ein Jude etwa, der sich wirklich gegen das Naziregime »vergangen« hatte, kam dort gar nicht erst herein, er wurde sofort erschossen oder totgeschlagen.) Die Gaskammern waren von vornherein weder als Abschreckungs- noch als Strafmaßnahme gedacht; sie waren bestimmt für Juden oder Zigeuner oder Polen »überhaupt«, und sie dienten letztlich dem Beweis, daß Menschen überhaupt überflüssig sind. Innerhalb der Konzentrationslager waren diese zur Vernichtung bestimmten Kategorien die gleichsam wandelnden Exempel dessen, was ein Mensch überhaupt ist und wert ist; an diesem Exempel hatten alle anderen sich zu messen, um schließlich, hätte dieses Massenmorden nicht ein Ende genommen, an diesen Status des Menschen überhaupt assimiliert und ihrerseits ausgerottet zu werden.[132]

Der Willkür der Einlieferungen steht zumeist eine in sich sinnlose, aber organisatorisch zweckmäßige Einteilung der Insassen in bestimmte Kategorien gegenüber. Die Hauptkategorien in den deutschen Konzentrationslagern waren Verbrecher, Politische, Asoziale, Religiöse und Juden, die durch Abzeichen kenntlich gemacht waren. Die so viel unerfahreneren Franzosen führten nicht nur, als sie nach dem Ende des spanischen Bürgerkrieges an die Errichtung von Konzentrationslagern gingen, sofort auch die typische totalitäre Amalgamierung von Politischen mit Verbrechern und Unschuldigen ein, wobei die letzteren durch Staatenlose repräsentiert waren, sondern erwiesen sich im Erfinden sinnloser Kategorien innerhalb der Lager sogar besonders erfinderisch.[133] Ursprünglich zur Verhinderung von Solidarisierungen der Insassen erfunden, bewährte sich dieses Mittel besonders dadurch, daß niemand wissen konnte, ob es besser oder schlechter war, zu der einen oder der anderen Kategorie zu gehören. In Deutschland wurde diesem ewig schwankenden, in sich aber pedantisch genau abgeteilten Gebäude ein Schein von Solidität dadurch gegeben, daß die Juden ein für allemal und unter allen Umständen die unterste Kategorie darstellten. Das grotesk Grauenhafte an diesen Einteilungen war, daß die Häftlinge sich buchstäblich mit ihnen identifizierten, als seien sie ein letzter authentischer Rest ihrer verlorenen juristischen Person. Selbst wenn man von allen anderen Umständen absieht, ist es kein Wunder, wenn ein Kommunist von 1933 kommunistischer, ein Jude jüdischer oder, in Frankreich, die Frau eines Fremdenlegionärs überzeugter von dem Wert der Fremdenlegion aus den Lagern herauskamen, als sie hineingegangen waren; schien es doch, als ob diese Kategorien einen letzten Rest von voraussehbaren Handlungen gewährleisteten, als ob in ihnen sich eine letzte und daher fundamentale Identität ihrer juristischen Person offenbare.

Während die Einteilung der Insassen in Kategorien nur eine taktisch-organisatorische Maßnahme für die Verwaltung der Lager ist, zeigt die Willkür der Einlieferungen das wesentliche Prinzip der Institution als solcher an. Die Existenz einer politischen Opposition ist für das Konzentrationslagersystem nur ein Vorwand, und sein Zweck ist nicht erreicht, wenn infolge ungeheuerlichster Abschreckung die Bevölkerung sich mehr oder minder freiwillig gleichschaltet, das heißt ihrer politischen Rechte begibt. Die Willkür bezweckt die bürgerliche Entrechtung aller von einem totalitären Regime Beherrschten, die schließlich in ihrem eigenen Lande so vogelfrei werden wie sonst nur Staaten- und Heimatlose. Die Entrechtung des Menschen, die Tötung der juristischen Person in ihm ist Vorbedingung für sein totales Beherrschtsein, dem selbst freie Zustimmung hinderlich ist.[134] Und dies gilt nicht nur von speziellen Kategorien wie Verbrechern, politischen Gegnern, Juden, an denen die Sache ausprobiert wird, sondern von jedem Einwohner eines totalitären Staates.

Jede, auch die tyrannischste Begrenzung dieser Willkür auf bestimmte Gesinnungen religiöser oder politischer Art, auf bestimmte Verhaltungsweisen geistiger oder erotischer oder sozialer Natur, auf bestimmte neu erfundene »Verbrechen« würde nicht nur die Lager überflüssig machen, weil diesem Übermaß drohenden Grauens auf die Dauer keine Haltung und keine Gesinnung gewachsen ist, sondern würde vor allem auch ein neues Rechtssystem einführen, das bei einer Stabilität wieder eine juristische Person im Menschen auferstehen lassen müßte, die sich dem totalen Herrschaftsanspruch entzieht. Der sogenannte »Volksnutzen« der Nazis, ewig schwankend (denn was heute nützlich ist, kann morgen schädlich sein), und die dauernd sich ändernde Parteilinie der Sowjetunion, die, da sie auch nach rückwärts verbindlich ist, gleichsam täglich beliebig neue Gruppen von Menschen für die Konzentrationslager freistellt, sind die einzige Garantie für die Fortexistenz der Konzentrationslager und also für die totale Entrechtung des Menschen.

Der nächste entscheidende Schritt in der Präparierung lebender Leichname ist die Ermordung der moralischen Person. Dies geschieht wesentlich dadurch, daß zum ersten Male in der Geschichte Märtyrertum unmöglich gemacht worden ist.[135] Denn die Lager und der Mord des politischen Gegners sind nur Teile eines Systems des Vergessens, das sich nicht nur auf die Mittel öffentlicher Meinungsbildung wie das gedruckte und gesprochene Wort erstreckt, sondern bis in die Familien und Freundeskreise des Betroffenen greift, wo es Trauer und Erinnerung unmittelbar verhindert. Die Frauen, die in der Sowjetunion sich sofort nach der Verhaftung des Mannes scheiden lassen, um ihren Kindern das Leben zu sichern, und den eventuell Zurückkehrenden verzweifelt, ja empört aus dem Hause weisen, gehören wohl mit zu den furchtbarsten Zeichen dessen, was Menschen aus Menschen machen können.[136]

Die abendländische Welt hat bisher noch immer, auch in ihren dunkelsten Zeiten, dem getöteten Feinde das Recht auf Erinnerung als eine selbstverständliche Anerkennung dessen, daß wir alle Menschen (und nur Menschen) sind, zugestanden. Nur weil Achill selbst sich zu Hektors Begräbnis rüstete, nur weil auch die despotischsten Regierungen den toten Feind ehrten, nur weil die Römer den Christen erlaubten, ihre Märtyrergeschichten zu schreiben, nur weil die Kirche ihre Ketzer in der Erinnerung der Menschen erhielt, war und konnte nie alles schlechthin verloren sein. Sterben konnte man immer für seine Überzeugungen. Indem die Konzentrationslager den Tod selbst anonym machten – in der Sowjetunion ist es nahezu unmöglich, auch nur festzustellen, ob einer schon tot oder noch lebendig ist –, nahmen sie dem Sterben den Sinn, den es immer hatte haben können. Sie schlugen gewissermaßen dem einzelnen seinen eigenen Tod aus der Hand, zum Beweise, daß ihm nichts mehr und er niemandem mehr gehörte. Sein Tod war nur die Besiegelung dessen, daß es ihn niemals gegeben hatte.

Gegen diesen Angriff auf die moralische Person des Menschen, sofern sie in der Gesellschaft und im Zusammenleben mit anderen Menschen verankert ist, hätte es gleichwohl noch die Möglichkeit gegeben, sich auf das Gewissen zu berufen und seinen unsicheren Trost, daß es immerhin noch besser war, als Opfer zu sterben, denn als Beamter des Sterbens zu leben. Diesen individualistischen Ausweg der moralischen Person haben die totalitären Regierungen dadurch abgeschnitten, daß sie die Entscheidung des Gewissens selbst absolut fragwürdig und zweideutig gemacht haben.

Wie ein Mensch entscheiden soll, der vor die Wahl gestellt wird, entweder seine Freunde zu verraten und damit zu ermorden oder seine Frau und Kinder, für die er ja in jedem Sinne verantwortlich ist, dem Tode preiszugeben, ist schlechthin nicht mehr auszumachen, vor allem dann nicht, wenn Selbstmord automatisch Mord an der eigenen Familie bedeutet. Die Alternative ist hier nicht mehr zwischen Gut und Böse, sondern zwischen Mord und Mord. Klarer wird die Situation noch an dem Beispiel, das Camus zitiert: von der Frau in Griechenland, der die Nazis die Wahl überließen, welches von ihren drei Kindern getötet werden solle.[137]

In der Schaffung von Lebensbedingungen, in denen Gewissen schlechthin nicht mehr ausreicht und das Gute unter keinen Umständen mehr getan werden kann, wird die bewußt organisierte

Komplizität aller Menschen an den Verbrechen totalitärer Regime auch auf die Opfer ausgedehnt und damit wirklich »total« gemacht. Wir wissen aus vielfachen Beschreibungen, bis zu welchem Grade die »Konzentrationäre« mit in die eigentlichen Verbrechen der SS verwickelt wurden, indem man ihnen – den Verbrechern, den Politischen, den Juden in den Ghetti und Vernichtungslagern – weite Teile der Verwaltung überließ und sie damit dem nie zu lösenden Konflikt auslieferte, entweder ihre Freunde in den Tod zu schicken oder andere, ihnen zufällig nicht bekannte Menschen ermorden zu helfen. Dabei ist noch nicht einmal entscheidend, daß der Haß von den eigentlichen Schuldigen abgelenkt wird (natürlich waren die Kapos mehr verhaßt als die SS), sondern daß der Unterschied zwischen Henker und Opfer, zwischen schuldig und unschuldig vernichtet wird.

Das einzige, was nach Tötung der moralischen Person noch übrigbleibt, um zu verhindern, daß Menschen lebende Leichname sind, ist die Tatsache der individuellen Differenziertheit, der eigentümlichen Identität. Diese hätte sich eventuell in der Haltung eines konsequenten Stoizismus steril konservieren lassen, und es ist kein Zweifel, daß viele Menschen unter dem totalen Herrschaftsanspruch sich in diese absolute Vereinzelung einer recht- und gewissenlosen Persönlichkeit gerettet haben und noch täglich retten. Es ist auch keine Frage, daß dieser Bestandteil der menschlichen Person, gerade weil er so wesentlich von Natur und willensmäßig unkontrollierbaren Mächten abhängt, am schwersten zu zerstören ist (wie er nach der Zerstörung auch am schnellsten wieder auflebt).

Der Mittel, mit dieser Eigentümlichkeit der menschlichen Person fertig zu werden, sind vielfache, und wir wollen es uns und den Lesern ersparen, sie wirklich aufzuzählen. Sie beginnen mit den ungeheuerlichen Verhältnissen bei Transporten in die Lager, wenn Hunderte von Menschen in einem Viehwaggon splitternackt, buchstäblich aneinandergeklebt, tagelang zum Vergnügen auf der Landkarte umhergefahren werden; sie setzen ihr Werk fort mit der Einlieferung in die Lager, dem wohlorganisierten Schock der ersten Stunden, dem Kahlscheren des Schädels, der grotesken Einkleidung; und sie enden in all den völlig unvorstellbaren, genau berechneten Torturen, denen der menschliche Körper keineswegs und sicher nicht schnell zu erliegen braucht. Sie laufen jedenfalls darauf hinaus, den Körper des Menschen in seinen unendlichen Leidensmöglichkeiten so auszuwerten und zu handhaben, daß er die menschliche Person nicht anders und mit nicht geringerer Folgerichtigkeit zerstört als gewisse organisch bedingte Geisteskrankheiten.

Es ist genau auf dieser Station der Präparierung, daß der sinn- und zwecklose Irrsinn der ganzen Angelegenheit überwältigend in Erscheinung tritt. Zwar spielen Torturen in jedem Stadium des Justiz- und Polizeiwesens totalitärer Regime eine zentrale Rolle; sie gehören zur täglichen Routine der Aussagenerpressung. Diese Art von Tortur hat, da sie einen bestimmten, rationalen Zweck verfolgt, auch bestimmte Grenzen: der Gefangene macht entweder seine Aussagen innerhalb einer bestimmten Zeit oder er wird totgeschlagen. In den ersten Konzentrationslagern des Naziregimes wie in den Marterhöllen der Gestapo setzte neben dieser rational geleiteten Tortur bereits eine andere, irrational und pervertiert sadistische ein, die zumeist von der SA ausgeführt wurde. Zu ihren Kennzeichen gehörte es, daß sie keinerlei Zwecke verfolgte, nicht systematisch durchorganisiert war, sondern voll auf der Initiative einzelner, zumeist anomaler Elemente beruhte, daß die von ihr verursachte Sterblichkeit so hoch war, daß nur sehr wenige Häftlinge aus dem Jahre 1933 diese ersten Jahre überhaupt überlebten und daß sie nicht so sehr eine durchdachte politische Institution zu sein schien als eine Konzession des Regimes an seine verbrecherischen und anomalen Elemente, denen durch Konzentrationslager und Gestapokeller Vergnügungsmaterial gleichsam als Prämie für erwiesene Dienste zur Verfügung gestellt wurde.

Hinter der blinden Vertiertheit jener SA-Leute war oft deutlich ein überwältigender Haß des Ressentiments zu spüren gegen alle sozial oder geistig oder körperlich besser Weggekommenen, die man nun, als Erfüllung unmöglich geglaubter Wunschträume, in seiner Macht hatte. Es ist bezeichnend, daß dieses Ressentiment, von dem auch noch später in den Konzentrationslagern einiges zu spüren war, auf uns wie ein letzter Rest menschlich verstehbaren Verhaltens wirkt.

Das eigentlich Grauenhafte der Lager jedoch ist gerade, daß diese spontane Vertiertheit in den deutschen Lagern mehr und mehr zurücktrat, nachdem die SS ihre Verwaltung übernommen hatte, und von einer absolut kalten, absolut berechneten und systematischen Zerstörung der menschlichen Körper zum Zwecke der Zerstörung der menschlichen Würde abgelöst wurde, die sich genug in der Gewalt hatte, den Tod zu verhindern oder auf unabsehbar lange Zeit hinauszuschieben. Die Lager waren jetzt nicht mehr der Tummel- und Vergnügungsplatz von Bestien in Menschengestalt, das heißt von Menschen, die eigentlich in Schwachsinnigenheime, Irrenanstalten und Gefängnisse gehörten, sondern umgekehrt: sie wurden zu den Exerzierplätzen, auf denen vollkommen normale Menschen zu vollgültigen Mitgliedern der SS erzogen wurden.[138]

Die Tötung der Individualität, der Einmaligkeit der menschlichen Person, die, zu gleichen Teilen von Natur, Willen und Schicksal gebildet, uns in ihrer unendlichen Verschiedenheit so selbstverständliche Voraussetzung aller menschlichen Beziehungen geworden ist, daß uns identische Zwillinge bereits ein gewisses Unbehagen verursachen, erzeugt ein Grauen, das über die Empörung der rechtlich-politischen und die Verzweiflung der moralischen Person weit hinausgeht. Hier setzen die nihilistischen Verallgemeinerungen des Konzentrationslagererlebnisses an, die, plausibel genug, behaupten, daß im Grunde alle Menschen die gleichen Bestien seien.[139] In Wahrheit demonstrieren die Erfahrungen der Konzentrationslager, daß es in der Tat möglich ist, Menschen in Exemplare der menschlichen Tierart zu verwandeln, und daß die »Natur« nur insofern »menschlich« ist, als sie es dem Menschen freistellt, etwas höchst Unnatürliches, nämlich ein Mensch zu werden.

Daß die Zerstörung der Individualität nach Ermordung der moralischen und Vernichtung der juristischen Person in nahezu allen Fällen gelingt, geht am klarsten aus dem Verhalten der Inhaftierten selbst hervor. Es mag noch aus irgendwelchen Gesetzen der Massenpsychologie erklärlich sein, daß die Millionen von Menschen sich widerstandslos in den Gastod haben abkommandieren lassen, obwohl ja auch diese Gesetze nichts anderes erklären als die Rückgängigmachung der Individuation. Wesentlicher in diesem Zusammenhang ist es, daß auch einzeln zum Tode Verurteilte nur sehr selten versucht haben, einen ihrer Henker mitzunehmen, daß es kaum ernsthafte Revolten gegeben hat und daß selbst im Moment der Befreiung es kaum zu irgendwelchen spontanen Metzeleien der SS gekommen ist.[140] Denn die Zerstörung der Individualität ist identisch mit der Ertötung der Spontaneität, der Fähigkeit des Menschen, von sich aus etwas Neues zu beginnen, das aus Reaktionen zu Umwelt und Geschehnissen nicht erklärbar ist. Was danach übrigbleibt, sind jene unheimlichen, weil mit wirklichen, menschlichen Gesichtern ausgestatteten Marionetten, die sich alle benehmen wie der Pawlowsche Hund, die alle bis in den Tod vollkommen verlässig reagieren und nur reagieren. Das ist der größte Triumph des Systems.[141]

So schwer es scheint, totalitäre Bewegungen und die Institutionen totaler Herrschaft zu verstehen, wenn man diejenigen Maßstäbe des Interesses und der Zweckmäßigkeit anlegt, die sie selbst ausdrücklich als überaltert, sentimental und bürgerlich ablehnen, so leicht ist es, das, was sie tun, zu begreifen, wenn man den Totalitätsanspruch ernst nimmt und einmal annimmt, daß totale Herrschaft keine Utopie ist. Dann erweist sich, daß die in den

Lagern etablierte Gesellschaft des Sterbens die einzige Form ist, in der es gelingen kann, sich des Menschen total zu bemächtigen. Dem totalen Herrschaftsanspruch bleibt gar nichts anderes übrig, als jede Spontaneität, wie sie in der einfachen Existenz der Individualität sich jederzeit durchsetzt, zu liquidieren und sie in allen Formen privatester Lebensäußerung aufzuspüren, ganz gleich wie unpolitisch oder harmlos diese erscheinen mögen. Der Pawlowsche Hund, das auf die elementarsten Reaktionen reduzierte Exemplar der Tierspezies Mensch, das jederzeit liquidiert und durch andere, sich identisch verhaltende Reaktionsbündel abgelöst werden kann, ist das außerhalb der Lager immer nur unvollkommen verwirklichbare Modell des »Bürgers« eines totalitären Staates.

Die Unzweckmäßigkeit der Lager, ihre zynisch zugestandene Zweckwidrigkeit, ist nur scheinbar. In Wahrheit dienen sie effektiver der Aufrechterhaltung der Macht des Regimes als jede andere seiner Institutionen. Ohne die Lager, ohne die unbestimmte Angst vor ihnen und ohne die sehr bestimmte Erziehung zu totaler Herrschaft, die nirgendwo sonst in ihren radikalsten Möglichkeiten ausprobiert werden könnte, kann eine totale Herrschaft weder ihre Kerntruppen fanatisieren noch ein ganzes Volk in kompletter Apathie erhalten. Herrscher wie Beherrschte würden nur zu schnell wieder in »bürgerlichen Schlendrian« verfallen, sie würden dem Weiterleben und seinen menschlichen Gesetzen nach anfänglichen »Ausschreitungen« anheimfallen, kurz, sie würden sich in jener Richtung entwickeln, die alle vom gesunden Menschenverstand beratenen Beobachter so sehr vorauszusagen liebten. Der tragische Fehlschluß dieser noch aus einer gesicherten Welt stammenden Prophezeiungen lag darin, daß man glaubte, es gebe so etwas wie eine ein für allemal festgelegte Natur des Menschen, die man selbstverständlicherweise mit den historischen Gegebenheiten identifizierte und derzufolge der Totalitätsanspruch selbst in der Tat nicht sowohl unmenschlich wie unrealistisch war.

Inzwischen haben wir erfahren, daß die Macht des Menschen so groß ist, daß er wirklich sein kann, was er zu sein wünscht.

Es liegt in der Natur eines totalen Anspruchs, daß der Machtanspruch totalitärer Regime prinzipiell unbegrenzbar ist. Er wäre nur gesichert, wenn buchstäblich alle Menschen, ohne eine einzige Ausnahme, in allen ihren Lebensäußerungen zuverlässig beherrscht würden. Der außenpolitischen Notwendigkeit, sich ständig neue neutrale Gebiete zu unterwerfen, entspricht die innenpolitische Notwendigkeit, immer neue Menschengruppen in immer erweiterten Konzentrationslagern total zu beherrschen und gegebenenfalls zu liquidieren, um wieder neuen Raum zu schaffen. Die Frage der Gegnerschaft spielt hierbei außenpolitisch wie innenpolitisch gar keine Rolle. Jede Neutralität, ja, jede spontan dargebrachte Freundschaft ist vom Standpunkt einer totalen Beherrschung genauso gefährlich wie klare Feindschaft, eben weil Spontaneität als solche in ihrer Unberechenbarkeit das größte Hemmnis der totalen Herrschaft über den Menschen ist. Die nach Moskau geflohenen oder berufenen Kommunisten nichtrussischer Länder haben diese ihre Gefährlichkeit für das Sowjetregime nur zu sehr am eigenen Leibe erfahren. »Überzeugte« Kommunisten sind in diesem heute allein noch realen Sinne genauso bedrohlich für das Regime in Rußland wie seine Gegner. Was Überzeugung und Gesinnung jeglicher Art in totalitären Verhältnissen so lächerlich und so gefährlich macht, ist dies: daß dieses Regimes höchster Stolz gerade darin liegt, ihrer und damit menschlicher Hilfe überhaupt nicht zu bedürfen. Menschen, sofern sie mehr sind als reaktionsbegabte Erfüllungen von Funktionen, deren unterste und daher zentralste die rein tierischen Reaktionen bilden, sind für totalitäre Regime schlechterdings überflüssig. Worum es ihnen geht, ist nicht, ein despotisches Regime über Menschen zu errichten, sondern ein System, durch das Menschen überflüssig gemacht werden. Totale Macht ist zu leisten und zu gewährleisten nur, wenn es auf nichts anderes mehr ankommt als auf absolut kontrollierbare Reaktionsbereitschaft, auf restlos aller Spontaneität beraubte Marionetten. Menschen sind, gerade weil sie so mächtig sind, vollkommen nur dann zu beherrschen, wenn sie Exemplare der tierischen Spezies Mensch geworden sind.

Daher ist nicht nur Charakter gefährlich und nicht nur jede, auch die ungerechteste Rechtsgrundlage ein Hindernis, sondern Eigentümlichkeit selbst in ihrer allgemeinsten und banalsten Form der Verschiedenartigkeit. So lange nicht erreicht ist, was bisher eben nur in Konzentrationslagern voll erreichbar war, daß alle Menschen gleichermaßen überflüssig sind, so lange ist das Ideal totaler Herrschaft nicht erreicht. Die Überflüssigkeit des Menschen wird in totalitären Staaten dauernd, wenn auch nie ganz vollkommen hergestellt durch die willkürlichen Einlieferungen beliebiger Menschengruppen in Konzentrationslager, durch dauernde Säuberungen des herrschenden Apparats, durch ungeheuerliche Massenliquidationen. Den verzweifelten Hinweisen des gesunden Menschenverstandes auf die Überflüssigkeit der gigantischen Apparatur des Terrors gegen ganz und gar fügsame Menschenmassen könnten die totalen Machthaber, wenn sie die Wahrheit sagen wollten, antworten: Dieser Apparat erscheint euch nur überflüssig, weil er der Überflüssigmachung von Menschen dient.

Der Versuch der totalen Herrschaft, in den Laboratorien der Konzentrationslager das Überflüssigwerden von Menschen herauszuexperimentieren, entspricht aufs genaueste den Erfahrungen moderner Massen von ihrer eigenen Überflüssigkeit in einer übervölkerten Welt und der Sinnlosigkeit dieser Welt selbst. Die Gesellschaft der Konzentrationäre, in der täglich und stündlich gelehrt wird, daß Strafe keinen Sinnzusammenhang mit einem Vergehen zu haben, daß Ausbeutung niemandem Profit zu bringen und daß Arbeit kein Ergebnis zu zeitigen braucht, ist ein Ort, wo jede Handlung und jede menschliche Regung prinzipiell sinnlos sind, wo mit anderen Worten Sinnlosigkeit direkt erzeugt wird. Gegen diese Sinnlosigkeit, die es so erschwert, den eigentlichen Kern der Konzentrationslager überhaupt zu erfassen, steht die Tatsache, daß innerhalb der Ideologie der totalitären Bewegungen nichts »logischer« und konsequenter ist, als daß man »absterbende« Klassen oder parasitäre Rassen oder dekadente Völker eben auch wirklich zum Absterben bringt. In diesem Sinne ist die Schwierigkeit, totalitäre Politik und die Institutionen der totalen Herrschaft zu verstehen, gerade umgekehrt, daß sie zu »logisch«, zu konsequent die Folgerungen ziehen, die ihren Ideologien inhärent sind.

Während so die totale Herrschaft einerseits alle Sinnzusammenhänge zerstört, mit denen wir normalerweise rechnen und in denen wir normalerweise handeln, errichtet sie andererseits eine Art Suprasinn, durch den in absoluter und von uns niemals erwarteter Stimmigkeit jede, auch die absurdeste Handlung und Institution ihren »Sinn« empfängt. Über der Sinnlosigkeit der totalitären Gesellschaft thront der Suprasinn der Ideologien, die behaupten, den Schlüssel zur Geschichte oder die Lösung aller Rätsel gefunden zu haben. Hierbei zeigt sich nachträglich, daß die Ideologien des neunzehnten Jahrhunderts und die kuriosen »Weltanschauungen« des wissenschaftlichen Aberglaubens und der Halbbildung nur so lange harmlos sind, als niemand im Ernst an sie glaubt. Sobald ihr Anspruch auf absolute und totale Geltung ernst genommen wird, entwickeln sie sich zu logischen Systemen, in denen nun jegliches zwangsläufig folgt, weil eine erste Prämisse axiomatisch angenommen ist. Dabei liegt die eigentliche Verrücktheit dieser Systeme nicht so sehr in der Prämisse selbst als in der zwangsläufigen Folgerichtigkeit, mit der aus ihr geschlossen wird, und in der um alle Realitätserfahrung unbekümmerten Konsequenz, mit der alle Folgerungen in die Wirklichkeit umgesetzt werden. In dem bekannten Wunsch, ein eindeutiges Weltbild, eine in sich stimmige Weltanschauung zu haben, der aus der Erfahrungsunfähigkeit der modernen Massen stammt und der eigentliche Motor aller Ideologien ist, liegt bereits jene Verachtung für Wirklichkeit und Tatsächlichkeit in ihrer unendlich variierenden und nie einheitlich zu fassenden reinen Gegebenheit, die eines der hervorstechenden Merkmale der totalitären fiktiven Welt bildet.

Der gesunde Menschenverstand, der behauptet, sich gerade auf die Wirklichkeit so ausgezeichnet zu verstehen, ja, für sie allein zuständig zu sein, ist diesem ideologischen Suprasinn gegenüber hilflos, sobald die totale Herrschaft darangeht, eine wirkliche und wirklich funktionierende Welt aus ihm zu entwickeln. In der nur ideologischen Verachtung der Tatsächlichkeit einer gegebenen Welt, gegen die der gesunde Menschenverstand sich noch immer zu behaupten wußte, lag noch der menschliche Stolz, die gegebene Tatsächlichkeit meistern, für menschliche Zwecke einrichten und ändern zu können. Mit diesem Stolz gerade, der in der abendländischen Tradition zumindest mit zu der Würde des Menschen gehörte, ist es in der totalitären Welt vorbei; gerade diesen Stolz zerstört die zwangsläufige Stimmigkeit und Unentrinnbarkeit eines Suprasinns, der von menschlichem Trachten und Handeln ganz unabhängig bleibt. Dies ist auch der entscheidende Punkt, an dem sich die totalitären Bewegungen von den revolutionären Bewegungen unterscheiden, aus denen sie oft hervorgegangen sind. Totalitär ist nicht der Anspruch des revolutionären Rußland, daß unter den gegebenen Umständen die Diktatur des Proletariats die beste Staatsform sei, sondern die Kette von Folgerungen, die erst der totalitäre Machthaber aus diesem Anspruch zieht und die etwa besagt, daß hieraus logisch folge, daß ohne dieses System man niemals eine Untergrundbahn bauen könne, daß daher jeder, der die Pariser Untergrundbahn kennt, verdächtig ist, weil er ja an der ersten Folgerung zweifeln könne, und daß man daher, wenn irgend möglich, die Pariser Untergrundbahn zerstören müsse, welche »eigentlich« gar nicht hätte existieren dürfen.

Mit diesen neuen politischen Strukturen, die auf der Grundlage eines Suprasinns errichtet und von dem Motor zwangsläufigen Folgerns angetrieben sind, befinden wir uns in der Tat am Ende des bürgerlichen Zeitalters wie am Ende des Zeitalters des Imperialismus. In der totalitären Welt und in der totalitären Politik spielen weder Profitmotive noch Machthunger eine entscheidende Rolle, und wenn die totale Herrschaft danach trachtet, ihr Territorium zu erweitern und immer neue Gebiete sich einzuverleiben, bis schließlich die Herrschaft über die Erde erreicht ist, so nicht um der Expansion und nicht der Macht selbst willen, sondern einzig aus ideologischen Gründen – um im Weltmaßstab zu beweisen, daß die jeweilige Ideologie recht behalten hat, und um auf der gesamten Erde die fiktive totalitäre Welt zu errichten, deren Stimmigkeit durch keine Tatsächlichkeit mehr gestört werden kann.

Das eigentliche Ziel der totalitären Ideologie ist nicht die Umformung der äußeren Bedingungen menschlicher Existenz und nicht die revolutionäre Neuordnung der gesellschaftlichen Ordnung, sondern die Transformation der menschlichen Natur selbst, die, so wie sie ist, sich dauernd dem totalitären Prozeß entgegenstellt. Um diese Transformation handelt es sich in den Konzentrationslagern und nicht um das dort verursachte Leiden, von dem es immer zu viel auf der Erde gegeben hat, und nicht darum, wie viele Menschen dort zugrunde gehen. Die totalitäre Expansion im Unterschied zu der imperialistischen ist vor allem darauf bedacht, diesen Laboratorien neues Menschenmaterial zur Verfügung zu stellen, ohne die bereits beherrschten Gebiete allzusehr zu entvölkern. Was in der totalen Herrschaft auf dem Spiele steht, ist wirklich das Wesen des Menschen, und wenngleich es scheint, als könnten ihre Experimente dies Wesen zwar zerstören, aber nicht verändern, so sollte man nicht vergessen, daß dieses Experiment bisher noch immer in beschränktem Maßstab ausgeführt worden ist und daß es zwingende Ergebnisse nicht zeitigen kann, bevor nicht die ganze Welt unter seiner Kontrolle steht.

Bis jetzt scheint der totalitäre Glaube, daß alles möglich ist, nur bewiesen zu haben, daß alles zerstörbar ist, auch das Wesen des Menschen. Aber in ihrem Bestreben, unter Beweis zu stellen, daß alles möglich ist, hat die totale Herrschaft, ohne es eigentlich zu wollen, entdeckt, daß es ein radikal Böses wirklich gibt und daß es in dem besteht, was Menschen weder bestrafen noch vergeben können. Als das Unmögliche möglich wurde, stellte sich heraus, daß es identisch ist mit dem unbestrafbaren, unverzeihlichen radikal Bösen, das man weder verstehen noch erklären kann durch die bösen Motive von Eigennutz, Habgier, Neid, Machtgier, Ressentiment, Feigheit oder was es sonst noch geben mag und demgegenüber daher alle menschlichen Reaktionen gleich machtlos sind; dies konnte kein Zorn rächen, keine Liebe ertragen, keine Freundschaft verzeihen, kein Gesetz bestrafen. So wie die Opfer in den Fabriken zur Herstellung von Leichen und den Höhlen des Vergessens nicht mehr »Menschen« sind in den Augen ihrer Peiniger, so sind diese neuesten Verbrecher selbst jenseits dessen, womit jeder von uns bereit sein muß, sich im Bewußtsein der Sündhaftigkeit des Menschen zu solidarisieren.

Es liegt im Sinne unserer gesamten philosophischen Tradition, daß wir uns von dem radikal Bösen keinen Begriff machen können, und dies gilt auch noch von der christlichen Theologie, die selbst Satan noch einen himmlischen Ursprung zugestand, wie von Kant, dem einzigen Philosophen, der in der einzigen Wortprägung seine Existenz zumindest geahnt haben muß, wenngleich er diese Ahnung in dem Begriff des pervertiert-bösen Willens sofort wieder in ein aus Motiven Begreifliches rationalisierte. So haben wir eigentlich nichts, worauf wir zurückfallen können, um das zu begreifen, womit wir doch in einer ungeheuerlichen, alle Maßstäbe zerbrechenden Wirklichkeit konfrontiert sind. Nur eines scheint sich hier abzuzeichnen; wir können immerhin feststellen, daß dieses radikal Böse im Zusammenhang eines Systems aufgetreten ist, in dem alle Menschen gleichermaßen überflüssig werden. Die totalen Machthaber sind von ihrer eigenen Überflüssigkeit genauso überzeugt wie von der aller anderen, und die totalitären Henker sind so gefährlich, weil es ihnen offenbar einerlei ist, nicht nur ob sie leben oder sterben, sondern ob sie je geboren wurden oder niemals das Licht der Welt erblickten. Die ungeheure Gefahr der totalitären Erfindungen, Menschen überflüssig zu machen, ist, daß in einem Zeitalter rapiden Bevölkerungszuwachses und ständigen Anwachsens der Bodenlosigkeit und Heimatlosigkeit überall dauernd Massen von Menschen im Sinne utilitaristischer Kategorien in der Tat »überflüssig« werden. Es ist, als ob alle entscheidenden politischen, gesellschaftlichen und wirtschaftlichen Tendenzen der Zeit in einer heimlichen Verschwörung mit den Institutionen sind, die dazu dienen könnten, Menschen wirklich als Überflüssige zu behandeln und zu handhaben. Hierzu gehört auch die überall feststellbare Tatsache, daß Todesangst ein Phänomen ist, das innerhalb des politischen Raumes und in den eigentlichen Massengesellschaften kaum noch eine Rolle spielt. Ganz gleich wie lange die gegenwärtigen totalitären Systeme sich halten können – und der erstaunlich schnelle Untergang des »Tausendjährigen Reiches« der Nazis ist ein Zeichen für die diesen Regimen innewohnende Instabilität –, es steht zu fürchten, daß die Konzentrationslager und Gaskammern, welche zweifellos eine Art Patentlösung für alle Probleme von Überbevölkerung und »Überflüssigkeit« darstellen, nicht nur eine Warnung, sondern auch ein Beispiel bleiben werden. So wie in der heutigen Welt totalitäre Tendenzen überall und nicht nur in totalitär regierten Ländern zu finden sind, so könnte diese zentrale Institution der totalen Herrschaft leicht den Sturz aller uns bekannten totalitären Regime überleben.

13 Ideologie und Terror: eine neue Staatsform

Wir haben in den vorangegangenen Kapiteln immer wieder darauf hingewiesen, daß die Institutionen der totalen Herrschaft nicht nur radikaler, sondern prinzipiell verschieden von den Formen politischer Unterdrückung sind, die uns als Despotie, Tyrannis und Diktatur aus Vergangenheit und Gegenwart bekannt sind. Damit erhebt sich die Frage nach dem eigentlichen Wesen der totalen Herrschaft in dem Sinne, daß wir uns fragen müssen, ob wir hier nicht vielleicht mit einer neuen, in der Geschichte noch unbekannten »Staatsform« konfrontiert sind.

Auf den ersten Blick erscheint dies sehr unwahrscheinlich. Die uns historisch bekannten Staatsformen der Republik, des Königtums und der Tyrannis oder der Monarchie, der Aristokratie und und der Demokratie sind nahezu ebenso alt wie unsere Geschichte selbst, sind sehr früh entdeckt und in ihren wesentlichen Zügen festgelegt und formuliert worden, ohne daß irgendein Zeitalter es für nötig befunden hätte, sie um eine ganz und gar neue zu vermehren. Ihnen allen liegen jeweils verschiedene fundamentale Erfahrungen zugrunde, die Menschen im Miteinanderleben und -handeln machen, Erfahrungen, die wohl variiert werden können und in verschiedenen Konstellationen auftreten, die aber an sich immer und überall nachweisbar sind. Wenn wir also behaupten, daß die totale Herrschaft eine neue, noch nie dagewesene Staatsform darstelle, so behaupten wir, daß sie auf einer menschlichen Erfahrung gegründet ist, die nie zuvor zur Grundlage menschlichen Miteinanderlebens gemacht worden ist, die politisch sozusagen noch niemals produktiv geworden ist. Angesichts dessen, daß der sogenannte Geist eines Zeitalters sich nirgends greif- und sichtbarer zeigt als in der eigentlichen politischen Sphäre, die durch ihre Öffentlichkeit alles in die allgemeine Sichtbarkeit zwingt, ist anzunehmen, daß wir in der Bestimmung der der totalen Herrschaft zugrunde liegenden Erfahrung auch einige Grundzüge der Krise entdecken können, in der wir heute alle und überall leben. Jedenfalls hat sich diese Krise in dem Phänomen der totalen Herrschaft sicht- und greifbarer offenbart als irgendwo sonst. Andererseits werden wir, sollte sich unsere Vermutung bewahrheiten, aus dem Auftauchen einer neuen Staatsform auf die Tiefe der Krise schließen dürfen, in der wir uns befinden.

Die Orginalität totalitärer Herrschaft, deren Taten in der uns bekannten Geschichte und deren Organisationsform unter den von der klassischen politischen Theorie definierten Staatsformen ohne Parallele dastehen, zeigte sich vorerst in dem, was man gemeinhin als die Verbrechen dieser Systeme bezeichnet. Das Charakteristische der in Nürnberg abgeurteilten Taten des Naziregimes war, daß sie sich weder mit unseren Begriffen von Sünde und Vergehen – wie sie seit Jahrtausenden in den Zehn Geboten niedergelegt und scheinbar endgültig formuliert waren – fassen, noch mit den uns zur Verfügung stehenden juristischen Mitteln aburteilen und bestrafen ließen. Der Satz »Du sollst nicht töten« versagt gegenüber einer Bevölkerungspolitik, die systematisch oder fabrikmäßig darangeht, die »lebensuntauglichen und minderwertigen Rassen und Individuen« oder die »sterbenden Klassen« zu vernichten, und dies nicht als einmalige Aktion, sondern offenbar in einem auf Permanenz berechneten und angelegten Verfahren. Die Todesstrafe wird absurd, wenn man es nicht mit Mördern zu tun hat, die wissen, was Mord ist, sondern mit Bevölkerungspolitikern, die den Millionenmord so organisieren, daß alle Beteiligten subjektiv unschuldig sind: die Ermordeten, weil sie sich nicht gegen das Regime vergangen haben, und die Mörder, weil sie keineswegs aus »mörderischen« Motiven handelten. Stellt man sich angesichts dieser neuesten Ereignisse auf den Boden spezifisch abendländischer Geschichte, so kann man sagen: Dies hätte nicht geschehen dürfen, und zwar in dem Sinn, in dem Kant meinte, daß während eines Krieges nichts geschehen dürfe, was einen späteren Frieden schlechthin unmöglich machen würde.

Das Entsetzen, das sagt: Dies hätte nicht geschehen dürfen, meint nicht, daß wir dies nicht wiedergutmachen können (denn gutmachen kann man ohnehin niemals, wo Menschen wirklich handeln), sondern daß wir dies nicht verantworten können. Politisch übernimmt jede Regierung eines Landes die Verantwortung für das, was die vorhergehende getan hat, auch wenn sie trachtet, es rückgängig zu machen. Ohne eine solche Übernahme gäbe es keine geschichtliche Kontinuität. Menschlich müssen wir weitgehend Verantwortung auch für das übernehmen, was Menschen ohne unser Wissen und Zutun irgendwo in der Welt verbrochen haben; sonst gäbe es keine Einheit des Menschengeschlechts. Wir können es, weil uns gerade die spezifisch bösen Motive oder die spezifisch berechnete Zweckmäßigkeit der Handlung menschlich einsichtig ist. Auch die Bestrafung des Verbrechers ist noch ein Akt der Verantwortung und menschlicher Solidarität. Die Gaskammern des Dritten Reichs und die Konzentrationslager der Sowjetunion haben die Kontinuität abendländischer Geschichte unterbrochen, weil niemand im Ernst die Verantwortung für sie übernehmen kann. Zugleich bedrohen sie jene Solidarität von Menschen untereinander, welche die Voraussetzung dafür ist, daß wir es überhaupt wagen können, die Handlungen anderer zu beurteilen und abzuurteilen.

Es ist Aufgabe der historisch-politischen Wissenschaften, diesen Ereignissen nachzugehen und festzustellen, mit welchen Mitteln und in welchem Funktionszusammenhang sie ins Werk gesetzt wurden. Dabei ist wichtig, sich darüber klar zu werden, daß es sich nicht darum handeln kann, das spezifisch Unerhörte durch beliebige Parallelen mit der Vergangenheit wegzuerklären oder auf jenen Aspekten totalitärer Herrschaft, die sie mit anderen Gewaltherrschaften teilt und die in ihren Anfangsstadien deutlich in Erscheinung treten, zu bestehen; sondern im Gegenteil zu versuchen, das wesentlich Neue, das nämlich, was diese Herrschaft wirklich zu einer totalen Beherrschung macht, in den Blick zu bekommen. Selbstverständlich sind auch in dieses wesentlich Neue eine Reihe von Elementen aus der Vergangenheit und aus Umständen in der nichttotalitären Welt, in der die totalitären Bewegungen entstanden, eingegangen, und wir haben versucht, diese Elemente zu analysieren und in ihre geschichtlichen Ursprünge zurückzuverfolgen. Zu erklären ist das totalitäre Phänomen aus seinen Elementen und Ursprüngen so wenig und vielleicht noch weniger als andere geschichtliche Ereignisse von großer Tragweite. (In diesem Sinne ist der Glaube an Kausalität in den Geschichtswissenschaften ein Aberglaube, der auch dann nicht überwunden ist, wenn man dem »naturwissenschaftlichen Erklären« eines Kausalzusammenhanges das »historische Verstehen« einer Entwicklung entgegenstellt. In beiden Fällen wird das eigentlich neu sich Ereignende, womit die Geschichtswissenschaft es jeweilig zu tun hat, aus der Geschichte entfernt – das heißt, die Geschichtswissenschaften werden ihres eigentlichen Inhalts beraubt.) Als Historiker sind wir an Neues gewöhnt und haben gleichsam kein Recht, uns zu entsetzen. Das Entsetzen gilt nicht dem Neuen schlechthin, sondern der Tatsache, daß dies Neue den Kontinuitätszusammenhang unserer Geschichte und die Begriffe und Kategorien unseres politischen Denkens sprengt. Wenn wir sagen: *Dies hätte nicht geschehen dürfen*, so meinen wir, daß wir dieser Ereignisse mit den großen und durch große Traditionen geheiligten Mitteln unserer Vergangenheit weder im politischen Handeln noch im geschichtlich-politischen Denken Herr werden können.

Die Sprengung unserer politischen Kategorien durch das Auftreten totalitärer Bewegungen und Herrschaftsapparate wird ganz offenkundig, wenn wir uns vergegenwärtigen, daß unsere Urteile über Staaten und Regierungen seit den Theorien der Antike auf der Unterscheidung zwischen gesetzmäßiger Regierung und tyrannisch-gesetzloser Willkür beruhen. Nun ist zwar totalitäre Herrschaft »gesetzlos«, insofern sie prinzipiell alles positiv gesetzte Recht verletzt, gleich ob es sich um überkommenes Recht handelt (das sie eigentümlicherweise nicht einmal abschafft) oder um von ihr selbst erlassene Gesetze; aber sie ist keineswegs willkürlich. An die Stelle des positiv gesetzten Rechts tritt nicht der allmächtig willkürliche Wille des Machthabers, sondern das »Gesetz der Geschichte« oder das »Recht der Natur«, also eine Art von Instanz, wie sie das positive Recht, das immer nur konkrete Ausgestaltung einer höheren Autorität zu sein behauptet, selbst braucht und auf die es sich als Quelle seiner Legitimität immer irgendwie beruft.

Es ist in der Tat die monströse, aber sehr schwer zurückweisbare Behauptung der totalitären Machthaber, daß sie nicht nur nicht gesetzlos und willkürlich handelten, sondern im Gegenteil zu den Quellen der Autorität zurückkehrten, von denen alles positive Recht sich speist und seine Legitimität erst erhält. Damit wird zwar der Unterschied zwischen Schuld und Unschuld, der immer nur an positivem Recht zu messen ist, abgeschafft – und damit alle Beurteilung, Aburteilung und Bestrafung unmöglich gemacht –, gleichzeitig aber angeblich eine höhere Form von Gesetzestreue erzeugt, die es sich leisten könne, mit dem kleinlichen Buchstaben positiv erlassener Gesetze nach Belieben umzugehen, weil ihr ein Handeln entspringt, das eine direkte und unvermittelte Ausführung von Befehlen sei, die Geschichte oder Natur selbst gegeben haben. Im Gegensatz zu dem legalen Handeln, das durch positives Recht ermöglicht wird und das immer durch einen Mangel gerade an Gerechtigkeit gekennzeichnet ist, weil das allgemeine Gesetz auf bestimmte Fälle angewandt wird, die es nie in ihrer Besonderheit voraussehen konnte und auf die es daher nie wirklich zugeschnitten ist, im Gegensatz zu dieser immer auch ungerechten Legalität behauptet die totalitäre Herrschaft, eine Welt herstellen zu können, die von sich aus, unabhängig vom Handeln der Menschen in ihr, gesetzmäßig ist, in Übereinstimmung mit den die Welt eigentlich durchwaltenden Gesetzen funktioniert – wobei es gleichgültig ist, ob dieses Gesetz als das in der Natur geltende Recht oder ein dem geschichtlichen Ablauf immanentes Gesetz hingestellt wird.

In der Verachtung der totalitären Gewalthaber für positives Recht spricht sich eine unmenschliche Gesetzestreue aus, für welche Menschen nur das Material sind, an dem die übermenschlichen Gesetze von Natur und Geschichte vollzogen und das heißt hier im furchtbarsten Sinne des Wortes exekutiert werden. Diese Exekution der objektiven Gesetze von Natur oder Geschichte soll schließlich eine Menschheit produzieren – sei es eine Rassegesellschaft oder eine klassen- und nationslose Gesellschaft –, die in sich selbst nur der Exponent der Gesetze ist, die in ihr verwirklicht werden. Hinter dem Anspruch auf Weltherrschaft, den alle totalitären Bewegungen stellen, liegt immer der Anspruch, ein Menschengeschlecht herzustellen, das aktiv handelnd Gesetze verkörpert, die es sonst nur passiv, voller Widerstände und niemals vollkommen erleiden würde.

An dieser Stelle kommt bereits der grundsätzliche Unterschied zwischen dem totalitären und allen anderen Begriffen von Gesetz und Recht ans Licht. Zwar ist es richtig, daß Natur oder Geschichte als die Quellen der Autorität für alles positive Recht sich auch nach nichttotalitärer Anschauung im Menschen kundtun – sei es als das *lumen naturale* des Naturrechts oder die Stimme des Gewissens alles historisch-religiös fundierten Rechts. Diese Kundgebung der Autorität im Menschen heißt ihn etwas tun, aber sie macht ihn nicht zu einer wandelnden Verkörperung von Gesetzen; gerade weil das *lumen naturale* Einsicht oder die Stimme des Gewissens Gehorsam fordern, sind sie deutlich von dem einsehenden oder gehorchenden Menschen als seine Autorität geschieden. Die Autorität des Gesetzes regelt die Handlungen der Menschen, sie ist keineswegs und niemals mit ihnen identisch. Das positive Recht ist im Vergleich mit der Quelle der Autorität, auf die es sich beruft, zeitgebunden, veränderlich, abänderbar je nach Umständen. Aber die Handlungen der Menschen, denen das positive Recht bestimmte Regeln vorschreibt, sind noch zeitgebundener, noch abhängiger von Umständen, so daß ihnen gegenüber das positive Recht eine relative Permanenz behauptet und den dauernd sich ändernden Umständen der Menschen eine relative Stabilität verleiht. Diese relative Permanenz ist gleichsam der in die Menschenwelt fallende Schein der – nach menschlichen Maßstäben geurteilten – ewigen Gegenwart der Quellen der Autorität und Legitimität aller positiven Gesetze, des *ius naturale* oder des offenbarten Wortes Gottes. Alle Gesetze im Sinne des positiven Rechts sind stabilisierende Faktoren für die ewig sich ändernden Umstände, für die notwendige Unbeständigkeit menschlicher Angelegenheiten, in denen menschliches Handeln sich in einer ständigen Bewegung hält und ständig neue Bewegung hervorruft.

Im Gegensatz zu dieser Funktion der Stabilisierung, die Gesetze in allen normal funktionierenden Gemeinschaften haben, sind die totalitären Gesetze von vornherein als Bewegungsgesetze, als Gesetze, die einer Bewegung immanent sind, bestimmt. Positives Recht wird verletzt, weil es in eine dauernde Veränderung hineingerissen ist: was gestern Recht war, ist heute überholt und Unrecht geworden. (Juristisch gesprochen: aus jedem Gesetz ist eine Verordnung geworden.) Natur und Geschichte sind nicht mehr die stabilisierenden Quellen der Autorität für das Handeln sterblicher Menschen, sondern in sich selbst Prozesse, deren inhärente Bewegungsgesetze zwar beobachtet und berechnet werden können, die aber abgesehen von diesem äußeren Wahrgenommenwerden keinerlei Entsprechung mehr im Innern des Menschen, wie die Einsicht des *lumen naturale* oder die Stimme des Gewissens, haben. Weder auf Einsicht noch auf Gewissen ist für das Handeln irgendein Verlaß. Dem Glauben der Nazis an Rassegesetze lag die Darwinsche Vorstellung vom Menschen als einem eigentlich zufälligen Resultat einer Naturentwicklung zugrunde, die nicht notwendig mit dem Menschen an ihr Ende gekommen zu sein braucht. Dem Glauben der Bolschewisten an Geschichtsgesetze liegt Marx' Vorstellung von der menschlichen Gesellschaft als dem Resultat eines gigantischen Geschichtsprozesses zugrunde, der mit immer vergrößerter Geschwindigkeit seinem Ende entgegenrast und sich selbst als Geschichte aus der Welt schafft.

So hat selbst das Wort Gesetz in der totalitären Sprache seine Bedeutung geändert: es deutet nicht mehr auf den Zaun des Gesetzes hin, dessen relative Stabilität den Raum der Freiheit schafft und behütet, in welchem menschliche Bewegungen und Handlungen stattfinden und sich abspielen; sondern es bezeichnet vorerst und wesentlich eine Bewegung. In diesem Sinne wurde das Wort Gesetz bereits von den Ideologien gebraucht, das heißt von jenen Weltanschauungen des neunzehnten Jahrhunderts, die, von einer Prämisse ausgehend, behaupteten, den Schlüssel für alles Geschehen in der Hand zu haben. Daß unter ihnen nur der dialektische Materialismus und der Rassismus zu politischer Bedeutung gekommen sind, mag unter anderem darin seinen Grund haben, daß diese beiden, konsequenter als alle anderen, als Prämisse eine überdimensionale Kraft (nicht nur etwas überhaupt Übermächtiges) annahmen, die als Bewegung – der Natur oder der Geschichte – durch das Menschengeschlecht hindurch und jeden einzelnen *nolens volens* an sich zieht und mitschleift. Auffallend ist, daß – so verschieden diese beiden Ideologien voneinander sind, so großartig erfüllt mit den besten abendländischen Traditionen der dialektische Materialismus, so kläglich-vulgär, wiewohl auf einem echten Erfahrungselement basierend, der Rassismus –

in beiden Konzeptionen das Bewegungsgesetz sich gleich äußert: es läuft in jedem Falle auf ein Gesetz der Ausscheidung von »Schädlichem« oder Überflüssigem zugunsten des reibungslosen Ablaufs einer Bewegung hinaus, aus der schließlich gleich dem Phönix aus der Asche eine Art Menschheit erstehen soll. Würde das Bewegungsgesetz in positives Recht übersetzt, so könnte sein Gebot nur heißen: Du sollst töten! Die Ideologien ziehen diese Schlußfolgerung nicht, weil sie noch damit rechnen, daß der Prozeß irgendwann einmal an sein Ende kommen wird, etwa wenn die klassenlose Gesellschaft auf der ganzen Erde verwirklicht oder die Herrenrasse über die ganze Welt zur Herrschaft gekommen ist.

Der entscheidende Unterschied zwischen der marxistischen und der darwinistischen Ideologie ist oft dargestellt worden; dabei wird meist übersehen, daß Marx an den Darwinschen Forschungsergebnissen außerordentlich interessiert war und daß Engels es noch für das größte Kompliment erachtete, den verstorbenen Freund den »Darwin der Geschichtswissenschaften« zu nennen.[1] Erst der Marxismus hat das Bedürfnis gefühlt, sich von dem krassen Materialismus des Darwinismus gehörig zu unterscheiden, aber Marx und Engels haben noch ein deutliches Bewußtsein davon, daß die Bewegungsgesetze der Geschichte und der Natur im Sinne ihrer eigenen Anschauungen schließlich, wenn sie nicht überhaupt identisch sind, so doch auf das gleiche hinauslaufen müßten. Darwins Einführung des Begriffs der Entwicklung in die Natur, seine biologischen Konstruktionen, die alle darauf hinauslaufen, daß die Bewegung der Natur, nämlich ihre Entwicklung, nicht kreisförmig, sondern gradlinig verläuft in einer eindeutig angebbaren, fortschreitenden Richtung, besagt schließlich nichts anderes, als daß der moderne Geschichtsbegriff sich auch der Naturwissenschaften bemächtigt hat und daß der Bereich der Natur von dem Bereich des Geschichtlichen überwältigt wurde. Entscheidend ist nur, daß das Leben der Natur seit Darwin in geschichtlichen Kategorien bestimmt worden ist und daß daher das »Naturgesetz« des Rechts des Stärkeren bei genauerem Zusehen sich als ein historisches Gesetz entpuppt. Andererseits ist das marxistische historische Gesetz des Klassenkampfes letztlich in einem Naturgesetz verankert, insofern bei Marx die Entwicklung der Produktionsverhältnisse ihren Ursprung in der Entwicklung der menschlichen Arbeitskraft hat, die ihrerseits als der menschliche »Stoffwechsel mit der Natur« definiert ist, also als eine biologisch-natürliche Kraft, durch die der Mensch sein eigenes Leben wie das Fortleben der Gattung sichert.[2] In den von Marx und Darwin vorgezeichneten Ideologien handelt es sich keineswegs um einen Gegensatz zwischen Geschichte und Natur, sondern darum, daß sich ein unwiderstehlicher Bewegungsprozeß sowohl der Natur wie der Geschichte bemächtigt hat.

Totalitäre Politik, die daranging, die Rezepte von Ideologien zu befolgen, hat das wahre Wesen dieser Bewegungen insofern entlarvt, als sie deutlich machte, daß es ein Ende des Prozesses nicht geben könne. Wenn es das Gesetz der Natur ist, Schädliches und Lebensuntaugliches zu eliminieren, so wäre es das Ende der Natur überhaupt, wenn neue Kategorien von Schädlichem und Lebensuntauglichem nicht gefunden würden; wenn es das Gesetz der Geschichte ist, daß in einem Kampf der Klassen bestimmte Klassen »absterben«, so wäre das Ende menschlicher Geschichte gekommen, wenn nicht neue Klassen sich ansatzweise bildeten, um dann von den totalitären Machthabern zum »Absterben« gebracht zu werden. Mit anderen Worten, das Gesetz des Tötens, wonach totalitäre Bewegungen die Macht antreten, bleibt bestehen als ein Gesetz der Bewegung, selbst wenn es ihnen je gelingen sollte, die ganze Menschheit unter ihre Herrschaft zu zwingen. Die Menschheit selbst wird die Verkörperung des Prozesses, also ein ständig sich in seiner Gesamtheit Veränderndes und Bewegendes, in welchem die permanente Ausscheidung der Überflüssigen und Schädlichen nun gleichsam automatisch vor sich geht. Die Friedhofsruhe, die nach klassischer Theorie die Tyrannis über das Land legt – und die in Wahrheit auch immer die Stille war, welche dem Entstehen eines neuen Anfangs günstig sein konnte –, bleibt dem totalitär regierten Land so verwehrt wie Ruhe überhaupt. Zwar sind seine Bewohner allen in freier Spontaneität entspringenden Handelns oder auch nur Tätigseins beraubt; dennoch werden sie in dauernder Bewegung gehalten als Exponenten des gigantisch übermenschlichen Prozesses von Natur oder Geschichte, der durch sie hindurchrast.

Wie der Gesetzesstaat positives Recht benötigt, um das unveränderliche *ius naturale* oder die ewigen Gebote Gottes oder die aus unvordenklichen Zeiten stammenden und darum geheiligten Gebräuche und Traditionen zu verwirklichen, so braucht totalitäre Herrschaft den Terror, um die Prozesse von Geschichte oder Natur loszulassen und ihre Bewegungsgesetze in der menschlichen Gesellschaft durchzusetzen. Wie positives Recht das Vergehen und das Verbrechen in einer Gesellschaft jeweils festlegt, aber für seine Gültigkeit von Übertretungen ganz unabhängig ist – Gesetze werden nicht überflüssig, wenn sich niemand gegen sie vergeht –, so wird auch totalitärer Terror (im Gegensatz zu den Einschüchterungsmethoden in allen Tyranneien und Diktaturen) nicht dann überflüssig, wenn es keine Opposition mehr gibt, gegen die er sich wenden könnte; auch er ist unabhängig geworden von allen Vergehen gegen das Regime. Ja, unsere Erfahrungen mit der Sowjetunion wie mit dem Dritten Reich haben uns gelehrt, daß wir diesen Vergleich noch einen Schritt weiter treiben dürfen: Wie das Gesetz in den uns bekannten Staatsgebilden desto vollkommener herrscht, je weniger Verbrecher es durchbrechen, so wird die vollkommene Herrschaft des Terrors erst dann losgelassen, wenn jegliche Opposition, gegen die er sich wenden könnte (und in den ersten Stadien der Diktatur auch faktisch wendet), erloschen ist.

Wenn wir also in Übereinstimmung mit der klassischen Theorie in der Gesetzesherrschaft das eigentliche Wesen einer verfassungsmäßigen Regierung sehen, dann können wir Terror als das eigentliche Wesen der totalitären Herrschaft bestimmen.

Wenn hier vom Wesen einer Staatsform die Rede ist, so in der bewußten Nachfolge Montesquieus, der in der abendländischen Tradition politischen Denkens Unterschied und Beziehung zwischen dem Wesen einer Regierung und ihrem Prinzip fand und bestimmte, daß das Wesen der Staatsform (oder auch seine Struktur) das ist, was macht, daß der Staat so und nicht anders ist (eine Republik und keine Monarchie etwa), während das Prinzip einer jeden Regierung das ist, was bewirkt, daß in ihr gehandelt werden kann. *(»Il y a cette différence entre la nature du gouvernement et son principe, que sa nature est ce qui le fait être tel; et son principe ce qui la fait agir.«[3])* So hat die Monarchie ihr Wesen in gesetzlicher Regierung, in der die Macht in den Händen eines einzigen liegt; gehandelt wird in ihr nach dem Prinzip der Ehre, das auf dem Wunsch nach Auszeichnung beruht. Die Republik hat ihr Wesen in verfassungsmäßiger Regierung, in der die Macht in den Händen des Volkes liegt; gehandelt wird in ihr nach dem Prinzip der Tugend, das auf der Liebe zur Gleichheit beruht. Die Tyrannis hat ihr Wesen in gesetzloser Herrschaft, in der Macht von der Willkür eines einzelnen ausgeübt wird; ihr Prinzip des Handelns ist die Furcht; worauf diese Furcht beruht, sagt uns Montesquieu nicht.

Das Wesen totalitärer Herrschaft in diesem Sinne ist der Terror, der aber nicht willkürlich und nicht nach den Regeln des Machthungers eines einzelnen (wie in der Tyrannis), sondern in Übereinstimmung mit außermenschlichen Prozessen und ihren natürlichen oder geschichtlichen Gesetzen vollzogen wird. Als solcher ersetzt er den Zaun des Gesetzes, in dessen Umhegung Menschen in Freiheit sich bewegen können, durch ein eisernes Band, das die Menschen so stabilisiert, daß jede freie, unvorhersehbare Handlung ausgeschlossen wird. Terror in diesem Sinne ist gleichsam das »Gesetz«, das nicht mehr übertreten werden kann. Diese terroristische Stabilisierung soll der Befreiung der sich bewegenden

Geschichte oder Natur dienen. Eine Diskussion mit Anhängern totalitärer Bewegungen über Freiheit ist schon darum so außerordentlich unergiebig, weil sie an menschlicher Freiheit, das heißt an der Freiheit menschlichen Handelns, nicht nur nicht interessiert sind, sondern sie für gefährlich für die Befreiung natürlicher oder historischer Prozesse halten. Die sogenannte Freiheit der Geschichte und der Natur, die sich ja nach beobachtbaren Regeln vollzieht, kann für den Menschen in der Tat nur im Gewand der Notwendigkeit auftreten. Sofern Natur und Geschichte Kräfte sind, denen bis zu einem gewissen Grad Menschen immer unterworfen sind, haben sie den Charakter der Notwendigkeit; versucht man, auf sie einen politischen Körper zu gründen, so hat man nicht nur die menschliche Freiheit aus dem politischen Bereich ausgeschaltet, sondern direkt das von Natur oder Geschichte Gezwungenwerden zur Grundlage des gesamten Lebens gemacht. Die Prozesse von Natur und Geschichte äußern sich politisch als Zwang und können nur durch Zwingen realisiert werden. Auf diesem Zwang beruht, diesen Zwang realisiert der totalitäre Terror, nicht indem er gerechte oder ungerechte positive Gesetze erläßt und anwendet, sondern indem er den Bewegungsprozeß dieser Kräfte vollstreckt im Sinne der Exekution. Der Terror ist nicht ein Mittel zu einem Zweck, sondern die ständig benötigte Exekution der Gesetze natürlicher oder geschichtlicher Prozesse.

Terror macht die Menschen unbeweglich, als stünden sie und ihre spontanen Bewegungen nur den Prozessen von Natur oder Geschichte im Wege, denen die Bahn freigemacht werden soll. Terror scheidet die Individuen aus um der Gattung willen, opfert Menschen um der Menschheit willen, und zwar nicht nur jene, die schließlich wirklich seine Opfer werden, sondern grundsätzlich alle, insofern der Geschichts- oder Naturprozeß von dem neuen Beginnen und dem individuellen Ende, welches das Leben jedes Menschen ist, nur gehindert werden kann. Populär und scheinbar harmlos äußert sich die terroristische Gesinnung bereits in dem Sprichwort: »Wo gehobelt wird, da fallen Späne«, einem Spruch, mit dem man bekanntlich jegliches rechtfertigen kann und gerechtfertigt hat. In solcher Gesinnung wird nur dort Geschichte überhaupt anerkannt, wo Späne auch wirklich fallen, bis dann mehr oder minder offen die Größe von Ereignissen nur noch gemessen wird an der Zahl der Opfer, die sie fordern. Psychologisch ist diese Gesinnung die beste, ja die einzig mögliche Vorbereitung für das Leben unter Verhältnissen, die vom Terror bestimmt sind. Denn in ihr hat man bereits den besten Freund, den beliebtesten Menschen und auch sich selbst als mögliche Späne für das erhaltene Hobeln von Natur oder Geschichte erkannt und geopfert.

Die Versuchung, menschliches Handeln am Modell des Herstellens von Gegenständen zu orientieren, ist nicht neu, war aber natürlicherweise niemals so mächtig und bedeutungsvoll wie in den letzten hundert Jahren, da Menschen – erst in Europa und Amerika und dann mehr und mehr in der ganzen Welt – sich zum ersten Male wesentlich als arbeitende Wesen verstanden und bestimmten. Dieses neue Selbstverständnis des Menschen fand seinen ersten theoretischen Ausdruck in Marx, und die außerordentliche Anziehungskraft des Marxismus auf alle Völker der Erde verdankt dieser neuen Einschätzung der Arbeit sicherlich nicht weniger als seinen sogenannten chiliastischen Elementen. Arbeit nun, obwohl sicher nicht mit einfachem Herstellen identisch, steht diesem doch näher als alle Arten menschlichen Handelns. Herstellen, auch wenn es von vielen zusammen und fabrikmäßig betrieben wird, hat es immer nur mit einem Subjekt zu tun, das einen Gegenstand hervorbringen will; auch Robinson auf seiner Insel ist noch Mensch im Sinne des *homo faber*. Handeln dagegen kann ich immer nur in bezug auf andere und mit ihnen zusammen. Alles Handeln ist in den Worten Burkes *»to act in concert«*; was bei diesem Tun herauskommt, hat niemals ein Ende und daher auch weder die Beständigkeit noch die Eindeutigkeit eines im

Mittel-Zweck-Zusammenhang erzeugten Gegenstandes. Wenn im Herstellen der Zweck in der Tat die Mittel rechtfertigt – der hergestellte Tisch erfordert und rechtfertigt nicht nur die Werkzeuge, sondern auch das Umschlagen des Baumes zur Holzgewinnung –, so könnte man paradoxerweise sagen, daß im Handeln das Mittel den Zweck setzt und erzwingt: Eine böse Tat um eines guten Zwecks willen erzeugt Bosheit, eine gute Tat um eines bösen Zwecks willen erzeugt Güte.

Gesetze im Sinne des positiven Rechts sind für ein Handeln in der Gesinnung des Herstellens oder des »Wo gehobelt wird, da fallen Späne« ganz und gar überflüssig. Denn sie sichern Kontinuität in der Sphäre menschlichen Zusammenlebens als solcher, in der es einen durch Gegenstände getragenen, an ihnen ausgerichteten und von ihnen garantierten Verlaß ganz und gar nicht gibt. Die Kontinuität menschlichen Zusammenlebens wird immer wieder durch das erschüttert, was wir gemeinhin die Freiheit des Menschen nennen; und das ist politisch die Geburt jedes neuen Menschen, der in dieses Zusammenleben hineingeboren wird, weil mit jeder neuen Geburt ein neuer Anfang, eine neue Freiheit, eine neue Welt anhebt. Diesen neuen Anfang hegen die Zäune der Gesetze ein und sichern ihm zugleich seine Freiheit, schaffen ihm den Raum, in welchem allein Freiheit sich verwirklichen kann. So garantiert das Gesetz die Möglichkeit eines voraussehbar, absolut Neuen und zugleich die Präexistenz einer gemeinsamen Welt, deren Kontinuität alle einzelnen Anfänge übersteigt; also eine Wirklichkeit, die alle neuen Ursprünge in sich aufnimmt und von ihnen sich nährt.

Jede Gewaltherrschaft muß die Zäune der Gesetze dem Erdboden gleichmachen. Totalitärer Terror, sofern er dies in seinen Anfangsstadien auch tut, unterscheidet sich nicht prinzipiell von anderen Formen der Tyrannis. Nur daß dieser nicht den willkürlich-tyrannischen Willen eines einzelnen über die ihres Schutzes beraubten und zur Ohnmacht verdammten Menschen loslassen will, noch die despotische Macht eines einzigen gegen alle anderen, noch, und am allerwenigsten, die Anarchie eines Krieges aller gegen alle. Die Tyrannis begnügt sich mit der Gesetzlosigkeit; der totale Terror setzt an die Stelle der Zäune des Gesetzes und der gesetzmäßig etablierten und geregelten Kanäle menschlicher Kommunikation sein eisernes Band, das alle so eng aneinanderschließt, daß nicht nur der Raum der Freiheit, wie er in verfassungsmäßigen Staaten zwischen den Bürgern existiert, sondern auch die Wüste der Nachbarlosigkeit und des gegenseitigen Mißtrauens, die der Tyrannis eigentümlich ist, verschwindet, und es ist, als seien alle zusammengeschmolzen in ein einziges Wesen von gigantischen Ausmaßen. Auch dies drückt der auf totalitäre Verhältnisse so trefflich vorbereitete Volksmund auf seine Weise aus, wenn er nicht mehr von »den« Russen oder »den« Franzosen spricht, sondern uns neuerdings erzählt, was »der« Russe will oder »der« Franzose sei. Terror als der folgsame Vollstrecker natürlicher oder geschichtlicher Prozesse fabriziert dieses Einssein von Menschen, indem er den Lebensraum zwischen Menschen, der der Raum der Freiheit ist, radikal vernichtet. Das Wesentliche der totalitären Herrschaft liegt also nicht darin, daß sie bestimmte Freiheiten beschneidet oder beseitigt, noch darin, daß sie die Liebe zur Freiheit aus dem menschlichen Herzen ausrottet; sondern einzig darin, daß sie Menschen, so wie sie sind, mit solcher Gewalt in das eiserne Band des Terrors schließt, daß der Raum des Handelns, und dies allein ist die Wirklichkeit der Freiheit, verschwindet.

Das eiserne Band des Terrors konstituiert den totalitären politischen Körper und macht ihn zu einem unvergleichlichen Instrument, die Bewegung des Natur- oder des Geschichtsprozesses zu beschleunigen. Dem Terror gelingt es, Menschen so zu organisieren, als gäbe es sie gar nicht im Plural, sondern nur im Singular, als gäbe es nur einen gigantischen Menschen auf der Erde, dessen Bewegungen in den Marsch eines automatisch notwendigen

Natur- oder Geschichtsprozesses mit absoluter Sicherheit und Berechenbarkeit einfallen. Die an sich notwendig ablaufenden Prozesse will der Terror auf eine Geschwindigkeit, gleichsam auf eine Tourenzahl bringen, die sie ohne die Mithilfe der zu einem Menschen organisierten Menschheit nie erreichen könnten. Praktisch heißt dies, daß Terror die Todesurteile, welche die Natur angeblich über »minderwertige Rassen« und »lebensunfähige Individuen« oder die Geschichte über »absterbende Klassen« und »dekadente Völker« gesprochen hat, auf der Stelle vollstreckt, ohne den langsameren und unsicheren Vernichtungsprozeß von Natur oder Geschichte selbst abzuwarten.

Wir kennen keinen vollkommenen totalitären Herrschaftsapparat, denn er würde die Beherrschung der gesamten Erde voraussetzen. Wir wissen aber genug von den immer noch vorläufigen Experimenten totaler Organisation, um zu erkennen, daß die durchaus mögliche Vervollkommnung dieses Apparats menschliches Handeln in dem uns bekannten Sinne abschaffen würde. Handeln würde sich als überflüssig erweisen im Zusammenleben der Menschen, wenn alle Menschen zu einem Menschen, alle Individuen zu Exemplaren der Gattung, alles Tun zu Beschleunigungsgriffen in der gesetzmäßigen Bewegungsapparatur der Geschichte oder der Natur und alle Taten zu Vollstreckungen der Todesurteile geworden sind, die Geschichte oder Natur ohnehin verhängt haben.

In solch einem bisher nicht erreichten perfekten Regime des Terrors würde Montesquieus zweite Bestimmung in der Definition von Staatsformen, die Bestimmungen des »Prinzips«, das, zu dem Wesen einer jeden Regierung gehörend, sie zum Handeln und damit im politischen Feld erst eigentlich in Bewegung bringt, ganz und gar fortfallen. Und in der Tat werden totalitäre Machthaber in ihrem Tun weder von Ehre noch von Tugend noch von Furcht geleitet. Insofern aber totalitäre Herrschaft ihre eigene vollkommene Ausprägung noch nicht erhalten hat und sich immer noch in einer Welt bewegt, in welcher es Handeln gibt und daher auch Prinzipien des Handelns benötigt werden, braucht auch sie noch ein ihr eigentümliches Prinzip, das ihren Terrorapparat in Bewegung setzt und die ihm ausgelieferten Menschen in ihrem Verhalten inspiriert.

Prinzipien des Handelns dürfen nicht mit psychologischen Motiven verwechselt werden. Sie sind vielmehr die Maßstäbe, an denen öffentlich-politisches Handeln, und nur dieses, gemessen wird. So wie es der Stolz eines Bürgers einer Republik ist, nicht mehr zu gelten in öffentlichen Angelegenheiten als irgendein anderer Bürger – dies ist seine »Tugend« –, so ist es der Stolz eines Untertanen in einer Monarchie, sich auszuzeichnen und öffentlich geehrt zu werden. Dies heißt nicht, daß die Bürger einer Republik nicht wissen, was Ehre ist, oder die Untertanen einer Monarchie sich nicht um »Tugend« bekümmerten, sondern lediglich, daß das öffentliche Leben – in welchem wir nur handeln können, indem wir mit anderen zusammen handeln, und betroffen sind nur von Angelegenheiten, die für jeden von gleicher Dringlichkeit sind – immer von gewissen Prinzipien bestimmt ist, die keinesfalls für alle Formen öffentlichen Lebens die gleichen sind. Wenn solche Prinzipien ihre Gültigkeit verlieren, wenn man in einer Republik nicht mehr weiß, was Tugend ist, in einer Monarchie nicht mehr an Ehre glaubt oder wenn in einer Tyrannis der Machthaber aufhört, seine Untertanen, und die Beherrschten aufhören, den Tyrannen zu fürchten, so geht jede dieser drei Regierungsformen ihrem Ende entgegen.

Montesquieu benötigte dieses Prinzip, das seine Staatsformen erst in Bewegung setzt, indem es Machthabern wie Bürgern die Maßstäbe für ein einheitliches öffentliches Handeln und Sichverhalten gibt, weil das Wesen der Staatsformen, so wie es aus den antiken Definitionen übernommen war, an sich selbst stabil und unbeweglich ist, allem Handeln also nur bestimmte Grenzen setzt, nicht aber es veranlassen und inspirieren kann. Unter totalitären

Bedingungen scheint ein bewegendes Prinzip einerseits überflüssig geworden zu sein, weil das Wesen jetzt an sich selbst bereits Bewegung ist; andererseits scheint das einzige Prinzip des Handelns, das rein praktisch in Frage kommt, wie in allen Tyranneien die Furcht zu sein.

Furcht entsteht in der Tyrannei dadurch, daß der Raum der Freiheit, den die Gesetze umhegten, von der Willkür des Tyrannen in eine Wüste verwandelt ist. Auch in der Wüste gibt es noch ein Minimum menschlichen Kontakts, sie bewahrt noch eine Spur jenes Raumes, den menschliche Freiheit braucht, um wirklich zu werden. In ihr bewegen sich Menschen noch und begegnen einander, beraten von den Prinzipien der Furcht und des Mißtrauens. Furcht und Mißtrauen können aber keine Ratgeber mehr sein, wenn unter totalitärer Herrschaft der Terror beginnt, seine Opfer nach objektiven Merkmalen, ohne allen Bezug auf irgendwelche Gedanken oder Handlungen der Betroffenen, auszuwählen. Furcht hört damit auf, einen praktischen Sinn zu haben. Zwar bleibt sie noch die alles durchdringende Stimmung, die das Herz jedes einzelnen verwüstet, so wie Mißtrauen noch die Beziehungen aller Menschen zueinander vergiftet, aber einen Rat, wie zu handeln sei, können weder Furcht noch Mißtrauen geben, da vom eigenen Handeln das Schicksal gar nicht mehr abhängt.

Totalitäre Herrschaft, deren Wesen der Terror ist und die daher auf ihn als ein Furcht einflößendes Mittel der Beherrschung nicht mehr rechnen kann, rechnet überhaupt nicht mit handelnden Menschen und kann daher auch kein eigentliches Prinzip des Handelns, und sei es das Prinzip der Furcht, gebrauchen. An seine Stelle setzt sie etwas ganz und gar anders Geartetes, das mit dem menschlichen Willen zum Handeln nichts mehr zu tun hat, dafür aber seinem Bedürfnis nach Einsicht entgegenkommt und ihn lehrt, die Bewegungsgrenze zu verstehen, die der Terror vollstreckt und die ja angeblich von Geschichte und Natur über eine ihnen ausgelieferte Menschheit ohnehin verhängt worden sind. Innerhalb solcher über die Menschheit verhängten Prozesse, in die alle eingefangen sind und an denen sie nichts ändern können, außer daß sie dazu bestellt scheinen, ihre Geschwindigkeit zu erhöhen, kann es nur Vollstrecker und Opfer der ihnen inhärenten Gesetze geben. Im Sinne dieser Bewegungsgesetze liegt es, daß die, welche heute die Vollstrecker sind und »minderwertige Rassen und lebensunfähige Individuen« oder »absterbende Klassen und dekadente Völker« liquidieren, morgen diejenigen sein können, an denen dieser Ausscheidungsprozeß vollzogen werden muß. Das Verlangen nach Einsicht in diesen Prozeß mobilisiert die totalitäre Herrschaft, um beide, Vollstrecker wie Opfer, auf diesen Prozeß vorzubereiten. An die Stelle des Prinzips des Handelns tritt die Präparierung der Opfer, die Natur- oder Geschichtsprozeß fordern werden, eine Präparierung, die den einzelnen gleich gut für die Rolle des Vollstreckers wie für die des Opfers vorbereiten kann.

Diese Präparierung leistet in der totalitären Herrschaft die Ideologie, und sie entspricht Montesquieus Prinzip des öffentlichen Handelns, insofern auch sie für beide, Herrscher und Beherrschte, Vollstrecker und Opfer, gleichermaßen gültig und zwingend ist.

Der Gebrauch der Ideologien als politische Waffe ist so wenig auf totalitäre Bewegungen beschränkt, wie der Gebrauch des Terrors zum Zwecke der Einschüchterung auf totale Herrschaft beschränkt ist. Auf dem uralten Gebiet der Grausamkeit haben sich die totalitären Gewalthaber etwas Neues weder ausdenken können noch wollen; die fabrikmäßig betriebene Vernichtung von Menschen wird sogar mit einem Minimum an Grausamkeit ins Werk gesetzt. So haben die totalitären Bewegungen auch den von ihnen übernommenen Ideologien, dem Kommunismus oder dem Rassismus, der Lehre vom Kampf der Klassen oder der Lehre vom Recht des Stärkeren, nicht einen einzigen neuen Gedanken, ja, nicht einmal ein einziges neues Propagandaschlagwort hinzugefügt.

Der wissenschaftliche oder besser pseudowissenschaftliche Charakter aller Ideologien ist bekannt, sie sind samt und sonders jenes verrückte Ding, das es nirgends gibt, nämlich »wissenschaftliche Weltanschauungen«. Das Wort »Ideologie« legt nahe, zu meinen, daß eine Idee in genau dem gleichen Sinne der Gegenstand einer Wissenschaft sein kann, wie die Tiere der Gegenstand der Zoologie sind, und daß die Endung -logie nichts anderes besage als eben die *logoi*, die wissenschaftlichen Feststellungen über den Gegenstand der Idee. In diesem Sinne, der lange Zeit der vorherrschende war, ist die Ideologie des Deismus zum Beispiel jene Afterwissenschaft, in der wissenschaftliche Feststellungen über die Idee Gottes (im Sinne der Philosophie) gemacht werden, Feststellungen nämlich, die nur von der Wissenschaft der Theologie gemacht werden könnten, die ihrerseits eine Wissenschaft ist, weil sie die geoffenbarte Realität Gottes als ihr Gegenstandsgebiet voraussetzt. (Eine Theologie, die sich nicht auf die Offenbarung Gottes stützt und Gott als eine gegebene Wirklichkeit voraussetzt, würde sich genauso verrückt benehmen wie eine Zoologie, die plötzlich an der Realität der Tiere zu zweifeln begänne.)

Wäre eine Ideologie nicht mehr als eine »wissenschaftliche Weltanschauung«, so wären aus ihr vielleicht die modernen Afterwissenschaften wie die zu ihnen gehörenden Pseudophilosophien entstanden, aber nicht die totalitären Ideologien. Der Deismus, um in unserem Beispiel zu bleiben, trifft nicht nur »wissenschaftliche« Feststellungen über einen Gott, dessen Offenbarung er leugnet, sondern er gebraucht die Idee Gottes, um mit ihr den Lauf der Welt zu erklären. In diesem für unseren Zusammenhang sehr viel wichtigeren Sinne sind die »Ideen« der Ideologien – die Idee der Rasse im Rassismus oder Gottes im Deismus – sehr viel mehr als ihr wissenschaftlicher Gegenstand, und ihre *logoi* sind von den wissenschaftlichen Feststellungen der Zoologie sehr viel radikaler geschieden, als die Scheidung in Wissenschaften und Afterwissenschaften beinhaltet. Die Ideologien enthalten immer die Logik ihrer jeweiligen »Idee«. Sie setzen voraus, daß aus der jeweiligen

Idee eine Logik sich entwickeln läßt, ja, daß die Idee in sich einen solchen logischen Prozeß enthält, den die Ideologie dann entwickelt.

Die Idee der Ideologie ist weder das ewige Wesen vergänglicher Dinge noch die regulative Kraft der Vernunft, sie ist vielmehr ein Instrument, mit dessen Hilfe Prozesse und Ereignisse berechnet werden können. Zu diesem Instrument wird die Idee durch die ihr innewohnende Logik, durch einen Prozeß, der aus der Idee selbst folgt und der unabhängig ist von allen äußeren Faktoren. Was den Rassismus als eine voll entwickelte Ideologie von den früheren Rassevorstellungen unterscheidet, ist, daß hier angenommen wird, daß im Begriff der Rasse bereits eine Bewegung – der Prozeß der Rassenkämpfe, der Sieg und Untergang bestimmter Rassen usw. – enthalten ist, daß mit anderen Worten der Geschichtsprozeß der Menschheit sich aus der Rassenideologie logisch entwickeln läßt.

Die Weltanschauungen und Ideologien des neunzehnten Jahrhunderts sind an sich nicht totalitär, und wenn Rassismus und Kommunismus sich als die entscheidenden Ideologien des zwanzigsten Jahrhunderts entpuppt haben, so nicht deshalb, weil sie an sich »totalitärer« wären als die anderen, sondern einzig und allein, weil die ihnen ursprünglich zugrunde liegenden Erfahrungselemente: der Kampf zwischen Rassen um die Herrschaft der Erde und der Kampf zwischen Klassen um die politische Macht im Innern der Staaten, sich als politisch bedeutsamer erwiesen als die anderer Ideologien. In diesem Sinne war der Sieg des Rassismus und des Kommunismus über alle anderen Ismen entschieden, bevor die totalitären Bewegungen sich gerade dieser Ideologien bemächtigten. Totalitäre Elemente wiederum enthalten alle Ideologien, wenn sie auch nur von den totalitären Bewegungen voll entwickelt werden, wodurch dann der Schein entsteht, als seien nur Rassismus und Kommunismus totalitär. Wahr ist vielmehr, daß in der Rolle, welche die Ideologie in dem totalen Herrschaftsapparat spielt, das eigentliche Wesen aller Ideologien erst ans Licht getreten ist. In diesem Licht erscheinen drei spezifisch totalitäre Elemente, die allem ideologischen Denken eigentümlich sind.

Ideologien in ihrem Anspruch auf totale Welterklärung haben es erstens an sich, nicht das, was *ist*, sondern nur das, was *wird*, was entsteht und vergeht, zu erklären. Sie haben ein Element der Bewegung von vornherein in sich, weil sie sich überhaupt nur mit dem sich Bewegenden befassen, also mit Geschichte im gewöhnlichen Sinn des Wortes. Ideologien sind auch dann nur auf Geschichte gerichtet, wenn sie, wie im Falle des Rassismus, scheinbar von der Natur ausgehen; Natur dient hier nur dazu, Geschichtliches zu erklären, es auf Natürliches zu reduzieren. Der Anspruch auf totale Welterklärung verspricht die totale Erklärung alles geschichtlich sich Ereignenden, und zwar totale Erklärung des Vergangenen, totales Sich-Auskennen im Gegenwärtigen und verläßliches Vorhersagen des Zukünftigen. Als solches wird ideologisches Denken zweitens unabhängig von aller Erfahrung, die ihm selbst dann nichts Neues mitteilen kann, wenn das Mitzuteilende soeben erst entstanden ist. Es emanzipiert sich also von der Wirklichkeit, so wie sie uns in unseren fünf Sinnen gegeben ist, und besteht ihr gegenüber auf einer »eigentlicheren« Realität, die sich hinter diesem Gegebenen verberge, es aus dem Verborgenen beherrsche, und die wahrzunehmen wir einen sechsten Sinn benötigen. Den sechsten Sinn vermittelt eben die Ideologie, jene ideologische Schulung, welche auf den eigens dafür errichteten Erziehungsanstalten »politischer Soldaten«, den Ordensburgen der Nazis oder den Schulen der Komintern und Kominform, vermittelt wird. Der Emanzipation des Denkens von erfahrener und erfahrbarer Wirklichkeit dient auch die Propaganda der totalitären Bewegung, die immer darauf hinausläuft, jedem offenbar Geschehenden einen geheimen Sinn und jedem offenbaren politischen Handeln eine verschwörerische Absicht unterzulegen. Sind die Bewegungen erst einmal an die Macht gekommen, so beginnen sie, die Wirklichkeit im Sinne ihrer ideologischen Behauptungen zu verändern. Der Begriff der Feindschaft wird durch den der Verschwörung ersetzt und damit eine politische Realität hergestellt, in der hinter jeder Erfahrung des Wirklichen – wirklicher Feindschaft oder wirklicher Freundschaft – der Natur der Sache nach etwas anderes vermutet werden muß.

Die Ideologien, die ja selbst nicht die Macht hatten, die Wirklichkeit zu verändern, verließen sich drittens in ihrer Emanzipation des Denkens von Erfahrung und erfahrener Wirklichkeit auf das Verfahren ihrer Beweisführung selbst. Dem, was faktisch geschieht, kommt ideologisches Denken dadurch bei, daß es aus einer als sicher angenommenen Prämisse nun mit absoluter Folgerichtigkeit – und das heißt natürlich mit einer Stimmigkeit, wie sie in der Wirklichkeit nie anzutreffen ist – alles Weitere deduziert. Das Deduzieren kann einfach logisch oder auch dialektisch vonstatten gehen; in beiden Fällen handelt es sich um einen gesetzmäßig verlaufenden Argumentationsprozeß, der als Prozeßdenken imstande sein soll, die Bewegungen der übermenschlichen, natürlichen oder geschichtlichen Prozesse einzusehen. Einsicht vollzieht sich hier dadurch, daß der Verstand im logischen oder dialektischen Prozeß die Gesetze angeblich wissenschaftlich festgestellter Bewegungen nachahmt und in der Nachahmung sich ihnen einfügt. Die ideologische Beweisführung, die immer logisch deduzierend ist, wird den beiden vorhergenannten Elementen der Ideologien, dem Element der Bewegung und dem Element der Emanzipation von Wirklichkeit und Erfahrung, dadurch gerecht, daß sie einerseits selber wesentlich ein sich aus sich selbst bewegendes Denken ist, und daß sie andererseits diesen Bewegungsprozeß nur auf einen einzigen, noch der erfahrenen Wirklichkeit entnommenen Punkt, der in der Prämisse als gegeben angenommen wird, stützt, die von hier aus entfaltete Bewegung dann aber von aller weiteren Erfahrung völlig unberührt läßt. Ideologisches Denken ist, hat es einmal seine Prämisse, seinen Ausgangspunkt, statuiert, prinzipiell von Erfahrungen unbeeinflußbar und von der Wirklichkeit unbelehrbar.

So tritt an die Seite der angeblichen Erbarmungslosigkeit von Natur oder Geschichte die (wie Hitler zu sagen liebte) »Eiskälte« der menschlichen Logik. Diese Logik – und nicht so sehr der ursprüngliche Gehalt der Ideologien: die Unterdrückung des Menschen durch den Menschen oder das Primat des Nationalen – überzeugt Menschen, die sich auf ihre Erfahrungen nicht mehr verlassen wollen, weil sie sich mit ihnen in der Welt nicht mehr zurechtfinden können. An die Stelle einer Orientierung in der Welt tritt der Zwang, mit dem man sich selbst zwingt, von dem reißenden Strom übermenschlicher, natürlicher oder geschichtlicher Kräfte mitgerissen zu werden. Solange die Ideologien nur in der Form von Weltanschauungen bestehen, die ihnen das neunzehnte Jahrhundert gegeben hat, bevor sie zu Mitteln einer neuen politischen Organisation geworden sind, ist ihr eigentlicher Inhalt – der Kampf um Gerechtigkeit im Kommunismus und die Sorge um den Bestand der Nation in allen völkisch orientierten Ismen – immer noch vorherrschend. Erst wenn die Radikalität totalitärer Bewegungen aus den Ideologien die Prinzipien ihres politischen Handelns gewinnt, erhält das ihnen immer inhärente logische Element so sehr die Oberhand, daß nun die eigentliche Substanz der Ideologie selbst – die Arbeiterklasse oder die Nation – in der folgerichtig stimmigen Bewegung eines reinen Deduzierens zerrieben wird.

In diesem Sinne ist die Macht, die nach Marx der Idee eignet, wenn sie die Massen ergreift, eben diese aus der »Idee« entwickelte Logik, deren Zwang sich die Massen unterwerfen. Die Nazis verlangten von ihrer Elite nichts als »die letzte Folgerichtigkeit in allen weltanschaulichen Fragen« (W. Best), und es war nach Stalins Zeugnis weder der Inhalt noch die Rednergabe Lenins, sondern »die unwiderstehliche Kraft seiner Logik«, die den Hörer in ihre »mächtigen Fangarme wie in eine Zange preßte, in deren

Griff er ohnmächtig war«.[4] Der durchaus charakteristische Substanzschwund, den eine Ideologie immer schon erleidet, wenn sie »bewiesen« wird, und der zu einem kompletten Substanzverlust wird, sobald totalitäres Handeln sich ihrer als eines leitenden Prinzips bedient, erklärt auch, warum es so leicht ist, ideologisch geschulte Menschen zu einem Wechsel der Ideologie zu bewegen, wenn das eigene System aus irgendwelchen Gründen versagt hat. Wie schwer es andererseits ist, ehemalige Anhänger irgendeiner Ideologie wieder in normale Denkformen und normales politisches Handeln zurückzuführen, ist genügsam bekannt. Schwer ist dabei niemals, sie von einem anderen Gehalt zu überzeugen, als vielmehr zu verhindern, daß sie mit ganz gleich welchem Gehalt wiederum die logische Operation des Deduzierens aus einer Prämisse anstellen, an die sie aus ihrer Vergangenheit her gewöhnt sind.

Man könnte sagen, daß es das eigentliche Wesen der Ideologie ist, aus einer Idee eine Prämisse zu machen, aus einer Einsicht in das, was ist, eine Voraussetzung für das, was sich zwangsmäßig einsichtig ereignen soll. Jedoch haben die Verwandlung der den Ideologien zugrunde liegenden Ideen in solche Prämissen erst die totalitären Gewalthaber wirklich vollzogen. In diesem Sinne sind Stalin wie Hitler Ideologen allerersten Ranges, die allen mit ihnen konkurrierenden nichttotalitären Ideologen völkischer oder kommunistischer Gesinnung weit überlegen waren, auch wenn sie von diesen oft und zu Unrecht verachtet wurden, weil sie die Ideologien durch keinerlei neues Gedankengut bereichert haben. Ihre eigentliche Originalität bestand darin, daß sie ideologische Aussagen buchstäblich ernst nahmen und dadurch in Konsequenzen jagten, von denen sich der gesunde Menschenverstand, der sich an der Wirklichkeit auch dann orientiert, wenn er von ihr gelegentlich irregeführt wird, nichts hatte träumen lassen. Macht man damit ernst, daß im Kampf der Klassen es immer »absterbende« Klassen geben muß, so folgt daraus, daß man immer neue Gruppen der Gesellschaft ausrotten muß. Macht man damit ernst, daß es im Leben der Völker ebenso wie im Leben der Natur »Parasiten« gibt, so folgt daraus, daß man mit ihnen so umspringen darf wie mit Wanzen und Läusen, die man bekanntlich mit Giftgas ausrottet.

Diese anscheinend kleine, in Wahrheit entscheidende Operation des buchstäblich Ernstnehmens ideologischer Meinungen haben alle erfahrenen Beobachter totalitärer Bewegungen darum unterschätzt, weil sie wie Demagogie zum Zwecke der Volksversammlung aussah. Was man nicht sah und vor einigen Jahrzehnten wohl auch noch gar nicht sehen konnte, war, daß diese neuen, im neunzehnten Jahrhundert geborenen Ideologien nicht nur, wie es den Anschein hatte, unverantwortliche Meinungen über die Wirklichkeit waren, die wie alle solche Meinungen gar nicht an Wahrheit, sondern an dem Beifall der Menge interessiert waren. Was man übersah, war das Element ihrer Beweisführung, ihre eigentümliche fanatische Stimmigkeit und Logik ihres Deduktionsprozesses aus einer Prämisse, mit der sie sich bereits angeschickt hatten, die Wirklichkeit selbst und die eigene Substanz zu verzehren.

Die Präparierung von Opfern und Henkern, welche das totalitäre Herrschaftssystem braucht und mit der es das Montesquieusche Prinzip politischen Handelns ersetzt, ist also noch nicht einmal die Ideologie selbst, sondern vielmehr die jeder Ideologie inhärente Logik des Deduzierens. Auch hier hat es sich erwiesen, daß der Volksmund auf seine Weise vorzüglich auf diese neue Art von Politik vorbereitet war. Hitler wie Stalin hatten immer eine besondere Vorliebe dafür, ihre Argumentationen mit dem »Wer A gesagt hat, muß auch B sagen« zu unterbauen, und es ist kein Zweifel, daß dieses Argument moderne Menschen auf ganz ähnliche Weise überzeugt wie das »Wo gehobelt wird, da fallen Späne«.

Der Selbstzwang des deduzierenden Denkens, der Ideologien zu so vorzüglichen Präparationsmitteln für den Zwang von Terrorregimen macht, kommt in dem »Wer A gesagt hat, muß auch B sagen« vorzüglich zum Ausdruck, weil er hier ganz offenbar identisch ist mit unserer Angst, uns in Widersprüche zu verwickeln und durch solche Widersprüche uns selbst zu verlieren. Von diesem Selbstzwang haben die Bolschewisten, wenn sie von ihren eigenen Anhängern Geständnisse verlangten, einen äußerst ausgiebigen Gebrauch gemacht und vielfach demonstriert, daß die dem Selbstzwang zugrunde liegende Angst, mit sich selbst und seinem ganzen Leben in Widerspruch zu geraten, es mit der Todesangst an Intensität durchaus aufnehmen kann. Das Argument, mit dem man überzeugte und loyale Parteianhänger zu Geständnissen zwingt, ist in vielen Abwandlungen grundsätzlich immer das gleiche: Da du ein überzeugter Bolschewist bist, weißt du, daß die Partei immer recht hat. Aus Gründen des objektiven geschichtlichen Prozesses muß die Partei in diesem Augenblick bestimmte Verbrechen bestrafen, welche historisch sich unausweichlich in diesem Zeitpunkt ereignen müssen. Für diese Verbrechen braucht sie Verbrecher. Entweder hast du im Zug der historischen Notwendigkeit die Verbrechen, die wir dir zur Last legen, wirklich begangen, und dann bist du ein Feind der historischen Entwicklung (und das heißt der Partei als dem Exponenten dieser Entwicklung), oder du hast sie nicht begangen und weigerst dich, die historisch notwendige Rolle des Verbrechers zu spielen; dann begehst du das Verbrechen, das wir dir zur Last legen, eben durch deine Weigerung, es zu bekennen. – Das Zwingende des Arguments liegt in dem »Du darfst dir nicht selbst widersprechen«, und das Zwingende in diesem seltsamen Gebrauch des Satzes vom Widerspruch liegt in der Annahme, daß Widerspruch alles sinnlos macht, daß Sinn und Stimmigkeit das gleiche sind.

Worauf die totalitären Herrschaftssysteme sich verlassen für die begrenzte Mobilisierung sich verhaltender Menschen, deren selbst sie nicht, oder noch nicht, entraten können, ist dieser Zwang, durch den wir uns selbst zwingen, weil wir uns fürchten, uns sonst selbst in Widersprüchen zu verlieren. Die Tyrannei des zwangsläufigen Schlußfolgerns, die unser Verstand jederzeit über uns selbst loslassen kann, ist der innere Zwang, mit dem wir uns selbst in den äußeren Zwang des Terrors einschalten und uns an ihn gleichschalten. Das einzige Gegenprinzip gegen diesen Zwang und gegen die Angst, sich selbst im Widersprechen zu verlieren, liegt in der menschlichen Spontaneität, in unserer Fähigkeit, »eine Reihe von vorne anfangen« zu können. Alle Freiheit liegt in diesem Anfangenkönnen beschlossen. Über den Anfang hat keine zwangsläufige Argumentation je Gewalt, weil er aus keiner logischen Kette je ableitbar ist, ja, von allem deduzierenden Denken immer schon vorausgesetzt werden muß, um das Zwangsläufige zum Funktionieren zu bringen. Darum beruht die Argumentation des »Wer A gesagt hat, muß auch B sagen« auf der rücksichtslosen Ausschaltung aller Erfahrung und alles Denkens, das von sich aus irgendwo von neuem zu erfahren und zu denken anhebt.

Wie das eiserne Band des Terrors, der aus vielen Menschen *einen* Menschen machen will, verhindern muß, daß mit der Geburt eines jeden Menschen ein neuer Anfang in die Welt kommt, eine neue Welt anhebt, so soll der Selbstzwang der Logik verhüten, daß jemand irgendeinmal neu anfängt zu denken, also, anstatt B und C zu sagen und so weiter bis zum Ende des mörderischen Alphabets, von sich aus A sagt. Der Zwang des totalen Terrors, der Menschen in Massen zusammenpreßt und so den Raum der Freiheit *zwischen* ihnen vernichtet, und der Zwang des logischen Deduzierens, der jeden einzelnen auf den durch Terror organisierten Marsch präpariert und ihn in die gehörige Bewegung versetzt, gehören zusammen, entsprechen und bedürfen einander, um die totalitäre Bewegung ständig in Bewegung zu halten. Der äußere Zwang des Terrors vernichtet mit der Zerstörung des Raums der Freiheit alle Beziehungen *zwischen* Menschen; zusammengepreßt mit allen anderen ist ein jeder ganz und gar von allen anderen isoliert. Der innere Zwang des konsequent ideologischen Denkens sichert diesem Zwang seine Wirksamkeit, indem er die also isolierten Individuen in einen permanenten, jederzeit übersehbaren, weil konsequent logischen Prozeß hineinreißt, in welchem ihnen jene Ruhe niemals gegönnt ist, in der sie allein der Wirklichkeit einer erfahrbaren Welt begegnen können.

Die große Anziehungskraft, die das dem Terror entsprechende, sich selbst zwingende Denken auf moderne Menschen ausübt, liegt in seiner Emanzipation von Wirklichkeit und Erfahrung. Je weniger die modernen Massen in dieser Welt noch wirklich zu Hause sein können, desto geneigter werden sie sich zeigen, sich in ein Narrenparadies oder eine Narrenhölle abkommandieren zu lassen, in der alles gekannt, erklärt und von übermenschlichen Gesetzen im vorhinein bestimmt ist. Verlieren sie im Prozeß dieser Entwicklung, in welcher sie selbst in die einmal losgelassene Bewegung erbarmungslos hineingezogen werden, auch zumeist den Glauben an die ursprüngliche ideologische Prämisse – die »klassenlose Gesellschaft« oder die »Herrenrasse« –, so bleibt ihnen doch wenigstens das ganze in sich stimmige Netz von abstrakt logischen Deduktionen, Folgerungen und Schlüssen, um sie vor dem Schock des rein Tatsächlichen zu schützen. Aneinandergepreßt, aber auch gehalten von dem eisernen Band des Terrors, vorwärtsgetrieben, aber auch ständig aufrechterhalten von der nie versagenden Folgerichtigkeit eines ganz abstrakten logischen Räsonierens, bleiben ihnen in ihrem Marsch in die Zukunft alle Begegnung mit der wirklichen, daseienden Welt versagt, aber auch alle Erfahrungen eines menschlichen Lebens erspart – bis in die Erfahrung des eigenen Todes, wenn es schließlich an ihnen ist, die »Überflüssigen« und »Schädlichen« den Prozessen des Terrors zur Verfügung zu stellen.

Wir sagten zu Beginn dieser Überlegungen, daß wir nicht nur versuchen wollten, das Wesen totalitärer Herrschaft zu verstehen, sondern in ihm auch die Grundzüge jener Krise zu entdecken hofften, in der wir heute alle und überall leben. Für Montesquieu, dem wir auch in dieser abschließenden Betrachtung zu folgen gedenken, hieß dies, die Frage nach der eigentlichen, geschichtlichen Einheitlichkeit von Kulturen stellen, die ihn ursprünglich zu der Suche nach dem *»esprit des lois«* veranlaßte, dem Geist, der jeweils verschieden die in allen Ländern verschieden auftretenden Regierungsformen und ihre Gesetze beseelte.

Dasjenige, was nach Montesquieu diesen einheitlichen Geist in einer jeden politischen Formation garantiert, ist die Grunderfahrung, aus der das jeweils verschiedene Prinzip öffentlichen Handelns entspringt und die als solche das Gemeinsame ist, was Struktur der Staatsform und Prinzip des ihr angemessenen Handelns verbindet. Solch eine Grundlage menschlichen Lebens, die zu ausschlaggebender Bedeutung in einer Republik gelangt, ist die Erfahrung, daß alle Menschen gleich sind; dieser Gleichheit entsprechen republikanische Gesetze, und aus der Liebe zu ihr, die Tugend ist, entspringt republikanisches Handeln. Die politisch ausschlaggebende Grunderfahrung, die einer Monarchie – und eigentlich allen hierarchisch geordneten Staatsformen – zugrunde liegt, ist die Erfahrung, daß wir durch Geburt einer vom anderen verschieden und auf eine natürliche Weise voneinander und voreinander ausgezeichnet sind. Der Liebe zur Auszeichnung, die Ehre ist, muß die monarchische Gesetzgebung gerecht werden, denn sie bestimmt das Handeln in einer Monarchie. Die Grundtatsache also, an der eine Republik sich orientiert, ist die Gleichheit, und zwar, da es sich um eine politische und öffentliches Handeln fundierende Tatsache handelt, nicht die Gleichheit aller Menschen vor Gott und nicht die Gleichheit alles menschlichen Schicksals vor dem Tod, sondern die Gleichheit menschlicher Stärke. Daß wir gleich geboren werden, heißt politisch nur, daß wir – bei aller Verschiedenheit der Anlagen – von Natur mit gleicher Stärke ausgestattet sind. (Gleichheit konnte Hobbes daher im *Leviathan* als eine *»equality of ability«* zu töten definieren.) Die

Grunderfahrung der Republik ist das Zusammensein mit gleich starken Mitbürgern; die republikanische Tugend, die das öffentliche Leben in ihr durchwaltet, ist die Freude, nicht allein zu sein; denn nur weil wir von Natur gleich, mit gleicher Kraft begabt sind, sind wir miteinander zusammen. Allein sein heißt immer, zu existieren ohne seinesgleichen. (*»One is one and all alone and ever more shall be so«* – wie der mittelalterliche Abzählvers anzudeuten wagte, was menschlich nur als Tragödie des Einen Gottes verstanden werden kann.) Die Grunderfahrung der Monarchie ist, daß man sich im Zusammensein mit anderen und im Kampf mit ihnen auszeichnen und so zu dem kommen kann, was jeder wahrhaft sein eigen nennen darf; die Ehre, die das öffentliche Leben in ihr durchwaltet, ist die Freude, dies Eigene gefunden und in öffentlicher Anerkennung bestätigt zu haben.

Wir bemerkten schon, daß Montesquieu es unterließ, die Grundtatsache, auf der eine Tyrannis beruht, und die Grunderfahrung, der die Furcht als Prinzip politischen Handelns entspringt, zu nennen. Der Grund für diese Unterlassung war, daß Montesquieu die Tyrannis nicht für eine echte politische Form menschlichen Zusammenseins hielt. Angesichts unserer jüngsten Erfahrungen und angesichts der Tatsache, daß totalitäre Herrschaftsformen so häufig mit tyrannischen identifiziert und, wie wir glauben, verwechselt werden, wird es vielleicht nützlich sein, Montesquieus Prinzipien der Untersuchung kurz auf diejenige Staatsform anzuwenden, mit der die totalitäre Herrschaft zweifellos am meisten Ähnlichkeit hat.

Furcht als Prinzip öffentlich-politischen Handelns in der Tyrannis steht in engstem Zusammenhang mit jener Grundangst, die wir alle in Situationen völliger Ohnmacht erfahren haben, nämlich in Situationen, in denen wir aus gleich welchen Gründen nicht handeln können. Macht entspringt immer nur dort, wo Menschen zusammen handeln; ein Mensch allein oder eine Gruppe von Menschen, denen die Möglichkeit des Handelns genommen ist, ist immer ohnmächtig, unfähig sogar, die eigene Stärke zu verwirklichen, da ein Minimum an Macht, ein Minimum an Handeln mit anderen auch hierfür erforderlich ist. Furcht ist die Verzweiflung in der Ohnmacht, der jedes menschliche Wesen irgendwann einmal ausgesetzt ist, insofern menschliches Handeln immer auch eine Grenze hat.

Furcht ist daher eigentlich gar kein Prinzip des Handelns, sondern im Gegenteil die Verzweiflung, nicht handeln zu können; innerhalb des politischen Bereichs ist sie eine Art antipolitisches Prinzip. Darum meinte Montesquieu, daß die von ihr beseelte Tyrannis die einzige Staatsform sei, die an sich selbst zugrunde geht, die den Kern des eigenen Verderbens in sich trägt. Es bedarf äußerer Umstände, um Monarchien zu Fall zu bringen oder Republiken zu verderben; bei der Tyrannis ist dies Verhältnis genau umgekehrt: sie verdankt ihren Bestand immer nur äußeren Umständen; sich selbst überlassen, geht sie an sich selbst zugrunde.[5]

Es ist eine alte, noch aus der Antike herrührende Einsicht, daß Staatsformen, die auf der Gleichheit ihrer Bürger beruhen, in besonders großer Gefahr stehen, in Tyranneien umzuschlagen. Wenn die republikanischen Gesetze, deren Sinn immer ist, die natürliche Kraft jedes einzelnen Bürgers so zu begrenzen, daß Raum bleibt für die als gleich angesetzte Stärke seiner Mitbürger, zusammenbrechen, entsteht ein Chaos, in welchem die Stärke jedes einzelnen sich nicht nur nicht mehr mit der seiner Mitbürger verbinden kann, sondern in dem sogar ganz spezifisch jede Kraft überhaupt von ihrer Gegenkraft aufgehoben, das heißt durch Furcht paralysiert wird. In dieser Situation des Untergangs wird nicht nur verhindert, daß Macht entsteht; es wird Ohnmacht direkt erzeugt.

Aus der allgemeinen Ohnmacht entspringt die Furcht vor der Stärke eines jeden anderen und aus ihr einerseits der Wille, alle anderen zu beherrschen, der dem Tyrannen eignet, andererseits die Bereitschaft, sich beherrschen zu lassen, welche die Tyrannis für die Unterworfenen erträglich macht. So wie Tugend im politischen Leben eigentlich Liebe zur Gleichheit im Mächtigsein ist, so ist Furcht eigentlich Wille zur Macht in der Ohnmacht, das heißt Wille zu herrschen oder Wille, beherrscht zu werden.

Da aber Macht immer nur aus dem Zusammenhandeln von Menschen entsteht, kann dieser Machthunger nie wirklich gestillt werden. Gerade an Machtmangel geht die Tyrannis zugrunde. Macht im echten und verläßlichen Sinne kann die Tyrannis nicht erzeugen, weil sie die Pluralität des gemeinsamen Handelns in Einstimmigkeit, das »*acting in concert*«, im Beherrschen abgeschafft hat. Wem es wirklich um Macht zu tun ist, der muß den unter Menschen unabdingbaren Preis zahlen, auf das Herrschen aus einer Distanz zu verzichten, und sich in den Raum begeben, wo Macht entsteht, nämlich in den Zwischenraum, der zwischen Menschen sich bildet, die etwas Gemeinsames unternehmen. In ihm wächst dann gleichsam von selbst jedem einzelnen Macht zu, wenn alle zusammen zu handeln beginnen.

Wäre totalitäre Herrschaft nichts anderes als eine moderne Form der Tyrannis, so würde sie sich gleich ihr damit begnügen, die politische Sphäre der Menschen zu zerstören, also Handeln zu verwehren und Ohnmacht zu erzeugen. Totalitäre Herrschaft wird wahrhaft total in dem Augenblick – und sie pflegt sich dieser Leistung auch immer gebührend zu rühmen –, wenn sie das privatgesellschaftliche Leben der ihr Unterworfenen in das eiserne Band des Terrors spannt. Dadurch zerstört sie einerseits alle nach Fortfall der politisch-öffentlichen Sphäre noch verbleibenden Beziehungen zwischen Menschen und erzwingt andererseits, daß die also völlig Isolierten und voneinander Verlassenen zu politischen Aktionen (wiewohl natürlich nicht zu echtem politischem Handeln) wieder eingesetzt werden können. In der Ohnmacht der Tyrannis können Menschen innerhalb einer von Furcht und Mißtrauen beherrschten Welt sich immer noch bewegen; diese Bewegungsfreiheit in der Wüste ist es, die von totalitärer Herrschaft vernichtet wird. Totalitäre Herrschaft beraubt Menschen nicht nur ihrer Fähigkeit zu handeln, sondern macht sie im Gegenteil, gleichsam als seien sie alle wirklich nur ein einziger Mensch, mit unerbittlicher Konsequenz zu Komplicen aller von dem totalitären Regime unternommenen Aktionen und begangenen Verbrechen.

Die Zerstörung der Pluralität, die der Terror bewirkt, hinterläßt in jedem einzelnen das Gefühl, von allen ganz und gar verlassen zu sein. Die Institution der Konzentrationslager, deren Insassen von allen anderen, auch von der eigenen Familie, vergessen werden müssen, gründet sich auf die genaue Umkehrung jenes Grundsatzes, der für alle gesunden Gemeinwesen gilt und den Clemenceaus großer politischer Instinkt während der Dreyfus-Affäre formulierte: »*L'affaire d'un seul est l'affaire de tous.*« Das dieser Verlassenheit entspringende Räsonnement ist der Prozeß des logischen Deduzierens, der sich verzweifelt im Strudel des beliebig Möglichen, weil von niemandem mehr verläßlich Kontrollierten, an eine Prämisse festhält. (Die Bolschewisten wissen, daß Geständnisse auf der Grundlage des »Wer A gesagt hat, muß auch B sagen« am besten und ohne Tortur von denen erpreßt werden, die man erst einmal auf längere Zeit der Verlassenheit und dem aus ihr resultierenden Realitätsverlust in der Einzelhaft ausgesetzt hat.) Die Grunderfahrung menschlichen Zusammenseins, die in totalitärer Herrschaft politisch realisiert wird, ist die Erfahrung der *Verlassenheit.*

Die merkwürdige Verbindung zwischen dem zwangsläufig-zwingenden Deduzieren der Ideologien und der Verlassenheit ist politisch zweifellos erst von den totalitären Herrschaftsapparaten entdeckt und zu ihren Zwecken ausgenutzt worden. Aber sie findet sich andeutungsweise bereits in einer kleinen Bemerkung von Luther zu der Bibelstelle, daß es nicht gut sei für den Menschen, allein zu sein. Luther sagt dort: »Ein solcher (nämlich ein einsamer) Mensch folgert immer eins aus dem anderen und denkt alles zum ärgsten.«[6] Luther, der einige Erfahrungen in den Phänomenen der Einsamkeit und Verlassenheit hatte (und der einmal zu sagen wagte, es müsse schon darum einen Gott geben, weil der Mensch ein Wesen brauchte, dem er wirklich trauen könne), verstand, daß das spezifisch Zwingende der logischen Folgerungen nur den von allen Verlassenen mit ganzer Gewalt überfallen kann. In jeder Gemeinschaft stellt sich alsbald eine Pluralität von Prämissen her, aus denen gleich zwingend-evident gefolgert werden kann, so daß das zwingend Beweisbare dauernd in Schach und unter Kontrolle gehalten wird.

Genau gesprochen sind alle die Redensarten, welche dazu dienen, Henker und Opfer gleich gut auf das Funktionieren eines totalen Herrschaftsapparates vorzubereiten – wie »Wo gehobelt wird, da fallen Späne« und »Wer A gesagt hat, muß auch B sagen« –, volkstümliche Sprüche, welche von der Verlassenheit des Menschen Kunde geben. Nur jemandem, der seine Freunde und wen er liebt bereits verlassen hat und darum verlassen ist, wird es mit dem »Wo gehobelt wird, da fallen Späne« wirklich ernst sein; und nur wer darüber hinaus auch von sich selbst bereits verlassen ist, so daß nur noch das rein formale Sich-nicht-Widersprechen ihm Garantie dafür bieten kann, daß es ihn auch wirklich gegeben hat, wird die Konsequenz ziehen, ein »B« zu sagen und zu vollziehen, das ihn zwingt, nicht nur sein Leben, sondern seine Person, seine Ehre und das Andenken an sich zu opfern.

Verlassenheit und Einsamkeit sind nicht dasselbe, obwohl es die Gefahr jeder Einsamkeit ist, in Verlassenheit umzuschlagen, so wie es die Chance jeder Verlassenheit ist, zur Einsamkeit zu werden. In der Einsamkeit bin ich eigentlich niemals allein; ich bin mit mir selbst zusammen, und dies Selbst, das niemals zu einem leiblich unverwechselbar Bestimmten werden kann, ist zugleich auch jedermann. Einsames Denken gerade ist dialogisch und in Gesellschaft mit jedermann. Dies ist die Zwiespältigkeit der Einsamkeit, in der ich, immer auf mich selbst zurückbezogen, mich niemals als Einen, in seiner Identität Unverwechselbaren, wirklich Eindeutigen erfahren kann. Aus der Zwiespältigkeit und Vieldeutigkeit der Einsamkeit werde ich erlöst durch die Begegnung mit anderen Menschen, die mich dadurch, daß sie mich als diesen Einen, Unverwechselbaren, Eindeutigen erkennen, ansprechen und mit ihm rechnen, in meiner Identität erst bestätigen. In ihren Zusammenhang gebunden und mit ihnen verbunden, bin ich erst wirklich als Einer in der Welt und erhalte mein Teil Welt von allen anderen.

Verlassenheit entsteht, wenn aus gleich welchen personalen Gründen ein Mensch aus dieser Welt hinausgestoßen wird oder wenn aus gleich welchen geschichtlich-politischen Gründen diese gemeinsam bewohnte Welt auseinanderbricht und die miteinander verbundenen Menschen plötzlich auf sich selbst zurückwirft. Zu einer politisch tragfähigen Grunderfahrung kann Verlassenheit natürlich nur in dem zweiten Fall werden. In der Verlassenheit sind Menschen wirklich allein, nämlich verlassen nicht nur von anderen Menschen und der Welt, sondern auch von dem Selbst, das zugleich jedermann in der Einsamkeit sein kann. So sind sie unfähig, den Zwiespalt der Einsamkeit zu realisieren, und unfähig, die eigene, von den anderen nicht mehr bestätigte Identität mit sich selbst aufrechtzuerhalten. In dieser Verlassenheit gehen Selbst und Welt, und das heißt echte Denkfähigkeit und echte Erfahrungsfähigkeit, zugleich zugrunde. An der Wirklichkeit, die keiner mehr verläßlich bestätigt, beginnt der Verlassene mit Recht zu zweifeln; denn diese Welt bietet Sicherheit nur, insofern sie uns von anderen mit garantiert ist.

Das einzige, was in der Verlassenheit als scheinbar unantastbar sicher verbleibt, sind die Elementargesetze des zwingend Evidenten, die Tautologie des Satzes: zweimal zwei ist vier. Damit erfährt das zwingend Einsehbare für den Verlassenen eine eigentümliche Gewichtsverschiebung: es ist nicht mehr die selbstverständliche Regelung menschlichen Denkens, ein Mittel des Verstandes, um

Widersprüche zu vermeiden; sondern es wird aus sich heraus gleichsam produktiv, beginnt Denkreihen zu entfalten, Prozesse zu entwickeln, »folgert eins aus dem anderen und denkt alles zum ärgsten«. Dies Zwangsfolgern ist der Extremismus, der allem ideologischen Denken eignet und an dem gemessen freies und kontrolliertes Denken an mangelnder Radikalität zu leiden scheint. Die »Radikalität« totalitärer Ideologien ist nur der Extremismus des Ärgsten und hat mit echter Radikalität gar nichts zu tun.

Was moderne Menschen so leicht in die totalitären Bewegungen jagt und sie so gut vorbereitet für die totalitäre Herrschaft, ist die allenthalben zunehmende Verlassenheit. Es ist, als breche alles, was Menschen miteinander verbindet, in der Krise zusammen, so daß jeder von jedem verlassen und auf nichts mehr Verlaß ist. Das eiserne Band des Terrors, mit dem der totalitäre Herrschaftsapparat die von ihm organisierten Massen in eine entfesselte Bewegung reißt, erscheint so als ein letzter Halt und die »eiskalte Logik«, mit der totalitäre Gewalthaber ihre Anhänger auf das Ärgste vorbereiten, als das einzige, worauf wenigstens noch Verlaß ist. Vergleicht man diese Praxis mit der Praxis der Tyrannis, so ist es, als sei das Mittel gefunden worden, die Wüste selbst in Bewegung zu setzen, den Sandsturm loszulassen, daß er sich auf alle Teile der bewohnten Erde legt.

Die Bedingungen, unter denen wir uns heute im politischen Feld bewegen, stehen unter der Bedrohung dieser verwüstenden Sandstürme. Ihre Gefahr ist nicht, daß sie etwas Bleibendes errichten können. Totalitäre Herrschaft gleich der Tyrannis trägt den Keim ihres Verderbens in sich. So wie Furcht und die Ohnmacht, aus der sie entspringt, ein antipolitisches Prinzip und eine dem politischen Handeln konträre Situation darstellen, so sind Verlassenheit und das ihr entspringende logisch-ideologische Deduzieren zum Ärgsten hin eine antisoziale Situation und ein alles menschliche Zusammensein ruinierendes Prinzip. Dennoch ist organisierte Verlassenheit erheblich bedrohlicher als die unorganisierte Ohnmacht aller, über die der tyrannisch-willkürliche Wille eines einzelnen herrscht. Ihre Gefahr ist, daß sie die uns bekannte Welt, die überall an ein Ende geraten scheint, zu verwüsten droht, bevor wir die Zeit gehabt haben, aus diesem Ende einen neuen Anfang erstehen zu sehen, der an sich in jedem Ende liegt, ja, der das eigentliche Versprechen des Endes an uns ist. *Initium ut esset, creatus est homo* – »damit ein Anfang sei, wurde der Mensch geschaffen«, sagt Augustin.[7] Dieser Anfang ist immer und überall da und bereit. Seine Kontinuität kann nicht unterbrochen werden, denn sie ist garantiert durch die Geburt eines jeden Menschen.

Anmerkungen Band III

Vorwort

1 Übersetzt von Michael Schröter.

2 Zweifellos ist es sehr beunruhigend, daß totale Herrschaft, obwohl offen verbrecherisch, von der Unterstützung der Massen getragen wird. Es kann daher kaum überraschen, daß Wissenschaftler wie Politiker diese Tatsache häufig nicht sehen wollen, wobei die einen stattdessen an die magische Wirkung von Propaganda und Gehirnwäsche glauben und die anderen zu schlichter Verleugnung greifen, wie z. B. Adenauer in mehreren Fällen. Die *Auswahl aus den Geheimen Lageberichten des Sicherheitsdienstes der SS 1939–1944,* die unlängst veröffentlicht wurde (*Meldungen aus dem Reich,* hrsg. von Heinz Boberach, Neuwied und Berlin 1965), ist in dieser Hinsicht sehr aufschlußreich. Diese Berichte über die öffentliche Meinung in Deutschland während des Krieges zeigen nämlich einmal, daß die Bevölkerung über die sogenannten Geheimsachen – das Hinmetzeln von Juden in Polen, die Vorbereitung des Angriffs auf Rußland usw. – bemerkenswert gut informiert war, und zum anderen lassen sie erkennen, »welches Maß von unabhängiger Meinung sich die Objekte der Propaganda bewahrt hatten« (p. XVIII f.). Das alles beeinträchtigte jedoch, und das ist die eigentliche Pointe, die allgemeine Unterstützung des Hitler-Regimes nicht im mindesten. Es ist ganz offensichtlich, daß weder Informationsmangel, noch Gehirnwäsche für die Unterstützung eines totalitären Systems durch die Massen verantwortlich sind.

3 Von Anfang an war für die Untersuchung und Veröffentlichung von Dokumentenmaterial das Interesse an strafbaren Handlungen bestimmend, und die Auswahl erfolgte gewöhnlich im Dienste der Strafverfolgung von Kriegsverbrechern. Das Ergebnis ist, daß eine Unmenge von hochinteressantem Material unbeachtet blieb. Das in Anmerkung 1 erwähnte Buch bestätigt als äußerst erfreuliche Ausnahme die Regel.

4 Siehe Merle Fainsod, *Smolensk under Soviet Rule,* Cambridge 1958, pp. 210, 306, 365 etc.

5 Ibidem, pp. 73, 93.

6 Zu den schätzungsweise 9–12 Millionen Opfern des ersten Fünfjahresplans (1928–1933) muß man noch die Opfer der Großen Säuberung hinzuzählen: 3 Millionen wurden schätzungsweise hingerichtet, 5–9 Millionen deportiert. (Siehe Robert

C. Tuckers wichtige Einleitung, *Stalin, Bukharin and History as Conspiracy,* zu der neuen Ausgabe des Protokolls der Moskauer Prozesse von 1938: *The Great Purge Trial,* New York 1965.) Alle diese Schätzungen scheinen jedoch hinter den tatsächlichen Zahlen zurückzubleiben. Sie berücksichtigen nicht die Massenhinrichtungen, die unbekannt geblieben waren, bis »deutsche Besatzungstruppen in der Stadt Winnyzja ein Massengrab entdeckten, das die Leichen von mehreren tausend Menschen enthielt, die 1937 und 1938 hingerichtet worden waren«. (Siehe John A. Armstrong, *The Politics of Totalitarianism: The Communist Party of the Soviet Union from 1934 to the Present,* New York 1961, pp. 65 f.) Unnötig zu sagen, daß diese jüngste Entdeckung das nazistische und das bolschewistische System mehr denn je als Variationen des gleichen Modells erscheinen läßt. – Welche zentrale Rolle die Massenmorde der Stalin-Ära für die gegenwärtige Opposition spielen, kann man am besten an dem Prozeß gegen Sinjawski und Daniel sehen, aus dessen Protokoll das *New York Times Magazine* am 17. April die Schlüsselpassagen veröffentlichte; meine Zitate stammen aus dieser Quelle.

7 Tucker, op. cit., p. XVII f.

8 Zitiert nach Merle Fainsod, *How Russia Is Ruled,* Cambridge 1959 (dt. Ausgabe: *Wie Rußland regiert wird.* Ergänzt und auf den neuesten Stand gebracht von Georg Brunner, Köln-Berlin 1965; das Zitat dort auf S. 225). – Abdurachman Avtorchanov berichtet (in *The Reign of Stalin,* 1953 unter dem Pseudonym Uralov in London veröffentlicht) von einer Geheimsitzung des Zentralkomitees der Partei, die 1936, nach den ersten Schauprozessen, stattfand und auf welcher Bucharin Stalin beschuldigt haben soll, er verwandle Lenins Partei in das Instrument eines Polizeistaats; zwei Drittel der Mitglieder sollen ihm beigepflichtet haben. Die Geschichte klingt wenig glaubhaft, am wenigsten die angebliche massive Unterstützung für Bucharin im Zentralkomitee; doch selbst wenn sie wahr ist, läßt sie – da die Sitzung stattfand, als die Große Säuberung bereits in vollem Gange war – nicht auf eine organisierte Opposition schließen, sondern eher auf das Gegenteil. In Wahrheit dürften sich die Dinge so verhalten haben, wie Fainsod sie beschreibt: zwar gab es eine »weitverbreitete Unzufriedenheit der Massen«, besonders unter den Bauern, und bis 1928, »als der erste Fünfjahresplan einsetzte, waren Streiks … nichts Ungewöhnliches«, aber solche »oppositionellen Stimmungen verdichteten sich nie zu einer organisierten Kampfansage an das Regime, und jedenfalls war 1929 oder 1930 jede organisatorische Alternative von der Bildfläche verschwunden«, wenn sie überhaupt je existiert hatte. (Siehe *Smolensk under Soviet Rule,* pp. 449 ff.).

9 »Das Erstaunliche ist«, wie Fainsod, op. cit., p. 38, schreibt, »nicht bloß, daß die Partei siegreich, sondern daß sie überhaupt bestehen blieb.«

10 Ibidem, pp. 49 ff. – Ein Bericht von 1929 erzählt von heftigen antisemitischen Ausfällen während einer Versammlung; die anwesenden Komsomolzen »blieben still … Sie machten den Eindruck, als stimmten sie den judenfeindlichen Bemerkungen zu« (p. 445).

11 Alle Berichte von 1926 zeigen einen deutlichen »Rückgang von sogenannten konterrevolutionären Handlungen, ein Indikator für den Waffenstillstand, den das Regime

mit den Bauern ausgehandelt hatte«. Verglichen mit 1926 lesen sich die Berichte von 1929–1930 »wie Frontberichte aus einer heißen Schlacht« (p. 177).

12 Ibidem, pp. 252 ff.

13 Ibidem, besonders pp. 240 ff. und 446 ff.

14 Alle diese Angaben stammen aus GPU-Berichten; siehe vor allem pp. 248 f. Es ist jedoch recht bezeichnend, daß solche Bemerkungen nach 1934, dem Beginn der Großen Säuberung, erheblich seltener werden.

15 Ibidem, p. 310.

16 Diese Alternative wird in der Literatur gewöhnlich übersehen, und zwar weil diese von der verständlichen, aber geschichtlich unhaltbaren Annahme ausgeht, die Entwicklung von Lenin zu Stalin sei mehr oder weniger reibungslos verlaufen. Nun hat Stalin tatsächlich fast immer Leninsche Begriffe gebraucht, so daß es manchmal den Anschein hat, als läge der einzige Unterschied zwischen den beiden Männern in Stalins Charakter, seiner Brutalität oder seinem »Wahnsinn«. Man kann dahingestellt sein lassen, ob es ein absichtlicher Trick Stalins war, jedenfalls aber hat er, wie Tucker, op. cit., p. XVI, richtig bemerkt, »diese alten leninistischen Begriffe mit einem neuen, unverwechselbar stalinistischen Inhalt gefüllt. ... Neu war vor allem die ganz unleninistische Betonung der *Verschwörung* als Kennzeichen der Gegenwart.«

17 Siehe Fainsod, op. cit., besonders pp. 365 f.

18 Ibidem, p. 93 und p. 71: Es ist ganz charakteristisch, daß es auf allen Ebenen üblich war, in Botschaften die »Verpflichtungen gegen den Genossen Stalin«, und nicht gegen das Regime, die Partei oder das Land, zu betonen. Vielleicht gibt es nichts, was die Ähnlichkeit der beiden Systeme schlagender unterstriche als die Sprüche, die stalinistische Intellektuelle wie Ilja Ehrenburg heute bemühen, um ihre Vergangenheit zu rechtfertigen oder auch einfach wiederzugeben, was sie während der Großen Säuberung wirklich dachten. »Stalin wußte nichts von den sinnlosen Verbrechen an Kommunisten und an der sowjetischen Intelligenz«, »man hält es vor Stalin geheim«, und »wenn doch nur jemand Stalin davon erzählen würde«, oder schließlich: der Schuldige war gar nicht Stalin, sondern der jeweilige Polizeichef. (Zitate aus Tucker, op. cit., p. XIII.) Unnötig hinzuzufügen, daß das genau die Sprüche der Nazis nach der Niederlage Deutschlands waren.

19 Ibidem, pp. 166 ff.

20 Die Worte sind dem Einspruch eines »klassenfremden Elements« von 1936 entnommen: »Ich will kein Verbrecher ohne Verbrechen sein.« (p. 229)

21 Ein interessanter OGPU-Bericht von 1931 betont diese neue »vollständige Passivität«, diese schreckliche Apathie, die der Willkürterror gegen unschuldige Menschen erzeugte. Der Bericht erwähnt den großen Unterschied zwischen den früheren Verhaftungen von Regimegegnern, als »ein Verhafteter von zwei Milizsoldaten abgeführt wurde«, und den Massenverhaftungen, wo »ein Milizsoldat manchmal ganze Gruppen abführt, und diese gehen ruhig mit, und keiner flieht« (p. 248).

22 Ibidem, p. 135.

23 Ibidem, p. 57 f. Für die wachsende Stimmung blanker Hysterie bei diesen Massendenunzierungen siehe besonders pp. 222, 229 ff. und die hübsche Geschichte auf

p. 235, wo wir von einem Genossen hören, der auf die Idee gekommen war, »daß Genosse Stalin eine versöhnlerische Haltung gegen die Trotzki-Sinowjew-Clique eingenommen hat«, ein Vorwurf, der damals zumindest den sofortigen Parteiausschluß bedeutete. Zu schön, um wahr zu sein! Der nächste Sprecher beschuldigte den Mann, der versucht hatte, Stalin zu übertrumpfen, »politischer Illoyalität«, woraufhin dieser prompt seinen Irrtum »gestand«.

24 Merkwürdigerweise zieht Fainsod selbst immer noch solche Schlüsse aus einer Fülle von Beweismaterial, das in die entgegengesetzte Richtung zeigt. Siehe sein letztes Kapitel, vor allem pp. 453 ff. – Noch merkwürdiger ist es, daß so viele Forscher auf dem Gebiet seine Fehleinschätzung des Faktenmaterials teilen. Gewiß, kaum einer von ihnen würde die subtile Rechtfertigung Stalins so weit treiben wie Isaac Deutscher in seiner Biographie, doch behaupten viele immerhin noch heute, daß »Stalins skrupellose Handlungsweise … auf ihre Art ein neues Kräftegleichgewicht schuf« (Armstrong, op. cit., p. 64) und darauf zugeschnitten war, »eine brutale, aber konsequente Lösung einiger der Grundwidersprüche, die dem leninistischen Mythos innewohnen«, zu liefern (Richard Löwenthal in seinem sehr nützlichen Buch *Chruschtschow und der Weltkommunismus,* Stuttgart 1963, p. 42). Nur wenige Autoren leiden nicht an solchen marxistischen Restsymptomen; zu diesen Ausnahmen gehört Richard C. Tucker, der (op. cit., p. XXVII) eindeutig feststellt, daß das sowjetische »System davon profitiert hätte und für die bevorstehende Zerreißprobe des totalen Krieges weit besser gerüstet gewesen wäre, wenn die Große Säuberung nicht stattgefunden hätte, die schließlich in der sowjetischen Gesellschaft als ein großes Abbruchunternehmen wirkte«. Mr. Tucker glaubt, damit mein »Bild« des totalitären Systems zu widerlegen, was ich für ein Mißverständnis halte. Instabilität gehört in der Tat unabdingbar zur totalen Herrschaft, die auf einer ideologischen Fiktion beruht und zur Voraussetzung hat, daß eine Bewegung, im Unterschied zu einer Partei, die Macht ergriffen hat. Es kennzeichnet dieses System, daß die eigentliche Macht, die materielle Stärke und Wohlfahrt des Landes, beständig der Macht der Organisation geopfert wird, genauso wie Wahrheit und Tatsachenwissen den Erfordernissen der ideologischen Konsistenz. Es liegt auf der Hand, daß da, wo die materielle Stärke gegen die Macht oder Fakten gegen Fiktionen stehen, die letzteren zu Schaden kommen müssen, und so geschah es auch während des Zweiten Weltkriegs in Rußland wie in Deutschland. Doch darf man darum nicht die Macht totalitärer Bewegungen unterschätzen. Ohne Terror und, damit einhergehend, politische Instabilität wäre die Errichtung des Satellitensystems undenkbar gewesen, und die gegenwärtige Stabilität Sowjetrußlands und der Abbau der totalen Herrschaft haben zwar wesentlich dazu beigetragen, daß das Land seine gegenwärtige materielle Stärke erreichen konnte, andererseits aber auch zum Verlust der Kontrolle über die Satelliten geführt.

25 Vergleiche die interessanten Einzelheiten (Fainsod, op. cit., pp. 345–355) über die Kampagne von 1929 gegen »reaktionäre Professoren«; die Absicht, sie aus dem Amt zu drängen, stieß auf Protest sowohl bei Parteimitgliedern und Komsomolzen als auch bei der Studentenschaft, die nicht einsehen wollten, warum die »ausgezeichneten« Professoren, auch wenn sie nicht der Partei angehörten, abgelöst werden muß-

ten – woraufhin natürlich prompt eine neue Kommission in ihrem Bericht auf »die große Zahl klassenfremder Elemente in der Studentenschaft« hinwies. Daß die Große Säuberung nicht zuletzt auch dem Zweck diente, der jüngeren Generation Aufstiegsmöglichkeiten zu eröffnen, war immer schon bekannt.

26 Armstrong vertritt (op. cit., p. 319) die These, daß die Bedeutung von Marschall Schukows Eingreifen in den innerparteilichen Kampf »gewaltig übertrieben« worden sei, und behauptet, Chruschtschow habe »für seinen Triumph keinerlei militärisches Eingreifen benötigt«, denn er habe »den Parteiapparat hinter sich gehabt«. Die Fakten sprechen gegen diese These. Doch trifft es zu, daß »viele Beobachter im Ausland« aus der Rolle der Armee, die Chruschtschow gegen den Parteiapparat unterstützte, den falschen Schluß gezogen haben, das Militär habe seine Macht auf Kosten der Partei nachhaltig verstärkt – als ob die Sowjetunion im Begriff sei, sich von einer Parteidiktatur in eine Militärdiktatur zu verwandeln.

27 Ibidem, p. 320.

28 Siehe ibidem, p. 325.

29 Ibidem, pp. 339 ff.

30 Siehe V. Stanley Vardys, *How the Baltic Republics fare in the Soviet Union,* in *Foreign Affairs,* April 1966.

31 Armstrong, op. cit., pp. 235 ff.

32 Fainsod, op. cit., p. 56.

33 Armstrong, op. cit., p. 236.

10 Der Untergang der Klassengesellschaft

1 Der »magische Bann«, den Hitler auf seine Zuhörer ausübte, ist vielfach bezeugt, zuletzt noch von den Herausgebern von *Hitlers Tischgesprächen,* Bonn 1951. Die Faszination – »jenes merkwürdige Fluidum, das Hitler so beherrschend ausstrahlte« – beruhte in der Tat »auf dem fanatischen Glauben dieses Mannes an sich selber« (Einleitung von Gerhard Ritter, p. 14), auf den apodiktisch geäußerten Urteilen über schlechterdings jeden Gegenstand und darauf, daß diese Meinungen, ob sie von der Schädlichkeit des Rauchens oder von Napoleons Politik handelten, sich stets lückenlos in eine Gesamtweltanschauung einfügen ließen. Faszination ist ein gesellschaftliches Phänomen, und Hitlers Faszination auf seine Umgebung muß im Zusammenhang dieser Gesellschaft verstanden werden. Die Gesellschaft hat stets Neigung, erst einmal jeden für das zu nehmen, als was er sich gibt, so daß ein Scharlatan, der ihr das Genie vorspielt, immer eine gewisse Chance hat, für genial gehalten zu werden. Dies verstärkt sich in der modernen Gesellschaft durch den ihr eigentümlichen Mangel an Urteilskraft, so daß jemand, der Meinungen nicht nur hat, sondern sie im Brustton unerschütterlicher Überzeugung vorträgt, auch bei noch so viel nachgewiesenen Irrtümern sein Prestige nicht so leicht einbüßen kann. Hitler, der das moderne Meinungschaos aus eigenster Erfahrung kannte, hatte entdeckt, daß man dem hilflosen Umherstrudeln zwischen den Meinungen und »der Überzeugung ..., daß alles Quatsch sei« (p. 281), dadurch entgehen kann, daß man mit »eiskalter Folgerichtig-

keit« an einer der gerade gängigen Meinungen festhält. Dieser Fanatismus in seiner haarsträubenden Willkürlichkeit wirkt auf die Gesellschaft faszinierend, weil er sie für die Dauer des gesellschaftlichen Zusammenlebens aus dem von ihr selbst dauernd erzeugten Meinungschaos erlöst. Diese »Gabe« der Faszination ist aber nur gesellschaftlich von Bedeutung; sie tritt in den *Tischgesprächen* so stark hervor, weil Hitler sich hier gesellschaftlich gab und außerdem nicht im eigenen Kreis sprach, sondern zu den Generälen der Wehrmacht, die alle mehr oder minder noch Mitglieder der »guten Gesellschaft« waren. Zu glauben, daß Hitlers Erfolge auf seiner »Faszinationskraft« beruhten, ist ganz abwegig; mit ihr allein hätte er es nicht weiter als bis zum Salonlöwen gebracht.

2 Diese pseudo-demokratische Seite totalitärer Regime wird oft unterschätzt. Der erste, der sie eindeutig gesehen und betont hat, ist wohl Carlton J. H. Hayes in den wesentlichen Bemerkungen über »The Novelty of Totalitarianism in the History of Western Civilization« anläßlich eines »Symposion on the Totalitarian State« im Jahre 1939. Abgedruckt in *Proceedings of the American Philosophical Society,* Philadelphia 1940, Band 82.

3 Dies war in der Tat »die erste weltgeschichtliche große Revolution, die in Anwendung des im Augenblick der Machtübernahme maßgeblichen formalen Rechts stattfand«. Hans Frank, *Recht und Verwaltung,* München 1939, p. 8.

4 Die beste Studie Hitlers und seiner Karriere ist die neue Hitler-Biographie von Alan Bullock, *Hitler, Eine Studie über Tyrannei,* Düsseldorf 1971, die in der englischen Tradition der Staatsmänner-Biographien unter genauester Benutzung des gesamten Quellenmaterials eine ausführliche Darstellung des zeitgeschichtlichen, politischen Hintergrundes vermittelt. Dadurch sind die ausgezeichneten Bücher Konrad Heidens, vor allem *Der Fuehrer,* Boston 1944, in Einzelheiten überholt, obwohl sie für die Interpretation der Vorgänge von Bedeutung bleiben. Das gleiche gilt für die große Stalin-Biographie von Boris Souvarine, die hier in der erweiterten englischen Ausgabe von 1939 benutzt ist. Sie ist jetzt durch Isaac Deutschers *Stalin. Eine politische Biographie,* Stuttgart 1962, zu ergänzen.

5 So meinte bereits Theodor Fritsch in seiner Einführung zu den *Zionistischen Protokollen,* Leipzig 1924, p. 29.

6 So wörtlich berichtet von Anton Ciliga, *The Russian Enigma,* London 1940, anläßlich des Prozesses ausländischer Ingenieure in der Sowjetunion, p. 153. Eine ausgezeichnete Darstellung dieser Haltung findet man in F. Beck und W. Godin, *Russian Purge and the Extraction of Confession*, New York, 1951, p. 231, wo von einem ehemaligen Mitglied der NKWD berichtet wird, der seine erzwungenen Geständnisse damit rechtfertigte, daß seine Vorgesetzten ihn und seine Arbeit kannten und daher wissen mußten, was sie tun, wenn sie Geständnisse von ihm verlangten. Seine Pflicht jedenfalls sei es, diese Geständnisse zu liefern.

7 Souvarine, op. cit., p. 361. Es war daher auch nicht möglich, die Offiziere der Roten Armee zu derselben Rolle zu bewegen, welche die alten Parteifunktionäre in den Moskauer Prozessen spielten; die Verhandlungen gegen sie konnten nur hinter verschlossenen Türen stattfinden.

8 Siehe Andreas Pfenning, »Gemeinschaft und Staatswissenschaft« in der *Zeitschrift für die gesamte Staatswissenschaft,* Band 96, 1936, der sich bemüht, die SA von dem »Verdacht« des Idealismus zu befreien. Aus der umfangreichen Broschüren-Literatur, die das SS-Hauptamt-Schulungsamt herausgab, läßt sich leicht nachweisen, daß das Wort »Idealismus« sorgfältig vermieden wird. Von den SS-Leuten wurde nicht Idealismus, sondern »die letzte Folgerichtigkeit in allen weltanschaulichen Fragen und rücksichtsloser Einsatz im politischen Kampf gefordert«. Siehe Werner Best, *Die deutsche Polizei,* 1941, p. 99.

9 Das Nachkriegsdeutschland bietet in dieser Hinsicht eine Fülle lehrreicher Beispiele. Auffallend war bereits, daß trotz der konzentrierten Rassen-Indoktrinierung durch die Nazis die amerikanischen Negertruppen keineswegs feindselig empfangen wurden, aber auch »die Tatsache, daß die Waffen-SS in den letzten Tagen des deutschen Widerstandes gegen die Alliierten nicht ›bis auf den letzten Zaun‹ ... gekämpft hat, daß ... der ›Orden‹ sich nach seinen den Durchschnitt der Wehrmachtsverluste weit übersteigenden Blutopfern der Vorjahre in den letzten Wochen genauso wie jeder ›zivilistische‹ Wehrmachtssoldat dem Argument der Aussichtslosigkeit beugte«. Karl O. Paetel, »Die SS« in den *Vierteljahresheften für Zeitgeschichte,* Januar 1954.

10 Die russischen Satellitenstaaten in Osteuropa sind natürlich nur Filialen der von Moskau einheitlich geleiteten bolschewistischen Bewegung, und die einheimischen Diktatoren, die von Moskau ein- und abgesetzt werden, sind nichts als seine Agenten. Anders verhält es sich mit Tito in Jugoslawien, dem einzigen Land, das von sich aus eine starke Befreiungsbewegung erzeugt hatte. Tito wiederum hat nicht nur mit Moskau gebrochen um seiner eigenen Unabhängigkeit willen, sondern hat gleichzeitig auch auf eigentlich totalitäre Methoden nach russischem Muster verzichtet und sich mit einer Art militärischer Einparteiendiktatur begnügt. Es könnte durchaus sein, daß er begriffen hat, daß eine vollentwickelte totalitäre Herrschaft in einem so kleinen Land wie Jugoslawien undurchführbar ist, weil sie einen zu großen Prozentsatz der Bevölkerung »ausmerzen« würde.

11 Daß die faschistische Diktatur in Italien keinen totalitären Charakter hatte, geht schon aus der geringen Zahl an politischen Verhaftungen und dem milden Strafmaß für politische Gegner hervor. In den Jahren von 1926 bis 1932, als der italienische Faschismus im Innern des Landes besonders aggressiv war, haben die Sondergerichte für politische Angeklagte nicht mehr als sieben Todesurteile und 257 Gefängnisstrafen von zehn oder mehr Jahren verhängt, während 1360 Strafen unter zehn Jahren lagen. Hinzu kommt, daß etwa 12000 Personen verhaftet und freigesprochen wurden – was weder in Nazideutschland noch in Sowjetrußland auch nur vorstellbar wäre. Siehe E. Kohn-Bramstedt, *Dictatorship and Political Police, The Technique of Control by Fear,* London 1945, p. 51 ff.

12 Die politischen Theoretiker des Nationalsozialismus haben mehr als einmal betont, daß »der ›ethische Staat‹ Mussolinis und der ›Weltanschauungsstaat‹ Hitlers nicht in einem Atemzug zu nennen sind«. (Gottfried Neeße, »Die verfassungsrechtliche Gestaltung der Ein-Partei« in der *Zeitschrift für die gesamte Staatswissenschaft,* 1938, Band 98). Goebbels, der in einer frühen Schrift (»Der Faschismus und seine prakti-

schen Ergebnisse«, *Schriften der deutschen Hochschule für Politik,* Heft 1, 1934) noch keinerlei Unterschiede zwischen Faschismus und Nationalsozialismus machte, betont in den Tagebüchern immer wieder, daß der Faschismus an der Oberfläche hängenbleibe und Mussolini kein »Revolutionär wie Hitler oder Stalin« sei, daß ihm die Fähigkeiten eines »Weltrevolutionärs« abgehen, weil er zu stark an sein eigenes, das italienische Volk gebunden sei. (Siehe die englische Ausgabe der Tagebücher *The Goebbels-Diaries, 1942/43,* pp. 71 und 468.)
Sowohl die Verachtung des Faschismus wie die Sympathie für den Bolschewismus gehen auf Hitler selbst zurück. Was die letztere anlangt, so haben die Nazis bereits vor der Machtergreifung ihre Sympathien für die Kommunisten offen ausgesprochen. Siehe Heiden, op. cit., p. 147, für Hitler selbst, aber auch Ernst Röhm, *Die Geschichte eines Hochverräters,* München 1933, p. 273, für die Stimmung in der SA. Gottfried Neeße, *Partei und Staat,* 1936, gibt die offizielle Stellungnahme der NSDAP für diese Zeit wieder, wenn er schreibt: »So reicht die Einheitsfront des Systems für uns von der Deutschnationalen Volkspartei bis zur SPD. Der Gegner KPD stand außerhalb des Systems.« p. 76.

13 *Hitlers Tischgespräche,* p. 113. Dort sind auch zahlreiche Beispiele dafür, daß Hitler entgegen gewissen Nachkriegslegenden niemals die Absicht hatte, das »Abendland« gegen den Bolschewismus zu verteidigen, sondern zur Vernichtung des Westens immer bereit blieb, mit den »Roten« zusammenzugehen, und dies auch noch mitten im Kampf gegen Sowjetrußland. Siehe besonders pp. 95, 108, 113 ff, 158, 385.

14 Im Gegensatz zu dem Naziregime, das eine recht genaue Buchführung über seine Opfer führte, gibt es keine zuverläßlich belegten Zahlen für die Millionen, die das russische System verbraucht hat. Immerhin ist die folgende Schätzung, die Souvarine, op. cit., p. 669, bringt, insofern von Bedeutung, als sie von Kriwitzki stammt, dem immerhin das Informationsmaterial der GPU zur Verfügung stand; danach ergab die Volkszählung von 1937 in der Sowjetunion, daß anstatt der 171 Millionen, die von den sowjetischen Bevölkerungsstatistikern für dieses Jahr erwartet worden waren, nur 145 Millionen sich wirklich vorfanden. Dies würde auf einen Bevölkerungsverlust von 26 Millionen schließen lassen, der zudem nicht die Verluste mit einbegreift, die die Kollektivisierung der Landwirtschaft um das Jahr 1930 herum gekostet hatte.

15 Ein großer Teil dieser Pläne ist nach den Dokumenten dargestellt bei Léon Poliakov, *Bréviaire de la Haine,* Paris 1951, Kapitel 8, allerdings nur, sofern sie sich auf die Ausrottung nichtgermanischer Völker, vor allem der slawischen, bezogen. Daß die Vernichtungsmaschine der Nazis auch vor dem deutschen Volk nicht haltgemacht hätte, geht unter anderem aus dem von Hitler selbst geplanten Reichsgesundheitsgesetz hervor, in dem er vorschlägt, alle Familien, in denen sich Herz- oder Lungenkranke befinden, von der Bevölkerung abzusondern, wobei natürlich die Ausmerzung dann der nächste Schritt gewesen wäre. Dieser, wie einige andere interessante Pläne für ein siegreiches Nachkriegsdeutschland finden sich in einem Rundbrief an die Kreisleiter von Hessen-Nassau in Form eines Berichts über eine Diskussion im Hauptquartier des Führers über »Maßnahmen, die vor … und nach siegreicher Beendigung des

Krieges« ergriffen werden müßten. Siehe die Sammlung von Dokumenten in *Nazi Conspiracy and Aggression,* Washington 1946 ff, vol. VII, p. 175. Hierzu gehört auch die geplante Einführung eines »Gemeinschaftsfremdengesetzes«, durch das die »institutionelle Ermächtigung« der Polizei, Menschen, die nichts begangen hatten, in Konzentrationslager zu überführen, legalisiert und erweitert werden sollte. (S. Paul Werner, SS-Standartenführer, in *Deutsches Jugendrecht,* Heft 4, 1944.)
Entscheidend für diese »negative Bevölkerungspolitik«, deren Ausmerzungen durchaus den bolschewistischen Parteisäuberungen gleichgestellt werden können, ist, »daß es bei dieser Auslese niemals einen Stillstand geben kann«. (Himmler, »Die Schutzstaffel« in *Grundlagen, Aufbau und Wirtschaftsordnung des nationalsozialistischen Staates,* Nr. 7, 1936) »Der Kampf des Führers und seiner Partei war eine nie erreichte Auslese … Diese Auslese und dieser Kampf fanden mit dem 30. Januar 1933 nach außen ihren Abschluß … Der Führer und seine alte Garde wußten, daß jetzt erst der eigentliche Kampf begann.« (Robert Ley, *Der Weg zur Ordensburg,* Sonderdruck des Reichsorganisationsleiters der NSDAP, Berlin 1936.)

16 Franz Borkenau beschreibt die Situation ganz richtig: »In ihrem Bemühen um Masseneinfluß unter der Arbeiterschaft hatten die Kommunisten nur äußerst bescheidenen Erfolg, und ihre Massenbasis verschob sich daher, wo sie überhaupt vorhanden war, immer weiter vom Proletariat weg.« (In einem Artikel »Die neue Komintern« in *Der Monat,* Heft 4, 1949). Diese Verschiebung der Massenbasis wurde dann in der sogenannten Volksfrontpolitik im internationalen Maßstab organisiert. Für die Vermutung, daß Stalin bewußt von Hitler lernte, spricht auch, daß er sich erst in den dreißiger Jahren als *»vozhd«,* Führer, titulieren ließ und von da ab an diesem von Hitler eingeführten Titel festhielt.

17 So William Ebenstein, *The Nazi State,* New York 1943, p. 247. Daß der Zusammenbruch der Klassengesellschaft eine der entscheidenden Vorbedingungen für die Nazibewegung war, ist eine der grundsätzlichen Thesen des oben zitierten Buches von Konrad Heiden.

18 Siehe Himmlers Rede über SS und Polizei vom Jahre 1937, die vor den Offizieren der Wehrmacht gehalten und in dem *National-politischen Lehrgang der Wehrmacht vom 15. bis 23. Januar 1937* veröffentlicht wurde; vgl. auch die vom SS-Hauptamt-Schulungsamt herausgegebene und »nicht zur Veröffentlichung« bestimmte Broschüre *Der Weg der SS,* (ohne Datum) p. 6.

19 Die eigentümliche Selbstlosigkeit der Massen war bereits Gustave Le Bon aufgefallen, siehe *La Psychologie des Foules* (dt.: *Psychologie der Massen*), 1895, Zweites Kapitel.

20 Daß die Gründer der NSDAP bereits vor Hitler gelegentlich von sich als einer Linkspartei sprachen, hat hier nicht viel zu bedeuten. Aber Hitler selbst ist natürlich auch innerhalb seiner Partei häufig mit deren nationalsozialistischem Element in Konflikt geraten, besonders als er noch vor der Machtergreifung plante, sich mit den Kommunisten zu verbünden. Siehe Heiden, op. cit., pp. 94 und 495.

21 Der Reichswehrgeneral Schleicher und der Chef der SA, Röhm, hatten, ursprünglich mit Wissen und Zustimmung Hitlers, darüber verhandelt, wie man nach der Machtergreifung die SA der Reichswehr eingliedern könne. Eine solche Eingliederung

würde fraglos zu einer Militärdiktatur geführt haben, und zwar wäre wahrscheinlich Schleicher selbst der Diktator geworden. Hitler benutzte Röhm, um die Reichswehr über seine wirklichen Pläne zu betrügen. Es scheint, daß nach Hitlers Machtergreifung Röhm und Schleicher ihre Verhandlungen fortsetzten. Die Liquidierung von Röhm und Schleicher machte dieser Zusammenarbeit, die durchaus ein Komplott gegen die Hitler-Diktatur gewesen sein kann, ein Ende. Siehe die dokumentarischen Belege in *Nazi Conspiracy and Aggression,* Band 5, p. 456 ff, und Röhms Darstellung seiner Verhandlungen mit Schleicher in seiner Autobiographie, *Die Memoiren des Stabschef Röhm,* Saarbrücken 1934, p. 170. Siehe auch Heiden, op. cit., p. 450. Die militaristische Prägung der SA durch Röhm, die von Hitler immer bekämpft worden war, bestimmte ihr Vokabular auch nach der Liquidierung der Röhm-Fraktion. Im Gegensatz zur SS behaupteten die SA-Leute immer, »Träger des deutschen Wehrwillens« zu sein, und das Dritte Reich war für sie eine »Wehrgemeinschaft«, die »von zwei Säulen getragen (wurde): Partei und Wehrmacht«. (S. *Handbuch der SA, Berlin 1939,* und Victor Lutze, »Die Sturmabteilungen«, in *Grundlagen, Aufbau und Wirtschaftsordnung des nationalsozialistischen Staates.* Nr. 7b, 1936.)

22 Die antistalinistischen Splittergruppen haben bekanntlich diese marxistische These ihrer Kritik an der Entwicklung der Sowjetunion zugrunde gelegt und sind über sie auch niemals eigentlich hinausgekommen. Die wiederholten »Säuberungen« der sowjetischen Bürokratie, die einer Liquidierung der Bürokratie als Klasse gleichkamen, haben sie niemals daran gehindert, in ihr die herrschende und regierende Klasse der Sowjetunion zu sehen. Eine der frühen Analysen dieser Art stammt von Rakowski aus dem Jahre 1930 und ist im Exil in Sibirien geschrieben. Souvarine, op. cit., p. 564, zitiert sie wie folgt: »Unter unseren Augen hat sich eine große Klasse von Direktoren gebildet, die noch immer anwächst, die sich in Untergruppierungen teilt und bewußt durch direkte oder indirekte Ernennungen erweitert wird … Das Element, das diese ursprüngliche Klasse einigt, ist das gleiche, das ursprünglich das Privateigentum begründete, nämlich die Staatsmacht.« Die Analyse trifft in der Tat auf die vorstalinistische Entwicklung weitgehend zu. Für die Entwicklung des Verhältnisses zwischen Partei und Sowjets, die für den Gang der Oktoberrevolution entscheidend wichtig ist, vgl. I. Deutschers Biographie Trotzkis, 1953.

23 Dieser Prozeß ist ausführlich dargestellt in A. Rosenberg, *Geschichte des Bolschwismus,* Frankfurt 1969, Kapitel 6. Siehe auch den Artikel »Bolshevism« von Maurice Dobb in der *Encyclopedia of Social Sciences,* Bd. 2, 1930.

24 Man schätzt, daß Rußland in vier Jahren Krieg zwischen 12 und 21 Millionen Menschen verloren hat. Die acht Millionen Toten in der Ukraine allein beziehen sich auf ein einziges Jahr. Siehe *Communism in Action,* herausgegeben von United States Government, Washington 1946, House Document No. 754, pp. 140–1.

25 Die Zahlen stammen von Wiktor Krawtschenko, *I Chose Freedom,* 1946, pp. 278 und 303. Dies ist natürlich eine höchst anfechtbare Quelle. Da wir aber für Sowjetrußland im Grunde überhaupt nur anfechtbare Quellen besitzen, d. h. ganz und gar auf Berichte, Reportagen und Schätzungen angewiesen sind, bleibt nichts anderes übrig, als zu benutzen, was immerhin eine große Wahrscheinlichkeit der Richtigkeit hat.

Die entgegengesetzte Methode, nur das zu benutzen, was die russische Regierung an Material selbst zur Verfügung stellt, scheint Historikern manchmal zuverlässiger, ist es aber nicht. Dies Material gerade ist nichts als Propaganda.

26 Siehe Stalins Report zum 16. Kongreß, in *Leninism,* 1933, Band II, Kapitel 3. Die Opposition selbst war gegen die lügenhafte Analyse ihrer »Klassenbasis« durch Stalin ganz und gar hilflos, da sie ja selbst in diesen Kategorien dachte und daher an ihre eigene Existenz nicht geglaubt hätte, hätte sie sich nicht als Exponent einer Klasse gefühlt. Souvarine, op. cit., p. 440, schildert, wie sie alle, und besonders auch Trotzki, immer darauf aus waren, hinter dem Cliquenkampf einen Klassenkampf zu entdecken.

27 Gerade dies schildert Krawtschenko sehr überzeugend, op. cit., p. 187 f.

28 Souvarine, p. 575.

29 Der von Himmler selbst formulierte Kernsatz der SS beginnt mit den Worten: »Es gibt keine Aufgabe um ihrer selbst willen.« Siehe Gunter d'Alquen, »Die SS«, in *Schriften der Hochschule für Politik,* Berlin 1939. Auch die von der SS nur für den internen Gebrauch herausgegebenen Broschüren betonen immer wieder »das absolute Begreifen von der Nichtigkeit allen Selbstzwecks«. Siehe *Der Reichsführer SS und Chef der deutschen Polizei,* ohne Datum, »nur für den Gebrauch innerhalb der Ordnungspolizei«.

30 Die Praxis selbst ist aus allen Berichten belegt. Kriwitzki, *I was Stalin's Agent,* London 1939, führt sie direkt auf Stalin zurück.

31 Sehr aufschlußreich für diese Mentalität ist der Bericht des polnischen Dichters Czeslaw Milosz, *The Captive Mind,* New York 1953.

32 Gottfried Feders Programm von 25 Punkten hat eine weit größere Rolle in der Literatur über den Nationalsozialismus gespielt als in der Bewegung selbst. Hitler war bereits in *Mein Kampf* der Meinung, daß »bei der Oberflächlichkeit der Menschen die große Gefahr (besteht), daß sie in (der) rein äußeren Formulierung eines Programms die wesentlichste Aufgabe einer Bewegung sehen«, und daß es auf jeden Fall besser sei, ein antiquiertes Programm zu haben, nämlich eines, an das man sich nicht hält, als eine Diskussion darüber aufkommen zu lassen. (Buch II, Kapitel 5.)

33 Der Theoretiker des italienischen Faschismus war neben Mussolini vor allem Gentile. Das faschistische Programm stammt aus dem Jahre 1921 und enthält vor allem nationalistische Schlagworte.

34 Ernst Bayer, *Die SA,* Berlin 1938.

35 So zum ersten Male von Plato im *Staatsmann,* 305, wo das Handeln in *archein* und prattein, in den Befehl zum Anfangen und das Vollziehen dieses Befehls auseinandergelegt wird.

36 *Hitlers Tischgespräche,* p. 198.

37 Dies kommt besonders klar zum Ausdruck in einer kleinen Schrift von Dieter Schwarz, »Angriffe auf die nationalsozialistische Weltanschauung« (aus dem *Schwarzen Korps,* Nr. 2, 1936), in der erklärt wird, warum die Nazis nach der Machtergreifung immer noch von ihrem »Kampf« sprechen: »Als Weltanschauung steckt sich der Nationalsozialismus aber das Ziel, seinen Kampf nicht eher aufzugeben, bis …

die Lebensführung jedes einzelnen Deutschen von diesen Grundwerten her Gestalt erhält und täglich neu gelebt wird.« Solche Formulierungen, nämlich »jeder einzelne Deutsche« und »täglich neu gelebt«, müssen trotz der geschwollenen Sprache leider wörtlich genommen werden, wenn man ihre Bedeutung verstehen will.

38 *Mein Kampf,* Buch I, Kapitel 5.

39 Siehe die ausgezeichnete Materialzusammenstellung, die Hanna Hafkesbrink in ihrem *Unknown Germany,* New Haven 1948, veröffentlicht hat.

40 In der deutschen Literatur ist eine ähnliche Stimmung nur in Ernst Jüngers erstem Buch, *Afrikanische Spiele,* Hamburg 1936 zu spüren.

41 So Hesse in *Der deutsche Soldat,* zitiert nach Hafkesbrink, op. cit.

42 Heiden weist sehr überzeugend nach, daß Hitler immer mit Katastrophen rechnete und genau wußte, daß seine Bewegung eine Stabilisierung der Verhältnisse nicht überleben würde. op. cit., p. 167.

43 So in einem der *Hundert Briefe aus dem Felde,* siehe Hafkesbrink, op. cit.

44 Wie man der Materialsammlung bei Hafkesbrink entnehmen kann, war diese Stimmung bereits während des Krieges in der Schützengrabengeneration sehr verbreitet.

45 Bakunin in einem Brief vom 7. Februar 1870 und Netschajew in seinem berühmten *Katechismus eines Revolutionärs,* der manchmal Bakunin zugeschrieben wird, weil Netschajew ein Schüler Bakunins war. Die Texte bei Max Nomad, *Apostles of Revolution,* Boston 1939, pp. 180 und 224.

46 Der vor vierzig Jahren sehr berühmte und heute bereits ganz vergessene »Philosoph« des Imperialismus war Ernest Seillière, an dessen Werk *Mysticisme et Domination. Essais de Critique Impérialiste,* 1913, sich eine ganze Literatur »imperialistischer Philosophie« knüpfte.

47 In Frankreich wurde der Marquis de Sade schon in den zwanziger Jahren zu einem der beliebtesten und meistkommentierten Autoren der Avantgarde. Siehe vor allem Jean Paulhans Einführung zu einer Neuauflage der *Les Infortunes de la Vertu,* 1946. Bezeichnend ist auch der lange Essay von Georges Bataille »Le Secret de Sade«, der in *Critique* erschien, Band 3, Nr. 15, 16, 17, 1947.

48 Goebbels *Tagebücher,* op. cit., p. 139.

49 Wie vulgär und auch allgemein der Haß auf die gute Gesellschaft, den Spießer und die Heuchelei geworden war, kann man vielleicht am besten aus den folgenden Sätzen Röhms entnehmen. Ihre Vulgarität sollte aber nicht darüber hinwegtäuschen, daß die Elite nicht anders dachte: »Heuchelei und Pharisäertum herrschen. Sie sind das hervorstechendste Merkmal der Gesellschaft von heute. Dies zeigt sich am sinnfälligsten, wenn man die geltende ›Moral‹ einer Betrachtung unterzieht. Nichts ist verlogener als diese sogenannte Moral der Gesellschaft.« Oder: Die Jungen »finden sich in der doppelten Moral der bürgerlichen Philister nicht zurecht und vermögen Wahrheit und Irrtum nicht zu scheiden«. Siehe *Die Geschichte eines Hochverräters,* pp. 267 und 269. Auch die Homosexualität der Röhm-Clique war zumindest teilweise eine Art Protest gegen die Moral des Philisters.

50 Siehe *Mein Kampf,* Buch II, Kapitel 1.

51 Nikolai Berdjajew, *The Origin of Russian Communism,* 1937, pp. 124/5.

52 So versuchte zum Beispiel Wilhelm Kube, eines der ältesten Parteimitglieder, im Jahre 1941 zu Beginn des Massenmordens von Juden zu intervenieren. Ein entsprechender Brief ist abgedruckt bei Max Weinreich, *Hitler's Professors,* New York 1946, pp. 153/4. – Ganz ähnlich versuchte Alfred Rosenberg, mit allen Mitteln die »Ausmerzung« der Ukrainer zu verhindern, und schrieb wütende Berichte an Hitler im Herbst des Jahres 1942. Siehe: *Nazi Conspiracy and Aggression,* Band 3, p. 83 ff, und Band IV, p. 62. Aus diesen Berichten geht klar hervor, daß er niemals geglaubt hat, daß die von ihm selbst vertretenen Theorien von der Minderwertigkeit der slawischen Völker eines Tages zu ihrer Ausrottung führen können (s. *Nazi Conspiracy and Aggression,* Band 5, p. 2). Natürlich gibt es auch hier zahlreiche Ausnahmen. So verdankt Paris, das Hitler noch im letzten Moment in einen Ruinenhaufen zu verwandeln wünschte, seine Rettung zweifellos dem General von Choltitz; aber auch hier scheint es nach Choltitz' eigener Aussage zweifelhaft, daß er die Möglichkeit gehabt haben würde, den Befehl einfach nicht auszuführen, wenn ihm nicht ein bewährter Nazi, Otto Abetz, der damalige Gesandte in Frankreich, geholfen hätte. Siehe den Bericht der *New York Times* vom 21. Juli 1949.

53 Der Engländer Stephen H. Roberts in *The House that Hitler built,* London 1939, beschrieb Himmler als einen »Mann großer Höflichkeit, der noch an den einfachen Dingen des Lebens interessiert ist. Er ist ohne Pose und führt sich nicht wie die anderen Nazis wie ein Halbgott auf … Niemandem könnte man weniger seinen Beruf als Polizeichef von Deutschland ansehen, und ich bin überzeugt, daß niemand, den ich in Deutschland traf, normaler ist« (pp. 89/90). – Diese Beschreibung erinnert auf kuriose Weise an eine Bemerkung von Stalins Mutter, die gesagt haben soll: »Er ist ein vorbildlicher Sohn. Ich wünsche jeder Mutter einen Sohn wie ihn.« Souvarine, op. cit., p. 178.

54 So Robert Ley. Siehe Kohn-Bramstedt, op. cit., p. 178.

55 Die bolschewistische Kulturpolitik unter Stalin ist bekannt genug, und die künstlerischen und literarischen Erzeugnisse, welche die Sowjetunion in den letzten zwanzig Jahren vorzuweisen hatte, bedürfen wohl keines weiteren Kommentars. Außerhalb Rußlands duldet die bolschewistische Bewegung zwar noch Begabungen ersten Ranges, wie etwa Brecht in Deutschland oder Picasso in Frankreich; in Rußland selbst werden sie weder gezeigt noch aufgeführt.

Eine ernsthafte Untersuchung der relativ kleinen Zahl wirklicher Künstler und Gelehrter, die sich in Nazi-Deutschland nicht nur gleichgeschaltet hatten, sondern überzeugte Nazis waren, existiert vorläufig nicht. Zur Illustration sei an die Karriere Carl Schmitts erinnert, der zweifellos der bedeutendste Mann in Deutschland auf dem Gebiet des Verfassungs- und Völkerrechts war und sich die allergrößte Mühe gegeben hat, es den Nazis recht zu machen. Es ist ihm nie gelungen; die Nazis haben ihn schleunigst durch zweit- und drittrangige Begabungen wie Theodor Maunz, Werner Best, Hans Frank, Gottfried Neeße und Reinhold Hoehn ersetzt und an die Wand gespielt. – Bezeichnender noch, weil es sich um einen Nazi aus der »Kampfzeit« handelte, ist, wie es dem Historiker Walter Frank erging. Im Jahre 1933 erhielt er das neugegründete Reichsinstitut für Geschichte des Neuen Deutschland mit seiner

berühmten Forschungsabteilung Judenfrage, die von 1937 bis 1944 die neun Bände *Forschungen zur Judenfrage* herausgab. Seine Position und seinen Einfluß verlor Frank um 1940, und zwar an Alfred Rosenberg, der auch nicht zu dem innersten Kreise um Hitler gehörte, dem aber doch schon darum eher zu trauen war, weil er seinen Scharlatanismus und seine Unbekümmertheit um »Vorteile« gelehrter Natur im *Mythos des Zwanzigsten Jahrhunderts* hinlänglich bewiesen hatte. Damit konnte Frank, dessen Arbeiten zwar schon vor der Machtergreifung antisemitisch gefärbt, aber historisch meist durchaus zuverlässig waren, nicht konkurrieren.
Was weder die Elite noch der Mob, die sich so begeistert zum Nationalsozialismus »bekannten«, verstehen konnten, war, daß man sich zu diesem »Orden ... nicht zufällig ... bekennen kann. Über allem Wollen des Einsatzes steht die harte Grenze der Auswahl, die keine mildernden Umstände kennt und keine Nachsicht«. (*Der Weg der SS* herausgegeben vom SS-Hauptamt-Schulungsamt, o. D.; p. 4.) Mit anderen Worten: Über die Auswahl derer, die zu ihnen gehörten, hatten die Nazis die Absicht, selbst zu befinden, und zwar unabhängig von den »Zufällen« irgendwelcher Meinungen. Genau das gleiche scheint für die Auswahl der bolschewistischen Kader, die in der Geheimpolizei zusammengeschlossen sind, zu gelten. F. Beck und Godin, op. cit., berichten, daß die Mitglieder der NKWD aus den Reihen der Parteimitglieder berufen werden, ohne auch nur die Möglichkeit zu haben, sich für diese »Karriere« selbst zu melden.

11 Die totalitäre Bewegung

1 So etwa auch in E. Kohn-Bramstedt, *Dictatorship and Political Police,* London 1945, p. 164 ff. Die hier gegebene Erklärung ist die übliche: Terror ohne Propaganda hätte keine genügende psychologische Wirkung, während Propaganda ohne Terror ihre volle Wirksamkeit nicht entfalten könne (p. 175). Was in diesen und ähnlichen Formulierungen, die sich meist im Kreise drehen, übersehen wird, ist, daß nicht nur politische Propaganda, sondern die moderne Massenreklame bereits ein Element der Drohung in sich enthält; daß andererseits Terror auch ohne alle Propaganda voll wirksam ist, wenn man sich auf politischen Terror der üblichen Tyrannis beschränkt. Nur wenn Terror nicht nur von außen, sondern auch gleichsam von innen zwingen will, wenn also das politische Regime mehr will als Macht, bedarf der Terror der Propaganda. In diesem Sinne meint der Nazi-Autor Eugen Hadamovsky, *Propaganda und nationale Macht,* 1933, p. 22: »Propaganda und Gewalt sind niemals Gegenpole. Die Gewaltanwendung kann ein Teil der Propaganda sein.«

2 Siehe Anton Ciliga, *The Russian Enigma,* London 1940, p. 109.

3 Die »Heuaktion« begann mit einem Erlaß Himmlers »betreffend der Deutschstämmigen in Polen« vom 16. Februar 1942, demzufolge Kinder in Familien zu überführen seien, »die bereit sind, die Kinder ohne Vorbehalt, aus Liebe zu dem in den Kindern vorhandenen guten Blut« aufzunehmen. (Nürnberger Dokument R 135, dessen Photokopie ich im *Centre de Documentation Juive,* Paris, einsehen durfte.) Im Juni 1944 scheint dann die neunte Armee 40 000 bis 50 000 solcher Kinder wirklich ge-

raubt und nach Deutschland gebracht zu haben. Der Bericht, den ein gewisser Brandenburg darüber an den Generalstab der Wehrmacht nach Berlin schickt, erwähnt ähnliche Pläne für die Ukraine. (Dokument PS 031. Der Text ist abgedruckt bei L. Poliakov, *Bréviaire de la Haine,* p. 317.) – Himmler selbst hat sich mehrmals zu diesem Plan geäußert, siehe *Nazi Conspiracy and Aggression,* Band 3, p. 640, wo Auszüge der Rede von Himmler vom März 1942 in Krakau veröffentlicht sind, und Kohn-Bramstedt, op. cit., p. 244, der über eine Rede in Bad Schachen vom Jahre 1943 berichtet. – Wie die Auswahl dieser Kinder vonstatten ging, können wir aus Attesten ersehen, die von der Abteilung II Med. in Minsk am 10. August 1942 ausgestellt wurden: »Die rassische Untersuchung der Natalie Harpf, geb. 14. 8. 1922, ergab ein normal entwickeltes Mädchen von vorwiegend ostbaltischem Typ mit nordischem Einschlag.« – »Die Untersuchung des Arnold Cornies, geb. 19. 2. 1930, ergab einen normal aufgewachsenen 12-jährigen Jungen von vorwiegend ostischem Typ mit nordischem Einschlag.« Gez. N. Wc. (Dies Dokument im Archiv des *Yiddish Scientific Institute,* New York, No. Occ E 3a–17.) Für die Vernichtung der polnischen Intelligenz, die nach Hitlers Meinung »ruhig ausgemerzt« werden konnte, siehe Poliakov, op. cit., p. 321, und Dokument NO 2472.

4 Siehe *Hitlers Tischgespräche,* in denen er noch im Sommer 1942 davon spricht, »auch den letzten Juden aus Europa (herauszuwerfen)« (p. 113) und sie in Sibirien oder Afrika (p. 311) oder Madagaskar anzusiedeln, während er bereits die »Endlösung« spätestens kurz vor Beginn des russischen Feldzuges, wahrscheinlich schon 1940 beschlossen und im Herbst 1941 den Befehl für die Errichtung von Gasöfen gegeben hatte. (Siehe *Nazi Conspiracy and Aggression,* Band 2, p. 265 ff; Band 3, p. 783 ff. Dokument PS 1104; Band 5, p. 322 ff. Dokument PS 2605.) Himmler wußte bereits im Frühling 1941, daß »die Juden bis Kriegsende bis auf den letzten Menschen ausgerottet werden (müssen). Das ist der eindeutige Wunsch und Befehl des Führers«. (Dossier Kersten im *Centre de Documentation Juive.*)

5 Sehr interessant in dieser Hinsicht ist ein Bericht von einer Diskussion im Führerhauptquartier vom 16. Juli 1940, bei der Rosenberg, Lammers, Keitel und Hitler anwesend waren und während deren Hitler mit folgenden »grundsätzlichen Feststellungen« begann: Wesentlich sei es nun, daß wir unsere Zielsetzung nicht vor der ganzen Welt bekanntgäben; ... Es soll also nicht erkennbar sein, daß sich (mit den Verordnungen für Ruhe und Ordnung in den besetzten Gebieten) eine endgültige Regelung anbahne. »Alle notwendigen Maßnahmen – Erschießen, Aussiedeln – tun wir trotzdem und können wir trotzdem tun.« Daran knüpft sich eine Diskussion der Anwesenden, die auf Hitlers Worte überhaupt nicht Bezug nimmt und an der Hitler sich nicht mehr beteiligt. Er war ganz offenbar nicht »verstanden« worden. (Dokument L 221 in *Centre de Documentation Juive.*)

6 Daß Stalin volles Vertrauen in Hitler hatte, kann kaum noch bezweifelt werden. Siehe Isaac Deutschers *Stalin-Biographie,* p. 454 ff, und die Anmerkung auf p. 458. Krawtschenko, *I Chose Freedom* (New York 1946), schildert, wie das Bündnis mit Hitler auch ideologisch ernst genommen wurde, während die demokratische und nationalistische Propaganda während des Krieges dann niemals bis in die höheren

Funktionärschichten der Partei drang, wo all dies nur als Propaganda gewertet wurde.

7 Und zwar von Himmler selbst. Siehe *Nazi Conspiracy and Aggression,* Band 4, p. 616 ff.

8 Hadamovsky, op. cit., das eigentlich eine Art Interpretation des Kapitels über »Propaganda und Organisation« in Hitlers *Mein Kampf* ist. Nicht uninteressant ist auch F. A. Six, *Die politische Propaganda der NSDAP im Kampf um die Macht,* Heidelberg 1936. Siehe besonders p. 21 ff.

9 Hitlers Analyse der Kriegspropaganda in *Mein Kampf,* Buch I, Kapitel 6, hat auf den Zusammenhang zwischen Reklame und Propaganda hingewiesen. Man hat gewöhnlich die Bedeutung dieses Textes für die Nazipropaganda eher überschätzt, während man das ungleich wichtigere Kapitel über Propaganda und Organisation (Band II, Kapitel 11) übersehen hat.

10 Diese Sätze sind einem Memorandum von Martin Bormann entnommen, das in *Nazi Conspiracy and Aggression* (Band 6, p. 1036 ff) veröffentlicht ist und von der Beziehung zwischen Nationalsozialismus und dem Christentum handelt. Hier aus dem Englischen rückübersetzt. Formulierungen ähnlicher Art findet man immer wieder in der Broschürenliteratur, welche die SS für die »weltanschauliche Schulung« ihrer Gliederungen herausgab. »Die Naturgesetze laufen nach einem unabänderlichen, unbeeinflußbaren Willen ab. Es besteht somit die Notwendigkeit der Anerkennung dieser Gesetze.« (»SS-Mann und Blutsfrage«, aus der Schriftenreihe für die weltanschauliche Schulung der Ordnungspolizei, 1942.) All dies sind nichts als Variationen von bestimmten Sätzen aus Hitlers *Mein Kampf,* von denen der folgende in dieser Broschüre als Motto zitiert wird: »Indem der Mensch versucht, sich gegen die eiserne Logik der Natur aufzubäumen, gerät er in Kampf mit den Grundsätzen, denen auch er selber sein Dasein als Mensch allein verdankt.«

11 Siehe J. Stalin, *Leninism* (1933), Band II, Kapitel 3.

12 Erich Voegelin, »The Origins of Scientism«, in der New Yorker Zeitschrift *Social Research,* Dezember 1948.

13 Zitiert nach F. A. v. Hayek, »The Counter-Revolution of Science«, in der Zeitschrift *Economics,* Band 8, Februar, Mai, August 1941.

14 Voegelin, op. cit.

15 Einer der ersten Historiker des Nazismus, der dies verstanden hat, ist William Ebenstein, *The Nazi State* (New York 1943), der anläßlich einer Analyse der Wirtschaft sagt, daß »die endlose Diskussion, … ob die deutsche Wirtschaft unter den Nazis sozialistisch oder kapitalistisch sei, deshalb weitgehend künstlich (ist), … (weil sie) die zentrale Tatsache übersieht, daß Kapitalismus wie Sozialismus Kategorien sind, die sich auf die abendländische Wohlfahrts-Ökonomie beziehen«. p. 239.

16 Bezeichnend ist die Aussage von Karl Brandt, einem der von Hitler mit dem Programm des Gnadentods beauftragten Ärzte *(Medical Trial. US against Karl Brandt et al. Verhandlung vom 14. Mai 1947).* Brandt verwahrt sich auf das heftigste gegen den Verdacht, es habe sich darum gehandelt, überflüssige Esser loszuwerden, und betont, daß Parteimitglieder, die solche Gründe in die Diskussion geworfen hätten, im-

mer auf das schärfste zurückgewiesen worden wären. Die Maßnahme war seines Erachtens von ausschließlich »ethischen Gründen« diktiert. – Das gleiche gilt natürlich für die Deportationen. Die Akten sind voll von verzweifelten Memoranden der Militärs, die sich darüber beklagten, daß die Deportationen von Millionen von Juden und Polen überhaupt keine Rücksicht nähmen auf »militärische und wirtschaftliche Notwendigkeiten«. Siehe Poliakov, op. cit., p. 321, und das dort publizierte Dokumentenmaterial.

17 Die entscheidende Verordnung für das gesamte Massenmorden wurde von Hitler am Tage des Kriegsausbruchs unterzeichnet, am 1. September 1939, und bezog sich nicht nur, wie oft fälschlich angenommen wird, auf Geisteskranke, sondern auf alle »unheilbar Kranken«. Mit den Geisteskranken wurde nur der Anfang gemacht.

18 Hitler hat zu Beginn und während des Krieges in unzähligen Variationen seiner Überzeugung öffentlich Ausdruck gegeben, »daß es am Ende dieses Krieges wirklich nur noch Überlebende und Vernichtete geben wird«. Siehe Goebbels, *Der geistige Arbeiter im Schicksalskampf des Reiches,* München 1943, p. 21.

19 Siehe F. Percyval Reck-Malleczewen, *Tagebuch eines Verzweifelten,* Stuttgart 1947, p. 190.

20 Hitler hat die Überlegenheit der Weltanschauungen über politische Parteien schon in *Mein Kampf* ausdrücklich darauf basiert, daß »Weltanschauungen ihre Unfehlbarkeit proklamieren«, Buch II, Kapitel 5.

21 Die erste der »Pflichten des Parteigenossen«, die in dem *Organisationsbuch der NSDAP* aufgezählt sind, lautet: »Der Führer hat immer recht.« Auflage von 1936, p. 8. Anders ist es in der *Dienstvorschrift für die P. G. der NSDAP,* 1932, p. 38: »Hitlers Entscheid ist endgültig!« Der Unterschied der Formulierungen ist bezeichnend.

22 Stalin, op. cit., loc. cit.

23 So berief sich Hitler in einer Rede im September 1942, als die Judenausrottungen im vollen Gange waren, ausdrücklich auf die Rede vom 30. Januar 1939 (als Broschüre unter dem Titel *Der Führer vor dem ersten Reichstag Großdeutschlands,* 1939, veröffentlicht) und eine Reichstagssitzung vom 1. September 1939. Er habe damals ausgesprochen, »wenn das Judentum einen internationalen Weltkrieg zur Ausrottung der arischen Völker Europas anzettelt, dann werden nicht die arischen Völker, sondern das Judentum wird (im Beifall untergegangen)«. Siehe *Der Führer zum Kriegswinterhilfswerk,* Schriften NSV, Nr. 14, p. 33.

24 In der oben zitierten Rede am 30. Januar 1939, p. 19.

25 Konrad Heiden, *Der Führer,* Boston 1944, spricht mit Recht von der »phänomenalen Verlogenheit« Hitlers, »dem Mangel an nachweisbaren Tatsachen in nahezu allen seinen Äußerungen« und »seiner Gleichgültigkeit Tatsachen gegenüber, die er als solche nicht für lebenswichtig hält«, pp. 368, 374. – Nahezu gleichlautend spricht Chruschtschow in der berühmten Rede am 20. Parteitag von »Stalins Widerstreben, den Tatsachen Rechnung zu tragen« und seiner »Gleichgültigkeit« ihnen gegenüber. (Ich benutze den vom amerikanischen State Department herausgegebenen Text, *New York Times,* 5. Juni 1956.) Die beste Illustration für Stalins Stellung zu Tatsachen liefern natürlich seine periodischen Revisionen der russischen Geschichte.

26 In der bolschewistischen Version der totalitären Bewegung finden wir eine merkwürdige Ansammlung von Verschwörungen im Unterschied zu den Nazis, die an einer, der jüdischen Weltverschwörung, festzuhalten pflegten. Dabei ist interessant zu beobachten, daß die Entdeckung einer neuen Weltverschwörung keineswegs besagt, daß es mit der früheren nun aus sei. Die trotzkistische Verschwörung begann um 1930 herum, die der 300 Familien kam um die Zeit der Volksfrontpolitik gegen 1935 auf, der englische Imperialismus wurde zur Verschwörung während des Hitler-Stalin-Paktes, der amerikanische Spionagedienst folgte nach dem Ende des Krieges, bis schließlich in neuester Zeit all diesen Verschwörungen noch die des jüdischen Kosmopolitismus hinzugefügt wurde.

27 Siehe Chaim Weizmanns Autobiographie *Trial and Error,* New York 1949, p. 185.

28 Siehe Otto Bonhard, *Jüdische Geld- und Weltherrschaft?,* Berlin 1926, p. 57.

29 Es scheint, daß Hitler dieses sehr wirkungsvolle Bild bereits 1922 in einer Rede benutzte. Siehe *Hitler's Speeches, 1922 bis 1939,* ed. by Baynes, London 1942, p. 29. Es ist übrigens bemerkenswert, daß in Nazideutschland niemals eine vollständige Sammlung von Hitlers Reden veröffentlicht wurde, so daß man auf die englische Ausgabe zurückgreifen muß. Daß dies kein Zufall war, geht aus einer von Philipp Bouhler besorgten Bibliographie der *Reden des Führers nach der Machtübernahme,* 1940, hervor: Nur die öffentlichen Reden erschienen im *Völkischen Beobachter* im Wortlaut; auf Reden vor dem Führerkorps und anderen Gliederungen der Partei wurde im *VB* nur »hingewiesen«. Sie waren von vornherein nicht zur Veröffentlichung bestimmt. Den Mangel an Originalität in den antisemitischen Argumenten der Nazipropaganda betont auch die vorzügliche Übersicht von Waldemar Gurian, »Antisemitism in Modern Germany«, in *Essays on Antisemitism,* ed. K. S. Pinson, New York 1946, p. 243.

30 So mußte die SS ihren Stammbaum bis zum Jahre 1750 nachweisen.

31 Bezeichnend für die Verwandtschaft der Systeme ist, daß die Elite- und Polizeiformation der Bolschewisten, die NKWD, ebenfalls von ihren Mitgliedern einen Nachweis der Abstammung verlangte. S. F. Beck u. W. Godin, op. cit., p. 160.

32 Hadamovsky, op. cit., gibt in den folgenden Sätzen durchaus die maßgebliche Meinung der Bewegung wieder: »Man darf überhaupt den Einfluß der Presse ... nicht überschätzen, er sinkt im allgemeinen, während der Einfluß der lebendigen Organisation steigt.« – »Die Presse versagt, sobald sie gegen die Stoßkraft der lebendigen Organisation kämpfen soll.« – »Die Machtbildungen durch reine Propaganda sind fließend und können von einem Tag zum anderen jäh auseinanderfallen, wenn nicht zur Propaganda die Gewalt der Organisation tritt.« pp. 64, 65, 21.

33 »Die Massenkundgebung ist die stärkste Form der Propaganda ..., (weil) in der Einheit der Masse jeder einzelne ein gesteigertes erhöhtes Selbstbewußtsein und Machtgefühl erhält.« – »Die für den Augenblick entfachte Begeisterung wird durch Zusammenfassung der Menschen ... zum Prinzip und zur geistigen Haltung.« Ibidem, pp. 47 und 21/22.

34 Hitler (in den vereinzelten Stellen, in denen er sich überhaupt zu dieser Frage äußerte) pflegte zu betonen: »Im übrigen bin ich nicht ein Staatsoberhaupt im Sinne eines Diktators oder eines Monarchen, sondern ich bin ein deutscher Volksführer.«

Siehe *Ausgewählte Reden des Führers,* 1938, p. 114. Ganz im gleichen Sinne sagt Hans Frank: »Das nationalsozialistische Reich ist nicht ein diktatorisches oder gar ein Willkürregiment. Das nationalsozialistische Reich beruht vielmehr auf der gegenseitigen Treue des Führers und der Volksgenossen.« In *Recht und Verwaltung,* München 1939, p. 15.

35 Hitler hat immer wieder betont: »Der Staat ist Mittel zum Zweck. Dieser aber ist: Erhaltung der Rasse«; wie daß seine Bewegung »nicht im Staatsgedanken die Grundlage sieht, sondern in der geschlossenen Volksgemeinschaft das Primäre sieht«. (Siehe *Reden,* 1933, p. 125, und die Rede vor dem politischen Führernachwuchs 1937, die als Anhang der *Tischgespräche* abgedruckt ist, p. 446.) Das gleiche ist *mutatis mutandis* der Kern der sogenannten Stalinschen »Staatstheorie«, derzufolge die »höchstmögliche Entwicklung der Staatsgewalt die Bedingungen dafür schafft, daß der Staat abstirbt«. Op. cit., loc. cit.

36 In dem Nachwort zu den von ihm herausgegebenen *Zionistischen Protokollen,* 1924: »Unsere künftigen Politiker und Diplomaten werden bei den Generalspitzbuben aus dem Orient in die Lehre gehen müssen, um erst das Abc der Regierungskunst zu lernen, und dazu bieten die *Zionistischen Protokolle* eine vortreffliche Vorschule.«

37 So bei Fritsch, op. cit. Alexander Stein, *Adolf Hitler, Schüler der ›Weisen von Zion‹,* Karlsbad 1936, wies als erster durch Textvergleichungen die Abhängigkeit der nationalsozialistischen Weltanschauung von den *Protokollen* nach. Siehe auch R. M. Blank, *Adolf Hitler, ses aspirations, sa politique, sa propagande et les »Protocols de Sage de Sion«,* 1938. Daß ein Nachweis der Unechtheit den Propagandawert der *Protokolle* nicht beeinträchtigen könne, wußte bereits der russische Publizist S. A. Nilus, der Herausgeber der zweiten russischen Ausgabe der *Protokolle* im Jahre 1905: Da es sich um eine Geheimverschwörung handelte, war es offenbar nicht möglich, den Nachweis der Echtheit zu führen; im Gegenteil, die Tatsache, daß man ihre Unechtheit nachweisen konnte, beweise gerade, daß sie echt seien. Diese Art der Argumentation liegt so nahe, daß Hitler nicht Nilus gekannt zu haben braucht, um auf den gleichen Trick zu verfallen. Die *Protokolle,* sagt Hitler in *Mein Kampf,* Buch I, Kapitel 11, »sollen auf einer Fälschung beruhen …; der beste Beweis dafür, daß sie echt sind. Was viele Juden unbewußt tun mögen, ist hier bewußt klargelegt«. Für die Geschichte dieser merkwürdigen Fälschung siehe John S. Curtiss, *An Appraisal of the Protocols of Zion,* 1942.

38 *Reden,* 1933.

39 Siehe Henri Rollin, *L'Apocalypse de Notre Temps,* Paris 1939, der die Ähnlichkeit zwischen den *Protokollen* und den *Monita Secreta* aufzeigt, die in erster Auflage 1612 erschienen und von einer jesuitischen Weltverschwörung handeln.

40 So der Chevalier de Malet in seinen *Recherches politiques et historiques qui prouvent l'existence d'une secte révolutionnaire,* 1817, der ausführlich frühere Autoren zitiert. Bei ihm handelt es sich um eine Weltverschwörung der Freimaurer, aus der die Französische Revolution hervorgegangen sein soll, aber die Freimaurer stehen in einer Tradition, die bis in die Antike zurückreicht. Diese ganze Literatur ist ausführlich behandelt in E. Lesueur, *La Franc-Maçonnerie Artésienne au 18ᵉ siècle,* 1914. – Wie nahe es auch in weniger turbulenten Zeiten liegt, die gesamte Weltgeschichte auf eine gigan-

tische Geheimgesellschaft zurückzuführen, kann man an der ungeheuren Literatur gegen die Freimaurer in Frankreich sehen, die ihresgleichen wohl nur in der antisemitischen hat. Eine Art Kompendium all dieser Vorstellungen, die sich vor allem an der Tatsache der Französischen Revolution entzündeten, liegt noch in G. Bord, *La Franc-Maçonnerie en France dès origines à 1815*, vor, das 1908 erschien.

41 Hitler, *Reden*, 1933. – Siehe das Protokoll einer Sitzung des SS-Ausschusses für Arbeitsfragen im SS-Hauptamt Berlin vom 12. Januar 1943, wo vorgeschlagen wurde, das Wort »Nation« als einen liberalistisch belasteten Begriff auszuschalten, da es für die germanischen Völker inadäquat sei. Dokument 705–PS in *Nazi Conspiracy and Aggression*, Band 5, p. 515.

42 Goebbels *Tagebücher* in der englischen Ausgabe von Lochner, 1948, p. 377.

43 Dossier Kersten im *Centre de Documentation Juive*.

44 Die Verachtung für das deutsche Volk zeigte sich bei Hitler schon sehr früh. Im Jahre 1923 teilte er es bereits in ein Drittel Feiglinge, ein Drittel geborene Verräter und ein Drittel Helden ein. (*Hitler's Speeches*, ed. Baynes, p. 76.) Nach der Machtergreifung konnte man offenherziger werden. So meinte Goebbels schon 1934, daß die Deutschen, die nicht in der Partei seien, sich glücklich schätzen sollten, daß sie überhaupt noch am Leben seien. Kohn-Bramstedt, op. cit., pp. 178/9. Während des Krieges meinte Hitler: »Ich bin nichts anderes als ein Magnet, der dauernd über die deutsche Nation streicht und den Stahl aus diesem Volk herauszieht. Und ich habe oft erklärt, daß die Zeit kommen wird, da wird alles, was in Deutschland an Männern da ist, in meinem Lager stehen. Und was nicht in meinem Lager steht, das taugt sowieso nichts.« Und was denen passierte, die »sowieso nichts taugen«, war der näheren Umgebung Hitlers damals bereits klar. (Siehe *Der großdeutsche Freiheitskampf. Reden Hitlers vom 1. 9. 1939 bis 10. 3. 1940*, p. 174.) Genau dies meinte auch Himmler, wenn er sagte: »Der Führer denkt nicht deutsch, er denkt germanisch.« Dossier Kersten, s. o. Nur daß Hitler, wie wir aus den *Tischgesprächen* andeutungsweise erfahren, sich um diese Zeit bereits über das germanische »Geschrei« lustig machte und »arisch dachte«. (S. p. 315 ff)

45 *Reden*, 1933.

46 In der Formulierung der SS. Siehe Gunter d'Alquen, *Die SS*, 1939.

47 Hadamovsky, op. cit., p. 16.

48 Ibidem, passim. Die Terminologie stammt von Hitler, *Mein Kampf* (II, Kapitel 11), wo die »lebendige Organisation« dem »toten Mechanismus« der Parteibürokratien entgegengesetzt wird.

49 Dies Mißverständnis stammt von Alfred von Martin, »Zur Soziologie der Gegenwart« in der *Zeitschrift für Kulturgeschichte*, Band 27, 1937, und Arnold Koettgen, »Die Gesetzmäßigkeit der Verwaltung im Führerstaat« in dem *Reichsverwaltungs-Blatt* von 1936.

50 Hadamovsky, op. cit., p. 21. Für totalitäre Zwecke ist es ein Fehler, ihre Ideologie durch Lehre oder Überzeugung zu verbreiten. Sie kann, in den Worten Robert Leys, »nicht gelehrt« und »nicht gelernt«, nur »exerziert« und »geübt« werden. S. *Der Weg zur Ordensburg*, o. D.

51 Dies ist der eigentliche Sinn dessen, daß »vom Standpunkt der Volksgemeinschaft jede Wertgemeinschaft eine Zersetzungsgemeinschaft« ist, wie der Nazi-Jurist R. Hoehn in seiner *Rechtsgemeinschaft und Volksgemeinschaft,* Hamburg 1935, feststellte.

52 Hitler hat nie den Anspruch auf Originalität in »Weltanschauungsfragen« erhoben. Auf den früh erhobenen Vorwurf anderer Gruppen, daß die Nazis die »völkische Idee« nicht erfunden, aber nun täten, als ob sie sie »gepachtet« hätten, antwortete er: »Nicht nur gepachtet, sondern für die Praxis geschaffen«, nämlich durch die Schaffung einer »schlagkräftigen Organisation«. In *Mein Kampf,* Buch II, Kapitel 5.

53 Siehe Hitlers *Propaganda und Organisation,* ibidem, Kapitel 11.

54 Charakteristisch ist die Heftigkeit, mit der Himmler »dringend bitten (läßt), daß keine Verordnung über den Begriff ›Jude‹ herauskommt. Mit all diesen törichten Festlegungen binden wir uns ja nur selbst die Hände«. (Nürnberger Dokument Nr. 626, Brief an Berger vom 28. Juli 1942, Photokopie im *Centre de Documentation Juive.*)

55 Die Formulierung: »Der Wille des Führers ist oberstes Gesetz« findet sich in allen Partei- und SS-Dienstanweisungen. Am besten nachzulesen bei Otto Gauweiler, *Rechtseinrichtungen und Rechtsaufgaben der Bewegung,* München 1939.

56 Heiden, op. cit., p. 292, unterstreicht, daß in der ersten Ausgabe von *Mein Kampf* Hitler noch vorschlug, die Parteifunktionäre regulär wählen zu lassen, und daß erst in den späteren Ausgaben das »Führerprinzip«, also die Ernennung durch die jeweils übergeordnete Instanz, etabliert ist. Für Stalin, der aus dem konspirativen Apparat der bolschewistischen Partei kam, dürfte dies wohl nie ein Problem gewesen sein. Dennoch hat er erst in den dreißiger Jahren, als er bereits das Vorbild Hitlers vor Augen hatte, angefangen, sich mit »Führer« titulieren zu lassen. Man darf aber nicht übersehen, daß er sich in diesem Punkte mit Recht hätte auf Lenin berufen können und seine Theorie, daß die Arbeiterklasse es von sich aus niemals weiter als bis zu einer Gewerkschaftsorganisation bringe, daß also die politische Organisation von außen an sie herangetragen werden müsse. Immerhin handelte es sich bei Lenin noch nicht um die Abschaffung der innerparteilichen Demokratie, sondern um die demokratischer Methoden innerhalb der Arbeiterklasse selbst. Vgl. Lenins Jugendbroschüre *»What is to be done?«,* 1902 zum ersten Male veröffentlicht, in den *Collected Works,* Band 4, Buch 2.

57 Siehe *Mein Kampf,* Buch II, Kapitel 11. Dieses Prinzip einer Begrenzung der Partei wurde bald nach der Machtergreifung durchgeführt. Von sieben Millionen Mitgliedern der Hitlerjugend wurden im Jahre 1937 nur 50 000 von der Partei aufgenommen. Vgl. auch Gottfried Neeße, »Die verfassungsrechtliche Gestaltung der Ein-Partei« in der *Zeitschrift für die gesamte Staatswissenschaft,* 1938, Band 98, p. 678: »Immerhin darf auch die Ein-Partei niemals so groß werden, daß sie das ganze Volk in sich faßt. Sie ist ›total‹ in der weltanschaulichen Beeinflussung der Nation …«

58 Das Chaotische dieser prätotalitären Atmosphäre, in der blinde Meinungen sich überall durchsetzen und jegliche dogmatische Verabsolutierung erst einmal eine Chance hat, ist in der kleinen klassischen Schrift von Karl Jaspers, *Die geistige Situation der Zeit,* die 1931 erschien, geschildert.

59 Siehe das Kapitel über die SA in Hitlers *Mein Kampf*, Buch II, Kapitel 9, vor allem den zweiten Teil.

60 Maßgebend für Organisation und Geschichte der SS ist Himmlers Darstellung »Wesen und Aufgabe der SS und der Polizei« in den *Sammelheften ausgewählter Vorträge und Reden*, 1939. Als zu Beginn des Krieges die Totenkopfverbände und Verfügungstruppen in der Waffen-SS zusammengefaßt wurden, und als diese wegen der Verluste an der Front durch Anwerbungen aufgefüllt werden mußte, verlor die Waffen-SS so sehr ihren Elitecharakter innerhalb der SS, daß nun wieder die Allgemeine SS, das heißt das höhere Führerkorps, den eigentlichen Elitekern der Bewegung darstellte.

Sehr aufschlußreiches dokumentarisches Material für dieses letzte Stadium der SS findet sich im Archiv der Hoover Library, Himmler File, Folder 278. Daraus geht hervor, daß die SS unter bewußter Nachahmung der Methoden und Bestimmungen der französischen Fremdenlegion unter den ausländischen Arbeitern wie in der einheimischen Bevölkerung ihre Werbungen betrieb. Die Werbungen unter Deutschen gingen auf einen niemals veröffentlichten Führerbefehl vom Dezember 1942 zurück, demzufolge »der Jahrgang 1925 zur Waffen-SS einzuziehen« war. (So Himmler in einem Brief an Bormann.) Bei Werbungen wie Einziehungen wurde der Schein der Freiwilligkeit gewahrt. Wie es um diese bestellt war, geht aus einer großen Zahl von Berichten von SS-Führern, die mit dieser Aufgabe betraut waren, klar hervor. Ein Bericht vom 21. Juli 1943 schildert, wie die Polizei den Saal, in dem französische Arbeiter angeworben werden sollen, umstellt hat, wie die Franzosen erst die Marseillaise singen und dann versuchen, aus den Fenstern zu springen. Aber auch bei der deutschen Jugend waren die Erfolge kaum besser. Obwohl sie unter außerordentlichen Druck gestellt und ihnen erklärt wurde, »sie wollten sich doch wohl nicht dem ›grauen Sauhaufen‹ zur Verfügung stellen«, melden sich zum Beispiel von 220 Mitgliedern der HJ nur 18 Mann (zufolge eines Berichts vom 30. April 1943, der von Häußler, dem Leiter der Ergänzungsstelle Südwest der Waffen-SS, verfaßt ist; alle übrigen ziehen die Einberufung zur Wehrmacht vor). Hierbei mag mitgespielt haben, daß die SS größere Verluste hatte als die Wehrmacht. (S. Karl O. Paetel, »Die SS«, in den *Vierteljahresheften für Zeitgeschichte*, Januar 1954). Daß dies allein aber nicht ausschlaggebend gewesen sein kann, geht aus dem Folgenden hervor: Bereits im Januar 1940 hatte ein Führerbefehl die Musterung von SA-Männern für die Waffen-SS befohlen. In Königsberg, für das uns ein Bericht erhalten ist, sahen die Ergebnisse wie folgt aus: 1807 SA-Männer waren »für polizeilichen Einsatz« zur Musterung berufen; von ihnen waren 1094 nicht erschienen; untauglich waren 631; tauglich für die SS waren 82 Mann.

61 Werner Best, *Die deutsche Polizei*, 1941, p. 99.

62 Hitler hat sich schon in dem oben zitierten Kapitel in *Mein Kampf* ausdrücklich dagegen verwahrt, in der SA etwas anderes als eine Parteiformation zu sehen; er hat sich auch über ihren militärischen Wert nie irgendwelche Illusionen gemacht.

63 Ibidem.

64 Ernst Bayer, *Die SA*, Berlin 1938.

65 Was Röhm schließlich den Kopf gekostet hat, war, daß ihm nach der Machtergreifung eine faschistische Diktatur im Sinne der italienischen vorschwebte, in welcher die NSDAP »die Fesseln der Partei sprengen« und »selbst Staat werden« würde, also genau das, was Hitler unter allen Umständen vermeiden wollte. Siehe Ernst Röhm, *Warum SA?,* Rede vor dem diplomatischen Korps, Dezember 1933, in Berlin o. D. erschienen.
Innerhalb der Partei, in der die SA nach 1934 eine sehr untergeordnete Rolle spielte, haben wohl die Hoffnungen, man könne mit Hilfe der SA das Regiment der SS brechen, niemals ganz aufgehört. Jedenfalls können wir in den Nürnberger Dokumenten lesen, daß Hans Frank, damals Generalgouverneur von Polen, verdächtigt wurde, nach dem Kriege einen Kampf gegen die SS durch die Armee und die SA aufnehmen zu wollen. *Nazi Conspiracy and Aggression,* Band 6, p. 747.

66 Die Totenkopfverbände der SS unterstanden zum Beispiel folgender Regelung: »Erstens kommt kein Verband in seine Heimat, es wird also niemals ein pommerscher Sturm in Pommern Dienst machen. Zweitens: Jeder Verband wechselt nach drei Monaten über. Drittens: Der Verband wird niemals in einzelnen im Straßendienst eingesetzt. Es wird niemals ein einzelner Mann mit dem Totenkopfabzeichen im Straßendienst als Polizist verwendet, das gibt es nicht. Viertens: Wenn diese Verwendung eintritt, wird rücksichtslos durchgegriffen.« Der erste Punkt ist dem Dienstreglement für die SA entnommen. Himmler, op. cit., p. 169.

67 In den Worten Himmlers: »Ich weiß, daß es manche Leute in Deutschland gibt, denen es schlecht wird, wenn sie diesen schwarzen Rock sehen. Wir haben Verständnis dafür und erwarten nicht, daß wir von allzu vielen geliebt werden.« In: *Die Schutzstaffel,* op. cit. Hitler hat schon sehr früh, 1923, gemeint, es gäbe nur zwei Dinge, welche Menschen fest verbinden, »gemeinsame Verbrechen und gemeinsame Ideale«. (*Hitler's Speeches,* ed. Baynes, vol. I, 75.)

68 So unterstreicht Himmler in seinen Reden an die SS während des Krieges stets die Schwere der begangenen Verbrechen. Siehe *Nazi Conspiracy and Aggression,* Band 4, pp. 553, 558. – In dem gleichen Sinne meinte Goebbels, op. cit., p. 266, daß sie gerade in der »Judenfrage«, also durch die Massenermordungen, eine Position bezogen hätten, von der es kein Zurück mehr gäbe; dies sei darum günstig, weil alle Beteiligten wüßten, daß sie die Brücken hinter sich verbrannt hätten und daher besser kämpfen würden.

69 Souvarine, op. cit., p. 648, spricht von der ungreifbaren Vormachtstellung Stalins und beschreibt, wie diese Ungreifbarkeit propagandistisch in der nichttotalitären Welt sich darin auswirkte, Stalin als eine undurchschaubare Persönlichkeit, als ein Rätsel, eine Sphinx, als das große Geheimnis des Kreml zu mystifizieren; p. XIII. Ganz ähnliche Mystifizierungstendenzen zeigen sich natürlich auch in der Beschreibung der sogenannten Persönlichkeit Hitlers. Die totalitäre Propaganda ist sich des Vorteils dieser Einschätzungen wohl bewußt gewesen und hat immer wieder darauf geachtet, irgendwelche Enthüllungen über das »Privatleben« der Führer, wie sie in nichttotalitären Ländern gerade für die Popularität benötigt werden, zu vermeiden. Auch die schmeichelhafteste Darstellung des Privatlebens hätte immer nur zur Folge,

daß man anfängt zu denken: auch hier ist nur ein Mensch. Und dies gerade muß natürlich auf jeden Fall vermieden werden.

70 Daß Trotzki an der Spitze der Roten Armee eine gute Chance gehabt hätte, das Triumvirat der Partei unter Stalin durch einen militärischen Staatsstreich zu erledigen, ist bekannt. Siehe auch Deutscher, *Stalin*, p. 297.

71 Trotzkis überlegenes organisatorisch-administratives Talent ist vielfach bezeugt. Siehe Souvarine, op. cit. p. 288.

72 Gegen diese Darstellung spricht die Möglichkeit, daß Stalin, der sicher kurz vor seinem Tode wieder einmal eine Generalsäuberung plante, von seiner Umgebung umgebracht worden ist, weil sich keiner mehr sicher fühlte. Für diese Möglichkeit sprechen eine Reihe von Indizien, beweisbar scheint sie nicht zu sein. Ob sich durch die Schwierigkeiten der Nachfolge eine Umformung des Sowjetregimes anbahnt, ist vorläufig nicht zu entscheiden, auch nicht, ob rein sachlich die Möglichkeit besteht, die totale Herrschaft in eine Art aufgeklärten Despotismus zurückzulenken. Wahrscheinlich ist es nicht, zumal die »kollektive Führung« Malenkows und sein Versuch einer Lockerung der Terrorherrschaft offenbar gescheitert sind. Schließlich ist entscheidend, ob nach einer Zeit verhältnismäßiger Ruhe wieder große Säuberungsprozesse eintreten, durch die Millionen in den Konzentrationslagern verschwinden. Sollte dies nämlich nicht der Fall sein, so würde der gigantische Polizeiapparat, der nicht vom Staatsapparat, sondern nur von der ihm unterstellten Sklavenarbeit finanziert ist, einfach ausgehungert werden.

73 Charakteristisch war, daß Hitler noch unter der Weimarer Republik seine »persönliche Verantwortung« für den von der SA verübten Potempa-Mord (im Jahre 1932) öffentlich erklärte, obwohl er vermutlich damit nicht das geringste zu tun gehabt hatte. Es handelte sich um die Aufstellung eines Prinzips, in der Sprache der Nazis um »die gegenseitige Treue des Führers und der Volksgenossen«, auf der das »Reich beruht«. Hans Frank, *Recht und Verwaltung*, München 1939.

74 Es gehörte zu »Stalins Eigentümlichkeiten, … systematisch seine eigenen Vergehen und Verbrechen wie seine politischen Irrtümer … auf diejenigen abzuwälzen, die er diskreditieren und vernichten wollte.« Souvarine, op. cit. p. 655. – Es ist evident, daß der totalitäre Führer sich aussuchen kann, wen er für »geeignet« hält, seine Irrtümer zu personifizieren, da ja alle Handlungen der »Unterführer« angeblich von ihm inspiriert sind; so kann jeder in die Rolle des Betrügers gedrängt werden.

75 Daß Hitler, und nicht etwa Himmler oder Bormann oder Goebbels, immer die eigentlich »radikalen« Maßnahmen selbst inaugurierte, daß diese immer radikaler waren als alle Vorschläge seiner unmittelbaren Umgebung, daß selbst Himmler erschrak, als er mit der »Endlösung« der Judenfrage betraut wurde – all dies ist jetzt in unzähligen Dokumenten klar erwiesen. Und auch das Märchen, daß Stalin gemäßigter gewesen sei als die linken Fraktionen der bolschewistischen Partei, wird nicht mehr geglaubt. Um so wesentlicher ist es, festzuhalten, daß die totalitären Führer stets versuchen, nach außen als gemäßigt zu erscheinen und ihre wirkliche Rolle, nämlich die Bewegung auf jeden Fall immer weiter vorzutreiben, ihre Geschwindigkeit gleichsam dauernd zu erhöhen, sorgfältig verborgen bleibt. Interessant in dieser

Hinsicht ist die Aussage des Admirals Erich Raeder im Nürnberger Prozeß über »Meine Beziehung zu Adolf Hitler und der Partei«, die sich in *Nazi Conspiracy and Aggression,* Band 8, p. 707 ff, findet: »Wenn Nachrichten oder Gerüchte entstanden über radikale Maßnahmen der Partei oder der Gestapo, konnte man aus dem Benehmen des Führers schließen, daß solche Maßnahmen nicht vom Führer selbst befohlen worden waren … Im Verlauf der Jahre kam ich jedoch zu dem Schluß, daß der Führer selbst immer der radikalsten Lösung zuneigte, ohne es äußerlich zu zeigen.« (Aus dem Englischen rückübersetzt.) – In genau der gleichen Weise ließ Stalin es sich angelegen sein, während der innerparteilichen Kämpfe, die seiner Machtergreifung vorangingen, stets die Rolle des goldenen Mittelmaßes zu spielen (Deutscher, *Stalin,* p. 295 ff), und als ihn im Jahre 1936 ein ausländischer Journalist über die Weltrevolution interviewte, hatte er die Stirn, einfach zu erklären : »Wir haben niemals solche Pläne und Absichten gehegt. … Das ist ein Mißverständnis …, ein komisches Mißverständnis oder vielmehr ein tragikomisches.« (Ibidem, p. 422.)

76 So in einem kleinen Aufsatz von Alexandre Koyré, *»The Political Function of the Modern Lie«,* in *Contemporary Jewish Record,* Juni 1945, dessen treffende Einsicht, soweit ich weiß, von der Literatur nirgends beachtet worden ist. – Hitler hat sich mit der Idee einer Geheimgesellschaft ausführlich in *Mein Kampf* auseinandergesetzt, Buch II, Kapitel 9. Ihm war klar, daß man eine Massenbewegung nicht auf ein wirklich gehaltenes Geheimnis verpflichten konnte, andererseits war er deutlichst von den organisatorischen Möglichkeiten einer Geheimgesellschaft beeindruckt. Was herauskam, war eben eine Geheimgesellschaft ohne Geheimnis. Gerade vor der Machtergreifung hat es kaum etwas gegeben, was die Nazis versuchten geheimzuhalten, weil jedem solchen »Geheimnis« damals noch ein großer Propagandawert zukam. Gerade dies hat sie von den eigentlich konspirativen Gruppen der radikalen Linken immer unterschieden. Erst im Kriege eigentlich, als das Naziregime voll totalitär wurde und die Parteiführung sich überall von der Militärhierarchie umgeben sah, auf die sie angewiesen war für die Führung des Krieges, ist den Eliteformationen eingeschärft worden, alles, was mit »Endlösungen« zusammenhing, also Aussiedelungen und Ausrottungen, geheimzuhalten. In dieser Zeit hat auch Hitler begonnen, sich aufzuführen wie der Chef einer Verschwörerbande, aber nicht ohne dies selbst ausdrücklich anzukündigen und verkünden zu lassen. In einer Besprechung mit dem Generalstab im Mai 1939 legte Hitler die folgenden Grundsätze fest, die klingen, als seien sie aus einem Handbuch der Geheimgesellschaft abgeschrieben: »1. Niemand ist zu beteiligen, der es nicht wissen muß. 2. Niemand darf mehr erfahren, als er wissen muß. 3. Niemand darf früher etwas wissen, als er es wissen muß.« Zitiert nach Heinz Holldack, *Was wirklich geschah,* München 1949, p. 378.

77 Die Analyse im Text nimmt engen Bezug auf Georg Simmels »Soziologie der Geheimgesellschaften« in seiner *Soziologie,* Berlin 1908, Kapitel 5.

78 Das Gerede von »geschworenen Gemeinschaften«, »verschworenen Blutsbrüdern« und so fort war gang und gäbe in der Jugendbewegung. Himmler erst gab diesen vagen romantisierenden Vorstellungen eine definitive Bedeutung, als er den »Kernsatz« der SS formulierte: »So sind wir angetreten und marschieren nach unabänderlichen

Gesetzen als ein nationalsozialistischer Orden nordisch-bestimmter Männer und als eine geschworene Gemeinschaft ihrer Sippen den Weg in eine ferne Zukunft.« (D'Alquen, op. cit.)

79 Die Konsequenz dieser Einführung der absoluten Feindschaft in die Politik, nämlich daß »die Masse der Menschheit von ein bis anderthalb Milliarden gegen das germanische Volk aufstehen« könnte, hat die Nazis nie gestört. Siehe Himmlers Rede vor den SS-Generälen in Posen vom 4. Oktober 1943 in *Nazi Conspiracy and Aggression,* Band 4, p. 558. – Hitler hatte die organisatorischen Möglichkeiten dieses Prinzips schon 1922, vermutlich nach eingehendem Studium der *Protokolle der Weisen von Zion,* begriffen, nur daß er es umgekehrt formulierte: »Die Herren der Rechten haben noch nicht verstanden, daß man kein Feind der Juden zu sein braucht, um eines Tages ... auf das Schafott gezerrt zu werden ... Es genügt vollkommen, kein Jude zu sein.« (*Hitler's Speeches,* ed. Baynes, p. 12.) Damals allerdings verstand wohl niemand, daß Hitler hiermit eigentlich sagen wollte: eines Tages wird niemand unser Feind zu sein brauchen, um von einer Rassenkommission zur Ausmerzung bestimmt zu werden; es wird vollkommen genügen, ein Jude zu sein oder sonst einer uns nicht genehmen Rasse anzugehören.

80 All diese weit proklamierten Endziele werden nur dadurch zu einem »Geheimnis«, daß die Umwelt sich weigert zu glauben, daß es den totalitären Führern damit ernst sein könnte. Die Umwelt bezichtigt sie gerade dann der Demagogie, wenn sie offen sagen, was sie meinen. Natürlich haben Bolschewisten wie Nazis diese Unfähigkeit der nichttotalitären Welt, ihnen zu glauben, vielfältig ausgenutzt – wie Stalin in dem in Anmerkung 68 erwähnten Interview.

81 So schilderte Bucharin den Prozeß, siehe Souvarine, op. cit., p. 319.

82 Für die Unterstützung Stalins durch die GPU in den Jahren des Machtkampfes siehe Ciliga, op. cit., p. 48, und Souvarine, op. cit., p. 289. Wie entscheidend diese Unterstützung und dies Zusammenspiel für den Erfolg Stalins war, geht aus einer Bemerkung der *Prawda* nach dem Bürgerkrieg hervor; die Formel: »Alle Macht den Sowjets« sei durch ein »Alle Macht der Tscheka« ersetzt worden. Souvarine, op. cit. p. 251.

83 Für die Geschichte der Geheimen Staatspolizei, die, 1933 von Göring begründet, bereits 1934 in Himmlers Hände kam, der sofort den Verschmelzungsprozeß mit der SS, deren Chef er war, begann, siehe Giles, op. cit., und *Nazi Conspiracy,* Band 2, Kapitel 12. Bei Kriegsende waren 75 Prozent aller Gestapoagenten SS-Leute; aber der Grund, warum Himmler von vornherein seine SS für Gestapodienste verwenden konnte, war, daß bereits vor der Machtergreifung es zu ihren Funktionen gehört hatte, Parteimitglieder und Funktionäre zu bespitzeln. Siehe Heiden, op. cit., p. 308.

84 Simmel, op. cit., zählt Beispiele von kriminellen Verschwörungsbanden auf, in denen die Mitglieder sich freiwillig auf einen Chef einigten, dem sie sich von da ab ohne Kritik und ohne Limitierung unterwerfen. Daß dies bei konspirativen revolutionären Gruppen geschah, ist selbstverständlich.

85 Ciliga, op. cit., schildert diese Verhältnisse vor Stalins Machtergreifung ausführlich. Er berichtet, daß Parteimitglieder »meinten, daß, wenn diese Exekutionen die bürokratische Diktatur retteten und dazu beitrügen, die aufständische Bauernschaft zu

beruhigen (beziehungsweise irrezuführen), das Opfer des eigenen Lebens nicht vergeblich gewesen ist«. pp. 96/97.

86 So Rudolf Hess in einer Radiorede im Jahre 1934, siehe *Nazi Conspiracy*, Band I, p. 193.

87 Dies hat Werner Best, *Die deutsche Polizei*, 1941, unübertrefflich »juristisch« mit einer ihm wohl selbst ganz unbewußten Ironie formuliert: Gesetzesregeln sind »keine ›Rechts‹frage mehr, sondern eine Schicksalsfrage. Denn wirklicher Mißbrauch des ›Rechtes‹ … wird sicherer als von einem Staatsgerichtshof vom Schicksal selbst nach den verletzten ›Lebensgesetzen‹ mit Unglück und Umsturz vor der Geschichte bestraft«. p. 27.

88 Krawtschenko, op. cit., p. 422, bezeugt, daß »kein richtig erzogener Kommunist der Meinung war, daß die Partei lüge, wenn sie öffentlich eine der den Eingeweihten mitgeteilten entgegengesetzte Politik vertrat«.

89 Heiden, op. cit., p. 308, hat diese Verhältnisse einmal treffend so ausgedrückt: »Der Nationalsozialist verachtet den gewöhnlichen Deutschen, der SA-Mann die anderen Nationalsozialisten und der SS-Mann den SA-Mann.«

90 Himmler wählte ursprünglich die SS-Kandidaten nach Photographien aus. Später gab es bei der SS einen Rasseausschuß, vor dem der Kandidat persönlich erscheinen mußte. Siehe Himmler, op. cit., p. 145.

91 Himmler war sich sehr klar darüber, daß es eines seiner »wesentlichen und bleibenden Verdienste« war, die Rassenfrage aus »einem negativen, vom selbstverständlichen Antisemitismus ausgehenden Begriff« zu einer »Organisationsaufgabe des Aufbaues der SS« gemacht zu haben. (*Der Reichsführer SS und Chef der deutschen Polizei*, nur für den Gebrauch innerhalb der Ordnungspolizei, ohne Datum.) Damit war »die Rassenfrage zum ersten Mal in den Mittelpunkt gestellt oder besser selbst zum Mittelpunkt geworden, weit über einen negativen, vom selbstverständlichen Judenhaß ausgehenden Begriff herausgehoben. Der revolutionäre Gedanke des Führers hatte blutwarmes Leben bekommen.« (*Der Weg der SS. Der Reichsführer SS. SS-Hauptamt-Schulungsamt.* Bauchbinde: »Nicht zur Veröffentlichung«, ohne Datum, p. 25.)

92 In bezug auf den Heiratsbefehl vom 31. Dezember 1931, der von grundlegender Bedeutung für die Organisation der SS war, meinte Himmler – mit deutlicher Anspielung an die, welche an Wissenschaftlichkeit glaubten –: »Die SS ist sich darüber klar, daß sie mit diesem Befehl einen Schritt von großer Bedeutung getan hat. Spott, Hohn und Mißverstehen berühren uns nicht; die Zukunft gehört uns.« Ibidem, p. 26.

93 So Himmler in »Wesen und Aufgabe der SS«, op. cit.

94 So Himmler in seiner Rede vor den SS-Generälen in Posen, *Nazi Conspiracy*, Band 4, p. 558.

12 Die totale Herrschaft

1 Dies ist am klarsten in der Geschichte der *British Labour Party* und der Arbeiterregierung unmittelbar nach Ende des Krieges demonstriert. Entscheidend in unserm Zusammenhang ist, daß die ihr folgende konservative Regierung unter der Führung Churchills im großen und ganzen die durchaus revolutionären Maßnahmen dieser Regierung auf innen- und außenpolitischem Gebiet als *fait accompli* akzeptiert hat. – Was die Konflikte anlangt, die sich ergeben, sobald eine internationale Bewegung in einem national begrenzten Territorium zur Macht kommt, so sind die steigenden Schwierigkeiten innerhalb der zionistischen Bewegung nach Gründung des jüdischen Staates in Israel sehr instruktiv, und zwar gerade weil es sich bei der internationalen zionistischen Bewegung weder um eine internationale revolutionäre Verschwörung noch um irgendwelche utopischen Welteroberungspläne handelt, so daß die Probleme hier nur von den der Situation selbst innewohnenden Konflikten bestimmt sind. (Ben Gurion hat bekanntlich immer wieder versucht, die internationale zionistische Organisation in ihrer bisherigen Form aufzulösen, und wenn ihm dies auch nicht gelungen ist, so hat er sie doch so weit entmachten können, daß ihr internationaler Einfluß auf die nationale Politik Israels sehr abgeschwächt ist. Da die Partei, der er in Israel vorsteht, Mitglied der Zweiten Internationale ist, liegt es ihm natürlich nahe, die zionistische Organisation ähnlich zu behandeln, wie sozialistische Parteien die Zweite Internationale behandelt haben.) Der Einwand, daß die zionistische Organisation keine wirkliche Internationale sei, da ihre Mitglieder ja die gleiche jüdische Nationalität haben, ist zwar stichhaltig, würde sich aber, scheint mir, bei einer genauen Betrachtung der Sachlage als sekundär erweisen.

2 Die Nazis wußten sehr gut, daß die Machtübernahme zu der Errichtung eines absoluten Staates führen könne. »Der Nationalsozialismus hat aber nicht den Kampf gegen den Liberalismus geführt, um im Absolutismus zu landen und das Spiel von neuem beginnen zu lassen.« Werner Best, *Die deutsche Polizei,* p. 20. Wovor hier wie an zahllosen anderen Stellen immer wieder gewarnt wird, ist der Absolutheitsanspruch des Staates.

3 Isaac Deutscher gibt in seiner Stalin-Biographie eine ausführliche Darstellung von Trotzkis Theorie der permanenten Revolution, wie sie 1905 zum ersten Male formuliert wurde. Er unterstreicht mit Recht, daß es sich hier um eine Frage revolutionärer Strategie handelte, in der sich alle Leninisten einig waren.

4 Über den Ursprung der Parteisäuberungen, die ursprünglich als eine Art »Ersatz für wirkliche Wahlen« geplant waren, siehe Deutscher, op. cit., pp. 233 bis 234. – Eine ausgezeichnete kurze Übersicht über die Entwicklung der Parteisäuberungen findet man in einem Artikel von A. Avtorkhanov in dem *Bulletin, Institute for the Study of the USSR*, München, Februar 1956*:* »Social Differentiation and Contradictions in the Party.« Das Jahr 1934 ist darum von Bedeutung, weil der 17. Parteitag dieses Jahres in einem neuen Parteistatut ankündigte, daß »periodische … Säuberungen zum Zwecke der systematischen Reinigung der Partei durchgeführt werden sollten«. In dem gleichen Artikel wird auch die immer noch kursierende Legende widerlegt, es hätte sich bei dem nachfolgenden Terror um eine Art Panikreaktion gehandelt, die

durch die Ermordung Kirows ausgelöst worden sei. Die Generalsäuberung hatte bereits vor der Ermordung begonnen, die nur »als willkommene Gelegenheit diente, den Terror auf höhere Touren zu treiben«. Angesichts der selbst von Chruschtschow zugestandenen (s. op. cit.) vielfältigen »unerklärlichen und mysteriösen« Umstände der Ermordung, die Stalin so gelegen kam, dürfte es wohl auf der Hand liegen, daß sie von Stalin selbst sorgfältigst geplant und ausgeführt worden ist.

5 Deutscher, op. cit., meint, daß Stalins Formulierung vom »Sozialismus in einem Lande« überhaupt nur dem Zufall zuzuschreiben sei, daß er, als er Trotzki angreifen wollte, die Theorie von der permanenten Revolution entdeckte. Da dieser Angriff im Jahre 1924 gemacht wurde, also zu einer Zeit, da das Land des Bürgerkrieges sehr überdrüssig war und Stalin seine Herrschaft noch nicht befestigt hatte, scheint mir dies unwahrscheinlich.

6 Ley, *Der Weg zur Ordensburg* (»Sonderdruck … für das Führerkorps der Partei … Nicht im freien Verkauf.«)

7 Himmler, »Die Schutzstaffel«, op. cit. Diese permanente Verschärfung der Ausleseprinzipien kann man in allen Phasen der Nazipolitik feststellen: so wurden erst die Volljuden ausgemerzt, denen die Halb- und Vierteljuden folgen sollten; oder erst die Geisteskranken, denen die unheilbar Kranken und dann alle Familien, in denen sich »unheilbar Kranke« befanden, folgen sollten. Die »Auslese, bei der es niemals einen Stillstand geben darf«, machte auch nicht vor der SS halt. So befahl ein Führererlaß vom 19. Mai 1943, alle »international versippten Männer«, die durch Verwandtschaft, Eheschließung oder Freundschaft an Ausländer gebunden waren, aus Staat, Partei, Wehrmacht und Wirtschaft auszumerzen; hiervon waren 1200 SS-Führer mitbetroffen. (Siehe Hoover Library, Archiv, Himmler File, Folder 330.)

8 Kurz vor der Liquidierung der Röhm-Fraktion, zu Beginn des Jahres 1934, hatte sich die Situation im Dritten Reich so weit stabilisiert, daß der Gestapochef Rudolf Diels berichtete, daß keine neuen »revolutionären« Verhaftungen durch die SA zu erfolgen brauchten und daß die Fälle der Inhaftierten von der Polizei jetzt untersucht und aufgearbeitet werden könnten. (S. *Nazi Conspiracy and Aggression,* Band 5, p. 205.) Wenige Monate später versuchte der Innenminister Frick, eine Verordnung zu erlassen, durch welche die Maßnahme der Schutzhaft legalisiert und begrenzt werden sollte, und zwar unter ausdrücklicher Berufung auf die »Stabilisierung« der innenpolitischen Lage (ibidem, Band 3, p. 555. Vgl auch *Das Archiv,* April 1934, p. 31). Schließlich hatte die preußische Gestapo einen Sonderbericht für Hitler ausgearbeitet über die Ausschreitungen der SA und vorgeschlagen, die in dem Bericht namhaft gemachten SA-Führer gerichtlich zu verfolgen. Hitler sah in all dem offenbar nur eine Gefahr der Stagnierung der Bewegung, und er löste die Situation, indem er eine Veröffentlichung der Frickschen Verordnung verhinderte, die SA-Führer ohne alle juristischen Einmischungen ermordete und gleichzeitig alle diejenigen Polizeioffiziere, welche sich gegen die SA gewandt hatten, entließ. (Siehe ibidem, Band 5, p. 224.) Damit hatte er sich nach allen Seiten gegen Legalisierung und Stabilisierung gesichert. Unter den zahlreichen Juristen, die sich mit großem Enthusiasmus der »nationalsozialistischen Idee« zur Verfügung stellten, haben nur wenige begriffen,

worum es eigentlich ging. Zu ihnen gehört vor allem Theodor Maunz, dessen Schrift *Gestalt und Recht der Polizei* (Hamburg 1943) selbst von Autoren, die wie Paul Werner zum höheren Führerkorps der SS gehörten, mit Zustimmung zitiert wird.

9 Es ist allgemein bekannt, daß die Verfolgung von »Sozialisten und Anarchisten in Rußland in dem Maße zunahm, als das Land sich befriedete«, wie Anton Ciliga, *The Russian Enigma* (London 1940, p. 244), schreibt. Deutschers Erklärung (op. cit., p. 218) des Verschwindens des »freiheitlichen Geistes der Revolution«, daß nämlich die Bauernklasse nach ihrer Befreiung durch die Revolution sich in offener Rebellion gegen die bolschewistische Herrschaft richtete, stammt aus den zu Ende der zwanziger und Beginn der dreißiger Jahre gängigen Theorien der kommunistischen Splittergruppen. Sie entspricht nicht den Tatsachen, einmal weil der Terror von seiten der Regierung über jedes Maß, das mit dem Niederschlagen einer solchen Rebellion vereinbar gewesen wäre, hinausging, vor allem aber weil der furchtbare Terror überhaupt erst nach 1930 losbrach, das heißt zu einem Zeitpunkt, in dem es eine Opposition der Bauernschaft gar nicht mehr gab. – Auch Chruschtschow bemerkt in der oben zitierten Rede ausdrücklich, daß die Trotzkisten und Bucharinisten die volle Wucht des stalinistischen Terrors erst zu spüren bekamen, als sie längst besiegt waren, keineswegs während des eigentlichen Kampfes.

10 Himmler kündete die Erweiterung des Terrorregimes in einem 1937 gehaltenen Vortrag vor den Offizieren der Wehrmacht an, der unter dem Titel »Wesen und Aufgaben der SS und der Polizei« 1939 veröffentlicht wurde. Der dort gegebene Grund, daß im Fall eines Krieges es nicht die Front der Armeen allein geben würde, sondern einen »vierten Kriegsschauplatz ...: Innerdeutschland«, war natürlich ein Vorwand, und die SS ist auch während des Krieges kaum in Deutschland, sondern vor allem in den besetzten Gebieten eingesetzt worden. Worum es wirklich ging, hat Himmler im Jahre 1943 in einer Rede vor SS-Führern in Krakau selbst gesagt: »Wir haben nur eine Aufgabe, ... den Rassenkampf ohne Erbarmen durchzuführen ... Wir werden niemals diese hervorragende Waffe, die Angst und den Ruf des Schreckens, die uns in den Schlachten um Krakau voranging, stumpf werden lassen, sondern werden dafür ständig neue Ursachen schaffen.« (Aus dem Englischen rückübersetzt, siehe *Nazi Conspiracy*, Band 4, p. 572 ff.)

11 So Theodor Maunz, *Gestalt und Recht der Polizei*, Hamburg 1943, pp. 5 u. 49. – Wie wenig die Nazis von den Gesetzen und Verordnungen hielten, die sie selbst erließen und die unter dem Titel *Die Gesetzgebung des Kabinetts Hitler* von W. Hoche laufend veröffentlicht wurden (Berlin 1933 ff), geht aus der beiläufigen Bemerkung eines ihrer Staatsrechtler hervor, der meint, daß trotz Fehlens einer umfassenden gesetzlichen Neuordnung eben doch eine »umfassende Reform« eingetreten sei. Siehe Ernst R. Huber, »Die deutsche Polizei«, in der *Zeitschrift für die gesamte Staatswissenschaft*, Band 101, 1940/1, p. 273 ff.

12 Maunz, op. cit., p. 49. Maunz ist unter den mir bekannten Naziautoren der einzige, der diesen Umstand erwähnt und gebührend unterstreicht. Man kann sich eine Vorstellung von dieser geheimgehaltenen Gesetzgebung, nach der Deutschland faktisch regiert wurde, nur machen, wenn man die fünf Bände *Verfügungen, Anordnungen,*

Bekanntgaben durchsieht, die während des Krieges von der Parteikanzlei auf Anordnung Bormanns gesammelt und gedruckt wurden. Sie waren, wie das Vorwort mitteilt, »nur für interne Parteiarbeit bestimmt und als geheim zu behandeln«. Vier dieser offenbar sehr seltenen Bände, für welche die Hochesche Sammlung der Gesetzgebung des Kabinetts Hitler nur eine Fassade bildet, befinden sich in der Hoover Library.

13 Dies war die »Mahnung« des Führers an die Juristen im Jahre 1933, zitiert bei Hans Frank, *Nationalsozialistische Leitsätze für ein neues Strafrecht,* Zweiter Teil, 1936, p. 8.

14 Liest man die Rede Stalins über die Verfassung (seinen Bericht auf dem Außerordentlichen 8. Sowjetkongreß vom 25. November 1936) genau, so geht aus ihr hervor, daß es sich hier keineswegs um eine endgültige Verfassung handelte. Er sagt ausdrücklich: »Das ist der Rahmen unserer Verfassung im gegebenen historischen Augenblick. Somit stellt der Entwurf der neuen Verfassung das Fazit des zurückgelegten Weges dar, das Fazit bereits erzielter Errungenschaften.« Mit anderen Worten, die Verfassung war bereits im Augenblick ihrer Verkündung veraltet und hatte nur noch historisches Interesse. Und daß dies nicht nur eine Interpretation willkürlichster Art ist, geht daraus hervor, daß Molotow in seiner Rede zur Verfassung dieses von Stalin angeschlagene Thema wieder aufnimmt und die Vorläufigkeit der Sache unterstreicht: »Wir haben erst die erste, die untere Phase des Kommunismus verwirklicht. Sogar die erste Phase des Kommunismus, der Sozialismus, ist bei weitem noch nicht vollendet, sie ist erst im Rohbau errichtet.« (Siehe *Die Verfassung des Sozialistischen Staates der Arbeiter und Bauern,* Editions Prométhée, Straßburg 1937, pp. 42 u. 84.) Über die anderen Sowjetverfassungen aus den Jahren 1918 und 1924 vgl. Deutscher, op. cit., p. 381. Siehe ebenda, p. 375, eine Schilderung, wie die Moskauer Prozesse das Wirtschaftsleben des Landes aufs neue ruinierten.

15 Masaryk meinte, daß »das sogenannte bolschewistische System niemals etwas anderes gewesen sei als die absolute Abwesenheit jedes Systems« (s. Souvarine, *Stalin,* 1939, p. 695), und Franz Neumann betont in seinem *Behemoth,* 1942, daß Deutschlands Verfassung sich von der Italiens durch ihre absolute Strukturlosigkeit unterscheide. Appendix, p. 521.

16 Für die Theorie von einem »doppelten Staat« siehe Ernst Fraenkel, *The Dual State,* New York 1941. Sehr eindrucksvoll schildert Stephen H. Roberts das Durcheinander von Staat und Partei in *The House that Hitler built,* London 1939.

17 Dies war die Theorie von Robert H. Jackson, die er in der Eröffnungsrede zu den Nürnberger Prozessen ausführte, siehe *Nazi Conspiracy and Aggression,* Band 1, p. 125. Für das gleiche Phänomen in Sowjetrußland siehe Arthur Rosenberg, *A History of Bolshevism,* Kapitel 6. *»There are in reality two political edifices in Russia that rise parallel to one another: the shadow government of the Soviets and the de facto government of the Bolshevik Party.«*

18 Siehe O. C. Giles, *»The Gestapo«,* in den *Oxford Pamphlets on World Affairs,* No. 36, 1940.

19 In *Nazi Conspiracy and Aggression* sind eine Reihe von Memoranden und Berichten veröffentlicht, in denen sich alte und bewährte Parteigenossen, die in den Staats-

dienst »aufgestiegen« waren, bitter beschweren, daß sie statt des erhofften Macht- und Prestigegewinns eine Situation eingetauscht hatten, in der alles Entscheidende dauernd über ihren Kopf hinweg beschlossen und ausgeführt wurde, oftmals sogar ohne sie auch nur in Kenntnis zu setzen. Bezeichnende Beispiele hierfür sind die Beschwerden des Innenministers Frick, Band 3, p. 547, des Reichsministers für die besetzten Ostgebiete Rosenberg, Band 4, p. 65 ff, und des Generalgouverneurs von Polen Hans Frank. Nur in zwei Fällen trat mit dem Aufstieg zum Minister kein Macht- und Prestigeverlust ein, im Falle des Propagandaministers Goebbels und des Innenministers Himmler. Für Himmler besitzen wir ein vermutlich aus dem Jahre 1935 stammendes Memorandum, aus dem hervorgeht, mit welcher Zielbewußtheit die Nazis die Beziehungen zwischen Partei-und Staatsapparat regelten. In dem Memorandum, das offenbar aus der nächsten Umgebung Hitlers stammt und in der Korrespondenz zwischen Reichsadjutantur des Führers und der Gestapo gefunden wurde, wird davor gewarnt, Himmler zum Staatssekretär im Innenministerium zu machen, da er dann »nicht mehr politisch führen könnte« und »von der Partei abgedrängt würde«. Hier wird auch der technische Grundsatz erwähnt, der die Beziehungen zwischen Partei und Staat regelte: »Ein Reichsleiter darf einem Reichsminister nicht unterstellt sein«. (Das undatierte, ungezeichnete Memorandum, betitelt *Die geheime Staatspolizei,* befindet sich im Archiv der Hoover Library, File P. Wiedemann.)

20 Siehe (ibidem, Band 3, p. 27 ff) den Bericht über die Tätigkeit des Rosenberg-Amtes für außenpolitische Angelegenheiten der Partei von 1933 bis 1943.

21 Auf Grund eines Führer-Erlasses vom 12. August 1942. Siehe *Verfügungen, Anordnungen, Bekanntmachungen,* op. cit., Nr. A 54/42.

22 Für die Beziehung zwischen Partei und Sowjets siehe Rosenberg, op. cit. Für eine Beschreibung der Methoden, mit denen Stalin die Macht der Sowjets untergrub und sie zu einem Instrument der Partei machte, siehe Deutscher, op. cit., p. 225 ff.

23 A. Rosenberg, op. cit., loc. cit.

24 Maunz, op. cit., p. 12.

25 Dies hat der Jurist und SS-Obersturmbannführer Professor D. Hoehn so ausgedrückt: »Und an noch etwas anderes mußte man sich im Ausland, aber auch in Deutschland gewöhnen: daß die Aufgabe der Geheimen Staatspolizei … von einer Gemeinschaft von Menschen übernommen wurde, die aus der Bewegung stammen und weiterhin in ihr verankert sind. Darauf, daß das Wort Staatspolizei dem eigentlich nicht Rechnung trägt, soll nur hingewiesen werden.« In: *Grundfragen der deutschen Polizei,* Bericht über die konstituierende Sitzung des Ausschusses für Polizeirecht der Akademie für Deutsches Recht, vom 11. Oktober 1936. Hamburg 1937, mit Beiträgen von Frank, Himmler, Best und Hoehn.

26 Solch einen Versuch, die Kompetenzen zu bestimmen und der »Anarchie der Vollmachten« zu begegnen, hat zum Beispiel Hans Frank in seinem 1939 erschienenen *Recht und Verwaltung* sowie in dem 1941 erschienenen Vortrag von der *Technik des Staates* unternommen. Er meint dort, daß »Rechtsgarantien« nicht das »Vorrecht der liberalistischen Staatssysteme« seien und daß die Verwaltung nach wie vor von Reichsgesetzen bestimmt würde, über denen das Programm der NSDAP stünde. Ge-

rade weil er eine solche gesetzliche Neuordnung um jeden Preis verhindern wollte, hat Hitler das Programm der NSDAP niemals anerkannt. Er selbst pflegte von Parteimitgliedern, die solche Vorschläge machten, verächtlich als von den »Ewiggestrigen« zu sprechen, »die nicht über ihren Schatten springen können«. S. Felix Kersten, *Totenkopf und Treue,* Hamburg 1952.

27 Roberts, op. cit., p. 98.

28 *Nürnberger Dokumente,* PS 3063. Die Einsicht in diesen außerordentlich interessanten Geheimbericht über das »Verfahren betreffend der Ausschweifungen anläßlich der judengegnerischen Aktionen vom 9./10. November 1938« verdanke ich dem Centre de Documentation Juive in Paris. Es handelt sich um einen Bericht des obersten Parteigerichts über »Vorgänge und parteigerichtliche Verfahren, die im Zusammenhang mit den antisemitischen Kundgebungen vom 9. November 1938 stehen«. Auf Grund polizeilicher und staatsanwaltlicher Untersuchungen ist das Parteigericht zu der Überzeugung gekommen, daß »die mündlich gegebenen Weisungen des Reichspropagandaleiters wohl von sämtlichen anwesenden Parteiführern so verstanden worden (sind), daß die Partei nach außen nicht als Ursache der Demonstration in Erscheinung treten, sie in Wirklichkeit aber organisieren und durchführen sollte … Die Nachprüfung der Befehlsverhältnisse hat ergeben …, daß es den aktiven Nationalsozialisten aus der Kampfzeit selbstverständlich ist, daß Aktionen, bei denen die Partei nicht als Organisator in Erscheinung treten will, nicht mit letzter Klarheit und in allen Einzelheiten befohlen werden. Er ist infolgedessen gewohnt, aus einem Befehl mehr herauszulesen, als wörtlich gesagt ist, wie es auch auf der Seite des Befehlshabers vielfach üblich geworden ist, im Interesse der Partei … nicht alles zu sagen und nur anzudeuten, was er mit dem Befehl erreichen will … So hat auch eine Reihe von Unterführern die … Befehle – zum Beispiel nicht der Jude Grünspan, das ganze Judentum trage die Schuld an dem Tode des Pg. vom Rath, … die Pistole sei mitzubringen, … als SA-Mann müsse nun jeder wissen, was er zu tun habe – so verstanden, daß nun für das Blut des Pg. vom Rath Judenblut fließen müsse …« Besonders bezeichnend ist das Ende des Berichts, in welchem das Oberste Parteigericht sich unverhohlen gegen diese Methoden wendet: »Eine andere Frage ist, ob der absichtlich unklar, in der Erwartung gegebene Befehl, der Befehlsempfänger werde den Willen des Befehlsgebers erkennen und danach handeln, nicht im Interesse der Disziplin der Vergangenheit angehören muß.« Also auch hier wieder Leute, die im Sinne Hitlers »nicht über ihren Schatten springen« können und auf eine gesetzliche Regelung drängen, weil sie nicht verstehen, daß nicht der Befehl, sondern der *Wille* des Führers oberstes Gesetz ist. Der Unterschied zwischen der Mentalität der Elite-Gruppen und den Partei-Instanzen ist hier besonders deutlich.

29 So sagt Best, op. cit.: »Solange die Polizei diesen Willen der Führung vollzieht, handelt sie rechtmäßig; wird der Wille der Führung übertreten, so handelt nicht mehr die Polizei, sondern begeht ein Angehöriger der Polizei ein Dienstvergehen.«

30 Siehe Anmerkung 25.

31 Siehe die Aussage des ehemaligen Chefs der Gestapo, Rudolf Diels, *Nazi Conspiracy,* Band 5, p. 224.

32 Siehe Hitlers Rede an die SA im Jahre 1936, wiedergegeben in Ernst Bayer, *Die SA*, Berlin 1938.

33 Vgl. Rosenbergs Rede vom Juni 1941: »Die Aufgabe unserer Politik scheint mir deshalb in der Richtung zu liegen ... [diese Völker] in ganz bestimmte staatliche Formen zu bringen ... und gegen Moskau aufzubauen«, mit dem undatierten Memorandum für die Verwaltung der besetzten Ostgebiete, in dem es heißt: »Mit der durch Niederringung der UdSSR erfolgten Auflösung dieser Staaten gibt es in den Ostgebieten keine staatlichen Gebilde und daher ... auch keine Staatsangehörigkeit für die Landesbewohner.« *Trial of the Major War Criminals*, Nürnberg 1947, Band 26, pp. 616 und 604.

34 In *Hitlers Tischgespräche*, p. 213. Es handelt sich eigentlich immer darum, daß irgendwelche hohen Nazi-Funktionäre Bedenken hatten, diejenigen, welche von Hitler als »Gesocks« bezeichnet wurden, ohne Umstände zu ermorden, p. 248 ff und passim.

35 Für die Gliederung der NSDAP siehe *Rang- und Organisationsliste der NSDAP*, Stuttgart 1947, und *Nazi Conspiracy and Aggression*, Band 1, p. 178.

36 So wurde die Organisation Todt unter der Führung Albert Speers ganz außerhalb der Gliederungen der Partei aufgebaut; Speers Position war dennoch so stark, daß er wagen konnte, gegen das Regime Himmlers und der SS in den Konzentrations- und Arbeitslagern zu protestieren. Siehe *Nazi Conspiracy*, Band 1, pp. 916/7. Ein anderes Beispiel ist die plötzliche und überraschende Avancierung des NSKK zu dem Status einer Eliteformation, die allerdings dann gar keine Folgen hatte.

37 F. Beck und W. Godin, *Russian Purge and the Extraction of Confession*, 1951, p. 153.

38 Ibidem, p. 159 ff. Anderen Berichten zufolge gibt es noch andere Beispiele der ungeheuerlichen Multiplikation des sowjetischen Polizeiapparates, vor allem die unabhängig voneinander arbeitenden lokalen und regionalen Verbände der NKWD, denen lokale und regionale Partei-Agentensysteme entsprechen. Es liegt natürlich in der Natur der Sache, daß wir von den russischen Verhältnissen erheblich weniger wissen als von den deutschen zur Nazizeit, und zwar vor allem was die Organisation anlangt.

39 Zufolge der Aussage eines ehemaligen Angestellten Himmlers, in *Nazi Conspiracy*, Band 6, p. 461.

40 Hans Frank hat in der oben zitierten (Anm. 23) kleinen Schrift gezeigt, daß er die Bewegung an irgendeinem Punkte zu stabilisieren wünschte, und seine vielfachen Beschwerden als Gouverneur von Polen zeugen von einem kompletten Unverständnis für die bewußt anti-utilitaristischen Tendenzen der Nazipolitik. Er kann nicht verstehen, warum man die unterworfenen Völker nicht ausbeutet, sondern ausmerzt. Rosenberg war in den Augen Hitlers rassisch nicht zuverlässig, weil er daran dachte, in den eroberten Ostgebieten Satellitenstaaten zu errichten, und nicht verstand, daß Hitlers Bevölkerungspolitik darauf hinauslief, diese Gebiete zu entvölkern.

41 Dies ist Robert H. Jacksons Ansicht, siehe Kapitel 12, Band 2, in *Nazi Conspiracy and Aggression*. Um einen solchen autoritär geleiteten Staat zu vermeiden, verfügte Hitler bereits im Jahre 1934 durch Parteierlaß: »Die Anrede ›Mein Führer‹ steht nur dem Führer zu. Allen Unterführern der NSDAP verbiete ich hiermit, sich entsprechend

mit ›Mein Reichsleiter‹ usw. mündlich oder schriftlich anreden zu lassen. Die Anrede hat vielmehr Pg. ... oder Gauleiter usw. zu lauten.« Siehe *Verfügungen, Anordnungen, Bekanntgaben,* op. cit. Erlaß vom 20. August 1934.

42 So im Organisationsbuch der NSDAP.

43 Für die Zahl der Nazifunktionäre, »Führer und Unterführer«, siehe *Nazi Conspiracy,* Band 8, Tabelle 14. Jeder Parteifunktionär wie überhaupt jeder, der im Dritten Reich ein öffentliches Amt innehatte, wurde bekanntlich nur auf die Person Hitlers eidlich verpflichtet.

44 Für die Vorgänge nach Stalins Tod siehe die Artikelserie von Harrison Salisbury in der *New York Times* vom September und Oktober 1954.

45 Im Herbst 1944 befahl Himmler auf eigene Faust, die Gasinstallationen in den Vernichtungslagern zu demontieren und die Vergasungen zu stoppen. Dies war seine Art, Friedensverhandlungen mit den Westmächten einzuleiten. Interessanterweise hat Hitler offenbar von diesen Vorbereitungen nie etwas erfahren; es scheint, daß niemand wagte, ihm mitzuteilen, daß man eines seiner wichtigsten Kriegsziele bereits aufgegeben hatte. Siehe Léon Poliakov, *Bréviaire de la Haine,* p. 232. Aus den bei Poliakov angeführten Dokumenten geht hervor, daß Himmler von dem Befehl, die Ausrottungen systematisch zu organisieren, überrascht war und ihm erst nur widerwillig gehorchte. – Übrigens ist Himmler niemals zum Nachfolger Hitlers vorgeschlagen worden.

46 Siehe die ausgezeichnete Analyse der Struktur der Polizei in *Nazi Conspiracy,* Band 2, p. 250 ff.

47 Franz Neumann, op. cit., p. 521 ff, ist der Meinung, daß es sich im Dritten Reich um eine Gangsterregierung gehandelt habe, und Konrad Heiden vertritt in seinen Büchern über den Nationalsozialismus ziemlich einheitlich die Theorie einer zur Macht gekommenen Clique.

48 Für die Cliquenbildungen um Hitler sind die von Trevor-Roper herausgegebenen Bormann-Briefe recht instruktiv. Victor Brack hat in dem Ärzteprozeß (die Vereinigten Staaten gegen Karl Brandt et al. Verhandlungen vom 13. Mai 1947) ausgesagt, daß Bormann, zweifellos im Auftrag Hitlers, bereits 1933 angefangen hat, eine Gruppe von Menschen zu organisieren, die über Staat und Partei standen.

49 In einer Rede am 23. November 1939, zitiert nach *Trial of Major War Criminals,* Band 26, p. 332. Daß es sich bei dieser Äußerung um mehr als eine hysterische Zufallsentgleisung gehandelt hat, geht aus einer Rede Himmlers auf der Tagung der Bürgermeister in Posen im März 1944 hervor, deren Stenogramm im Archiv der Hoover Library liegt. (Himmler File, Folder 332.) Dort heißt es: »Welche Werte haben wir in die Waagschale der Geschichte zu werfen? Der Wert unseres eigenen Volkes ... Der zweite, ich möchte fast sagen noch größere Wert ist die einmalige Erscheinung unseres Führers Adolf Hitler, ... der nach zweitausend Jahren ... der germanischen Rasse zum ersten Mal als großer Führer geschickt wurde ...«

50 Siehe Hitlers Ausführungen zu dieser Frage in *Hitlers Tischgespräche,* pp. 253 f und 22 f: Der neue Führer sei von einem »Senat« zu wählen; Grundsatz auch für die Führerwahl müsse sein, daß jede Diskussion unter den an der Wahl beteiligten Persön-

lichkeiten für die Dauer der Wahlhandlung unterbunden werde. Binnen drei Stunden sind Wehrmacht, Partei und Beamtenschaft neu zu vereidigen. »Er machte sich keine Illusionen darüber, daß bei dieser Wahl des Staatsoberhauptes nicht immer eine unbedingt überragende Führerpersönlichkeit an die Spitze des Reiches komme.« Davon seien aber keine Gefahren zu befürchten, »solange der Gesamtapparat in Ordnung ist«.

51 So David Dallin und Boris I. Nicolaevsky, *Forced Labor in Russia,* New Haven 1947, die die Todesrate in den Lagern auf etwa 40 Prozent per Jahr schätzen und der Meinung sind, daß die Arbeitsleistung dieser Arbeiter um mehr als die Hälfte hinter der freier Arbeiter zurückstehe.

52 William Ebenstein, *The Nazi State,* p. 257.

53 Thomas Reveille, *The Spoil of Europe,* New York 1941.

54 Hierfür spricht, daß die Verordnung, alle unheilbar Kranken zu ermorden, am Tage des Kriegsausbruchs erlassen wurde, vor allem aber auch seine von Goebbels zitierten Äußerungen (*The Goebbels Diaries,* ed. Lochner, 1948) während des Krieges, daß »der Krieg die Lösung einer Reihe von Problemen ermöglicht habe, welche in normalen Zeiten unlösbar gewesen wären«, und daß, gleich wie der Krieg ausgehen würde, »die Juden ihn jedenfalls verlieren würden«. p. 314.

55 Natürlich hat die Wehrmacht immer wieder versucht, den Parteiinstanzen die Gefahren einer Kriegführung vor Augen zu führen, die unter Nichtachtung aller militärischen, zivilen und wirtschaftlichen Notwendigkeiten ihre Befehle erteilte. (Siehe zum Beispiel Poliakov, op. cit., p. 321.) Aber auch den Nazifunktionären mußte immer wieder eingeschärft werden, daß »wirtschaftliche Erwägungen prinzipiell unberücksichtigt bleiben müssen in der Lösung« der Bevölkerungsprobleme. (*Nazi Conspiracy,* Band 6, p. 402.) Wie sich das konkret auswirkte, kann man in dem in *Nazi Conspiracy* veröffentlichten Tagebuch von Hans Frank, Band 4, p. 902 ff nachlesen.

56 Siehe den eidesstattlichen Bericht des ehemaligen Kommandanten von Neuengamme in *Nazi Conspiracy,* Band 7, p. 211. Wie sich die Verwendung der Wehrmacht in den Konzentrationslagern auswirkte, ist in Odd Nansens Konzentrationslager-Tagebuch *Day After Day,* London 1947, beschrieben. Leider geht daraus hervor, daß diese aus der Armee abkommandierten Truppen mindestens ebenso brutal waren wie die SS. Ursprünglich wurden in den Lagern nur die Totenkopfformationen der SS verwendet.

57 Deutscher, op. cit. p. 326.

58 Das Rechnen mit Jahrtausenden war bei den Nazis besonders beliebt. Himmlers Formulierungen, daß SS-Männer sich nur für »weltanschauliche Fragen von einer Bedeutung für Jahrzehnte und Jahrhunderte« interessierten und daß sie einer »in zweitausend Jahren nur einmal vorkommenden Aufgabe dienten«, wiederholen sich mit leichten Variationen in dem gesamten Indoktrinationsmaterial, das das SS-Hauptamt-Schulungsamt herausgab (*Wesen und Aufgabe der SS und der Polizei,* p. 160). Die bolschewistische Version liest man am besten in dem Programm der Kommunistischen Internationale, wie es auf dem sechsten Kongreß im Jahre 1928 in Moskau bereits von Stalin formuliert wurde, nach. Besonders interessant ist die Ein-

schätzung der Sowjetunion als »der Operationsbasis für die Weltbewegung, dem Zentrum der internationalen Revolution, dem größten Faktor der Weltgeschichte. In der Sowjetunion hat das Weltproletariat zum ersten Mal ein Land erworben …« (Zitiert nach W. H. Chamberlin, *Blueprint for World Conquest, Washington* 1946, wo die Programme der Dritten Internationale im Wortlaut abgedruckt sind.)

59 Diese Umwandlung der Formel: »Recht ist, was dem deutschen Volke nützt«, findet sich im *Organisationsbuch der NSDAP,* p. 7.

60 Siehe Heiden, op. cit. p. 722. – Hitler meinte in seiner Rede vor dem politischen Führernachwuchs auf der Ordensburg Sonthofen am 23. November 1937: Nicht »lächerlich kleine Stämme, Ländchen, Staatsgebilde oder Dynastien … sondern nur Rassen [können] welterobernd auftreten. Rasse müssen wir aber – zumindest im bewußten Sinne – erst werden.« Abgedruckt in *Hitlers Tischgespräche,* p. 445. – Ganz im Einklang mit dieser keineswegs zufälligen Wendung steht eine Verfügung vom 9. August 1941, in der Hitler anordnet, das Wort »deutsche Rasse« nicht mehr zu gebrauchen, da es zu einer »Preisgabe des Rassegedankens an sich zugunsten eines reinen Nationalitätenprinzips und zur Zerstörung wesentlicher begrifflicher Voraussetzungen unserer gesamten Rassen- und Volkstumspolitik« führe. *(Verfügungen, Anordnungen, Bekanntgaben.)* Es ist offenbar, daß der Begriff einer deutschen Rasse die immer weitergehende »Auslese« und Ausmerzung unerwünschter Bevölkerungsteile innerhalb des deutschen Volkes, die gerade in diesen Jahren für die Zukunft geplant wurde, unmöglich machen würde.

61 Siehe Himmlers Rede an die SS-Führer in Posen im Jahre 1943, in *Nazi Conspiracy,* Band 4, p. 572.

62 Siehe *Goebbels Diaries,* p. 87.

63 Siehe Deutscher, op. cit., p. 291 f.

64 Sehr bezeichnend hierfür ist, daß sich bei Hitler die sonst unter Antisemiten so beliebten Redensarten über die Möglichkeit von »anständigen Juden« erst finden, als er sie bereits in den Gaskammern ausrotten lassen kann, nämlich im Dezember 1941, in den *Tischgesprächen,* p. 346.

65 So ist auch zu verstehen, daß Hitler in einer Rede im November 1937 vor Generalstäblern (Blomberg, Fritsch, Raeder) und hohen Zivilfunktionären (Neurath, Göring) ganz offen davon sprechen konnte, daß er volklosen Raum brauche und die Eroberung fremder Völker ablehne. Daß sich hieraus automatisch eine Politik der Ausrottung von Völkern ergeben muß, hat offenbar niemand der Anwesenden verstanden.

66 Siehe *Mein Kampf,* Band 2, Kapitel 9.

67 Diese Entwicklung begann im Juli 1934, also unmittelbar nach der Liquidierung der Röhm-Fraktion, als die SS zu einer von der Partei unabhängigen Organisation erklärt wurde. Eine Geheimverordnung im August 1938 erklärte, daß die Totenkopfverbände und die Verfügungstruppen weder der Armee noch der Polizei zu unterstellen oder in sie einzugliedern seien, wiewohl die speziellen Polizeiaufgaben der Totenkopfverbände ausdrücklich betont werden. In zwei weiteren Verordnungen vom Oktober 1939 und April 1940 wird dann schließlich die spezielle Rechtsprechung für die SS geregelt. (Siehe *Nazi Conspiracy,* Band 3, p. 459, und Band 2,

p. 184.) – Von nun ab tragen alle vom SS-Schulungsamt herausgegebenen Broschüren Vermerke wie »Nur für den Gebrauch in der Ordnungspolizei«, »Nicht zur Veröffentlichung«, »Nur für Führer und mit der weltanschaulichen Erziehung Beauftragte«. Es wäre der Mühe wert, die umfangreiche Geheimliteratur aus der Nazizeit, zu der auch ein großer Teil der geltenden Gesetze gehörte, bibliographisch zusammenzustellen. Interessanterweise gehört nicht eine SA-Broschüre zu dieser Art Literatur, und dies ist wohl der schlüssigste Beweis dafür, daß die SA nach 1934 keine Eliteformation der Bewegung mehr war.

68 Siehe Franz Borkenaus Aufsatz, »Die neue Komintern«, in *Der Monat,* Berlin 1949, Heft 4.

69 Für die retroaktive Gesetzgebung in den von den Nazis besetzten Gebieten siehe Giles, op. cit.

70 Dies spricht der oben zitierte Rundbrief des Auswärtigen Amtes an alle deutschen Gesandtschaften und Konsulate vom Januar 1939 offen aus. Siehe *Nazi Conspiracy,* Band 6, p. 87 ff.

71 Siehe Kapitel 10, Anmerkung 13 und 22.

72 Siehe Stalins Bericht zum 12. Parteikongreß, zitiert bei Deutscher, op. cit., p. 256.

73 Souvarine, op. cit., p. 605, berichtet die folgenden Worte Stalins im Jahre 1937, zur Zeit der Moskauer Prozesse, die das Leben des ganzen Landes unterminierten: »Ihr müßt aber verstehen, daß von allen kostbaren Gütern der Welt die kostbarsten und entscheidendsten die Kader sind.« Daß in Sowjetrußland die Geheimpolizei als die eigentliche Eliteformation der Partei zu betrachten ist, geht aus allen Berichten hervor. Kennzeichnend für diesen Charakter der Polizei ist die Art ihrer Rekrutierung seit Ende der zwanziger Jahre: die NKWD berief in ihre Reihen, wen immer sie aus der Parteimitgliedschaft für geeignet hielt, und diese Berufung galt als eine »Ehre«, der man sich nicht entziehen konnte. Niemand aber konnte die Karriere eines NKWD-Agenten freiwillig ergreifen. (Siehe Beck und Godin, op. cit., p. 160.)

74 Aus dem Englischen rückübersetzt nach Heiden, op. cit., p. 311.

75 Nach dem Bericht von Trevor-Roper, *The Last Days of Hitler,* London/New York 1947, p. 116 ff. Vgl. auch Anmerkung 45a.

76 Hitler hat sich oft über die Beziehungen zwischen Staat und Partei geäußert und immer betont, daß nicht der Staat, sondern die Rasse oder die »geschlossene Volksgemeinschaft« das Primäre sei. (Vgl. die oben zitierte, im Anhang der *Tischgespräche* wiedergegebene Rede.) Auf die praktisch kürzeste Formel hat er dies in der Rede vor dem Nürnberger Parteitag des Jahres 1935 gebracht: »Es ist nicht der Staat, der uns befiehlt, sondern wir befehlen dem Staat.« Es ist klar, daß eine solche Befehlsgewalt praktisch nur möglich ist, wenn die Instanzen der Partei von denen des Staates unabhängig bleiben.

77 Otto Gauweiler, *Rechtseinrichtungen und Rechtsaufgaben der Bewegung,* 1939, bemerkt ausdrücklich, daß die Sonderstellung Himmlers als Reichsführer-SS und Chef der deutschen Polizei darauf beruhte, daß in der Polizeiverwaltung »eine wahrhafte Einheit von Partei und Staat«, die nirgendwo sonst auch nur erstrebt wird, verwirklicht sei. (p. 102.)

78 Ciliga, op. cit., p. 95, berichtet, daß Woroschilow während der Bauernunruhen zu Beginn der zwanziger Jahre sich weigerte, die Rote Armee gegen die aufständischen Bauern einzusetzen, und daß dies zu der Aufstellung bewaffneter Polizeitruppen im Rahmen der GPU führte. Andererseits ist bekannt, wie unzuverlässig die deutsche Armee in der Verwaltung der besetzten Gebiete im Sinne der Nazis war.

79 Im Jahre 1935 hatte die Gestapo ein Budget von zwanzig Millionen Mark für Auslandsspionage zur Verfügung, während die Reichswehr sich mit acht Millionen für militärische Spionage behelfen mußte. Siehe Pierre Dehillotte, *Gestapo,* Paris 1940, p. 11.

80 Siehe Anmerkung 8.

81 Ganz zu Recht nennt Maurice Laporte in seiner *Histoire de l'Okhrana,* Paris 1935, die Provokation den »Grundstein« der Geheimpolizei. p. 19.

82 Siehe Galtier-Boissière, *Mysteries of the French Secret Police,* London 1938, p. 234.

83 Mit der Gründung der Ochrana, der zaristischen Geheimpolizei, beginnt die Geschichte der revolutionären Aktionen in Rußland ein einheitliches und organisiertes Gepräge anzunehmen. Um ihre Existenz zu rechtfertigen, mußte die Polizei eine Kontinuität der revolutionären Verschwörungen beweisen, und um diesen Beweis anzutreten, ist sie vor keinem Mittel zurückgeschreckt: Die Ermordungen von Stolypin und Plehwe scheinen auf ihr Konto zu gehen. Daß diese organisierte Tätigkeit der Polizei schließlich nur der revolutionären Bewegung selbst zugute kommen konnte, ist offenbar. »Ob eine Broschüre von einem Polizeiagenten verbreitet oder ob die Ermordung eines Ministers von einem Asef organisiert wurde – das Resultat war das gleiche«; in jedem Fall führte es dazu, das Prestige der Revolutionäre zu steigern und in ihnen selbst »den Willen und die Energie für neue Aktionen« zu wecken. (Laporte, op. cit., pp. 25 und 71.) Gerade die Tradition der russischen Revolution von 1917 ist zu einem nicht unwesentlichen Teil das Produkt der russischen Geheimpolizei.

84 Die Theorie hierzu findet sich in Hans Frank, *Deutsches Verwaltungsrecht,* München 1937, pp. 420 bis 430. In den Worten von Maunz, op. cit., p. 44: »Die Sicherungsmaßnahme will durch Ausscheidung gefährlicher Personen … einen Zustand der Gefährdung von der Allgemeinheit abwehren, und zwar losgelöst von einem etwaigen Delikt dieser Personen. [Es handelt sich darum,] eine *objektive* Gefahr abzuwehren.«

85 Die Vorstellung des Bazillenträgers stammt offenbar von R. Heydrich, jedenfalls behauptet dies R. Höhn in seinem Nachruf in der *Deutschen Allgemeinen Zeitung* am 6. Juni 1942. Das auf Rußland bezügliche Zitat stammt aus der ausgezeichneten Sammlung von Berichten ehemaliger Konzentrationslagerinsassen *The Dark Side of the Moon,* New York 1947.

86 Für Hitlers geplantes Reichsgesundheitsgesetz siehe Kapitel 10, Anmerkung 14. Die Polen wurden ab 1941 den gleichen Bestimmungen unterworfen wie die Juden vor ihrer Ausrottung: Namensänderung in Fällen deutscher Namen; Todesstrafe für »Rassenschande«; Zwang, ein P-Zeichen auf der Kleidung zu tragen. (Siehe *Nazi Conspiracy,* Band 8, p. 237 ff.) Die Polen selbst haben offensichtlich sehr gut verstan-

den, was diese Bestimmungen bedeuteten, und begannen sich vor dem Augenblick zu fürchten, da die Ausrottung der Juden beendet sein würde (ibidem, Band 4, p. 916).

87 Beck und Godin, op. cit., p. 87, sprechen von den »objektiven Merkmalen«, nach denen die »Verbrecher« in der Sowjetunion ausgesucht werden. Subjektive Einsicht in die objektive Notwendigkeit der Verhaftung und eines Geständnisses war am leichtesten von den ehemaligen Angehörigen der Geheimpolizei zu erreichen. In den Worten eines ehemaligen NKWD-Agenten: »Meine Vorgesetzten kennen mich und meine Arbeit; wenn die Partei und die NKWD von mir jetzt verlangen, diese Dinge einzugestehen, müssen sie ihre guten Gründe haben. Meine Pflicht als treuer Bürger der Sowjetunion ist es jedenfalls, das Geständnis, das sie von mir verlangen, nicht zu verweigern« (ib. p. 231).

88 Die Situation im Frankreich der Dritten Republik ist bekannt; die Minister lebten in dauernder Furcht vor den geheimen »Dossiers«, welche die Polizei über sie angelegt hatte. Für die Lage im zaristischen Rußland siehe Laporte, op. cit., pp. 22/3: »Der Ochrana gelang es schließlich, eine den regulären Gewalten sehr überlegene Machtstellung zu beziehen … Die Ochrana … teilte dem Zaren immer nur das mit, was sie für richtig hielt …«

89 *Wesen und Aufgabe der SS und der Polizei,* p. 160.

90 »Im Unterschied zur Ochrana, die ein Staat im Staate war, ist die GPU eine Abteilung der Regierung; … und ihre Tätigkeit ist viel weniger unabhängig.« Roger N. Baldwin, Artikel »Political Police« in der *Encyclopedia of Social Sciences,* Bd. 12, 1933.

91 Das personale Element im Begriff des Verdächtigen kommt anschaulich in einer kleinen Geschichte zum Ausdruck, die der russische Staatsmann Pobyedonostzev in seinen Erinnerungen (*L'Autocratie Russe. Mémoires politiques. 1881–1894,* Paris 1927) erzählt: Ein General von der Ochrana wird gebeten, zu intervenieren, weil eine Dame der Gesellschaft im Begriffe steht, einen Prozeß zu verlieren, in dem die Gegenseite von einem jüdischen Anwalt vertreten wird. Sagt der General: »*Cette nuit même je fais arrêter ce maudit juif, comme un homme soidisant suspect au fait de vue politique … Vous ne voudriez pas que je traite de la même manière des amis et un sale juif qui est peut-être innocent aujourd'hui, mais qui fut coupable hier ou le sera demain.*«

92 Dies ist die Erklärung, die Deutscher für die Moskauer Prozesse gibt. op. cit., p. 377.

93 Vgl. Hans Frank, *Deutsches Verwaltungsrecht.*

94 Das Erpressermotiv wird ganz deutlich dadurch, daß diese Sammlungen immer lokal organisiert wurden, von den einzelnen SS-Einheiten in ihren jeweiligen Standorten. Siehe *Der Weg der SS,* herausgegeben vom SS-Hauptamt-Schulungsamt (ohne Datum), p. 14, und Kohn-Bramstedt, *Dictatorship and Political Police,* London 1945, p. 112.

95 Für das Abkommen zwischen Himmler und Darré siehe Fritz Thyssen, *I Paid Hitler,* London 1941, für das mit Speer *Nazi Conspiracy,* Band 1, pp. 916/7. Die wirtschaftliche Betätigung der SS war in ihrem Wirtschafts- und Verwaltungshauptamt zentriert. Dem Finanzamt gegenüber deklarierte sie ihr Vermögen als »Parteivermögen«, aber ein »Sondervermögen der Partei«. (Brief vom 5. Mai 1943, entnommen der von

M. Wolfson stammenden *Übersicht der Gliederung verbrecherischer Naziorganisationen.* OMGUS, Dezember 1947.)

96 Über das Verbot produktiver Arbeit in den Nazilagern siehe Kohn-Bramstedt, op. cit., p. 124. Daß sinnlose Arbeit ein hervorragendes Mittel der Tortur ist, wußte schon Dostojewski: »Ich dachte mir einmal: wenn man den Menschen ganz vernichten, erdrücken wollte, ihm eine Strafe auferlegen, vor der auch der furchtbarste Mörder von vornherein erschaudern würde, brauchte man nur der Arbeit den Charakter der völligen, absoluten Nutzlosigkeit und Sinnlosigkeit zu geben.« Siehe *Memoiren aus dem Totenhaus,* Erster Teil, Abschnitt 2. Gewisse Kompromisse in dieser Hinsicht wurden für diejenigen Bedürfnisse gemacht, die dem Aufbau der Lager und dem Verbrauch der SS selbst dienten. (Siehe Wolfson, op. cit., Brief vom 19. September 1941 von Oswald Pohl, Chef des WVH, an den Reichskommissar für Preisbildung.) Es scheint, daß alle diese wirtschaftlichen Betätigungen in den Konzentrationslagern sich erst im Kriege unter dem Druck eines akuten Arbeitermangels entwickelt haben.

97 Himmlers Rede vom Oktober 1943 in Posen, *International Military Trials,* Nürnberg 1945 bis 1946, Band 29, p. 146.

98 Über die Auswahl nach Prozentsätzen berichtet David Dallin auf Grund von Dokumenten, die ein ehemaliger Professor der Sowjetunion im Jahre 1937 einzusehen Gelegenheit hatte. Im *New Leader,* Januar 1949, New York. Eine Bestätigung dieser Praxis sind die zahlreichen Berichte aus den Ländern hinter dem eisernen Vorhang, denen zufolge die wachhabenden russischen Soldaten einer Konzentrationslagerkolonne beliebig am Wege irgendwelche Menschen verhaften und verschwinden lassen, wenn ihnen Konzentrationäre sterbend am Wege liegenbleiben. Es handelt sich offensichtlich darum, die Quoten voll zu halten. – Beck und Godin, op. cit., p. 239, vertreten eine etwas abweichende, nicht weniger plausible Mutmaßung, derzufolge die NKWD die gesamte Bevölkerung in verschiedene Kategorien geteilt hat, je nachdem ob sich zufolge ihrer Geheiminformationen in der Familie ein ehemaliges Mitglied einer »konterrevolutionären« Partei oder ein zu Zwangsarbeit Verurteilter oder ein in einem früheren Prozeß Denunzierter usw. befindet; ob die Familie bürgerlicher Herkunft ist und welcher Nationalität sie entstammt usw. Dieses statistische Material ist angeblich in Moskau zentral erfaßt, so daß es möglich sein wird, in jedem Zeitpunkt eine Säuberung zu arrangieren, bei der man im vorhinein weiß, wie viele Menschen in jeder der Kategorien von ihr betroffen sein werden.

99 So Roger Baldwin, op. cit.

100 Bereits vor den von Himmler erlassenen Heiratsgesetzen gab es eine im Jahre 1927 erlassene Dienstanweisung an die SS, »sich niemals an Diskussionen in Mitgliederversammlungen [zu beteiligen]«. (*Der Weg der SS,* op. cit.) Ganz übereinstimmend wird von der NKWD berichtet, daß ihre Mitglieder sich bewußt exklusiv verhielten und sich vor allem auch von anderen Sektoren der Parteiaristokratie fernhielten. (Beck und Godin, op. cit., p. 163.)

101 Die berühmtesten Fälle sind Asef und Malinowski. Für eine ausführliche Diskussion dieser Erscheinung siehe Bertram D. Wolfe, *Three who made a Revolution: A Biographical History of Lenin, Trotsky, and Stalin,* New York 1948, Kapitel 31.

102 Autor Khaner a. a. O.

103 Laporte, op. cit., p. 39.

104 Beck und Godin, op. cit., pp. 234 u. 239.

105 Siehe *Nazi Conspiracy*, Band 7, p. 84 ff.

106 So berichtet in *Dark Side of the Moon*. In Rußland war es allgemein üblich, ganze Familien zu verhaften. Hitlers Reichsgesundheitsgesetz sah ebenfalls die Verhaftung der ganzen Familie vor.

107 So schreibt Eugen Kogon, *Der SS-Staat*, München 1946, p. 297: »Es gab bei der SS wenig, was nicht geheim gewesen wäre. Am geheimsten war die Praxis der Konzentrationslager. Nicht einmal die Gestapoagenten hatten das Recht, die Lager ohne Spezialgenehmigung … zu betreten.«

108 Beck und Godin, op. cit., p. 169.

109 Typisch ist der folgende in *Dark Side of the Moon* berichtete Dialog: »Hatte man erst einmal zugegeben, daß man je im Ausland gewesen war, so war die nächste Frage unweigerlich: ›Und für wen hast du spioniert?‹ … Einer von uns in Rußland Verhafteten (Polen) fragte: ›Aber bei euch gibt es auch ausländische Touristen. Glaubt ihr, das sind alles Spione?‹ Die Antwort war: ›Was denkt ihr denn? Glaubt ihr wirklich, wir sind so naiv, dies nicht ganz genau zu wissen?‹«

110 Die Nazis haben hiervon immer guten Gebrauch zu machen gewußt, schon als sie die absolut wahrheitsgemäßen Berichte über die sadistischen Grausamkeiten in Konzentrationslagern und Gestapokellern zu Beginn des Regimes als Greuelmärchenpropaganda diffamierten. In den Nürnberger Dokumenten befindet sich ein Geheimbericht aus dem Jahre 1943, der von einem Massenmorden von 5000 Juden handelt und an Rosenberg gerichtet ist. Der Berichterstatter fragt sich, was wohl geschehen würde, wenn diese Tatsachen im feindlichen Ausland bekannt und von ihm ausgenutzt werden würden. Und antwortet: Vermutlich gar nichts, denn diese Propaganda würde schon darum nicht wirksam sein, weil die Leute sich einfach weigern würden, den Tatsachen zu glauben. Siehe *Nazi Conspiracy*, Band 1, p. 1001.

111 Hitler erwähnt in seinen *Tischgesprächen* mehrmals, daß er »einen Zustand [anstrebt], in dem jeder einzelne weiß, er lebt und stirbt für die Erhaltung seiner Art«. p. 349. Siehe auch p. 347: »Eine Fliege legt Millionen Eier, die alle vergehen. Aber die Fliegen bleiben.«

112 Die ausgezeichnete Einleitung zu den Berichten aus russischen Konzentrationslagern in *Dark Side of the Moon* betont ihre Kommunikationslosigkeit.

113 Siehe hierfür den Bericht von Bruno Bettelheim über seine Erfahrungen in Dachau und Buchenwald in *Nazi Conspiracy*, Band 7, p. 824 ff, und David Roussets *Les Jours de notre mort* (Paris 1947, p. 213 ff), wo beschrieben wird, wie unmöglich es selbst im Angesicht der Gasöfen und des unmittelbar bevorstehenden Todes war, an die Realität der Vorgänge zu glauben.

114 Es gibt zahlreiche Belege dafür, daß auch Antisemiten, die zeit ihres Lebens von Juden nicht anders sprachen als von Wanzen und Läusen, niemals die Konsequenzen aus ihrem eigenen Gerede gezogen haben, die Hitler offenbar immer selbstverständlich gewesen sind.

115 Dies hat als erster Rousset gesehen in seinem *L'Univers Concentrationnaire.*

116 Rousset, *Les Jours de notre mort,* p. 587.

117 So meinte der bekannte Schriftsteller Georges Bataille in der französischen Zeitschrift *Critique,* Januar 1948, p. 72.

118 Roussets Buch enthält viele solche »Einsichten« in die menschliche »Natur«, jedenfalls stellt es klar, daß sich nach einiger Zeit die Mentalität der Insassen von der der Wachmannschaften nicht sonderlich unterscheidet.

119 Um Mißverständnisse zu vermeiden, mag es gut sein, hier beizufügen, daß sich mit der Erfindung der Wasserstoffbombe die gesamte Kriegsfrage nochmals entscheidend gewandelt hat. Eine Diskussion dieser neuen Lage liegt offenbar außerhalb des Themas dieses Buches.

120 Dies war in Deutschland Ende des Jahres 1942 der Fall, woraufhin ein Befehl von Himmler an alle Kommandanten der Lager erlassen wurde, »die Todesrate unter allen Umständen herunterzudrücken«. Es hatte sich nämlich herausgestellt, daß von 136 000 neu Eingelieferten 70 000 entweder bereits tot im Lager ankamen oder unmittelbar nach ihrer Einlieferung starben. Siehe Nazi Conspiracy, Band 4, Annex II. – Aus neueren Berichten aus sowjetrussischen Lagern geht einstimmig hervor, daß nach 1949, also noch zu Lebzeiten Stalins, die Todesrate in den Konzentrationslagern, die vorher bis zu 60 Prozent der Belegschaft erreichte, systematisch gesenkt wurde, vermutlich auf Grund eines allgemeinen und akuten Arbeitermangels in der Sowjetunion. Diese Verbesserung der Lebensbedingungen darf nicht verwechselt werden mit der Krise des Regimes nach Stalins Tod, die sich bemerkenswerterweise zuerst in den Konzentrationslagern auswirkte. Vgl. Wilhelm Starliner, *Grenzen der Sowjetmacht,* Würzburg 1955.

121 Eugen Kogon, *Der SS-Staat,* München 1946, berichtet über die Unproduktivität der Arbeit in den Lagern. Bettelheim, op. cit., der die Bedingungen vor dem Kriege schildert, erwähnt, daß Arbeit wesentlich als Mittel der Tortur benutzt wurde und man zu diesem Zweck vor allem Neuankömmlingen sinnlose Aufgaben zuwies, um sie zu demütigen. Selbst Dallin, op. cit., dessen Buch auf der These beruht, daß die russischen Lager dazu da seien, billige Arbeit zu liefern, ist gezwungen, die geringe Leistungsfähigkeit der Konzentrationslagerarbeit zuzugeben. p. 105.

122 Es ist nicht unwichtig, sich klarzumachen, daß alle Aufnahmen von Konzentrationslagern insofern irreführend sind, als sie Lager im letzten Stadium zeigen, im Moment des Einmarsches der alliierten Truppen. Vernichtungslager gab es in Deutschland selbst nicht, und alle Vergasungsanlagen waren zu diesem Zeitpunkt bereits demontiert. Andererseits ist gerade das, was auf die Alliierten so empörend wirkte und das Grauen der Filme ausmacht, nämlich die zu Skeletten abgemagerten Menschen, für die deutschen Konzentrationslager nicht typisch gewesen; Vernichtungen wurden systematisch durch Gas, nicht durch Verhungern betrieben. Der Zustand der Lager war eine Folge der Kriegsereignisse in den letzten Monaten: Himmler hatte die Evakuierung aller Vernichtungslager im Osten angeordnet, die deutschen Lager dadurch außerordentlich überlastet, und er war nicht mehr in der Lage, die Ernährung innerhalb Deutschlands selbst sicherzustellen.

123 Siehe Maunz, op. cit., p. 50.

124 ibidem.

125 So konnten z. B. in Rußland in den Jahren 1925 und 1926 nur 36 Prozent aller Urteile vollstreckt werden. Dallin, op. cit., 1958.

126 Es ist ein wesentlicher Fehler der Roussetschen Bücher über die deutschen Konzentrationslager, daß er den Einfluß der Kommunisten überschätzt und nicht sieht, daß ihre »Herrschaft« nur den Kriegsverhältnissen geschuldet war.

127 Über den Unterschied zwischen den deutschen und russischen Lagern siehe den Bericht von M. Buber-Neumann, Als Gefangene bei Stalin und Hitler, München 1949.

128 Bettelheim, op. cit., ist aufgefallen, wie viel besser die Verbrecher und die Politischen der Desintegration der Person in den Lagern widerstanden, weil ihr Selbstbewußtsein intakt blieb, während diejenigen, die nichts getan hatten, ohne jeden inneren Widerstand waren.

129 Kogon, op. cit., p. 19, vermerkt: »Gestapo und SS haben jederzeit auf die Vermengung von Häftlingskategorien in den einzelnen Lagern größten Wert gelegt. Niemals hat es ein KL gegeben, in dem sich ausschließlich Häftlinge nur einer einzigen Kategorie befanden.« Auch in Rußland war eine Amalgamierung der Politischen mit Verbrechern von Anfang an üblich. Während der ersten zehn Jahre der Sowjetherrschaft jedoch genossen die linken politischen Gruppen gewisse Privilegien; bereits in den zwanziger Jahren begann die GPU, die politischen Häftlinge den Verbrechern gleichzusetzen, bis dann Ende der zwanziger Jahre sich der Zustand einbürgerte, die Politischen »offiziell schlechter als gewöhnliche Verbrecher zu behandeln«. Dallin, op. cit., p. 176.

130 Siehe Kogon, op. cit., p. 6. Für die Belegschaft von Buchenwald, siehe *Nazi Conspiracy,* Band 4, p. 800 ff.

131 Beck und Godin, op. cit., betonten ausdrücklich, daß in den russischen Lagern nur ein Bruchteil der Insassen Gegner des Regimes waren (p. 87), und daß es keinerlei Zusammenhang gab zwischen Verurteilung und irgendeinem Vergehen (p. 95).

132 Daß Hitler die Absicht hatte, schließlich alle Konzentrationäre vor allem im Falle eines verlorengehenden Krieges auszurotten, ist bekannt, auch daß es ihm nicht gelang – wie es ihm nicht gelang, Paris in die Luft zu sprengen –, weil eben die SS nicht mehr zuverlässig war. Wie er sich selbst diese Maßnahmen gegen das »Gesocks« vorstellte, kann man jetzt in den *Tischgesprächen* lesen, p. 229.

133 Für einen Bericht über die französischen Konzentrationslager siehe Arthur Koestler, *Scum of the Earth,* London 1941.

134 Damit hängt zusammen, daß jede Propaganda und »Weltanschauungslehre« in den Lagern ausdrücklich verboten waren. (Siehe Himmler, *Wesen und Aufgabe der SS und der Polizei.*) Hiermit wiederum muß man zusammenhalten, daß Lehre und Propaganda auch für die bewachenden Eliteformationen nicht zugelassen waren; ihre Weltanschauung sollte nicht »gelehrt«, sondern »exerziert« werden. (Robert Ley, op. cit.)

135 Rousset betont dies, op. cit., p. 464.

136 Siehe bei Dallin den Bericht eines ehemaligen hohen Offiziers der Roten Armee, Sergei Malachow, p. 20.

137 Albert Camus, in *Twice a Year,* 1946–1947.

138 Die vollkommene Mechanisierung der Tortur wie des Mordes ist es, was die von der SS geleiteten Lager von denen der SA in den ersten Jahren des Regimes unterschied. »Die Schilderungen der wenigen alten ›Konzentrationäre‹, die jene Jahre überlebt haben, stimmen darin überein, daß es kaum eine Form des pervertiertesten Sadismus gab, die von den SA-Leuten nicht praktiziert worden wäre. Aber es waren durchweg Akte individueller Bestialität, es war noch kein durchorganisiertes, kaltes System, das Massen erfaßte. Diese Leistung hat erst die SS vollbracht.« (Kogon, *Der SS-Staat,* p. 7.) Während man den bestialischen Elementen der SA in den Konzentrationslagern freie Hand gelassen hatte als nachträgliche Belohnung für ihre Verdienste um die Bewegung, galt es jetzt umgekehrt, die SS in diesen Lagern zu trainieren, wobei dann allerdings Pervertierungen der gleichen Art eintraten. So berichtet Rousset die folgende »Beichte« eines wachhabenden SS-Mannes: *»Je tape le plus souvent jusqu'à ce que j'éjacule. J'ai une femme et trois gosses à Breslau. J'étais autrefois un homme parfaitement normal. Voilà ce qu'ils ont fait de moi. Maintenant, quand ils me donnent une permission pour sortir, je ne vais plus chez moi. Je n'ose pas regarder ma femme en face.«* (op. cit., p. 273.) – Die Dokumente aus der Hitlerzeit enthalten zahlreiche Zeugnisse für die durchschnittliche Normalität derer, die Hitlers Vernichtungsprogramm ausführten. Eine gute Sammlung findet man in Léon Poliakov, »The Weapon of Antisemitism«, in der von UNESCO veröffentlichten Artikelsammlung *The Third Reich,* London 1955. Die Leute der gefürchteten Einsatzgruppen bestanden zumeist nicht aus Freiwilligen, sondern waren für diese Sonderkommandos aus der Polizei und Gendarmerie abkommandiert worden. Aber auch geschulte SS-Leute fanden diesen Dienst schlimmer, als in der Frontlinie zu kämpfen. Ein Augenzeuge einer Massenexekution durch die SS hebt in seinem Bericht lobend hervor, daß diese Truppe so »idealistisch« gewesen sei, daß sie »die gesamte Ausmerzung ohne Hilfe von Schnaps« habe ertragen können.

Es ist keine Frage, daß dieses System der Mechanisierung viel dazu beigetragen hat, das Gefühl der Verantwortlichkeit für begangene Verbrechen auszulöschen. So wurden etwa jeden Tag in einem Lager mehrere hundert russische Kriegsgefangene erschossen, aber das Gemetzel geschah, indem durch Löcher in der Wand in einen Raum hineingeschossen wurde, so daß niemand der Beteiligten die Opfer zu sehen bekam. (Siehe Ernest Feder, »Essai sur la Psychologie de la terreur« in der belgischen Zeitschrift *Synthèses,* 1946.) Daß man bei den »Ausmerzungen« alle personalen Motive und Passionen ausschalten und Grausamkeiten daher auf ein Minimum beschränken wollte, geht auch daraus hervor, daß von der Gruppe von Ärzten und Ingenieuren, die mit den Gasinstallationen betraut waren, dauernd Verbesserungen gemacht wurden, die nicht nur darauf hinausliefen, die Produktionskapazität der Leichenfabriken zu erhöhen, sondern auch den Todeskampf zu beschleunigen und zu erleichtern.

139 Siehe Rousset, pp. 183, 588 und passim.

140 Hierhin gehört auch die erstaunliche Seltenheit der Selbstmorde in den Lagern. Selbstmord war erheblich häufiger vor der Einlieferung und Verhaftung als im Lager,

was natürlich zum Teil auch damit zu erklären ist, daß man soweit wie möglich Selbstmorde, die immerhin spontane Akte sind, zu verhindern suchte. Aus dem statistischen Material für Buchenwald (*Nazi Conspiracy,* Band 4, p. 800 ff) geht hervor, daß kaum je mehr als ein halbes Prozent Todesfälle auf Selbstmord zurückzuführen war, daß oft nur zwei Selbstmordfälle pro Jahr vorkamen, obwohl in einem solchen Jahr die Gesamtzahl der Todesfälle auf 3516 zu stehen kam. … Ganz übereinstimmend lauten die Berichte aus russischen Lagern. Vgl. z. B. Starlinger, op. cit., p. 57.

141 Rousset berichtet von einem der außerordentlich seltenen Fälle, in denen ein zum Tode verurteilter Russe einen SS-Mann mitgenommen hat. Und er fährt fort: »*J'imagine que le Russe s'est refait une dignité en tuant. … Il sait qu'il a gagné la partie. … Il a nié les SS. … Le triomphe SS exige que la victime torturée se laisse conduire à la corde sans protester … Et ce n'est pas pour rien. Ce n'est pas gratuitement, par sadisme uniquement, que les SS veulent cette défaite. Ils savent que le système qui réussit à détruire la victime avant qu'elle monte sur l'échafaud … est le meilleur, incomparablement, pour maintenir tout un peuple en esclavage. … Rien n'est plus terrible que ces défilés de gens qui vont à la mort comme des mannequins. Celui qui les voit se dit: Pour qu'ils aient pu être réduits ainsi, quelle puissance se cache dans la main des maîtres.*« (op. cit., p. 525.)

13 Ideologie und Terror: eine neue Staatsform

1 Engels in seiner englisch gehaltenen Grabrede auf Marx sagte: »*Just as Darwin discovered the law of development of organic life, so Marx discovered the law of development of human history.*« Eine ähnliche Bemerkung findet sich in der Einleitung von Engels zu der Ausgabe des Kommunistischen Manifestes im Jahre 1890; in der Einleitung zum »Ursprung der Familie« ist es Engels selbstverständlich, »Darwins Entwicklungstheorie« und »Marx' Mehrwertstheorie« nebeneinander zu nennen.

2 Für den Marxschen Arbeitsbegriff als die »ewige Naturnotwendigkeit, um den Stoffwechsel zwischen Mensch und Natur zu vermitteln«, siehe *Kapital,* Erster Band, erstes Buch, Kapitel 1 und 5. Die zitierte Stelle in der Ausgabe von Kautsky, Dietz 1923, p. 10.

3 *Esprit des Lois,* Buch 3, Kapitel 1.

4 Stalins Rede bei der Gedächtnisfeier für Lenin am 28. Januar 1924. Aus dem Englischen aus Lenin, *Selected Works,* Band I, Moskau 1947, p. 33.

5 *Esprit des Lois,* Buch 8, Kapitel 10.

6 »Warum die Einsamkeit zu fliehen?« in den *Erbaulichen Schriften.*

7 *De Civitate Dei,* Buch 12, Kapitel 20.

Bibliographie

Abel, Theodore, *Why Hitler Came into Power. An Answer Based on the Original Life Stories of Six Hundred of His Followers,* New York 1938.

Aksakow, Konstantin Sergejewitsch, *Über Rußlands inneren Zustand,* 1855.

Alquen, Gunter d', *Die SS. Geschichte, Aufgabe und Organisation der Schutzstaffeln der NSDAP* (Schriften der Hochschule f. Politik), Berlin 1939.

American Friends Service Bulletin, General Relief Bulletin, March, 1943.

Anchel, Robert, »Un Baron Juif au 18ᵉ siècle«, *Souvenir et Science,* vol. I–III, 1930.

Angus, Henry F., editor, »Canada and the Doctrine of Peaceful Changes«, *International Studies Conference. Demographic Questions. Peaceful Changes,* 1937.

Arendt, Hannah, »Why the Crémieux Decree Was Abrogated«, *Contemporary Jewish Record,* April, 1943; »The Jew as Pariah. A Hidden Tradition«, *Jewish Social Studies,* vol. 6, no. 2, 1944; *Sechs Essays,* Heidelberg 1948.

Arland, Marcel, »Buchbesprechung von F. Célines Bagatelle pour un Massacre«, *Nouvelle Revue Française,* Februar 1938.

Armstrong, John A., *The Politics of Totalitarianism: The Communist Party of the Soviet Union from 1934 to the Present,* New York 1961.

Arndt, Ernst Moritz, *Ein Blick aus der Zeit auf die Zeit,* Frankfurt/Main 1814; *Phantasien zur Berichtigung der Urteile über künftige deutsche Verfassungen,* 1815; *Erinnerungen aus Schweden,* Berlin 1818.

Augustin, De Civitate Dei (Migne Patrologia Latina , t. 41), Paris 1861.

Avtorkhanov, Abdurakhman, »Social Differentiation and Contradictions in the Party«, *Bulletin, Institute for the Study of the USSR,* Munich, February 1956. vol. III, No. 2.

Azcarate, Pablo de, »Minorities. League of Nations«, in *Encyclopedia Britannica,* 1929.

Bainville, Jacques, *La Troisième République,* Paris 1935.
Bakunin, Michael, *Gesammelte Werke,* 3 Bde., Berlin 1921–1924.
Baldwin, Roger N., »Political Police«, in *Encyclopedia of Social Sciences,* Bd. 12, 1933.
Barker, Ernest, *Political Theory in England from Herbert Spencer to the Present Day,* 1915; *Ideas and Ideals of the British Empire,* Cambridge 1941.
Barnes, Leonard, *Caliban in Africa. An Impression of Colour Madness,* Philadelphia 1931.
Baron, Salo W., *Die Judenfrage auf dem Wiener Kongreß,* Wien 1920; *A Social and Religious History of the Jews,* 3 Bde., New York 1937; »The Jewish Question in the 19th Century«, *Journal of Modern History,* vol. X, 1938; *Modern Nationalism and Religion,* New York 1947.
Barrès, Maurice, *Scènes et doctrines du nationalisme,* Paris 1899.
Barzun, Jacques, *Race. A Study in Modern Superstition,* New York 1937.
Basnage, J., *Histoire des Juifs,* Den Haag 1716.
Bassermann, Ernst, »Nationalliberale«, in *Handbuch der Politik,* Bd. 2, 1914.
Bataille, Georges, »Le Secret de Sade«, *La Critique,* vol. 3, nos. 15, 16, 17, 1947; »D. Rousset, Les Jours de notre mort«, *La Critique,* January, 1948.
Batault, Georges, *Le Problème juif. La renaissance de l'antisémitisme,* Paris 1921.
Bauer, Bruno, *Die Judenfrage,* Braunsschweig 1843.
Bauer, Otto, *Die Nationalitätenfrage und die österreichische Sozialdemokratie,* Wien 1907.
Bayer, Ernst, *Die SA,* Berlin 1938.
Beamish, Henry Hamilton, *South Africa's Kosher Press,* London 1937.
Beaurepaire, Quesnay de, *Le Panama et la République,* Paris 1899.
Beck, F., and Godin, W., *Russian Purge and the Extraction of Confession,* New York 1951.
Baecker, Paul, *Carl Peter, Der Wiking der deutschen Kolonialpolitik,* Berlin 1934.
Beckerath, Erwin von, »Fascism«, in *Encyclopedia of Social Sciences,* Bd. 6, 1931; *Wesen und Werden des faschistischen Staates,* Berlin 1927.
Bell, Sir Henry Hesketh, *Foreign Colonial Administration in the Far East,* London 1928.
Benians, Ernest Alfred, »The European Colonies«, *Cambridge Modern History. The Latest Age,* vol. 12, 1934.

Benjamin, René, *Clemenceau dans la retraite,* Paris 1930.
Benjamin, Walter, *Über den Begriff der Geschichte,* Institut für Sozialforschung, New York 1942, mimeographiert.
Benn, Gottfried, *Der neue Staat und die Intellektuellen,* Stuttgart/Berlin 1933.
Bentwich, Norman, »South Africa. Dominion of Racial Problems«, *The Political Quarterly,* vol. 10, no. 3, 1939.
Bérard, Victor, *L'Empire russe et le tsarisme,* Paris 1905.
Berdjajew, Nikolai, *The Origin of Russian Communism,* London 1937.
Bergsträsser, Ludwig, *Geschichte der politischen Parteien,* München 1921.
Bernanos, Georges, *La grande peur des bien-pensants,* Paris 1931; *Les grands cimetières sous la lune,* Paris,1938.
Berndorff, Hans Rudolf, *Diplomatische Unterwelt,* Stuttgart 1930.
Bertholet, Alfred, *Die Stellung der Juden zu den Fremden,* Freiburg/Leipzig 1896; *Kulturgeschichte Israels,* Göttingen 1919.
Best, Werner, *Die deutsche Polizei,* Darmstadt 1941.
Bettelheim, Bruno, »Behavior in Extreme Situations«, *Journal of Abnormal and Social Psychology,* vol. 38, no. 4, 1943.
Bibl, Viktor, *Der Zerfall Österreichs,* Wien/Berlin u. a. 1924.
Bismarck, Otto von, *Gedanken und Erinnerungen,* 3 Bde., Stuttgart/Berlin 1909–1921.
Blank, Ruben Markovitch, *Adolf Hitler, ses aspirations, sa politique, sa propagande et les »Protocols de Sage de Sion«,* 1938.
Bloom, Herbert I., *The Economic Activities of the Jews of Amsterdam in the 17th and 18th Centuries,* Williamsport 1937.
Bloy, Léon, *Le Salut par les Juifs,* Paris 1892.
Bluntschli, Johann Caspar, *Charakter und Geist der politischen Parteien,* Nördlingen 1869.
Boberach, Heinz (Hrsg.), *Meldungen aus dem Reich. Auswahl aus den geheimen Lageberichten des Sicherheitsdienstes der SS 1939–1944,* Neuwied und Berlin 1965.
Bodelsen, Carl Adolf, *Studies in Mid-Victorian Imperialism,* Kopenhagen 1924.
Böhmer, Heinrich, *Les Jésuites. Ouvrage traduit de l'allemand avec une introduction et des notes par G. Monod,* Paris 1910.
Börne, Ludwig, *Über die Judenverfolgung,* 1819; *Für die Juden,* 1819; *Briefe aus Paris,* 1830–1833.
Boh, Felix, *Der Konservatismus und die Judenfrage,* Dresden 1892.

Bondy, Gottlieb und Dworsky, Franz, *Geschichte der Juden in Böhmen, Mähren und Schlesien,* Prag 1906.

Bonhard, Otto, *Geschichte des Alldeutschen Verbandes, Leipzig 1920; Jüdische Geld- und Weltherrschaft?,* Berlin 1926.

Boom, Willem ten, *Entstehung des modernen Rassen-Antisemitismus,* Leipzig 1928.

Bord, Gustave, *La Franc-Maçonnerie en France dès origines à 1815,* Paris 1908.

Borkenau, Franz, *The Totalitarian Enemy,* London 1940; *The Communist International,* London 1938; »Die neue Komintern«, *Der Monat,* Nr. 4, 1949.

Bormann, Martin, »Relationship of National Socialism and Christianity«, in *Nazi Conspiracy,* op. cit., vol. 6. *The Bormann Letters,* ed. by Trevor-Roper, London 1954.

Botzenhart, Erich, »Der politische Aufstieg des Judentums von der Emanzipation bis zur Revolution 1848«, in *Forschungen zur Judenfrage,* Bd. 3, 1938.

Bouhler, Philipp, *Die Reden des Führers nach der Machtübernahme. Eine Bibliographie,* Berlin 1940.

Boulainvilliers, Comte Henri de, *Histoire de l'Ancien Gouvernement de la France,* 3 Bde., Den Haag/Amsterdam 1727.

Bourgin, Georges, »Le Problème de la fonction économique des Juifs«, *Souvenir et Science,* vol. 3, nos. 2–4, 1932.

Braun, Robert, »Political Parties. Succession States«, in *Encyclopedia of Social Sciences,* Bd. 11, 1933.

Brecht, Bertolt, *Gesammelte Werke,* Frankfurt 1976.

Brentano, Clemens von, *Der Philister vor, in und nach der Geschichte,* Berlin 1811.

Brie, Friedrich, *Imperialistische Strömungen in der englischen Literatur,* Halle 1928; *Der Einfluß der Lehren Darwins auf den britischen Imperialismus,* Freiburg 1927.

Brogan, Denis William, *The Development of Modern France 1870–1939,* London 1940.

Brücher, Heinz, »Ernst Haeckel. Ein Wegbereiter biologischen Staatsdenkens«, *Nationalsozialistische Monatshefte,* Nr. 69, 1935.

Brugerette, Joseph, *Le Comte de Montlosier et son temps,* Aurillac 1931.

Bruun, Geoffrey, *Europe and the French Imperium 1799–1814,* New York/London 1938.

Bryce, Viscount James, *Studies in History and Jurisprudence,* London 1901.

Buber-Neumann, Margarete, *Als Gefangene bei Stalin und Hitler,* München 1949.

Bubnoff, Nicolai v., *Kultur und Geschichte im russischen Denken der Gegenwart* (Osteuropa: Quellen und Studien, Nr. 2), Berlin 1927.

Buch, Willi, *Fünfzig Jahre antisemitische Bewegung,* München 1937.

Buchholz, Friedrich, *Untersuchungen über den Geburtsadel,* Berlin/Leipzig 1807.

Bülow, Bernhard von, *Denkwürdigkeiten,* Berlin 1930–1931.

Bülow, Heinrich von, *Geschichte des Adels,* Berlin 1903.

Buffon, Georges-L. Leclerc, Comte de, *Histoire Naturelle,* Paris 1769–1789.

Bullock, Alan, *Hitler. Eine Studie über Tyrannei,* Düsseldorf 1971.

Burke, Edmund, Reflections on the Revolution in France (1790), Everyman's Library edition by E. J. Payne; *Upon Party,* London 1850, 2nd ed.

Burns, Elinor, *British Imperialism in Ireland,* London 1931.

Busch, Moritz, »Israel und die Gojim«, *Die Grenzboten,* 1879–1881; *Bismarck: Some Secret Pages of his History,* London 1898; *Tagebuchblätter,* 3 Bde., Leipzig 1899.

Cambridge History of the British Empire, vol. 5, *The Indian Empire 1858–1918,* 1932; vol. 8, *South Africa,* 1936.

Camus, Albert, »The Human Crisis«, *Twice a Year,* 1946–1947.

Capefigue, Jean, *Histoire des grandes opérations financières,* Paris 1855–1858.

Capéran, Louis, *L'Anticléricalisme et l'Affaire Dreyfus,* Toulouse 1948.

Caro, Georg, *Sozial- und Wirtschaftsgeschichte der Juden im Mittelalter und der Neuzeit,* Leipzig 1908–1920.

Caro, Joseph, »Benjamin Disraeli, Juden und Judentum«, *Monatsschrift für Geschichte und Wissenschaft des Judentums* 1932.

Carr-Saunders, Alexander Morris, *World Population,* Oxford 1936.

Carthill, Al. (Pseudonym), *The Lost Dominion,* Edinburgh/London 1924.

»Il caso di Alfredo Dreyfus«, *Civiltà Cattolica,* 5. Februar 1898.

Cassel, Selig, »Geschichte der Juden«, in Ersch und Gruber, *Allgemeine Enzyklopädie der Wissenschaften und Künste,* Abt. 2, Bd. 27, 1850.

Céline, Louis-Ferdinand, *Bagatelle pour un massacre,* Paris 1938; *L'Ecole des cadavres,* Paris 1940.

Chamberlain, Houston Stewart, *The Foundations of the Nineteenth Century,* London 1910. Translation of the German edition of 1899.

Chamberlin, William Henry, *The Russian Revolution, 1917–1927,* New York 1935; *Blueprint for World Conquest,* Washington 1946.

Charensol, Georges, *L'Affaire Dreyfus et la Troisième République,* Paris 1930.
Chesterton, Cecil, and Belloc, Hilaire, *The Party System,* London 1911.
Chesterton, Gilbert K., *The Crimes of England,* New York 1915.
Chevrillon, André, »Huit Jours à Rennes«, *La Grande Revue,* Februar, 1900.
Childs, Stephan Lawford, »Refugees – a Permanent Problem in International Organization«, in *War is not Inevitable, Problems of Peace, 13th series, published by the International Labor Office,* London 1938.
Ciliga, Anton, *The Russian Enigma,* London 1940.
Clarke, Edwin, *Benjamin Disraeli,* London 1926.
Claß, Heinrich (Pseudonym Einhart), *Zwanzig Jahre alldeutscher Arbeit und Kämpfe,* Leipzig 1910; (Pseudonym Daniel Frymann), *Wenn ich der Kaiser wär. – Politische Wahrheiten und Notwendigkeiten,* Leipzig 1912.
Cleinow, Georg, *Die Zukunft Polens,* Leipzig 1914.
Clemenceau, Georges, *L'Iniquité,* Paris 1899; *Vers la Réparation,* Paris 1899; *Contre la Justice,* Paris 1900; *Des Juges,* Paris 1901.
Cohn, Norman, *The Pursuit of the Millenium,* London 1957 (dt. Ausgabe: *Das Ringen um das Tausendjährige Reich,* Bern und München 1961); *Warrant for Genocide. The Myth of the Jewish World-Conspiracy and the »Protocols of the Elders of Zion«,* New York 1966 (dt. Ausgabe: *Die Protokolle der Weisen von Zion. Der Mythos von der jüdischen Weltverschwörung,* Köln und Berlin 1969).
Communism in Action (United States Government House Documents, no. 754), Washington 1946.
Comte, Auguste, *Rede über den Geist des Positivismus,* Hamburg 1966.
Conditions of India (no author, preface by Bertrand Russell), London 1934.
Conrad, Joseph, *Das Herz der Finsternis,* Frankfurt 1968.
Cooke, George W., *The History of Party,* London 1836.
Corti, Egon Cesar Conte, *Die Rothschilds,* Frankfurt 1971.
Cromer, Lord Evelyn Baring, »The Government of Subject Races«, *Edinburgh Review,* January, 1908; »Disraeli«, *Spectator,* November, 1912.
Crozier, John B., *History of Intellectual Development on the Lines of Modern Evolution,* 3 Bde., London 1897–1901.
Crozier, W. P., »France and her ›Black Empire‹«, *New Republic,* January 23, 1924.
Curtiss, John S., *An Appraisal of the Protocols of Zion,* New York 1942.
Curzon, Lord George N., *Problems of the Far East,* London 1894.
Dairvaell, Mathieu, *Histoire édifiante et curieuse de Rothschild, Roi des Juifs, suivi du récit de la catastrophe du 18 Juillet par un témoin oculaire,* Paris

1846; *Guerre aux fripons, chronique secrète de la Bourse et des chemins de fer par l'auteur de »Rothschild I, roi des juifs«,* Paris 1846, 3. Aufl.
Dallin, David J., »Report on Russia«, *The New Leader,* January 8, 1949; and Nicolaevsky, Boris I., *Forced Labor in Russia,* New Haven 1947.
Dance, Edward Herbert, *The Victorian Illusion,* London 1928.
Danilewski, Nikolai Yakovlevich, *Russia and Europe,* 1871.
Darcy, Jean, *France et Angleterre. Cent années de rivalité coloniale,* Paris 1904.
The Dark Side of the Moon (preface by T. S. Eliot), New York 1947.
Daudet, Léon, *Panorama de la Troisième République,* Paris 1936.
Davidsohn, Ludwig, *Beiträge zur Sozial- und Wirtschaftsgeschichte der Berliner Juden vor der Emanzipation,* Berlin 1920.
Davidson, John, *Testament of John Davidson,* London 1908.
Deckert, Emil, *Panlatinismus, Panslawismus und Panteutonismus in ihrer Bedeutung für die politische Weltlage,* Frankfurt/Main 1914.
Dehillotte, Pierre, *Gestapo,* Paris 1940.
Delbrück, Hans, »Die Alldeutschen«, *Preußische Jahrbücher,* Bd. 154, Dezember, 1913; *Ludendorffs Selbstportrait,* Berlin 1922.
Delos, Joseph-Thomas, *La Nation,* Montreal 1944.
Demachy, Edouard, *Les Rothschild, une famille de financiers juifs au 19e siècle,* Paris 1896.
Desachy, Paul, *Répertoire de l'Affaire Dreyfus,* Paris, 1894; *Bibliographie de l'Affaire Dreyfus,* Paris 1905.
Deutscher, Isaac, *Stalin. Eine politische Biographie,* Stuttgart 1962; *Trotzki,* 3 Bde., Stuttgart 1972.
Diderot, Denis, »Juif«, in *Encyclopédie,* vol. 9, 1765.
Dienstvorschrift für die P. G. der NSDAP, 1932.
Diest-Daber, Otto von, *Bismarck und Bleichröder,* München 1897.
Dilke, Charles W., *Problems of Greater Britain,* 4th ed., London 1890.
Dilthey, Wilhelm, *Das Leben Schleiermachers,* Berlin 1870.
Dimier, Louis, *Vingt ans d'Action Française,* Paris 1926.
Disraeli, Benjamin, *Alroy,* 1833; *Coningsby,* 1844; *Tancred,* 1847; *Lord George Bentinck. A Political Biography,* 1852; *Lothair,* 1870; *Endymion,* 1881.
Dobb, Maurice, „Bolshevism“, *Encyclopedia of the Social Sciences,* Bd. 2, 1930.
Dohm, Christian Wilhelm, *Über die bürgerliche Verbesserung der Juden,* Stettin 1781–1783; *Denkwürdigkeiten meiner Zeit,* Lemgo/Hannover 1814–1819.

Dreyfus, Robert, »La Vie et les prophéties du Comte de Gobineau«, *Cahiers de la Quinzaine,* ser. 6, cahier 16, 1905.
Drumont, Edouard, *La France Juive,* Paris 1885; *La dernière Bataille,* Paris 1890; *La Fin d'un monde. De l'or, de la boue, du sang. Du Panama à l'anarchie,* Paris 1896; *Les Tréteaux du succès: les héros et les pitres,* Paris 1901.
Dubnow, Semjon Markowitsch, *Weltgeschichte des jüdischen Volkes,* 10 Bde., Berlin 1929; *History of the Jews in Russia and Poland.* Translated from the Russian by I. Friedlaender, Philadelphia 1918.
Dubuat-Nançay, Comte Louis Gabriel, *Les Origines, ou l'Ancien Gouvernement de la France, de l'Allemagne et de l'Italie,* Paris 1789.
Dühring, Eugen Karl, *Die Judenfrage als Frage der Rassenschädlichkeit für Existenz, Sitte und Kultur der Völker mit einer weltgeschichtlichen Antwort,* Karlsruhe 1880.
Duesberg, Jacques, »Le Comte de Gobineau«, *Revue Générale* 1939.
Dulles, Allen W., *The Craft of Intelligence,* New York 1963.
Dutrait-Crozon, Henri (Pseudonym), *Précis de l'Affaire Dreyfus,* Paris 1909, 2. Aufl., 1924.
Ebenstein, William, *The Nazi State,* New York 1943; *Fascist Italy,* New York 1939.
Ehrenberg, Hans, und Bubnoff, Nicolai von, Hrsg., *Östliches Christentum. Dokumente,* München 1925.
Ehrenberg, Richard, *Große Vermögen, ihre Entstehung und ihre Bedeutung,* Jena 1902.
Eisenmenger, Johann Andreas, *Entdecktes Judentum (1703). Neue Ausgabe von Franz Xaver Schieferl,* Dresden 1893.
Elbogen, Ismar, *Geschichte der Juden in Deutschland,* Berlin 1935; »Die Messianische Idee in der alten jüdischen Geschichte«, *Judaica* 1912, Festschrift Hermann Cohen.
Emden, Paul H., »The Story of the Vienna Creditanstalt«, *Menorah Journal,* vol. 28, no. 1, 1940; *Jews of Britain. A Series of Biographies,* London 1944.
Engels, Friedrich, »Grabrede auf Karl Marx«, in *Marx-Engels Selected Works,* London, 1950, Bd. 2; Ursprung der Familie; »Einleitung« zum *Kommunistischen Manifest,* 1890.
Erdstein, David, *Le Statut juridique des minorités en Europe,* Paris 1932.
Estève, Louis, *Une nouvelle Psychologie de l'Impérialisme. Ernest Seillière,* Paris 1913.

Ewald, Johann Ludwig, *Ideen über die nötige Organisation der Israeliten in christlichen Staaten,* Karlsruhe 1816.

The Fascist Era, published by the Fascist Confederation of Industrialists, Rom 1939.

Fainsod, Merle, *Smolensk under Soviet Rule,* Cambridge 1958; *How Russia Is Ruled,* Cambridge 1959 (dt. Ausgabe: *Wie Rußland regiert wird.* Ergänzt und auf den neuesten Stand gebracht von Georg Brunner, Köln und Berlin 1965).

Faure, Elie, »Gobineau et le Problème des races«, *Europe,* 1923.

Feder, Ernest, »Essai sur la Psychologie de la terreur«, *Synthèses,* Brüssel, 1946.

Feder, Gottfried, *Das Programm der NSDAP und seine weltanschaulichen Grundgedanken* (Nationalsozialistische Bibliothek, Nr. 1), München, 1927.

Fedotow, Georgi Petrowitsch, »Russia and Freedom«, *The Review of Politics,* vol. 8, no. 1, January, 1946.

Fernandez, Ramon, »La Vie sociale dans l'oeuvre de Marcel Proust«, *Les Cahiers Marcel Proust,* no. 2, 1927.

Fiala, Vaclav, »Les Partis politiques polonais«, *Monde Slave,* Februar, 1935.

Fischel, Alfred, *Der Panslawismus bis zum Weltkrieg,* Stuttgart 1919.

Foucault, André, *Un nouvel Aspect de l'Affaire Dreyfus* (Les Oeuvres Libres), Paris 1938.

Fourier, Charles, *Théorie des quatre mouvements,* Paris 1808; *Nouveau Monde industriel et sociétaire,* 1829.

Fraenkel, Ernst, *The Dual State,* New York/London, 1941.

Frank, Hans, *Nationalsozialistische Leitsätze für ein neues deutsches Strafrecht,* Berlin 1935–1936; *Deutsches Verwaltungsrecht,* München 1937; *Die Technik des Staates,* München 1941; (Hrsg.) *Grundfragen der deutschen Polizei* (Akademie für deutsches Recht), Hamburg 1937; *Recht und Verwaltung,* München 1939; *Im Angesicht des Galgens,* München 1953.

Frank, Walter, *Demokratie und Nationalismus in Frankreich,* Hamburg 1933; *Hofprediger Adolf Stoecker und die christlich-soziale Bewegung,* 1. Aufl., Berlin 1928, 2. verb. Aufl., Berlin 1935; »Neue Akten zur Affäre Dreyfus«, *Preußische Jahrbücher,* 1933, Bd. 233; »Apostata. Maximilian Harden und das wilhelminische Deutschland«, in *Forschungen zur Judenfrage,* Bd. 3, 1938; »Walter Rathenau und die blonde Rasse«, ibidem, Bd. 4, 1940.

Frantz, Constantin, *Der Nationalliberalismus und die Judenherrschaft,* München 1874.

Freeman, Orville L., »Malthus, Marx and the North American Breadbasket«, in *Foreign Affairs,* vol. 45, no. 4, Juli 1967.

Freemasonry, the Highway to Hell, London 1761. – *Freimaurerei, Weg zur Hölle,* übersetzt aus dem Englischen, 1768. – *La Franche Maçonnerie n'est que le chemin de l'enfer,* übersetzt aus dem Deutschen, Frankfurt 1769.

The French Colonial Empire (Information Department Papers, no. 25), published by the Royal Institute of International Affairs, London 1941.

Freund, Ismar, *Die Emanzipation der Juden in Preußen,* Berlin 1912.

Friedrich, Carl. J., ed., *Symposion on Totalitarianism,* American Academy of Arts and Science, 1954.

Fries, Jacob Friedrich, *Über die Gefährdung des Wohlstandes und Charakters der Deutschen durch die Juden,* Heidelberg 1816.

Fritsch, Theodor E., *Antisemiten-Katechismus,* Leipzig 1892; Hrsg., *Die Zionistischen Protokolle,* mit einem Vor- und Nachwort von Theodor Fritsch, Leipzig 1924; *Handbuch der Judenfrage,* verb. Aufl., Leipzig 1935.

Froude, James Anthony, *Lord Beaconsfield,* London 1890; *Short Studies on Great Subjects,* London 1867–1882.

Gagarin, Ivan S., *La Russie sera-t-elle catholique?,* Paris 1856.

Galtier-Boissière, Jean, *Mysteries of the French Secret Police,* London 1938.

Galton, Sir Francis, *Hereditary Genius,* London 1869.

Gauweiler, Otto, *Rechtseinrichtungen und Rechtsaufgaben der Bewegung,* München 1939.

Gehrcke, Achim (Hrsg.), *Die Rasse im Schrifttum,* Berlin 1933.

Gelber, Nathan Michael, »The Russian Pogroms in the Early Eighties in the Light of the Austrian Diplomatic Correspondence«, *Historische Schriften,* Bd. 2, Wilna 1937.

Gentile, Giovanni, »The Philosophical Basis of Fascism«, in *Foreign Affairs,* vol. 6, no. 2, 1928.

Gentz, Friedrich, *Briefwechsel mit Adam Müller,* Stuttgart 1857.

George, David Lloyd, *Memoirs of the Peace Conference,* New Haven 1939.

Gerth, Hans, »The Nazi Party«, *American Journal of Sociology,* vol. 45, 1940.

Gide, André, »Buchbesprechung von F. Célines Bagatelle pour un massacre«, *Nouvelle Revue Française,* April, 1938.

Giles, Otto Charles, *The Gestapo* (Oxford Pamphlets on World Affairs, no. 36), Oxford 1940.

Giraudoux, Jean, *Pleins Pouvoirs,* Paris 1939.

Glagau, Otto, *Der Börsen- und Gründungsschwindel,* Leipzig 1876; *Der Bankrott des Nationalliberalismus und die Reaktion,* 8. Aufl., Berlin 1878.

Gobineau, Clément Serpeille de, »Le Gobinisme et la Pensée moderne«, *Europe* 1923.
Gobineau, Comte Joseph-Arthur de, *Essai sur l'inégalité des races humaines,* Paris 1853; »Ce qui est arrivé à la France en 1870«, *Europe* 1923.
Goebbels, Joseph, »Rassenfrage und Weltprogramm«, *Pädagogisches Magazin,* Heft 139, 1934; *The Goebbels Diaries 1942–1943,* Louis Lochner, editor, New York, 1948; *Der Faschismus und seine praktischen Ergebnisse,* Schriften der deutschen Hochschule für Politik, Heft 1, Berlin 1934; *Der geistige Arbeiter im Schicksalskampf des Reiches,* München 1943.
Görres, Josef, *Politische Schriften,* München 1854–1874.
Goethe, Johann Wolfgang von, Isachar Falkensohn Behr, »Gedichte eines polnischen Juden, 1772, Mietau und Leipzig«, *Frankfurter Gelehrte Anzeigen; Wilhelm Meister.*
Gohier, Urbain, *L'Armée de Conde. Mémorial de la trahison pour éclairer l'annuaire de l'Armée sous la troisième République, Paris 1898; La Race a parlé,* Paris 1916.
Goldberg, Isidor, »Finanz- und Bankwesen«, in *Encyclopedia Judaica,* 1930.
Goldstein, Moritz, »Deutsch-Jüdischer Parnass«, *Kunstwart,* März, 1912.
Goslar, Hans, *Jüdische Weltherrschaft! Phantasiegebilde oder Wirklichkeit?,* Berlin 1919.
Grattenauer, Carl Wilhelm Friedrich, *Über die physische und moralische Verfassung der heutigen Juden. Stimme eines Kosmopoliten,* Leipzig 1791. Besprochen in Allgemeine Deutsche Bibliothek, Bd. 112, 1792; *Wider die Juden,* Berlin 1802.
Grau, Wilhelm, *Die Judenfrage als Aufgabe der neuen Geschichtsforschung,* Hamburg 1935; *Wilhelm v. Humboldt und das Problem der Juden,* Hamburg, 1935; »Geschichte der Judenfrage«, *Historische Zeitschrift,* vol. 153, 1936.
Greenstone, Julius H., *The Messia Idea in Jewish History,* Philadelphia 1906.
Grell, Hugo, *Der Alldeutsche Verband, seine Geschichte, seine Bestrebungen, seine Erfolge* (Flugschriften des Alldeutschen Verbandes, Nr. 8), München 1898.
Gressmann, Hugo, *Der Messias,* Göttingen 1929.
Gross, Walter, *Der deutsche Rassengedanke und die Welt* (Schriften der Hochschule für Politik, Nr. 42), 1939; »Die Rassen- und Bevölkerungspolitik im Kampf um die geschichtliche Selbstbehauptung der Völker«, *Nationalsozialistische Monatshefte,* Nr. 115, Oktober, 1939.
Grün, Karl, *Die Judenfrage,* Darmstadt 1844.

Grundfragen der deutschen Polizei, Akademie für deutsches Recht, Hamburg 1937.
Grunwald, Max, *Samuel Oppenheimer und sein Kreis,* Wien 1913; »Contributions à l'histoire des impôts et des professions des Juifs de Bohème, Moravie et Silésie depuis le 16e siècle«, *Revue des Etudes Juives,* vol. 82.
Gueneau, Louis, »La Première Voie Ferrée de Bourgogne«, *Annales de Bourgogne,* 1930, 1931.
Günther, Hans F. K., *Rassenkunde des jüdischen Volkes,* München 1930.
Gunenin, G., *L'épopée coloniale de la France,* Paris 1932.
Gurian, Waldemar, *Die politischen und sozialen Ideen des französischen Katholizismus,* Mönchengladbach 1929; *Der integrale Nationalismus in Frankreich: Charles Maurras und die Action Française,* Frankfurt/Main 1931; »Antisemitism in Modern Germany«, *Essays on Antisemitism,* ed. by K. S. Pinson, New York 1946.
Hadamovsky, Eugen, *Propaganda und nationale Macht,* Oldenburg 1933.
Hadsel, Winifred N., »Can Europe's refugees find new Homes?«, *Foreign Policy Reports,* vol. 10., Nr. 10, 1943.
Haeckel, Ernst, *Die Lebenswunder,* Leipzig 1904.
Haensch, Walter, *Der organische Weg zur einheitlichen Reichspolizei seit 1933,* Berlin 1933.
Hafkesbrink, Hanna, *Unknown Germany,* New Haven 1948.
Halévy, Daniel, »Apologie pour notre passé«, *Cahiers de la Quinzaine,* sér. 11, no. 10, 1910.
Halévy, Elie, *L'Ere des Tyrannies,* Paris 1938.
Hallgarten, Wolfgang, *Vorkriegsimperialismus,* Paris 1935.
Halpern, Rose A., *The American Reaction to the Dreyfus Case,* Master's Essay, Columbia University, 1941.
Hamel, Walter, »Die Polizei im nationalsozialistischen Staat«, *Deutsche Juristen-Zeitschrift,* 1935; »Die Polizei im neuen Reich«, *Deutsches Recht,* 1935.
Hancock, William K., *Survey of British Commonwealth Affairs,* London 1937–1942.
Handbuch der SA, Berlin 1939.
Hanotaux, Gabriel, »Le Général Mangin«, *Revue des Deux Mondes,* vol. 27, 1925.
Harden, Maximilian, »Händler und Soldaten«, *Die Zukunft,* 1898; »Zum Schutz der Republik«, ibid., Juli, 1922; »Tönt die Glocke Grabgesang?«, ibid., Juli bis August, 1912; *Köpfe,* Berlin, 1910.

Harlow, Vincent, *The Character of British Imperialism,* London 1939.
Harvey, Charles H., *The Biology of British Politics,* London 1904.
Hasse, Ernst, *Deutsche Weltpolitik* (Flugschriften des Alldeutschen Verbandes, Nr. 5), München 1897; *Deutsche Politik,* München 1905–1906.
Hayek, Friedrich August von, »The Counter-Revolution of Science«, *Economics,* vol. 8, February, May, August, 1941.
Hayes, Carlton J. H., *Essays on Nationalism,* New York 1926; *Remarks on »The Novelty of Totalitarianism in the History of Western Civilization«, Symposion on the Totalitarian State, 1939.* Proceedings of the American Philosophical Society, vol. 82, Philadelphia, 1940; *A Generation of Materialism,* New York 1941.
Hazeltine, H. D., »Excommunication«, in *Encyclopedia of Social Sciences,* Bd. 5, 1930.
Heckscher, Eli F., *Der Merkantilismus,* Jena 1932.
Hehn, Victor, *Gedanken über Goethe,* Berlin 1887.
Heiden, Konrad, *Der Fuehrer. Hitler's Rise to Power,* Boston 1944; *A History of National Socialism,* New York 1935.
Herder, Johann Gottfried, *Briefe zur Beförderung der Humanität,* 1793–1797; »Über die politische Bekehrung der Juden«, in *Adrastea und das 18. Jahrhundert,* 1801–1803.
Herrmann, Louis, *History of the Jews in South Africa,* London 1935.
Herzog, Wilhelm, *Der Kampf einer Republik,* Zürich 1933; (mit Rehfisch, Hans José (Pseudonym: René Kestner) *L'Affaire Dreyfus,* Paris 1931.
Heydrich, Reinhard, *Wandlungen unseres Kampfes,* München/Berlin 1936.
Hilferding, Rudolf, *Das Finanzkapital,* Wien/Frankfurt 1968.
Himmler, Heinrich, »Männerbund auf rassischer Grundlage«, *Das Schwarze Korps,* 38. Folge; »Die Schutzstaffel« in: *Grundlagen, Aufbau und Wirtschaftsordnung des nationalsozialistischen Staates,* Nr. 7b, Berlin 1936; Wesen und Aufgabe der SS und der Polizei in *Sammelheft ausgewählter Vorträge und Reden,* Berlin 1939.
Hitler, Adolf, *Mein Kampf,* München 1925/1927: *Reden,* hrsg. von Ernst Beopple, München 1933; *Hitler's Speeches. 1922–1939,* ed. by N. H. Baynes, London 1942; *Hitlers Tischgespräche,* Bonn 1951; *Ausgewählte Reden des Führers,* Berlin 1938; *Der große deutsche Freiheitskampf. Reden Hitlers vom 1. September 1939 bis 10. März 1940,* München 1940; *Der Führer vor dem ersten Reichstag Großdeutschlands,* 1939; *Der Führer zum Kriegswinterhilfswerk,* Schriftenreihe NSV Nr. 14, 1942.
Hobbes, Thomas, *Leviathan (1651),* Neuwied 1965.

Hoberg, Clemens August, »Die geistigen Grundlagen des Antisemitismus im modernen Frankreich«, in *Forschungen zur Judenfrage,* Bd. 4, 1940.
Hobson, John A., »Capitalism and Imperialism in South Africa«, *Contemporary Review,* 1900; *Imperialism (1905).* Unrevised edition, London 1938.
Hoche, Werner, *Die Gesetzgebung des Kabinetts Hitler,* Berlin 1933 ff.
Höhn, Reinhard, *Rechtsgemeinschaft und Volksgemeinschaft,* Hamburg 1935; (mit Theodor Maunz und Ernst Swoboda) *Grundfragen der Rechtsauffassung,* München 1938; »Die Wandlung im Polizeirecht«, *Deutsche Rechtswissenschaft,* 1936; »Polizeirecht im Umbruch«, *Deutsches Recht,* 1936.
Hoetzsch, Otto, *Rußland. Eine Einführung auf Grund seiner Geschichte von 1904 bis 1912,* Berlin 1913.
Hohenlohe-Schillingsfürst, Chlodwig von, *Denkwürdigkeiten der Reichskanzlerzeit,* hrsg. von Karl Alexander v. Müller (Deutsche Geschichtsquellen des 19. Jahrhunderts, Bd. 28), Stuttgart 1931.
Holborn, Louise W., »The Legal Status of Political Refugees, 1920–1938«, *American Journal of International Law,* 1938.
Holcombe, Arthur N., »Political Parties«, in *Encyclopedia of Social Sciences,* Bd. 1, 1933.
Holldack, Heinz, *Was wirklich geschah. Die diplomatischen Hintergründe der deutschen Kriegspolitik,* München 1949.
Holst, Ludolf, *Das Judentum in allen dessen Teilen. Aus einem staatswissenschaftlichen Standpunkt betrachtet,* Main, 1821.
Hotman, François, *Franco-Gallia,* 1573.
Huber, Ernst R., »Die deutsche Polizei«, in *Ztschr. f. d. gesamte Staatswissenschaft,* Bd. 101, 1940/1.
Hudal, Alois, *Die Grundlagen des Nationalsozialismus,* Leipzig/Wien 1937.
Hübbe-Schleiden, Wilhelm, *Deutsche Kolonisation,* Hamburg 1881.
Humboldt, Wilhelm von, »Gutachten«, 1809, in: J. Freund, *Die Emanzipation der Juden in Preußen,* Berlin 1912; *Tagebücher,* hrsg. von Albert Leitzmann, Berlin 1916–1918; *Wilhelm und Caroline von Humboldt in ihren Briefen.* Hrsg. von Anna von Sydow. 7 Bände, Leipzig 1910–1916.
Huxley, Thomas, The Struggle for Existence in Human Society (1888), in: *Evolution & Ethics and other essays.* Collected Essays vol. IX, London 1894.
Hyamson, Albert M., *A History of the Jews in England,* London 1928.
Hyndman, Henry Mayers, *Clemenceau, the Man and His Time,* New York 1919.
Ipseri, H. P., »Vom Begriff der Partei«, *Zeitschrift für die gesamte Staatswissenschaft,* 1940.

Jahn, Friedrich Ludwig, *Deutsches Volkstum,* Lübeck 1810.
James, Selwyn, *South of the Congo,* New York 1943.
Janowsky, Oscar J., *The Jews and Minority Rights,* New York 1933; *Nationalities and National Minorities,* New York 1945.
Jaspers, Karl, *Die geistige Situation der Zeit,* Berlin/Leipzig 1931.
Jermings, R. Yewdall, »Some International Aspects of the Refugee Question«, *British Yearbook of International Law,* 1939.
Jöhlinger, Otto, *Bismarck und die Juden,* Berlin 1921.
Jost, Isaak Markus, *Neuere Geschichte der Israeliten von 1815 bis 1845,* Berlin 1846.
Jünger, Ernst, *In Stahlgewittern,* Berlin 1934, 14. Aufl.; *Afrikanische Spiele,* Hamburg 1936.
Junghann, Otto, *National Minorities in Europe,* New York 1932.
Kabermann, Heinz, »Das internationale Flüchtlingsproblem«, *Zeitschrift für Politik,* Bd. 29, Nr. 3, 1939.
Kaehler, Siegfried (Hrsg.), *Deutscher Staat und deutsche Parteien,* München 1922.
Karbach, Oscar, »The Founder of Modern Political Antisemitism: Georg von Schönerer«, *Jewish Social Studies,* vol. 7, no. 1, January, 1945.
Kat Angelino, A. D. A. de, *Colonial Policy,* 2 Bde., Chicago 1931.
Katz, Jacob, *Exclusiveness and Tolerance: Jewish-Gentile Relations in Medieval and Modern Times,* New York 1962.
Kauffman, Kenneth M., und Stalson, Helena, »U.S. Assistance to Less Developed Countries, 1956–1965«, in *Foreign Affairs,* vol. 45, no. 4, Juli 1967.
Kehr, Eckart, *Schlachtflottenbau und Parteipolitik,* Berlin 1930.
Kaiser, Günther, »Der jüngste Konzentrationsprozeß«, *Die Wirtschaftskurve,* Bd. 18, Nr. 148, 1938.
Kersten, Felix, *Totenkopf und Treue. Heinrich Himmler ohne Uniform. Aus den Tagebuchblättern des finnischen Medizinalrats,* Hamburg 1952.
Kidd, Benjamin, *Social Evolution,* London 1894.
Kiewiet, Cornelis Willem de, *A History of South Africa. Social and Economic,* Oxford 1941.
Kipling, Rudyard, »The First Sailor«, in his *Humorous Tales,* 1891; »The Tomb of his Ancestor«, in his *The Day's Work,* 1898; *Stalky and Company,* 1899; *Kim,* 1900.
Kleines Jahrbuch des Nützlichen und Angenehmen für Israeliten, Stuttgart 1847.

Klemm, Gustav, *Allgemeine Kulturgeschichte der Menschheit,* Leipzig 1843–1852.

Koch, Ludwig, S. J., »Juden« in *Jesuitenlexikon,* Paderborn 1934.

Koehler, Max, *Beiträge zur neueren jüdischen Wirtschaftsgeschichte. Die Juden in Halberstadt und Umgebung* (Studien zur Geschichte der Wirtschaft und Geisteskultur, Bd. 3), Berlin 1927.

Koellenreuter, Otto, *Volk und Staat in der Weltanschauung des Nationalsozialismus,* Berlin 1935.

Koestler, Arthur, *Scum of the Earth,* London 1941.

Koettgen, Arnold, »Die Gesetzmäßigkeit der Verwaltung im Führerstaat«, *Reichsverwaltungsblatt,* 1936.

Kogon, Eugen, *Der SS-Staat,* München 1946.

Kohler, Max J., *»Some New Light on the Dreyfus Case«, Studies in Jewish Bibliography and Related Subjects in Memory of A. S. Freidus,* New York 1929.

Kohn, Hans, *Die Idee des Nationalismus,* Heidelberg 1950; *Panslavism: Its History and Ideology,* Notre Dame 1954.

Kohn-Bramstedt, Ernst, *Dictatorship and Political Police. The Technique of Control by Fear,* London 1945.

Koyré, Alexandre, *La Philosophie et le problème national en Russie au début du 19e siècle* (Institut Français de Leningrad, Bibliothèque, vol. 10), Paris 1929; »The Political Function of the Modern Lie«, *Contemporary Jewish Record,* June, 1945.

Krakauer, Isidor, *Geschichte der Juden in Frankfurt am Main. 1150–1824,* Frankfurt/Main 1925–1927.

Kraus, Karl, *Untergang der Welt durch schwarze Magie,* Wien/Leipzig 1925.

Krawtschenko, Wiktor, *I Chose Freedom. The Personal and Political Life of a Soviet Official,* New York 1946.

Kriwitzki, Walter, *I was Stalin's Agent,* London 1939.

Krueger, Hans K., *Berliner Romantik und Berliner Judentum,* Bonn 1939.

Krug, W. Traugott, »Über das Verhältnis verschiedener Religionsparteien zum Staate und über die Emanzipation der Juden«, *Minerva,* Bd. 148, 1828.

Kuhlenbeck, Ludwig, *Rasse und Volkstum* (Flugschriften des alldeutschen Verbandes, Nr. 23), München 1905.

Kuhn, Karl G., »Die Judenfrage als weltgeschichtliches Problem«, in: *Forschungen zur Judenfrage,* 1939.

Kulischer, Eugene M., *The Displacement of Population in Europe* (International Labour Office), Montreal 1943.
Kulischer, Josef, *Allgemeine Wirtschaftsgeschichte,* 2 Bde., München/Berlin 1928–1929.
K. V. T., »The Dreyfus Case: A Study of French Opinion«, *The Contemporary Review,* vol. 74, October, 1898.
Labori, Fernand, »Le Mal politique et les partis«, *La Grande Revue,* Oktober–Dezember, 1901; »Notes de Plaidoiries pour le procès de Rennes«, ibid., Februar, 1900.
Lachapelle, Georges, *Les Finances de la Troisième République,* Paris 1937.
Lambroso, Cesare, *L'Antisémitisme. Avec un préface de Paul Brousse,* Paris 1899.
Landsberg, Paul Ludwig, »Rassenideologie«, *Zeitschrift f. Sozialforschung,* 1933.
Langer, William, *The Diplomacy of Imperialism,* 2 Bde., New York 1890–1902.
Laporte, Maurice, *Histoire de l'Okhrana,* Paris 1935.
Larcher, Émile, *Traité Élémentaire de Législation Algérienne,* Paris 1903.
La Serve, Fleury, »Les Juifs à Lyon«, *Revue du Lyonnais,* vol. 7, 1838.
Latour, Contamine de, »Le Maréchal Pétain«, *Revue de Paris,* vol. 1, 1942.
Lawrence, Thomas Edward, »France, Britain and the Arabs«, *The Observer, 1920; Seven Pillars of Wisdom,* London 1926; *Letters,* edited by David Garnett, New York 1939.
Lazare, Bernard, *L'Antisémitisme, son histoire et ses causes,* Paris 1894; *Une Erreur judiciaire; la vérité sur l'affaire Dreyfus,* Brüssel 1896; *Contre l'Antisémitisme. Histoire d'une polémique,* Paris 1896; *Job's Dungheap. Essays on Jewish Nationalism and Social Revolution,* New York 1948.
Lazaron, Morris S., *Seed of Abraham,* New York 1930.
Le Bon, Gustave, *Psychologie der Massen,* Stuttgart 1968.
Lecanuet, Edouard, *Les Signes avantcoureurs de la séparation 1894–1910,* Paris 1930.
Lehr, Adolf, *Zwecke und Ziele des Alldeutschen Verbandes* (Flugschriften des Alldeutschen Verbandes, Nr. 12), München 1899.
Lemoine, Albert, *Napoléon I et les Juifs,* Paris 1900.
Lemonon, Ernest, *L'Europe et la politique britannique 1882–1911,* Paris 1912.
Lenin, Wladimir I., *Was tun?,* 1902; *Staat und Revolution,* 1917; Der Imperialismus als höchstes Stadium des Kapitalismus, 1917. In: *Ausgewählte Werke,* Berlin 1952.

Lestschinsky, Jakob, »Die Umwandlung und Umschichtung des jüdischen Volkes im Laufe des letzten Jahrhunderts«, *Weltwirtschaftliches Archiv,* Bd. 30, Kiel, 1929.
Lesueur, Émile, *La Franc-Maçonnerie Artésienne au 18e siècle* (Bibliothèque Révolutionnaire), Paris 1914.
Leuilliot, Paul, »L'Usure judaïque en Alsace sous l'Empire et la Restauration«, *Annales Historiques de la Révolution Française,* vol. 7, 1930.
Leutwein, Paul, *Kämpfe um Afrika. Sechs Lebensbilder,* Lübeck 1936.
Levaillant, Isaïe, »La Genèse de l'antisémitisme sous la Troisième République«, *Revue des Etudes Juives,* vol. 53, 1907.
Levinas, Emmanuel, »L'Autre dans Proust«, *Deucalion,* no. 2, 1947.
Levine, Louis, *Pan-Slavism and European Politics,* New York 1914.
Lewinsohn, Richard, *Jüdische Weltfinanz?,* Berlin/Hamburg 1925; *Wie sie groß und reich wurden,* Berlin 1927.
Lewis, Sir George Cornewall, *An Essay on the Government of Dependencies,* Oxford 1844.
Ley, Robert, *Der Weg zur Ordensburg. Sonderdruck des Reichsorganisationsleiters der NSDAP,* Berlin 1938.
Lippincott, Benjamin E., *Victorian Critics of Democracy,* Mineapolis 1938.
Löwenthal, Richard, *Chruschtschow und der Weltkommunismus,* Stuttgart 1963.
Lombard de Langres, Vincent, *Sociétés secrètes en Allemagne,* Paris 1819.
Lombroso, Césare, *L'Antisémitisme,* 2. Aufl., Paris 1899.
Lossky, Nikolai O., *Three Chapters from the History of Polish Messianism* (International Philosophical Library, vol. 2, no. 9), Prag 1936.
Lovell, Reginald Ivan, *The Struggle for South Africa 1875–1899,* New York 1934.
Low, Sidney, »Personal Recollections of Cecil Rhodes«, *Nineteenth Century,* vol. 51, May, 1902.
Lucas, Auguste, *Précis historique sur l'Affaire du Panama,* Paris 1893.
Lucien-Brun, Henry, *La Condition des Juifs en France depuis 1789,* Paris 1900.
Ludendorff, Erich, *Die überstaatlichen Mächte im letzten Jahre des Weltkrieges,* Leipzig 1927; *Die Judenmacht, ihr Wesen und Ende,* München 1938; *Feldherrnworte,* München 1938.
Luther, Martin, *Erbauliche Schriften.*
Lutze, Victor, Die Sturmabteilungen. In: *Grundlagen, Aufbau und Wirtschaftsordnung des nationalsozialistischen Staates,* Nr. 7a, Berlin 1936.

Luxemburg, Rosa, »Die soziale Krise in Frankreich«, *Die Neue Zeit,* Bd. I, 1901; *Die Akkumulation des Kapitals,* Berlin 1923.
Macartney, Carlile Aylmer, *The Social Revolution in Austria,* Cambridge 1926; *National States and National Minorities,* London 1934.
Mahan, Alfred T., *The Problem of Asia and Its Effect upon International Policies,* Boston, 1900.
Maistre, Joseph de, *Les Soirées de St. Petersburg,* Paris 1821.
Malet, Chevalier de, *Recherches politiques et historiques qui prouvent l'existence d'une secte révolutionnaire,* Paris 1817.
Mangin, Charles Marie Emmanuel, *La Force noire,* Paris 1910; *Des Hommes et des Faits,* Paris 1923.
Mangold, Ewald K. B., *Frankreich und der Rassegedanke. Eine politische Kernfrage Europas,* München/Berlin 1937.
Mansergh, Nicholas, *Britain and Ireland* (Longmans' Pamphlets on the British Commonwealth), London 1942.
Marburg, Fritz, *Der Antisemitismus in der deutschen Republik,* Wien 1931.
Marcks, Erich, Hrsg., *Lebensfragen des britischen Weltreichs,* Berlin 1921.
Marr, Wilhelm, *Sieg des Judentums über das Germanentum vom nicht konfessionellen Standpunkt aus betrachtet,* 2. Aufl., Berlin 1879.
Martin, Alfred von, »Zur Soziologie der Gegenwart«, *Zeitschrift für Kulturgeschichte,* Bd. 27, 1937.
Martin du Gard, Roger, *Jean Barois,* Paris 1913.
Marwitz, Friedrich August Ludwig von der, »Letzte Vorstellung der Stände des Lebusischen Kreises an den König«, 1811, *Werke,* ed. Friedrich Meusel, Berlin 1908; »Über eine Reform des Adels«, 1812, ibid.; »Von den Ursachen des Verfalls der preußischen Staaten«, ibid.
Marx, Karl, »Zur Judenfrage«, *Deutsch-französische Jahrbücher,* 1843; *Der achtzehnte Brumaire des Louis Bonaparte,* 1852; *Das Kapital,* 1923.
Masaryk, Tomáš Garrigue, *Zur russischen Geschichts- und Religionsphilosophie,* Jena 1913.
Mauco, Georges, »L'Emigration, problème révolutionnaire«, *Esprit,* 7. Jg., Nr. 82, Juli, 1939.
Maunier, René, *Sociologie coloniale,* Paris 1932–1936.
Maunz, Theodor, *Gestalt und Recht der Polizei,* Hamburg 1943.
Maurras, Charles, *Au Signe de Flore; Souvenirs de la vie politique; l'Affaire Dreyfus et la fondation de l'Action Française,* Paris 1931; *Dictionnaire politique et critique,* Paris 1932.

Mayer, Sigmund, *Die Wiener Juden; Kommerz, Kultur, Politik 1700–1900,* Wien/Berlin 1917.
McDermot, George, C. S. P., »Mr. Chamberlain's Foreign Policy and the Dreyfus Case«, *Catholic World,* Bd. 67, September, 1898.
Mehring, Franz, *Die Lessinglegende,* Stuttgart 1906.
Meinecke, Friedrich, *Die Idee der Staatsräson,* München/Berlin 1924.
Mendelssohn, Moses, »Schreiben an Lavater«, 1769, *Gesammelte Schriften,* Berlin 1930, Bd. 7; »Vorrede zur Übersetzung von Menasseh ben Israel, Rettung der Juden«, 1782, *Gesammelte Schriften,* Leipzig 1843–1845, Bd. 3.
Meyer, Rudolf, *Politische Gründer und die Korruption in Deutschland,* Leipzig 1877.
Micaud, Charles A., *The French Right and Nazi Germany 1933–1939,* Durham 1943.
Michaelis, Alfred, Hrsg., *Die Rechtsverhältnisse der Juden in Preußen seit dem Beginn des 19. Jahrhunderts,* Berlin 1910.
Michel, P. Charles, »A Biological View of Our Foreign Policy«, *Saturday Review,* London, February, 1896.
Michell, Lewis, *Rhodes,* London 1910.
Michels, Robert, »Prolegomena zur Analyse des nationalen Leitgedankens«, *Jahrbuch für Soziologie,* Bd. 2, 1927; *Zur Soziologie des Parteiwesens in der modernen Demokratie,* Leipzig 1911.
Millin, S. Gertrude, *Rhodes,* London 1933.
Milosz, Czesław, *The Captive Mind,* New York 1953.
Mirabeau, H. G. R. de, *Sur Moses Mendelssohn,* London 1788.
Model, Leo, »The Politics of Private Foreign Investment«, in *Foreign Affairs,* vol. 45, no. 4, Juli 1967.
Moeller van den Bruck, Arthur, *Das Dritte Reich,* Hamburg 1923.
Molisch, Paul, *Geschichte der deutschnationalen Bewegung in Österreich,* Jena 1926.
Mommsen, Theodor, *Reden und Aufsätze,* Berlin 1905.
Montesquieu, Charles de Secondat de, *Esprit des Lois,* 1748.
Monypenny, William Flavelle, and Buckle, George Earle, *The Life of Benjamin Disraeli, Earl of Beaconsfield,* New York 1929.
Morley, John, *The Life of Gladstone,* London 1903.
Morison, Theodore, *Imperial Rule in India,* London 1899.
Morstein-Marx, Fritz, editor, *Symposion on the Totalitarian State, 1939.* Proceedings of the American Philosophical Society, vol. 82, Philadelphia, 1940.

Much, Willi, *50 Jahre antisemitischer Bewegung,* München 1937.
Müller, Adam, *Ausgewählte Abhandlungen,* Hrsg. J. Baxa, Jena 1921.
Mulert, Hermann, »Antisemitismus«, in *Die Religion in Geschichte und Gegenwart,* Tübingen 1909
Muller, Hermann Joseph, »The Soviet Master Race Theory«, *The New Leader,* July 30, 1949.
Multatuli (Pseudonym für Dekker, Eduard Douwes), *Max Havelaar,* 1868.
Mussolini, Benito, »Relativismo e Fascismo«, *Diuturna,* Milano, 1924; *Four Speeches on the Corporate State,* Rom 1935; The Doctrine of Fascism, in W. Ebenstein, *Great Political Thinkers,* New York 1956.
Nadolny, Rudolf, *Germanisierung oder Slawisierung?,* Berlin 1928.
Nansen, Odd, *Day after Day,* London 1947.
Naumann, Friedrich, *Central Europe,* London 1916.
Nazi Conspiracy and Aggression, Office of the United States Chief of Counsel for the Prosecution of Axis Criminality, U.S. Government, Washington 1946.
Neeße, Gottfried, *Partei und Staat,* Hamburg 1936; *Führergewalt,* Tübingen 1940; »Die verfassungsrechtliche Gestaltung der Ein-Partei«, *Zeitschrift für die gesamte Staatswissenschaft,* Bd. 98, 1938.
Nettlau, Max, *Der Anarchismus von Proudhon zu Kropotkin,* Berlin 1927.
Neumann, Franz, *Behemoth,* London 1942.
Neumann, Sigmund, *Die Stufen des preußischen Konservativismus* (Historische Studien, Nr. 190), Berlin, 1930; *Die deutschen Parteien,* Berlin 1932; *Permanent Revolution,* New York 1942.
Neuschäfer, Fritz Albrecht, *Georg Ritter von Schönerer,* Hamburg 1935.
Nicolson, Harold, *Curzon: The Last Phase 1919–1925,* Boston/New York 1934.
Nippold, Otfried, *Der deutsche Chauvinismus,* Bern 1913.
Nomad, Max, *Apostles of Revolution,* Boston 1939.
Novalis (Pseudonym für Friedrich Hardenberg), *Neue Fragmentensammlung,* 1798.
Oakesmith, John, *Race and Nationality. An Inquiry into the Origin and Growth of Patriotism,* London 1919.
Oertzen, Adolf Friedrich von, *Nationalsozialismus und Kolonialfrage,* Berlin 1935.
Oesterley, William Oscar Emil, *The Evolution of the Messianic Idea,* London 1908.
Olgin, Moissaye J., *The Soul of the Russian Revolution,* New York 1917.

Omgus (Manfred Wolfson), *Übersicht der Gliederung verbrecherischer Nazi-Organisationen,* 1947.

Organisationsbuch der NSDAP, 1936–1943.

Ortega y Gasset, José, *Der Aufstand der Massen,* Stuttgart 1932.

Paalzow, Christian L., *Über das Bürgerrecht der Juden, übersetzt von einem Juden,* Berlin 1803.

Paetel, Karl O., »Die SS«, *Vierteljahreshefte für Zeitgeschichte,* Januar, 1954.

Paléologue, Maurice, »L'Antisémitisme, moyen du gouvernement sous Alexandre II et Alexandre III«, *Annales Politiques et littéraires,* Bd. 112, Juli, 1938.

Le Panlatinisme, Confédération Gallo-Latine et Kelto-Gauloise contre-testament de Pierre le Grand, Paris 1860.

Parkes, James W., *The Emergence of the Jewish Problem 1878–1939,* London 1946.

Parteikanzlei, *Verfügungen, Anordnungen, Bekanntgaben, »Nur für interne Parteiarbeit bestimmt und als geheim zu behandeln.«* 4 oder 5 Bde., o. D., ca. 1941–1944.

Pascal, Pierre, *Avvakum et les débuts du raskol* (Institut Français de Leningrad, Bibliothèque, vol. 18), Paris 1938.

Paulhan, Jean, »Introduction« zu Marquis de Sade, *Les Infortunes de la Vertu,* Paris 1946.

Paulus, Heinrich E. G., *Beiträge von jüdischen und christlichen Gelehrten zur Verbesserung der Bekenner des jüdischen Glaubens,* Frankfurt/Main 1817; *Die jüdische Nationalabsonderung nach Ursprung, Folgen und Besserungsmitteln,* Heidelberg 1831.

Pearson, Karl, *National Life from the Standpoint of Science,* Cambridge 1901.

Péguy, Charles, »Notre Jeunesse«, *Cahiers de la Quinzaine,* 1910; »A Portrait of Bernard Lazare«, in Bernard Lazare, *Job's Dungheap,* New York 1948.

Pincherle, Alberto, »Antisemitismo«, in *Enciclopedia Italiana,* 1929.

Petegorsky, David W., »Antisemitism, the Strategy of Hatred«, *Antioch Review,* vol. 1, no. 3, 1941.

Peters, Carl, »Das Deutschtum als Rasse«, *Deutsche Monatsschrift,* April, 1905; *Die Gründung von Deutsch-Ostafrika. Kolonialpolitische Erinnerungen,* Berlin 1906.

Pfenning, Andreas, »Gemeinschaft und Staatswissenschaft«, *Zeitschrift für die gesamte Staatswissenschaft,* Bd. 96, 1936.

Philipp, Alfred, *Die Juden und das Wirtschaftsleben. Eine antikritisch-bibliographische Studie zu W. Sombart, Die Juden und das Wirtschaftsleben,* Straßburg 1929.

Philippsohn, Ludwig, »Tagescontrolle«, *Allgemeine Zeitung des Judentums,* 1839.

Pichl, Eduard (Pseudonym Herwig), Hrsg., *Georg Schönerer,* 6 Bde., Oldenburg/Berlin 1938.

Pinner, Felix (Pseudonym für Frank Fassland), *Deutsche Wirtschaftsführer,* Berlin 1924.

Pinon, René, *France et Allemagne 1870–1913,* Paris 1913.

Pirenne, Henri, *Histoire de l'Europe dès Invasions au 16e Siècle,* 15. Aufl., Paris 1939.

Platon, *Staatsmann,* Berlin 1857.

Plucknett, Theodore F.T., »Outlawry«, in *Encyclopedia of Social Sciences,* Bd. 11, 1933.

Pobedonoszew, Konstantin, *L'Autocratie russe. Mémoires politiques, correspondance officielle et documents inédits 1881–1894,* Paris 1927; *Reflections of a Russian Statesman,* London 1898.

Poliakov, Léon, *Bréviaire de la Haine. Le IIIe Reich et les Juifs,* Paris 1951; »The Weapon of Antisemitism«, in *The Third Reich,* London 1955.

Poncins, Léon de, *Les Forces secrètes de la Révolution,* Paris 1929; *Les Juifs, Maîtres du Monde,* Paris 1932; *La Dictature des puissances occultes,* Paris 1936; *La mystérieuse internationale juive,* Paris 1936; *La Guerre occulte,* Paris 1936.

Praag, Siegfried Emanuel van, »Marcel Proust, Témoin du Judaïsme déjudaïsé«, *Revue Juive de Genève,* nos. 48, 49, 50, 1937.

Preuss, Lawrence, »La Dénationalisation imposée pour des motifs politiques«, *Revue Internationale Française du Droit des Gens,* vol. 4, nos. 1, 2, 5, 1937.

Přibram, Alfred Francis, *Urkunden und Akten zur Geschichte der Juden in Wien,* Wien 1918.

Priebatsch, Felix, »Die Judenpolitik des fürstlichen Absolutismus im 17. und 18. Jahrhundert«, *Forschungen und Versuche zur Geschichte des Mittelalters und der Neuzeit,* 1915.

Priestley, H.J., *France Overseas; a study of modern imperialism,* New York 1938.

Propyläen Weltgeschichte, Bd. 10, *»Das Zeitalter des Imperialismus«,* Berlin 1933.

Proust, Marcel, *A La Recherche Du Temps Perdu,* Paris 1919–1927.

Quillard, Pierre, *Le Monument Henry,* Paris 1899.
Rachel, Hugo, *Das Berliner Wirtschaftsleben im Zeitalter des Frühkapitalismus,* Berlin,1931; »Die Juden im Berliner Wirtschaftsleben zur Zeit des Merkantilismus«, *Zeitschrift für die Geschichte der Juden in Deutschland,* Bd. 2, 1930.
Rachfahl, Felix, »Das Judentum und die Genesis des modernen Kapitalismus«, *Preußische Jahrbücher,* Bd. 147, 1912.
Ramlow, Gerhard, *Ludwig von der Marwitz und die Anfänge konservativer Politik und Staatsauffassung in Preußen* (Historische Studien, Nr. 185), Berlin 1930.
Rang- und Organisationsliste der NSDAP, Stuttgart 1947.
Rathenau, Walther, Impressionen, Leipzig 1902; *Staat und Judentum. Zur Kritik der Zeit,* Berlin 1912; *Von kommenden Dingen,* Berlin 1917.
Rauschning, Hermann, *Die Revolution des Nihilismus,* Zürich/New York 1938.
Raymond, Edward Thompson, *Disraeli. The Alien Patriot,* New York 1925.
Reck-Malleczewen, Friedrich Percyval, *Tagebuch eines Verzweifelten,* Stuttgart 1947.
Reeves, John, *The Rothschilds. The Financial Rulers of Nations,* London 1887.
Rehberg, August Wilhelm von, *Über den deutschen Adel,* Berlin 1804.
Reimer, Josef Ludwig, *Pangermanisches Deutschland,* Berlin 1905.
Reinach, Joseph, *L'Affaire Dreyfus,* Paris 1903–1911; »Le rôle d'Henri«, *La Grande Revue,* vol. 1, 1900.
Reinach, Théodore, *Histoire sommaire de l'Affaire Dreyfus,* Paris 1924.
Reismann-Grone, Theodor, *Überseepolitik oder Festlandspolitik?* (Flugschriften des Alldeutschen Verbandes, Nr. 22), München 1905.
Renan, Ernest, *Histoire générale et système comparé des langues sémitiques,* Paris 1863; *Qu'est-ce qu'une nation?,* Paris 1882.
Renner, Karl, *Der Kampf der österreichischen Nationen unter dem Staat,* Leipzig/Wien 1902; *Österreichs Erneuerung. Politisch-programmatische Aufsätze,* Wien 1916; *Das Selbstbestimmungsrecht der Nationen,* Leipzig 1918.
Reveille, Thomas, *The Spoil of Europe. The Nazi Technique in Political and Economic Conquest,* New York 1941.
Reventlow, Graf Ernst zu, *Deutschlands auswärtige Politik. 1888–1914,* Berlin, 1916; *Judas Kampf und Niederlage in Deutschland,* Berlin 1937.
Richard, Gaston, *Le Conflit de l'autonomie nationale et de l'impérialisme,* Saint-Amand 1916.

Riesser, Gabriel, *Über die Stellung der Bekenner des mosaischen Glaubens, an die Deutschen aller Konfessionen,* Altona 1831; *Betrachtungen über die Verhältnisse der jüdischen Untertanen in der Preußischen Monarchie,* Altona 1834.

Ripka, Hubert, *Munich: Before and After,* London 1939.

Ritter, Paul, *Kolonien im deutschen Schrifttum,* Berlin 1936.

Ritterbusch, Paul, *Demokratie und Diktatur. Über Wesen und Wirklichkeit des westeuropäischen Parteienstaates,* Berlin 1939.

Robert, Cyprien, *Les deux Panslavismes,* Paris 1847; *Le Monde slave,* Paris 1852.

Roberts, Stephen H., *The House that Hitler Built,* London 1939.

Robespierre, Maximilian de, *Oeuvres,* 1866.

Robinson, Geroid T., »Stalin's Vision of Utopia: The future Communist Society«, in: *Proceedings of the American Philosophical Society,* vol. 99, no. 1, 1955.

Robinson, Jacob, »Staatsbürgerliche und wirtschaftliche Gleichberechtigung«, *Süddeutsche Monatshefte,* Juli, 1929.

Robinson, John, *Proofs of a Conspiracy Against the Religions and Governments of Europe,* London 1797.

Rocco, Alfredo, »The political Doctrine of Fascism«, in: Donald O. Wagner, *Social Reformers,* New York 1934.

Röhm, Ernst, *Die Geschichte eines Hochverräters, Volksausgabe,* München 1933; *Die Memoiren des Stabschefs Röhm,* Saarbrücken 1934; *Warum SA?,* Berlin, o. D. 1933.

Röpke, Wilhelm, »Kapitalismus und Imperialismus«, *Zeitschrift für Schweizerische Statistik und Volkswirtschaft,* Bd. 70, 1934.

Rohden, Peter R., Hrsg., *Demokratie und Partei,* Wien 1932.

Rohrbach, Paul, *Der deutsche Gedanke in der Welt,* Düsseldorf/Leipzig 1912; *Die alldeutsche Gefahr,* Berlin 1918.

Rollin, Henri, *L'Apocalypse de notre temps,* Paris 1939.

Rosanow, Wassili Wassiljewitsch, *Fallen Leaves,* London 1929.

Roscher, Wilhelm, *Die Grundlagen der Nationalökonomie,* Stuttgart 1900.

Rosenberg, Alfred, *Der Mythus des zwanzigsten Jahrhunderts,* München 1930.

Rosenberg, Arthur, *Geschichte des Bolschewismus,* Frankfurt 1969; *Geschichte der Weimarer Republik,* Frankfurt 1972.

Rosenkranz, Karl, *Ueber den Begriff der politischen Partei,* Königsberg 1843.

Rössler, Werner, *Faschismus und Nationalsozialismus,* Diss. Heidelberg, Schwetzingen 1938.

Roth, Cecil, *The Magnificent Rothschild,* London 1939.

Rouček, Joseph, *The Minority Principle as a Problem of Political Science,* Prag 1928.

Rousset, David, *Les Jours de notre mort,* Paris, 1947; *L'Univers Concentrationnaire,* Paris 1946.

Rudlin, Walter Arthur, »Political Parties. Great Britain«, in *Encyclopedia of Social Sciences,* Bd. 11, 1933.

Rühs, Christian Friedrich, »Über die Ansprüche der Juden auf das deutsche Bürgerrecht«, *Zeitschrift für die neueste Geschichte der Völker und Staatenkunde,* Berlin, 1815; *Die Rechte des Christentums und des deutschen Volkes verteidigt gegen die Ansprüche der Juden und ihrer Verfechter,* Berlin 1816.

Ruppin, Arthur, *Soziologie der Juden,* Berlin 1930.

Russel, Lord John, *Upon Party,* London 1850.

Samter, Nathan, *Judentaufen im 19. Jahrhundert. Mit besonderer Berücksichtigung Preußens,* Berlin 1906.

Samuel, Horace B., *Modernities,* London 1914.

Savigny, Friedrich Karl von, *Beitrag zur Rechtsgeschichte des Adels im neueren Europa,* Berlin 1838.

Sayou, André, »Les Juifs«, *Revue Economique Internationale,* 1912.

Schäffle, Albert Everhard Friedrich, »Der ›große Börsenkrach‹ des Jahres 1873«, *Zeitschrift für die gesamte Staatswissenschaft,* Bd. 30, 1874.

Schapira, Israel, *Der Antisemitismus in der französischen Literatur,* Berlin 1927.

Scharff-Scharffenstein, Hermann von, *Das geheime Treiben, der Einfluß und die Macht des Judentums in Frankreich seit 100 Jahren (1771–1871),* Stuttgart 1872.

Schay, Rudolf, *Juden in der deutschen Politik,* Berlin 1929.

Scheffer, Egon, *Der Siegeszug des Leihkapitals,* Wien 1924.

Scheidler, Karl Hermann, »Judenemancipation«, in Ersch und Gruber, *Allgemeine Enzykl. der Wissenschaften u. Künste,* 1850, Abt. 2, Bd. 27.

Schlegel, Friedrich, *Philosophische Vorlesungen aus den Jahren 1804–1806,* Bonn 1836.

Schleiermacher, Friedrich, *Briefe bei Gelegenheit der politischen theologischen Aufgabe und des Sendschreibens jüdischer Hausväter, 1799; Werke,* Abt. I, Bd. 5, 1846.

Schmitt, Carl, *Politische Romantik,* 2. Aufl., München/Leipzig 1925; *Staat, Bewegung, Volk,* Hamburg 1934; »Totaler Feind, totaler Krieg, totaler Staat«, *Völkerbund und Völkerrecht,* Bd. 4, 1937; *Völkerrechtliche*

Großraumordnung mit Interventionsverbot für raumfremde Mächte. Ein Beitrag zum Reichsbegriff im Völkerrecht, Berlin/Leipzig/Wien 1941.
Schnee, Heinrich, *Nationalismus und Imperialismus,* Berlin 1928.
Schudt, Johann Jacob, *Jüdische Merkwürdigkeiten,* Frankfurt/Main 1715–1717.
Schultze, Ernst, »Die Judenfrage in Südafrika«, *Der Weltkampf,* Bd. 15, Nr. 178, 1938.
Schumpeter, Joseph, »Zur Soziologie der Imperialismen«, *Archiv für Sozialwissenschaften und Sozialpolitik,* Bd. 46, 1918–1919.
Schuyler, Robert L., *The Fall of the Old Colonial System. A Study in British Free Trade 1770–1870,* New York 1945.
Schwarz, Dieter, *»Angriffe auf die nationalsozialistische Weltanschauung«* (Aus dem Schwarzen Korps, Nr. 2), 1936.
Schweder, Alfred, *Politische Polizei,* Berlin 1937.
Schwertfeger, Bernhard, *Die Wahrheit über Dreyfus,* Berlin 1930.
Seeley, John Robert, *The Expansion of England,* London 1883.
Seillière, Ernest, *La Philosophie de l'impérialisme,* Paris 1903–1906; Mysticisme et domination. Essais de critique impérialiste, Paris 1913.
Seraphim, Peter Heinz, *Das Judentum im osteuropäischen Raum,* Essen 1938; »Der Antisemitismus in Osteuropa«, *Osteuropa,* Bd. 14, Nr. 5, Februar, 1939.
Shohet, David Menahem, *The Jewish Court in the Middle Ages,* New York 1931.
Sieveking, Heinrich Johann, »Wirtschaftsgeschichte«, in: *Enzyklopädie der Rechts- und Staatswissenschaften,* Bd. 47, 1935.
Sieyès, Abbé E. J., *Qu'est-ce que le Tiers Etat?,* 1789.
S. F. S., »The Jesuits and the Dreyfus Case«, *The Month,* vol. 93, February, 1899.
Silbergleit, Heinrich, *Die Bevölkerungs- und Berufsverhältnisse der Juden im Deutschen Reich,* Berlin 1930.
Silberner, Edmund, »Charles Fourier on the Jewish Question«, *Jewish Social Studies,* October, 1946.
Simar, Théophile, *Etude Critique sur la formation de la doctrine des races au 18e et son expansion au 19e siècle,* Brüssel 1922.
Simmel, Georg, *Soziologie,* Berlin 1908.
Simon, Yves, *La grande Crise de la République Française; observations sur la vie politique française de 1918–1938,* Montreal 1941.
Simpson, John Hope, *The Refugee Problem* (Institute of International Affairs), Oxford 1939.

Sitzungsbericht des Kongresses der organisierten nationalen Gruppen in den Staaten Europas, 1933.

Six, Franz Alfred, *Die politische Propaganda der NSDAP im Kampf um die Macht,* Heidelberg 1936.

Smith, Bruce, »Police«, in: *Encyclopedia of Social Sciences,* Bd. 12, 1934.

Solovyov, Wladimir, *Judaism and the Christian Question,* 1884.

Sombart, Werner, *Die deutsche Volkswirtschaft im 19. Jahrhundert,* Berlin 1903; *Die Juden und das Wirtschaftsleben,* Leipzig 1911; *Die Zukunft der Juden,* Leipzig 1912; *Der Bourgeois,* München/Leipzig 1913; *Studien zur Entwicklungsgeschichte des modernen Kapitalismus,* München/Leipzig 1913.

Sommerland, Theo, *Der deutsche Kolonialgedanke und sein Werden im 19. Jahrhundert,* Halle 1918.

Sonnenberg-Liebermann, Max von, *Beiträge zur Geschichte der antisemitischen Bewegung vom Jahre 1880–1885,* Berlin 1885.

Sorel, Georges, *Über die Gewalt,* Frankfurt/Main 1969; *La Révolution dreyfusienne,* Paris 1911.

Souvarine, Boris, *Stalin. A Critical Survey of Bolshevism,* New York 1939.

Spengler, Oswald, *Der Untergang des Abendlandes,* München 1922.

Spiess, Camille, *Imperialismes. Gobinisme en France,* Paris 1917.

Sprietsma, Cargill, *We Imperialists. Notes on Ernest Seillière's Philosophy of Imperialism,* New York 1931.

SS-Dienstverordnung Nr. 10. Schieds- und Ehrengerichtsordnung, o. D., ca. 1935.

SS-Hauptamt-Schulungsamt, *Das ist die SS. – Der Reichsführer SS und Chef der deutschen Polizei. »Nur für den Gebrauch innerhalb der Ordnungspolizei.« – Der Weg der SS. – »Nicht zur Veröffentlichung.« – Das Reich. »Nur für Führer und mit der weltanschaulichen Erziehung Beauftragte.«* (Alle o. D.) *SS-Mann und Blutsfrage. »Nur für den Dienstgebrauch innerhalb der Ordnungspolizei«,* 1942.

Stählin, Karl, *Geschichte Rußlands von den Anfängen bis zur Gegenwart,* 4 Bde., Berlin 1923–39; »Die Entstehung des Panslawismus«, *Germano-Slavica,* Nr. 4, 1936.

Stahl, Friedrich Julius, *Der christliche Staat und sein Verhältnis zu Deismus und Judentum,* Berlin 1847.

Stalin, Joseph V., *Leninism,* London 1933.

Starliner, Wilhelm, *Grenzen der Sowjetmacht,* Würzburg 1955.

Starr, Joshua, »Italy's Antisemites«, *Jewish Social Studies,* 1939.

Stein, Alexander, *Adolf Hitler, Schüler der »Weisen von Zion«,* Karlsbad 1936.
Steinberg, Aaron S., *»Die weltanschaulichen Voraussetzungen der jüdischen Geschichtsschreibung«, Dubnow-Festschrift,* 1930.
Stephen, Sir James F., Liberty, Equality, Fraternity, London 1873; »Foundations of the Government of India«, *Nineteenth Century,* vol. 80, 1883.
Stern, Selma, »Die Juden in der Handelspolitik Friedrich Wilhelms I. von Preußen«, *Zeitschrift für die Geschichte der Juden in Deutschland,* Bd. 5, 1935; *Der preußische Staat und die Juden,* 4 Bde., Berlin 1925/1938; *Jud Süß,* Berlin 1929; »Die Judenfrage in der Ideologie der Aufklärung und Romantik«, *Der Morgen,* Bd. 11, 1935; *The Court Jew,* Philadelphia 1950.
Stoddard, Lothrop, *The Rising Tide of Color against White World-Supremacy,* New York 1920.
Stoecker, Adolf, *Reden und Aufsätze,* Leipzig 1913.
Strauss, Raphael, »The Jews in the Economic Evolution of Central Europe«, *Jewish Social Studies,* vol. III, no. 1, 1941.
Strieder, Jakob, »Staatliche Finanznot und Genesis des modernen Großunternehmertums«, *Schmollers Jahrbücher,* Bd. 49, 1920.
Strzygowski, Josef, *Altai-Iran und Völkerwanderung,* Leipzig 1917.
Suarès, André, *La Nation contre la race,* Paris 1916.
Suarez, Georges, *La Vie orgueilleuse de Clemenceau,* Paris 1930.
Sumner, Benedict Humphrey, *Russia and the Balkans,* Oxford 1937; *A Short History of Russia,* New York 1949.
Sundheimer, Paul, »Die jüdische Hochfinanz und der bayrische Staat im 18. Jahrhundert«, *Finanzarchiv,* Bd. 41, 1924.
Sydacoff, Bresnitz von, *Die panslawistische Agitation und die südslawische Bewegung in Österreich-Ungarn,* Berlin 1899.
Talleyrand, Charles-Maurice de, »Essai sur les avantages à retirer des colonies nouvelles dans les circonstances présentes« (1799), *Académie des Sciences Coloniales, Annales,* vol. 3, 1929.
»Text of Speech on Stalin by Khrushchev as Released by the State Department«, *New York Times,* 5. Juni 1956.
Thierry, Augustin, *Lettres sur l'histoire de la France,* Paris 1840.
Thring, Lord Henry, *Suggestions for Colonial Reform,* London 1865.
Thyssen, Fritz, *I Paid Hitler,* London 1941.
Tirpitz, Alfred von, *Erinnerungen,* Berlin/Leipzig 1919.
Tocqueville, Alexis, »Lettres de Alexis de Tocqueville et de Arthur Gobineau«, *Revue des Deux Mondes,* vol. 199, 1907; *L'Ancien Régime et la Révolution,* Paris 1856.

Tansill, Charles Callan, »Racial Theories from Herder to Hitler«, *Thought,* vol. 15, 1940.

Tcherikower, Elias, »New Materials on the Pogroms in Russia at the Beginning of the Eighties«, *Historische Schriften,* Bd. 2, Wilna 1937.

Toussenel, Alphonse, *Les Juifs, rois de l'époque. L'histoire de la féodalité financière,* 3. Aufl., Paris 1846.

Townsend, Mary E., *Origin of Modern German Colonialism, 1871–1885,* New York 1921; *Rise and Fall of Germany's Colonial Empire,* New York 1930; *European Colonial Experience since 1871,* New York 1941.

Tramples, Kurt, »Völkerbund und Völkerfreiheit«, *Süddeutsche Monatshefte,* Juli, 1929.

Treitschke, Heinrich von, »Unsere Aussichten«, *Preußische Jahrbücher,* Bd. 44, Nr. 5, 1879; »Herr Graetz und sein Judentum«, ibid., Nr. 6; »Erwiderung an Mommsen«, ibid., Bd. 46, Nr. 6, 1881.

Trevor-Roper, Hugh R., *The Last Days of Hitler,* London/New York 1947.

Trial of the Major War Criminals, Nürnberg 1947.

Tschaadajew, Pjotr, *Philosophische Briefe,* Band I.

Tucker, Robert C., »Stalin, Bukharin, and History as Conspiracy«, in Robert C. Tucker und Stephen F. Cohen (Hrsg.), *The Great Purge Trial,* New York 1965.

Ucko, Siegfried, »Geistesgeschichtliche Grundlagen der Wissenschaft des Judentums«, *Zeitschrift für die Geschichte der Juden in Deutschland,* Bd. 5, Nr. 1, 1935.

Ullmann, André, *La Police, quatrième Pouvoir,* Paris 1935.

Unwin, George, *Studies in Economic History,* ed. by R. H. Tawney, London 1927.

Uralov, Alexander (Pseudonym Abdurachman Avtorchanov), *The Reign of Stalin,* London 1953.

Vacher de Lapouge, George, *L'Aryen, son rôle social,* Paris, 1896; *Les Selections sociales,* Paris 1896.

Vallée, Oscar de, *Manieurs d'argent. 1720–1857,* Paris 1857.

Vardys, V. Stanley, »How the Baltic Republics fare in the Soviet Union«, in *Foreign Affairs,* vol. 44, no. 3, April 1966.

Varigny, Charles de, »Les grandes Fortunes en Angleterre«, *Revue des deux Mondes,* Juni, 1888.

Varnhagen, Karl August, *Tagebücher,* Leipzig 1861; (als Hrsg.) *Rahel. Ein Buch des Andenkens,* 3 Bde., Berlin 1834

Vassilyev, A. T., *The Ochrana,* London 1930.

Die Verfassung des sozialistischen Staates der Arbeiter und Bauern. Mit den Reden von Stalin, Molotow etc., Straßburg 1937.

Vernunft, Walfried, »Juden und Katholiken in Frankreich«, *Nationalsozialistische Monatshefte,* Oktober, 1938; »Die Hintergründe des französischen Antisemitismus«, ibidem, Juni, 1939.

Vichniac, Marc, »Le Statut international des apatrides«, *Recueil des Cours de l'Académie de Droit International,* vol. 33, 1933.

Voegelin, Erich, *Rasse und Staat,* Tübingen 1933; *Die Rassenidee in der Geistesgeschichte,* Berlin 1933; »The Origins of Scientism«, *Social Research,* December, 1948.

Voltaire, François-Marie Arouet de, *Dictionnaire philosophique* (Oeuvres complètes, vol. 9, 1878); *Philosophie génerale: métaphysique, morale et Théologie* (Oeuvres complètes, vol. 40, 1785); *Essai sur les moeurs et l'esprit des nations* (Oeuvres complètes, vol. 12, 1878).

Vrba, Rudolf, *Rußland und der Panslavismus. Statistische und sozialpolitische Studien,* 2 Bde., Prag 1913.

Wätjen, Hermann, »Das Judentum und die Anfänge der modernen Kolonisation«, *Vierteljahresschrift für Sozial- und Wirtschaftsgeschichte,* Bd. 11, 1913.

Wagener, Hermann, »Das Judentum und der Staat«, in: *Wagener Staatslexikon,* 1815–1889; »Das Judentum in der Fremde«, ibid.

Wagner, Adolph, *Vom Territorialstaat zur Weltmacht,* Berlin 1900.

Wawrzinek, Kurt, *Die Entstehung der deutschen Antisemitenparteien 1875–1890,* Berlin 1927.

Weber, Ernst, *Volk und Rasse. Gibt es einen deutschen Nationalstaat?,* 1933.

Weber, Max, »Die Börse«, in *Gesammelte Aufsätze zur Soziologie und Sozialpolitik; Wirtschaftsgeschichte,* Tübingen 1923; *Parlament und Regierung,* Leipzig, 1918.

Webster, Charles Kingsley, »Minorities. History«, in: *Encyclopedia Britannica,* 1929.

Weil, Bruno, *L'Affaire Dreyfus,* Paris 1930.

Weill, Alexandre, *Rothschild und die europäischen Staaten,* Stuttgart 1844.

Weill, George, »Les Juifs et le Saint-Simonisme«, *Revue des Etudes Juives,* vol. 31, 1895.

Weinreich, Max, *Hitler's Professors,* New York 1946.

Weinryb, Bernhard D., *Neueste Wirtschaftsgeschichte der Juden in Rußland und Polen* (Historische Untersuchungen, Bd. 12), Berlin 1934.

Weissberg, Alexander, *The Accused,* New York 1951.

Weizmann, Chaim, *Trial and Error,* New York 1949.
Wenck, Martin, *Alldeutsche Taktik,* Jena 1917.
Werner, Bartholomäus von, *Die deutsche Kolonialfrage,* Leipzig 1897.
Werner, Lothar, *Der Alldeutsche Verband 1890–1918* (Historische Studien, Nr. 278), Berlin 1935.
Werner, Paul, »Die Einweisung in die polizeilichen Jugendschutzlager«, in *Deutsches Jugendrecht,* Heft 4, Berlin 1944.
Wertheimer, Mildred S., *The Pan-German League, 1890–1914,* New York 1924.
Westarp, Graf Kuno von, *Konservative Politik im letzten Jahrzehnt des Kaiserreiches,* Berlin 1935.
White, John S., »Taine on Race and Genius«, *Social Research,* February, 1943.
Williams, Basil, *Cecil Rhodes,* London 1921.
Williams, Sir John Fischer, »Denationalisation«, *British Year Book of International Law,* vol. 7, 1927.
Winkler, Wilhelm, *Statistisches Handbuch der europäischen Nationalitäten,* Wien 1931.
Wirsing, Giselher, *Zwischeneuropa und die deutsche Zukunft,* Jena 1932.
Wirth, Max, *Geschichte der Handelskrisen,* Frankfurt/Main 1873.
Wise, David, and Ross, Thomas B., *The Invisible Government,* New York 1964.
Wolfe, Bertram D., *Three who made a Revolution: A Biographical History of Lenin, Trotsky, and Stalin,* New York 1948.
Woodruff, Philip, *The Men who ruled India,* 2 vols., New York 1954.
Zaccone, Pierre, *Histoire des sociétés secrètes politiques et religieuses depuis les temps les plus reculés jusqu'à nos jours,* Paris 1847–1849.
Zetland, Lawrence J., *Lord Cromer,* London 1932.
Ziegler, Heinz O., *Die moderne Nation,* Tübingen 1931.
Zielenziger, Kurt, Die *Juden in der Deutschen Wirtschaft,* Berlin 1930.
Zielinski, Thaddée, »L'Empereur Claude et l'idée de la domination mondiale des Juifs«, *Revue Universelle,* Brüssel 1926–1927.
Zimmermann, Alfred, *Geschichte der deutschen Kolonialpolitik,* Berlin 1914.
Zoepfl, Gottfried, »Kolonien und Kolonialpolitik«, in: *Handwörterbuch der Staatswissenschaften,* 3. Aufl., 1910.
Zola, Emile, »J'Accuse«, *L'Aurore,* 13. Januar 1898; *Correspondance: lettres à Maître Labori,* Paris 1929.
Zweig, Stefan, *Die Welt von gestern,* Frankfurt 1968.

Register

C

D

E

F

G

M

N

O

S

T

V

Denken am Abgrund. Hannah Arendts monumentale Geschichte totalitärer Gegenwart – Nachwort

von Jens Hacke

Ein Debüt als Klassiker

Die Aufgabe, die sich Hannah Arendt stellte, um die Katastrophe der Shoah zu verarbeiten, hätte größer nicht sein können. Im Vorwort zur englischen Erstausgabe (das sie für alle folgenden Ausgaben wieder gestrichen hatte) wurde die Dringlichkeit ihres Anliegens offenbar:

»Das Buch wurde in der Überzeugung verfaßt, daß es möglich sein sollte, jene verborgenen Mechanismen zu entdecken, die bewirkten, daß alle traditionellen Elemente unserer politischen und geistigen Welt sich in einem Gemisch aufgelöst haben, in dem alles seinen spezifischen Wert verloren zu haben scheint und für das menschliche Verstehen unerkennbar, für menschliche Zwecke unbrauchbar geworden ist. [...] Verstehen heißt aber nicht, das Empörende leugnen, das Noch-nie-Dagewesene aus dem Dagewesenen ableiten oder Erscheinungen durch Analogien und Verallgemeinerungen so erklären, daß der Aufprall der Wirklichkeit und der Schock der Erfahrung nicht mehr fühlbar sind. Verstehen heißt vielmehr, die Last, die unser Jahrhundert uns auferlegt hat, untersuchen und bewußt tragen – und zwar in einer Weise, die weder deren Existenz leugnet noch sich unter deren Gewicht duckt.«[1]

Wie also den Traditionsbruch im politischen Denken, die Liquidierung des Common Sense und die destruktive Dynamik einer totalitären Massengesellschaft verstehen, die so etwas geschehen ließ? Keine Ideologie, kein Konglomerat von Ideen eigneten sich dafür, den Totalitarismus zu erklären. Arendts auf den Antisemitismus gemünzte Worte, dass die »offenkundige Diskrepanz zwischen Ursache und Wirkung« den gesunden Menschenverstand beleidige, markierten die Grundzüge ihres Ansatzes. Sie stellte nüchtern die Irritation fest, die dies für den Historiker bedeute, »der sich in einer solchermaßen aus den Fugen geratenen Welt nicht mehr auskennt« (48). Nun mag man einwenden, dass das historische Verstehen von Ursachen seit Thukydides geschichtstheoretisch ähnlich geblieben ist. Aber wo Historiker traditionell verschiedene tiefer liegende Ursachen von Anlässen unterscheiden konnten, klaffte angesichts der Monstrosität totalitärer Verbrechen eine Lücke, die sich mit rationalen Rekonstruktionsversuchen nicht mehr schließen ließ. Arendt gibt der moralischen Fassungslosigkeit angesichts vorher unbekannter Gewaltdimensionen einen neuen Ausdruck und markiert einen Bruch mit den Traditionen, der mit den Mitteln der politischen Theorie zu durchdenken ist. Dieser selbstbewusste Anspruch – couragiert, aber im Modus skeptischer Selbstbefragung vorgetragen – begründet ein epochales Arbeitsprogramm, das Arendt auf bislang unbeschrittenes Terrain führt und sie im Alter von vierzig Jahren dazu bringt, sich als Denkerin radikal neu zu entwerfen. In diesem Sinne liegt hier die Geburtsurkunde von Hannah Arendt als bedeutendster politischer Theoretikerin des 20. Jahrhunderts vor.

Elemente und Ursprünge totaler Herrschaft war das Buch, das die Verfasserin schlagartig berühmt machte. Als die amerikanische Originalausgabe 1951 erschien, handelte es sich wohl um eines der spektakulärsten Debüts einer bis dato lediglich als Essayistin hervorgetretenen Intellektuellen, deren Erstling vom Umfang und

Thema her jeden Rahmen zu sprengen schien. Kaum zu glauben, dass Hannah Arendt erst seit einem knappen Jahrzehnt auf Englisch schrieb. Zwar hatte Arendt zu diesem Zeitpunkt bereits zwei Bücher auf Deutsch veröffentlicht – ihre Dissertation über den *Liebesbegriff bei Augustin* und die Sammlung *Sechs Essays* –, und ihre Biografie Rahel Varnhagens war bereits seit 1933 weitgehend abgeschlossen und blieb erst in Europa verschollen, bevor das Manuskript nach Kriegsende wieder zu ihr zurückkehrte. Mit den *Origins* aber trat sie in die Weltöffentlichkeit. Sie etablierte sich als politische Theoretikerin, die sich nun aus den Feldern der Philosophie und Literatur herauswagte. Zum einen hatte dies für sie ganz lebenspraktische Folgen, indem sie fortan ihren Unterhalt überwiegend durch Lehren und Schreiben bestreiten konnte. Gastprofessuren, Lehraufträge, Stipendien und die Erlöse ihrer Bücher versetzten sie in die Lage, ihre Tätigkeiten als Journalistin, Verlagslektorin und Verbandsfunktionärin aufzugeben. Zugleich ließ ihr Buch bereits ein Arbeitsprogramm für eine eigene politische Theorie erkennen, das sie in den folgenden Jahren mit unermüdlichem Eifer in Angriff nehmen sollte.

Unbefangene Leser*innen dürften heute nur eine ungenaue Vorstellung haben, was sich hinter Hannah Arendts monumentalem Werk verbirgt und was sie bei der Lektüre erwartet. Die unmittelbare Dringlichkeit des Verstehenwollens, die für die Leser der 1950er-Jahre allein durch den Titel gegeben war, schien alsbald einem rein historischen Interesse zu weichen. Spätestens in den 1960er-Jahren war es im akademischen Milieu verpönt, den Totalitarismus-Begriff zu gebrauchen – und die Vergleichbarkeit der Massenmorde blieb lange ein Anathema, wie noch die Auseinandersetzungen im sogenannten Historikerstreit der 1980er-Jahre belegen.

Der Rang eines »modernen Klassikers« wurde den *Origins* früh zugesprochen, sie fungieren als schillernder »historisch-philosophischer Zwitter« (Alfons Söllner).[2] Eingang in die Handbücher des politischen Denkens fand Arendt als Totalitarismustheoretikerin. Die fächerübergreifende Wirkung des Buches lässt sich daran illustrieren, dass man es in den Kanon der Haupt- und Schlüsselwerke in der Soziologie, der Geschichts- und der Politikwissenschaft gleichermaßen aufgenommen hat.[3] Ob damit allerdings eine intensive Beschäftigung in den Curricula der Studiengänge einherging, darf bezweifelt werden – zu sperrig, komplex und mit historischen Details überfrachtet scheint das Werk, als dass es in modularisierten Kursen an den Universitäten einen Platz finden könnte. Es liegt der Verdacht nahe, dass Arendts Klassiker ein typisches Schicksal ereilte: Abgesehen von den Passagen zu den Menschenrechten und dem letzten Kapitel zu »Ideologie und Terror« wurde es lange Zeit wenig gelesen. In einer ausgedehnten Phase des Friedens verschwand das Grauen des Zweiten Weltkrieges und der totalitären Gewaltverbrechen aus dem Zentrum des Interesses; im Zuge neuer sozialer Bewegungen und osteuropäischer Bürgerrechtsbewegungen geriet stattdessen Arendts republikanisch geprägtes Politikverständnis ins Blickfeld. Als Vordenkerin der zivilgesellschaftlichen Aktion erfuhr sie eine Renaissance. Es mutet seltsam an, Arendt heutzutage vornehmlich als Verteidigerin des »zivilen Ungehorsams« oder gar als Vordenkerin der »radikalen Demokratietheorie« kanonisiert zu finden.[4] »Acting is fun«, dieses emphatische Bekenntnis zum politischen Handeln zeigt im Kontrast zur Düsternis, die Arendts umfangreiches Buch über das dunkelste Menschheitskapitel ausstrahlt, den weiten Weg, den sie als Theoretikerin zurücklegte, und die große Spanne ihrer politischen Reflexionsfähigkeit.

Allein der Titel evoziert zunächst eher Fragen, als dass er Fährten oder gar Antworten zum Problem »totaler Herrschaft« geben könnte. Arendt selbst tat sich schwer, eine geeignete Überschrift für ihre Forschungen zu finden.[5] Der Plural der beiden Begriffe

»Elemente und Ursprünge« unterstreicht zunächst die für Arendt typische Skepsis gegenüber deterministischen Erklärungen und sinnstiftenden Kausalitäten. Stattdessen belässt sie es bei der Pluralität von Entstehungsfaktoren, die eine forcierte These zu meiden scheinen. Für diese Unbestimmtheit spricht ohnehin, dass das voluminöse Buch in ganz verschiedenen Fassungen unter verschiedenen Titeln erschienen ist – die beiden Varianten der amerikanischen respektive englischen Urfassung lauten »Origins of Totalitarianism« und »The Burden of Our Time«. Offensichtlich hat sich das Problem der Titelfindung auch auf die Rezeption übertragen – kaum ein anderes Buch taucht derart häufig in abweichenden Varianten auf, sei es als »Elemente und Ursprünge totalitärer Herrschaft« (Broszat, Reemtsma u.ö.) oder als »Ursprünge und Elemente des Totalitarismus« (Koselleck). Allgemein illustrierte die Titelsuche Arendts Schwierigkeit, die Heterogenität ihrer in viele Richtungen ausgreifenden Studien auf einen Nenner zu bringen. Verschiedene Teilkapitel hatte sie bereits in Dutzenden von Vorarbeiten veröffentlicht und nach dem Collageprinzip in das Buch integriert.

De- oder rekonstruiert man die verschiedenen Fassungen, dann bleibt erstaunlich, wie es Arendt gelang, aus mehr als dreißig Vorabveröffentlichungen verschiedenen Formats ein Buch zu collagieren. In den Bänden der Kritischen Gesamtausgabe wird dies umfassend nachgewiesen werden. Aber Arendts Publikationsliste der 1940er/50er-Jahre lässt die Übernahmen gut erkennen. Wesentliche Teile zur Dreyfusaffäre und zum Judentum waren bereits in den *Jewish Social Studies* erschienen; zum Imperialismus und Nationalismus hatte sie wichtige Stücke in der *Review of Politics* im Commentary oder in der *Modern Review* veröffentlicht; deutsche Übersetzungen waren wiederum in der *Wandlung* oder im *Monat* platziert worden.[6]

Während Arendt ihren späteren Hauptwerken markante Essays und »Übungen im politischen Denken« vorausschickte, ist hier eine Fülle von Texten zu einem Ganzen verwoben. Sie scheint in diesem Buch ohne Rücksicht auf Widersprüche ein umfassendes Abbild aller sie durchzuckenden Denkbewegungen geben zu wollen. Diese verlangten den Leser*innen angesichts der Überfülle an Ideen, Exkursen und Thesen einiges ab. Andererseits liegt in Arendts Bestreben, alles sagen zu wollen, ein Übermaß an Anregungen, staunenswerten Kehrtwenden und überraschenden Einsichten, die das Buch zu einer nie versiegenden Quelle von Ideen machen. Zweifellos ist Arendts Hauptwerk das Ergebnis einer außerordentlichen reflexiven Anstrengung, von der sie selbst noch lange zehrte. Ihr rastloser Versuch, ganz verschiedene geistige Strömungen und historische Erfahrungen des 19. Jahrhunderts miteinander zu verbinden und in ihnen »Elemente und Ursprünge« für spätere Entwicklungen zu entdecken, führte sie zu erstaunlichen Entdeckungen. Die Vielfalt ihrer Lektüren, der Umfang der Wissensgebiete, in die sie sich einarbeitete, und ihr durchdringender Blick auf das Zeitalter des Imperialismus sind bis heute erstaunlich. Es bleibt eine Herausforderung und wird zum Abenteuer, die Lektüre dieses Buches in Angriff zu nehmen, Arendts Dramaturgie zu folgen und sich von ihren Abwegen, Exkursen und bisweilen unvollendeten Ideen inspirieren zu lassen.

Tatsächlich enthält dieses überdimensionierte Werk bereits die meisten Grundgedanken, die sie in den kommenden zwei Jahrzehnten weiter ausarbeiten sollte, vor allem für *Vita activa* und *Über die Revolution. Origins* verbindet dabei narrative Historiografie, Ideengeschichte, soziologische Analyse, politische Theorie und eine Phänomenologie von Terror und Gewalt. Arendts Buch ist durchdrungen von der unbedingten Suche nach Erklärungen für die totalitären Regime im »Zeitalter der Extreme« (Eric Hobsbawm), und der besondere Reiz ihres Zugriffs besteht darin, dass sie sich als Philosophin nicht auf den Kampf politischer Ideen und Ideologien beschränkt, sondern versucht, ihren strategischen Gebrauch, ihre subkutane Wirkung und ihre gesellschaftlichen Konsequenzen zu verstehen.

Es ist die Vielschichtigkeit der Arendt'schen Fragestellung, ihr unkonventioneller konzeptueller Ansatz, der damals vor allem junge Akademiker*innen begeisterte, auch wenn kaum jemand in der Lage war, das Gelesene auf den Begriff zu bringen. Ernst Schulin, einer der sensibelsten Interpreten Arendts unter den deutschen Historikern, berichtet von einem starken Eindruck der Lektüre: »Wenn ich von mir auf andere schließen darf, so war es für uns eine Darstellung und Deutung, in der die große neue negative geschichtliche Erfahrung des 20. Jahrhunderts erforscht, erzählt und durchleuchtet wurde – also so zentral erfasst wurde wie in keinem anderen Werk. Die Wirkung zeigte sich daran, dass die Hauptthemen Hannah Arendts zu den bevorzugten Untersuchungsfeldern derjenigen Historiker wurden, die sich für den Nationalsozialismus und seine Vorgeschichte interessierten: für die Struktur des Hitlerstaates und für den Imperialismus und den Antisemitismus als seinen Wegbereitern.«[7] Nur Schulin und Hans Mommsen schrieben tatsächlich über Arendt, aber es ist unübersehbar, dass die Beobachtung über ihre nachhaltige Wirkung stimmig ist. Zieht man die Themen der in den 1920er/30er-Jahren geborenen Historikergeneration heran, dann wird klar, wie sehr das 19. Jahrhundert als Forschungsgegenstand Aufklärung für spätere Entwicklungen versprach, nicht lediglich im Sinne eines deutschen Sonderwegs.

Für Reinhart Koselleck, der Hannah Arendt 1956 nach Heidelberg einlud, um über die gerade erschienene deutsche Ausgabe zu diskutieren, zählte Arendts Buch »zu den wenigen Werken, die einer Entdeckung gleichkamen«, weil sie »vom Nationalismus über den Imperialismus zum Bolschewismus und Faschismus und zum Nationalsozialismus analytisch, Schritt für Schritt, vorging, um die absolute Sinnlosigkeit des Genozids an den Juden – und an anderen Völkern – in den Blick zu rücken«: »Damit wurde unsere Rolle, nur besiegt worden zu sein, in größere, aber auch andere Zusammenhänge gestellt. Wir lernten Wege der Erkenntnis ausschreiten, woher die Niederlage rührte – das machte Mut.« Arendt eröffnete Wege, abseits aller national-pädagogisch notwendigen Aufarbeitung der deutschen Geschichte, umfassend über die »Gründe der Katastrophen, in die sich auch die Sieger verwickelt sahen«, nachzudenken.[8] Ein solches Reflexionsbedürfnis entsprang nicht lediglich einem konservativen Entlastungsimpuls, sondern hatte seine Wurzel im intellektuellen Anspruch der Aufgabe, Erklärungen für das Geschehene zu finden.

Arendts Denken traf den vom Existenzialismus geprägten Nerv der Zeit und artikulierte das Erschrecken über das, was der Historiker Dan Diner den Zivilisationsbruch nennt: »Dies hätte nicht geschehen dürfen« – dieser zugleich einfache und markante Satz aus dem berühmten Kapitel »Ideologie und Terror«, den sie im ikonischen Fernseh-Gespräch mit Günter Gaus 1964 wiederholte, brachte ein Entsetzen zum Ausdruck, das einfache Kausalitäten als Erklärung ausschloss.

Zieht man in Betracht, dass Arendt bis in die 1960er-Jahre ihr Werk als »work in progress« verstand und immer wieder veränderte, d. h. durch nachträgliche ausführliche Kapitelvorworte ergänzte, umfassend überarbeitete und mit dem Kapitel zu »Ideologie und Terror« markante neue Deutungen hinzufügte sowie sich für eine (zwischenzeitliche) Inklusion ihres großen Aufsatzes zum Ungarn-Aufstand (in der zweiten englischen Auflage von 1958) entschied, die sie später wieder rückgängig machte, so wird vollends deutlich, wie schwer eine abschließende Einordnung vorzunehmen ist. Sie ist womöglich auch gar nicht notwendig, weil Arendt den suchenden und ringenden Charakter ihres Buches, für das sie – wie sie Jaspers brieflich bekannte – lange gar keinen Titel hatte, selbst immer eingestanden hat. Deshalb ist es kaum nützlich, ihr Werk auf sichere Erkenntnisse und klare Thesen abzuklopfen, um dann vor dem Hintergrund eines sich gewandelten

Forschungsstandes ein Urteil zu fällen, sondern fruchtbarer, sich vielmehr mit den Intuitionen und Witterungen Arendts zu beschäftigen, die für die bis heute anhaltende Resonanz gesorgt haben und Leser*innen in ihren Bann zu ziehen vermögen. Dass sie bereits in diesem ersten Buch – und ganz generell als individuelle Denkerin – einen unvergleichlichen Appeal auf ihr Lesepublikum ausübte, ist vielfach bezeugt.

An Hannah Arendt schieden sich früh die Geister. Während die einen fasziniert vom Charisma ihren unkonventionellen Denkwegen folgten, schlug ihr von anderen früh unverhohlene Ablehnung entgegen. Das berühmteste Beispiel dürfte wohl Isaiah Berlin sein, der »die Ideen dieser Frau nicht besonders« schätzte. Er wollte bei ihr »keinerlei Anzeichen von ernsthaftem philosophischem oder historischem Denken« erkennen: »Alles ist ein Strom freier metaphysischer Assoziationen. Sie bewegt sich von Satz zu Satz ohne logischen Zusammenhang, ohne rationale oder imaginative Verbindungsglieder.«[9] Diese Bösartigkeiten waren sicherlich auch Arendts Abkehr vom Zionismus und einer Überblendung durch die Eichmann-Kontroverse geschuldet. Aber solche Attacken hatten oft eines gemeinsam: Sie rieben sich an Arendts vermeintlicher Missachtung fachlicher Standards. Philosophen wie Berlin kritisierten sie für ihre freihändige Art, bestimmte Interpretamente herauszugreifen; Historiker beklagten ihren idiosynkratischen Ansatz und die fehlende Kontextualisierung; Soziologen monierten ihre mangelnde semantische Differenzierung, wenn sie mit Großbegriffen wie Klasse, Masse oder Bürokratie hantierte; Politikwissenschaftler standen ratlos vor ihren Verallgemeinerungen in puncto Parlamentarismus, Parteiensystem und Institutionen. Seyla Benhabib fasst die Eigenheiten des Werks wie folgt zusammen: »Vom Standpunkt anerkannter fachlicher Methodologien aus gesehen, entzieht es sich der klaren Einordnung, da es eine Menge Regeln verletzt; es übersystematisiert und interpretiert zu stark, so dass es im engeren Sinne nicht als historische Darstellung angesehen werden kann; es tritt zu anekdotenhaft und begriffsgeschichtlich auf, um als Sozialwissenschaft gelten zu können; und obwohl es die Lebendigkeit und das stilistische Gespür einer Arbeit des politischen Journalismus besitzt, ist es zu philosophisch, um einem breiteren Publikum zugänglich zu sein.«[10] All jene Kritiker hatten aus fachspezifischen Perspektiven recht und verfehlten dennoch die Meriten eines Werks, das konventionelle Maßstäbe der verschiedenen Disziplinen hinter sich ließ und trotz seiner Materialfülle und unleugbar überladener Passagen vor Ideenreichtum strotzt. Philip Rieffs frühe Kritik orientierte sich an Jacob Burckhardts Maxime über Machiavelli, wenn er kundtat: »Even if Miss Arendt's book should, in some important parts, be an error, it is, by its sweep and passion, a creative error.«[11]

Ob es sich um »Geschichtsschreibung großen Stils« handelt, wie Jaspers in seinem »Geleitwort« urteilt, sei einmal dahingestellt. Arendts Verhältnis zur Geschichtswissenschaft blieb ohnehin ein gebrochenes. Laut Judith Shklar zeigt Arendt niemals »einen Hauch von Respekt für Historiker« und arbeitete selbst ideosynkratisch »mit Versatzstücken aus Geschichte, Literatur, Biografie und einer Menge persönlicher Einbildungskraft und Spekulation«. Shklar sah darin »eine wirklich nietzscheanische Geschichtsschreibung«, die »im Dienste der gesellschaftlichen Einbildung wenn nicht ›des Lebens‹ stehen soll«.[12] Zumindest bevorzugte Arendt eine narrativistische Ausdeutung der Vergangenheit und scherte sich kaum um Forschungskontroversen und das Für oder Wider bestimmter Deutungen; sie eignete sich in der Regel an, was ihr plausibel erschien, und verwendete keine Mühe darauf, Argumentationen gegeneinander abzuwägen. Die *Elemente und Ursprünge* bieten als Beispiel einer erzählenden politischen Theorie allenfalls eine »fragmentarische Historiografie« (Grit Straßenberger), die im Modus der historischen Narration

Krisensituationen, Niedergänge, Katastrophenerfahrungen und Enttäuschungen verarbeitet, ohne herkömmliche Regeln der Geschichtswissenschaft zu befolgen.[13] Gleichwohl darf man nicht vergessen, dass Arendt im Blick auf das 19. Jahrhundert sich während der Niederschrift der ersten beiden Teile des Buches durchaus als Historikerin sah. Den Vorteil der Geschichtswissenschaft sah sie darin, sich nüchtern und abseits der Ideologien seinen Weg zu bahnen: Der Geschichtsschreiber »muß lernen, gleichsam ohne Geländer zu denken« (61). Diesen charakteristischen Satz schreibt Arendt im ersten Kapitel des Antisemitismus-Teils, wenn sie bereits ein postfaktisches Zeitalter als Problem der Historiografie problematisiert: »Je mehr die Geschichtsschreibung sich in die sogenannten Gesellschaftswissenschaften auflöst, desto stärker hängt sie sich an scheinbar wissenschaftlich bewiesene oder beweisbare Arbeitshypothesen, die doch in Wahrheit nichts als gerade gängige Meinungen sind, die in geschichtlicher Verabsolutierung sich dann in Ideologien verwandeln und schlechterdings alles, und das heißt gar nichts mehr, erklären.« (60)

Intentionen, Ideenkonstellationen, Intuitionen

In der politischen Theorie wird häufig der Vorwurf erhoben, dass es einem Denkgebäude an Systematik und Konsistenz fehle. Bei Lichte besehen ist übertriebene Stringenz ein untrügliches Zeichen für Langeweile und Überraschungsarmut. Sicherlich wird man John Rawls oder Jürgen Habermas zugutehalten, dass ihre theoretischen Entwürfe ein hohes Maß an innerer Geschlossenheit aufweisen. Gleichzeitig liegt in beider Ausrichtung auf den gedachten Normalfall des demokratischen Rechts- und Wohlfahrtsstaats eine gewisse Beschränkung, die darin deutlich wird, dass sie zu den akuten Bedrohungen der Demokratie wenig zu sagen haben – und diese auch gar nicht erklären wollen. Es scheint vor diesem Hintergrund keineswegs zufällig, dass Jürgen Habermas sich mit Arendts Totalitarismus-Buch nie systematisch befasste und sich ganz auf ihren späteren kommunikativen Begriff der Macht konzentrierte. Hannah Arendts Theorie der Politik hat ihren Urgrund im Erschrecken über die Entgleisung politischer Herrschaft und hört nie auf, Politik als einen Raum von außerordentlichen Möglichkeiten zu denken. Die Reflexion des Funktionierenden mag verdienstvoll sein, dringlicher ist es jedoch, den (selbst)zerstörerischen Elementen der politischen Herrschaft auf die Spur zu kommen. Für Arendt ging es nicht darum, über eine politische Theorie Welt und Gesellschaft zu ordnen, sondern Probleme, Erfahrungen und Möglichkeiten politischen Handelns zu verstehen. Dafür entwickelte sie ein Begriffsensemble, um sich von herkömmlichen Auffassungen abzugrenzen und das Profil des eigenen Ansatzes zu schärfen. Eben weil sie von bestimmten Ereignissen ausging, für die nach ihrer Ansicht bisherige Deutungsmuster nicht genügten, gelangen ihr immer wieder überraschende Neuansätze: Sie sah in manchen Vorgängen irritierend neue Dinge, für die sie sich begeistern konnte (einen vermeintlichen Beleg für die Aktualität des Rätesystems während des Ungarn-Aufstands) oder die sie aufgrund einer strikten kategorialen Trennung von privat und öffentlich (ihre Intervention zur Aufhebung der Segregation an Schulen am Beispiel Little Rock) stur an einer politisch unkorrekten Auffassung festhalten ließen. In jedem Fall merkt man ihren Texten noch heute an, dass sie sich selbst beim Denken nicht langweilen wollte – und ihre Leser eben auch nicht. Insofern verzichtet sie – trotz der Überlänge der *Elemente und Ursprünge* – generell darauf, Raum auf Handbuchwissen, historische Erklärungen oder auf das Repetieren philosophischer Positionen zu verwenden. Ihre Leser*innen müssen hellwach sein und ihr auf den Serpentinen ihres Denkens folgen.

Es ist fast unmöglich, eine konsistente Zusammenfassung des Buchinhalts zu liefern. In Wahrheit arbeitete Arendt an drei bis vier Fragekomplexen, die jeweils eigene Bücher hätten sein können und deren Verbindung untereinander zuweilen eher lose wirkt. »Not even the most sympathetic reader will be able to clearly grasp the way in which the book's three parts cohere«, notiert der Ideenhistoriker Steven Aschheim nüchtern.[14] Dies hängt auch damit zusammen, dass sie ursprünglich plante, sich auf die Ursprünge im 19. Jahrhundert, also auf die späteren ersten beiden Teile, zu beschränken. Stellt man schließlich noch in Rechnung, dass sie ihre zunächst getrennten Forschungen zu Rassismus und Imperialismus zusammenband, erhält man eine Vorstellung vom zunächst avisierten »Frontalangriff auf das europäische 19. Jahrhundert« (Schulin).[15] Eine Skizze ihres Buches, die sie zur Jahreswende 1944/45 der Lektorin Mary Underwood vorlegte, verdeutlichte dieses Vorhaben, das noch im Wesentlichen die »Elemente und Ursprünge« des Nationalsozialismus im Blick hatte. Erst 1947, als sie den historischen Teil weitgehend beendet hatte, entschloss sie sich dazu, die unmittelbare Gegenwart mitzubehandeln: Zum einen standen ihr nun die ersten Quellen und Erlebnisberichte aus dem Terrorregime des NS zur Verfügung; zum anderen traten ihr die Gemeinsamkeiten nationalsozialistischer und stalinistischer Herrschaft immer mehr ins Bewusstsein.

Heutige Leser*innen sollten sich immer wieder vor Augen halten, dass zum Zeitpunkt der Niederschrift Stalin noch lebte und die Bevölkerung der Sowjetunion terrorisierte (auch Arendt notiert dieses Faktum im Vorwort der Neuauflage im Nachhinein fast staunend), dass der Kalte Krieg die Nachkriegswelt zu prägen begonnen hatte und dass George Orwells *1984* als epochale Dystopie des Totalitarismus im Jahr 1949 erschien, als Arendt ihr Manuskript abschloss. Ihr war bewusst, dass der Umbau am Buch während des Schreibens eine Unwucht verursachte, welche die Einbeziehung des Stalinismus wie angeklebt erscheinen ließ. Denn für die Zeitgenossen war nicht unbedingt zu erkennen, welcher Zusammenhang zwischen Antisemitismus, Rassismus, Imperialismus und Sowjetregime bestand. Aus diesem Gefühl des Ungenügens plante Arendt gleich im Anschluss an die Veröffentlichung der *Elemente und Ursprünge* ein neues umfangreiches Werk mit dem Arbeitstitel »Totalitarian Elements of Marxism«, für das sie ab 1952 ein Guggenheim-Stipendium erhielt. Dass sie dieses Buch nie vollendete, ist kaum als Scheitern zu werten, wenn man sich vor Augen hält, wie produktiv sich Arendt in der Folge neuen Fragen zuwandte.[16] Ihr schien klar geworden zu sein, dass sie den Ansatz der *Origins* nicht noch einmal vollständig auf den Marxismus anwenden konnte, zumal es sich dabei lediglich um Ideen, nicht unbedingt um eine Herrschaftsform handelte. Insofern arrangierte sich Arendt fortan mit den Defiziten ihres Buches und beließ es bei der ursprünglichen dreiteiligen Anordnung.

Die in Arendts Todesjahr 1975 erschienene und noch von ihr redigierte, dreibändige Veröffentlichung im Ullstein Verlag machte später eine Eigenständigkeit der Themen Antisemitismus, Imperialismus und Totale Herrschaft sichtbar. Doch auch mit dieser Nebeneinanderordnung der drei Teile blieb Arendt unzufrieden und favorisierte letztlich doch eine einbändige Ausgabe. Der weit ausholende Charakter ihrer Herleitungen erschwert es dem Leser, klare Erzähllinien zu erkennen. Gleichzeitig kehren bestimmte Motive immer wieder und prägen sich bei der Lektüre ein. Das berühmteste und zugleich in hohem Maße erklärungsbedürftige Theorem kreiert Arendt mit der Figur eines Bündnisses von Mob und Elite, das in allen drei Teilen – Antisemitismus, Imperialismus, Totale Herrschaft – eine zentrale Rolle spielt. Darauf wird zurückzukommen sein. Die größten Schwierigkeiten dürften nach wie vor im zweiten Teil über den Imperialismus liegen, weil Arendt darin die eigenwilligsten Interpretationen wagt: ihre Kritik der Bourgeoisie, die Ausführungen zum Rassismus, die Beobachtungen zur Dynamik des Imperialismus, ihre Theorie zum Niedergang des Nationalstaats sowie die wirkmächtigen Überlegungen zum Status von Minderheiten und zu den »Überflüssigen«, die zum Signum des Totalitarismus werden sollen. Angesichts der Überfülle an Themen und Motiven können im Folgenden nur einige wenige Schlaglichter auf die Besonderheit der Arendt'schen Komposition geworfen werden.

Antisemitismus

Schon Eric Voegelin sah als früher Rezensent im ersten Teil »die vielleicht beste kurze Geschichte des antisemitischen Problems, die es gibt«. In der Tat sollten die wichtigen Forschungen zum Antisemitismus von Peter Pulzer oder Jacob Katz erst Jahrzehnte später erscheinen.[17] Selbstbewusst wollte Arendt die Geschichte der Juden und die Geschichte des Antisemitismus aufeinander beziehen, auch um sie aus der Bipolarität von Opfern und Tätern zu befreien. Jede Larmoyanz war ihr wesensmäßig und stilistisch ohnehin fremd (wie Kommentatoren bis heute bemerken). Arendt machte klar, dass der moderne Antisemitismus erst nach der Emanzipation der Juden entstand, aber als profane Ideologie des 19. Jahrhunderts wirkungslos geblieben wäre. Der Antisemitismus bot allein deswegen keine zureichende Erklärung für die exekutierte Vernichtung der europäischen Juden, weil seine Schuldzuschreibung an die Juden, die für die Missstände und Ungerechtigkeiten der kapitalistischen Gesellschaft verantwortlich gemacht werden, ebenso diffus wie randständig blieb. Er ist zunächst einmal das Symptom einer gesellschaftlichen Krise. Nicht zuletzt darum nehmen Arendts Ausführungen über die Krise und den Verfall des gesunden Menschenverstandes breiten Raum ein. Zur Vorbedingung totaler Herrschaft wird der Verlust der gemeinsamen Welt und des Common Sense. »[D]er Gemeinsinn, durch den wir eine uns allen gemeinsame Welt erfahren und uns in ihr zurechtfinden«, reiche offenbar nicht mehr zu, »die öffentlich politische Welt und ihre Ereignisse zu verstehen« (61). Welche komplexen Prozesse zu dieser konsternierenden Modernisierungserfahrung gehören, kann auch Arendt in ihrem Werk nur als breiten Strauß von parallelen Entwicklungen andeuten. Es läuft – wie bei den gängigen Theorien der Entfremdung – auf eine Überforderung des atomisierten Individuums hinaus, das durch den Verlust von lebensweltlichen Bindungen ideologieanfällig wird.

Mit Akribie zeichnet Arendt Absurditäten und antisemitische Verschwörungstheorien wie die »Protokolle der Weisen von Zion« nach, die als Belege für diesen Weltverlust dienen. Im Blick zurück rekonstruiert Arendt die Elemente einer Weltanschauung, die aus eher kontingenten Gründen im NS wirkmächtig wurden, also ganz im Gegenteil zur deterministischen These, wie sie etwa Daniel Jonah Goldhagen mit der stetigen Herausbildung eines eliminatorischen Antisemitismus in Deutschland vertrat.[18]

Arendt erschloss mit ihrem Ausgriff auf das 18. und 19. Jahrhundert Neuland, indem sie die gesellschaftliche Rolle der Juden und ihr Selbstverständnis, Emanzipation und Assimilation mit der Geschichte des Antijudaismus und modernen Antisemitismus verschränkt. In bisweilen irritierender Weise stellt sie die Juden nicht nur als Opfer da, sondern als Handelnde und ökonomische Profiteure. Sie verfolgt die Rolle des Hofjuden und des privilegierten jüdischen Bankiers, um auf etwas verstörende Art gesellschaftliche Wirklichkeit und antisemitische Karikatur aufeinander zu beziehen, weil sie davon ausgeht, dass Propaganda und Ideologie in kultureller Hinsicht auf ein Minimum an Sinn rekurrieren sollten, um Menschen zu überzeugen. David Nirenberg hat in seiner großen Untersuchung über den Antijudaismus auf diesen Widerspruch aufmerksam gemacht. Während Arendt einerseits den Verlust von Common Sense und die grassierende Irrationalität beklagt, suchte sie nach sozial- und kulturhistorischen Sinnresten, die vielleicht nichts anderes als obsessive Denkgewohnheiten waren. Nirenberg vermutet darüber hinaus mit guten Gründen, dass Arendt in puncto Quellenauswahl und Statistiken nicht unbeeinflusst von der nationalsozialistischen Forschung geblieben ist, weil sie sie selbst in ihrem Buch zur Beweisführung verwendet und sie zu ihrer scharfen Bourgeoisie-Kritik passen. Die sozialhistorische Verengung auf das assimilierte jüdische Bürgertum und die Ignoranz gegenüber der Vielfalt des Judentums, das ebenso von der sprunghaft angestiegenen osteuropäischen Zuwanderung oder dem aufkommenden Zionismus geprägt war, mutet merkwürdig bei einer Denkerin an, die ansonsten Pluralität zur menschlichen Grunderfahrung erhebt. Nirenberg pointiert diesen blinden Fleck Arendts folgendermaßen: »Ihre negative Sicht des ›bürgerlichen Kapitalismus‹ und seiner Rolle im Nationalstaat, die Leichtigkeit, mit der sie bereit war, anzunehmen, dass besonders das Judentum an Geld gebunden sei, ihr Beharren auf ›Mitverantwortung‹ der Juden für die wirtschaftliche Ordnung, innerhalb derer sie funktionierten, all das waren die ideologischen Prämissen, die ihre Auswahl und Interpretation von Tatsachen über die Juden strukturierten.«[19]

Vermutlich erklärt diese etwas heikle Schlagseite ihrer Thesenführung, warum die Arendt-Forschung um das Antisemitismus-Kapitel lange Zeit einen Bogen schlug und sich in seiner Beurteilung auf Gemeinplätze beschränkte.[20] Auch die Geschichtswissenschaft hat diesen Aspekt des Buches geflissentlich übergangen oder Zweifel an ihrer offensiven These angemeldet, der Entzug von Privilegien und die ausbleibende Unterstützung der herrschenden Eliten im modernen Nationalstaat hätten dazu geführt, dass die Juden aufgrund ihres Geldes angreifbarer wurden.[21] Arendts Tendenz, die Mitverantwortung der Juden für ihre gesellschaftliche Rolle zu diskutieren und im jüdischen Auserwähltheitsglauben eine Folie für antisemitische Vernichtungsfantasien zu sehen, gibt bereits einen Vorgeschmack auf die Eichmann-

Kontroverse, als Arendt die Jewish Community mit dem Hinweis auf die Kollaboration der Judenräte und auf die Passivität der Opfer vor den Kopf stieß.

Die Stärke ihrer Darstellung liegt vermutlich eher im Problemaufriss und manchen ebenso originellen wie treffenden Beobachtungen als in der Konsistenz ihrer Erzählung. Mit ihrer Einbeziehung Großbritanniens, wo sie den latent vorhandenen Antisemitismus ohne nennenswerte jüdische Bevölkerungsanteile anhand eines Psychogramms von Benjamin Disraeli thematisiert, und dem Frankreich der Dreyfusaffäre weitet sie den Blick. Der Fall Dreyfus zerrt die untergründigen Konflikte um den Antisemitismus ans Licht und belegte für sie letztlich, dass »die Vorgeschichte des nationalsozialistischen Deutschlands in ganz Europa« spielte – und dass es im Wesentlichen von den Untiefen politisch-kultureller Gegebenheiten abhing, wie sich eine Eruption des Antisemitismus auswirken konnte. In Frankreich behielt »jener jakobinische Patriotismus, für den die Menschenrechte immer Teil des Ruhmes gerade der Nation waren«, die Oberhand. Clemenceau blieb für sie der Held der Republik. Aber Arendt wollte auch zeigen, welchen Einfluss die Anti-Dreyfusards behielten, deren letzte Vertreter sich unter General Pétain dem NS als willige Komplizen anboten.

Der Antisemitismus konnte niedergehalten werden, solange der Nationalstaat als Rechtsstaat leidlich funktionierte und die Gleichheit seiner Bürger sicherte. Arendt begründet den Aufstieg des Antisemitismus mit einer Niedergangserzählung des Nationalstaats. Freilich wird nie ganz deutlich, wann dieser Nationalstaat seine Blüte erlebt haben könnte und wann die durch den Imperialismus befeuerte Degeneration genau beginnt. Der Sonderfall Deutschland, das als verspätete Nation nie Republik gewesen ist, passt ebenso wenig ins Muster wie die vielen anderen Nationalstaaten Europas, die sich erst nach dem von Arendt ausgerufenen Untergang der Nationalstaaten gebildet haben, vor allem nach 1918.

Rassismus

Angesichts einer postkolonialen Wende der Kultur- und Geisteswissenschaften ist es naheliegend, dass Arendts Ausführungen zum Imperialismus in den letzten Jahren einige Aufmerksamkeit auf sich gezogen haben. Es wäre ein fruchtloses Unterfangen, Arendt gegen alle Anwürfe verteidigen zu wollen, die ihr Eurozentrismus, ein wesentlich rassistisches Bias und generell Empathielosigkeit gegenüber den Leiden der kolonisierten Indigenen unterstellen. Eine solche Kritik operiert mit ahistorischen Maßstäben, die Arendts eigentlichem Anliegen nicht gerecht werden. Ohne Zweifel verwendete Arendt zeittypisch gängige, heute als abwertend empfundene Begrifflichkeiten, attestierte dem »schwarzen Kontinent« Geschichtslosigkeit und machte sich den kolonialen Blick zu eigen, ohne die Perspektive der Unterdrückten einzunehmen. Es ist auch nicht verwunderlich, dass sich die alteuropäisch gebildete Philosophin, für die bereits der Schritt in die USA mit einer großen Kulturschwelle verbunden war (die sie mit Dankbarkeit und Offenheit bewältigte), weniger für die Revolution in Haiti 1791/1804 (die mittlerweile als erfolgreiche Selbstbefreiung einer Sklavenkolonie gilt) begeisterte als für diejenige ihrer neuen Heimat im Jahr 1776. Soll man Arendt vorwerfen, dass sie die Gräuel deutscher Kolonialherrschaft und den Völkermord an den Herero nicht behandelt und auch die Vorform des Konzentrationslagers dort übersehen hat? All diese Aspekte sind mittlerweile Gegenstand der Diskussion.[22] Derartige Kritik neigt dazu, einen gleichsam standardisierten Fundus an relevanten Forschungsfragen vorauszusetzen, deren (überwiegend) moralische Kriterien in verschiedenen Epochen dieselbe Bedeutung beanspruchen sollen. Es fehlt dabei die Fantasie, dass eigene Betroffenheit, spezifische Erkenntnisinteressen und der verfügbare Kenntnisstand sehr individuell ausgeprägt waren.

Sicherlich hilft es zur Gewinnung einer neuen Perspektive, sich die zeit- und milieubedingten Auffassungen Arendts zu vergegenwärtigen. Aber der Vorwurf, dass sie nur aus europäischer Täterperspektive schreibe, geht allein deshalb ins Leere, weil die Ideologie und das Weltbild der Europäer im Zentrum ihrer Studie stehen und sie daraus Elemente des Totalitarismus erklären möchte. Aus heutiger Warte wirkt es weltfremd, wenn nicht gar anmaßend, einer Denkerin, die in höchster Not den Nazis und der sicheren Deportation entkommen ist, Vorhaltungen zu machen, die Sicht der Opfer zu vernachlässigen. Arendt im Sinne neuer semantischer Bewertungskriterien und anderer politischer Sagbarkeitsregeln zur Rassistin zu erklären, führt nicht nur auf Abwege, sondern widerspricht grundlegend allen in *Elemente und Ursprünge* vertretenen Positionen. Es bedarf eigentlich keiner ausführlichen Belege, um zu zeigen, dass Arendt im Rassismus die Demontage des Prinzips der Gleichheit und der Solidarität erkennt. Der Rassismus richtet sich, so der Kern ihrer Argumentation, gegen jede universale Menschheitsidee und gegen jede Akzeptanz von Pluralität, die den Nationalismus (jedenfalls in der Theorie) auszeichnet. An einer inkriminierten Stelle spricht Arendt vom »politischen Begriff der Rasse«, der sich eindeutig auf den verschroben voluntaristisch-konstruktivistischen Charakter von Rassevorstellungen bezieht. Sie zitiert Hitlers Sentenz »Eine Rasse sind wir nicht, eine Rasse müssen wir erst werden« (462) und stellt immer wieder das Irrlichternde und Verschrobene verschiedener Rassevorstellungen heraus: »Es gibt keine Rechtfertigung des Rassewahnes, weder eine theoretische noch eine politische« (443 f.), schreibt Arendt unmissverständlich. Sie ließ keinen Zweifel daran, dass der »Rasseidee […] keine geistige Relevanz irgendeiner Art« zukam (437). Ihre verschiedenen Variationen zählten für sie zu den absurden Weltanschauungen, die das 19. Jahrhundert prägten und die zumeist dem Vergessen anheimfielen.

Wenn Arendt sie in die kontingente und unwahrscheinliche Genealogie des Totalitarismus einfügt, unterstreicht sie den merkwürdig instrumentellen Charakter einer Ideologie, deren Versatzstücke sich gegen jede Logik mit ganz verschiedenen politischen Strömungen verbinden konnten. Als leidenschaftliche Denkerin wie als engagierte Zeitgenossin lag es ihr fern, die Zwangsläufigkeit und Unvermeidlichkeit des Totalitarismus zu behaupten. Insofern dient ihre Form der historischen Narration auch dem Zweck, an den Irrsinn zufälliger Konstellationen zu erinnern. »Es ist anders gekommen« (507), so lautet Arendts erzählerische Formel für »die radikale Kontingenz des historischen Augenblicks«,[23] um beispielsweise die relative Folgenlosigkeit von Cecil Rhodes' Rassismus oder des Regiments des »Lawrence von Arabien« zu thematisieren. Deren experimentelle Herrschaftsform wirkte nicht auf Großbritannien zurück, demonstrierte aber den Möglichkeitsraum imperialer und potenzial totaler Herrschaft: den Griff nach den Sternen – »I would annex the planets if I could« (Cecil Rhodes) – und »das Spekulieren ins Unendliche, das der Imperialismus zum Gesetz seiner Politik gemacht hatte« (505). Allein die eingeübte politische Kultur des Mutterlandes, die Pflege von Rechtstraditionen und der Respekt vor einem »Minimum an Menschenrechten« sorgten dafür, dass in der Zwischenkriegszeit die Grausamkeit dort eine geringere Rolle als zuvor spielte. Für Arendt war dies »eine erstaunliche, weil von allen objektiven Faktoren unabhängige Mäßigung«, die England vor der Zerstörung des Nationalstaats bewahrte (507).

Kritiker haben immer bemängelt, dass Arendts Einbeziehung der Dreyfusaffäre, des englischen Imperialismus oder des rassistischen Apartheidregimes der Buren in Südafrika nicht belegen, warum der Totalitarismus ausgerechnet in Deutschland Fuß fasste. Eine solche Beweisführung hätte Arendt ferngelegen. Es ging ihr keineswegs um die Entlastung der Deutschen, sondern vielmehr um den allgemeineuropäischen Kontext imperialistischer Herrschaftsweisen und ideologischer Begründungsmuster. Die gemeinsame Geschichte des Imperialismus macht verständlich, warum die Potenzialität des Totalitarismus alle Europäer angeht.

Passagen, in denen Arendt die gesellschaftliche Lage oder die Mentalität der Opfergruppen eines sich selbst privilegierenden weißen Rassismus beschreibt, sind bisweilen schwieriger zu dechiffrieren, weil Arendt mit literarischen Mitteln arbeitet und einen kolonialen Blick persifliert, der nicht mit ihren eigenen Ansichten zu verwechseln ist. Das gilt insbesondere für die bekannten Passagen, die Joseph Conrads *Herz der Finsternis* als Imagination kolonialer Denkweisen ausdeuten. Provokanterweise behauptet Arendt, dass Conrads Erzählung geeigneter sei, den Erfahrungshintergrund zu erhellen, als wissenschaftliche Literatur zum Thema (444). Damit ist schon gesagt, dass es ihr nicht um eine objektive Wahrnehmung Afrikas geht, sondern um die europäische Perzeption als »Gespensterwelt des Schwarzen Erdteils«. Es lohnt keine Debatte darüber, welche Kenntnisse Arendt von Afrika gehabt haben könnte. Sie hat selbst die USA kaum abseits der Metropolen gekannt und andere Erdteile außer Europa und Nordamerika nie bereist; sie war weder Anthropologin noch Ethnologin. Dementsprechend fand sie nichts dabei, sehr freihändige Aussagen über eingeborene Völkerschaften zu treffen.

Kaum jemand könnte im Lichte heutiger Debatten um das verübte Unrecht an den Inuit, den Aborigines und anderen indigenen Gruppen wie Arendt behaupten: »Australien und Kanada hatten keine Eingeborenenprobleme.« (436) Arendts Rede von der vermeintlichen Überbevölkerung Afrikas, die eine Schockwirkung auf die Europäer ausübte, blieb vage, es fehlen jegliche Belege oder ein Vergleichsmaßstab. Wir heutigen Leser*innen tun gut daran, solche Aussagen in einem über tausendseitigen Buch, das phasenweise ins Allgemeine driftet und auch Pauschalisierungen nicht scheut, nicht auf die Goldwaage zu legen. Auch die seitenlange Selbstversenkung in den eigenartig gegenzivilisatorischen Rassismus der Buren scheint Arendts Programm zu folgen, die offensichtliche Abseitigkeit solcher Anschauungen noch einmal plastisch zu belegen – damals wie heute eine wohlkalkulierte Zumutung für die Leser*innen, und weil sie nicht in indirekter Rede schreibt, haben eifrige Zitatensammler diese Passagen als Fundgrube für vermeintlich entblößende Belegstellen verwendet. Eine solche Art der Beweisführung erinnert fast an die Auseinandersetzung um die umstrittene Rede des Bundestagspräsidenten Philipp Jenninger, der 1988 zurücktreten musste, weil er die schockierenden Sichtweisen aus dem Land der Täter vortrug und auf einen Modus der Distanzierung verzichtete.

Für Arendt ist der Imperialismus intrinsisch mit der Bourgeoisie verbunden. Der Kapitalismus wird zur Triebfeder imperialistischer Ausdehnung, die die Grenzen des Nationalstaats in ganz anderer Weise überschreitet, als liberale Ökonomen dies vorgesehen hatten. Keineswegs blieb es bei einer globalen Vernetzung durch Handel, dem Liberale bis heute stets pazifizierende Effekte zugeschrieben haben, sondern der Imperialismus eroberte vorkapitalistische Räume, um gegen jede Marktlogik eine Ausbeutung ins Werk zu setzen, die Expansion um der Expansion willen betrieb. Arendt dramatisiert diesen Befund mit Rekurs auf das imperialistische Zeitalter von etwa 1880 bis 1914 und beschränkt sich auf den »scramble for Africa«. Sie verwendet jedoch wenig Mühe darauf, diese Phase imperialer Expansion von vorherigen Epochen der Kolonisierung in Nord- und Südamerika zu unterscheiden.

Zu Arendts anspruchsvollsten, vielleicht auch in ihrer Komplexität besonders irritierenden Bestandteilen des Imperialismus-Kapitels zählen die Überlegungen zur Rolle der Bourgeoisie. Laut Arendt hatte die Bourgeoisie (die sie gar nicht erst in die Nähe der im 19. Jahrhundert ebenfalls existenten und sich entwickelnden bürgerlichen Öffentlichkeit bringt) lange nichts mit der Regierung des Nationalstaats zu tun, »weil sie sich ausdrücklich an allen öffentlichen Angelegenheiten desinteressiert« gezeigt hatte. Durch den Imperialismus erlangte sie nun erstaunlicherweise »ihre politische Mündigkeit«, obwohl sie als Klasse nie von sich aus zur politischen Herrschaft drängte. Arendt krönt ihre Deutung mit der Feststellung, dass der Imperialismus »das erste (und vielleicht zugleich das letzte) Stadium der politischen Herrschaft der Bourgeoisie gewesen« sei (351). Abseits der marxistischen Semantik wird nie ganz deutlich, welche konkrete historische Phase und soziale Formation sie in den Blick nimmt. Wenn Arendt spekuliert, dass die Bourgeoisie im Staat nie etwas anderes als eine notwendige Organisation zu Polizeizwecken gesehen hat, schreibt sie ihre Hobbes-Interpretation eines apolitischen Sicherheitsregimes fort (übrigens ohne dessen neuartiger Konzeption der Machtlegitimation durch Zustimmung Aufmerksamkeit zu schenken) und schert sich nicht weiter um bürgerliche Emanzipations-, Demokratie- und Verfassungsbestrebungen im 19. Jahrhundert. Der Forderung ihres ehemaligen Kommilitonen und Freundes Dolf Sternberger, dem 19. Jahrhundert Gerechtigkeit widerfahren zu lassen und die bürgerliche Epoche in ihren Grautönen wahrzunehmen bzw. Licht und Schatten gleichermaßen zu sehen, hätte sie eine Absage erteilt.[24]

Arendts Interpretation entfaltet eine starke Suggestivkraft, bleibt aber vor allem deshalb verwirrend, weil sie zwar theoretisch in diesem Kontext die eigene Begriffsunterscheidung von Macht und Gewalt vorbereitet und ihre ideale handlungstheoretische Bestimmung der Politik aufscheinen lässt, aber dies semantisch noch nicht konsequent umsetzt. »Neu an der politischen Doktrin des Imperialismus«, formuliert Arendt, »war nicht die beherrschende Stellung, die der Gewalt eingeräumt wurde, und nicht die Einsicht, daß Macht eine der wesentlichen Realitäten aller Politik bildet. Gewalt ist seit eh und je die *ultima ratio* politischen Handelns gewesen, und Macht war immer der sichtbare Ausdruck von Herrschaft und Regierung. Der Unterschied ist nur, daß weder Gewalt noch Macht je das ausdrückliche und letzte Ziel politischen Handelns gewesen waren. Denn Macht an sich kann nur mehr Macht erzeugen, und Gewalt, die um der Gewalt willen (und nicht um der Gesetze willen) angewandt wird, entfesselt sofort einen Zerstörungsprozeß, der zum Stillstand erst kommen kann, wenn nichts mehr übrig ist, das nicht vergewaltigt wäre.« (349) Ihr kommunikativer Begriff der Macht ist nur rudimentär ausgebildet, wird aber bereits vom physischen Zwang der Gewalt unterschieden. Gleichzeitig dürfte sie die von ihr beschriebenen Formen der Herrschaft kaum politisch nennen, wenn sie sich an ihrem eigentlichen Verständnis des Politischen als Modus gemeinsamen Handelns orientiert hätte. Auch so etwas wie »totalitäre Politik« (299) wäre eine semantische Unmöglichkeit. Die im Rahmen ihres philosophischen Hauptwerks *Vita activa* entstandenen begriffsscharfen Studien zur Politik und ihre klassische Abhandlung über Macht und Gewalt offenbaren Arendts Fortentwicklung eigener Kategorien und erklären zugleich, warum eine konsequente Umarbeitung späterer Auflagen ein Ding der Unmöglichkeit blieb: Zu allgegenwärtig und allgemeingebräuchlich für alle denkbaren Herrschaftssysteme ist der Politikbegriff geblieben, als dass eine strikte Anpassung an die eigenen philosophischen Kategorien möglich gewesen wäre.[25]

Als scharfsichtig entpuppten sich Arendts Überlegungen zu den Pan-Bewegungen als Integrationsideologien oder »Pseudotheologien«, die bestimmte Eigenheiten totalitärer Ideologie vorwegnahmen. Ihre Behandlung des Panslawismus und der Alldeutschen ist der einzige Vergleich, dessen Parallelen auf den Nationalsozialismus und den Stalinismus zulaufen. Während die Totalitarismustheorie sich schwertat, außerhalb des Marxismus-Leninismus Ideologeme für den sowjetischen Totalitarismus auszumachen, bewies Arendt in dieser Hinsicht einen klareren Blick, auch weil sie jedwedem Postulat theoretischer Geschlossenheit mit Skepsis begegnete. Arendt machte nicht nur unmissverständlich klar, dass die Nazis sich in enger Verbindung zur alldeutschen Bewegung österreichischer Herkunft, dem Pangermanismus, bewegten. Sie stellte auch klar, dass »der Bolschewismus Stalinscher Prägung [...] tief in der Schuld des Panslawismus« stand (510). Im Zuge neurussischer Expansion im 21. Jahrhundert sind diese Kontinuitätslinien wieder aktuell geworden. Der amerikanische Historiker Timothy Snyder hat das Putin-Regime aus dieser Tradition plausibel gedeutet und sich dabei insbesondere auf großrussische Ideen der 1930er-Jahre berufen, die unabhängig von der Gegnerschaft zur stalinistischen Doktrin ihre Resonanzräume entfalteten und eine spezifische totalitäre Tradition verkörperten.[26] Damit bewies Arendt ein untrügliches Sensorium dafür, wie infektiös der rassistisch getränkte völkische Nationalismus einerseits auf unterdrückte Nationalitäten in Großreichen wirkte und andererseits ein den Nationalstaat weit hinter sich lassendes Imperium anstrebte. Die Pan-Bewegungen agierten im 19. Jahrhundert als politisch weitgehend erfolglose Vertreter eines aggressiven kontinentalen Imperialismus. Im Unterschied zu den überseeischen Imperialisten waren sie weit »mehr an politischer Macht als an ökonomischen Profiten interessiert« (513). Sie müssen, geführt von den Vertretern einer entwurzelten, aber gebildeten Intelligenzschicht, als revolutionäre Bewegung begriffen werden. »Was die Mitglieder der Panbewegungen zusammenhielt und ihnen gemeinsam war, war sehr viel eher eine Art politischer Stimmung und gleichartiger Mentalität als ein bestimmtes konkretes Ziel«, erkannte Arendt. »Aber gerade weil ihr Expansionsdrang ohne Programm und ohne bestimmten Plan blieb, konnten sie die für die Welteroberungen benötigte Stimmung der messianischen Sendung erzeugen und so, vom Politischen ausgehend, alle Sphären des Lebens weltanschaulich durchdringen.« (516) Dem allumfassenden Anspruch der Vorsilbe »Pan« ordnete Arendt eine ähnliche Indikation zu wie dem späteren Adjektiv »total«.

Krisenzeichen der Moderne

Arendts Beschreibung der gesellschaftlichen Symptome, die den Totalitarismus ermöglichen, changiert zwischen konkreter Anschaulichkeit und hoher Abstraktion. Die Leser*innen können sich nie ganz sicher sein, ob bestimmte Praxen die Anfälligkeit für die totalitäre Herrschaft herbeiführen oder ob sie bereits zur totalen Herrschaft gehören. Paradigmatisch für Arendts Technik der Verschränkung von idealtypischen Schilderungen und literarisierten Beschreibungen sind die eindrücklichen Passagen über Bürokratisierung. Zum einen begreift sie das Agieren der Kolonialbeamten im Wesentlichen als eine der unmittelbaren öffentlichen Kontrolle entzogene bürokratische Herrschaft, bei der die Verordnung an die Stelle des Gesetzes tritt. Auf welche historische Wirklichkeit sie sich hier konkret bezieht, bleibt meist verschattet. Zum anderen entwirft sie ein wahrlich kafkaeskes Bild einer willkürlichen bürokratischen Maschine, die als Erbe der Despotie (das zaristische Russland steht hier Pate) fern jeder Weber'schen Rationalisierung agiert und stattdessen auf undurchschaubare Weise Anordnungen ohne erkennbaren Sinn exekutiert (390–401). Beide Aspekte finden sich dann später im polykratischen Kompetenzwirrwarr respektive im »Maßnahmenstaat« des Totalitarismus stalinistischer und nationalsozialistischer Prägung wieder. Arendts Bezüge zum Panslawismus und zu dessen Glorifizierung bürokratischer Herrschaft sind allerdings irritierend, da ihm der Weg zur Macht immer versperrt blieb und er niemals ein solches Regiment installieren konnte – auch wenn sich Arendts Kategorien im 21. Jahrhundert als treffende Charakterisierung für Wladimir Putins bürokratische Herrschaft mit totalitären Zügen zu erweisen scheinen.

Große Suggestivkraft entwickelte das von Arendt in allen drei Teilen ausführlich verwandte Erklärungsmotiv eines Bündnisses zwischen Mob und Elite respektive Kapital. Mit dem pejorativen

Begriff Mob bezeichnet Arendt Deklassierte aller Schichten, die sich in einem Zustand der Weltlosigkeit befinden, also ohne Bezug zu einer gemeinsamen Welt für die Politik verloren scheinen. Modern gesprochen handelt es sich um eine Ansammlung von ressentimentgeladenen Fortschrittsverlierern. Arendt unterscheidet den Mob vom Volk, das für sie als politische Größe fungiert: »Kämpft das Volk in allen großen Revolutionen um die Führung der Nation, so schreit der Mob in allen Aufständen nach dem Mann, der ihn führen kann. Der Mob kann nicht wählen, er kann nur akklamieren oder steinigen.« (261) So wird der Mob zur Manipulationsmasse und anfällig für Ideologien, die den Hass auf die Gesellschaft, aus der er ausgeschlossen, und auf die Parlamente, in denen er nicht vertreten ist, predigen. In gewisser Weise ist der Arendt'sche Mob ein Nachfahre der von Mill und Tocqueville beobachteten »Tyrannei der Mehrheit«. Während allerdings die Denker des 19. Jahrhunderts sozialpsychologische Mechanismen, die in demokratischen Gesellschaften zu Meinungskonformität und zur potenziellen Missachtung abweichender Ansichten führen, im Blick hatten, legt sich Arendt nicht auf eine Herrschaftsform fest und lässt generell offen, wie es zur sozialen Depravation kommen konnte. Es erhärtet sich der Eindruck, dass unabhängig vom politischen System die beschleunigte industrielle Entwicklung und der gesellschaftliche Wandel die Entstehungsbedingungen dieses Mobs begünstigten. Das Mob-Theorem wird eine Art Ersatz für die Marx'sche Verelendungstheorie, deren Surrogat dann allerdings kein revolutionäres Bewusstsein, sondern im Gegenteil: die Anfälligkeit für die Gegenrevolution erzeugt. Man muss annehmen, dass Arendt diesen Mob – obwohl sie ausdrücklich auf eine soziale Zuschreibung verzichtet – sozial und kulturell vor allem im Kleinbürgertum ansiedelt.

Der Mob dient bei Arendt vor allem als Objekt totalitärer Manipulation: Im Antisemitismus erfüllt sich das Bedürfnis, die Ressentiments gegen eine Gruppe zu richten, die alles zu verkörpern scheint, was er persönlich neidet oder hasst, im Rassismus erkennt er die Möglichkeit, sich selbst als Elite zu modellieren und in einer künftigen Hierarchie qua rassentheorisch begründeter Zugehörigkeit an die Spitze zu katapultieren, der Imperialismus bietet ihm Chancen, dem eigenen gesellschaftlichen Schicksal des Überflüssigseins zu entfliehen. Überhaupt: Der Mob erweist sich bei Arendt als gefährlichstes Produkt modernen »Überflusses«: »Älter als überflüssiger Reichtum war ein anderes Nebenprodukt kapitalistischer Entwicklung: Die menschlichen Abfallprodukte, die nach jeder Krise, wie sie unweigerlich auf jede Periode industrieller Ausdehnung folgte, aus der Reihe der Produzenten ausgeschieden und in permanente Arbeitslosigkeit gestoßen wurden.« (373)

In Arendts Modell verbinden sich im 19. Jahrhundert bourgeoise Interessen der Elite mit der Kraft des Mobs, um sich entweder gegen Emanzipationsbewegungen zu stellen, den Treibstoff für imperiale Abenteuer zu liefern oder generell den Weg in die eigentliche Politik zu blockieren. Zu einer erklärungsbedürftigen Wendung kommt es im Totalitarismus nationalsozialistischer Façon, wenn der Mob, das frühe Abfallprodukt bourgeoiser Herrschaft, selbst regiert und die Massen führt: »Dabei wurde das Verstehen die Sache der Elite und das Führen die Sache des Mob.« (761) Es ist allerdings bemerkenswert, dass Arendt als »verstehende Elite« in erster Linie die Angehörigen einer bürgerlichen Intelligenz begreift, die Funktionseliten in Wirtschaft (abgesehen von einer kursorischen Erwähnung der »Stahlbarone«) und Verwaltung jedoch nicht eigens thematisiert.

Arendts Interpretament des asymmetrischen Bündnisses zwischen Elite und Mob ermöglicht in seiner relativen Offenheit und Unbestimmtheit Anknüpfungspunkte in mehrere Richtungen. Sie liefert Erklärungsangebote für populistische Strategien, die sich bis heute in besonderer Weise auf eine Mobilisierung von gesellschaftlichen Negativaffekten verstehen. Arendt hat früh beobachtet, was zur Agitation des Mobs gehört: der ressentimentgeladene Tabubruch, um einen etwaigen gesellschaftlichen Comment zu erschüttern, Themen nach den »Kriterien politischer Hintertreppengeheimnisse« auszuwählen oder Verschwörungstheorien zu lancieren. Diese Techniken sieht sie bereits im 19. Jahrhundert voll entwickelt. In der Tat lesen sich Arendts Analysen propagandistischer Techniken wie eine Anleitung für die Populisten des 21. Jahrhunderts. Der Mob ist das Ergebnis autodestruktiver Dynamiken einer bürgerlichen Gesellschaft, deren bourgeoise Elite das Gemeinwohl aus dem Auge verloren hat und deren vom Kapitalismus getriebener Expansionswillen weit über die Grenzen des Nationalstaats reicht, weshalb sie diesen als normgebenden Rahmen nicht mehr anerkennt. Das Zeitalter des Imperialismus zeigt ideologisch bereits die Muster der Radikalisierung und Zerstörung, deren Tendenzen in der totalen Herrschaft verheerende reale Folgen haben werden. Es sind nur noch wenige Schritte, um den Mob zu einer atomisierten und entindividualisierten Masse zu transformieren, die sich wie Magnetteilchen ausrichten lässt. In der »Selbstlosigkeit und Desinteressiertheit am eigenen Wohlergehen« erkennt Arendt das Merkmal, das die moderne indoktrinierte Masse vom verführbaren Mob unterscheidet. Die Beherrschung der Masse, die aus der Minderheit eines Mobs hervorging, dessen Abkömmlinge sich im Totalitarismus als Führer gerieren, verlangt wiederum nach ständig neuen Feindbildern, um die Bewegungsdynamik aufrechtzuerhalten. Dieser ideologisch zielgerichteten Produktion von Überflüssigen, deren Elemente und Ursprünge Arendt im Antisemitismus, in Rassentheorien und imperialistischen Erfahrungen vorgeprägt sieht, widmet sie einen der eindringlichsten und anhaltend wirkenden Abschnitte ihres Buches, indem sie die Wehrlosigkeit der liberalen Menschenrechtsidee gegenüber dem Vernichtungswillen des Totalitarismus markiert.

Menschenrechte

Zu den wichtigen Vorstudien des berühmten Kapitels über die Menschenrechte zählt Arendts im Januar 1943 erschienener Essay »We Refugees«.[27] Arendt blickte zu diesem Zeitpunkt bereits auf ein zehnjähriges Dasein als Emigrantin zurück. Die traumatisierende, verstörende Erfahrung, die Arendt macht, ist die des Verlusts von staatlichem Schutz, von bürgerlichen Rechten, eine Auslieferung an eine totalitäre Herrschaft, die ganze Menschengruppen zu entrechten, verfolgen und zu vernichten trachtete: Juden, Sinti und Roma, Homosexuelle und vermeintlich andere »Rassen« (Slawen). Es ist die Erfahrung des Verlusts eines für selbstverständlich gehaltenen Status, der Verlust privater Existenz. Oder um es in Arendts Sprache auszudrücken: der Ausschluss aus einer gemeinsamen politischen Welt.

Die Juden seien »einst Menschen gewesen«, schreibt Arendt. Nun seien sie Angehörige einer neuen Gattung, einer Subgattung Mensch: Verfolgte, Geächtete oder in ihren Worten: Paria, ausgeschlossen aus der Gesellschaft, zu Überflüssigen erklärt. Mit dem Entzug der Bürgerrechte entfiel jede Schutzgarantie. Die Staatenlosigkeit machte sie zu gehetzten Bittstellern, und auch für andere Nationalstaaten war es keineswegs selbstverständlich, die Notleidenden aufzunehmen und sie rechtlich gleichzustellen. Arendt führte vor Augen, dass der Nationalstaat als Garant der Grundrechte aus vielen Gründen versagen kann: Erstens kann eine ideologische Bewegung an die Macht gelangen, die sich aufgrund rassistischer oder klassenkämpferischer Überzeugung gegen Teile der eigenen Bevölkerung richtet. Zweitens können Nationalstaaten kollabieren bzw. unter äußerem Druck zusammenbrechen; damit werden auch vormals erreichte rechtliche Errungenschaften preisgegeben. Drittens schließlich fehlt eine supranationale bzw. internationale Instanz als Adressat einklagbarer Menschenrechte.

All dies demonstrierte, wie sehr die geschichtsphilosophisch grundierte Idee eines unaufhaltsamen Rechtsfortschritts erschüttert worden war. Die moralischen Gewissheiten der aufgeklärten Moderne blieben nutzlos, sobald es keine institutionalisierten Rechtsgarantien mehr gab. In diesem mit verzweifelter Ironie gespickten Gelegenheitstext lässt sich der Keim einer einflussreichen Idee Arendts entdecken, mit der sie einen festen Platz im Menschenrechtsdiskurs eingenommen hat.[28] Zentral ist die Einsicht, dass jeder Mensch das Recht besitzen sollte, Rechte zu haben – er braucht die Zugehörigkeit zu einem Gemeinwesen, das seine Rechtsansprüche absichert. Arendt geht sogar so weit zu sagen, dass das Menschenrecht in erster Linie darin besteht, dass jeder Mensch das Recht besitzt, Rechte zu haben. Ist das nicht der Fall, so fehlt ihm der Zugang zu einer politischen Gemeinschaft.

Ausgearbeitet hat Arendt diesen Gedanken im Kapitel »Aporien der Menschenrechte«. Arendt macht darin auf den Widerspruch aufmerksam, dass mit der Erklärung der Menschenrechte aus dem Geist des Naturrechts etwas zu einem angeborenen Gut deklariert wird, das in Wirklichkeit erst das Ergebnis eines komplexen Zivilisations- und Verrechtlichungsprozesses sein kann.

Arendt schreibt: »Der Verlust der Menschenrechte findet nicht dann statt, wenn dieses oder jenes Recht, das gewöhnlich unter die Menschenrechte gezählt wird, verlorengeht, sondern wenn der Mensch den Standort in der Welt verliert, durch den allein er überhaupt Rechte haben kann und der die Bedingung dafür bildet, daß seine Meinungen Gewicht haben und seine Handlungen von Belang sind.« (642)

Ihre Kritik an einer naturrechtlichen Begründung der Menschenrechte schloss an den britischen Konservativen Edmund Burke an, der gegen die abstrakte Deklaration der Menschenrechte die konkreten Rechte des Bürgers innerhalb eines Nationalstaats stellte. Burke hatte erkannt, dass der Begriff der Menschenrechte in dem Moment zusammenbricht, da der Einzelne sich nur noch auf sie, aber nicht mehr auf seine nationalstaatlich garantierten Rechte berufen konnte. Was Arendts Bemerkungen zeitlose Geltung verschafft, ist die Beobachtung, dass der Zivilisationsprozess keineswegs vor dem Rückfall in die Barbarei schützt. So liegt es in der Natur der Sache, dass sich Gleiche als Glieder einer Gruppe gleiche Rechte gegenseitig garantieren und darum auf die Homogenität des Gemeinwesens achten. Dies kann sich aber auf Kosten der Pluralität auswirken und die Neigung zur Fremdenfeindlichkeit zur Folge haben, »weil sich in dem Fremden die von Natur gegebene Unterscheidung und das Unabänderliche viel deutlicher offenbaren als in dem Einheimischen« (652).

Die Entrechtung der Fremden, vielmehr die Neubestimmung des Anderen/Fremden ist somit ein genuin modernes Phänomen. Menschen wird ihr Menschsein abgesprochen, sie werden zu Vogelfreien gemacht: »Es ist, als ob eine globale, durchgängig verwebte zivilisatorische Welt Barbaren aus sich selbst heraus produzierte, indem sie in einem inneren Zersetzungsprozeß ungezählte Millionen von Menschen in Lebensumstände stößt, die essentiell die gleichen sind wie die wilder Volksstämme, oder außerhalb aller Zivilisation lebender Barbaren.« (654) Arendt machte damit die Janusköpfigkeit des Modernisierungsprozesses noch einmal klar. Sie wusste allerdings auch, dass eine Rückkehr zum Status quo ante nicht möglich war. Der Nationalstaat allein konnte es kaum richten. Es brauchte neue Formen der Rechtsgarantien und ein allgemeines Gefühl dafür, dass basale Menschenrechte erst einmal darin bestanden, dass jedes Subjekt zugleich Rechtssubjekt ist.

Arendt war insofern eine Parteigängerin der Aufklärung, die Declaration of Independence und die französische Erklärung der Menschen- und Bürgerrechte hatten ihre Sympathie. Sie warnte lediglich vor ihrer Wirkungslosigkeit und kritisierte einen naiven Optimismus. Der deklaratorische Charakter zeigte sich vor allem darin, dass etwas bislang Ungekanntes gefordert wurde, für dessen Verwirklichung noch kein Akteur in Sicht war. Arendt hatte auch beobachtet, dass der Begriff der Menschenrechte im politischen Denken des 19. Jahrhunderts noch gar keine Rolle spielte, ja eigentlich bis in die Machtpolitik des 20. Jahrhunderts ohne Wirkung blieb. Sarkastisch bemerkte sie dazu: »Die Menschenrechte haben immer das Unglück gehabt, von politisch bedeutungslosen Individuen oder Vereinen repräsentiert zu werden, deren sentimental humanitäre Sprache sich oft nur um ein geringes von den Broschüren der Tierschutzvereine unterschied.« (631)

Totale Herrschaft

Arendts Analyse der totalen Herrschaft im dritten Teil gilt zu Recht als das Gravitationszentrum des Buches. Die relativ geschlossene Komposition, die Eindringlichkeit ihrer Darstellung und der systematische Aufbau zeigen an, dass sie ebenso konzentriert wie kontinuierlich daran gearbeitet hat. François Furet konstatiert mit Blick auf den teilweise verworrenen und widersprüchlichen Charakter der vorangegangenen Abschnitte: »Die Energie, die das ganze Werk bestimmt, und der glänzende dritte Teil entschädigen den Leser für die Längen und Umwege.«[29] Die Untersuchung des Totalitarismus fällt bei Arendt weiterhin asymmetrisch aus: Nach der Lektüre fühlt man sich in erster Linie über den Nationalsozialismus belehrt; der Stalinismus wird eher gelegentlich als unterstützender Vergleich hinzugezogen. Arendt hat versucht, diese Unwucht durch das ausführliche, nachträglich hinzugefügte Vorwort und das Abschlusskapitel auszugleichen. Man muss sich vor Augen führen, mit welchem theoretischen und systematischen Geschick Arendt den Nationalsozialismus als totalitäre Herrschaft deutet, als es noch wenige übergreifende Darstellungen gab und sie vor allem aus zeitgenössischen Quellen und gerade veröffentlichten Dokumentationen ihr Material schöpfte. Viele Aspekte der Arendt'schen Interpretation sind Allgemeingut geworden und dürften in ihren Grundzügen unwidersprochen bleiben. Ihre klugen Beobachtungen zur zentralen Rolle der Propaganda, der Geheimpolizei und des Terrors werden in den wichtigsten Arbeiten der Totalitarismus-Forschung bestätigt.

Zentral für Arendts Sicht auf die totale Herrschaft bleibt das Beharren darauf, dass es sich keineswegs um eine monolithische Staatsstruktur handelt, sondern dass die »eigentümliche ›Strukturlosigkeit‹ totalitärer Regierungen [...] vor allem natürlich der Tatsache einer doppelten Autorität von Staat und Partei« geschuldet ist (872). An anderer Stelle spricht sie von einer »im grotesken Maße amorphen Struktur«, die durch Führerprinzip und Personenkult zusammengehalten werde.

Arendt hat die gesellschaftlichen Verwerfungen, die durch die autodestruktiven Kräfte einer kapitalistischen Gesellschaft verursacht worden sind, auf den Fluchtpunkt des Totalitarismus hin beschrieben – nicht als zwangsläufige, aber als hinreichende Entstehungsbedingungen. Keine dieser Voraussetzungen reicht jedoch aus, um den wirklichen Charakter totaler Herrschaft zu bestimmen. Sie ist etwas qualitativ völlig Neues, unterscheidet sich wesensmäßig von der Tyrannis und von allen anderen bisher bekannten Formen der Diktatur und Gewaltherrschaft. Nicht allein persönliche Willkür des Herrschers (der in der Theorie auch ein benevolenter Tyrann sein könnte), sondern der Terror bestimmt das eigentliche Wesen totalitärer Herrschaft. Der Terror, so beschreibt sie es in ihrem klassischen Abschlusskapitel, wird ausgeübt »in Übereinstimmung mit außermenschlichen Prozessen und ihren natürlichen oder geschichtlichen Gesetzen«. Diese Annahme Arendts ist voraussetzungsreich und hat mindestens zwei Implikationen. Erstens weist Arendt auf einen neuen ideologisch begründeten Gesetzesbegriff hin, der in der totalitären Sprache seine Bedeutung geändert hat und das positive Recht verachtet, hingegen die historischen oder natürlichen Gesetzlichkeiten aufruft. Das Gesetz schafft und behütet nicht mehr einen relativ stabilen Raum der Freiheit, »in welchem menschliche Begegnungen und Handlungen sich abspielen; sondern es bezeichnet vorerst und wesentlich eine Bewegung« (986). Damit erklärt sie zweitens die durch die totalitäre Herrschaft freigesetzte Eigendynamik des Terrors zum Existenzkriterium. In wohlerwogener Dopplung spricht Arendt von der »Bewegungssüchtigkeit totalitärer Bewegungen« (719). Diese Bewegung lässt sich nicht durch Wirklichkeit oder Erfahrung irritieren, weil die Ideologie – sei sie auf die Gesetzlichkeit des Klassen- oder des Rassenkampfes ausgerichtet – in den Rang einer wissenschaftlichen Weltanschauung mit absolutem Geltungsanspruch gehoben wird.

Terror darf dabei nicht als »Mittel zum Zweck« missverstanden werden, etwa in dem Sinne, dass er als vorübergehende Erscheinung zur Erreichung eines Zieles gerechtfertigt wird, sondern er bleibt das grundlegende Merkmal totalitärer Herrschaft, weil er »die ständig benötigte Exekution der Gesetze natürlicher oder geschichtlicher Prozesse« absichert (991). In der Zerstörung aller bisherigen gesellschaftlichen und politischen Sinnzusammenhänge errichtete der totalitäre Terror einen »Suprasinn«, der in der ideologischen Behauptung gipfelt, »den Schlüssel zur Geschichte oder die Lösung aller Rätsel gefunden zu haben« (973).

In ihrer Darlegung der Terrormechanismen entdeckt Arendt den bedrohten Kern ihrer politischen Philosophie: Der Terror vernichtet nämlich radikal »den Lebensraum zwischen Menschen, der der Raum der Freiheit ist«. Die totalitäre Herrschaft vermag es nicht nur, wie Arendt in Orwell'scher Manier vermerkt, bestimmte Freiheiten zu beseitigen oder womöglich die Liebe zur Freiheit aus dem menschlichen Herzen auszurotten, sondern ihr Wesensmerkmal zeigt sich darin, »daß sie die Menschen, so wie sie sind, mit solcher Gewalt in das eiserne Band des Terrors schließt, daß der Raum des Handelns, und dies allein ist die Wirklichkeit der Freiheit, verschwindet« (994). Max Webers martialisches »eherne Gehäuse der Hörigkeit« wirkt im Vergleich zu diesem »eisernen Band des Terrors«, das die Menschen so organisiert, als gäbe es sie gar nicht im Plural, sondern nur im Singular, wie ein Hort der Sicherheit. Arendt nutzt dieses Bild, um die Zerstörung all dessen zu beschreiben, was ihr Verständnis von Politik ausmacht: Pluralität, Öffentlichkeit, eine gemeinsame Welt, die Möglichkeit, einen Neuanfang zu wagen.

Das radikal Böse des Totalitarismus manifestiert sich in den Konzentrations- und Vernichtungslagern, die »dem totalen Herrschaftsapparat als Laboratorien [dienen], in denen experimentiert wird, ob der fundamentale Anspruch der totalitären Systeme, daß Menschen total beherrschbar sind, zutreffend ist« (943). Arendts Untersuchung zu den Lagern, von der eine deutsche Fassung bereits 1948 in der *Wandlung* erschien, kann in ihrer aufklärenden Wirkung kaum überschätzt werden. In der Nachkriegszeit, als ehemalige Lagerinsassen noch stigmatisiert waren und im Verdacht standen, »Gemeinschaftsschädlinge«, »Asoziale« oder Schwerverbrecher zu sein, entschlüsselte Arendt die totalitäre Logik und Funktion der Lager, die das »Wesen des Totalitarismus« enthüllten (François Furet).[30] In den Lagern vollendete sich die Zerstörung der Freiheit und der menschlichen Individualität. Dort realisierte sich das »ungeheuerliche Experiment, unter wissenschaftlich exakten Bedingungen Spontaneität als menschliche Verhaltensweise abzuschaffen«; sie werden »die eigentliche zentrale Institution des totalen Macht- und Organisationsapparats« (945).

Arendts Darstellung der Lager war auch deswegen eine Pioniertat, weil sie theoretisches Interesse und akribische Konfrontation mit der totalitären Grausamkeit verband. Aus Erkenntnisgründen hielt sie »ein Verweilen beim Grauen« für »unerläßlich«, um die Schritte von der Tötung der juristischen Person über die vollständige Entpersönlichung der Opfer bis zur körperlichen Vernichtung nachzuvollziehen. Philosophen, Soziologen und Gewaltforscher wie Michel Foucault, Giorgio Agamben, Wolfgang Sofsky oder Jan Philipp Reemtsma sind ihr methodisch gefolgt.[31] Vermutlich geht man nicht fehl in der Annahme, dass auch die Forschungen zum Lager als Paradigma der Moderne – Zygmunt Baumann prägte die Wendung vom »Jahrhundert der Lager« – sich in den Spuren Arendts bewegen, auch wenn die »Lagerisierung« in der Spannweite zwischen Vernichtungslagern und Flüchtlingscamps ganz verschiedene Disziplinierungsformen annehmen konnte, ohne in letzter Konsequenz im Totalitarismus zu münden.

Arendt beschreibt den Irrsinns- und Irrealitätscharakter der Lager auf gänzlich neue Weise. Es war kein Vergehen denkbar, das die Strafe des Lagers irgendwie hätte rechtfertigen können, zumal die größte Gruppe der Häftlinge aus Menschen bestand, die überhaupt nichts getan hatten – ein Los, das Arendt als Gleichzeitigkeit von Hades, Fegefeuer und Hölle beschrieb. An der wirtschaftlichen Nutzlosigkeit der Lagerorganisation gab es keinen Zweifel, wenn die einzige Lenkungsfunktion in der Regulierung der Todesrate bestand – um die Liquidation immer neuer »überflüssiger« Menschengruppen zu steuern, die als Konsequenz des unstillbaren Expansionsdranges zur Vernichtung bestimmt waren. Die Konzentrationslager dienten in der Logik des Totalitarismus damit einem doppelten Zweck: Ihre Administration fanatisierte und mobilisierte die Kerntruppen für das totalitäre Regime, die schiere Existenz der Lager hielt ein ganzes Volk in kompletter Apathie.

In der Produktion und Exekution vollständiger Sinnlosigkeit, wenn Mord und Totschlag fabrikmäßig ohne Unterlass betrieben werden, zeigt sich das radikal Böse, das jedes Maß an sinnhafter Zurechenbarkeit überschreitet, »was Menschen weder bestrafen noch vergeben können«. Alle klassischen Antriebe des Bösen – Habgier, Eigennutz, Neid, Machtgier, Ressentiment, Feigheit etc. – bleiben unzureichend, um diese Verbrechen gegen die Menschheit zu verstehen oder zu erklären.

Arendt muss die Wendung vom »absolut Bösen« als unbefriedigend empfunden haben, weil sie sich im Totalitarismus nicht auf die Täter anwenden ließ. Ihre später gefundene Formel von der »Banalität des Bösen« versuchte das strukturinhärente Moment des absolut Bösen, das jenseits aller denkbaren Intentionen und amoralischen Antriebe eines Einzelnen liegen musste, mit den Exekutoren der Vernichtungsmaschinerie in Verbindung zu bringen. Auch sonst lassen sich in den *Elementen und Ursprüngen* Motive finden, die im Eichmann-Buch wieder auftauchen. Zu denken ist vor allem an den kurzen Abschnitt, in dem Arendt das Problem der Komplizenschaft der »Konzentrationäre« behandelt, deren erzwungene Mitwirkung in der Verwaltung sie »dem nie zu lösenden Konflikt auslieferte, entweder ihre Freunde in den Tod zu schicken oder andere, ihnen zufällig nicht bekannte Menschen ermorden zu helfen« (966).

Die Schlüsse, die Arendt aus der totalitären Erfahrung zog, blieben ambivalent. Zwar zeigte der erstaunlich schnelle Untergang des Nationalsozialismus dessen Instabilität und ideologische Folgenlosigkeit. Dennoch fürchtete sie, »daß die Institutionen des Terrors nicht nur eine Warnung, sondern ein Beispiel bleiben werden«. Totalitäre Tendenzen ortete sie zum Zeitpunkt der Niederschrift nicht nur im sowjetisch dominierten Ostblock, sondern auch in den Gesellschaften des Westens. Dass sich derartiger totalitärer Terror in der einen oder anderen Form wieder ereignen könne, wollte sie nicht ausschließen. Nicht nur im Hinblick auf die Fortexistenz von Lagern von China bis Guantánamo wird man Arendt kaum widersprechen können. Trotzdem mühte sie sich in späteren Auflagen um einen hoffnungsvollen Schlussakkord ihres Buches. Sie meinte nun sehen zu können – entgegen der bisweilen hervorgetretenen Tendenz, die sich verschärfenden deterministischen Züge totalitärer Entwicklung zu betonen –, dass totalitäre Herrschaft den Keim ihres Verderbens in sich trage. Wenn auch Furcht und Ohnmacht als antipolitisches Prinzip für das menschliche Zusammensein ruinös bleiben, so bewahrt sie sich den Restoptimismus, dass jeder Mensch ein Neubeginn ist und einen neuen Anfang setzen kann. Wie es scheint, traut sie dem Totalitarismus doch nicht zu, eine Veränderung der menschlichen Natur zu bewirken bzw. den neuen Menschen zu schaffen. Über diese Frage sollte bei der Diskussion des Werks gestritten werden.

Kontexte und Rezeptionslinien

Gemeinhin gilt Arendts Opus magnum als Schlüsselbeitrag zur Totalitarismustheorie. Ganz sicher zählt es zu den meistzitierten und wegweisenden Arbeiten, die in den 1950er-Jahren die Debatte über totalitäre Herrschaft geprägt haben. Im Kontext der Auseinandersetzung mit Arendts Buch entwickelte Carl J. Friedrich seinen berühmten Kriterienkatalog totalitärer Herrschaft: 1. offizielle Ideologie, 2. Herrschaft einer einzigen Partei, 3. Gewaltmonopol in den Händen der Partei, 4. gelenkte Massenmedien und Propaganda, 5. ein System terroristischer Polizei- und Geheimdienstkontrolle.[32] Diese Bildung von Kategorien hat für eine gewisse Zeitspanne die politikwissenschaftliche Analyse des Totalitarismus dominiert, aber darin waren letztlich wenig Schnittmengen mit Arendts Methodologie erkennbar. Vor allem fehlte jede historische Dimension. Stattdessen wurden zumeist Nationalsozialismus respektive Faschismus und Kommunismus als vergleichbare Formen des totalitären Staates analysiert, was Arendts Verständnis konterkariert. Für sie handelte es sich bei der totalitären Herrschaft gerade nicht mehr um einen Staat, sondern sie sah darin auf den Spuren von Franz Neumann und Ernst Fraenkel einen dem Behemoth gleichenden Nichtstaat mit polykratischem Machtgefüge.

Es würde zu weit führen, die Begriffsgeschichte des Totalitarismus ausführlich zu verfolgen, denn die Terminologie war spätestens seit den 1930er-Jahren weit verbreitet.[33] Anfangs verwendete Mussolini den »stato totalitario« als propagandistische Selbstbezeichnung, um ihn vom liberalen Staat abzuheben; frühe liberale Kritiker griffen diese Wortschöpfung auf und verwendeten sie als ebenso decouvrierende wie problematische Beschreibung, die die Abkehr von Pluralismus, Rechtsstaat und Parlamentarismus akzentuierte. In Deutschland war dagegen eher die Rede vom »totalen Staat« populär. Sie schwankte zwischen einer Kritik an der Selbstüberforderung aufgrund ausufernder sozialstaatlicher und ökonomischer Zuständigkeiten – der schwache totale Staat – und der Forderung nach einer straffen hierarchischen Leitung als neuem »totalen Staat«, der die Konflikte der pluralistischen Gesellschaft stillstellen sollte.[34]

Einen neuen kämpferischen Sinn entfaltete der Totalitarismus-Begriff während des Zweiten Weltkriegs, als die Alliierten militärisch und intellektuell die liberale Demokratie verteidigten und zum Kampf der Ideen rüsteten. Zwei der bekanntesten Bücher dieser Phase, übrigens beide von Wiener Emigranten verfasst, avancierten zu den profilbildenden Grundschriften des Cold War Liberalism: Friedrich von Hayeks *Road to Serfdom* (1944) und Karl Poppers *Die offene Gesellschaft und ihre Feinde* (1945).[35] In beiden Werken finden sich die ideenpolitischen Grundzüge des Totalitarismus-Begriffs, bevor dieser ein politikwissenschaftliches Paradigma begründete. Hayek bewegte sich auf den Pfaden eingeübter liberaler Sozialismuskritik, die in der Gegenüberstellung von individueller Freiheit und Kollektivismus, Wettbewerb und Planung den entscheidenden Konflikt situierte. Hayek und Popper, die beide übrigens eng befreundet waren, teilten die Abscheu vor jeder Verabsolutierung bestimmter Moralvorstellungen und gesellschaftlicher Zwecksetzungen. Poppers Rekonstruktion totalitären Denkens von Platon bis zu Hegel und Marx lieferte schließlich die Folie, vor der eine liberale politische Philosophie der Freiheit neu profiliert werden konnte. Zwar sollten sich Arendts Überlegungen zur ideologischen Begründung historischer Gesetze mit Poppers Historizismus-Konzeption berühren, aber insgesamt handelt es sich bei ihr um einen weitaus komplexeren Begriff des Totalitarismus, der nicht nur auf der Ebene des politischen Systems und der Ideen angesiedelt ist, sondern ein Phänomen und eine mögliche Gefahr für moderne Gesellschaften generell zu beschreiben sucht.

Allgemein fand im Denken des Kalten Krieges die Parallelisierung von Nationalsozialismus und Stalinismus starke Resonanz. Sie verankerte sich immer tiefer in den Vorstellungen der Cold War Liberals, auch wenn nach 1945 mit dem Ende des Nationalsozialismus eine unmittelbare Referenzgröße historisch geworden war und mit dem Prozess der Entstalinisierung nach dem Tod des allmächtigen Kremlherrschers 1953 der totalitäre Charakter des Sowjetsystems zunehmend porös wurde. Arendt selbst vertrat nach dem Ungarn-Aufstand die Auffassung, dass das Sowjetsystem nun sein Charakteristikum als totalitäre Herrschaft verloren hatte.

Wenn man bedenkt, dass Arendt scheinbar ohne Differenzierung meist von totaler, seltener von totalitärer Herrschaft spricht und dass es sich bei dem Schlüsselkapitel über »Ideologie und Terror« um eine der nachträglichen Ergänzungen des Buches handelt, so melden sich erste Zweifel, wie es um Arendts klassischen Rang in der Totalitarismus-Forschung tatsächlich bestellt ist. Die Bedeutung von Arendts Werk lässt sich also kaum aus dieser zeitgebundenen Aktualität erklären, zumal der damals praktizierte Vergleich zwischen Leninismus/Stalinismus und Nationalsozialismus nur den letzten Teil ihres Buches betrifft und darin asymmetrisch durchgeführt wird, nämlich mit Schwerpunkt auf dem Nationalsozialismus. Die genealogisch angelegten Teile über Antisemitismus und Imperialismus – letzterer beinhaltete die wichtigen

Kapitel zum Nationalismus und Rassismus – besaßen kaum Erklärungskraft für den Sowjetkommunismus, sondern standen vor allem in Verbindung mit dem Nationalsozialismus. Das Defizit des Buches war Arendt nur allzu bewusst, wie alle späteren Ergänzungen zeigen. Auch der umfangreiche Torso ihres gescheiterten Nachfolgeprojekts über die »Totalitarian Elements of Marxism« belegt den Willen, dieses Versäumnis zu kompensieren.

Arendts Schlüsselrolle hat François Furet darin gesehen, dass sie den Begriff des Totalitarismus wieder prominent auf den Schild hebt, ja als eigentliche Stichwortgeberin für die sogenannte Totalitarismustheorie fungiert. Prinzipiell knüpft sie damit an einen Diskurs der 1920er/30er-Jahre an, der ihr vor allem durch ihren Freund Waldemar Gurian vertraut war. Gurian, ein katholischer Schüler Carl Schmitts jüdisch-russischer Herkunft, war ein »Urheber der deutschen Totalitarismus-Theorie« (Hans Maier)[36] – zumindest machte er den modernitätskritischen Vergleich zwischen beiden »Spielarten der Reaktion gegen die moderne Entleerung der Welt von Zwecksetzungen« zum Titelthema. Gurian war (wie Arendt) Liberalismus-kritisch, bewahrte aber aus christlicher Perspektive Distanz zu linken und rechten Ideologien. Sein Plädoyer aus dem Jahr 1928 könnte einen dazu verleiten, daraus totalitarismustheoretisch ein frühes Forschungsprogramm für Arendts spätere Studie abzuleiten: »Fascismus und Bolschewismus sollen nicht als italienische oder russische Phänomene, sondern als Erscheinungen europäischer Gegenwart behandelt werden, die manches europäische Rätsel durch die Tatsache lösen, dass sie manchen verborgenen Strömungen und Tendenzen einen extremen und darum erkennbaren Ausdruck geben.«[37]

Allerdings liegt die Pointe von Arendts Ansatz darin, den italienischen Faschismus eben gerade nicht für totalitär zu halten, weil für sie gerade die spätere Erfahrung von Stalinismus und Nationalsozialismus den Totalitarismus-Begriff in einem umfassenden gesellschaftlichen Sinn plausibel macht und jenseits eines totalen oder totalitären Staates liegt. Der Totalitarismus im Arendt'schen Sinne führt jede Form von Staatlichkeit ad absurdum. Insofern liegt zwischen dem totalen Staat oder dem »sistema totalitario« vor 1933 und der totalitären Erfahrung, die im Zweiten Weltkrieg und in der Shoah mündete, ein tiefer Graben. Damit hat sie eine wegweisende Unterscheidung getroffen, und der Mainstream der Totalitarismustheorie ist ihr letztlich darin gefolgt. Arendt präfigurierte auf diese Weise eine größtmögliche Distanz zu Faschismustheorien, und dies mag im Nachhinein erstaunen, weil die *Elemente und Ursprünge* ansonsten vielfach von marxistischen Lesarten durchsetzt waren, die Arendt von ihrem Mann Heinrich Blücher nahegebracht worden waren.

Zwar hatte man auch in den Faschismus-Analysen der 1920er/30er-Jahre dessen destruktive Dimension und Institutionenfeindschaft erkannt, aber die imperialistische und rassistische Dynamik, die Hitler entfesselte, und das System der Gulags und Säuberungen, die beide viele Millionen Opfer forderten, lagen noch jenseits damaliger Vorstellungskraft. Es ist verwunderlich, dass Arendt in ihrem Werk nicht auf die liberalen Vorläufer der Totalitarismustheorie hinweist und auch ihren Freund Gurian in diesem Kontext unerwähnt lässt. Es bleibt typisch für sie, die Spuren für eigene Thesen zu verwischen – auch in ihrem einfühlsamen Nachruf auf Gurian, der als Herausgeber der *Review of Politics* einige in die *Origins* eingegangene Studien veröffentlicht hatte, verzichtet sie darauf, diese Verbindung in die Zwischenkriegsepoche zu markieren. Sie vermeidet es sogar, Gurians Pionierrolle überhaupt zu erwähnen.[38] Über ihre Motive kann nur spekuliert werden. Zum einen scherte sich Arendt selten um Vorläufer, denen sie meist mehr verdankte, als sie in knappen Fußnoten erkennen ließ; zum anderen machte sie sich kaum die Mühe, Forschungskontroversen nachzuvollziehen oder gar in ihnen Stellung zu nehmen. Darin lag eine (vielleicht eher unbewusste) Strategie, sich als eigenständige Denkerin zu profilieren. In diesem Fall hätte sie sogar durch den direkten Vergleich die Originalität ihres Ansatzes herausstellen können.

Arendts Werk hilft zu verstehen, warum die Ursprünge der Totalitarismustheorie zwar in der Zwischenkriegszeit liegen und damals vor allem den liberalen und gemäßigten Kräften der Mitte die Bedrohung der liberalen Demokratie verdeutlichten, zugleich aber noch kaum die Dimensionen erahnen lassen, in denen sich die Verbrechen totalitärer Herrschaft wenige Jahre später ereignen würden. Während der Blick auf Lenin, Mussolini und später auf den Aufstieg des NS lehrte, wie leicht herkömmliche staatliche Institutionen zu Fall zu bringen waren, sollte Arendt den Blick auf radikal gesellschaftsverändernde Faktoren richten, die den Totalitarismus zum einen mit ermöglichten und die dieser selbst zum anderen noch einmal beschleunigte und radikalisierte. Arendt problematisierte den tiefgreifenden Wandel der Conditio humana, in dem sich der Traditionsbruch der Moderne und der Abschied von alteuropäischen Gewissheiten widerspiegelten. In diesem Sinne zählen die *Elemente und Ursprünge* zu jenen epochalen Werken, die angesichts der Menschheitskatastrophe zu einer geschichtsphilosophischen, historischen und soziologischen Inventur ansetzen; sie fügen sich in eine Reihe mit der Dialektik der Aufklärung, in deren Schlusskapitel das Autorengespann Horkheimer/Adorno passenderweise die »Elemente des Antisemitismus« behandelte, Karl Löwiths *Weltgeschichte und Heilsgeschehen* oder Leo Strauss' *Naturrecht und Geschichte.* Es ist die große Generation der um die Jahrhundertwende geborenen Philosophen, die mit den großen Zeitfragen ringen.

Niemand von ihnen erfuhr jedoch eine Resonanz, die mit dem Echo auf Arendts Buch vergleichbar gewesen wäre. Ein Grund dafür mag in der unabhängigen Denkart Arendts liegen, denn sie ließ sich weder einem politischen Lager zuordnen noch für eine bestimmte wissenschaftliche Schule vereinnahmen. Linke mochten sich in Arendts Kapitalismuskritik und in Spurenelementen marxistischen Vokabulars wiederfinden, wurden allerdings durch den Totalitarismusbegriff und Arendts aristotelische Politikkonzeption abgeschreckt und irritiert. Von Liberalen konnte man zwar Sympathien für Arendts antitotalitäre Grundhaltung erwarten, aber spätestens ihre Attacken gegen die Bourgeoisie, die Ausschließlichkeit liberaler Privatinteressen und die mangelnde Gemeinwohlorientierung dürften Befremden ausgelöst haben. Konservativen gefiel nicht nur der Duktus von Arendts Kulturkritik an der demokratischen Massengesellschaft, auch ihre Vorbehalte gegenüber dem Parlamentarismus und dem Parteienstaat waren einem gleichaltrigen Denker wie Arnold Gehlen sehr sympathisch. In Gehlens Werk avancierte Arendt zu einer der meistzitierten Autoren (da Gehlen sonst kaum Denkerinnen zitiert, sei hier zur Klarstellung das generische Maskulinum verwendet!) – immer mit dem höchsten Respekt. Gehlen freute sich offenkundig an der Übereinstimmung, die er insbesondere in seinen Schlüsselschriften über »Kulturelle Kristallisation« und »Post-Histoire« an mehreren Stellen kenntlich machte.[39]

Die prominenteste konservative Kritik, die das Buch erhielt, stammt aus der Feder des Fellow-Emigranten Eric Voegelin, dessen im Ganzen anerkennende Besprechung zu einer kleinen Debatte zwischen Rezensent und Autorin in der *Review of Politics* führte.[40] Sie ist auch deshalb erwähnenswert, weil Arendt dadurch angeregt wird, einige eigene Positionen noch einmal zu präzisieren und in Teilen zu überdenken. Voegelin vertrat mit seinem bekannten Essay über Politische Religionen einen ganz anderen Ansatz als Arendt, da er die totalitären Bewegungen als Religionsersatz und Folge von Säkularisierungsprozessen deutete. Auch er scheint Arendt in Teilen auf die Seite konservativer Kulturkritik ziehen zu wollen, wenn er vor allem auf den »Verfall westlicher Kultur und Zivilisation« abhebt. Aus seiner Sicht habe Arendt »die geistige Krankheit des Agnostizismus« als »das eigentümliche Problem der modernen Massen« ignoriert. Diese Auffassungsunterschiede kann man auf sich beruhen lassen. Voegelin formulierte zwei Einwände: Zum einen moniert er Arendts fehlende emotionale Distanz zum Thema. Ihre »emotional bestimmte Methode, von einem konkreten Schockzentrum [dem Schicksal der Juden, dem Massenschlachten, der Heimatlosigkeit der Displaced Persons] zu Verallgemeinerungen zu gelangen«, führe »zu einer Entgrenzung des Gegenstandes«. Zum anderen meldet Voegelin Zweifel an der philosophischen Stringenz der Arendt'schen Argumentation an, wenn es um ihre Ausführungen zur menschlichen Natur geht. Voegelin stolpert über folgende Aussage Arendts im Kapitel über die Terrorpraxis in den Lagern: »Das eigentliche Ziel der totalitären Ideologie ist nicht die Umformung der äußeren Bedingungen menschlicher Existenz und nicht die revolutionäre Neuordnung gesellschaftlicher Ordnung, sondern die Transformation der menschlichen Natur selbst, die, so wie sie ist, sich dauernd dem totalitären Prozeß entgegenstellt.« (975)

Voegelin hielt die Änderung der menschlichen Natur für einen »Widerspruch in sich« und sah in dieser Vorstellung ein »Symptom für den Zusammenbruch der westlichen Kultur«. Vor allem erkannte er darin eine unbeabsichtigte Verwandtschaft zum totalitären Denken, wenn Arendt diese Transformation tatsächlich für möglich halten sollte. Ein solches Machbarkeitsdenken enthüllte aus seiner Sicht »eine typisch liberale, progressive, pragmatische Haltung zu philosophischen Problemen« und demonstrierte, »wie viel Boden Liberale und Totalitäre gemeinsam haben«. Seine Folgerung daraus lautete: »Die wahre Trennlinie in der gegenwärtigen Krise verläuft nicht zwischen Liberalen und Totalitären, sondern zwischen den religiösen und philosophischen Transzendentalisten auf der einen Seite und den liberalen und totalitären Immanentisten auf der anderen.«

Wenn Voegelin mit dieser philosophischen Grenzziehung, die zugleich politisch-weltanschauliche Relevanz beanspruchte, auch über das Ziel hinausschoss, so traf er grundsätzlich einen wunden

Punkt. Arendt ließ sich in der Verwendung von Großbegriffen nicht selten von der Leidenschaft ihrer eigenen Rhetorik forttragen – auf Kosten logischer Stringenz. Allerdings versteht die Common-Sense-Leserin doch recht gut, worauf Arendt hinaus möchte. Ihr geht es um die allgemeine Manipulier- und Formbarkeit menschlicher Existenz, und weil sich die Drastik der Lagererfahrung kaum mit herkömmlichem Vokabular erfassen lässt, greift sie auch semantisch zu letzten Mitteln: »In Wahrheit demonstrieren die Erfahrungen der Konzentrationslager, daß es in der Tat möglich ist, Menschen in Exemplare der menschlichen Tierart zu verwandeln, und daß die ›Natur‹ nur insofern ›menschlich‹ ist, als sie es dem Menschen freistellt, etwas höchst Unnatürliches, nämlich ein Mensch zu werden.« (968 f.)

In ihrer Erwiderung auf Voegelin pariert Arendt die Vorwürfe ebenso entschieden wie überzeugend. Sie habe kaum mehr eine Änderung der Natur vorgeschlagen als Voegelin selbst, der in seinem Buch *The New Science of Politics* die auf Platon und Aristoteles gemünzte Aussage traf, dass vor der Entdeckung der Psyche der Mensch keine Seele besessen hätte. Die Frage, ob dann der Totalitarismus bewirken könne, dass der Mensch seine Seele oder seine Fähigkeit zur Freiheit verliert, reduzierte sich auf einen terminologischen Streit, der die Substanz ihres Arguments nicht betraf. Voegelin nötigte Arendt dazu, ihre eigene Position zu präzisieren. Insbesondere ihre Ausführungen zum Liberalismus sind aufschlussreich. Sie wandte sich vehement gegen die Vorstellung, dass »der Totalitarismus nur die andere Seite des Liberalismus und Pragmatismus« sei: Auch wenn sie keine Anhängerin des Liberalismus sei, stehe doch fest, »daß Liberale eindeutig nicht totalitär sind«, ungeachtet der Tatsache, dass der Positivismus eben ideologieoffen und vielfach anschlussfähig ist. Sie markierte den Unterschied zu Voegelin auch damit, dass sie »von Tatsachen und Ereignissen ausgehe, und nicht von geistigen Affinitäten und Einflüssen«. Sie sehe sich »nicht in der Lage, auch nur die sehr eingeschränkte Form, in der Professor Voegelin die Vorstellung von einer säkularen Religion benutzt, zu akzeptieren. Es gibt keinen Ersatz für Gott in den totalitären Ideologien – Hitlers Gebrauch des Allmächtigen war eine Konzession an das, was er selbst als Aberglauben ansah.« Arendt durfte sich als Punktsieger in dieser Debatte fühlen, aber sie folgte Voegelins Kritik doch darin, dass sie in den Folgeauflagen den Ton der emotionalen Betroffenheit merklich entschärfte.

Pfade in die Gegenwart

Es gehört zum Wesen klassischer Texte, dass ihre Aussagekraft und ihr Rang von Generation zu Generation neu bestimmt werden. Sie bleiben oft für Jahre ungelesen, um sich dann wieder neu in Erinnerung zu rufen. Allein der Umfang, die thematische Vielfalt und die Fülle der Bezugs- und Auslegungsmöglichkeiten der *Elemente und Ursprünge totaler Herrschaft* sorgen dafür, dass eine geordnete Rezeption schwer darstellbar ist. Vermutlich sind diejenigen, die das ganze Buch am Stück gelesen haben, selten geworden. Die Konjunkturen der Ausschnittslektüre lassen sich an den verschiedenen Debatten zu den Teilaspekten von Arendts magistralem Werk ablesen, zuletzt – wie erwähnt – die Diskurse über Menschenrechte und Rassismus, und auch in den Diskussionen über den grassierenden Populismus haben Arendts bisweilen impressionistische, aber ungemein prägnante Ausführungen zum »Bündnis von Mob und Elite« wieder Aufmerksamkeit gefunden.

Nach Jahrzehnten kleinteiliger Debatten über die Vertiefung und weitere »Demokratisierung der Demokratie« scheint die Phase westlicher Nabelschau vorüber. Sosehr man sich für die Kreativität der Zivilgesellschaft begeistert hat – sogar im Blick auf die Post-*Origins*-Arendt –, so fern ist doch die Zeit gerückt, da dies als Schönwetter-Optimierungsprogramm reichte. Um keine

Missverständnisse aufkommen zu lassen: Es gibt die besten Gründe, weiterhin über Reformen und Verbesserungen der liberalen Demokratie nachzudenken. Vielleicht sogar mehr denn je. Aber gleichzeitig kann die politische Theorie nicht darauf verzichten, Worst-Case-Szenarien durchzuspielen, die Demokratiefeinde zu analysieren und – parteiisch – über die demokratische Wehrhaftigkeit angesichts manifester antiliberaler und antiparlamentarischer Kräfte nachzudenken. Da in Krisen alles Mögliche politisch werden kann, ist die politische Theorie darauf angewiesen, sich auf breiter Front zu wappnen, anstatt sich auf Teilbereiche zu beschränken. Mit Herfried Münkler gesprochen: Die politische Theorie benötigt ein gut sortiertes und breit aufgestelltes ideengeschichtliches Archiv, um das Arsenal für die Gegenwartsaufgaben angemessen zu bestücken.[41]

Eine frische Lektüre der *Elemente und Ursprünge* zeigt, dass Hannah Arendt eine politische Denkerin für alle Wetterlagen ist und womöglich dabei helfen kann, die seit Beginn der 2010er-Jahre aufgebrochene Krise der liberalen westlichen Demokratien besser zu verstehen. Arendt verharrt nicht in normativen Trockenübungen der politischen Theorie. Sie hatte in die Abgründe des Totalitarismus geschaut und erkannt, dass totale Herrschaft nur aufgrund einer Vernachlässigung wahrer Politik ihre destruktive Kraft hatte entwickeln können. Die Stärken ihrer später ausgearbeiteten politischen Theorie haben ihre Wurzeln in den *Elementen und Ursprüngen:* Was Arendts Buch so unheimlich macht, ist der von ihr erbrachte Beweis, dass es die liberale kapitalistische Welt war, die den Boden für den Totalitarismus bereitet hat. Die Selbstbezüglichkeit der Kapitalakkumulation und das mächtige Ausgreifen eines imperialistischen Kapitalismus entfachten eine ungeheure Dynamik ohne politisches Ziel: Ständig wurden neue Populationen und Räume erschlossen, aber dieser imperialistische Kapitalismus produzierte »Überflüssige« und hinterließ wüstes Land. Ihr geht es um die Konstitution der Moderne und die Anfälligkeiten moderner Gesellschaften, die den Sinn für das eigentlich Politische verlieren. Die Gefahr der Selbstzerstörung ist dabei fast höher einzuschätzen als die eher banalen neuen ideologischen Verheißungen des Totalitarismus. Aus der Verlusterfahrung politischer Freiheit und angesichts des totalitären Zerstörungswerks gelangt sie zur ebenso existenziellen wie essenziellen Reflexion über den Sinn von Politik, den sie in ihrem ganz eigenen Freiheitsbegriff artikulierte: nicht die negative Freiheit, die das Individuum vor Einschränkungen bewahrt, der Staatsgewalt mit Skepsis begegnet und private Räume vor Einmischung sichert; nicht die positive Freiheit, die mithilfe politischer Gestaltungsmacht das Gute und Gerechte zu verwirklichen strebt – für Arendt beginnt Freisein als Möglichkeit zu handeln und ist der eigene Zweck der Politik. In der Spontaneität, der Möglichkeit, einen Anfang zu machen, sich mit anderen im menschlichen Pluriversum in Beziehung zu setzen und gemeinsam in der Öffentlichkeit handeln zu können, liegt bereits ihr Sinn. »Frei sein können Menschen nur in Bezug aufeinander, also nur im Bereich des Politischen und des Handelns; nur dort erfahren sie, was Freiheit positiv ist und daß sie mehr ist als ein Nicht-gezwungen-werden.«[42] Arendts anspruchsvoller Freiheitsbegriff, dessen Trennung vom gesellschaftlichen Reich der Notwendigkeit und von profanen sozialen wie materiellen Bedürfnissen erst einmal irritiert, besitzt seine Wurzeln in der Erfahrung des umfassenden politischen Freiheitsverlusts, den Arendt – die Stereotype der Massengesellschaft nicht scheuend – als großes Thema ihres Buches mitführt. Nicht zuletzt führte das reduzierte und unterkomplexe Freiheitsverständnis im Liberalismus mit seiner privatistischen negativen, im Sozialismus mit seiner kollektivistischen positiven Volte dazu, dass die Fantasie für wahres politisches Handeln in Freiheit nachhaltig eingetrübt worden ist.

Es reichte also nicht, die Dämonie des Totalitarismus lediglich zu beschreiben und von der Warte moralischer Überlegenheit zu verurteilen. Es war notwendig, die Defizite der größtenteils parlamentarisch regierten Nationalstaaten zu verstehen, um den Elementen und Ursprüngen des Totalitarismus in modernen Massengesellschaften frühzeitig begegnen zu können. Anders als die defensiv agierenden Parteigänger des Liberalismus war Arendt stets eine Freiheitsdenkerin, die ausdrücklich keine Liberale sein wollte und sich – wie wir gesehen haben – als Kritikerin des Kapitalismus und der repräsentativen Demokratie profilierte. Im Gegensatz zu den Geistesheroen des liberalen Pantheons, die ihre Zeitgenossen waren: Isaiah Berlin, Karl Popper, Friedrich August Hayek oder Raymond Aron, verzichtete sie auf die Identifikation mit der liberalen Demokratie und beanspruchte Freiräume für ihr Denken, um sich nicht auf eine Apologie des Bestehenden beschränken zu müssen.

Arendts Monita gegenüber der liberalen Demokratie sind ernst zu nehmen. Bereits für die Zwischenkriegszeit sprach sie davon, dass der »Massenerfolg der totalitären Bewegungen [...] das Ende zweier Illusionen« (728) bedeutete, denen liberale Demokraten angehangen hatten: 1. die partizipatorische Illusion, dass alle Bürger »ein aktives Interesse an den öffentlichen Angelegenheiten nehmen« (728) und ihre Anliegen bei einer politischen Partei aufgehoben finden; 2. die liberale Illusion passiver Friedfertigkeit, dass politisch neutrale oder indifferente Bevölkerungsteile ohne politisches Gewicht bleiben und dass ihr Fernbleiben von der Politik womöglich als Zeichen von Zufriedenheit im Privaten verstanden werden kann.

Auch wenn die Krise der Demokratie im 21. Jahrhundert sich in vielerlei Hinsicht von derjenigen der Zwischenkriegszeit unterscheidet, wird man kaum sagen können, dass die von Arendt bereits damals angesprochenen Probleme gelöst worden sind. Zu einer freiheitlichen politischen Ordnung gehörten für Arendt mehr als Rechtsstaat, Persönlichkeitsrechte, Wahlen und soziale Wohlfahrt. Ihr Republikanismus forderte kein hochtouriges Dauerengagement aller Bürger*innen, aber doch eine vorbildgebende Rolle politischen Engagements und eine politische Kultur, die republikanischen Geist prämierte.

Ihr Blick auf die in der Gesellschaft verdeckt schlummernden totalitären Potenziale zeugt von einer großen Sensibilität für Gefahrenherde. Von Arendt lässt sich lernen, dass die strikte Trennung von Ausnahme- und Normalzustand trügerisch sein und das Vertrauen in die Funktionalität eingeübter Institutionen fehlgehen kann. Es können sehr schnell Situationen auftreten, in denen der dünne Firnis zivilisatorischer Normalität aufbricht und die Fragilität der demokratischen Ordnung sichtbar wird. Der Sturm auf das Washingtoner Kapitol im Januar 2021 drängt sich als Beispiel für einen solchen Moment auf, in dem die totalitären Potenziale, die in Gesellschaften verborgen sind, die Ordnung zu zerstören drohen. Dass überdies Arendts Charakterisierung des Mobs zu diesem Anlass aktuell erschien, ergab sich fast von selbst.

Arendts Zurückhaltung gegenüber der repräsentativen Demokratie muss man nicht teilen, und nicht wenige finden ihren späten Enthusiasmus für die Rätebewegung naiv, aber ihre skeptische Sicht auf die Integrationsfähigkeit politischer Parteien und die Gefahr von Entfremdungserscheinungen zwischen Bürger*innen und Parlament lassen sich nicht einfach beiseitewischen. Jedenfalls hat sich gezeigt, dass die Feindschaft gegen das Parteiensystem zu einem »recurrent pattern« westlicher Gesellschaften geworden ist.

Arendt irritiert die Selbstgewissheit liberaler Demokraten allerdings noch auf einer anderen grundsätzlichen Ebene. Der von ihr kritisierte ökonomisch befeuerte Expansionsdrang und die Wachstumsgier westlich-kapitalistischer Gesellschaften bergen in der Gegenwart nicht lediglich die Gefahr einer Unterhöhlung der politischen Kultur und der demokratischen Lebensform, sondern schaffen in ihrer Destruktion der natürlichen Ressourcen und in ihren ökologischen Folgen ganz neue menschheitsbedrohende

Gefahren. Umso mehr ist es an der Zeit, über das demokratische Freiheitsverständnis, den damit verbundenen Lebensstil und die Prioritäten des Freiheitsgenusses neu und grundlegend nachzudenken – allerdings nicht zu lange. Eine Wende zum Weniger ist dann nicht als Verzicht zu begreifen, sondern womöglich als ein fruchtbarer Anfang, der uns mit Arendts Hilfe den Freiheitssinn und unser Gefühl für Lebensqualität neu schärft. Für sie war Pfadabhängigkeit kein Argument; ihre politische Theorie ermutigt dazu, einen Neubeginn zu wagen.

Arendts politische Theorie hat sich nie vollmundig als Beitrag zu einem philosophischen Diskurs des Westens oder der Moderne verstanden, aber sie bleibt ein Medium für Selbstreflexion und Selbstkritik des sogenannten Westens, dessen politische Praxis allzu häufig hinter die eigenen seit der Aufklärung aufgestellten normativen Maßgaben zurückfiel – oder gegen sie verstieß.

Anmerkungen Nachwort

1 Hannah Arendt, »Vorwort« zur ersten Auflage von The Origins of Totalitarianism (1951), in: *Über den Totalitarismus. Texte Hannah Arendts aus den Jahren 1951 und 1953.* Aus dem Englischen übertragen von Ursula Ludz. Kommentar von Ingeborg Nordmann, Dresden 1998, S. 33–52, hier S. 12. [Online verfügbar unter: https://hait.tu-dresden.de/ext/publikationen/publikation-31/]

2 Alfons Söllner, *ad Hannah Arendt. Elemente und Ursprünge totaler Herrschaft,* Hamburg 2021, S. 9.

3 Vgl. etwa Sven Papcke/Georg W. Oesterdiekhoff (Hg.), *Schlüsselwerke der Soziologie,* Wiesbaden 2001, S. 3–6; Volker Reinhardt (Hg.), *Hauptwerke der Geschichtsschreibung,* Stuttgart 1997, S. 23–26; Manfred Brocker (Hg.), *Geschichte des politischen Denkens. Ein Handbuch,* Frankfurt/M. 2007, S. 570–586; Theo Stammen/Gisela Riescher/Wilhelm Hofmann (Hg.), *Hauptwerke der politischen Theorie,* Stuttgart 1997, S. 9–12.

4 Vgl. Katrin Meyer, Hannah Arendt, in: Dagmar Comtesse u. a. (Hg.), *Radikale Demokratietheorie. Ein Handbuch,* Berlin 2019, S. 98–106.

5 Zur Entstehungsgeschichte des Buches vgl. weiterhin Elisabeth Young-Bruehl, *Hannah Arendt. Leben, Werk und Zeit,* Frankfurt/M. 2004, S. 285–301.

6 Siehe dazu die Einleitung von Thomas Meyer.

7 Ernst Schulin, Hannah Arendt als Historikerin (1991), in: ders., *Arbeit an der Geschichte. Etappen der Historisierung auf dem Weg zur Moderne,* Frankfurt/M./New York 1997, S. 192–211, hier S. 196 f.

8 Reinhart Koselleck, Laudatio auf François Furet (1997), in: ders., *Vom Sinn und Unsinn der Geschichte. Aufsätze und Vorträge aus vier Jahrzehnten,* Berlin 2010, S. 336–341, hier S. 336. Zum Verhältnis von Koselleck und Arendt vgl. auch Jan Eike Dunkhase, *Absurde Geschichte. Reinhart Kosellecks historischer Existenzialismus,* Marbach 2015, S. 48–51; Stefan-Ludwig Hofmann, *Der Riss in der Zeit. Kosellecks ungeschriebene Historik,* Berlin 2023, S. 130–150.

9 Isaiah Berlin/Ramin Jahanbegloo, *Den Ideen die Stimme zurückgeben. Eine intellektuelle Biografie in Gesprächen,* Frankfurt/M. 1994, S. 110.

10 Seyla Benhabib, *Hannah Arendt. Die melancholische Denkerin der Moderne,* Hamburg 1998, 2. Aufl., S. 112.

11 Philip Rieff, The Theology of Politics. Reflections on Totalitarianism as the Burden

of our Time, in: *The Journal of Religion* 32 (1952), Nr. 2, S. 119–126, hier S. 119. Bei Burckhardt heißt es: »Es könnte in den Storie fiorentine gegen jede Zeile irgendetwas einzuwenden sein und ihr hoher, ja einziger Wert im ganzen bliebe dennoch bestehen.« (Jacob Burckhardt, *Die Kultur der Renaissance in Italien. Ein Versuch,* Stuttgart 1958, S. 77.)

12 Judith Shklar, *Über Hannah Arendt.* Herausgegeben und mit einem Nachwort versehen von Hannes Bajohr, Berlin 2020, S. 92 f.

13 Grit Straßenberger, *Über das Narrative in der politischen Theorie,* Berlin 2005, S. 119 f.

14 Steven E. Aschheim, Nazism, Culture, and The Origins of Totalitarianism. Hannah Arendt and the Discourse of Evil, in: ders., *In Times of Crisis. Essays on European Culture, Germans, and Jews,* Wisconsin/London 2001, S. 122–136, hier S. 126.

15 Schulin, *Hannah Arendt als Historikerin,* S. 199.

16 Zur faszinierenden Dokumentation dieses gescheiterten Projekts, aus dem immerhin das letzte Kapitel der Zweitauflage und deutschen Übersetzung »Ideologie und Terror« sowie einige Schlüsselaufsätze ihrer Sammlung »Zwischen Vergangenheit und Zukunft« hervorgingen, vgl. Hannah Arendt, *Modern Challenge to Tradition: Fragmente eines Buchs.* Kritische Gesamtausgabe Bd. 6, Göttingen 2019, 3. Aufl.

17 Peter Pulzer, *Die Entstehung des politischen Antisemitismus in Deutschland und Österreich 1867–1914. Durchgesehene u. erweiterte Neuausgabe mit einem Forschungsbericht,* Göttingen 2004; Jacob Katz, *Vom Vorurteil bis zur Vernichtung. Der Antisemitismus 1700–1933,* Berlin 1990.

18 Daniel Jonah Goldhagen, *Hitlers willige Vollstrecker. Ganz gewöhnliche Deutsche und der Holocaust,* Berlin 1996.

19 David Nirenberg, *Anti-Judaismus. Eine andere Geschichte des westlichen Denkens,* München 2015, S. 462 f.

20 Eine Ausnahme, allerdings überwiegend rekonstruktiv und mit Fokus auf Arendts Eichmann-Buch, bildet Julia Schulze Wessel, *Ideologie der Sachlichkeit. Hannah Arendts politische Theorie des Antisemitismus,* Frankfurt/M. 2006.

21 Der Antisemitismus-Eintrag der *Geschichtlichen Grundbegriffe* ignoriert Arendt. Zum Zweifel an Arendts Thesen siehe: *Enzyklopädie des Holocaust. Die Verfolgung und Ermordung der europäischen Juden,* hg. von Israel Gutman u. a., München 1998, 2. Aufl., S. 56.

22 Die verschiedenen Aspekte, die eine Kritik an Arendt aus postkolonialer Perspektive aufwerfen, werden diskutiert bei Juliane Rebentisch, *Der Streit um Pluralität. Auseinandersetzungen mit Hannah Arendt,* Berlin 2022, S. 121–141. Dazu bereits vor Jahren klärend Benhabib, *Hannah Arendt,* S. 141–146.

23 Benhabib, Hannah Arendt, S. 125.

24 Dolf Sternberger, Gerechtigkeit für das neunzehnte Jahrhundert, in: ders., *Vexierbilder des Menschen.* Schriften VI, Frankfurt/M. 1981, S. 115–177.

25 Vgl. insbesondere Arendts Schlüsselaufsatz »Freiheit und Politik« in: Hannah Arendt, *Zwischen Vergangenheit und Zukunft. Übungen im politischen Denken I.* Hg. von Ursula Ludz,München 1994, S. 201–226, sowie dies., *Was ist Politik? Fragmente aus dem*

Nachlass hg. von Ursula Ludz, München 2005, 2. Aufl.; dies., *Macht und Gewalt,* München 2005, 16. Aufl.

26 Timothy Snyder, *The Road to Unfreedom. Russia, Europe, America,* London 2018, S. 15–42. Snyder erläutert vor allem, welche Resonanz Ivan Iljins panslawistisches Denken der 1930er-Jahre in Putins Russland besitzt.

27 Hannah Arendt, *Wir Flüchtlinge. Mit einem Essay von Thomas Meyer,* Stuttgart 2016. Vgl. zum Folgenden auch Thomas Meyer, Von »Wir Flüchtlinge« zu »Es gibt nur ein einziges Menschenrecht«. Hannah Arendts Denk- und Lebensweg von Berlin nach New York, in: Dorlis Blume/Monika Boll/Raphael Gross (Hg.), *Hannah Arendt und das 20. Jahrhundert,* München 2020, S. 39–48.

28 Vgl. als Überblick Stefanie Rosenmüller, Hannah Arendt, in: Arnd Pollmann/Georg Lohmann (Hg.), *Menschenrechte. Ein interdisziplinäres Handbuch,* Stuttgart 2012, S. 79–83.

29 François Furet, *Das Ende der Illusion. Der Kommunismus im 20. Jahrhundert,* München 1999, 2. Aufl., S. 547.

30 Furet, *Ende der Illusion,* S. 546. Es bleibt erstaunlich, dass die fundamentale Bedeutung der Konzentrationslager für das Wesen des Totalitarismus in vielen Arendt-Interpretationen der politischen Theorie gar keine Rolle zu spielen scheint. Dort kann man viel über den Einfluss Heideggers erfahren, aber nichts über Arendts wegweisende Untersuchung zu den Lagern. Vgl. etwa Hauke Brunkhorst, *Hannah Arendt,* München 1999; Brunkhorst über *Elemente und Ursprünge* in Brocker, *Geschichte des politischen Denkens;* Benhabib, *Hannah Arendt.* Vgl. dagegen die pointierte Darstellung bei Grit Straßenberger, *Hannah Arendt zur Einführung,* Hamburg 2015, S. 30–34.

31 Vgl. als Beispiele Michel Foucault, *Überwachen und Strafen. Die Geburt des Gefängnisses,* Frankfurt/M. 1976; Giorgio Agamben, *Homo Sacer. Die souveräne Macht und das nackte Leben,* Frankfurt 2002; Wolfgang Sofsky, *Die Ordnung des Terrors: Das Konzentrationslager,* Frankfurt/M. 1997; Jan Philipp Reemtsma, *Vertrauen und Gewalt. Versuch über eine besondere Konstellation der Moderne,* Hamburg 2008.

32 Vgl. etwa Carl J. Friedrich, Der einzigartige Charakter der totalitären Gesellschaft, in: Bruno Seidel/Siegfried Jenkner (Hg.), *Wege der Totalitarismus-Forschung,* Darmstadt 1968, S. 179–196.

33 Vgl. dazu den immer noch instruktiven Beitrag von Leonard B. Schapiro, Totalitarismus, in: *Sowjetsystem und demokratische Gesellschaft. Eine vergleichende Enzyklopädie,* Freiburg/Basel/Wien 1972, Bd. VI, S. 466–490.

34 Beide Verwendungen lassen sich bei Carl Schmitt ausmachen. Dazu ausführlicher in Jens Hacke, *Existenzkrise der Demokratie. Zur politischen Theorie des Liberalismus in der Zwischenkriegszeit,* Berlin 2018, 3. Aufl., S. 342–355.

35 Friedrich August von Hayek, *The Road to Serfdom,* London 1944; Karl R. Popper, *Die offene Gesellschaft und ihre Feinde,* 2 Bde., München 1980, 6. Aufl.

36 Hans Maier, »Totalitarismus« und »politische Religionen«. Konzepte des Diktaturvergleichs, in: Eckard Jesse (Hg.), *Totalitarismus im 20. Jahrhundert. Eine Bilanz der internationalen Forschung,* Bonn 1996, S. 118–134, hier S. 122.

37 Waldemar Gurian, Fascismus und Bolschewismus, in: *Das Heilige Feuer* 15 (1927/28), S. 197–203, hier S. 201.

38 Hannah Arendt, *Menschen in finsteren Zeiten,* München 1989, 2. Aufl., S. 310–323.

39 Vgl. Arnold Gehlen, Über kulturelle Evolutionen (1964), in: ders., *Die Seele im technischen Zeitalter und andere soziologische Schriften und Kulturanalysen.* Gesamtausgabe Bd. 6, hg. von Karl-Siegbert Rehberg, Frankfurt/M. 2004, S. 315–329. Genüsslich zitiert Gehlen Arendts aus der *Vita activa* stammende Prognose, dass die »Neuzeit schließlich in der tödlichsten, sterilsten Passivität enden wird, die die Geschichte je gekannt hat«, und stimmte »dem mit dem Zusatz zu, dass auch ein solcher Leerlauf ungemein hochtourig erfolgen kann« (328). Aber auch die *Elemente und Ursprünge* zieht er heran, um auf die Dialektik aufmerksam zu machen, dass in der Demokratie die Abschaffung der rechtlich-politischen Rangunterschiede mit hierarchischer Organisation nach innen kompensiert werde (324).

40 Die Debatte ist in deutscher Übersetzung abgedruckt in einer Broschüre des Hannah-Arendt-Instituts: *Über den Totalitarismus. Texte Hannah Arendts aus den Jahren 1951 und 1953.* Aus dem Englischen übertragen von Ursula Ludz. Kommentar von Ingeborg Nordmann, Dresden 1998, S. 33–52. [Online verfügbar unter: https://hait.tu-dresden.de/ext/publikationen/publikation-31/]

41 Herfried Münkler, Politische Ideengeschichte, in: ders., *Politikwissenschaft. Ein Grundkurs,* Reinbek 2003, S. 103–131.

42 Hannah Arendt, Freiheit und Politik (1958), in: dies., *Zwischen Vergangenheit und Zukunft,* S. 201–226, hier S. 201.

Von Hannah Arendt liegen im Piper Verlag vor:

Vorträge und Aufsätze 1941–1950
Über Palästina
Vorträge und Aufsätze 1930–1938
Macht und Gewalt
Elemente und Ursprünge totaler Herrschaft
Eichmann in Jerusalem
Fragwürdige Traditionsbestände im politischen Denken der Gegenwart
Der Liebesbegriff bei Augustin
Rahel Varnhagen
Vita activa oder Vom tätigen Leben
Über die Revolution
Im Vertrauen
Wir Juden
Vor Antisemitismus ist man nur noch auf dem Monde sicher
Was heißt persönliche Verantwortung in einer Diktatur?
Schreib doch mal ›hard facts‹ über dich
Wie ich einmal ohne dich leben soll, mag ich mir nicht vorstellen
Denktagebuch
Ich selbst, auch ich tanze
Wahrheit gibt es nur zu zweien
Briefe 1936–1968 (mit Heinrich Blücher)
Briefwechsel 1926–1969 (mit Karl Jaspers)
Eichmann war von empörender Dummheit
Wahrheit und Lüge in der Politik
In der Gegenwart
Zwischen Vergangenheit und Zukunft
Das Urteilen
Menschen in finsteren Zeiten
Über das Böse
Denken ohne Geländer
Ich will verstehen
Was ist Politik?
Vom Leben des Geistes